黄炎培教育文集

第一卷

黄炎培◎著

中华职业教育社◎编

中国文史出版社

黄炎培先生肖像

黄炎培先生 1912 年照

1915 年，黄炎培（中）在美国考察教育

再版说明

一、本书为中华社会科学基金"八五"研究课题"黄炎培教育思想研究与试验"研究成果，收录了黄炎培先生主要教育论著，起自 1903 年，迄于 1958 年。内容包括专著、论文、演讲、书信、报告、序跋、诗歌、日记、歌词等，大致涵盖了黄炎培一生教育活动的各个领域，反映了他主要的教育观点及其教育思想的形成、演变和发展脉络，体现了他在中国近现代教育史上的地位与贡献。

二、本书曾于 1994 年至 1995 年由中国文史出版社出版（以下简称"94 版"），为四卷本。再版过程中，对收入本书的论著尽可能根据原出处反复校勘，力求保持原作面貌，如：文中的"教部"等均未作修改。

三、根据"保持原貌，便于阅读"原则，比较"94 版"，主要在以下方面作了修订：

（一）本书篇目根据写作（或出版）时间按照年度重新排序，并在目录中标明年度。

（二）对部分篇目根据新的出处补充了文章内容；由于内容重复，删除第二卷中《革他们的命》一文；另编黄炎培教育论著目录附录于第四卷后，以便读者进一步研究。

（三）更正了"94 版"中明显的错字，补充了部分缺字。对于原著中明显的错字，将订正之字置于错字之后的〔 〕内。增补脱字，置于 < > 内。原文缺字处，用□表示。繁体字、异体字原则上按国家有关规定处理。

（四）依据国家 GB/T 15834—2011 标点符号用法，对影响读者阅读体验的标点予以重新标注。

（五）对原著中的部分内容重新绘制了表格，并将表格中表述数字的汉字统一修改为阿拉伯数字。

（六）对部分篇目根据文意进行了分段，对影响阅读的序号按照一、（一）、1、①重新排列。

由于我们学力有限，本书疏漏之处在所难免，敬希读者指正。

编写组

2022 年 6 月

出版说明

一、黄炎培先生是我国近现代一位忠诚的爱国主义者、杰出的民主战士、著名的人民教育家。为全面研究他的教育思想，中华职业教育社主持出版《黄炎培教育文集》。研究黄炎培教育思想特别是他丰富的职业教育思想和实践活动，对当前建立具有中国特色的社会主义教育有着重要的意义。为此，中华社会科学基金将"黄炎培教育思想研究与实验"列为"八五"研究课题。本书的编辑与出版是课题的研究成果之一。

二、本书收录黄炎培先生毕生教育著述，按发表时间顺序编排。共四卷。

三、本书在编辑过程中，对原文作了一些必要的技术处理。原文为繁体字竖排，现改为简体字横排，因此，原文"如左表""右之调查"等中的"左"或"右"，均改为"下"或"上"。作者前期著述系文言文，无标点，本书加了标点；后期文章中某些不符合《标点符号用法》规定之处也作了改动。对文中的错字，作了订正。个别处有删节，用省略号标出或注明。

四、本书编入的著述，限于目前所能搜集到的资料，难免尚有遗漏，我们将尽力发现，也希望读者提供线索，以后作《补编》收录。本书编辑的不足或不妥之处，敬请读者指正。

五、本书编辑委员会名誉主任为孙起孟、王艮仲。主任为黄大能，副主任为王明达、孙运仁、蒋仲仁，委员为（以姓氏笔画为序）边德林、李益生、吴长翼、邹天幸、辛泛、陈一如、闻友信、高奇、赖增礼。

《黄炎培教育文集》编辑委员会
1993 年 8 月

序　言

　　黄炎培先生长期致力于教育事业。早在 1898 年，他 20 岁时就当私塾教师。1901 年，他考入南洋公学，学习新学。1903 年，南洋公学解散后，他立志从事教育工作，回到江苏川沙县创办川沙小学。1905 年，他在上海浦东创办了闻名江浙一带的浦东中学。辛亥革命后，江苏独立，他担任过江苏省教育司司长，推动了江苏教育的改革和发展。1917 年，他联络教育界和实业界人士，发起成立了中华职业教育社。由此，他以倡导和推行职业教育为行动的中心。

　　黄先生在长期的教育工作中，对我国封建传统教育的改革、职业教育的研究和实施，作出了卓越贡献。同时，他发表了大量关于教育问题的论著，为我们留下了一份丰厚宝贵的遗产。但是，由于在相当长的时期里，我国教育事业未能得到应有的重视，职业教育更受到鄙薄和歧视，这份宝贵遗产未能及时发挥应有的作用。近十多年来，我国在建设有中国特色的社会主义理论和"一个中心、两个基本点"的基本路线指导下，进行了经济、科技和教育等各方面的体制改革。教育体制改革的主要任务之一，就是调整教育结构，积极发展职业教育。在中央领导同志的支持和鼓励下，中华职业教育社恢复了组织和工作。为了学习和研究黄先生的教育思想和实践经验，中华职业教育社于 1984 年收集了黄先生关于教育的论著，经专家研究，编辑了《黄炎培教育文选》。随着该书的出版发行，中华职业教育社多次举行黄炎培教育思想研讨会。大家都认为，黄先生的教育思想理论和教育实践经验，对当年旧中国的封建传统教育向现代教育演进，起了重要作用。对今天我们在社会主义现代化建设新时期中，深化教育改革，发展和办好职业教育，也有启导和借鉴的现实意义。近年来，为了全面系统地学习和研究黄先生的教育思想理论和教育实践经验，中华职业教育社广泛收集黄先生有关教育的著述，经过整理，编辑成《黄炎培教育文集》。

这部《黄炎培教育文集》全面系统地反映了黄先生教育思想和教育实践经验的形成和发展历程。现就我们在整理编辑过程中阅读和学习黄先生教育著述的体会，对他教育思想和教育实践经验的基本特点，提出几点认识，供读者参考。

一、真诚的爱国主义和人道主义是黄先生的教育思想和教育实践经验形成和发展的基础。

黄先生成长于国家濒于危亡、人民苦难深重的年代里，早年就怀有深切的爱国热情，以救国救民为己任。他考入南洋公学后，师承蔡元培，全力响应蔡元培的教育救国主张，立志献身于教育事业。经过调查考察，他痛感当时兴办的学堂完全脱离社会经济和平民生计，弊端严重，"殊与救国之道相背驰"。因此，他认定"提倡爱国之本在于职业教育"。并明确指出："凡职业教育一以经济为中心，而以教育为其手段可也。"（见《抱一日记》）

黄先生的爱国主义是与人道主义融合在一起的。他的人道主义主要来源于"民吾同胞，物吾与也"的儒家思想。他认为："求生""求群"是人类的根本需要。求生必须具有适合于生存和发展的知能，求群就要有爱群、爱家、爱国的情感。教育、职业教育的宗旨就是使人"广其知而大其爱"。为了尊重人道，强调："办职业教育，须下决心为大多数平民谋幸福。"

我们都知道，有不少真诚的爱国主义和人道主义者，在反对帝国主义、封建主义和法西斯主义的革命斗争中，转变发展为社会主义者。黄先生是其中具有代表性的杰出人物之一。

1914年到1917年，第一次世界大战期间，欧美强国暂时放松了对我国的侵略，我国民族工商业有了复苏、发展的机缘。黄先生抱着爱国主义和人道主义的信念，在当时形势下，一心奋力于职教事业来振兴国家经济，改善人民生计。1917年，黄先生在由他起草的《中华职业教育社宣言书》中，阐明职业教育的功能，希望十年而后，实现"学校无不用之成材，社会无不学之执业；国无不教之民，民无不乐之生；……"的理想。然而，经历半殖民地半封建旧中国的长期磨炼和反复教训，到1926年，他感慨地说："我们同志八九年来所做工作……也算尽心力而为之了。可是我们所希望，百分之七八十没有达到。"（见《提出大职业教育主义征求同志意见》）他看清了所以没有达到的原因主要在于"国事捣乱"和"社会经济困难"。于是，坚持以救国救民为己任的黄先生提出"大职业教育主义"。要求"办职业学校的，须同时和一切教育界、职业界努力沟通联络；提倡职业教育的，同时须分一部分精神，参加全社会的运动"。他还要求努力使职业教育为更广大的平民群众服务，除在城市办各种形式的职业学校和职业补习学校等外，积极开展"富教结合"的农村改进实验区的工作。这说明，随着时势的变化，他对职业教育与国家社会乃至世界全局的关系有了新的认识。1931年"九一八"事变的爆发，促使黄先生的这种认识进一步深化。随着抗日民族统一战线的广泛展开，黄先生集中精力参加抗日救国运动。他的教育思想和职业教育活动有了新的发展。中华职业教育社的工作进入"努力使职业教育配合国家民族为中心"的新时期。

抗日战争开始后，黄先生响应中国共产党号召的"抗日民族统一战线"。他和中华职业教育社的同志们积极参加民主抗战运动，明确宣告：职业教育的目标，"往远处说，是在实现一个民生幸福的社会，在那社会里确切达到了无业者有业，有业者乐业。……就近处说，本社的使命，是以最高的积极性，参与抗战建国的努力。吾们确信，职业教育，只有在民族解放、民权平等、民生幸福的社会里，才能实现他的造福人群的理想"。（见《从困勉中得来——为纪念中华职业教育社二十周年》）1945年抗日战争胜利后，黄先生坚持民主进步的立场，站在中国共产党领导的人民解放运动的一边，为夺取人民解放斗争的胜利而奋斗。同时他十分重视战后教育问题的研究，强调"在战争结束以后，需要生产的恢复和增益"，更要提高对职业教育的认识和估价。

1949年，新中国成立之初，黄先生发表了《中华职业教育社奋斗三十二年发现的新生命》。对当年，"一系列的人受了他们广泛的、天真的人道主义和国家民族主义这些思想的驱使，前前后后奋斗几十年"的曲折前进过程，做了系统的总结。并说明："职业教育，是今后增加生产、繁荣经济的国策实施时所必要采取的措施"，"在今后建国大计的需要上必然很广大而且很急迫"。同时表明：中华职业教育社一群人积极参加了抗日战争、民主运动和解放战争，"得到了充分的信心来迎接新时代"。由此，黄先生等毕生为之奋斗的中华职业教育社的事业有了新的生命，终于在今天改革开放的新形势下，放出新的光彩。

二、大力倡导职业教育，对职业教育的理论探讨和实验研究作出了卓越的贡献。

黄先生教育思想和教育实践的一个突出特点，就是认定沟通教育与职业是当时教育改革的重要关键，高度重视职业教育对增加生产、繁荣经济和解决人民生计问题的重大意义和作用。他研究考察了美、日等外国的教育学说和各种教育设施，总结我国清末民初兴办所谓新学堂的经验和教训，由提倡实用主义教育转而倡导职业教育。同时，他身体力行，先后创办了中华职业学校、职业补习学校和职业指导所等职教事业。在长期的实验研究和理论探讨中，他对职业教育的基本含义、目的和实施方针等重要问题，发表了很多含有真知灼见的论著，至今仍然值得我们认真学习。

（一）关于职业教育的基本含义

什么是职业教育？历来有不同的说法。黄先生在不少论著中讲到对职业教育含义的理解。他首先认为，职业起源于社会分工；"社会生活方式采分工制"，于是乎有职业和职业教育。他在《职业教育基本理论纲要》等文章中，对职业和职业教育的基本含义作了简要的说明。他认为，职业就是"用劳力或劳心换取生活需求的日常工作"，就是"一种确定的互助行为"，就是"对己谋生，对群服务"。职业教育就是依据人们分担的"日常工作"（即职业）的需要，"启发人的知能"，"给人以互助行为的素养"，"使人人广其知而大其爱"，"了解我与群的关系"，贡献他的力量来"换取生活需求"并"对群服务"。黄先生把人们日常的劳动分工和人群之间的互助合作关系联系起来解释职业的基本含义，把教育和职业沟通结合起来解释职业教育的基本含义，就职业和职业教育本身看来，是合乎情理的。对我们今天研究和了解职业教育的本质和功能，提高对职业教育的地位和作用的认识是很有启发的。

黄先生对职业教育基本含义的论述是和当年我国教育的实际问题密切联系的。他的主导思想，就是要沟通教育与职业来改革教育脱离社会生产和人民生活的严重弊端。所以他认为，发展和办好职业教育是沟通教育与职业的直接的重要途径，同时，普通教育也应有与职业沟通的内容。他力求普通教育与职业教育沟通配合起来。要求职业学校在加强职业知识技能培训的同时，也要培养和提高学生多方面的素质，使之成为"社会国家的健全良好分子"。对普通学校，特别是普通中学，他认为应该包含有职业教育的内容，采取施行职业指导和高中设职业科等办法，使不能升学的学生有切实的知识技能来谋生。他当时的这种要求对我们今天的教育改革也有现实意义。

（二）关于职业教育的目的

在中华职业教育社第一届年会上，经黄先生提议，确定了职业教育的目的。这就是："为个人谋生之准备，为个人服务社会之准备，为世界及国家增进生产力之准备。"由于有些人说，职业教育只是一种技艺教育，不足以发展个性。所以后来增加"为谋个性之发展",并列为第一个目的。黄先生在《职业教育基本理论纲要》中指出"自社会生活方式采分工制,求工作效能的增进与工作者天性、天才的认识与浚发,进而与其工作适合,于是乎有职业教育"。这里讲的"天性、天才"含有个性的意义。黄先生还曾强调:要"用教育方法,使人人依其个性获得生活的供给和乐趣,发展能力,同时尽其对群之义务"。(见《断肠集》)这都说明了职业教育与个性发展的密切关系。

为个人谋生之准备这一职业教育的目的,在当年遭到有些人的鄙视。他们诋毁职业教育为"啖饭教育",为此,黄先生指出:"苟并个人生活之力而不具,而尚与言精神事业乎,而尚与言社会事业乎?职业教育效能,非止为个人谋生活,而个人明明借以得生活者。以啖饭教育概职业教育,其说固失之粗浮;高视职业教育,乃至薄啖饭问题而不言,其说亦邻于虚骄。"(见《职业教育谈》)这精辟地说明了职业教育必须使人具有从事一定职业劳动来谋生的能力,否则就谈不上精神事业和社会事业。

为个人服务社会之准备和为个人谋生之准备是密切结合着的。任何一种职业劳动都有二重性,既为个人谋生,又为社会服务。所以黄先生反复说明:职业"包含对己谋生与对群服务,实是一物两面。故职业教育,于整个的人生修养上乃至于国家观念、民族意义之培养上,不但毫无抵触,而且有很大的贡献"。(见《二十年来服务职业教育之回想》)

黄先生在七十多年前,主张"增加生产从教育下手",把"为世界及国家增加生产"确定为职业教育的一个重要目的。这样重视发展生产力,这样明确地提出教育为经济服务,在我国是"第一声"。他在当年研究了第一次世界大战后各国教育发展的趋势,洞察到:"所谓战后教育者,生产教育而已"。同时指出:增进生产力就是要把"地力、物力、人力凝聚起来,而人力是一切力的中心"。联系到我国,他说:"土地如此之大,人口如此之多,苟不亟亟焉自谋所以增进其生产力,他人将有代为谋者。是故吾国之战后教育,更舍职业教育无所为计。"(见《职业教育谈》)七十多年来的历史事实证明黄先生当年这些论断的意义是很深长的。

黄先生提出的职业教育目的,在旧中国固然很难完全实现。但是,在七十年前,这样系统地从四个方面阐明职业教育的目的,打破了就教育论教育的传统观念,确实是很大的进步。这对我们今天从人的个性发展和社会生产力的增长等多方面来提高对职业教育功能的认识,充分发挥职业教育为社会主义现代化建设服务的作用是很有助益的。

（三）关于职业教育的实施方针

怎样实施职业教育，办好职业学校和其他职教事业？黄先生提出了明确的方针，主要是社会化、科学化和平民化。

早在民国初年，黄先生经过调查考察和自己办学的实践经验，得出一个结论："离社会无教育，欲定所施为何种教育，必察所处为何种之社会。"（见《黄炎培教育考察日记》第一集）1930 年，他在《职业教育机关唯一的生命是怎么》一文中指出："职业学校有最紧要的一点，譬如人身中的灵魂，得之则生，弗得则死。是什么呢？从其本质说来，就是社会性；从其作用说来，就是社会化。"就办职业学校说来，他认为："职业学校的基础是完全筑在社会的需要上。"办什么样的学校，设什么科，怎样确定修业年限，设置怎样的课程等问题，都要调查了解当地社会生产和人民生活的需要，然后作决定。为了贯彻职业教育社会化的方针，他力求使职业教育的一切设施都适合于社会需要的同时，还力求取得社会各方面的协作，依靠社会各方面的力量来办各种形式的职业教育。

黄先生在强调职业教育社会化的同时，十分重视科学化和平民化。他认为："所谓新教育，他所表现的特色，只有两点，一是科学化，一是平民化。"他还指出："职业教育，却与两者成连锁的形势。就是一方要用科学来解决职业教育问题，一方要用职业教育来解决平民问题。"（见《我来整理职业教育的理论和方法》）他认为，有关职业和职业教育的问题都要用科学来解决。他在这里讲的科学是比较广泛的，包括工业和农业等物质生产方面各种科学技术，工厂、商店、学校和各种机关的科学管理，还有如心理学、教育学等。为了使职业教育科学化，他十分重视科学实验。中华职业教育社推行一项职教事业时，必先进行实验研究，取得成效和经验，而后谋求推广。如创办中华职业学校是为了以例示人。该社成立后举行过十多次专家会议，研讨有关职业教育的重要问题，促使职业教育科学化。

黄先生一贯主张职业教育面向广大平民。他说："如果办职业教育而不知着眼在大多数平民身上，他的教育，无有是处，即办职业教育，亦无有是处。"（见《办职业教育须下三大决心》）为了使职业教育为平民服务，他创办中华职业学校时，选择校址于上海西南的平民区，对贫苦人家的子女减免学费。中华职教社在城市办的职业补习学校采取晨班、夜班和送上门等多种形式，便利一般职工学习。当年黄先生等所以能够在很困难的条件下坚持办学，除了民族工商业者的支助外，还由于得到平民群众的拥护。

黄先生关于职业教育的基本含义、目的和实施方针的论述，是他的职业教育思想和实践经验的基本内容。此外，如他一贯提倡的"职业教育与实业结合""手脑并用""工读结合"和"学习一贯互进法"等，也都有助于今天我们改进职业教育的教学过程和教学方法。

三、高尚廉洁的人格，求真求是务实的思想作风，与时俱进、奋斗不息的献身精神，风范长存，启迪后人。

黄先生所以成为卓越的著名教育家，除了努力倡导和推行职业教育的卓越贡献外，还由于他的为国为民的人生宗旨，高尚廉洁的人格，求真求是务实的思想作风，与时俱进、奋斗不息的献身精神，体现了人民教育家的崇高品质。他的卓越贡献和他的崇高品质是结合在一起的。

黄先生在《八十年来》自序中说："一分精神全为国，一寸光阴全为民。"可见，为国为民是他的人生宗旨。他和中华职业教育社的事业，尽管经历过不少曲折和困难，也不免有失误，但始终没有离开过为国为民这个根本宗旨。黄先生的为国为民的人生宗旨是和他高尚廉洁的人格融成一体的。他早年考中了举人，本已高官厚禄可图。但他在南洋公学被解散后，献身教育事业，回乡办川沙小学堂。因学堂经费极为困难，他不取分文薪水，靠乡试中试"朱卷"收入维持十分清苦的生活。中华职业教育社成立后，他尽心尽力于职教事业。这期间，北洋政府曾两次任命他为教育总长，他拒不受命。为了使中华职教社按照计划开展工作，他多方奔走，筹集经费。他自己过着俭朴的生活。他对列强在中国占有租界深感愤恨，从不住租界，长期住在上海南市一所小楼的厢房里。后来他用筹募来的经费为中华职教社建造了公用大楼。自己仍住在那所小楼里。他从不添置家产，卧室就是会客室。

抗战开始后，中华职教社迁到重庆。国难期间，黄先生和职教社同志更要求勤俭节约，一度电一滴水都不许浪费，对用过的信封也要翻过来再用。抗战胜利后，他和职教社总社迁回上海。这期间，国统区物价飞涨，民不聊生。黄先生不得不变卖藏书，卖字以资生活。他卖字也不忘教育、不忘救国，写的是诗篇和格言。他在《五斗歌》中讲明："一联一幅一扇米五斗。益人身与心，非徒糊我口。"他还写了题为"鬻字"的诗："老来鬻字是何因，不讳言贫为疗贫。伤廉苟取诚惭愧，食力佣书亦苦辛。"抒发了他坦直廉洁的情怀。

黄先生常以"理必求真，事必求是，言必守信，行必踏实"十六字格言启示别人。同时更用以规范自己，做到言行一致，以身作则。他坚持追求真理，实事求是。他当年所以提倡职业教育，是"本于自谋，非发于外铄"。由于深信推行职业教育切合于中国社会经济和人民生计的需要。所以他要求自己和职教工作者"下决心脚踏实地，用极辟实的工夫去做"。他对国家社会全局的大事，更严格做到"实事求是"。当年在国共之间，他先在中间当调人。经过多次事实的启示，他终于认清了孰真孰伪，走上了正确的道路。特别是延安之行，他亲眼看到"延安没有一寸土荒着，没有一个人闲荡，政府对每个老百姓都负责"等等情况。从而更认清真理和希望所在。一回重庆，他就不顾个人安危，写成《延安归来》一书。同时他以踏实的行动，带头推动拒绝国民党反动派检查图书杂志的斗争。《延安归来》畅销各地，用事实表彰解放区的成就，辟除诽谤解放区的谣言。他越来越看清了国民党反动派的真面目，同时日益增强了对中国共产党的信任。

　　新中国成立后，他欣然担任政务院副总理等职。他说明："我以往坚拒做官是不愿入污泥，今天是参加中国共产党领导下的人民政府的工作，我做的人民官啊！"为了做好人民的官，他严格律己，廉洁奉公。他原住在简陋的四合院内，周总理亲自安排为他修建一座小楼。他一再推让。他继续保持当年勤俭节约的习惯，仍然把用过的信封翻过来再用。深得毛泽东同志的赞扬，称之为"炎培作风"。同时他不顾年老，认真学习马列主义毛泽东思想和党的方针政策。他精读了《资本论》第一卷，参阅了《马克思传》等，写了几万字的读《资本论》心得和《马克思颂》长诗。他一面学习，一面积极主动地工作，写给毛泽东同志的信就有近百件。党中央和毛主席对他主动踏实的工作，给予了相当高的评价。

　　黄先生当年的教育思想理论和教育实践经验，难免有历史的局限。然而他的为国为民的人生宗旨，高尚廉洁的人格品质，求真、求是、务实的思想作风，与时俱进、奋斗不息的献身精神，必将风范长存，启迪后人。这对我们当前和今后的社会主义精神文明建设和廉政建设都具有重大的现实意义。

孙起孟　孙运仁
1993 年 10 月 15 日

目 录

1916 年

1917 年

江苏南汇县党狱始末记

篇中问答有极可玩味者不用文言。

苏报案未结，清政府不慊于怀，而无如之何，乃于沈荩一泄其忿，于是庆宽等升官矣。一般狐群狗党，逆料必有无端兴起大狱者，果也六月有南汇县革命党一案。

南汇西接上海，北连川沙，从前学界暗沕，毫无影响。今春黄君炎培、张君志鹤设小学堂于川沙；阅二三月，又设开群女学校，极力提倡，于是南汇各乡镇青年大感动，风气为之一变。

闰五月之杪，顾君次英归自日本。先是南汇城内设一县学堂，腐败达于极点，校中课程淆乱可笑，学生日背诵《四书》《五经》，教习时用夏楚，讲堂满壁高揭总理教习所谓谕帖者，模仿告示体裁，腐败至此，内容殆不必问。顾君客冬往日时，曾自任回国先振刷此校。故学界诸君闻顾君归，皆大欢迎。顾君谓南邑地方百里，即使县学堂十分完备，亦岂能容合邑子弟，非谋教育普及不可。致函各绅士劝筹经费，兴学校。青年同志益大奋，刊发传单，竞邀顾君讲述教育大旨。六月初由新场而周浦、而大团、而川沙，每会上下流社会环而听者辄数百人。炎风烈日中，流汗骇喘，无斁也。二十日新场讲学会再邀顾君及朱君祥绂、黄君炎培讲学，兼筹开办小学堂事。

新场讲学会成立已历两月余，教习学生有精神。同镇有耶稣教堂，堂中设有益赛会，会中有演说，会例不拘何人均可入会，牧师陆君子庄与讲学会友善，故讲学会友均入会。每益赛开会，讲学会友或演说或旁听必到。逢星期，讲学开会，陆君率会友亦如之，两会团体甚固。二十日发起邀集讲学，陆君与焉。十九日黄君至新场，是日俗传观音诞，黄君因与会友谈及同镇永宁寺事。永宁寺者，有住持尼数人，声名素狼藉，谬倡先天门教名目，勾诱良家妇女，招留无赖匪徒，男女密室，对坐蒲团，托名点道，暧昧之事，久播人口。是日又大开香会。黄君与会友信步往观，入西偏小室，男女杂坐，形迹可疑。旋于床畔拾得药水一瓶，正欲试嗅，一口操江西音之男子，急起攫去，言词支吾，神色张皇。因即报明营汛，饬丁将该匪拿获，议送县究办。尼闻大窘，星夜贿通素恃护符犯案累累之痞棍黄德渊。

二十日晨德渊至讲学会，先谢该尼之荒谬，继又为尼辩白，力请将匪释放。会友语以事关风化，既有所见，未便释放。德渊色变，语侵讲学会，即高声曰：汝等足穿革靴，体操易洋衣果何为者？会友未答。有微笑者，德渊大怒，拍案骂詈。一时许戟手而出，走至汛廨，请释匪不许，自语曰：吾必做到方罢手。

午刻顾君至，汛丁来述德渊状。顾君曰：此事人人心中以为应办，吾辈做事既见得到，便不能放手，汝不必理彼，小心看守可也。午后开会，人众会场狭隘，不能容，假城隍庙为会地。德渊扬言于市曰：汝曹曾见此等学生乎，从来无好事若此者，彼等今日干涉，明日干涉，将来不知闹至如何地步。吾新场人衣食从此绝矣。且吾闻官场亦不喜此等学生，其为不安本分无疑也。茶寮烟室，流氓溷杂，皆德渊党也，从而和之。怯者劝会友糊涂了事。顾君曰：今日不讲学可也，不提议此事不可也。于是徐君世杰述开会词，兼提议永宁等事，众赞成，送县究办之议遂决。顾君因演述社会改良下手方法，朱君演述设蒙学事，黄君演述结团体，续演述者数人，散会已五时。

七时半会友在讲学会晚餐，陡闻鸣锣声、喧哗声，疑为火警，群至门前探询。遥见列炬闪烁中。德渊横铁棍率众二三百人蜂拥至前，急闭门。德渊持棍击门，镇董叶君闻警至。晓之曰：汝何得尔。德渊不应。婉告之曰：有事明日商量。德渊知不得逞，且意会友或在教堂，率众驰至教堂索人。益赛会会正王君问间索何人，德渊嗾其党大呼曰：即汝奈我何！拉王君衣强之行。地保至，力劝始释。流氓乘机毁玻璃窗，乃留三四十人守教堂，率众至营廨将什物捣毁一空，劫匪徒而去。复拥至河干，觅黄顾等坐船，实则黄顾等无坐船，诃中止周浦讲学会友张君尚思等坐船。不分皂白，先投瓦石毁舱面。张君等恐为所辱，从船尾渡至彼岸得脱。流氓一拥上船，抢劫衣物一空。是夜呼声震远近，六街鼎沸，怯者闭门，或从隙地袖手作壁上观。绅董自叶君外，均佯为不知。盖绅董本与会友不合，以既开学堂，必筹公费，而各项公款，均若辈所窟宅，身家妻子衣食关系之处，不得不拼命力争。故自学会设后，啧有烦言。德渊廉知实情，有恃无恐。绅董实阴借其力，借此阻挠学会也。扰至三鼓，声息渐静，黄君顾君等愤甚。

二十一日黎明黄顾诸君离新场，午后至邑城，傍晚缮公禀投递。向例投禀，门丁索钱甚奢，惟当堂递禀，可不用钱。诸君是时不携分文，俟至黄昏，该令戴运寅坐堂皇审案，黄顾等趋谒递禀，戴令骤见黄顾等便衣上堂，意为下等人，瞋目叱之曰：你们做怎么？

黄君曰：有事情递禀。

县署役人随叱曰：跪下去！

黄顾两君粲然而笑，戴令掷禀拍案大怒指黄君曰：你是什么地方人？

黄君曰：上海人。

戴令曰：上海人来做什么，你到底是怎么样的人？

黄君曰：举人。

戴令色霁指顾君曰：你是什么地方人？

顾君曰：南汇人。

戴令曰：到底你们有什么事情？

顾君曰：是地方上事情，公禀上已写得很明白了。

戴令索禀阅之，不能通其词。谩曰：吾已知道，你们明早进来谈谈，尽管便衣不要紧。

言至此微带笑容，顾君等辞而出。

二十二日晨九时顾君等入署，先至门房，时执帖者高卧未起，因坐待。九时半执帖者谡谡然披衣起良久，揭帐、取痰盒、嗽毕下床，其从者捧盥至，执帖者盥洗。问曰：诸位有什么事，为什么没有衣冠？

顾君曰：事情你们老爷已明白，衣冠吾们没有。

侍从者折叠被褥，陈烟具，执帖者上床吸烟。有顷，起阅名片，问曰：哪一位是副贡？哪一位是举人？哪一位是廪生？

问毕戴凉帽入内。出曰：吾们老爷没有起来，请坐一下子。

又上床吸烟，顾君等不耐烦，促之曰：你进去再看一看，你们老爷现在起来没有起来。

执帖者又入内。出曰：老爷还没有起来，昨晚堂事很辛苦，诸位请到外边吃一杯茶再来。

顾君等至总房坐待，十一时入内，问知尚未起，又往外散步，十二时入内。执帖者曰：老爷已起，现在上房里头。

有顷又曰：请，……请。

于是延至花厅，戴令出，一揖就座曰：诸位昨天禀子，兄弟已经照办，现在庵已封禁，土棍今天就可捉到，请放心。

顾君等称谢，即纵谈学务，一时半出署。

顾君等以为目的既达，步行出城，往亲友家。是晚德渊上堂，戴令喝问曰：鸣锣聚众，你知道是什么罪？

德渊曰：小人知道有罪的，但这件事是地方上公愤，不干小人一人之事。

戴令曰：什么地方上公愤？

德渊伏地呜呜作哭声曰：黄炎培是小人的侄孙，他天天讲革命，小人是不通文墨的，问读书人都说就是造反。小人因教训他，岂知炎培目无尊长，不认小人为叔祖，小人一身不足惜，可怜吾黄氏代代积些阴德，不料至炎培竟遭此横祸。

言毕，又伏地大哭。戴令沉思良久，喜形于色。谓德渊曰：吾知道你们都是好百姓，你们回去罢。

德渊既出，戴令呼肩舆往学堂迎黄、顾等，回报已回家。戴令怒，责总理顾君忠宣，即函催黄、顾来城。

二十三日上午新场人康作甘入署，与戴令密谈，作甘、德渊谋主也。顾君、黄君、张君、张君接函不知何事，晚入城诣署，戴令大喜，延入一见。厉声曰：你们到新场讲学，奉过这么谕单没有？

顾君曰：讲学是从来没有谕单的。

戴令曰：谁请你们去的？

顾君曰：新场人。

戴令曰：什么人？

顾君曰：来函称同人公启，没有名字。

戴令曰：你们讲什么学，你们谤毁皇上，谤毁皇太后，你们是革命党，你们想造反，吾有凭据在这里。

手出两纸掷几上，飒然有声。顾、黄等取阅，一南洋扎饬，一水师营务处扎饬，均饬地方官查拿东洋留学生上海爱国学社中革命党。未阅毕，戴指黄君曰：黄德渊是你的叔祖，你不认族长，哪里认识皇上？

顾君曰：这是地方公事，并非黄姓一家之事。

戴令曰：你们一党。

黄君曰：请息怒，有几句话讲。

戴令曰：今晚不能说。

拂衣起，顾役曰：喊原差。

至阶下，顿足大骂。

革命党！革命党！革命党革命党！

差役执灯导四人入捕署。入署扃锁一室，立呼匠役窗外装栅栏，室内看役两名，室外亲兵数名，大门亲兵数名，层层严密，水泄不通。戴令星夜饬差赴上海禀道署，又径电禀江督魏光焘、苏抚恩寿。向例电禀必由道署转，戴恐袁道攘功，故不由道转。

自二十四日至二十六日，四人者逢溲溺时始启钥，看役必尾随其后，亲兵稍远，植立自内向外必由之路，防逸也。二十五日黎明顾、黄两君起，闭门不得出，立椅上，从窗罅溲焉。署中无饭，遣役买饭，与以例钱，辞未便，钱稍盈余，欣然而去。室内二役日吸烟，亲兵至夜，亦入室吸烟。恐为四人呵责，始稍稍与四人语。一兵将吸烟，忸怩久之曰：

戴子迈真糊涂，他在家时不过读三年书，晓得什么。即如你们四位老爷，岂能押在这里。吾们当兵月粮不过四元，怎么能够用，许多刻薄，一言难尽。

四人笑不答。捕官日入室谈一二次，借探听四人口气也。

是时学界中人闻之大哗，陆续来城探询消息，或痛哭拟拼头颅与四人同死，或拟设法援救，徒手呼号无济于事，入署一面，必赇亲兵始得通。新场镇董恐不利于众口，亦入内慰藉，寒暄数语即别。德渊在城高谈阔论。辄曰：此辈诚可杀，然吾甚怜之。

戴令指顾间有升官思想，日日不理事，肩舆拜客，谓学官曰：君知此辈中有东洋一留学生乎？君不知，吾知之。我二十八日拟大宴客，四人者二十七日殆必正法，君暂勿泄，看我手段如何耳。一面饬差签提列名诸人，一面出示张皇其词，谓为解散羽党云。

二十六日晨，美国监理会长老步惠廉君偕陆君子庄、方君渊甫、袁君恕庵三牧师至南汇。先是陆君以教堂被扰，至沪报步君，步君谒美领事，将咨道署究诘，未发而得四人被逮消息。步君叹曰：中国官吏愦愦若此，殆不五稔矣。急往谒领事，持公文，乘汽船至南汇。时戴令未起，闻有西人来，踉跄出见。首问来意。步君曰：某来此，非有他故，为四人被逮事。四人者敝会陆君同新场诸君邀请之人也，皆热心教育，非但贵国人当崇拜，即他国人亦甚敬佩，今君不察，听细人之言，指为革命党，某敢力保。戴令所答非所问，滔滔汩汩不知所语云何。步君等曰：宜君之不知也，吾辈方欲为君剖解，而君不容措一词，今君之言止此乎，某亦欲有言。戴令曰：你们讲，……你们讲。

步君等曰：请问四人为革命党，有什么凭据？

戴令曰：黄德渊禀。

步君等曰：黄德渊禀可否让我们一看。

戴令惶然曰：现在还没有，终要叫他切切实实补一禀子来。

步君等因曰：黄德渊是二十二日上堂，今天是二十六，还没有禀子，此刻你老公祖，叫他切切实实补禀子来么。

戴语塞。步君等曰：公禀诸君均读书明理的人，反置之不理，土棍一面之词，即可信以为真，是何居心，吾辈真不可解。

戴面赤，不发一语。步君等曰：扰教堂，毁营廨，老公祖知道不知道？

戴令曰：不清楚。

步君等曰：然则有人毁老公祖衙门，难道亦不清楚么？

陆君曰：四人既是革命党，吾是邀请的人，然则吾亦革命党，请老公祖一齐拿罢。

戴令曰：唉！四人没有说过同贵教有关涉，如他们说过，兄弟一定不做这件事的。

辨良久，戴烟瘾发，窘甚。入内半时许，出曰：既诸位来，兄弟终有一点面子，但诸位应须写一保证书，否则我已通详上宪，教我如何回复。

步君曰：极是。

即缮保证书，谓如官场查出有真实革命党凭据，准即交出，决不祖护云。十二时十五分辞出。

戴令谓陆君曰：以后教堂有怎么事情，请老兄拿一名片来。兄弟无有不照办。

于是戴饬差持名片至捕署，请四人出署，观者如堵。道经新场，镇董某君恐不利于德渊。面晤步君，为德渊解纷。步君微哂曰：我为四君而已，余事吾敢干预乎。是夜步君等偕四君同舟赴沪。顾君谓步君曰：承先生热忱，拯吾辈，甚感。然敝国国事贻笑若此，吾辈甚惭见先生。步君曰：我见各国报章，谈中国瓜分事，吾不敢决，今若此贵国生机绝矣，复何望乎。

四人既于十二时半出城，而十二时三刻江督就地正法之回电至，戴令懊丧欲死，即由道转电南洋。初苏报案起，各国干涉，大官瞠目不知所措。张之洞在北京，每言魏光焘办理不善。魏虑张之龁其后也，又惧张之洞或代两江也，日夜谋所以媚悦北清政府之术。得戴棻有拿获革命党，并搜出私藏军火语，大喜。一面饬就地正法，一面电达政务处，铺张扬厉十倍戴棻，大有居功之意。既得沪电谓已由洋人保出，则大恚怒，而又不得不电告政务处。政务处复电切责魏糊涂。魏愤，切责戴不应擅放，饬索还四人。交相诟病，丑态百出。于是戴令记大过三次矣。方是时，苏抚回电，有事关重大，未便鲁莽语。袁道以批语不符禀魏，魏批请抚台主政，于是苏抚有饬府提讯之批。六月晦日戴令至沪，先谒袁道谢过，求转圜，往拜领事，领事拒不见。拜步君，入门恭而有礼。步君曰：君由道台转告领事，谓吾假冒领事公文，吾甚骇愕，公文可假冒哉，君太细心矣。戴令力白其无。既而曰：吾第谓中国牧师太咄咄逼人耳。步君曰：然则君特不能谓我耳。戴曰：此事总之吾一人鲁莽，百喙难辞，今吾已明白，上宪已记我大过三次，事若不了吾前途危矣，望君通融办理。步君曰：吾原保之证书犹在，明言如查出确实凭据，准即交出。今据君言，但知四人非革命党，并知四人皆志士，与道台告领事语相符。然则君不应问吾索人，我守前日之信，亦不应交还四人，君休矣，勿复言。戴令去后，徘徊沪地半月余，日则处稠人广众中，向隅默坐，昏昏沉沉，疑得心疾。夜则折柬宴洋务人员。又知步君处无可设法，乃浼各员介绍。求与四人向所熟识者，辗转作说客。又以上南绅士秦君荣光等列名保四人。袁道着秦君等传谕四人到案，戴即浼绅士关说，日必二三起至四人处。

　　戴令在沪数日，狼狈情形，人颇怜之。及回南汇，又签提列名诸君，强之动悔呈。致函康作甘，嘱纠人告讦，引德渊入署，与幕友商量禀语，句斟字酌，数易稿而后定。私造四人亲供及甘结，多方罗织，兴会一如前日。合邑风声鹤唳，谣传四起，学界诸君惧祸及，大半渡浦寓沪上，士类一空。徐君世杰不得已赴试金陵，忧愤卒于道。德渊日出入衙署，戴日给烟资一元。谓德渊曰：吾之功名在汝之口，汝之性命在吾之笔，尔我两人不可不同心协力云。盖德渊常言如上司严办我，即以县官屡次密嘱之言实告，戴惧不为所用也。

　　袁道知事不易了，颇有意周旋两面，商之领事，允就近审结。袁禀江督，江督许之，而曰不知抚台有何成见，惟事以速了为是。盖满汉督抚之措辞，针锋相对矣。于是又有道署审结之说。步君持不可，移文络绎，督府促袁道，道咨领事，领事语教士。周而复始。又达督抚，往复数月，迄今悬宕未了。

记者曰：南汇令天真烂漫，热中时便能现出一种热中怪象，狼狈时便能现出一种狼狈怪象，凶恶时便能现出一种凶恶怪象，人曰丑态，记者曰率真。

可怜哉满政府，杀一沈荩，而环球报章野蛮、野蛮不绝于耳。封一苏报馆，而工部局从中干涉，至用辩护士与邹、章对质。拘南汇四人，而区区一教士立谈之顷，挈之而出，奇窘若是。使我处政府地位，外人即不敢计较，吾亦必取国中志士一网打尽以为快。

吾祝满政府，无气馁，杀一人不能，杀十人，十人不能，而百、而千万，必使汉族人人有可杀之性质材料，然后磨刀霍霍可以尽其长技，故中国前途之希望，吾必属之满政府。

闻之四君，南令二十三之晚，一副扬扬得意面孔，千变万化，殆非活动写真所能形容。闻之督署中人，魏光焘接戴禀之日亦如之，此辈生平绝技，能使一副面孔，化为无量数面孔，实则无量数面孔，归根结底仍是一副假面孔。记者曰：此普中国官场代表之面孔。

癸卯九月记

（原载《江苏杂志》第 6 期，1903 年）

为学务公会立案禀川沙厅文 ①

　　敬禀者，窃办理学堂，为目前至要之政。吾川土瘠民贫，素无公款，一时筹费，实非易易。欲求城乡各镇，到处设立，抑又为难。然使因噎废食，何以重学务而期普及？于是学会之设，不得不亟亟也。江苏全省，业经设立学务总会，各厅、州、县公会公所，亦皆次第兴办，而吾川阙如。伏查川境，除城中高等小学堂外，其余初等小学共有一十二处。若无学务公会，不惟编制互有参差，且恐教科未能划一。势必各学堂自为风气，漠不相连。职等爰于正月初十日，开全境学务公会，公议会章，分划学区，用投票法，各区分举议员，全体投票公举会长、副会长、议长、副议长、经济部总干事各职员。查通州、泰州、太仓等处，设立学务公会公所，均经地方官长颁发信记，邻邑上海，亦已援案请发。拟请仿照办理，文曰《川沙全境学务公会信记》，以昭信守。所有会长黄炎培、副会长黄琮，总理全会事务；经济部总干事潘守勤、顾懿渊、陆家骥，筹划全会款项。关系重大，未便率尔。并请仁宪各给照会，以昭慎重而专责成。为此将公会章程、职员名单，分别钞折呈送，环请俯赐通详立案，实为公便。

（原载《川沙县志卷九·教育志》，1906 年）

---

① 在此文上署名的还有黄琮、潘守勤、沈亮榮、陆家骥、张志鹤。原标题为《黄炎培等为学务公会立案禀川沙厅文》，现标题为编者所改。

黄炎培调查嘉定学界冲突报告

炎培被会长命赴嘉定调查，以十一月初四午抵嘉，再宿而返。所见除邑令熊公育锐外，若高等小学校长周君世恒及其弟世丰，清镜小学校长顾君瑞、学务董事潘君元善、葛君以浩以及各校教员。所至若学务公所学会、高等小学、清镜小学以及智东、启北各小学。察其现状，聆其舆论，阅其往来文告。知此回冲突，显分两节。王庄诸君指摘高等小学缺失为前节，十月二十四日前事也；清镜小学校门被毁为后节，二十五日后事也。今次第述之：

前节王庄诸君指摘高等小学缺失。高等小学向归城董诸君晞沆经理，颇滋物议。去冬诸君告返，邑令熊公与学务公所董事商，推拔贡生周君世恒为校长，以周君资望较深，又系诸君受业弟子，新旧较易接洽。故接办后，乃有该校毕业生俞泰林等不认校长，赴县署及学院控告事（以上据熊公及公所诸君言）。八月十五夜，校员节宴，师生颇有龃龉。

按此节两方所述，微有不符。据高等小学中人、公所中人金谓，是夕校员宴于理事室，厨子来言食堂上学生欲添菜，校长允之，如是者再。最后厨子来言，学生亦欲食一品锅，以校员席上有是物也。校长怒驰往诘责，其时声色甚厉，却未谩骂。至明日，学生向校长认过，事乃寝。而王君琪致公所书，则谓中秋夜，堂中大开筵宴，师生同饮。老饕未餍，将学生之菜食去，学生哗然，彼则大肆谩骂云云。兹事已成陈迹，莫究其详，妄其为酒食召衅无疑。

九月抄王君琪贻书学务公所，指摘高等小学三事：一、醉酒召衅，即指中秋夜事。二、约束不严。注，傍晚学生在学场游荡，绝不派人监视。三、教科不合。注，地理课本为师范讲义与小学程度不合，算学习代数不示以程式，仅出一二问题以了事云云（全书抄存）。公所调查答复，谓地理讲义太深，代数教法不合诚然。中秋夜事，是夜校长并无谩骂之语（此节述之甚详，见顾瑞附呈本总会各函件内）。至所指游荡一节，通学生既出校，似不能再使学监监察，寄宿生平时应否不令出校门一步，容再妥议，云云。王君乃将是书加以首跋，刷印广分，词意甚不慊于公所。庄君寿嵩亦致书公所，责其漠视高等小学腐败，此十月上旬事也。

按高等小学究竟腐败与否，此为调查一大要点。炎培到嘉第一日，即赴该校遍阅校舍、校具，参观教授二时，复阅课程表、教科书各种规则。觉该校第一大缺点，在校舍之不合式。旧为当湖书院，阔仅四间，而深有六七进，其运动场又在最后进之西笐。理至不便。第二缺点，在各科时间配制之未甚当。每周一、二年级国文六时，算术四时，三年级国文五时，算术三时，四年级国文四时，算术三时，似宜增体操六时。一、二年级历史、地理、图画各三时，似可减。即王君所指地理、算学各科之失，炎培以视察小学之眼光视察之，诚未觉其合，惟据此而以腐败二字谥该校决所弗安。

十月十二日，高等小学开运动会。十三日设席宴宾，校员学生皆与焉。至十六夜学生钱昆彭失足折齿，物议愈起。

按此节述之又少歧。童君宜震、俞君泰林等广告，谓是日宴宾，校长率学生闯席，强欲与教员猜拳。周君世恒复童君书谓，学生向内，来宾向外，猜拳行令确有其事，并非闯席。本校职员，亦有对来宾猜拳者，惟并未与学生猜拳，云云。至钱生折齿确在十六夜，去设宴已三日。李君城致王君琪书（是书王君偕汪君寿芝列名刷印广布后，江君致书公所，声言并未与闻，今并抄存），谓钱生醉后倾跌非实情也。

维时责言麇至，传书旁午公所，以上海同乡会之提议，定二十四日开评议员会评议此事。定章评议员会以各学校职员组织之，庄君寿嵩致书公所，提议办法，凡高等小学职员，已在被议之列，不应与议；又凡与于中秋夜宴者，即非该校职员，亦已失其议事之资格及其效力。总董黄君世祚答书，赞成其前一条，不认其后一条。庄君复致书力辩，词近激（见顾瑞附呈本总会各函件内）。而其时清镜、民立、智东、启北、崇德、崇实六校印分意见书，反对开会评议之举。以为兹事是非曲直已自了然，毋庸评议。且评议员权限，凡课程学级之厘定，评议员有认可不认可之权，该校缺失不在课程、学级，即不应评议。其意迫欲更换校长（此意见书见顾瑞附呈本总会各函件内）。至二十四日，公所开会，反对之各评议员均不愿与议，一哄而散。后节清镜小学校门被毁。清镜小学创于光绪三十年七月，由周君世恒及其再从弟世丰及戴君思伟三人经理。

三十一年十月，周君世恒以事繁不克兼顾，乃禀举顾君瑞为校长，周君世丰等协同经理如故。今秋学生渐多，增设课堂，乃租今屋。今屋本系周君世恒产，由世恒出资翻造，拨与世丰暂住，今乃由世丰租与清镜者也。

按拨产一节此为周氏家事，无从确查，第据昆季二人言如是。

屋凡三楹，前为天井，天井前正中为双扇大门，左为单扇角门。周君世丰既以是屋租与清镜，挈眷他住，顾上有八旬余之祖母，高年不便移居，乃留左边一室居焉，其出入同此天井，同此门也。清镜学生皆通学，校员除周君世丰时侍其祖母外，余无宿校者。十月二十六晨，校长顾君瑞以校使之驰报，往见角门及堂前窗棂被毁，周君世恒已先在，自言我所毁也。

按照君瑞报告本总会谓：周君言打毁门窗，是吾手段，尔将奈何？而周君谓：当时实言我非与清镜为难，自与我弟谷贻（世丰字）为难，尔可不必顾问，其时旁无证人，无从确悉。

顾君乃禀县请勘。一面通告各校报告公所，请开会评议。周君世丰随亦禀县，并报告公所，声言此系家事，与校无涉，即当雇匠修葺。周君世恒亦致书公所，大旨谓清镜等广布意见书、解散评议，欲迫世恒离校。他人犹可言也，若吾弟世丰所居之屋，固世恒产也，清镜实世恒创办，世丰且尝受业于世恒，现为该校承办人，而亦随声附和，思之大愤。即往叩门责问，时在夜十点钟（此时刻询周君世恒得之）。叩久代之以足，门破入门，复拍窗呼弟，忘却窗棂有无损害，呼久不应而返，初不知世丰之不在内也。明日复往诘问，世丰称清镜发意见书时，我在上海并未知道，惟惟认过自愿修葺，云云（周君兄弟致公所书均抄存）。公所董事潘君元善、葛君以浩往调查讫，即复清镜以本公所未便干预，听县办理。一面呈报县令，此系家庭事与学无涉，而县批顾君瑞、周君世丰禀谓两造各是其是，均有不实不尽，以二十七晚往勘毕，照会公所查复，公所复如前言。

按此事究为家庭交涉与否，首先问被毁门窗之谁属，今学校家庭同此出入，则形迹上殊无从据以辨别，所别在毁者之心耳。

二十七晚，县勘毕。清镜停课，翌日民立、学前两小学继之，智东、启北、崇实复继之。周君世丰以二十六日雇匠修门，顾君辞。县令以二十九日饬地保唤匠往修，本月初三日周君世丰复雇匠往修，顾君皆辞（据熊公周世丰言）。县令饬人持名片劝令各校开课，复称诸生畏强暴不敢来也。炎培既至，阅清镜，见角门毁，下中截窗棂一扇毁，其中心校具完整，学生无一至者，阅智东、启北诸校，咸阒无人焉。

找嘉定城厢内外学校凡十二，今停课者六。

余既一一查如上述，乃以初六午返，返之日县令召顾君入署面劝，意犹未能释也（濒行熊公来言）。

（原载《江苏教育总会文牍》二编下，1907年）

黄炎培调查南菁高等学堂报告

三月十三日抵江阴，晤该堂庶务长章琴若（太史），凡下所列都得之章君。

岁入额：

一、横沙租息一万有余串。

杂项报销不达部，唐学台任内改归正项，报销达部。

二、小阴沙一千余串。杂项报销不达部。

三、典息五千余串（存本五万串，内三万三千串合银二万两，系官款），亦项报销达部。

收款法：

一、横沙租息，由川沙所迳解学院，发交学堂具领。

二、典息由常属入县解学院。

三、小阴沙（在通州境）由江阴郑绅、靖江陈绅经理，迳解学院。

报销法：

由学堂监督办报销四分一，存江阴县三分，由江阴县详送学院内。一份由学院咨督院，一份由督院转咨户部。自拨到铜圆剩余后，另具一份由学院咨抚院。

加征策：

光绪二十四年，学院瞿曾拟加收横沙租息，佃户不愿，致与学院所派驻沙委员冲突，爰议十年后再行酌办。

三十一年以后收支情形：

一、三十一年份横沙歉收，租息未收。

二、由端午帅拨铜圆余利，每月银一千两（共收十二个月）。

三、三十二年又由端午帅筹拨银四千两。

四、是年又由宁藩司筹拨银三千两。

五、金监督置办图书、仪器银三千两未有报销。

六、三十二年金监督向江阴县承令借银七百元未还。

章金交替情形：

一、金监督接手时，由庶务长章君琴若将收支账目、存余银钱、各种单契，以及校具、图书、仪器细目用正式文牍移交，由金监督出具收据。

二、学堂停办后，金监督未办交代，亦未办年终报销，一切收支项目及各种单契仍存金监督处。

三、学堂停办后，留司账一名、斋夫两名、更夫一名，余均遣散。

是行以调查校舍为主务，倩章君异观毕，索校舍图无有，加以度量，除别具图说报告外，陈附所得于后。

校舍建筑年月：

除中路讲堂三间成于光绪二十八年，立字斋舍九间成于三十二年，余均光绪八年建筑。

校具：

中路讲堂内置长桌数十只，工料甚佳，惜不合讲堂用，此外完整者鲜。

图书：

章君桥藏书楼钥匙不得，出示书目一册，中载经、史、诸子以及近二十年制造局、徐家汇教堂、广学会等处印行图书略备，并有和文书数种。

仪器：

仪器悉置中路讲堂后一小室内，自窗外窥之，仅见抽气机、发电机数种，实无甚器械。

运动器械：

天桥、云梯、平台、木马、平架、浪木、悬环、绳梯、秋千皆备。

建筑价：

时下价值每间十七架者，约银二百元外（亦据章君言）。是役也雷君继兴谐行，深资匡助合附以闻。

（原载《江苏教育总会文牍》二编下，1907 年）

理想的家庭

家产宁无有，有则自置，非传自祖父。

居宅朴雅而整洁，入其门，有歌声、琴声、书声，无诟谇声、叱咤声、喧笑声、博具声；无庭、沟、厨、井种种之臭味，而亦无脂红、粉白种种之香味。

入其室，几案、琴画、壁镜、盆花、茶瓯、砚匣、地毯、唾盂、尘拂皆备，而不必华。有定所，而未尝杂。窗隙无积尘，奥隅无积秽，杯足无积垢。

四壁非英雄相，即历史图，非关于道德切于卫生之格言，即教育游戏具与练身具。

男子必毕业中学，女子必毕业小学。男子既成年，莫不执一业；女子非育子女、非主家事、非老亦莫不执一业。丧葬婚嫁，概除繁文，新礼式可采者，采之。未尝为子女储婚嫁钱，嫁弗用妆奁，婚费由婚男自备之。

僧人道士，三姑六婆，禁勿使入门。岁时不废祭事，而不用纸锭纸钱。

起卧食息，必有定时。子女洒扫有定职，常日以外，必定时为大扫除。

必设男女厕所，必设浴室。

衣服朴雅而整洁，即有陈旧，无绽裂，即勿置华服，必备礼服。

出门非有急事，非远道，非携重物，勿乘车。

食品不必丰，必洁。

客至款以茶，不以烟。妇女能应接，能咄嗟办肴馔。

浣濯、炊爨、缝纫，即不能不佣人，而决不加叱詈。量入以为用，一年之终，预算明年度之出入。一年之始，决算昔年度之出入。苟四分其所出，则衣食住占其一，教育占其一，卫生与游历占其一，而储备金占其一。

改良家庭，为方今教育界男女所咸注意。然欲改良之，必先悬良者以为的，而一向之。爰作此文，供研究焉。

（原载《教育杂志》第 1 年第 2 期，1909 年）

江苏今后五年间教育计划书

炎培既被命佐省长掌教育行政，自顾无所似。第念十年来所业无不与教育为缘，自参与省议事机关，乃得稍稍窥江苏省教育行政现状。任调查事，奔走江南北，复得稍稍窥江苏地方教育现状。光复以还，毗陵、云阳后先开府，炎培皆尝佐理其一部分之教育行政。从公之暇，尝窃窃有所计。今且尽贡之于省长，于吾父老兄弟，求是正焉，可乎？

今之时代，临时政府时代也。吾人即偶居一日之官，要不可不为地方谋百年之计。况政府即属临时，民国必期永久。使执政者借临时政府为名，竟以敷衍了事，始基一坏，虽有善者，莫能为之后矣。教育之事，至繁且赜，引之不一其绪，挈之必于其纲。苟不熟察社会、国家所需，确定缓急先后之序，而或专就今兹现状，为维持应付之谋，或博搜异国成规，为东涂西抹之举，皆无当也。今愿就省行政能力所及，江苏财力所及，审其所需，应其所要，以今后五年为期而规划之。

小学教育为凡百教育基本。省行政机关，宜负督促进行责任矣。进行之的有二：曰未设者谋其扩张也，曰已设者谋其进步也。要皆于经费与人才有必要关系，则求达其的，非先从斯二者下手不可。于经费则整理之，教育费与其他自治费，宜有界也。教育费属县与属市、乡，属此市、乡与彼市、乡，宜有界也。界明而责专、而争息。更为列举筹款法，以待地方议会斟酌而采行焉，规划而支配焉。于人才则养成之：一方以完全方法期其远到，一方以简易方法应其急需。由前之说，规划全省师范学校地点，尽先筹设是也。由后之说，订定甲、乙两种师范讲习所规程，限令各县认设一种或两种是也。皆所以为督促张本也。由是而督促其扩张，则限期举办调查学龄儿童也，限期规划推广设置小学地点也。督促其进步，则令每县认定小学一二所，凡教授、管理、训练，务臻于密，不必标模范之名，而有其实，俾为各校改良先导也。凡此种种，县知事、市乡长其手足也，而省视学其耳目也。

中等教育，省所直接担负责任者也。请析言之。

（甲）师范学校　师范学校之宜尽先筹设，上既言之矣。依教育部令，由省规定其校数及地点。计吴县设第一师范学校，上海设第二师范学校，无锡设第三师范学校，江宁设第四师范学校，江都设第五师范学校，清河设第六师范学校，铜山设第七师范学校，灌云设第八师范学校，南通则认私立南通师范学校为代用，全省凡九所。将来级数、名额逐渐扩张，以增至校各十级，学生达四百名为限。女子师范学校，江宁为第一校，吴县为第二校，俟女子高等小学发达，毕业生日多，酌量增设焉。

（乙）中学校　自府直隶州废，而全省公立中学校虚悬而无薄，事务既莫为之监督，经费尤莫为之担荷，实吾省教育进行一大障碍。迨部颁中学校令，定为省立，即拟由省接收，而续奉部令，俟省议会通过预算后实行。今依规程，由省规定其校数及地点。计江宁设第一中学，吴县设第二中学，华亭设第三中学，太仓设第四中学，武进设第五中学，丹徒设第六中学，南通设第七中学，江都设第八中学，清河设第九中学，铜山设第十中学，东海设第十一中学。接收而后，始之以整理，继之以扩张，增至校各八级，学生达四百名而止。

（丙）农业学校　省所直接负责者，中等教育也，则对于农、工、商教育应尽先筹设甲种学校。况吾国农业发达较早，村夫野老朝亲畚锸，暮祝篝车，不知有改良，安望有进步？而一般高谈学理者，或且叹不如老农焉。则欲以教育改进农事，非全力注重实验，确有把握博其信仰不可。故与其悉全省财力设一高谈学理之高等农学校，何如分其财力，先设若干趋重实验之甲种农学校。今已设属于农业之学校五：江宁第一农业学校、吴县第二农业学校、清河第三农业学校、吴淞水产学校（吴淞校舍未竣工，暂设上海）、浒墅关女子蚕业学校，皆甲种程度也。第一农校设农科、林科，第二农校设农科、蚕科，第三农校设农科、畜牧科，仍视土地所宜、人事所需，随时增益之。先布置完密，后规划扩张，而一以注重实验为目的。

（丁）工业学校　工业教育，大致可分为三种：曰普通工业教育，专授工艺上浅要之知识与技能，俾借劳动以遂其生活，此姑勿论；曰高等工业教育，所以养成技师，俾学与术悉臻完美；曰中等工业教育，所以养成技手与职工长，须在工业稍进后方有效用。盖无明于高等学理者为之指挥，虽有善良之职工，无所施其技。今世盛行机器工业，或高或下之人才彼此相助以成，莫可偏废，此则与农、商较异者也。故甲种工校与专门工校非同时并举不可。况教育者，其一部分之责任，为审察当世需要之人才而豫储之，以应用者也。江苏水利问题亟待解决，扬子江之下游、江北之淮黄沂沭、江南之太湖诸支流，警告频来，岁辄数起。江苏而无政治则已，苟言政治，第一急要莫如治水，第一需要莫如治水专门人才。横流满地，四顾无人，乃至借材他邦，糜金无算，此亦教育行政之羞矣。本省现设工校二：江宁第一校，为机械科，为电机科；苏州第二校，为纺织科，为染色科，为土木科，皆非专门也。于是有组织高等工业学校，特设土木专科，注重河海工程，分设织染、电机、机械诸科之议，在进行中。他若化学制造，用途最广，烛、皂、香水、牙粉、皮革日常应用之品，触手皆是，则应用化学科宜增设；三吴文秀，其民，于美术最宜，工艺之精必根于绘事，则图案科宜增设；工业愈进，用铁愈繁，制铁人才亟须储备，则冶金科宜增设；民国肇新，印刷业之发达，一日千里，物自我作，利不外溢，则制版科宜增设。苟为社会所急需，则皆推广所必及者也。

（戊）商业学校 江苏既占太平洋西岸商战之中心，商业教育断不可忽。立校地点，舍上海其谁归？高等以待中央，甲种宜先筹办。期以民国二年成立。此外，法政专门学校、医学专门学校各一所，均先设立，非财力能有余而为此也，当世之所渴需，而中央筹划之所未及，不得不勉承之耳。

江苏以病文弱闻久矣，习也，非性也。海滨故老谈五十年前轶事，秋冬农隙，无<论>少壮辟场习拳，若徒手，若执械，呼群揎袖，意气不可一世，村相望也。自鸦片行，此风无复有存焉者。宜立体育总机关，专授各种体操、射击、中外柔术、弓术、剑术、马术、水泳、漕艇、各种游戏之属，俾中学校、师范学校体操教师悉出于是；渐进及于各县，立分机关，俾小学校体操教师悉习于是；渐进及于一般社会。

生活教育要矣，而其关系尤亲切者，莫如女子教育。以日本之盛唱贤母良妻主义，而西方觇国者犹病其倾向于高等教育，结果将至动摇家庭基础，间接以贻弊害于国家。盖知识日增，欲望日高，而生存之能力不伴以俱进，徒令厌苦其寂寞之家庭，奋欲脱之，而实莫能名一艺以自适于天演界。谈女子教育者，盖不可不审矣。故女子职业教育，吾所绝对主张者也。本省既渐次推广女子师范学校，俾群趋于教育事业。复设女子蚕桑学校，俾一部分趋于蚕桑事业。复筹设女子艺术学校，授烹饪、裁缝、刺绣、绘画，等等，俾娴于家事手工，各赡其身家而有余。凡皆一主义之所演也。生活教育之宜注重，宁惟女子。昔之为政，养民而已矣。不教徒养，养之功安得而不穷？教使自养，即教即养，教之功又安有穷乎？故寓职业教育于初等教育，亦吾所绝对主张者也。第功有先后，事有准备，入手方法，令各师范学校就土地之宜，加设农、商科，责生徒必修焉。令甲种农、工、商学校，择末学年生徒自愿为教员者，设农、工、商业教员养成所养成之焉，由是而小学教员苟毕业师范，即能授农、工、商必要之技能与知识，由是而得推广各种初等农、工、商学校，由是而得励行工商业补习教育，其庶几乎？

以吾国高等教育之未能发达，派遣留学之举断非可废。虽然，亦须有方针、有规划，就国家、社会所急需，而现尚未有留学或留学人数较少者，规定其学科及名额，用竞争试验法取之。岁一举行，随时加以考察，定期责以报告，觇其所志与所学如何而掖进之，必使吾之精神足以贯注留学生之身心而为之约束焉，鼓舞焉。彼任意派遣，滥给费用，以之市惠而徇私，为教育前途计，为公家经济计，窃所痛戒者也。

一年以来，谈社会教育者盖伙，未闻有利用两大利器而克尽其长者。两大利器为何？曰戏剧，曰小说。今社会种种不可思议之心理与其现象皆二者魔力构成而已矣。故利用之以改良社会，浚民智而扶民德，殆犹反掌。此非行政机关所宜直接办也，而或发帑以奖励之，或悬金以募集之，此外设立图书馆、博物馆，组织模范讲演团，购造幻灯影片，搜集通俗教育资料，等等，次第行之，惟力是视焉耳。

江苏光复以前，省教育费岁额银百六十余万两，约当二百四十万元，增之不能，减之未可。今后五年间，姑岁以是为率。旧时各校设备，既未完全，建筑又不如式，自经光复，屋宇器物，毁失尤多，及此学级未全，留其有余，用之于建筑与其他设备。设备渐完，学级渐增，则悉数用之于经常。异日高等教育费、留学费划归中央，俾得以全力扩充，中等教育庶有豸乎。

创业非难，用人为难。况教育之为事，感化最神，有如影响。欲养成何等人物，一视养之者之为何等人物。尝以为得一踔厉风发之士而任之，见异辄迁，见难辄沮，宁得一悃愊无文、沉毅有力、不轻任事亦不敢玩事者，授之的而完其权。尽其所长而去其所困，事十九举已。炎培之愚，窃愿悬"朴诚"两字为用人标准。一学校之兴，一校长之举，虽旬月踟蹰所勿恤也。

凡上所述，非规永久也，亦今后五年间所当行所可行者而已。弗敢侈也，矧敢饰也，谨布区区，愿承明教。

（原载《江苏教育行政月报》第 1 号，1913 年）

告教育界用人者

清之亡，官吏亡之也。官吏曷以能亡清？曰：清之用官吏与官吏之用其所属之官吏，其败坏事业，最灵且捷，举国滔滔，无一事不败坏，而欲国不亡，得乎？

念某之尝厚我也，一朝有权，能贵贱人，奈之何勿报？而况其有所托乎；或且悲其遇之穷也，一念之慈，而立诺焉。念某之力，足不利我也，引而与之欢，幸及其未裂焉。适然而有所求，奈何其勿应？名也，禄也，其公物耶？足为我利，则利用之而已矣。试问往昔用人，有能逃此种种心理否？是故求其标准至易易也，两言括之，曰感情，曰势力。

吾何暇论亡清，所窃窃然忧且惧者，谓自民国成立以来，此风未始能绝焉；谓以吾圣洁高尚之教育界，此俗亦未始能免焉。县行政长官之于教育佐治职也，市、乡长之于学务委员也，学校掌管者之于校长也，校长之于教员也，豢其故旧交游，其人亦受豢而不自疑者有之；位其所惮者、所不我忤者有之；等而下焉，务取廉值，不问其人如何者有之；苟求无事，不问其人如何者有之。试各一自勘焉，所谓感情，所谓势力，得毋不幸言而有所中也乎？

炎培尝历历叩诸良知矣，省非其人而进之，假公事以酬私恩，非所安也；活一家，哭一路，非所安也。涕出而女焉，虽非出于自固之私，或亦求于大局有济。虽然，非其人，终必隳其事，即非不忠，抑亦不智。于是良知诏我，其破感情、排势力，一心为事谋，毋为人谋。

炎培愿与教育界同志共勉之。教育者，所以养成未来之人物，恃感化以为作用者也。苟非其人，一教员之影响足以及数百青年，一教官之影响足以及一方教育，此其所养、所化，尚复何望？夫至未来界一切无复可望，国家、社会终且陷于不可说之一境，此岂细故欤？而其祸实中于用人者一念之间，微哉微哉！此炎培所不忍已于言者也。我教育界同志其省诸。

（原载《江苏教育行政月报》第 2 号，1913 年）

教育前途危险之现象

吾江苏教育前途，有极危险之现象焉。虽欲不言，安得而不言？

光复以来，教育事业，凡百废弛，而独有一日千里、足令人瞿然惊者，厥惟法政专门教育。尝静验之，戚鄹友朋，驰书为子弟觅学校。觅何校？则法政学校也。旧尝授业之生徒，求为介绍入学校，入何校，则法政学校也。报章募集生徒之广告，则十七八法政学校也。行政机关呈请立案之公文，则十七八法政学校也。岁三月，丐友分途调查法政学校之盛况。未几，得江宁、苏州、上海、镇江、清江五处，报告公立、私立法政大学、法政专门学校在校学生数，如下页表。

下之调查，限于五地，五地限于此数校，吾知以外固大有在也，乃其学生总数，已达四千七百四十二。

夫谋社会之和平，最要在凡百事业，供者求者，各遂所欲。无不用之才，无不举之事，而不平之争，遂几于息。法律所以平亭人类，政治所以支配事物。非谓此项人才，社会、国家可从阙也。亦非谓今之中国，此项人才，已足用也。第以江苏之大，为地不过三十二万方里，为民不过三千二百万人口，官吏设额几何，律师需要几何？乃未来之法政专家，胚焉胎焉，以待产出者，即以平分四年毕业计，亦须年出千二百人，而况实数尚不止此。夫才产于江苏，不必用于江苏，固也。其奈江苏以外，亦正才多是患何？去夏北京临时教育会议议员，各道其法政学校之发达，犹吾江苏也。比读各省刊行教育杂志，叙其法政学校之发达，犹吾江苏也。意者民国成立，教育浡兴，固若是乎？何一考察其他教育，又爽然若失也？

地名	校名	学生数
江 宁	省立法政专门学校	189
江 宁	私立民国法政大学	1136
江 宁	私立金陵法政专门学校	175
江 宁	私立南京大学	110
江 宁	私立江南法律学校	380
江 宁	私立南京法律学校	75
江 宁	私立民国大学	711 铁道银行商科均未列计
苏 州	私立法政专门学校	160
苏 州	私立共和法律学较	80 校外生未列计
上 海	私立民国法律学校	546
上 海	私立中华法政专门学校	260
上 海	私立神州大学	430 法政以外未列计
上 海	私立法律大学	100
镇 江	私立法律学校	90
清 江	公立江北法政学校	300
		统计 4742

民国二年江苏省立学校，新开学者六，调查其生徒募集状况，为表如下：

观下表，知应试者，平均仅倍其定额，而试验及格者，仅占定额十之八。而以是诸学校之学生，与法政学校之学生较，其数乃不足十之一。

校名	地点	募集额	应试人数	试验及格人数
第一农业学校	江宁	90	174	65
第三农业学校	清河	100	130	94
水产学校	上海	70	114	68
第一工业学校	江宁	80	197	76
医学专门学校	吴县	100	180	66
第七师范学校	铜山	120	250	102
统计		560	1045	471

今之论中国者，莫不以民多分利、少生利为致贫弱之一大患。习法政者所为事业，分利事业也，其趋之也如彼；农工，生利事业也，其弃之也若此。乃至日日言卫生，一都市之大，求一良医而不得。日日言改良小学，一学区之大，求一合格教员而不得。今于其患少者，莫或储之，莫或养之；于其患多者，悉一国之才与智以从事焉。何也？或曰：此亦佳事，法政教育则既普也已。夫诚欲与国民以常识，于小学设国民科，于中学设法制经济科，更为已成年者、服地方公职者，设法政讲习所，吾闻之矣。今悉一国之才与智，以从事法政专门教育，有治人者，无治于人者，有官而无民，方以民国号于天下，其结果乃名实相盭屋此耶？或曰：此何足虑？天演之道，优胜劣败，物极则必反，彼醉心习法政者，必有被淘汰于天行而思返者。是消极语，抑亦滑稽语耳？夫优胜劣败云者，谓夫劣果宜败，而优必可胜也。今悉一国之才与智，而群趋于法政之一途，其皆优乎？供多而求少，已消耗多数人才于无何有之乡，而或劣者杂出其间乎！吾恐国家社会之蒙受祸害，乃且加厉，比其觉悟，而元气已伤，飘摇之国运，将与此如狂如醉之潮流，同不返耳。

吾为此惧，不得不掬诚以告求学青年，以告青年父兄，以告负教育青年之责者。夫吾非谓法政之不足习，而法政学之可废也。求学必求当世必需之学，教人必教之为当世不可少之人，然则何去而何从乎？

美博士穆德东来，既恣游吾国，至于京师，与人言："亦闻今之安南举国习法政乎？何华人之嗜好乃酷肖也。"吾闻此语，心骨悲澈，敢以警告我国民。

（原载《东方杂志》第 9 卷第 12 号，1913 年）

学校教育采用实用主义之商榷

　　教育界诸君子鉴之。吾今借此短帙，欲与诸君子有所商榷。间尝窃议今之学校教育，殆未尽善。教育者，教之育之使备人生处世不可少之件而已。人不能舍此家庭绝此社会也，则亦教之育之，俾处家庭间、社会间，于己具有自立之能力，于人能为适宜之应付而已。析言之：即所谓德育者宜归于实践；所谓体育者求便于运用；而所谓智育，其初步一遵小学校令之规定，授以生活所必需之普通知识技能而已。乃观今之学子，往往受学校教育之岁月愈深，其厌苦家庭、鄙薄社会之思想愈烈，扞格之情状亦愈著。而其在家庭社会间，所谓道德、身体、技能、知识，所得于学校教育堪以实地运用处，亦殊碌碌无以自见。即以知识论，惯作论说文字，而于通常之存问书函，意或弗能达也；能举拿破仑、华盛顿之名，而亲友间之互相称谓，弗能笔诸书也；习算术及诸等矣，权度在前弗能用也；习理科略知植物科名矣，而庭除之草不辨其为何草也，家具之材不辨其为何木也。此共著之现状固职教育者所莫能为讳者。然则所学果何所用？而所谓生活必需者，或且在彼不在此耶？

　　自社会困于生计，于是实业教育问题惹起一世之研究。一般论者，谓将以教育为实业之先导，不得不以实业为教育之中心。其道为何？曰多设实业学校也；曰于普通学校加设实业科也；曰提倡实业补习教育也。潮流所趋，几不闻有歧出之论调。余亦推荡此潮流之一人也。进而思之，诚将以实业为教育中心，则一切设施必求悉与此旨相合。苟于普通诸学科不能使之活用于实地之业务，此外，管理训练亦未能陶冶之，使适于实际之生活。而徒专设学校，增设学科，譬犹习运动者，感觉袍大，服之不适也，特制一种运动用衣，袭于其外，乃其里衣之宽大如故，可乎哉？夫里衣苟犹是宽大也，将何从袭此特制之衣？袭矣，亦安能达其适于运动之目的？彼不从事于普通诸学科之改良，而徒专设学校增设学科，何以异是？

十年以来，吾国民思想界不可谓无开拓活动之进步，而独至物质文明，则奄然无生色。识者忧之，谓殊与救国之道相背驰也。今夏美教育家孟罗（孟禄，下同）博士东来，既觇吾国教育现状，语余曰："贵国未尝无优良小学校，第以余所见一般学校，理化等科，程度去欧美太远，殊无以为富国之本。"又曰："贵国地层以上之农产，地层以下之矿产，如此天然大富源，加以民俗习于勤俭，苟能于教育注意此点，以余辈外人观之，致富强易易耳。君其善为之。"余聆此语，未尝不感孟罗君之厚意，颇欲于小学注意输入理科知识以植其本。虽然，今小学校未尝废理科也。而若此，毋亦其所取之材与所用之法，不能使之应用于实地之业务使然耶？

凡此诸念，郁勃于余胸际久矣。频年所见所闻，皆若诏余以所倾向之未尝谬，而益增余之郁勃也。犹忆两年前，赴某省之某埠，参观某师范学校，以有所亲肄业，得索观各科讲义，不禁喟然感叹！所最可诧者，教育科讲义于理论刺刺不已，中间罗列教育家姓氏学说，亘数十纸未尽；至各科教授法，实习教授，全未暇及，而去毕业仅数月矣。其他学科，大率称是。余以所亲见故，感愤倍至！反而思之，余辈往日执业于学校，凡所设施，果能使来学者所得确实否？适于应用否？果不见憾于生徒亲属否？此亦五十步之于百步。吾过矣！吾过矣！自忏之不暇，而敢诅人乎哉！

今岁某君贻余书，述某校教科之缺点，节其语如次，愿与诸君共读之。

近见师范教育有一种危机，请研究之。某师范某科三年毕业，问其课程，则修身讲伦理学；国文读极高深之古文；教育科心理学一大本，讲述时黑板上列举外国人名无数，叙沿革极详；教育理论仅总论一篇已印有二十页之讲义；博物则用中学校教科书之最详密者；理化大讲方程式；算术外又学代数，滔滔论因子分解法二三周。而调查其成绩，则伦理学名词难记；心理学观念、概念不能区别，"意志"二字不能解释；教育理论但知外国人名，而学说之取义未明；理化方程式但识外国文记号，氧气性质如何、居室通气法如何，均未能明；代数算术题，均待教师板演而钞之。

自读此书，使余改良学校教育之念大炽。夫此等学校，在今日已算难得，其病坐太过，以视夫校长教员相率怠废职务者，奚止加人一等。然而专事注入，不顾生徒之程度，与其来学之目的，流弊所至，即诸生中容有天姿超拔能自领会者，未必尽如某君书云云。顾欲以之应用于小学教育，难矣。设此一般师范生，即以所受不顾程度，不问目的之教育，转而施诸将来之小学校生徒，教育前途尚可问乎？

今秋，以事至南汇，遇故人马君亦昂。马君前十年在乡共演说提倡设学校兴新教育者。极言今兹学校教育方法之未善，学子自入学校，起居饮食无一不与家庭与社会相扞格，寄宿者尤甚。往往毕小学业，习农则畏勤动之多劳，习商则感起居之不适。而自实际应用上观之，其所学固一无所得也。循是不变，学校普而百业废，社会生计绝矣。言次，不胜其愤慨！谆属余设法改良，心为怦然！

此皆促余提出改良意见者，往者尝就小学各教科，假定以实用为目的，而设改良之方法如次：

修身：注重偶发事项及做法。

国文：读本材料，全取应用的。作文力戒以论人论事命题，多令作记事、记物、记言等体（记物置实物于前为题，或令写实景）。尤多作书函（正式书函、便启、通告书均备）或拟电报（书函兼授各种称谓及邮政章程。电报兼授电码翻译法、电报价目表等。旧时《宦乡要则》，今之《官商快览》，以及坊间印售之日记册，附载各种实包有无数适于应用之好资料）。习写各种契据式。书法注重行书。

历史：除近世大事择要授之外，全不取系统的，授以职业界之名人故事等。

地理：多用画图，少用文字。画图必令自习，兼与手工科联络，制为图版（如京津间所售《知方图》等），上绘山脉、河流、道路、都邑、区域，注明各种名称及物产，时就运动场划为各种地形，令之熟习。

算术：演算命题，多用实事或实物。习诸等必备各种度量衡器，使实验之。关于土地面积，则令实地量度。兼授珠算簿记（并宜略授各种新式簿记），示以钞票钱票式样及各国货币，并授验币法（或疑此类于商业学校，非普通学校，然试以验币一事论，孰不用银币，而真赝错出，随处售欺，则虽认验币为普通必要之技能，可也）。

理科：其材料一以人生普通生活所接触所需用为断，时利用事物到吾眼前之机会而教授之，绝不取顺序的（如先植物，次动物、矿物、生理、卫生，又次及理化，此法绝不取之）。教授务示实物，遇不得已时，济以模型标本。必令实验，切戒专用文字，凭空讲授。尤多行校外教授，修学旅行。

图画：虽简单之形体，亦参用实物写生，如绘笔示以笔，杯示以杯，鸟示以鸟类（或用标本），尤励行联络他科方法。

手工：宜与图画联络无论矣。尤宜置实物于前，令仿造之。其材料，其方法，务求为他科策应，但仍须适合于生徒程度。

体育：采用锻炼主义，兼视地方情形，令习生活必需之特种运动，如陆则骑马，水则游泳等。

如习外国语注重会话。

如上所述，未敢云悉当也。一言蔽之，即打破平面的教育，而为立体的教育。易言之，盖欲渐改文字的教育，而为实物的教育。此非创论也，当世教育家固有先我而研究者矣。

去今千八百年前，罗马塞南加[①]（Seneca）氏有言曰，青年之于学校，为生活而学，非为学校而学。近世博爱派之教育学者，如白善独[②]（Besedow）氏、康丕[③]（Compe）氏、柴之孟[④]（Salzymann）氏，亦大鼓吹此实用主义。自裴斯泰洛齐（Pestalozzi）氏出，益主张生活教育，务使学校教育与实际的生活渐相接近，准此而教育方法一变。盖从来一般之教授，仅恃生徒听官之感觉，以为输入之梯。自直观教授行，乃进而利用生徒视官之感觉。今且更进而利用筋肉之感觉，不惟使生徒目睹此事物而已，直令其一一自行实验。由是而论知识，则观念益明确；论技能则修炼亦精熟。以是谋生处世，遂无复有扦格不入之虑。此种教育，在欧美不仅著为学说，且见诸实行矣。日本人西行考察教育者归，亦辄以是提倡，而未为政府特别注重。今观吾国教育界之现象，虽谓此主义为唯一之对病良药，可也。

余之于教育、愧未尝为系统的研究。偶服政务，盖卒卒鲜读书暇。比者宁垣难作，庶政停滞，端居多暇，思夫今兹扰扰，所以酿成此好乱易动之社会。凡坐生计耳，将普养之，毋宁普教之。顾今之教果足以为养地否？观夫受教者

---

① 塞南加，今译塞内加。

② 白善独，今译巴泽多。

③ 康丕，今译坎佩。

④ 柴之孟，今译萨尔茨曼。

之不能自养，而前途危矣。因世变之亟，使余一缕思潮，辗转起伏以达于此"实用主义"之一点。誓将贡其所见于教育界同志诸君，辄复辑录关于实用主义之著述二种附供参究，借知吾说之非无所据。诸君子对此主义，其有乐为研究者乎？窃提出简单之问题二：

一、今日吾国教育是否宜采用此实用主义？

二、对于实用主义之批评。

诸君无论赞同或反对，如有所见，惟冀惠我以书。苟后此续继有得，且将并诸君惠书择要刊布，为第二回之商榷，以备施行。凡此嘤求，聊为喤引，伏候垂教。

（原载《教育杂志》第 5 卷第 7 号，1913 年）

考察本国教育笔记

余有友三人，赴欧美考察教育，以去冬出发，一年乃归。余则自任考察本国教育，将于三君归时，各举其考察所得，互相质证，庶几关于教育诸问题，平昔所怀疑所假定者，至是或可得较正确较适切之解决。夫考察外国教育所得，与考察本国教育所得，其不可同日语吾所知也。惟其然，而欲以施之于外国者，尽施之于吾国庸有当乎？不能尽施矣，孰可而孰否，何去而何从，此非谙悉本国固有之社会状况与现在之教育状况，莫能下断语，此则考察本国教育之所为作也。

余之考察，先走长江下游一带，以余为长江下游一带人，频年所托职业，未尝离此。故于此发轫。由近以及于远，首安徽、次江西、次浙江、又次则其他各省，期路线之所及较长，则所过之地，其驻在时日，不能不较短。考察之精神，即不得不注于其大者，而略于其小者。好在纯用私人名义，与当官视察迥殊，无一字须报告官厅。即无往非自由言动，此则吾行独得之趣味，非中央、地方视学诸君，所克分此一脔者也。

耳目所触，思想生焉。大约吾辈平日所苦，在无新闻见，苟有所闻见，其感官之敏捷，与思绪之深长，自问尚不至十分落人后。余出门才数十日，行路仅数千里，而已觉耳目所触，半与平时脑海所现之幻想，大同而小异，而其又一半，直为平时脑海中所无有；见闻渐积，感触愈繁，而其思想浸近于事实，盖可知也。故余不揣冒昧，敢奉劝吾教育界诸同志，即不获专力从事，亦宜觅职务余闲，一上征途，略宽眼界，并得救正余此行所猎得之见闻，所触发之思想之缺失，是余之厚望也。

此行诚用私人名义，然万不欲以之自私，誓将尽献其所得于教育界。俾各以间接触发其思想，冀稍有裨于教育前途。旅榻孤灯，春帆细雨，昼日所接，夜必录之，别为日记一种，是为全部的。而此之所记，则为片面的。日记具体的为多，而此则抽象的为多，凡以求尽吾言而已。

余今将述皖省沿江一带之状况。皖省风气，素以南北分。皖司法官某君尝为余言，皖北刑事多乎民事，皖南民事多于刑事，则民性强弱之别也。以余所至，若芜湖、大通、铜陵、怀宁、东流、望江，凡滨江城镇，足迹几遍，观风问俗视江苏宁镇一带尚无十分歧异处，而独有所感者东流审判所长盛君言，东流民性本驯，而好弄小狡猾。望江县知事王君言，是县泊湖以北民性悍，遇事慷慨不肯匿其情，而湖之南近江处反是。东流在江南，望江在江北，如二君言，则论长江下游民性者，当析为三：沿江地为一种，其优点为敏活、为智巧，其劣点为柔弱、为狡猾。而其南与其北又各自为一种，各有其风气，而均不与此相同者也。

若论教育，则此沿江一带地，已觉上下流气候迥殊。余此行自东之西，就所经过之状况，递相比较，辄觉江流之高下，恰与教育程度为反比例。例如小学编制法，除安庆省城各小学人数较多外，其余大都集数学年生徒于一教室，以施教授。而能解单级教授方法，为合法之编制者，惟芜湖尚有之，以上则余见盖罕。而如下列情形者，且比比焉。

（一）以招生次数之后先，定为甲班、乙班等名目，而莫能定其第几学年者。

（二）以学生入校第几年，定为第几学年，而程度实不与之相合者。

（三）名为第几学年，而其所授之教科书，则各学年咸有者。

在芜湖所见，若乙种商业学校附设初等小学，若公立贫民小学，类皆恪依单级编制，且能使用小黑板等教具。尝叩其所自，则谓当江苏教育总会开单级练习所时，曾遣二人往习，归而传其所学，今之单级教员大都出此。然则风气信有后先之不同，而吾教育界同志，诚不可不努力造善因也已。

若其授课时间，则大都每周三十六时，每时有授足六十分者。叩其故谓非此不足昭示勤恳，博社会信用也。余于此有一研究问题焉。夫小学授课时间过长，用脑过甚，于儿童生理、心理皆为不合，稍研教育者尽知之，诚知其不合于教育原理，非第违反教育令已也。乃余尝见他处小学，有时间表揭每周三十时，或三十三时，而仍外加自习时间以凑足每日六时者，将与掩耳盗铃何异，是转不若从实揭明三十六时之为愈矣。夫授课时间，必求其多，凡为社会信用计也。实则按照教育原理以行，其所以博信用者，正自有在。盖学生父兄所不慊于学校者，在晚间放学之过早，在校时间之过少，以为较之私塾，终日书声琅琅，日晡犹喧，勤惰迥殊，而于学校授课时间之长短，并未过问也。即余亦以学校放学过早，儿童受良教育于学校之时间少，受感化于不良社会之时间多，窃不胜其一曝十寒之惧。故诚为全社会信用求教育实效起见，不必增多授课时间，但于授课时间以外，奖导运动游戏，以助其体育，设为种种方法，实施训练，以助其德育，俾儿童课毕，不遽散归，既深合乎教育法令与原理，而家庭亦不至啧有烦言，岂非两全之法乎。

学校建筑之合法，教室光气之适宜，非所期于内地矣。而教室内学生座位，常发现奇异之布置。则教桌之左右两旁，往往设学生席，使学生坐处与教师立处在同一纬度之上，而教师板示时，断非此数生所能见，亦若不欲使见者。然此其故，非尽由于教师之昧昧，大抵教室小而学生多，不得已而出此。夫教室小，不能扩充可憾也，学生多，几至不能容受亦可喜也。然亦不尽由此，往往有初等小学兼收女生，谓座次宜有别；或年龄过小之儿童，从其家庭命附学焉，谓宜坐教师易于照料之地，则皆令坐教桌之左右。不知男女同是幼童，无取过于分别，若学龄未及，则小学万无收容之理。似此七横八竖之席次，无论系何原因，总之无有是处。而若某县县立两等小学之初等科教室，为欲学生免致背向侧窗光线故，令背教师桌而坐，尤为余生平所仅见矣。

内地国文往往注重背读，此则余所深赞成者也。高等小学以上之国文，由应用而渐近于美术。美术的文字，非第求能解已也，字法句法，以有所本为美，以能运用成语成典为美，此非熟读读本不可矣。私塾教国文法，其病在不讲，而不在背诵，固不必尽反其所为，而转病矫枉之过正。但学校背诵，亦宜有法，不可杂乱无序。安庆省立初等高等小学四所，余见其三，学生皆一百数十人，诸校长、教员，均能用心研究。而第二校长王君，尤注意研究修身、国文教授法，于国文主张背读，余深韪之。

论及国文，有令余联想及之者。内地小学，往往修身、国文类为一教员，算术、体操类为一教员。而前一种教员，大都非从学校中来，虽优良者亦不少，而其次焉者不惟教授法无可观，即其思想亦少嫌陈腐。譬如作文命题，往往是三代秦汉间史论；其所改笔，往往是短篇之东莱博议；而其评语，则习用于八股文者为多。夫小学注重实用，国文宜多为记述体，余所绝对主张，而所至不辞烦渎，辄为教育界同志言者。虽然，此仅就形式论，若论思想，则今之小学教育，既欲养成适于今后五洲交通、列强环峙＜伺＞之世界之国民，岂可仅仅令富有吾国二千年以前之思想而已足。国文与算术，为两大基本学科。算术系用规律的方法，以精密其思想；国文系用活泼的方法，以广博其思想，此其关系，夫岂浅鲜。深愿负教育行政之责者，注重师范教育，冀五年后多各科合格之教员。而尤冀各地小学国文教师，注意研究改良教授法，是余所厚望也。此论非为安庆发，安庆小学，就余所见，无此弊。若夫习字教授法，多未研究，初习为描红，其后则映写，所见几于一致，甚有认为无甚关系，即令学生回家自习，以其时间改授他科者。

凡教育之发达，其动机自下发者，弊在不易统一，而其优点，则为少浮文多实际。若动机自上发者，反之。余行内地，所见学校，几于无一不带几分官气。若其学校较大者，其模仿官厅式样更肖。譬如门前必悬牌二，书"学校重地""闲人莫入"字样，每字朱圈，或加悬木棍焉。学业试验之结果必出榜，校长叙衔加朱焉。某市市立初等高等小学校毕业榜，校长与县知事会衔，则式更完备。行其廊，且必有牌，校长有命令录而悬之。首行大书本校长示，而加朱焉。虽小学校，其令文之深且典，往往为中学生所不易解。夫敬畏官厅，殆现今社会普通之心习，因此而办学者，以为非此不足耀一时耳目，似亦一种苦心。但一方面即养成学生重视官吏轻视其他职业之心理，于共和国民一律平等之旨不无少背，故余认为非至善之法。然此但从形式上研究耳。学校教师与生徒莫要于以直接的方法，使多为精神上之联络，凡有命令，用文字万不如其用语言，集全校生徒于一堂而训话之，情意何等真切，精神何等浃洽。若用文字，其弊小则隔膜，大则误会。须知官厅文告，亦因所辖人民其数至多，势不能召集一堂而施告诫，故舍语言而用文字，非得已也。若学校师生朝夕与共，焉用文为？故或讥其多官气、说官话，其关系尤小；窃恐影响于教育实际滋大，不可不研究。若为学生便于记忆起见，一方用训话，一方兼用文字，本无不可，但撮其要旨足矣，亦无取乎深且典也。

有一事为吾辈业教育者所亟宜注意研究者，则交通梗塞地方，其学校风气之淳朴，学生对于教师、对于家长、亲长，其仪容之严肃，礼节之周至，与风气开通较早地方大异，旅行所至，特于此点三致意焉。当俟所见较多，汇合报告而研究之。

安徽自经去秋变故，几无教育之可言。九月间，都督通令全省学校停办一学期，以办学经费移办团防。至今年一月，令各县调查所属公立学校成绩，以其优劣定存废，其应存者赶于一月开学等语，得此一令，教育始有复活之机，然而学校停闭已久，学生则既散矣，学款则既化矣，规复之难甚于建设。余旅行所至时已三月，尚有全县无一校者。某县办学者某君且惨然为言，苟学款果办团防，亦未始非地方利益，所苦者，团防未尝办，而学校则无不停，且一停不易复耳。若夫省教育事业，原设师范五所，现并成三所，女师范存一所，中学二所，农学校一所，及其他教育费，预算一月至六月总额止七万元，以故当事者咸不胜其悲观。余则谓，教育行政为一事，实施教育又为一事，所冀各尽其力，举其职，且将益励其猛进之精神，以战胜此飘摇之风雨也。

前此所记，皆就长江一带状况言。余泝江而上，由皖入赣，历彭泽湖口德化、德安以抵南昌，绕鄱阳湖至饶州，泛昌江至景德，遂折而入皖南。

一入赣境，便觉教育稍稍有活气，学校虽不多，尚不至全县无一校。学款虽不多，尚不至尽数提充他用。虽然九江、湖口等处，鄱阳、浮梁等处，凡与皖接壤者，皆言今岁学校数、学生数锐减，其所感受之影响，远则河南，而近则安徽也。

今之小学教育状况，在行政官厅与地方人士，往往重视高等，而忽初等。一县之大，初小校数，或仅仅倍于高小。一城之大，初小校数，或仅仅等于高小。此其流弊不惟有妨义务教育之预备，且试问高小合格之新生，何从产出？供不应求，上级学校乃降格以竞招徕，而其程度遂有难言者。余此行颇注意小学，且注意初等小学，而行政机关引导参观，往往至高小而止。问及初小，则谓此间初小安有足观者，玩此一语之意味，诚出于当局虚怀，而社会上下平时畸轻畸重之眼光，亦约略可见。

初等小学果不足观乎？抑否乎？尝于某城参观一初等小学，则真前记所谓平时脑海中无有者也。兹摘录日记一节，阅者当失笑，抑亦研究教育之资料也。

过某姓祠，门悬某某初等小学校牌，亦载入公署调查册者。入而观之，不见教师，儿童三十余人，读商务本国文教科书。有书者仅一二生，余皆抄读。黑板书国文第十三课"地球"全课，其"扁"字作"匾"。时间表为修身、国文、算术、体操、音乐，亦无大异。所异者，黑板左右赫然陈两大棺，其前七纵八横皆学生桌，而其室之前左隅，设教师预备桌。此所谓教师预备桌，乃依余意戏易以新名词，实则书包与戒尺齐飞、朱墨共灰尘一色之私塾先生书桌也。尤奇绝者，二生背壁坐，其书桌左紧接先生桌，右紧接赫然大棺之和头，其前又紧接七八生并坐之长桌，审视良久，终莫得此二生出入路。问之，乃知日日从先生桌下蛇行出入者也，同行者皆绝倒。

大约高等小学，往往以书院改，经几度之蜕变，与社会上下之注意，亦渐渐成学校之规模矣。初等小学，往往以私塾改，特设者甚鲜。上所述奇异之小学，此县全境高初等小学校总数，固达一百三十余者也，而在城所见乃若是。

余注意小学，乃不得不注意师范学校，亦惟小学现象若此，令人愈思及师范教育，谋为根本上之改革。尝以为，小学校之良窳，其关系至一校而止。师范学校一良一窳，其关系及于无数小学校，力能左右一地方风气。乃余旅行所至，时复发见组织完善之小学，其教员能用心研究教授、管理、训练方法。而所谓师范学校者，其教员大都带专科性质，彼此不甚相闻问也。授课外举非其责任也。而所谓师范生者，其志趣之所寄托，与其精神之所祈向，与其他中等学校无以大异。余参观师范学校，必首问附属小学，以为附属小学之良窳完全为师范精神所寄，而主者往往答以无有，令人嗒然。

南昌耶稣教会所设葆灵女学校，深令余神往。其校长美韩女士言："吾校教育，一以助长学生固有之官能为主。譬如教图画与手工，非第令习图画、习手工已也，将使学生视官所接之现象，大小远近，方圆平直，能得其正确之形态，而手即能摹而绘之为平面之形，或仿而造之为立体之形，渐使其能力之增进，虽目所未接，苟意境所构及，皆能绘之、造之，俾与想象中之形体，为精密之准合。譬如教音乐，非第令习音乐已也，将使其耳官能正确审知音之所由来，其远近，其强弱，与其何种发音机关，听于耳而察其理。而乐器者不过假之以练习而已，他科准是。"余尝详记其语，并诠次参观所见，为专篇，载入江苏省教育会刊行之《教育研究》。

江西省城模范初等高等小学校，亦有令余神往者。

此校校长教员，皆毕业两江师范与本省高等学校者。学生三百零六人，一律通学。初小、高小各学年咸备，每级人数自四十至五十。尝参观其教授，皆用启发教式。初小一年算术科，授二十以内之加法，参用物算，以棋子授各生，令数明报告，而令一生板演，验其两方得数之符否，俾儿童观念确实。其他国文、英文，参观所及，皆用问答式。体操则与唱歌联络，故儿童精神异常焕发。此三百余儿童，无特设管理员，每级置主任，每日以二教员轮值管理。设学生通信簿，每月开职员会议。设成绩展览室，陈列手工图画多种，其间有自由制作者，高等科图画，多授写生及考案。

尝问校长王君朝桢以多数儿童对于各科之嗜好，王君为详述其迁变之状况，与其原因。当民国元年，多数儿童于图画、手工两科顿增兴味，以其时新设成绩品陈列室也。洎二年，将高小英文科向于第二年始授者，改为第一年始授，开学艺会，练习英文演说，于是高小科转而嗜英文。又因上半年儿童成绩展览会，陈列画、工两科成绩，一时称盛，儿童兴味之感发，微嫌过度，于是下半年较为冷淡，而初小则如故云云。聆王君言，辄发两种感触：其一，对于王君，佩其平时能注意儿童心理之趋向，且能无隐无饰，直揭其现象以供吾人研究，其用心廓然大公，高出寻常万万。其二，对于王君所言，以为学校设施，不可不慎。教师固须具有左右儿童趋向之能力，而又须注意视察，随时矫正，令趋向一归于至当。此则教育精要之所在，而未易语诸一般教师者也。

凡一机关之成立与发达，观于其组织，将来之命运，可推而知也。各地学校鲜特设者，其组织也，杂糅拉凑，性质不纯粹，权责不分明，精神不融洽，譬之曳物，彼东而此西，甲作而乙辍，或埋之，或掘之，是以无成功，学校之不易收良果，十九坐此矣。斯校也，与其归功于校长教员之热心，毋宁归功于其组织之善良，分子之纯一。盖一二人之热心不难，难在全部员之同心而黾勉也。苟以公家之力，扶持而长养之，吾乌能测其进步之所至哉？

今之学校教师，有一种极易犯之弊病，则国文之不合论理也。某中学国文，授《史记·平准书》，授至"众庶街巷有马，阡陌之间成群，而乘字牝者，摈而不得聚会"。教师提粉笔书于黑板曰："牝即雌也。"夫读《平准书》，重烦教师逐字讲解，乃至若牝字者亦须下注，疑夫所用课本之于程度为未合矣。而即此"牝即雌也"一语研究，牝与雌虽同性，究非同物，乃于二者之间，不著"犹"字，而著"即"字，其弊将使学生于雌雄与牝牡之解释，混而无别。此事虽细，亦有可研究者在。又尝观某高等小学地理课，教师于黑板书问题，命学生笔答。其一题曰："安徽在何地？"余阅之大骇。将答以在中国耶？抑答以"在东半球"耶？其范围之广漠，实令人无从着想。及观学生有答以在某省之东或西，某省之南或北者，教师深许之，乃知命题本意所谓在何地者，实为在某省之何方也。凡此之类，所至屡见不一，师范学校国文，乌可不特别注意耶？

教师之教作文，亦有普通之弊病。论内容则乏新知识与新思想，论形式则不注意于日常应用之文体，而字句间尤往往有不妥洽、不完全、不正确处。此在初等小学尤甚。盖社会每以教师国文程度之优劣，与其他学问之深浅，定其担任学级之高下，而不悟施教育之难易，恰与受教育者知识程度之高下为反比例也。至其所下评语，往往不与学生程度相合。尝见某地女子初等小学作文批评："有书有笔，不蔓不支"，"试掷地当作金石声"，不知儿童认作何解也。

私塾改良之结果，可以使校数骤增，而不能使教育改进。且不惟不改进而已，紫可乱朱，则为紫者众矣。此理观于江西小学状况而益信。各省对于私塾，有主张改良认可者，有主张干涉解散者，其手段往往相反。自皖南入浙西，于严州一带往往见县知事示文，规定取缔私塾方法，凡学校附近一里半以内，不得设私塾。此外私塾，凡编制、教授、管理，须一依学校办法，共若干条，违者停闭。亦有由县教育会会同教育科长，调查各村私塾，见不良则勒歇者，此殆取严格干涉主义者也。余则以为就实际论，所争在其所施教育之是否善良，而其善良与否，关键全在教师，至于塾之与校，私之与非私，此不过名称关系。且今之各地小学其编制、教授、管理不合法令与原理，而有待于改良者，夫岂少哉？与其认定私塾或学校等机关而改良之，无宁从事改良教师之为扼要也。为教育行政官者，惟有一方尽力组织善良之师范教育机关而推广之，一方渐次推广小学，果其教育内容，日进于粹美，于社会发现优良之效果，于家庭博得深厚之信用，彼不良之教师与私塾，自然被汰于天行，无幸免者。盖余所主张，从积极方面下手，不从消极方面下手。从人物方面，为根本的培养，以收自然效果。不从机关方面，为形式的改革，徒惹无谓之纠纷。曩者承乏江苏教育行政，力持此议，愿与负教育行政之责者共研究之。

今之学校，于教育方法，往往取貌遗神，以至所获之结果，恰与其目的相反。前论小学因减少授课时间，而遂提早傍晚放学时间，致使儿童受良教育于学校之时间少，受感化于不良社会之时间多，此所谓取新教育方法之貌而适遗其神也。盖就教育原理论，谓宜减少儿童受室内教育之时间，而非欲减少其受教育之时间也。即日曜日之停课，亦未免蹈此。耶教徒之于日曜日，诚欲留此一日光阴，为道德之修省，与身心之休养，故虽辍业，而其所获效益大于一日之勤动。今之学校生徒，有尽此一日间，为游荡放佚之行者，甚至一日不足，益以土曜半日者，是徒贻损害于学业，而绝未尝予丝毫利益于身心。不惟无益，或且害之。按之礼拜休息之名义，毋乃僢驰。此行所见于江西之彭泽、安徽之婺源①，适值日曜日，见小学教师，于上半日仍集其通学生徒课以作文或温读，其所读之书，听其自由，有温读其在私塾所受之四子书或其他课本者，虽法未尽善，吾以为犹贤乎已也。

江西安徽一带私塾，所用启蒙之课本，若《三字经》《千字文》《百家姓》

---

① 婺源，今属江西。

不多见，最多者为《昔时贤文》《四言杂字》《幼学故事琼林》《龙文鞭影》等。而《贤文》一书，几于家传户诵。其命名本已不可通，尝购阅之，其内容自首至尾，皆古今谚语也。而鄙俚粗俗，与文理费解处，触目皆是。析其意义，大抵愤世疾俗、嗟贫怨命为多，亦间有劝勤学、劝为善语，而其主要之旨趣在教人退缩让步，委天任运。如"命里无时莫强求""烦恼皆因强出头""得缩头时且缩头"等语，几于满纸。盖压迫于专制威权，束缚于多神宗教，心醉于科举功名，身困于穷途潦倒，一种郁勃牢骚之思想，借半通不通之文理，倾倒以出之，又借泥版印刷之力，传播于一般社会，深入于风俗人心。嗟嗟！以此为初等教育唯一之方针，于儿童心理上，获得先占之大权，亦何怪今日有此现象也。此等处虽似与学校无关，实为吾人所提倡教育主义之大敌。即论今日，其势力之伟，影响之广，远过于教科书。亟须觑定病根，对之发药。夫欲究今日人心风俗之所由养成，此等处实有可研究之重大价值者也。

所谓取貌而遗神者，尚有一事。因时论注重实业教育，于是小学校竞设农商科，此行盖屡见之。顾其设农科或商科也，仅多购一种教科书，令教师循文讲解，儿童诵读一过而已。初无何等之设备，以为其实验、实习地也。往往设农科之学校，并学校园而无之，设商科之学校，并验币而未尝授也。亦有校址在城市中心学生多商家子弟，偏不设商科而设农科者。惟无何等之设备，故任何加设学科，举无关系，仅增授一本特别之国本课而已。实则即以国文论，亦不宜呆授空讲也。此事关系，全在教员。盖甲种农、商业学校未发达，农、商业教员养成所未组织，师范学校未先加设农、商科，既缺储能，安期效实，又令吾思及师范教育矣。

各县小学校，分公立与私立，而界限往往不甚明晰。大抵初组织时，多由私人集资，然其经常维持之费，不得不仰给公家，苟谓为补助私立也。则有全恃公款维持，而不名私人一钱者。然名称上之为公为私，于实际毫无关系，惟其以公款分给各小学，如何支配，依何标准，则随地而殊，颇有可研究者。当庚戌、辛亥间，余周行江苏各县，调查地方教育，其所采用之方法，有取各校平均主义者，有从其级数之多少者，有从其学生数之多少，而规定最少之限制者，有从其成绩者，所谓成绩，有专从受教育方面考察者，有兼从施教育方面考察者，地方状况不同，无从划一。此行至皖，适教育中止，无此问题。至赣亦未有所见。至浙则所过严州各县，去年规定每学生一名，补助一元。今年则须调查成绩，分甲、乙、丙三等给费。余则以为公立学校经费，全由公家担负，不宜生此问题。若为私立，与其平均分给，无宁视其成绩；与其专事考查学生成绩以定优劣，无宁注意其所施教育之如何也。

各地中等学校教员薪水，每人所得，大抵以每月六十元为中率，每小时多至一元。高等小学，大抵以二十元为中率。初等小学多数为十元、十二元，少者年仅一百千文，至少者六十千文耳。江西湖口城区第二初等小学，单级编制，以校长兼教员一人担任。去年月薪十千文，今年减为五千文，膳须自办，此君成绩实未尝坏。城市且然，乡僻可知。亦以见教员生计之苦矣。余所不甚谓然者，计钟支薪，使教员认为授课以外，举非其责任，此等见解，近来小学教员渐悟其非。实则中等学校，亦岂有是处。盖教员之所为教，其责任不以教室为限也。

以号称开通较早之名城，而于教育上未能锐进改良，吾疑为进取心之未足矣。如单级小学校座位应如何排列，教具应如何设备，一般小学校教授应如何注重启发，应如何实施训练，研究又研究，成为口头惯语，而不尽能见诸实行，何也？第有良好之师范学校，则他日必有食其报者。

有一事使参观人常抱不安者，各学校教室，虽师范及小学，未必尽有参观人出入户，学生席后，未必尽有参观人驻足地。于是参观人入室，不得不经由教桌旁门，而植立于黑板左右。在导引参观者，往往特示优崇，导入此门，以受教师学生之致敬。以一私人参观故，既梦其全体学生之视线，复分其师生授受之光阴，此则深令余踧踖于心，窃愿导引诸君删除此礼节者也。

此次旅行，首山东、次直隶。山东所至，为济南、益都、博山、泰安、曲阜。直隶所至，为北京、天津。时值青岛事件发生，颇为山东教育前途虑。乃考察所及，颇有出人意料外者，盖行政长官能于风云漭漾之中，以毅力维持现状，其佐理者，善能衡度先后缓急，规划设施，山东之教育行政，井然秩然，未始非齐鲁诸生幸福也。

山东高等教育机关，旧有高等师范及农、工、商专门学校各一。今则高师停止招生，其中等学校，正纷纷合并改组。师范并为四校，按四道设立，均以三校或四校并成。中学旧按十府三州设立，今则并为十校。从前办法，校多而人少，款分而力薄，今则减少其校数，扩充其内容，以谋精神上之团聚统一，盖亦困于财力，不得已而出此。虽然，于其间发现一可喜之现象，此一番大改革，校员则进退去留，纷纷无定，学生则以编级试验，定学年之高下，却未闻有因此争位置、争年级，予行政上以莫大之困难，而为进行障碍者。夫使行政权力稍薄弱，教育界风纪稍嚣张，几何不酿为风潮，纷纷罢学也。此可以觇学风之一斑矣。

欲觇一地方教育之程度，将以学校数、学生数之多寡为衡耶？此余所绝对否认者也。尝见某县小学校几及二百所，前三年则仅十余所耳，此二百所小学之教员，曾习师范者不及十一耳，然则以严格论，苟必以曾习师范者为教员，此十之一亦仅敷十余校之用，而此三年间之所添设，其内容是否成为学校，正未可定。自民国成立，各地小学校增加之速率，大有绝尘而驰之象。虽不尽如上所云云，然按之实际，证以余所闻见，不无有难言者矣。是故今之行政者，规划教育进行，不宜一意扩张学校，宜审察地方合格教员之多寡，而务增益养成之。其学校扩张之速率，务与教员增益之速率相准，谋实际上之教育进行，不当如是耶。

教育普及，谈何容易。苟抹去"教育"二字，但求学校普及，则国家苟借得数千万款，顷刻间黉舍遍中国矣。一言教育则谁为教育者，此一问题。谁教育此教育者，又为一问题。层层推想，正如一副大机器，非全部运动，不能丝毫有所成就。今之谋国者，盛唱普及教育，强迫教育，其意甚盛。虽然，苟一究及教育实际，而深思种种关键之所在，必怃然于此问题非可简单解决，而同时有急需提倡者在矣。

由是吾辈觇教育者，得一比较地方教育进度之方法。苟调查其一区域内，师范教育机关，与夫讲习、传习所等补助师范教育机关，历年积次所养成人才之多寡，持此以与他区域较，而定其地方教育实际上进行之程度，其庶几乎。（虽同一师范教育机关，而成绩有优劣；同一曾受师范教育者，而学力有浅深。然较以学校、学生数定教育程度切近多矣。）而若学校数、学生数多寡之比较，借以判其地方主倡教育者能力与热度之高下，与社会对于学校信心之厚薄，可也。

今试述山东省会养成教员之概况。宣统三年八月，省城始设单级教员养成所，年终毕业得百三十人。民国元年四月续办，年终毕业，得二百人。二年三月续办，改称讲习所，三年二月毕业，得百九十人。四月续办，现有听讲者百五十人，明年三月可毕业。此外则优级师范选科毕业百六十人，公立师范一年半毕业者两届，前后共百人。海右师范一年毕业六十人，正谊中学附设夜班讲习科三个月，毕业六七十人。都凡千人左右。各县则设单级教员养成分所，一届或两届，每县毕业者数十人，一二百人不等。此其大概也。当第一届单级教员养成所开办时，主任者为直隶王君凤岐、郑君朝熙，研究单级教授用力甚勤，其后辗转相师，衍此一脉。故山东各属小学教授方法，颇呈整齐统一之观。余既至济南，复行各县，所见若教室必备小黑板，必用教鞭，每级必有值日生司整洁，出入教室必整队，以及单级教授之种种方法，虽其程度万有不齐，而其设施则斠若划一。以是知师范教育效力之伟且大，当其任者一举措，其影响及乎全局，系乎方来，不可不慎。而谋教育改良者，不可不探源从事也。

学校应否设校训，本一研究问题。余则以为应时势之要求，视地方之情况，冀养成一种特别之学风，根据此义，悬为校训，以立实施训练之准的，未为不可。虽然，有两义焉：其一，校训必求简要，愈简要则精神愈专一，收效愈速。若立无数准的，适等于无准的。宁使一种主义，经积久之训练，即告成功，易一时而改标一种，断不可同时揭櫫若干，纷其趋向。余于各校校训，列举德目至四五种者，已不无疑义，乃不意所见有多至十种者，此违乎立训之本旨矣。其二，则校训非能自生效力也，悬之校门，煌煌赫赫，此不过文字耳。文字之力薄，必济以语言，而训之功用全。训矣，是否感受，是否听从，须进而观其力行何如，故训必济以练，而训之效果见。是故校训者，在受教育者心目中，不必定有此数字，而在施教者心目中，却无一刻可忘此数字。若仅仅取德目数言，大书特书，以壮观瞻，既无实施训话之方法，又未考察各个之行为，甚至以整洁为校训，而未注意于场舍之扫除，以勤劳为校训，而未注意于服务之方法，斯亦具文之尤者已。

余于山东所见单级小学教员，甚心折者二人。叹其运用方法，非常纯熟，而又心知其意，非墨守成法者可比。其一为济南省立第二女师范附属小学教员丛君意珠，又其一则曲阜省立第二师范附属小学主事顾君文麟也。

第二女师范附属小学，以四学年编作甲、乙、丙三组。甲算术，乙、丙国文。先向甲范演，不绝问答；同时令乙作句，丙抄写新字。既而令甲自习，为乙订正，又不绝问答，时丙抄写未竣也。既乃令丙黑板认识新字，同时令乙续作句。虽参观仅二十分钟，而态度安和，音浪清晰，全用启发教式，善为变化。目光能周顾全级，无一个儿童闲暇无事，纯熟、绵密极矣。曲阜师范附属小学，以唱歌与体操合课一小时，不及观唱歌课，仅观其授体操游戏。系初等第二、三年，编为两组，每组各有男女生，其间且有插班之新生，教授困难已极。乃于二十五分钟间，有时彼组体操此组游戏，有时共同游戏，有时共同唱歌巡行，变化至五次，每次最久不过八分钟。教态从容，目光周到，极整齐，又极活泼，能使儿童个个精神飞舞，神乎技哉。

余稍稍从事旅行，辄觉闭户读书之不可为学。于博山，获见工业世界种种天产品、人工品，无一非教育好资料。其地土质适于陶业，上者为玻璃，次之为瓷器、为砖瓦，就余所见评之，实可云第二景德镇。而其天然之美利，尤有过于景德者。则就地产煤，俯拾即是，不待外求。视景德窑用柴，须远求之皖南数百里外者便矣。吾国以产玻璃原料著名者有两地，一为江苏之宿迁，一即山东之博山，相去不及千里。据地质学者言，两地矿脉实相接，意其间一脉所衍，产此物而未经发现者，必尚不少。而惟此两点，已有玻璃制造厂之组织，乃皆谋之不臧，中途败衄。值此欧洲战争，外货不至，需用乏绝，市价增至四倍，而我曾不能出一物以供需要，坐弃天然之美利，与难得之时机。吾游博山，见夫大好矿砂，徒供一般穷困无聊之社会，以劣下之手工，制为粗陋可憎之玩具、簪饰、药瓶、佛眼之属，以弋微利，为之浩忾。虽然，可忾者宁止博山乎哉。就教育论，宜将是等重要物产之性质效能，与夫地理人事之关系辑为资料，授予儿童，俾知天然美利之可歆，直接发达其企业心，间接发达其爱国心。吾游天津，观模范小学校长刘竺生君，搜集唐山塞门德土之原料与其制法，列表陈列，以为教材，期教育趋重实际者，不当如是耶！在博山，以蒋君梦桃之指示，得见所谓恒富崖者。断崖如劈，自涧底至其巅，高可三四十丈，煤层与其他杂质土石层相间，凡二十七八层，历历可数，愈下煤层愈厚，其倾斜度数亦灼然可见，实一副天然之地层标本也。闻大汶口发现三叶虫化石甚多，则未获见，有志修学旅行者，不可不知此。

济南之广智院洋洋大观。创于英人怀恩光君，今之院长也。其所陈列，概为模型、标本、图画、表籍，属于科学者，则凡天文、地理、历史、宗教、教育、语言、文字、动植矿物、生理卫生、医学、物理、化学、农林、工商、畜牧，无所不包。而吾尤叹服者，则各种土地面积、人数、物产、商务及一切关于文化事物之比较图表，皆以中国为本位，而与他国较，令人油然生爱国之心。且时复以济南为本位而与他地较，利用社会固有知识而予以新知识。去岁一年之间，入览者多至三十二万二千零二十五人，其中女子占百分之十三，盛矣哉。方今教育趋重于文字，任何学科一切以文字了之，物质文明，吾惧其微矣。至此令人眼界一变。有志革新教育，与夫主倡物质救国论者，盍亟图之。

各地学校尚有聘外国教员者。当学校初创，国中缺乏专门学者，聘用外国教员诚有所不得已。今东西国留学毕业而归者，岁以百计，其中虽不尽克胜教授任，然苟科学非十分高深，则于其间选择聘用，度亦非甚难事。夫使聘用外国教员，而无有流弊，本亦不成为问题。自吾论之，语言不通，重烦译述，使此译员而不学也，惧其本意浸失，而贻误于科学前途，果其学力同等，何勿径聘之为讲师，而留此旁枝骈拇为？吾见昔之聘外国教员者，用一国教员，凡教授所需用之仪器标本及一切设备，必悉购诸其国。及易一国教员，复尽置之，而别购诸其国。前清末季专门学校，为此之故，流出金钱，耗失财力，不知凡几。况乎国家主义盛行，人人各有其所爱之国，苟两国间利害冲突甚剧烈，而欲其人竭忠致爱于吾国青年，使吾国青年致敬尽礼于其人，盖戛乎其两难之，吾教育界其注意旃！

学生毕业无出路，为方今教育上亟待研究之一问题。初等小学毕业，舍升高小无他路。高小毕业，舍升中学无他路。等而上之，莫不如此。而以中学为最甚。吾于江苏，尝为此惧，以故旅行所至，辄以此问中学校长，天津公立中学校学生甚多，校长王君用熊致力于校务甚勤，答余此向，谓毕业生升学者三之一，谋事而未得者占毕业总数二之一。既归，乃调查江苏公私立各中学校，就所报告统计之，大约毕业生升学者百分之二十五，谋事而不得事者三十。夫毕业者百人，失业者三十，似未为多。然即此比例，他日中学教育益发达，此无业之民，从而增益。观其揭橥，在养成社会中坚人物，究其结果，适产出若干高等游民，其将何以自解。况各地中学毕业生失业者，或且不止此数耶。此其原因，必非一种，余雅不欲率尔下断。第观各省中学校，大都承一府一校之旧例，在各种学校中，往往居最多数，供求不相剂，倘亦其一原因乎。

学校不注意卫生，以余所见，儳焉若不可终日。例如儿童年龄不齐，而用同高之桌椅，致幼者足不着地。教室过长，后列儿童与黑板之距离，逾于其限，教师板书长文字，但计板之容积，而于字形大小，儿童目力能及与否弗计也。在户口较繁学校创设较早之地，来学者多，但求教室能容一席地，而不暇计每人应占空间至少容积之限度，虽教坛左右亦设儿童席，参观人一入室，气窒浊不可近，而教师不问也。谈教育者相尚以整肃，儿童虽当休息时，亦责令端坐教室，毋得外出。窗外太阳，直曝儿童课桌，任其读写动作于强烈阳光之下，而不一顾。凡此种种，皆余所目击者。在教师不过偶疏检点，而其结果遂至戕贼儿童至聪强之机能于不觉，亦大可怜已。夫建筑与一切设备，限于财力而不克举，可谅也。若此种种虽于财力无些子关系，而若此匪可谅也。

参观学校，实为改良教育之先声。盖参观者既得所观摩，即被参观者亦从而自奋，此双方获益之举也。所至晤教育界人，辄乘机贡此意见，比来南北往来，参观团之足迹交错于道，教育进行之动机，其在斯乎。

（原载《教育杂志》第 6 卷第 1、3、5 号，第 7 卷第 1、5 号
1914 年 4 月、6 月、8 月，1915 年 1 月、5 月）

实用主义小学教育法 [①]

例言

— 本书之旨，在发挥小学校之实用主义。编辑大体，以日本竹原久之助所著小学校实用的施设为准据，而内容则大加损益。不事直译，以求适切于吾国今日之实用。

— 本书所述种种方法，可依地方及学校情形而斟酌取舍，庶无背乎实用之道。

— 本书以职务余暇编成，如有疏误，尚祈谅恕。

— 本书译文曾得江阴何、梅梦扬、吴廷、策亮卿之襄助，附此纪实。

— 读者诸君对于本书，如有意见，请随时函告辑译人，以便再版时斟酌修改。

实用主义小学教育法目次

---

① 此书之编译者为杨保恒、黄炎培。

附黄炎培学校教育采用实用主义第二回商榷书

实用主义小学教育法

绪言

一事焉，其始不得已而为之，其的至纯亦至显也。为之既久，途径日以歧，方术日以滆，一物之细，一节之微，苟蕲其工，虽殚全力，犹将弗恤。而独于所以为之之故，乃莫复能识焉。天下事往往如斯，今之教育其一矣。

生而为人，第一目的曰生活。任天而行，其能生存与否，未可知也。则不得不辅以人力，本其天赋之能，而长养之，扩大之，求有以利其生，而教育起焉。是故教育之目的，括言之，对于被教育者，使之备具人生处世所需要而已。析言之，即所谓德育者，宜归于实践；所谓体育者，求利于运用；而所谓智育，其初步授以生活所必需之普通知识技能而已。于此生存剧争之秋，其人受教育愈充，则其生活所需用之能事愈富，而其被汰于天演亦愈后。一人有然，乃至积而为家为国，其兴灭存败，罔弗系此。教育之急，急此也；其重，重此也。自治术之敝，而教育流于学艺，其于学艺也，复专事文饰，徒以树焜耀之外观，竞宏博之虚誉，于是教育之为事，在国家误认为藻饰文明之具，在个人亦认为猎取名禄之门，此可号之为虚名的教育，为玩物的教育，其去所以教育之本的，不知几千万里矣。吾国十年以前，政府以科举取人才，群一世之材与智，从事于文艺，忘实而狥名，可玩而不适于用，卒以构成今日之国运与民力，非其殷鉴耶。

今日者，教育教育之声，遍国中矣。起而观其学子，往往受学校教育之岁月愈深，其厌苦家庭、鄙薄社会之思想愈烈，扞格之情状亦愈著，此固职教育者所莫能为讳也。试观小学校，所谓德育、体育姑无论矣，即以知识论，惯作论说文字，而于通常之存问书函，弗能达其意也。能举拿破仑、华盛顿之名，而亲友间之互相称谓，弗能笔诸书也。习算术及诸等矣，权度在前，弗能用也。习理科略知植物科名矣，而庭除之草，不辨其为何草也，家具之材，不辨其为何木也。夫小学教育，一般教育也，而若此，有心人所为恝然忧矣。

忧之奈何？今兹教育，非于实用的方面，施大革新不可，非从小学校下手不可。此书之作，盖本斯旨。虽然，小学校实用主义之实行，固属创举，实行而为系统的设施，尤未前闻。兹者，迻译东书，间参己意，窃不自揆，贸然从事，所冀以一帙之刊行，博海内教育家宏深之论究。他日虚名的教育，玩物的教育全灭，而实用之功效大彰，不其幸欤！

第一章　实用教育之必要

一、小学校目的与实用教育小学校之目的，明定于教育法令，教育部公布小学校令第一条曰："小学校教育以留意儿童身心之发育，培养国民道德之基础，并授以生活所必需之知识技能为宗旨。"又小学校教则第一条曰："凡与国民道德相关之事项，无论何种科目，均应注意指示。""凡知识技能，宜择生活上所必需者教授之，务令反复练习，应用自如。""儿童身体，宜期其发达健全，凡所教授，必适合儿童身心发达之程度。""对于男女诸生，应注意其特性及将来生活，各施以适当之教育。"由此可知吾人欲达小学教育之目的，当有种种之设施。（一）欲传授知识技能于儿童，当有教授之设施；（二）欲陶冶儿童之品性，当有训练之设施；（三）欲期儿童之身心健全发达，当有卫生之设施。以上三种，固小学教育重要之设施也，然欲教授训练卫生之普及于全体，而得实际上之效益，尤须有至重至要之设施，即实用教育是也。

二、实用教育之意义实用者，乃活用各种知识技能于实地，即小学校令第一条所谓授以生活所必需之知识技能也，又即小学校教则第一条所谓凡知识技能宜择生活所必需者教授之也。所谓当注意于男女特性，及其将来之生活，各施以适当之教育也。而实用教育，即关于实用之种种设施也。盖有教授、训练、卫生而不注意于实用，是使徒读死书，不能养成有用之人，故实用的设施，乃小学教育不可缺之要件也。惟儿童之生活状态，与成人不同，一切措施，不得不从狭义。即（一）实用之范围以儿童日常之经验界为限，勿广漠、勿宏大也。（二）实用之种类，亦以儿童日常所遭遇者为限，勿复杂、勿深远也。能如是，则小学校之实用教育，真切于实用，而可以养成有用之人。

第二章　实用教育所当注意之事项

小学校实用教育，当实施之际，有不可不深注意者，列举如下：

一、宜顾及陶冶主义。小学教育之本旨，在留意儿童身心之发育，培养国民道德之基础，并授以生活所必需之知识技能，是其目的。半在造成完美之性格，故陶冶品性，亦为小学教育之至要。因是小学校施行实用教育，万不可鼓吹单纯之实利主义，盖予之所谓实用教育，并非抛弃陶冶主义，而专重实利主义也。议者幸勿误会。

二、宜适应儿童之能力。小学校之事业，不问其种类如何，范围如何，总以适应儿童之能力为要。凡教授、训练、管理、卫生，莫不皆然。故小学校之实用教育（一）宜适应儿童之年龄。（二）宜适应儿童之性情。（三）宜适应儿童之境遇。盖儿童之经验，与年俱进，男女之性情各异。又儿童在家庭乡土之境遇，亦与能力大有影响。如商家之子，富于商业知识，从而营商之能力特著。农人之子，富于农事知识，从而学农之能力偏长是也。因是活用日常所授知识技能于实地时，宜慎选其教材，斟酌其实施法，期与儿童之能力适应，庶乎可也。

三、宜适应家庭及乡土之情况。教育儿童，不可不斟酌家庭及乡土之情况。例如某乡之某小学校，不顾家庭之经济及习惯如何，而必令初等小学儿童制备操衣。又如某乡某小学校其参观人须知中有一项曰，欲参观本校者，须先投递名刺，经职员之许可，而该乡风气僻陋，不知名刺为何物，此即不适于家庭及乡土情况之明证，吾人不可不鉴戒也。

四、宜注重实习。应用知识技能于实地之唯一方法，莫如实习。故欲施行实用教育，不可不注意实习。闻英国大学生毕业而欲为工学士，或中学校毕业而有志于工业者，必先至制造厂实地研究，任事六载，始有工学士之真价，始得为真正之工业。是即所以化书本之学问为实地之学问也。从来我国之学问多为纸上空谈，则实习尚矣。

五、宜由直接而及于间接。欲使儿童应用知识技能于实地，须先直接而次及间接。选择儿童即能实用者课之，若须待至后日，方有实用之效，或间接关系于实用者，非有余力不课，施行实用教育者，不可不留意。

六、宜注意于各方面之实用事项。小学校所授教科目，已十余科，又有家庭之种种作业，社会之种种酬应，故施行实用教育，欲期一一完成，颇觉为难。然苟于儿童所处之境遇，随时留意，不问在校、在家、在社会，无使机会错过，则实用方面多而收效大矣。试思一儿童在校，一学年间所遇实用之机会甚多，第就学友及其家族关系言之，如同学罹病多日缺席时，或同学之家族死亡时，或同学至远处旅行及新建家宅，兄姊结婚等，凡吊唁之方，慰问之法，庆贺之礼仪，以及书函之规则等，均可利用此机会，而使之实地演习。其他实用方面之事项颇多，不可不注意也。

第三章　实用教育之关系事项

第一节　观察个性

一、观察个性之必要。教育以完成人格为目的，故儿童教育，当先详察各儿之特性，审其所长，悟其所短，并当察其特征，以为因材施教之地。否则集合数十儿童而施以共同教授，教育但流于形式，欲期完成人格，不可得矣。然学校教育，不得不编制数十人为一学级，故两全之道，莫如于集合教授之外，施行各个教授；又于集合教育之中，兼施各个教育；二者相需，然后小学教育，可以渐收完善之效也。兹就实用教育言之，不仅视观察个性为至要，且为应用知识技能于实地上不可缺之预备。盖儿童应用其所得智能于实地，其范围程度及种类，因个性有异而差别甚多。即就扫除一事观之，女子则精细沉着，男子则疏忽粗暴。又心细之女儿，不留一尘，心粗者任其污秽。由此可知观察个性与实用教育之实施，大有关系，不可不注意也。

二、观察个性之方法。观察个性不易言也，必有适宜方法，且必随时注意，绝不懈怠，而后可以精细明确也。兹述主要之方法如下：

（一）晤谈。晤谈云者，由级任教师或校长，引儿童于膝下而恳切面谈也。此法既可以观察各儿之特性，而同时又可为适于各儿性情之训话，故晤谈乃观察个性及个人教育之良法也。其实施之概要如下：

1.晤谈以观察各儿性情，并施适合其性情之教云为目的。

2.晤谈以级任教师为主，有时由校长亲行之。

3.晤谈宜于每日上课前或退课后二十分钟以内，施行一次，每次三名以下。

4.晤谈时所观察或教训之事项，当记其要领于晤谈录。

5.晤谈时所观察之事项，宜应用于日常之教育，以期个人之品性完成。

晤谈之目的及方法，略如上述。此诚观察个性之便利法也。

（二）调查。儿童之个性及言动，不能仅恃学校观察，盖儿童之性行，在校与在家，未必相同。彼学校奖励优秀儿童，往往使父兄怀疑，职是故也。此弊在女儿尤甚。故欲观察儿童之个性，不可不统合在校与在家之情况，而详细研究之，于是有调查法焉。调查者，以儿童性情及其他可为教育上参考之各种事项，向其家庭查询之之谓也。通函、面访各从其便，每学期举行一次，或临时有必要行之。今举例于下，以供参考。

1. 关于学校往返者。

①步行乎？抑乘车乎？

②何时出门？

③何时归家？

④途中逗留否？

⑤来校及归家时，在途中，有诟詈斗殴等事否？

2. 关于交友者。

①与之嬉游者，为何等人，其人为男或女，并年龄及家业若何？

②友来游时，以何事为游嬉，又曾喧哗否？

③最喜游嬉之友，其性情如何，并其为男或女及年龄若何？

3. 关于学业者。

①每日复习否？复习之时候及久暂如何？

②自行复习之科目为何？又不喜复习之科目为何？

③阅览日报否？读小说及少年丛书否？所阅读者为何种？

④当预习或复习时，就学他人否？

⑤于学校所教之科目外，另教他种学业否？

4. 关于性情者。

①常学何人之仪容乎？

②仪容以何种为合于时宜，又最喜者为何？

③不从父母兄长命令时，其制裁及手段如何？

④给予银钱否？或使贮金否？

⑤使助理家事否？助理之种类为何？

⑥课业用品及玩具并其他日用品物，能始终整理否？

⑦兄弟姊妹互争否，缘何而争乎？

⑧虫兽雷等何故可恐，其名称及情形若何？

⑨有饮食物并衣服之嗜好憎恶否？其名称及情形若何？

⑩当矫正之习惯及性情为何？

⑪当助长之性情及习惯为何？

⑫言语正确否？

⑬所长者为何？所短者为何？

5. 关于卫生者。

①生后曾罹大病否，其病名为何？

②最易传染之疾病为何？

③能久耐寒暑否？

④最嗜之饮食物为何，有间食习惯否，间食之种类及时刻若何？

⑤喜运动否？又散步如何？

⑥因疾病而饮药时之情态若何？

⑦卫生上所奖励之事项若何？

⑧每日之食量如何？

⑨起床及睡眠之时刻若何？

⑩寝时，仰卧乎，抑横卧乎？

⑪给予牛乳及其他一定之滋养物否？

⑫夏季及冬季曾使旅行否？

6. 关于家庭者。

①父母生存否？并其年龄。

②有祖父母及兄弟姊妹否？并其数。

③雇用仆役否？并为男或女，及其数。

④家宅附近之情况，并邻近居民之家业如何？

上述之调查事项，不过举一例耳，此等查询所得之结果，如与学校所观察者有大悬殊，当依适宜方法，注意研究之。

（三）体操场内观察。体操场为考察儿童性情最适宜之处，故优良教师，当以体操场为儿童个性之观察场。盖儿童在教室时之行为，与在体操场大异。在教室时，常有一种谨慎之状态，至在体操场，则变谨慎为放任。且儿童之性情，往往隐于此而现于彼，及年龄渐长其倾向愈甚。故欲观儿童之个性，在校内须先观察其在体操场之状态，彼用意深邃之教师，当注目于此，不稍懈焉。

（四）校外观察。欲知儿童个性，校内观察，既不可忽，而校外观察，亦不可轻视。盖儿童之思想性情，在校内，略受几分拘束，其行为举动，亦稍受几分抑制。在校外，则完全流露。故在校外观察其性情之发动及行为如何，可以更详确。而校外观察，当行于下之事项：

1. 远足运动及修学旅行时。

2. 校外教授及校外参观时。

3. 巡视通学区域时。

校外观察儿童，既如上述，当事者苟能用意于此，则校外观察所得之结果，可与校内观察者相印证，而儿童个性，可期详知其底蕴矣。

（五）家庭观察。儿童在家庭，与在校内及校外时又异。所处境遇，概为特别，盖儿童在家，殆无一切远虑，又无关系身体以外之情事，故儿童常处于一种不可言喻之温情中，其感情及行为之发动，亦有一种特别之形式，绝非在校内所得见者。千百儿童殆同一轨。故儿童之个性观察，校内、校外、家庭三者，不可偏废。今举观察之方法于下；

1. 利用调查法，以询察必要之事项。

2. 开父兄恳谈会或学艺会时，与其父兄接谈而查问之。

3. 教师亲自访问其家庭，而视察其实况，并与父兄及儿童直接调查之。

4. 就邻近之儿童间接调查之。

上列四端，虽得探知儿童在家庭之状况，然其中有不可不注意者，即父兄之所答，无论其为信札、为口述，有时亦难凭信，因父兄往往有庇护其子弟之弊也。又致书而求其答复，恐家人不能写信，或因职务及时间之关系而多所困难。再如家庭访问，亦因家庭职业等之情形，而有憎厌访问者，此皆施行家庭观察时所不可不注意者也。

（六）调制性行录。依上述之各种方法。而观察各儿个性，概行记载于性行录，可供日常教养及考查性行历年变迁之用。盖性行录者，一以供适应其性之教养之资料；一以查察该儿童性行之变迁，可为一般儿童教育上之参考者也。

以上所述观察儿童个性之方法，在实用教育之实施上，有间接之影响，故宜致意于此而竭力研究，俾实用教育之收效益大。

第二节 自治

实用教育之性质，与自治大有关系。盖活用知识技能于实地，虽有必须教师指导之处，然有毋庸指导及某种智能须使自己活用者，不可不养成其独立自治之精神，而斩绝其依赖之根性也。乃今之小学教育，往往轻视自治精神，不知涵养，甚有抑制其自治精神而不使发动者。例如儿童鞋带及衣纽解开，教师为之代结；石笔落地，须举手受教师许可而后拾取；笔记误写，为之添改，诸如此类，不遑枚举。是岂得谓为正当之指导乎？儿童之带纽，当命自结，石笔当命自拾，笔记当命自添写、自订正，彼妄加补助者，视儿童如木偶，过为保护，遂使儿童无活用智能之实力，卒成无用之人。若是之教育，非徒无益，而又害之，愿教育当事者猛省之。

第三节　常识

常识者，对于日常事物，能判断明确而词当之谓也。盖知识技能，必依常识之指导，始能适用。倘常识缺乏，则虽有多知多能，究不能应用自如。故欲活用知识技能于实地，不可以无常识。而小学校之实用教育，当以养成常识为主，常识以切于实用为主，二者相需，其效自见。闻英人富于常识，世界无比，而其所以致此者，因英人最嗜实际的知识，凡事崇尚实验，不涉空想故也。我国教育之当事者，不可不深注意焉。

第四节　教授

小学校采用实用主义，与教授有直接关系，固不待言。而其关系乃在教育与教材之二方面，述之如下：

（一）教法宜注重于实际。教授最终之目的，在使学者能实用其知识技能也。但实用有直接与间接之别，兹所谓实用，非仅指肄业小学校时直接之实用已也。不观夫今日之教授乎，教科书之材料，未必适合于实际生活，而教授者又罕能活用，遂使学校教育与社会生活，不啻界若鸿沟，莫可逾越。例如教授修身，只述伟人烈妇之嘉言懿行，而与儿童之日常行为，有无关系，不计及也。教授算术，不与日常之计算联络者，比比皆是。而况教师之精神，只知注入，以多为贵，不顾儿童之能否应用与能否表出，故所授知识技能与糟粕无异，是亦教授上之大缺点也。然则小学校之教法，当留意于何点乎？曰一切教法，一面采用陶冶主义，一面又以学校教育与社会生活相联络，俾相隔而不相离，庶乎可也。

（二）教材宜注重于实用。小学教材，必求实用与陶冶兼备。故采取含有陶冶性质之教材时，当顾及实用主义，而采取含有实用性质之教材时，能不失陶冶主义，则尤善矣。

第五节　训练

小学校之实用教育，既与教授大有关系，而于训练上，又须留意于下之二要件：

（一）须养成其活用所得事项于实地之精神。

（二）须养成其活用知识技能于实地之习性。

以上二者，乃欲完成实用教育之根本精神也。闻英人对于一切事物，极注重于实地研究，即以制造论，法国工厂多制香粉、花边等之消耗品，英人则注意于制造机器及轮船、火车、纺织、钢铁等，皆日用所不可缺者也，而其结果，遂为世界上有实力之强国。故言乎训练，当注意于养成实用之精神及习性也。

第六节 管理

管理儿童，虽不可不严肃，然亦不可太拘束、太干涉、太保护，否则全无独立自治之精神，纵不为萎缩之儿童，恐终为依赖之儿童耳。萎缩者，既乏自立之精神，又失独行之气概，是也。依赖者，鲜有进取精神，其所得学识，终无活用之志愿，因之一切知识技能，难得应用之机会，徒然埋没于脑中而未由表现，是也。夫管理之当否，影响儿童之精神界，如是甚大，然则管理太严者，必致阻碍实用的能力之发达，或受意外之损害，可知实用教育，在管理上亦不可漠视也。

第四章 实用教育与各方面之关系

第一节 小学校种类之关系

小学校施行实用教育，不得不依小学校之种类而异其方针。即在初等小学校之儿童，年龄尚幼，知识程度低浅，经验亦少，故欲施实用教育，须在儿童之知识及经验范围内着想。其程度及种类，并须适应儿童之体力。若至高等小学校，儿童年龄达十二三岁以上，知识渐进，其在家庭实地经验之范围及在社会活动之状态，较初等小学校儿童大异，故其施行之方法及可为实用事项之种类程度等，亦当较深。又如初等小学补习科，与高等小学补习科程度不同，故施行实用教育，当随小学校之种类而异。

第二节 家庭之关系

家庭状况，万有不齐。儿童教育，自难一律。而实用教育，亦当有适宜之处置，乃必然之势也。今欲施行实用教育，除各个教育外，不得不以家庭大概之情况为标准。分类如下：

（一）职业。职业不同，家况亦异。如农家子多质朴习劳，商业子多奢华好逸，是也。

（二）贫富。贫富攸殊，家况亦异。如富家聚集之处，其子弟多淫靡之风，贫民繁庶之区，其子弟多鄙陋之习，是也。

（三）阶级。人民阶级，亦成习惯。如上流社会之子弟，与下等社会者，气质迥异，是也。

其他因风俗习惯或民族之异，亦为影响于家庭情况之一原因，此皆施行实用教育所不可忽视者也。

第三节　乡土之关系

小学校施行实用教育，除家庭外，凡乡土之关系，亦不可不考察也。盖乡土之风俗习惯，时有变更，非洞察其实况，不能为适宜之计划。而关系最大者，约有下之三项：

（一）产业。乡土之产业，或农、或商、或工、或渔，一面与家庭有关系，同时又与乡土有关系。

（二）风俗。校在农村，其实用之设施，宜以农业为主，以其他事项为附。校近商场等者，准此。

（三）交通。交通频繁之地，民风多狡诈，交通不便之区，民风多淳朴。

以上各项，与乡土最有关系，欲施实用教育，不可不详细斟酌也。

第四节　社会之关系

小学教育，欲求完美，不可不内外兼施。校外教育，除家庭外，社会尚焉。而实用教育，与社会情况，大有关系，虽谓实用事项大半属于社会可也。因是小学校之实用的设施，与社会情况有相关之点，当格外注意，此理之易明者也。然社会之不良习惯，不可不明晰判断，细考其利害得失，而防遏或祛除之，是亦设施时所当注意之一端也。

第五章　实用教育与教员之关系

小学校施行实用教育，欲收完善之效果，全恃有良教师，否则徒托空言耳。今略述于下：

一、宜注意于养成常识凡人无论何种职业，均不可以无常识，而小学教员为尤要。盖教授儿童知识技能，如有关于家庭及社会者，非有常识，决不能使之活用于实际，并不能使儿童发挥其实用之本能也。常识与小学教员之关系有如此，然世之小学教员，缺乏常识者不少，遂使小学教育，不足以博社会信用，良可慨也。至于养成常识之方法，虽属多端，而莫要于注意实际事物。即对于日常闻见之事物，均能精细考究而下明确之判断是也。质言之，即常阅日报、常读杂志、常与各种社会相交接而审知社会之内状，同时，在交际场中遇有活动事物，不失考察之机会，是也。今之小学教员，往往有终年不阅新闻、不读杂志、不知公报为何物者，宜乎其常识缺乏。而教育徒流于形式，毫无实效。为教员者，不可不猛省也。

二、宜注意于实习小学教员，欲求教育者实际，必先自就各种事项实习之。譬如一家主妇，不能亲操仆役之职务，必无指挥仆役之能力。今之小学教员，关于寻常日用之简易事项，果能悉谙而无遗憾乎。试提出下列问题，不知百人中能答者有几？

（一）问：以米一升炊饭，需水几何？

（二）问：煮鸡蛋至半熟之时间，几何？

（三）问：用普通信封，书八行笺十页，寄至本国外埠，当粘邮票若干分？

（四）问：鼻衄之急救法如何？

一日三餐，琐屑事也，然而水火之节，醯醢之宜，盐梅之度，非有实地经验，不易知也。谚云：百闻不如一见，百见不如一试，愿小学教员深注意焉。

第六章　实用教育与教授之关系

实用教育之主要目的，在使活用所授知识技能于实地，故其根本在于教授，无待赘言。教授犹水之源，实用的设施，犹水之流，二者有不可离之关系，下文更分节言之。

第一节　与教材之关系

小学校教材，当依小学校令第一条及小学校教则第一条之规定，无论何时，不能越此范围。而就规定者区分之，即以可为国民道德基础之知识技能为教材，及以生活所必需之知识技能为教材也。然实际观之，二者之间多有不能划分者。故选择之际，以一教材兼具两目的者为最妙。而兹所谓选择实用的教材，非统小学教育全部言，乃谓切于实用而无害于他事项者也。

第二节　与教科目之关系

小学校教科目，与实用教育之关系，就广义言，涉于教育全部。就狭义言，得区分为直接与间接之二种如下：

（一）关于直接者。修身（作法）、读法、书法、作文、算术、地理、（一部）理科、（一部）图画、（一部）裁缝、手工、（一部）农业、商业及英语等是。

（二）关于间接者。修身（讲话）、本国历史、地理、（一部）理科、（一部）图画、（一部）唱歌、体操及手工（一部）等是。

小学校教科目，与实用教育之关系，既有直接间接之别，则教授者，亦不可不注意其关系之轻重，而为适当之处置。即在关系重之教科目，宜乘实用之机会，以施实地应用之规划，而冀小学校之收效于现在及将来，此层最宜留意者也。

此外关于实用教育之实施，与教科目之性质相关联者，尚有一要件，即依教科目之种类及性质，其实习当分学校与家庭是也。试述于下：

一、家庭实习。家庭实习者，儿童在家庭实习各种事项。以家事之一部，及在校不便实习之事项为主，其要项如下：

（一）家事之便于家庭实习者。

（二）在校无适当处所，或器具等之置备不便者。

（三）在家庭实习，较在学校实习有效者。

家庭实习之必要，概如上述。而依此法实习时，又须留意于下列各项：

（一）须在儿童力所能为之范围以内。

（二）须考察儿童之家庭状况，无使父母兄姊迷惑。

（三）实习事项须与家庭相联络，而儿童易为力者。

（四）须不借父母兄姊之助力者。

（五）限初等科第三、四学年以上之儿童。

（六）依日之长短及寒暑而斟酌其当授之事项。

家庭实习之必要及其注意事项，既如前述，兹更述当授事项之种类如下：

（一）修身科中礼仪法之一部，即扫除、拂拭、将命、引导宾客、看护孩提等是。

（二）国文课中书法及作文之一部，即明信片、函牍等之代作、代写，日记之记载等是。

（三）算术科中日常计算及簿记之一部，即月底结算日常购物之价值，平时核算购物之收付，及账簿之记载等是。

（四）理科中之炊事及洗濯等之一部，即煮饭法、燃火法、洗濯法、野菜类之栽培法等是。

（五）实业科中之一部，即学习商业、协助农务等是。

二、学校实习。学校实习者，儿童在校中实习各事项也。其采用之方法，以在校中实习便利，或在校中实习无损碍而可收实效者为主。至其种类，择与家庭实习同效果者施行之可也。

第三节　与教授细目之关系

小学校教授细目，乃完成小学教育基础之方便物也。盖教授、细目，与施行各教授大有关系，可谓小学教育之源泉。至关于实用教育者，当依据普通教授细目而特别编成。兹分述如下：

一、与普通教授细目之关系。实用教育之目的，在活用知识技能于实地，故编制普通教授细目，不可不注意于此。然今之小学教授，类多漠视，试举例以为证。

（一）空气不洁，有碍卫生，教授理科或国文时，讲之綦详，然教室开窗之必要，未必语及。因是教室内空气败坏，任其窒塞而不知开通。儿童在校如是，欲冀其在家时注意换气，安可得乎。其他如述光线反射之理，而不及黑板之倾斜，说眼之卫生，而不及持书之姿势等，其例正多。

（二）修身科演习礼仪，若授受品物之方法，习之至熟，第一时教授甫毕，至第二、第三时授受作文簿及字画成绩等，于实地时，儿童是否实践，教师并不注意。

以上所述，虽教师之注意不周，然未始非编制教授细目时忽于实用所致也。

二、与特殊教授细目之关系。特殊教授细目者，专编实用教育之教授细目也。凡事欲求其完成，必须条理精密，记载种种相关事项，故实用教育之教授细目，亦为必要。兹举编制时所当注意之要项如下：

（一）以修身科为中心（即以躬行实践为主之教科目），而与他教科相联络。

（二）须择适于实用之教材，并须适于乡土情况者。

（三）宜应学年高下（即儿童之能力与体力），而取在校可实习者，尤以在家在校俱可实习者为妙。

（四）当分别学校实习与家庭实习，且须应时令而定其排列之次序。

第四节　与教授法之关系

实用教育，与教授上之主义方针方法等，均有关系。兹就主要者，叙述于下：

一、自习之必要。儿童之身心，当授予知识技能之际，或当整理及矫正之时，须使有活动之余地。活动为何，即使儿童自习是也。详言之，当收得知识技能以供实用时，须使儿童自推理、自判断、自发明、自实行，否则非含糊，即依赖，纵有知识技能，终无用也。故小学校教授，如能辅导儿童，使有自习之习惯，与实用教育，颇有影响。

二、练习之必要。小学校教授知识技能，务使儿童十分练习，否则所授者如无水之燥土，决不能培养花木，良可惜也。而今之教授者，多用注入法，不使儿童有练习及研究思考之余地，欲其知识技能之适于实用，不可得矣。

三、预习之必要。预习为自习之一种，即使儿童先自努力学习是也。夫预习一事，在幼儿固非所能，若年达九岁以上，程度至初等科三、四学年，则不可不视为教授之要点矣。盖预习为教授之先导，可使毕业后有独立自学之习惯，效果至大，而与实用教育，亦颇有关系。

四、对于质问之注意。疏忽之教师，对于儿童之质问，漫不经心，是轻视儿童之自动也。不知儿童之见闻范围至狭，因之心中时蓄疑团。闻教师言，可疑；闻父兄言，可疑；见四季之现象，社会之情状，莫不可疑。而为教师者，对于此等疑义，苟能勤恳指导之，不仅养成常识，更足以养成其自动之习惯，裨益匪浅鲜也。虽然，时间有限，而质问无穷，故不可不适宜处理之。兹述注意事项于下：

（一）儿童质问之范围，往往失之过广，致教师无从答起，故遇质问之不适当者，可限制之。

（二）儿童质问，往往有不能即答者，或纵能即答，而难为适当之说明者，故凡遇质问可使儿童记载于质问录，教师披览后，用口说或笔述以解答之。

（三）儿童质问，欲求解答明确，须备各学科之参考书，其他如字典及辞典类书等，亦不可不备。

（四）当解答时，或仅对于质问者解释之，或对全体儿童披露之，务求质问有莫大之效果。

（五）儿童之质问，可分一学级为数组，使各组协议问题，每周提出五问至十问，此法有趣味，有效果，且教师可免过劳之弊。

五、对于思考之注意。教授要诀，务使儿童有思考之余地。而今之教授者，上课一小时，教师口不停讲，尽力授予，被教授者绝无判断推理等之余地。如使吾侪处于学生之地位，遇现今之教授状况，亦当曰："请先生慢讲，俟小子徐思。"予现算术科提示推理的问题，教师直以其题意之解释，并运算之次序，尽行说明，没却推理题之本意，反自夸其教授之纯熟，愚甚矣！今之教育界，闻有分别教授之软硬，而纵论其利害得失者。予虽不详如何谓之硬，如何谓之软，大都不使儿童思考，直指康庄，使之安步而全不费力者，谓之软教授法；如遇山使登，遇河使涉，或使思考、或使判断、或使推理想象，受课时必令煞费苦心者，谓之硬教授法。予之教授法愿舍软而取硬。

六、养成注意及观察之能力。养成注意事物及观察事物之能力，即所以使实用知识技能之道也。然今之教授者，往往漫不加察，即在理科教授时，亦等闲视之，良可叹也。盖人必有注意事物及观察事物之能力，乃能富于常识，乃有实用知能之本领，此亦实用教育之要件也。唯二者不可偏重，即一方既养其注意力，同时又当养成其观察力也。

第五节　与时间之关系

小学教授，无论何种科目，均宜利用时期，而实用教育亦然。盖一足以使实习更适切，一足以使兴味更强大也。若问何事与时期最有关系，则当依土地之情况而定。兹姑举例如下：

（一）与时令相关之事项，如春、夏、秋三季之洗濯法，冬季之慎防火灾，春秋二季之种痘须知，夏季之防腐法及鱼、鸟、兽肉新陈鉴别法等是。

（二）与时机相关之事项，如十二月练习贺年，毕业前练习谢师，祝祭日悬挂国旗法等是。

上述各项，若能利用之，足使教授活泼，实习有生气，然世人往往蔑视。如学校举行修学旅行时，既不指示旅行之心得，又不阐明交通之要义，徒使儿童仆仆道途，甚无谓也。为教员者，不可不戒。

第六节　与方便物之关系

教授时，利用实物、图画、标本等种种品物，以谋教授之方便者，谓之方便物，或略称教便是也。此等品物，可由教师、儿童随时留心搜采，不必全出于购买，总以简便切用为主。又教授或实习时，可借用校具。如测物之重，可用庭前砖石，量身之长，可用屋内楹柱实验，支、重、力三点，可用竹帚以理解之，务使方便物偏于通俗而不倾于学理，则教育之收效大矣。

第七节　与考查法之关系

考查成绩，与教育之目的，至有关系。小学教育。既重实用，则考查时亦当留意于下述三项：

（一）依实际的问题而考查之。

（二）依活用的问题而考查之。

（三）依实用的问题而考查之。

考查如上法，则儿童于日常教授及实习之际，可以留意于实际应用，一切知识技能，常有活用之倾向，故考查法与实用主义不背驰，亦求达目的之一要件也。

第七章　修身科之实用教育

第一节　实用主义之修身观

修身教授之要旨，在涵养儿童德性，导以实践。而就实用教育观之，当以指导实践为主。乃今之教授者，仅注意于知而不注意于行，如儿童能读课本，能解字句，能述格言之意义，即以为已达修身教授之目的，讵非惑之甚耶。究其原因，颇为复杂，兹略举如下：

一、修身特设专科之弊。小学特设修身科，载在部令，苟就教育法令言，毫无讨论之余地。而就教育理论言，则此问题大可研究焉。盖涵养德性，当随时注意，若特设专科，则仅于每周一、二时间中谋达其目的，当教授其他科目时，反置诸脑后矣。涵养德性，并当随处注意，若特设专科，则教授之范围仅限于教科书，此外，遇良机会可达修身科之目的者又淡然若忘矣。积是二因，而修身教授，遂生不切实用之弊。虽然，此就教师能实行训练者言之，若无训练之教师，更未足以语斯。

二、不与实际联络之弊。修身教授，以指导道德实践为主旨也。以实践为主而不与实际相联络，即为无意识之教授矣。然今之教授修身，多有不顾社会情形及儿童境遇，而侈谈高尚之道德、伟人之事迹者，循是不改，欲求达目的，无异南辕而北辙矣。

三、迂远之弊。小学教育之目的，固欲造成将来之国民，非仅收效于目前已也。惟涵养德性，当顾及儿童身心之发育程度，俾力能遵行，方可以导其实践。若徒授高深之德目，广漠之道义，适使儿童轻视实践，收效难矣。

四、失中之弊。修身当注重于庸言庸行，然教授者因欲迎合儿童之好奇心，所授材料往往流于失中而不自知。若偏激之议论，残刻之事例，奇异之言行，必津津乐道；至于实践上应行注意之事项，以及实用事项、实际事项，反置之度外，此等教授，即是以道徇人，非惟谬误，抑且危险，与修身之本旨相去远矣。与实用教育之本质相去益远矣。

五、不顾个性之弊。教育当顾儿童之个性，或发挥之，或矫正之。而修身教授，尤当特别注意。盖欲涵养德性，指导实践必先观察各儿之特性，方能适切于实际也。而今之教授，徒流于形式，且倾于一般，欲期诸德之实践，不可能矣。

第二节　修身科之实用的设施

修身科贵能躬行实践，而实用教育，更当注意于此。今述设施之要项如下：

一、演习礼仪。演习礼仪，为修身科之重要部分，与实用主义，至有关系。惟教授时当注意于示范及实习，并富于平时乘机利导，切不可流于形式，徒尚空谈。又须力求适合于地方情形，切不可驰骛高远，无裨实际。

二、教示时事。教示时事，乃随时教示社会偶发事项，俾儿童渐具判断时事之知识也。详言之，即因社会实际问题，以练习道德的判断，并使儿童渐知社会情状，借以养成其处世之常识也。兹进述实施之方法如下：

（一）口述法：即口讲可资教训之时事也。此法简便易行，每晨由校长于朝礼式（每日第一时开课前，集全校儿童举行此式）时，或特设时间，或临时举行之。或由级任教师分划普通教授时间中之一部，或在放课时间中举行之。

（二）揭示法：揭示足资教训之时事于一定处所（体操场或其他大众易视处）。其时期自三日至六日，但揭示事项，仍宜酌行口述法以补足之。

教训之方法，略如上述。试进述选材之注意事项如下：

（一）无论对于何等儿童，总宜采取易解之事项。

（二）关于紊乱社会秩序之时事，颇为危险，以不采为宜，但有时极有可采之价值，不妨姑采，当于教训时格外审慎耳。

（三）教训时期，不可与偶发事项之时期相距太远。

（四）教训事项，可依事项之难易或种类，分别关于全校儿产及仅关一部儿童而适当处理之。

（五）历史事迹（即过去之事迹）遇与时事相关者，不妨并采之。

以上所述，概以社会之活事实为主，修身科能如是教授，则实用教育之目的，可渐达矣。

三、矫正恶习及短处。修身教授，系教示普通道德，同时当列举乡土之美风恶习，并各儿之长处短处，各施以适宜之训诫。而于乡土恶习及个性短处之矫正，尤宜特别注意者也。今之教授修身者，对于此点，大都漠然，颇为遗憾。

四、旁求道德实践之机会于他科教授时。教授修身，不第使儿童口言耳听已也，尤必使之心维，且必使之躬行。因是关于道德实践之机会，即在他科教授之际，亦当注意弗失，今举例以供参考。

（一）对于演习礼仪当不失实践之机会。礼仪法所教示之事项，可在小学实践者极多。如物品之授受法、窗户之启闭法、听问法、坐立法、进行法、对于长上及同辈之应对谈话法、敬礼法、物品整顿法，皆于他科教授时有实践之机会者也。而于教授裁缝及手工时，机会尤多。

（二）对于涵养德性当不失实践之机会。涵养德性事项，若不可诳语及不可有卑劣行为之教训，类此者，实践机会最多，如勿窥他人之答案、勿强不知以为知等事，各科教授之际均得实践，又如约束条件之履行，闲谈妄笑之戒慎等，亦须留意，毋失实践之机会。

（三）教示关于道德之教材时当不失实践之机会。教授国文读本及历史课本，恒有关于道德之教材，他若唱歌科关于道德之歌词，算术科关于道德之问题，体操科关于道德之动作等，当教授之际，各有实践之机会，均宜注意，切勿忘失。

修身教授如此，则道德实践，可于教授他科目时，常得适当之机会，教师能注意而利用之，安患教授之不切于实用哉。

第八章　国文科（读法）之实用教育

第一节　实用主义之读法观

国文科之目的，载在小学校教则第三条。云："国文要旨，在使儿童学习普通语言文字，养成发表思想之能力，兼以启发其道德。"因此知教授国文，须使儿童习得人类交换思想之要具（即关于语言文字之形式的知识），即能以自己之思想发表于他人，并能领会他人之思想为主要目的。质言之，即一面使言语正确自由，便于应用，一面使依语言或文字之媒介以吸收知识为目的也。故国文科之形式方面，若从受动的（即感受）观之，则关于听法（语言）、读法（文字）；从活动的（即发表）观之，则关于语法（语言及缀法）书法（文字）。因是，国文科之形式方面与实用教育有极密切之关系，而为人类生活所不可一日缺，故国文教授之必须注重于实用，乃当然之结果也。然今之教授者，尚未注意及此，试举例以证明之。

一、重实质而轻形式之弊。教授国文之主要目的，在使知普通语言文字，养成发表思想之能力，故当注重于形式方面。至启发智德之实质方面，教则条文，既冠以兼字，则为副二目的可知矣。是故国文教授，必须注意于形式，非若历史、地理、理科等之当注重于材料，灼然无疑矣。然今之教授者，往往重内容（即事实）而轻形式（即语言文字），本末倒置。因是小学儿童发音不正确，语言不正当，即文字文章，亦多模糊影响，一切记忆解释，均难确实，此皆误解国文教授目的之结果。循是以往，国文教授，终难有裨于实用。当事者不可不猛省也。

二、轻视语法之弊。教授国文语法，当与读法并重。然今之教授者，仅知读而不知语。夫语法虽不限于国文科，然论其所属之科目，则必归于国文，无可争也。故国文教授，关于语言之声音方法必须注意，否则收效难矣。

三、不重抄书之弊。国文科所授文字，欲使儿童记忆明确，当注重于抄书。夫儿童所读之国文，果能明确记忆，不仅足以达国文教授之目的，且因此可收实用教育之实效，故抄书亦教授国文之要务也。而今之教授者，殊多疏忽。

国文科读法，由实用主义观之，有上述三项之通弊，愿教授者留意而矫正之可也。

第二节　读法之实用的设施

前述国文为方便的科目，其教授当重形式，而兹言关于读法之实用的设施，亦不外乎形式方面，列举如下：

一、日常应用之文字。国文科之日用文字，当以实用为主，故教授者若完成其实用主义，则国文（读法）教授之目的，几乎达矣。然所谓日用文字，果以何者为范围乎？又为如何之种类乎？分述如下：

（一）日常应用所必要之文字（即单字）。

（二）日常应用所必要之句语（即单句）。

（三）日常应用所必要之文章（即连缀之文句）。

日常应用之文字，略如上述三类。然则除本国文字以外，若罗马字之一部，及阿拉伯算用数字等，亦不可不知，此固处理日常事务所必要者也。夫此种文字，即为处理日常事务所必要，则选择文字之标准，不必拘泥于字形及词句之简单，亦不必拘泥于儿童之熟知与否。即如七、勺、川、弓等，其字形虽简，然比诸华、国、乡、镇等字，用途反狭。犬、猫、龟、兔等字，虽在儿童知识范围之内，然比诸家人、牛、马等字用途不广。是故，日常应用之文字，当依儿童境遇及学力程度而决定，乃实用的设施上所当注意者也。兹更就此意义，列举日常应用文字之关系范围如下：

（一）关于乡土之字句：表示学校所在地之县、市、乡名，镇名、桥名、街名、村名、店名、产物名等必要之字句。

（二）广告招牌等之字句：本地方所习见之广告招牌标志等字句。

（三）略字：正字以外最普通之略字及假字，如对全、刀及银圆之元等字。

（四）略语：如高小（高等小学校）、女师（女子师范学校）等之略语。

二、日常应用之外国语。欧化东渐，外国语流行渐广，今日通商大埠所惯用者，如码、磅、打、密达、先令、法郎、卢布、马克、咖啡、吗啡、雪茄、勃兰地、水门汀等，几于家喻户晓。而今后之交通愈便，其推行必愈广。学校儿童，授以普通之解释，庶将来谈话或听演说时，不至茫无所知。故教授者斟酌地方情形而加入外国语于日常用语，亦实用的设施之一要件也。

三、日常应用之言语。吾人于日常用语，皆当顾名思义，不可妄用。今则类多含混，例如水也，而或谓之江，或谓之河。寒也，而或谓之凉，或谓之冷。银圆一枚也，而或谓之一块钱，或谓之一只洋。铜圆一枚也，而或谓之一个子，或谓之一个钞，或谓之一张铜板，诸如此类，名义有不正确者，均当矫正，俾实用时无障碍，并免识者之嗤笑。教授者不可不加之意也。

四、各种方便物之利用。教授国文欲期适切于实际生活，除教科书外，可利用关于读法之各种方便物，苟能处理得宜，必多良好之效果。兹列举其种类及设施如下：

（一）利用新闻纸及杂志类。利用新闻纸及杂志类，当自高等科第一学年始，初等科则不相宜也。而采摘新闻纸等以为教材，不仅有解释字句之效，更可于不知不识之间，养成常识。今略说其设施所当注意之要件如下：

1. 宜适应于儿童之学力。

2. 宜择其最有趣味且最稳健而不偏激者。

3. 有时可裁取新闻纸中必要之事项，订成册子，或粘贴于厚纸（可用稍厚之马粪纸，纵约八寸，横约六寸），俾便使用。

4. 新闻纸之种类及册数枚数，须适合于儿童数。

（二）利用广告及发票类。广告及发票类，在乡僻之地，或不易得，然可裁取新闻纸或杂志等之广告及收集旧发票，以补充之。若在都市，则搜集至易。搜集之后，可如前项所载，订成册子，或粘贴于厚纸，俾便读解。惟选取此种方便物，务求文句平易，其程度亦适宜于初等小学第四学年以上。

（三）利用商标及商号等印刷品。此种方便物，与前项相同，可制一教示牌或册子以便读解，程度亦以初等科第四学年以上为宜。

（四）利用告示通告招贴标识类。告示、公布、通告、招贴及标识类，实为处世所不可不知，故当时时导观公署、公所、银行、邮局、商店及其他指定之张贴处，或由职员转写，用告示通告等之方法，揭示于校内适宜之地，俾课余观览读解。兹举实例以资参考：

1.军营寺庙内所揭之文句，如：

军务重地、闲人莫入、如敢故违、究责不贷。

肃静、回避、佛堂清静、禁止喧哗等。

2.公园内所揭之文句，如：

不可攀折花木。

不可投石于池中。

不可践踏花卉等。

3.在茶馆饭馆等所揭示之文句，如：

衣帽物件、各自当心、倘有遗失、与堂无涉等。

4.在街衢所揭之文句，如：

禁止车马通行。

不许左（右）侧通行。

停止往来。

此处不可停车及系驴马。

此处不许倾倒垃圾。

此路不通。

毋许大小便。

此电柱危险不可近等。

（五）利用招待券、入场券、名刺、乘车票类。此等方便物，亦可订成册子，或粘贴于厚纸，以充教示之用。此类纯系日用文字，故用于教授，不仅可使儿童收得乘车等之知识，并可指示活字之种类及号数等，实与养成常识，大有裨益者也。

（六）利用各种证书、契单等。此等方便物，种类颇多，其实物之易得者，可订成册子，或粘贴于纸板，其难得者，可摹写之。如保险证书、毕业证书、修业证书、田单、房契、粮串、租照等，在学校不能常备者，须从职员告贷或摹写之。

（七）利用书信及明信片。职员所往来之书信及明信片，亦可采择若干种，订成册子，或粘贴于纸板，以充教示之用。书信除信笺外，并须示以信封之解读。

利用各种方便物之大要，概如前述。而关于是之设施，更有注意事项如下：

（一）订册及粘贴于厚纸时，须留出空白，以便记载各物之名称效用等。又其字句有不适于儿童学力时，可附加音注于空白，使儿童自习，盖此法不仅便于儿童自习，并便于以一物教示多儿童，可减省许多之手续也。

（二）利用此等方便物以教示儿童，其时间多求适当。盖此等教示，苟于普通读法时间中教授之，势必妨碍正课，故不得不另求特别时间。兹列举适宜之时间如下：

1. 雨雪天等之休息时间，或在昼餐后之休息时间。

2. 雨雪天等不得课体操游戏时，即以体操游戏之时间充之。

3. 春、夏、秋三季之放课后，加设三十分至一小时之特设时间。

4. 使持归家庭，即于家庭自习时间行之。

（三）采用儿童自习法，更时时答其质问，又各种方便物，并不限于读法教授，凡一切教授皆利用之。

六、读解法令文。法令文与通常文不同，其字句之精奥者，虽非小学儿童所能领会，然简易之普通法令，不可不使了解其意义也。是故高等小学第一学年以上，关于法令文之教授，若每年特教二三回，总计约十回，则于解读简易之普通法令，亦可略得其概要矣。至关于法令之教材，可采宪法及小学校令之一部，并本乡土所定之条例、规则、规程类之一部，若于法令文之读解上，授以必要之普通用语，则其效更大。兹就普通教授之事项及用语，举例如下：

（一）法令之区别：解释法令，宜先使熟知法律、命令及部令、省令、县令、警察厅令，并训令、指令、委任令、呈文、咨文、移文、布告、批、公函等之区别。

（二）法令之号数：法令通例，于公布之年月日外，必附以号数。即民国某年、某月、某日某令、第几号之类是也，此种号数，当使知每年更易一次之规定。

（三）普通之用语：法令文中之普通用语，举其主要者，如章、条、项、号、案、节、本文、附记、附则、规程、规定、规则、条例、条规、适用、准用、施行、认可、许可、改废、改正、废止、取消、追加、权利、义务、公布、发布、呈请、报告、督促、管理、掌管、掌理、分掌、处理、处置、处分、提出、提示、禁止、经由、摘要、交付、事项、若、又、但、削、加、改、要、准、比照、特别等。

（四）圈点及句读：法令文概无圈点，又宜使知某特别处以外，不用句读。

七、关于语法之设施。国文教授，当重语法，故国文科之实用的设施，须有关于语法之适当方法。盖吾人处理日常事务，必须言简意赅，方能应付敏捷也。兹述语法之特殊设施如下：

（一）谈话会。集合多数儿童，时时使为各种事项之谈话，或与教师谈话，或儿童互相谈话，又使儿童一面谈，而一面兼听他人以练习五官并用之法。而教师当集会之际，宜就各儿之话法，加以适当之批评及教示，同时更示以模范语。又此等谈话，不必与学校之课业相关，并宜简明而有趣味者，无取冗长。当一学级举行斯会时，他级儿童亦得旁听，或联合数学级儿童举行之，或邀请多数职员及儿童父兄等莅会以奖励之。

（二）膝前谈话。膝前谈话者，以儿童一名或数名，引进于职员之前，以行种种谈话之法也。此法虽有各种教育之目的，然有裨于语法至大，较诸前项之谈话会，尤有各儿分别练习及练习日常对话法之利益。故此种方法，于语法之实用方面，大有关系。今附说其项目如下：

1.膝前谈话之目的：膝前谈话之目的，虽不尽在语法，然他目的与练习语法，并无妨碍也，兹略述如下。

①教训感化，并借以传达多种知识于儿童。

②细察儿童之个性及习惯。

③保持师弟间之温情。

④练习儿童之言语。

2.膝前谈话时当为之事项：膝前谈话时当为之事项如下。

①关于娱乐及智德之谈话、问答、朗读等。

②儿童与教师间之质疑，及各种之发问并应答。

③关于家庭之谈话应答等。

3.膝前谈话之方法：膝前谈话之方法，大要如下。

①在休课时间中，每日一二回，唤某学级儿童一名或数名，至职员座右施行之。

②膝前谈话以级任教师为主，如果学级儿童或某儿童有特别事情，则由校长或其他职员行之。

③谈话之时间，每回约十分至三十分。

八、习用字典，即字典字汇之类。教授读法，须养成儿童自习之习惯。而自习之际，当养成其检查字典之习惯。此法不仅发达儿童之知能，减省教师之劳力，尤足以增长读书及研究之趣味，利益至伙。故在初等科第四学年以上之儿童，当使习用字典，以收实地应用之效。

第三节　读法实用的设施之注意

一、宜利用特殊之记忆法。欲使儿童熟知日用文字，固宜注重于练习，然利用特殊记忆法，亦可以辅助记忆。盖中国文字，往往有形体类似者，颇难记忆。教授时当特别提出，知恕怒二字，易混者也，若特提如奴之声，则不混矣。枭枀二字，易混者也，若特提出入之意，则不混矣。瓜爪二字，易混者也，若特提此二字之象形，则不混矣。他如难解字句，或用歌词韵语以联络之，亦补助记忆之一法也。

二、宜养成注意字画之习惯。教授国文，当养成儿童注意字画之习惯。如遇类似之字，尤宜使之特别注意。盖儿童能注意于字形之偏旁点画等，不特记忆明确，可免误读误写，且可借此熟悉字义，故于初学年教授，即当留意及此。

三、宜注重于抄书。欲使儿童熟知日常应用文字，则抄书要焉，即谓读法成绩，半由抄书而得，非过言也。虽然，教师但求省力，纯任儿童自由抄写，仍无效也。今述应行注意之要件如下：

（一）宜选定字句。使儿童抄书最宜注意于选择字句，而今之教授者，类多忽略，但令儿童抄写第几课，既无方针，又无主义，漫然行之，收效难矣。兹述选择之标准如下：

1. 新授之字句。

2. 易于误写及误用之字句。

3. 日常应用所必需之字句。

以上三项可为选择之标准。至字句之难易，文章上之关系，可不顾也。

（二）常注重于视写法。抄书有视写、听写之别。听写者，由教师或指名某儿口唱字句而使抄写也，此法有裨于考查及复习。然抄书之目的，当以正确记忆为主，故宜注重于视写。视写者，使据读本或其他方便物，或视黑板上所写字句而抄写也。此法可以坚确字句之印象，牢固其记忆，目睹之、手书之，最为有效。然听写法亦非全不必要，惟当分别主要目的与副二目的耳。此外有一事须注意者，即读本中应抄之字句，不任其照抄全文，而必变换其句法是也。若无此注意，在教师漫不经心，陷于不能利用之弊，在儿童亦失实地活用之机会，良可惜也。兹特举例如下，以供参考。

1. 学生读书，此为读本中之成语。今变其语法而使书之如下：

①先生读书。

②学生读书乎？

③读书者，学生乎，抑先生乎？

④先生学生皆读书。

⑤学生所读之书，国文教科书也。

2.小大山水黄牛白犬，此数语亦为读本中之成语，今变其句法而使书之如下：

①小山、大水。

②白牛、黄犬。

③大山、小犬、白水。

④大白犬、小黄牛。

⑤白犬小、黄牛大、小犬上山，大牛入水。

（三）宜增多抄书时间。抄书为教授读法所必要，且效果甚大，故时间不宜太少。然兹所谓勿太少，谓宜多其次数，非谓时间表内当增加特定之抄书时间也。盖教授儿童，须有变化，如于时间表内特定抄书时间，反致减少兴味，故抄书宜于教授读法时参酌课之。或伴随语法而课之，且须涉及于数次，则效果多矣。

四、矫正方言讹语。本乡土之方言讹语等，仅于某小区域内通行者，均宜矫正。此事不但直接关系于话法，更有神于读法及作文，故为教师者，不可不注全力以矫正之。他如发音不正确者，亦当留意矫正之。

五、整理书体。中国文字，有楷、行、草、篆、隶等体，且草、篆、隶又有各种变体，颇为复杂，断非小学儿童所能遍习也。小学校所用书体，只宜楷书、行书，而行书之用尤广，须整其字形，庶无背乎实用之道。

第九章　国文科（作文）之实用教育

第一节　实用主义之作文观

作文者，以文字文章发表自己之思想感情也。易言之，即以自己之能力，发表自己之思想感情于文字间也。故作文亦可谓为手示之言语，然发言易而作文难，故小学校之作文成绩，颇难圆满。试观小学各科目中，成绩不良者，必为算术与作文。而就实用教育言之，作文之重要，更甚于算术，况文章之性质复杂，儿童不易学习，为教师者，对于作文教授之方法，不可不注意改良也。兹从实用方面，略述本科之缺点如下：

一、文题不适当之弊。作文之命题，当就儿童经验界着想，即小学校教则所谓宜"就读本及其他科目已授事项，或儿童日常闻见与处世所必需者，令记述之"是也。乃今之教授者，往往任意出题，不知抉择，或题旨浩博，未脱旧时科举习气，或从儿童经验界以外命题，致作者无从说起。夫儿童之作文，本以发挥既有之思想为目的者也。今乃迫其发挥未有之思想，于是儿童茫无所措，不得不勉强拉凑，文不对题，模糊影响，日积月累，遂成思想不正确、文辞不真切之习惯。而俗眼第见其篇幅之长，更浓圈密点以奖励之，此弊不仅关系于作文，更关系于德育，愿教授者痛戒之。

二、误认发表主义之弊。教授作文，欲使儿童由文字以发表自己的思想感情，故主张发表，未尝不是。然倾向太过，又陷轻视形式之弊。夫发表云者，使儿童发表其所感受之知识道德。有充实不可以已之意味，非欲其无中生有，勉强敷衍，徒作冗长之文字也。乃今之教授者，问及儿童作文程度，必以能作若干字对，儿童知教师以多为贵也，亦从而冗长之。于是不顾字句之错误，不顾意思之凌乱，支离灭裂，百弊丛生，此岂发表主义之本旨哉。故实用上之发表主义，有二大要件，即：（一）材料务以传达思想为主；（二）无使发表与形式有偏重是也。

三、误认养成思想之弊。儿童之思想，固宜力求其丰富，惟养成思想，须注意于读法及地理、历史、理科等，而与作文渺不相关者也。盖教授作文之本旨，不过使儿童将固有之思想感情发表于文字间，非欲其自出心裁，借作文以发生未有之思想也。而今之教授者，往往不顾儿童意思之有无，强使其搜索枯肠，借苦思以启发其理想，教法迂远如此，宜乎其用力多而收效微也。夫整理思想，原为作文教授所必要，然借作文以整理既有之思想则可，借作文以养成未有之思想则不可。

四、好用艰深文句之弊。教授作文，既以传达思想为主，则构成文章之字句，必须平易浅显，不待言矣。乃今之教授者，辄喜援用艰深之字句，必使他人费解而后快，是真大惑不解者也。若谓不如是，即不足以表示其文学之优长乎？则白香山诗，老妪都解，亦不失为大诗家也。"行文务求简易明了"此语明载于小学校教则第三条，愿教授者一省察之。

第二节　作文之实用的设施

作文与实用主义之关系，既如前述。又从活用儿童之智能观之，则作文教授，须时时留意于实际应用，以期渐收完全之效果。今述实用的设施如下：

一、搜集教授所需之方便物。作文教授之方便物，有为一般教师所不留意者，略述如下：

（一）各种文书类之实物。教授理科，类知采取实物，教授作文，能知搜集实物者甚少。然欲使教授有生气，不可不留意于此。兹述搜集之种类如下：

1. 祝辞答辞类：校舍落成、开校纪念等有祝辞，授给毕业证书等有谢辞、答辞，他若职员之就职、解职，有欢迎、欢送辞，职员或同学家之丧事，有诔辞，此类当搜集实物，俾知其文体格式，或使闻知实际朗读。

2. 公文书类：校中一学年间，由市乡公所或县知事署所发之公文，其数不少，而此等公文，有为儿童所不可不知者，当搜集于一处，使乘机解读之。

3. 愿书类：职员及儿童保护者向学校所具之愿书，亦属不少，如缺勤、缺席、移居、到任、改名等书，均宜酌量搜集。

4. 书信：普通之书信，有致于学校者，有致于职员者，有致于儿童者，又有职员及儿童等之私信，均宜酌量搜集。

5. 明信片：学校或职员所得之通常明信片，挂号（双、单）明信片，绘画明信片等，均宜酌量搜集。

6. 电报：学校或职员所得之电报，宜酌量搜集。

7. 特别邮件：曾经邮局特别处理之邮件如下：

①邮局无法投递，粘笺退还之信件。

②露封之印刷物、贸易契及书籍类。

③寄递快信之凭单及信背所粘贴之专票。

④挂号信之收据及回执。

⑤保险信之封套、收单及火漆、印记等。

⑥粘贴欠资邮票之信件。

⑦封面附记投递时应行注意之信件。

⑧丧家用黑线轮廓之书简或明信片等。

8. 信封：写明各种住所姓名等之封套（其在受信人，有单记姓字者、有兼记店名者、有单记学校或衙署名者、有兼记职官者、有并记职官姓名者。至于住所，有迳达者、有转寄者、有在乡村者、城市者、军舰者、军营者、衙署者、商店者、旅馆者、亲戚某某者、外国者。其在发信人，有单记姓者、有连记姓名者、有记校名、公司名、衙署名者。关于寄信地点，有本局投递界内者、有互寄各行省者、有寄至外洋各国者）。而其封套，当备本国通常用式（纵长者）及西洋式（近于方形之横广者）各种。

以上各种文书类，择其适宜于小学儿童者，乘机讲示之。或就难解字句，用朱笔旁注训解，使儿童自习。且可裱成书夹，或贴成挂图。如明信片、封套等，须兼及正背两面者，用铜夹或铜钉挟之贯之，以便应用及保管。

（二）文书类之认识法及说明图。教授作文，利用文书类之实物，既如上述。惟同时教授多数儿童，又须另制说明图，俾儿童辨认其要点所在，示例于下：

1. 书信之认识法：认识书信，教授时必须有雏形，如书笺之上下正反面，天地头之空白，抬头之格式，上下款之位置，月日之附记等，均当示以各种成例。

2. 明信片之认识法：正面示以收发信人名姓、住址等之位置，背面示以文词等之认识法。

3. 封套之认识法：示以封套之正面背面，及粘贴邮票之位置，与封缄月日等之各种成例。

4. 包裹类之认识法：示以包裹类之式样及包法、结法，并粘贴邮票位置等各种成例。

5. 印刷物书籍类之认识法：示以印刷物、贸易契、书籍类之式样包法，并粘贴邮票位置等各种成例。

6. 电报纸之认识法：示以电报之号码纸封套及以诗韵代日数等各种成例。

7. 公文书之认识法：示以官署往来公文书之用纸条例及各种程式。

8. 日志之认识法：示以日志之记载法。

9. 广告文之认识法：示以新闻纸及杂志中所登广告之体例数种。

以上各项，可参酌地方情形及学校程度，而选择适宜材料制成挂图，即制成文书类之说明图，俾教授时便于应用。

二、实地通信。书信虽仅作文教授之一部，然将来处世之应用至大，而学校中使儿童实地通信，不但可资实地练习，且可借此奖励作文，效果颇大。兹略说其方法如下：

（一）实地通信之范围。

1.与他校儿童通信。由本校选择数校（必须他市乡或他县）互相商订，定期使本校儿童与他校儿童通信，每学期一回至三回。

2.学友互相通信。学友中有因转学或退学而去校者，或于年暑假及旅行等，使互通音问。

（二）实地通信之儿童。用前项方法，限初等科第四学年以上之儿童实行之。

（三）实施上之注意。通信实施之法，须注意如下：

1.与他校儿童通信，使与相约之数学校同时通函，至信中所选事由，可时同时异。

2.前项之通信事项，当使该学级儿童共同集议，其文可由一儿或数儿起稿，由同级儿童共磋商之。

3.接得前途复书，即送交该学级，使之读解，此时教师当因宜而指讲教授之。

4.接到相约学校之书信时，当即依其来意而答复之。但其复书使关系学级协议定之。

5.学友互相通信当由该学级儿童任意往来，教师无须干涉。

6.凡一学级所往来之信件，均揭示于适当处所若干日，俾全校儿童共览之。其有关系者，当永远保存，以供他日教育上之参考及日常教授之资料。

7.实地通信所需之邮费及其他费用，概以校费支给之。

三、假设通信。假设通信者，即在校内设置邮政信箱数处，作为邮局，使儿童投函此局以相通信是也。此法虽较逊于实地通信，然实地通信，关于校费，实施不易。而假设通信，无须经费，且此法既可练习作文，又可增进通信上之知识。兹略说其实施法如下：

（一）假设邮政局、电报局。邮电局假设之局数，当参酌学校大小儿童多寡而定，普通以五六所为宜。局所区域，各有一定，并可附以名称。例如设置五局所时，则以一所定名为本市乡邮电局，又名其一为邻市乡邮电局，以外三所如称为上海邮政局电报局、南京邮政局电报局、北京邮政局电报局（此种名称，可涉及全国，然仅及本省或本县亦可）。此等假设局所之位置，必须考其方位及远近，俾与实际地理上之位置远近相符。惟每学年或每学期必变更其名称，使儿童熟知各地之通信。更于各局所置二名至五名之局员，执掌收发邮件事宜，如有误书封面、无法投递、欠资等件，必照章处理，并使练习关于发信、受信之各事项。

（二）邮政局电报局局员。高等科第一学年以上之儿童，每人一回或数回，分别轮值掌理一切局务。

（三）通信之方法。利用假设邮电局，以为通信之方法如下：

1.初等第四学年以上之儿童，每学期发信二回。其信件，分每一学级与每一学童二种，又分职员指定及儿童自定二种。书翰、明片、电报等，均准此。

2.发信之一切条件，与实际相同（唯邮票以色纸代之）。

3.受人信件，须具相当之答书。

4.发信受信，能否合于定章，通信文是否合式，有无谬误等，均由职员一一检点而讲明指示之。

四、家庭练习。儿童在家时，作文之机会，虽不可多得，然绝非绝无，故宜敦促其实地练习，其事项如下：

（一）使填写日记。

（二）使代写便条等。

（三）使代写缺席、请愿书及其他文书等。

五、速作。速作者，儿童作文，限定一小时内，必须作成一文至三文是也。此法极有益于实用，在初等科儿童虽不易实行，而在高等科儿童，则宜特别注意。盖今后之国民生活光阴至可宝贵，故敏捷之技，宜自幼练习。而观于今之小学作文，大都迟钝，有半日作一文者，有二时三时作一文者，甚至写一便条，作一日记，亦必苦思冥想，延滞至一时以上，斯实作文教授之大弊病也。或谓小学儿童，学力浅薄，经验缺乏，未可与成人同视，故迫令速作，非所宜也。

不知速作法裨益至大，苟能教授得诀，命题适当，可收意外之效果。兹述留意事项如下：

（一）此法限高等科第一学年以上行之。

（二）曾经作过之文，使再作类似文，或记述简单事物时，得施行此法。

（三）随作随誊，不另起草，且示以经过之时刻。

（四）此法当循序渐进，故于一时间中，限作一文，至多三文。

（五）与迟作法相辅而行，无使偏重。

以上诸件，苟能留意，则在小学校中施行速作，亦非至难，愿教授者注意及之，且此法教授得诀，更可养成儿童之二大美点：

（一）全篇结构悉由腹稿，迨下笔以后，未便半途中止，故可养成其下笔前悉心研究之习惯。

（二）誊写脱误，不便添改，笔画模糊之字，不敢不出以审慎，故可养成其鉴别字画之习惯。

是故速作法，不仅有裨于作文，更有裨于书法，而有裨实用，犹其余事矣。

六、记载日志。记载日志，亦为实用的设施之良法，其记载法约有二种如下：

（一）在校中记载。例如学级日志，使儿童轮流记载，最有实益。此法不仅有裨于练习日记，并可利用各儿童之竞争，借以观察其个性，兼收教育上之效果者也。

（二）在家庭记载。例如休业日日志、年假日志、暑假日志等，使儿童在家庭记载，携送教师检阅，是亦实地练习之一法也。

以上二法，有益于作文之实地应用，至其程度，自初等科第四学年以上行之可也。

七、列举记载事项。比见作文教授之记载事项，每作一文，仅及一事，一文而述及数事者甚少。然实际往复之书信及日志等，往往有连类及于数事项者，例如某君致家信于北京某校学生。

（一）叙述自己家庭之安否及气候如何；

（二）叙述本市乡之自治状况及年岁之丰歉等；

（三）探询北京之近况；

（四）探询试验之成绩；

（五）通知邮寄衣包；

（六）叙述父亲之他往情形等。即一文中记述数事项是也。

夫通常之书信往复，有一书仅及一事者，有一书兼及数事者。故在高等科一学年以上之儿童，当练习书翰文等时，其指示事项，宜逐渐加多。初使一文涉及二三事项，渐增至五六事项，如是则将来毕业以后，适于实际生活，裨益甚大。而今之教授者，始终使记述一文一事，非策之得也。

第三节　作文实施上之注意

关于作文之实用的设施，更有应行注意之事项如下：

一、宜留意于实用事项。欲使作文活用于实地，更当留意于实用事项如下。

（一）实用的文书类：实用的文书类，即日常必需之函件等。举例如下：

1.书信；

2.公牍；

3. 日志；

4. 电报；

5. 广告；

6. 履历。

以上各种，苟能略知程式，则于日常处事，便益不少。又电报、广告之种类，须择其普通者，若履历则使详述自己之经历可也。

（二）实用的规程类：实用的规程类，即关于各种文件之收发章程及其他辨别法等是也。其例如下。

1. 邮件章程摘要。

2. 电报章程摘要。

3. 广告章程摘要。

4. 各种文书之递送及鉴别方法之要件。

上列各项，与实用至有关系，而教授作文者，或多忽略，因更附述于兹。

二、宜联络季节。作文命题，苟能联络季节，不特有裨于实用，更可以引起儿童之兴味。例如至十二月，课以岁暮及新年文；三、四月课以清明及桃柳等文；入夏课以传染病注意文及慰问病家文；六月课以祝颂毕业文。如是则作文活泼泼地，进步远矣。

三、利用插画。图文教科书有插画，他若地理、历史、理科等书，莫不有插画。盖文章有非文字所能达意者，借图画以补足之，法至良，意至美也。而作文教授，亦当采用此法。使儿童于作文时插入图画，无论其为平面画、透视画，但求能画，不计工拙，要唯文意所不能尽者，即利用绘画以补助之。日本近时文中插画之风渐盛。吾国能仿行之，则作文可以别开生面矣。

四、利用摘本。教授国文之读法，必须抄书，而作文亦当有摘本。盖教授作文，能使儿童摘抄难字难句及必要字句，或使抄录模范文及实际往复之函件明信片等，不仅可以增进作文之实力，并可使作文有活用之妙，裨益匪浅，愿教授者注意及之。

第十章　国文科（书法）之实用教育

第一节　实用主义之书法观

书法与实用最有关系，故教授之目的，当全注于此。即小学校教则所谓：

"遇书写文字务使端正不宜潦草"是也。然世人往往有一种谬解，以为端正即是美丽，故目光多注于美丽方面，不知字体必先端正而后能美丽，否则决难美丽。端正其原因，而美丽其结果也。彼以书家希望小学儿童，未免过当。盖非小学教育之目的也。故书法教授，全注意于端正不潦草可也。兹就实用主义之见解，略述教授上应注意事项如下：

一、宜留意于书法以外之书法。书法以外之书法，如作文、笔记及书写姓名于品物等，皆是也。今之教授者，每多忽略。试检视儿童之作文簿、笔记簿，能与书法同一注意者，有几人乎？甚或临写之字，笔画尚能端正，而记姓名、学年、月日等，即率意乱涂，全然如出两人，是皆教师不留意之结果也。书法教授之现状如此，成绩安能良好，而无当于实用，又不待言矣。此弊亟宜改良。

二、宜练习小楷。小字最切于实用，故宜勤加练习。楷字既熟，行书易成。然今之小学儿童，多习大字，少习小字，是亦误于教授者以美术视书法，而不以应用视书法也。此弊宜改良。

三、宜限定书体。小学校应习之书体，宜限定楷书行书，行书尤宜注重，其他草、隶等体，社会不甚通用，毋庸滥习。

第二节　书法之实用的设施

书法教授，能知实用主义者，不乏其人。然下列三项，每多疏忽，述之以供参考。

一、速写。书法之字形及字行，固不可不端正，而既能端正，又必进求迅速。若写数字须费数分钟，缮一书翰，须费数刻钟，其书虽佳，终嫌不适于实用。故练习书法，宜一面注意于正确，一面注意于敏捷。

二、校中课外练习。儿童在校除书法正课外，使乘机实地练习，亦实用的设施之一端也。其事项如下：

（一）举行父兄恳亲会及运动会等所需之挂牌，即观览场、来宾席、便所及其他注意书等。

（二）教授用书于小黑板之算术问题等。

（三）可以揭示于揭示场之事项等。

（四）学校通常所用各种表簿之书面等。

（五）有一定程式之公文及证明书等。

三、家庭实习。家庭实习书法之事项如下：

（一）代写便条、明信片等。

（二）各种簿记。

（三）代写日记。

（四）各种包裹物件之标面。

（五）于标记器物之姓名、年月等。

第十一章　算术科之实用教育

第一节　实用主义之算术观

教授算术之目的，载在小学校教则第四条："算术要旨，在使儿童熟习日常之计算，增长生活必需之知识，兼使思虑精确。""教授算术，务令解释精审，运算纯熟，又宜说明运算之方法理由，且须熟习心算。""算术问题，宜择他科目已授事项，或参酌地方情形，切于日用者，用之"。算术科与实用之关系，概可知矣。抑宇宙森罗万象，而其间自有数之关系。吾人当利用万物处理万事之时，常觉计算之必要。盖算术切于人生日用，不可须臾离也。夫教则所谓熟习日常计算，熟练算之技能也。增长生活必需之知识，实质上之价值也。思虑精确，形式上之价值也。三者之中，第一、第二目的，与实用有直接关系，则教授算术，虽三目的不可偏废，而所谓实用主义之算术观，当特别注意于此二目的。务使所取教材，适切于实际生活，自不待言。兹略述如下：

一、宜留意于心算及速算。教授算术，务重心算，又不可不使娴习速算。本科之第一目的，所以言熟习日常之计算也，然教授者往往背道而驰，此宜反省者。

二、宜留意于数之范围。教授算术与数之多少有关系，不特运算，即实际计算亦至有关系也。故练习运算及熟习日常计算，其所用之数最多、最少须有一定之限制，若漫然授以至大及至小之数，非儿童所易领会。

三、宜注重于加减乘除。日常计算，当重四法，尤当注重于加减。此四法若得完全习熟，则于日用之计算，思过半矣。然往往有轻视四法而好授高深之算术者，是其弊也。

四、宜活用教科书。算术问题，虽有教科书，亦当酌量变通。如物价及其事物，不合于时地者，即宜修正，否则问题虽佳，亦难收效。

以上所述，为实用教育之要件，教授算术者，不可不省察也。

第二节　算术之实用的设施

算术科之实用的设施，当知算术与实用之关系。兹略述如下：

一、实用的运算。算术科之实用的运算，其种类如下：

（一）珠算。珠算占算术科之一大区域，商店及家庭之日常计算，多用算盘，器具简单，较笔算便利，故小学校之实用的设施，当以珠算为重。

（二）心算。心算为日常计算所必需，最捷最便，切于实用，固不待言。而小学校教则，亦言须熟习心算，教授者务宜注意，使儿童勤加练习。惟练习心算，当于教授算术时间中参插之，且须斟酌其事情，以研究练习之方法。

（三）速算。速算极有益于实用，无论珠算、笔算、心算，皆当练习。或谓缓算少误，速算多误，欲速则不达，速而多误，是为冒险之运算，窃所不取。不知今后之处事，势必趋于敏捷，故速算不可不自幼练习、惟当适应儿童之学力，研求相当之方法耳。

（四）概算。日常计算之当重概算，知者颇多，然知之而不实行，亦算术教授之一大缺陷也。试观儿童之答案，当答一万五千者，往往误答十五或一百五十，此即疏于练习概算之结果也。吾人日常之心算，惟能从概算着想，故较少误答，概算之效益如此，教授者宜深致意焉。

二、实用的计算。实用的计算，即吾人日常生活所必需之计算也。小学校教授算术，不可不留意于此。详言之，吾人生活所必需之各种计算，如诸等及利息等，尤须注意者也。而论其需用之多，莫如诸等数中之度量衡，小学校教授算术，当注重于本国度量衡之计算，使儿童十分练习。此种计算，除算术正课外，又当利用各种品物，使儿童习得度量衡等之知识，附记如下：

（一）舍内教示：在校舍内示以数之实测，如廊下揭示其阔与长，桌椅表示其高与阔狭之类是。

（二）舍外教示：在学校区域内，示以数之实测，如运动场标示其平方尺数，学校园标示广袤，或揭示树木之周围及高低之类是。

（三）校具教示：记数于校具，如茶壶则记其容积，砚凳则示其重量之类是。

（四）距离教示：以本校为中心，而示以从此达于市镇乡村及本市、乡区域内寺庙胜迹、山川原野等之里数，以定小学校所在地内距离之标准。

（五）品物教示：表示数之观念于实物，若品物之尺寸、形状、重量等，可示以实物者，即以实物增进其各种品物之数之知识。如示以粉笔一支之长短及重量，使得数之大体观念之类是。

三、提示乡土资料。教授算术，欲求切于实用，不可不注意于乡土。盖乡土资料，不仅切于实际，且有裨于生活必需之知识。故小学校构成算题之资料，宜多从乡土事物中采择，即计数亦当以乡土事物为标准。兹择可采之资料，举例如下：

（一）关于产业者，本乡土物产（农产物、水产物、工艺品等）之概数。

（二）关于生活之事项，本乡土之职业，各种物价、田价、屋价、租金、人口数、户数等。

（三）关于交通者，与邻市乡之距离、道路之延长、渡河之河幅，货车、人力车、马车等之数。

（四）关于广袤者，本市乡之广袤，周围邻市乡之广袤等。

（五）关于时间之事项，古寺、古庙等之创立年代，本市乡建筑物之建筑时代，本小学校之创立年代等。

（六）关于地积者，本市乡内田亩、山林、原野、池沼之面积及祠庙、学校等所占地之面积。

（七）关于租税者，本乡土之田赋额及其他杂税额等。

（八）关于经济者，乡土内之贮金额，各种品物之消费额及产额、消额等。

（九）关于卫生事项，如疾病者及分别各种病名之统计数等。

（十）关于邮件事项，如收发之邮件物数、邮票之卖出额等。

以上各项，虽有一时不易调查者，然教授者苟能留意于此而随时采择，则类此之事项正多。惟应用此等资料，须作一表，又须于每年一定之时期更正之。

四、揭示物价表。调查各种品物之时价，列成一表，揭示于适当之地，或印分各儿，务使日常利用之。否则知识谬误，易致父兄窃笑。盖物价不仅随时变动，且各地不同，而教科书所载问题之价格，系编书时之价格，迨应用时，时日既殊，地方亦异，未可以此为准据，教授者不可不注意也。

五、利用统计数。各种统计，不仅为算数题之资料，且有裨于儿童日常计算所必要之知识。故普通事项之统计数，当时常利用之。学校中可调制本校及本市、乡以至全国之统计数，制成一览表。兹举应行调查之事项如下：

（一）关于学校者：

1. 全校及各学级儿童数及其出席日数、缺席日数等。

2. 历年经常费平均数及每儿童平均数等。

3. 入学、退学儿童数。

4.粉笔、纸类之消费额及燃料之需用额等。

5.学费之收入额及未纳者之百分比等。

（二）关于市乡者：

1.户数、人口数之增减及百分比等。

2.生产物之产额及累年增减等。

3.关于各种纳税额之统计数等。

4.各种物价之最高、最低及平均数等。

六、灌输生活必需之知识。熟习日常计算，增长生活必需之知识，斯二者，不但为算术教授之要项，且能使算术成为实用之要件。然其所谓生活必需之知识，果教以何种事项乎？则如使之计算铁路，同时即与以关于铁路之各种知识；使之计算度量衡，同时即与以天平、斗斛、丈尺等之知识；使之计算贮金，同时即附说贮蓄法之事项是也。是故，此等知识当教授计算时，必连带说明，而日常计算与生活知识，实有不可离之关系，为教师者，不可不知也。兹更述教授之际，有必须附带于计算者，列记于下，以促教授者之注意。

（一）时计（时钟）之看法。

（二）历书之看法。

（三）预算之编造法及其款目。

（四）日用簿记法。

（五）步测、目测、力测等之练习。

（六）简易之测量法。

（七）心算之简便计算法。

以上列记各事项，虽不尽关系于算术，然可于算术教授之际教授之，为教师者，须适应儿童之学力，乘机行之。

七、指示在校实地计算之事项。实用主义之算术，当在学校实地计算者如下：

（一）考勤簿、出席簿等之计算。

（二）收入学费增减等之计算。

（三）收支经费等之计算。

（四）校内各地之实测等。

以上各事情，可将计算之结果，一一指示儿童，且以此等之得数与统计相比照，使儿童明了数与事物间之关系。

八、指示在家实地计算之事项。实用主义之算术，在家庭亦有适当之机会。兹列举计算之事项如下：

（一）每月月底收支经费之计算等。

（二）经费出纳簿之登记核算等。

（三）各种购买物品及修缮工程等之预算、现存及其计算等。

（四）旅费及其他需要之计算等。

（五）宅地内之实测等。

九、施行儿童用费之记簿及其计算。儿童用费之记簿及其计算，亦实用的设施之一端也。每月月末及年终，使儿童各以本身所用之经费，核算统计，收效颇大。而此法亦可在学校施行。假令有儿童三人，各给簿记一册，按其年龄学力，使计算一定范围内之收支，如年幼者仅及零用钱，稍长者兼及学费，尤长者使计算零用费、学费、衣服费及其他用费是也。

第十二章　理科之实用教育

第一节　实用主义之理科观

部颁小学校教则第七条："理科要旨，在使儿童略知天然物及自然现象，领悟其中相互关系及对于人生之关系。兼使练习观察养成爱自然之心。""理科教授以适切于农、工、水产、家计等事项，在教授动植物时，尤宜使知该物制造品之制法及效用。"据此，则理科之目的，在使儿童理解天然物与自然现象之关系，天然物之相互关系，天然物与人生之关系，自然现象与人生之关系，而关于以上诸问题之解决，即关于实业及家事等。究其极，即畀以吾人生活所必需之知识也。故就实用教育以观察理科，有下之三要点：

（一）欲养成吾人常识，以此为极有益之教科目。

（二）吾人利用天然物及自然现象时，恒以此科目为中坚。

（三）吾人日常之生活及处世，可因此以得切要之知识。

由是言之，其价值实超越于他科。故教授理科，除述天然物及自然现象对于人生有如何之关系外，尤当留意于下之条件。

一、实际的利用。教授理科，无论一事一物，均与人生有关系，不可不阐示实际的利用之方法。即说一动物之形态，讲一植物之效用，不可仅云如斯形态有如斯之效用，必兼及其形态与人生有如何之关系，其效用与吾人有如何之关系，——说明其实际利用之关系，使与实用相联结，是为至要。而今之教授者，往往忽于此点，不可不反省也。

二、实地观察与实验。理科教材，本具实地观察与实验之性质，故教授时当注重于此，无待赘论。而今之教授者，往往仅以绘画、标本等指示儿童，并不使之实地观察，且有不实验而空讲书本者，此等教授，收效难矣。

三、选定实用的教材。选择理科教材，亦当注意于实用方面。例如教授蝴蝶花、藤花，未尝不可，教授毛发之发育状态，皮肤之构造，亦非不要。然与其采取蝴蝶花、藤花，宁选稻麦、萝卜，与其说明毛发之发育状态，宁述头部之清洁保持，与其说明皮肤之构造，宁述皮肤与发汗之关系及与感冒之关系。要之理科教授，如时间从容，则虽授种种隐花植物，或授皮肤之构造、骨之名称、矿物之结晶等，固属无妨。若一星期仅仅教授二小时，而欲兼搜并采，细大不捐，不可能也。是故选择理科教材，当以与人生之关系为主眼，然除此以外，并非绝对不可取。盖教材之中，往往有虽与人生无直接关系，却又不可不知者，读者幸勿误解。

四、参酌地方情形。教授理科，最宜斟酌地方情形。如乡僻与都会，其材料之选择，教授之方法，自难相同。工业地与商业地，渔业地与农业地等，亦当差异。否则理科教授之目的，终不能达。而与人生之关系，亦不能收圆满之效果。彼甲地之教授细目，与乙地、丙地全然无异者，皆不明理科教授之要点，不可不改良也。

第二节　理科之实用的设施

理科之实用的设施略述如下：

一、家事的设施。理科与家事有关系，教授者虽未必能适合于实际，而其教材之适用于家事与否，不可不考求也。今举数例以示教授之一斑。并以供欲知家事设施之参考。

（一）以衣食住为基础之设施：家事与衣、食、住有至大关系，而衣、食、住与理科有密切关系。故选择教材，以此人生的要素为基础，采取关于衣、食、住事项，依其顺序与方法而为理科教授，是即所以成实用之道，且最有趣味之教授也。今举例于下，以示概要。

1.朝之理科事项：夜与昼之关系，太阳与生物之关系，朝之空气，早起之利益，衬衣与普通衣服，水与洗面巾之管理，牙粉及牙刷与齿之关系，朝食与卫生，衣服之着法等。

2. 昼之理科事项：空气中之尘埃，空腹与卫生，午膳之事，发汗与运动，昼之光线，用功与眼之关系，脑之疲劳等。

3. 晚之理科事项：晚餐，饭碗之洗涤，刷靴法、沐浴法、洋灯之处理法、灯火与火灾及卫生之关系，就寝前之注意，夜气与卫生，油灯蜡炬之害，室内之碳酸气等。

4. 晴日之理科事项：日光与卫生，衣服之洗濯，舍外之扫除，风、野外之散步，蒸发与河海，家之方向等。

5. 雨日之理科事项：雨与生物之关系，雨与空气之关系，云与雨，降雨与井水及河水之关系，雨与社会之活动，雨与道路，雨天与发汗之关系等。

（二）以炊事为基础之设施。以炊事为基础之设施，教授女子理科为最适当，举例如下：

1. 朝之炊事：米之淘法，酱油与卫生之关系，早餐与其食品，点心之种类、分量及与卫生之关系，薪炭与经济，碗箸之处理、陈列法等。

2. 昼之炊事：米与麦，鱼、鸟、兽肉之新陈鉴别法及调理法，和味物与风味及与卫生之关系等。

3. 夕之炊事：滋养品与不消化物，酒之害，食器洗涤法等。

二、卫生的设施。理科关于卫生之事项不少，故教授宜与卫生事项连接，举例如下：

（一）关于饮食物之卫生事项：饮食物与卫生，饮水良否之鉴别法，牛乳良否之鉴别法及保存法，烟酒之毒害等。

（二）关于疾病之卫生事项：爪垢与传染病之关系，衣服及气候与感冒之关系，夏秋之传染病与其媒介，传染病与河水及井水之关系，疾病之看护及救急法等。

（三）各种之卫生事项：沐浴之方法，眼之卫生，运动与健康之关系，饮食物与卫生，衣服与卫生，日光与卫生等。

三、实业的设施。小学理科，宜授适切于农工水产等之事项，故实业的设施，亦为至要。举例如下：

（一）关于农业之事项：蚕、桑、茶、麻、稻、麦等，均关农事，此等事项，不仅教授形态习性效用等，即其制法用途等，亦宜说明，以期真能与农事相关联。

（二）关于工业之事项：白粉、硫黄、金、银、铜、铁、杉、漆等，与工业有直接关系，教授当与前项相同。

（三）关于水产之事项：鲤、鲫、鳍、鲢、虾、蟹、海藻等，皆有关于水产，教授当与第（一）项相同。

四、乡土的设施。教授理科，与乡土有直接关系者颇多，故动物、矿物及自然现象等，当留意于与乡土相关联之事项。兹略述如下：

（一）乡土的教材。凡乡土所有之动、植、矿物及风土气候等，均当调查搜集。

（二）乡土的事情。动植物等，如系乡土特产者，宜调查精确，俾教授时说明引证。

（三）乡土的教示。本市乡人民所实际利用之事物，不可习焉勿察，宜特别教示之。

第十三章　技术科之实用教育

第一节　实用主义之技术观

小学校之技术科，指国文科书法及缝纫、图画、唱歌、手工、体操等而言，此中如书法、缝纫、图画、手工与实用上之关系密切，查部颁小学校教则云：

缝纫要旨，在使儿童熟习通常衣服之缝法、裁法，兼养成节俭利用之习惯。

图画要旨，在使儿童观察物体，具描写之技能，兼以养其美感。

手工要旨，在使儿童制作简易物品，养成勤劳之习惯。

以上三科，与日常作业，有直接关系，而书法更无待赘述，教授者勿背斯旨可也。

第二节　缝纫科之实用的设施

缝纫与实用之关系，至为明显，兹述其设施如下：

一、实用的事项。缝纫科实用的事项如下：

（一）实用的衣类，小学校当授之实用的衣类如下：

1.衬衫、衬裤、单衣、拾衣、棉衣、裙、袜、围馋等。

2.手帕、被套、包袱、纽带、小袋、书包等。

（二）实用的作业。小学校当授之实用的作业如下：

1.普通的作业：裁法、缝法、绩法、补缀法等。

2.特别的作业：折法、洗法、保存法等。

以上事项，当按儿童之学力年龄及家庭状况而酌宜教授，总期有神于实际，勿求形式上之齐同，是为至要。

二、节俭利用。养成节俭利用之习惯，亦为缝纫教授之要旨，故教授时当留意于此。如布片、纱屑可作抹布，零剪布帛，可补破服，总使料不浪费，化旧为新，方符斯旨。比见学校成绩展览会，所陈缝纫成绩，大抵全用新料，夸多斗靡，殊背教旨。

三、实用的事情。教授缝纫，欲求适切于实际，当留意于下之事情。

（一）不准儿童裁制雏形，如制小衫、小裤、小袜、小鞋等。

（二）精确寸法，如领口、袖口、腰围、出手、幅长、襟长等之分寸，计算精密。

以上二端，极宜留意，盖裁制雏形，所成者尽属废物，与节俭之旨相背，故宜禁止。至衣服之寸法，须与其人之体格相称，务使不长、不短、不宽、不紧，是亦实用之道也。

第三节　图画科之实用的设施

图画与实用有关系，亦甚显明，兹述其设施如下：

一、实用的画法。欲求图画教授之切于实用，当先究本科之画法。盖图画之种类，虽大别为用器画与自在画，而细别之，又有随意画、临画、写生画、思想画、记忆画、考案画、默写画等，若就实用主义言之，当注重于下之三种。

（一）用器画（以尺为主）。

（二）写生画。

（三）考案画（非但形体且当及于色彩）。

以上三者，务以正确与迅速为目的，是即切于实用之道也。而今之教授者，大都偏重于临画，且描写时甚为迟缓，非所宜也。或谓用器画非画图之真本领，当在排斥之列，不知图画教授之目的，但求儿童观察物体，备具描写之技能而已，遑论其用器与否耶。且既课以自在画，更课以用器画，相成相济，在实际上毫无矛盾。故实用主义之图画，当偏重于以上三种。然自图画之全体观之，其他各种，并非绝不采用。读者分别观之可也。

二、读画之能力。图画科不仅使儿童能写，并须使之能看，盖养成读画之能力，无异养成读书之能力。见人所写之图画，即能想起其实事、实物，见人所作之文章，即能推知其思想感情，其理一也。而今之教授者，多不注意于练习读画法，亟宜改良。

三、发明新案。图画极有益于工业，为近今东西洋所趋重。然尤当使儿童自出心裁，发明新案，此法大足以开发新思想，宜乘机奖励之。

第四节　手工科之实用的设施

手工科与实用有密接关系。兹略述其设施于下：

一、实用的物品。手工以制造简易物品，养成勤劳习惯为主要目的。而养成细密、整顿、节俭、忍耐、注意、秩序、自治等美德及审美情、实业思想等，乃其副目的也。故欲达本科之目的，当使所制物品，以切于实用为主。兹举例以供采择：

（一）纸工纸拈钉、信封、账簿、果子袋、包纸等。

（二）结纽纽结、帽结、货包结等。

（三）黏土工笔架、绘盆、镇纸、刷齿杯等。

（四）厚纸工书夹、信插、纸煤筒、纸匣、卷轴筒等。

（五）竹工箸、抓篦、笔筒、竹钉、齿剔、巾挂、画轴挂竿、鸡毛帚插、笼帚、吊升等。

（六）木工线板、线轴、名牌、门标、匙标、衣挂、槌、捣棒等。

（七）金工火箸、钉、铁槌、铁丝、蒸烘网、铁丝笊篱等。

（八）杂工羽帚、挂钩、草鞋等。

二、家事手工。家事手工，乃练习家事所用之手工器具也。举例如下：

（一）以锉刀锉锯，以硐石磨刀。

（二）以刀斧斫削竹木类。

（三）以锯解截竹木类。

（四）以锥凿等锥凿竹木类之孔。

（五）以刨等推平竹木类。

（六）以铁槌打钉。

（七）以拈凿拈螺丝钉，以钉拔等拔钉，或曲之直之。

（八）以纸类糊裱纸窗、板壁及其他破隙，以石灰粉刷墙壁之损破。

（九）以针线缝补杂物，以绳线扎束货物。

（十）以烙铁烙印器物。

上述各种器物之使用法，非在校内实地练习，不易娴熟。故校舍校具等如有损坏，即由职员与上级儿童共同修缮，乃练习之良机会，或规定作业之正课亦可。

三、发明新案。手工科奖励新发明，与图画同旨，教授之际，凡物品之形体色彩等，教师仅示概要，其余使儿童自由制作可也。

第十四章　其他教科目之实用教育

第一节　实用主义之其他教科目观

其他科目，即历史、地理、体操、农业、商业、英语是也。此等科目，各有一定之目的，其实用的关系亦各异，故不能概论。兹分述如下：

一、历史地理科。教授历史，以使儿童略知本国国体之大要，文化之渊源，民国之建设，与近百年来之关系为要旨，可借以领悟实际的处世之道。教授地理，以使儿童略知人类生活状态，且悉本国国势之大要等为要旨，亦可借以增进生活上之知识，皆与实用大有关系者也。

二、体操科。教授体操，以使儿童身体各部平均发育，强健体质，活泼精神等为要旨。而由实用主义观之，则健康为百般事业之母，其关系不待言矣。

三、农业、商业科。此二科与实业有直接关系，其教授当以农、商业之实际事情为主，与实用有至大之关系。

四、英语科。教授英语，以使儿童练习简易会话，理解浅近文章为要旨，有裨于交际及处世，与实用之关系不少。

第二节　其他教科目之实用的设施

历史、地理、体操、农业、商业、英语科之实用的设施，分述如下：

一、实际的关系。实用的设施，必须与实际事情相关联，试再分科述之如下：

（一）历史地理科教授历史，宜注重本国近事，同时又宜引证确实事情，使领会处世之道。教授地理，与儿童最有关系者，莫如乡土地理，宜就地理教材或远足旅行等之实际事情相联络，俾儿童便于应用。

（二）农业商业科农商业之普通知识，固当采取实际的教材，而在农业，又当注意于园作及驱除害虫等。在商业，又当注意于实习，如校内特设学用品贩卖部，或由职员偕同儿童，于休假日，至本市乡或邻市乡试行适宜之商业。

（三）英语科使儿童多得实地应用之机会，而于通常教授之际，时以英语问答谈话。

二、实地活用。活用教授事项于实地，即为实用的设施之要点，故遇实地活用之机会，务使儿童注意。兹举例如下：

（一）地理科由远足或修学旅行等，以培养地理之观念，同时以关于旅行等之注意事项，活用于实际。

（二）体操科或导之游泳，或徒行远地，或使二手伸平而渡独木桥，以取平均之姿势。

（三）商业科行商之实行，货物之批入，商用簿记之实地登记，或于冬夏休业之际，使暂为某店之小伙。

（四）英语科使写外国信之封面，使交接外人，与之会谈。

三、利用地图。地理科与实用有特别关系者，莫如利用地图。如吾人至某处，倘不甚熟悉，即思按图而索，此即地图适于实用之一例也。故教授地理，最宜留意于利用地图，兹述其要点如下：

（一）宜养成儿童看图之能力。人有看图之能力，则虽赴未熟之地，苟得地图，亦可一望而知。而欲具此能力，甚为容易，使知绘图之法则及其符号之种类斯可矣。

（二）宜养成儿童绘画之能力。使观察他人所描者而模仿之，或使实地勘察而勾绘之，或使听人口述地理情形而想象绘之，总以精确迅速为要。

第十五章　各种之实用的设施

第一节　儿童集会之实用的设施

儿童集会，即提倡或容许儿童自由开会也。此事如能处置适宜，可得种种利益。如涵养儿童自治之精神，其利一也。借此研求智德，其利二也。娴习社交其利三也。集会有此三利，有裨实用，可想而知矣。然漫无限制，亦易滋流弊，兹述应行奖励之种类如下：

一、儿童恳谈会。儿童恳谈会，使儿童互相恳谈，借以交换知识，并练习交际之礼仪，涵养自治之精神者也。其方法如下：

（一）各学级分别开会，恳谈之际，可分儿童为甲、乙、丙三部或四部、五部，每部人数限十名上下。

（二）恳谈会之会场，当选广大之教室，或修身、礼仪法实习室，使各部有适当之位置。

（三）恳谈事项，任各儿自定，但职员可杂处其间，适宜指导之。

（四）恳谈中之措辞及礼仪等，当依家庭及社会之普通习惯，又宜使儿童各以真面目从事，不可徒流于形式，或近于儿戏。

（五）有时可假定主人、来宾而使为主客寒暄欢叙之情状，或参加各种娱乐的游戏，使游戏与恳谈相辅而行。

（六）献茶侍候迎送等役之分任，由儿童协议定之，或抽签定之。又关于开会通知书及其他一切事项，均由儿童分掌，务使有自动自治之能力，而职员则处于顾问之地位可也。

二、儿童谈话会。此会与恳谈会略相似，惟彼以家庭客座之实况为主，此以通常所行之谈话会仪式为主。一谈众听，彼此表意，乃近于演说之集会也。故恳谈会有神于演习礼仪，谈话会有裨于练习语言，但于修辞及娴习各种日用事项，则二者并无差异。兹述实施上之注意事项如下：

（一）儿童谈话会，职员亦可加入，且各儿之谈话法，可适宜批评之。

（二）一切会务，由儿童分掌之，职员立于顾问之地位，又对于旁听职员之招待应答等亦使儿童分担之。

（三）儿童谈话会，以一学级为原则，有时可联合数学级共同行之，但此法当使各级推出代表，俾相关事项，得以协商处理。

三、儿童讨论会。此会提出实际问题，使儿童互相讨论，其留意事项如下：

（一）讨论题，由儿童协商预拟，呈经职员认可施行，有时由职员交议。

（二）议长干事等，均由儿童互选。议事规则等，亦由儿童协议定之。

（三）儿童集会，最易纷扰，维持议场秩序，颇非易之，职员宜代为整理或补助之。

以上三种集会，当酌定适宜之时期与回数，务使与普通教授无妨碍，且当顾及儿童之年龄与学力。

第二节　儿童勤务之实用的设施

小学校所通行之儿童勤务，其种类如下：

一、级长列长等之勤务：此种勤务，一面立于监督地位，以指挥监督各儿童，一面立于职员补助地位，以受职员之指挥命令。故选任此等儿童，以品学较优者为宜。其所掌事项，或为职员之代理，或为儿童之总代，因此可以增进自治之精神，服从之美德，指导之习惯等。换言之，可以磨炼处世所必需之实际的智德，故于相当监督之下，为适宜之指导，乃大有裨于实用者也。

二、各种轮番之勤务：小学校所通行之轮番，其种类如下：

（一）级番，轮掌一学级之事务。

（二）部番，轮掌校内一部分之事务，例如初等部、高等部或男子部、女子部等是。

（三）扫除番，轮掌扫除事宜。

（四）餐事番，轮掌儿童饮食事宜。

（五）其他之轮番，报告时刻之报时番，掌理煮茶、炊饭之炊事番等。

以上各种，使儿童轮流分掌，裨益于实用至大。彼乡村之单级小学校往往不用校仆，而使儿童轮掌煮茶、烹饪、报时、扫地、出差及接待来宾等事，在表面观之，虽似为学校教师服务，而实际上之获益，绝非徒读死书者所可同日语也。

三、照料生之勤务：在休息时间，教师有准备课业等事，在运动场看护儿童，不易周到，欲谋补救之法，可选任照料生轮值勤务，以补助职员看护之不逮。此种勤务，亦大有裨益于实用，惟须在初等科或高等科之最高学年中选任。

以上各种勤务，均为实用的设施之良法。惟其所掌事务，须按各校实际情形自行规定。至级长列长及各种轮番之勤务，自初等第三学年以上儿童始可也。

第三节　儿童文库之实用的设施

欲使儿童增进实用的知识，则设置儿童文库其要矣。兹述实施上之要件如下：

（一）儿童文库，可分甲、乙两种如下：

1.甲种文库：所储者，准高等科儿童之学力程度。

2.乙种文库：所储者，准初等科三、四学年儿童之学力程度。

（二）儿童文库所储之方便物，其种类如下：

1.新闻纸杂志类；

2.书籍；

3.图画；

4.公文书及其他书状类；

5.影片类；

6.有裨于各种读法及养成常识之教示类。

（三）儿童文库内所储方便物，宜选无害于儿童教育者，并宜注意如下之要件：

1.宜选男女儿均适用，不偏倚者。

2.宜选文词浅显，或有注释，易于读解者。

3.宜选印刷鲜明，装订坚固，且无错乱脱误者。

4.宜渐增新品，使库内时有变化，以新阅者之耳目。

5.选择关于修身、国文、算术、历史、地理、理科、卫生、家事、天文、美术、社会、实业、体育、娱乐等之书类，务求广博。

6.宜选有趣味有生气者。

（四）文库之启闭及取阅方法，由职员与儿童分任处理之。其阅览之时间等，务使儿童便利。

（五）处理儿童文库之注意事项如下：

1.新闻纸杂志书籍等，购得之后，即施以相当之装订。

2.各种书籍，须分别门类，编定号数。

3.隔若干日，须整理一次，而整理时，宜注意拂拭，避免积尘生蛀。

4.罹传染病或皮肤病之儿童，或其家庭罹此病者，不许借阅，并不许携归。

5.阅览室，须多设几处，俾阅者便利。

6.每年夏秋之季，必翻曝一次。

（六）宜留意于添购费。

第四节　庆吊之实用的设施

教师或同学家有婚丧等事，由儿童实行庆吊，不特有裨于实用，更足以浓厚师生与学友之情谊。兹述实施上要件如下：

（一）庆贺及吊慰。当斟酌地方情形，而选定适当之范围及简便之方法，总以虔诚为主，决不可流于形式。

（二）凡访问家庭及慰问疾病等事，切忌繁琐。

（三）罹传染病者之吊慰，当采致函或间接之方法，不可躬至其家。

第五节　儿童贮金之实用的设施

勤俭储蓄，为人生之美德，故儿童贮金，极宜奖励。兹略述如下：

（一）学校贮金法：使儿童贮金于学校，即由学校担负存放及保管之责。

（二）家庭贮金法：学校处于奖励监督之地位，使儿童贮金于家庭，存放及保管等责，悉由家庭担负之。

上述二法，在实施上须有注意事项如下：

（一）学校贮金法之注意事项：

1.学校负完全责任，如有失误，由校赔偿。

2. 当以儿童零用钱所余剩及由自己勤劳所得金钱为主，万不可向父母兄姊等索取以存贮。

3. 不宜奖励太甚，致儿童有竞争贮金额孰多之弊。

4. 收支及贮金限制等，当有适当之规定，惟手续不宜太烦。

5. 各儿之贮金数，时时揭示之。

6. 储蓄处所，虽因地方情形而殊，然以银行及殷实商家为宜，务使父母兄姊等不生疑虑。

（二）家庭贮金法之注意事项：

1. 时常注意于家庭，使儿童依适当方法存储之。

2. 时时调查其贮金状况，并为适当之劝诫。

3. 当注意其贮金之正当与否。

第六节　贩卖学用品之实用的设施

小学校特设学用品贩卖部，苟能处理得宜，颇多实益。（一）价值较廉；（二）形质划一，便于教授；（三）儿童因出纳金钱，而可以谙熟日常计算等之实用的世务；（四）可借此以知节用之道。今述实施法如下。

一、设置学用品贩卖部之组织法：

（一）组织学用品贩卖部，莫要于批货之本钱，兹酌拟二法于下：

1. 在校费中，加列特别费之子目，以便暂用，至事业开始后偿还之。

2. 向儿童父兄中之有资本者借贷，定期偿还之。

以上二法中，可选用其一，以为一时之开办费，或向商店赊取，亦可。

（二）批购贩卖等事，置常任委员二三名，于职员中选任之，时或选儿童若干名，轮流佐理之。

（三）批购及贩卖等之账目，可请有名望之保护者二三人查核。

二、设置学用品贩卖部之注意事项：

（一）贩卖品物，须先调查其形质。且须择其价值较廉者。

（二）贩卖之方法，务求简便，其账目至每月末结算之。

（三）贩卖之时刻须在休课时间。

（四）贩卖之处所，须择购求便利之处。

（五）贩卖部各种事务，在职员监督之下，使儿童执行。但批购及其他重要事项，由职员与儿童共同处理之。

（六）初等科儿童，可以票券交易，不用现金。

（七）各种之计算及账簿等，由校长监督之，或于常任委员外，加置二三名之稽查员，每月末查核一次。

第七节　防备非常及避难之实用的设施

天灾地变，人生之不幸事也，假令因此而顿失财产，或伤生命，其可悲为何如。故平时考求防避之法，亦为实际所不可少。而在人烟稠密之处，尤关重要。今述实施上之要件如下。

（一）灾变之种类，颇难预定，而概以水灾、火灾、风灾等为主。

（二）处变之要诀，如防备、迁避等法，当常教示之。

（三）救火或避难所需之器具，如水斗、梯、钩竿、提灯等物，宜设法购备，并演习之。

（四）演习御灾或其他避难法，当严订内规，认真举行。

第八节　校园之实用的设施

校内栽培植物，饲养动物，使儿童服劳，大有裨于农业及日常应用。兹述实施上之注意事项如下：

（一）儿童在校园作业，限初等科第四学年以上，其范围当适合于学力及体力。

（二）儿童在校园作业，当分划区域，各自担任，借以比较其成绩之优劣。

（三）动植物，务取有关于农业、家事且足以涵养儿童勤劳之习惯者。

（四）栽培费饲养费之基本金及其利息等，宜使儿童自行计算，并使记载园务于校园日志，借以审知其利害得失。

以上为课儿园作之概要。其细目，则于实施时另行规定可也。

第九节　观象之实用的设施

观测气象，颇非易易，而小学校之观象，不过使儿童借知气象之概要，以活用于实际，并为理科或他教科之实地演习，非欲使之研究气象学也。今述设施上之要点如下：

一、设备。观象之设备，因其项目及程度而殊，今述必需之器具如下：

（一）观测气温者：寒暑表及气温表。

（二）观测天气者：天气表。

（三）观测风向者：关于风向之观测器及其场所，并风向记入表等。

（四）观测雪量者：建立刊刻分度之木标于平板，并其记入表。

（五）观测雨量者：雨量计并其记入表。

（六）观测气压者：气压计并其记入表。

（七）各种用具：气象信号标及天气预报揭示板等。

二、观测法。

（一）从事观测之儿童，以高等科第一学年以上为宜，但须由主任职员监导之。

（二）观测气象之记录，使儿童每日填写，由职员检查之，且随时教示之。

（三）观测气温之方法如下：

1. 从气温相差处观测之（舍内分东西南北四处。舍外分阴阳二处）。

2. 每日午前午后定时二回，但得依儿童在校时间斟酌之。

3. 气温表，当与摄氏华氏寒暑表对照，并记入于册。

（四）观测天气之方法如下：

1. 观测天气，每日朝、昼、夜三回，但在儿童当为朝、昼及退散时三回，夜则由职员行之。

2. 天气之种类，依下法记之：

①快晴：无云及云二分以下。

②晴：云三分至七分。

③阴：云八分以上。

④雨。

⑤雪。

（五）观测风向之方法如下：

1. 观测风向，定每日午前八九时，午后二三时顷二回，其观测器，宜置于极通风及不受他物（如房屋树木等）障碍之处。

2. 风之方向分东、西、南、北、东北、东南、西北、西南，八种。

（六）观测积雪之方法如下：

1. 观测积雪宜选不受他物障碍之处，其雪量盘当置备数处。

2. 观测积雪，分为下之三种，但③为永久事业，稍觉困难，当由职员行之。

①某时间中之积雪量。

②一昼夜之积雪量。

③降雪期内之积雪量。

3. 测量积雪，须用营造尺、密达尺二种对照计算之。

（七）观测雨量之方法如下：

1. 设备雨量计之处所，与前项同。

2. 观测之种类，亦与积雪同。

（八）观测气压之方法如下：

1. 观测最高、最低，或定时观测之。

2. 观测气压，为观测气象之中心，与他项观测至有关系，当特别注意。

（九）记载观象日志之注意事项如下：

1. 观象日志，须每日详记，不可或缺，俾得由统计等以考知气象之实情。

2. 气象与人事有关系者，悉记入之。

3. 行云、降雨、降雪、降霜、雷电、地震、风力之大体等，亦不可不记。

（十）上述之外，更宜留意下之事项：

1. 揭示天气预报，宜选儿童易见之处，如兼示乡土人民，亦宜选择便利之处。

2. 各种之气象信号标，宜注意。

3. 天气预报，可依观象台之通知，或利用新闻纸。

第十节　召集教育之实用的设施

小学教育，不仅以儿童毕业为已尽责也。毕业而后，仍须时时留意，学校举行召集教育，使毕业生与学校职员时相接触，颇多利益。兹述其关系事项如下：

一、召集教育之目的。学校召集毕业生而施行适当之教育，其目的有三：

（一）维持小学教育之精神，使其效力永久而扩大。

（二）借以增进处世之知识。

（三）图谋学校与毕业生之亲密联络。

以上为召集教育之主要目的，此中如授以处世知识，乃与实用大有关系者也。

二、召集教育之方法。召集教育，可分初等科毕业与高等科毕业二种。其实施方法举例如下：

（一）召集教育，宜举行下列事项：

1. 讲述共和国民应知之事项。

2. 教示实用所必需之各种事项。

3. 有益之体育事项。

4. 高尚之娱乐事项。

5. 各学科之讲谈讨论实验等。

6. 毕业生之经历谈。

（二）召集期，至多每月一回，其期日，为休假日，其时间，至多五时。

（三）毕业生中，除现在学校肄业及远客他乡以外，均有应召之义务，但有特别事由，得免除之。（或规定结婚以后免除此义务）

（四）一切召集事宜，由该校职员处理之。

（五）为奖励应召计，对于应召者，宜有给予品，或相当之表彰。

（六）对于不应召者，除因病或其他不得已事故外，当规定适当之制裁。

（七）召集女毕业生，宜设特别之方法。

小学校时时召集毕业生而教育之，则学校之实用主义，可以扩充于社会，学校教育，庶有豸乎。

附：黄炎培学校教育采用实用主义第二回商榷书

往岁八月，炎培尝刊布意见书于教育界诸君子，以学校教育采用实用主义相商榷。一时教育界倾心研究，日报月志，咸有论列，而投书表示对于斯主义之意见者，积久盈尺焉。实用主义西方教育家言之且行之，日本亦从而和之，岂吾侪所得而私者。而借此问题，俾一般教育界各出其平昔理想与实验，共相质证，务究极其是非得失，清辩纵横，从此沉冥枯寂之教育事业，平添无数兴味，宁非盛事。而下风展诵，以区区短帙，博多少醰醰名论，供吾餍饫，尤私心所不胜感幸者，既前告诸君子苟有惠书，采要刊布，息壤在彼，敢辞烦数。

惠书十九赞同斯主义，然亦有反对者。有赞同而尚待讨论者，不尽录。撮其精要，愿与教育界诸君共读之，顾其言不尽为实用主义发也。

（以下林可培、张元济等人之言论略。编者）

以上诸书，赞成者不具论，综其反对者、与怀疑而尚待商榷者，不外下之数端：

其一，恐偏于器械的而缺精神的。诸书有谓："不宜厚于作业而薄于修养。"有谓："专注于利益的学术，而忘道德的事业。"有谓："物质的教育固不可忽，精神的教育亦不可废。"皆惧一言实用，但务知能上之修习，而废精神上之陶冶，其结果养成一种自私自利之风尚，虽小有神于民生，而实大有损于民德。此盖由于误认实用主义为实利主义耳。单纯之实利主义，诚恐不能免此弊，而若实用主义，实包含知识、技能与道德各方面。不过于道德方面注重庸德、庸言，且须考察各个生徒性质与境遇，俾可以随地躬行实践，决不提倡偏激之议论，诡异之言行，与过高而蹈空、迂远而不切之理想，反置实际应用事项于度外，此则实用主义之精意耳。

其二，恐专务实事实物而全废理论。诸书有谓："施实用主义当略示原理于实用之点。"有谓："不稍授以精确之理论，必塞其进取思想。"有谓："国文注重记述不兼及抽象理论，易流入板滞颠顸。"此意诚然。余之所谓实用主义，并非不使之知，但使之行；并非专授法式，而不授原理。不过所施之教育，必令受之者一一切于应用，可见诸实行，即间授以理论，必以实事、实物为根据。譬如算术，绝非运算，而不讲数理，但宜注重珠算、心算。其所取材料，必不背于实际，且利用夫实物。譬如修身，绝非专授做法，而绝不评断是非、阐发理道。但宜注意于示范及实习，并多取社会活事实为教材，不宜徒尚空说，驰骛高远。故全废理论，却非采用实用主义之本意。

其三，不宜全废系统的。历史不取系统，理科不取顺序，诸书类有矫枉过正之虑。诚然，吾于历史颇赞同王君定国说。至于理科，非全废顺序，乃不以动、植、矿物类别为顺序，而设为特别之顺序；如以衣、食、住为基础，而有朝、昼、晚之别，有晴、雨之别，以实业为基础，而有农、工、水产物之别。以此为顺序，较之动、植、矿物分类，一呆而一活，一从物性，而一顺人事，其犹便于实验，犹切于实用，不烦言而决矣。

其四，恐不适于生徒程度。或疑专俟机会施教，恐眼前事物，因理解力之薄弱，而不易说明。或且疑应用之事物，非儿童所能尽学。此须知实用教育，有界说焉。曰其教材务以儿童日常经验界为限，曰其教材务以适应于儿童能力者为限，非此者，虽极切要，概从割爱。夫本其所已知，以启发其所未知，此教育之原则也，讲实用主义者，讵能背此。

凡此种种，杨君保恒近共辑译《实用主义小学教育法》，盖已言之綦详，有致疑于实用主义者，请读是书。有欲研究实用主义实施方法者，请读是书。今请对于读者诸君，提出问题二则：

一、诸君对于《实用主义小学教育法》尚有疑义待商榷否？

二、诸君对于是书所列各种实用的设施，其资料、其方法，有认为应增损者否？

苟其有之，尚冀投书辑译人，重加研究，为异日修正张本也。

（国光书局 1914 年版）

葆灵女学校

自出里门，倏忽两月，耳目所接，感思所积，不为不多。所苦昕夕奔走参观，几似山阴不暇。而所至山水之灵淑，友朋之邂逅，时复探奇访古，啸侣言欢，以是草草光阴，求片时握管之闲，几不可得。顾忆出门时，吾会教育研究主任王饮鹤先生曾以通信相要，息壤在彼，乌可无践。舟自南昌环彭蠡而东，取道昌江，将之景德，见厄滩水，舟行濡滞，倚舷枯坐，特于所闻所见中，择其于王君所主倡之义有合者，草为斯文，借供王君与吾会同人及凡读王君所为杂志者之共相研究。时则群峰夹岸，滩窄湍奔，篙师纤夫，邪许喧阗，激成一片，吾挥毫落纸簌簌之声，悉为所夺矣。寄语王君，苟余在途考察者，后此当按月为文，借贡所得，亦愿诸君子之时有以教我也。

自长江沿流而上，迤逦二千里之路程，所见学校，求能实施所谓直观主义、启发主义、筋肉运动主义者，盖罕，匪敢断为绝迹也。学校不能遍参观，参观所至之校，其时至促，故以入余眼帘之现象为范围，乃觉足以启导余之研究者绝少矣，不谓至南昌于葆灵女学校得之。

葆灵女学校长美国韩女士之言曰："吾校教育一以助长学生固有之官能为主，譬如教图画与手工，非第习图画、习手工已也，将使学生视官所接之现象，大小、远近、方圆、平直能得其正确之形态，而手即能摹而绘之为平面之形，或仿而造之为立体之形，渐使其能力之增进。虽目所未接，苟意境所构成，皆能绘之、造之，俾与想象中之形体，为精密之准合。譬如教音乐，非第习音乐已也，将使其耳官能正确审知音之所由来，其远近、其强弱，与其何种发音之器，聆于耳而察其理，而乐器者，不过假之以练习而已。他科准是。"

教员多音乐专家，其教音乐，就学生年龄之长幼，与其习音乐之程度，分为七组而教授之，不与他科班次同。于正课外设音乐会，令学生自习。尝询以学生当十四五岁，音带将变，依生理上，斯时不宜授乐歌，信乎？答曰："诚然。但习乐歌非可间断，苟于斯时令习低音，尚无妨害。此吾校学生所以分七组教授也。"

其教图画，专授写生画与图案画，虽初等小学生亦授之。虽未亲见其教授，尝出示学生习写生画摄影片，与学生写生图案成绩品，颇可研究。今之教授图画者，往往先影画，次临画，而写生图案，皆苦其难，甚谓写生不适用于小学。此校则一课图画即授此种，但初步写生，令写片面的、简单的，渐进以及于复杂耳。

其教国文，有一种特别之主张，则务令学生默诵，禁出声。其理由：一、维持教室秩序，免致喧扰；二、不诵于口而维于心，其气静，以专易领会文字之意味；三、高声朗读，最妨音带之发育，默诵所以保护之。于是定为奖励之法，凡某级一周内全体默诵不出声者，粘纸于其教室之壁，加一圈其上以记之。全体默诵至四周，则于纸上绘一金星以奖之。全体默诵至一学期者，赠一时辰钟于其全体，陈列于其教室。

其教地理，注重暗射。尝出示学生所制中国十八省物产图，每省以英文标注省名，而将各种出品若米、麦、棉、豆、金、银、铜、铁、煤、丝、麻、茶、瓷、木材之属，取其片或屑或粒，按其产出物品，粘于纸上。此法实包含数种作用，地理智识也，博物智识也，爱国思想也，实业思想也，皆此一纸所启导也焉。

其教理化，注重学生实习试验。

其教英语，设英语会令学生练习英语会话，开会时，全体不得发一非英语，虽不熟，亦必发一二语，每周一次，每次一时。

宿舍整洁，皆学生任之。

日曜日，功课极忙，皆关于宗教者。

是校有中学，有高等小学，有初等小学，学生合近百人。附设幼稚园，保姆谭女士留美习教育者，助手即是校毕业生，所惜多用英语唱歌，以教吾中华民国之儿童，恐非所宜耳。

余述斯校，觉可供吾人研究者甚多。其论教育主旨，余甚韪之。其图画专重写生图案，余所夙主张而冀吾教育界同志于其施教之方法及次序，加以研究而立付实行者也。国文默诵，诚亦教授法之一种，但专用此法是否相宜，尚未敢十分赞同。窃以为中学及高等小学之教国文，不惟宜令悟澈，尤宜令熟记，此毫无疑义者，而默诵能否令熟，能否令于文章之音节句调，得涵咏自然之趣，一也；如朗读而不高声，是否不至妨音带之发育，是否不妨秩序，而于国文之熟记，是否较为易达目的，二也；凡此种种皆待研究，但其奖励方法，专注全体而不及个人，甚是甚是。余所绝对引为缺憾者，则歌词与一切文字用英文、英语者为多，用国文、国语者少，诸教员多外国人，多毕业于外国学校者，不知不觉中有此现象。第余有一语，敬以奉赠葆灵诸君，以诸君之热诚教育，应知所教者非他，乃中华民国之女国民耳。

（原载《教育研究》第 12 期，1914 年）

皖南之师范学校

安徽休宁县屯溪镇东北三里许，有地曰荷花池，一小村落也，背山而面水。水曰渐水，为率水入横江水之汇，远望风帆片片可见，临水民居栉比。其北平畴一绿，直抵山际。于此山回水抱间，得学校焉，是为安徽省立第二师范学校。余以民国三年四月二十九日，自赣东度浙岭以抵皖南，赖江君易园之绍介，往参观焉。师范学校，余此行所特别注意者，所见可十数，求最足以移我情者，惟斯校乎。

校赁民屋，以二年四月一日成立。入门于室之壁间，得自制地画，为歙、休宁、婺源、祁门、黟、绩溪六县图，凡山脉、水流、道路、区划、城市、村镇略备。六县为旧徽州府属，而第二师范学区也。校长绩溪胡君子承（晋接），固邃于地理学者。谈次，出自制标本，茶，皖南特产也，为标本若干种；材木，皖南特产也，为标本若干种；矿产，萃于绩溪，下坞之金、荆州之锑、龙须山之水晶、门前岩之淡水晶、八公塘之白煤、大障山之银、石金山之硫黄，为标本若干种；植物为图、为标本，凡若干种。去年为征集六县植物启，略曰：

> 本校明年所授各学科，公同商榷，本实用主义，预先编纂细目，以便按目程功。博物一科，先授植物，其实验材料，作标本，固为必要。而本地实物之采集，于焉分析种类，研究效用，讲求种植，斟酌土宜，用以发达本地之植物学者，实为物质文明进步之始，尤与社会经济前途有关。兹与诸生约，年假回里后，可就近各采集植物若干种，或取秧苗、或摘果实，或选茎叶，或拾花枝，无论谷物、菜蔬、果树、药品、竹木、藤草，凡天然之生物，悉本校所欢迎。其有力难自致者，可转求同志，协助旁搜，准明年开学时带回校内。其产地何所，栽种

何时及一切状况，广为咨访，附加说明，俟付品评，分颁奖券。

复为乡土植物记载，表式如次：

一、物名

二、种类草本或木本（常青木或落叶木）

三、产地

四、播种方法

五、栽种期

六、土性

七、肥料

八、收获方法

九、收获期

十、收获分量

十一、价值

十二、用途

十三、附注

十四、采集人

其训育之方针：曰信实、曰勤俭、曰谦逊、曰亲爱、曰公德、曰常识、曰遵法、曰尚武。其训育初步之德目：曰规律、曰勤勉。集各项学生心得简要易行者若干条，成小册，给诸生置身旁，备省览焉。其关于训育之方法，为讲堂训话、为早晚整队训话、为临时面会训话、为黑板揭示等。

其提倡学生自动事项如次：

一、修学。日长每日三小时，日短每日二小时。

二、勤务。除特别勤务外，教室、寝室、自修室、阅报室等，均服轮值之职务。

三、整洁。

四、札记、日记及账簿。札记以记各种参考文字，日记以记心得及每日所为，时加反省，账簿以记银钱收付。

五、谈话。练习言语。

六、运动。

七、寄宿舍之分部作业。随时由舍监为适当之组织，练习合群治事方法。

八、学校园之作业。分区、分组担任栽培、灌溉等事。

九、修学旅行。每年春秋佳日，因时因物，指导学生实地考察，明确其观念，锻炼其身心，并养成随时随地自动地研究学问之能力。

其训育效果之调查：一观察、二检查、三评判。

每年十一月一日，编制翌年学年历。学生宿舍之设备，一事一物，务保守固有之习尚。新安六邑，重峦复岭，不易与他属通往来，故其民风庶几近古。校长胡君，教务主任方君振民（新），对于地方，意主输入国民必须之新思想、新学艺，而不欲破坏其旧时淳朴懿粹之美德，故于师范教育，兢兢此旨。冀将来为小学校教师，有文明之启导，无习惯之扦格。而于乡土、历史、地理、农工、矿物各种名产，本其平素详悉调查研究之功夫，转以传播后生，勖之改进，于社会生活、地方经济，与以甚大之效益。平日更特别注意联络本学区地方小学，俾趋一的。斯则二君设施之微旨，而余所深表同情者也。

四月六日至十三日，为春假期。六邑交通梗塞，师范生里居距校远者，七日仅足往返。校长欲乘此机会，养成其信实、勤勉、准时、守约之习惯，乃特许归里。但以极恳切之训话，勖其以时到校。届期开课，百余人无缺席，甚有一日行百里，星夜趱程以赴者，此则训育成功之实况也。

安徽自去岁九月，都督下令停办学校一学期。全省教育受雷霆万钧之一击，倏焉澌灭以尽，而是校岿然独存，且颇获行政机关之嘉许。此岂有大力能抗此潮流者，盖其支费独省。自二年八月至十二月，经常支出一千二百余元，悉从临时项下撙节移补，不领省库一文，于财政上无可以摧残之口实，计是岁经常仅共支四千元有奇耳。

余观是校，不觉为之神往。夫所谓输入国民必须之思想、学艺，而不破坏其淳朴懿粹之美德，俾异日有文明之启导，无习惯之扦格；与夫注意调查研究乡土、历史、地理、农工、矿物，联络各地方小学，此岂仅新安师范学校宜然也哉，而非易数觏矣。

（原载《教育研究》第 13 期，1914 年）

考察皖赣浙教育状况之报告

　　今日得此机会，报告余考察皖、赣、浙三省教育状况，甚愿与本会诸君暨上海教育界共同研究，第时间匆促，又值炎热，不能言之详尽，仅撮大要而已。

　　余之考察目的在教育，颁行先定方针，以为教育之最要方面，一在学校、一在社会。所至之地，由长江沿鄱阳湖至南昌，复由赣东逾浙岭至皖南，由新安江顺流而下至杭州，绕道归来，所见情形，至繁且琐。今以抽象的、比较的方法，为诸君一谈之。然三省之教育，既未周视其全省，每省只到几处，每处只留几天，以一人之眼光，极短之时间，所见者不能为定评也。

　　皖之教育最不幸，其一年来进行几中断。盖自上年九月后，倪都督下停办学校一学期之令，以其原有经费，改办团练，而学校之不停办者绝少。在距省窎远之处，或偶有一二私设之校，其在官权到达者，莫不阒然闭门矣。余于所到处与地方人士谈"教育"二字，均以规复学校为难。谓学校经费，早已支配他项用途，而今不复可得。又尝询其省署教育行政官，言全省各县无学校者，占全数三分之一或二分之一云。

　　赣之教育，较皖为胜，学校并不少，经费亦不缺。从表面上观之，每一县设校七八十所，或百二三十所者数数见，似亦发达矣。然按其内容，未敢云善。学校其名，私塾其实者甚多也。考其故，前数年曾实力办私塾改良会，主其事者称有效，遂竞改私塾为学校，而内容未尽改也。饶州府城内有一校，余往参观之，教室内悬一黑板，抄教科书一课于其上，有一别字，地球形扁之"扁"字写作"匾"。教员坐于教桌之旁，另置一方桌，似即预备桌，桌上置朱砚、戒尺等。学生课桌，相对横列。室隅有二棺，棺之旁有一桌，其两端一接于棺，一连于教员之预备桌，而一学生坐其后，并无走路。深讶此生何从出入，询之，则云钻教员桌下而过，此可见私塾改称学校之一斑矣。

三省之教育，当以浙为最善，于皖、浙接壤处，一入浙境即觉气象不同。余由徽州至严州，入浙第一步为淳安县境，见其县知事张挂告示，取缔私塾，此可见浙省教育行政之尽力。惟其师范教育之发达，尚不及中学，余意目前能注重师范教育，十年后必收大效，曾与浙教育行政机关中人言之。今浙江中学，则旧十一府属各一校已完全设立，师范则全省仅五六校，浙人亦已自知其缺点，惜限于财力，暂难推广耳。

师范学校重要之点，在附属小学。余所见之师范，往往无附属小学，实为大憾。师范生既非于附属小学实地练习，所学之教授法、管理法，仍属空谈。

徽州屯溪之省立第二师范学校，最为惬心。其主张不差，而尤妙在思想所到即能实行。杭州之省立师范学校亦佳，江西则师范与中学并设，大为不合。余谓此必有二大弊：非冲突，即同化。师范生不纳费者也，中学生纳费者也，中学生未免以师范生不纳费，而轻视或非笑之，遂生意见，以致冲突；否则朝夕相处，渐成同化，既同化，则中学不成其为中学，师范不成其为师范，弊病尤大。退而访之旁人，果不幸而中。

各处小学，颇有完善者。安庆省城，有小学几处甚好。南昌省城省立模范小学校，能用最新之教授管理法。凡所见惬意之小学校，其教员多系两江师范生，愈觉师范教育之不可忽也。

习惯之力量甚大，凡学校之以旧机关改设者，均觉平常。各县高等小学，往往以书院改成，其初等小学，往往以私塾改成，均不脱旧时气息。其有特色者，均特建设者也。故欲求教育之进步，莫如特设小学，以为模范。

更论教授法。能用问答启发式者，甚属寥寥，概用注入法。其黑板上大率抄录教科书，进而注释某字作某解，又进而注释某典出某处，或列一表，然其表亦只照录课本，不易一字，而能用图画等物为直观教授者，未之见也。

本会前数年提倡之单级教授法，上海等处久已通行，而他省有未传及者。芜湖有一处，单级教授甚为合法，盖其教师，系毕业于本会前设之练习所者。杭州某小学依单级编制，各学年生横列而非纵列，第一学年生坐最前，第四年生坐最后，诘其故，则谓一学年生较幼，坐前易于管理，二、三、四年生依次坐后，其年稍长，已稍受教育，管理亦稍宽。余告以单级教授法之要点，在各学年同时并教不同之教材，多用小黑板，各就其纵列之座位而分教之，使各有所事，而不闲不乱。今若此教一学年生或无所苦，其三、四年生距离太远，教师精神不易贯注。且教四年生时，一、二、三年生必不能各尽心于所课，声浪目光，均易紊乱。主其事者，谓再当研究云。

教会所设学校，佳者颇多。如南昌之葆灵女学校，其校长及教务主任，均明白教育原理。校长美人，教务主任华人，皆毕业于美国师范者。葆灵女学附设之幼稚园，尤足倾佩。幼稚生二十四人，保姆两人，一即教务主任，一为毕业生。两保姆之身体活泼，言语灵敏，实所仅见。有一生厌倦，必亲与之游玩，故二十四生，无一非精神飞舞者。杭州亦有一幼稚园，与葆灵比，相去远矣。其保姆亦曾习师范，惜无精神。大缺点在不能利用风琴，幼稚生游戏时，保姆立于圈外，以口令呼一二左右，而身体木然不动，故幼稚生均少活泼天趣。葆灵幼稚园尚有缺憾者，不脱外国气息。如唱数目歌，不用中语而用西语；记号不写中文，而用西文字母，歌词亦均用西文。此不能责诸教会，我国人不自能办幼稚园之过也。杭州幼稚园，歌词用中文，而材料均非幼稚生适用。

于杭州参观教会所立冯氏女学校，见一英国女教员上图画课，问其教授法，首教图案，次兼教写生。教图案之用具系挂图，由教员自制。其教写生如用树叶，令每生执一叶，教员注意其施色。初用二色，后渐用三色、四色，花瓣则由单瓣而重瓣，其他均由浅入深。在葆灵女学校，亦见有写生画，一八岁之西洋小儿，画一轿子竟逼真。轿子形式已复杂，八岁小儿甚幼稚，而能画之，可见写生画非难学者，在乎教员得人耳。南昌模范小学亦教写生，以其教员曾学于两江师范故，此外无教之者。教图案之学校，所见不及十处。

前数日，上海县教育会开全县小学成绩展览会，绝少图案写生画，大为缺点，盖图案、写生大有功于工艺技能者也。有人谓初等小学，不宜用写生画，殊非确论，证诸余之此行所见，可以断定。南昌模范小学之教员，曾习写生画于两江师范，而能转以教小学生，益觉师范教育之关系甚大。现师范宜注重于此，为将来改良图画教法之基本。

教会与非教会学校之比较，于道德风纪，最显而易明。教会学校绝未闻有闹风潮者，其他学校，就江苏各中学校论之，闹风潮不知凡几，此中大可研究。余深以为修身一科之教授，急宜改良。教育之道，不外养成学生之习惯。教会学校，诚不脱宗教性质，每上课前及课毕均祷告，临食亦祷告，其式甚虔，约束学生身心。甚至星期日学生必做礼拜，讲圣经，甚郑重也。此外，又如青年会、唱经班、主日功课等约四五种，晚间又须做礼拜，此星期日学生绝无片刻之暇，可以出外游玩。今之一般学校不然，星期日学生脱学校之羁束，与社会相接触，既无师长监察，在外几可无所不为。两相比较，宜其一则日趋正轨，一则易致堕落，此教内、教外学生思想行为不同之主因也。

凡精神必由形式而生，新旧约之意味，不易领略也，然何以一般妇女对于圣经津津乐诵不倦，岂吾辈脑力反下于彼辈耶？是又不然。深思其故，殆由于形式之关系。礼拜堂陈设庄严，钟声镗镗，琴声琅琅，相继而作。教士肃立于上，整其衣服，道貌岸然。其讲圣经也，恪恭将事，彼愚夫愚妇于不知不觉之中，为之感动，而非全关于圣经之内容也。由是以推，今之各学校教授修身，适与之相反，宜学生之颓然欲睡，而于实际上毫无裨益也。

教修身若按照系统，对己、对人、对家、对国，由己而人，由家而国，固秩然不紊。而不知学生之思想，无系统可言。在教室外游戏活泼之儿童，忽上修身课，集之教室中，授以枯燥无味之训言，此真格不相人。所谓诲尔谆谆，听吾藐藐者，不能以之咎此辈学生也。余前数年亦曾教修身者，故知之甚悉。今以为学校宜有特建之礼堂，如一校无此财力，可与附近各学校，在适中之地合建一所。陈设精洁而庄严，启闭慎重，平时不纳人，各学校于轮定时间，率学生往。教授修身，不必呆照系统，而尤贵多以偶发事项为题。时间断不宜长，长则宜厌倦，最多以二十分钟为限。凡精要之训言，足以养成思想、养成习惯者，不嫌重复，自能收效。

教会临时祷告之法，颇为有益。一般学校，似亦可仿行之。每入食堂，静坐须臾，校长或首席教员，以一粥一饭当思来处不易之意，发简单之训言。如对于此饭，揆之今日所为，食之能无愧否等语，常警告之，使学生自然动其天良，此于养成思想习惯之效，当非浅鲜。

礼拜日之放假，在西人须至礼拜堂做礼拜，并遵教会定例，谓之守安息日。教会以外各学校，既非做礼拜，顾名思义，已觉不符。而学生因放假而接触于社会，受种种恶感化，其忙碌反甚于礼拜一至礼拜六之六日也。今若倡一议，礼拜日不放假，非特学生所大不愿，即教职员亦恐大不谓然，习惯之势力已成，改之非易。余但望稍能补救，倘于礼拜日教学生以做种种有益之事，亦可稍减学生沾染恶习之时间也。

中国之事，名实恒得其反。礼拜放假，本为休息，而忙碌反甚，顷已言之。又如减少授课钟点，一经倡议，渐已风行，小学每周二十四小时或二十七八小时，或三十六小时，中学亦最多不得过三十六小时。初意以童年脑力薄弱，不宜用之过劳，使有伤害，并期于正课外加习他项艺能，或为活泼之游戏及运动，使脑力体<力>平均发达，并非欲增多放假时间也。乃其结果，往往每日早放课，甚至礼拜六亦放下半日，更多半日之不良感受矣。教会设学校，外人代中国办教育，吾辈思之，诚宜感愧。曩者教会之学校，多在高等教育方面，近则注意小学及师范，此行见江西诺立女师范学校，每一师范毕业生，为之设一附属小学，现已有五十四所之多。再十年或数十年，其发达更不知何若。谈者竞言国民教育，其谓之何哉。

（原载《教育研究》第 14 期，1914 年）

川沙市暑期儿童讲谈会四周间之实况

炎培川沙人，役役于外，对于乡土教育，未能有所服务。岁时归里，见里中诸君子，勤勤恳恳，致力弗辍，辄心感之。今夏诸君子复在市教育会有暑期儿童讲谈会之发起，炎培亦尝回里有所讲演，但为临时的，而诸君子所为，则首尾亘四周。当炎培之归，适当其期间之中，因获实地察知其情况。里党中亦有啧啧叹诸教师之勤劳，若与炎酷之天时竞其热度者。盖诸君皆小学校教师，而此事又系尽义务，不受酬报者也。会期既终，教育会乃报告斯会之实况如次，用为绍介于当世教育界，以备研究，并志吾乡一般社会对于斯举之感情焉。

发起之原因

暑气逼人，学校暑假之举行，为卫生计也。然而儿童无知，既不明暑假之理由，又不自爱其身体，奔走烈日中，感冒暑气而致疾者，往往有之，是卫生而适以害身。且学校假期，历四五十日之久，以自治力缺乏之儿童，对于学业未尝知温习，似此一曝十寒，教员平日教导之苦心，尽归乌有。为儿童学业计，固属可惜，即于学校暑期开学后，授业上亦多妨碍。有此二因，暑期儿童讲谈会之设，不可一刻缓矣。吾川沙市教育会，适于暑期内成立，爰集同志，商议办法，遂有市区暑期讲谈会之设。吾川之有此会，市区为之嚆矢，将来由市而乡而县，则儿童之幸，抑本会之志愿也。

组织之内容

本会组织之内容，可分五项：一时期、二地点、三职员、四学科、五经费。今分言其内容之组织法如下：

一、时期：讲谈之时，定为四周，自七月二十三日始至八月十九日止。每日授课二，上午八时半上课十一时散课。

二、地点：原分南北二组，南组在南城小学，收受南城、城东之学生，北组在源清小学，收受源清，西城种材之学生。后因职员中有病假、事假者二人，遂将南北组于七月三十日合并，统在北组讲谈。

三、职员：职员计七人，均市教育会会员，认定课程，轮流上课。其姓氏录下：张嘉藩、孙其恢、李长安、陆培亮、陆培祉、陆培庆、陆培基。

四、学科：本会教授之宗旨，以培养儿童之德性为目的，故讲谈之材料，专取关于德育者，计分三科。

（一）修身。编定德目，佐以事实。（二）唱歌。由本会自编歌词，以期适合于教授之宗旨。（三）谈话。选择有关道德的小说，均取用商务出版者。

五、经费：本会由市教育会发起，所有费用，均归市教育会开支，各职员全尽义务，亦不供膳。统计购备讲授用书及印刷品奖品，在十元左右。

表一

月	日	天气	温度	儿童到数
七月	二十三日	晴	91	96
	二十四日	晴	68	98
	二十五日	晴大风	87	120
	二十七日	阴大风	81	120
	二十八日	晴	82	113
	二十九日	晴	89	110
	三十日	晴	88	100
	三十一日	晴	89	80
八月	一日	晴	88	88
	三日	晴	91	65
	四日	雨	78	57
	五日	雨	76	50
	六日	雨	76	42
	七日	晴	87	60
	八日	阴	87	61
	十日	晴	83	61
	十一日	晴	83	72
	十二日	晴	83	72
	十三日	晴	86	76
	十四日	晴	84	70
	十五日	晴	84	60
	十七日	晴	88	63
	十八日	晴	86	66
	十九日	晴	84	80

（此处温度为华氏摄氏度，编者）

表二

修身德目	引证事实
手足	引弱女救兄记
孝亲	引崇明老人事略
有恒	引愚公移山
公德	引郭有道
勤学	引岳飞少年学射情形
勇敢	引拿破仑过白山
国耻	引鸦片之战
破迷信	引近日求雨
母教	引孟母教子
诚实	引叶澄衷
戒赌	引近事

表三

学科	材料	教授时间	教授要旨
修身	格言揭要 暑期卫生（德目详表二）	16	养成对家庭社会，对国家必要之道德。
唱歌	暑期讲谈会歌 暑期卫生歌 亲恩歌 客来歌	10	养成儿童讲求卫生之必要，孝亲之观念，客来之应酬，以家庭为主体，俾切实用。
谈话	美洲童子寻亲记 华盛顿 哥伦布 澳洲历险记	22	总括左列四书之要旨，诚勇勤朴。
总计		48	

表四

等次	人数	奖品
甲等	11	每生博物标本图三
乙等	21	每生博物标本图二
丙等	30	每生博物标本图一

除以上六十二人分数及格得奖外，余皆不列等。

（原载《教育杂志》第 6 卷第 8 号，1914 年）

景德之陶 [①]

景德陶业，驰名中外。比年受外界之刺戟，有志之士，力求改良，特组公司，兼设学校，实验改良制造，一面养成新人才，冀他日竞胜于工业界，用意至胜。余以民国三年四月，考察教育赴赣，遂之饶州，东泝昌江，至于景德。余所蕲者，谓以如此大工业社会，其民必有特殊之性习，与其能力，足供吾人研究，固不第欲探悉其改良状况已也。

此江西改良瓷业公司，以清光绪二十八年创始。集官商股本二十余万，本厂设于景德，用旧法制造，以维营业。而设分厂于鄱阳县城高门地方，实验改良制造，并附设学校，俾学生入厂实习。开办之初，亦尝受制于工界，今则资格渐老，莫复敢抗。除烧窑、制坯沿旧法外，其施彩已采用印画、刷画矣。顾改良亦非易易，论经济上改良，就根本言，第一须改良原料，此非旦夕收效者。而若关于烧窑之困难，所谓成败无把握，良缘窑内高积之匣钵，往往经热熔倒，由此分子累及他分子，是非增高耐火土熔度不可。以及窑式之改良，燃料之改良，在陶业学校，切实研究中。而若美术上改良，崭新之式样色泽，能合文明社会之心理，未必便合一般社会之心理，此更大费研究耳。

此陶业学校经费，向由江西、安徽、江苏、湖北、直隶五省分任，光复以后，来源中绝，乃改江西省立。依二年七月至三年六月之预算，支出一万一千余元，赣省费绌，未能如额支拨，至四月止，仅领银五千元。

学生现分中等、初等、艺徒三种。观其章程，中等准中学校程度，于普通学科外，加入陶业之学理技术，以养成技师，三年毕业。初等及艺徒，专重实习，略授切用之科学及陶业专门之理论，以养成技手，亦各三年毕业。

[①] 本文与教育无关部分略。

现学生数不多，其原因在社会不甚重视。又以方今学风，骄贵奢惰，青年皆不胜做工之苦，以故入学后，惮于工作，而中途乞退者亦有之。虽以如此著名大工业，组织完备之工学校，竟不获与虚挂门牌专发讲义之法政学校，同其发达，可慨也。闻今春在江西省城召考学生，报名者仅二人。省公署不得已，乃改令在本校召考。夫饶州一带，依瓷业为生者，奚啻数十百万，而竟莫肯受新教育，社会可与乐成，难与图始，亦不足怪。独实业、实业之声，腾于谈教育者之口，亦有年所，而现象若此。则在实施教育，与负教育行政之责者，距可无以处此耶。

景德瓷工岂旦莫肯受新教育而已，且甚疾视此改良事业。尝询学校职员以校离景德而设饶州之故，据所答复，一由煤产余干，去饶较近；二由磁土产星子乐平，去饶较近；而其最大原因，实由景德为瓷工势力范围，已则守成法不肯改，而复心怵于一经改良，将立被淘汰而无所啖饭，遂合群抵制，使此新芽乍茁之工厂与学校，几几无立足地，不得不退避三舍，冀他日毛羽渐丰。此则当局者惨淡经营，见良工之心苦者也。

镇教育不发达，男女小学校仅三所。宗教亦不发达，天主、耶稣两教会，皆殊萧索。有佑陶神祠，前明烧龙窑，连岁不成，中使督责甚峻，有窑户童姓者，悲民之苦累也，跃入窑突以死，而龙缸即成。司事者怜而奇之，为之立祠，称风火仙，岁祀惟谨。

（原载《东方杂志》第 11 卷第 5 号，1914 年）

山东广智院

　　余游山东，最令余惊叹心折者，济南之广智院也。院创于今，院长英人怀恩光君，自购地建屋，于今十年，粲然大备。院长谓十年来购地建屋，及一切布置陈列，约耗银九万六千元，皆陆续捐募得之。若常年费年仅三千六百元耳。今欲详叙其内容，请先阅其全部建筑之布置。（布置图略，编者）

　　院在济南城西南关山水沟，自大门入，经隙地七八丈，得巍然大建筑，四周环以高下缤纷之花木。其前为博物堂，大自鸣钟昂然矗立于云表。入堂，立记数机于门，验之，自六月一日起，至昨日九月二十三日午后四时止，除停览日外，凡九十九日，得入览者五万六千一百一十九人，平均每日五百六十六人。院长出示英文报告，去年一年入览者，男二十八万二千一百六十三人，女三万九千八百九十二人，共三十二万二千另二十五人，可云盛矣。

　　博物堂之中，设捐输柜，凡捐金者投入焉。门内之左，为售书柜，英文报告，一年间出售宗教书籍四千九百二十五册。当门张巨幅于屏，为中华民国祝祷文。堂内陈列各物，择要记下。

　　黄河模型：长八尺，宽四尺，上罩玻璃框，自发源至入海，全身毕现。旁及支流、山脉、都会、铁道、房屋、舟楫，一览了然。河面用玻璃片，地面用色染木屑，山林原野，成一片青绿色。都会满著甚小之房屋模型，全部制成费银一百五十元。

　　泺口黄河桥模型：长约二丈，河面桥梁，以木为之，上涂黑漆。河之下铺厚砂，缺其桥脚处，露出塞门德土桩，每一柱下立桩数十，全桥上盖玻璃框，制成费银千元。院长谓此桥尺寸比例极准，制成后曾请监造泺口河桥之德国工程师来验，稍加修改，现已认为比例准确不误，制作者，济南木工聂同孟也。

　　森林蓄水模型：玻璃框内叠成两种山头，一有林，一无林。外说明云：此样式表明栽树能存水不急流并保存土肥之理。

其二，六角形玻璃框架，径可六尺，其中一为有林之山，能腾云致雨，其下河流交通，良田万顷。制法以泼墨棉花粘于架顶，像黑云，悬玻璃丝多条，像雨。其一方无林之山，枯槁万状，河流尽涸，土壤龟坼。

大寒暑表、大风雨表、汽船模型及图、哥伦布探大陆船样图、汽船机器模型、七政运行模型、理化学进步图、八大行星轨道图（巨幅长一丈高八尺）、各种机器原动力模型、本院电灯机、吸泥机器模型、美国大议事院模型（此模型之下悬一本院博物堂模型，使观者便于比较）、英京议事院图、天文台与望远镜图（巨幅）八大行星与日比较大小图（大幅绘于高壁）、各国有名建筑图、氢气球与飞艇图、表明地圆之理图、表明无线电报之理图、世界全图（大幅）、各种地文图（大幅）、煤井图（大幅）（煤层极明晰，其下工人挖煤，电灯照耀，辘轳升降，其旁换气管道直达地面，一览了然）、地层图、世界高山比较图（以泰山及济南之山为比较）、河流长短比较图、各种水产标本、各种动物标本（大者如鳄鱼、鲟鱼产黄河中长一丈、大蛇、海狗、鹈鸟）、各种鸟卵、各种矿石标本、各种比较图、各国产金额比较、各国产银额比较、各国产铜额比较、各国产煤额比较、各国产铁额比较、各国产钢额比较、各国煤矿比较、各国产绸额比较、各国人数比较、各国信教人数比较、中国与各国贸易总额比较、中国与美国铁路线长短比较、德国与中国识字者之多寡比较、各国伟人及建筑物照片、西国木器面雕刻各种模型、西国铺地砖样式、西国房屋用各种斗榫木料式样、巨册华英字典、《四书》《五经》英文译本、高齐朝佛座石、广智院记。

博物堂东第一室
直径约一丈之大地球（安置自转机上），各种动物标本图画。

东第二室
各种动物标本，古动物图，今动物与古动物比较图。

博物堂西第一室
英国大钢铁厂图、电线大小式样、各种机器原动力图、西国革类标本、英国金银铜钱标本（下注明合京钱若干）、英国各式绒布标本、南非洲产树胶制造物标本、美国纽约城图、胜家公司机器及出品、利华日光皂种种、商务书馆书籍、工人用铜铁器具图、麻作线造成之次第标本、卜内门洋碱图及出品、打字机、西国各种材木标本、各种器具图、青州蚕桑学校蚕茧成绩、中国与英国铁路长短比较、巴拿马大赛会场图、中国入口货额、中国出口货额、中国与各国出入口贸易比较、各国邮信数比较。

西第二室

博山玻璃及瓷器出品、山东工艺局绣品、外国棉及纱、各国出入口货百分比较图、李提摩太像、广学会书全部、外国农具（犁、耙、锄等）、西国麦图画、西国麦种子、日光分七色图、非洲苏丹戈登书院照片、高粱吸收养料图（青岛特别高等学校试验）、玻璃丝画士女屏、西国各种乐器图、美国通商路线图、各国出报纸数比较。

阅书报室陈列图书报纸阅书用盘，使授受时书不着手，英文报告，一年间阅书报者总数三万九千人。

人类室

古今各种人类模型及图画（模型均系泥塑山东人能制之）。古今各国交通器具模型（自以首戴物、以肩承物、以人力行舟车、逐渐进步至飞行艇）、古今各国衣服器具模型、野人用器、野人工艺品。

万国历史室

各国人物相片、地图、名胜图、各种建筑物图画及模型、各国历史长短比较图、中国古钱币图、美国坟墓图、本院模型、埃及古文字式样、埃及古时用草作纸卷记载事物图、英法德意俄等国字母变迁表、中国古象形文字表、历代帝王统系表、历代分合大势图、古代庙宇坟墓图。

圣经室

各国文字圣经、真神之名翻成十五国文字图、瞽者用圣经、亚细亚洲九大国文字图。

卫生室

各种生理病理模型图画、害物标本模型图画（均放大）、死亡疾病统计图表、各种微生菌放大图、X光照人身图、治疯犬伤法图。

小讲堂在博物堂后，壁间张大幅地图，讲座之右留声机，左八音琴。

大讲堂在卫生室后，讲坛倚西壁，讲坛后有高台，供试演电光活景之用，四壁各种卫生图，急救伤图，试验目力表。

学界体育室

各种球台、各种棋局。

显微镜实验室在体育室旁，置显微镜数架，凡在学界，均可入内试验，置管理员一人，附设阅书柜。

此陈列物品大概也。每物多有通俗说明。英文报告，是院所最注意者，为政界与学生界，欲予以世界知识，使知文明进化之现象。其所下手之方面有三：曰社会、曰教育、曰宗教。其所用方法，陈列各种模型、标本、绘画、图表使之观，演说使之听。其演说每日行之，关于卫生之演说，最为众所嗜听。如病之来源，治病之法，微生物之可以致病，皆为绝好资料。演说场设席六百，然有时人满，增至八百。月曜日为女子游览期，上年女子入览者有三万余人之多。尝为女学生特开大会三次。每年春间游人最盛，自远地来者多至二万九千人，常见人携笔墨记录图表及其他文件。

余之往游，适值午十二时，牧师好君演讲道德，历十五分钟。第二人继之、间以留声机奏西乐戏曲，听者百二十人。

善哉怀恩光君之创设此院也，其意可谓盛矣。余所尤叹服者，各种土地面积、人数、物产、商务及其他关于文化事物，一切比较图表，皆以中国为本位，而与他国较，使人油然生爱国之心。若泺口之桥，黄河之鲟，博山之玻璃瓷器等，凡山东重要建筑特别物产，皆搜采陈列。而世界高山比较图，且以泰山与济南之山为比例，利用社会固有知识，而进之以新知识，深合教育原理。又其所引中国贸易统计数，乃系最新之民国二年度统计。此广智院者，方是中华民国山东济南之广智院，非他国他省他地之广智院，方是最新的中华民国二年之广智院，非不知纪年之广智院。吾见他处博物院，方其始创，搜采未尝不勤，而未必有一定之主旨，徒夸多斗奇，博游观而已，于教育前途有何益哉？抑余重有感者，方今教育，蒙科举之余毒，掉弄空文而轻物质，何以药之？惟有创此教育博物院，举凡历史、地理、物理、化学、农、工、商、矿、卫生、医学，苟属物质方面，悉以模型、标本、绘画、图表，征实而说明之。譬如学校讲授黄河，据此黄河模型，一方口讲，一方指画，八千余里之长流一览而尽，既易了解，又助记忆，不亦善乎？有志革新教育者，盍于此举加意矣。

别有陆军广智院，专为军人而设，据报告，一年间兵士入览者二万五千人，非兵士一万人。惜时促未及观，时民国三年九月二十三日四日也。

（原载《教育研究》第 19 期，1914 年）

实用主义产出之第一年

"实用主义"今俨然成为吾国教育上一名词矣。方斯主义之提出于教育界以相商榷也，在民国二年八月。一时为文表示对于斯主义之意见者，弗可数，日报月志，转相刊载，咸有论列。洎第二回商榷书出，同时刊行实用主义小学教育法，而斯主义之真相渐见，其时则为三年二月。乃者，文褓呱呱，忽焉周晬矣。自其产生之初年，稽其发育之状况，最撮余闻见，缀为斯篇，倘亦雅意研究提倡斯主义者所乐闻也乎。

余既广收教育界对于斯主义之意见书，本社亦发为问题；征求海内意见，得书若干，辑为临时增刊；而江苏省教育会教育研究部，复将小学教育法及余之第二回商榷书，增刊分布；省行政机关，则为之介绍。由是编辑教育书或教科书者，大书特书"实用主义"四字于简端，或衍之为广告者，一时如同声之相应。虽书之内容，未获尽睹，要其唤起海内注意，非无效也。

至关于实用主义之单行著述，已刊发者，凡三数种，其他虽见稿本而未刊行者，亦有若干种。若关于各科教授法者，则有山东省立第三师范学校之《实用主义师范国文教本通论》，江阴刘丕君之《予之小学实用理科编辑观》。而江苏第二师范学校顾绍衣君则本此主义，特辑一种理科杂志，名曰《理科教授之实际》，曾将发刊词、例言、目录，印布教育界征取意见，阅者深毖之。上海浦东中学附属小学何焜华君，则本此主义，特辑一种小学图画挂图，以应教育界之需要，在刷印中。

若夫著述之未有单行刊本，而附载于各种教育杂志者，为数伙颐，弗可胜记。而就余所见，江浙两省各师范学校发行之学校杂志，亦莫不有所论列研究焉。

凡此种种，皆言论也，究其实行何如耶？

江苏之师范学校附属小学，盖多数实行此实用主义者也。其以文字发表其施行之实况者，第二师范附属小学为最早。曾有《我校之施行实用主义》一篇，刊入《教育研究》第八期。若第一师范附属小学种种设施，无一不根据乎此，但未曾明揭此主义。其所组织初等教育研究会，发行一种小本杂志，名曰《小学校》，已出第一、第二两号。披览其内容，大都斯主义之精髓也。但其主事俞君子夷所主张，不无小小特异之点。俞君以为增加社会中日常事实于教材，仍不能达实用的目的。盖社会事实多半成人之经验，用其不适于儿童境遇者以为教材，学者无自信难发动，勉强记忆之而已，安能实用（见《小学校》第二号《欧美新教育之趋势》）？以故是校国文、算术两科，所采教材皆限于儿童境遇，与其他学校较异。此是供吾人注意研究者也。

今夏上海县教育会组织小学校成绩展览会，余为其间一评判员。偏览成绩品。国文，九十五校中，陈列书信及日用文件者三十八校。其种类为书札、便信条、明信片、电报、各种广告、各种票据、各种规则、请帖、签条，极五花八门之观。书法，授行书者则未满十校。图画种类，写生、图案，尚居少数。此则上海各小学施行实用主义之实况也。松江县教育会研究杂志，所载各小学。亦多斯主义之设施。泰县第三高等小学刊行设施概况，所述教授方针，亦尚实用主义。又杨君保恒语余，无锡、宜兴等处，颇有实施小学教育法所列诸方法者。

此一年间，余之考察各省教育，足迹所及，春夏之交为安徽、江西、浙江；八九月间，乃至山东、直隶。就所见及，实行斯主义者尚少。浏览匆匆或亦非一时所能发现也。然一见倾心，莫不以实用主义为其谈话之资料，盖此四字印于一般教育者之脑海深矣。尝在天津演说实用主义国文作法。既毕，某君亟语余："我校之课国文，皆如先生言，然则四海之遥，不少实行同志矣。"汤总长中学教育谈片，谆谆言中学教程，应注重科学，科学应注重实用。浙江屈巡按语余，有某中学三年生归家，其父方欲糊书斋之四壁，命某生计算须纸若干，竟无以应，慨然叹中学教授算学之蹈空，愈觉实用主义之急要也。山东蔡巡按亦盛称实用主义之必要，颇闻有通告全省小学一体采用之举。济南广智院院长英人怀恩光君为言："余于贵国学校所授各科，他非所知，独于英语一科不胜诧异，每问学校课英语乎，曰有之，及见其学生，与之操英语，瞠目不能答一辞，则安用此为？"凡此皆各省旅行所闻所见之关于斯主义者也。

又有一事，则参观所至欧美人在吾国所办学校，除国文、算术不明吾国国情，故所采教材未尽切于实用外，自余有所设施，殆无不含此主义。如图画最重图案及写生，几于非此二者不课，虽初等小学课写生焉。女学缝纫，其材料皆取实用物，注重学生勤务，男女学校咸督励不少。假借此，是以告我一般教育界同志者也。

综而观之，此一年间之实用主义，不可谓无突飞之进步。其始尚不免致疑于斯主义者，今则罕闻异议矣。鼓吹之声愈唱愈高，响应之区渐推而渐广。而一部分之教育界，盖已由研究进于施行，盖即研究即施行，其主义克现于实，研究亦不蹈于虚。而就所闻知，绝未尝于实施时发现不良之果，滋可喜也。重以时势逼人，此一年间社会闻闻见见，所谓虚名的教育，玩物的教育，其所发现之弊害日以深，日以烈，在教育上益促吾人之觉悟，使完全倾向于斯主义。盖其趋势出于自然，匪可强而遏之，亦毋庸揠而长之也。月计不足，岁计果有余乎？吾将指岁星以稽其成绩焉。

（原载《教育杂志》第 7 卷第 1 号，1915 年）

实用主义之真谛与一年间之实施状况 [①]（节选）

一　实用主义之真谛

欲求学校教育之见功，教育主义必注重实用而后可。虽然，实用主义云者，非可以口头了之，而实用主义之真精神，更不可不悉心研究之。吾人观察一事物焉，必表里观摩，详细考察，而后能得其真相。实用主义之真谛，欲解释之，绝非片时所能尽然。因此主义之重要，则又不可轻视而不加研究……

二　实用主义一年间之实施状况

实用主义之提倡，始于民国二年八月，倏忽一年余矣。此一年中，教育家争起研究。关于此主义之著作物，已有七八种。各学校亦相率采用此主义而实验之。今就予所见者，为诸君告。

（甲）贵校设施之合实用主义

贵校一切设备，合实用主义者颇多。即批评会中陈列暑期成绩，予匆匆浏览一过，已觉感不绝于余心也。盖既能利用暑期之光阴，以使同学自修，而自修之学问，又复能切于实用，岂非快事？他姑勿论，即地理一科，如溧阳县罗君之本邑调查，其他各同学本乡教育状况之调查，是皆深切师范生之用者也。余如各种图表，范围能由小而大，由近及远，予以为必如此方合地理科之正轨也。昔尝见学校之教授地理矣，其始专凭课本讲解，如授国文然；进焉，始知用地图；更进焉，始知有黑板画，不可谓非教授之进步矣。然执学生而叩其立足地之所在，则茫然不知所对，且曰此图中所无也。夫学习地理者，只知远而

[①] 本文为黄炎培在江苏省立第三师范单级教授研究会上的演讲。

不知近，则教授地理之目的不且尽失耶？故教授地理，切不可令学生读死书，必令学生能画图；非但令之画已成之图，且必使之能见地以制图。贵校地图注重乡土，是研究地理之基础工夫也。谓之合于正轨，岂过誉哉？

（乙）第二师范附属小学实用主义之实施

第二师范附属小学之教育，颇能合于实用主义。今就其最近一事言之。前者予友某君曾往参观，返而告于予曰："异哉！今日之所遇。某方入校门，而应接者为二小学生，引我至客堂，请我坐，殷殷问姓名与所从来，及欲访何人。余一一告知。彼等复献以茶，如礼而退。顷之，偕一先生出，果某友也。此种事，某于他校未之见也，故异之。"予曰："然。此彼校之特点也，即所谓实用主义之教育也。"今日子弟之入学校，往往知识、技能尚称圆满，游戏、运动亦甚活泼，独于应接一端殊少娴习。苟使其应接宾客，将手足无所措，言语亦无伦次。此非苛论，又可以实事证之。予有儿，年亦十一二矣，予欲试其交际。一日，适某友来访，予不即出，故令其出而接待，余乃从旁窃听。主宾端坐，不发一言，终至大窘。此岂交际之术有能有不能哉？学校未之教耳。故予于第二师范附属小学，令学生应接之事，深赞其意善法美，诚各校之所当取法者也。

（丙）上海县各小学实用主义之实施

沪上于去岁暑期间，曾开上海县小学成绩展览会焉。各科均有批评，予于国文科曾研究一过，以为其渐能合于实用者矣。曩者小学之于作文命题，非论即说，非说即论，未有或异者也。此次陈列成绩者，九十六校中，有三十八校注重写信、便条、契据、请帖等，予以为斯三十八校之国文教授，可谓合法者矣。胡为乎合法？请言其理。小学注重论说，则使学生仅能发空泛之言论，而不能作实用之文字。然实用之文在在不可离，在校时不练习，则出校以后将笑柄百出。明信片上有书"某某先生启""某某缄"者矣；请帖之上有书"某君""某某先生"者矣。凡此，皆予亲见之事实，非虚语也。然学校之所以有国文科，其旨趣果若是乎？教授国文科果若是，则教育纵能普及，庸有益欤？故国文科非论说所能包，而实用之材料不可不注意焉。此予所以谓此三十八校之国文教授为合法也。

三　实用主义实施之必要

予于去年旅行各省，考察教育现状。各学校之设施，能合实用主义者，舍本省而外，殆未之见。然就各方面之言论，觉实用主义之实施，更有不能已者。兹请述各界之言论以证实之。

（甲）与浙省屈巡按使之互谈

予旅行浙省，入杭城，曾访屈巡按使。与谈教育，论实用主义甚畅，且语予曰："诚哉，实用主义之不可缓也！家侄某，现在中学已三年。一日，曾令彼用纸糊壁，问如此高壁，须纸若干？令取笔算之，砠砠然反复求之不得。乃曰：'教师未尝授此也。'夫以中学三年生，按其程度已习代数几何矣。而此粗浅之开方应用问题，竟不能算，岂忘之欤？非也。教授时于实用方面未尝注意及之也。"诸君聆此说，亦然之乎？

（乙）英国牧师之谈论

予旅行山东至济南，游博物馆。馆为英国牧师惠先生创办者。予访之。与谈教育事，彼问予曰："贵国今日之教育，可为已良善乎？"予颇难措答，因还质之。彼乃曰："他种学科之内容，吾不得而知。贵国各学校，不皆有英文一科乎？英文，吾所能也。然吾尝试之矣，学英文已数年，与之会话，辄讷讷然不能答。夫如此，则学英文也，又何用焉？不如废之为愈耳。"痛哉！斯言岂非吾国教育者当头一棍乎？

（丙）转运公司总理王君之一席谈

本月十六日，予遇转运公司总理王先生。予询之曰："公司亦用学校学生乎？"彼曰："然。初等小学生有之，高等小学生有之，即中等学校之学生亦有之。"予更询斯三等学生，其成绩孰优孰劣。彼且曰："中等学生不若高小学生，高小学生不若初小学生，其成绩适与在学年数为反比例。"窃怪之，亟请其故。则曰："初等学生受学校之教育时间尚未久也，故入公司后，各方面之领受较易。若高小，若中学，则在学之年愈多，染学校之毒气亦愈深，先入为主，而公司中之教导，亦愈困难也。"以此观之，则我国学校教育，非所以为社会谋福利，转所以害社会耳。吾人厕身教育界，日日倡言教育，宁非造孽耶？教育之不可不急求改良，以趋实用，于此益信。

（丁）天津第一中学校校长及武进友人之谈论

予游天津，参观第一中学。询该校校长学生毕业后之状况，则曰："每班毕业，平均计之，升学者只三之一，谋事者有三之二，而谋得者又其三之一耳。近日，省教育会所办讲演会中，有武进友人，亦云学生之谋业甚难。往往小学毕业，游手赋闲者十居八九。盖各界之见学生，皆畏之如虎也。长此以往，学校愈多,则造就无业游民亦愈多。我国教育幸未普及也,如其普及,其何以堪!"

四　结论

(甲)希望于实施教育诸君及将来有实施之责者,须随时随地致意实用主义之研究。举凡教授、管理、训练、养护诸方面,一以实用主义之精神贯之,庶可以挽回今日教育之颓风。

(乙)希望诸君之有教育行政责者,考察学校之标准,务须以实用为的,而优劣以是定焉。其不合者,当有以纠正之。他若成绩展览会、批评会等,亦无不然。若斯则实用主义进行可速。

(丙)诸君办学实施实用主义后,其利弊若何,请通告于予,借可与海内诸教育家共同研究焉。

……

(原载《教育研究》第 21 期,1915 年)

参观京津通俗教育记

三年十月，余至北京，吾友远生，为言北方之通俗教育，视南方大进，施者受者皆不懈，子盍观诸。亟诺之。远生复为推究其发达之故。曰：京师之民有惯习焉，业务余暇，必听讲书词、小说，久乃成癖，若日用饮食之不可离。今导以宣讲，变其义、仍其形，民之听之，若犹是书词小说也，故势至顺而易效，南方无是。

余乃以国庆之明日，诣京师学务局，叩其关于通俗教育之设施，为事至伙。其著者，曰露天学校、曰巡行讲演、曰公开讲演，皆有定期、有定所，一一默识之。

十三日午后二时，驱车至崇文门外花儿寺街火神庙。其地临繁盛之市廛，小工、小商咸萃于是。支竹张幔，悬筒贮钱，谊哦之声震耳。庙古而屋未破，山门双辟，旁悬牌立旗，大书今日讲演字样。门外小桌陈教育画数十种，皆出售者，每纸铜圆一枚，观者如堵，以一职员司之。入门廊下悬巨幅滑稽画，一人张大口作高呼状，左右简章数条。大殿古佛一龛，讲者听者分东西向。讲坛一、黑板一、讲桌一、讲鞭一，其下设座容数十人。

余至已开讲，其始听者三十余人，皆无辫。垂首屏息，其间老者半数，余则壮者占其二，少者占其一。多衣青色长衣，一望而知为小工、小商也。续续以至，最多时得五十人。

讲题似为劝戒烟，于三十分时间记其讲演之内容如下：

人之知觉，脑之作用（画图）、鸦片、纸卷烟兴奋之功用、烟精（画图）、卫生上之损害、经济上之损害。

讲音与讲态，以余评之，俱可予以七十以上之点数。有时兴酣，以鞭击桌发大声，听者肃静，时颔其首作领悟状。既而第二讲员上，仍前题而出以滑稽，四座精神复一振焉。

北京之巡行宣讲组织法，依北京教育会之议决，以教育会会员，曾在通俗讲演研究会修业期满者充之。其时间定为每日宣讲三小时，间日出发，其巡行路线及开讲地点，别设调查股选择规定之。各员均备有记事簿，按日记载宣讲事项。其资料别设编辑股，编辑成稿，经职员会研究认为适用，然后用之。佐以教育图画，学校成绩，儿童玩具及其他画报、相片等，鼓其兴味。其经费每员每月津贴银三元。此见于北京教育会印行之会务纪要者也。京师学务司，则特设通俗教育科，其职员以时查视，具报告于局，核记其成绩焉。

留京数日，匆匆赴天津，方以在京未获一观露天学校为憾。某日，访严范孙先生于其家，比及其巷口，忽闻悠扬之琴声，群儿围绕，若观猴戏。薄视之，高墙下黑板一、教桌一、琴一、教师二人，板书歌词："归家来，不争吵，爹娘说比从前好。"教师按琴范唱，群儿从而和之，翕然成韵，初不授以谱调也。儿童百余人环立，年长者围之于外，有手提幼孩来者，皆肃然不哗。旁立警察二人，墙上悬横额大书露天学校四字。

阅三日，晤天津市露天教育主任林君墨卿，乃访悉种种。

天津之有露天学校，始于严范孙先生所办南开中学。其后渐次推广，现有五所，别设女子露天学校二所。其教员均志愿担任，无俸给。每所教员六人，每次二人，分授二节。初令学校儿童唱歌以招之来，场之四周设绳以为栏，稍久儿童皆以时齐集，亦不用栏焉。文与算日必授一种，游戏、唱歌、体操亦日必授一种，而每周游二、歌三、操一焉。文则令识字写字，皆板书无课本。写字则拾取公署或公所学校抛弃之破纸废笔，于教授一二月后分给群儿，回家自习，明日不缴还，则亦听之。算则专授心算与珠算，悬大算盘，师范算，群儿轮算焉。儿童于游、歌、操三者，最有兴味，故每日课之，以为招。其场所以高屋东墙下为最宜，盛暑日光不及也。女子则借人家院落行之，而特为设座，非女子不得入。其教材悉取诸初等小学第一年，准其程度，多取眼前事物，而不用顺序。场设茶，令群儿分班取饮，习为秩序。置水及镜，令盥洗，逐日察其清洁。于是群儿有在家先自盥洗，举手请师检视，博褒奖以自夸耀者。教授初不问儿童姓名，来去亦听自由，然既来终不肯去。教师讲话，亦不尽向儿童言，故旁听之家长，往往为点首焉。最初时，来听者仅十数人，现每所儿童，每次数十人、百余人不等。

天津之露天教育，皆系学校教员课余担任，故其时间必在傍晚校课毕后，至天寒暑短，则不得不中止。故其所定开校时期，在每年阴历三月至八月。停校后，择成绩良好之儿童。送入贫民学校或半日学校。而儿童与儿童之父母，纷纷请求延续无废，余往观时，此问题尚在商榷中。所最难得者。则林君语我，此数十担任露天教育之义务教师，始终无一日懈也。

记者曰："远生之言验矣，巡行宣讲也，露天学校也，其所为法，一纸可以尽之，非有深奥之理论，与繁难之手续，足以致人疑沮者。所难得者人耳，亟记之以告一般教育界"。

（原载《教育杂志》第 7 卷第 1 号，1915 年）

民国二年教育统计之一斑

余既辑民国元年全国工商统计概要，颇以未获睹教育统计为憾。于是设法由中央教育行政机关，探知大概，得学校数学生数如下：

区域	学校数	学生数	区域	学校数	学生数
京师	158	17,654	江西	2,062	7,1280
直隶	12,564	318,871	湖南	2,953	128,616
山东	4,723	160,538	湖北	3,739	148,970
山西	6,754	211,731	四川	12,834	359,316
江苏	1,931	124,703	云南	2,932	114,826
浙江	3,260	140,896	贵州	513	23,338
福建	895	49,996	陕西	1,855	42,640
广东	2,890	110,019	甘肃	1,371	28,017
广西	1,920	77,811	奉天	3,916	169,182
河南	4,545	115,217	吉林	518	20,841
安徽	1,080	37,693	黑龙江	487	14,614
统计	73,901	2,486,669			

依上表，学校数、学生数皆四川最多，直隶次之。但此表有由各省报送者，有由部视学查取者，其调查年月，不尽可稽，究其为元年度，抑二年度，莫可断定，则亦聊供参考而已。复有友人抄示教育部二年度调查学生数如下表：

区域	学生数	区域	学生数
直隶	318,771	湖南	130,342
山东	160,538	湖北	148,970
山西	211,731	四川	359,355
江苏	248,778	云南	114,826
浙江	273,704	贵州	33,438
福建	48,086	陕西	79,196
广东	110,019	甘肃	38,017
广西	77,811	奉天	210,397
河南	115,217	吉林	21,841
安徽	37,693	黑龙江	14,322
江西	91,310	新疆	13,842
统计	2,848,214		

上表自当较确，则仍四川最多数，而直隶次之。试第其多寡为图如次：

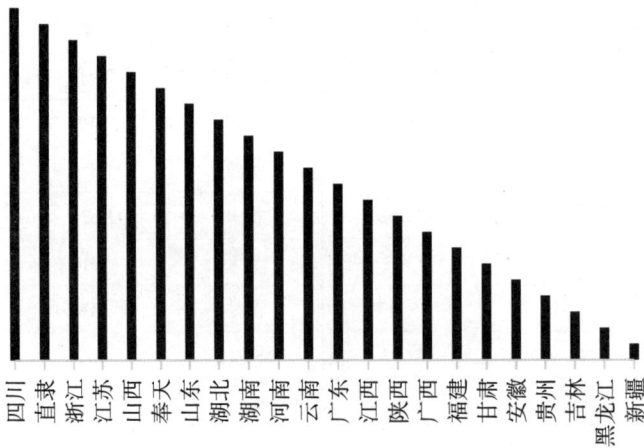

比较计算之结果，与前表无甚出入。但安徽居甘肃下，广东居云南下，不无可异耳。至其总数为二百八十四万有奇，试取十年以来总数，列表如下，以验其盈朒焉。宣统二、三年，民国元年未有统计，则缺之。

清光绪	二十九年	4,876
同	三十年	90,002
同	三十一年	230,776
同	三十二年	457,842
同	三十三年	872,279
同	三十四年	1,129,940
宣统	元年	1,536,909
同	二年	缺
同	三年	缺
民国	元年	缺
同	二年	2,848,214

观上表，学生数年有增加，而以民国二年与宣统元年较，三年之间，增加几及一倍，特未知民国三年何如。异日全国教育统计披露，余愿读之而深究其故焉。

（原载《教育杂志》第 7 卷第 5 号，1915 年）

游美随笔

农商部组织游美实业团，函邀余同行。余方从事考察内国教育，将俟既毕，续游外国。今劈空与我以漫游西半球之好机会，则遂笑而诺之。以四年四月九日自沪乘太平洋公司"满洲利亚"船出发，沿途有所闻见与所感想，信笔记之，以告我教育界同志。欲途其详，俟诸异日。

余所乘太平洋公司满洲船，专行菲猎滨[①]、香港、上海、长崎、神户、横滨、火奴鲁鲁、三佛兰雪斯哥[②]各埠，载重二万七千吨。一等舱有客二百七十余人，女子与儿童占十之四五，其间欧美人最多，中国人间有之，日本人绝未之见。卧则三人合一室，亦甚局促。而别有休息室、阅书室、浴室、吸烟室、大餐堂。休息室与大餐堂皆设公共写字桌，信纸、信片任人取用。大餐堂可容二百余人，每食单开肴馔二十余事，听客选取之。食必奏乐，晚餐以后丝管齐陈，低徊缭绕，每至夜分，袅袅之音，直伴送我灵魂入甜美之梦境焉。游戏运动种种器具咸备，浴则水之冷热咸淡，从客所好。

此起居饮食之奢华，绝非吾心所欲，但其治事整肃有秩序，敏活而富于精神，斯真所谓文明气象，堪为吾人师法者。船上人役时时操演，又每隔数日操练救火一次。下级对于上级，绝对服从。其对于乘客，设备既以完好，犹以游戏运动者不多，未能鼓舞兴致。乃集全体乘客，开会举定干事，组织音乐、跳舞、演说、运动等会，每日发行无线电新闻，报告紧要时事，令人忘其身在渺弥无际之大洋中。

余室之对面，一德国妇携二孩，大者可十龄，幼者七八龄，以一保姆教之

---

① 菲猎滨，今译菲律宾。
② 三佛兰雪斯哥，今译旧金山。

写字、习算、游戏运动，日以为常，无有间断，其母时时督课之。保姆足残废，行时躄躠若弗堪，然犹能任教育事业，且热心温爱，终日不见有倦容，真可佩也。

过长崎、神户、横滨，皆有日本医生来验疫，先坐乘客于大餐堂，执事及诸侍者咸肃立，医生绕行一周，吾不知诸客面容得映入其眼帘者，百人中有几，而事既毕矣，所谓金钱健康非邪。

抵横滨。中国青年会邀往东京开会演说。致欢迎词。既竟，牧师俞君语余，诸君其努力哉，余辈日受日本儿童诟詈曰："亡国奴，亡国奴"，愤极无以应也。

偶翻一世界年鉴，日本人尹东氏所编，其插图之一曰东洋地图，吾山东之青岛及辽东半岛，早与四国、九州、台湾、朝鲜同其颜色矣，吾国人其知之否？

当吾舟自横滨东行，将抵檀香山之前三日，适过经线一百八十度，其时为四月二十三日。凡舟自西来，依其出发点之月日，过此，由东经入于西经，应多一日，故吾舟竟得两个四月二十三日。闻将来自西徂东过此，应减一日，此亦环游地球者所宜知也。

上第一书自赴美舟次发

赴美舟次，尝一通信。既抵美，日困于奔走酬应，欲偷数刻之闲，卒卒未得。兹请略纪闻见与所感触，不能成篇段也。

余之行程，自西美旧金山上岸后，住七日。沿太平洋南行，所抵为劳舍连斯①（Los Angeles）、三的奇②（San Diego）。折而至南美，沿美墨两国界，至纽奥连斯③（New Orleans）。折而至中美，经孟勿斯④（Menphis）、圣路易⑤（St. Louis）、芝加哥（Chicago）等市，遂至东美。抵华盛顿（Washington）、费兰特费⑥（Philadelphia）、波士顿（Boston）等处。令将循美之北境，以返于西美。所至多则住七日，少则两三日，其关系较浅者一日。

① 劳舍连斯，今译洛杉矶。
② 三的奇，今译圣迭戈。
③ 纽奥连斯，今译新奥尔良。
④ 孟勿斯，今译孟菲斯。
⑤ 圣路易，今译圣路易斯。
⑥ 费兰特费，今译费城。

余之目的，在考察教育，既为招待员所谂知，所至必介绍其地教育行政机关，因此获观学校。每地多至四五，少亦二三，以中学校（美称高等学校）及小学校为最多，其次则为师范与实业。今请略伸其绪，异日当详叙之，愿阅者勿遽加以论列。一因作此书时，尚未遍游全美，未敢率尔下断；二因此书语焉不详，均尚未足为教育界诸君讨论之根据也。

美国之教育，第一令人惊异者为体育。就社会言之，其人愈上流，体魄愈强壮，商人几无一不以体育会、体育俱乐部等，为其憩息娱乐机关。就学校论，在校学生之体格，必视其他为强壮，凡此皆适与我国现状相反。余所至颇注意其各个学生之体格，欲觅一短小羸瘦者而不得，虽女学生亦无一不精神矫健。

东方人之思想尚整齐，西方人反是。余观美国学校，校舍之结构不取整齐也；器物之陈列，不取整齐也；即教室内一切布置，苟实际上有当于教育，决不计其形式；亦不似吾国之专务整齐，致干燥寂寥，了无趣味也。此为美国学校与吾国不同之一大点，其根源当不仅系于教育方法，恐关于美术思想，异日当详论之。

若论实质方面，则吾侪比年所研究之实用主义，此行实予我以无数崭新材料。盖此主义在美国实为全国所倾向，日进而未有已。凡种种设施，昔仅得诸文字或托诸理想者，今乃使我耳目亲闻见之，而益深信其必可行，且必有效，而弥哀我国之瞠乎其后也。

美国现所开始研究者，为职工教育问题。即如何可以补习方法，增进工人对于职务上之知识、技能，俾收日渐改良之效。其间尚含有几分慈善性质，盖悯工人知能低浅，劳动终其身，于精神上实未尝享平等之幸福也。其论发起于少数之教育家，近颇为工厂主人所赞许，集会研究，特设一种效能工程师，专调查职工受若干薪水，其成绩是否有若干相当之价值，有不相当者，令其补习，务使其智能与其所任之职务相当，其成绩与其所食之酬报相当，其事今在试验中。

美国教育，省自为政，故其制度各不相同。余自西美、南美、中美以抵东美所见学制有用普通式小学八年、中学四年者，有用旧式小学九年、中学四年者，有采行教育界最新之主张，定为小学六年、中学六年者，有调和于新旧间，而定为第一级六年、第二级三年、第三级三年者，亦有定为第一级六年、第二级二年、第三级四年者，各有其坚强之理由而不可破，要其势日骎骎焉舍旧而谋新，其研究之基础，凡以求适合于国民经济之状况而已。

美国之实用主义，其他兹勿具论，请先言图画。写生与图案，吾人所知也，今乃合二者而一之。某日行抵鳖子堡[①]（Pittsburgh），于某中学校内忽发现一种向所未见之画法，先用写生法写取天然物之形态，加以连缀变化，使成为规则的图案画，以应用于各种器物。美国三年前有人赴德国博览会发现此种画法，详细调查，归而著书报告，今年初在学校仿行，其法名"Surface Enrichment"。旋于纽约访得此赴德调查之人，且索得其报告书与学校成绩品，他日归，当详告也。

男女同学问题，颇为美国教育家所研究，而未能解决。西美全系同学，东美分校者多，以近顷之趋向，大有由合而分之势。教育者既持此议，而就余所见，东方各地绅士，无不赞成分校者，此事要于吾国不成问题也。

书至此，仆夫戒途，不得不阁笔，阅者谅诸。

上六月十六日自白弗罗发

为此书时，余已遍游全美而返乎旧金山，则请略叙游程如次：

旧金山（San Francisco）西临太平洋，从此沿岸南行。劳舍其连[②]（Los Angeles），至此再南行。三的哥[③]（San Diego）仍滨太平洋，至此折而东，沿美墨交界地行。纽奥连[④]（New Orleans）临墨西哥海湾，为美国极南地，至此折而北。孟弗斯[⑤]（Menphis）再北行入中美。圣路易（St. Louis）至此再北行。芝加高[⑥]（Chicago）为全美交通之中心，至此折而东。必珠卜[⑦]（Pittsburgh）自此东南行至美国都华盛顿（Washington）。自此折而东北行。包的斯[⑧]（Baltmore），复东北行。费城（Philadelphia）复东北行。纽约（New York）东临大西洋，为全国商业中心，至此复东北行。朴洛未腾斯[⑨]（Providonce）复东北行。波士顿

---

① 鳖子堡，今译匹兹堡。
② 劳舍其连，今译洛杉矶。
③ 三的哥，今译圣迭戈。
④ 纽奥连，今译新奥尔良。
⑤ 孟弗斯，今译孟菲斯。
⑥ 芝加高，今译芝加哥。
⑦ 必珠卜，今译匹兹堡。
⑧ 包的斯，今译巴尔的摩。
⑨ 朴洛未腾斯，今译普罗维登斯。

（Boston）为美国文化中心，至此游程已由极西至极东，乃折而西返。春田①（Springfield）复西行，思纪奈克台②（Schenectady）复西行。白飞罗③（Buffalo）在美北境，与坎拿大④界，复西行。迭脱劳哀⑤（Detroit）地临伊利湖，沿湖东南行。克利和兰⑥（Cleveland）折而西行，过芝加高，折而西北。圣保⑦（St. Paul）北行，都六次⑧（Duluth）至此沿美北境而西。四波根⑨（Spokane）地入西美复西。西霞德尔⑩（Seattle）西临太平洋为美国极西北地，至此南行。砰仑⑪（Portland）再南行，返旧金山。

所见学校表如次：

中学校	19	实业学校	6
师范学校	6	大学校	4
小学校	12	其他	3
蒙养园	2		

共五十二校。此外若图书馆、博物院、美术馆、教育品陈列所以十计。

美国南部及西部多荒地，其余各地农业皆极发达，而北部尤甚，若维斯康辛、若密乃沙大等省，其最著者也。究其发达之原，则又不能不归功于教育。余游圣保、都六次两市，其地皆属密乃沙大省，尝见一全省农学校农场地点图。全省现设农业中学一百五十三所，联合设立之中小学校加授农学者九十所，农场称是，及进而询其人口多少，则全省仅二百二十五万零。试与我国江苏一省较，彼之人口不及江苏十之一，而其中等农学校与中学加设农科者，多至二百四十余，较之江苏现设中等农学校（公私立共六）多至四十倍，相去可云霄壤。至其农业教育之计划，一以中学校为中心，而大学校则以高深之学理，

---

① 春田，今译斯普林菲尔德。
② 思纪奈克台，今译斯克内塔迪。
③ 白飞罗，今译布法罗。
④ 坎拿大，今译加拿大。
⑤ 迭脱劳哀，今译底特律。
⑥ 克利和兰，今译克利夫兰。
⑦ 圣保，今译圣保罗。
⑧ 都六次，今译德卢斯。
⑨ 四波根，今译斯波坎。
⑩ 西霞德尔，今译西雅图。
⑪ 砰仑，今译波特兰。

精密之试验，为之导师，各省大都如此。

农业之发达，与教育之发达，俱非偶然，盖有相伴而增进者。当数十年前，政府为提倡奖进教育与实业计，率以荒地给学校、给私人建筑铁路者，不数年而其地悉变为沃壤。余辈坐专车行，大北路线大公路公司副总理在车演说北美农业之发达状况。距今前三十年，政府奖励铁路与农业，凡筑路一里给荒地十方里，其于学校亦然，公私各级学校，殆无不拥有若干千万亩之田产，以岁息供其支出，而沛然有余，储积既多，而巍峨之校舍，突然涌现，根柢深固，枝叶繁茂，凡皆食当时良政策之赐也。据美国一九一三年统计，全国公私立学校校产在一千三百四十七兆圆以上。

吾述彼国实业教育之盛况，几于叹 < 为 > 观止，而彼殊以为未足，方将大加扩充，期于国民经济上放一异彩。录美国中央教育局大扩张职业教育计划表之一部分如次：

全国职业教育大扩张计划表

国库补助金预计

年期	农业校长教员及视察员薪水	农业工业商业家政教员养成费	工业商业教员薪水
1916	$500,000	$500,000	$500,000
1917	750,000	700,000	750,000
1918	1,000,000	900,000	1,000,000
1919	1,250,000	1,000,000	1,250,000
1920	1,500,000	以下类推	1,500,000
1921	1,750,000		1,750,000
1922	2,000,000		2,000,000
1923	2,500,000		2,500,000
1924	3,000,000		3,000,000
	以下类推		以下类推

见于下议院议案。

他国之教育，其进行也有方针，其设施也有计划，全国上下，万众一的。而吾国何如？求生存之政府与国民，宁终无动于衷耶！

余既环游美国四境，欲描写其全社会之现象，乃就吾所见，分记之如次。

……

（家庭、城市、乡村、交通、娱乐略，编者）

其四，学校。大学校黉舍纵横，规模宏远，无论已。即中等学校，地址必有数十亩，建筑费必有数十万，必有自设之冷热水管通气管，其高大都三四层。必有泅水池、练身房与容千人之大会堂。其学生必千数百人。必设各种工场，身入其中，但闻丁丁伐木之声，轧轧鸣机之响，不觉其为学校也。师生皆垢体敝衣，见客致以不堪握手为歉。教室则纯取教授之利便，四壁皆黑板，板之上满置图画标本及学生陈设品，佐以盆花、笼鸟。教授时，非无秩序，如质问必先举手，悉依普通规则。但生机盎然，运用极活泼，而富于趣味，绝不取庄肃严厉。苟有女学生者，必有模范家庭与烹饪、裁缝、浣濯等室。其事务室必有账柜以为阑，略如商店式。所见学校，大率如是，小学校大同而小异耳。

（原载《教育杂志》第 7 卷第 8、10、11 号，1915 年）

美国教育状况纪要 ①

　　余此次赴美，历城市二十六处，彼国著名之地，足迹殆遍。初意注意考察者，为师范、小学及实业教育。但到美后，方针稍变。以师范教育，彼国已收效果，在我方为重要问题，在彼已居其次。故结果所参观者，以中学为最多，计中学十九校、大学四校、师范六校、小学十二校、幼稚园二校、实业学校六校、其他三校，总五十二校。以上为六月以前之事，七月则在旧金山参观博览会，两方足以互证之处甚多。今在座诸君，有以前在美留学者，亦有曾经赴美考察者，正拟就正有道，共同研究，兹所报告，不过一人管见而已。

　　今国内正在讨论学制问题，请先讲美国之学制。从前小学九年，现改为小学八年、中学四年、大学四年。但各省至不一律，有小学六年、中学六年者；有小学六年、中学三年，而中间加习三年者；有小学六年、中学四年，而中间加习二年者；总之，中小学共十二年。而办法与中国最不同者，厥维中学。直可称美国无中等实业学校，都是中学校。亦可称美国无中学校，都是中等实业学校。盖美国中学，非如中国之各科通习，苟得先生许可，生徒可随意选择。其分科办法，有分四科、五科或六科者不等。大抵普通科预备升入大学，文学科专攻语言、文字，理科专究数理化、博物，职业科学习金工、木工，商业科研精商学，农业预备科升入高等农大，机械科讲求制造。此外亦有设美术科者，女子则家政科无校无之。亦有设商业科者，均随地方情形以定学校课程。某处中学有美术科，问之，曰：该处机器工艺，已甚发达，今欲驱使习精致之美术工艺，故添设之。工艺课程，非唯中学有之，今小学校之末学二学年，亦多添设分科教授，使毕业后人人有谋生之本领。问：学校添出此种课程，与普通课

---

① 此文为黄炎培在江苏省教育会常会中之报告，本文发表之署名为"记者"。

程有无妨碍？答：普通课程与职业有连业关系者，省之。例如授广告画时，普通画即行停授。又一法，将普通功课挤在上半天，下半天专授职业功课，结果非但不相妨碍，并可为正课之补助。中学校内之工场，规模宏大，我上海之求新厂拟之犹恐不及。其他商业教室之背后，必设柜台一座，为打字、卖买等之实习。学生于毕业时，大抵必自出心裁，特制精美物品一二件，留赠校中，以为纪念。曾见某处学校制一桥梁之模型，问之，知有校旁近处之桥，业已发表，教师即以此为题，先令学生打样。先生给以改正，然后再令模型科如式制造，制成之后，特请专家来校评判其合式与否。又一处见有改良市镇之计划模型，各校正在比赛。更有模范家庭模型等种种设置。于此可见其教科课程，处处与生活关系，校内设施，处处与社会联络。学校如此，诚不愧为地方教化之机关。

至各种之讲演会，尤多不胜数，皆以学校为中心。某校于去年一年中，竟开会二十七次之多（见博览会报告），可云盛矣。以上犹只就中小学言之也，至于大学，则经费既充，每有特设校外教育之一部者。

讲到美国之体育，实属可惊。其发达也，并非出之政府提倡，殆由国民之嗜好，蒸成风尚。试言其赛球会，会中常分为若干党，例如姓黄者为黄党，姓张者为张党，或以地方分，例如上海党、松江党之类。各党比赛，倘一、三、五、七胜，二、四、六、八败，则再以一与三比，五与七比，以分优劣。最奇者，社会上对于此事无不兴高采烈，殆有举国若狂之概。美国各地，均有大赛球场，比赛时，以电报通知全国，数分钟间，胜败全国皆知。报馆亦以赛球为一大事，常揭示临时新闻于门首。余一次行经某处，见报馆门首，男女老幼拥挤已极，异之。后知此辈皆不能亲往观赛，而在报馆前探望消息者。在我国人视之不几诧为发狂，然于此可见其国人之热心体育矣。至公共体育场之面积，曾见一处可容三万人。场之周围皆作阶级式，建筑费，美金十五万元。据称尚有大于此者。各地学校运动会，大概售入场券，自数角至二元不等，而购者纷纷，竟有欲购而不得者，故开会后，往往反有盈余。赛球会中之选手，多赖此生活，有一年可得二万美金者。此种情形，吾人非身历其境，实属意想不到。

就余个人所见，美国教育足资吾人之效法者有三事。此三者，未必即美国现今教育之着眼点，殆就吾国现状言之，急宜注意乎此。一曰实用教育。彼国无论何种教育，皆注重实用。二曰体育。美于体育，已收绝大之效果。前在本国时，尚未知体育如是之可贵，一经此次考察，不觉生无限之感触。观之我国留美学生，学业非不精进，然一较其体格，无一强健如美人者。此由在本国时无体育基础之故。即以前往之实业团论之，腹中学问之不若人，尚不显见，所难堪者，表面亦不若人，相形之下，真觉自惭形秽。彼国亦有学问家、实业家，然体格与之平均发达，我国则往往成反比例，皆平时不重体育之结果也。三曰校外教育亟宜注意。彼国之社会教育，与我国稍有不同之处，即我国往往特设机关，彼则皆以学校为中心，此点亦宜研究。

以上皆就物质方面而言，固属崇拜已极，然犹不敌吾崇拜其精神方面之甚。我国人之精神缺乏已极，故办事往往不能持久，而十九沦于失败。一观美人之精神充满，尤令人惭愧无地。而其所得效果，殆即从体育而来。倘此后能于体育加意注重，或亦不难补救，在座诸君，如以此说为然，望于各地教育会或他机关尽力提倡，幸甚幸甚。

（原载《教育研究》第 25 期，1915 年）

美国教育状况 ①

余在美国考察所见，前日已在本会年会中略陈梗概，唯当时在座者限于会员，想必更邀当地教育界共同研究一番，爰有今日之讲演。

今日所讲，系关于中小学校应行研究之问题，时间从一点半起，至四点半止，中间休息片刻，则请诸君参观场后陈列各物。

此次赴美，系用实业团名义，余亦团员之一。时间四个半月，所到地方，唯合众一国。目的在答聘前此美国来华之实业团，然余意实在考察教育。除去往返时间，留美约三个月。此三个月中，二个月将全国漫游一遍，一个月在旧金山参观博览会，唯所留意者，均限于教育部分，故今所报告，亦以教育情形为限。但此次考察教育，并不限于学校方面，一部分考察社会情形，一部分考察教育机关，故所见学校，只五十二处，其中中学最多，次小学，次师范。

余想诸君或在学校任职，或方在求学，大家总想略知外国情形，而苦无游历之暇晷。游记所载，匪不足观，然毕竟与直观者不同，故甚愿将见闻所及，报告于诸君之前，以供诸君之参考研究。

今先讲学校制度。美国之学制，原与中国略同。今则渐渐不同。小学校从前九年，今已改为八年矣。中学从前均四年，今已渐有改动之倾向。甲说主张改为小学六年，中学六年。乙说主张改为小学六年。中学四年，而于小学与中学之间别成段落，学习二年。丙说主张小学六年，中学三年，而于小学与中学之间别成段落，学习三年。此种主张，均非空话，现各州已有实行之者。好在各州不受中央节制，故咸得自由改革。就余所见，即有行六六制者、六二四制者、六三三制者不等。然试研究彼国学制，何故如此纷更，则归本于唯一之问

---

① 本文为黄炎培在江苏省教育会常会中之报告。本文发表之署名为"记者"。

题，曰使儿童适于谋生而已。旧制小学八年，贫苦子弟，究嫌时期太长，故主缩为六年，以便早受职业教育，或迳就职业。或言中学六年，亦太沉闷，故主改为二四或三三，以求敏活。一言蔽之，教育要从对面社会着想，使得着利益，切不可专从吾们一方面着想。

年期长短之外，更有科目之不同。要说美国学校与中国最不同者，厥唯中学。我国中学科目，多至十二三门，必须门门学全，才能毕业。美国则用分科制，任人自便，有分三科、四科、五科者，其分法亦各州不同。兹述其大概如下：

余见美国西南方有一中学，分三科。一普通科、一农科、一工科，而农、工两科，均有相当之设备。又在南方孟息斯地方见一校，分四科。一文学科，重语言文字（历史及德、法、西班牙语）。二理化科，注重理化。三商业科，讲习商业方法。算术趋重商业应用及簿记，其他若打字、简字等，亦兼授之。四工业科，如木工、金工等。四科之中，更可细分而选习。此外益力诺州[①]香滨地方见一中学，其分法又是不同，以英语、算学、历史三门为必修科，余他分博物、理化、商业、外语四科。总之，断无像中国十几门，门门要学者。吾们今想究竟何法为便，照我国办法门数甚多，毕业后似乎多才多艺，然弊在无一专长，可赖以生活。如此想来，还不如美国分科法之适切。然亦有困难，分科后教师要多，设备要多，经费要多，此即目前不易解决之点也。

美国小学亦有与中国不同之处。即八学年中，上六年与中国无异，后二年则主授以谋生之本事。例如纽约地方小学，大别为二种。一种即八年制，而于末二年施以职业教育，一种用六、二、四法，则至第七、八年另立学校，或特设专科，以施职业教育。此后二年所授为何，试列举之：（一）机械科。教机械之修理及使用法。以养成司机手及修机匠为目的。（二）金工科。以各种合金之薄片，令作简易之器物。（三）车工科。用机械车成细巧之木杆。（四）木器工科。教以制造桌、椅等物。（五）建筑工科。使随工程师学习建筑家屋。（六）电线装置科。使学装置电灯、电车、电信、电话等各种电线。（七）水管装置科。使学装自来水管（凡洗脸所、厕所等均用之）。（八）模型制造科。使学泥制、木制、橡皮制各种模型。（九）图画科。使学商业实用画及广告画等。此外更授机器画、建筑图、印书、钉书、写真、青色写真等法。

---

① 益力诺州，今译伊利诺伊州。

女子小学有烹饪科，教割烹、制糖食、果品及装置等法。洗衣科教洗衣及去油污等法，种植科教园艺及制牛奶、麦粉等法。由此以观，方知美国各项职业无非学生为之，以学校中，即有各项职业之教授故也。若我国谋生者自谋生，读书者自读书，则读成之后，教他如何谋生。

至其学校中之教法，又与我国大异，此凡未见过者，万万意想不到。盖我国唯呆板读书，他则不然。今先述其学校之外表，校舍非常华美，以我国最大之南洋公学，只可抵彼一小学校舍。曾见某市以公费建筑小学，需美币三十万元。合国币七十五万元，其工程之巨可想。此固我国万万学不到者，姑不必论。校门以内，大率草地一片，更进即为校舍。校舍多三层楼，亦有四层楼者。中间礼堂，如剧场式。教室之普通者，内部陈列，亦与我国不同。盖所见教室，大抵四面悬挂黑板，几若千篇一律。所以然者，一则以彼国教法不以教师讲演为主体，教师不常开口，不过于学生学习之际，随时指导，故学生利用黑板之处甚多。二则其教法采取个别主义，学习问题随学生之天资程度而个个不同，坐是亦不得不多用黑板。黑板之上，多放置物件，或为学生成绩品，或为教师范作品，或为教科参考品不等。更奇者，教室常见蓄养笼鸟，一笼一笼，悬挂黑板上端，书声鸟声，相和间作，此外更有瓶花等优美之装饰。所以然者，美国教法，要使儿童常得活泼之天机，故点缀花鸟以诱起其美感。非特此也，此等物又为教师绝好之题材，例如作文，今日题描写此鸟明日题描写彼鸟，或同时令甲写此鸟，乙写彼鸟，均无不可，图画亦然。盖我国多临画，彼则注重写生，且自小学之。

小学初年学生座位，与我国仿佛。但教桌不是放定一处，时时移动。余记一次参观某小学校，先生自坐隅位，而请余更坐其侧，更令某数学生坐左面，某数学生坐右面，若演剧然。所演盖即课文中之例话故事也。以此教授修身、历史、国文等，自然兴味高而记忆易。理化教室，我国向用阶级式，在彼已为极旧之设备。故所见各校，阶级教室不尽有，而实验教室无不具。实验桌大抵每桌四人，两两对面。旁设黑板，先生即立其旁以指导学生之试验。我国教法，向以先生试验为主。彼则先生不过示范，一定要个个学生动手。至于仪器标本，却并不多，彼以三十万美币建校舍，而仪器之多，或且逊于吾国同等之学校。夫岂吝惜此区区者，是亦有故。我国置备仪器，往往每组一购，一组之中号称样样完备，实则未必样样适用，适用者未必件件可用，可用者又未必要用，故费巨而少实益。彼则唯择其要用者购之，故种数未必多，而同种之物往往甚多，以便多教学生之试验。又中学校都设物理实验室，其室中必安置天平，天平之装置，必须在地面平稳之处，故通例必全室铺水门汀，以便天平随处安置，均无杌不安之患，然费较巨。彼则仅有一水门汀之凳，上置天平，亦可随意移动，凳外即任其凹凸不平矣。于此而见美国人亦极讲经济，不要用者不购，购者必常使用，无若我国之购而不用，往往坐待其废坏者。此外幻灯一物，我国尚未应用之于学校教科，彼则中小学校罔不有之，直观教授时，亦可以代标本实物之用。以上所述种种情形，系男女一样。因美国自小学以至大学，均男女同校。今其东部虽有主张分校者，然大多数依然采同校制。即其主张分校，亦不过课程上之关系，而同校者本非男女受同一课程，故于分合问题视为不甚重要。且美国社会习惯，向无男女之防闲，故学校因之，非学校特意之主张也。今我国社会渐染欧美风习，男女之防日趋放任，此是自然之趋势无足怪者。窃意女子社交，固不应十分建制，唯社会尊重女子之风，实不可不学。例如，今日演说有女子在座，一定要招呼周到，并要先招呼女子，而后及于男子。如是，我不必仿效其男女同校，第先仿效其尊重女子之美风，并女子自己尊重之良习，则根柢打足，以后虽世风万变，不足畏矣。

教工艺者，不独小学，幼稚园亦早有之，例如于游戏中教造马车、汽车、家屋之类是也。凡竹头木片，一般工场中之废物，以做小儿玩具、皆为幼稚园绝好之教便物。曾见一教师，将一椅子放在场中，而从箱中取出形似推轮之物两片，置于椅两旁，更以物为马首，而置诸椅之前面，系之以绳，小儿乘坐椅上，非常得意，以为坐马车也。后拆卸之，使更造汽车，乘坐如前。又见其用纸板多块，以造家屋，纸板上绘以青色砖纹，拼凑起来，楼阁弹指可现。至其图画本事，非常佳妙，幼稚园中即教写生画法，将手眼从小练好。至小学第七、八年，乃实习工艺。其小学第一学年至第六学年之手工，亦甚优良。

周游美国之后，至旧金山参观博览会，时值暑假节，学校无可参观。有人说起加里福尼大学有临时组练之假期游戏学校，盍往观诸？往见其设备教授之种种情形，甚有趣味，兹并述其大略。

广场之上，有种种临时之设备，例如挂绳于一树之上，或横杠于两树之间，即利用之以为运动器械。又将工场凳件倚杨树上，即令小儿在此作种种木工，分给木角若干，任其做成何种小型之器物。又有沙盘以四板拦成一池，中实泥沙，令小儿任意堆挖，仿作山河人马之形。此外又见一部游戏，一部运动，小儿均喜形于色。更有一部，正在教授图画。教师立树旁，采得草花一种，令小儿练习写生，画毕更令小儿批评，终将最佳之画钉在树上，大家聚而观之。至于运动能力，甚为优越，见一小儿步行于平行杠上，其杠离地甚高，问其年，云只九岁。

专科教室中之设备，甚可观。例如一木工教室，车床、刨床等，或七八件或十余件不等，全照工场形式。旁设黑板，前列多椅，以教室三分之一地步教授，三分之二地步做工。其所以能容一级学生者，以分科故，每级人数比普通教室少也。与教室毗连者，通例为材料室。教室之隅，上作一小阁，陈列种种成绩。阁分为三四间，将所有学生成绩品，一一装置其中。其装置并非杂乱陈列，一照寻常人家布置，电铃也、电话机也、水管也、椅也、桌也、位置厘然有序。

至教授女学生情形，就前讲烹饪一科言之，室中设教桌围成方形而缺其一角，先生由之入立桌之中间，以便指导。学生则环在四围，各置电气炉一，以资练习。

凡学生手制之成绩物，均可发卖。芝加哥某校烹饪科出品，如水果、糖食之类，每月可卖美币四十五元，合国币约一百二十五元。某处又见一中学，教授女生制帽。原来美国女帽，个个不同，妇女出外，见有同式之帽，归必立异翻新，以是制帽店往往百计征求新鲜模样，以期营业发达。该校所制之帽，问一件可得卖价若干，答言三四元或五六元不等。成本则不过一元几角，工夫一星期或十来天。吾想如此则读书可读得，勿论出校后可以赚钱，即在校已能赚钱。工料费学生出，利益学生得，父兄更何乐而不令子女入校。家政除教授理论外，设备亦属可观。烹饪、裁缝之外，必有余屋两三间，以为模范家庭。由学生管理一切，其屋中之设备装饰，亦听学生自行想法，而请先生为之评判。凡烹饪所出之物，师生常会食于食堂。食时或招来宾，或扮主人，或扮使女，所以练习宴会之礼节。此外卧室、应接室亦归学生轮流布置，器具均出学生手制。例如需用一新式桌子，即可令木工科照做。而其一切陈设，大都先绘图样，然后照图布置，并制桌椅等物。

就桌椅而论，我国大抵有一定之格式，历久不变。彼则以不同为贵，故奖励学生能各出心裁，以翻新其花样。翻新之目的，一在价廉、一在美观、一在耐久，总不越此三大原则。然于此可见东方思想与西方思想截然不同之处。

何则？东方人凡事贵一律、贵整齐严肃，西方人则反是。例如，入一客堂，在中国客堂内器具之陈列，若茶几、椅、炕床之类，仿佛有一定位置，可以冥想得之。美国则万有不齐，各从所好。此从极小之处，可发现东西洋思想之不同。其不同实从来之教育为之也。盖西人之教育，向采自由主义、进步主义，以独出心裁为可贵，故不知不识间，人人心花怒放。我国教育向重师承、重模仿，譬诸写字，必学颜柳，后遂无高出于颜柳者。其间优劣姑不具论，第问今后吾人尚宜固守东方民族之思想；抑宜参合西方民族之思想，以求活泼进步；此极应研究之问题也。

彼国图画教授之注重写生，前既述之。然不仅写生而止，更进则由写生想化而成图案画法。例如讲究设色。试举衣样画之一例以说明之：第一步任采一花而行写生。第二部理出花之种种颜色，画成色带数条，第三部将种种布角照色配成，如式黏上。第四部将各色布带配合女子衣服之颜色。先画一女子像，后想何色宜为帽，何色宜为上衣，何色宜为裙，一一配就。终将缩小之写生画，拈于女像之手中，以便见之者可照样订购。此外，则更教授生理画、套印画、影画等，总之无不切于实用。

由此种种方面观之，窃意美国教育，可归纳之而见两大要点：一曰应用。即要用者教之，不要用者尽可不教。二曰个别。即能个个发表其特色，而不求统一。

从大体上论之，美国教育与我国向来之教育，当为下列之比较：

美国：重道德而尤注意于公德。知识贵切实适用而高深次之。体育十分重视。而处境人人求快乐幸福。

中国：重道德而偏重私德，知识重虚文而少切实。体育不甚重视。而处境崇尚耐苦。于此可见两国由来教育之不同矣。兹更援引德国之教育方针于下，以资参考。

德国：重道德而尤注意于公德，知识切实而更求精深。体育十分注重。而处境犹崇尚耐苦。

比较三国历来之教育，孰得孰失，不难体会。于此，并可考见其国民性之特点。然则我国今后之教育方针，当一仍其旧，抑尚须谋改良进步之方法乎？窃拟我国今后方针之大要或当如次：

道德不专重私德而尤要注意公德。知识目前姑求切实适用。体育定须十分注重。处境非不想望快乐，但现在仍须提倡耐苦。

此余提出个人之私见，以为今日讲演之结束，质之在座诸君，以为何如？

（原载《教育研究》第 25 期，1915 年）

江苏省立第一师范学校吴江巡回讲习笔记序

一师范君云篆，示我吴江巡回讲习笔记，属为序。余方归自新陆，饫闻习见夫所谓校外教育，若函授、若讲演、若通信、若公开图书馆、若公开运动场、若其他模范设备，自小学以迄大学，莫不有此。其目的无非欲扩张教育影响于一般社会，俾其学校成为地方中心机关而已。师范学校之所以异于其他学校者，将以养成地方教员，因是负有两重责任：即其一为地方全社会中心，又其一为地方教育中心是也。前者间接，后者乃直接矣。一师校长杨君月如语余，自去秋师范会议，划定学区，我校即从事联络地方小学校，思整理之。第一步开商榷会，第二步利用阴历年，派员赴各县开讲习会；今巡回讲习，其第三步也。更进将复有所计划。读范君是记，所至先参观、次讲演、次实地教授、终乃讨论，其志笃而其行婉。善哉！抑何不谋而与余所闻见合。苟循是而终始之，且广大之，责不既完耶。则请更述余所闻见以相引。美国师范生徒末学年，大都派赴乡村小学实习，以其成绩课殿最。而认附属小学为模范的，供参观焉。盖理想必求其丰，而境遇又不敢不安于啬也。吾国师范生卒业，往往薄乡村小学教师而不为，意者其未习欤。此虽别一问题，然欲养成学校为社会中心，或不无相连作用，以此备诸君子进一步之研究可乎。

（原载《教育研究》第 25 期，1915 年）

万国教育联合会议预记

　　万国教育联合会，将于一千九百十五年八月十六日至二十七日在美国加利福尼亚州屋仑市开会。由美国全国教育会主办，盖利用旧金山巴拿马太平洋万国博览会之时机也。以华盛顿全国教育局局长克剌司吞为会长，司丹佛大学校长若而丹副之。其所预定研究之问题如次：一千九百年以来世界教育进步之状况，教育行政，公家教育费，乡村教育，各类儿童适当之教育及其限度，中等教育，职业教育，教员组合，农业教育，教育之高尚观念。

　　以上为普通会议之问题，另有分部会议。其组织法同时分三起，此同时三起之议题，其性质绝不相合，绝非一人所愿兼顾，故到会者无顾此失彼之憾。其各部名称如下：

　　幼稚园部、职业及实用艺术教育部、体育部、教育调查部、图书馆部。初等教育部、商事教育部、科学教育部、中等教育部、学校卫生部、公立学校视察事宜部、小学教员养成事宜部、中等学校教员养成事宜部、高等教育部、音乐教育部、特殊儿童教育部（高能及低能）、学校管理部、乡村教育及农业教育部、学校与教育补助机关之联络部、教员对于学校管理事宜部。

　　此普通及分部会议之宗旨，皆将于各题发挥其万国共同之要义，已由美总统函请各国政府派人赴会，美全国教育亦邀请各国同类之团体派代表与会，会期既毕，将有报告书刊行。

　　余之赴华盛顿也，与余君日章同访教育局局长克剌司吞君，承邀吾两人与于斯会。此返旧金山，时为六月三十日，距会期较远，两人定计留观博览会一月即归，不及与，乃丐吾友蒋君梦麟与焉，且倩其特别注重关于职业教育、体育诸部，异日必有详确圆满之报告，公诸同志，以资研究。今述兹会之性质与其预备研究之问题，凡此问题，悉自美国教育家提出，以见彼国注意点之所属也。

（原载《教育杂志》第 7 卷第 12 号，1915 年）

实用主义产出之第二年

去岁之杪，尝为文曰实用主义产出之第一年，述一年间斯主义教育之状况。谓渐由研究而进于实行，其趋势纯出自然，将指岁星以稽其成绩。今忽忽又一年矣，凡一问题之发生，苟无背于时势之所要求，时势不变，其问题亦必不灭。方斯主义提出时，所根据之社会状况，至今日而有异与否，殆可不言而喻。则夫潜滋暗长，仍一本乎趋势之自然，在扬之者，固无所于功，在抑之者，亦无从为力也。

此一年间，斯主义进行最著之迹象，为明定于政府颁布大总统特定教育纲要。总纲第三条其言曰：申明教育宗旨，注重道德、实利、尚武，并运之以实用。说明以道德、实利、尚武教育为体，以实用主义为用（注实用教育以各学校注重理化、博物等实科之实验为始）。嗣虽未见颁布如何施行方法，于实际上影响未知如何，要之向由私家提倡者，一变而为官府命令矣。第余所亟欲有言者，教育为社会事业，初非行政权利所克急切责效，斯义昌明与否，必仍惟实施教育诸君是赖。今朝野上下，一致赞同斯主义矣。所惧者，其始以提倡非自上而下不可，特订诸法令以树风声；其后以提倡之力，已无可复加，遂即以订诸法令，毕其能事，而其结果不过添一法规新资料。吾国事业，始喧阗终歇寂，类此者往往有之。此则余所重念斯主义前途，而亟欲为教育界同志告者也。

若从社会方面言，则此一年间所谓研究、所谓实施，固不至有中止之现象，亦未见有突飞之进步。若出版物以是为标题者日多，若教育会议以是为议题者亦复不少，虽前者不获尽悉其书籍之内容，后者亦不获尽悉其实际之效果，要其东推西荡之潮流，未或息也。虽然，以是为提倡之成效。奚其可哉。

有一种现象，足使吾人非常注意者。某君为言，去夏某县小学校成绩展览会披露评判之结果，令一般小学教员，大注意于斯主义。今夏复开成绩展览会，凡所谓实用的国文、实用的算术，以及手工、图画等，从斯主义言之较之去岁不可谓非大进步。虽然，舍形式而叩其内容，是否尽有当于斯主义之精神，尚有未敢遽言者。实用主义初非仅作文授书札、信条、广告、票据，习算授簿记，写字授行书，图画授写生、图案，遂足为毕乃业。苟徒备是种种形式，而材料与意思，非儿童应用上所必需，犹无当也。即以形式论，亦以能就地取材，用意变化为上，专事模仿者次之。虽然，此一般小学教员，能虚心研究，而付诸实行，亦既为一时所称道矣。惟从事教育，要以普通学艺为根柢，苟有缺于根柢者，不汲汲修养，而仅欲假斯主义为涂附面目计，必有所不可耳。

今夏游新大陆归，友人问余，于实用主义有所得否？视未游时意有所变否？答之曰：实用主义四字，吾意不得谓为无所变，盖实用二字，绝无所变，惟主义二字有所未安耳。凡所谓某主义、某主义者，必系相对的，苟其为绝对的，便无所谓主义矣。今吾观美国教育，凡所设施，无一非实用，揣彼国教育家之意，不言教育则已，苟言教育固当如是，初非于若干途径中，采取其一，以为准鹄。世安有不实无用，而尚得谓教育耶。故以实用主义四字语彼国教育家未免失笑。友人曰：子陈义太高矣！今兹犹将与虚名的教育、玩物的教育鏖战之秋，而子乃为是言，苟至他日，无可云主义时，亦正不必言实用也已。附记此言，以谂吾教育界同志。若论美国实用上之设施如何，则自归国以来，凡有所流露于笔舌间者，皆其鳞爪也。

（原载《教育杂志》第 8 卷第 1 期，1916 年）

东西两大陆教育不同之根本谈

今岁余有新大陆之游。既归，朋辈纷然叩余所见彼国之教育状况，亦既稍稍以口舌自效矣。顾其所述，大都针对听者之境遇，以求吾说之易印于其脑海，而见诸其行事。以故，偏于具体，而缺于抽象；杂陈枝叶，而罕及本根。自余言之，其说盖犹客观的，非主观的也。十稔以还，吾国谈教育者，颇不嗛于所得诸东邻者，而务求智识于世界。以太平洋之交通便利，地理人事上之关系，国民交际上之感情，于是争欲一觇美利坚之教育。设其国情，其地位不无万一之相类，则今兹论题，或幸不致见弃于听者，而我之对于社会亦正不宜缺此一篇文字上之正式报告也已。

余之考察教育，所兢兢于心者不敢忘一"我"字。盖考察者我也，非他也。我之所以考察，亦为我也，非为他也。以故足迹所至，苟有咫闻尺见，其所发第一念即"于我之比较如何"，其第二念即"我之对此当如何"。蓄之心者既深，一启口而莫能自易。我之为此题，不简直报告彼国教育状况，而必挈两方以为比较，此物此志也。

两大陆国力之强弱，生事之厚薄，民力之开塞，有不可同日语者。虽然，此现象也，果谁为之，而孰令致之耶？将必曰教育矣。夫彼之教育，曰以利人群也，福国家也。我之教育，亦岂有异趣者，而何以所获若是其悬绝？此其因果相仍，至微极复。吾何敢率尔下断语？第就两方教育以观其不同之要点，可得而言焉。虽然，初非敢漫有所减否于其间也。

其一曰：彼之教育，大都取自然，而吾取强制也。譬如男女之际，我国则内言不出，外言不入。一授受，虽嫂叔不相亲；一饮食，虽姊妹必异席，古训昭然。今虽日以凌替，然犹以防闲隔绝为整饬风纪唯一方法。彼则大不然。自小学以至大学，皆男女同校，青年交际之场出入相偕，游息与共，比肩握手，视为常事。夫制定婚姻以维社会秩序，东西国目的宁有或异？然一则纯取积极的方法，俾相习而漠然平视；一则纯取消极的方法，俾相隔而不与往来。究之桑中蔓草之行，为社会玷者，在彼未见独甚，在我亦未能绝无。则夫彼此所收之效果，未尝远殊；而惟彼此所采之手段，截然大异耳。（东方学校讲生理至生殖器官；大都故略其词。吾参观美国克利和兰中学校，校长语余特向女学生讲明男女交合之原理，与夫生理上、卫生上种种关系，颇有效云。吾不得不叹东西施教育者落想之大异。虽然，此不过述吾所闻，非谓可卒尔仿行也。）他若家庭父兄之于子弟，学校师长之于生徒，在彼纯以开发性灵、激励志趣为事，使有高尚进取之气概，而不屑为恶；在我纯以约束思想，防检行止为事，使有绳趋矩步之素养而不敢为恶。有此自然与强制两点之不同，而教育上一切设施皆缘之大异矣。

其二曰：彼之教育，大都取个别，而吾取划一也。试观其建筑，通都大市，阛阓如林，无一屋之同式。试观其衣服，公园碧草，游女如云，无一冠之同样。试观其器物，迎宾之厅事，修业之书斋，朝夕起居之所御，瓶罍花石之所陈，形式无一相同，安置亦殊错落。非如吾国宫室、衣服、器物，一切制度与其位置不必陈于吾前、寓于吾目而可以冥想得之。吾国虽学校名称，亦烦政府规定诸法令，彼无是也。虽学生衣服，亦烦政府制定其色样，彼无是也。他若读书必取齐声，作画必用范本，而彼皆无是。有此各别与划一两点之不同，而教育上一切设施又缘之大异矣。

其三曰：彼之教育，最重改造，而吾惟重模仿也。沟犹瞀儒横亘，一今不古若之谬见，开口黄唐，闭口三代，既群嗤之矣。虽然，此普通之心理，亦复在在可睹：药师调药，必曰遵古方；陶人范土，必曰仿古制。人方以新发明博文明之声誉，我乃以善模仿为不二之法门。思想背驰，一至于是。父之诲其子，冀其贤则曰：式榖似之，否则曰不肖。师之教其弟若方伎术数，更秘其传，不使人学；或传其术，不尽其长。即舍社会而论学校，作文犹斤斤于汉、魏、唐、宋八家；写字犹规规于颜、柳、欧、苏诸体，临摹仿效，但求能及古人便为大快。彼新大陆教育，在物质上绝不拘守高曾之规矩，在精神上但欲发挥后起之文明。譬如学校手工，务勖其自出心裁，而不令一具范；但冀其堪为世用，而不必有所师。以故，美利坚一国而发明新器物年至四万种，安迭生[①]一人而发

---

① 安迭生，今译爱迪生。

明新器物多至九百种，我未有一焉。盖教育为之也。

其四曰：彼之教育，最重公众，而我惟重一己也。试论道德，彼未尝不守私德，而终不及公德之尤重；我未尝不谈公德，而终无私德之尤严。彼以服务社会为人生最大之责任；我以束身寡过为处世最稳之方针。盖彼之教人，重在为善；而我之教人，重在不为恶也。试论知识，彼之学成，必尽所学以用世，故工焉而人给其用，农焉而人仰其食；我之学成，取位号以自娱而已。苟非生事所驱，几不欲有所自效。其汲汲求效者，求自食者也，非食人者也。盖彼之教人，教之克尽其对于公众之责任；我之教人，教之克尽其对于一己之责任。夫人人而尽其对一己之责任，岂不至善？虽然，人人仅尽其对一己之责任，所谓亿万人惟亿万心是也。人人克尽其对于公众之责任，所谓三千人惟一心是也。

凡此不同之点，皆本于其思想，而方法从之。故方法不足究，亦不胜究也。愿治教育者究其本而已。

（原载《教育杂志》第 8 卷第 1 号，1916 年）

抱一日记 ①

余好以教育的眼光，观察世界一切事物。耳目所接，感想随之。觉一事一物，无不与教育有关。每于一现象之发生，默察其因果之所系，时复于他现象间、得其正面、旁面、反面种种之证据，因以悟澈其原理、原则之所在。斗室危坐，旷然遐思。稠人广场，冥心独往。其所感会，颇复纷拏。顾思想之为物，其来无缘，其绝无端。闻之德威 ② 博士，思想而不成为己有，非思想也。成己有奈何？运用一种同化功夫，变其思想为经验，如食物养料经消化而为血，则得之矣。二三友朋，清谈无忌，时乃中道。插架杂书，攫观遣兴，车尘颠簸，亦复有得。凡诸琐琐，感而遂书，系之以日，谓之思想界之摄影术可也。如兽反刍，如鱼唼沫，不自觉其言之缕。倘亦蘄变思想为经验之一种功夫欤？若夫教育而外，匪我思存，卑之无论已。

蒙铁梭利氏 ③（Montessori）教育法，在欧美以为旧矣。而在我国，了解其主义者犹少。蒙氏书各国多有移译者，然往往不为蒙氏所许，以其于主义之真相，辄有毫厘千里之憾。顷朱君体仁夫妇招夜餐，彬夏夫人适新读蒙氏自著关于其教育主义之纲要，于席间畅述之。蒙氏以为今之儿童，其体格强于往昔，世所公认。夫体格能以卫生故使之改进，岂脑力不可以教育故使之改进乎？改进之道有三：一、感觉教育（Sense Education）。使外来事物形形色色多印入儿童脑际，务丰富而正确。习之久，印之深。形形色色，皆为儿童脑际之固有物，因而其感觉敏捷，其辨别清晰。二、自动教育（Motor Education）。譬如作字、作画、手工，既成习惯，往往不假思索，而自然合度，则神经自能动作故也。一

---

① "抱一"为黄炎培笔名。
② 德威，今译杜威。
③ 蒙铁梭利氏，今译蒙台梭利。

切器官，皆设法使之增进其自然动作之能力。三、语言文字（Language）皆有精妙之教授法。如识字母，令骈二指扪所制沙字，既熟加笔于其二指间，令以笔设色于所绘各种几何形体之空白内框，借以习练运笔。既熟，乃令作字。则字母之笔画，与运笔之方法，二者神经皆有至深之习惯，字体自然入壳。其教授新法，大率类此，彬夏夫人将详译之。记其谈话之一斑如此。（一月一日）

今日赴松江演说，凡提倡职业教育，宜先从调查入手。其种类，一、宜注意其至普通者，如男子木工、女子裁缝之类。二、宜注意其至特别者，则根据地方状况，与夫特殊之土宜物产而定之。如松江之刺绣、织布，为著名工业。四鳃鲈为著名水产，可制罐诘。凡职业教育一以经济为中心，而以教育为其手段可也。以此为松江地方教育行政诸君言之。（三日）

美国麦加利博士著 *How to stud yand teaching how to study* 一书，负有盛名于世。南昌罗氏译之，名《儿童自力研究之启导法》，湖南图书编译局发行，商务印书馆代售。今日读至第五章养成儿童聚集事实成点之能力，作者述曾在十龄儿童级，教授地理，选教科书中一段，令儿童研究之。其文如下：

> 夫西班牙为助哥伦布发现美洲之国，当为读者所记忆。其后西人殖民于南美，而输入其语言。是以今北美之南部，墨西哥犹用此语言也。墨西哥数年前始脱离西班牙之羁绊而独立，当时他国亦有殖民于此地者，其中英人半居于大西洋岸，后遂有其土。（中略）[1] 其后战胜英国，而自为国焉，即今之所谓合众国也。（下略）

及儿童研究既熟，乃令简单说明此段之意旨。其最初之答案，乃"此言美洲之发现也"。"此言墨西哥之言语也""此言何谓国家也"，研究殊未能成功。其后时时注意于此种教练，未及一月，一级中有二十人能指出其中主题云云。此诚启发教练上一要件。盖今之专令儿童讲解字句、记忆文词，最呆板而鲜实益。不惟于心灵上丝毫不能启发，即以读书论、如振裘而不提其领，左捉右摸，无有是处。是以教授青年读书之法，以使能速记其中有价值之部分为要。麦加利氏谓有三法：一、觅节段中主要思想；二、觅论点之始终；三、标记符号以表示其关系之价值。（六日）

---

[1] 此处为著者所略，下同。

参观上海普益习艺所。张君逸槎主办，系专收十岁至二十岁之贫儿，教之学艺。其门类为木工、竹工、藤工、织毯、泥塑工、陶瓷工、制肥皂、图画、写真、音乐、英文、算术、国文。有艺徒百人。观其泥塑工，不用模范，随意制作，而生动可爱。美之小学校，无不有此种工场，但在吾国只作习艺所观耳。吾国非正名为贫儿者，不肯习工艺，专读无用死书，为无业游民之候补者。而彼方赫焉冒为富家儿以自豪。此种心理不改，欲图实业发达，以致社会幸福无望也。（八日）

上海城东女学杨君白民，颇有志提倡女子职业教育。尝访一老于洋服裁缝之粤人某女士，乞其指导。某女士曰："吾畏学生实甚，吾辈业此，但知赚钱，一切所弗顾。彼大家闺秀，深宅娇娃，稍稍劳告，便弗能堪。或偶正其词色，必且怫然引为奇辱，吾何敢为学生师？敬谢！敬谢！"寥寥数言，而方今学生气习之不适于职业界，直为其揭破净尽，此教育上一研究之要点也。虽然，因今学生气习不适于职业，而遂弗之提倡，益误矣。（十七日）

三五朋好，杂谈时事，各叙所见，大都愀然以悲，余意殊不谓然。犹忆癸丑之冬，寓书吾友陈君主素，迄今此意未之谕也。其言曰：世界一切现象，莫不受制裁于因果律。人类乐生苦死，而既赖公众以有吾生，则必图所以报之。无论一切职、一切业，苟尽吾力以种善因，他日必有食其报者。须知吾之愿力虽大，不能使从前种下恶因，今日不现恶果。天之能力虽大，不能使吾今种下善因，他日不收善果。然则尽其在我足矣。目前之现象何足奇，而将来者又何足虑乎？（下略）（十八日）

百川争流，必归于海。故与人谈方法，不如先使人知原理。生于其心，作于其事，故改变人行为，不如先改变人理想。造彬夏庐纵谈，归而记此。（二十日）

今日儿童自力研究之启导法卒业。撮其要旨，作者盖深至慨于现时一般学童漫学焉，而不知研究；教师漫教焉，而不知教之研究。乃指示关于研究之种种要素。第一，宜先形成一种假想。第二，搜集种种事实，为其假想之证佐。第三，就所得之材料，分别去留而加以组织。第四，下判断。第五，利用联想以助记忆。第六，应用其学识于实地。第七，对于学识常持试验的态度。第八，保存启发各个人之特性。凡此种种，实皆适于儿童之天性。每节举若干实例以证明之。窃欲应用其说于实地，适英语教师授于儿童游戏用沙盘名词"Sandtable"试行联想记忆术，乃思 Sand 与 Send 极相似，而 Sand 之义为沙与Send 之义为送，二者英文与汉文皆属双声，一时遂深印于吾脑际，联想记忆术不吾诬也。

（同日）

予之英语教师，为裨文女学校长阿培女士。以其新订学校各科要旨令研究。是校初等小学四年毕业，高等小学三年毕业，师范三年毕业，欲逐渐试行最新之教授法。设有生活研究（Social Studies）、故事讲演（Stories）等科，其地理、理科亦切实用。摘其译出教授要旨之一部分如下：

生活研究。儿童之生活，初不过在家庭之内，故其知识亦以家庭为限。顾家庭日用之品，有必不可缺者，有必经选择者，皆当知其原而别其性。进而推之一村一乡之事物，亦有为稍长之儿童所应知者。如公共卫生、公共利益，在在与一身一家有密切关系，若者应兴，若者应革，悉基于学，则本科之所有事也。

初等小学级之教授顺序，横切之如下

	第一年及第二年	第三年及第四年
观察及研究类	自然物之研究 家庭生活及事物 计数 中国字 国文读本一至六	自然物之研究 生理及卫生 社会之事物（实业及职业） 乡土地理 算术 读本七至十二
故事讲演类	中外历史上之大人物 圣经及其他陶融道德之故事 各国童话	历史上故事 圣经 地理（续前）
手工类	图画　纸工或缝纫 即于自然物生活研究及故事诸课内行之	续前
游戏类	音乐　游戏　演剧　体操	续前

师范科教授顺序之一部分如下

	第一年	第二年	第三年
生活研究	家庭生活及境遇 一、家族 （一）家人 （二）家事 （三）品物 二、家政 （一）缝纫 （二）纺织 三、算术之关于家庭生活者	公共生活 都市及镇集 职业 工业 家政 烹饪 卫生要项 算术之关于公共生活者	社会之需要 火警之预防 警政 法律 教育 公民之资格 文明发展之研究 自宗教、农业、工业、商业各事发为问题，以研究之，而皆以中国为基础
故事讲演	故事之研究 用理想及实在之故事以陶融德性	地理故事 各地人民之生活习惯	传记故事 圣经人物 中西历史英雄故事

地理。初等级自一年至三年，**授世界地理之大略**。以各国风俗为主，并示以各种图画及纸制模型，使儿童耳目所及，不啻身临其境。四年以后，则专授本国地理。盖多识世界交通之关于天然或人工，与夫农、工、商诸品物，即此科之要旨也。

理科。先授动植物中儿童眼前所易见者，如校园所植之花木，所蓄之虫鸟等是。次授人生衣、食、住之关于各种动、植物，或为天然，或须加以人工，兼及生理卫生诸要则，使知个人与公众清洁之关系。

上之教授法，盖采自美国。予所喜者，若地理则授本国地理。生活研究，则一以中国为基础。是采其方法而无背于原理者。以视现行之教授法，其一死一活，相去为何如也。（同日）

基督教会所设幼稚园，于今日开联合会。余演说幼稚园宜废读书。会场陈列幼稚生成绩品以供研究。刘吴卓生女士新自美归，一一指示某法新、某法旧，某园出品，束红白绒线为孩形，支竹为床，组绳为簟，折纸为枕褥，卧孩于其上，皆令幼稚生为之。既习束法、结法、折法、组织法，而又一一知其用处，又以习卧具陈设法，较之呆教折纸、组纸等为切于用矣。又观其贴画，白纸一幅，令幼稚生剪灰色之纸贴于其下，剪蓝色之纸贴于其上，而另取红色之纸剪一细条贴于其中间，远望则下半幅水也，上半幅天也，水天相连处则红色之夕阳一抹也。同是剪纸、贴纸，而饶有天然之美感，皆所谓新式之成绩品也。虽然，此方法耳，若于其原理未了了，知此有何益哉！（二十一日）

至南京高师，江君易园为言，南通师范学校新设农科及工科令师范生选习其一。工科就手工扩充之，令习制造家具，欲于小学校提倡职业教育，不可不先于师范设职业科矣。

张季直先生生长农家，其封翁长于农事，兼善建筑，计算工材，精核无伦。先生自幼受庭训，故虽与同邑范当世、泰兴朱铭盘辈同以博学赡文词名，而独汲汲致力于物质，可知人少时，多与事物接触，其思想必较切实。一生事业如何，一视其早岁所受教育如何。江君言，二十年前初谒先生时，其书斋四壁所悬，则手编之田家新月令也。其家庭之风趣可知矣。

太仓李虎臣先生，自少不束缚于科举，专功实用之学，于地理学尤精研河渠水利。尝馆于鄂中某观察家，时张南皮兴河工，以委某，某懵然，先生乃尽发其所蓄，为某具说以上，南皮大叹服，而不知床头人之为先生也。先生少时质钝而好学，习贾于某肆，主妇督工严，中夜起发箧读之。有所使令，计时宜达，则疾趋以行，中途窃读，比至犹未失时也。其苦学类此。稍长，设小商店，失败于终日读书。其后弃而攻学，时科举方盛，独盛气诟訾举子文，实为思想界革命之先辈。此无他，亦缘多与事物接触，其思想切实耳。现在河海工程南京青年会体育场初创时，无顾问者。尽力倡导，现每日运动者五六十人矣。青年会体育教师柯乐恺君，主张中国宜舍室内运动，先提倡室外运动，舍个人运动，先提倡团体运动，其言殊有理。

昨今两日，金陵大学集苏、皖两省基督教会小学教员，开师范研究会，余演说"国文教授法"，夜在高师演说"读书法"。（二十七日）

川沙县教育会开会，余提议设教育图书馆，所购置征集，限于教育图书、教科参考图书及教科图书。余观美国图书馆发达之主因，在以书就人，非以人就书。现拟方法，除来馆阅看外，得借出阅看，但防散失，故限于小学教员及教员会员等。发阅图书时，附发阅览摘要一纸，令将内容要旨，或阅览心得，或疑问，填记于纸，随同交还，以供研究。每月制一全县小学教员阅书统计表，统计其阅书多少及有无记载，于比较之中寓竞争之意，暂以六个月为试办期，未知其结果何如也。（二月五日）

今日自川沙赴沪，舟次草《读书法》一篇，将以贻川沙教育界也。（六日）

读书法

吾川沙既设教育图书馆，教育界诸君，从此不患无启发新知之机会矣。虽然，读书有法，不得其法，则始而欣然，久而厌倦，且于实际上不易得益，读如未读耳。兹从《儿童自力研究之启导法》一书，剌取其种种方法，参以己见，贡于诸君，盍试行之。

一、觅取要点。凡书自首至尾每字之价值，绝非相等。若不能分别轻重而取舍之，不惟多耗精神，尤恐难于记忆。盖千百言中，其紧要骨子我所必须切记者，不过一二语耳。其余或阐发理由，或胪举事例，记其骨子，皆可以推想得之，不必全神贯注也。即记叙之文，只须于若干事实内记取其与我有关系者，不必件件牢记也。一卷之书，撷其少许精华，得益不浅矣。

二、多回想。每读书一章，将其要点于心头回想一过，读了一卷亦然，读了全书亦然。盖多回想，则所得要点，易于记忆。若上卷既终，未尝回想，便读下卷，使脑际复叠杂糅，无从整理，不久即便茫然，读如未读矣。

三、利用联想以助记忆。记忆力不能增加，但能设法以补助之。补助记忆之法甚多，莫便于利用联想。某君携伞出外，常忘携归。乃以伞与门限联于一处，常常念在心头。从此，出入见门限，即思及所携之伞，而不致忘失，此联想以助记忆之一例也。

四、将所得应用于实际。读书而不能应用，谓之未读可也。如认其所得为可以试行，须试行之。譬如书中论国文教授法如何为宜，苟认此法于我校适合，即试行之，其他亦然。若狃于惯用之法而不肯改，不惟读书无实益，且恐事业永无进步。即诸君读此读书法，亦望试行之，否则作者、读者皆为多事矣。

五、应用时宜平心试验。既不宜固执成见，而以读书所得新理论、新方法为不可行，又不宜炫于其理论方法之新颖，率然行之，而不复加以试验。须于试行时用吾公平正确之眼光，从吾实地之经验，以断其结果之良否。试行时如有障碍，须设法排除，以求最后确实之结果。

今图书馆附发阅览摘要纸，俾诸君记其所得以供研究，则诸君试行此读书法之结果如何，亦可于此纸发表之。且读书者一人，而获益者众人，彼此交换，不啻以一人而读无数种书，不亦善乎？

沪海道属行政人员联合会，余演说宜设法使教员多得补习机会，以为改良教育之基本。（八日）
吴县教育会组织教育讲演会，余演讲小学国文教授法。（十日）

小学国文教授法

小学校国文科之内容，析之如下：

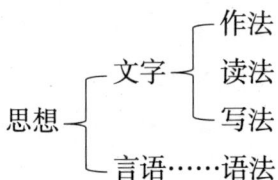

```
                    ┌ 作法
            ┌ 文字 ┤ 读法
      思想 ┤        └ 写法
            └ 言语……语法
```

第一要义，须知国文之根本在思想。故教授者不可专从文字上着力，务设法先使其思想开发正确，不论何时，均须注意此点。

第二要义，须知国文科所重，不惟在文字，尤在言语。故于读法、作法、写法而外，必兼重语法。先练习发音，次练习言语。

第三要义，练习发音，须令略知腭、舌、齿、唇等音（以兄、弟、姐、妹为例）及喉音之韵母，并于适当之时期授以反切。

第四要义，练习发音、练习言语，须与读法并行，而时时注意之。兼用会集谈话之法，更随时矫正其俗语之误者。

第五要义，读法于授新字时，字音、字形、字义三者须并重。兼于字形之构造，字音字义之由来，就儿童所能解者略授之，使其根柢清澈，兼以增其兴味，助其记忆。

第六要义，读法须注重预习。用种种方法，以诱起儿童研究之兴味，至高年级更宜注意。

第七要义，读法宜明句读。

第八要义，读法宜注意日常应用之文字。于教科书外，随时宜利用新闻纸、广告、契据、书信、明信片等，各种社会惯见之印刷品，以广其应用，但以合于儿童程度者为限。

第九要义，作法初步，宜先令练习思想之发展及整理。用译俗法，使之成句，渐进即连续成文。

第十要义，作文命题，务择可以开发儿童之思想者，就实事、实物令作记述体。切不可于思想未成熟时，令作论说体。

第十一要义，作文宜注意应用。多习书信，兼习明信片、电报，以及契据、广告、履历书等实用上所必需者。更试行实地通信法，以交换知识，兼可练习社交。

第十二要义，作文宜于程度适当时练习速作。

第十三要义，凡作文之订正及批评，均须准儿童之程度。

第十四要义，写法须与读法所授新字联络。

第十五要义，写法教授之顺序，先书空、次著于石板或纸。先用钢笔，次用柔笔。兼教以磨墨铺纸之法，随时矫正其姿势。

第十六要义，写法宜令于楷书之外，兼习行书。

第十七要义，写法宜于程度适当时，练习速写。

第十八要义，凡授国文，须随时谋与他科联络。

乡人为会悼杨君月如于浦东余为文以念之。（二十日）

杨君月如言行记

余始识君在上海龙门书院，时君以说经应童子试，屡冠其曹，慕而介见。篝灯谈每夜分不休。既君留学日本归，立二十二铺小学于上海，余亦立小学于川沙，屡集会演说，君与焉。嗣是地方学校教育、社会教育，由乡渐进之县、之省、之全国，苟事属教育者，无役不与君偕。自集会研究之事倡，与君迹亦密，往往为同主义之撰述与讲演。君殁前兼旬，余入都，犹靡日不视君于日医院。疾少间，则戏语君，好研心理者，获此实验病者心理之机会，其将有所得也。孰意余卒卒行，不数日而君病革之电至，而君出院易医之电至，而君死耗至。人固有一死，君虽无有所愧作于其生，死何足以悲君。聊述二十年来所见君行事落落可诏后人者，倘亦后死者责与。君外和而中介，不随众俯仰，能以正确独到之见解剖断事理，是则是，非则非，无少假。而其词色从容和易，若饮人醇醪，故人乐与之。其居乡有所擘画，不尽与乡先生合，乡先生有主以学款周㑉各小学者，君主集款立较完备之学校以为范，其所规度，周至且洽，乡先生感而从之。沪市有名各小学，卒赖以成立。其长苏师范校也，地方有阴掣之者，君语余，决不阿以取容，亦不抗以相激，但尽吾力行，力尽乃止。自师范会议划定学区，即从事联络地方小学。第一步开教科商榷会，第二步利用假期派员赴各县开讲习会，第三步巡行讲习，君办事安定不疑盖类此。民国初元，省教育会受省委托组织教科图书审查会，君被推为审查长。集众谤于一身，无忿悖，无恐惧，一切不顾，聚其侪辈，从容审查以迄于成。语余云：兹事诚难堪，第既受任，必始终之。余之司江苏教育，受君谠言最多。每发一问，邮简数四，往复究辨，真理大明，相说以解，其书犹珍藏于箧衍中。君生平未一御鲜衣，泊然寡好，惟一意教育。常语余愿屏一切门著教育书以贡诸世，终以余辈不听其解校长职而止。而孰意其赍以死也。夫以君之热心教育，若是其专且远，矻矻焉无或息。既死，欲复求服社会一日务而不可得。然则君之死，实君之大警告吾人，谓毋或玩愒以自悔也，吾人其永念之哉。

浦东中学附属高等小学教员会，邀往商榷下列诸问题，余之意见：

一　书讯练习。练习书讯，第一，须使实地作讯，不宜假设。例如使儿童写致家长或亲友讯，须实在写寄，寄致何人，不妨令学生自定。书中云云，须叙真确事实。其体裁形式，以及笺纸封套，皆须实物。如是则有数善：一、使儿童知此是作讯，不是作文。吾见通常学校课书讯，学生属草，教师订正，不过认为作文之变格。故其书只合载之国文成绩簿，若真以是寓诸其人，恐形式与内容，皆非尽合，于实用奚当乎？二、使学生易于搜觅材料。学生课书讯时，大抵苦于材料之窘乏，其故由于假设作讯，思想无从摸索。若实致其人，则从对面想，从本身想，或报告、或询问，据实书之。且寄致何人，既由学生自定，自必择其待于若人，本有积愫待宣者。三、如是练习既久，则功课以外，或出校以后，遇欲作书，自必纯熟不感困难。即其体裁形式，无一不习之有素，斯为实用。第二，须使实地通讯。始行时可约定两校或三校，每周每级互通讯一次。其内容则或叙本校或本级之状况，或述本周课业之要点，或提出疑问，或谈时事，或问彼校种种情形。其办法则集全级儿童令各发表意见，彼此得互相讨论，而令二三人逐条记录之，经教师选择决定。乃令笔之成书，用全级名义，级长署名缮发。如是则有数善：一、使儿童多方搜觅材料，开发其思路。二、使儿童求有所表现于公众，而仍听公众之裁制，俾熟习于此等团体生活。三、使儿童练习社交。

一　国文作法。教师欲使儿童文字进步，须于儿童思想上注意，一欲其发展；二欲其整理；三欲其正确。故初步授作文，命题后宜令儿童先自构思，勿遽动笔，迨其意思构成，令陈述之，有不合者为之订正，然后笔之为文。凡儿童苦思路枯窘或芜杂，皆宜以此药之，果其命意不谬，进而求词句之审美，易易也。

一　行书教授法。近年小学授行书者渐多，而往往不得其法，致无良好之成绩。遂疑行书非小学所宜，可谓因噎废食矣。鄙意以为今之授行书，无良好成绩者，必其授楷书亦未有良好成绩者也。盖成绩之良否，不在行书非行书之关系，而在教授法有无之关系。授行书除用通常之楷书教授法，如握笔法、蘸墨法、衬纸画格法，以及书空习练、笔顺指示等外，但有三要：一、笔画须使分明；二、转折须使清晰；三、结构须使完整。（三月一日）

今日请柯乐恺夫人至江苏省教育会讲演蒙台梭利教育法。分三节。第一节，蒙氏教育法之历史及说明。蒙氏毕业于罗马大学医科，在大学医院为治精神病者之助手时，见院中多数低能儿，研究其心理并非疯子，而视等疯子，心甚悯之。乃就各儿童精心研究，得其致疯之因，以为非医生所能奏效，责在幼时教养之者。于是组织一低能儿学校，实施之结果，有一低能儿往他校应入学试验，列第一，人大异之。知此法施诸普通儿获效必更大，乃又入罗马大学研究哲学心理学，盖信其有效。其后为社会改良会所设学校之校长。校名儿童之家，高大之房屋，儿童三十人，自由出入。设备雅洁，空气光线充足。有琴可使儿童聆声而唱歌跳舞，地有毯儿童可任意坐卧，四壁悬圣画、陈盆花、列盥器，游戏时手面有污，自去盥洗。一切器物不特使儿童能用，且使自己整理。每晨儿童到校，第一整理校具，第二整理自己仪容衣服，好似一家兄弟姐妹，共同协理家事。后乃自由作业，有时五六人似在商量事务，有时六七人似在考究学业，有时十数人在唱歌跳舞，场上有人自由运动，绝不加以干涉，惟自有节制。非只知游戏，不知入室作业者，大约每晨用教具教授。午餐则数儿输送餐具于群儿。有四岁儿持杯水分送，绝无倾泼。食毕，收拾甚有秩序。餐后有运动游戏者，有研究学问者，有自往睡眠者，傍晚回家，此其大概情形也。第二节，蒙氏教具用法之说明。时会场陈列教具，柯夫人一一试验，且说明之。其要语谓用蒙氏教授法者，不必用此具。具固佳，然苟知其精神所在，无其具，亦可行其法，得其益。非谓此具不适用也，此具固已公认为合于教育原理，而制造极精细者，能尽其用，获益无穷。但知其意而不用其具，亦无不可。用其具而不知其意，则万万不可也。又言此具虽起源于教授低能儿，然后已改良，实可施于寻常儿童。第三节，蒙氏教育法之评论。蒙氏研究幼儿个性，发明自学主义。谓学校虽有完全设备，倘非自学，不能得益。故欲用蒙氏法者，贵在令儿童自习，不可强制。蒙氏有原理三则：一、发达幼儿个性自由；二、令幼儿有自习兴会；三、使幼儿有机会受良教育。其根本则在教师能尊重儿童人格。人之筋肉及脑力，能自由运动，可望发达。但自由非无限制，有妨碍公众者，亦主张禁制之。故欲用蒙氏法者，先须研究幼儿个性，在三岁时喜游戏，可借以养成其胆力，使有坚忍心。在八岁以下，好视察四周事物，恃其五官之能力，而能知种种情形，五官灵则脑亦灵，筋肉多动；能使脑力敏活。盖脑与筋肉有联络之机关，而自动之能力，即由此生。人行马路，见摩托车突至，不自觉其走避道旁，此即知觉神经与运动神经联络之作用也。游戏时遇球来而不能接，非不见也，脑之传令迟也。精于戏法者，其动作敏捷，此非自幼学习，不克臻此。

蒙氏研究儿童身体之发育而施以三大方法：一、肌肉运动；二、徒手游戏；三、教育游戏。（四日）

汤尔和君讲演婴儿保育法。第一节妊娠，第二节生产，第三节保婴。妙论缤纷，而尤发余感慨者，则保婴第一段哺乳是也。其演词如下：

> 中国旧习，产妇每自哺乳之，此系天然原则，为西人所不及。婴儿时代，发育旺盛，其各种组织中之成分，每以时而不同，而母乳之成分，实能与之俱变。譬如婴儿在某时需某物质，则母之乳汁，即能多含此物质以投其所好。或婴儿在某时需用某物质之量减少，则母之乳汁中，此物质之量，亦即因而减少，是皆造化之妙，非今之化学程度所能证明，而更非人工造成之物品所能代用。即同一人乳，面他人之乳，便不能有此微妙作用。且亲自哺乳，不特有益于婴孩，亦有益于一己。一则促子宫之收缩，使恶露易尽。二则增进胃纳，使身体日强。故哺乳一事，非万不得已，总宜躬自为之，惟旧俗亦有应改者。即婴儿初生，往往不与母乳，俗谓胎毒未蠲，予以苦寒杀伐之剂，黄连、大黄之汁，点滴于婴儿口中。予身犹亲见之，此真所谓天下本无事，庸人自扰之者已。不知产妇分娩之后，其乳汁名为初乳，富于盐分，实为绝妙之下剂，纵儿饮之，胎毒自下，天公早有安排，世人又何必扰扰乎。又小儿初生时，有不能含乳者，此以未曾习惯，别无他故。以糖汁涂乳头上诱之，便能吮矣。

儿饮母乳，于保育上有如此关系，实为吾国旧时好习惯。今则社会风气日趋奢逸，中人以上之家，妇女咸苦自哺其儿，以雇乳妇为幸福，人亦从而艳羡之。苟自哺者，相与怪诧，若不胜其歉家犹绩之叹，都市间此风尤甚。无识者勿论已，尝在学校读书者，家政非必改良，而不肯自哺其儿，则吾见已数。一若尝受教育，当然享此文明幸福者然，安得悉令一听汤君议论也。（五日）

苏州第二农校长王君企华来谈，谓校中一切设施，昔以普及、改良农事知识为目的，今新变方针，一以开发社会经济为目的。除农学外，颇注意于农艺化学，将使学生毕业后得以些微之资本，自食其经营之力，余甚韪之。（十二日）

今之学校毕业生，于旧式事业，既绝对不能服务矣。顾其干新式事业适宜与否，亦正难言。陈君光甫长商业银行，为言所收中学校毕业生若干人，近发现种种不适宜之点。其一，不知自学，处处待人教导。银行非学校比，职员各负职务，焉能专事指导。而学生则一一待命而行，必教之如何，然后如何。其二，注重文字而轻物质，簿记则其所好也，验币则其所忽也，其他类此。而若物品位置之安排，事务手续之经过，皆其所不屑厝意者。其三，英文、国文程度不敷应用。英文不能作书讯，无论已。即其所写英字，亦殊未可出而问世。国文亦然。其四，学力不足，而欲望有余。不适于指挥，而徒艰于待遇。但有一事差强人意，则好读书求进步是也。嗟乎！陈君所言，何一非学校不良教育阶之厉，而吾侪所日日危言，冀以耸社会听者哉。今而知自学主义、实用主义，信乎其不可忽也。陈君留学美国毕业，非旧社会人物也，而其言犹若是。（十七日）

　　耆儒傅兰雅先生，去夏一见之于旧金山，皤然老矣，而教育之宏愿弥长。斥其所积五万余金，建盲童学校于上海曹家渡北，其子傅步兰君为校长，今日行校舍落成式，折柬见邀，携家人往。盲童数十人，体操、游戏、音乐、演说，陈列盲童所制手工成绩品，大部分为藤工器物，殆与不盲者所制无异。其他则自制衣服及玩具等。种种技能，既使之能自生活；而游戏、音乐、读书，又予以多方快乐。事虽草创，固已略具雏形矣。西国教盲人摩读，初用凸字，后用凸圆点以代字母。其法将六点平列两直行，即每行三点，左三点名为一三五，右三点名为二四六。左三点谓之后点，右三点谓之前点。一点可当一字，或二点三点以至六点而当一字。列法共得六十三式，以此表明各种发音，不拘何国语言，俱可代之。各数目字亦在其内。近有基督教内地会女士名迦兰者，居甘肃钦州，已将六十三字样列成表册，用反切法，拼成中国各种字音，是日吾亲见之。（十八日）

　　川沙教育图书馆行开幕式。计有书一千三百二十九册，图一百九十六幅。余演说图书之内容及读书法。（十九日）

　　夜与王君则行谈，此后小学教授方针，不宜专重文字，忽略言语。盖既认教育目的在发达天赋才能，则练习口才，自属重要部分。因叩余方法，为草《学校言语练习会之组织》一篇付之。（三月二十六日）

　　今日常州教育会邀往讲演美国教育状况。（四月三日）

　　川沙县教育会创通信研究法。其法有二：一、由主者命题令各教员答复；二、各教员发问，由主者答复。本届收得问题二十则，一一答复之。析疑问难，饶有趣味。吾知身当其责者，趣味为更厚也。全录问答语如下：

高锡荣君问：

单级学校儿童年龄不一，而资质之敏钝又参半，故教授国、算两科时，敏慧者已领解有余，滞钝者仍茫然不知，虽座位以敏钝配搭，课余行膝前教授，而收效亦微，敢问用何方法以救济之？

答：课余膝前教授，为解决此问题之绝妙方法，尽力行之，当不至全无效果。总之，同学年之儿童，其年龄不可过于参差，设有年长而在低级者，宜特别增速其进步，不可视与年幼者等。至资质问题，现有所谓分团制者，于同年级分别教授，此不易仿效也。

陆培庆君问：

书法范书太大则生徒不易临写，太小则后列生观察不正确，其大小究以若干方寸为宜？

答：通常板书，以每字至小二寸见方为限，但教室有长短，最好以最后列儿童之目力能及为准，若书法范书，不妨再放大些。

生徒在校多能守规，惟一出校门，即感受社会恶习，发现不良行为，有何善法以补救之？

答：此则全视教师之能力何如矣。注重养成自治能力，注重联络家庭，共同防护，使同学结成团体，互相规劝监察，亦补救法也。

朱良君问：

文字之解释时有难以言语形容者，儿童往往不能明确，当用何种方法最易确实。

答：此问题颇难置答，最好举例以明之。

初等一、二年级手工材料，以折纸等为标准，但现时彩纸昂贵，于经济上似觉困难，若不用彩纸而用报纸等代之，儿童绝无兴味，不能收良善之结果，当以何法补救之？

答：手工折纸，鄙意纸料非必须彩色，代以报纸、废物利用其好。至唤起儿童兴味，不在色彩而在方法。试举一例，譬如折纸或剪纸使成种种形态，贴于素色纸面，恍如一幅画图，或为天然风景，或为屋内装饰，或更衬以各种画成形态，与图画联络行之，如是则兴味自然勃发矣。总之，方法宜活用，但求适合于养成美感、开发思想之主旨，使能明确认识各种事物状态可矣。

张家藩君问：

读法既注定次数于日课表内，但遇休业势必更动，当用何法补救？

答：鄙意表定读法次数，重在不乱次序，非重在某日必行某次读法，则因休业而更动，于实际上无有妨碍。

幼稚生即恐多耗脑力，故支配教授时数恒少于高年级生。设遇一教室只一教员，或二教室二教员，同时并授之，学校则对于此等无课之幼稚生，将任其游散，抑或枯坐教室内？

答：幼稚生受课时间之少于其他，不惟恐其多耗脑力，尤欲其多得游戏时间，俾适于活泼之天性。万不可在无课时令其枯坐室内。如果任其游散，别生妨害，则宁从他方面谋补救之法。两害取轻，若强之枯坐，断乎不可。

新章国民学校三、四年生添课读经，在此学年之儿童万无政治思想，授课时宜用何法以输入之？

答：读经问题无从研究，非根本解决不可。

汤新君问：

三、四年生授经或关讲经一课之练习，一、二年及幼稚生应施何课目以教授处置？

答：读经问题，非根本解决不可。无课之儿童，宜令游散，详见答张君嘉藩第二问。

杨振镛君问：

一、退课时管理方法。单级学校学生多至数十，习性亦多野蛮，每逢退课时，教员必有预备事项，不能监护。故势必狂呼暴动，难合社会心理，须用何法以补救之？

答：儿童课余，苟其举动不至伤人毁物，不必加以禁阻，盖活泼好动，乃儿童天性。研究生理心理者，以为喧呼跳荡，即是身心发育猛进之表征，万不可以吾辈成人徐行端坐之现象绳之。可与答张君嘉藩第二问参观。

二、读经时措置他级生之法。三、四年级生，每周加读孟子二小时，然授读时各级科目已完，彼一、二年级生，如仍令其复习国文，必多生厌，如姑令其枯坐静听，亦必生厌，厌则欲动，反阻碍读经之旨，将用何法以补救之？

答：已见汤新君问。

三、教授国、算之难点。因材施教古来教育家所公认，乃小学校学生既分年级，凡同级中年龄虽有不齐，资质虽分优劣，而所施教材几难分类，在单级学校为尤甚，由是国、算两科，每不能一致进行，将用何学说以维一之？

答：文、算程度参差，在单级学校不必拘定学年，如算在一年，文在二年，暂时亦无妨碍。如果年龄较长，则一年之算术，可特别促其进步，渐使与国文齐。总之，教授但求实际上得益，而程度之划一，鄙见以为无甚大关系也。

汤新君问：

幼稚生脑力薄弱，于技能课茫然未知，惟坐枯寂。枯寂生鸿鹄心，鸿鹄心恐碍他生授科。若任游息则引起教室内教科时他生分心，且管理亦难。放归家庭，家庭以为颇早，况每日技能课与国文课参互其间，当何法处置？

答：已详见杨君振镛第一问，张君嘉藩第二问及汤新君问矣。放归家庭，绝非良法，非惟不合家庭心理，且于教师责任上不无亏缺。

讲经每周二小时均作新授欤，抑一小时为摘默、摘讲或习读欤，未知如何处置。

答：已见答张君嘉藩第三问。

赵世祁君问：

缀法中译俗一项亦颇重要，而译俗教授必须直接。时间依据现行日课表，三、四年缀法时间，均立于间接之地位（现行日课表，三、四年缀法时，一年读法教授，三年读法预习，皆不能使长时间自动也）。如何能抽出直接时间，而教授译俗请指示。

答：缀法注重译俗，诚是！诚是！同时之读法教授与预习，非完全须由教师动作。且读法既注重预习，更可减少教师动作。则抽出时间以行译俗，当亦不难，仍望于实行时试验之。

单级小学教授唱歌，程度各别，最为困难。合级教授，断不能收实效。敝校现分甲乙两组，三、四年为甲组，一、二年为乙组（本学期幼稚班亦纳入是组），凑其程度匀配教材。行之以来，少觉获济。惟于授新歌时，授甲组则乙组闲坐。授乙组，则甲组无事。儿童天真烂漫，不规则之举动于是乎发生矣。禁遏之则枯坐乏味，放任之则秩序紊乱，用如何方法，可使两组均无空时。不佞识验两乏，苦无善法，务请指教是幸。

答：轮唱在唱歌教授上认为良善者，以其能节劳逸而资涵泳，适合于是科教授原理也。故轮转宜速，则唱者不劳，而听者亦不致久坐乏味。又宜多为适当之变化，不必拘定分组。至授新歌，但问程度相当，更不必拘定某组新授，某组复唱。盖重在涵养性情，感发兴味，不重在以歌词增进其知识也。

余维藩君问：

近年来小学作文日见退步，有何方法以补救之？

答：此惟有改良教授法耳。《教育杂志》第八卷第三号，《抱一日记》小学国文研究法一篇，请研究之。

李长安君问：

欲使学生于校外增进其学识，当用何种方法以教育之？

答："实用主义小学教育法"所列种种方法，可实施而体验之。

旅行时之教育及其施行法。

答：此种发问，答者殊苦更仆难终，姑言之。若实地讲演乡土地理，采集理科标本，就山川名胜、古人遗迹讲演故事，练习劳苦，唤起爱群心，分任职务使练习办事，皆旅行所宜有事也。最无谓者，为无目的之游览。

幼稚生应否有体操一科，如应有，则与他级混同教授时恐生阻碍，若不应有，则当何如。

答：幼稚生宜游戏不宜体操，更不宜与他级混同教授。年龄愈稚，则同组教授时，其年龄愈不宜参差，盖不可不慎也。

诸君发问。大都根据实地状况，仍望就所答复，加以研究。

如有疑义，不妨为第二次之商榷。或上次未发问者，见此问答，有所触发，亦望发表意见。集思可以广益，析疑不厌求详，幸诸君赐教焉。（十八日）

江苏省教育会与青年会合创一教育讲演练习所，余任讲地方教育行政，对于义务教育制度，略加稽考，作各国义务教育一览表如下：（二十六日）

各国义务教育一览表

国别	年数	年龄
德联邦	七年	满六岁至十三岁
		六………十四
	八年（多数）	六………十五
	九年	七………十四
美联邦	四年	七………十四
		七………十五
	五年	七………十六
	六年	八………十二
	七年	八………十四
	八年	八………十五
		八………十六
	（或未行）	九………十四

国别		年数	年龄
英	英伦	十年	五⋯⋯⋯十五
	英格兰	七年	五⋯⋯⋯十二
	加拿大	六年	八⋯⋯⋯十四
法		七年	六⋯⋯⋯十三
日本		六年	六⋯⋯⋯十二
奥		六年	六⋯⋯⋯十二
		七年	六⋯⋯⋯十三
		八年	六⋯⋯⋯十四
匈牙利		六年	六⋯⋯⋯十二 十二至十五须入补习学校
意大利		三年	六⋯⋯⋯九
		四年	六⋯⋯⋯十
荷兰		六年	七⋯⋯⋯十三
瑞士		六年	七⋯⋯⋯十三
挪威		七年	六⋯⋯⋯十三 七⋯⋯⋯十四
西班牙		六年	六⋯⋯⋯十二
瑞典		七年	七⋯⋯⋯十四
丹麦		七年	七⋯⋯⋯十四
希腊		六年	六⋯⋯⋯十二
保加利亚		四年	八⋯⋯⋯十二
罗马尼亚		六年	六⋯⋯⋯十二
塞尔维亚		九年	四⋯⋯⋯十三
土耳其		男五年	六⋯⋯⋯十一
		女四年	六⋯⋯⋯十
巴西		九年	七⋯⋯⋯十五
阿根廷		八年	六⋯⋯⋯十四
秘鲁		男八年	六⋯⋯⋯十四
		女六年	六⋯⋯⋯十二
俄		未行	
中华		未行	

　　南通师范学校某生，以阳明之学说问于江君易园。江君叩以所读书，并所怀疑之点，某生以知行合一之说对。江君曰：汝有所疑而立问，此汝之知行合

一也；问而有所得而立行之，此汝未来之知行合一矣。某生欣然去。遇大会，稠人广座中，他人或簸倚厌倦不能自持，某生独正容危坐，亘数小时不易度，率以为常，其年仅十六七。前毕业于高等小学，现在师范一年级。余谓彼所受之教育，其家庭、其师、其友，必有足资研究者。又未知其体育何如？此等沉静好学之子弟，所虑者学行有余，而体格不足，是宜注意也。（五月十九日）

何君休一自爪哇来参观学校，为言爪哇各岛有华侨三十万人，而荷兰人仅十万，现侨民设小学百余所，每校学生平均可得百人。巴达维亚中华学校成立最早，学生多至六七百人。有爪哇学务总会，然不甚发达。荷人不欲我自谋教育，乃特为华侨子弟设学校，亦复不少，但其宗旨可想而知。于我所自设者，虽不之禁，亦不正式承认。我国于巴达维亚、三宝珑、泗水均有领事，但一切事不问，于教育更无论矣。又不知交际，语言行止，动惹非笑，荷人视如无物也。侨民所设各校之内容，近年大改良，而以巴达维亚中华学校为改良之先导者。赵君正平实为校长，特编国语教科书，以普及中国普通话。彼岛所通用，则马来语与福建漳州语。侨民以闽、广籍为最多，近荷人大加限制，虽未禁止华工，而已厉行种种法令，冀来者之减少。如入者须先纳入口税，每人二十五元，并须预定在岛有月薪二十五元以上之职业，故入者渐少。侨民起家，大多由于农商。但依荷兰法律，华侨不得有土地权。故其为农，大多贷地于人，以耕种服务，而获利倍于其田主。普通工资日一元，度日则三角已足。食用米或番薯（一名包丰）。马来土人工资则日仅三角。地处热带，当赤道南一二十度，气候自五月至九月为湿季，晴雨无定。余为旱季。当十一月、十二月、一月无滴雨，最热，高至摄氏八十度（华氏摄氏度，编者），余时常温和。自香港赴巴达维亚，轮行无风阻，则八天可达。

何君谓爪哇气候渐变，五十年前居民晨起，非用冷水灌洗不可。及至近午，则水亦酷热。今则不然，每晨用水灌洗之风，盖仅有存者。余君日章谓，蒙古地方于地层发现热带植物，然则太阳热度日减，此理当确。而全球三带，古今正有异同，未所知也。

何君又言马来土人，种族日弱，躯干日矮小，寿命日短促，其最大之原因在早婚。男女生理上成熟期本较早，十龄左右，已通人道。十二三岁之女子，往来通衢，呱呱在抱矣。故其所生子女，皆纤弱可怜，寿无逾三四十岁者，躯干高大之土人仅见矣。笃信回教，全岛之主曰梭罗王，其宫筑于水中，防卫极严密，地属荷兰已久，然至距今数十年前，始捣破其王宫。捣破之后，荷人为别营高大伟丽之屋以居之，而以旧宫纵人游览。其间建筑，颇见古代美术，而神鬼妖异，万象森严，胆怯者过而心悸，宜土人之畏服若神圣无敢贰也。土王被俘后，居此华屋，日受荷兰兵之拥卫，出入警跸，岁受五千元之厚俸，自谓奢豪过于曩昔，而不悟人之出此，所以防之、縻之也。各地有较小之王，威仪稍杀于其大者。受位时，须由荷兰总督委任，而宣誓于教堂牧师之前，大众环听，为最严重之仪式。土人所重者宗教也，其风俗习惯也，荷兰人放任之，但取得其租税权、军事权。土人有狱讼，则委之土王焉。近年因中国革命消息之传播，土人皆蠢蠢思动，亦复密结革命会社，卒见压于荷人，不得逞，然其机动矣。土人有鉴于种族之日弱，组织传种改良会者为荷人所准许，谓不准许有损文明体面也。但以警察严重监督其开会，使不得议他事。

何君既参观上海各校，深诧何以教授不用普通语，谓急宜改良，诚然！诚然！（六月二日）

寰球中国学生会邀余演说。今之治事者，大都不知科学为何物，而求学者，又往往不谋实事上之应用。于是学业与事业，分为两橛，永无联合之期。余敢断言，今后一切事业，须从科学上解决。而一切学问，须从实事上研究。孔子曰：仕而优则学。谓事欲其优，非研究学问不可也。学而优则仕。谓学欲其优，非研究实事不可也。是夕即演此意。（三日）

学生李平，毕业浦东中学，现肄业德文同济大学。为述德人治事之精神，每学年功课起讫，皆由校长预定，其教材支配，则由每级主任教师定之，故各级至何时期，授何功课，校长了然于胸，以时至各教室，命教师考问，由校长指定问题，指定学生，令作答。有时答语不合，则当众撕去其簿。教授周录，须每周送校长检阅签字，有所指摘，则加问号于其上而归之。教师即须亲见校长陈述其理由，此所谓教师，皆德人也。行使职权时，若是其严厉。一至课毕，校长教员，共同游戏，欢乐无间。升学不尽凭分数，取决于教员会议。每时授课，以半时讲授，半时问答。教材少而精，多用问答，故易纯熟。考试甚严，每误一字减二十分。某生卷仅缺一点，亦扣二十分。请其原谅，则谓汝误点虽微，然若准许汝，即是准许汝破坏文字规则也，卒不之许。然苟有人能缩短时间，修了规定之课程，则可提早毕业。（四日）

美国波临顿氏著有《人生胜利术之发明》一书，舳海氏译载进步杂志，内反省问题若干则，此即昔贤每日三省之遗意也。师其意作青年反省二十问题。

青年反省二十问题：

—— 汝曾否立志要做一品学完美身心健全之人；

—— 汝有极大之爱群心否；

—— 汝知待人须有诚意有礼貌，而能实行之否；

—— 汝能闻善立行之，闻过立改之否；

—— 汝曾注意考求自己心性上、才能上弱点、缺点，而改良之否；

—— 汝能深知确信世界种种困难，悉能以人力排除之否；

—— 汝遇有不如意事，能尽汝力之所及，忍耐进取，勿作无谓之悲观否；

—— 汝知为人应有一定之职业，而能郑重研究，择定汝将来之操业否；

—— 汝现所修之学业，是否足为汝将来职业之预备；

—— 汝之修业，是否求实际上之获益，而不沾沾于考试等第之高下；

—— 汝于各学科，是否能完全了解，且能记忆其要旨，而绝不糊涂过去；

—— 汝于各学科，是否能应用于实际；

—— 汝之做事，曾否注意练习，使养成勤奋敏捷而有秩序；

—— 汝曾否重视体育，认为自身日常修养之要件，而不仅认为学校一种例行之功课；

—— 汝所习各种练身运动方法，能每日行之无间否；

—— 汝能每日用力行有益卫生之举，如清洁、早起、多浴、多吸清气，饮食有定时、有定量，与保持身体直立之姿势等否；

—— 汝自知有不良之习惯或思想，足陷汝于为恶，如烟、酒、冶游、赌博之类，而努力戒绝之否；

—— 汝曾否注意访求最良之友，足为汝之指导者扶助者而与之同事否；

—— 汝之用费，能适当否，能以有条理之方法储蓄汝之余财否；

—— 汝曾将以上种种问题，自己规定方法，或每日或每周之某日，或每月之某日，以一定之时间，反省一遍，而无有间断否。

以上问题，假定有一条合者为五分，全合者为百分。依自己规定之方法，按期反省，则进德修业之程度，可以数目字验之。

今日各报宣传前总统袁世凯氏死，作"吾教育界之袁世凯观"。（六日）

吾教育界之袁世凯观

今日得耗，袁氏已矣。彼一生之所为，在政治上自有所以判定之者，余素不欲谈政治，此笔此口，原以让诸当世政治家。只吾教育界之对于其人，作若何感想乎？余以抽象的观察，于其间获得下述若干大教训焉，愿与吾全国人共试读之。

一、道德不灭。

二、不道德之势力必灭。

三、凡违反大多数人心理之行为必败。

四、其知识不与其地位称必败。

五、欲取大巧，适成大拙。

六、欲屈天下人奉一人，乃至尽天下人敌一人。

七、以诈伪尽掩天下人之耳目，终必暴露，以强力禁遏天下人之行动，终必横决。

八、以不正当之方法诱致人于恶，而不悟人之即以其道诱致之于恶，以底于败且死。

九、尽其力以破裂道德，其结果反资以证明道德之不可得而破裂。

由是观之，彼何人者？彼直牺牲其一生之事业名誉、身家性命，亲以其身为道德试验品，而昭示天下以极明显之结果，使永不复须第二回之试验者也。就使今后有人，操术更上于彼，据势更雄于彼，吾侪可深信其结果之必无异于彼。何也？就彼之所为，可推而知也。吾全国教育家而题斯言乎？愿各诏其青年，无忘无忽此民国开基大教训。

苏州中等以上各学校组织联合会，每年举行演说运动研究等事。本届邀余演说。第一天在东吴大学，第二天在沧浪亭，第三天在农校。余演说青年反省二十问题，同演说者余君日章也。第一天先余君，次余，而中间未休息。第二天先余，第三天如第一天，而中间休息二十分钟。余君用仪器，余用印刷品。逐日试验之结果，得数种感悟。凡中等学校学生听讲时间，虽极有兴味之演讲，至长不得过两小时。若其为小学儿童，至长不得过一小时，过此非中间休息不可，一也。学理的演说，宜列在感情的演说之先，若其关于道德者，尤宜乘听者精神最健全时行之，二也。演说虽纯为注入的方式，然亦宜注意数事。一多发问，虽不必令听者作答，不可不令听者想象答案。二多引眼前事物。三宜求关合听者所处之地位，而尤戒忽略少数人。如大多数为男子，而少数为女子，大多数为青年，而少数为儿童或壮年是。四末宜提挈纲领，括为简要之结语，

使听者易于记忆。若利用实物标本图画之必要，不待言矣。（六月十日）

观渡庐主人好研鬼学，藏有与鬼同摄影片而不肯轻以示人。偕一崦造访之，出示三片。每片主人坐，鬼三五环立其后、其左右，有男有女，与生人无二，而色稍淡。旧在华盛顿，一精研鬼学者为之摄。其一鬼为驻美英公使，主人所旧识而死未久者也。华盛顿有擅关亡术者，能指名摄取已故之亲友来与对语，但不能见。尝为主人摄故大总统林肯，然令摄在华之亡友，则谢不能。术者之妻已亡，每周必摄与晤语，主人亦时往焉。一日主人以所持花赠术者之鬼妻，方受谢，而他鬼不平，谓何厚彼而薄我，乃并赠之，两花皆不见。时窗户尽闭，遍索室隅无有也。当时主人犹不甚深信，近年多读关于鬼学书籍，确信灵魂不灭之理。美国哈佛大学教授乾姆斯氏心理学大家也，以一千九百十年死，死后，其试验室每周必有氏之踪迹。氏生前精研鬼学，实心信仰人鬼相通之理者也。然亦有以伪术惑人者。哈佛大学往年到一意大利女子，能在暗室召群鬼与谈。其术于暗室置桌椅，客皆环坐，互握其手，成圆形。术者手亦被左右紧握，既而群鬼至，啾啾作声。哈佛大学乃特指一室令如术试演，而自其下隧道，穴地板以窥，乃知啾啾之声，实发自术者两足之作弄，其术遂破。然鬼学之不可灭，已为心理学专家所承认。欧美此等专书甚多，不久殆将与无线电、飞行机同显明效大验于世界，吾人可测而知者。《东方杂志》第八卷第五号《欧美之关亡术》可参观。（十四日）

沪江大学行毕业式，往演说。是校极意提倡学生服务社会，组织社会服务团，令学生志愿入团。卒之，无一人不入。现设八部，曰调查部、曰卫生部、曰教育部、曰儿童部、曰宗教部、曰学生公益部、曰游戏部、曰编译部。校之左近，设有露天学校及晚学校若干所，教育部之事业也。合群力扑灭蚊蝇，卫生部事业之一也。调查部调查所得关于卫生者，报告卫生部，关于教育者，报告教育部。儿童部则调查儿童生活及其教养方法，而由卫生、教育两部为之指导矫正。或以言语，或以文字。文字则编译部之所为也。既使学生谙悉社会状况，养成其为公众服务之热心，兼以改良风俗，促进社会，联络学校与地方感情，不禁为之大赞叹。问于功课有妨否？答：一切皆以每日课余或星期日或年暑假日行之，不惟于正课无妨，且使青年假期有所事事，不至以游荡荒其心志，可法也。（十七日）

同济大学开图书成绩展览会三天，邀往观之。附设机师养成所，仅及一年耳，然其机械画已斐然可观。上月请其校长培伦子博士，讲演德国初等、中等工业教育之制度，颇惹起听者之注意。阮君介蕃留学柏林大学工科毕业，兹就博士演稿，并得诸阮君者，制为系统表，借备研究实业教育制度之参考。（二十日）

观下表得特点种种：采并行制使贫民与非贫民不相牵制，一也。强迫入贫民小学，且强迫艺徒使受补习教育，二也。中学采分科制，三也。小学三年入分科中学，是儿童从第四年起，即享分科之利益，俾其脑力日力之运用归于经济，四也。初级、中级工业学校皆须先在工场实习若干年得有证书，五也。博士言虽非贫民，亦多有入贫民小学者，以见德国社会之趋重实业，而实业教育制度之完善，足以移人心志，六也。

德国工业教育系统表

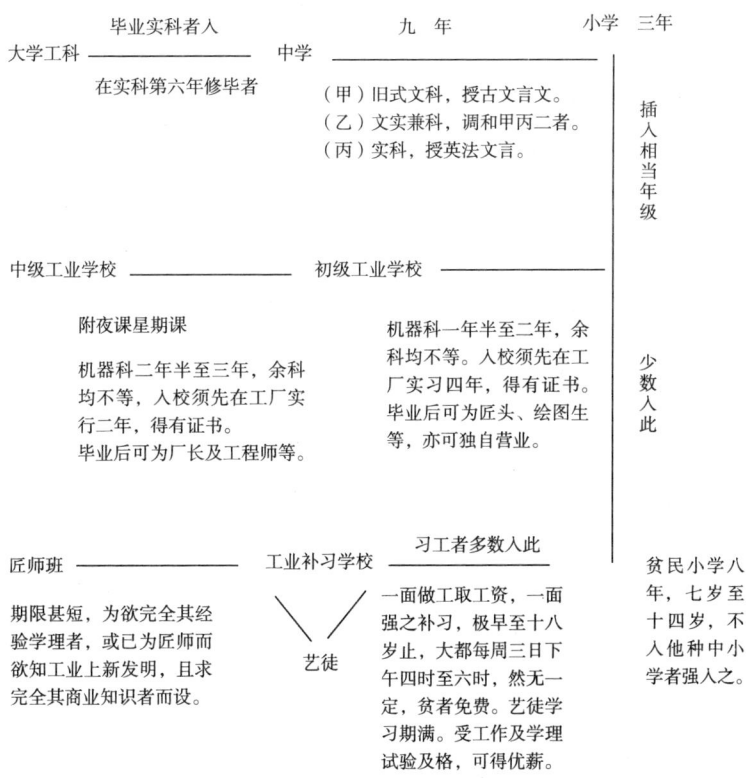

	毕业实科者入	九　年	小学　三年
大学工科 ——	中学 ——		
	在实科第六年修毕者	（甲）旧式文科，授古文言文。 （乙）文实兼科，调和甲丙二者。 （丙）实科，授英法文言。	插入相当年级
中级工业学校 ——	初级工业学校 ——		
	附夜课星期课 机器科二年半至三年，余科均不等，入校须先在工厂实行二年，得有证书。 毕业后可为厂长及工程师等。	机器科一年半至二年，余科均不等。入校须先在工厂实习四年，得证书。毕业后可为匠头、绘图生等，亦可独自营业。	少数入此
匠师班 ——	工业补习学校 ——	习工者多数入此	贫民小学八年，七岁至十四岁，不入他种中小学者强人之。
	期限甚短，为欲完全其经验学理者，或已为匠师而欲知工业上新发明，且求完全其商业知识者而设。	艺徒 一面做工取工资，一面强之补习，极早至十八岁止，大都每周三日下午四时至六时，然无一定，贫者免费。艺徒学习期满。受工作及学理试验及格，可得优薪。	

为修县志事返川沙。陆君叔昂述各小学近况。某校因教员之勤恳，而学生日增，邻近私塾几灭绝。某校反之。某校教师因冥冥堕行，为学生所揭，某校教师善能联络社会感情，组织学校园，无几时而芳菲满目，学生骤增进，既而

改入邻校，学生几尽从之以去，无几时而学校园又芳菲满目矣，能力可取，惜其私德堕落，人言藉藉。川沙北乡杨园初等小学，夙见称于社会，毕业生入商店者不少，每月必集会母校一次，教师与之谈话，实行所谓召集教育。某日师率四儿童出外，见一老人担重物蹒跚行，师语诸儿，汝辈盍扶助之。诸儿问明老人之家，以两儿合荷其一端，直送以归。老者大感谢，其得社会信仰，大率类此。吾闻陆君言，为之慨叹。夫小学教师之为祸为福于地方，不可同日语。而终望私德亏损者，与奉职怠废者，之速自悛也。（二十九日）

论中国教育制度，序鸿声所著《中国教育制度沿革史》。（三十日）

中国教育制度沿革史序

郭子鸿声示我所著《中国教育制度沿革史》，受而读之，盖空前之作也，因发余积感杂书诸端。

中国富于史事而贫于史书，二十四姓之家乘，匪可云史，夫人能道之。坐是欲窥见古代教育之真精神，非从无字句处求之不可。求之不得，率焉诬为无教育。沟犹之徒，又谓时代益古，文化益隆，不胜其低徊慨叹，可云两失。夫至教育精神，须索之于无字句处，则见仁见智，一视乎其人自为。而秉笔者之事业与责任，将匪仅述焉。而止读其书不知其人可乎？余之重是书，以是书固郭子之书也。

是古非今，此习盖有由致。人群事物，由质而日趋于文。文胜之极，本义浸失。从而矫之，不觉神之辄与古会。子舆氏曰：后稷教民稼穑，树艺五谷，五谷熟而民人育。饱食暖衣，逸居而无教，圣人有忧之，使契为司徒，教以人伦。由前之说，生活教育之谓也。由后之说，道德教育之谓也。一部大历史，其始生活而已，演进之不已，乃有道德、宗教、政治等等。今鄙视生产，不先教之善能自养，徒凭迂执之理想，欲以进民德，且日责晋民之不进德，洎乎争存益烈，情见势绌，转觉古代教育之犹近人情，而相与尊之矣，此其一例也。

今之谋改良教育者，其所揭橥，亦复时与古合。古之时初生弧矢，春夏干戈，非今所为尚武之义乎？道而弗牵，强而弗抑，开而弗达，非今所为启发主义、自然主义乎？六艺射御，小子洒扫，诵诗专对，读易寡过，何一非与今之实用主义相印者。然则进化论之壁垒，不见摧于复古说乎？曰无虑。譬之美术家崇尚自然，竞取资于原人之制作，童竖之歌谣，谓其天性未漓，真趣独永。而究之画圣、针神，不传于草昧；拜伦荷马，不属于孩提。况我国近二千年进化所由滞，一误于政策之愚民；再误于交通之梗塞。其事特殊，一部大历史，岂目光沾沾数千年间，而可与论文化进退者哉。

教育之所为教与宗教之所为教，有以异乎？无以异也。天命之谓性，率性之谓道，修道之谓教。道无二，教安得有二。所异者教有宗耳。耶稣之后不能复有耶稣，谟罕默[1]之后不能复有谟罕默，遂疑孔子之后不能复有孔子。尊之乎？小之耳。圣人之道，虽万古江河，可以不废。君子有过，如日月之食，人皆见之。人伦不可无模范，而不必纳之一式。百家不禁其腾跃，而不必强定一尊。教人不当如是耶。

郭子谓吾国人民富于平等精神，至于教育制度亦然，非如英、德、法之有为缙绅立学者。此亦有故，盖吾国行君主政体数千年间，初未尝有良好完密坚强整饬之政治，足以促国家与社会之进步。即论教育官制，自秦以来盖亦疏矣。任吾民之自为谋。于是文化之进甚迟，固未免受政治不良之害，而阶级之风不烈，亦未始非受政治甚疏之赐。虽然，就世界全部大历史言，二千年间，彼此长短优劣，进退迟速，区区旦夕间事，有不足较洁者矣。

吾国凡百制度之完密统一，以周为最，史每称之。然其时辖地，视今中部一隅而未足，以今之幅员，而欲一切划一之，吾知难矣。划一主义者，今创立一切制度所受之通病，而教育与居一焉。夫法有必一者，亦有不必一者。既未周知四国之为，而欲立适于四国之法，古云削足适屦。今纳天下足于一屦，使彼诚一统察天下足之匪一其度者，亦将哑然自笑其过当。而惜乎其梦梦焉，方日憎人之不我适，而自谓削之非获已也。望治方新，成事不说，前车之覆，其后车之戒也夫。

去岁在美国旧金山观博览会教育馆陈列图画出品，种类甚多。欧阳女士姊妹留美习教育，且研美术，乃特请其指教。费数日之力，网罗所有图画而笔录之，一一说明其名称、用器、设色、质地、制法、效用，等等，凡二十四种。

---

① 谟罕默，今译穆罕默德。

十之九皆实用美术，可以知其所趋焉。其中新式衣样画及德国飞采画两种尤新颖（德国飞采画英文原名 Surface enrichment 或 Designin German temporary color，前者译美观画，后者译德国飞采画，似后者较适）。盖皆取天然物，用写生画摹取其色彩形态，依之而自由变化，依样画、取其色彩而支配之，以为衣样。飞采画取其形态而支配之，以为图案，施之于各种装饰。此美术家以天然济人功之不足也。古之人观游鱼而造舟，观转蓬而造车，以及文章家游名山大川而拓性灵，哲学家睹天光云影而悟至理，同此妙用。所得人为万物之灵，可与天地参者此也。由是而可知吾国学校现行之图画呆板描绘，以语天然，无些子机趣；以语人事，无些子功用；即或授写生而莫究其用途所在；授图案而未尝与器物相联；其为亟须改良不待言矣。比小学教育研究会诸子有改良图画之提议，以所制表供参考焉。（七月一日）

巴拿马赛会所见各种图画一览表

名称	用器	设色	质地	制法	效用	最相宜之教授机关
一、衣样画	钢笔	黑或彩色	纸	先轮廓后设色（或人形而空其面）	制女衣模样	中等学校
二、贴纸画	水或粉	彩色	纸	画人物或自然物，剪下重叠贴上或单片或飘复	美观	中等学校
三、油画	油笔	彩色	厚纸	实物实景，或人体写生	美观	无定
四、生理画	色粉笔	黄或其他	纸	先勾轮廓，或露体或衣褶而勾取其肌骨	研究生理表示体格	专修学校
五、簿面画	水或粉	彩色	纸或布或其他	先勾轮廓，须使其物与书之内容相应	书类装潢	无定
六、图样画	水或粉	彩色	厚纸或其他	与写生联合，先勾轮廓后设色	各种器物装饰	无定
七、铜版画	铜模片	彩色	铜片或皮类	先绘图刻成铜模片，加素物之上重击而成	器用美观	中等学校
八、彩色画	色粉	彩色	厚纸（各色）	先用写生法勾轮廓，后涂色粉	美观	专修学校
九、钢笔写生画	钢笔	黑	纸	钢笔墨水写生全作线纹	用锅水渡入铜版印刷用	专修学校
十、纸模印画	纸片色水	彩色	纸或其他	所画分色，按色——镂取其形成纸片，次第按于素纸或色纸，加色水印成	实用美观	专修学校
十一、皮模印画	皮片	种种	纸或其他	先用锅水绘制皮模，印于素物成轮廓，再设色	实用美观	无定

名称	用器	设色	质地	制法	效用	最相宜之教授机关
十二、木模印画（或土模）	木片	种种	纸或其他	先刻成木模，余同	实用美观	无定
十三、油粉写景画	油粉笔	彩色	纸或布	实景写生，求尺寸，阴阳布置、设色之合理	实用美观	无定
十四、饰物图样画	水或粉	彩色	纸或其他	先铅笔勾取物之形态及花纹，次加彩色	实用	艺术学校
十五、室内陈设画	水或粉	彩色	纸	先以铅笔用写生法绘各物轮廓，次设色	依之陈设家屋	艺术学校
十六、水彩写生画	水笔	彩色	纸	先用铅笔勾轮廓	美术	无定
十七、模印图案画	各种模	各种	各种	贴模于素物而渗以色水（或印于布上再加色线绣上点缀）	器物饰样	无定
十八、新式衣样画	水笔	彩色	纸	先取花卉，如其色写生。次取其各色另方仿绘，分别排列。次取衣料同色者贴于另方。次绘衣样，即取其排列之色，支配合宜，或美女或幼童手中即执此花	依之制衣	中等学校或专修学校
十九、屋外装饰画	水笔或粉	彩色	纸	先铅笔画轮廓，次设色与几何画合	依之装饰家屋	专修学校
二十、广告画	水笔或粉	彩色	纸或其他	种种	商业应用	中等学校
廿一、德国飞采画	水笔或粉	彩色	纸或其他	先取花果或动物文彩用写生法写取，次就其文彩加以变化或图案画	实用美术	中等学校
廿二、炭笔写生画	炭笔	黑	厚纸	写生	美术	无定
廿三、彩画	水或粉	彩或黑	色纸	画其大略形态或虚白衬出	美术	无定
廿四、随意剪纸画	素纸	素色	纸	取素纸随意剪取各种形态	美术	小学校

同志集一会，月会食一次，相约改良食法，本月聂君云台当值。人群事物，文胜之极，而本意浸失，饮食之夸多斗靡，而不顾养生，其一也。是日食单之说明如次。（四日）

川沙县教育会续征集教育上各问题，一一答之。（十日）

问：毕业试验以国、算二科各满六十分者为及格，此法可通行否？

答：此法无重要关系。因所谓分数者，各教师观察之标准，既不尽相同，下笔之宽严，更未能一致，故于教育实际上无关系也。

问：生徒升级、留级以德育、智育平均计算有无妨碍。

答：此法实行，恐有未妥。今之学校，操行评语，是否堪信为十分准确。

以余所知，大都以教师所见犯规之多少，第其高下。不知操行善良，含有消极、积极两方面，岂得以不犯规括之。抑教师果能随地随时见及否。若操行观察之标准，未研究准确，无宁缓行此法为是。愿负教育之责者，从速研究操行观察之标准。再体育方面，不宜忽略，千万，千万！

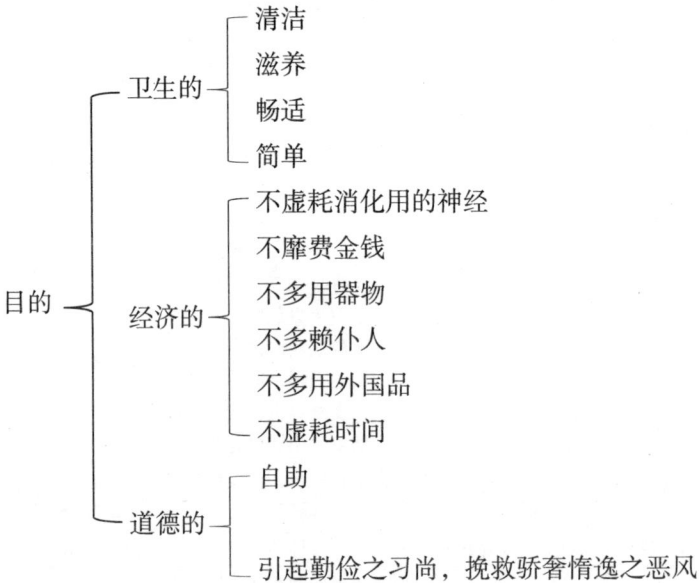

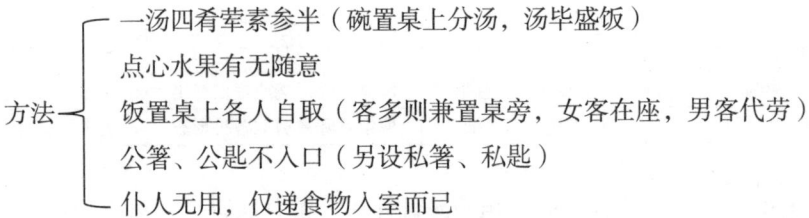

目的
- 卫生的
  - 清洁
  - 滋养
  - 畅适
  - 简单
- 经济的
  - 不虚耗消化用的神经
  - 不靡费金钱
  - 不多用器物
  - 不多赖仆人
  - 不多用外国品
  - 不虚耗时间
- 道德的
  - 自助
  - 引起勤俭之习尚，挽救骄奢惰逸之恶风

方法
- 一汤四肴荤素参半（碗置桌上分汤，汤毕盛饭）
- 点心水果有无随意
- 饭置桌上各人自取（客多则兼置桌旁，女客在座，男客代劳）
- 公箸、公匙不入口（另设私箸、私匙）
- 仆人无用，仅递食物入室而已

问：国文科读法教授对于劣等儿童究以何法处置为善？

答：既属劣等儿童，应以特别教授为是，不必拘定划一制度。所谓特别教授者，或用特别之教材，或用特别之教法，或暂减他科目，令注意重要科目，或于课外特别教之。既属劣等，但求此儿自己获有进步，不求与他儿有同等之进步。其实依教育原理，无论何等儿童，均求其自己有进步而已，比较分数等第，于教育上绝无价值。

问：利底母斯于植物中属何科请指示之。

答：请阅吴和士君复书。书附。（示悉，利底母斯为下等植物地衣之一种。

学名为 Roccellaceactinctoria D.C. 德语 Lakmus、英语 Litmns，所谓利底母斯者，从英文音译也。隶于利底母斯地衣属、利底母斯地衣科、蝌蚪状地衣亚目、裸子器目、子囊地衣亚纲、地衣纲、真菌植物部。承询特复）

问：高小学校体操科，徒手及器械当注意何种？

答：宜并重。小学体操在发达各部器官，应注意研究何种动作，发达何部器官，而平均之。

问：迩来高小招收新生，于算术一科能演普通四则问题者寥寥无几，骤授以高小程度，则倘恍无凭，万难领悟。若仍以初小程度授之，恐于部章不合，宜如何处置。

答：招来新生，既未解四则，惟有于教授时令之补习，万不可拘泥部章，躐等施教。总之，既已收录，务求其自己得有进步，不必强令与他生齐等。若程度相差过甚，无从特别施教，惟有于招考时严汰耳。

时值暑假，各校招往参与休业式者，每周必有数起。统观之，得一感念。各校类皆有品学俱优之学生特给以名誉证书者，彼其人殆适合于教师理想的好学生之标准者也。顾所见大多数内容吾不知，惟其容貌必极惨白，行步必极迟缓，态度必极文雅，求一气体雄伟、英采奋发者绝罕，其诸一般教师理想的好学生固如是耶？抑上焉者不可得而思其次耶？苟教育者之心理而若此，无惑乎一般受教育者有此现象矣。（十二日）

思想第一，言语第二，文字第三，今之教育反之。教者、学者之精神集中于文字，其言语非所及矣，其思想更非所及矣。不培其本、清其源，即文字亦安见其有获哉。（十三日）

卫西琴著《新教育论》。其言曰：教育也者，以引出国民自有之良能为本旨也。所谓良教育者，即以引出国民一切良能为事功也。凡夫美术良能、创制良能、力役良能借良教育引出之，而后此隐伏之良能形而为思想出品与力役出品。欲施适当于中国之教育，当研究人之心灵，借以保存中国之真性，而建立最新颖之纯粹中国良能。其所主张之方法如下：

第一级：官觉训练，自三龄幼儿始。

一、使儿童习为自立，凡日常生活之事，循序渐进，使自能担任，毋倚赖他人。

二、根据日常生活之事实而施官觉训练。

三、授以简易操作。

四、于简易操作之中，寓鼓励儿童创作之意。以养成异日创作之能力。

第二级：身心训练，自六龄迄十龄。

一、读书、习字、计算。

二、对于自然界之观察，注意因材施教。

三、地理之学，以研究自然界为目的。其教授方法，当用影灯、照片以及农商业之实例指示。

四、历史之学。注重种族间之心理研究，以及名人传记，使成一种适合自然性之学科。

第三级：

一、职业教育。农、工、商业等实业学校。

二、人才教育。研究高深之大学校。

其结语云，诚能如是，其结果有不令全国趋于实用之一途乎。按氏之主张，全根据于蒙台梭利氏之主义，于救中国今日之缺失恰合，愿以介绍于全国教育界。（二十日）

吾友蒋君梦麟自美来书，录其一节。

四月二十日，由旧金山返纽约，取道南方，游黑人实业学校。此校为黑人蒲苟脱华盛顿（Boocker.T.Washington）所设，其人去年十一月逝世。游其墓，献一大花圈，摄影一纸。向学生三千人演说，颇受欢迎。该校之特色甚多，不能备述，举其大概。

余往时该校备一马车导观，马何来乎？校中所产。所絭缰何来乎？校中所制。车夫何人乎？学生。车何来乎？校中所制。其车盖为油布，学生所制。车轮之铁皮，铁匠科所制。车中坐褥，缝衣科所制。马夫所穿之衣，缝衣科所制。所穿之鞋，鞋匠科所制。总之，一一尽出诸学生者也。

又饭厅中各物，亦尽为学生所制。饭厅何来乎？学生所造。其瓦、其砖均自制。膳桌何来乎？自制。厨子何人乎？学生。食物如面包、罐头品均自制。麦出自农科，粉制于制粉科，牛肉、鸡蛋、白塔油均出自农科。有屠场，自宰牲畜。总而言之，件件皆校中自制，事事皆学生自为，无一坐食不生产者。学生在校为校中生产的一分子，卒业后为社会生产的一分子。

彼之学校，何与吾国适相反也。或疑彼之重物质，尊生产，殆有甚长之历史，甚深之习惯，非猝焉可几及，而不知非也。从前黑人之状况大是可怜，自放奴后，不知自立，一也。懒惰，二也。谓既被放自由矣，不愿服贱役，三也。故今之教育，事事逆其性，而矫其失。抑岂惟黑人而已。即白人之重文轻实，从前亦相习成风。同是学位也，苟其为文学博士，则上其手曰，此文学博士也。若其为工科博士，则下其手曰，此工科博士耳。故美人从前习工科者，必兼习一二文科，以免社会之鄙薄，此视吾国相去有几？故吾所敢为教育家慰且励者曰：教育吾深信其有大神力，今后风气所趋，将一视汝教育家之马首耳。

蒲苟脱华盛顿为黑种之圣人，吾友远生尝为作传，未脱稿而惨死。蒲苟脱华盛顿幼时佣于一白女之家，此白女家以食物良好闻，故黑人多乐就之，而又不甚其督之严，故不久辄去，无久留者。蒲苟脱华盛顿之初就佣，亦甚以为苦。如庭除剪草，不容有一叶之长短，洗涤杯皿，不容有纤垢之留遗。忍耐复忍耐，日与困难相奋斗，一日忽大博白女叹赏，许为合度。蒲苟脱华盛顿豁然自信，以为苟能自励，固无事不可为者。从此愈为善，愈快乐，成就其一生事业。盖此白女之教人不苟，不期而玉成此黑种圣人也。（三十日）

章太炎先生来省教育会演说教育，听者二百余人，咸端坐屏息，谓今日必有一篇大国粹论，饷吾后进矣。不意先生宗旨殊否否。其言曰：江苏夙以朴学鸣，学子好读书，二百年来，代有作者。自新教育潮流输入，亦复守其故说，纳一切学术于书本，师以是教，弟以是率，而不知教育之为道，正不尔尔。盖教育家非能教人育人，在能使人自教育而已，彼以书本为教育，实属大谬。教育事业，精神事业也。譬之于礼，鞠躬、长揖、端跽下拜，彼人自行礼，而教育家从旁赞之而已，曾何力之有焉。其论德育，一归本于良知。听者咸以谓读书之多如先生，而其教人理解超妙，不期而与自动主义、自学主义、发挥本能主义相合，使人益信教育学说之无间于新旧也。

太炎论《易》，谓《易》为言社会学之书。玩六十四卦之顺序，不啻一部社会进化史。其说大抵根据序卦，乾坤玄黄初判，屯蒙天造草昧，即鹿入林、田有禽、利执言、盖渔猎时期也、匪寇婚媾，是为掠夺婚时期。至见金夫不有躬，而入于卖买婚时期矣。终以未济，谓进化之无终极也。大生广生，生生不已，虽圣人制器以前民用，而聚人必以财。物穷则必变，一治一乱，往屈来伸，刚柔相推，吉凶无常，此作易者之所为忧患也。所谓圣人与民同患者此也。是日先生偶谈及此，未获畅发斯旨。盖易本无体，变易、不易二义尽之。所谓变动不居，周流六虚，仁者见仁，知者见知。以太炎之说读《易》，在今日亦是一法。他日有更新之学说出，据以读《易》，或者其亦有合也。（八月五日）

往岁游皖南，出入万山中，见其民皆聚族以居，规制井然，风物淳朴，至今犹为神往。上海族姓朱氏为最大，祭田、义庄、家庙、坟茔，亦无朱氏之详且备者，欲考察中国旧社会之组织，此等处不可不注意也。朱君企云导我参观其家祠，且示以族会章程。其法凡族人年满二十岁皆为会员，规定消极资格若干项。职员分干事，议事丙部，干事部设正副经理各一及其他办事员，议事部设正副议长各一。选举有定法，任职有年期，开会有定时，会议有定序。其会务除管理公产、调息争讼、暨关于慈善事业外，用社会教育方法，予族人以必要之知识，督促学龄儿童就学，并补助其无力者。其关于教育事项，别设细则。一、学校部，设小学校一所。二、演讲部。三、补助学费部。四、族试部，每年行族试两次，凡本族子弟皆须就试。五、调查部。六、绍介部，及岁者绍介就学，学成后绍介职业。是日并参观其所设小学。今世盛倡军国社会主义，族制几无存在之余地。虽然，数百年构成之，安能一旦摧灭之。苟利用旧社会之组织，发挥新事业之精神，不更善乎。（六日）

陶君福庭营农场于枫桥，见述试验电气栽培之成绩。依法每十亩立一电杆，今试于二十五亩内立一杆，杆以木为之，高三丈余，深三尺余，杆头饰以铜为锐形，上缀白金丝，着以二紫铜丝，缘杆之左右下垂没于地，电自空际被引以入土，使植物速其生长。所种为桃与蚕豆，桃大者径三寸，每二枚得一斤。偶以铁篸取桃，着手生麻，知其电力之足也。蚕豆每亩收二百斤，较通常约增收三倍。惟仍需照常施肥，此不过增其热度而已。（十五日）

南汇、奉贤两县教育界人员集于鲁家汇，邀往演讲。为讲教育要义，其大意如下。（十七日）

教育要义

一、吾人应知教育重在发达人人天赋之知能，俾于人生得圆满之效用，凡教育种种设施，不过假以达此目的而已。

二、今之小学教育，苟专重文字以及其他器械的方法，恐流弊所至，直将斫丧其知能。

三、小学校发达儿童知能方法，应就各科分别体验。如关于知育之国文、算术、唱歌、习字、图画、手工，关于德育之修身，关于体育之体操、游戏，是否足以发达各种器官，各部肢体，使其思想、感览、动作，直能正确开发而敏捷。

四、此为根本的、精神的、实用教育，吾人宜注意乎此。若仅注意器械的实用，犹无用也。

中国西部基督教教育联合会印有小学校地理科教授要目一册，虽与现制不尽合，然其注重生活上之应用与其教授方法，大足供吾人研究，摘译存之。是会设在四川，故文中大都就四川状况言。

初等小学

后二学年以地理为必修科。

（一）地理观念。

若方向、气候、地文、天然物等，利用指针、地文图、地理图。教授此科，常需导儿童至邻里参观，多与地理上情形接触，兼利用沙箱以表示之。

（二）普通产物。

食物，米、菜蔬、盐、糖、茶、油、酱油、酒、面、面条、火腿。衣料，棉、丝、缎、帽、苎麻、羊毛、皮、靛。

其他必要物，煤、木材、陶器、铁器、扇、烟、纸、笔、墨、伞、席、砖、漆。

以上各物讲授时，须用空白地图，临时填写各物产地。至各物制造上之知识，亦宜略授之，但须利用参观乡里或工厂之举。

（三）本县及本省地理。

（四）世界地理。

高等小学

（一）外国地理。

凡讲授他处儿童之生活及其环境，须时时指明该地在地球上之位置，而以模型及图画等表明之，能用影灯尤妙。总之教授一国地理，必以其气候人民等为最重要。

第一学年

1. 儿童。

容貌：皮色、发之形态、眼色。

居处：房屋、茅舍、幕，如何营造。

食物：如何调制、如何食法。

衣服：如何合其生活上情形。

游戏：各种游戏。

做事：读书或他事。

2. 儿童之环境。

父母：父母之职业。（农夫、商人、猎夫、渔人、牧人）

气候：雨（多少），寒热。（与中国比较）

菜蔬：儿童所见何种植物。

动物：其父母所畜或捕或食之物。

种族上之特别情形：风俗及令节等。

下列数种可资参考：

1. 阿拉伯，热沙漠中生活。

2. 西比利亚，冷沙漠中生活。

3. 蒙古，草原中生活。

4. 加拿大，温带上生活。

第二学年

1. 热带上之生活。

2. 寒带上之生活。

3. 温带上之生活。

以上均详其人种、居民、植物、动物。

（二）中国地理。

第三学年

1. 区域上地理。

此科教授应先从本乡起，使儿童知彼此之关系，且使知物品之运输及原料之制造，原料及物品产生之主要地方，均于地图上考明之。

例如重庆，儿童所见者为何。

①寻常用品。

甲、本县产，煤、木、米、菜、豕、鱼、果、花、砖、石、镀及其他铁器。

乙、本省产，木材、面粉、盐、纸、棉、棉织品、糖、伞、扇。

丙、本国产，磁器、鱼、扇、墨。

丁、外国产，棉织品、棉纱、呢、安尼林、煤油、伞、针、海味、火柴。

②运至重庆之制造品。

甲、衣料，棉织物、呢、土布、麻布、丝织物。

乙、其他物品，陶器、玻璃、铁器、席。

③运来制造之原料。

丝、铜、木材、皮革、竹。

凡教此等功课，须先示明其物来自何方及其运输法（如陆路或江河、或铁路、或运河、或海），并示以交通图（邮政局有之）。

④本地之实业。

甲、丝织（汽机之输入，缫丝厂之成立皆宜参讲）。

乙、造币（新事业）。

丙、制革、制鞋（新事业）。

丁、火柴厂。

戊、重庆之主要补助，物品之装载、出口、进口。

2.形势上地理。

①地图之使用。

先在省图上指出该生之原籍，后出全国地图上指出之，并寻自该地至县、至省、至京等之方向，然后寻至欧美外国等方向。

此例尺必须注意，令生徒学习计里。

②地势上情形。

甲、研究中国行省之成立，而特别注意于水道。

乙、研究下列诸条件与国家之关系。

子、气候。

丑、道路及水运。

寅、铁道。

卯、人口之分布。

辰、问题。上海冬日何以较重庆为寒？贵州何以人满？外国货在四川何以价值极昂？

③气候。制气候图研究流动风，及其偕来之天气。

④植物。

⑤实业、工人之种类。

甲、农田或园艺。

乙、渔。

丙、开矿。

丁、制造。

戊、征税。

及其他种种，均揭示各业之中心点。

初等小学后二年以地理为必修科，与现制不合，然即并入国文，亦宜注重生活上之需要。高等小学第一、二年外国地理，第三年中国地理，其先后详略，均尚有待研究。其注重生活，并注重儿童生活，使其从眼前事物以推想其他，则虽授世界地理，亦不至有偏于理想之弊。更示以模型、图画、或实物、或更利用幻灯影片，兴味之浓厚，自不待言。至其本国地理，一以人事为中心。区域则借物品之产生与制造。形势则借方向、气候、交通、人口、职业等，各以明其与本乡之关系，使儿童假物质以发达其爱国心，而仍巩固其爱乡心，兼以立其实业思想之基础。所惜者，尚未及关于国耻之教材，于唤起国家思想上，遗此绝好资料。原本谓本要目大都依据伦敦乡议士学校本，夫国耻教材，固吾国所独有也。（二十五日）

今之学校毕业生不适于职业，不惟其知识技能之缺于应用也，即其思想习惯，亦殊格格不相入。夫改良社会习惯诚属紧要，然非所语于习业时之学生，安有谋生活而必于良社会之理，亦安有必俟社会既良而始习业之理。故学校训练学生，其标准不仅使安于现在之境遇而已，直将使之降心下气，虽投身极腐败之社会，执极下贱之役而不恤。他日须有大能力改良之，今日先须有好志气忍耐之，非养成此等精神，必不适于习业。而一方面更须使学生多服役，习劳苦，切不可委一切洒扫整洁事务于校役，而任学生安坐以享其成。陈君光甫言银行引用毕业生，往往不堪其待遇，稍加声色而即以为虐。夫银行新事业，乃犹不能堪，吾惧莘莘者无啖饭地矣。某生毕业于高等小学，当其在校颇称驯谨，荐入某药房习业，余以为药房新事业，当能安之也。不数周而迭函其父求归。叩其故，曰：种种非所习，自栈至店须运物也，客有来宿者，须为涤溺器也。因贻书告诫之，颇愿一般青年与一般教师皆注意及此也。（三十日）

某某弟鉴：屡得尊大人书，述弟在杭习业，颇感苦恼，遂欲中道辍业，此意误矣。弟须知习业劳苦，为当然之事。在学校时，吃现成、用现成，岂可习以为常。师长教学生，要立志坚忍，要耐劳耐苦，在学时不觉也，唯出校就业，真能坚忍耐劳苦，方算好学生。今之困难，即是试弟之志向，是否能忍耐上进，一生成败荣辱，在此关头。若一念以为不能堪，歇业归去，弟从此休矣。天下安有不苦之习业，不习业如何对得住父母师长与众人之衣汝食汝者。弟以肩重物为劳耶？岂不见好男儿当兵打仗乎。弟以倒便壶为羞耶？岂不闻怀国耻者卧薪尝胆乎。一人求仙，随仙入山，立志原受仙人试验，但求仙人允许给以仙丹。仙人种种试验之，皆忍受听命，其后忽来一丐、两足腐烂，臭不可当，伸足令此人以舌舐其疮脓，此人不能忍，求去。乞丐忽不见，只见仙人叹曰，汝福薄不能升仙，从此休矣，此疮脓既仙丹也。此小说借喻为人不能忍耐，终无一成。弟今之所受，比之吸疮脓何如。弟须存心立志，虽吸疮脓不怕，区区肩重物、倒便壶，算这么苦，则得之矣。兄今为弟告，苟兄习业，愿倒便壶，且愿为师长为来宾倒便壶，决不出一怨言，盖吾眼中但见有学业，不见有便壶也。且弟应知除是世上无便壶、便桶，否则谁是应该倒者？彼挑粪倒便桶者，难道不是人？何以他该倒，我不该倒。日日讲平等，如此存心，尚算平等耶？今人皆知农业可贵，开农学校，教农事，说是富国根本。农场实习即须担粪施肥，弟知之乎？假如弟高小毕业去学农科，能不挑粪乎？前苏州中学校校长袁叔畲先生，因欲提倡学生劳苦，自己在学校园挑粪，何尝有伤人格。弟其三思之，若竟中道求归，惟有使仙人长叹耳，将来追悔，复何及哉！

近日海面发现一新奇事业，足为科学上、商业上、交通上一大纪念。即七月十日有一德国之潜水艇，满载商品，以完全贸易性质，突出重围，历程三千八百海里直抵美国海口包的茅[1]是也。素心氏有文一篇，载诸华报，亟录之。（九月一日）（所录报道略，编者）

近来以时势之要求，竞言职业教育，而亦有以职业教育界说及内容为问者。职业教育以广义言之，凡教育皆含职业之意味。盖教育云者，固授人以学识技能，而使之能生存于世界也。若以狭义言，则仅以讲求实用之知能者为限，亦犹实业教育也。惟实业教育兼含研究学说之意味，而职业教育，则专重实用，

---

① 包的茅，今译朴次茅斯。

纯为生活起见。实业教育所养成之人物，其一部分主用思想，而职业教育所养成之人物，则完全主用艺术。盖自欧洲十八世纪工业革命以来，乃有所谓实业教育，至挽近实业益发达，而生计问题亦日以急迫，于是复有所谓职业教育。专以职业上之学识技能，教授不能久学之青年，而一方面亦以促实业前途之进步。盖一般劳动者之能事日以精良，则其所成就之功能亦日以优越焉。此其主要之设施，厥惟补习学校，然至学业已成，重劳补习，何如谋之于先之为愈。故方今各国为根本解决计，大抵在中等以下之普通学校，即分设各种职业科，除力能受高等教育者外，悉予以生活上应有之学识，与切要之技能，使出校后便能谋生。于是青年使用其脑力与日力，一归于经济，其用意益精且周。是故职业教育者，在学说上为后起之名词，在社会上为切要之问题，在教育上实为最新最良之制度也。若论其内容，则有析之为农业、工业及家庭艺术三种者，如美国麻省所规定是也。

麻省教育局于一九〇九年规定如下：

职业教育 Vocational education

此种教育，系与少年以适于生活需要之知能。

工业教育 Industrial education

此为职业教育之一种，其意在使应用于艺术与制造。

农业教育 Agricultural education

此为职业教育之一种，其意在使适用于农田、畜牧、森林及其他关于农事之生产事业。

家庭艺术教育 Homeholdarts education

此为职业教育之一种，意在使应用于家庭之需要。

亦有析之为农、工、商、家政四种者，如美国国会通过大扩张职业教育计划案之规定是也（均详拙著《新大陆之教育》考察教育日记第三集下编）。若论其种类，则因地因时而定，非更仆所能数矣。（十日）

顾君述之邀往无锡赴第三师范学校五周年纪念会。不果去，为文以祝之。（十五日）

江苏省立第三师范学校五周年纪念词

无锡第三师范五周年纪念会，余以事不获与，乃致词曰：三师自有生以来，盖无日不在患难中。历年载五，而历国变凡三，可怜哉呱呱，主斯校者保抱扶持，用志不纷，以有今日。今日之会，痛定当思痛耳。

一般人之评三师，吾闻之矣，曰功课切实，曰风纪善良，吾信其非私也。虽然，师范之效何在？地方有良教师，有良小学，则师范之效也。历年载五，所及睹者师范校课与校风耳。吾以今师范之校课与校风，而信乎更历五年之必可睹，此则今日之会所得而以为颂者也。

岁序之迁流无尽，教育之进步，与之为无尽。更献三言，期以十周年睹其效。

一曰体育。课外运动也，团体运动也，节用脑时间以练身也。其方法不论，论其目的，目的维何？曰凡受第三师范教育者，人人有充满之精神与强固之体魄足矣。

二曰生活教育。设农、工、商科也，普通教科重实用也。其方法不论，论其目的。目的维何？曰凡小学教员之出自第三师范者，人人能教人以适于生活之知识与技能足矣。

三曰联络地方教育。组织讲演会研究会也，巡回讲习与视察也。其方法不论，论其目的。目的维何？曰凡属第三师范区域之小学校，一以三师为中心，惟其所趋是趋、其所去是去足矣。

苟蕲赴是目的乎？责不惟在校长，在诸教师。不惟在教师，在诸师范生，在诸师范毕业生。吾固知其方法为校长、教师、诸师范生已行者也，其目的为校长、教师、诸师范生已立者也。理之确者，语不嫌其雷同；谋之预者，功且同于操券。日月骎骎，学子莘莘，请求以是三言为十周年预颂可乎。

叶君汉丞自析林寄书，详述德沿途状况，大有可味，其书如下。（二十八日）（信略，编者）

去岁在美国屡见所谓儿童会者，深叹其于教育上甚有价值，一种活泼快乐情形，至今犹萦于脑际。苏第二女师范附属小学主事杨君卫玉（鄂联）于暑假期内在其本乡嘉定市组织儿童会，承以办法见示如下。

一、集合全市就学儿童，为有规则之游戏，增进身体健康养成合群习惯。

二、年龄六周岁以上十一岁以下，在初等小学或私塾肄业者。

三、会期每月四次，均下午三时起五时止。

四、会务分三种，每回择一二种行之。

（甲）园游。市教育会后适有有园，略加色彩纸灯等点缀，择适宜之地，布置坐椅（即学校儿童用者），并于空旷林荫之处，设小会场，请各校教员奏音乐、讲故事，再由会中职员率群儿环行唱歌、拍掌、踏足，此情形虽比不得北京公府之园游会，然在小地方小学生得此，已乐不可支矣。

（乙）游艺。分唱歌、画图、朗诵、游戏、书法等，由各校儿童轮流表演，中亦有私塾儿童朗诵出色者。

（丙）会课。择年龄较长者，就文、算二科命题会课，批订后不分前后一律给奖。

（丁）展览会。此展览会只限于图画、手工及其家藏之玩具、画张等，文字之成绩绝不加入，此会即与会课同日行之，盖取其苦乐调匀也。

五、会约。

（一）儿童来会不可裸体。

（二）来会之儿童准有保护人同来。

杨君且言此会组织之初，并无特定目的，不过为假期中一种集合游戏耳。然成立后考察之，似亦不无可供研究之点，惜当时畏酷暑，未尝加以细密调查统计，引为缺憾。此会为市教育会发起，先期将组织旨趣函知各市立校长，请其赞成斯举，并由鄂联个人向各方面鼓吹私塾儿童加入。及期除学校团体外，私塾儿之志愿加入，在四五十人左右，以嘉定市言，不可谓少矣。

杨君又言就此会论，得研究之点如下：

（一）儿童玩好之心理比较；

（二）体格及学力之比较；

（三）学校儿童与私塾儿童习惯之比较；

（四）各校对于儿童平时训练如何；

（五）儿童群居之心理若何，做法若何；

（六）联络家庭之好机会；

（七）改进私塾之好机会。

两周以来病疟，时发时止，比日渐稀，发亦不烈，知金鸡纳殊可恃也。全国教育会联合会，定十日集北京开第二届常会，江苏省教育会推余与沈君信卿、庄君百俞为代表，期迫不得不行，北方气候高爽，殆患疟者天然疗病场也。遂

定今晨偕沈、庄二君行。（十月六日）

午后三时抵南京，赴高等师范。余之过宁小驻何为乎？今秋省教育会大会，群议职业教育之不可缓，余谓最好须先指定若干所职业学校介绍教育界前往参观，俾不至眩于空论而盲于实施。张君志千述南京北极阁下，有西人所设之男女职业学校，盛道其内容种种，余于宁垣学校所熟谙者，不意闻所未闻，遂蓄念往一观。今之来此，斯其主要目的也。乃倩郭君鸿声介往。

校在北极阁之南，当高等师范之西。其男子部曰正德学校，校长麦龙君（Mr Malone）。女子部曰来复学校，校长哈柴得女士（Miss Hazard）。皆美国籍。两校毗连而相通。男生约百人，女生四五十人。其程度有小学、有中学，皆半日读书半日做工。工作之种类，男为木器工、铜器工、洗衣、织物、庖丁、食物制造、园丁、花圃匠、看护生，女为针黹、花边、结线、糖食制造、洗衣、看护妇，年龄皆在十八岁以下。其过十八岁而资质聪颖者，令继受较深之功课，否则专事做工。毕业期无定，大都为七八年，视其境遇与资质定之。初办之年，南京大水，来学者皆自四岁至十二岁之苦儿，免收一切费，于今七年矣。余辈往观其各种工作，则满室灿然皆成绩品也。木器、铜器较肆间售品为精致，盖略受教育者，究与未受者有间。麦龙君谓铜器现暂停制，以原料太贵也。观制糖食，则皆便服揎袖，环立糖锅旁。洗衣则皆白色罩裙，蹀躞衣缸左右，或洗、或熨、或摺，其形式纯是工人，其面目犹是学生也。此灿然之成绩品，非徒供游客展览而已，皆出售取钱以供校用，兼以津贴学生。校长言赚钱最多者为木工及洗衣，次则女子手工之属，可抵其衣服费，糖食赚钱之多少，则今年初办尚未统计。毕业生之在社会就事者，已有百余人，以庖丁、洗衣工、木工与为教员者居多。余问各科教师何来？校长谓除糖食、花边由西女士教授外，若木工、铜工、花匠、制面包，皆雇中国工人之技术精而心灵巧者授之。问此等教师月俸若干？曰洗衣十二元五角，木工十元，金工十四元五角。问譬如现欲延贵校毕业生出外为教师可乎？曰无有。因校中事多人少也。参观良久乃出。余与沈、庄二君各书数语留赠二校。余所书谓深望今后十年间此等学校遍国中也。余因之有感，此校立七年矣，乃余两年前任事宁垣，竟未有所闻知。其时方盛倡实用教育、生活教育，而失之交臂，令人滋愧。此等职业教育，若木金工、园艺、缝纫、制食物，在美国中小学校，无校蔑有。盖受此功课，苟异日欲谋生，不患不能自立。苟欲受高等教育，亦正不嫌多此技能耳。而使中国人观于此校，其第一念，必曰此贫民学校也。嗟乎！彼所谓贫民者，何尝终于贫民，而所谓非贫民者，正恐异日求免于贫而不得耳。

江苏巡回讲演团，以第一届巡回终了，回宁垣开会报告。主任章君伯寅知余等来宁也，特定期今日午前举行，邀往与会。团员分组报告巡回讲演之状况。分十组出发，以三个月之光阴，周行六十县，共讲演三百五次，统计听讲者十五万八千余人，盛矣！然团员之死其事者已有二人，曰王君家槐，曰陆君规明。人莫不有死，此二君者以服务社会死，贤于终老牖下。万万本此猛进不已之精神，前仆后继，何社会之不可改革？报告既毕，属余演说，以此意慰且励之。

午后上津浦车，此路余所数数过者，无一行不与赳赳辫发者偶。今日车才行一小时，忽大哗乱，只见一辫兵吊又一辫兵之辫于客座上端安置行李之铁架，而以巨灵之掌，连掴如墨之颊。余大惊异，急问侍者。曰：此被刑者张大帅之兵也，此刑人者张大帅所派随车往来之侦察兵也。侦察兵有四，凡兵士无票乘车、越等僭坐以及旅客行囊有被窃盗等事，皆在侦察之列。有时大帅发特别命令，对于某旅客之来历与其行为，认为须加意侦察，从而予以相当之处置，则亦委之此四人焉。四壮士劳苦功高，各以兼人之资，横陈卧榻于二等车室，白昼鼾声时与车行辘辘声相应，乘客或离其座，壮士则取而代之。盖其威德入人者深，优待之不遑，一切匪所宜校也。

今岁江南一带，颇庆有秋，而淮扬则相惊以水。过宁，友人为言兴化一县，遍地水淹，具知事至以暂停全境小学为请。吾车过临淮以北，四望汪洋，虽在黑夜，犹一白渺弥无际，为之惨然。夫江南之乐岁，谁实为之？曰风雨之克调也，寒燠之以时也。长淮流域匪异天也，而若是，人实为之，谓之何哉？（七日）

自济南至天津，遇同车皖秋浦县（旧名建德）人张君，共谈地方教育。张君言秋浦旧有私塾二千余所。近来兴办学校，私塾锐减。非相率出私塾入学校也，从前子弟一应县试便免徭役，自徭役废除，遂无读书之必要。故学校生徒未必发达，而私塾生徒则既寥寥矣。本县现有高小一、初小四，学校毕业生欲如私塾生徒之就事商店充一学徒而不可得，何也？私塾生徒肯依商店习惯，受掌柜者种种指挥，虽为涤溺器不恤。而学校事事有斋夫，学生日日言自由平等，不肯服此贱役故也。地方上人，非无欲改良学校办法者，而无如一般小人盘踞其中，正不敌邪。地方官又不辨是非，但知坐生事者以罪，故终无人肯出，而改革亦无人敢出也。言下不胜其浩叹。（八日）

本届教育会联合会主任者，为北京教育会。既抵京，往访之。会所之旁，为公众补习学校，其中陈有第一次全国儿童艺术展览会留存之出品。是会筹备，始自民国元年九月，各省陆续送部，大都在二年六月以前。嗣因故展至三年四月开会，然此出品之征集，距今已四年矣。以今日之眼光观之，其堪满人意处殊鲜。如国文重记述体与日常应用文也，习字兼重行书也，图画重写生、图案、记忆画也，手工与针黹皆重实用品也，以近今研究鼓吹之结果，各地举行成绩展览会，趋向渐以一变。此四年前物，无怪其未合时宜耳。吾尝谓展览会仅一度举办，其价值殊鲜。盖展览所以供研究，研究所以备实行，而是否实行，与实行后是否有效，非继续展览，何从知悉。且官厅评判，亦惟望出品者依据之以为下次改良之标准，苟一会之后，戛焉遂止，恐于实际上无大影响也。（十日）

北京教育会假青年会会所开招待宴会。席间请美人麦顾黎君（Dr. MeCelroy）演说。麦顾黎君为美国普林斯敦大学政治历史科主任讲师，被任为中美两国交换讲员，由清华学校敦请来华演说。是日演词摘要如下：各国共和教育与普通教育皆分期办理，中国则同时办理，其困难盖即在此。譬如两马并驰，稍一不慎，将致覂驾。无论何国，必须先解决生活问题，而后可施高尚教育。生活教育须从农业办起，次则工业教育，德意志惟全国注重农工，故有今日之强。（十四日）

联合会之效益，讨论解决现时教育上重要问题，一也。各省区办理教育，各有困难，各有心得，乘开会之际，互道甘苦，俾交换其所得，而解答其所疑，亦其一也。且会员苟不晓然于各省区教育状况，但凭一隅之眼光，决全国之事项，奚其可乎？余本此意提议每日议事之前，腾出若干时间，由各省区代表报告该省区教育状况，众赞成。逐日所闻摘要记之。

广东周君溥：全省岁出教育费公私立各级学校并计二百四十万元。学生对于学校，殊不能满足其希望，故多出外就学者。留学生毕业归来，多以本省俸给过薄，出外任事。民重商业，今后若尽力提倡商业教育，甚合社会心理。盖科举既废，舍生活外无足以歆其心也。

湖北余君德沅：前清鄂省教育虽似发达，然仅集中于省城。自民国成立，始渐及于各县。民国初元最有精神，自废司设科，教育费更被裁减，各校好教员好学生多去而之他省，教育费由百二十万减为六十万，今仅有二十九万，国立高师经费尚并计在内。

江西吴君士材：赣省自改设总视学，殊无良好之效果。因总视学仅负视察之责，无执行之权，省据视学报告行县，县置不理也。各校毕业生升学者不及十之一，其多数力不能升学，又不能得事，惟有在家教读或闲居耳。

直隶张君佐汉：中学毕业生生活问题，为最难解决，盖中学毕业升学者仅十之一耳。

热河葛君秀：民国二年以前，热河归直隶管辖，自熊希龄任都统，设教育厅，半年之间，小学添二百余所。后改科隶内务厅，既而内务又改科，致教育仅设科员而已。经费锐减，学校多停办，现仅存九十四所。

山东：中学毕业生升学者不及十之一，其余大都为教员为司书生。

山西兰君承荣：晋省教育发达之原，在于大学之成立，其次由于设立师范，办理者多为日本毕业归来之留学生，其后各校遂相继设立。全省教育费百四十二万，省教育费前清有七十万，现仅四十二万。前清之末以及民国初元，教育大发展，其后十之七八被摧残矣。去年校费积欠至六个有，巡按使可随意派人为学校教职员。毕业考试，巡按使则命题特试国文，教师所定分数，巡按使以意该减之。定单行规程，小学读经至少每周十二时，因之学校等于私塾，而私塾之气大盛。

奉天董君宝麟：奉天教育之发展，始于张鹤龄为提学使，继之者李盛铎，后先并美。其时小学五十余，学生二十二万余。省教育费百二十万两。民国成立，日以减削，现省费仅四十余万元。日本人所设小学校、医学校日以增多，而本国所设日以减小，前途可为寒心。

逐日听各省报告至有味，议事亦仅及半，不意疟疾复发，金鸡纳不能制，乃不得不向会告假。十七日余报告江苏教育状况，速记另有印刷品，兹不录。（十九日）

余既因疟告假，遂于二十日访医学校长汤君尔和求诊。汤君谓宜迁入本校病室，庶可谢绝人事，即日迁往。疾大作，淹缠二十天，始能进食，药力渐可制病。十一月九日杨君翼之伴我以归。临别，汤君坚嘱到沪非谢绝人事杜门静养一个月不可。抵家，精神既渐复，成病榻杂感一篇。

能担当又能摆脱，然后可以为人，然后可以不为。孟子曰：有不为而后可以有为。

相士之操以政，相士之养以病。好爵不縻，而坚持雅操，吾见罕矣。上语，未病时感于京师政海之千变百幻而发。下语，既病后感于病夫脑海之千变百幻而发。

人当快乐时，须思天下人孰不求快乐，而得之者有几，吾何人斯，乃独享此。如是存心，则凡因快乐而发生种种有捐身心之事盖鲜矣。人当困苦时须思天下人之困苦，有十百千倍于我而未已者，吾何人斯乃少分一些子困苦而不堪受。如是存心，则几因困苦而发生种种有捐身心之事盖鲜矣。

余语医生朱君其辉，延医大难。余之于医，非相知者勿延，负盛名者勿延。盖数见夫时下医生，望气而信手开方，诊甲而掉头语乙，就使其术擅有仓扁之神明，而其心乃纷于弈秋之弓缴，吾安得不为病者危。朱君曰：是何足怪，人于其生命莫不视为惟一之宝爱，而医生乃夷然视为此吾日诊十百病夫中之一病夫已耳。余曰：先生之言善哉，吾斐治教育，闻此言可以知警。夫父兄之于其子弟孰不视为惟一之宝爱，而教师乃夷然视为吾日督教十百儿童中之一儿童而已，不大可哀耶！

病常事耳，吾何人斯，乃使医校、医院长若此其厚我，医生若此其亲我。旧好新知纷纷视我讯我。视我不见，讯我不答，不憾我，转而谅我。复不已其视我，讯我。甚者乃至衣我、食我、起居我，彼之所为其为我邪？其非为我邪？为我可感为何如，非为我可敬而可感更何如。斯时不觉油然发念，吾其何以为报邪？继而自省，此意陋甚。彼望报邪？汝克报邪？汝诚知感者，旦日病已，其勠汝心力，尽汝职责，法彼之所以厚汝者，转而厚于汝群，不此之务而言报，陋已。继复自省，汝诚知感者，旦日病已，其善自摄汝生，节汝脑力，缎汝体力，俾勿复病以累人，而汝亦得留其可用之身，延其用世之年，以副人对汝之期望，尽天赋汝之职责，斯则不言报，而报在中耳。善哉！善哉！吾意已决，毋复纷拢。

某日夜分，闻扣门声，朱君披衣秉烛至，讶曰：先生何为？曰：吾为君病，不寐，欲一视此时病状耳。斯时余大感动，默数往日对于某事，竭吾才矣，未尝若是其至也。对于某人，致吾力矣，未尝若是其笃也。吾滋愧、滋愧，今而后其获所以谋事待人之准也夫！

余行年三十九矣，自二十岁舍学生为教师，其后复为学生，其后复为教师，其后由一学校之教育，进而谋一邑之教育，再进而谋一省之教育，今则无复区域之念存，但知社会为本位，谋以教育解决方今最困难问题耳。回想十九年间，险阻艰难，略略尝过。盖尝度囹圄惨黩之光阴，饱亡命流离之况味，受揶揄于道路，供笑骂于乡都。迨路转峰回，境势一变，昔之所见相与参商者，莫不欢笑一堂，提携共进，化冰炭成水乳，扫阴霾作和甘，未尝不感叹里党风俗敦厚，斯民直道犹存也。数此十九年间事业，以同志之助力，十九成功，差为可喜。而自省平生行事，于良心上说不去者尚鲜，念至此，胸次浩浩落落，怡然坦然，几不复知病之在身矣。

一转念间，辄又觉前念之未确。谓事业十九成功邪？成功两字，正复难言。往往今日认为成功，明日继为失败，则所谓成败之数，绝非可以一时间论定之。谓行事未尝于良心说不去耶。试从头反省，幼时吾父客于外，吾母督我慈而严。年十三，母殇。父归，日有所诏我励我。读书舅家，外大父日以高尚、纯洁、正直、诚朴、任侠、好义之风范我。年十七父殇，未几外大父殇。大母在堂，复日有所诏我励我。以父母尊长督教若是之周以密，然而闲情绮念，未尝杜绝于青年。烟酒六博，时复闻风而心动。逮夫与世相接，彼此利害冲突，得失关头，所谓克伐怨欲也、忮也、求也、忿懥也、好恶也、逆诈亿不信也，一念方平，一念又起。所争者，冀未现诸行为耳，然而相去一间矣。嗟乎！生知安行，夐乎弗可及，谓能学知利行乎？夫以父兄、师长、朋友之前策后拥，左右夹辅，又耳聒夫先圣昔贤之遗训，心怵夫成败利钝古今之鉴戒，仅仅留得良知一念，日惟奉之为中军旗鼓，以与恶魔战，危乎殆哉！困则困矣，勉强则勉强矣。以云知行，斯犹未信，吾将终吾身于困与勉强中耳。

时复进一步想，憬然曰：吾有形之病可疗，无形之病不可疗已。无形之病奈何，则入世太深也。自病以来，人方推我致病之由，谓坐治事之无节，而我转以感激待遇，谋加勉于将来。吾友有治佛学者，稍稍闻其绪论，未尝不叹为超绝，终苦如蚕作茧而不得脱。退而思之复思之，非我恋恋是，奈良心难舍何？然则吾病深矣。忽复自省。汝不云乎，要担当，要摆脱。又不云乎，吾意已决，毋自纷扰。今何时乎？斯何地乎？能摆脱乎？不能！吾将觇汝之决心与毅力。

五年十月，卧病京师，二旬。归，杜门静养者一月。上之所感，积于二旬间，笔而记之，则在后一月。意未尝毫末有所饰，故其反复萦纡，起灭倘恍，诊缕杂琐，颇足以验病者心理，却亦有为平时所未尝感发者。缀以二诗：三十九年事，惟余梦往还。半生成过隙，百感兀如山。人我负乎负，恩仇删未删。予生晚闻道，转眼鬓毛斑。身外愁长短，心头病浅深。道无孔耶佛，念有去来今。出入生和死，几希人与禽。谁能匍匐救，彻耳是哀音。

此回之病，可为吾生哀痛之一大纪念。吾今年三十九岁，吾父实以三十九岁殇。当余卧病北京医校昏瞀之中，正往年吾父之殇日也。当时余年十七，侍父疾，今长儿方刚年十六，肄业清华学校，亦乞假来侍。语之曰：昔年今日，情景正复相同，汝父病不至死，而汝祖死矣。回想当日汝父兄妹三人，无父无母，零丁孤苦，流转寄食于诸父之家，求如汝今日之境而何可得。今汝兄弟得此，将如何自励，以无负天之厚汝耶。

余体孱，然鲜病，余妻常以未尝看护余病为幸，今则俨然临时看护妇矣。每晨六七时起身。行美国格立克氏十分间体操，初习力乏，不能堪，则限其时间而不限其各节动作之回数。操毕，登屋后高台行深呼吸，然后盥洗。三餐务丰其滋养，如是三四周，渐复原。所憾者，知交来视，未能一一欢迎耳。（三十日）

本届省教育会联合会，余既未获终其事，病已，乃取议决案整理之（议题见本号特别记事栏）。各议案中论一时需要之迫切，第一机关，第二经费。自以设厅、筹费两案为当务之急。若论问题之远且大，与夫影响于一般社会之深且广，莫如中学校改良办法一案。今之学校青年学成无用，各级皆然，而以中学为尤甚。盖其教程偏于预备高等教育，以故毕业生之出路、除升学外，一无所有。而力能升学者，据各省区报告，大都仅十之一，或不及十之一。谋少数人之便宜，置多数人生活于不顾，其结果不至养成无数高等游民不止。本案审查时费两足日时间，竭二十人心思，而后属草，通过大会。其所定方法曰：

中学校得自第三学年起，就地方情形，酌授各职业教科，并酌减他科时间，但对于学生力能升学者，仍适用原定科目时间。

如此则于升学者、就事者两方均有便利，而无妨害。余于中学校分设职业科之关系与其办法。异日尚当为文专论之。（十二月三日）

方余出京，车过南京，偶阅日报，骇悉蔡公松坡竟以十一月八日殁于日本。比至沪，友人述其弥留时口授遗言四事，电大总统。一、愿望人民政府协力一心，采有希望之积极政策；二、意见多由争权利，愿为民望者以道德爱国；三、在川阵亡出力人员，恳饬罗戴核请恤奖；四、锷以短命未能尽力民国，应为薄葬。今日其枢自日本运回抵沪，余本在闭门养病期内，特赴埠哀迎之。并撰挽联曰："既用苦战争回人格，夕死可矣；能以道德爱其国家，先生有焉。"

自入民国，全国教育统计尝宣布两次。第一次自元年八月至二年七月，第二次自二年八月至三年七月，其总数比较如下：

	第一次	第二次
学校数	87,272	108,448
学生数	2,933,387	3,643,206
岁出数	29,667,803	35,151,361

计学校数增五之一，前者为八万七千零，后者为十万八千零也。学生数与岁出数各增六之一，学生数前者为二百九十三万零，后者为三百六十四万零。岁出数前者为二千九百六十六万元零，后者为三千五百十五万元零也。其各省比较状况如下：

四川学校数与学生数两次皆列第一，且后次皆比前次增加。学校数由一万一千零而增为一万四千零，学生数由三十四万零而增为四十二万零，独其岁比较他省未为最多数。前者位列第五，得二百六万无零，后者虽增为二百六十二万元零，而位反降列第七。盖其学校、学生增加之速率大于他省，而教育费增加之速率转少于他省也，是可喜者也。

直隶学校学生数两次皆列第二。后次皆多于前次，而教育费虽自二百八十四万元零增为三百七万元零，而其位次反自第三降为第四。经费减少，而事业加多，略与四川同，亦可喜者也。

江苏岁出数前次得三百一十四万元零，列全国第一。后次得三百四十六万元零，列第二。乃其学校数虽由五千三百零增为五千五百零，而其位次由第六骤降为第九。学生数虽由二十三万零，增为二十四万零，而其位次由第四骤降为第六，则进行速率之不如人也。

山东恰与江苏略相反，岁出数两次皆居第八。而学校数由五千一百有零，增为一万一百有零，其位次由第七升为第三。学生数由十一万零，增为二十四万零，其位次由第十二升为第五，进行之速在各省为第一。

浙江学校数虽由六千一百零，增为六千六百零，乃其位次由第四降为第六，略与江苏相等。学生数由二十七万零增为二十九万零，其前后位次皆列第三。而岁出数由第七升为第五、由一百五十一万零增为二百七十八万零，其增加之速率大于他矣。

奉天学校数学生数两次皆列第九或第十。乃其岁出数前次二百九十五万元零，列第二。后次三百一十七万元零，列第三，其代价昂矣。

安徽为最可怜。学校数由一千四百五十七，减为一千零一十一也。学生数由五万二千零，减为三万五千零也。岁出数由六十四万元零，减为四十六万元零也。无一不减为他省所未有。

湖南亦不无可异，学校数增，由四千零增为五千五百零。岁出数增，由二百一十七万元零增为三百七十五万元零。独学生数减，由二十二万五千零减为二十二万二千零。

若夫新疆虽前后次各有增加，而无一不居人后。绥远则学校、学生数增，而岁出数减，亦一异也。

总之，各省学校数、学生数、岁出数，以第二次统计与第一次较，除湖南之学生数、绥远之岁出数皆减，与安徽之无一不减外，其余无一非增，特其速率有大小之差耳。当共和初建，举国欣欣焉，想望更新，斯时教育乘机进行，大有一日千里之象。故第一次统计时为最盛。迨夫民国二年，变故间作，人心亦浸以息，吾将持是以与第三次、第四次较观其进退何如也。（十二月一日）

问江苏省公署，得五年全省高等小学毕业生四千九百八十三人，较上年多九百十人，约增四分之一。查江苏全省公、私立中等学校一百二十二所，平均每校招生继不足四十人，姑以四十人计，半收旧毕业者，半收新者，计亦仅容二千四百四十人，得总数之半而已。又其半皆希望谋一业以为生活者也。由是以推，吾江苏全省与高小同级之职业教育，其设置至少须当现有高小之半。今则据统计，全省仅乙种农、工、商业二十四校耳。（同日）

前周沪海道徐道尹元诰来江苏省教育会，余以养病不克与会，乃为同人拟说贴陈之。（同日）

沪海道属教育方面所宜注意之要项

—— 职业教育　比岁以还，各地学校青年，学成失业。任何等级之学校，除师范外，毕业生舍升学别无出路。而升学者必居最少数，缘是大多数学生，几求一饭之地而不可得。此等现象，从前不过有识者顾虑及之，今则事实显著，无庸为讳，社会前途，深可寒心。而沪海道属之风谷，以通商大埠所在，易染浮华，以故学校教授材料之是否实际、管理训练之是否切实，其结果是否足以养成适于社会需要之人物，尤属未可概论。而以交通发达故，生计竞争，反烈于他地。言念及此，尤切殷忧。补救之法，惟有全力提倡职业教育。一方设立男女职业学校、职业补习学校，于适宜之学校分设职业科；一方使普通教育内一切设施，务合于职业上之准备，尽力为之，庶几挽此危局。

—— 体育　江苏夙称文弱，而沪海道属在本省以文明之较进，遂为孱弱之中心。比年上下合力提倡体育，于学校则有联合运动会之组织，于社会则有公共体育场之设备，差幸渐有动机。今后益宜督促进行，继续办理，俾得矫正地方弱点。

以上二端，似为沪海道属教育方面所宜特别注意之事项。盖因时地以制宜，则二者实务之尤急。至论方法，一方征求意见，为具体之设施，一方利用机会，为适宜之因应。本会同人对此二端，认为切要。夙尝加意研究，具如印刷品。此后研究有得，自当随时陈白。若夫道德教育、国民教育，等等，为一般所宜注重之问题，非一地方之特况，不具列。

赣省教育，自前年旅行参观，嗣后久不闻消息。偶遇自彼中来者，每露唏嘘感叹之意。顷得蔡君蔚挺复我书，于感叹之中，犹有令人滋慰者。其书云："（上略）吾国教育，本难比较列强。况经帝制潮流，廉耻道丧，名节扫地。今共和复活，则人格教育急宜提倡，承示良知学说，极表同情。但是负教育之责者。若不从职业、实用、生活上着手进行，恐徒托空言耳。赣省于本月十五日开全省学校成绩展览会，参观内容，虽不尽庐山真面，然趋重实用者亦颇不少，可为一喜。（下略）"（二日）

前年游美，既过波士顿至春田，得闻波士顿商业中学之特色，不获复往，乃驰书其校长，请随时示我以心得。今得其来书，译如下：

波士顿商业中学贸易及实践部鲁恩君来函

读足下致波士顿商业中学校长唐楠凡（James E.Downey）书，今请代答数行，略述我校谋扩张儿童商务经验之法。

我校功课，大约在十二月中行大部分之复习，生徒成绩优良者，许入商家作业，以冀获得卖货手及行栈中之经验。

城中有多所行栈，每于特别贩卖之日，招我校生徒分派至各处帮助其贩卖。此种办法与校中有特约，凡生徒能力之程度，都有记载。其他行栈，亦在日曜日或复活节招我校生徒往任贩卖，我校以学业较低之人应之。

在暑假期内，我校生徒自向商家择一位置，或由校中代为位置。在前次暑假期内，我校上三级之生徒有位置者，占百分之七十，共获美金三千六百元。

鄙人近与城中二商店订一合力计划，语其常事于每月曜日之下午，招一部分之生徒，往栈作业，至其曜下午，乃招又一部往，至土曜则全部作业。作业归来，各自报告其所习于贸易部，附去卡片一张，此片由生徒带往雇主处，经雇主添注复带回校中，分别保存之。

我希望此信所述，能获有价值于君，君苟复有他问，我亦乐于奏答也。E. J.Rowse 安徽陶君文浚，留学美国古仑比亚① 大学教育科，思力精邃，又纯朴无

---

① 古仑比亚，今译哥伦比亚。

习气。近应考博士，命题涉及中国教育，属搜集资料。复书如下：（五日）

（上略）承问弟所认为江苏教育上最急要之问题，此则枨触于心，极愿掬以奉告者，盖江苏最急要之问题，无过于教育与职业之联络。兄亦知近两年吾国满地青年，学成弗用，任何等级之学校，毕业生除升学外，别无生路（惟师范学校较好）。以前不过吾辈鉴于教育之不切实用，奔走呼号，希图醒悟。今则不幸言中，情见势绌，无可为讳。江苏省教育会因此实地调查各中等学校出路，编为统计，警告世人（去年所调查，刊在《教育研究》中，今岁所调查，见临时刊布第十二号，均附寄上）。皆系最近实况，此次北京教育会联合会，以问各省，则中学毕业生，有仅十之一升学者（直隶），有不及十之一者，除升学外，皆无所事事也。即有事，大都为小学教员。夫中学毕业生而适于为小学教员也，则师范学校岂不可废。况自最近教育部颁行检定小学教员令后，此路亦已断绝。盖各种学校皆有学成无用之恐慌，而最恐慌者莫中学若。此问题之解决方法，一方面在提倡职业教育（修正学制亦一重要问题），一方面在使普通教育所有教授材料、训练方针，一一务合于实际，求切于社会之需要。此事改革，诚非易易，要当尽力做去。若今之教员与校长，往往但求教学生至毕业为止，而学者亦但求博得毕业虚名为止。至所教所学之是否适于所用，两俱不问，无惑乎有此结果也。依此现象，所谓教育者，不惟不能解决世界最重要之生计问题，且将重予生计问题之困难。幸而教育未发达、未普及耳，苟一旦普及，满地皆高等游民，成何世界。吾为此惧。窃愿集合同志，竭吾今后数十年精力，谋所以补救。兄课余倘能注意及此，留心搜集关于解决此问题之参考资料，于学成后归以饷我，感甚！感甚！弟所认为惟一重要问题者此也。（下略）

长儿肄业北京清华学校，寄来《清华周刊》，并述一极有兴味之事，即校长、教员与学生共同筑路是也。此举既令学生练习作业，复令注意公益，于教育上有极大价值，于德、智、体三育有关联之作用。亟录其周刊记事一节。（六日）（《清华周刊》记事略，编者）

今日作《欧美职业教育》序文一首。是书为江苏省教育会实用教育丛书之

一。（十日）

往岁，游美至费城，于本雪弗尼大学^①获晤其教育学院长葛来和博士 Frank P.Graves, Ph.D., LL.D，畅谈职业教育甚欢。博士曰：世界只此荦荦数大问题，中国教育上所欲研究者，亦正吾美之所研究者耳。博士富于中等教育之经验，曾任中学校长二十年。因叩以对中学分科之意见。博士谓中等教育注重职业非凭学说，乃社会要求使不得不出此，绝无怀疑余地已。但职业科与升学预备科，将分校设置乎，抑同校而分科乎，此诚一问题。余则以为同校设置，有大利存焉。盖升学者与中途就职业者，世人视之辄不免上下其手，而实则就职业者居社会大多数、必占绝大势力，此不平等之观念，实伏将来种种隐患之根，惟同校庶几合二者而化之也。临别，博士乃出《欧美职业教育》一书为赠，余亦以所著《工商统计概要》报之。

《欧美职业教育》著者为美泰娄博士 Joseph S.Taylor.Ph.D。出版于〈一〉千九百十四年，盖著者为担任纽约大学学校行政科讲席而作。著者曰：今世之于职业教育，其有溯为专书作系统的研究，而详述其历史与其种种法律上之关系者，盖绝无仅有矣。吾书资材，采自欧美各种杂志，自信必能有益于当世研究教育者。与夫雇主、佣工、纳税者、政论家、立法者，皆将一一唤起其对于此问题之注意也。

著者又曰：今之学校教育何如乎，是直投全数学童于伦理及文学思潮中，不复顾其相容与否，而曰吾将造成文明也。嗟乎！今社会绝大险象，此一语为之胎已。海舶载麦大风，舟人议曰，吾其弃麦以减舟重乎，抑舍舶入救生艇乎？今之教育家鉴此现象，病夫学校课程之太繁，输入之太促，受之者之不消化也，乃欲大减其历史、数学、外国语，以复三十年前枯燥单简之程式，直弃麦类耳；又或病夫文胜之极，遗实利而妨生活，乃欲尽弃其文科，专事职业上之教练，又岂非舍舶入救生艇类邪？须知偏激之为，利乎此必损乎彼。兹问题之解答法，惟有于普通学校予以适当的职业上之设施。一方无失其伦理文学相传之遗风，一方足为青年立生事之基础，斯为无上上策耳。

---

① 本雪弗尼大学，今译宾夕法尼亚大学。

上所云云，为美国言乎，直不啻为吾国言矣。既归，亟倩秦君之衔译之，复倩周君维诚加以修纂。稿成，为叙是书来历如此。篇末美国各校课程表，皆属职业教育设施之实例，足供读是书者之参考。纽约波士顿春田诸校为余游踪所及，亲索得者。梅笛声未及往游，承以斯表寄示者也。

中华民国五年十二月黄炎培序于江苏省教育会

蔡孑民师来江苏省教育会讲演，题为中国教育界之恐慌及其救济方法。首叙恐慌之现象，莫甚于毕业生无出路。次论恐慌之原因有三：（一）高等教育机关太少；（二）学生能力不足，由无相当之职业教育故；（三）道德不完全，由无责任心故。复次，以第一问题由政府主持，姑不具论。就第二、三问题畅发之。复次，论吾国今日之对于宗教问题。主张以美术代宗教。美术代宗教，为先生积年所主张，惜时间短促，未能尽阐义蕴，听者亦未能请益，异日过沪当更请详讲之。其大义则以宗教与科学原理往往冲突，欧洲昔因宗教惹起战争，今甫将教育与宗教脱离。吾国本无宗教，何必更有所提倡。但宗教在使人有畏惮、有希望、肯勇往做事，现不用宗教，必谋所以代之，则莫善于美术。盖宗教作用，不过使人置身利害死生之外，美育亦有此力量，云云。今将对第二问题之讨论录如次：（十三日）

第二问题　恐慌之发生，其一种原因，由于实业教育不发达。孟子谓有恒产而后有恒心。管子谓仓廪实而知礼节，衣食足而知荣辱。可见实业教育之重要。我国学校毕业生通弊，莫不想做官。吾侪教育界中人，固不宜复向此途竞争。但有大半受过中学教育之人，自负不凡，即不做官，亦必就高等职业，如在商肆中就事，以其地位颇与政治接近，易为权势所集。然商业中事，亦各有专门，其仅恃普通知识，可以对付，收入又甚丰者，地位必甚少，故亦非易得之出路。就今日趋势言，商业亦有日渐收束之势。因农工各有生产力，商业不过贸迁有无，系交通中之一事，不能直接生利。各国有一种组织，系由多数工人结合而成，如工业协会之类，往往自营交易，与普通商业相争。凡本会会员所需之品，即由会员就各地代办。此事在欧洲已推行甚广，以后投机商业，将无用武之地。故商业社会有渐变为工业社会之势。

今欧洲最发达者，莫如工会，组织完备，势力亦大。全国政治上有许多事受其支配。即将来全世界统一，亦惟工会是赖。此次欧战之前，各国工党拟同盟罢工，俾枪械弹药无所出，则战事即不能成。其时因德之工党为国家严法所绳，不能赞同，遂酿成此次滔天之战祸，即此可见工人之势力矣。

夫所谓工者，为广义的，如教员、如医生皆在内。吾国人谈实业，恒将农、工、商三项并举，实则只需注意于农工二字。学校之学生既与社会事业太形隔膜，致出路壅塞。就根本救济言之，固应趋重职业教育。然亦非仅恃设职业学校之谓，即于普通教育中，就其所近，或注意于农，或注意于工，亦无不可。此事闻贵会已尽力研究，毋庸多述。然照此推行后，是否于将来职业及升学，绝无窒碍，亦应研究。一面甚希望甲乙种实业学校，日渐增多，可以预防此窒碍。在外国职业学校，每有利用日晡及星期日者。又有一种进步学校，视社会所需各种事业，分设各科，如理发、补鞋之类，并皆设科教授，此为初等职业教育。至中等职业教育，大抵半日在教室，半日实习。如学种葡萄，则半日听讲，半日即往当地之葡萄园工作。教员与学生共同操作，无论何种辛苦污秽之事，教师亦躬自行之。其益处：（一）养成勤俭之风；（二）养成平等之思想；（三）见得凡事须从根基上做起。鄙意吾国学校，能实行此等办法，实为惟一之救济法，但身任教育诸君，多未受职业教育，安望其能实施？鄙意可派送学生，先赴欧洲留学，学成回国，即可专任实施此项教育。据余所知，法国此项学校，其疑习期间不过二年或三年，费用每月五十法郎，学生可留校膳宿。假期内留校做工，既不收费，并可得零用少许。此外衣物费等亦复有限。故派送此项学生，似不甚难。我想此二法并行，当能为此问题之正当救济法。

各地高等小学，颇有欲设工场授木工、金工科者。苦未有工场设备之计划。余游美时曾向古仑比亚大学师范院附属小学索取其工场设备之预算，而以财力之悬绝，物价之不同，殊无益于参考。今夏倩周君厚坤就本国状况，与上海物价，草为最简单之设备计划，既复倩陈君苞孙研究之。周君以生徒二十四人分四组，每组六人，轮习木金、锻工。陈君意见书，则以生徒三十人，分习木工、钳工、锻工三种，每种十人，或更分十人为二组，每组五人，轮习之。其费额一为六百四十九元零，一为七百十六元零，并辑之为实用教育丛书之一种。（十五日）

今日请梁任公来省教育会演说，题为"良能增进之教育"。颇与吾侪平日所主张之发挥本能主义适合。能力就个人言为生活之源泉，就人群言为进化之基本。（二十一日）

南京省立第一女师范学校毕业邀余演说，不克往，则索书所见为赠，乃赠言曰：（二十八日）

一、既研习师范，自宜确信教育有莫大之能力，从事教育有莫大之兴味，此后任何境遇，勿抛弃教育事业。

二、务谋随地施我教育，勿以在校为限。

三、务谋随时施我教育，勿以授课为限。

四、苟对于女子而施教育，务养成其人物，使适于新旧两社会。道德高，则于旧社会无不适矣；知识充，则于新社会无不适矣。

五、无论对于男女子，务注意授以适于生活之教育，庶人人能自立，而道德之根基以固。女子教育此为尤要。

六、道德教育，任凭千言万语不过一句，曰：以身作则而已，师之所以有范在此。

寰球中国学生会举行第三次演说竞争会。与会者十三校，二十六人。中有女子二人，则上海城东女学生也。结果杨雪瑶女士列第三，此为中国第一次男女共同竞争演说。又有一层，使余深感触者，则去岁演说无一人敢谈国事，而今届则昌言无忌也。（三十日）

岁一月八日，去国为日本、斐立宾①之游，以三月九日返。凡所经历，亦既别著于篇，待刊为考察教育日记第四集矣。归途经香港，曾一游广州、澳门，尚未及记，合补于此。

广东省教育费预算六十万元，实支四十万五千元，省立学校如下：

---

① 斐立宾，今译菲律宾。

国民学校	38 所
高等小学	9 所
高等师范	1 所
法政专门	1 所
医学专门	1 所
甲种农校	1 所
师范学校	1 所（附于高师）
女师范学校	1 所
县立师范	5 所
全省中学合计	40 所

师范若是之少，中学若是之多，为各省通病。闻当局亦认为未合，在议改革中。余谓中学之患多，以其为普通中学耳。若酌留一二校，而以其余改办职业性质之中学，其职业种类，一依地方需要，则地方将欢迎之不暇，岂患多乎？

岭南学校在珠江南岸，规模宏备，成一村落。全校房舍及地，合值百二十万元。其寄宿舍皆捐自华人，价三十万元。校长为工程专家，凡在建筑，均自制图样，教员分任监督工事，故所筑校舍，视寻常减四之一。有大学、有中学、有女子中学、有小学、有农场、有银行、有邮局、有印刷所、有礼堂、有童子军。农场实习种稻、种豆、养猪等，皆注意于经济。高级学生与教员，组织会议以维校务。小学宿舍用家庭式，每一学级，筑舍一所，以中央一所为公共使用地。每一学生种菜园一方。继复至女子中学，唱歌以娱客。余为词谢之，而勉以改良家庭与社会之责任。

南武学校，有小学、有中学，为粤东有名之私立学校。校长何君剑吾，余亟闻其热心教育，今乃得见之。时适开十二周年纪念会。校训八字，曰坚忍、奉公、力学、爱国。其特点在大注重于学生自治，设自治会，分评议、执行、审判三部，模仿地方自治团体。全校划为九区，区各置长以管理之。有不当，教员督教之。学生皆精彩、奋发，为他处所罕见。全校制服，自校长以下一律白色。有商科，职教员各出十元为资本，练习买卖。有习艺班，专收贫生，午后为学生洗衣，午前及夜上课，一年毕业。国人所办校若南武，他吾弗知，论其精神，正未易求之长江、黄河两流域也。

港澳皆不禁鸦片，而澳门尤放于赌。大街小巷，弥望皆番摊，此中不知坑害吾国民多少，为之惨然。香山县与澳门接壤，县境有陈永安者，大辟其乡之道路，而于其交通之中心，设一女学。置摩托车四，迎送女生，外兼出雇营业，以其所得充女学常年费。惜未获观，仅在广东省公署见其摩托车送生照片（照片已刊入本杂志第五号）。

省城北观音山，往年龙济光所据守者。自省公署达督军署，迤逦以达山麓。有阁道长可三里，筑于通衢之上，如长虹之亘空。山有三君祠。三君者，虞翻、韩愈、苏轼也。振武楼当时龙济光坚壁固守处。上设铁网以避弹，中置危险物无算，迄今尚莫敢登其上层。戍兵有登者，辄炸死。旁炮台大炮一，当桂军之攻粤东，龙亲发此炮，不中，反自歼其部下无算。德国二女子代为之发，乃中二炮，戍卒为余言。如此山头，俯瞰全城，闾阎扑地，越王台之遗址在焉。

岭南学校钟君荣光，示余文学科各科之要旨。既归，乃得卒读之。摘要如下。其眼光之远，殊可跂仰。其研究文学，而注重于应用，尤与无目的之设施不同。（三日十五日）

叶君秉衡，自德国遣书。尚是去年十一月十七日所发。其言曰：昨日报载凡德人自十五岁以上五十岁以下，无论男女，皆须服务于社会，可见人口之缺乏。柏林百物，价格日增一日，鹅每头约六十马克，鸭二十余马克，白米竟无购处。小面包计五十格兰姆一枚，其大如上海之油煎馒头，每人每日许食五枚，余则山芋而已。现与同学九人，组织一食会，每日曜日下午至学会共煮饭会食一次。米系使署代购，每月每人可得四磅半，合三斤六两，味道甘美，不可言喻，饥者甘食，此之谓矣。寄来面包票一纸及通常食品用增价表。录表如下：（十六日）（食品及物价表略，编者）

蔡君敬襄寄我山谷全集及义宁清水岩矿石。书云：上年视学义宁，游山谷故里，景仰其气节文章，触起我人文教育之感念。可惜双井不见。山谷后裔见告。故里距河半里许，绿水澄清，沿岸有二井，上井深四丈，下井深六丈，沙石过而不入，土人汲以烹茶胜绝。当山谷时，井上有茶数株，年可获四五斤，山谷常取以赠人，为天下妙品。现义宁之茶，为出产大宗，全球著名。清月岩系山谷读书处，岩洞深约一里许，崎岖深入，多兰蕙，春风披拂，香气袭人，为义宁第一胜景等语。余少时观山谷书法，惊其清拔，因而想象其为人，殆如云表孤鹤，悠然去来，然其全集，今始得读之。（二十八日）

常进女子职业学校李静珊女士，问职业教育办法。书以答之：

商榷书奉读一过，仅习家事，未足贯彻女子谋生之目地，诚是。今既酌定家事、烹饪、珠算、信札、家计簿记、缝纫、刺绣、手工、音乐、图画、体操诸科，倘就是切实办法，必有成效。鄙意若缝纫、刺绣、手工，皆可直接谋生。所要者，先与商界联络，或委托商店，或自设机关，此层倘有把握，则在校做工，既可赚钱，出校谋生，自不忧无路，此一要点也。花样色彩，如何可合社会嗜好，如何可使货物精美，而减轻成本，全在社会心理、经济原理上研究，以其用力之浅深，卜效果之多少，此又一要点也。总之，此等学校全看其能否在商业上立脚得住，此外直无他谬巧。若夫珠算能否纯熟，书信是否真能应用，图画是否与刺绣手工诸科联络，虽于职业科仅属间接关系，但若办理不实际，不足为职业助，而反将为之累，似亦不可不注意。再花边风行一时，贵处曾否传及，手工科应否增此一种，或亦一问题。辱承下问，姑贡所知，当否？希裁酌。（四月六日）

共余君日章参观女青年会所设女子体育师范学校。学生大都毕业于中学或师范学校者，年龄以自十八至二十五岁为限。每日课六时，以三时课国文、英文、生理教授法、急救法、矫正姿势等。以三时实习，一年半毕业。初来体甚弱，现皆壮硕。每人体重各增五磅乃至十五磅。观其柔软操、木马、平均木、跳高、球戏等课，得特点有四：一、其运动方法皆准女子之生理，其名犹是，而其实不似男子之剧烈（观其游戏数种皆为女子特设者），一也。每运动若干份种，必令休息呼吸以调其气，二也。校长孙英梅女士，留美习体育毕业者，其方法器物虽多本于美国，而口号及事物名称，悉译用国语，以之传习于内地，最为方便，三也。运动衣式，准乎女子生理，悉用国货，质朴而价廉，四也。女子习田径赛运动，或疑其有妨于生理，观于是校而释然。有附属学校五，分往实习教授。（七日）

序《体育界汇刊》

《体育界》诸君子以所辑《体育界汇刊》见示，属为序。余于体育虽心甚重之，顾未尝研究，何敢漫有所献议。虽然，以窥于今一般学校之教授体操，不能无能问焉。普通体操之要旨，谓是锻炼体格也，何以每周月水金曜日有操，火木土曜日无之，岂体格以间日锻炼为宜乎？抑月水金曜日学生体格强弱之关系，有以异于火木土曜乎？吾于美、于非立宾^①所见不若是，日日行之，每日至长半小时，所谓一周三小时者，乃六个半小时耳。体操既重在锻炼体格，自不得认为技能科学。而何以其式或忽而甲国、忽而乙国、忽而甲氏、忽而乙氏；其器忽而哑铃、忽而球杆、忽而棍棒。教师以善变方法为能，而学生亦以变法之多寡，第教师能事之高下，迫穷于变而窃窃非笑之，而教师亦自愧世界操式之未尝遍学，且恨各国体育家之发明，未能多多以给于用也。岂锻炼体格固当尔尔耶？以余所见他国不若是。某级学校，规定最适宜之某种操式日日行之，如布帛之于衣，如菽粟之于食，从未有厌而弃之者。而其体格乃于不知不觉中，日进于健全，普其影响于全体，而无所偏胜，孰得孰失，专家当有以判之。愧未尝学，辄因缘斯偏，录其所怀疑于胸次者以为质。六年四月。

某地中学设商业科，以所拟各科课程表见商。答之如下：

贵校拟设商业科，若依部拟第二部办法，则此项课程根本上尚须变动，辱承垂询，姑就所知奉答。

原表　国文　说文（概论及句读）

依各校现行教授法，恐各地小学生于文字之源，尚未一律透彻，则欲清其本，似宜先略讲声音学，然后授说文部首，以俗字正谬穿插其间，较有趣味。其目的在使文字之应用正确，而非在攻《说文解字》一书。故不必执定王氏句读。

原表　国文　讲读（清文、明文、元文、宋文、唐文、六朝文、魏晋文、汉文、周秦文）

论文章之学，如目的纯为应用，则多读近世文为宜。如研究美术文字，则鄙见谓非多读秦汉以前文不可。魏晋六朝，乃是文章别体，于普通教育似可割舍。断代为程，沿流溯源，虽亦是一法，但中学教育，恐尚有所不暇及。若既定以商业为目的，则不如专授应用文章，其需要实止于此。即论时间，恐亦无暇研求美术文字，转不如并力以求应用之较为实际也。

---

① 非立宾，今译菲律宾。

原表　国文　作文（记叙书翰、记叙论说）

既定应用为目的，则记叙书翰宜多，论说宜路，且不必划定程序。

原表　修身及法制经济

一方注重商业应用，一方似宜授以公民所必需之知识，前者或占三之二，后者或占三之一，而理论的伦理，似可从略。

总之，既定以商业为目的，则普通各科材料，皆宜设法节取精要，缩短时间，并彼此联络相应，以求达其专注之目的。如何解决，仍候参酌行之。(十二日)

（原载《教育杂志》第 8 卷第 2—10，12 期，第 9 卷第 1、2、6 期，1916—1917 年）

调查美国教育报告 [①]

　　鄙人于教育一事，经验甚少。今岁上半年随同实业团赴美时，调查美国教育状况。至调查之目的，不外两种：一为职业教育之状况，一为职业教育与普通教育联络问题。夫在美国调查此种教育，实最为相宜。第此次随同实业团前往，于调查教育一层，殊难十分详尽，如有不到之处，仍希大家纠正。

　　此次游美，凡经二十六省，又在旧金山居住一月，他人调查工厂，鄙人则独在教育馆调查教育。据鄙人意见，美国教育之发达，较之中国实不可以道里计，而其尤注重者为职业教育，此盖美国办教育者研究之结果也。

　　职业教育之科目不外四大端，即工、农、商与家政是也。职业教育之施行，实在中等以下之学校。博览会中所列近十年来中等以下学校受职业教育之学生数，一千九百零四年为十七万六千零八十八人，至一千九百十四年即为三十四万六千七百六十人。所谓中等以下学校受职业教育之学生，即农、工、商、家政之四种学生也。此四种学生十年之内已加一倍，可谓发达。然美国办教育者，仍力谋扩充。至美政府补助此种学校之经费，据其国会议案，自一千九百十六年起至一千九百二十四年止，其经费分为三部分：一部分为养成教员之用；一部分为农业学校之用；一部分为工商业学校之用。初年每部凡五十万元，以后逐渐增加，至末年每种已增至三百万元，其扩充可谓速矣。该议案中尚有办法，其办法维何？即由教育界、行政界与社会联合设一机关，专司其事。其职务一为调查内外国教育状况，二为规则，三为视察。内中条目甚多，不及备录，今其成绩，已甚可观。

　　但美国人之心理，犹以此为未足也，依美国之地位，农业较工商尤当注

---

① 本文为郭延谟笔记，原标题为《黄炎培君调查美国教育报告》。

重。故又有一议案，于一千九百十四年五月八日提出，名为斯密斯^①立浮^②议案，乃议员斯密斯与立浮两君所提出者，亦最有名之议案也。此案专在提倡农业，第一节添设农业学校，第二节办校外农业教育，皆由行政机关与教育界联合办理。第一年政府津贴每省一万元，美国全国四十八省，凡四十八万元。以后逐年加增，至一千九百二十二年。此项津贴，为数至四百五十八万元。至校外农业教育之办法，一为校外农业学校。组织一般职员，在校外教导改良农业之法，凡改良种子、改良畜牧等事皆属焉。二为临时流通学校。以农业教员至各村宣讲，并附设农业俱乐部，为一般农人研究之所。三改良农家会议。每至农家收成时，究其收成之结果及必须改良之处，并印刷许多书报杂志等类流行社会，以提倡改良之方法。又于各学校中特设通信处所，每学校以一人专司其事，为农家问讯之用。各样教师又须日往各村劝导，其设备可谓善矣。至一切经费，则由中央担负之。每一省会设一总机关以便联络，而各县所设者则为分机关，受总机关之支配。其组织则由地方行政与学校联合办理，此斯密斯立浮议案之办法也。现在已办者都一千一百县，几此情形足见美国对于职业教育特别注重矣。

至于生计问题，则中美相差甚多。中国地未辟而人苦多，故失业者甚众。美国地多开辟，而人尚稀少，故无业之人，甚不多见也。美国最贵者为工价，平常之时一泥水匠之工资，每日可美金四五元，至特别时如博览会期中，每日工资必须十元，合之中国凡二十五元，可谓贵矣。即常雇之工人，平常亦须二三元一日，较之中国殆不止一与十之比例矣。最可异者，工人之价值虽极昂贵，而文墨人之价值乃远不逮焉。如小学教员之薪资普通不过四五十元一月，即中学教员每月亦不过八九十元，较之中国不过美金与华币之差而已。

工价既贵，工人之生活遂与中国大不相同。每日农人赴田、工人入厂，皆乘摩托车往，从无徒行者，可谓豪矣。且不独工价与生活之高而已也，即社会上视此等人之身份亦甚高贵，没有教育家与工业家同在一聚会之中，则工业家必占教育家之上，足以见社会之趋向矣。我国向来贵士而贱工，学生毕业后有为工者，人必以为降格。美国则不然，学生毕业后如为工人，则声价顿高数倍矣，习惯如此，故足以辅助职业教育之发达也。然美国从前贵士贱工之习，亦

---

① 斯密斯，今译史密斯。
② 立浮，今译利弗。

与中国无异，不过顺世界之潮流逐渐更变，故能有今日之结果耳。闻美国人云，从前大学之中文科较理科为高尚，今则反是，其明征也。现在吾人欲将不适宜之习惯渐渐变更，殆非提倡职业教育不可也。

职业教育于大学无甚关系，而以中学校为中心，故鄙人此次游美于大学仅调查四处，而调查中学则有十九处之多焉。美国教育与中国最不同者，莫若中学校，兹其中学校之组织约略言之。

（一）年限。美国学制变更甚多，从前小学系九年毕业，后改为小学八年，中学四年，合为十二年。现又变更为六六制，即小学六年，中学六年是也。然各省不同之处甚多，六六制为一种，八四制为一种，又有六二四制，即小学六年，中学与小学间之承接学校二年，中学四年是也。又有六三三制，即小学六年，中学与小学间之承接学校三年，中学三年是也。夫美国教育制度所以不惮屡次更改者，亦不过为生计计耳。盖学生必须升入中学校，乃能受职业教育，而一般教育家遂嫌小学之八年为太长，而又嫌中学四年所受之职业教育不能完备，不若自小学八年内，腾出二年受职业教育，故有六六制之规定。然又有以中学六年为太长，乃于其间设承接学校，受一种预备职业教育，故有六二四及六三三之制度。

（二）学科。美国中学与中国不同之处甚多，而其最不同者为分科之法。试举一中学以为例。其课程凡十二科，由学生之父兄自由选择，每一学生每年只认主要科目四种，以一科目读满一年为一点，每年四点，四年满十六点即为毕业。故其学校课程虽多，实则必修之科，每学生每年只认四种科目而已。

鄙人对于其制之善否，固不欲遽加评断，而反观我国学生，则大有所悟矣。现在我国学生最苦之事，即是功课太多，几乎无从下手。办学者或不尽知，知者又不肯说。据学生言，每一种学科，其难习者自修之时间须二小时以上，如一日有数种难习之学科，则无法预备，不得不含糊了事矣。夫学生之父兄，谁不望其子弟学业成就，然每一学校之学生，至多不过三分之一学成而已，可胜叹哉。方其入学之初，人人有上进之心，继而功课太多，脑力不足以副之，则自暴自弃而已，否则其体育必不能发达。而遍观中国学生，其学业佳者，体育必不能佳；体育佳者，学业必不能佳。办学者不知，学生又无处告诉，上下情意之隔阂，岂独政界乎？

中学分科之大概，既如上所述。兹再报告中学校所分之科目。盖无论何校，在男校必设农或工或商，在女校必设家政或商。其分科之法甚细，如工科之中，功课分为机器、手工、金木工等之类，商农各科亦皆如是。其分科之法，亦与中国大有不同。中国办学之法，大抵每种学校由政府规定出十种或十余种之功课，令学校于其中挑选若干种施行教授，绝不能于此外另设科目。美国则不然，学校之科目皆由各地方自由选择，其分科纯乎看各地方需要之情形办理，殆无一不可设之科目也。至于乡村之中，则中小学课程多有相连的，谓之中小学联合学校。盖乡村人口太少，故制度亦特别也。在此等处，则中学之科目不能如他处之完备，惟皆特别注重农。故乡间无甲种实业学校，其甲种实业学校即中学校也。鄙人尝有一种疑问，询问美国学界中人，谓彼等中学毕业后如欲升入大学，则普通学太差，殆未免吃亏点。彼等答谓：在中学校中普通科学虽不完全，然各科之基础普通学，则固未尝缺乏也。鄙人又有一种疑问，以为美国学校，凡学一种专门学者，其专门之技虽甚可观，普通知识究嫌太少。然美人之意见，以为学生普通之知识并不在高，只要适用而已。某省中学校长某君素有名望之职业教育家也，曾谓鄙人云：从前美国中学校，对于各种科学注重阐明原理、原则，现以科学中之原理原则，非中等以下学生所能领悟，故只注重阐明用途，不问原理原则矣。即如学校中设置之理化仪器，亦只求其适用，非若中国学校，不知所应用者为何种仪器，但往商店购置其全份，以致许多仪器买来后，多永远用不着也。此于经济上既不合算，于教育上亦非所宜，似非改良不可。纽约有一小学，专教铁工做螺丝钉，吾尝问其教几何学否，其教员答云：可以算教，可以算不教，盖仅教其几何画中铁工应用之一部分也。

至美国学校教授之内容，亦专讲实际，与吾国大不相同。其设备不类学校，大似工场，其学生亦绝似工人，而教员亦与工头无异。且不独工科之学生然也，即其余学科之学生，其精神亦复如是。夫美国素重自由者也，然其学生乃极活泼，而又极驯良，殊可怪也。鄙人在旧金山见一卖报之童子，问其每日得钱几何，答谓一元。问交报馆几何，答一半。问自何时卖起，曰于今二年。问盈余几何，曰尚未计算也。问其钱是否用尽，曰存在银行。问是否父兄为之存储，抑自己存储，曰自己存储。以一童子而能如此独立，不亦大可嘉乎。又问将来之用途，曰吾现在小学不须学费，迨升入中学亦不须学费，吾将以此为将来中学毕业后升入大学之学费，或作工商之资本耳。鄙人闻之，殊为满意，是非其教育之良结果乎？反观我国学生，有如是思想乎？不独小学生然也，即大学校之学生，亦非常驯良。鄙人在旧金山所赁屋，其旁有饭店，许多大学学生居于此间为佣工。盖美国学生之半日读书，半日做工，固常事也。饭店佣工有长工短工之分，长工之地位较短工为高，此饭店之佣工领袖为一女子，是常雇之长工。而各大学学生，则仅暑假时在此佣工，皆短工也，故受此女子之指挥，且不独受普通之指挥，并须受特别之指挥。某日，鄙人食毕，无人收拾家具。久之。此女工至，见家具未曾收拾也，即将在其侧之大学生，大加申斥，曰：此尔应为之事，非我应为之事也。此大学生状有愧色，然竟俯首受教，毫无抵抗，其驯良可见一斑矣。我国学生之气势嚣张，几乎不可响迹，故一旦出学界而入社会必多失败。彼美国之学生在校时能低首下心如此，故一旦毕业后，在社会任事，自无往而不利也。我国办教育者，尚其于此注意焉。

　　至于职业学校之功效鄙人亦曾询问美之教育家，谓其学生毕业后，是否皆有相当职业。彼答以虽未必然，然大多数皆能有相当之职业。盖美国有一种介绍机关，学生毕业后，可以由其介绍职业。不独此也，即学校之校长，亦能为学生介绍职业。盖学校校长之介绍信，在社会上最有信用，每学生毕业后，由校长作一介绍信，将其在校时之学业品行列入信内，毫无讳饰，遇某公司或某机关用人时，学生执此信以往，即可酌量录用。又如公司之总理等，亦可作介绍信。如学生先在甲公司供职，后欲去往乙公司，必要求甲公司之总理出一保证书，持往乙公司，必蒙录用。夫其介绍信之所以有信用于社会者，大概皆以诚实无欺之故，善者固为之扬，恶者亦不为之隐，故用人者无不凭此为取舍也。然我中国亦非无荐信，乃往往无甚价值，则不实在之故也。中国素以隐恶扬善为厚道，若以恶为善而漫为扬之，则无信用、无价值之弊，遂由此生矣。吾等欲矫此弊，此后必须直道而行方可。

　　更有进者，美国学生毕业后之有事与否，并非毕业后之关系，实毕业前之关系。当学生在学校时，其学业行为已为外人所注意矣。即如修理器具及汽车、自行车等事，学校与工厂之技术，盖不相上下，而价乃较廉，往往为社会所欢迎。其制造器具，亦然。学校平日令学生造作器具，而择其最善者留为成绩品，余者悉数卖出。故学生之在校读书，实与在工厂工作无异，其技之优劣，已为人所熟知，一旦毕业在即，必有许多之职业家前来问讯，而其技之优者，各职业家已争先罗致矣。此种办法，不独于学生毕业后有莫大之利益也，即在学校亦有许多之利益。曾见某女子中学校所做之帽子，鄙人问其能卖钱几何？答以少则三四元，多则五六元。问原料所值若干？答一元。问几日可以做好，答约须十日以外。今即以两星期作一预计算，每一女学生于课余之暇，每星期已能赚华币四五元之谱矣。所盈余之款，为学生、教师等所分得，一面读书一面可以赚钱,其乐境为何如乎。又如某学校之家政烹饪科,使学生做成许多食品,放在瓶内卖钱。闻之某校女生云:去年一年,此种食品共卖美金四百八十余元,但其原料由学校之公款购买,故所获盈余不能由学生自得,乃将此款设备一教室,极为完备。闻现又有余款若干,将来可分与学生矣。此种办法颇足以提起学生兴味。反观我国学生,除呆板读书外,无所事事,自觉索然无味,此皆其提倡职业教育之功也。

现在我国教育上所最可虑之事,莫如学生毕业后之失业。鄙人前曾调查江苏全省中学校学生毕业后之状况,大抵一百分中有二十五分升学,三十分得有相当职业,而其余则皆失业之人,可叹之至。若再细细研究,则升学者不能作为有职业观也。即大学毕业生中,亦何尝无失业者。故此等学生最后之结果失业与否仍属一问题。若再调查其有事者,所就者究是何等事业,大抵为教员者居大多数,其次为各行政机关人员,而为生利之农、工、商者,竟无一人。可见讲教育若干年,仍是毫无效果。外国上下一心提倡职业教育,而我国何如,可胜叹哉!

美国之所谓家政者,不外烹饪、裁缝、练习家事等类。即就练习家事一门而言,其设备亦非常完备。每一学校有一模范家庭,内有模范食堂、模范寝室、模范会客室等之设备。其模范食堂以本校学生为主人,以教员等为客人,即侍者仆役等亦皆学生充之。会食毕后,由教员等品评其菜味之优劣,侍者侍奉之何如,以便改良。至模范寝室、模范会客室之设备皆择一班学生各出其所学者,悉心布置。习画图者则绘出图样,习屋内装饰者,则装饰屋内,各出心裁,不加限制,由教员等评其优劣。每一礼拜则更换一班学生,更出新法,重新布置。凡事无一不从实际上着想,故其学生毕业后,管理家政自能并并有条也。夫美国之教育注重实际,故无不适于实用。反观我国教育,乃纯乎为纸面上之教育,所学非所用,所用非所学,不谋改良,何能有良好之效果乎?

惟鄙人有一言奉告者,则改良之道,不独须从方法上研究,更须在思想上研究也。何以言之?类如中国学校亦有手工,然一般学者之思想,以为学校之手工不能与工场相同,必须精致华美方合学生身份。第就缝纫科而言,所制之衣服,必使之特别美丽,或特别式样。假使学校令学生做家常之衣服,其学生必不肯如此,以为如做家常衣服,又何必入学校也。故美国学生,所做之手工皆普通的,而我国所做之手工皆特别的,究竟普通的适用乎?特别的适用乎?此思想上之差误也,万不可不加以研究。吾人当知教育之宗旨,所以使人人适于生存，乃社会上普通之事，非特别之事。惜乎，此种思想，中国学者尚未领悟，故鄙人谓改良之方须在思想上研究也。总之，欲推行职业教育，千头万绪，极宜研究。但切不可责备社会何以不信任教育，只需实力进行，必不难达到圆满之目的。

以上所报告者，为中学校职业教育之状况。今当报告职业教育与普通教育之联络办法。

盖美国之教育，不独职业科新奇之事甚多，即普通科亦与我国有许多不同之点。盖二者关联之处甚多，有互相依赖、互相调剂之功。如普通教育不改良，则职业教育亦不能改良也。即如图画一门，与我国学校所授者，已大不相同。我国教授图画，最初用描摹法，继而用临画法，后来提倡写生画与图案画。现在写生画尚不多见，即有之，亦在中学以上之学校。有人谓写生画非中学以下之学生所能也。我国南省学校教授图画之情形如此。乃鄙人此次游美所见者，竟为从来所未见。盖以写生画与图案画联合所生出之新法也。鄙人曾询问其教师，究竟此种图画之名称为何？彼答以此种图画在美国亦甚新颖，盖三年前在德国某博览会所见，归而效法者，现在美国此种图画，尚未能一律通行。鄙人遂访查美国向德国传习此种图画之人，并索得许多标本，现陈列在此，请诸君研究之（黄君手执图画一纸）。此画第一步为写生画，以一龟为模型令学生先将此龟之形状画出。第二步，再照龟身上之花纹自由变化，不加限制，凡变化四次，即成一极美丽之图案画矣。第三步，然后用作各种美术上之装饰（黄君又手执图画一纸）。谓此画乃以一鱼为模型，先以写生画法，画一鱼之形状，然后再看鱼身上之花纹，令学生变化，凡变化六次，又成一级美丽之图画矣。以此类推。有用动物之骨骼为模型者，有用花草及各种之天然物为模型者，要皆以写生画与图案画相合而成一适用之图画也。其目的为应用，其方法乃不用人造之模型，而以天然物为图案画之蓝本。又有以古时之建筑物为模型，参以心思，以为美术之妆饰品者。若细细研究，则此事并非若何奇特，盖吾人之所以能制造物品者，皆以能取法于天然物为吾人之用也。特吾人之思想易于束缚，而不能发达耳。天然之物品，既足以活泼吾人之心机，古时之建筑尝带一种浑噩之气象，皆可以利用之，为吾人之助力。德国发明此种方法，开图画界之新途径。

上曾报告女学校所制之衣服。此次在博览会，见有一种衣服上之装饰，至为美丽。盖以一天然之花为模型，第一步绘成五色之花，在第一格内。第二步，以五色粉笔将花之五种颜色分析明白，在第二格内画成五道。第三步，自小箱中衣服之原料内，选出与花之颜色相同者五种，照其颜色分为五条，贴在第三格内。第四步，在第四格内预先画成一未着色之女子，而以花之五种颜色支配其全身，黑者为鞋，深绿者为裙，白者为上身，红者为帽，浅绿者为带，女子手中亦持一花，其花之模型与颜色，均与第一格之花相同，不过缩小而已。所奇者，以一女子全身之装饰，而取法于一花，凡所支配无不妥当，一面之中具如此匠心，殊可佩也。鄙人在博览会中，曾偕一女学生同观，所见种种图画，凡二十四种之多，类皆足以应用，非徒饰观而已。

总之，美国学校中之科学，不外以应用为目的，与我国适成一反比例。美国教育之良在此，我国教育之不良亦在此。然吾人欲求教育改良，却不可徒在方法上着想，必须能从思想上研究，方能有济。思想要活泼、要切实，果能如此，未必不能媲美他人。

至于美国小学校之图画，亦与吾国大不相同。如广告画之类是也。大抵美国初等小学，教写生画，高等小学则教应用画。所谓应用画者，凡分两种：一、图案画，如物品之妆饰等类。二、广告画，如商业广告之类。现在美国盛行一种印花法，即于布或纸上，印成方格，内绘种种花式是也。其作法乃以铜板、或木板、或皮革刻成花样，其花样即由图案画变化者。吾人对于图案画，现在尚未能施之实用，至写生画，则以为不过描写形状而已，殊不知其能为若许之变化，有莫大之作用也。有人以写生画不能在小学校教授，今至美国，则岂但小学，即幼稚园亦教授写生画，盖几乎无画不写生，有画皆写生矣。

鄙人在美最后一月，闻加尼福尼亚[①]大学开游戏学校，乃往参观，亦增长无数见识。盖该校每于暑假时开游戏学校一次，其期限约两星期。其办法乃召集各小学校、幼稚园之学生，教以种种科学上之游戏，以活泼其天机。其地址在屋外，如露天学校。然此校为临时的，故设备甚为奇特，盖皆利用天然物品或废物等，欲其惠而不费也。参观时见有童子甚多，游戏物亦不胜枚举，其中如秋千架、升降板等，皆吾人所习见之物，不足为奇。所奇者，即在能利用天然之物品也。如以一木板置于坡上，下临一无水之沟，令一童子坐木板上，一童子推之使溜下入于沟内，复取上又推之使溜下，如是循环不已，谓之溜板。又以铁环六具，用绳系于树上，第一环最低，以次加高。一童子先执其最低者，便身体摇荡，乘势执其较高之环，以次递升，升至最高之环，然后次第降至原

---

① 加尼福尼亚，今译加利福尼亚。

处，谓之悬环。又有平行杆、踩软索等类游戏，皆不费一钱，又无危险，洵绝妙之游戏也。此外，则有所谓沙盘者，其作用尤非常之大。其法以沙盛于盘内，令学生等随意撮弄，作种种之变幻，为教育上之作用。如教地理，则将沙或撮为山，或画为河，由教师一一指示，或更以纸剪成人马房屋等模型，置于其上。教历史亦然。即教授算学、国文等，亦皆可以利用之。此种游戏，不独游戏学校有之，即各幼稚园亦无不有之，诚最善之教育品。盖幼童之脑力甚为薄弱，加以文字教授，则多所困难，惟用此法，既足引起彼等之兴味，且永远无遗忘之虑，教授幼童之法，莫善于此。较之我国，只知以书本教授，相去诚不可以道里计矣。

又有一种游戏之法，乃置一木箱于树林之内，箱中藏零星不规则之木料，有长者、有方者、有圆者、有三角形者，令学生学做木工，就木料之形式，随意做成器物。如方者置作桌，长者置作凳之类，以引起儿童工作之思想。或在沙盘之内，以碎木积成塔形，或各种建筑物之形，以区区一沙盘，乃可以作教授游戏、地理、历史之作用，可谓奇矣。树林之内，又有一教师，令童子做送茶敬客之游戏。盖所以教之礼节，使知送茶须自客之左手进，为他日应世之预备。盖于游戏之中，寓有习礼之意焉。又有十余儿童踞地围坐，中有一教师，手持草花一茎，令童子照之绘画。问诸童子，以某童所画之花善否，诸童乃批评之，批评毕，即将其画钉于树上，更以他童子之画，一一令诸童子批评之，然后一一钉于树上，任人观看此等游戏之法，各游戏学校及各幼稚园盖皆有之。可见图画一事，自幼稚园起，即求其有稗实际矣，何至有不适用之患乎？

此次游美，所得教育成绩甚多，不能一一报告，兹请撮其大要，为诸君报告之。大抵小学校及幼稚园中，最要之课程，莫如图画。盖图画与其他科学皆有关联，如教历史，则历史为图画题目，谓之历史画，即绘画历史上之人物，或其人所做之事业，或其人之出产地等，类皆是也。教作文，则上面绘一图画，下面国文即述其所绘。教算术，则上面绘若干物件，下面则加减或乘除之。故各种功课所命之题，皆根据于上列之图画，至于方格板之印花画，则图画、手工更打成一片，谓之图画可，谓之手工亦可。盖所以使学生科学之实在用处也，其研究可谓无微不至矣。

又有所谓贴纸画者，则先画成各种物件，然后施以手工，剪成其物之模型，而贴于他种图画之上。如先绘一房屋，然后度量某处应有桌子，某处应有椅子，则将贴纸画之桌子粘贴某处，椅子粘贴某处，盖犹恐寻常图画失之呆板，不能启发儿童之心思，故绘出后复用剪剪下，随其意向贴置何处，使脑与手可同时练习。其作用也，既收训练之功，更启灵明之性，其功效诚非浅鲜。鄙人此次游美，见其教育上有兴趣之事极多，一时难以列举。惟自惭科学根柢浅薄，不能全悉其作用。美国教育于美术一门，亦甚注重。但其所授者，皆为应用之美术，而非徒饰美观之美术。其美术之分科，一、金类细工；二、陶器；三、屋内装饰画；四、衣样画；五、美术画；六、广告画。凡此各科，其成绩均能尽态极妍，各臻其妙，然无不合于实用者。无一非美术，无一非应用，此其所以可贵也。

鄙人此次所得纽约各小学之成绩照片，如木工、机器工之类甚多，不能一一报告，惟美国小学校教室中之设置，与我国迥乎不同，请为诸君报告之。

中国小学教育之设备，除黑板一两块外，几于空无所有，以为教室为学生授课之所，不宜他物混乱学生之脑筋也。美国则不然，其小学教室之中，四周墙壁遍挂黑板，绝无隙地。因不独教师需用之，即学生亦需用之。中国小学校教授之法，大率教师在讲台之上讲解功课，半步不离。美国则不然，其小学教师并不呆立于讲台之上。每授课时，先令学生将功课画于黑板之上，或讲解、或绘图，由教师巡视指正之，故需用之黑板多也。鄙人曾参观某学校教授历史，趣味横生，其法：由教师指令某某学生讲解某课，于是学生中有两人同时起立，互相答辩，所说者无非历史上之话，每至得意处则手舞足蹈，非常高兴。其教授学生之法如此，故不独永无遗忘之理，且学生时时学古人之言，法古人之行，于古人之嘉言懿行，自能领悟，较之呆板教授，不可以道里计矣。

且教室之内，不独四壁无隙地而已，即上面亦几无隙地。盖每一教室，必安设许多壁架、阁板之属，其上遍置学生之成绩品及模型等，且有盆花与笼鸟等物。每上课时，书声琅琅，鸟鸣喈喈。此在我国必为妨害学生之功课矣，殊不知其中实有莫大之益处。盖使学生常看天然之物品，既足以活泼其天机，又可以作图画或作文之题目，即模型成绩等，亦皆可作教授之题目，固非漫然设置也。其教室之布置大都如此，鄙人今日特因报告成绩品，而连类及之耳。

鄙人曾参观加利福尼亚幼稚园之游戏手工，以为非常奇妙。盖一儿童自一木箱内取出各种不规则之木料，将一椅子放倒。以类似马匹之木头置于椅子之前，系之以绳，如马车驾马然，一童子坐于其上，作乘坐马车状。又于椅子之两旁，安置木块，假作汽车上之座位，二童子坐于其上，作乘汽车状。此虽游戏之事，不足深道，然美国经济素裕，幼稚园中何不可置买各种精巧之玩品，乃使学生以此种不规则之竹头、木屑为游戏之资料也。此何故乎？据鄙人之意见，以为此种游戏，实含有两种意思：一教授科学，须从物质上入手；一所以养成儿童之自动力，使于制造物品上，得极大之兴味。

鄙人在旧金山曾见有一种布景画，为吾国向来所未见。乃模型与图画混合而成者。盖以制成之纽约市模型一具，于其上安设种种之马路、电灯、楼房、树木等物，或为模型、或为纸剪之图画，观者非细看竟不辨其孰为模型、孰为图画也。美国图画教授之功效，于此可见一斑矣。

鄙人所欲报告于诸君者，本为中学，今特连类而及于小学耳。然而教育之事，千头万绪不胜枚举，兹请撮其大要为诸君言之。大概美国教育自种种方面看来，可一言以蔽之曰：求其有益于实用生计而已。美国中学之于此道，久已惨淡经营，不遗余力。小学为中学之预备，其目的亦不外辅助人民之生计耳。

至于教授方法上，与吾国不同之点，则美国用个别制，吾国用划一制。吾国守旧，美国求新是也。譬如习字，必用颜、柳、欧、苏之字帖，作文须读八大家之文章，在中国几乎全国一致，则划一而又守旧之明证。盖人人如此，是划一；事事只求企及古人，是守旧也。美国则不然，凡发明一种器物，固为人所崇拜，然人人有自出心裁发明新器之思想，则各别而又求新之明证也。鄙人曾调查美国一年内所发明之器物，经农商部批准者有四万种之多；其未经批准或未经呈请者，尚不计也。电学大家安地生[1]君一人所发明之器物多至九百种，则美国发明新器物之多可想见矣。谓非教育之功效而何？故鄙人此次调查美国教育所得之结果，有两大端：一为生活主义，一为个别主义。此两大端，又可一言以蔽之，则鄙人向所主持之实用主义是也。盖实用主义内可以包括此两种主义。而实用二字，又可以一"实"字包括之。鄙人向曾有实用主义之商榷书征求意见，吾人宜大家研究，以期其成功。方今世界竞争，日益剧烈，一国之教育，非注重生计，绝不适于生存。而人之资质，各有不同，又非用各别教授之法，不能尽其所长。如学校用同一之教授书，命同一之题目，与削足适履，何以异乎？此吾国教育之亟宜改良者也。而改良之方法，仍须自提倡师范教育始。盖吾人自己既未受适宜之教育，焉能当改良教育之重任？必须设法造就师范人才，方能收良好之结果。然吾人却不可将此担负完全诿之他人，仍须大家竭力研究，以求一改良之善法。

---

① 安地生，今译安迪生。

尤要者，此后办理教育，切不可不改从前之习气。工作宜求应用不求美观，作文宜求通俗不求深奥，而行政上尤须确定方针，竭力提倡，方能有济。盖美国教育之所以能发达者，行政界提倡之功实居多数。更当因地制宜，不可拘泥。如宜农省份，宜注重农业；交通利便省份，宜注重商业；以及有特别之情形者，须有特别之规定。如美国规定，某省之小学应如何办理，某省一部分之中小学校应如何办理之类是也。总之，改良教育千头万绪，欲求成绩，千难万难，惟行政者主持于上，学校与社会通力合作于下，然后能收效果耳。

现闻我政府已有命令，准学校领附近之荒山荒地，此诚至可喜之事。美国从前办教育者，亦以经费不敷为虑，幸其政府于某年下令国中准学校之办有成绩者请领荒地，于是学校争领荒地，以为基本。其政府又规定，凡所领之荒地，已垦熟者，准其出卖几分之几。于是学校将地垦熟后，则售其若干为建筑费，而留其余者为基本金，故同时教育既兴，荒地又辟，诚最善之法也。中国能明此理，何患教育之不兴乎。

抑美国教育之所以能发达者，尚有一绝大之原因，则政府与社会学校合并组织机关，以谋教育之进行也。其职务一为调查，二为规划，三为视察。其会议方法甚为简单，议决之后，由行政机关发布，由学校实行，由社会辅助，分任其职，各尽所长，故能蒸蒸日上也。不独此也，每一学校必设一会，聚各种职业家及教职各员，公同研究本学校宜设何科，本地所需者为何种物品，以谋改良之方法，故其学校所授者，即为其社会之所需，又何患无进步乎？

闻美国此种良法，发明未久。当其发明之先，其教育之状况，亦与中国无异。如十数年前美国之棉苦不甚佳，其政府乃注重农业，令各学校每日特授二小时之农业，然行之数年，仍无进步，方悟理想空谈无裨实际。最后由政府延聘一发明改良棉业之人，请其编辑实用之教科书，然后农业乃大发达。现在美国棉业已环球知名，可见教育非实用不为功矣。吾人现已效法美国前半截之法矣，尚须效法其后半截之法方好。

更有一言，为我国教育家之所当注意者。即越去书本教育之阶级，而进入实用教育之阶级也。至于政府既须与学校社会通力合作，更须多派有经验之教育家，往外国考察，借作他山之助，然后教育可期尽善尽美也。

惟鄙人尚有最后之一言，则人生之目的，并不仅在生活而已，道德尤为人类所必不可少者，重生活而不重道德，则逸居无教，无所不为，其患有不可胜言者。故此后之教育，须一方面注重生活，一方面仍注重道德。道德非空谈学理之谓，必当有一标准，其标准为何，即良知是也。但人无恒产，则无恒心。故提倡道德，须有一种维持之法。其法为何，生活是也。盖人必先能生活，然后能讲道德。鄙人之所以再三注重生活教育者，正所以为维持道德计，并非舍道德而专重生计也。

鄙人今报告美国社会教育状况，美国社会教育之情形，与中国不甚相同。缘其学校教育，已甚发达，且已收极大之效果，社会上未受教育之人甚少。社会教育似乎不甚需要，故其社会教育并非为灌输知识而设，其中实含有两种目的焉。其目的为何？一、欲使国民受同一之教育；二、欲使学校与社会有联合之功用也。

盖学校教育虽甚发达，然仅能聚一部分之学生受个别之教育，惟社会教育能使全国人民受同一之教育。社会教育之方法甚多，其最普遍者，为电影。盖美国惟城市之中，乃有戏馆。电影则乡村镇市无不有之。美人之嗜好电影，亦非常之盛。据美人某君之报告，美国全国人民每日必有四分之一在电影馆或戏馆（按美国人民凡一万万，四分之一当为二千五百万人）。电影之内容，与中国之电影无甚区别。惟其中有两种特异之点须为诸君报告之。美国观电影者多系工人，电影馆所注重者亦在工人。盖美国工人工资甚优，难免流于奢靡之途，电影馆常编出许多影片以规劝之，且引起其储蓄之观念，故每年必有电影馆若干处，专为工人而设。电影馆演至中间，往往有音乐队奏国乐一阕，观者亦全体唱国歌以和之，或于电影内现出国旗，观者须脱帽鞠躬以致敬，凡此特异之点，皆教育上之作用。盖一则所以教育工人，一则所以使国民不忘爱国也。

美国办理社会教育，皆由学校兼办，向无特设之机关。此种学校中之社会教育，最初由英国发起，美国仿之，现在殆无一大学校无社会教育矣。校中既出金钱，复出人力，可谓热心。学校办理校外教育最有名者，为维斯康新[①]省之大学校。盖该校专设一学长，其下有教员若干人，专司校外教育之事。内分四部，一、图书馆；二、成绩展览会；三、函授教育；四、流通学校是也。其组织之法，大概每省以大学为总机关，所属之县各设一分机关，每县之下并划分学区，专办社会教育之事，盖所以使各地方受同一之影响也。至各县之分机关，则设于中小学之内，不独其教员常在校外为流通之讲演，且以该校之校舍，供一村中开各种教育会议之公用。故村中之各种会议，如自治会、研究会、农

---

① 维斯康新，今译威斯康星。

家会议等，皆开在该学校之内，由教员邀集村人赴会研究，而自为其主体。此种学校据鄙人之意见，不得不谓之社会教育也。鄙人在博览会中，曾见某村小学校（其校名即称某村生活学校）之报告内称该校一年间凡开此等会议二十七次，可谓热心社会教育矣。

美国学校大都兼办社会教育之事，故其学校与社会有联合之功用。除学校教育会议而外，则图书馆最为发达。全国之中如国立之图书馆、学校立之图书馆、私人立之图书馆等，殆不可胜数。其制度省各不同，加利福尼省有省图书馆，一方面供人阅览，一方面为一省图书馆之行政总机关。馆内书籍并不甚多，而有监督各县图书馆支分馆之权。省以下每县额设一图书支馆，由省图书馆支配，县以下分为数区，每区额设一图书分馆，由县设之图书馆支配。在省之图书总馆内，有规定之图书馆书目、规则等，并有谙练图书馆事务之人员，如所属之某县内有人欲设立图书馆而无相当馆员，可以函达总馆，总馆立即派人为之代办，并将一切章程、书目带往，以供采择，县之于区亦然。至地方上额设之图书馆，其经费取之于地方税，大概各地方抽赋税充图书馆之经费，不得过百分之三。美国之图书馆章程，极为美备。其图阅览人之便利，更无微不至。如有人在县立或区立之图书馆欲看某种书籍而不得，可致信于其上级之图书馆，告以情节，该馆立即答复，告以此种书籍藏在某馆，绝不惮烦也。加利福尼省除普通之图书馆外，并有盲人图书馆，凡盲人欲读何种书籍，可致函该馆（盲人寄信邮局不收费）索取，该馆立即将书送上。美国盲人之幸福且如此，况不盲者乎。图书馆之书，不独可以在馆阅览，并可以借出。从前往图书馆借书者尚须有人保证，近则已将保证之章程免去，盖因有人提议，谓借书之所以须保证者，恐其不还耳，然吾人不可以小人之腹度君子之心，不过每人借书之数，须稍有限制耳。于是乃鼓吹自由取书之法，现已一律通行。然迄无人久假不归者，足见吾人以君子待人，则人皆乐为君子也。加省除专设之图书馆外，尚有一种代办之图书馆，如邮局、商号、人家等，皆可往图书馆领取书籍若干种，陈之一室，任人观看。其公共机关，如火车站、火车学校等，殆无不有图书馆一间，供人阅览。而乡间之杂货店，且有特设图书馆以招徕生意者。此加省图书馆之发达情形也，他省虽不及加省，然相去亦不甚远。

中国现在即讲社会教育，自当多设图书馆，万不可借口于我国人不喜看书，遂谓图书馆不妨缓设。须知美国当未设图书馆以前，其国人之不喜欢看书，亦与吾国相等。及至图书馆发达以后，已无人不喜看书矣。可知天下事只需有人提倡，万无不发达之理。美国当设立图书馆之初，曾设种种方法，诱人观看。如每日用小车装载图书，或送至农场于农夫休息之时劝其观看，或送至火车站上，于火车未到之时劝人观看之类，而所备之书籍，则皆文字通俗，而趣味浓厚，足以引起人看书之兴味者。吾人如能效法，则图书馆设立后，何患无人去看，万不可因无人看书，遂不设图书馆也。

写于 1915 年 12 月，发表于 1916 年 1 月

（选自中国第二历史档案馆编《中华民国史档案资料汇编》第三辑，江苏古籍出版社 1991 年 6 月版）

调查美国社会教育报告书

谨报告者，炎培此次的实业团赴美考察教育，于四月九日出发，五月三日抵美。定议先游全国一周然后回旧金山，参观博览会。正行抵西霞德尔间，由赛会监督外转奉钧电，委托调查社会教育。自惟兹事重要，平日虽有志研究，愧无心得，正拟乘此一行，专心考察，复承尊命，敢不加勉。综此行所窥见美国教育状况，以谓吾国所宜急起直追，三事：曰实用教育，曰体育，曰校外教育。而美国对于此三者之设施，不惟校外教育在在属社会范围。即实用教育与体育，亦纯恃学校以外种种机关为之辅佐。盖其学校教育与社会教育，两事直将浑而一之，彼此相倚以为体，相互以为用，而其效力几于不可思议。今姑就社会教育方面。按其事项，据所闻见，述之如次：

一　博物院

寻常之博物院，陈列物品于一定地点，任人参观而已。美国于是等博物院，殊不视为重要。费城有商务博物院焉，参观时，承其院长威尔逊氏殷勤指导，特开讲演，将其组织内容，披露详尽。是院分为三部：

甲、展览部。陈列世界各国物产及可以表示各国风俗文化之物品，其目的在灌输知识于工业、商业界与普通国民。

乙、学校教育部。辅助费城及本雪佛尼[①]全省学校，授学生以工商业及地理上之知识，俾正确而切实。其办法分三项：

（子）各学校可请该院延人宣讲选定之题目，其讲员务延研究是问题之专家，约期率学生往听，讲义之深浅务合于学生程度，初等小学以上无不能领悟

---

① 本雪佛尼，今译宾夕法尼亚。

者。佐以彩色影片及活动写真，补言语之所不及。听讲人数限于一百以内。听毕，分组由该院指导员导观与当日宣讲有关系之物品，使所闻与所见得互相发明。

（丑）上项办法，其利益犹限于费城与其邻近各市。该院更为远地学校计，特备影片及讲义借给之，使该校教师自行宣讲。其无影灯与承影幕者，亦可向院索借，有时更贷以小件物品，皆不取租费，但令该校纳往返运费而已。有时因谋节运费，由互相接近之诸学校，合借轮用之。

（寅）分赠物品于各学校，常在数百件以上，使教师得合用之教材。其物品示世界各国之物产及制造阶级，装诸木柜。柜分十余屉，屉容物产之一种，学校欲得此种物品，须正式陈请于该院，更须有本区之议员，出具签名盖章之证书。

丙、外国通商部。搜集各种关于国际通商之事实及法令，以备本国及外国商家之垂问。所辑有税则、外国商场状况、商标及商标注册法、领事则例、航线及运费、外国公司信用及国际汇兑法等。

本部另刊一月报，分寄外国，为本国工厂扩张海外贸易之助。更刊星期报，以饷运货出口之商家。

此三部之外，该馆更有一藏书楼，藏书籍七万八千卷，凡各国工商业之统计及报告，各处商号表、领事报告，与各国商业杂志，无不齐备。

每逢星期六，该院有普通宣讲，亦有影灯，不收听讲费。讲题大都关于各国物产及地方风俗。

以上为费城商务博物院之内容。其第一部之设立，为普通社会。第三部为商业社会。而其第二部专为学校学生，予以正确切实之知识。所谓学校实用教育，恃校外机关为辅佐者，此也。

过圣路易①市，参观圣路易博物院。其办法以所储物品分置数千箱匣，载诸车，往返于各公立学校之间。其在院中收藏及陈列者，不及全部十之一。为送物便利计，分全市为五区，星期一至甲区，星期二至乙区，如是以至于戊，一星期而遍诸校。车至之前一二日，校长先询各教师以本星期所需之物品，开单预告本院，单上注明物品之号数，院员得单，则按号取物，至期辇送该校。前星期所用物品，即于是日收回，由院员开箱检点，遗失者补之，损坏者修之。

---

① 圣路易，今译圣路易斯。

然教师与学生知博物院之利益，于借用物品常加小心，故损失甚少，检点后，仍装好以备转送他校。

院中物品分十五部如下：

一、食料

二、衣服材料

三、木器

四、工业制造品（示制造之阶级）

五、外国风俗

六、动物标本

七、植物标本

八、矿物标本

九、物理及地文仪器

十、留声片

十一、历史用图画及表

十二、天文用图画及表

十三、生理学图画及表

十四、美术品

十五、照片影灯片双形片（即俗谓西洋景）

部复分门，每门物品自四件以至八件，附以影片、画片等，制为目录。每件注明用途产地等，更列参考书名以备教员翻阅。各书皆藏馆中，设有教员阅书室，目录则分送各校，教员案头皆置一册。

教员阅书室，庋藏教育、文学、科学各种书籍，并本国及外国所用教科书，本国及欧洲各学校课程及报告上所述之参考书及各种杂志，都凡八千卷。平时借出之书，每种必有一二分陈列院内，俾各教员得随时浏览，知馆中所有者为何物，且可参看阅书室之书籍，籍悉物品之用处。

陈列室除星期日不计外，每日自午前九时至午后五时，为游览时间不收费。教员于下课后，或星期六更可率学生来游。第不便即以此为教授功课，盖种类太多，学生不能专心致志于一物。且陈列架内，不便反复审视也。院设院长一、副之者二、校书员一、修缮工人一、登记员二、车夫一、杂役一，而由该市副视学员为之提调。此圣路易市博物院之办法也。炎培去参观时，该院索吾国产物，与关于风俗之影片，以旧有者已极窳敝，不足代表吾国故，未经付与。其它所见，若纽约有两博物院，一为天然博物院，一为历史博物院，此则别一性质矣。

大抵美国之所谓博物院，必有目的，或为商工业、或为学生、或为儿童、或为其他人等；其性质或为历史、或为美术、或为教育，必有活用之办法。定期或临时讲演，佐以幻灯或活动影片，甚或流通传观，以广影响。吾国往往有本国人或外国人所设博物院，屃万有于一堂，时阅数年、十数年曾未有所变易增进，若此者，在美国盖未之见也。

二　图书馆

据此次博览会陈列统计表，美国图书馆一千九百十三年统计，凡以地方税充费满五千卷以上者，全国一千五百四十六所，一千卷以上者，八千三百零二所，可谓盛矣。以炎培游踪所及，若华盛顿国会图书馆、芝加哥大学图书馆、薛芰堡嘉南崎氏捐建之图书馆、哈佛大学图书馆，规模之宏壮，卷帙之繁富，令人惊叹欲绝。顾非此行所注意之要点，此行所欲考察者，则规模不求其过大，方法必窥其完密，不敢侈言其盛况之如何，而但欲识其效力所由致，以故庞大无外之图书馆，虽谓匪我思存可也。

美国东方图书馆事业，发达较早，西方则近十年始盛。东方图书馆，盛于教育既发达之后，若西方则认图书馆为补助教育之一机关，以图书馆事业之设施，促教育精神之普及。以故东方多宏大之馆舍，其注重略偏于形式，而西方则务扩充其内容，推广其影响，此语得之于博览会场全国图书馆联合会职员斐伦君，盖亦后胜于前之公例也。

全国行县立图书馆制度者三省，曰乌海乌[①]省，曰美利兰[②]省、曰加利福尼亚省，皆由县征税以充费，设总机关于县城，设分机关于各市乡，而以加利福尼亚省为最密。炎培旅居是省较久，又于博览会见是省关于图书馆之种种出品，请详述之。

加利福尼亚省，于县图书馆之上，更特设一省图书馆，是为全省图书馆行政之总机关。以省图书馆统各县图书馆，以各县图书馆统该县境内各小图书馆及分图书馆，组织完整，机关灵捷，录其所属图书馆统计如下：

---

① 乌海乌，今译俄亥俄。
② 美利兰，今译马里兰。

私立免费之图书馆	132
市立图书馆	5
县立图书馆	26
法律图书馆	66
县立教员图书馆	58
学校图书馆	334
各会社捐款设立之图书馆	111
各种机关设立之图书馆	47
统计	779

上列各馆之分馆一千二百六十三。

图书馆之建筑，由捐赠者一百二十九，非捐赠者二十一，共计一百五十。

省图书馆之设，其主要为供给立法及行政机关之所需。故其所藏若法律、政治参考书、官府文书、省县市乡之布告、本国及外国各种报告、本省之历史材料、各种新闻纸，以及历史、文学、科学、工艺、美术、经济、哲学，等等。其所以异于他种图书馆者，以不甚注意于稗官小说及儿童游戏之书也。总之，省立图书馆为利益全省人民计，不专为一部分人利益计也。

所谓以省图书馆统各县图书馆者，何也？省图书馆内设县图书馆筹备员、学校图书馆筹备员各一，以应各县、各学校得法律允许而组织图书馆者之咨询，而为之臂助。凡县立图书馆管理员，须经省图书馆部之试验，认为学识经验合格者，乃得入选。

省图书馆编制总目录，凡全省所有之图书馆，无论其为公立私立，皆须以著作者姓氏告之。即他省著名之图书馆，莫不交换其书目。凡本省人之借书者，苟求之于所在地图书馆而不可得，又非省立图书馆之所有，则由省立图书馆告以书之所在，而由县立图书馆转借以给之。是以各地苟有藏书，人人得受其惠，而以省图书馆为通信之总汇焉。

借书之职务，有为省立图书馆所独任者，如借给瞽者之书籍是也。瞽者散居于各处，图书馆以所需之书分寄之，政府特免其邮费。而县立图书馆之管理员，亦常为瞽者助力，而使其知有合用之书。故瞽者只需以姓氏地址及其所欲得者告之图书馆，即能如愿以偿，且借书之期限亦无定也。

为外国侨民购备外国文书籍，亦为省图书馆之专责，由县图书馆转借以给之。

省图书馆近且征集写真影片之类，供学校及各团体之用，由县图书馆司分派之事。

省图书馆刊行季报，所载为全省图书馆之统计报告、新定之条规、说明书、图书馆纪事提要、联合会纪事、图书馆职员考验部纪事、图书馆学校纪事、图书馆同盟、图书提要之类，莫不收集详载。故任图书馆之职者，得以互通消息联络意思而各县居民亦得手置一编为研究之助。

以上为省图书馆办法。至各县图书馆，以督察员之决议而创设之，全省五十八县，现已设图书馆者二十六县。其经费则取之于居民产业税，每美金一元，征税不得过一米（一米为美金元千分之一）。设本馆于县治，而分馆则遍于全县。对于学区图书馆及其经费，县立法律图书馆、教员图书馆及其经费，皆有节制之权。即对于私人集资设立之图书馆，亦得加以补助而联络之。

县立图书馆不惟为全县总汇之区，且与省立者有相连之关系。凡分馆及各种会所之所需，无不取给于此，且时以书籍补助各学校所设图书馆。匪特此也，若大学毕业生求精进者，则以书籍供其研究，若加利福尼亚大学之辩论会，以及校外或函授之生徒，皆须以书籍供其取材。若监狱、若医院，则设分馆于其中。以农事指导员之介绍，备农事之书，以供农夫之借阅。又以书补助县立法律及教员图书馆，以及市立、私人集资设立之图书馆。由此观之，县立图书馆既应各种方面之要求，而收藏之书，至汗牛充栋及观其所收税以供经费者又至微，何也？是盖有资于省立图书馆之补助，而是馆实为其承转之总机关也。

县图书馆之设立，有省图书馆特设之筹备员为之指导，且资其种种协助，而底于尽善。若县治之内复有小图书馆之组织，创设伊始，不能不有所商榷，则县图书馆长助之。皆视为义务所当尽，而不受酬报。设县图书馆联合会，每年举行一次，集各县图书馆职员，讨论进行方法，而交换其意见。省则每年开全省联合会一次，集各种图书馆职员而讨论之。

所谓小图书馆者，书籍亦任人借阅，惟创立之费，取之于募集之款。常有以数人之力，供给种种用费，而所藏卷帙亦无多也，今请略述各县图书馆之状况。

阿尔逊达县图书馆，以一千九百十年开幕。是县大市若奥克伦、若彼克尼、若阿尔弥达，久有图书馆之组织。及县图书馆成立，资其协助，尽力推广于乡僻地方，备各种杂志及图画之属，供人观览。至各种团体以及监狱、病院、各慈善机构，皆以图书供其消遣，而农事书籍，尤通行于村落间，现分馆已达二十六所。

康拙可司特县，当县图书馆未成立之先，藏书事业甚不发达，仅一二捐资设立者而已。县治名马第尼司其地本非冲要，以水道与制造厂相近，而铁路交通，又与农场相联络，故其地遂为巨镇。一千九百十三年十月县图书馆成立，同时设分馆四，力求适合于各种社会所需要。以后逐渐推广。若会所、学校、邮局、商店、旅馆、居民家宅皆设分馆，以便借阅。苟所欲借之书而为分馆所无者，则转借以给之，舟车运送至灵捷。沿河工厂林立，逶迤七十英里间，皆择适宜之地以设分馆。在内地更注意于农业需要之书。至一千九百十五年一月，分馆五十所，借出之书六千余卷，距始创仅十六个月耳。

格伦县为塞克雷门土^①流域之一部分，以农业著。当图书馆未成立前，其他居民，急欲得书籍以为学识之研究，且供消遣之资。而当雨水盛行，田园之操作已停，则书籍之需要尤极。图书馆专以是等材料供给之，莫不餍其所欲，开幕未六月，而分馆至十九处。其间若鄂得分馆，就司徒尔货栈设立，在农人喜阅关于农事知识之书，而农人之妻又好俱乐部之记录，故分馆所有书，两方兼顾焉。若汉弥尔敦分馆，从制糖公司之要求，就银行内设立，故不能镇日纵览，而多备杂志，幼童趋之若鹜。若奥伦得分馆，就客舍中酒室为书馆，大有以汉书下酒之概，就饮者如平时，而声誉大著。

因此芮尔县居民，大都供役于铁路，一切生事所需，咸惟铁路是赖，即邮政局也借设于车房中，于是图书分馆即以其车房之半为庋置之所，而令邮政局长司其事焉。有地名巴得者，与墨西哥为邻，其民英文程度甚低，图书分馆，专备文理浅近之书，以供阅览。其学区所设分馆，借学校园筑活动之板屋，居然满目琳琅，引人入胜。

茵俄县居民绝少，最大之市，仅得一千二百人，向无藏书事业可言。及图书馆成立，九个月间借出之书，多至六千六百卷，再阅九个月，数且倍之而有余。农家者流，渐知研究种植之学，而知图书馆之有关实用。如葡萄藤之流浆，其故何在？腐壤霉黑，何法以治之？以及他种果蔓，其修整之法若何，关于农事之辩论，常取决于馆中之藏书。

---

① 塞克雷门土，今译萨克拉门托。

245

寇恩县之图书馆，附设于审判厅内，分馆藏书，各随社会情形，而有繁简之别。其规模小者，只得四十卷，亦有多至七百卷者。凡村落间之邮政局、学校、礼拜堂、煤油公司之货栈皆设分馆。在群山环伏之小村，距铁路至四十英里，或为油田之中央，或为沙漠之绝地，其设分馆，尤为人所欢迎。时有妇人愿分其家宅之一部供庋置焉。图书分馆亦有极流动无定者。若开英司县常视各种社会所荟集而设之。每当摘果、制干葡萄、刈获稻麦多人麕聚之际，特设临时图书馆，使给役之工人，得借书之益。在迪勒湖之滨，当农田秋收之际，农人环湖支行帐以居，图书馆以箱盛书，分至各行帐，而以农工首领任其事。去岁以此种方法，借出书籍杂志，凡五百余卷。某日，工人聚集候食，适馆中运书来，某工见一书，名印度之亲王，大称意，急取书归帐，而后来就食，盖惧为捷足者先得也，此节见之于写真片。

劳舍其连司县，有地名司欧林波格司者，一矿区也。居民百人，皆为矿工及其家属，分馆设于其行帐中，以火药箱为书架，藏书一百六十六卷，一月间借出者六十五卷。南克司窦分馆设于商会，那罗分馆设于俱乐部，利安那分馆设于学校，那维奈分馆设于医院，爱柯公园公馆设于运动场。劳舍其连司本为西美名区，其地有私人集资设立之图书馆，在西方为最大，参观者年约二万余人。借书最盛之日，多至五千卷。于普通书籍部、杂志部外，又设三大部：一为工业部、一为美术音乐部、一为社会学部。最近两年之间，借书者增至百分之七十，而经费仅增百分之十四。

其他种种，不能殚述。总之美国办理图书馆事务，有数要点焉：

一、以书就人，非令以人就书也。美国教育程度虽云发达，然欲使一般人民舍其职业，或废其职业外之娱乐时间，奔走跋涉以来馆读书，要非易事。以故图书馆之设置，必于多人荟萃之所，若俱乐部、若学校、若工厂、若农场、若汽车、若医院、若监狱，皆本此意。而又许其借出，为之流通，则来者众矣。

二、所蓄书务合于其社会状况，与其生活所需要也。于学校多备教师、学生参考之书，于农村多备农业有关之书，于妇女社会及普通社会多备可供娱乐之书，于文化低下之地方，多备文理浅近之书，皆此意也。

三、用流通方法，置书不多而读者多也。图书馆有二大目的，曰经济、曰普及。彼所谓县立图书馆制度，其作用非县设一馆已也，在多设分馆。分馆并非以余力为之，直认为主要事务，而本馆仅为其承转机关焉。惟分馆多，故影响易普及。惟分馆多，所藏书籍得辗转流通，不惟使人之观览，尤易给人之愿欲，而需费实无几，其道合于经济。

四、有活动之作用也。美国图书馆并非万架牙签，付诸寂寞清幽之院落，馆长如退院闲僧，馆仆如守门狱卒，终岁无所事事也。有种种方法，以鼓人兴味，有种种陈设，以惹人注意，各省状况，如上述矣。并于博览会见陈列影片，各地图书馆有设讲演会者，有征集各种花卉而为赏花会者。又有儿童图书馆，四壁陈设之图画与书中种种插画相合，儿童因视觉上感触，顿增无穷之乐趣，其所以引人入胜者，用意绝精，大率类此。

五、先从养成图书馆管理员下手也，图书馆管理员，须有相当之学识经验，美国各大学特设专科，复于暑假期间设临时讲习科以教授之。尝于博览会见其课程，摘录要目如次：

图书馆办理方法及其行政、规程、建筑法、图书之选择与审查、图书之分部、图书目录、关于图书馆之技能、参观法、分馆之组织法、使图书馆为社会中心之方法、其他等等（美国小学第七、八年往往设图书装订科，西霞德尔市图书馆有公共图书三万册，悉归本市小学校装订修理，美国学校与社会职业之联络大率如此）。

三　体育会

美国体育之发达，令人惊异。学校内种种设备，与其练习体育之精神，定期比赛之热闹无论已，兹试就社会方面，缕述所见如次：

每当春、夏、秋三季，各地举行赛球会，自有一种运动专家，以此为业。其中组织分会、分地、分党，逐一互相比赛，惟合全国组织，故一地胜负，立刻电达各地，可于数分钟内揭晓通知全国，每于报馆门外，见男女麕聚数百人，若观猴戏者然，插身入览，则报馆附设全国各市赛球会胜负消息广告处也。一遇开会，人山人海，争先购票。其票每纸自美金五角至两元不等，故业此者生涯殊不恶，最厚每日可得数万元。尝于纽约观赛球会，会场在公园内，系特建。周围可坐四万人，旁设无线电，与各地通信。但见高大之木板，上作表式，阅数分钟，揭示某地甲党胜，又阅数分钟，揭示某地乙党胜，一小时内，不知变换若干次。又尝游薛芰堡[①]市，适有一队中国运动员，自檀香山特来赛球，尤为社会所注目。

————————
① 薛芰堡，今译匹兹堡。

商界之组织体育团体者尤伙，或附设于商会，或独立组织到处皆有。而所见以芝加高商界体育俱乐部为最盛。楼高十余层，室内运动场、泅水池及各种运动器具咸备。并设寄宿舍、饮食馆，现有会员二万三千人，尚有八千人以额满见遗。

各种工厂，亦附设运动场。其尤大者，则集资建筑练身房、俱乐部等，为职员工人娱乐地。

各地青年会，亦必有体育机关，种种运动器具，设备尤完全。其他饮食、寄宿等制度，略如上述。

公园内必有体育场，各种野球、踢球、网球、篮球等游戏，以及秋千、杆杠等种种器具咸备。不惟昼也，复继以夜。运动场遍悬电灯，黄昏作球戏，大有古人秉烛夜游之概。

亦有由公家特建运行场者。加利福尼省之南端，有市曰山的古①，尝参观其新建之公共运动场。场作椭圆形，周围垒土使高，以白石砌成阶级，俾坐观客。全场座位可容三万人。拨市之公费以建筑，计耗美金十五万元。凡欲入内开会运动者，不收费。但如售票，则须纳其所收票价若干成于公家。此等建筑，为美国各地普通办法，非山的古市独有也。

凡滨湖、滨海之地，皆有游船会、游船俱乐部，行踪所至，尝屡见之。又尝于檀香山观其男女游泳海滨，皆上等社会人也。沿海筑堤，复垒石一道，直耸入海，俾游泳者就其上，耸身跃入。去岸数十丈，筑一亭于海面，通以长桥，游人得于此小憩观览。游船之制分两种，其一身狭而两端锐者，其一同式而在左舷缚竹成匚字形，扑入水面，以禁反侧。比赛时，出没于银涛万顷中，其胆气、其技术皆大过人，然在是地不过做普通游戏观耳。

他若下等娱乐机关，大抵为打枪、驰马、走飞车之类，皆含有体育意味。此其影响，直普及于下流社会心理，已可概见。虽然，上述种种纯由社会自动，绝不关政府提倡，斯则美国社会体育，根柢蟠深，非可一蹴而几及者也。

吾国所可得而仿效者，炎培以为莫菲律宾者。菲岛向乏体育，近年由美国政府，尽力提倡，功效大著，所定之目的，为统一，为普及，惟其组织也新，故其仿行也易，兹取博览会所陈该岛出品，参以出品管理员之说明，缕述如次。

菲岛体育大会之组织，先由各学校分所有学生为红、绿、蓝、黑四队，互

---

① 山的古，今译圣迭戈。

248

相比赛，择其优者送县比赛之。其省立学校，亦依此法择其优者，与县之优者，同送省比赛之。省择其优者送省联合会，区以其比赛之结果，择优送都城，开联合运动大会，如是层递比较，一年为一周，周而复始，略如下表：

上法行之仅五年，而菲律宾之体育已衰然见称于世，请述其历史。

菲律宾体育大会组织法表

菲律宾体育大会

- 省联区（甲）—— 各省比赛之结果择其优者代表送体育大会为甲区
  - （乙）
  - （丙）
  - （丁）
  - （其他）

- 省（甲）—— 县与省校各代表比赛之结果择其优者为甲省代表送省联区
  - （乙）（区）

- 省立学校（甲）—— 各校比赛之结果择其优者为甲校代表送省
  - （乙）
  - （丙）
  - （丁）
  - （其他）

- 联（甲）—— 各校比赛之结果择其优者为甲县代表送省
  - （乙）
  - （丙）
  - （丁）
  - （其他）

- 学校（甲）—— 择其优者为甲校代表送省
  - （乙）
  - （丙）
  - （丁）
  - （其他）

红与蓝竞　蓝与黑竞　黑与绿竞　绿与红竞　红与黑竞　蓝与绿竞

红与蓝竞　蓝与黑竞　黑与绿竞　绿与红竞　红与黑竞　蓝与绿竞

菲岛人民索极文弱，从不好运动。自美人占有其地，军士兴高采烈为种种运动，以示岛人，而岛人不顾也。以为消遣法多矣，何必反其优游逸乐之常，而为是劳精疲神以自苦。逮一千九百零五年（距今十年）总督福勃斯氏择学校场地宽敞者，特赠以棒球戏具。次年，于各省中择学校之运动成绩优者，特赠以网球戏具，复次奖赠以篮球戏具。如是行之数年，至一千九百十年，合得奖各校，开运动大会，遂成上述之组织。菲政府年拨若干金以充运动会之费用，一面资助各教员，赴运动会参观，由是竞赛风行，几视运动为性命矣。然自始行奖励不过十年，行上之组织法，仅五年耳。

上之组织法，其妙处在用各个竞争之形式，而寓团体竞争之精神。有偕作之风，无向偶之憾。而又岁一举行，则胜者有联捷之雄心，败者仍有自奋之余地。盖其目的在使体育统一与普及，不如此不达也。

政府复设为锦标以奖优胜者，摘译其判给锦标规则如下：

一、凡获优胜之省，得管领锦标一年。

二、计算优胜得点之法如次：

各种运动，（除棒球）获第一者作五点，获第二者作三点，获第三者作一点，棒球以一敌三，第一作十五点，第二作九点，第三作三点。

各种运动得点最多之省，即为夺得体育锦标者。

棒球得点最多之省，即为夺得棒球锦标者。

一、各省如有兼夺得两种锦标者，实为无上光荣，加赠特别锦标，以示优异。

二、凡管领锦标者，至迟须在常年会前一日，将锦标交还执行部。

三、遇二省或数省，所得优胜点数相同，而得点较彼等更多之省，又适无有，则此锦标仍归二省或数省中之尝于上年夺得者继续管领。若此二省或数省，上年均未获捷，则此锦标归执行部收存。

四、会员中凡有点数相同，竞争等级或名誉之事，均参照上条办理。

四　戏园与影戏园

友人述据美国调查，每夜必有全国人民四分之一在戏园或影戏园，则其对于一般社会势力之伟大可想。戏园之内容，论其优点，尚武与美术二者尽之。影戏园售价尤微，坐客常满，虽村落小市，亦必有之。内容虽不尽含有教育意味，而其描写下流社会之现状，与夫警觉男女爱情之滥用，工人挥霍之恶果，赖以矫正风俗，其功亦实不浅。每遇唱国歌时，坐客无男女老幼，皆起立齐唱，一种发扬蹈厉之爱国精神，满场一致。尤有一端令人心折者，客数既浮于席数，后至之客不得入，则以次持票植立于门外，整若雁行，迤逦以至于临街之阶头，折而左右，无一人争先，亦无一人悻怒遂去者。凡此皆足以觇美国人民教育程度，而却非恃此为正式的教育机关。盖所谓戏园、影戏园者，大都营业者之所为，故其对于社会心理，不免专从迎合上着想，第既有正常之学校教育立乎其先，则迎合之者，亦自不得不出于正轨，若遽指是等机关，认为一种教育上之设施，正有所未可耳。

五　音乐会

各地公园，往往有音乐台，时于其间开音乐会。台之制甚简，址高五尺许，其上略似吾国衙署照壁，而注其壁之中幅，乐工就台奏乐，台下坐听客焉。音阻于凹形之壁，而讬地又高，故至清且远。

美国音乐会之盛，西方不逮东方远甚。尝于波士顿听乐，其地为市民合资公建之音乐堂，时值黄昏，楼上下男女可数千人，乐工七十人，其长则大学音乐教师也。售票每纸一元至数角不等，听者咸肃静不哗，一种雍容高雅之精神，盎然如见，曲终而散，四座皆春，若饮醇酒。礼有之，乐以观。德又曰，乐者乐也，乐行而耳目聪明，血气平和，移风易俗，天下皆宁。吾至此叹社会教育其观止矣。

以上种种，皆就社会方面，述其有关教育之设施。虽然，非其至也，欲窥美国教育之真精神，不可不注意于学校与社会间之联络。

美国各大学，往往设校外教育部，施教育于地方一般社会，请述维斯康辛①大学。

该大学之校外教育，特设专院，置职员若干人办理之，为全大学七学院之一。其办法于维斯康辛全省（该大学系省立）每一县之中心点，设办事处，置县代表员及流通教员，掌实施教育之职务，并随时报告可以利用之教育时机，编制校外教育事宜之细目。盖其目的，在施教育于本省不克就学之公民，鼓引其向学之兴味，俾于学校以外，获得切实有用之学问，以扶助其生活，不啻造一校外大学，以括全省。其事务分四部如下：一、函授部；二、演讲部；三、辩论部；四、通信部。

函授部不惟函授已也，兼重实验。因其中高等学科及关于职业诸科，所有

---

① 维斯康辛，今译威斯康星。

实习试验功夫，占其大部分。乃定为救济方法，简单者，由大学寄发试验室仪器，俾在家自行试验。贵重者，择交通便利之区，指定地点设临时试验室，陈列应用仪器，为短期之实习试验。

演讲部之范围甚广，其内容包括教育、历史、地理与旅行、政治、财政、社会学、商业、文学、生理学、工程各科、森林、体育，其方法往往佐以音乐会、幻灯，或古事讲谈、或诵读，以唤起其兴味。

辩论部之设立。欲使一般社会，增进其关于教育、政治等紧要之知识，与活泼之兴味，乃设辩论会，居民皆得以志愿入会。其问题，删除无结果者，而特选地方所正待解决者，大都关于本省、本县、本市之治理法，为议会议员所正在讨论者。在彼既借以获得充分之好资料，在此亦饶有活泼之新兴味。盖其辩难务于本部所备图书，或其他方面搜索正确之论据，以供实际之研究，初非空论也。

通信部，特设房屋一所，置若干职员。本省人民，如有合理之疑问，可向本部咨询，或经本部斟酌讨论以答复之，或就熟谙此事之顾问员以解决之。例如饮食与卫生问题，免病与治病之方法，经济政治社会与道德之问题，普通与专门教育之问题，财源之保存法，农工商业之情形，保婴法，社会之幸福与改革问题，水之供给法，弃物之安置法，城乡居民对于美学之必要物，家庭之陈设与装饰，风景布置法，建筑、音乐及艺术种种，皆为本部所认为有益于公众之材料也。

附于通信部者，有地方自治参考部。专事搜集关于治理地方公益之资料，以供自治会之参考。卫生指导部将关病害预防及治疗之科学的知识，化为普通文体，俾借函授、演讲、通信、印刷、陈列等种种方法，散布于一般社会。

公众音乐部，借娱乐以鼓其兴会。视官教育部，备幻灯、影片等物，轮流出借，以开知识。

美国各地，往往有通信社之设。如有疑问，由社转以咨询专门家，务得正确之解决，所以鼓励各种机关之研究心，而予之便利，以助进行，厥功甚伟，亦一种特别之社会教育机关也。录波士顿联合通信社表如下：

波士顿联合通信社以通信法解决问题之实况

1.问题　　　　　　　　　　　　　答者

左侧（问题）：

- □□家｜阴沟制度
- 银行家｜九世纪欧洲银行制度及还债方法
- 银行家｜依法□□受遗产者之规定□西方各省收税方法
- 商人｜使摩托车用酒精不冰之方法
- 化学家｜玻璃涨缩力及破碎问题
- 化学家｜法国某种月报谁为管理
- 机器师｜woonsckht 城 1913 年用水多少
- 机器师｜学校与工场每年薪炭电灯费之比较
- 机器师｜Disget 立方尺是何物
- 林学家｜东加那大可移动之锯从何地购买
- 法律家｜某种旧报存何处
- 制造家｜加那大某某小市之人口若干
- 服公务者｜加那大公司有债票者之权利若何
- 服公务者｜铁路公司总理之职权问题
- 服公务者｜高塔上防危险之警号用何种材料为宜

右侧（答者）：

- 建筑家
- 银行家
- 商人
- 化学家
- 机器师
- 林学家
- 法律家
- 服公务者
- 特别图书馆
- 大学教师
- 记载局
- 经济家

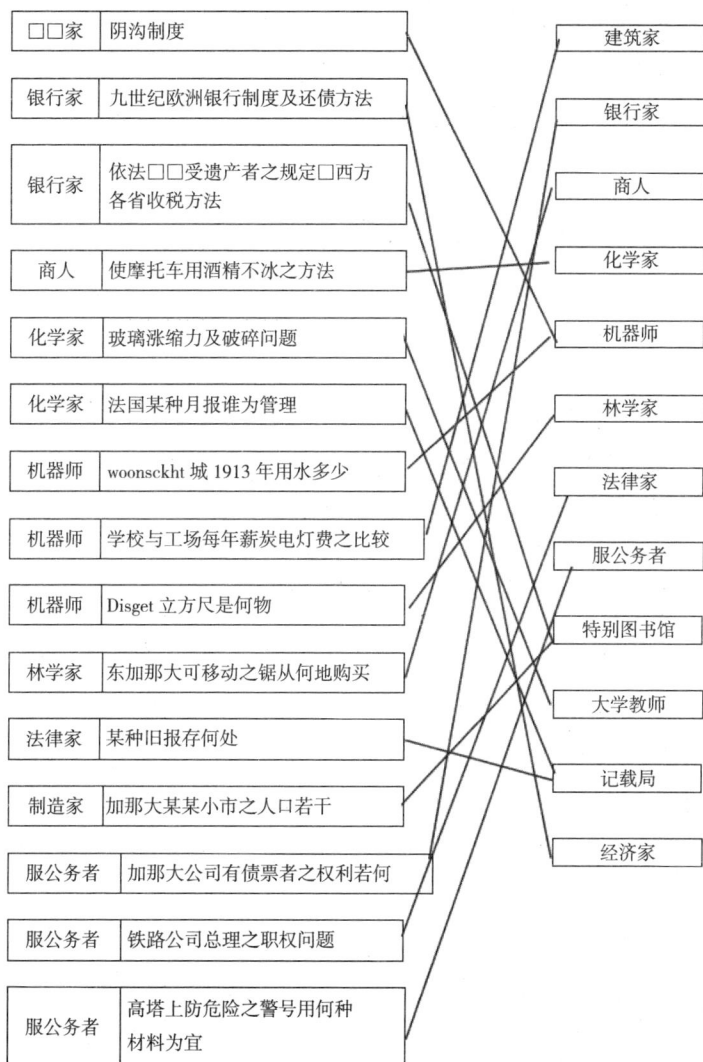

凡此种种，皆美国大学施行校外教育之实况，举其一可以概其余矣。更略述中等以下学校之行此法者。

考劳那度[①]农业学校者，一中小学合设之乡村学校也。凡设小学八级、中学四级，课余专以学校为社会聚集机关。去年一年之间，在其校内，行种种会

----

① 考劳那度，今译科罗拉多。

集之次数如下，皆为学校以外之人而组织者也。

关于娱乐之会集	6
关于地方之政治会议	6
演说会	2
农家会议	8
其他	6
共计	28

推乃西乡村生活学校，有中小学生各百人，其学科为农业、园艺、理科、木工、家政、乡村卫生及关于农之作业，其对于社会之职务规定如下：一、农业讲演；二、设立模范食堂、厨房、花园；三、设立公共游戏运动场；四、设立公共轮回图书；五、以学校为聚集机关。

凡农业专门学校之组织，规定为三要件：一曰教授；二曰研究；三曰推广校外教育。华盛顿全国教育局本其规定之统系，制表如后。

今请报告一至伟大之社会教育事业。一千九百十四年五月，美国国会通过司密司[①]莱浮[②]氏扩张农业教育大议案，第一年由中央拨给各省四百八十万元，第二年一千零八十万元，以后逐年递加至一千九百二十二年度拨给四千五百万元，其办法为讲演农田收割、灌溉、畜牧、制造、牛乳、农田管理，以及创设男女儿童俱乐部、流通学校、农人会议、农人家庭会议等，或发布印刷品、或通信、或躬亲考察劝导，此举直可云空前未有、并世无二。而其着手之初，由农校与农部先行组织联合机关，共同举办，是又以学校办理社会教育之实例矣。

综观美国社会教育，其离学校而特设之机关，除图书馆博物院外，以教育为本位者盖鲜。其重要之设施，悉集中于学校。一方借以谋教育影响之普及，一方更借以助学校事业之扩张，盖其作用将使全社会人之视听，一以学校为中心。因是，国家所以畀教师者，不徒以教授学子为制定之功能，直将以开化地方为当然之天职。而所谓校外教育者，自小学以迄乎大学，自城市以迄乎乡村，皆必有种种之措施，给其需要。若论内容，则农业也、工业也、商业也、家事也，其大部分则生活教育是矣。惟其足以助职业之改良，予利益于生计，故有

---

① 司密司，今译史密斯。
② 莱浮，今译利弗。

所施而无不应受之者。津津乎有余味焉。

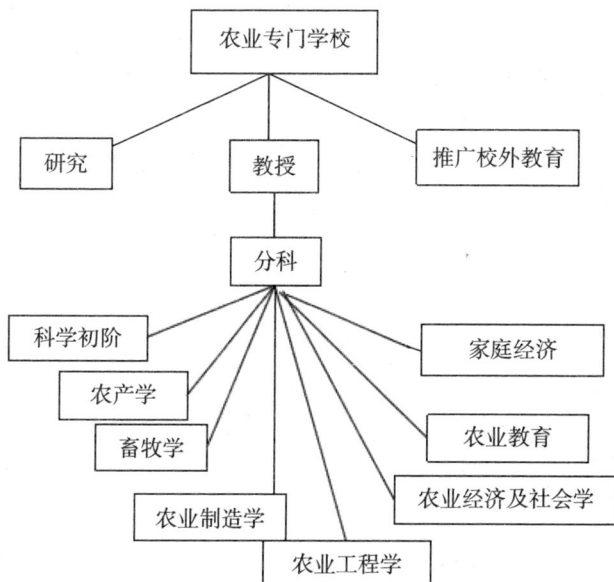

```
                    ┌─────────────┐
                    │  农业专门学校  │
                    └──────┬──────┘
          ┌────────────────┼────────────────┐
     ┌────────┐       ┌────────┐      ┌──────────────┐
     │  研究   │       │  教授   │      │  推广校外教育   │
     └────────┘       └────┬───┘      └──────────────┘
                      ┌────────┐
                      │  分科   │
                      └────┬───┘
     ┌─────────┬─────┬────┼────┬──────┬────────────┐
┌─────────┐                              ┌─────────┐
│ 科学初阶  │                              │ 家庭经济  │
└─────────┘                              └─────────┘
   ┌────────┐                          ┌─────────┐
   │ 农产学  │                          │ 农业教育  │
   └────────┘                          └─────────┘
     ┌────────┐                    ┌──────────────────┐
     │ 畜牧学  │                    │ 农业经济及社会学    │
     └────────┘                    └──────────────────┘
       ┌────────────┐
       │ 农业制造学   │
       └────────────┘
          ┌────────────┐
          │ 农业工程学   │
          └────────────┘
```

　　反观吾国，程度低下莫可讳言。因此，或疑美国社会教育之盛，实赖有学校教育植其始基，断非吾国学校萌芽、教育幼稚者所可得而仿效，而不知非确论也。即如图书馆，人竟以为方今识字者不多，提倡之过早，然试思社会程度虽低，在城市间识字者必居多数，岂得谓无图书馆之必要耶。至于来者不多，此非一般社会之咎，实由图书馆选辑之未精，鼓吹方法之未备，有以致之。或又疑美国学校规模既大，人材亦多，故能分其余闲办理校外教育。中国则内顾之不暇，何暇谋校外。不知亦非确论也。夫使不审社会情状，不谋联络家庭，徒闭门向壁以为学，何惑乎卒业于学校者日多，而执业于社会者绝少也。是故今日教育上最大问题为何？曰学校与社会，其解决方法如何？曰提倡校外教育，以谋教育影响之普及，以助学校事业之进行。其主旨奈何？曰鼓吹实用，注重职业，提倡体育，以纾社会之隐忧，以收教育之实效。

　　本省社会教育，仰维钧座殚精擘画，凡百井然，始基卓立。凡上所述，饮河之鼹，测海之，以答谘而已，临楮主臣，伫承明诲。

（原载《教育研究》第 28 期，1916 年）

255

黄君致齐巡按使书

　　前有新陆之游，奉电命调查社会教育，兹将会荟所得，辑为报告书一通，呈乞加诲。本省社会教育，仰维伟画，雅具初基，以炎培夙昔所思维，证以兹游所闻见，窃以谓实用教育与体育直宜奉为社会教育两大骨干。而其施行方法，除博物院从教育博物院办起，图书馆从培养管理人员，编辑适用图书下手，此外宜与学校联络行之。一方谋教育影响之普及，一方即助学校事业之进行，所谓校外教育是已。盖方今大患，在学校与社会隔阂。学校一切设施，未尝求合社会之所需，而社会亦遂漠视之，绝不识学校用意之何在。一则闭门造车，一则隔岸观火。循是不改虽黉舍偏于国中欲其食报难矣。求解此症结虽问题甚多而提倡校外教育，实为沟通两面之紧要方法。欧美日本此事风行一时，彼则借以扩张，我则求免症结，是宜尤急矣。旅行所见，具如报告，略附管见，都在钧座远瞩之中，惟冀存览，恕其缕。

（原载《教育研究》第 28 期，1916 年）

学校言语练习会之组织

王君则行，以学校演说会之组织法来问，余以外国通行之法告之，且允为略加研究，写其大概以示。今之教授，大都偏重文字，忽略语言。盖教式惯用输入，学生几无发言之机会。此一部分之器官，日渐迟钝，学成而后，应事接物，障碍滋多，苟知教育之目的，在发达天赋才能，对此不能无遗憾矣。然各学校亦不尽无演说、辩论会之举，大率不能持续，稍久即懈。或仅少数人自由练习，其效仍不得普及，则组织法之不可不研究也。今拟关于练习言语之设施如下：

谈话会

设一室为主宾两席，学生 2 人，一为主人、一为客，演习谈话。限定若干时间，初练时约以 10 分钟为度，以后逐渐延长。主人迎合入座，此问彼答，轮替发言，不可间断。教师坐其旁监督评判之，时限将满之前一分钟，师鸣手铃或击桌为号。主人送客出，乃更以二生为之，以全级学生普及为要。初练时学生大都苦无谈话资料，师宜教以搜集资料方法，如气候、时令、节物、世界国家乡土家庭近事、学校状况、历史故事、修学心得，皆可以充资料。评判方法，分思想、言语、态度三者。思想宜正确，宜开发。言语之音节宜清朗，宜迟速中度。其词意宜明了简当，进之宜发挥透辟，宜肆应敏捷。态度宜安详不乱，以此为标准，一一判定其分数。思想、态度各 30 分，言语 40 分，合百分为足。全级既遍，是为初习。择其尤者若干人复习之，而第其名次，于练习之中，寓竞争之意。行之稍久，乃变主宾谈话式为多人谈话式，以较优者一人主席，先发言，余以次或自由发言。主席须负维持秩序之责，评判法如前。初习本级教员主之，复习校长或请来宾主之，以示郑重。优者予以名誉或实物奖励。

演说会

一生登坛演说，余生列坐听之。其演题或由师命，或演者自拟，经师许可，或即用课本文或作文稿。先期令之准备，其法将欲演之大意写出，经师检阅，演时以此为张本。初练时，每人约以 5 分钟或 7 分钟为度，以后逐渐延长。师坐其旁监督评判之，时限将满之前 1 分钟，发号以警。评判方法，分思想、态度、言语三者，略如谈话会。但态度之标准，须安详而不失之滞，活泼而不失之乱，与谈话略异。全级既遍，是为初习。择其尤者复习，而第其名次，评判主任者与奖励法皆如前。或更择各级复习时之最优者，为最后之比较，而予以特别之奖励，是为终习。

辩论会

假定全级学生 40 人，初习时可析之为 4 组，每组 10 人，由师先期命题，题分两面，例如演说会与辩论会孰有益。甲主演说会较有益，乙主辩论会较有益，甲乙面各 5 人，令各就同主义者共同准备。此同主义之 5 人，须认定次序。届期，甲乙两面轮流登坛发言，规定每人以若干分钟为度（大约不过 3 分钟）。各发挥所持主义，不相攻击，10 人既遍，是为第一周。至第二周，乃由甲面第一人对于第一周乙面第一人所发言而驳论之。既毕，乙面第一人即还而驳论，继乃甲乙面第二人互相驳论，每人均不得逾于规定之时限，至 10 人依次驳论讫，是为第二周，而辩论会告终。评判者分思想、言语、态度三者而评判之。先判定每人分数之多寡，次判定甲乙两面分数之多寡，乃报告某面胜及某生最优、某某次之。4 组既遍，是为初习。乃择每组之优者二人，合为 8 人行复习，其法略如前。或更择各级之最优者行最后之竞争，是为终习。评判主任者与奖励法，皆如谈话会、演说会。评判者或增为 3 人以示郑重。

上之三事，其所养成之口才，各有用途，有定的，故不可偏废。最好先期将一学年间之设施，某月某会初习，某月某会复习或终习，完全规定，庶较胜于支支节节之办法，而施行时不致中途辄废，是为至要。至上列诸法，略举大概，不妨活用。大约中小学皆可行之。余所忧者，今学校既鲜有关于练习语言之设施，其欲有所设施者，又鲜有完全之组织法，故深望一方于国文科及他科注重语法，一方于课外为此设施。须知孔门言语亦列专科，斯乃国粹，非关欧化。况今之时，列强竞争，万流并进，人事愈杂，交际愈繁，其相需之亟，更远出二千五百年前之世界耶。

（原载《教育杂志》第 8 卷第 6 号，1916 年）

本能教育 ①

今日所欲与诸君言者，为教育上级重要之问题。然当吾演说此问题之前，有一言与诸君说明之，即讨论一事，必先说明其现象。故其间有不满意处，乃泛论一般，并非有所专指。此则须理会者也。

教育之机关，有学校也；发展学校之事业，则教师也。然而今之为教师者何如？其心目中不离乎教科书、课程表，即一年中所教者，亦不外乎此。若是者，余以为忘本义、失真意也，乌足云发展学校之事业哉！盖作一事，须先认定本题，切实进行。例如腹饥而取食，食则能疗饥，且可养身。而世人不明此意，燕客之际，珍馐盈席，杯盘狼藉，客之心意，物之品质，非所顾问。所尚者，价值高，形式美。夫此其食之本意乎？天下事类此者正多，即吾教育界亦乌能免是。余不必由学理上讨论，只由事实上证明：则有多数儿童，未入校前，伶俐活泼；既入校后，日渐呆钝。此非无稽之言。美体育家某君曾语余曰："最活泼之孩童，入校日笨。不知诸君亦有此种感触否耶？"余之家族及亲戚中之子女，其初亦甚活泼，一入学校，渐渐迟钝，不解其意。近观各学校毕业时所谓品学兼优之学生，得名誉证书及奖品者，睹其人，诸君以为何如欤？则近其视也，屈其背也，又弱其身体也。夫今日学校教师所期望、所理想之标准学生乃如是，是尚可以为教育乎？教育之弊如是，然则不令子弟入校乎？曰：是恶乎可。盖教育本义，并非望学生静而不动，乃使本不活动者日就活动，有奋发之气象也。今之教育惟不如是，故教授、训练诸端研究不可缓也。试问现在学生，何以有此结果乎？教师教法果如何乎？考察之下，乃始恍然。盖彼之教读法也，讲解一遍，使学生读之，继则使其还讲而已。课作法也，出一题令作之，

---

① 这是黄炎培1916年在江苏省教育会暑期补习学校的讲演。由杨贤江记录。

后改之，改后发还而已。书法亦然，或临或描、或映写而已。算术出题使算而已。夫如此教法，宜乎生如此之结果也！

吾侪须知，教育本义本非如此，今之教法，乃以教师为本位、为中心者也。教者出其所知，尽以授之，不知体会学生果能领受与否。尤其下者，乃拘守数册教科书、数十个文字，此外几无所谓中心。岂不可叹！故余以为改正之法，莫如将所有修身、国文、地理、历史、习字、图画、手工、唱歌等不为拘泥，只在被教育者身上尽力谋发展之法。例如习字，不在望其能临何家法帖，何人字体，乃在练习手眼，使之运用纯熟，基础牢固，自可指挥应用，绰有余裕也。图画、手工亦然。人初作画，初作手工，必无把握，以神经、筋肉未经练习纯熟故也。唱歌在发达其发音之机关，练习发音之器官，能辨别清浊，丝毫无爽，不专在歌词上也。读法吸收知识固也，而尤要者，在字音之清澈正确，出言有章，免模糊支吾之病。今日教国文，忽略之点即话法是，此由忘却与身体之关系，只知在知识上尽力之故。是宜随时随地注意练习也。至于体操，今人多置体字于不顾。数日前，有友人询："小学教体操，注重器械欤，抑徒手欤？"余答之曰："体操之重，不在于此，乃在运动肢体，图其发达平均，无或偏颇。故操法虽多，要皆根于此理。若拘之于种类，甚无谓也。"云云。此即究其根源之谓也。余以为现今各科，均须如此研究。先当问教育何以必要，则以无教育，世界不能进步。是故教育者，促其进步者也，人生而无教育，一任自然，所具本能竟可消灭。此可例证，非谰言也。《天演论》有言："在非洲南方某山谷中有鱼，终年不见日光。鱼本有目，然在黑暗中无所用之，驯致无目，置之日光，不能视矣。"由此可见，动物之能力，不用则消灭净尽。又如家鸡有翼而不能飞，以经数千年之驯养，遂至有形而无实。数千年后，吾恐形亦将失矣。反之，善用能力，则其发达有非可臆测者。如犬能闻知一里外有人行，此盖因犬恒用此种工夫，隐为人间之警察，自其祖父远溯，已任此职，经历既久，视察更灵，有如此者。惟人亦然，试观上海车夫，两腿以用力多，非常粗大。更就南京车夫与上海车夫较，则前者不能疾行，此因后者年份多，练习深也。亚洲儿童，比之欧洲儿童，同一六龄，而成绩不同。此非教法关系，实缘遗传之故。盖欧洲发达极早，现代儿童之先代，已经习熟，积资深，遗传于后亦深也。若美国，则立国不过百余年，日本更少，故其成绩亦递降。此可见练习能力，不仅发达，又能遗传也。又如吾人写字甚易，乡人则手颤笔摇，不能稳固者，亦由练习与不练习故耳。由此种种证据，使各部分之能力发达，则其程度有非今人所能预定者。古人所谓三头六臂，虽难确信，然必较高于今日，可以断言。而所贵于教育者，即在练习发展之一点。彼见之，不能审察也；听之，不能精细也；言之，不能清澈也。吾则使之耳聪、目明，言能达意而有章也可已。果能注意于此，则教育本义可以尽由此推之。欧美何以强，我国何以弱？非能力之不及也，乃不能尽力发展故耳。夫以抛耗久长之岁月，专在文字、书本上用功，成为常例，于是积习成性。如今日吾之两目已非健眼，非吾生而如此，乃读书时非助吾目，乃斫丧吾耳。是故，今日讲教育，必须大加研究，以满足希望。徒曰："作文好""画图佳""唱歌动听"，成绩报告徒曰："某科几分""某科几分"；是究非教育真谛。必曰："耳聪目明""说话清楚""思想灵活""动作敏捷"，方可谓之"以学生为本位"之教育，乃能收教育之良果。否则，功课虽及格，然人愈呆滞、愈拙笨，吾恐其异日变为非洲山谷中之鱼耳！如此现象，极言之，实灭种之现象。以天赋能力，不特不发达之，又从而斫丧之，消灭之。此其关系不仅一身，又与全体生死存亡甚密切也。故外人施教，专注意于发达能力。其意以设不尔者，行见国将不国，种将灭种矣。而于吾国则更为重要。以他人方前进不已，我则望后退缩，若不急起直追，终将望尘莫及。果如此者，试问尚能竞存于现世界耶？是以提出此问题，希望大众研究。于施教时，注意儿童之脑、之耳、之目、之口，不在书上、读书上看；考察成绩，不在几分、几分，而在发达其能力果有若干也。

余数日来，随处留意，寻其证据，竟难更仆数。尝寓于某校，校中一仆，前曾课僮，穷无聊赖，借此某生。夫职业神圣，本无可贱，然余考其行为，则大不足取。晨间，余已起床，彼犹酣睡。及起，视余已盥洗矣。见地未扫，畏难不扫；见茶未泡，去而泡茶，以为此较易于扫地也。去后，察其所为，则观闲书，读古文；时则卧于床上，时则睡在藤椅。迨夜间，则来上灯。未已，已睡矣。如此者七八天，未尝改也。夫彼仆人也，岂宜如此？即教师，亦岂能如此？今竟若此。吾恐数年后，将如鸡之虽有翼而不能飞矣。前年出门，由某校雇一仆。问之，已在校中多年。乃其起居一切，任意自由。至山东，米质不佳，即曰："此乌可食？"如是者数月。余惟劝之，余无责言。询其出身，殊不过在学校服役数年。夫彼校役也，习气已如此，学生如何，可以推知。设不改良，学校多一日，恶影响亦多流传一日而已。其结果尚堪设问耶？故余以为今日最重要者，莫如发展本能，不必专在书籍上、文字上考究。须想如何可造就一个完全理想之学生，当目明耳聪、四肢灵活、各官发达。用级任制度考其一年之间能力增进若干，发达若干。不能增展者，即为教育无效。故今日讲题，可以名之曰"本能教育"。

（原载《学生杂志》第 3 卷第 10 期，1916 年）

1914 年至 1915 年留美学生统计

余游美，荷留美学生会赠余本年度留学生题名录。归舟稽其总数，得一千二百四十八人，由庚子赔款派遣者，约三百二十人，各部各省派遣者，约一百六十人，余为私费。至其学科，习普通科者一百七十二人，未详者三百五十六人，其余专科七百二十人。析之如次：

类别	科目	人数	科目	人数	科目	人数
天然科学（总数76人）	算学	6	生物学	2	植物学	2
	动物学	1	昆虫学	1	矿物学	1
	地质学	4	物理学	3	化学	37
	化学及生物学	1	气候学	1	物理及化学	1
	普通理科	16				
农林科学（总数52人）	农学	41	林学	4	土壤学	4
	农业化学	3				
工程科学（287人）	机械工程	34	电机工程	55	土木工程	62
	铁道工程	1	卫生工程	5	化学工程	20
	建筑	9	造船	12	矿物工程	54
	油矿	1	冶金	7	飞机	1
	未知明何种工程者	26				
医药科学（总数49人）	医学	43	卫生学	1	牙医	2
	药学	3				
文科（总数238人）	哲学	8	社会学	5	教育学	36
	保姆科	2	历史学	3	言语学	1
	德文	2	政治学	29	外交学	3
	法律	19	经济学	67	商学	23
	银行学	4	铁路管理	9	铁路会计	1
	铁路运输	1	音乐	5	普通文科	20

类别	科目	人数	科目	人数	科目	人数
杂科 （总数18人）	神学	6	兵学	3	商业	1
	机织学	5	图书馆管理法	1	青年会事物	1
	耶教经典传习所	1				
总数	720人					

观上表知，留学生多数方趋重于物质科学，文胜之国，用是卜其机之将转矣。虽然，耗巨额之学费，以习普通，因之于国学基础未免芜废，此类尚占百分之一十五，可惜也（其中略有华侨子弟非特自本国来美留学者）。察社会之所需，审时势之所趋，分科愈专，就业斯易。譬如薛芰堡大学新设石油专科，分采油、制油、销卖三种。是物也，实吾国前途一大事业，而习之者殊不多，实则视习普通矿务工程为尤要也。又如教育，习焉者殆皆普通之理论或行政法、管理法者，就本国学校需要言之，苟有人专习某科教授法，或专习教育心理学，若此类者，其欢迎之当愈切矣。在求学者以为所习之科较多，则致用之途较广；而不知用人者之心理，适与之相反。自欧战发生，欧货来源顿绝，若德之颜料，若比之玻璃，平日一致倚赖，至是皇皇焉为临时抱佛之计，苟闻有人习玻璃颜料制造专科者，吾知虽重聘不恤；苟闻有人习化学，直相与平视之耳。此不唯资本家心理则然，其所需要之学业固如是也。故内国宜有切实而灵活之介绍机关，每年宜由行政机关或留学界编制完全正确之留学统计，布之社会。使知某项专科，已有人学习，某年可毕业，事业家乃得早日加以考察，或与之通信，学成归国，此无不用之虑，而彼无乏才之嗟。即如比来各地盛倡社会教育，设图书馆，苟有人览此表，知美国已有一人留学图书馆管理法，吾知争欲访求而罗致之矣。故余所欲为留学界与派遣留学机关告者，曰学科宜专，宜组织介绍机关，宜逐年宣布留学统计，此不唯为留美学界言也。

（原载《教育杂志》第8卷第6期，1916年）

新大陆之教育（上编）

吾作此记，谨先停笔，遥谢吾亲爱之友邦美利坚政府，以及各地教育行政机关、各教育名家、各教育机关、各社会之厚我中华民国，推而及于余身，俾得以至重要至真切之现况，实吾记载，供我全国教育家之研究取法，凡皆吾亲爱之友邦之赐。

今请详叙吾行之缘起。往岁归自燕齐，作考察教育日记第二集，既脱稿，忽农商部来书，谓部方组织游美实业团，欲余偕行，任笔墨之役，以余好游，又好为记，当不负此行也。得书犹豫弗决，余方从事考察内国教育，将俟既毕，续游外国，此虽好机会，如乱我理想的顺序之规定何。余所谓好机会，将借是以观新大陆文化，与夫一切教育上设施云尔，顾又与实业团目的不类，奈何。方踌躇间，部第二书至，促行益力，则遂感而诺之。

此行私拟，苟为实业团服务与被迫于团体行动外，余必尽力谋所以观教育，第不欲预定方针与事项以自画。何也？我之所欲观，未必彼之所注重，一也。彼之所注重，或亦我之所相需，而欲为吾所未及预计，二也。所可言者，注重中等以下学校，而略其所为高等教育。非高等教育之不欲观也，时间有限，宁约毋滥。亦以余凤昔所研究，未或离此也。此外则彼所谓实用教育，其精神若何，其设施方法若何，其适合于我国现在时期与程度，而可以为法者何在，此则吾所急欲一觇盛况，将以其所获多少，悬为此行考绩之准者矣。

实业团之目的，在考察美国实业，在参观巴拿马太平洋万国博览会，在报一千九百一十年美团之来我华。而其性质纯属国民代表，故尤为美国上下所一致欢迎，其竭诚尽敬，以表殷拳。据侨美老辈言，虽视曩年李文忠之来，有过无不及。而吾之考察教育，因是获接各地有名教育家之言论，被各种教育机关特别之待遇，听其临时之讲演，收其书物之馈遗，且因参观实业机关，而获悉

265

其与教育联络方法，则更出自望外者矣。

实业团预定往返行程为四个月，以四年四月九日全体出发，余则以八月二十五日归国。此四个半月光阴，耗于途次者一个半月，漫游美国全境者两月，留旧金山观博览会者一月，凡观博览会所记，别刊布之。此则专记美国全国教育状况，今请先述所游新大陆各市名称如次：

一、旧金山 San Francisco　　　二、屋仑 Oakland

三、劳舍安其连司 Los Angeles　　四、山的爱古 San Diego

五、纽奥连 New Orleans　　　　六、孟弗思 Memphis

七、圣路易 St.Lous

八、芝加哥 Chicago 临时又往香槟 Chanpagn

九、必珠卜 Pittsburg　　　　　十、华盛顿 Washington

十一、包的茅 Baltimore　　　　十二、费城 Philadelpihia

十三、纽约 New York　　　　　十四、朴洛维腾司 Providence

十五、波士顿 Boston　　　　　十六、春田 Springfield

十七、思堪纳剔台 Sehenectady　十八、白飞罗 Buffalo

十九、迭脱劳哀 Detroit　　　　二十、克利和兰 Cleveland

二十一、圣保罗 St. Paul　　　　二十二、陀罗府 Duluth

二十三、士波甘 Spokane　　　　二十四、舍路 Seattle

二十五、波仑 Portland

吾尝言之矣，离社会无教育，考教育者，凡夫一切现象，苟足以表示其一社会之特性、惯习、能力而堪供教育参证者，皆在所宜考。此行不欲沾沾于学校教育机关，犹此志也。唯然而旅行所至，凡一地方历史、地理、物产、风尚，苟可借以究其社会现象所由来，与其教育方针所由定、必观之，必记之，所惜时日短促，弗能详耳。

读吾书者，苟心醉彼邦文化，必以是区区小册为未足，而病吾记太略。其或尝游新大陆乎，必又以是絮絮为可哂，而病吾记太琐。虽然，吾数月以来，思想之变迁，可得而直陈于读者前也。方初抵美，觉所闻所见，无一不足记，但恨吾思滞，吾笔钝。久之乃觉所欲记者，触处皆然，不唯不胜记，亦且无从记，转以前此所见为幼稚可笑。既而返国，国门一入，万象皆非，欲复接前尘而不可得，此际正如醒时忆梦其境愈渺茫，其味愈甘美，又悔前此不早记之详矣。读者诸君幸各有以谅我。

此行所参观之学校，统计其种类如下表：

中学校	19	大学校	4
小学校	12	幼稚园	2
师范学校	6	其他	3
实业学校	6	共计	52

吾今先荟萃所得，约为至简之语，以告读者曰：美国教育，其最适切于吾国现况，而急宜取以为法者，无如下列三事矣。

一、实用教育；

二、体育；

三、校外教育。

欲得其详，请读下之日记。

民国四年四月九日（金曜），晴。午后四时，登沪上太平洋公司满洲船。翌晨三时五十分，自吴淞口外出发。同行者，张君弼士（振勋）、聂君云台（其杰）、余君日章、陈君遇春（升）、陈君朴庵（廉伯）、朱君仲宾（礼琦）、梁君鼎甫（焕彝）、龚君景张（心铭）、吴君蕴斋（在章）、施君柄之（肇祥）、孙君润江（观澜）、俞君去尘（燮）、余君冰臣（觉）、厉君树雄（汝熊）、张君应铭、肖君敏端、龚君安东，美人大来君及其夫人，罗秉生君及其夫人。团员之职业，有银行，有丝，有冶铁，有棉纱，有矿，有茶，有面粉制造，有农，有绣货，有珐琅制造，有其他商业，治教育者，余与余君日章二人也。

十二日（月），晴。午前七时，抵长崎。日医验疫。

十三日（火），雨。午后四时，过门司。

十四日（水），晴。午前七时，抵神户。日医验疫。午后七时，侨商邀宴于中华会馆，夜十二时三十分启行。

十六日（金），晴。午后十二时三十分，抵横滨。日医又验疫。坐乘客于大餐堂，诸执事及侍者咸肃立，医生绕行一周，而事毕矣。晚中国青年会邀往东京开欢迎会。

十七日（土），晴。午后四时启行。

时中日交涉方棘，各地抵制日货，余辈此行，深为日本所注目。所至必有报馆记者来访谈，必叩对于抵制日货之意见，且问抵制日货，是否出于下流社会，而凡受教育之国民，未尝提倡。观其记载，于本团此行，不胜其热嘲冷讽，不唯记行踪与目的，且于各团员推测其年岁，描写其衣服、容体、言语、举止，有以支那实业团之怪焰标题者。方余辈赴东京青年会之招，开会既竟，牧师某君语余诸君其努力哉，日本儿童日詈我为亡国奴，愤极无以应也。

余所乘太平洋公司满洲船，专行菲律宾、香港、上海、长崎、神户、横滨、火奴鲁鲁、旧金山各埠，载重二万七千吨。时一等舱有客二百七十余人，女子儿童占十之四五，其间欧美人最多，日本人绝未之见。卧则三人合一室，亦甚局促。而别有阅书室、浴室、吸烟室、休息室与大餐堂，皆设公共写字桌、信纸、信片，听客取用。大餐堂可容二百余人，每食食单肴馔二十余事，听客选取，食必奏乐，种种游戏运动器具略备，浴则水之冷、热、咸、淡，从客所好。

此起居饮食之奢华，非吾所习，但其治事敏活而有秩序，整肃而富于精神，堪为吾人师法者。船上员役，下级对于上级绝对服从。每隔数日，操演救火、救生，每日发行无线电新闻，报告中日交涉及欧战消息。风恬浪静之太平洋，无端惹起惊心动魄，盖世界文明利器，皆吾人忧患之媒耳。

余室之对面，一德妇携两孩以居，大者可十龄，幼者七八龄，以一保姆教之写字、习算、游戏、运动，日以为常。其母时时督课之。保姆足残废，行时蹩躠若弗堪，然犹能任教育事业，温爱而沈毅，终日无倦容。自上海至此，凡一千二百三十英里，自此至火奴鲁鲁，凡三千三百九十四英里。

二十六日（月），晴。午后六时，抵夏威夷群岛首市火奴鲁鲁（一名檀香山）。夏威夷群岛析之凡八，而夏威夷最大。次曰马夷、又次曰乌赫，则首市火奴鲁鲁在焉。一千八百九十八年归美属，设总督以治之。今上下议院，则土王旧宫也，以未厕于诸州之列，故其行政直隶于中央政府，但得公举代表一人，加入华盛顿参议院。今之代表，前土王之太子也。以美人待土人与其他各国人均不恶，故土客颇相安无事。

岛去赤道仅二十度，而气候殊不苦热。终年如春三月，盖大洋空气疏散流荡。百卉怒荣，高干大叶，参天一绿，时有海风吹浪，散作密雨，仰视晴空，固蔚蓝无际也。

此璀璨美丽之夏威夷群岛，谁垦辟之？实唯吾华人垦辟之。当二十年前，吾华人之为农为工于斯岛者，多至十余万人。迨归美属，被苛禁，数日以减，而日本人转骤增。据统计，华人现仅一万一千人，而日人八万。但凡侨于是岛之美人，莫不欢迎华人，以其做工勤而驯，不唯工资廉也。前商会总理美人麦克来君见语云，余自先世经商兹岛，迄今数十年，雇用华人，从无困难交涉，而日人则否，深愿本国早除此苛例云。

土人之数锐减，从前有三十万，今仅存二万。究其原因，一则生计竞争之失败，一则与他种人结婚同化。旅居此岛之美人言，凡他种人与土人结婚，所生子女不佳，每传授两种人之劣根性。唯华人与土人结婚，能传授两种人之善根性，此亦人种学上一研究之资也。

此间生活程度甚高，最下者，非得美币三角（现当华币七角有奇）不能度日。白人多好华式餐，雇华人治庖，每月工资美金四五十元。自美人经营此岛，工商大发达，入口贸易，较六年前增一倍。出口亦骤增，仅菠萝蜜一项，岁产额由八十万元进为四百万元，增至五倍。全岛学校二百一十二所，学生三万二千九百三十八人；华人所设小学校只二所，学生四百人。

先是夏威夷岛美商会、华商会各以无线电致意欢迎，既抵埠，纷纷到船相迓。由美商会以摩托车导至公园乡村俱乐部，款以盛馔。席次，聂君演说，美人譬犹良农，既播嘉种于本国，又推而及于中华，即退还庚子赔款以兴教育，使吾国人永永不忘，是也。此为入境欢迎第一声。翌日，华商开会欢迎，复导游水产馆。临行，依檀岛风俗，每人赠一鲜花，或彩纸制成之长绦，围于颈次，珍重言别。自此达旧金山，计二千零九十一英里。

舟次无事，乃倩同行诸美人分日演讲美国各地状况，以为考察之准备，余笔记之。复以行周旋礼节，惧有未娴，乃倩罗秉生君演讲，摘记如次。

（罗秉生君演讲美国礼节略，编者）

逐日讲演，舟行颇不寂寞。当吾舟自横滨东行将抵檀香山之前三日，适过经线一百八十度时，为四月二十三日。凡舟自西来，依其出发点之月日，过此自东经入西经，应多一日。故吾舟得两个四月二十三日，过此，应减一日，此亦环游地球者所宜知也。

五月三日（月）雨。午后四时，抵旧金山。先一日午后，集乘客于大餐堂，由美医生验疫，一如在日状。余辈之来，由外部给予特别护照，故抵埠绝未留难。舟既下碇，欢迎者麕集，美大总统代表旧金山税务司大卫君、外交部代表远东事务局长卫理君、商部代表纽约商业局长保德君、工部代表前代理总长丹师麦尔君、西美商会联合会总理乔治霸克君、巴拿马太平洋万国博览会总理摩埃君、旧金山商会总理摩埃君、旧金山市长骆伟君，华官则若出品监督陈君琪、领事徐君善庆、各留学生、中美各商家代表、各报馆记者，摩肩尽峨冠，击毂尽汽车，群拥以入三佛兰雪斯旅馆。是夜议定旅行路线，主任招待者，西美商会联合会也。

逐日赴欢迎会参观工厂及各机关无停晷，录在舟次大来君演讲旧金山商埠状况，以见一斑。 （大来君演讲旧金山商埠状况略，编者）

留旧金山七日，其间尝一至屋仑，与旧金山隔一衣带水，顾所观皆未及教育。尤未一观博览会，当俟回国过此，纵观之。有一二事足纪者，尝与领事徐君善庆茶会场，以王君纯焘（伯秋）之绍介，得见耆儒傅兰雅先生。先生传布西方物质文明于中国之第一流也，在二十年前，凡先辈一二理科知识，几无不得自先生书。今皤然老矣，而挚爱中国之心与年俱进。深诋此次博览会中国政府馆之规模为不足代表中国，与之语，感愤之诚，溢于辞色。其子创盲哑学校于上海，其费则先生斥其在华所得译书费以捐与者。八十老翁，且将弃加利福尼大学教授职，重来吾国，传布盲哑教育，吾不暇钦其壮志，唯有感其热诚耳。西士之传布科学于中国，在老辈中不止先生一人，而论立品峻洁，未尝有所敛钱以自肥，植权以自固，一其心唯以扬榷文明为己责，至老不衰如先生者，虽欲不心折得乎。是日，会场并见赫德之女，皆惓惓于吾国者。

尤可纪者，四月八号一日之所历。午前十时，由旅馆坐摩托车，越全门公园而南，至波令锦村午餐。地在郊外，绿荫如幄，景色幽雅，波令锦者，百年前开辟是地之人也。下午更南行，抵莎兰土嘉村，开茶会于上议院议员斐伦之家。其宅据山半，车曲折行山径中，及门斐伦君偕其眷属降阶以迎。居宅略采东方式，正面颇似吾国之厅事，但无大门，石级数十，登阶俯视罗峰，远眺海湾，清气扑人，连日奔走尘市，到此烦襟尽洗。美人居宅不论在市在乡，皆无围墙无大门，盖第一重门即为其室门。与吾国高闱厚垣大不同。此虽建筑制度各殊，抑亦民俗浇醇、警政良窳、教育程度高低之一表征也。厅左为书斋，陈列图书珍玩，有华盛顿夫妇生时摄影，及今总统威尔逊氏肖像。右为大餐室，四壁皆糊绛色之锦，此两屋较长，酷似吾国之左右厢。厅事横列座椅两行，一内向，一外向，其旁杂陈家具，雅洁而纯取自然。厅后为天井，满栽花木，仍以左右厢夹之。又后为墙，墙外为方可二丈之泅水池，周围白垩，碧漪鉴发，冷热二水旋，分置左右。池北列石像数十，或男或女，有裸躯者。又后为北向高五尺之石台，正对群峰，碧草如茵，沿麓上下，可环坐听台上奏乐或观剧焉。余辈至，男女主宾一一握手为礼（男女相见，本不尽握手，唯女主人必与男宾握手），导游全宅。斐伦君登台演说，谓吾台落成，欢迓嘉宾，此为第一次。同行陈君遇春亦登台演说。斐伦之友某为文学家，登台歌莎士比亚诗一阕，高峰答响，主宾笑乐。茗点既毕，各题名而别。是日，车往返行百二十英里，川原纠缪，海风和煦，嘉种名果，被野弥冈，吾眼饱矣。

旧金山为美国太平洋岸最大商埠，一海股突入金山海湾与太平洋间，宽六英里又四之三，金门海口当其北，宽一英里又八之一，公园、赛马场、炮垒等咸集于是。天气终年若春秋二季。居民沿阜之上下，建筑屋宇，齐整峥嵘。千九百十三年人口统计，凡五十三万。吾国人侨美者亦以是地为最多，约三万人。其业厨子最多，月可得百数十元，旧金山市工资甚贵，工匠之就肆，农夫之适野，皆坐摩托车行，仅寒俭人家入市乃坐双马车。各市摩托车，以人口比例之，旧金山为最多，现达十三万部以上。观市长所坐车，即知其总部数。盖市长坐车号数，乃全市车号数之最巨者也。出口棉花、罐诘物、煤油、木材、大麦、面粉、干果、皮革，金属为大宗。入口丝为大宗。国际贸易，以日本为最大，英次之，中国、加拿大、菲律宾、澳洲又次之。

九日（日），雨。午后六时，坐专车南行赴劳舍安其连司。此专车周行全国，两月间，每人须费美金千二百元，合华币须三千元，旅费大半耗是。脱非专车，可节过半数，今与实业团偕行，不得不尔。濒行送者纷纷，不缕述。最令人长念者，乔治霸克君临别赠言，指汽车而演说曰：诸君皆中华民国勇往之少年，此虽专车，要须努力循轨道前行，以达所定之目的地，行矣诸君，其克念此言。一时闻者莫不悚然动容。乔治君年老，体矮小，以亲爱华人闻于其侪辈，每发一语，诚恳动人。

十日（月），晴。午前八时三十分，抵劳市。其地仍当太平洋之滨，北去旧金山四百八十三英里。高山大海，满地花木，色香不断，风景之美，为西方各地冠。人咸以仙都目之（City of Angels）。市商会邀乘特别电车至海湾，观海港工程，电车线纵横四达，全市与市乡间共长千一百英里。发电用瀑力，远在五十英里外，自来水源在二百二十英里外，市况可云发达矣。然稽其历史，不过十余年耳。其发达之原，恃木材、煤油两大物产，而煤油矿发现不及二十年。招待员见告，前此三十五年，人口仅一万，前三十年，仅三万，今乃达五十五万。其间华人三百五十，业农为多，有家者仅百二十。日本人倍之。有华商公会，以三大堂代表组织之，晤其会长郑鹤舟君，颇能调息讼斗，凡关于移民事，商会自料理之，为他埠所罕见。此地经营市政之初，以一千五百万元疏通河道，政府以五百万元助筑海堤，今堤工成矣。此港气候水性均佳，堤工既成，不论何时可上下货物，不忧输出之不畅。宝藏无穷，前途进步未可限量，故美国人以此慰藉吾侪，谓中国人不欲谋富强乐利则已，诚欲谋之，以中国之地大物博，直可旦夕致，观于劳市其已事也。虽然，要须上下尽划其龌龊之私，一以利国福民为心，复能应用科学知识，其进行有秩序有毅力，庶几有济。曷以致之，吾不得不归本于教育耳。

上新大陆近旬日，今日乃始获观学校。十二时，导至泼雪腾那市，午餐毕，分部参观，余偕梁君鼎甫、吴君蕴斋往观泼雪腾那中学校。余于记参观中学校之先，不得不记比日所实地访悉之美国普通学制。从前美国小学，九年毕业，后改为小学八年，中学四年，合为十二年，现又变更为六六制，即小学六年，中学六年是也。然各省亦不一律，六六制为一种，八四制为一种，又有六二四制，即小学六年，中学与小学间之承接学校二年，中学四年是也。又有六三三制，即小学六年，中学与小学间之承接学校三年，中学三年是也。其所以不惮屡改者，皆为学生谋生上之关系。盖学生必须升入中学校，乃能受职业教育，一般教育家遂嫌小学八年为太长，而又嫌中学四年所受之职业教育为未完备，不若自小学八年内，腾出二年受职业教育，故有六六制之规定。然又有以中学六年为太长，乃于其间设承接学校，受一种预备职业教育，故有六二四及六三三之制度。

此泼雪腾那中学校（Pasadena high School）为泼雪腾那市立。美国各市，大都设有中学校一所以上，盖其设学之财力，与其求学之需要，皆宜有此相当之建置也。此校岁费美金十五万元，不收学费，有男女学生一千七百人，女多于男者百人。一律通学。中有日本人四，华人一，盖侨民子弟也。今详录其课程表如次，以视吾国不同之点，在采用分科制，许学生选习一科，非人人需习完各科也。

中学选科表一

年 科目	第一年 上	下	第二年 上	下	第三年 上	下	第四年 上	下
英文	英文 方言 算学 （1）历史	同上	英文 方言 生物学 —	同上	英文 理化 —	同上	英文 历史 —	同上
（5） 方言	英文 方言 算学 （4）历史	同上	英文 方言 生物 —	同上	英文 方言 —	同上	方言 历史 —	同上
算学	英文 方言 算学 —	同上	英文 方言 （2）生物 算学	同上	英文 算学 —	同上	（3）理化 历史 —	同上
历史	英文 方言 算学 历史	同上	英文 方言 历史 （2）生物	同上	英文或方言 历史 —	同上	经济 —	同上
生物学	英文 方言 算学 （1）图画	同上	英文 方言 生物 —	同上	英文 生物学 —	同上	生物学 历史 —	同上
物理学	英文 方言 算学 —	同上	（2）英文 方言 算学 生物	同上	（3）英文 理化学 —	同上	理化 历史 —	同上
家事 经济	英文 家事经济 算学 图画	同上	英文 家事经济 生物 —	同上	家事经济 化学 图画 —	同上	家事经济 卫生与保育 历史	家事经济 食物与饮食法 历史
农业	英文 农业 植物学 —	同上	英文 园艺 机械 —	同上	牛乳制造 化学 图画 —	畜牧 工业 化学 家禽 图画	种植 法制与经济 —	同上
商业	商业英文 商业算学 书法 （6）生物	同上	英文第 九本 （7）商业 地理 簿记或速 记及打字	同上	英文第十 本（7）法 制与财政 （7）高等 速记 或高等簿 记	同上	市政大概— 经济美国史 （7）商业组织 与管理 —	同上 （7）商业组织 与管理 —

273

年\科目	第一年 上	下	第二年 上	下	第三年 上	下	第四年 上	下
手工	英文 机械 算学 图画	同上	同上	同上	机械 算学 （2）生物 图画	同上	机械 历史 图画 —	同上
艺术	英文 艺术 算学	同上	英文 生物 艺术	同上	英文 艺术 美术史	同上	历史 艺术 —	同上
音乐	英文	同上	英文		音乐史	同上	音乐 历史 — —	同上

各记号之说明

（1）可在第一第二或第三年习之　　（2）可在第二或第三年习之

（3）可在第三或第四年习之　　（4）读古文者必先读古史

（5）读今文者必先读近世史　　（6）可在第一或第二年习之

（7）从五项中任择三项

中学选科表二

年\科目	第一年	第二年	第三年	第四年
英文	英文 （4）口述发表	同上	英文　美国文学 （4）口述发表　时论 高等作法剧本	同上
方言	德文 法文 拉丁文 （2）德语会话 （2）法语会话	德文　德语发音学 法文　拉丁文 希腊文　西班牙语 发音学　西班牙文 （2）西班牙语会话 （2）德语会话 （2）法语会话	德文　法文 拉丁文 希腊文　西班牙文 西班牙语　发音学 （2）西班牙语会话	德文 法文 拉丁文 西班牙语发音学
算学	代数 工场数学 家事数学	平面几何	高等代数 平面测量	（4）立体几何（4—1） （4）三角（4—2） （4）天文学（4—2）
历史	古代史 欧洲通史	欧洲近世史 通史 商业地理 辩论	（x）美国社会发达史及市政 美史　英史 商业史（4） 工业史（3—1）	美政府史 （4）市政 （4）经济学 （x）社会及经济史 （x）社会经济

科目\年	第一年	第二年	第三年	第四年
生物学	地文 （x）生物学	生物学	植物学　动物学 生理学　家庭卫生学 （x）地质学	同上
物理学			物理学 化理 家事化学	同上
家事经济	缝纫	烹饪	（4）烹饪（4）制衣及帽 （3—1） （4）制衣及织物（3—2） （x）（4）卫生及保育（3—1） （x）（4）食物与饮食法（3—2） 制帽及缝纫	（4）家庭管理（4—1） （4）家事及社会经济 （4—2） （x）制帽及缝纫
农业	农业 植物学	园艺	（4）牛乳制造（3—1） （4）畜牧（3—2） （4）家禽（3—2）	种植
商业	商业英文 商业算术 （4）书法	伙友心得及广告 （x）速记 （x）簿记 （4）打字	法制及经济 1（x）速记 （x）打字 （x）算账法 （x）银行	商业组织及管理
手工	（1）木工印刷 （4）图面 水门汀工	铁工印刷 （4）绘图	翻砂及机械学初步 印刷 （4）建筑画 （4）机械画	机械 印刷 建筑画 （4）机器画
艺术	（4）图画 （4）家事图画 瓷陶器	（4）图画 （x）金工 （2）美术旅行 （x）（2）针凿 （2—2）	（4）图画 （4）家事图画 （x）高等金工 （x）美术史（3—2）（x）金工	（4）图画 （4）室内装饰 （x）首饰 （2）商业图画（4—2）
音乐	和声学 （4）弹奏 （4）乐队	和声学 （4）弹奏 （4）唱歌 （4）复音唱歌 （4）乐队	同上	音乐 （4）唱歌 （4）复音唱歌
体育	体育	同上	同上	同上

（1）习此课或必先习其他指定课（4-1）此课在第四年第一学期余仿此

（2）学生欲多习此项制造工业应先商诸本科总教员然后陈请

（3）此课止算四分点之一

（4）此课止算二分点之一

学生愿习何科，应依第一表所载，先由学生父母或保证人，向教员商定。但所选务合该生预定之目的。选定后务修了之。

各科所习课目，应依第一表规定之次序，除该表载明各年应习课目外，许自选之，冀其每年读满四点。以一课目读满一年，每星期上课五次为一点。如有特别缘由，不足此数，应由父母向校长商得特别准许，积四年满十六点为毕业。

选习课目时，凡本学年之课，或过去一学年之课，均可选习，但须先与教员商之，如有正当理由，经教员会特许，可选及未来一学年之课。

学生有正当理由，始得改科。但改后，须补完前科之不足。

在同科内，得由此课自改习他课目。

英文、生物学、美国史、市政概要、体育，无论何科学生必须习之。

各科应满若干学生始开班。

学生得有分数在八十以上者，许于升入大学时，给以证明书。

表载英文、方言、算学、历史、生物学、物理学六科为文科（Classical school），余为实科（Vocational school）。习文科者，毕业后可入大学，习法、医、教育、神学等科，若欲入大学工科者，须多习数理化。总以欲入何种大学，先参阅该大学章程，然后选习为最善。

凡关于功课事宜，学生可随时就商于顾问教师。

以上系摘译课程表之说明，参以副校长维廉氏所面告。所谓顾问教师者，由校长以教课或其他之关系，指定某教师为某某诸生学业上之顾问是也。美国分科制度，校各不同，此其一斑。以视吾国中学，一人需习完十余学科，同时需习八九课目以上。而彼则选定一科，同时不过四课目。吾国中学每星期授课多至三十六时，而彼则以一课目读满一年，每星期上课五次为一点，仅冀其读满四点，是每星期授课大约不过二十时，唯外加体育时间耳。是其耗费精神与时间之多少，彼此几不可同日语。夫苟多耗精神与时间，而获得相当之效果，犹可言也。今观吾国学生，将来入大学习文、法、政、商诸科，则历年所习数理化无所用，习理、农、工、医诸科，则历年所习关于史地诸课无所用，况乎习农宜略物理而详化学，习机械宜略化学而详物理，今置前途一切目的于不顾，网罗所有学科，用其同等功夫，冀其平均发达，由是详其他日所不必要者，而反略其所必要者，其得失何如也。万一毕业后，无力升学，曾不得恃其一科一技之长，以自见于社会而遂其生计。然则吾人对于此种分科制度，虽不欲遽加以断定，要其间固大有研究之价值在也。

农场均由学生种植，木工、铁工场极宽敞。学生有自携料来，制成后携成绩品以去者。其教木工，令学生以新意匠制造各种家具，争奇斗巧，不落恒蹊，于毕业时，教师取各生所制，每生选其一二种以为纪念。尝于成绩室见某生所制座椅，可折成小件，极可爱玩。问其毕业生出路，则十之七八升入大学。但实科学生，就职业者半，升学者半。

普通教室设备，取自然不取严整。功课每日午前八时半至午后三时半，每节或三刻或五刻。三时半以后，随意运动，或营他事，烹饪裁缝教室之旁，有模范家庭两室，则模范食室与寝室是也。以全校千七百学生，而校役仅二人，余事悉学生任之，则其训练上注重服务，可以想见矣。讲授不涉宗教。

十一日（火），晴。晨坐摩托车赴河滨市。途次，参观果品装箱工厂，所经弥野皆果木也，晚抵山的爱古市。

山的爱古市亦属加利福尼亚省，在劳省之南，市之大约七十六平方英里，与墨西哥界甚近，相距不过六十里。人口三万九千，物产之著名者，为各种果品，金、铜、麻、石等矿产，稻、麻、牛油、牲畜、蜂蜜等农产，及各种海产。气候温热，常年平均在六十余度。

时山市正开地方博览会，以马队彩旗迎入会场。是会之设，其名义亦为纪念巴拿马河工，而其期望则在发达该地农产、矿产与商务，使国内外咸晓然于太平洋沿岸，有此天然之海港与市场，大有发展之余地也。以一月十五日开会，年终闭会。政府补助美金二百万元，地方募集八百万元，会场设山麓，架长桥于谷口，以通内外。其陈列之美富，组织之完密，令人回想吾国五年前南洋劝业会，而愧汗无地矣。他不具述，试述其一部。加省一带矿产宝石及金属甚伙，是会特设一馆，凿石成隧道，曲折行其中，时于壁罅砂际发现金玉珍宝无算，并说明开矿之方法与利益，游人出入者如蚁。吾意人民经此参观，对于矿业之思想，必且骤增其热度。农业馆之设备略同。凡博览会必预定其目的之所在，而求所以贯彻之，若无的放矢，徒饰外观，虽开会百回，吾知其于社会事业前途，断无关系，只见其劳民伤财耳。有进化馆，罗列关于人类进化之事物，以供研究文化者之参考。无教育馆。此间多西班牙人自南来北之陈迹，故会场多西班牙式建筑与西班牙歌舞。晚宴后，导观各种游戏，演纽约海战，凡战舰、飞艇、枪炮、炸弹、星云雷雨无不惟妙惟肖。演巴拿马运河，凡运船、铁道、桥梁、水闸了然在目，恍如置身其间。

十二日（水），晴。坐摩托车至海滨观海岸建筑。渡海由陆海军招待员导观飞艇练习所练习飞艇。艇机一百马力，贮油可支八小时，全艇重一千四百至二千二百磅，最高可飞至一千七百尺。艇坐二人，一司机，一观察地面状况。此时尚未设置无线电，如欲与地面通信，须写字条掷下。此练习所有兵百名，系从步炮队中挑取身心健全者。兵官三十人，机二十架。招待员介绍市学务委员麦钦能君晤谈，得详悉山市教育行政概况。市教育局长及局员共五人，由选民公举，凡住本区域满一年者，得有被选权。四年一任，每次改选半数，此五人皆名誉职，年各支公费六百元。学务委员一人，由局长委任，负执行之责，年俸四千元。教育局每周会议一次，学务委员亦列席焉。

教育费，小学则除学生用品费由省支给外，每一教员由省每年补助五百五十元，每一学生由县（省之下枂为县）每年补助十五元，不足由市自任。市教育局开具预算，交市公所于市费内支给，但市公所得增减之。其在中学，则百分之二十由省支给，余从县税及市税内支给。山市无特别征收之教育税，以上皆据麦钦能君言。

蒋君梦麟，留学加省有年，知余方研究彼省教育行政制度，乃以其调查所得，制表见示，视麦钦能君言尤详备矣。录之以供参考。

美国加利福尼亚省教育行政制度一览表

省	教育局	以省长省视学各师范学校长本省大学校长及教育院长组织之。其责任及权限（一）得依法律制定校规校章。（二）发给中学校教员证书。（三）每年至少开会议两次。（四）审定本省教科书。
	省视学	民选。四年一任。其责任及权限（一）监督全省学校。（二）每两年报告一次于省长。（三）分派教育款项。（四）巡察各县学校。（五）每年召集县视学研究学务一次。
县	教育局	以两种人组织之。（一）县视学。（二）由县议会选派四人，其多数须有教育经验者。两年一任。其权责（一）每年开会两次。（二）发给教员证书。（三）开会时每日得受五元之公费。（四）给学生毕业证书。
	县视学	民选。四年一任。其权责（一）监督本县学校。（二）分派学款于各学区。（三）巡视本县学校。（四）造送报告于省视学。（五）惩罚学校一年间开学不满六个月者。（六）划定学区。
市	教育局	其组织不一。或民选者，或由市长委任者。任期大抵四年。其权责除由市制规定外，与区教育局同。
	学务委员	由市教育局选派。其权责由市长规定。市学校概由其管理。县视学不干涉之。市教育局为教育立法部、市学务委员为教育行政者。

学区	教育局	以民选三人组织之。三年一任。其权责（一）依法律制定校规、校章。（二）管理校舍、校具。（三）将所受各种学款交县库。（四）发给教科书于贫寒子弟。（五）进退教员。（须报告于县视学）。（六）黜退及拒绝学生入校。（七）执行省定学校课程。（八）报告。（九）巡视学校。（十）派义务教育调查员。
学区	学区划分法	（一）市得自立一学区，其权利与他区同。（二）新学区设立之手续如下：由学龄儿童十五人之父母呈请于县视学。学龄儿童五十人以上之父母赞成签名。乃得设立。但二英里内无公共设立之学校。及有三百人以上之学龄儿童方可。（三）接近之数学区。得联合为一学区。
教育税	省教育税	省征遗产税。提二十五万元充学费。省征人头税。凡有选举权之男子，年出人头税二元，充全年学费。
	县教育税	由县视学预算，县议会征收，其税额以教员人数计算。以每教员五百五十元为率，于总数内除去省补助学款。即该县教育税额，但其税率，不得过值百元抽五角之数。
	区教育税	如县教育税不足充区教育费，区教育局得在该区内征收教育税。但其税率以值百元抽三角为限。建筑新校舍时，得抽特税。但须经人民公决，且不得过值百元抽二角之率。总之县税、区税、特税三种总数，不得过值百抽一之额。

观上表，可供吾人参考之点甚多。其学区划分法，与吾国方今所为学区大异。盖彼之乡村学区，以一区一学校为原则，其所以必须划分之理由，不仅设校于其区之中心，便全区学童之通学，又因教育费不足时，须就本区征取教育税。故划定区域，庶使一区内之人民由共同之关系，以发生共同之义务与权利。若方今吾国未尝有征收教育税之规定，其划分学区与设置学校截然视为两事，吾不知其分区之理由何在。博览会场陈列美政府出品，有《学校区之研究》一篇，主张划分学区宜较大，详下编。

麦钦能君言，此间以小学教育为义务教育，以自六岁至十四岁为义务年限，若年龄已满，小学未毕业，而欲中止者，劝阻之，但不加禁阻。唯工厂不多，贫民较少，故中学毕业，得有百分之七十五升学。其新发生之六六制未推行，仅于中学内加授大学一、二年功课。师范学校收取小学毕业生，六年毕业，无选科，但前四年功课与中学同。故中学毕业生，得入后二年习音乐、图画等专科，二年毕业，此加省定制也。

赴省立山的爱古中学校参观，途次导观公共体育场。其形椭圆，外高而中陷，周以白石为阶，可坐三万人。费银十五万元，以市公款建筑，凡关于体育之举动得使用之，但售券者须纳其一部分之券价于公家。

山的爱古中学校，有男女学生一千七百人，男女教员十九人，岁费二十余万元，其学科，一为拉丁科、二为英文科、三为理科、四为工程预备科、五为测量科、六为建筑科、七为应用艺术科、八为音乐科、九为外国语科、十为机械科、十一为速记科、十二为簿记科、十三为商业科、十四为家事经济科，各四年毕业，听学生自选。但须先禀商于科长及顾问教师。麦钦能君言，此校以文学、理科与工程职业等科并设，有微意焉，盖于借以消除社会阶级观念也。参观特别教室与其种种之设备如次：

烹饪室。设电气灶，接连成四方形，学生环坐于其外，人各一灶，师坐于中央范示之。旁壁悬黑板，示物料之分剂。

裁缝室。凡一、二年女生必须习之，衣料自携来。

模范家庭。以四女生为一组，每组轮值一周，种种陈设及装饰，均归轮值者布置。

大餐堂。极精洁，餐费学生自付之，最便宜之餐价，每客一角（按一角之餐价，较市上最贱之食肆，几省三之二，美国学校为学生餐事，穷极研究，务求所以省费之法）。

金工室。以细金属品制成盘盂类。

木工室。男生第一年即习之，观诸生合造一小船，长约二丈许，亦有磋工室。

铁工室、机械室，师生均弊衣垢面，宛然一工厂也。铁工二年起习之，机械三、四年习之。所装机械值美金二万元。工厂采光之法，取最新式，屋顶盖作斜形，分三层，每层均自其斜面取光，故光线匀而遍。

图画室。四年炭笔习写生，一年自在画。

理化室。无阶级，但实验室甚完备，注重自力研究。

既参观其大略，集全体学生于礼堂，为余辈介绍，且属演说焉。夜十时，上车东行。

十三日（木），晴。天气热甚，华氏表高至一百零五度。午前，入阿里查拿省，经瑶麻市。午后，入新墨西哥省，过铁无声市，所至均由商会以乐队欢迎，未下车。是日，所经路线，皆与墨西哥国为邻，空气燥烈，赤地千里，盖美国西南部，大抵如此，而南部尤甚，与吾国东北边，正复相类。现美政府极力注意垦殖，在南美下手法，先开一极长之干河，已由国会议决拨费，不日开办。若美政府者，规划发展国家富源，可谓不遗余力矣。美全国四十八省，未行强迫教育制者六省，一部分行强迫制者四省，倾所经之挞克善思省，即未行强迫制者之一。南美一带之教育程度，视他方为逊矣。挞省在美国各省中为最大，东西一千英里，但全省人口甚稀，其数尚不及纽约全市。

十五日（土），晴。午前十时，始抵纽奥连市。其地属鲁意善那省，南临墨西哥海湾，美国最大之密雪比河，自此出海，为美第二著名海口。密河河墙，为有名之水道工程，能蓄水泄水，而仍利于行舟。纽奥连市较密河为低，环市有堤，因此市中沟渠甚难宣泄，而工程经营得甚好。吾国黄河流域诸城，大抵比河为低，惜无此工程也。南美产物大宗为棉与糖，仅糖一项，年出约三十五万吨。但其教育殊逊东方，盖此地前归法国管辖，多法人及西班牙人，尚非纯粹美国景象，亦即所谓一部分施行强迫教育制者也。兹将鲁意善那省与纽约省教育状况比较如下：

事项	鲁意善那省	纽约省
教育经费	910,000 元	13,120,000 元
藏书	112,000 卷	2,107,000 卷
仪器费	714,000 元	8,930,000 元
建筑费	2,490,000 元	39,140,000 元
产业值	7,480,000 元	56,880,000 元
捐款		1,100,000 元
大学	8 所	35 所
男教员	142 人	3,121 人
女教员	147 人	568 人
男学生	5,124 人	26,404 人
女学生	3,322 人	11,951 人
小学生	288,000 人	1,457,400 人
小学教员	6,600 人	47,000 人
人口	1,656,000 人	9,113,000 人

纽约省人口五倍于鲁省，而教育费十三倍于鲁省，教育产业八倍于鲁省，其他各项，盖多数在五倍以上焉，留此二日，逢土曜与日曜休假期，未参观学校。但访悉此间大学教员月俸，自一百至二百五十元，中学教员自五十至八十元，小学教员自三十至六十元。而工人每日工资自二元至五元，佣仆亦须日一

元五角，最下等之食品日须二角五分。有富人某，捐百万元创一实业学校，明年可成立。

十七日（月），晴。午前北行抵孟弗思市。属推乃西省，当密河东岸，为密河流域第二大市。人口二十万，黑人占其四分之三。自放奴后，仍未获受社会平等之待遇，则以其教育程度较低，其思想其能力皆远逊于他种也。本市对于七千黑儿，特别设学，多注重职业，市有中学三，师范一，小学三十四，学生二万三千。又教会所立学校三，合之私立学校，共学生一万七千。总数为四万，盖占全市总人口五分之一矣。其中一万苦学生在夜学校，日间照常做工以糊口，教员男二百人，女三百人。所经各省，教员与师范生无不女多于男者。教育费，省八百万元，市八十万元，省征人头税年两元充教育费。其教育局之制，省以九人组织之，由省长委任，县以七人组织之，市以五人组织之，皆由选民公举。皆住本区域满六个月，年在二十二岁者，得被选，女子亦可充之。前所经各省，女子无不可充教育官者。此间附近各市，在最近五年内，多有行六六制者，其理由以小学毕业就事可较早也。以上云云，大都得之于市学务委员金甘农君。金甘农君，盖亦主张六六制之一人也。

参观市立师范学校。学生五百人，女三百，男二百。高小毕业满十六岁者得升入之，四年毕业。第三年起，有实习课，但毕业后，须再至乡村小学实习二年。乡学简单且有规定之教科书，故易教也。若有特别资格，得入师范选科。若未习师范，而欲为教员，须经省教育官试验及格，指令至师范学校复试，及格乃得充任，不足者补习之。观是校特别设备，女生若烹饪、洗濯、制帽、制衣皆必须科，模范家庭与是等教室相连。烹饪课所煮菜，陈之模范食室。校长为客，女生为主人，为仆役，为餐事之演习，或迭为宾主焉。既以品评烹饪成绩，又以娴习交际礼仪，盖一举而两得也。寄宿生每月交纳食宿费十二元五角，亦有通学者。

参观市立中学校。学生一千四百人，校址大十七英亩。其分科，一为大学预备科，二为商业科，三为理科，注重农学预备，四职业科，凡铁工、木工等属焉。二、三、四种皆为职业预备，然仍得升大学。此分科制行之二十五年矣，以前固与吾国普通中学制相仿佛也。现毕业后不升学而就职业者，占百分之五十。女生操缝衣、制帽等业为多，男生无定，盖皆学校所授与之技能也。亦有入各种办事机关为书记者。谋事虽未能必其有成，然社会有一种专设之介绍机关，故不至失所。参观其铁工、木工、烹饪、制衣、制帽等教室，其设备与其方法，大致与前所见略同。

此外参观棉栈，支铁为架，悬棉包于其下，每包重五百磅，凡悬七十余包，以一骡推而运之，遇分道时，按包之轻重，依力学之作用，使其自然分向而行，借以节运费，可谓巧矣。栈房防火设备甚完密，每室之顶，装灭火药水管，每隔二三尺，管下置支管，火发空气热，则支管口裂而水出，自然灭火，不假人力也。参观机器制桶厂，工作极迅速，专运上海，注入桐油，运至美国。每个连运费，小者一元八角，大者二元四角，年运中国十五万个。又参观机器锯木厂，上运、锯片、刨光、蒸干皆极神速。蒸干所以去木之涨缩，吾国材木，大都未经过此种功夫，故器物最易龟坼窳败。观其蒸干仅需二十分钟，即毕事矣。以木屑与块充柴代煤，尤极经济。凡此皆应用科学于实地，以兴实业厚民生者也。金甘农君与斐恒君尽日导游可感，斐恒君久在吾国为牧师，不日仍将来吾国。

十八日（火），雨。午前抵圣路易。属密查里省。圣路易市当千九百零四年，开万国博览会，自后人口大增，人民企业心大发达，则赛会之效也。现有人口七十三万四千余，全市面积六十一平方英里，当密河上流，为诸河合流之所，天气终年温和，有如金山。密河轮舶溯流而上，至此须更易轻小之舟。昔圣路易之商务，大半恃河运，今则进为美国第四制造工业中心地矣。全市有中学五所，女子师范学校一所，无男子师范学校，但中学校内设有教育科，在此科毕业者，得为乡村小学教员。现小学全是女教员，中学男女参半。本市尚未行六六制。美利坚报记者克拉克君陪游，克君盖不甚赞成此制者也。留此两日，参观工业，若啤酒厂、机器厂、制烟厂、木器厂、制鞋厂、商业若杂货店，不具述。试述所见公立教育博物馆。

此教育博物馆，盖圣路易市为公立各学校而设。寻常之博物馆，陈列物品于一定地点，此馆周游全市，故一名有足之博物馆。其物品分装数千箱匣，载诸汽车，往来于诸公立学校之间，其在馆中收藏及陈列者，不及全部十分之一。盖陈列案头，琳琅悦目，非创办是馆之本意也。

当是馆创办之初，首求于有实益于各学校，故安置物品，最费踌躇。聚诸馆乎，则必有多数学校，因距离之较远，不能常常而来。分置各校乎，既苦不能按校设备，又嫌耗费太多。乃调和于两法之间，设馆收藏，而送校展览，此有足之博物馆，以此得名焉。

其分送物品方法，分全市为五区，星期一至甲区，星期二至乙区，如是以至于戊，一星期而遍各校（美俗星期六停课，故每星期上课五天）。车至前一二日，校长问各教师以本星期所需物品，开单预告馆员，单上注明物品之号数，馆员得单按号检物，至期辇送是校，而收其上星期所用者，为之整理，遗失者补之，损坏者修之，然教师与学生顾全公益，颇能珍惜物品，故损失甚少。

在校中之物品，置教员案头，令学生近案察之，或置掌中玩之。其为衣服，可被之于体；其为图画，可张之于壁；小片图画，许各生传观；务使学生亲接触之，然后于所受教科，十分明了其真际。

馆中物品分十五部如下：

一、食料。

二、衣服材料。

三、木制品。

四、工业制品（示制造之次序）。

五、外国风土。

六、动物标本。

七、植物。

八、矿物。

九、物理及天文仪器。

十、留声片。

十一、历史用图画表。

十二、天文用图表。

十三、生理学图表。

十四、美术品。

十五、照相片、影灯片、双形片（即俗所谓西洋景）。

部分若干门，每门自四件以至八件，附以影片、画片等。目录上按件注明用途产地等等。每部之前，列参考书名，以备教员翻阅。书藏馆中，设有教员阅书室，目录则分送各校，各教员案头皆置一册。

教员阅书室，内藏教育、文学、科学各种书籍，并本国及外国所用教科书，本国及欧洲各学校课程及报告，前节所叙之参考书及各种杂志，现有书共八千卷。

别有陈列室，凡借出之物品，每种必有一、二分陈列馆内，俾各教员得来馆浏览，知馆中所有者为何物，且可参看阅书室之书籍，而知物品之用处。陈列室除星期日不计外，每日自午前九时至午后五时，为游览时间，不收费。教员于下课后或星期六更可领学生来游。但种类太多，学生不能专心于一物，且陈列架上，不便反复审视，故即以此室为教授场，则不可也。

馆置馆长一，副之者二，而以副视学员督理之。校书员一，修缮匠一，登记员一，装置员二，车夫二，杂役一。余辈往观，深荷招待，且为详晰指示。临别，复以章程及物品目录见赠，撮记其大略如此。

游密查里植物园。园始为亨利嚣氏家园，其后捐归公有。面积共一百二十五英亩，以其七十五亩为植物园，余为牧场农田。嚣氏遗嘱此园付与遗产保管员会管理，其会员以遗嘱指定之，并规定由会员公推一人，直接处理园务，苟非遗嘱予以有权，虽子孙不得过问也。现有植物一万一千种，寒带植物五千种，栽置室外，热带温带植物都六千种，分栽花室中，花室之分部如下：

棕榈部：此室最大，宽九十英尺，长一百英尺，深六十五英尺，所栽棕树，计有百种。若枣、椰实、糖果等为贸易上重要之品。

经济植物部：此部所搜集，为温带、热带上奇异而含有经济意味之植物。如木材、食品、药饵、香料等，以及咖啡、茶、古果、香草、姜、胡椒、香蕉、芒果、金鸡纳树等。

玩赏植物部：此部自十一月至六月，陈列各色鲜艳之花，如菊、郁金香、玉簪、水仙、百合、蔷薇、杜鹃及其他诸小植物。

羊齿部：此部有花二百种，都为羊齿类及与羊齿类相似之植物，植于深谷之坡，使人一览无遗。

龙舌兰部：此部栽龙舌兰及与龙舌兰相似之物，大抵产非洲、阿拉伯及印度诸地，其形似仙人掌。

沙漠植物部：此部栽沙漠地方之植物，其法悉依其在沙漠中之性度。

寄生植物部：此部除寄生植物外，兼莳一种兰科植物，自经济上观之，后者尤有重要之价值，此外又有各种凤梨草。

猪龙草部：此中一部分兼集食虫植物，如瓶形草、茅膏草、扑蝇草等，导观者以其奇也，特令注意。

此外尚有东印度植物部、香蕉部、兰部等，不尽记。

其室外陈列，则有园池部、小丘部、模范园部、北美植物部、药用植物部、经济植物部等等。

是日阴雨，苍茫云树，游兴与之俱浓。亨利嚣氏乎，学术界永铭汝德，岂第供游览已哉。

参观师范学校。专收中学毕业者，修业期限二年。学生一千二百五十人，皆女子。观其博物教室、音乐教室、写生画教室、手工教室、烹饪教室、模范家庭。大抵与他校相似，但其附属小学，仅以供参观，非以供实习，所谓模范小学是也。美国师范学校附属小学制度，苟非兼备此两种者，必设模范的小学。此校第二年前半期实习教育，遣至乡村小学行之。而于本校附属，仅行参观教育。至第二年后半期，复回本校研究或补习，以底于毕业。

附属小学学生一百五十人，观其课游戏、算术、作文，皆不取整肃。教室布置，尤极自然。四壁除门户外，皆置黑板，黑板之上，安设壁架，架支板片，遍置学生手工成绩品及模型等，杂以盆、花与笼鸟，书声鸟声时复相和。凡此物品，不唯使学生爱玩天然，得活泼之兴趣，又可以作图画或国文资料，盖课写生画与作文时，往往以此为题目。即模型标本及成绩品，亦有是等作用，固非漫然设置也。

校长复导观西邻一低能儿学校，各校低能儿皆送此处。约六十人，以女教员四人教之。注重工艺，有木工、藤工等。各种制作品甚好，索得十二龄儿所制藤盘一、小椅一。三层楼高处为心理试验室，陈列蒙铁梭利氏教具及目力检查表、体格检查表等种种，此为低能儿学校特别之设备。据其教员言，此种教育之结果良佳。

参观中学校。入门则方陈列学生所制改良与扩张圣路易市计划之模型与图画，听人批评。凡本市某处宜公园，某处宜学校，某河宜桥，某地宜市，某处宜礼拜寺，某处宜市政厅，令诸生各就理想所及，基于现在状况，加以实地调查，草为可以实行之计划。准其高下远近，或制模型，或制图画，而评定其优劣。所以养成挚爱乡土之思想，与规划市政之能力，不唯于知识上、艺能上获切实之效用而已，令人叹服。以是等方法教青年，将来毕业，犹不能活动于社会，效用于乡里，吾不信矣。全校二千零四十人，女多于男，观其机械设备，有汽机、有电机，其他称是，吾不羡其财力之雄厚，但惊其方法之精良，精神之充满耳。毕业生百分之六十升大学，其余分送姓名于各机关，争先录用，无失业者。

今试述圣路易市公订中学分科学则。

普通科：以二学年或三学年教授数学、理科及英文以外两种方言，此两种方言者，可于拉丁文、希腊文、法文、德文或西班牙文中选择之。

理科：此科于理科及数学两门特别注重，英文以外，亦须兼习两种方言，任在拉丁、希腊、法、德、西班牙五种内选择之。

文学科：此科专重文学，及近世方言。拉丁文、希腊文、德文、法文、西班牙文皆在必修之列。

艺术科：以一学年习绘图，二学年、三学年习数学及理科，在后二年则习外国语。若心理学、伦理学在第四学年习之。

手工科：此科为男生而设。所注重科目，为木细工、车工、制型、塑物、锻炼工、机械工作，及四年之用器画。

家事科：此科为女生而设。其所注重，一为家事艺术，若制样、雕刻、装饰、衣及女帽制造，以及物料之选择与改良等。一为家事理科，若食品之选择与保存，洗濯法、家庭经济、霉菌学，以及家庭看护法等。

商业科：此科专究书法、拼法、商业文牍、商业数学、簿记、速记、打字、商律及其他必要学科。

职业科：凡生徒之以故不能修毕此中学四学年课程者，得校长之承诺，可增多每日修课时间，将商业科或手工科或家事科之单纯职业科目，容纳于两学年内而修习之。似此则生徒于其所选择之诸科，若簿记、速记、打字、木细工、木器制造、雕镂工、车工、制型、塑物、锻炼工、机械工作、用器画、家事理科（手缝、机缝、制样、雕刻、装饰及其他衣裳制造等属之）暨家事艺术（烹饪、管理、洗濯、家事经济、霉菌学及家庭看护等均属之）等，亦可得娴熟之训练。

二十日（木），阴。午前九时车抵芝加哥市。其地位于全国之中心，面积约二百方英里，人口二百四十余万，为美国第二大市。地濒密歇根大湖，航路四达，铁路交线于是间者，二十有八，商务极盛。余辈既至，芝加哥商界体育俱乐部招往参观，并午餐。俱乐部楼高十余层，室内运动场、泅水池及各种运动器具皆备。有一种特别器具，曰治胖器，凡彭亨大腹贾，日受此器之摩擦，可使瘦削。此外饮食馆、寄宿舍皆备。现有会员二万三千人，尚有八千人额满见遗，芝加哥体育负盛名，即此可见一斑。凡美国商会学会以及各种团体，皆附设饮食寄宿湢浴等各种机关，而以章程约束之，故来者如归。

索得芝加哥公订市立中学校课程。校分普通科、理科、师范预备科、商业科、公职养成科、工业科、普通工艺科、家事科、美术科、建筑科，皆四年毕业。所谓公职养成科，乃养成公共机关办事员。其科目为英文、近世方言、会计、速记、打字、商律、体育等。此四年毕业各科外，别有二年毕业之各种职业科。如会计科、速记科、用器画科、图案科、制型科、机械工作科、木工科、电气科、家事科、印刷科、园艺科，皆志在速成，注重实习，仅二年毕业者也。

二十一日（金），晴。午后三时，偕卜君肇新参观一新设之市立中学校。有铁工场、冶工场、木工场，皆于场之一隅，设课桌教坛，而特别缩小其所占之地位。木工场之侧，有材料室。教师言先取小机件，令学生用几何画法，按其形态，绘之于纸，乃于木工场依样制为型，令冶工场用翻砂法制为模，乃于锻炼工场制成机件。故一器物之制造，须经过各科手续，而因以各科得切实之效益。化学教室只设实验桌，无阶级式，比来所见各中学理科设阶梯教室者绝少，盖阶级仅于多数学生观教师之试验，自自习主义行，必使学生人人亲自试验，乃竟设实验室，废阶级室矣。此校别有音乐阶级室，高二丈余，通楼之两层，仅广三丈，深二丈，而可容三百人。簿记教室，学生席后设柜，令学生迭为主客，实习买卖。泅水池，男女生分日使用之。健身房男女分设，则以设备略异故也。写生画室，四壁满置人物模型图画。其他模范家庭及烹饪、洗濯、裁缝等教室，与他校略同。全校男女一千六百人，女多于男，皆免学费，不寄宿，可寄膳。他中学有附设大学一、二年者，此校独否，其学生课桌，则所见各中学皆如下式。

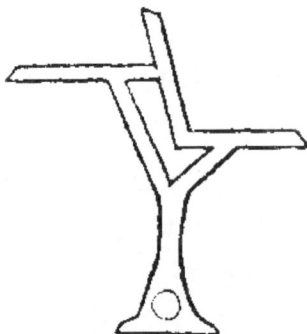

桌面及坐身靠背皆用木足用铁

次观（William W. Carter）公立学校。有小学八级，计八学年，共一千六百人。又幼稚生三级，自四龄至六龄。教手技，令以彩色纸条连成璎珞。教游戏及唱歌，演果园采果状。室之四壁置笼鸟，既养美感，兼令习写生画。每日上课仅两小时，依半日学校制度，上下午分班课之。小学一年生谈话课，学生桌之前设椅二、三，令学生分坐其上谈话、动作，演习故事，如演剧状。此法余屡见之于国文、历史等课，言古人之言，行古人之行，演至得意时，往往手舞足蹈，其他诸生如观剧然，所以诱起兴味，俾其印受深而观感切，不唯练习器官之灵活已也。三、四年级本课算术，为余辈至，特令唱歌。七年生亦唱歌，皆复音，女教师演态极灵动。座后及旁尽是黑板，所见各校莫不如是。所以然者，一则彼国教法不以教师讲演为主，教师不常开口，不过于学生学习之际，随时指导，故学生利用黑板之处甚多。二则其教法采取个别主义，练习问题，随学生之天资程度各个不同，因是亦不得不多用黑板。黑板之上皆笼鸟盆花也。三年级教室学生席四十八人，余四生与师同桌。六年级教室有二生座位与教桌齐，此可见形式之整齐，非彼所注意矣。但发问必先举手，群儿争先高举，正与我国学校相类。木工室有机八台，制成衣架、书架、桌椅等物。制者或十二龄，或十五龄。六年级女生烹饪皆白衣白巾，制成各种食物果品，贮于瓶，出售月可得四五十元，补助校用。去年售得三百余元，以二百余元充教室设备费。有泅水池，男女各使用一周，每日上课五时，学生间有黑人。一黑儿贫甚，学算常得八十分，教师特携令见余。放学分地段，段各有长，照料本段儿童之回家。综观是校精神上有特点三：一、教师极慈爱和悦；二、教室布置，纯取美感，不尚严整；三、教授均极活泼，游其间者，但觉如坐春风，如饮醇醪。

顷之参观，愉快极矣。虽然，吾不得不追记今晨所见极惨厉残酷之事。

芝加哥宰牲事业，著名于全国。牛羊畜物，为家庭日用必需者，全国消耗之大半，悉待其宰牲场之供给。其间托辣斯之气魄，伟大无伦，今日午前参观第一家，一小时内能宰牛一百三十五头，猪九百头，其他称是。无论远近，如电报定货，能于半小时内出发。自备摩托车运上火车。厂中有政府所派医生，牲畜须一一查验，如查验不明，将肉寄至华盛顿复验。如验系病牲，则不准卖，准卖者每肉盖印编号。其宰牛之法，先聚群牛于场，游行自得也。既而其所立地以机械之力，推使上升，环行阁道，渐行渐高，但见空中群牛戢戢然，既而入高楼，登楼观之，一人手利刃以待牛至，将机一拨，牛所立板，忽倾斜，牛立仆。其人以空际下垂之链，绕其后之一足，机动而练升空，牛离地，嗥声一震，利刃立下，赤血四射。随辘辘之机以行，过甲而甲伐其毛，过乙而乙去其革，不三秒钟，全牛尽矣。机辘辘以行空，牛续续以就死。其宰猪也，略如宰牛。有大木轮一，高如屋，周皆短铁链。猪至，一一以链绕其足，轮转而猪荡漾空中，转一周下而刀割于其心矣。执役者皆终日立，唯牲畜随机行，一老工人司大斧，立不易位，手不易器，目不易瞬，数十年如一日。维时群畜哭声震天，腥臭不可向迩，使人神经受莫大之刺激。而同游美人，虽妇女谈笑自若。参观毕，导者出片脯令尝，犹竞赞其甘美也，心理之不同若是。倘其所以养成者尔殊欤。

参观第二家，厂地大七十五英亩，有工女数千，办事室悬每日统计，本日某市买某畜若干头，全国市况一览而知。

二十二日（土），晴。芝加哥属意里诺省，而省立意里诺大学在香槟市，函电坚邀余辈参观，且专使来迓。余乃偕孙君观澜代表全体往，来迓者许君传音也。许君在意里诺大学留学铁路管理，途次为言美国各种专门参考书之多，而吾国之缺乏，于学术进步上大有影响。美国是书大抵为三类，一、专家或教师所编辑；二、大学生论文；三、各机关服务者之报告。而吾国殆无一焉，宜其敝矣。许君又言留学生愿就所学，为本国政府或事业机关担任调查之役，于本国有益，于留学生尤有益。

火车既抵香槟，大学校长简美生君因事他出，副校长金来博士偕各学长礼服迎诸车站。金来君系币制学专家，富于著述。为并时美国三大经济家之一。美国退还庚子赔款，及承认中华民国，金来君皆尝著论登报鼓吹，为兹事之主动者。此次必欲招余辈往，亦以见其对于吾国感情之深矣。香槟市人口仅三千，而公园大数十英亩，绿荫如幄，道路夷坦，令人心醉。陶君文濬言，此间小学亦有房舍极简陋，学生仅十数人者，惜未及观也。

导观香槟市立中学。学生六百四十五人，时土曜停课，仅观其设备。礼堂之后为音乐室，如吾国建筑所谓倒座者。教室四壁皆黑板，图画室之旁有暗房，教照相术及蓝印。健身房、泅水池，男女生分日使用，男每周三天，女两天。弹子房设备，皆地方绅士所赠。其他化学物理实验室、博物室、商业各科教室、烹饪室、裁缝室、模范家庭，大抵与他校同。其分科，一为物理化学科，二为博物科，三为商业科，四为外国言文科，而以英文、算学、历史为必修之公共科。每周除体育外，上课十六小时。

意里诺大学，成立于一千八百六十八年，有学生五千人，现设农、工、商、医、教育诸科。各学院建筑，一一独立。但见广场之上，满地绿荫而已。校章缀有训言，曰修学与做工（Learning and Labor）意至美也。工科学长栗嘉氏Richard 导观工程学院，铁工场、木工场、汽机房、电机房、材料强弱试验室、水力试验室。栗嘉君谓注重之点在经济，虽学校一如工厂也。管理处事务，悉由学生任之。备有电车灭火机车等，供学生试验。次观土木工程学院，次运输学院，次矿学院，次陶学院，次博物学院。法律学院、化学院、商务院、大礼堂、女学生休息所及音乐院，最后乃观农学院。学长谭伦朴氏（Darenport）观。意里诺大学农科负有盛名，试验场大一千英亩，有森林、有天文台，大小各一。有牛乳制造场、病鼠试验室。种种农事试验，每月一日，纵览一回。因农夫吝惜施肥，乃为无肥试验。种玉蜀黍每亩初收六十合，现仅收二十一合，以示农夫肥料之不可少也。畜牧学院有牲畜八百种，学生一千二百人。教场作椭圆形，周设阶级以坐学生，纵牲畜于其中，为实地之教授试验。谭伦朴氏，畜牧学大家也。金来君集中国留学生开茶话会，留学生复自于俱乐部开欢迎会。陶君文潜示余一九一四年意里诺大学各国学生学程均分表如下：

国别	人数	学程均分
澳洲英人	1	89.41
南非洲英人	5	89.29
德	3	88.83
加拿大	7	87.86
挪威	2	87.79
菲律宾	2	85.63
英	4	85.35
土耳其	4	85.35
俄	8	84.49
印度	12	83.43
日本	18	82.85
波斯	2	82.43
中国	60	80.45
奥斯马加	2	80.23
瑞典	2	79.38

国别	人数	学程均分
南美西班牙人	7	76.20
布加利亚	4	75.99
巴西	6	74.95
外国学生总平均		81.75
本校男生总平均（美国及外国）		81.43

观上表，知中国学生数多至六十，为美国以外之各国冠。而其成绩平均得八十分以上，可云不易，中国学生与美国学生竞争，往往优胜，此其一也。

金来君告余意里诺省师范学校修业年限，凡已毕业于小学者二年，未毕者四年，大约年在十四五岁，入师范，至十八岁师范可毕业。教员多是女子，现在程度渐高，可以胜任。六六制，芝加哥、密歇根两省有行之者，本省未采行。中学行选科制度，二十五年于兹矣。现拟渐改为限制选科，亦有于中学设二年大学科者，小学八年，均有农业功课，则根于本省特别情形也。

二十三日（日），晴。返于芝加哥。会各团员，晚车赴必珠卜。车次，请同行之美外部特派招待员卫理君演说，卫理君现任远东事务局长，前曾代理驻北京公使者也。其演词大抵关于中国政治，摘其涉及教育之一节如下：

> 中国当科举时代取拔人才，皆使为官，今虽改办学院，但学生尚未尽脱做官思想，不知人人做官，国中安有此许多位置。如办各种实业，其荣誉不下于做官，须将青年此种思想改变过来，尽拔其旧日根株，庶所施教育，可望将来食报耳。

以外国人谈中国教育，乃有此亲切中肯之议论，可知吾国青年思想上之谬点，已不能逃外国政治家之烛照。彼正言规劝，乃爱我者所为耳，焉保无从而利用此谬想者。虽然，彼外国政治家，吾暇虑乎哉。

二十四日（月），晴。午前车抵必珠卜市，地属本雪佛尼省。必珠卜市最大之事业，曰钢铁业，最大之人物，曰嘉南崎。犹忆在太平洋舟次，美驻日大使葛福来君为余辈讲演必珠卜市状况，至有味，补记之。

美驻日大使葛福来君讲演必珠卜市状况

从芝加哥至必珠卜，均平原。将近必珠卜，便见大工厂。其地多产烟煤，迤西厂煤甚多，多白煤硬煤。

必地东南及东北，各有一河，合流入密雪雪比河，因此交通极便。三河之交点为工业中心，东南隅又有大铁道四五条，专运货物出入工厂，全国四大钢厂，而必地有其三。此河每年运出货物吨数较全球各海口运出货物总吨数尚过之，盖钢铁、煤等皆甚重之物，但此以重量比较，非以价值比较也。

必珠卜市建筑以来，有一百五十六年之久，现正改造，可去参观。其间高大房屋甚多，高者二十四层。现有人口一百六十万。市之东皆居民住宅，钢铁大王嘉南崎氏所办之教育事业，于此可见。彼所办之实业学校，学生三千五百人，本市人不收学费。别有必珠卜大学，学生三千人。嘉氏实业学校各种实业学科均有，若金工、木工、机械、电气之类，女子则烹饪、女工、家政之类。机械工程科学生，遇假期可入工厂为工，在校研究学理，在厂增进经验，得益不浅矣。

兹略述嘉南崎氏之历史。嘉氏生在苏格兰，十岁时父母携之来美。第三年父殁，家寒甚，倚做工为生活。旋入电报局为送信员，即研究电报事业，甚熟悉，升为电报生。后为铁道书记，研究铁道事业，甚熟悉，升为管理员。其后办钢铁事业，从三十五岁时开始，经三四年，积资四万五千万金。发大愿将家产办教育事业，不论何地，如有人能担任图书馆办事员，薪水及经常费用，嘉氏即捐金为之建馆屋。

有一事，诸君须注意。嘉氏并未受完全教育，其知识皆从自学得来，厥后苏格兰圣安得利学校，竟公推嘉氏为校长，可云难得。

必珠卜地方，除嘉氏以外，尚有数人。许洛勃氏幼贫，自十四岁起做工，现为大炼钢厂主人。西园氏亦贫苦，为机器匠，设一铺渐发达，现为大电工厂主人。

必地烟煤甚多，苟从地面挖下一千或一千五百尺之深，即可得天然之煤气，供人使用，不必特设煤气厂。近来煤气渐少，价渐贵，须挖至一百二十五英里以外，取得煤气。

有一大自来水厂，在全地球为最大。当未有此厂时，因水不洁之故，每年有三五千人患伤寒病。后以七百五十万金，经营此厂，有一百二十余英亩之大，滤水使洁，不致饮之为害。今虽不敢说其必无病，然大致已少矣。

必地自来水厂，水池沙面结成一种物质，似青苔类，微生物经此便不能生长。此苔经五星期甚厚，水不能透，将沙换过，数星期后又生此苔。此池多在地下，因恐冬间冰冻，然即不冻，亦不至有蚊虫为害，以有青苔故也。

必地三大炼钢厂，以合众国厂为最完备。就近有玻璃厂，全用机器制造。又有一种厂，制玻璃灯、玻璃泡、玻璃罩。又有制水精镜厂，此外造桥梁、造机器者均有。

既下车，首观嘉南崎钢铁厂。分三部：一、炼铁部，从矿铁炼成生铁。二、炼钢部，从生铁炼成钢。三、制造部，将钢压成板或块。但见极大之铁板，长四五丈，宽七八尺，厚尺许，左右高下，往来移运，轻若举羽，压之如压絮，切之如切泥。冶铁炉热度高至摄氏二千度，每星期可出五万四千吨。内百分之八十为钢。美国矿铁含铁百分之六十，吾国大冶矿质含铁之多，与此相同，所缺者，殆嘉南崎、许洛勃、西园其人矣。嘉氏厂兼制军舰，枪炮舰用铁须外坚而内韧，坚能抵御，韧则不易破裂。此制舰部，平时不许人参观，今日从特例也。

次观西园氏电工厂，在厂午餐。与厂员乾姆司君、附属学校总理杜来君谈话。本市人口六十万，合附近村落共一百五十万，而四分之三操工业。附属学校之编制，甲、学生科，为专门学校学生实习而设。乙、学徒科，为男子自十六岁至二十岁欲习职业者而设。其职业之种类有四：一、司机器人，二、制机器人，三、制模型人，四、绕丝工人。丙、夜馆，一、外国人补习英文者，二、男学生习英文者，三、女学生习缝纫、烹饪者，四、习工程师用算学者。其乙、丙两种，以小学毕业生为主，但亦有中学毕业者。夜馆功课每周三夜，每夜三时，学费年收二十元。以工程师为教师，每夜有本厂学生六七百人上课，问此间小学有工业课否？曰：无。但本市别有两学校，专为预备入工厂者而设，盖等于吾国之甲种工业也。

参观嘉南崎实业学校。则有令人惊骇者，全校大一百三十二英亩，设备费美金四百万元，基本金七百万元，年息三十五万元，最近又捐二百七十万元，然则其基金总额已达一千三百七十万元，以时价华币两元五角合美金一元计，已达华币九千五百九十万元。试思吾国全国教育资产得若干总额耶？依最近民国二年八月至三年七月统计，亦仅九千八百另八万七千一百五十八元耳，以彼一校之富而等于吾全国，彼富可歆，吾贫亦可哂已。问嘉南崎氏资产总额若干，答美金五万万元。

此校学生三千三百人，内一千六百人为夜课。余欲考其程度较低之职业科状况，乃请导观艺徒院，院收容高等小学毕业或二、三年修业者。所见为印书科、木工科、水管装置科、铁工模型科、工程科、普通机械科。其他限于时间，未及遍观。机械科教员特为试演拉铁机令观，美国各校指导参观者，往往特为演习功课，令客观览，既以显其优良，亦以示交谊也。校旁别有美术学校、女子专门学校，皆未及观，仅观嘉氏所设之藏书楼、博物院、植物园。此行惜嘉氏在纽约不获见，许洛勃氏与之同席者再，壮年英采，谈笑风生，西园氏新物故，得其遗影。

二十三日（火），晴。晨观总膛玻璃厂。资本美金一百万元，有工人七百名，多至九百名，每年出货七千五百万方尺。观其制法，先将原料入炉溶解，以钢片作圈悬于空中，浸入炉内，使与溶质相黏，以机力渐使醮之而上升，中悬细铁管，自其内发冷空气，则溶质成筒形而凝固，筒大径四十寸，乃横置之以机运金钢钻画之，则筒破裂，乃复运入热度高至华氏表一千四百度之炉内，渐渐熨平而切之，而玻片成矣。此法余去岁观粤省博山玻璃公司，曾略见之，但彼用人力，此之动作一切用伟大之机器力为不同耳。问欲使玻片分厚薄，则如何？答以醮取溶质上升之迟速定之。

参观市立师范学校。全是女子。适开五月节花王会，于广场均为种种游戏舞蹈唱歌，男女宾环坐如堵。余至，校长某女士欢然相迎，特令重演五月竿舞（The Maypole dance）以娱之。诸女士争欲摄余影，由校长特向余商请许可，皆欢笑以去。五月节花王会略如游艺会，以职员之一人为值事，一人为花王，一人为花王侍者，余友刘君大钧为译其印刷品所载春来歌（春来歌词略，编者）。

是校师范生二百人，平均年龄十九岁，小学及幼稚生二千五百人。

参观市立中学校木工场、铁工场。铁工成绩为刀凿类、丝圈类。二年后期方制捕蝇笼，皆随意制作。几何画教室置一车床，一发电机模型，令学生写生。教师言本科功课最注重模型，先绘图，次刻木，次冶铁。木工教室，绘图样于黑板，每生须于毕业前依意匠制木器数种。又观美术科，其种类为订书、金属薄片工、订手簿、纸匣、书面、镜袋及其他陶工、雕刻工、泥塑工，视诸生嗜好及性质，授以一种或数种。忽于一图画教室，见授一种未经见之画法，先取一天然物或蝶翼或龟背或其他动物之骨骼等等，先用写生画摹取其形态花纹，次依之而自由变化，不加限制，变化数次，成一极美丽之图案画，施之各种装饰，以写生与图案联合教授。问教师某女士以此画何名，答名 "Surface enrichment 或 Design in German temporary color"（前者拟译美观画，后者拟译德国飞采画，似后者较适）。三年前有人赴德国博览会参观，见此画法，归而提倡，本校教此，仅一年于兹耳。

市学务委员语余，本市各学校所授职业课程，皆先调查各地实业种类，然后依之选定，故各校不一律。本市为著名工业世界，但所盛行者为粗重的工业，今欲进之于精细工艺，故设美术科，尽力提倡美术。常年教育费美金五百二十五万元，悉取之四大工厂。下学期起变更学制，改小学为六年，中学为前三年、后三年，设前三年者二校，设后三年者一校。

此间吾国留学生甚多，有已毕业于他处大学，而来各大工厂实习者。实习时月可得工资七十五元，勉可度日。尚有必珠卜大学，晤其矿科工科留学生数人。矿科内有石油科，其中又分挖油、制油、销卖三科。

二十六日（水），晴。午前九时抵美国华盛顿。即见大总统及各部长。余为文纪之。录如下：

（"中华游美实业团游华盛顿见大总统暨各部长纪事"及"华盛顿都城记"略，编者）

偕余君日章访华盛顿教育局长克拉士登君（Claxton），畅谈中学分科制。谓为二十年来新制度，以前未尝分科也。今各地分法不同，有分定各科听学生选习者，有不分定各科，但罗列各科目，听学生选习者。有自第三年起，许选习者。大抵依地方状况而定之。现在一般舆论，渐趋于限制选科。各城市行六六制者，已有五六十处，但亦有反对者，其理由谓其减少小学年期，即减少义务年限，然克君以为此层无甚关系也。美无统辖全国教育行政之机关，此教育局所掌，仅华盛顿京师之教育，但其眼光注在全国，于其言论知之。承惠出版书数十种，且知余注意职业教育，特介绍其本局职员工业教育专家鲍登博士（Bawden），开示将往各地含有职业性质之各学校，与研究职业教育专家，后此之所见所闻，虽谓皆克、鲍两君所赐可也。清华留美学务处沈君楚纫，赠余一九一四年至一九一五年留美学生英文题名录。就册钩稽，倘据此以为表，使后有续往留学者，依本国需要之情形，避其所多，而趋其所不足；可以得求学之方针。在本国各种事业机关，又可于此获物色专家之机会，亦一要事也。故愿教育行政者，每年必有此种名单，用本国文字宣布全国。

二十九日（土），晴。清晨至包的茅市。地属马来伦省，全市面积仅三十二方英里，人口五十八万三千，位于夹士卑海峡上游，航路达费城及欧洲各口岸，铁道通芝加哥、华盛顿、费城各地。市始创于一千七百二十九年，为美国最古老殖民地之一。然进步甚迟，至一千七百五十二年，人口仅五百六十四，住宅二十有五。自与欧美各口岸通航，商工业蒸蒸日上，工业之著者，有钢铁、铜、肥料、衣、帽、大理石、肥皂、造船、建筑材料及化学材料。一千九百零四年，大火，损失美金万二千五百万元，十年营造，乃复旧观。公园占地甚广，人民亦较他市朴实，禁售酒。碑碣甚多。著名者为华盛顿碑，及战事纪念碑。有炮台在沿海峡，南北战时所筑。学校三四所，约翰霍不禁大学之医科，负大名于美。捐立者霍不禁氏以油业起家，其校长古德诺博士，尝著书于吾国社会颇有所诋娸。今日午宴，博士为主席，将洗耳开诚，恭听其督教，乃终席无一言，殊令人失望。无演说之宴会，在此行为第一次（按博士别后即来吾国，为袁政府顾问，因演说中国君主立宪之利害，为人利用，名誉大损，深为可惜，苟博士始终守不演说主义，岂不大妙）。参观铁路公司，以机器钞帐，其法凿穴于格纸，既敏捷且便核算。导游乡村俱乐部。地极幽雅，铁路公司招待员见赠美国各省垦地收益表，极有价值，译录之。

午后三时，坐船行三小时，至马来伦省会安奈波连市。同舟士女五百余人，包的茅市美国银行会分会印分歌词，曰花旗歌，舟次齐唱以欢迎之，其意可感也。刘君大钧为译其词。

花旗歌

欢迎市长泼来斯吞及其夫人与中华民国实业团，于舟泊麦亨利炮垒旁，登岸时歌之（全体唱）。

君不见昨日鏖战既终，夕阳影里，营垒上飞扬之国旗乎。炮火射天，弹声震地，而吾旗无恙也。今日者，自由土上，先烈门前，君其一谛观此国旗否。

密雾之中，远岸之上，强敌授首之地，微风吹来，半明半灭，初映晨光之熹微，继受旭日之照耀，彼何物乎？国旗国旗，愿汝永远飞扬于吾自由国土也。

怯懦之夫，惧一战而后，家国沦亡，今何如乎，而彼辈安在矣。舆台皂隶之伦，逃威畏死，而终不得免。试看先烈门前，自由土上，锦旗飞扬，气象蓬勃何如也。

自由国民，捍卫桑梓，义正则战，胜败在天。上帝呵护，义正者胜，既销锋镝，复享太平。国旗国旗，其永悬于吾自由国土也。

维时满船士女，扣舷齐歌。情韵激越，既感其国民义勇之精神，复感其对我欢迎之雅意。既抵岸，导观海军学校。学生八百人，小学毕业生升入之。四年毕业，不收学费，且有津贴。每年八个月授课，三个月上船实习，一个月放假回家。校有故海军提督约翰保琼司之墓，敬谒之，约翰保琼司，手创美国海军者也，墓在堂内。

三十日（日），晴。抵费拉特费。十时访市长于费城俱乐部，参观其建筑。百方英尺地，价值美金百万元，建筑费百五十万元，楼甚高，中一层仿土耳其式，极古雅可爱，吾将记费城之概况。

费城为美国第三大市，面积百九十五方英里，人口百七十万，属本雪佛尼省，为美国太平洋海军根据地。一六八一年英人威廉本，得英王查礼士许可，扩殖民地于美之得飞河岸，是为本雪佛尼省之鼻祖。定费城为省会，工商业渐兴，人文蔚集，寖成东美宗教政治社会之中心。一七七四年第一次之国会，美国独立之宣言，华盛顿之解任演说，皆于费城行之。华盛顿未定国都以前，美人离英以后，为政府机关驻地。故费城者，美人开国史之纪念地也。市民优秀而温雅，以守旧著称。中央市政厅建筑宏壮，有塔高四百余尺，分二十余级，上供威廉本之铜像，以纪其辟草莱之功。学校、藏书楼、博物院，皆极著名。费城者，又为学术文艺之中心也。科学发明家、政治家弗兰克令氏实居于是。

午后，赴本雪佛尼大学欢迎茶会。费城自由钟，为纪念共和之宝物，惜送往旧金山博览会场，未之见也。

三十一日（月），晴。今日为美国南北战争纪念日。晨出施德兰花旅馆，但见满街军士整队游行，亘数小时不绝。参观费城商务博物院。院长威尔逊君，导观全院，且为详细讲演本院之内容。

费城商务博物院，分三部。

甲、展览部。以市经费支给之，陈列世界各国物产，及可以表示各国风俗人情之物品，其目的在于灌输知识于工业家及普通国民。

其陈列法分两部，第一部分的陈列，以东方为尤详。中有各国商业统计图表。录一九一三年中国进出口统计，以备考证焉。（见下表）

一九一三年中国进出口货物价值统计一览表

出口总数 294,200,000 内重要地点		进口总数 427,780,000 内重要地点	
日本	47.5	中国香港	924.8
俄	32.1	日本	86.8
法	29.7	英	70.8
美	27.4	印度	35.0
德	12.4	美	25.5
英	11.6	德	20.4
荷	6.2	俄	16.8
意	5.9	比	11.0
新加坡	5.4	新加坡	6.0
高丽	4.9	法	3.0
比	4.7		
印度	4.4		
中国香港	85.4		

其所陈列中国物产维何，则男子之大辫也，女子之小足也，鸦片烟具也，苦力生计也，神鬼偶像也。问何自来，则即一九零四年圣路易博览会中国赴赛品，赛毕留赠是院者也，为之愧愤。第二部分类陈列，若各种农产、矿产自其天然以迄于人工制造而成，其间经过种种状况，其质剂、其方法、其分量一一陈列表示。

乙、学校教育部。以省经费支给之。助费城及本雪佛尼全省之学校，予学生以工商业及地理上之知识。其办法分三项：

子、学校教师可请馆员延人宣讲选定之题目，约期率学生往听，讲义之深浅，务合于学生之程度，约以初等小学以上皆能通晓为度。且有彩色影片及活动电影以补言语之所不及。来听人数，同时限于一百以内。听毕，分组由馆中指导员导观与当日宣讲有关系之物品，使所闻与所见，得互相发明。

此项讲演，每日下午行之。去年听讲人数，多至七万五千。其设备以板片阑场之一隅为演场，围以黑幕，俾可于白日演电影。

丑、上项办法，仅费城及邻近城市能获其益，为远埠学校计，乃将影片及讲义借与之，使该校教师自己宣讲。其无影灯及承影幕者，亦可向该馆索借，更贷以小件物品，皆不取租费，但收运费。为节省运费故，尝有联合邻近诸校，合借一组，轮流使用者。

寅、将物品分赠各校，使教师得合用之教材。其物品示世界各国之物产，及其制造之阶级。装一柜或数柜内，柜分十余屉，每屉容物产之一种。学校欲得此种物品，须正式陈请于本馆，更须有本区之议员为具盖章之证书。

院长言此项物品最注重者，为与美国有关系之商业品。

丙、外国通商部。其费由制造家担任，本部专事搜集各种关于国际通商之事实及法令，以备本国及外国商家之垂问。所辑有税则、外国商况之调查、商标及商标登记法、领事则例、航线及运费、外国公司信用之调查及国际汇兑办法等等，又刊行月报及周报。

院长言本部职掌之要点，在使各国商业消息之灵通，指导本国商人以外国商务状况。例如各国商埠，何地最重要，商店何家最著名，何家最信实，其资本多寡如何，某地税则如何，航路运费与其包裹方法如何，所用为何种文字，某货最合销售，某货尚求改良，一一指导之。不但应商家之请求，为之调查，且设法鼓励商家，使之注意调查。有时并应外国商家之请求，为之调查。譬如有人欲赴外国经商，来问旅行方法，总可详细答复，且可予以介绍书。盖本馆常派人赴各国调查，本部部长，正才自英国归来也。检示东方商务书籍、上海行名簿、各国商标图说。

三部之外，有藏书楼，庋书七万八千卷，各国工商业之统计及报告无不备。

此间本雪佛尼大学文学院院长葛来和氏，曾任中学校长二十年，特往访之，记其谈话要点：

余问。此间中学制度如何？

答：美国东方尚有沿用旧法不分科者，即工业多特设专校，不与中学合，然余意殊主张分科不分校。盖分科则其所修业，可适如其性质境遇之所宜，而不分校，可铲除旧时重文轻实等阶级思想。

问：教育与生计之关系，为吾国亟待解决之一大问题，美国对此如何？

答：美国亦正注重此问题，可云一切研究，皆以此为根据。纽约有彭叟氏者，最研究此事，可往访谈。

问：此间师范学制如何？

答：初等师范，四年毕业，凡毕业于小学者入之。高等师范分两种：甲、中学毕业者入之，乙、中学二年修学者入之。大学师范科，大学毕业者入之。初师不分科，高师分科。

问：初等师范毕业者，其程度足用否？

答：尚可用。

葛问中国学制。余撮要答之。并言东方语言与文字分离，于教育上甚感困难，修学年期之不能过短，此亦其一原因。

葛言美国亦有同感，故有改良文字之议，但习惯一时难革。

余问美国对于世界语如何？

葛言余对于世界语，信为不易推行，因人力所造，难与天然争也。设欲统一，余意不如取比较发达之法文推广行之。

是日谈甚欢洽，葛氏赠余实业教育一册，余答以工商统计概要一册。

夜七时，宴于商业俱乐部。威尔逊君演活动影片，并宣讲费城农事改良、制帽、制茶、输运、木材等情景，皆商务博物院物，留学本雪佛尼大学高君仑瑾译述之。费城之游未竟也，以纽约有成约，乃往，期以后周重来。

六月一日（火），晴。 午前八时至纽约。导入盘而门旅馆。十时，在旅馆开欢迎会。十一时至市政厅访市长，适赴旧金山。由代理市长麦克南君致欢迎词。虽属寻常酬酢，然其眼光之超卓，语气之豪迈，真足以代表世界最新都市矣。

　　鄙人今日得以市行政长之资格，在此欢迎诸君，何荣如之。诸君来游之旨，既闻之矣。此行关系中美两国间至巨，于纽约尤巨。盖纽约从此将涵育且促进两国间之商务，胥视诸君一行也。方今世界观听，群集中华，中华进步之程，恒出乎意料之外。吾纽约人之眼光，亦正未尝一日离贵国之举动,观其举措,随在足以表示大国民之风度,而尤以诸君此行为最显。诸君之来,大起吾人钦敬,从此两国交谊融和敦洽,无待赘言。两国事事物物,本多相同之点,根据此相同之事事物物,以组成友谊,俾联为世界最亲善之团体,而一于商业上证明之,此则鄙人所希望也。

午刻,出口货制造公会正式邀宴。会长琼生氏之宣言,尤光明俊伟。其言曰:

(上略)欧洲战争,非特使国际间之交通之财政,为暂时之麻木不仁,且使中国之商务关系,变其向日之态度,而处于孤立。今当补救之,一切须早行整备。英在中国所占商务为百分之五十一,美百分之八。航海船舶出入中国海口者,其总数为八千万吨,英占百分之四十四,德占其七,日本占其二十二,法占其二,中国占其二,美无一焉。自有历史以来,美国商船缺乏之况,未有如此者也。是以中美合办航业一端,此时允为绝好之机会。

战争之日一过,永久和平之策,必见实行。鉴于此日之生灵涂炭,国与国间,亲交善邻,欧洲诸国,行将趋于密切关系中。夫歃血订盟之艰难。无过于吾美开国时之十三州,然而反对、反对声浪一传,利害之关系大明,阋墙之意见立泯。吾知今后列强,将联为一体,以禁一国之单独行动,而使诸国咸有克自振拔之机,又必然之势也。唯然而以公平之手段,处理一切问题,此诚团体共济之要义也。

南北美联合会,方告蕆事,此后南北美洲诸国,患难相扶,团结永固。吾人更进一层,其能扩充之而为若干大联盟乎。大不列颠之人民,可为一联盟也,欧洲诸国可为一联盟也,美洲诸国为一联盟也,而东方诸国可为又一联盟。诚如是,同心协力,以企图伟大之效果。此伟大之效果非他,即合世界诸国为一大团体,万矢一的,以贯彻平和之主义是已。

吾于此两番演说,见美国人民之思想程度焉。

纽约省也,然纽约市却非省会,其地本一海岛,长十英里,宽二里,今包在纽约省内。各制造厂均在纽约市外十里至五十里间，全市人口约五百余万。人稠地窄，房屋建筑都无余地，唯有向上至百余丈，向下至一二十丈建筑之。最高之屋有五十六层，建此者为创设一角五分杂货店者，店名（Woolworth）其物各种食用品皆有，每件之价非一角即五分，利用人民好购贱货之思想，积小成大。各埠均设分店，其人因此获巨资。建此最高之屋，费一千五百万金元。以人稠地窄，故交通机关，除地面电车外，有地底电车、空中电车，然乘客仍拥挤，晨间及傍晚尤甚，稍迟即无隙地，状如沙丁鱼装罐诘中。又有大铁桥二三处，为世界最大之桥。渡江有江面之汽船、江底石洞之汽车、江上大桥、双轨电车。是日午刻，导登五十六层之最高楼，自绝顶凭栏四望，虽以纽约全市之大缩小如片纸，但见空际汽车，往来盘绕，其行隧道者，东出西没而已。此高楼五十六层之电机升降，以一女子掌其总机关，左按右捺，无一息之停而不乱。所至各大旅馆，皆有女子司电话，极纷繁，极敏捷镇静，以见彼国妇女办事之能力也。

二日（水），晴。游纽约市。谒葛兰脱将军墓，葛兰脱将军者，南北战争时北军之统领，美人崇拜之，没后葬其遗骸于哈得森河之滨。将军旅天津，与李文忠为至友，尝以文忠与卑士麦并称。李使美，将军已殁，乃就其墓门，手植一树，铁栏围之，旁树石碣，文曰：

> 大清光绪二十有三年，岁在丁酉，孟夏初吉，太子太傅文华殿大学士一等肃毅伯、合肥李鸿章敬为大美国前任伯理玺天德葛兰脱墓道种树用志敬慕。出使大臣、三品衔都察院左副都御史铁岭杨儒谨题。

墓在屋内，略与约翰保琼司墓同。白石围作井形，方其顶，窗牖嵌紫玻璃，全屋尽紫。此行拜英雄遗骨，至此凡三矣。念彼今之国民，享极人世和平康乐，果孰建设之而孰留贻之，自由之钟纽如新，而伟人之墓木亦已拱矣。反思吾国，谁欤舍自己幸福为后人造幸福者，不知百十年后，亦有其地其人，足动人低徊凭吊焉否。古道斜阳，独发无穷感慨，睨彼天之骄子，方沉酣于自由平等之空气中，而莫或觉也。

夜，古仑比亚大学留学生开会欢迎。

三日（木），阴。至纽约市教育局。访华盛顿教育局介绍之美术专家亨乃

（Haney）君，并见掌理实业教育者伊新革（Ethinger）君、哈伦（Harren）君。导观教育议会，设议席四十六，每月会二次。教育局长由市长委任，教育费本年美金三千九百万元，然已锐减矣。盖纽约市制教育费纯由普通税内提出，无专征之教育税，因此常为议会减削。去年为教育费大争执，三君言次犹有余慨。且指楼上画图室言曰，从前此屋办公人满，今之萧索，所未有也。然稽其岁额，合华币几及一万万元，一市之费，浮于吾全国矣。现定之教育方针，在提倡职业教育，期以教育扶助生计，赠余最新制图表十一种，皆表示教育机关与职业机关联络方法。译其职业教育统系表附载于此，以见一斑。（见下表）

　　三君又言，本年二月间，波士顿、包的茅等处，新创一补习教育方法，于电车中悬一黑板，一人讲演，利用旅客乘车之暇晷，输入知识，颇见效云。

纽约市职业教育系统表

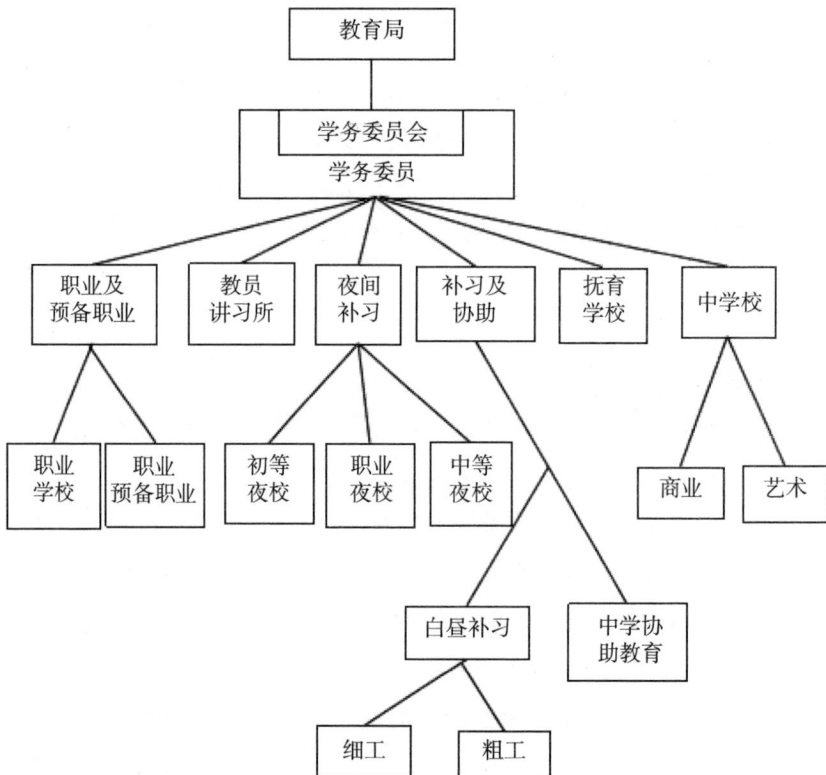

纽约市教育局订，1915 年 5 月 21 日

　　教科书制度，加利福尼亚省制定一种，全省一律遵用之。纽约省制定若干

种，听各校选用之。

纽约省教育行政，取极端之干涉主义，惜以时促，不及赴省城阿尔班尼参观，请略述其制度。

纽约全省教育行政权，悉归一机关之所掌握。此机关为何，曰纽约省立大学。实则无所谓大学，乃全省教育行政之总枢机耳。有大学校长为之长，有委员会为之监督，其权力之广大，根据于省宪法，不唯监督管理公共学校而已，其他省中各项教育事业，亦皆属之。凡乡村市镇各师范学校、专门学校、实业学校、大学校，以及图书馆、讲学会、教育会无不受其管辖。凡医生、牙医、兽医、眼医、手足病医、药商等，诸职业之开业免许，暨其他关于看护妇、会计员、速记生之证书，概由其管理。至于考察各学校之成绩，颁发教员免许状，划一公共学校之程度，分配各学校之经费，尤为其本职，不待言矣。今将其分部分科列举如下：

大学分部
高等教育部、中等教育部、初等教育部、图书馆部、省立博物院部。

大学分科
总务科、义务教育科、校外教育科、实验科、历史科、视学科、法律科、省立图书馆学校科、文牍科、学校图书馆科、统计科、教育影片科、职业学校科、教员退隐料科。

纽约省数十年来，全力主张试验学生不问其所学为理文科或各种艺术，以为试验可以促进教授法之改良，与学生学业成绩之趋于真实，故由大学委员会简派若干试验委员。共同订定试题，有时更校阅试卷，凡此种种严密之制度，他省所无有。

四日（金），晴。参观古仑比亚大学师范院。古仑比亚大学，为美国研究教育中心机关，则此师范院之价值重要可知。是院从前有学士科，凡高等毕业者得入之。去年新定章程，非大学毕业者不得入。但若实践美术科以及养成小学教员、幼稚园保姆等，仍许高等毕业者入内肄业。参观其铁工室、木工室（将来拟添电工）机器画室、电光蓝印室、美术画室（所见为实景写生画、色粉笔速画、人体写生画）、雕刻工室、印刷室、图案画室、生理化学室、制衣帽室、洗衣室、烹饪室，一切设备谓是师范学校乎，宁谓是实业学校耳。导观者语余，本院不论何项功课皆用个别教授法，此语足抵千百矣。

参观华盛顿欧文女子商业中学校。学生五千人，分中学与职业两种。中学科四年毕业，多升入大学。职业科三年或二年毕业，多执业社会。均收小学毕业生。晤其教员亨乃君，即二年前至德国调查工业及美术者也。见赠调查报告书，其职业图画科，每周三十时，图画占其三分之二，其教程先授色之深浅，次写生，略表如下：

第一年		第二年	
前半年	后半年	前半年	后半年
写生画	从写生推之目的物	广告衣样等应用画	同前

其授写生也，先器物，次房屋，次简单之天然物，次复杂之天然物，如花朵之类。

其授衣样画也，先绘人身五官手足。次全体。均用写生法，依模型或肉体。其物或铅笔或墨水笔。先绘裸体，次绘衣服。注重姿态及设色，而制衣科即准此制衣，其法与在必珠卜市立中学所见写生图案联合教授法略同，其源同出自德国。总之，利用天然物之形态及色彩，以为制作之蓝本，由是而写生图案，一归于实用，花样翻新，源泉不竭。实则吾国先圣昔贤制器尚象，何一不取诸自然，所谓至理本在眼前，正非德意志人独创，不过妙手偶得之耳。此外有制衣、制帽、钉书、速记、打字、图书馆管理法、家庭艺术等科。校长谓本校教授之要点，在各别教授，本其天然之优点，养成其特别之效能，且使能辨别自业之优劣。问何以专收女子，曰男女职业不同，故不得不特设也。

参观公立第六十四小学校，则所谓预备职业小学是也。去年九月开办，现有儿童千人。校在纽约市较贫之区，附近居民多犹太人及意大利人，故儿童多贫寒子弟。

校中功课，除职业科外，与他小学同。自第一至第六年，全校同一功课。自第七年起，分为两科，曰正科、曰预备职业科。正科生所受之功课，与普通小学同，职业科生则受职业教育。计分十门，一木工、二电线装置、三印刷、四水管装置、五机械工、六片铁工、七衣样画工、八广告画工、九机械图画、十木器工，就各科实习状况，摄影如次。

（一）木工。预备将来充平常建筑匠，其图样亦由学生自画，第一图中之木架，即所建之模型室也。余参观时，见正在造一厕所，学生与工人完全无异。此教室之旁，有原料室。

（二）电线装置。预备将来以装置电线为业。其所装者，或为电铃线，或为电灯线及电话线，先电铃、次电灯电话。

（三）印刷工。预备将来充印刷工。自撮字排版而至印刷，均在课室内实习，此印刷架，即木工科自制者也。

（四）水管装置。美国公共卫生发达。故用水管甚多。或便室，或浴室，或厨房，均有水管将秽水导出。其用既广，则业此者，自成一技矣。

（五）机械工。制造小件机器，及机械使用法。参观时，见正制螺丝钉。

（六）片铁工。用薄铁片制成器具，如提水桶、水漏、水壶等类，即中国之洋铁匠也。

（七）衣样画工。制衣绘样之工。绘成衣样，备制衣之用。

（八）广告画工。美国广告事业，甚为发达，盖商品之推销，半赖广告之得法。广告纸之要素，为能使人注目。或美丽，或奇形，种种方法不一，要在惹人注视而已。故广告画亦成一种专技。参观时见方画某地风景，盖缘不久将至其地旅行也。

（九）机械图画。用绘图器画成图样，或为机轮之样，或为屋宇之样，及其他种种。画图之法，系用实体模型，从模型绘成图样者，非自他图而模仿之也。其中第二排，右第二人桌上，有轮一，即模型也。参观时见其所摹绘之物件，若自来水龙头、锥子、纪念塔、电灯、便所瓷盆、压纸机各个不同，所谓个别教授者也。绘成发他科依之制造。别以纸板为模型，粘图之左，以证明立体与平面之变态。

（十）木器工。做各种器具，如箱、桌、椅等是也。

各教室所有设备，大都皆本科学生自制。

各科制成品，每件均有定价制一览表以揭之。余问授几何乎？曰，略授几何，以制图应用为止，略授制图，以铁工应用为止。

其选择学科方法，学生于小学第六年级完功后，得随自己之所好，择定科目。如愿入正科者，则入正科，其功课一与普通小学相同。愿入职业科者，则由自己认定学习何门，由校长通知其父母或保护人，得其允许后，即得入之。

现该校第七及第八两年，有学生七百人，择习职业科者，有三百五十人，为两级学生全数之半。

凡习职业科者，每星期授课十五小时，在实习室者十二小时，余三小时绘关于工作之图画。

除工作外，每日受文科教育自三小时至四小时，如历史、地理、英文、算学等类，与正科生同。其每星期之时间分配如下：

工场实习十二小时		关于工作之图画三小时	
科学	二次，每次计四十五分钟	英文	五次
历史	二次	地理	二次
算术	五次	体操	一次或二次
聚会或音乐或幻灯	三次或四次		

每星期计受职业教育十五小时，普通教育十五小时，或十七小时。

参观其地理课，发问举手，一如通例。师问尼罗河何在，一生指图以对，一生讲明其利益。又问南非洲何以瓜分？南美洲何以多独立国？答南美受美国门罗主义之保护故。此虽一鳞一爪，然其养成高视阔步大国民之精神，跃然如见矣。

正科生在校时间，每星期计二十五小时。职业科生自三十至三十五小时，平均三十二小时，较正科生多五小时至十小时。

职业科生每日晨八时三十分来校，午后三时三十分或四时三十分回家。

职业科生时间既长，故所受之普通学与正科生相去无几，且于工场之内，得授以有关于实践科学或实践算术之课。

别有残疾教育科，一切用实物模型，以纸匣板构成各种事物形态，以便认识。

工场之组织，每一工场（即实习室），约容学生自十五人至二十人，选择场长一人，照料场中一切事务。又管理器具者一人，储藏发给应用器具。

凡学生欲更改学科者，有二方法。或改习正科，或改换职业科中之他门。

各学生得自择主科三门，附科两门，共五门，由十门中选择。

教员正科一人，可教学生四十人（为一班），预备职业科三人，可教两班（百八十人），故以两班计算，较正科多教员一人，即正科每班教员一人，职业科每两班教员三人是也。

教员薪水，每日六小时五元，年以二百日计则千元。须有经验五年以上者，方合资格，教员大都系中等实业学校卒业者。

主旨：一、使儿童寻获自己之职业趋向；二、使儿童得发展手艺之技能及知识；三、使儿童寻获自己之所短；四、养成将来职业之基础。

是校余偕蒋君梦麟参观，既复托蒋君独往，详细参观，上之所记，则两人前后参观之所得也。

市教育局招待员言，类此之预备职业学校，现有七所，学生二千五百人，教员七十八人。

又言本市有中学二十三所，将来拟令成为二十三种特别学校，盖依美的哲学原理，不能划一也。现先调查全市女子美术职业，然后从事设施。调查之宗旨有二：（一）使教育界知社会状况与美术品应改良或提倡之方面；（二）使社会知学校之苦心而彼此联络。本年拟调查美术店三千家云。

是夜偕蒋君观剧。此次来美，凡观剧两次，第一次在旧金山，此为第二次。余于戏剧，无学识，无经验，不敢妄下评语。矧其在世界第一新都会纽约耶，虽然来观之目的，除发于寻常求知心好奇心外，颇欲借是研究社会美术思想之程度。观夫设备之宏敞而无疏鑮，妆点之瑰丽而无俗艳，皆足以代表其思想之缜密精美高尚优越，而其精神气魄，足以左右全社会之人心风俗。至此，余雅不欲复提吾国剧场庸恶陋劣种种怪象，以污此大罗天一刹那之心电矣。虽然，吾乌能忘吾国，吾国社会程度虽低下乎，苟尽取此之设备之妆点之精神气魄，贬其十之四五，移之吾国，日炫耀于吾国民眼帘间，吾知不数年，衣裳之文彩必日减其纤侜，器物之色泽必日减其粗率，衙署寺观之丹黄秽恶，必不复可见。而由文物声容之进化，养成其高洁优美之心思，何难之有。惜乎演剧者无此程度也。

五日（土），阴。邀观赛棒球。会场特建于公园内，周围可坐四万人，旁设无线电，与各地通信。每当春、夏、秋三季，举行赛球会，自有一种运动专家，以此为业。其中组织，分地、分会、分党，逐一互相比赛，唯合全国组织，故一地胜负，立刻电达各地，可于数分钟内揭晓通知全国。亦有因热望之极，谓某党必胜，彼此赌金钱以决输赢者。此时会场，但见高大之木板，上作表式，阅数分钟，揭示某地甲党胜，又阅数分钟，揭示某地乙党胜，一小时内不知变幻若干次。尝于他处报馆门外，见男女麕聚数百人，若观猴戏者然，插身入览，则报馆附设全国各市赛球会胜负消息广告处也，其高兴类如此。今日入场券每纸自五角至两元不等，运动专家月薪最厚者，可得数万元。

六日（日），精琦博士（Jeremiah W. Jenks）介绍职业教育家盖鲁威君（Lee Galloway）来谈，记其要如下：盖君全国职业教育联合会书记也。教育政策，往往与社会需要歧异。大学课程，自工人视之，曾何异于美国人之于中国文字，但见其形态之长大，组织之繁复，茫然莫知所谓。欲沟二者而通之，非提倡职业教育不可。世界职业教育，以德国为最发达，美国尚属幼稚，但此时研究之者已多。其间有一困难问题，即此修学时间在做工时间以内，抑以外是也。二者各有利害，自以在做工时间内为更善。盖不唯无精神过耗、时间过长之弊，且便于以工厂之权力，督促其学业之进步，据此以为升高做工阶级之标准。事莫善于此，但必须先使厂主深知其利益而乐于从事。现各地设一种效能工程师，调查各厂工人之就学者其成绩视未就学者何如。譬如做工之迟速敏钝，成物之精粗良窳，于物品售价社会心理，究有何等影响。托辣斯大王摩根之女，年四十不嫁，专调查贫女之职业，设立一会，请大学毕业女生试验工女所制之物品，且发行讲义，一般工女皆知此事之关系与其利益，争来受教。讲义之要点有三：一、商业机关之组织；二、制造艺术；三、心理学。譬如语客尔愿购否，不如语客某物大佳，吾知尔之乐观且乐购也。譬如送物需费（美国习惯货物买定，多由商店送诸其家，商店耗费于此不少），与其问客需送与否，不如语客吾知尔之乐于自携也。此事虽细，实有心理学哲学寓乎其间。凡人心思灵敏与否，大有关系，街车司机人之心手灵与不灵，影响及于人之生命，故浚发心灵，大有益于职业。美虽共和，然苦乐之况味悬殊。政治共和，已为过去问题，其未来之大问题，则职业共和是也。二十五年后，当有成绩可观。美唯先从政治上求共和，致此结果，所望中国同时提倡职业共和，则取径捷而进步更速矣。

前年有某电灯厂，因市民要求减价，势将折本，乃委人调查工人成绩，冀使劳值相当，此事大有效益。嗣爱迪生君与其他各厂纷纷加入，特延效能工程师专任其事，现下月将开大会，入厂者已有工厂百数十家云。

余语以君所云云，可谓热心宏愿。虽然，此为已就职业者求进步耳，求快乐耳。若吾国者，失业游民，遍地皆是，农工苦力，不识一丁，唯冀普通教育与职业教育同时并进，渐以教育救生计之穷，同此问题其程度之高下，有不可同年语者矣。

偕蒋君游纽约博物院。院建于千八百六十九年，所以谋博物学之发达，而以实行通俗教育为归宿者也。位于第七十七街及中央公园西部之间，其经费来源有三：一为市公署补助费；一为会员常费；一为特别捐款。会员三万七千人，年费十元，纳一次满百元者，为终身会员。其事业除陈列展览外，并举行讲演，发刊书报。讲演有专为会员而设者，有为一般人而设者，有专为学校儿童而设者，有专为盲人设者。然其关于教育之事业。犹有进于此者，则即供给陈列品于各学校是也。其近五年间之统计如下：

1909 年	1910 年	1911 年	1912 年	1913 年
所用陈列品数				
435	390	512	537	579
受供给之学校数				
419	334	486	491	501
研究陈列品之学生数				
922，521	839，089	1，253，435	1，275，890	1，378，599

陈列品分部如下：

人种部、古物部（中有头盖二千种）、地质部、无脊椎古生物部、鱼部、爬虫部、无脊椎动物部、虫豸部、介壳部、哺乳动物部、禽鸟部、矿物部、公共卫生部、有脊椎古生物部。

附设图书馆、实验室、工场，实验室与工场，皆禁人游览。

七日（月），晴。 午前七时，折回费城，践重来之约也。参观博而门机车厂，每日可成机关车八具，现有工人七千。观制帽厂，自皮至帽制成之次序，先去毛之污秽，次裂革成条使毛与革离，次蒸毛于釜使烂，贴于圆木之端使略成帽形，次以冷热之作用使帽形渐缩小，次上植，次研之使光，次装缘而成帽。

午后，威尔逊君导观中学校。铁工科制应用物品，如鸟笼、铁叉、管形风琴、箱匣、火炉门之类，全厂机器值一万六七千元。其使用之工具，皆由学生绘图自制。木工科壁橱小阁一切器具，皆学生成绩品也。先习粗工，次习雕刻，最小者年十二三，大者十五六。初学做书架、相片架之类，上刻粗花。一生方制镜具，师戏问汝将以赠女生乎？则摇其首而笑。车工室椅、书橱，皆成绩品也。机器画室初学用厚纸板折成各种形体，依之作画，兼用模型。渐进用实物，如桌、椅、梯、盘之类。又一室习写生画，用石膏模型。兼习蓝印。化学实验室、物理室仪器不多，而皆切用，物理室在楼上，置天平处筑方柱直通下层，占地小而固。食堂亦极朴素，礼堂管形大风琴，则某富人所赠也，练身房在礼堂之顶，旁为浴室，全校二千一百人，皆男子也。

参观一美术学校。男女同学。注重应用美术，收中学毕业生，四年毕业后，可为美术教师。分图画、工艺诸科。图画为写生画、屋内陈设画、织物图案画。图案之种类，甲为历史的，乙为天然的。工艺为紫铜片工、雕刻工、木器工、陶器工、石膏工。并设纺织科，有织布者、织绸者、织毯者，注重花样。陶器注重形态色泽。其宗旨一使美术归于实用，吾国有卫君挺生在此留学。

观中等实业夜学校。小学毕业者入之，学生三百人，分木工、印刷、铅皮工、广告图画、电线装置等科。半读书，半工作，无大讲堂，陈设简陋，但见一工厂而已。

晚，复至纽约。

八日（火），晴。 午前七时三十分，全国青年会总干事穆德君、艾迪等来旅馆会餐。二君皆尝游中国者也。穆德君问余，就所见美国教育，能以最简语述其要点乎。余曰，美国之教育，足以助人生活者也。穆德君曰，得之矣。

九时，特访电学大发明家爱迪生君于西桔村。村属意利善拿省，与纽约市隔一水。乘地下汽车自隧道过河以往，野外风物清美，回绝尘嚣。安迪生君劳苦成功之历史，耳之久矣，以一卖新闻童子而能研究绝学，至精极深，发明电学利器多至九百种，其最著名者，留声机是也。近又发明关于战事之电器。君伏案研电学，四十年于兹，每日夜仅睡四小时，食量极少，而精神炯炯。现年六十八，两耳失聪，语人曰：吾死无他恋，唯此三橡实验室，苟获从我于九原，当携以俱去耳。君泊然寡营，平日绝酬应，故人罕得见。此次特招吾侪至其家，但人数以四十为限。美人争欲附以一见，谓见君且荣于见大总统万万。既至，由招待者导入其办事室，四壁图书仪器，中央一小桌，君方据以坐。导者附其耳高声以报；乃起立，一一握手，齐立门外，共摄影。导入电厂参观，厂前岁不戒于火，此为新建筑，专制留声机及各种电池。其他发明器物不及自制，委之他厂。此间有工人八千，十之一为女子。观其制镍之法，先以铜片作管蘸镍液，须经百二十五次，始成极薄之一层。次将铜片剪作小块，方仅二三分入水，借化学作用，使铜熔化，乃成纯镍，调和成粉。午宴，君亲主席。既毕，试演活动谈话影片，一面演影戏，一面留声机谈话。

六时，市长来旅馆开送别会，赠纪念册，顷在西桔村所摄影已装潢成叶矣，其办事神速如此。锦天绣地之市场，倏成过去。忆大来君舟次演说，纽约有一种饭店，名却爱儿，地板墙砖皆白色易辨，食物美而价廉，善点菜者每客只需一角五分。大来君尝入旅馆，一餐须四金元，入对门却爱儿饭店，同样之菜仅八角，以知长安居之难易，视乎其人也，惜逐日碌碌，未得实验。

九日（水），晴。午前八时，抵朴洛维腾市。为劳德岛省之省会。劳德岛省在美国各省为最小，比挞克善思省小二百六十倍。美国最大之机器制造厂在此，又为纺织工业之中心点，有人民二十五万。既至，侨商邀至青李楼晨餐，偕余君日章访省教育局长。导观师范学校。学生四百五十人，本不限于女子，卒无一男子，知美国小学教员一业，将为女子专有矣。入学资格，限于十七岁以上，以中学毕业生为主，依其规程盖分四科。

一、普通科。修业年限二年半，毕业后充公立学校中高初各级教员。

二、幼稚园科。修业年限同前，此科生徒须受唱歌、奏琴之试验，且须富有对于儿童特殊之爱情。

三、寻常大学毕业生科。此科为寻常大学毕业生而设，修业年限为一年或一年半，随其学业而异。

四、一年特殊科。此科为有经验之教员而设。

凡为本省居民而免缴学费者，毕业后须在本省公立学校担任教务，至少二年，其特免者不在此例。

参观各教室，以科别。各科皆注重教授法。观其在附属小学实习教授，正教员监视教生实习，余生旁观。教毕，开会评论，皆无有特异之点。而其重实习不重理论，则为校长所谆谆相告者。其设备亦无异点，教室地面各绘一指北针以示方向。女子身体皆伟硕，衣黑色之运动衣，体育场设置完备，附属小学，学生三百人。

参观中学校。注重工艺，学生一千五百人。木工科注重造屋及制家具，陶器科、雕刻科皆注重实用物，铁工、冶工、车工、模型工、金属细工、电科制版、照相、机器绘图、洗衣、裁缝、烹饪，皆观其上课。引擎室不用汽机用电机，取其声浪较低也。

又导观新设之高等小学，校舍初落成，建筑费美金三十万元，为之咋舌。

晚，坐船游于湖。登小岛，入士宽登俱乐部。建筑幽雅，会餐饷以蛤蜊及虾，用红印度人煮法，就河滨掘地积薪燃之，覆以水草，倾蛤蜊及虾于其上，盖以绝大之油布，经一二小时，取出，剖而淡食之，甘美而香洌，为生平所未尝食。

十日（木），晴。抵波士顿。地为麻塞怯思省之都会，当美之叛英独立，波士顿实为其中心。千七百六十七年，英财政大臣唐森提议征取运美之漆、纸、茶等税，殖民地反对之，麻省议会首先通告各地，劝集合自卫，英人遣兵弹压之，诸殖民地不予以屯驻之所。议会解散，军民间数有冲突。某星期日，英军在礼拜堂外寻衅开枪，击毙平民六七，是为历史所称波士顿之屠戮。英、美间生无限恶感，美人相戒不购英货，其有美人代英人为经理者，则迫之使退。印度公司之茶，积屯经年无过问者。波士顿人更有矫作英人装束者，登舟举茶箱而倾之海，英人大怒，重立新例，如波士顿不偿所失之茶，则禁其通商。许军队随地屯驻，人民犯杀人者，得拘至别地而审之。麻省乃召各省讨论新律。千七百七十五年，正议事间，殖民总督适有搜查军火之举，与民军又起冲突，死者数十人。议会乃不得不推浮及尼亚省代表华盛顿为民军统带，与英军相搏于波士顿，自是战云密布，华盛顿之战功，与美人独立精神，昭著于新大陆。千七百七十六年独立宣言以后，国是民情于以大定。

今者波士顿以居民总数达七十四万六千之资格，升为全国有名大城矣。贸易货额岁在十万万元以上，制造产额岁在五万万元以上。著名工业为制鞋机器、造船、煤焦、鱼类罐诘、宰牲、橡皮、造船。出口岁值七千四百万元。进口岁值一万一千五百余万元。出口以肉类、皮革、棉花、面料、钢铁、兽畜为大宗，进口以棉物、生革、麻、羊毛、糖、化学料、药材、染料、钢铁、木材、水果、橡皮为大宗。古建筑物之著名者甚伙。大学之最著名者为麻省大学及哈佛大学。麻省实业工程为美国最严峻之学校，哈佛则以文学、法律及科学称，两校近已合并，哈佛有生徒四千三百余人，麻省有一千八百余人。

余以午前八时抵波士顿，既定居，招待团即以摩托车导游全市。市突出于大西洋，东南环海，其西为柴鲁河，渡河为康丕列其，哈佛大学在焉，略游览未详观。参观华山钟表厂，为美国著名两大钟表厂之一。其机器多系自动，如由彼移此不假人手，故一人可司多机，美国以发明自动机闻于世，盖工价昂贵迫之也。华山厂所用机器，纯由自造，他厂莫得而模仿之。午，访省长华虚君于省公署。午后，访市长高雷君于市政厅。市长坐余辈于议场，而令团长张君坐于市长席，且赠以议事用警众锤，示异数也。

访省教育局长史乃登君，未见。见其副维廉亚君，琐录其语如次。

小学毕业多在十四岁以上，中学四年毕业，校之大者分科，小者不分科。

入师范学校，必先毕业中等，必在十八岁以后，麻省现有师范学校十所，皆公费，师范生大多为女子。

初等教育男女合校，中等以上东方分校，西方合校。合校之利有三：一、便利交际，交换优点；二、中学教师多女子，若学生全是男子，于性情不甚合宜；三、省经费。其害亦有三：一、易养成不道德之行为；二、男女性情不同，不宜合校；三、男女职业不同，即功课不同，不宜合校。此问题研究者甚多，未能解决。但察其趋势，必将分校。

各省学制，有六六者，有六三三者，有六二四者（详见前五月十日所记）。纽约省于小学六年、中学四年之间，另设二年毕业之学校，所谓六二四制是也。是校位于各小学之中心，在此校内，听学生选科，入中学校仍可听选科，此外康乃铁克省亦行此制。本市亦有此二年学校，但与高小合设。

中学毕业生就职问题，未有解决之法，但近皆注意研究此点。

十一日（金），晴。导观女子实用艺术中学校。开办至今七年，初仅七十五人，现有八百人。普通科必修外，分工艺与家政二科。工艺科为制衣、制帽、画图、染色等事，然亦课烹饪，每日一时。家政科亦课工艺，每日一时，设模范家庭，洒扫等事为一年生所必修。将毕业者，兼练习看护。与之毗连者，为厨室、食物室。早起练习之烹饪，可供午餐，所制饼饵之属，兼可出卖。其钱除偿还原料外，有盈余分诸诸生。制衣为一年生所必需，或习制国旗。二年可听选习。三年制裙，制成品亦出卖，刺学生名于上，教师署名评定之。某生自陈志愿，将来愿为衣工以自活。衣工室陈列各种图画及模型，皆关于衣服之历史及式样也。制帽科甲班为自用者，乙班为出售者，各样自选。偶指问其每帽原料值若干，答一元半，售价若干，答四五元，其利厚矣。衣饰科先绘美人衣样，次依之制衣帽。画图则习画家庭布置图、墙壁绘画图、器具图，有练身房、游泳池，每年始业休业，各检查体格一次。

再参观所谓不分科之普通中学者，一为拉丁文学校，一为英文学校。皆创于十六七世纪。英文学校之科目，就所见为英文、法文、德文、簿记、打字、博物、物理等，附设商业陈列所，学生储蓄柜。于普通文科中，实略偏于商业，然已为极旧式，盖仅有存焉者矣。毕业后三之一升大学，余就普通职业，自卖报以迄议员银行大班均有。

教育局赠余诸中学校章程，译述其大略，以见中学教育之概况。

我波士顿人民最喜其子女受高等之教育，故目前儿童之在中学者，其数竟至一万六千四百四十一人之多。户口数与在学儿童数之比例，在美国常称第一。此盖鉴于今日生存竞争之世，非具有高等学识或实用技能，无以立于社会，非比往昔之可以侥幸成名也。夫人民之欲教育其儿童，既如是其亟，我侪司教育，曷不及早予以高等或专门教育耶。虽然，十四岁以下之儿童，识力未充，尚不能抉择其将来之学业。且体力、脑力举未完全发育，亦不宜遽为精深之学问，唯十四岁至十八岁，为儿童一生成败所系之时代，不可不及时与以适当而完善之教育。我侪之宗旨，即欲于此时多设各种学业修习之机会，听各儿童之自择，以应其需，以偿其志。设其人欲预备入高等或专门学校，则有此种预备科在；设其人欲习艺术，则有艺术学校，合中学教育与职业训练而行之；设其人欲为教员，则中学固有特设是科者；设其人欲直接在工商界任事，则亦有此种专门学校；设其人欲为关于书记之职务，则亦有书记学校之创设；设其人欲习处理家政，而备有家事艺术知识，则固有专施是种训练之学校，要在其人擅自择耳，兹将各学校分科之宗旨及课程述之如下：

中区诸学校凡八

拉丁文中学校：此校设于一千六百三十五年，专收男生。其学科为英文、希腊文、拉丁文、德文、法文、历史、数学、物理学，凡八种。设生徒志在专攻一业，如法律、医药、教育、神学者，则此校最为合宜。分两科，一、四年毕业，为高等小学毕业生而设。一、六年毕业，为未毕业高小者而设。（按即余去参观者）

女子拉丁文中学校：略同前，专收女子。

英文中学校：此为寻常男子中学，凡欲预备入哈佛大学或麻省大学，或从事商业者，皆可在此肄业。学科可听选习，但有限制。（按即余去参观见有商业之设备者）

女子中学校：此为寻常女子中学，分四科。一、高等学校预备科；二、师范科；三、商业科；四、普通科。

商业中学校：旨在养成儿童商务生活上之技能，分两种教练。第一，与以商业之知识；第二，与以实习之机会，即在耶稣诞节暑假期间或他种令节协助作业是也。又因欲使生徒在将来商界上获一定之位置，故组织三分科，使在第二学年修了时，听生徒随其志愿，自由选习。即：一、商品贩卖；二、抄写；三、会计是也。第四学年除正课外，请商务专家讲演。

实用艺术中学校：此校设寻常中学校科目，而兼施家事、艺术及制衣、制帽等手工之训练。故非为升入大学者之准备。第一年课程全校皆同，第二年起分四科，听生徒自择。一、制衣样科；二、制帽科；三、家事理科，即烹饪、浣濯、家庭布置等是；四、应用制样。至第四学年，即在校中作业，或入商店实习。此校设职业辅导员一人，其职任在监督生徒之作业及毕业生位置之介绍。

机械中学校：旨在养成工场书记、制图员、监工员、试验员、稽查员、帮工程师等人才。科目为木工、制型工、锻炼工、机械工、工场作业、自在画、用器画、数学、英文、物理学、化学、工场管理法、历史、市政，凡十四科。至第四学年听选习专科，即木工、制型工、锻炼工、机械工等。其工场作业科，重制造不重教授，数学科所注重，在授以与工场或实验室相关而必需之数学知识，英文专以商务报纸及关于机械工业之书籍为教材，理科示以物理学化学在工业上之关系之效力，历史注意美国工业史等。

女子中学校：此为洛克斯培莱中学。分四科，曰大学预备科，曰师范学校预备科，曰商业科，曰普通科。

郭外诸学校凡七

勃拉含登中学校：分普通科、文学科、师范科、商业科。

邱而思汤中学校：除寻常学科外，注重者，一为商业科，一为师范科。

度邱思透中学校：分七科。一、高等或理科学校预备科；二、师范科；三、普通科；四、艺术科；五、手工训练科；六、工业科；七、商业科。

东波士顿中学校：分师范科、商业科、手工训练科、贩卖业科、家事科、凡五科。其贩卖业科，以星期一、六至各店实习，余日受课。

哈台派克中学校：分四科。曰师范、曰专门、曰普通、曰商业。

南波士顿中学校：除英文及体育必修外，余若外国语、数学、理科、抄写术、簿记、速记、打字、历史、商业、地理、商律、经济学、音乐、绘图等，均可选习。

西洛克斯培莱中学校：分专门科、师范科、普通科、商业科、工业科。

此外有波士顿书记学校一、波士顿工业学校一、女子商务学校一。又有补习学校者，专为儿童之毕业于初等小学即入社会谋生，今欲继续求学者而设。每周四小时，无暑假。

上所译述，波士顿之中学校办法，略具于是。波士顿为美国最古之城市，于教育制度，号称守旧。然以全市一十八中学校，而分科者占其十九，除拉丁文、英文、男女三中学外，无一不含职业性质，则夫全国之倾向实用教育，已可概见。乃当局者犹谓中学毕业生就事问题，虽注意研究，而未有解决善法。则凡墨守旧说，执定中学为普通教育，而欲俾受其教育者适应于今后争存剧烈之世界，不其难乎。

复导观波士顿市师范学校。学生二百人，三年毕业。末学年至本市特设之小学练习，经多数教育家评判认可，乃准为教员。有一特点，则全校教室皆围坐式，无一整列者。观其画图则围坐两桌，心理学则环坐成大圆形，以围坐最便于学生问答辩难也。无选科。全校多女子，仅有男生二十八人，盖毕业于大学愿为教师来练习者。

观一小学。儿童二千四百人。第六年课英文，儿童互相问答背诵，教师仅监视之。课写生画，则左手执花枝，用干颜料如铅笔状，先涂成叶，次干、次花。木工则刨板片钉成箱，或制片面的动物模型，或制衣钩、照片架、书橱，从第六年起每周三时。正课之外许制物携归，但须略纳材料价。每月校长集全校儿童于礼堂，训话一回。女生习烹饪、制冰激淋、制衣。制衣之次序，先习缝补上纽，悉用手工。第四年起，取块布学缝直线，是为初步。有制袋者，有制执炊衣者，以明年将习执炊也。校设医生一，看护妇一。低能儿十五人别为一班，课藤工、织物等。是校有所谓预备职业班（Prevoeational class）者，即小学末二年生之不愿入中学者也。每周做工九时，文算等二十一时。木工制成品均系家具，亦有商店托制之照片架。每生毕业时，皆须自出心裁，制成一物，留为纪念。未习几何也，然亦能制简单之图样。令以铅笔自然画法，画各种器物，并取实物用写生画法摹绘其各种形态而变化之。如立体变成平面、侧面、剖面等。此外铅皮工令装铅管，电机工学制电线，本校之电灯、电铃线，以及室隅之小阁，皆学生制也。另设夜班，以三十人为限。

蒲鲁非儿者，职业教育专家也。创一职业教育研究社，已阅〔约〕五年。下半年将赴旧金山加利福尼大学为教师，造访之，择要记其问答语如下：

余回职业教育社发起之宗旨及方法。答工商业甚杂，据今调查所得，已有八九十种，其知识技能，家庭所无从教练，非由学校专教不可，此一因也。父母但知教子女习业，而不知何业之为社会所需要，故非专设机关调查指导不可，此又一因也。又如父母见打字赚钱，便令子女习打字，不知性情非近，或器官不灵，反不如学制帽之为得。余如肺弱不宜石工、腕弱不宜苦力，故择业必相其性质体格与工作之关系而定之。本社宗旨，又在鼓吹此意，使人人获有相当职业。去年有许多教育家设会研究此事，今夏加利福尼大学有一夏期讲习会，明日余将往赴。盖此事下手方法，不外两端：一、养成教员；二、编教科书。此书不必在校中读之，自修亦可，而要非先行实地调查不可。

问：然则君所研究，在如何而使获相当职业，非如何而使无业者有业也信乎。答：诚然。

问：现在已用多少工夫。答：第一步调查，第二步从学校入手，因学校为有责任之机关，较易着手。现在各工厂设补习学校者渐多。

问：调查方法如何？答：至工厂调查，已有六个月，就办事人与工人次第问之，一方从报纸上调查。

蒲君问中国对于此问题如何？答：中国所亟待研究者，乃如何而使无业者有业，与君所研究，不无有间，虽然其事相通耳。

访波士顿市学务委员裴隆君，谈话如下：

波士顿市有十五中学，四为普通，余皆分科。有男女分校者，亦有合校者，普通中学毕业生大部升大学，但升学考试极严。

余问普通中学毕业生，是否有不易谋生之现象。答：美国前曾经过此阶级，即今之普通毕业生，仍不易得事，故设职业中学。职业中学毕业，大为各厂家所欢迎，故发达颇速。

问：在小学教育上，曾否有使之易就职业之计划。答：无他计划，但于小学第六年后设两年学校，使其功课便于谋生，尚未成为学校，但设班次，正在研究中，此问题实美国方今最重要之问题也。小学所以不能即设职业学校之故，因厂家不欲收此年幼学生，而年幼时，父母尚未能为之择定职业，且时仅二年，亦不及教以何种职业，故仅于其间授以普通之职业知能，如英文专授实用者、若写信、记账之类，算术不唯不授高深，并涉于理想者而亦去之，专授关于应用之算题，如某室内铺毯应若干方尺，其他各科称是，意使其毕业后得实地应用，便于就事也。

问：男女同校之利害。答：与维廉亚君略同。

市小学教员女子占百分之九十五，中学女子占百分之五十。

市章程女子嫁后不得为教员，唯寡妇不在此例。大约女子毕业师范在二十二三岁，为教员四五年乃嫁，此通例也。

十二日（土），晴。至盘浮来观制鞋机器厂。午后，坐车游览北海滨，观飞行机制造厂。夜，邀至音乐会听音乐，其地为市民合资公建之音乐堂，时楼上下男女可数千人，乐工七十人，其长则大学音乐教师也。售票每纸一元至数角不等，听者咸肃静不哗，一种春容高雅之精神盎然各见。曲终而散，四座皆春，若饮醇酒，至此叹社会教育其观止矣。

十三日（日），晴。休息。

十四日（月），晴。清早抵春田市，仍麻省地也。人口十万，旁有河曰康乃铁克河。职业教育之设施，此地实首倡之。参观市政厅，登其高塔，周览全市。导观春田职业学校。有统计表三：一、为学生受课与做工时间逐年增减表；二、为学生与工作儿童数比较增进表；三、为学生所得工资增进表。是校分五科，曰机械科，曰印刷科，曰模型制造科，曰木器制造科，曰木工艺术科，各三年毕业。听学生选其一而习之，以课业时间之半，从事于工场实习，以其又半修习用器画、工场数学、英文、工业地理、工业史、市政等科。

是校章程述职业学校与中学校之异点，比较如下：

中学校	职业学校
一、修业期四年，授普通中学或高等学校预备科目。 二、对于诸生，施数种职业有限之训练。 三、每周平均工场实习时间为三小时又三分之一，乃至六小时又三分之二。 四、每日课业以上午八时十五分至下午二时止。 五、入校资格须毕业于高等小学或考试招生。	一、修业期三年，施职业训练并授予职业有关系学科。 二、专就生徒入校时所选定之一种职业而训练之。 三、每周平均以十五小时从事于工场实习。 四、每日课业上午八时四十五分起，凡三小时，下午一时三十分起，凡三小时。 五、入校资格须十四岁以上及已修毕小学第六年课业，其第七、八、九年及中学修业生亦得入学。

校章分述如下：

一、宗旨：本校授儿童以职业上之训练，冀养成其善良弘毅并能自生活之公民。凡学生至第三学年修毕，即已有一定之职业与伟大之生活力。

二、实习：工场无他种功课，唯使学生练习所学，以能制出商品为唯一希望。

三、资格：见前。意在令彼祇能受九年或十年教育之儿童，得此三年职业教育，即可从事谋生。但有力入中学之儿童，不应至此肄业。

四、分科：见前。本市主要职业悉包括于是。

五、教授：各科教授均以有经验有能力之人担任之，分三种。曰工场教授员，皆本有职业而以一定时间来施专门训练。曰专科教授员，授绘图、工场数学、工场英文等。曰教室教授员，则曾充中学教授者。

六、设备：各项职业，均于工场教授，其设备取最新者，机械工场费一万元，木工场二千五百元，印刷工场三千五百元。

七、学科：以仅施职业训练为不足，故更以其半课业时间，从事于绘图、数学、英文、历史、地理、市政诸学科。唯其所教，亦务求与职业有关，数学、英文二门，或即在绘图室教授。

参观幼稚园。游戏室置沙盘，任儿童撮为山河海陆之形，而以纸片人物布其上。写其故事，状其民风，是为一事。群儿围坐掩目，授以动物标本，令抚摩其形体，而试猜何物，又为一事。贴纸片动物于黑板，令儿童以粉笔勾取其轮廓，物去而状宛然，又为一事。十二儿童环教桌前师取长木条示儿一周，令各取方块木连接之，使为等长形，次令数之，师复取长条木，自儿背后授予，而令以手度其长短讫，乃令取方块木连接之，使为等长形，继师复取木条一长一短，自儿背后授予，而令以手度其长短差，而报于师又一事也。师画一粉线于板，令儿展长为三倍、七倍、九倍，如下图：

师所画—1

以下儿童所画

————————————7

——3

——————————————9

师乃度之，或不足，或太过，或恰合，随度令儿随念，如下图：

——1

————————————————————7 太长

——————————3 恰合

————————————————————————9 恰合

又一事也。群儿坐狮车为戏，以纸片为人形、狮形，以板箱为车，以圆板片为轮，或以椅侧置之为车，旁设四轮，而以圆木安如旋转机关，使成摩托车状，保姆与孩并坐之，口呼呜呜声，皆大快乐，又一事也。舞蹈一男孩、一女孩，虽简单，饶有韵致，又一事也。唱歌亦一事也。三年生英文课拼法正误，亦一事也。凡此种种，皆所以发达其思想与各种感觉而使之正确，每节二十五分钟、三十分钟不等，两分钟体操极精神。

次观工艺中学。全校男生五百，女生四百。为木工科、铁工科、美术科、制衣帽工科等。木工、铁工制物皆有定序。高者造小船、造船桨、造飞机轮，有大桥模型一具，长与教室等，以木铁铅丝为之，上铺砂砾，系就本市某桥而改良者，由教师指导学生制造，而请专门工程师评定之。美术科课衣样画、屋内陈设画、陶工、紫铜片工。有一事练习消防、练习避灾，九百人于两分钟间全体出校而不乱。余参观既毕，全校欢送，自鸣钟以至全体出场，不过二三分钟，观其行动并不匆遽，但有定序，有定地，故不乱耳。

午后，观商业中学。是校上半日普通中学，下半日商业中学，以一校舍而供两校用者。所见学科为图画、打字、速记、簿记。图画课种类甚多，若图案画、纸模印画、皮模印画、木模印画、绣画等皆备。余问校长毕业生服务状况，答初创时未得社会信用，今乃大进。问博得社会信用之方法。答有二。其一，问商家需要何种人才，依之以为定学科、选教材、施训练之标准；其二，每年将毕业生服务情形，得薪多少，列表通告各商家。

复次，观高等小学。时间三分之一，皆做工也。有木工、印刷厂、水泥工、图画、照相。木工制溜板、秋千架等，玩具制椅、制家屋雏形，庭前水泥为阶，木为栏，皆学生成绩也。图画则习木模印画，先依图案刻木模，与手工合。制成木屋一所，则依图画而放大者。专科为水泥工，则英文、算术命题皆水泥也，余仿此。

十五日（火），雨。至思堪纳剔台市。由电城公司（General Eleetrie Company）招待。此地属纽约省，离省治奥尔班内（Albany）仅十七英里。人口十万，多事制造，以电城公司为巨擘。内一部专供电机工程学生之实习，吾国南洋公学学生岁有来实习者，余辈之来，为公司来也。专车驻于厂门之外，镇日导游全厂。工人万七千名，出货总额岁八千三百余万元，股东分利去岁八百七十余万元。试验、考察、研究、工作管理，皆布置井井，为美国最大工厂之一。普通工资每周十六元五角，渐进为二十三元五角，一身及妻孥勉可度日。然多无妻者，酒风颇盛，而无娼妓。昔尝有之，三年来绝迹矣。工女多未嫁者。途次有向余辈索钱之贫民。美国乞丐索钱有禁，此行仅两见之，一在屋仑，此地其一也。附设补习学校，高小后学年生得入之。每周上课三时，做工五十二时，其工作为机械工、图画、木型工、铁型工四种，均四年毕业，未及观。

午餐，遇同席之工程师柯立奇君（W. D. Goolidge）发明 X 光管者，此发明之物，名（Coolidge tube），夜宴于乡村俱乐部，留学生唱国歌演剧为乐。

十六日（水），晴。午前八时至白飞罗，为衲割雷瀑布来也。九时三十分，坐摩托车赴衲割雷市。途次，参观一美术馆。十一时，车入坎拿大境，观瀑布，并参观制造厂。午餐后，导观瀑布发电机。坐车游溪之上流一周，复坐特别电车，游其下流，逼观飞瀑。七时返。留美学生季报载杏佛所著衲割雷飞泉记，恰如吾足所尝经，吾意所欲出，攫以实吾记。

（衲割雷飞泉记略，编者）

上记，余既目睹之而证其言之非过矣。往岁游黄山观九龙瀑，游庐山观香炉三叠诸瀑，皆云外高源，一线直下，其水积自千岩万壑之云气。而此则上流为大湖，湖水抵此忽陷落十余丈，奔腾倒泻，若决大防，中厄于岛屿，厘而为二，其阔合计几及四百丈，以故观者只觉其阔而忘其高，气势之浩瀚沈雄，不可一世，顾与向所见瀑大异。盖可以名瀑，而不可以名瀑布，其状殊不似匹练也。憩于湖滨公园，乐而忘返，游侣促之乃归。坎拿大电邀同人往游，辞谢之。

十七日（木），晴。白飞罗市属纽约省，人口四十六万，以滨湖故，交通便利，教育发达。大学六七所。参观其实业中学，分十科。曰建筑绘图科、曰家屋绘图科、曰应用电学科、曰机械绘图科、曰测量科、曰工艺意匠科、曰工艺科、曰工科大学预备科、曰师范手工科预备科、曰化学科。女子分五科，曰家庭教育科、曰家事科、曰实用美术科、曰美术预备科、曰制衣制帽科。学生男以工艺科为最多，女家事科为最多。市民来学者免费，设校目的在养成初等工人领袖。校长言吾校以工艺为中心，故理化科最重。但从前授理化，意在证明其原理，不知此乃大学所宜有事，中学重在应用。故今授理化，专事证明其用途，其言可云扼要矣。观其教授及设备图画，用德国新画法。食堂桌椅以及各室木工设备，皆木工科学生成绩。洗衣室陈列染有种种渍痕未洗与已洗者之标本，而标明其洗法。家屋建筑制成种种家屋模型。漆工教室陈列种种漆板模型。铁工教室或练习钉马蹄铁。此所谓教室实乃工场，仅于其一隅置学生座椅若干耳。时近暑假，由纽约省教育局派员来考试，纽约省教育行政，以中央集权著称，此其一斑矣。

访得本市公立中学校学生数，统计如下。

白飞罗市公立中学校学生统计

校名	女	男	共数
实业中学校（即余往观者）	100	750	850
其他（一）	800	700	1,500
（二）	550	450	1,000
（三）	700	600	1,300
（四）	70	55	125
夜学校		125	125
共数	2,220	2,680	4,900

十八日（金），雨。晨至迭脱劳哀市。此地属密雪根省矣。入体育部晨餐，已参观芳氏摩托车厂，厂用科学的管理法，参观时亦用秩序的指导，故所得最详且明，特为文以记之。

（"美之一工厂"略，编者）

是日芳氏厂饷以午餐，且以活动写真演示摩托车之种种效用。晚环游湖滨一周，清丽可爱。本市界伊吕湖及圣克黎湖之间，北美多大湖而皆相通，有不通者，以运河连属之。运河一年间，除冰冻外，仅有七个月可行，然其通过货物之总吨数，较之苏伊士运河十二个月所通过货物之吨数且过之。湖面之船，其长有与本船相等者，但机在尾中，置一万吨之矿苗，两小时内可上下。因需时省故价便宜，生意发达，本市则其必经之路也。市辟于法人，时在十八世纪之初，迭脱劳哀，法语海峡之意也。

十九日（土），晴。 行程环伊吕湖而东，抵克利和兰。地当湖之南岸，属倭海阿省，人口七十二万。招待员谓全国大市，纽约第一，芝加哥第二，费城第三，圣路易第四，旧金山第五，而本市第六。以人口多寡为差云。至青年会，总干事路义思君曾任上海青年会总干事十年，适外出，未见。参观东部工业中学，时已暑假，昨行毕业式，毕业者二百五十人。全校并夜课生计之男二千人，女一千人。第一、二年无选科，其科目为英文、数学、工业地理、化学、用器画、木工、制型工、冶工、体育，第三、四年英文、物理、高等数学、美国史、市政、机械工场实习，余得选专科习之。所谓专科，即木器制造、机械工、制型工、电气工、印刷及工科大学预备科等，此男子部也。女子部第一、二年无选科，其科目为英文、数学、植物学、生理学、化学、烹饪、缝纫、应用艺术、体育，第三、四年英文、物理学、中世史及近世史、艺术史及市政，余得选习专科。即烹饪科、缝纫科、制女帽科、制衣样科及大学预备科等。有一特别之设施，则职业指导介绍部是也。其法每一教师管领学生二十人乃至三十人，名曰家庭教师。其分配之法，依学生居住之区域定之。学生于此四学年中，须随时将课业情形，报告于家庭教师，教师乃考察其嗜好之所在与特殊之能力，家庭之情况，又前学二年从事工作之成绩，至第二学年终了时汇合比较，参以家属之宗旨，工场导师之意见与学生之志愿，从而决定其后二学年专习之学科。迨其毕业，即由家庭教师介绍以相当之职位。本届毕业二百五十人中，未有事者仅二三人，则此部之效果可想也。校长裴克君（James F · Barker）殷勤招待，并述女子部于教授生理学时，特讲明男女交合之原理与应注意之要点。其次序先植物生殖，次下等动物，又次男女。用女体模型，剖析指示，由女教师之老成者，用极诚恳庄肃之态度行之。自行此法七年，据家属报告，甚有良好效果。但男子性躁，尚无适当方法，未敢轻试。

有开思（Case）君者，当千八百四十六年，有子肄业耶鲁大学，泅水死，特捐立此校为纪念，即名开思学校。分机械、铁路、电学、物理、化学、矿学等科。学生五百人，亦已暑假。略观其物理学之设备，其定量分析天平，凡物体在五百万分格兰姆之一以上者，可权得其轻重。

晚，周游村落。至献钩湖村俱乐部小憩，极爱此俱乐部之建筑，任观全部或一部，其为状无成直角形者，极参差错落之天趣。

二十日（日），阴。重过芝加哥，未停车。午后，请同行之工部代表丹师麦尔君演讲美工务行政状况，余君日章译述。余笔记之。

丹师麦尔君演讲美工务行政状况

请先言美国设工部之宗旨与其组织。美国前未有工部也，距今前二十五六年，始设工业局，规模既小，事权亦狭。至千九百二年，设工商部，部有长，与他长职权同等。部分十三局，其一，专办工业行政，然此法未能完善，因其所办仅关于资本家之事，未及关于工人之事。迨千九百十年，乃设工部，占中央行政十大部之一。

工部有局四：一、关于移民之事。凡他洲他国有移民来美做工者，其事属之。二、关于入籍之事。凡他国工人有欲入美国籍者，其事属之。三、关于保护之事。凡工人做工时间之限制，妇女童稚做工之保护，孕妇做工之保护等皆属之。四、关于统计之事。凡工资之增减与其比较，做工时间之长短与其比较，工人生计之增进减缩与其比较，因工受伤者防护治疗方法之改良，其事实发现之多少与其比校等皆属之。四局京外办事员，共五六千人。

设部之宗旨：第一，为保护维持工人之利益。如欧洲有多人来做工，往往向大城市或大工厂去，其间工人已多，供过于求，且彼辈故减其工价，使美国工人受亏。又工人骤增，房屋不足容留，殊妨卫生。故工部极注意各地报告，某地人少，预为存记。如有欧人来，送往某地，既免工人竞争，又不致妨害卫生。去年秋季，用此法安插工人三十万，皆自东方移至西方人少之地。盖全国工业状况，工部调查最确，其法分全国为十八区，每区随时报告工人多少及他事项，工部从而调剂之。

第二，在保持资本家与工人利益之平均。资本家与工人，往往因工资增减，酿为冲突，因而罢工，所在多有。不唯两方受其害，且使地方各业蒙其影响。工部注意此事，遇有事出，立派两员前往，为两方调停劝解，疏通意思。最近十八个月内，调和罢工事件甚多。若不为之调和，预计须受一万万元之损失。在密雪根地方，有一铜矿，资本二百万元，二十五年间，除将盈余七千五百元提充公积外，又盈二万二千五百万元。所以获利之故，盖因招工欧洲，工价较低也。去年工人求加工资不允，固尔冲突罢工，厂中办事员至用枪自卫。耶稣诞生节前一日，做工妇稚三百人聚居一室，厂员诳告失火，妇稚惊哗大乱，室止一门，争先奔出，致挤死七十五人。此事余受部委，特往调查，亦可见两方枝节之多也。

若夫限制移民问题，当千八百七十五年以前，美国工人不足，且派人至欧洲劝导来美。其后大增，供过于求，不得不设法禁止。所设禁止者，不过限制耳。此类条例，有三十五种之多。其大意视其体格、知识、品性三项，如何而准驳之，此其普通者也。至千八百九十三年，中美始订禁止华工之约。一因工人太多，无可安插，每届冬季工事减少之际。须由政府设法养之，日苦不给。二因华人耐苦，其生活程度又低，工资较贱，美人不能与争。故一禁华工，其他生活程度，均属相等，工价亦平。此禁例本但及工人，其他游历、经商、游学等，皆不在其例。如印度人生活程度更低于华人，设印人多数入华做工，恐华政府亦不能不禁也。现美政府对于华工非常体恤通融，因现总统威尔逊善遇工人，与中国感情甚好。又见中国来美留学生日多，两国关系日趋亲密之故。去年发现自坎拿大私运华人入境者，有一百八十人之多，因此又不得不从严办理，但工人以外，并不禁止耳。

听者问现在政府与人民舆论，对于此例，是否已有改变之意思，与将成事实之希望。又现政府对华感情甚好，所谓通融体恤，有何办法与事实。答前此入境者虽非工人，亦甚周折，虽有护照，尚须盘诘留难，现则呈验护照，便即上岸。前一二年中国留学生学铁路、矿务、机器者，求入工厂实习，政府视为工人，不予准许。现政府之意，学生实习，不当认为工人，故不唯不禁止，且尽力赞许。余亦矢愿苟在部办事，必尽力使工人以外之人，不受留难。至于对工人禁例，政府只有执行之责，不过政策上稍予变通耳。若国民对于此例，虽未有修改之举，比较的渐见转移。因西美、中美舆论渐变，皆明悉中国人之性质，又因与某国人比较，而愈知华人性质善良。然此事究非感情所能转移，固其根据生计也。

又问日本工人入境条例已取消，然否？答对于日本本无条约，仅根据普通限制工人入境条例，而从行政上施以限制。唯当时曾因不准日人上岸，控经地方法庭，送最高法庭判决。不准上岸。政府即据此实行，此外未有禁例也。

又问如有中国学生欲入工厂实习，不能直接要求，能否由工部介绍。答此事最好由商部办理，因商部关系较密也。

观此可以知美国行政之精神，知工党于政治上占有现势力之伟大，知资本家劳动家冲突剧烈之现状，知关于禁止华工事件之由来与现状。是晚车西行抵圣保罗市。

二十一日（月），晴。圣保罗为明奈沙大省首都，美西北部贸易中心地也。滨密西西比河，人口二十七万五千，全省人口二百二十五万。轮舶溯密河而上者，恒止于此。亦有借水闸机关能更上驶者。市政岁费二百余万元，唯卫生适宜，故死生率优于他市。此来由圣保罗市与明奈保里市合任招待。晨，两市长来旅馆欢迎。同访省长于省公署。参观其建筑，落成在二十年前，建筑费银四百五十万元。其左右为高等审判厅及省议院。高等审判厅设推事七人，方开庭审判，壁端绘孔子及四哲像。省上院议员六十四席，下院百二十六席，四壁皆裸体男女美术画。下院方借行复阅中学试卷，凡中学学年考试，由省命题，本校教员校阅后，送省由省委员复验，如认其分数为不当得改正之。维时男女委员可二十人，借坐议员席，伏案阅卷。美国省教育行政集权制度，于此又见一斑。摘录英文试题如次：

其一

甲、二十五分。

禀祖父请略示从军经验，禀祖母请问父所最嗜食之豆用何法烹饪，以上两题任择其一。

乙、二十分。

苹果林中之罗宾家族，我之蝌蚪，我之爱物路斯透（猫或犬），橡林中之松鼠，我之习游泳，以上诸题任择其一。

丙、十分（句读正误）。

丁、三十分。

春天整理草地，做一花园，陈设一餐桌，制一围裙，或其他汝所乐为之事，以上任择一而说明其方法。

戊、五十分（文法正误）。

其二

甲、四十分。

篮球队之游戏，我之第一次旅行，我之邻居，雨天，个人之经验，以上诸题任择其一。

乙、十分（作句嵌字）。

丙、十分。

试写一信为中学图书馆购书数种，或为篮球队购物数件。

丁、十五分。

试述一汝所闻之故事，或就汝前所作之文，说明其段落及要点。

戊、十五分。

农夫须为一知足之人，雾弥漫于山谷间，星期六为我家纷忙之一日，以上各句任择其一连续成篇。

已、十分。

试从汝所读文学书中提出譬喻语五种而说明之。

庚、十分（虚字之用法）。

观此可知彼命题之方法及程度，仅有叙述、记事、写信与夫字句之连缀、整理、正误，而无论说文，虽中学犹然也。且注重试验其思想与发表之能力，而绝非专试验其记忆力。

明奈沙大大学以医学及工程学著名，已放暑假矣。基本产甚富，皆省拨公有荒地，垦成售去一部分，尚存不少。

明奈沙大省得征独立之教育税。从人民产业上抽收，其数各市不一律。明奈保里市抽千分之九，但省律规定，至多不得过百分之一。明奈保里市长言。

坐摩托车赴明奈保里市，沿途溪流潺潺，林木蓊郁，苟非为众所挟持，又将流连忘返矣。得一瀑布，曰明奈哈哈瀑。

敬拜诗人朗法罗氏铜像，撮其生平事略如下：

朗费罗（Henry W. Longfellow）氏以千八百七年生于波仑。年十七，入鲍登大学，至千八百二十五年。毕业后，学律于父，非其志也。鲍登大学增设近世方言科，以氏主讲席，许以资往外洋游历。翌年，氏遂往欧洲，周游法兰西、德意志、西班牙、意大利、荷兰、英吉利诸邦，作纪游诗一卷。归，仍掌教母校。千八百三十一年氏婚，偕其夫人重游欧洲，不幸朗夫人客死，氏作诗以哀之。由是文名渐隆。适哈佛大学近世方言及文学科教授辞，氏承其乏。未就职而复游外洋，凡二年，归悉心诱掖后进，提倡文学，遂为哈佛文学界重要人物。千八百四十三年，氏三大名著行世。其一曰西班牙之一学生，其二辟蓄奴，其三描述与波士顿女郎婚事。嗣辑印欧洲诗人事略及名著。千八百四十七年，作诗曰《Evange line》，美大文豪何姆斯氏（Holmes）氏读而悦之，推为氏生平唯一杰作。至是吟兴忽中衰。千八百四十九年，手辑杂诗成一卷，题曰海岸炉边（Seaside and Fireside），中有悼亡女诗，悱恻悲凉，读者下泪。尔时氏售诗所入，颇足自瞻。不意千八百六十一年屋不戒于火，夫人被焚死，氏伤悼备至。顾诗名扬四海，家计日丰优哉游哉，极诗人之清福，至千八百八十二年，以微疾卒。距其吟毕《The Bells of Sam Blas》才一周余耳。

大抵朗氏之诗，多得力于游。其抒写性灵，则纯乎天籁，故感人至深，不同凡响。

午，行抵明奈堪大俱乐部。屋滨高蒿湖。午后，参观大学农学院及试验场，设备完全而精良。本省十分注重农事，以此为全省农业教育之中心。观其所悬统计图，省立农业中学百五十三，中小学联合学校，加授农学者九十，模范农场三十一。以人口仅二百二十五万之省，而设立农校农场如此之多，农事焉得而不大进。盖省之北部，从前荒地固不少也。

今日得参观一有趣之家庭，即琼生君家是也。琼生君年可三旬，毕业于明奈沙大大学。发明一种挖泥机，已售出五百部，正在设厂推广制造。其住宅建未二年，地在市廛空旷处大不及一英亩，价一万元，建筑及一切家具，二万二千元。屋为方形之楼两幢，下层起居应接烹饪之所。上层为卧室、盥洗室、更衣室，左为浴池，长约二丈，广半之。琼生君以余好参观家庭，乃特导观。屋内陈设绝无华丽气象，而整洁雅致，凡卧具、盥洗具以及家用器物，无不位置井然，收拾清洁，虽卧室如书斋焉，而未尝蓄一仆。惜其夫人外出，未获见，此为美国少年夫妇新营之宅，中等社会大都如是。

夜，宴于旅馆，与邻座白狼君杂谈，笔记其语。

美国无农业银行，民间借资，大都私家贷与。普通之息率为百分之六，介绍人可得百分之二，但限于第一年，以地为抵，值百可抵借五十，全国大都如此。

平民储蓄机关二，一为银行，一为邮便局。

贫民欲垦地，可向官厅承领，垦成后纳税于官，而有其管理权。

子成婚后，必与父母分居，依惯例可贷金建屋，而即以所建之屋为抵。亲年老，苟有钱者，亦不依其子妇。

葬必于公墓，但亦须于指定范围内购地，地大小有定限。

二十二日（火），晴。抵陀罗府，仍明奈沙大省地。商会代表以摩托车导游苏伯利湖之滨，登山鼓力直上如平地，芳氏厂活动写真演摩托车效用，今实现矣。苏伯利湖为世界面积最大而水最清之湖，其旁小湖甚多。当十七世纪，一法人名陀罗府者探得此地，故以其名名之。北太平洋铁道东行，以此为终点。商务以运转农产及沿湖之矿产为大宗。参观运货码头建筑工程，每二十八分钟，可上下货物一万四千吨。计年运出铁二千五百万至三千万吨，谷二万五千万石，煤一千一百万吨。又参观明奈沙大钢轨制造厂，本省以全力经营此厂，取极大之规模，极新之设备，已费美金一千七百万元，须再费四百万元。其特点：一、厂地全用水泥。二、冶铁炉外装有冷水管。皆招待员言，尚未开工。

明奈沙大省有三大特色：一、有湖一万个。二、仅明奈保里一市，日出面粉八万包，每包二百磅。三、矿铁产额占全国百分之六十三。当三十年前，政府为开辟荒地计，学校给以荒地，铁路给以荒地，令之垦辟，不数年而满目良田，今所存荒地仅十一耳。现章，凡欲领荒地垦种者，每亩缴五元至十元不等，至少一元亦有之。但须自种三年以后，方可转与他人。田既成熟，视田价之高下，定税额之多寡。其耕田全用电机或汽机，美国大农居多，无一农团，至少一百六十英亩，私家小农仅耕三四十亩或少至二十五亩者亦有之，但为数绝少。

成熟以后，悉其所获，运入铁道货栈，或出售，或存储以待善价。铁道四达，故运输甚捷。

午后二时半，启程西行。自此达士波甘，须三日。长途多暇，请同行之美全国商会联合会代表孟赖君演讲联合会之组织。

（孟赖演讲美全国商会联合会状况略，编者）

玩孟赖君语气，知商会有代表资本家意味，与工部代表演词之处处代表劳动家，适成时峙，观此可知两派势力之消息矣。

二十三日（水），晴。镇日车缘美之北境而西，其北即坎拿大也。经北达苦他省、芒他那省、爱地乌省，荒地愈多。达苦他省十之二皆荒也。过立温斯敦市，地近黄石公园，极欲驻车一游，顾局于时，牵于众，不果。但远望落矶山满头积雪而已。

二十四日（木），晴。入华盛顿省。午前八时，抵士波甘。乔治霸克偕各招待员来站欢迎。团员三人招待员二人为一起，分别导游郊外。余偕吴君在章同车，沿途山田万顷。一绿无际，所种为麦、豆、玉米之属。麦为大宗，其异于吾国者，有浩荡之郊原，无纵横之方罫，大农而机耕者，固当如是。行六十里，至一小市集，曰敲尔发克思（Colfax），人口仅千耳，而道路整洁坦荡，远过吾国大市。觅一食店，登小楼，饱餐而归。此店虽小，其整洁京津上海所无有也。归途偶问招待员，可一游农家否？即引入道旁村舍，自其后叩门入。主人白克雷君老夫妇，皆农家装束，主人年七十五矣。屋两间，陈设殊精洁，电灯、电话、风琴、照片、风景图、学生成绩画、绿色之地毯、圆桌、逍遥椅、电气灶、洗衣缸，旁一长桌则主妇方据坐缝衣。盥洗湢浴，物皆井井，屋外余地养鸡犬，栽果树。有田百二十亩租与人，收其所获三之一。主人意里诺省产，当南北战争时，服兵役三年，流转至此。贫甚，衣袋仅余小银圆一枚，其后做工，渐积资以有今日。问年纳税若干？答：一切合计百三十元。饷余辈以果，合摄一影而别。此为小康之农家，非可以例一般农民也。

途遇一乡村小学校，下车观之。时已暑假，阒其无人。地可三亩，四围栏以矮木铁丝，其简陋极似吾国乡村小学，而厕所尤酷肖。但锐形之钟塔，铅皮之屋顶，为吾国所罕有。教室三面黑板粘童画，桌椅亦普通式，门外揭示暑假后开学期。招待员言，此屋建筑费约美金千元，所见乡村小学校舍，大率类此。

友人言美北方乡僻小学，有学生仅十数人者，唯学区大而学生少，故多设中小学联合学校。而注重于农。使小学毕业后，无须出校，即可受农村职业教育也。

士波甘农事极发达，近则渐趋于工业。若磨面粉、锯木、冶金之类，市始建于千八百七十七年，时居民仅数百人。嗣敷设北太平洋铁道，至千八百九十年，陡增为二万人。是年市全毁于火，不久兴复。现人口三万五千，有小学二十五、中学二、师范一、私立中小学联合者二。无特征之教育税，制造工场二百十三。

二十五日（金），雨。过白克雷，参观森林公司。汽车迤逦入深山，至伐木处。木大多为松杉，有一种杉木，名"Dauglas Fir"，质轻而坚，不唯能耐岁月，且便于运输架搁，色润而纹雅，用以构堂作室，美莫与京。又可架桥制汽车，近来汽车公司及建筑公司采用日广。虽潮地不腐，以制运货车储藏室，其重较他种同样坚性之木，减百分之二十五。此杉产美国沿太平洋诸省，而以华盛顿为最著。其木围甚大，大者径约丈余，锯为杉板，每年产量约计五十万万英尺，占各种林木产量总额八分之一。依现在产量，即不加种，足供市上一百五十年之用。有老杉千五百年矣，公司特当余辈前伐之以为纪念，倒地时声震山谷，压折他木无算。晚，抵舍路市。　　　　　　　　（士波甘乡村小学校舍图略，编者）

二十六日（土），晴。招待员琼生君备述舍路市教育状况。

全市中学校六所，学生五千五百人，小学生三万人，计小学毕业升学者，得百分之十八。

中学皆选科，分工业、商业及普通预备等，凡五科。本市在十八年前，即提倡工艺教育，现中学生有十之三，愿受此等教育。

西美多主张在中学内设工科，令学生以三分一之光阴学工，而不主张设专校。

毕业生多就事，往往有未毕业而出外就事者，现方组织一会，专为学生介绍职业。

小学第七、八年，亦有职业科，听学生选习。其目如下：

男生，金工、木工、水泥工、电机工（轻便者）、印刷及装订工。

女生，裁缝、烹饪。

男女生共，打字、速记、商业、簿记。

上列诸科，已有十三小学设此，每日以两时半习之，较之不学工艺之普通学生，其成绩并不减色。

问：小学授金木工、电机工，算学程度嫌不足否？答：此项工艺，皆极简单，注重实习，故算学并无不足之虑。

当四年以前，各小学均反对设职业科，因公举男女委员七人调查之，报告赞成设置，遂无异言。今各小学要求加设矣，但以费巨，不能遽行推广。

本省东、南、北三方，各有一省立师范学校，各设工艺科。省立大学设有工科。凡中学教员暑期得至大学补习工艺，大学亦设师范科，从前中学二年修了亦可入，现非中学毕业不可。

各学校由省给以公地，作为基本产，本市则以产业税为教育税，每值千元，征取六元半。若夫教育行政制度，由市公举教育委员五人，由此五人聘任教育局长。掌本市教育行政事宜。现任教育局长柯衷君（Cooper）为西美有名之教育家。岁俸七千二百元，除大学校长岁俸万元外，无与之并者。约明午晤谈。

以上皆琼生君言。本市之发达，大半基于锯木工业与木材贸易，舍路者一印第安酋长之名，现有人口三十八万，日本侨民五六千，骎骎乎驾华侨而上之矣。

在此参观两中学，曰勃郎威中学（Brounway High School）、曰弗兰克令中学（Frankling High School）。一小学曰华盛顿学校（Washington School）。勃郎威中学设立最久，而规模最大。学生一千五百人，男生八百，女生七百。内习金木工者二百人，金工于三年前添设，他校无有也。学生有修理摩托车者，有修理摩托机自动车者。问之，曰：市人所委托。学校工场，价廉而工坚美，故乐送来修理焉。机器设备，注重保险，故机旁皆设防护物。美术科制陶器、紫铜片、银片、书籍装订科，方从事实习。市图书馆有书三万册，其装订修整，均归是校学生担任。公家节费，而学生实习有资，可云两利。练身房男女分设，甚完全。

弗兰克令中学有木工、有电机工、有练身房、有模范家庭，略与前同。

华盛顿小学有金木工，第八年有电机工，全校学生四百人，男女各半，内男生四十八人习金木工。

参观一公立学校医院，掌理本市公立学校治病、卫生、检查体格等事，成立才及一年。一室治牙，一室治眼，一室治喉鼻，一室解剖，凡十六岁以下学龄儿童，皆得入内就医。贫者免费，有钱者酌纳。看护妇每日赴各校检视，有病者送院，不另设校。医院有医生三十八人，多系义务职，此法未见诸他市，费心聚而省，业以专而精良善。

夜，宴于旅馆，演所摄本团往来各地之活动写真。

二十七日（日），晴。休息。午前，访教育同长柯衰君。谓职业教育美亦初办，中学宜渐渐推行。中学分科有宜注意者。则中学生往往乏择业之定识与能力也。若于中学后二年分科选习甚好，如虑选科人少，可设最少之限制，本市规定每科至少须十二人或十人，再少不开班。

午后四时，乔治霸克君偕其夫人招至其家开茶话会。余所欣然往者，不唯鼓于乔治君之隆情，尤乐一觇缙绅大家风范焉。乔治君为舍路商会长，兼西美商会联合会长，旧尝为高等审判厅长，具有高尚之人格与物望。家在市中，入门侍者为接衣冠，此事深惹注意，盖美国人家蓄仆者绝鲜，虽以莎兰土嘉村上院议员斐伦之家而无之。绝不似吾国工价低廉，颐指成习，家家唤婢，而步步随丁也。继而思之，此殆临时招募者。屋三幢，中为应接室，陈设古玩画片及其他美术品，皆古雅。男女客可四五十，主人令余辈环立，客至，一一介绍握手。主妇亲调杯茗，献盘饵，一如常礼。旁一室，陈列红印度人刻塑制作品及其武器、服饰、炊具、各种实物及图画，满室皆是。壁间画稿及其陈列法，悉仿土人所为，凡此皆出乔治夫人手。夫人哀土人种族之渐灭以尽，特辟是室为纪念。尝鼓吹保存孑遗以全人道，此等处纯是文明国大家妇风度，与我国持斋绣佛者，同一慈善心，而行事不同。屋后草坡一方，绿树夹道，设一小小喷水池。

二十八日（月），晴。午前八时，抵波仑。行程至舍路，已及太平洋边，今折而南矣。既至，美商及华商以摩托车相迎，导以华童乐队。侨民最重同姓，分姓立堂，而亲疏判焉。一下车，即问谁黄姓者，余挺身出，立被众挟以登车且摄影，入旅馆小憩，侨商邀往晨餐。导观市立来德小学。临时从各校召集华童六十人，表演英文读法、写法、算学、唱歌、图画、体操等学艺。本市有华侨自设之小学校，专教华文，教师三人，学生六十人，惜已暑假，不及观。参观林肯中学，现正设暑期学校，男女学生共千四百人，中小学程度均有。公立艺术学校，亦在补习，设有木工、铁工、电机等科。学生二百九十人，皆已毕业高等小学者。开办已届七年。毕业后每日可得工资六七元，但不尽立刻得事。一新建筑之小学校舍。为工字形，地及屋价美金三十万元。招待员言，窗之面积，至少得地五之一，最新式之建筑无他，简言之，使每室有日光而已。观华尔登公园小学。其建筑殊特别，方形之平屋，周围皆教室教员室，而虚其中，高其顶，为礼堂，顶之下尽玻璃窗以纳光。末观一私立李德专门学校，亦放假。凡无暑期补习课者，仅得观其设备而已。

导游者学务委员夏特孟君也。夏君言，本市中学四，工艺学校男女各一，学生共计日课五千人，夜课一千人。农业学校现正筹办。凡本校各种学校之设置，先调查社会之需要，学生之志愿，而后行之。

奥利根师范学校在蒙茂克，不及往观。校长阿克孟君为述校有师范生三百人，专收中学二年修业生，其间仅十之一为男子。英文教育为必修学科，其余算学、科学、历史等，皆听选习。第三年参观教授，第四年实习。若大学师范科，则收中学毕业生，多男子。现设暑期补习学校六周，学生五百人。

奥利根省立大学，亦不及往观。校长康培尔君与阿克孟君，均远道来欢迎，陪游竟日。车次述教育状况如下：

美国现今教育上最大问题，为太重视工艺而轻文学，使文化滞于进步，其故在偏重实用主义。故谋二者之调和，为现今最要方法。盖美国二十年前，正与今之中国相似也。

省立大学专授文科，其目为教育、哲学、政治、经济等。另一专门学校，授农、林、工业诸科。

师范学校不收费。而大学师范科收费，大学师范科男女生各半。

美国各省不识字人民最少者为倭海阿省，而次之者本省也。

此为文科大学校长之言，彼其论实用教育，谓美有偏重之弊，以见美国学者议论之又一种。譬犹暴发之家，其始汲汲谋衣食，及其渐足，乃欲润以诗书之气，亦人情也。我国则不然，世家中落，习为虚文，大梦渐醒，积重难返，此时讨论教育方针正不得以彼邦今日之情形，扰我方来之计划耳。

二十九日（火），晴。途次停车参观果园，游览山景，过一矿泉，自山半上射可四五丈。

三十日（水），晴。午前六时，返旧金山。实业团至是解散。全国之游至是结束，距初至是间恰两个月。定计更以一个月光阴，留此观博览会。多感蒋君梦麟、吴君保之之指导，赁居于卜技利之特拉哀路二六二二号屋（2622 Dright

Way. Berkeley）。卜技利与旧金山市隔一海湾，有汽船可渡，且可迳达博览会埠。陆则电车四达，以美金三元售一月之票，汽船电车俱有效，日仅金一角耳。同赁居者蒋君暨、章君子山（祖纯），赁金月四十二元。为楼两楹，前后障之为四室，三人各占其一，而虚其一以应客。楼下主人所居，主人亨利夫妇老矣。子女皆肄业大学，女毕业且嫁。子年二十许，课余为余屋任洒扫，苟非前知者，但见垢面尘衣一粗仆耳，乌识其为大学生邪，但一吐属殊俊雅。老夫人则日为客理衾褥，楼之外绿荫芳草，矮木阑之，虽不甚葺治，而幽寂之极。唯闻鸟声，罕见人影。两月以来日夕仆仆于舟车奔走、谈笑酬应，至是心神为之大定。吾书将止此，此后唯辰出酉归以为常，不复逐日为记。其得之于博览会者，别为帙以行。虽然尚有数事，不可以弗记。

一日，余未渡海，午餐于卜技利某饭店，其店邻加利福尼亚大学也。饭店之男女佣保，为之长者，记餐单而收其值，其下送食具，既食，收而涤之，供使令焉。余坐定，无收前客之食具者。久之，女佣至，斥其又一佣曰：此谁分内事，速将以去？被斥者赪其颊，忍受无一语。此被斥者非他。盖加利福尼亚大学学生，假期为佣保以取给一年学费者也。

导余辈来美之大来君侨华经商有年，家在金山隔海，大厦一所，高树环之。一日，召余辈往游。皤然白发之老夫妇，偕其妙龄少女，导游一碧之园林，且观房闼。其整洁完美不待言，案上壁间满置儿孙照片，虚其一室，设小床，小桌椅以待其孙若外孙之来。又一室庋中国书之译成英文者，四壁美术品，琳琅璀璨，杂陈中国书画数幅。宅之左，设小学校，收孤儿失父母者教养之，从夫人意也。老教师一人，能采卫生新说，导儿童露宿，主人至，竭诚致敬以追陪，主人亦优礼之。

加利福尼大学，于夏期设一游戏学校，便师范生实地练习，兼以联络社会也。王君伯秋偕往观。其办法，募集各小学校、幼稚园学生，以五六岁至十四岁为限，就广场分组教授。一切设备纯取自然或利用废物，秋千则临时植木为之，颉颃板利用工场做工之凳，斜倚木板于既涸之溪岸为溜板，悬索于空，支竹为架而著索之两端于地，高下悬环六，自其最下递至最高，荡漾为戏，铁杆、平行杆皆类此。置大小沙盘，令诸童随意撮弄，或累为山，或画为河。剪纸为人、马、房屋模型，布其上，以演历史、地理。就树荫为木工，取工场所弃不等形之木块，就其形态，随意制成物品。一保姆集儿童十数，环坐演礼仪，进馔于客必自左。又一保姆授写生画，倚树荫，手花一枝，群儿环坐，写以呈于师。贴之树，令自评其肖否。又有唱歌者，有谈话者，善哉！文章本天成，妙手偶得之，教育之乐至此极矣。游览移暑不能去。

凡滨湖滨海之地，皆有游船会、游船俱乐部，行纵所至，既屡见之。七月三十一日上满洲船，八月六日抵火奴鲁鲁，观男女海水浴。男裸其上体，而女衣其全体，皆上流社会皙种人也。其制沿海为石堤，别为一堤斜行入海，游者就其上，搂身跃入。或手一板游至岸客目力儿不及处，大浪来，腾身立板上，逐浪以行数十丈不仆。有亭筑于海面，去岸数百武，长桥通之，于此小憩纵目焉。游船分两种，其一，身狭而两端锐者，其一，式同而左舷缚竹成匡字形，扑入水面，以禁反侧。比赛时出没于银涛万顷中，其胆气其技术皆大过人，然在是地，不过作普通游戏观耳。

余所至不绝感于心者，犹有两事。

其一曰，留学生。据一九一四年至一九一五年留美中国学生题名录，现有一千二百四十八人，由庚子赔款派遣者，约三百二十人，各部各省派遣者，约一百六十人，余为私费。设有留美学生会，分中、东、西三部，发行英文月报，华文季报，并年印题名录。归途无事，分类表列各人所习学科如次，未明者缺焉。

学科	人数	学科	人数
算学	6	建筑	9
生物学	2	造船	12
植物学	2	矿务工程	54
动物学	1	油矿	1
昆虫学	1	冶金	7
矿物学	1	飞机	1
地质学	4	未指明何种工程者	26
物理学	3	上工程科学	287
化学	37	医学	43
化学及生物学	1	卫生学	1
气候学	1	牙医	2
物理及化学	1	制药	3
普通理科	6	上医药科学	49
上天然科学	76	哲学	8

学科	人数	学科	人数
农学	41	社会学	5
林学	4	教育学	36
土壤学	4	保姆科	2
农业化学	3	历史学	3
上农林科学	52	言语学	1
机械工程	34	德文	2
电机工程	55	政治学	29
土木工程	62	外交学	3
铁道工程	1	法律	19
卫生工程	5	经济学	67
化学工程	20	商学	23
银行学	4	机织科	5
铁路管理	9	图书馆管理法	1
铁路会计	1	青年会事务	1
铁路运输	1	耶教经典传习所	1
音乐	5	上杂科	18
普通文科	20	小计	720
上文科	238	普通科	172
神学	6	未详	356
兵学	3	统计	1248
商业	1		

　　观上表知，留学生多数趋重于物质科学，文胜之国，用是卜其机之将转矣。虽然，耗巨额之学费以习普通，此类尚占百分之一十四，可惜也（其中略有华侨子弟，非自本国特来留学者）。察社会之所需，审时势之所趋，分科较专，就业较易。譬如必珠卜大学新设石油专科，分采油、制油、销卖三目。是物也，实吾国前途一大事业，而习之者殊不多，实则视普通矿务工程为尤要也。又如教育，颇闻习焉者多普通之理论，或行政法管理法，就本国学校需要言之，苟有人专习某科教授法，或专习教育心理学，类此者其欢迎之当愈切矣。在求学者以为所习之科较多，则致用之途较广，而不知用人者之心理适与相反。自欧战发生。欧货来源顿绝，若德之颜料，比之玻璃，平日一致倚赖，至是惶惶焉

为临时抱佛之计，苟闻有人习颜料玻璃制造专科者，吾知虽重聘不恤。苟闻有人习化学，相与平视之耳，诚知玻璃颜料，即化学工业之一种，顾资本家心理实如是。是故，国内宜有切实而灵活之介绍机关，每年宜由行政机关或留学界编制完全正确之留学统计，布之社会，使知某项专科已有人学习，某年可毕业，事业家乃得早日加以考察。或与之通信，学成归国，此无不用之虑，而彼无才难之嗟。即如比来各地盛倡社会教育，设图书馆，苟有人览此表知美国已有一人留学图书馆管理法，吾知争欲访求而罗致之矣。故余所欲为留学界与派遣留学机关告者，曰学科宜专，宜组织介绍机关，宜逐年宣布留学统计，此不唯为留美学界言也。

若夫学费，美国各省、各校、各科不同。贵若工程科，有须年纳美金二百五十元，连试验费须三百元者，他科较省。而如益利诺大学年二十四元。加利福尼亚大学年二十元，挨哀华省大学年仅十元，食宿则东西略相等，大约节省者每月美金三十元。

美国学生多做工充学费，到处皆有之。华人无有，非不欲也，格于禁也。芝加哥有粤省学生，佣于粤人家，或粤人所设饮食店，取其工资以充学费者。俭学会学生则有为官费生煮饭共餐以代饭资，可敬也。

各科皆有著名之大学，如农则为加利福尼亚、益利诺、维斯康辛、康乃耳，商则为本雪佛尼、纽约克，经济则为耶鲁、哈佛、古仑比亚，教育则为古仑比亚。然所谓著名大学，实著名之教师为之，故求学者认学校不如认教师也。

中国留学生学业成绩，颇为美人所称道。益利诺大学将一九一四年各国学生成绩列表比较，中国六十名，人数最多，而平均每人得八十分；既如前述。若中国学生与美国学生竞争而得奖者，亦比比。如康乃耳大学胡适君去年以勃朗林诗话而得奖，耶鲁大学王正序君本年演说竞争得最优奖，古仑比亚大学倪兆椿君本年五月以外交科征文于六十余人中考列第一。

因禁止华工入境之故，乃至留学生之入境，亦不免多所留难，实一大憾事。途次，余君日章尝以是为工部代表丹师麦尔君言，乞其设法整顿。既返旧金山，乃相约至移民局调查实况。由局长导观，叩其现行办法。答：以头等舱客不调验，二、三等舱须调验，丹君谓此非大总统命令本意，宜静待后命。其后余君复以书询丹君，八月三日得覆书如下：

接君书之日，已将大总统前令本意电致旧金山移民局，电文词句与君前此来书相同。文曰：

凡中国学生领有学生护照来美时，除医生签字认为有危险或传染病或精神病者外，不论坐何等舱位，应准上岸，不得再加查验。

余回至华盛顿时，将君意告知工部总长。总长深致抱歉，以该局长实大误会大总统前令本意也。此次与贵国实业团同行，最使余增加兴味者，即为留学生，从此关于学生来美事，断不至再有困难，可为君告。如有所闻，请随时见示。

余君已将此书报告吾国教育部，贻书致谢。游美者或从此少一层障碍乎。

其一曰、侨民。查美政府统计，当一八九三年未禁华工以前，历年入境者，有二十八万八千余人之多，近年日渐减少，仅存十五万余人耳。侨民职业，大多数为煮菜、洗衣，间有赴美较早，犹得操农业或手工业者，然已不多。经商者亦少数，所谓商者，皆杂货商也。

在纽约波士顿旧金山等市，皆有中国街。旧金山系新建之市，较为可观。其他皆有一种特别之风味。偶行其小巷，食余骨壳，狼藉满地，裸体跣足，当门而坐，神龛纸灯，香烟缭绕。其人物、其风景，绝似中国内地，同化之难如此，此亦足供研究者也。

不良之风俗，曰烟、曰赌，而其最残酷无人道，曰堂斗。侨民皆分姓立堂，亲其同姓而仇异姓。譬如甲地张与李为堂斗，则乙地丙地之张姓，皆须起而与李姓为敌。传单所播，遍地骚然。局外闻之失笑，而堂众视为金科玉律，不可抗也。尤可异者，苟一姓人少，不能自存，则附于他姓，或与之联合。然其联合有说，非漫然也。如袁姓人少，与黎姓合。孙姓人少，与黄姓合，皆影合民国初元时事。去年尝为大堂斗，又尝合刘、关、张、赵四姓为一大堂，各以风义自励，谓桃园祖德不可忘也。其生长美国之华人，别立一会，曰土生会。其初堂斗，大抵挟睚眦小忿，为合众报复之举。其后渐有恃强要索，无故扰害者。乃特设一安良堂以保护良善之侨民。盖侨民之有识者，俱深不以堂斗为然，但积习已成，一时难返。颇闻此风较前稍减，然余居旧金山一月之间，犹出堂斗两起，被杀若干人云。

侨民生计，大有江河日下之象。所谓中国街者，非无美人足迹，然其来也，大率为游览特别之风景，或购一二物品以作纪念，若正当之贸易，实甚寥寥。又因吾国商品不能投外国之所好，于是杂货店内如绣货、线结物、手工小品，时杂一二非中国货。即其平日所运瓷器、茶叶，亦都非吾国上等货，此等粗恶之物，尝于各处饮食店亲见之，视国内饮食店所用，远不如也。

论侨民商业，所能赚美国人金钱者，尚推饮食店。各地所谓杏花楼、粤华楼、广福居等，时有皙种男女衣香鬓影往来其间，其半固出好奇心，其半诚亦有味乎其物也。唯规模皆狭小，仅占街面楼屋一二间。

以上种种现象，深印于美国一般人民之脑海，以故一语及中国风景，辄以中国街为例。一语及中国人物，辄以侨民为例。有疑中国国内人民皆业煮菜、洗衣而以是为问者，足未履中国土，所见止此，不足怪也。因此而社会甚轻视华人，西方尤甚，若旧金山往往有饮食店不售物与华人，戏园上等座位不售票与华人者。

此次游美实业团所至，无不受欢迎，美国一般人民方知中国人亦正不一等，此后心理上必改变不少。当侨商设宴欢迎时，美国当道达官、工商领袖，亦皆赴会，往往以一州总督之尊，驻褵帷于临街方丈之楼头，酬酢尽欢以去，可谓破天荒之举动矣。

上之所记，非敢暴吾海外同胞之短，诚有深哀大惧乎其间。以为长此不变，不唯有损国光，且将因生活大难，而被汰于天演。冀我政府、我海外同胞之速自为谋，毋贻后悔。究此种种，不一其因。一言以蔽之，曰坐无教育而已。我闻日本政府对于侨民之出境也，自定章程而取缔之。于其抵美，特设学校以教其及岁儿童，一律用特编之课本。其宗旨有二：曰保持日本国民之特性；曰养成其活动于美国社会之能力。我华侨何如者，政府不暇为谋也，侨民不尽能为子弟谋也。就使有之，入美国学校者，不识汉文通汉语，或仅解粤语，不解普通语。海外相逢，苟不能粤语者，至不得不借英语达意，使外人引为笑柄。若本国历史、地理，更无从受课。其自设专授汉文之学校，所聘教师，又多乡村学究，不知教育为何物。其父兄尚抱一种成见，谓授汉文固当让此辈。同人于宴会时，辄以兴新教育为侨民言，顾无政府之助力，正未易下手。盖不无倡之者，亦苦教师之难其人也。故谓政府宜特别养成能粤语兼能普通语之师范生（或就粤省师范学校附设），平时注意研究侨民教育，既毕业，分往侨民所在地设学，一面遣专员劝导督察，庶几十五万海外同胞之子弟，尚不失为吾之子弟，否则数传之后，即非夷为人奴，亦恐数典而莫知其祖。辛有伊川之忧，正未艾耳。虽然，岂特侨美同胞为然哉。

余既缕记所闻见，犹有未尽，别为文，题曰：

美国之社会种种

请言美国之家庭。男子婚期约以二十五至三十岁为率，女子约以二十至二十五岁为率。既婚必与父母异宅，从无依膝下终身者。父母即有甚厚之家产，此时决不汝畀也。大抵男子既婚，往往营新居以贮新妇，就业未久，积钱不多，则贷资为之，而岁斥其薪水之一部分，以偿子金及母金之若干成，不数年而新屋归己有。此种将资出贷之资本家，随处皆有，已成为社会一种惯例，所以养成少年自立之精神与能力者，关系甚大，盖如此方合法律所谓独立男子也。余所至，辄要求参观其家庭则无论壮年、老年，莫不一夫一妇，从无如东方风俗，累代同居以示孝友者，唯父母年老，或丧其一，间由子或女迎养于其家。其视女与视子无二，女视其父母与子视其父母亦无二，东方人家族思想固完全无有也。

女子成年后，父母为之宴戚友于其家，令女出见客，自此乃得入社会交际场，婚姻自由权，乃即于此开始。此婚姻自由之风，养成之者盖非一日。自入学后，男女即已同校，虽中学校大学校多如是，其就职业亦然。社会交际，男与女绝无隔阂，此等风俗，局外者无容代处其放佚，亦断不宜浮慕其文明。苟诚为青年谋幸福，但须尽力加以教育，俾有正当之知识与鉴别善恶之能力，其举动自能不牵于一时之感情。而所谓婚姻自由，乃系知识增进后自然之结果，非可率尔效颦也。

男女婚后，照常就职业，亦往往有女子因生产抚育而辍业者。各地公署、工场、商店、旅馆、饭店，莫不有女子执业。其工价亚于男子，然至少每星期亦在五元、七元以上。某君言，比来各公署不唯以女子司作信，打字、整理文卷，即公牍起草亦渐出于女子手。此行参观各级公署不下十余处，吾知彼辈脑海虽幻，决无能构一我国衙署办公奔走伺候呼啸唯诺之现象，而吾国人之往彼者，苟非先知为衙署，虽身入其中，而决茫然无觉也。

工价之贵，直出于吾人意料之外。最贵者为土木工人，遇求过于供时，每天贵至美金十元，此时合华币须二十五元，大于吾国上海等处须五十倍，平常亦须每天五元。而若画图及文墨等职务反不及也。依美工部统计，圬工每星期最多三十八元五角，最少十七元。画图工最多三十八元五角，最少十二元。然则工人生涯必极快乐矣乎？则大不然。生活之程度既昂，无益之耗费尤巨，若辈尚未受有较高之教育，故金钱到手，烟酒赌博习为惯常。往往于活动影戏馆中描写此等下流社会种种惨状，以相警觉。而工人教育，亦遂为美国方今一大问题。

欲知美国生活程度与工价关系之状况，可观博览会场美工部出品工人工资与食物价历年增减比较表。其调制极为精密，盖一周工资买得食物分量之递减数，与每周工资之递加数略相等。而零买食物价之递加数，又与一周工资买得食物分量之递减数略相等。可知其工价之昂，非无故也。又有美国三十九大市一九零七年至一九一四年间食物价一览表。尝取其鸡子一现之现价，平均计算，每十二枚价三角零一厘八，每枚合吾国大银元六分三厘，亦大于吾国最贵之价四五倍矣。

美国娱乐机关，随地而有。最发达者，莫如戏园与活动影戏园。据所调查，每夜必有全国国民四分之一观演。影戏园售价尤微，坐客常满，虽村落小市亦有之。其所演内容，虽不尽含有教育性质，而其描写下流社会现况，与夫警觉男女爱情之滥用，赖以矫正风俗，亦实不少。吾尝于其间觇教育程度焉，每遇唱国歌时，坐客无男女上下皆起立齐唱，一种发扬蹈厉之爱国精神，满场一致。尤有一端令余心折者，坐客多，故客数常浮于席数，后至之客不得入，则以次持票植立于门外，联翩如衔尾之鸦，迤逦以至于临街之阶头，折而左右向，从无一人争先，亦无一人悻怒逐去。深叹教育普及之为效大也，此外舟车售票处，或大会场入门处，莫不如是。

唯工价大昂，故虽中人之家，力不能蓄一仆。尝于晨起见皤然白发之老博士，亲执水管皮带，灌其庭园之绿草，老夫人亲箕帚焉。然其快乐处，亦诚不可及。随地皆公园，碧草为茵，绿荫如海，无论男女老幼，业务余闲，咸于是憩息。或倚树观书，女子或携手工生活以自遣。休息日，则更尽室扃户以出，携数片面包，作终日游。陶渊明所谓园日涉以成趣，门虽设而常关，恰有此情景，只园在门外耳。余所至二十六市，虽小如香槟市，仅三千人口，而亦有老树纷披大数十亩之公园。其组织完备者，有各种赛球场、游戏场、泅水池、游船、音乐亭、动物园、植物园、饮食馆，或且特设儿童游戏场，凡滑车、浪木、秋千、蹴鞠及练习驰马之环行机，种种适于儿童游戏之器具无不备。男女网球游戏，日之不足而继以夜。四围张网，缀以灼灼之电灯，可谓穷欢极乐者矣。有各种俱乐部，或为一业所酿资，或为地方所公立。恶城市之湫隘也，大都择郊外清幽之地，背山临湖在水木明瑟中，占一位置。其间有游戏、运动、食宿机关，供人娱乐。亦有规定谢绝女宾者。此外下等娱乐机关，如打枪演习、驰马演习、飞车游戏等，大都含有几分科学意味与体育作用。

各市均有电车。乡间亦间有之。其最普通自置之交通器，则摩托车也。数市之富力者，以摩托车数对焉。虽工人、农夫，当晨起就工，亦坐摩托车往。若双马车，唯乡村寒俭人家，或市上运送货物时用之。某君告余，再阅数年，自东美至西美，可坐摩托车迳达。

街头常有卖新闻之童子，此等童子，大都为小学校学生。余友某君，尝就问一童子年几何？答：十一。问每日可售得钱若干？答：二元或数角不等。问：应给报馆若干？曰：半数。问：汝现积钱若干矣？曰：有四十元存银行。问：此钱将何用？曰：将来充学费或经商资本。此其思想正当，亦以见教育程度之一斑。

食宿机关，随处而有。其大城市大旅馆之富丽美备，视北京颐和园有过之无不及，即美国各种社会，举无以拟此。其次焉者，殆亦非中人之家所及。市街房屋之高，平常为十数层，其二三十层者，亦随处见之。特别者，若纽约之五十八层楼。美人夸为世界第一高屋。舍路市之司密斯楼，高四十二层，四百六十七[①]人夸为美国第二高屋者也。此数十层高之大屋，商店在其中，其他商业机关，及各种社会机关，咸在其中。亦有家于是间者，赁其某层屋若干间，为小小之家宅。前所述特建者外，此亦其一种也。

警察制度甚疏，大市以外，不设岗位，但有巡逻与侦探，乡村盗贼稀绝。一夫一妇之家，往往尽室扃户以出，脱风纪不甚良善者，几何不尽肱其箧以去也。唯土客混处之大市，则盗贼程度颇高，有坐摩托车行劫者，警政从而加密焉。

各地消防制度甚周备。尝于旧金山观其水面消防演习，喷高十余丈，喷远殆二十余丈。又尝于纽奥连市，参观演习，能于闻警后二分钟内出发。平日救火摩托车陈楼下，守者楼居，铜柱贯楼板而立，有警，纷纷自柱溜下，较梯行捷数倍。空场特建一楼，高五层，洞其窗

---

① 此处疑少一字。

牖，练习升屋。以一人司令，众队员携铁钩层递缘以上，其捷如猱。又演习救人。缚其身自最高处溜以下，绝无所伤。

最可爱者，美之街道。市皆新创，先规划道路，而后建屋，绝无历史上之障碍。虽小小市镇，其宽坦平洁，亦胜于上海之南京路。一纵一横，绝少歧斜之道。两旁植树，人行树外，车出其中。居户门牌，每隔一街，为一百号，南奇而北偶。设户不满百，则缺其号数之畸零难记者。

葬地则有公墓，划地若干，居氏有欲营葬者，分购之。其大有限制，不得恃其财力，多占公地。春秋节日，亲属供奉香花，表其纪念，则犹夫人之情也。近来稍稍有行火葬者。

乡村景象，与我国最不同处，为从无聚族以居者。彼既为一夫一妇特创之家庭，则所谓族制者，根本上已无复存在。其家宅位置，又系一一离立，故远望乡村，极疏落之致。其屋皆用木制，除市廛大建筑外，罕用砖瓦者。耕作皆系大农制度，阡陌连绵，罕设疆界。农家场角，往往有耕获之机器。每户皆有风车汲水机，利用风力汲井水使上，压作自来水状，凡未装自来水者，几无一家不有此物，亦略见其科学之能应用于生活如此。

省政厅、市政厅此行获参观者十余处，其建筑之壮丽，在中国无可伦比。其建筑费往往多至数十百万金元。议会为地方主体，若行政官至为社会所平视。市长无论矣，即省长，遇有宴会，其席次尚未尽获在大商家上。而市长之见省长，以同为民选官吏故，从无鞠躬唯诺，作诚惶诚恐状者。

凡吾所述，不过略道今世所谓共和先进国社会之概况，非谓彼之所为悉尽善可法也。吾人更无庸咄咄兴叹，须知天下事无可侥幸得者。苟诚为社会国家谋幸福，唯有培养本原，尽力教养其青年，俾各有生活之能力。他日知识发达，生计发达，焉知不且超而过之。美国立国百余年耳，彼所谓花团锦簇之大市廛，十年前，皆荒烟蔓草也。

余写美国状况止此矣。由此以观，美国教育，可归纳为两大要点：

一曰、应用。即有用者教之，不用者不教也。

二曰、各别。即求各各发表其特色，而不求统一也。

从大体论之，美国教育，与我国挽近之教育，当为下列之比较：

美国：重道德而多注意于公德；知识求高深，不如其求切实适用之尤急；体育十分重视；而处境则人人求快乐幸福。

中国：重道德而偏重私德；知识重虚文轻物质；体育从未注意；而处境则崇尚耐苦。

何去何从，此则有待教育家之研究矣。吾所敢揭以为读者告者，唯三要事，具如简首。

（商务印书馆 1917 年出版）

新大陆之教育（下编）

本编专记居留旧金山一个月间，所见巴拿马太平洋万国博览会之美国教育出品，自其出品以推见美国教育现状，与其过去未来之消息，从而缀以记者之所感发，资研究焉。以视上编，彼得自闻见为多，此据其报告为多。彼属直接，此属间接。彼为具体，此为抽象。彼近演绎，此近归纳。两者可资以互证也。维时赁屋卜技利，朝往莫归以为常，遂不复缀月日。助余者谁，灌云吴君保之（竞）也，附书志感。

巴拿马太平洋万国博览会之概况

巴拿马太平洋万国博览会，所以纪念巴拿马运河开凿之成功。其规模之雄伟，足驾美国前此费城（一八七六年）、芝加哥（一八八九年）、圣路易（一九〇四年）三大赛会而上之。即较法之巴黎大赛会（一九〇〇年），亦复有过之无不及。此会资本为七百五十万元，加省政府及旧金山市各补助五百万元，此外各省政府馆、各国政府馆、商办游戏、艺术各馆建设费，以及各个人各公司陈列品，统计当在五千万元以上。会场面积广六百二十五英亩，正门当士葛街，东西南三面小山环抱，约高于会场九百尺。前临金门海湾，波光荡漾，隔海冈陵起伏，景物壮丽。以一千九百一十五年二月二十日开幕，十阅月而闭幕，此其大略也。

博览会教育馆之概况

会场分部，有以地者，有以物者。以地，若某省馆、某国馆是也。以物者十一，曰通运馆、曰制造馆、曰机械馆、曰工业馆、曰农业馆、曰园艺馆、曰文艺馆、曰食品馆、曰采矿冶金馆、曰美术馆、曰教育与社会经济馆（Palace of Education and Social Economy），以教育与社会经济合，有深意焉。教育为社会的事业，不得不根据社会现象以定趋向，自世界竞争日烈，万矢一的，群集于经济之一点，教育因而与之为种种关系。括言之，虽谓教育上重要问题，唯求解决社会经济上种种问题可也。教育出品自初等、中等以及高等，自幼稚园以及大学咸备。社会经济出品之概目如下：

社会经济状态之进步、各国社会组织法、人口学、人类学、卫生学、幼童管理法、幼童犯罪惩戒会、幼童培育慈善会、城市整顿法、市政经理法、银行制度、公司制度、劳动工人保护法、慈善事业、选举制度、家政学、外国传教会、万国和平会、外交官制度。

唯其与教育关系至密，故彼此部居，往往不尽能分析。馆之内部广三百九十四尺，长五百二十六尺，建筑费三十万四千二百六十三元。出品除美国外，有中国、日本、法兰西、阿根廷、古巴等杂厕其间。以欧战之故，使欧洲诸大国，大都无一物之陈。即有来者，亦鲜精品。斯则于万国博览会名义不无遗憾耳。

余既不获博览万国文物声容，而絜其短长，评其得失，乃专注意于美国出品。以下就余所见，分类记之。视全部分，此仅一斑耳。

职业教育

职业教育，以广义言之，凡教育皆含职业之意味。盖教育云者，固授人以学识技能，而使之能生存于世界也。若以狭义言，则仅以讲求实用之知能者为限，亦犹实业教育也。唯实业教育，兼含研究学说之意味，而职业教育，则专重实习，纯为生活起见。实业教育所养成之人物，其一部分主用思想，而职业教育所养成之人物，则完全主用艺术。盖自欧洲十八世纪工业革命以来，乃有所谓实业教育，至挽近实业益发达，而生计问题亦日益急迫，于是复有所谓职业教育。专以职业上之学识技能，教授不能久学之青年，而一方面亦使实业前途，进步益无限量。盖一般劳动者之能事，日以精良，则其所成就之功能，亦日以优越焉。此其主要之设施，厥唯补习学校，然至学业已成，而重劳补习，何如谋之于先之为愈。故方今各国，为根本解决计，大抵在中等教育以下，即设种种职业学校，并于普通学校内，分设各种职业科。除力能受高等教育者外，悉予以生活上应有之学识，与切要之技能，使出校后便能谋生。于是青年使用其脑力与日力，一归于经济，其用意益精且周。是故职业教育者，在学说上为后起之名词，在社会上为切要之问题，而在教育上实为最新最良之制度也。德国研究此问题最早，其发达亦最速，彼其工艺之精进，与一切实业之淬兴，论者谓于职业教育，实有深切之关系。美国近以时势之要求，与潮流之推荡，盛倡职业教育。若芝加哥、若春田、若甘来诸市、若麻赛怯思、若维斯康辛、若纽约诸省，皆为著名施行职业教育地。叩其目的，一使学生无力更受高等教育者，受此教育，得相当之职业。一使已就职业者，受此教育，助其业务之改良与进步。回念吾国，由后之说，或未暇计及，而满地青年学成无用，由前之说，相需可谓殷矣。且美人某君尝为余言，苟中国职业教育与工业同时进行，则可以超过欧美生计恐慌之一阶级。余固不欲置实业专门教育为后图，要不能不认职业教育为方今急务。此次游踪所及，既获睹其设施之一斑，又获聆其研究专家之言论，遂亟欲观其提倡之方法，与成绩之报告，认为参观博览会之第一要点。胪其所见如次。

全国职业教育大扩张之计划图表

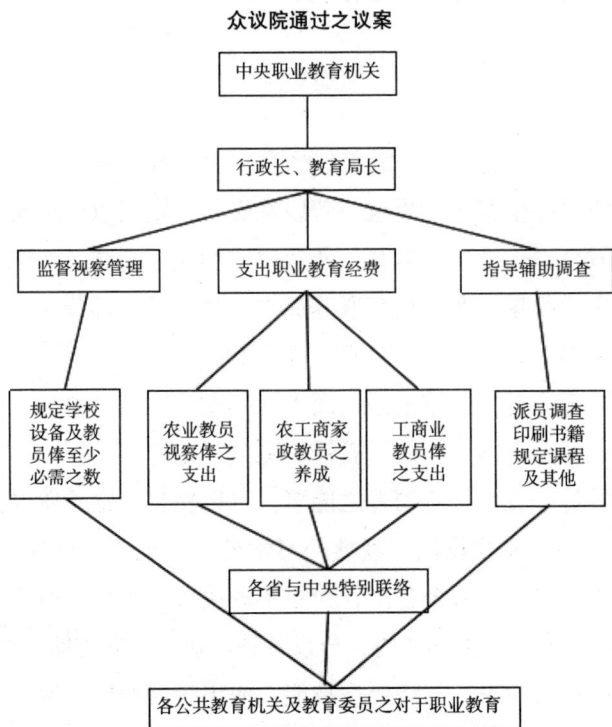

众议院通过之议案

中央职业教育机关

行政长、教育局长

监督视察管理　　支出职业教育经费　　指导辅助调查

规定学校设备及教员俸至少必需之数　　农业教员视察俸之支出　　农工商家政教员之养成　　工商业教员俸之支出　　派员调查印刷书籍规定课程及其他

各省与中央特别联络

各公共教育机关及教育委员之对于职业教育

伟哉此空前大计划。以职业教育之重要，致烦政府以国家经费支给补助，规定年额自一百五十万元、而二百二十万元、而二百九十万元至一千九百二十四年、而增至八百一十万元。既规定其费额，复规定其职务。此一纸议案，影响所被，德泽所流，十年以后，不知彼国民生计界将生若何之变化，安得不叹彼政府与议会之真能利民福国邪。抟抟大地，万物不已其生，而财源只有此数，吾恐人治之猛进，天行之究极，劣者终无立足地，读之令人骇汗。

麻赛怯思省职业教育发达史

一、职业学校之需要

下列各种人，均主张提倡职业教育者。教育家、商人、制造家、商会、工党、慈善家。各机关统计，约有一千二百万人，认职业教育为国家前途之必需。

二、职业教育施行之方面

甲、青年

一千九百十年，调查本省有十四岁至十七岁之青年凡十六万七千人。内九万四千人（百分之五十六）在学校；七万三千人（百分之四十四）不在学校。此七万三千人内有四万人（百分之五十四）做工；三万三千人（百分之四十六）不做工。

乙、工人

因下列种种，使社会经济常受变动之影响。

（子）工人专长之缺乏。

（丑）习艺制度之不良。

（寅）科学不能应用于实际。

（卯）外国外省之竞争。

（辰）市乡人口之变动。

（巳）客民缺乏专长者之增加。

以上甲乙两项唯施行职业教育可解决此种种问题。

三、职业教育之起源

甲、一千八百七十二年，省律规定不论何市何乡，皆准许创设或维持工业学校。

乙、下列地方与年期，均有染织学校之创设。

Lowell 一千八百九十七年

New Betford 一千八百九十八年

Fall River 一千九百零八年

丙、一千九百零五年，省长陶格兰思氏 Douglas 派定职业专门教育委员，组织委员会。

四、职业专门教育委员会

甲、委员会之组织。内含各种代表如下：（子）制造家、（丑）农业家、（寅）教育家、（卯）工业家（按制造家与工业家之别，制造家指以原料造成物品者，工业家指研究制造业者）。

乙、调查之目的。

（子）本省各项工业上种种需要之技能与职务。

（丑）已经存立之机关如何使合于久远之需要。

（寅）何种新式教育之效力认为适用。

丙、会议之结果。

（子）本省农、工、商业及其他生产事业之发达，全视其艺术之能否改良。

（丑）本省除公立各学校现授之普通功课外，尚宜设法发挥实业上之知能。

（寅）为此实业教育无论需费多少，如不举办，其损失必更巨。

丁、建议之结果。

以省律规定，设一实业教育常任委员会。

五、实业教育常任委员会

自一千九百六年至一千九百九年。

甲、职权之规定。

（子）办理调查实业学校之需要。

（丑）劝导扶助各学校提倡实业教育。

乙、会合本省有关系之团体与人民办理实业教育。

丙、创设若干实业学校。

六、省教育局改组

一千九百九年。

甲、增加教育局权责，使职业教育归入其范围。

乙、委任教育局长。

丙、设教育局副长，专任职业教育事务。

丁、督察全省职业教育之进行，规定如下：

（子）调查职业教育之方法。

（丑）提倡扶助职业学校之创设或维持。

（寅）稽查承诺职业学校之成立。

七、定名之解释

职业教育 Vocational education：

此种教育系与少年以适于生活需要之知能。

工业教育 Industrial education：

此为职业教育之一种，其意在使应用于艺术及制造，内包女儿及妇人家庭应用之工艺。

农业教育 Agricultural education：

此为职业教育之一种，其意在使适用于农田、畜牧、森林及其他关于农事之生产事业。

家庭艺术教育 Homehold arts education：

此为职业教育之一种，意在使应用于家庭之需要。

八、省律规定省款补助职业学校之种类

甲、特设之工业学校。

其资格应有适当之课程，合格之学生，与合宜之管理法，经教育局长承认者。

乙、特设之农业学校。

其资格应有适当之课程，合格之学生，与合宜之管理法，经教育局长承认者。亦得在中学校内附设农科，授以关于农业之理论与实验。

丙、特设之家庭艺术学校。

此其课程应根据于生活之需要，如烹饪、治家及其他家庭种种之艺术。

九、职业学校之种类

全日学校、全日轮替学校（一天做工一天就学，两班学生轮流行之）、半日学校、夜学校、补习学校。

解释一：

凡农业、工业、家庭艺术皆得设全日、半日或夜学校。但全日或半日班学生年龄限在十四以上二十五以下，夜班学生年龄，限在十七以上。

补习学校之设立，应遵一千九百十三年议案之规定。

解释二：

凡农业学校与家庭艺术学校，皆得设半日或补习之职业班，使工徒得留其若干时间，以增进其关于工作之技能与知识。在此等工徒，务应劝导其须分若干时间，不论每日、或每周、或更长之时间，总须入此种学校修习其必须之知能。

凡工业学校、农业学校或家庭艺术学校，皆得设夜学校，其课程须合于其日间之工作。

十、职业教育行政之系统

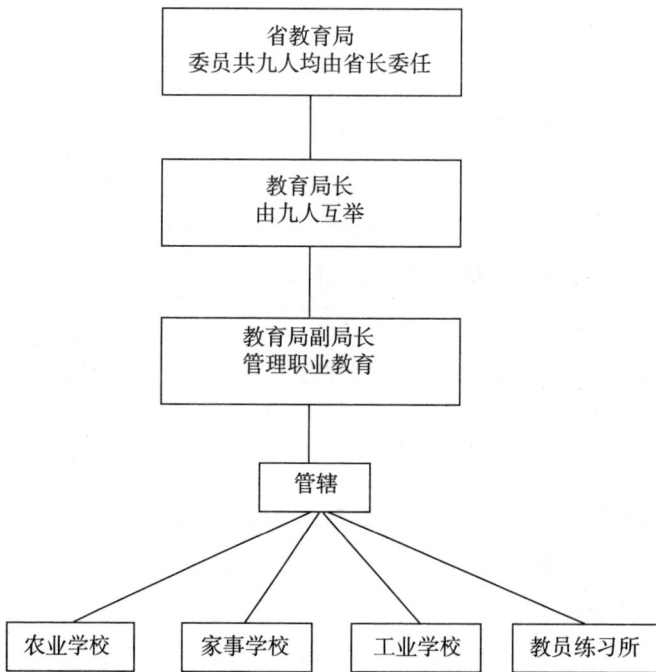

其职权如下：

甲、考查省款补助之职业学校。

乙、规定课程之标准。

丙、承认课程、教员、学生及评议员。

丁、劝导创设职业学校。

十一、承认职业学校立案之细则

应开具下列各项经教育局认可。

组织

管理

位置

校具

课程

教员资格

教授法

入学细则

学生受雇为工之状况

经费

十二、遵省律设立职业学校之种类

甲、全日学校	男儿童 { 艺术 / 农业
乙、全日学校	女儿童 { 艺术 / 家政
丙、半日学校	男儿童 { 艺术 / 农业
丁、半日学校	女儿童 { 艺术 / 家政
戊、夜学校	男——艺术补习
己、夜学校	女 { 艺术补习 / 家事
庚、补习学校	补习普通知识 预备职业 艺术预备 艺术补习

十三、省款补助职业学校发达一览

总数	5	25	32	51	75
补习学校	—	—	—	—	1
半日学校	—	3	4	3	2
全日轮替学校	—	—	1	2	3
全日学校	—	9	12	24	34
夜学校	5	11	15	22	35
年次	1907—1908	1911	1912	1913	1914

十四、省款补助职业学校分类一览

	全日学校	全日轮替学校	半日轮替学校	夜学校	共计
农学校	4	—	—	—	4
中学校设农科	9	—	—	—	9
家事学校	7	—	—	19	26
女子艺术学校	3			1	4
男子艺术学校	11	3	2	15	31
补习学校	—	—	—	—	1
共计	34	3	2	35	75

十五、评议员会（Advisory committees，或译顾问委员会）

每校设评议员会，其中包括男女以有职业之经验，而曾受学校教育者为合格。由实业界代表选举之。其职权在会同地方办学者商榷、劝导、指示职业学校之办法，而无执行之责。

评议员会成立一览表

1913—1914 年

学校种类	评议员会数	男员	女员
农学校	13	89	20
日或夜职业学校	31	162	78

此评议员多半由普通职业界代表充任之，其别如下：

农校	农人	67
	制牛乳者	12
	房屋保管者	8
日或夜职业学校	商店经理或其他职员	31
	房屋保管者	28
	制造家	26
	匠人	17
	机械家	15
	衣工	12
	教师	12

十六、职业学校分科一览

甲、全日职业学校。

其中兼授实习及与职业有关系之科学普通科学，俾有益于生活教育与国民教育。

机械工、摩托车工、铁片工、铜工、汽机工、电机工、电话之装置及管理、制造原动机工程、陶工、木器工、钎工、造屋木工、模型制造、水管工、印刷工、农业、成衣工、制帽及巾、管机器工、烹饪及缝纫、家庭管理。

乙、艺术补习及家事夜学校。

电学、汽机工程或制造原动机工程、汽油机实习、石工、首饰工、机械工场实习、摩托车修理及装置、木器工、陶工、印刷工、制船图样、打铁工、造纸、织染、模型制造、水管工、屋内装饰、造屋木工、筑墙工、烹饪及刺绣、制帽及巾、管机器工。

以上均一千九百十三年至十四年。

十七、职业学校学生数

年次	人数	年次	人数
1907—1908	1,400	1911—1912	7,164
1908—1909	2,994	1912—1913	10,064
1909—1910	3,206	1913—1914	15,575
1910—1911	4,380		

按麻省出品，在教育馆内特设一室，其大部分皆关于职业教育者。上之发达史，作为种种图表，而悬之架，观之不唯见其设施之方法，并见其精神。

美国各种制度，省自为政。大抵一省有良善之新制度，他省从而仿行之，然必斟酌本省情形，而加以变化。此为麻省制度，可以推想其余，要非可概一般也。

职业教育之入手方法，首重调查。美瑟娄博士语余，苟予我六十万金，办中国职业教育，我必以二十万金用之于调查。盖职业教育，纯为应用起见，则夫社会上需要与供给之现况，乌可不调查明白。此之分科，绝非若普通学校之学科，可随意向人家抄袭也（实则普通学校学科亦岂可随意抄袭者）。

调查会议之结果，谓"此项教育无论需费多少，若不办其损失必更巨"愿当教育之任者共念斯言。

职业教育，尤重在与社会联络，集各种职业家为评议员会，是为沟通两方之绝好方法。

定名之解释，仅包农、工而不及商，与全国职业教育扩张计划图表有异。名词取义之广狭，任人解释，不必泥也。

麻省教育出品，别有一纸制校舍模型，中分电工、木工、印刷、裁缝、制帽及巾、各种工艺六科。校之左右为工场各一座，校前悬大时计，针行甚速，中设电光，针指上午七时至十二时、下午一时至五时，为上工时间，则工场有光。指下午七时至九时，为上课时间，则校舍有光。此艺术补习夜学校之雏形也。

维斯康辛省实业教育局之组织表：

省实业教育局职员六人，均由省长委任，别有特别职员数人如下：

一、省教育局局长。

二、维斯康辛大学（省立大学）校外教授部，及工程科教师。

本局职权，在推广各城市关于是项教育之校外教育。各地方办理此项事业，欲得省款补助者，须由本局通过。

现本省官厅提倡办理下列四事，有能办者可得省款补助。

一、为十六岁以下已得做工执照之儿童而设之学校。

二、为受雇作手艺者而设之学校。

三、为未被雇为工者而设之全日学校。

四、成人夜学校。

自一千九百一年省律通过后，有二十九市着手设立此项学校，凡四十九所。当一千九百十四年集得办理此事之专款三十四万一千元，此数并省款在内。

依最近议案此项学校可增至七十所。

此议案规定一千九百十五年得支用五十万元。

夜学校课目如下：

建筑图案、机械工艺、建筑工估计、商业算术、药学、化学、速记及打字、商业英文、簿记、印刷、商品贩卖法、西班牙文、缝纫、烹饪、英文（为外国人）、其他视社会需要增设之。

按维省关于是项教育行政之组织，特设专局，与麻省略异。又其名为实业教育，而其事则职业教育，此不足泥也。

纽约市职业教育之设施法：

一、预备职业教育

本市有五校设预备职业科，均于小学第七、八年行之。其普通科目为算术、英文、历史、地理、图画，均与职业科相联络，习何种职业，即授以何种性质之教材。职业科目如下：

男儿童，电线装置、机器实习、印刷、水管装置、铁片工、商业图画，凡六科。

女儿童，饰物工、成衣、制帽、机器缝纫、家事、自在画，凡六科。

上午习普通科，故不论何时，如由职业科转入普通并无牵制。

下午习职业科，每科先须试习九周，于一年半内试习完毕，计算六科之成绩而定其优劣。然后以学生之志愿选习，经教员之检查许可，于六科中选定一科而专习之，备将来毕业后升入相当之学校。

二、职业教育

学年：每年十一个月，每日八小时（除土曜日）。

学生：甲、小学毕业者；乙、男女儿童十四岁以上，经校长试验合格者。

教员：关于职业教育之课程，以积有经验艺术家教授之。

举下列两校以示例。

孟汉登女子职业学校

宗旨：预备女子入各种实业界，使之获得适于生活之位置，并使得有机会逐渐进步，成为技术家。

课目：成衣、制帽、机器缝纫、机织草缎、机器绣、图样画、饰物工、制灯罩（按美国各种灯上均有彩色织物制成之罩）、烹饪、体育、商业、算术及簿记、商业英文、染织。

关于衣者并须授下之课目：刺绣制图及刺绣、制衣图样。

设贩卖部，学生制物，使以廉价出售之。

牟来职业学校男子部

宗旨：本校并非授关于机械之专门学识与技能，仅予以关于机械知能之基础，俾将来对于雇用之者克发挥其真实之能力。

课目：机器实习、炼铁、摩托车之保管及修理、汽油机械工、铁片工、镂花板工、图样画、木厂实习、木工、机械、车工、家屋建筑、家具制造、电线装置、水管装置、瓦工、胶质模型、泥质石膏质种种模型、商业制图、机器画、建筑图、钢笔画、印刷及装订、铸铅字工（学生习印刷两年以上者习之）、电气表记之制造及运用、蓝色印片摄法及洗晒法、商业摄影、车辆记号牌之油绘及写法。

选择法：儿童入学，可择取愿学者试习之，如无障碍，即继续修习。普通课目如英文、图画、算术、历史、地理市民须知，皆必须习之。

此为纽约市职业教育之一斑，可与上编所记参观纽约各学校状况参看。

推乃西乡村生活学校 Country life school 状况。小学，一百人。中学，一百人。

学科如下：

农田、园艺、木工、家事、理科、乡村卫生、其他关于农之作业。

其对于社会之职务如下：

农业讲演、模范食堂庖厨及花园、公共游戏运动场、公共巡回图书馆、以学校为社会公共聚集机关。

奥尔白太乡村联合学校状况。小学，八级。中学，二级。

两区联合设立。到学人数一百三十六。

课目如下：

工艺、农业、缝纫、烹饪。用幻灯教授种种。

考劳拉度农业学校状况。小学八级，每二级一教师。中学四级，每一级一教师。

其对于社会之职务，在以学校为社会公共聚集机关，计一年之间开会次数如下：

学校娱乐会　　　　　　　　六

关于地方政治之会议	六
演说会	八
农家会议	二
其他	六
共计	二八

观上三校，可以见美国乡村学校之一斑。盖中小学合设，则小学毕业生，可不必远出求学。而其学科务取简单，悉准农村职业之需要。则无论何级毕业，皆可就地谋生，必无学非所用之憾。吾国学校，不论乡村都市，为一般之设施无外乎学成不用也。彼其联络社会方法，以学校为地方公共聚集机关，以教师为社会事业主动人物，家庭之模范在此，自治之机关在此，娱乐之场所在此，生活之源泉亦在此，办教育至此，可谓亲且切矣。

属于职业教育之商业科学生数历年比较表

年次	1890	1900	1914
私立中学内商科	24,994	15,649	17,457
公立中学内商科	—	68,890	161,250
商业学校及职业学校内商科	78,920	91,549	168,063
共计	103,914	176,088	346,760

此为美华盛顿教育局出品，知职业教育之设施，未尝略商业。一九一四年之学生，较前十五年增加二倍，而学分设商科制度，公立实后于私立也。

校役讲演会报告，其效益如下：一、增进能力。二、改良卫生。三、减少学校保管费。四、改良消防法。五、整洁场舍使具美观。地方已于一年以前成立此等讲演会，每月讲演一次，各校到会听讲，所聘讲演员如下：消防队员、巡警长、卫生员、公共饮水稽查员、房屋稽查员、公园管理员、工程师、医生。以上各员均演讲关于场舍之保护整洁。

增减相抵计，每一学生仍减出费一元零二分七厘。

此亦职业教育之一种也，故附录之。

美国于菲律宾属地，十分提倡职业教育。以前菲岛人民，习于虚文而轻工艺，学生出入学校，必令仆人携书具以从，其俗可想。自美人为之经营教育，大注重于生产，不十年而改观。据最近报告，学生成绩品出售每年每人可得十七元有奇，则其设施方法大有研究之价值也。博览会场陈列学生工艺成绩品不少，皆关于表列各科者，至其完全制度，宜参看教育行政部门菲律宾公立学校制度表。

所得结果如下统计：

	每一学生增费	每一学生减费
修理房舍	—	0.955
修理及添备器具	0.097	—
整理校地	—	0.059
薪炭	—	0.148
校役用具	0.034	—
电灯及发电力	—	0.009
水	0.013	—
共计	0.144	1.171

四、农业教育（附校外教育）

美，农业国也。观其全国平均每亩农产纯收益，多至美金十四元零，一千九百十一年全国农产总价值，多至八千四百十七兆，可谓盛矣。然吾行其南省，赤地千里，其北省未辟之荒地占十之二三，西方加利福尼亚省一带，大来君演说，谓以工价太贵，致有荒地而不能垦。依垦地收益表，全国田亩面积十九万万亩零，而已垦者三万六千万亩仅及六分之一。故美国对于农业及农业教育尚竭全力以从事提倡推广。观下列种种，可以见其设施之一斑。最可惊者，有名之司密司来浮大议案也。

司密司来浮扩张农业及家庭经济教育案内容之揭示：

一、自一千九百十四年五月八日司密司氏来浮氏提议扩张农业及家庭经济教育案通过后，各省皆从事农业及家庭经济教育组织之改良。（菲律宾公立学校实业科目一览略，编者）

二、此案规定之主办者，为农科大学与农部。

三、省农业局、教育局、县机关、学校及全国关于农事各机关，皆加入联络办理。

四、各大学农科皆设有专员办理此推广事业，约一千一百县，已设有专员。

五、扩张农业教育最要之事项，为讲演农田收割、灌溉、畜牧、制造、牛乳、农田管理，以及办理男女儿童俱乐部、流通学校、农夫会议、农家会议、发布印刷品、通信，及躬亲考察劝导。

六、此项详细办法可向各大学农科索取。

依此议案之规定，国家逐年补助各省农业教育费额如下表：

年期	金额			
1914—1915	每省给	$10,000	共	$480,000
1915—1916	前数外加	600,000	共	1,080,000

此六十万元摊给法以各省乡村人口之多寡定之。

1916—1917 年	前数外加	500,000	共	1,580,000
1917—1918 年	前数外加	500,000	共	2,080,000
1918—1919 年	前数外加	500,000	共	2,580,000
1919—1920 年	前数外加	500,000	共	3,080,000
1920—1921 年	前数外加	500,000	共	3,580,000
1921—1922 年	前数外加	500,000	共	4,080,000
1922—1923 年	前数外加	500,000	共	4,580,000

从 1920 年后分配经费法凭第四次调查报告定之。

观此案与职业教育大扩张计划案，安得不叹彼国会议员之真为民生国计谋邪。

省律规定小学校必须设农科者一览：

规定全境小学必须设者十六省。西浮及尼亚，北卡陆连拿、南卡陆连拿、吉俄吉亚、弗罗里达、华盛顿、加利福尼亚、华民、俄克拉哈麻、挨爱华、维斯康辛、阿甘色、鲁意善拿、密西西比、推乃西、亚拉巴麻。规定一部分小学必须设者七省。北达科大、加萨斯、达克善斯、密查里、密歇根、印第安那、倭海阿。其余无规定。

按此项规定最早者，为北卡陆连拿省，时在千九百一年。至千九百三年，而迤西之吉俄吉亚省，又西之亚拉巴麻省，同时仿行，皆在美东南部，农业最盛地也。

省律规定中学校必须设农科者一览：

规定全境中学必须设者五省。俄克拉哈麻、鲁意善拿、推乃西、亚拉巴麻、南卡陆连拿。规定一部分中学必须设者二十三省（省名略）。其余无规定。

按规定全境中学必须设农科之五省，即规定全境小学必须设农科者也。

全国中等农业教育设置制度一览

中心设立者　　　七省（省名略下同）

分县设立者　　　九省

分区设立者　　　一省

全国中等农业教育分区制度一览

依中学区域者　　十二省

依选举区域者　　三省

依司法区域者　　一省

全国中等农业教育进步一览表

年期	1908	1910	1912	1914
专门农业及乡村小学以外之农业教育机关	425	760	2497	3361
农业中学受省款补助者	34	58	78	102
普通中学受省款补助而设农科者	—	28	289	405

以上五种一览，可以见各省中小学校之大注重农科。至以省律定为必需，以省款为之提倡。而中学之设农科者，自千九百十年至十四年，仅四年之间，增加至十五倍。知其农事发达良非偶然，而将来进步更无量也。

全国农业专门学校一览

大学内设农科者　　　　二十一省（省名略，下同）

农工专门学校合设者　　二十六省

农业专门学校独设者　　一省

农业专门学校之组织表

农业专门学校	研究	分科	科学初阶
			农产学
	教授		畜牧学
			农业制造
			农业工程学
	推广校外教育		农业经济及社会学
			农业教育
			家庭经济

农学及与农业有关系科学分类大概：

甲、科学初阶

一、农业物理学；二、农业化学；三、农业植物学；四、农业霉菌学；五、植物病理学；六、经济动物学（内分昆虫、害益鸟、哺乳动物）；七、农业经济学。

乙、农产学

一、树艺学（谷类）；二、园艺学（果品、花卉、菜蔬）；三、森林学。

丙、畜牧学

一、畜种改良学；二、饲育学；三、管理法；四、兽医学。

丁、农业制造学

一、乳酪学；二、制糖学；三、面粉学；四、其他各科。

戊、农业工程学

一、农业机械；二、农业建筑；三、农业灌溉；四、农业排水；五、农业路工。

己、农业经济及社会学

一、田场管理法；二、经济学；三、会社组织。

全国农业专门学校农事试验场联合会之内容：

一、组织

组织分子内，包各种机关代表，即农业专门学校代表、农事试验场代表、全国教育局代表、农部代表、农部试验场管理局代表。

二、目的

研究讨论联合各机关关于现在办法，与将来进步各种问题。以及互相联络进行之方法。

三、事业

分为三部如下：（一）农业专门学校之办法，（二）农事试验场之办法，（三）推广校外教育之办法。

四、委员会

设委员会分部如下：甲、农校之组织及进行方针，乙、农场之组织及进行方针，丙、校外教育之组织及进行方针，丁、农科教授法，戊、毕业后之研究。

另与农部合组委员会，办理关于联络之事、计划之事，及农业印刷品。

全国设农科大学院，指定一专门学校每间一年开设，归是会管理之。

全国农场与农事教育之影响：

一、农场为研究农学之机关，故多由农校管理之。

二、农场为关于农业新科学之产出地。

三、校外教授与农家讨论会，多根据于农场试验之结果。

四、农事之革新，以试验场所发现之实况为根据。

五、有七百种农业教科书，皆由农场编纂，其补助增进农业教育之影响极大。

六、受读农场印刷品之农家，现在已达一百万，教育之势力，逐渐增进。

七、此项印刷品，多由农场凭其平日试验之结果，编辑刊印，流行甚广。

八、农场能使研究农学者日渐发达，并可供农事改良种种之新资料。

全国农场统计概要

	1904 年	1913 年
国家款	71,999,967 元	1,440,000 元
省款	52,239,189 元	1,540,133 元
其他收入	26,642,866 元	140,750,226 元
场息收入	150,882,025 元	438,763,546 元
添备器具	26,345,169 元	73,142,949 元
用员役数	759 人	1639 人
印刷品数	393 件	624 件
发寄印刷品之地址数	685,301 所	1,010,668 所

全国农工专门学校经费来源之比较：

私人捐款及学费收入	38%
省款	51%
国家款	11%

　　农业教育与校外教育势力之伟大，进步之神速，具如上述。盖乡村生活，一以农业为中心，故乡村教育，亦一以农业为中心。学校为社会中坚，教员为人民导师，教育为生活源泉，胥以此故，而农科大学则为实施农事一切教育之总机关，农校农场联合会，则为沟通联络研究农事教育，与其行政之总机关。其设施之系统，大略如此。总之，都市与乡村各有生活为其目的，审彼天然之需要，与以相当之设施，教育之所以见重于社会者此也。

　　今请更述一种校外教育制度如次。

维斯康辛大学校外教育

　　维斯康辛省立大学特设校外教育院，为全大学七学院之一。置职员若干人办理之。其办法于维斯康辛全省每一县之中心点，设办事处置县代表员及通教员，掌实施教育之职务，并随时报告可以利用之教育时机，编制校外教育事宜之细目。盖其目的在施教育于本省不克就学之公民，鼓引其向学之兴味。俾于学校以外，获得切实有用之学问，以扶助其生活，不啻造一校外大学以括全省。其事务分四部如下：一、函授部，二、演讲部，三、辩论部，四、通信部。

　　函授部不唯函授已也，兼重实验。因其中、高等学科及关于职业诸科，所有实习试验功夫，占其大部分。乃定为救济方法，仪器之简单者，由大学寄与之，俾在家自行试验。贵重者择交通利便之区，指定地点，设临时试验室，陈列应用品，为短期之实习试验。

　　演讲部之范围甚广，其内容包括教育、历史、地理，与旅行谈、政治、财政、社会学、商业、文学、生理学、工程各科、森林、体育。其方法往往佐以音乐会及幻灯或古事讲谈或诵读以唤起其兴味。

　　辩论部之设立，欲使一般社会增进其关于教育、政治等紧要之知识，与活泼之兴味，乃设辩论部。居民皆得以志愿入会。其问题删除无结果者而特选地方所正待解决者，大都关于本省、本县、本市之治理法，为议会议员所正在讨论者。在彼既借以获得充分之好资料，在此亦饶有活泼之新兴味。盖其辨难，务于本部所备图书或其他方面搜索正确之论据，以供实际之研究，初非空论也。

通信部特设房屋一所，置若干职员。在省人民，如有合理之疑问，可向本部咨询或经本部斟酌讨论以答复之，或就熟谙此事之顾问员以解决之。例如饮食与卫生问题、免病与治病之方法、经济政治社会与道德之问题、普通与专门教育之问题、财源之保存法、农工商业之情形、保婴法、社会之幸福与改革问题、水之供给法、弃物之安置法、城乡居民对于美学之必要物、家庭之陈设与装饰、风景布置法、建筑音乐及艺术种种，皆为本部所认为有益于公众之材料也。

附于通信部者，有地方自治参考部专事搜集关于治理地方公益之资料，以供自治会之参考。卫生指导部，将关于病害预防及治疗之科学的知识；化为普通文体，俾借函授、演讲、通信、印刷、陈列等种种方法，散布于一般社会。公众音乐部，借娱乐以鼓其兴会。视官教育部，备幻灯影片等物轮流出借以开知识。

凡此种种，为美国大学校外教育通行方法，举其一可概其余。上述通信部，各地往往有之。征集疑问，转询专门家，务得正确之解决，亦一种特别之社会教育机关也。录波士顿联合通信社表如下（表略，编者）。

五、师范教育

此行赴美，以师范教育为考察目的之一。比至美，乃知师范教育在彼已成为过去之重要问题。计前后参观特设之师范学校凡六，所可注意之点凡三。其一，师范生之大多数为女子也。即或校章规定男女兼收，而男子习师范者绝无而仅有。以是知男教员对于女得百分之二十，（见教育行政专门普通学校男女教员比较表）此其分数犹是现时之比例，不出数十年，男教员直将绝迹耳。其二，师范学校之程度也。从前师范学校有招收小学毕业生者，今则唯南美间尚有之，其余大都收中学毕业生。但其编制与我国之高等师范绝异，盖近于师范学校第二部，唯其年限较长耳。而中学之分设师范科者比比，盖减少其普通学科，而增加教育学科也。其三，师范生实习制度也。师范学校附属小学大都分两种。

其一供参观，其一供实习。前者为模范性质，后者务取简单。两种之具备者尠，往往仅设前者而略后者。遇实习时，遣往乡村小学行之，其期有长至半年或一年者。盖彼之小学，都市与乡村截然为二，多数毕业生须往乡村就职，自不如于实习时及早求其习惯之养成也。参观博览会，属于师范教育之重要出品甚鲜。录其一二，与上述相参证焉。

全国师范教育统计表

1914 年

	师范学校学生	中学校师范科学生	人口总数
北大西洋	21, 709	6, 027	27, 923, 470
北中美	43, 472	14, 313	31, 403, 771
南大西洋	7, 769	2, 150	12, 941, 780
南中美	15, 158	3, 091	18, 521, 662
西美	7, 178	1, 579	7, 991, 141
统计	95, 286	27, 160	98, 781, 824

全国师范学校统计表

年次	校数	学生数	教师数	入款数	校产数
1890	178	34, 814	1, 456	2, 384, 795	10, 552, 744
1900	316	69, 593	3, 088	4, 518, 349	29, 068, 765
1914	281	95, 286	4, 899	17, 495, 763	58, 253, 310

省律规定中学校设师范科者一览

规定必须设者十四省。奥利根、明奈沙大、阿甘色、密歇根、马来伦、内勃拉斯加、挨爱华、维斯康辛、纽约、浮及尼亚、加萨斯、密查里、倭海阿、乌泰。余无规定。

纽约市师范教育概况

一、宗旨：养成小学及幼稚园教师。

二、入学：中学四年毕业经过特别试验，乃得入学。

三、课程：二年毕业。前三学期之功课为论理、教育学、教育史、教育原理、初等小学普通及特别教授法，参观附属模范小学。最后一学期实习教授。

四、特点：实习教授经校长之指示在初等小学轮替行之。每一实习生每天纳费七角五分。注意教授身心不健全儿童之特别科。

五、教员免许：卒业生欲得证书，须经市政厅试验。其科目为历史、教育原理、教授法、英文，图画、音乐、体操、缝纫，及满意之实习记录。

六、幼儿保育

此次博览会教育出品，可假定三者为其注意之要点。其一职业教育，其一校外教育，又其一则幼儿保育也。盖自教育研究日益进步，依生理心理发育之顺序与其关系，知非慎于最初，则后起之设施，无以敌已成之惯习。同此教育，其致力愈早，其见效愈易。反之，而愈迟则愈难，此一义也。美国工业发达，普通社会大都恃劳动度日，父母困于生计，家庭保育有不堪问者，若不提倡改良，影响于将来甚大，此又一义也。至因工价腾贵，儿童有未及年而驱使做工者，尤为可惨。以故工部特设儿童局，社会特设妇人俱乐部联合会，联络调查，从事救济。此次儿童局精要出品最多，若各种保育之器具、饮食料与其使用方法。或用实物、或用图画、或用幻灯，附以简要之说明，以及种种报告说略、统计图表。又设儿童调治室；凡儿童患病可入内诊治，不取分文，即示以种种保育方法。兹所选录不过百一耳。

二十一省奖励贤母议案之内容：

近四年来，美国有二十一省通过奖励贤母之议案于其省议会。议案大意，皆欲设法为儿童求得贤母，但有未决问题如下：

一、受奖励者之资格若何；

二、以其儿童达若干年龄为限；

三、奖励金多少如何，其给予法如何；

四、此奖励金之筹集法如何。

各省记录儿童出生之统计图。美国有妇人俱乐部联合会，每省有会，每市每村有分会，会员共二百万人。与工部儿童局联络调查生产之确数。

本图为美国各省地图，用红色、橘色针两种，表示其调查得实者之多少。最多者，倭海阿、印第安那、康特甘。

次多者，纽约、费拉特费、麻赛怯思、明奈沙大、挨爱华。

又次为，加利福尼亚。

调查方法，从学校教师、保姆、产婆、教堂受洗册等调查之，或按户访问之。

已调查登记者，约得百分之七十六。

在未查明生产确数以前，无从知儿童夭折原因，故此为救护儿童方法之第一步。

一龄以下儿死原因统计（其一）

全国于一九一二年儿童共死一四七、四五五。

内死于不消化病者得三九、四七一人，百分之二十七。

此可预防，只需哺以人乳或合宜食品。

死于生产时者得五六、九八九人，百分之三十九。

此可预防，只需注重孕妇卫生。

死于呼吸病者得二四、四三五人，百分之一十六。

此可预防，只需予以清空气，勿受冷，勿亲吻，勿用巾拂其面，勿对之嚏咳。

死于其他病者得二六、五六〇人，百分之一十八。

一龄以下儿死原因统计（其二）

一九一二年全国调查（据注册者）：

儿生一月以下死者，百分之七十三，为产前失于养摄之故。

一龄以下死者，百分之三十九，同上原因。

一龄以下儿死原因统计（其三）

一月或一龄以下儿死最多，皆因空气不洁之故。

窗户常开者儿死，百分之三。

窗户有时开者儿死，百分之九。

窗户常闭者儿死，百分之十七。

一龄以下儿死原因统计（其四）

同一乡村内甲区儿在一龄以下死者，百分之五。乙区，百分之二十七。

儿多死之原因有三：一、道路不修洁；二、乏沟渠；三、一家多人聚处。

可见儿死之多，实地方自治机关不注意公众卫生之故。

一龄以下儿死原因统计（其五）

一龄以下死者六分之一为肺炎及喉症。

病母抚儿须注意三事：

一、母有寒病者，抚儿时需自裹其嘴，勿使儿传受寒气。

二、亲儿面颊不可亲儿嘴。

三、勿携儿至人多热闹处，须使吸受充分之新鲜空气。

胎前保养须知：

儿离母腹，已非成人之初步，若于未生以前保育失宜，可使儿受重大之损伤。

孕母之需要如下：一、良美之食品；二、休息合度；三、多吸清新空气；四、轻便运动；五、心意快乐。

哺乳须知：

凡儿须由生母哺乳九个月。

每次哺乳至中间宜与以清洁之水。

每三小时或四小时哺乳一次。

每哺乳一次约历二十分钟。

母乳之益（其一）

一儿三龄羸瘠，时为一千九百十二年九月十九日，验明患泻疾，体重四磅三盎司，急饮母乳至一千九百十三年一月三十日，验明体重十二磅，肥壮无病。

母乳之益有三：一、助消化；二、治泻疾；三、长肌肉及骨。

母乳之益（其二）

儿童需母乳最要在初生后数月。

尝调查一村之中，每千儿用牛乳者与用人乳者，一个月内死数之比较如下：

	用牛乳者	用人乳者
第二月	236	72
第三月	217	54
第四月	165	46
第五月	126	37
第六月	92	25
第七月	72	29
第八月	52	25
第九月	24	17

初生时如用牛乳哺养，虽有极好之起居，终比用人乳者多死四倍。

工人子女死者统计（其一）

一村之调查

工人子女百分之十九死。

非工人子女百分之十二死。

可见母子分离终于儿童不利。

工人子女死者统计（其二）

一村之调查

父每周工资数	儿死千分之几
十元以下	256
十元至十二元	158
十二元至十七元	122
十七元以上	97

以上皆述幼儿夭折状况与保育方法，悉根于调查统计，因果昭然，莫可遁饰。方余参观是项出品，从而留意于其社会程度。时逐日渡海往来卜技利、旧金山两市间，同舟士女，千百为群。某日一少妇携其儿同行，儿可一龄许，舟次以手按儿胁嬲使笑，儿吃吃声大作，嬲不止，笑亦不止，终至力竭而啼。乃叹国民程度，不难于少数人学术之精深，而难于常识之普及。彼其全力提倡鼓吹幼儿保育，固非无病而呻也。

十六龄以下儿童状况一览

全国国民三分之一为十六龄以下儿童。

一龄死八之一	九龄在学者83%	
二龄	十龄在学者86%	
三龄	十一龄在学者90%	
四龄	十二龄在学者91%	始做工3%
五龄以内死六之一	十三龄在学者90%	
六龄就学	十四龄在学者89%	
七龄在学者52%	十五龄在学者81%	17%
八龄在学者75%	十六龄在学者68%	

儿童做工种类调查

一千九百十年调查全国儿童做工种类如下：卖报、缝纫、织工、农、手工、运煤、通信、线工、染工、仆、普通工。

儿童大宗工作统计

下列各厂均有十六龄以内之儿童一万以上者，其数如下：

钢铁	16,555	缝衣	15,831
棉	41,607	罐诘	11,035
印刷	12,104	锯木	10,980

儿童工作分类统计

全国工作儿童，据一千九百十年户口调查册分类。

甲、十龄至十三龄	222,991
农	124,466
仆	33,045
制造	33,930
商	22,441
转运	3,041
矿	2,493
其他	3,575
乙、十四龄至十五龄	609,911
农	143,573
仆	80,510
制造	248,017
商	88,965
转运	21,777
矿	16,202
其他	10,867
统计	832,902

各省做工儿童比较图

用色针插地图为记。东美最多、中美次之、西美最少（省名略）。

观以上儿童工作，农为最多，制造次之，商又次之，尚不失为正当。然观于其另表，儿童有在十四龄以下做工者五省，有在十六龄以下做夜工者十二省，有十六龄以下在厂做工每日过八小时者二十八省，有在十六龄以下做矿工者二十九省，有人提出议案于国会，禁止是种妨害儿童身体教育之做工，而上议院不予通过也。

家庭玩具种种

飞艇、船、起重机、车等等。其原料悉以木块、纸片、树枝等无价值之物为之。

说明：家庭游戏有三要件。

一、购地，须预留隙地为游戏用。

二、建屋，须专为游戏而设一室。

三、家庭组织，父母须指导儿童游戏。

室内游戏具 游戏房，种种硬纸玩具工、铅笔、色粉笔、水彩颜料、硬纸片、干颜料、剪刀、绳、抹布、糨糊、泥、假孩子、座、吹泡、黑板、旗带、旗

室外游戏具 沙箱、矮秋千、游戏屋、印度衣饰、转运车、有轮车、天梯架（立八尺高之四柱其上平置长十尺之梯）、溜板（长八尺头高六尺）、颉颃板（长十尺离地高八尺）、小花园及其器具

公共游戏之设备

公共游戏设备之中心有四。一、一巷间之设备，其物秋千、沙箱、溜板、悬床、小池塘等。二、学校之设备，校园内技术游戏及运动。三、体育会之设备，由公共体育部经理之，其物球戏、游泳及团体运动。四、社会娱乐机关之设备，戏剧、影戏、跳舞、俱乐部等等。

美国各地，苟有公园与其他游乐机关，往往有儿童游戏之设备不唯室内室外游戏器具之陈列而已，更有一种设备，或长廊陈设许多摇篮，或树下悬若干绳床，备妇女携其婴儿安卧其中。环坐绿荫之际，于合群消遣，情话为欢，保姆与婴孩，各享受此清新之空气，公共娱乐地之布置，真无微不至也。

儿童摄影比赛会

蒲鲁克林地方鹰报馆为巴拿马太平洋儿童摄影比赛会，征集儿童相片，计陈列数百张。其征集方法，分儿童为四部。

甲、二龄以下。

乙、二龄至五龄。

丙、五龄至七龄。

丁、七龄至十二龄。

征集期满，从相片上评定其优劣。评定方法，分品格、聪明、美貌、体格四种，优者奖之。奖物计金章八枚，银章四十枚，分配于四部，其有特别优异之儿童，赠以锦缎。

此盖奖励改良保育之一种间接方法，需费不多，而效力极大。观其所悬无数儿童相片，其博得奖品者，其体格不取肥硕而取坚实，其精神不取轻扬而取充满，其举动不取庄肃而取活泼，以及其家具、其衣服冠履，或其所与玩物，必皆合于儿童保育之原理，则其微意也。

七、图书馆

美国图书馆事业之发达，以东方为较早，西方则近十年始盛。东方图书馆，盛于教育既发达之后。若西方则认图书馆为辅助教育之一机关，以图书馆事业之设施，促教育精神之普及。以故东方多闳大之馆舍，其注意略偏于形式。西方则务扩充其内容，推广其影响。此语得之于博览会场全国图书馆联合会职员斐伦君，盖亦后胜于前之公例也。

加利福尼亚省各级图书馆位置及其系统图

大幅加省地图，绘各级图书馆地点，彼此缀以色线，印刷品说明如下：

加利福尼亚省，设一省图书馆，为全省图书馆行政之总机关。以省图书馆统各县图书馆，以各县图书馆统各该县境内小图书馆及分图书馆，组织完整，机关灵捷。录其所属图书馆统计如下：

私立免费之图书馆	132
市立图书馆	5
县立图书馆	26
法律图书馆	66
县立教员图书馆	58
学校图书馆	334
各会社捐款设立之图书馆	111
各种机关设立之图书馆	47
统计	779

上列各馆之分馆，一千二百六十三。

图书馆之建筑，由捐赠者一百二十九，非捐赠者二十一，共计一百五十。

省图书馆之设，其主要为供给立法及行政机关之所需。故其所藏若法律、政治参考书，官府文书，省、县、市、乡之布告，本国及外国各种报告，本省之历史材料，各种新闻纸，以及历史、文学、科学、工艺、美术、经济、哲学等等。其所以异于他种图书馆者，以不甚注意于稗官小说及儿童游戏之书也。总之，省立图书馆，为利益全省人民计，不专为一部分人利益计也。

所谓以省图书馆统各县图书馆者，何也。省图书馆内，设县图书馆筹备员、学校图书馆筹备员各一，以应各县、各学校得法律允许而组织图书馆者之咨询，而为之臂助。凡县立图书馆管理员，须经省图书馆部之试验，认为学识经验合格者，乃得入选。

省图书馆编制总目录，凡全省所有之图书馆，无论其为公立私立，皆须以著作者姓氏告之。即他省著名之图书馆，莫不交换其书目。凡本省人之借书者，苟求之于所在地图书馆而不可得，又非省立图书馆之所有，则由省立图书馆告以书之所在，而由县立图书馆转借以给之。是以各地苟有藏书。人人胥受其惠，而以省图书馆为通信之总汇焉。

借书之职务，有为省立图书馆所独任者，如供给瞽者之书籍是也。瞽者散居于各处，图书馆以所需之书，分寄之，政府特免其邮费。而县立图书馆之管理员，亦常为瞽者助力，而使其知有合用之书。故瞽者只需以姓氏地址及其所欲得者告之图书馆，即能如愿以偿，且借书之期限亦无定也。

为外国侨民购备外国文书籍，亦为省图书馆之专责，由县图书馆转借以给之。

省图书馆近且征集写真影片之类，供学校及各团体之用，由县图书馆司分派之事。

省图书馆刊行季报，所载为全省图争馆之统计报告、新定之条规、说明书、图书馆纪事提要、联合会纪事、图书馆职员考验部纪事、图书馆学校纪事、图书馆同盟、图书提要之类，莫不搜集详载。故任图书馆之职者，得以互通消息，联络意思。而各县居民，亦得手置一编，为研究之助。

以上为省图书馆办法。至各县图书馆，以督察员之决议而创设之。

全省五十八县，现已设图书馆者二十六县。其经费则取之于居民产业税，每美金一元，征税不得过一米（一米为美金元千分之一）。设本馆于县治，而分馆则遍于全县。对于学区图书馆及其经费，县立法律图书馆、教员图书馆及其经费，皆有节制之权。即对于私人集资设立之图书馆，亦得加以补助而联络之。

县立图书馆，不唯为全县总汇之区，且与省立者有相连之关系。凡分馆及各种会所之所需，无不取给于此，且时以书籍补助各学校所设图书馆。非特此也，若大学毕业生求精进者，则以书籍供其研究。若加利福尼亚大学之辩论会，以及校外或函授之生徒，皆须以书籍供其取材。若监狱、若医院，则设分馆于其中。以农事指导员之介绍，备农事之书，以供农夫之借阅。又以书补助县立法律及教员图书馆，以及市立、私人集资设立之图书馆。由此观之，县立图书馆既应各种方面之要求，而收藏之书，至汗牛充栋。及观其所收税以供经费者又至微，何也。是盖有资于省立图书馆之补助，而是馆实为其承转之总机关也。

县图书馆之设立，有省图书馆特设之筹备员为之指导，且资其种种协助而底于尽善。若县治之内，复有小图书馆之组织，创设伊始，不能不有所商榷，则县图书馆长助之，皆视为义务所当尽，而不受酬报。设县图书馆联合会，每年举行一次，集各县图书馆职员，讨论进行方法，而交换其意见。省则每年开全省联合会一次，集各种图书馆职员而讨论之。

所谓小图书馆者，书籍亦任人借阅，唯创立之费，取之于募集之款。常有以数人之力，供给种种用费，而所藏卷帙亦无多也。今请略述各县图书馆之状况。

阿尔弥达县图书馆。以一千九百十年开幕。是县大市，若奥克伦、若彼克尼、若阿尔弥达，久有图书馆之组织。及县图书馆成立，资其协助，尽力推广于乡僻地方。备各种杂志及图画之属，供人观览。至各种团体以及监狱、病院各慈善机关，皆以图书供其消遣。而农事书籍尤通行于村落间，现分馆已达二十六所。

康拙可司特县。当县图书馆未成立之先，藏书事业甚不发达，仅一、二捐资设立者而已。县治名马第尼司，其地本非冲要，以水道与制造厂相近，而铁路交通，又与农场相联络，故其地遂为巨镇。一千九百十三年十月，县图书馆成立，同时设分馆四，力求适合于各种社会所需要。以后逐渐推广，若会所、学校、邮局、商店、旅馆、居民家宅，皆设分馆以便借阅。苟所欲借之书而为分馆所无者，则转借以给之，舟车运送至灵捷。沿河工厂林立，迤逦七十英里间，皆择适宜之地以设分馆。在内地更注意于农业需要之书。至一千九百十五年一月，分馆五十所，借出之书六千余卷，距始创仅十六个月耳。

格伦县为塞克雷门土流域之一部分，以农业著。当图书馆未成立前，其地居民，急欲得书籍以为学识之研究，且供消遣之资。而当雨水盛行，田园之操作已停，则书籍之需要尤亟。图书馆专以是等材料供给之，莫不餍其所欲。开幕未六月，而分馆至十九处。其间若鄂得分馆，就司徒尔货栈设立，在农人喜阅关于农事知识之书，而农人之妻，又好俱乐部之纪录，故分馆所有书，两方兼顾焉。若汉弥尔敦分馆，从制糖公司之要求，就银行内设立，故不能镇日纵览，而多备杂志，幼童趋之若鹜。若奥伦得分馆，就客舍中酒室为书馆，大有以汉书下酒之概，就饮者如平时，而声誉大著。

因比芮尔县居民，大都供役于铁路，一切生事所需，咸唯铁路是赖，即邮政局亦借设于车房中。于是图书分馆，即以其车房之半，为庋置之所，而令邮政局长司其事焉。有地名巴得者，与墨西哥为邻，其民英文程度甚低，图书分馆，专备文理浅近之书，以供阅览。某学区所设分馆，借学校园筑活动之板屋，居然满目琳琅，引人入胜。

茵俄县居民绝少，最大之市，仅得一千二百人，向无藏书事业可言。及图书馆成立，九个月间，借出之书，多至六千六百卷。再阅九个月，数且倍之而有余。农家者流，渐知研究种植之学，而知图书馆之有关实用。如葡萄藤之流浆，其故何在？腐坏霉黑，何法以治之，以及他种果蔓，其修整之法若何，关于农事之辩论，常取决于馆中之藏书。寇恩县之图书馆，附设于审判厅内，分馆藏书，各随社会情形，而有繁简之别，其规模小者，只得四十卷，亦有多至七百卷者。凡村落间之邮政局、学校、礼拜堂、煤油公司之货栈，皆设分馆。在群山环伏之小村，距铁路至四十英里，或为油田之中央，或为沙漠之绝地，其设分馆，尤为人所欢迎，时有妇人愿分其家之一部供庋置焉。

图书分馆亦有极流动无定者，若开英司县，常视各种社会所聚集而设之。每当摘果、制干葡萄、刈获稻麦多人麕聚之际，特设临时图书馆，使给役之工人，得借书之益。在迪勒湖之滨，当农田秋收之际，农人环湖支行帐以居，图书馆以箱盛书分致各行帐，而以农工首领任其事。去岁以此种方法，借出书籍杂志，凡五百余卷。某日，工人聚集候食，适馆中运书来，某工见一书，名印度之亲王，大称意，急取书归帐，而后来就食，盖惧为捷足者先得也，此节见之于写真片。

劳舍其连司县，有地名司欧林波格司者，一矿区也。居民百人，皆为矿工及其家属，分馆设于其行帐中，以火药箱为书架，藏书一百六十六卷，一月间借出者六十五卷。南克司窦分馆设于商会。那罗分馆设于俱乐部。利安那分馆，设于学校。那维奈分馆，设于医院。受柯公园分馆，设于运动场。劳舍其连司本为西美名区，其地有私人集资设立之图书馆，在西方为最大。参观者年约二万余人，借书最盛之日，多至五千卷。于普通书籍部、杂志部外，又设三大部，一为工业部、一为美术音乐部、一为社会学部，最近二年之间，借书者增至百分之七十，而经费仅增百分之十四。

以上为加省图书馆状况之一斑。综其要点，可得而说焉。

一、以书就人，非以人就书也。美国教育程度，虽云发达，然欲使一般人民，舍其职业，或废其职业外之娱乐时间，奔走跋涉以来馆读书，要非易事。以故图书馆之设置，必于多人荟萃之所，若俱乐部、若运动场、若礼拜堂、若学校、若工厂、若商店、若农场、若商会、若汽车、若电车、若车站待车室、若酒店、若医院、若各慈善机关、若监狱、若邮局、若旅馆，皆为绝好场所。而又许其借出，为之流通，则来者众矣。

二、所蓄图书，务合于社会状况，与其生活所需要也。于学校多备教师学生参考之图书，于农村多备有关农事之图书，于妇女社会及普通社会，多备可供娱乐之图书，于文化低下地方多备通俗浅近之图书，其他仿此。

三、利用流通方法，以少数之图书供多数之读者也。图书馆有二大要义：曰经济，曰普及。彼所谓县立图书馆制度，其作用非县设一馆已也，在多设分馆。分馆并非以余力为之，直认为主要事务，而本馆仅为其承转机关焉。唯分馆多，故影响易普及，所藏图书得辗转流通，不唯使人之观览，尤易给人之愿欲，而需费无几，其道合于经济。

四、有活动之作用也。有种种方法以致人兴味，有种种陈设以惹人注意。加省状况如上述，并于博览会见陈列影片，各地图书馆，有设讲演会者、有征集各种花卉而为赏花会者，又有儿童图书馆，四壁陈设之图画与书中插画相合，儿童因视官之感触顿增无限之乐趣。其所以引人入胜，用意绝精，大率类此。

五、以图书馆管理法为专门学而研究之也。美国各大学特设专科，复于暑假期间设临时讲习科，以教授图书馆管理法。凡任馆中管理员者，悉有相当之学识与经验，故其方法日新而月异。

美国各省图书馆统计

五千卷以上收税充费之图书馆，全国一千五百四十六所（一九一三年下同）

馆数最多者	麻赛怯思省	220
其次	纽约省	176
又次	益利诺省	94
又次	倭海阿省	86
又次	加利福尼亚省	76
又次	密歇根省	64

一千卷以上之图书馆全国八千三百零二所

馆数最多者	纽约省	1037
其次	麻赛怯思省	626
又次	加利福尼亚省	538
又次	益利诺省	474
又次	本雪佛尼省	446
又次	倭海阿省	363

美国县立图书馆约计

全国二千九百五六县，已设县立图书馆者八十三县。

全国人口三分之二未有图书宿供给其需要。

以美国今日对于图书馆教育之主张，大都倾向于县立制度。盖县立多数图书馆，为有系统之组织，非县立一图书馆已也。观其统计全国一千卷以上之图书馆，其图书总数，计达八百六十八兆以上，可谓富矣。而对于其所需要仅逮三分之一，宜其日进而不已也。

全国图书馆阅览者逐月多少比较图

自一九〇九年至一九一三年。

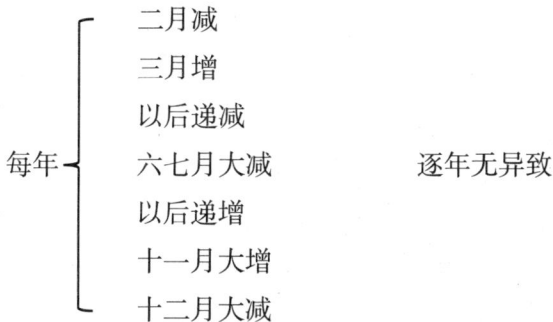

每年 {
二月减
三月增
以后递减
六七月大减 　　　逐年无异致
以后递增
十一月大增
十二月大减
}

上从原图录出，其增减原因，至堪玩索，意者于学校修业、休业时间有关系乎？

图书馆管理法讲习所学科一览

举加利福尼亚省河边公立图书馆讲习所为例；图书馆办理方法及其行政、规程、建筑法、图书之选择与审查、图书馆之分部、图书装订法、图书目录、关于图书馆之技能、参观法、分馆之组织法、使图书馆为社会中心之方法、儿童图书馆、图书馆与学校、其他等等。

儿童图书馆摄影种种

美全国图书馆联合会出品种种，分部陈列。其一曰，儿童图书馆部。其摄影为男女教师或父母讲演图书，或在教室、或在廊下、或在阶下、或在运动场、或在树荫下、或在礼拜堂、或在灯下，或整坐、或散坐、或团坐，或儿童自由展览。

内一片室内悬种种儿童画与书中图画相关联，盖壁间画与桌间书同此画稿也。

说明一

儿童图书馆应与联络之各机关如次：一、儿童家庭，二、公共机关，三、游戏场，四、博物苑，五、儿童改过所，六、公私立学校，七、公众娱乐机关，八、移民局，九、管理儿童工作之机关，十、工部儿童局，十一、工部。

说明二

一、由图书馆指示儿童用参考书，与彼所自读之书，或学校课本之关系。

二、由学校教师常率全级儿童至图书馆参观，养成其阅书习惯，且使成人后不改此习。

说明三

儿童图书借出之情况：

一、一千九百十三年在纽约一市借出图书，计五百六十七万五千五百四十五本。

二、下列各书为借出儿童图书最普通者：诗歌、寓言、故事小说、欧美历史及名人传记、电学及飞行学、其他与儿童有关系之书。

联合会管理员斐伦君言，美国报纸图画，专务奇异取笑而乏意识，赖图书馆以趣味与意识兼备者矫正之。又普通社会，不易得接触美术之机会，故图书馆须陈列种种美术图画与工艺品，或用风琴，且谋与书之内容相联络，凡所以养成一般人之美感也。

八、体育

美国体育兴味，普及于一般社会之心理，一切由社会自动，不关政府提倡，根柢蟠深，非可一蹴几及。唯美属菲律宾向乏体育，近年由美国政府尽力举办，收效甚速。所定之目的，为统一，为普及。唯组织新，故仿行易。博览会陈列体育大会组织法表，参以分赠之印刷品，译如次。

菲律宾体育大会组织法表

法由地方学校各分所有学生为红绿蓝黑四队，互相比赛，择其优者送县会赛之。省立学校亦依此法，择其优者与县之优者同送省会赛之。省择其优者送县联合区，区以其会赛之结果择优送都城开联合运动大会。如是层递比较，一年为一周，周而复始，行之仅五年，而菲律宾之体育已蔼然见称于世。（菲律宾体育大会竞赛表略——编者）

政府复设为锦标以奖优胜者，摘其判给锦标规则如下：

一、凡获优胜之省，得管领锦标一年。

二、计算优胜得点之法如次：

各种运动，（除棒球）获第一者作五点，获第二者作三点，获第三者作一点。棒球以一敌三，第一作十五点，第二作九点，第三作三点，各种运动得点最多之省，即为夺得体育锦标者。

棒球得点最多之省，即为夺得棒球锦标者。

一、各省如有兼夺得两种锦标者，加赠特别锦标，以示优异。

二、凡管领锦标者，至迟须在常年会前一日厂将锦标交还执行部。

三、遇二省或数省，所得优胜点数相同，而得点较彼等更多之省，适无有，则此锦标仍归二省或数省中之尝于上年夺得者继续管领。若此二省或数省，上午均未获捷，则此锦标归执行部收存。

四、会员中凡有点数相同，竞争等级或名誉之事，均参照上条办理。菲岛人民，素极文弱，不好运动。自美人占有其地，军士兴高采烈，为种种运动，以示岛人，岛人不顾也。以为消遣法多矣，何必反其优游逸乐之常，而为是劳精疲神以自苦。逮一千九百零五年，（距今十年）总督福勃斯氏，择学校场地宽敞者，特赠以棒球戏具。次年，于各省中择学校之运动成绩优者，特赠以网球戏具。复次，赠以篮球戏具。如是行之数年，至一千九百十年，合得奖各校，开运动大会，遂成上述之组织。非政府年拨若干金，以充运动会之费用，一面资助各教员，赴运动会参观，由是竞赛风行，几视运动为性命矣。然自始行奖励不过十年，行上之组织法仅五年耳。

上之组织法，其妙处在用各个竞争之形式，而寓团体竞争之精神。有偕作之风，无向隅之憾。而又岁一举行，则胜者有联捷之雄心，败者仍有自奋之余地。盖其目的在使体育统一与普及，不如此不达也。

九、教育行政

（美教育局职务分析表略，编者）

按美国教育，省自为政。所谓联邦教育局者，除阿拉斯加属地特别制度外，对于各省教育，仅负调查扶助之责。比来颇有倡议设教育部者，虽未来之希望无穷，而目前之成绩俱在，固不可谓现制之非适也。吾国幅员广于彼，人口多于彼，而民族之复杂，各省区文化之参差，又皆甚于彼，乃欲从而画一之，施一令、行一政，宜于甲不宜于乙，乃至甲困于仰跻，而乙疲于俛及，亦何为乎。能者纵之，荼者进之，纵之者但使轨于正，进之者必使遂其性，其庶几耳。

各国小学校学生及教育费比较表：

各国小学校学生及教育费一览

国名	年次	在小学校学生对于总人口百分比 %	公家小学教育费以每一人口分计 $
美	1913	17.98	4.71
奥匈	1911—1912	15.19	—
比	1912	12.35	1.13
丹麦	1912	13.76	—
法	1911—1912	14.34	1.09
英伦及威尔士	1912—1913	16.87	3.24
苏格兰	1913—1914	17.84	4.30
爱尔兰	1912	16	1.90
德	1911	16.30	2.56
荷兰及其属地	1911	15.42	2.35
挪威	1910	15.75	1.75
日本	1911—1912	14.26	0.57

上表所列小学生对于总人口百分比，美最多，英、德次之。而公家教育费，以每人口分计，日本最少，仅得五角七分，较之美仅占其八分之一，乃其小学生对于总人口亦且得百分之十四以上，其俭可以惊矣。

全国公立学校进步一览

年次	1877	1913
人口总数	46,112,700	97,163,330
五岁至十八岁儿童数	14,025,800	25,499,928
在学学生数	8,965,006	18,523,558
每日平均到学学生数	5,426,595	13,510,643
男教员	114,312	113,342
女教员	152,738	451,118
男女教员共	267,050	564,460
校产价值	$198,554,584	$1,345,116,371
教员费	54,973,776	303,537,849
总经费	79,439,826	534,058,580
一学年平均授课日数	133.4	158.0

上表三十六年间，儿童数之增多未及二倍，而学生数之增多，乃不止二倍。女教员之增多，几及三倍，而男教员转减少。

美各种学校在学学生数比较表

各种学校在学学生数一览（1913年）

种类	公立（包幼稚园）	私立	总数
初等教育	17,474,269	1,590,518	19,064,787
中等教育.	1,155,932	210,890	1,366,822
大学及专门学校	79,178	122,052	201,230
专门职业学校	11,438	54,149	65,585
师范学校	87,172	7,283	94,455
商务学校	—	160,557	160,557
城市夜学校	425,000	—	425,000
顽童学校	50,812	—	50,812
聋哑学校	13,002	516	13,518
盲童学校	4,973		4,973
低能儿学校	10,209	589	10,798
政府设黑人学校	34,413	—	34,413
政府设阿拉斯加学校	3,563	—	3,563
地方设阿拉斯加学校	3,000	—	3,000
孤儿院及慈善性质之学校	—	20,000	20,000
私立幼稚园	—	53,000	53,000
其他美术音乐学校	—	60,000	60,000
总数	19,352,959	2,279,554	21,632,513

据此全国在学学生数，占总人口数（见前表）百分之二十二强。检我国教育部民国二年（一九一三年）至三年间统计，全国学生数得三百六十四万三千二百零六，以较假定之总人口数四万万，仅得其千分之九。盖中国与美国为九与二百二十之比，即一与二十四之比也。

以私立学校学生总数与公立较，私一而公八，其多于公立者，唯专门教育、职业教育、慈善与幼稚教育耳。盖普通教育，公家负有设学之义务，若私人设学，大都抱有特种目的，或为发达自己之事业，或为传布某种之学术，或指定某种人物而利济之，非苟焉已也。

人数	各级升学统计	
	经过状况	年期
60	入小学第一年	1897—1998
53	在小学第四年	1900—1901
25	在小学第八年	1904—1905
15	升中学	1905—1906
5	毕业中学	1909—1910
3	升大学	1910—1911
1	毕业大学	1915

用模型制为各级校舍。以电机运纸人。入小学者若干。出小学入中学者若干。出中学入大学者若干。迨出大学仅得一人。盖根据其所制统计也，兹依其出没人数。制为本表。

小学毕业升中学，与中学毕业升大学，各仅得五分之三。将曷以处多数不升学者，此职业教育所为急也。以美国社会财力之充，犹且若此，吾国奈何忽之。

全国城市与乡村学校比较表（1913 年）

	乡	市
人口总数	53.7%	46.3%
学校儿童数	58.5%	41.5%
教师数	62%	38%
教师俸总额	45.5%	54.5%
失学儿童数（十岁以上）	59%	41%

乡之学童多于市，其比例且大于人口。意者农业发达之征欤，市居密而乡疏，故乡之教师多于市，乡俗俭而市侈，故市之教师俸大于乡。

全国公私立学校多寡比较表（1913 年）

	公立	私立
初等学校	91.66%	8.34%
中等学校	84.57%	15.43%
高等学校	49.27%	50.73%

本图当与前之各种学校在学学生数比较表参看。

各省行强迫教育制者一览

未行强迫教育制者六省：Texas 挞克善思、Mississippi 密西西比、Alabama 亚拉巴麻、Georgia 吉俄吉亚、Florida 弗罗里达、South Carolina 南卡陆连拿。

一部分行强迫制者四省：Arkansas 阿甘色、Louisiana 鲁意善那、Virginia 浮及尼亚、Maryland 马来伦。

其余三十八省。均以省法律行之。

上列十省，位于美之东南，环大西洋墨西哥湾以迄与墨西哥交界处。其地土客杂处，尤多黑人。一部分之文化，远逊于他省。若挞克善思、若密西西比、若鲁意善那，皆此行所经过，学务委员道其教育不能普及之故如上述。余因之有感，今世界各国未行强迫教育制者，仅中华与俄耳。以吾国土地之广，民族之杂，视美为尤，而欲以中央一令之力，推行全国，势有所不能。听之，时有所不待。则曷不择一、二省试办之，而以次推行之；不能，择一、二县试办之，而以次推行之；破统一而免牵制，不独教育行政宜然矣。

学校区之研究图

陈列乡村小学模型一座，说明现全国一教师之乡村小学，多至二十一万二千所，其实每十二方里内设一小学已足。

假想一学区内

每方里人口	50
一学区人口（十二方里）	600
学校儿童	200
教师	6

有六教师其课程乃能应乡村生活所必需，较之一校一教师，其为利便甚明。

此方形假定为一学区共十二方里

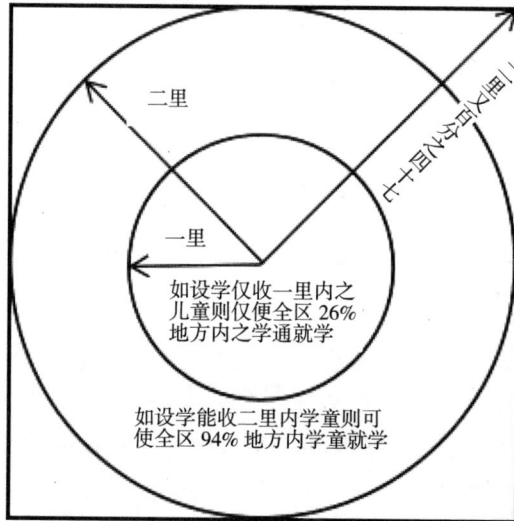

此图证明乡村学区宜较大，其立论之根据，在求小学课程，适应乡村生活所需要，谓非可收效于一校一教师也。

劝学图说之一种

儿童在学每日可得九元。谓予不信，请观下之证明：未受教育之工人，每年工资五百元，四十年共二万元。

中学毕业之工人，每年工资一千元，四十年共四万元。

较未受教育者，盈二万元。

自始入学至中学毕业十二年，每年上学以一百八十天计，共二千一百六十元。倘此二千一百六十天在学，则以盈余二万元分计，每日得九百零二元。故儿童若失学一天，即每日失去九百零二元。

此通俗教育资料也。虽然，吾国中学毕业生，绝未受职业教育，求与普通工人齐而不得，安望得每年一千元之工资哉。

全国幼稚园进步统计两幅

年次	幼稚园数	保姆数	幼稚生数
1873	42	73	1,262
1880	232	524	8,871
1887	544	1,256	25,922
1892	1,311	2,535	65,296
1902	3,244	5,935	205,432
1912	7,965	9,456	365,389

观此知幼稚园与幼稚生，十年之间，约各增至二倍，可云发达矣。然于幼稚园联合会，观其陈列之统计应入园者十儿童，现入园者仅一儿童耳，并录之如下：

年次	在园儿童数	应入园儿童数
1902	206,000	
1912	366,000	4,200,000
	现有园数	应需园数
1902	3,300	
1912	8,000	100,000

应入园儿童十人中。仅有一人入园。

历年十岁以上失学者统计表。

十岁以上失学者对于人口百分比

年次	人口总数	失学者数	百分比（％）
1870	28,228,945	5,658,144	20.0
1880	36,761,607	6,239,958	17.0
1890	47,413,559	6,324,702	13.3
1900	57,949,824	6,180,069	10.7
1910	71,580,270	5,516,163	7.3
同上（白人）	63,933,558	3,186,049	4.9

美失学者对于总人口之比，由百分之二十、而十七、而十三、而十、而七，每十年约递减百分之三，准此再阅三十年，无失学者矣。仅以白人计，较之一般，不啻早十年进步焉。

中学校在学学生统计表
中学在学学生对于一百万之比较

私立	2,300
公立	12,600
总数	14,900

中学校进步比较表

年次	校数	教员数	学生数
1890	4,485	14,501	309,996
1895	7,080	24,472	487,147
1900	8,210	31,553	649,941
1905	9,560	40,631	824,447
1910	12,213	57,240	1,115,326
1914	13,714	71,799	1,373,661

教会立及公立中学学生数统计（1914年）

类别	学生数
教会立	101,329
非教会立	53,528
公立	1,218,804
总数	1,373,661

观上三表，知中学校学生，在公立者与在私立者比，约为六与一比。而私立中学校学生，在教会立者与在非教会立者比，约为二与一比。又知近四年间校数增十之一，而学生数增十之二且强，平均每校约为教员五人学生百人也。

大学校、专门学校、实业专门学校进步比较表

年次	教员数	学生数	校数
1895	15,188	170,208	694
1900	18.220	197,272	664
1905	22,613	236,266	619
1910	27,279	301,818	602
1914	31,312	334,978	567

教员数、学生数、各递增，而校数反递减，表附说明为学科归并之故。

大学校专门学校男女学生数比较表（1914年）

	男	女
公立	68.69%	31.31%
私立	61.44%	38.56%

公私立学校女生皆不及男生之多，然二者相差之数，虽各有出入，要其大较不过一与二比，女子教育亦云盛矣。

历年高等教育毕业统计

年次	有毕业生之大学及专门学	给博士学位之学校	得博士学位之学生	得各种学位之毕业生
1875	70	5	12	462
1885	109	20	59	986
1895	187	34	232	4,663
1905	210	42	361	7,650
1914	222	46	559	13,094

据上表，最近一年之间，产出新博士多至五百五十九，得其他学位者多至一万三千零九十四。

全国二十九最大之大学统计

校名	到校学生数	入款	教师数
Cornell 康乃耳	5,856	2,567,620	716
Wisconsin 维斯康辛	5,847	2,155,793	597

校名	到校学生数	入款	教师数
Pennsylvania 本雪佛尼耶	4,990	1,667,937	553
Jllinois 意里诺	5,322	1,983,103	538
North Weston 北威思登	4,924	1,929,385	534
California 加利福尼亚	7,255	3,105,249	527
Columbia 古伦比亚	7,311	3,798,832	521
Harvand 哈佛	5,074	4,368,240	467
Minnesota 明奈沙大	5,359	2,355,362	449
New York 纽约克	5,125	—	409
Michigan 密雪根	6,423	1,731,550	362
Yale 耶鲁	3,077	2,943,678	355
Chicago 芝加哥	10,884	3,061,532	337
Ohio 乌海乌	—	—	322
Pittsburgh 必珠卜	—	—	285
Indiana 印第安那	2,971	—	280
Tulane 土伦	—	—	279
Syrnouse 瑟兰克思	3,705	—	277
Nebraska 南勃拉斯加	3,793	1,085,607	251
Missouri 密沙里	3,225	1,133,432	242
Mass.Inst.Tech 麻省理工	—	2,205,255	—
Pninston 普令斯敦	—	1,299,082	—
Johns Hopkins 约翰霍不禁	—	1,237,584	—
Vassor College 华沙专门学校	—	1,176,108	—
Tninity College 泼令宁专门学校	—	1,093,232	—
U.S.Military Academy 联邦武备学院	—	1,064,668	—
College City of N.Y 纽约市立专门学校	4,530	—	—
Ohcio State 乌海乌省	3,989	—	—
Texas 挞克善思	3,295	—	—

　　二十九大学学生数，芝加哥大学为最多，得一万零八百八十四。古伦比亚次之，加利福尼亚又次之。入款，哈佛大学为最多，得四百三十六万八千二百四十元，古伦比亚次之，加利福尼亚又次之。哈佛私立大学也。教师数，康乃

耳大学最多，余依表列顺序为次。

历年普通学校男女教员数比较表

年次	男女共	女	男	男对于女之百分比（%）
1870	200, 515	122, 986	777, 529	38.0
1875	257, 865	149, 074	108, 791	42, 2
1880	286, 593	163, 798	122, 795	42.8
1885	325, 916	204, 154	121, 762	37.4
1890	363, 922	238, 397	125, 525	34.5
1895	398, 042	268, 336	129, 706	32.6
1900	432, 062	296, 474	126, 588	29.9
1905	460, 269	349, 737	110, 532	24.0
1910	523, 210	412, 729	110, 481	21.1
1913	563, 483	452, 270	113, 213	20.0

依此表可知，近三十年来，男教员对于女，每阅五年必减百分之三或五，今男教员仅占百分之二十，由此以推，不出五十年，全国其无男教员矣。

（历年公立学校男女教师年俸平均数比较表略，编者）

男教员年俸平均六百元有零，女教员年俸不及五百，则女子生活程度低于男子故也。男女统计平均年俸仅五百二十元左右，则女教员数多于男子故也。

历年公立中小学校经费总额与全国人口比较表

年次	每人占额（美元）
1870—1871	1.75
1901—1902	3.03
1912—1913	5.37

历年教育款产总额与全国人口比较表

年次	全国总额	每人占额（美元）
1872	159, 406, 374	3.38
1893	399, 161, 620	6.04
1913	1, 347, 066, 909	13.86

全国教育费来源比较表（1913 年）

全国学校经费	地方税	74.05%
	省税	15.45%
	不动产息	3.58%
	其他	6.92%

全国教育费分类比较（1913 年）

全国学校经费	学务委员及教员费	58.38%
	校地场舍器具等	19.03%
	临时费	22.59%

观上四表，美国教育经费之现状，大致可见。以全国总人口除公立中小学校经费总额，每人得五元有奇，以除教育款产总额，每人得十三元有奇，其基厚矣。而此全国学校经费之来源，取诸地方税者，占百分之七十四且强，诚足表其一般人民教育之热心。要其富力有足惊者，凡治大国，苟非藏富于民，假手于地方自治，必无发达全国教育之希望。使中央政府，凭其权力，尽夺地方之财源，俾无复有发展之余地，而欲其教育发达，得乎？

教育基金一览表

名称	捐金额（美元）	宗旨
嘉南崎氏基金	16,250,000	全国及加拿大专门学校职教员退隐金
嘉南崎氏组合	125,000,000	扩张增进知识
陆克非娄氏基金	100,000,000	为世界人类求幸福
教育会	34,139,156	全国教育
陆瑟衰渠氏基金	10,000,000	改良美国社会生活之状况
陆克非娄氏设立学会	12,467,173	人与畜类医学之发明
嘉南崎氏设立学会	22,000,000	调查创造及发明新事物
司密司少林氏学会	1,002,500	增进学识
菲尔泼司多克氏基金	1,000,000	下等民族之教育
杰纳斯氏基金	1,000,000	改良有色人种之乡村学校
司来忒氏基金	1,745,000	改良有色人种之师范及工业学校
海叠氏基金	1,511,855	教育非洲遗族

美国私人捐金，设为教育财团，标一定之目的，立经久不变之管理法，类此者甚多，此其荦荦大者。教育与一切社会事业之发达稳固，大率以此。观表列宗旨，不唯其好义乐施为可尚，亦以见用心之仁且厚矣。以一私人对于一事项之捐金，多至一万万金元，直超吾全国教育资产总额而上之（吾国二年八月至三年七月统计，全国教育资产总额仅九千八百万元有奇）。

菲律宾旧时文化程度甚低，自归美属，创此特别之教育制度，注重职业教育及体育。（表略，编者）不论何级毕业，皆可以自谋生活，而其初等小学，即设自治一科，与他国之施于其属地者有间。草此制度者，美加利福尼亚大学博士院长前菲岛教育局长白露思氏（Barrows）也。

菲岛未行强迫教育制，儿童始入学，大都为十一二岁。因公家费细，故于高等小学设师范科，使毕业后往乡村小学服务，盖仿英国以年长学生助教之制，月薪二十元，若聘美人须五十元。

此高等小学，原名为 Intermediate school 译言承接学校，必经此乃得入中学。美国学制，以中学为职业教育之中心，而此以高等小学当之者，程等虽殊，年龄盖相等也。

十、卫生

自卫生行政之发达，与教育日益密接。学校设校医，设看护妇，至定诸法律。地方为学校儿童，至特设医院。（在舍路市所见详上编）而卫生行政局，亦厉行含有教育性质之讲演、展览、出版等事，录各表如次：

世界学校医检查制度进步一览见下页表。

（费城公立学校医术检查与其他各部之关系图及本雪佛尼省卫生局之组织图略，编者）

十一、自治

全国各市自治费用途统计表

全国各省市自治费用途百分比（%）

人口	30,000–50,000	50,000 100,000	100,000 300,000	300,000 500,000	500,000 以上
办公机关	9.2	8.8	8.5	12.8	13.4
教育	37.7	37.1	33.6	27.8	27.3
慈善及医院	3.6	3	4.1	7.6	8.1
卫生	8.8	10.4	10.8	9.6	10.3

人口	30,000–50,000	50,000 100,000	100,000 300,000	300,000 500,000	500,000 以上
游戏	3.3	2.7	3.7	3.7	4.1
道路	13.6	12.4	13.7	13.2	9.7
巡警及消防	21.8	24	23.8	23.1	22.7
其他	2	1.6	1.8	2.2	4.4

（各国学校医检查之进步略，编者）

观上页表，自治费各项用途，以教育为最巨，巡警及消防次之，道路又次之，（办公机关不计）卫生又次之，慈善及医院又次之，游戏费与慈善医院略相等，此可注意者一。

维教育费多，故巡警费少，民风之良窥于此见焉。唯卫生、道路费多，故医费少，民命之安危于此见焉。游戏费之多少，则民生之苦乐又于此见焉。此可注意者又一。

人口多，则教育费较省。依表，人口在三十万以上之市，教育费仅百分之二十七而强，以下则至少百分之三十三而强焉。意者户口之疏密不同，设学之多少有异也。道路费亦然，人口在五十万以下，需百分之十二三而强，以上则仅百分之九而强焉，此可注意者又一。

以人口不齐之五等市平均计之，教育占百分之三二点七，巡警消防占百分之二三点〇八，道路占百分之一二点五二，办公机关占百分之一〇点五四，卫生占百分之九点九八，慈善医院占百分之五点二八，游戏占百分之三点五，其他占百分之二点四，美国地方自治事业之孰重孰轻，可概见矣。此可注意者又一。

（十二、十三略，编者）

十四、图画及工艺

夙闻美术程度，美逊于欧，此汝博览会欧洲美术品之运到者甚少，无比较参观之机会，一憾事也。凡美术品非出自学校者，列美术馆，其出自学校者，咸萃于教育馆之一隅。展览一周，得特异之点一，则大都皆实用美术品也；又其一，则图画与手工，密接而几不可分也。

各种图画一览表

图画之出品甚伙，欧阳女士姊妹留美习教育，且研美术，乃特请其指教。

费数日之力，网罗所有图画而笔录之，一一说明其名称、用器、设色、质地、制法、效用等等，凡二十四种，十之九皆所谓实用美术也。其中新式衣样画及德国飞采画两种尤新颖。飞采画先见之于他省（详上编），新式衣样画此为初见。盖皆取天然物，用写生画法，摹取其色彩形态，依之而自由变化。其不同者，衣样画取其色彩而支配之，以为衣样。飞彩画取其形态而支配之，以为图案。施之于各种装饰，此美术家以天然济人工之不足者也。观此可知吾国学校现行之图画，呆板描绘，绝少机趣，亦无甚功用。即或授写生而莫究其用途所在，授图案而未尝与器物相联，其为亟须改良，不待言矣。

各校之模范家庭

会场之又一隅，阖为小室若干间，移各校之模范家庭于其间，校各占其一室，皆师范学校与中学校也。其所陈设之种种，若木制藤制各种家具与家具之装饰，瓷陶等质各种器皿与器皿之装饰，以及四壁饰物，若图画、若雕刻、若鬃漆物，其制造、其陈设，无一不出于学生自由之意思。而先令以室内陈设画法，造为草稿，凡大如全局之布置，细如一物之装潢，莫不由草创而讨论而修饰润色，既定稿，然后实地从事焉。夫令之制作，所以试其技术上之能力也，令之造样，所以试其思想上之能力也。各校以其出品会赛，若者尚精巧，若者尚古雅，若者尚绚丽，各极其胜，各炫其长，其技术思想之交换与进步，有不可思议者。

十五、会场之种种

会场之陈列与装饰

累土成极大之矿山，中凿为穴，曲折累累，尽是矿产，或以自来水幻作流泉，潺潺之声，引人驻足。穴中皆灼灼之电灯，忽明忽灭，或更以机力使伟大之矿物，往来上下，其上皆有说明。

伟大之电车，装置机关，使能旋转自动，骇人心目。其上标简要之说明，并有人为之解释。

食品馆有某种果汁，装一大缸，缸口立裸体小孩四人，各高举果瓶，倾汁缸内，终目不息，姿态生动，至可玩笑。

农产品，饰为大片之农田，其中饰为农夫，作耕获状，上加说明。

日本采茶模型一大幅，饰为茶树若干行，妇女采茶其间，收拾整洁，上加说明。使人知日本茶制法之清洁，其意盖有所射也。

织物则装置纺织机，当场实习，纵人观览，且为之说明方法，于是售者纷纷。

卫生医学，则陈列种种病体模型。断烂之肢体，疮毒斑斓之肌肉，或示正面，或示剖面，或示外表，或示内膜，或饰为传染病者传染状，使人见之心悸。

通运馆壁间美国大地图，以电灯饰为铁路，而表示其创造之先后。电机一转，发现最初之铁路一道，又一转而第二路出现，又一转而第三路出现，数转而全国铁路出现，周而复始。

纽约省陈列全省地图模型，其长数丈，广半之。以各色电灯作各种学校之标志，电机一转，全省大学出现。又一转，大学不见，全省实业学校出现。又一转而中学校、师范学校以次出现。最后一转而全省小学出现，则满地灯光，繁密至不可数。周而复始。其旁为符号表，同时以同色之电光，次第揭示其学校种类，学校数、学生数。

各种统计，不唯纸片镜框而已，大都饰以电灯，五光十色，变动明灭，或更以电机之力，使能旋转自动，奇巧万端。尤妙者，移民局为表示各国移民来美状况，陈列模型一架，其上平面作地图，中心为美国，而自各国达美国，皆有路线而凿空之。电机一转，一人作甲国装束，自甲国出，肩一小旗，上示甲国移民来美总数，从凿空之路线，行抵美国，入地不见。又一转而乙国人出，而丙国人出，悉如变状，周而复始。

教授器具，则饰为教室上课状。所饰儿童，妙肖之极，虽近观亦不易辨真伪。美国有一种露天学校，系从研究卫生之结果，谓学校儿童，昼课夜宿，皆宜露天，使常得新鲜空气，芝加哥有之，加利福尼省亦有之。其出品，则饰为旷野儿童露宿状，上有说明。

各国政府馆陈列之奇妙，无过于加拿大。兹取其一种详述之。采果图一幅，室隅满地苹果，或盛于筐，或承以架，外绕短阑，使不可即。而阑外凝望，则见较远处为苹果树数行，枝头结实累累。再远，则有人方上树采果，再远则有人以车运果，缓缓而来。旷野果林，如黄金之海，直至人目不能及而止。上有电光，饰作远山落日状，究不知若者为实物，若者为模型，若者为图画，奇妙极矣。而实仅阶前盈丈地。其他矿产、农产、木材、兽畜、渔业、铁路等图类此。

描写城市状况，则壁悬图画，街衢阛阓，车马行人、往来如织。而所谓车马、行人、房屋，远者为平面之图画，近者为立体之模型，参错陈列，遥望令人莫辨真假。

大抵工业制造品，往往兼陈制造机器。非第陈列模型，直用实物试演。其物品堆积法，各形其形，色其色。或故为极伟大之标本，惹人注目。其他活动影片，几于随地而有，论者谓比圣路易进步不少。

会场之点缀与游戏

以广六百二十五英亩之会场，逐日游人如蚁，盛矣。然试以冷眼注此红男绿女，足迹之所聚，目光之所驻，属于研究出品内容者，正不多得。其最大多数，不过以是为游观娱乐之场。组织博览会者，知其然也。故凡出品之陈列，一方谋所以供专门学者职业家研究之利便，一方务谋所以诱起一般观客之兴味而鼓舞之。即如英属加拿大馆之内容，亦犹夫他馆所有，而其陈列布置，匠心独绝，故当夕阳在山，他馆门前，渐形冷落，独此馆游人，流连不忍去。彼辈来意不过赏其奇巧耳，而卒使其脑海满储殖产兴业之思想以去，斯其影响所被，可胜究耶。

会场之左偏有地曰从（Zone），麕无数游观娱乐机关于其间，游人之盛，尝数倍于各大陈列馆。外观一游戏场耳，究其内容，正有特别之价值为创造世界。自开辟天地，以至山川、河海、禽兽、草木，种种构成与发育，最后乃为人类。其中风云雷雨、水火人物，惟妙惟肖。一为巴拿马运河。将运河全图及行船开闸、泄水堵水诸事，用实物或模型或图画混合演写。另有小汽船、小汽车自动往来，观者座位设于实景之周围，旋转绕行，全河在目。一为无畏战舰之历史。演历次海战形状。一为自伦敦探险至南极。乘船出发，唯见冰块千寻，雪峰万叠，与探险家累累之墓碑。一为马之教育。马能辨色知数，坐有客若干，男女各若干，一月几周，一周几日，一年几月，任客举问，马皆能足踏纸牌以对。一为婴孩养育器。凡未足月离胎之婴孩，收养于机器内，使其空气温度，与在母胎时无异，迨至足月，乃从机器取出，与初离母胎无异。凡送婴孩入内护养，概不收费。入览时有医生详细解说。一为潜水艇。所设与真艇无异，游客乘之。深入水底，唯见各种鱼类，游泳四周，及冰田火山诸景。其他若升空机、快乐转轮、滑稽院、玩物世界、爱尔兰、墨西哥、中国、日本等村落，皆用实物布景。来者亦祗慕其奇巧耳，不知不觉中使其脑海满储科学思想，冒险思想，尚武思想，历史、地理思想以去。

会场之特别举动

博览会复常发起特别之举动，引人入胜。仅余在彼三十日间，发起大会三次，皆引动倾城士女，捷足争先。一为新辞职国务卿勃拉恩氏之演说大会。勃氏夙抱世界和平主义，是日即演说此题。一为前大总统卢斯福氏之演说大会。其题为扩张军备主义，两主义如冰炭之不相容，而于先后三周间演述之。其人皆为一时大雄辩家，方其登高坛，对广场万众，气概之伟岸，声响之宏壮，不可一世。其所持理由，何等坚强有力，各以全副精神诉其志愿于千万国民，而受其教育者，顿增无限之知识与理想。又一次为欢迎自由钟大会，则更举国如狂。自由钟在东方费城，为美国共和国宝。此次特自东美舁行万里以来，沿途欢迎，倾动全国。是日正午，以无数军队、乐队导拥入场，随行有四十八童子，衣特制之采衣，代表四十八省，高唱国歌。一时耆宿名儒，演说纪念共和宗旨，盖利用博览会时间，于快乐游戏之中，寓申儆提撕之意也。

凡此种种，似无与于教育。虽然，何在非教育耶？余因之有感教育之为用无方，彼拘拘于学校与学生，谬也。博览会之为用亦无方，所谓研究出品改良进步，其一部分而已。

十六、中国出品

中国之教育出品与其他出品

或曰，子备言教育出品，独未及中国，何也？夫余宁敢数典而忘祖国者。吾国之开教育出品展览会亦数数矣，就余所见，从未有恶劣凌乱，如此次之甚者。习字充出品也；临摹之图画，呆板之刺绣，充出品也；学校成立史之记载，充出品也；乃至课本讲义，与夫学生之各科课艺，亦充出品也。有华英文合璧书件，为巴拿马万国博览会祝词，亦充出品。苟曾读吾书前此所记种种者，当不必身亲其境而可以知此类出品，为吾国所独步矣。亦间有手工品，非其色俗艳可哂，即其物不切实用。某教会陈列伟大之雕塑物，为牌坊、为偶像，殊不似学校出品也。凡此吾不责出品人，吾责乎办理出品者。奈何妙选及此，非玩忽不经意，即太乏世界思想与教育常识耳。若夫陈设之凌杂，标签之颠倒，犹余事已。

与中国出品为邻之菲律宾，其面积亦与吾略相等，彼则划出一方，专陈教育行政之组织计划与统计图表。此外分两大部，陈列铁工、木工、竹工、漆工、藤工、模型工、雕刻工、缝衣工、结线、刺绣、制帽、织席、穿篮，以及各种图画、摄影，既多且精，观者啧啧称叹，彼此相形，孰为优绌，不待言矣。

抽象言之，吾国教育出品，其与各国最不同处，在与社会事业不相应。譬如图画，他国则杯、盘、巾、幔之文章，即学校所陈之图案画也，工场机械之图样，即学校所制之机器画也，其他称是。中国则不唯与各国出品，同日难语，即与本国工商出品，亦截然不相应。学生出路之难，于此可思其故矣。

若论吾国一般出品，大体上相形见绌者，在缺乏宗旨与系统。凡赴赛于万国博览会，一方面固含有表扬国粹之意，而其大目的要以推广国外贸易为主。

今吾国出品，其本质非尽不佳，所惜者，乃在式样、色泽、花纹，以及物件之大小，外表之装潢，皆不能投合外国人之所需与其所嗜，而又缺乏广告手段，无简要之说明，与动目之标识，以故虽获奖而出售大难。独论出品之多，尚不落人后。论者谓中国若萃其全副精力于丝、茶、绸缎、瓷、漆数大宗，度其出品不无可观。日本即用此策，为数不多，而皆属行销外国之商品。若其仅销内国者，虽美弗列。即以教育馆论，大多数为陆军教育出品，此中微意，有耐人寻味者。所谓有宗旨、有系统者如此。

会场随处有活动写真，描写事物之状态，而中国无有。随处有大幅模型，参合图画实物，佐以电机电灯，五光十色，而中国无有。随处有纪念赠品式图画或信片、或书本、或实物，而中国罕有。随处有统计图表，而中国罕有。随处有管理员口讲指画，原原本本，不待参观人之发问，自行趋前陈说，或反质参观人有何疑问，而中国即问之亦不尽能道其详，盖管理员往往与出品无甚关系，不足怪也。

某君语余，参观通运馆者，深以中国亦有铁路为讶。某君语余，外国人多不识中国国旗，此可怜也。澳洲政府馆以其地图信片为赠，他国有以国旗信片为赠者，其他类是不少，此等赠品，所费不多，为之甚易，即出售，吾知购者且纷纷耳。

或曰：然则吾获奖何若是多也。是有难言者矣。吾闻有列三等奖，经请求而改列二等奖者。有一人出两物各获三等奖，经请求而换给一物二等奖者。盖评判者之对我，纯取诱掖奖劝主义，奈何我遂以之自足耶。

凡吾所言，非敢暴吾国之短，不过写其事实，采其众论，以为国人研究改良之助。括言之，苟他日再遇赴赛外国之机会，务精不求多，认定若干主要出品，有行销国外之价值者，而并力改良之。在行政机关，尤宜多制关于组织、计划、统计、报告之类，足以表示其文化与富力者。标签说明须精细研究，陈列方法更须大加改良，断非几口玻橱，几行木架，所可与万国相见。纪念赠物，不宜吝惜，苟欲出售，宜制小品。（依美国情形，苟每件价在一元以内，可望畅销。二、三元已不易，再多过问者鲜矣。吾国若瓷器、漆器、景泰蓝、绣货多系大件，观者多叹无力购买），若夫教育出品，苟稍审各国潮流之所趋，即可知吾国方针之宜改。虽然急来抱佛，其又奚益，余之所望；在平时不在临时耳。

（商务印书馆 1917 年出版）

黄炎培教育文集

第二卷

黄炎培◎著

中华职业教育社◎编

中国文史出版社

1922 年，中华职业教育社第三百次办事员会上，办事部主任黄炎培（后排左三）与沈恩孚（前排左一）、江恒源（前排左四）、杨卫玉（前排左五）、邹韬奋（前排左三）等人合影。

目 录

1917 年

1918 年

1919 年

1923 年

1924 年

1925 年

1926 年

职业教育实施之希望

以东方教育辞典向所未载之"职业教育"一名词，今亦既嚣嚣于口、洋洋于耳矣。美葛来和博士语余："职业教育之注重，非凭学识，乃社会要求，使不得不出此。"诚哉，是言！以因果律推之，吾敢知今后中国数年之间，民生尚不已其穷蹙，变故尚不已其纠纷，教育非不逐渐扩张，而其无补于社会、国家最困难之生计问题，将日益显明，其显明之区域将日益推广；而社会、国家一切现象所以表示其对于改革教育之要求，将日益迫切，其迫切之程度，将日益增加。因而使教育讲演者不得不大发挥职业教育，著作者不得不大揭橥职业教育，可断言也。虽然，说食其能饱耶？何可眩于言论而盲于实行也。

将欲实施职业教育乎？第一，须确立职业教育之制度。若德、若日，判划职业教育于普通教育之外；若英、若美，参加职业教育于普通教育之中。盖前者列职业教育于旁系，而后者列之正系。何去何从，此可研究者也。凡欲解决制度问题，不宜沾沾于各国制度利害得失之比较，必一以吾国历史与现状为根据而研究之。吾国现制，甲、乙种实业学校含有职业意味者也，中小学则为纯粹的普通教育。依统计，全国中学四百有三所，而甲种实业学校仅九十有四；高等小学七千三百一十五所，而乙种实业学校仅二百三十。就余所闻，中学毕业力能升学者，或不及十分之一；高小学毕业力能升学者，或不及二十分之一。升学者数若是其少，谋生者数若是其多，乃为学生升学地之中学、高等小学数若是其多，为学生谋生地之实业学校数若是其少，供求不相剂如此。今一时欲仿德、日，于中学、高等小学外广设种种包含职业性质之学校，俾适合乎十分之一、二十分之一中学、高等小学毕业生升学者与谋生者之比，不惟财力将有所不胜，即进行亦无乃过骤。若采英、美制，于高等小学、中学各酌设职业科，其设置本偏于郡邑市乡，则因地制宜，尤为利便。其有特别状况者，仍酌设职业学校。孰得孰失，孰难孰易，必有能辩者。今岁全国教育会联合会议决中学自第三年起，就地方情形酌授各职业教科。此制度余所深赞同者也。

第二，须审择职业之种类与其性质。吾尝谓职业有其至普通者，有其至特别者。男子木工、金工也，普通商业也，女子缝纫、烹饪与夫家事也，皆不离乎衣食住者，近是所谓普通者也。黄河之鲤，松江之鲈，新会之橙，青州之柿，以及太湖区域宜蚕，东南沿海宜棉，察各地特别之产物，因而制造之；特别之需要，因而供给之，所谓至特别者也。德国一职业学校，分科至三百余种。美国黑人实业学校，凡房屋以及房屋附属物与一切家具，马车以及车之附属物、马之豢养，各种食物之制造与夫牲畜之豢养及屠宰，无一非出学生手。分科愈细则愈切，致力愈专则愈精。美瑟娄博士有言："苟予我六十万金办中国职业教育，我必以二十万金充调查费。"虽然，方今在中国办职业教育，其困难之点尚不在此。盖社会积习重士而轻农、工、商，贵劳心而贱劳力，千百年养成之，非一朝一夕所能返。流毒至极，人人以安坐享食为荣，非甚贫苦，不肯施其一手足之烈。以故农之子恒为农，工之子恒为工。而毕业于农、工、商学校者，乃至舍而求为官；不得，则求为师，以自慰。往往有学生父兄，其境遇已不能不使子弟自食己力，乃其希望犹欲使子弟坐享虚荣。处此社会而欲提倡职业教育，诚戛戛乎其大难！不得已，惟有一方从贫民教育下手，成效渐见，使人人知向所鄙视之者，可以得食；而对于中流社会，先酌授以向所不甚鄙夷之种类，成效渐见，使其对于职业教育，津津有味，渐近而授以其他。又一方，极意提倡职业神圣之学说，发挥职业平等之精神，务先于普通教育植其基础，庶几有效乎！吾今希望于各方面，本此意旨，就其所处之地位、所具之能力，而谋所以实施之。

其一，议会。今国会方审议宪法之不遑，省会方竞争选举之不暇，以此责望，无乃隔阂。虽然，议会诸公无日不以利国福民号于人，吾何敢不以利国福民之事责望之？苟从根本上解决所谓最大多数之最大幸福问题，尚有过于提倡职业教育者乎？英国职业教育之发达，在苏格兰，自一九〇九年议会通过允以公款组织职业指导局案始；在英伦，自一九一〇年议会通过选择职业教育案始。若美国国会，最近更通过职业教育大扩张案，以国家费提倡职业教育。自一九一六年起，九年之间逐年补助，自一百五十万元递增至七百余万元。以彼国民富力之充，其提倡犹若是其汲汲，我国当复何在？或曰：如国家无此财力何？则应之曰：子亦知一九〇五年美国麻省省长集多数专门学家、职业家组织职业教育委员会，其调查讨论之结果何如乎？其宣言曰："为此职业教育无论需费多少，如不举办，其损失必更巨。"今吾所望于议会者，不敢奢也。但须仿苏格兰办法，许地方公款酌量补助职业教育。苟更从国库岁出七万万元中，以十万元提倡奖励之，闻风者奋起矣。

其二，政府。上所谓确立职业教育制度，此政府事也。今教育部即鉴于各省、区社会状况之不齐，教育程度之不一，不欲遽以命令颁布职业教育制度而强迫行之，亦当申告国人以兹事重要，畅发其前途利害之关系，明示以各国潮流之趋向，唤起其注意，因而宽其束缚，许其试行。否则各地中学、高等小学虽欲分设职业科，而沮之者尚得以违反规程责之；欲求特许于中央，惧以无据而见斥。且即所谓职业学校者，亦未尝见之规程也。论吾国今日教育行政，拘束虽不当过严，提倡要何可弗力；诚不宜范诸一式，讵可不示以方针？而在地方行政机关，尤宜审其土宜与物产，考其供给与要求，确定一具体的适于该省之职业教育政策。如中学毕业生，江苏经实地之调查，去年升学者得百分之二十三，今年得百分之三十九，此外大都无业，或有业而非正当，各省据教育联合会代表报告，升学者或仅及十之一，或不及十之一。若夫高等小学毕业生。江苏今岁得四千九百八十三人，而收容于各中学校者计不及四之一。凡此皆有以善处之，非行政者之责而谁之责也！

其三，学校。首欲为教育当局告者，曰：凡校长与教员之责任，绝非仅教学生至毕业为止，而毕业出校以后可置弗问者。今青年毕业于学校、失业于社会者，比比皆是。苟长此不已，教育愈发达，失业者愈多，满地皆高等游民，成何世界！此其责任不得不由教育当局负之。盖所学非其所用，所供非其所求，其又奚咎？曷以救之？其在中小学校，当局者须知，百十学生，力能升学者占至少数。苟谋大多数学生之便利，惟有采用下列方法：依学生志愿，就地方情形，酌授各职业教科，一也；设各种职业补习科，二也；于普通教科，务选授日常生活所必须者，于平时训练，务养成社会服务所需要者，三也。其在职业学校与含有职业性质之学校，尤必于平时一切设施，使学校与社会沟通，乃可望教育与职业接近，于功课切不可重理论而轻实习，于训练万不可长惰性而废服劳。否则，其结果仅存职业学校之虚名，按其实际，学校自学校，职业自职业耳。

其四，学生。今之学生有通病焉：志大言大，不屑屑事家人生产。其下焉者，仅仅博得一纸文凭为荣；其上焉者，亦惟升学是求，虚名是务。而凡父兄培植之财力、自己生活之能力足与不足，举非所知。迨夫阅世日深，谋生日迫，始悔所学之莫可以为用，嗟无及矣！夫立宪之国，莫贵乎公民；而公民资格，以独立为必要条件。孔子曰："己欲立而立人。"未有不能自谋其生而可与谋国家生存、世界幸福者。故立志愈大者,立身宜愈稳。受职业教育,所以谋立身之稳,以为服务社会、勠力国家地步者也。美利坚青年最尊重职业;美之治菲律宾,其所定制度,不论何人皆须受实业教育。吾青年其熟思而善自处旃。而凡骄养之风,游惰之习,浮夸之气,足为职业累者,必尽划除之。猛下一番自克功夫,一生受用,正复不尽。青年受社会诟多矣,愿比往者一洒之。

其五,职业界。今职业界亦感人才之难矣。求事者纷纷,合格者绝少。所谓不合格有二:国文不能应用于写信,算术不能应用于记账,则普通知识与其技能之缺乏也;青年之志气日高,欲望日增,不适于指挥,而反艰于待遇,则职业道德之缺乏与夫气习之不良也。今若扩张职业教育而改良之,且并普通教育而改良之,此后予取予求,习商者投之商,习工者投之工,其学识足适于新事业,其道德无间于旧社会,所以助成职业之改良与进步,俾得与列国竞争,而不至为天演淘汰,岂不甚善?而苟欲达此目的,其将何道之适?美国职业学校之组织,有所谓顾问委员会者。如为农也,其委员为农夫,为牛乳制造家,为房屋保管员。如为工、商也,为商店职员,为制造家,为机械师,为房屋保管员,为匠人。委员会之职权,会同办学者与学校教师,商榷劝导,督察指示,而不负执行之责。盖学校不与社会联络,微特职业学校必无良好之成绩,即普通学校,安望其教授,其训练一一适用于实际?故此责不惟教育界负之,当与职业界共负之耳。

夫吾人之所以大声疾呼,切望职业教育之实施者,岂多事哉?今之教育,不能解决社会、国家最困难之生计问题。有心人殷忧有年者,至是而情见势绌,为可危也。抑岂惟不能解决而已,且将重予关于解决生计问题之莫大障碍,为重可危也。苟吾人而不自谋解决,将有代我解决者,至此遂永无复有自谋解决之余地,为更可危也。往岁有友旅行南满,车次,晤某国人所设学校之中国教员与学生,津津乐道某国人待遇华学生之优厚,其一免费,其二毕业以后不予以官,而必为之谋一业。此何事也?有某国者,既于上海立医工学校,分设各级,包含专门教育与职业教育,复将耗巨金立伟大之工业学校于汉口,此又何事也?夫以人人之所最迫切之生活问题,乃丐他人为之借箸,数年而后,德泽旁敷,讴歌四起,飘摇之国运,遂并几希之人心而去之,尚何及哉,尚何及哉!

(原载《教育杂志》第 9 卷第 1 号,1917 年)

实用主义产生之第三年

实用教育主义产生之第三年，谓是职业教育萌生之第一年，可也。一般社会生计之恐慌为一刺激，百业之不改良为又一刺激，各种学校毕业生失业者之无算为又一大刺激。凡此皆实用主义提出之根源也。顾就抽象言，则教育不实用之害中之；而就具体言，则职业教育之缺乏，实为其直接感受苦痛处。而一般社会于其病害之总因，不易觉悟，而竟心怵夫直接感受苦痛之所在。于是语以抽象的实用教育，不若语以具体的职业教育之警心动目，而职业教育之声喧腾众口矣。

在此一年间，南通师范学校倡设农工科；而江苏第一师范报告已设实习农场，试办农业；第二师范报告已设商业科，预备设商业实践室。是为师范学校注重职业之嚆矢。全国教育联合会议决中学自第三学年起，就地方情形，酌授职业教科。是为中学注重职业之嚆矢。江苏省教育会八月间常年大会，以满场之一致，由全体与会会员组织职业教育研究会。是为职业教育设立团体之嚆矢。既而小学教育研究会，以手工为职业教育之中心，集手工科教员，讨论以后应趋重应用的手工，减轻教育的手工，顾及经济，务切实用；议决实地调查各营业机关，选定应用教材，编立逐年教授之顺序。是又为小学注重职业之嚆矢。而上海县立女子高等小学校，改设中学，厘定课程，以家事科为中心。是又为女子普通教育注重职业之嚆矢。虽然，一阳始生，旬萌渐出，郁葱犹未也。若论收获，更当俟诸异日耳。

于此而误会生焉。有某君者，贻余书曰："年来教育主义，由注入而趋重实用，由实用而趋重职业。从前注入时代，实用主义风行中土，鄙人亦为其中绝对赞成者之一。由今思之，已觉不甚切合。所谓实用者，不过智识上之实用，于直接谋生之能力，尚未能发展一二。居今日而言昔之所谓实用，不啻在彼时代而议注入之非。"夫实用，偏于智识者，不能发展谋生之能力，诚然。顾实用主义本非专指智识言，岂宜偏重此方而忽略其他？今各地小学校有国文注重写信，算术注重珠算，而以采行实用主义鸣于时者。夫仅仅写信、珠算，诚未尽夫实用教育之妙，然即此二事要不得谓非实用，特进言之，当更授以直接谋生之术耳。故谓惩于虚名的教育、玩物的教育而倡实用教育，可也；谓惩于实用教育而倡职业教育，不可也。盖职业教育犹是实用教育也。且吾尝言之矣，譬诸运动者之于衣服，苟其里衣犹是宽袍大袖，而漫袭运动衣于其外，其躯之不适将更甚，安望有益于其运动？苟普通教育不实无用，虽加设职业科百，吾断其无一效耳！吾侪所主张，一方提倡职业教育，俾于生活上速立补救之计划；一方犹当尽力改良普通教科，使归实用，庶其有济。

江西省视学蔡君敬襄，于十一月间来书云："共和复活，人格教育，速宜提倡。但负教育之责者，若不从职业、实用、生活上着手进行，恐徒托空言耳。赣省本月十五日开全省学校成绩展览会，参观内容，趋重实用者，亦颇不少，可为一喜。"殆实用教育主义之影响于内地者也。

江苏省教育会已印行实用教育丛书：曰两汉学风，辑汉代士大夫兼营今世所认为微贱之职业者为一编，以见古代职业平等之精神；曰卫西琴新教育论，注重实用而以发挥天赋知能为其主眼，此其已印行者也。曰欧美职业教育，曰小学工场之设备，曰德国艺术教育，曰美国中学制度，则稿成而正待付印者也。于实用教育之发展，当不无助力。

余所见闻，以谓民国五年间关于实用主义发展之现象之可录者有如此。愿吾教育界同志共稽察之，供后年度之比较也。

（原载《教育杂志》第 9 卷第 1 号，1917 年）

日本分设职业科之一小学

余既观东京高等师范学校，与其小学主事佐佐木氏谈职业教育，叩氏以日本有无设职业科之小学，氏乃举大阪育英高等小学校以对。

一月二十日，至大阪。访育英，得之于市南区鳗谷东町。见其校长本多左右太，首叩其编制。示如下：

内地商业科	八级	
海外商业科	二级	
生产业科	二级	重手工
普通学级甲	三级	重手工
普通学级乙	二级	重商业

各二年毕业以其志愿而占定之。

次叩以特别编制之宗旨与其经历之顺序。

答：世界经济之竞争，日迫一日，教育不可不着眼于此。从前小学卒业生无适当之出路，不得不依文部省定制稍稍变通之。余在此二十年，深知非此不能适合地方需要，而满足学生父兄之希望。全国惟我一校有此特别编制，编制仅及一年，然调查已费两年。因地方之实况以定学科，因各科之需要以定教授要目，因要目以定细目。其材料除实地调查外，取之于新闻纸之记载。

问：各科之教授材料有别否？

答：修身、体操、唱歌三项无所别，其他依各科性质定之。如生产业科之手工与普通学级之手工大有别，前者不惟课之作业，且使晓然于原料之性质与其效用价值，且使调查本国原料加以人工而为之计算，而后者则在发达其身体与脑筋之能力，但期养成工商界之人格而已。不惟手工有别，即他科亦有别。如算术，其为内地商业，则略笔算而重珠算，其为普通学级，则在养成算数的基础，其他各科准是。

校长又言，吾校注重严格训练，但强制的服从命令，不如养成其自决心与自制力。故每日将儿童应为之事，列为要目，令于隔夕就寝之先，思维一遍，

以为明日实行地步，于养成人格上大有关系。校外分七区，每区设同窗会，俾共从事于作业的生活。

导引参观时为午前第二时，方全体体操毕。

图书阅览室，大部分为教科参考与青年修养居多，此为专供学生阅览者。图之架甚精巧，既省地位，又易检阅。

校长言，校舍为大正二年所新筑，地价甚贵，设备费三十万元，地价占其三之二，因是各种设备，不得不谋地位之经济。

走廊，窗之下空其中为方格，置各生食具。

窗下设小轴，使移动无声。

壁板。护壁板之高，准全校儿童身高之平均度，其他屋宇器物之精致类此。

手工课（普通学级），制木匣。

画图教室。凡手工制作，必先会绘图，图画与手工，无不相联者。

理化试验室。试验时分组每组6人，各种器物均备，六具多学生自制者。矿物标本，注重铜、铁、宝石等商品。各种度量衡器。电铃之各种原料，便学生试装。商品打包之模型，如米、糖、面粉之类。物品甚多，大都工商界应用者。

教员准备室。

理化教室。玻窗之内，有板窗可升降，以代黑幕。

击剑课。整列共同练习，极有精神。

画图课。铅笔临绘、设色、板悬色彩图，雪地写生、农田写生，皆新制。

作法教室。

休养室。

凡玻璃门窗之毛玻璃，其高以略过于儿童身高度为率。

各科教室。门外皆悬时间表牌，录其一式：

教科书虽用国定者，但视各科性质加之适当之教材。

历史课（1）东洋殖民会社。

历史课（2）大阪之商人。

商业课（外国商业） 税关。

村上教室	第〇年	〇〇人
	第〇级	
担任教师	村上	
〇科教师	某	
〇科教师	某	
（以下时间表）		

珠算课，令一生速唱数速算，他生依之速算，一生报得数，他生证其误否。

校长言，凡学生之座位，以优等生居中行，中等生居其左，劣等生居其右。

唱歌课，特为余辈唱校歌，用批霞那。

大讲堂。容一千二百人，费三万元，中奉天皇像，封幕。校长特开幕以示，先行礼，然后开闭。

室内运动场。长方形，即大讲堂下层。其一端为梯，梯下置发电机，可演活动写真。又一端有屏，屏之背揭开双板，内悬图书目牌，皆取地位之经济也。

击剑室。

另附设商工补习学校，于夜间授业。分英语科、珠算科、商业科、簿记科、工业理化科、读书科、作文习字科、制图科（内分普通制图、建筑制图、机械制图）、算数科，各六个月毕业。每周授十二时至十八时，各以其志愿选习一科或二科。校长言，补习如制图等均授专门功课，但来学者均乘工暇为之，且须得其主人之许可，甚非易易，境殊可怜。故自校长起十分注意恳切，常与以温和之空气。

另附设通俗文库，一年间阅览者几及二万人。

记者曰，吾于育英高等小学校得优异之点凡五：夫其感于社会之需要而计及职业教育不足异，所异者，不顾文部省令，而悍然加以变通，文部省亦优容之，一也；以调查为入手方法，定学科、编要目、细目秩然有序，二也；施职业教育而注重训练，务为人格之修养，三也；设职业科，而于普通各教科，均因其所需而增损教科书之材料以教授，四也；其热诚不懈，更设补习夜校，设通俗文库，于建筑购置一切设备，无不殚精竭虑，其思虑之绵密有过人者，五也。临别本多君命书额纪念，为题"正德、利用、厚生"六字。跋之曰：寓职业教育于普通教育之中，是为革新东方教育之先声。

（原载《教育杂志》第9卷第2号，1917年）

中华职业教育社宣言书①
（附组织大纲、募金通启）

今之策国是者，莫不重教育；策教育，莫不谋普及。夫教育曷贵乎普及？岂不曰教育普及，则社会国家一切至重要至困难问题，根本上皆得缘以解决也。今吾中国至重要至困难问题，尚有过于生计者乎？兴学二十余年，全国学校亦既有十万八千余所，何以教育较盛之区，饿殍载涂如故，匪盗充斥如故？更进言之，谓今之教育而能解决生计问题，则必受教育者之治生，较易于其未受教育者可知。而何以国中自小学以至大学，学生之毕业于学校而失业于社会者比比？此国人所谛观现象，默审方来，而不胜其殷忧大惧者也。

甲寅之秋，同人有考察京津教育者，某中学学生数百人，其校长见告："吾校毕业生，升学者三之一，谋事而不得事者二之一。"乙卯、丙辰两岁，江苏省教育会以毕业生之无出路也，乃就江苏公私立各中学调查其实况。乙卯升学者得百分之二十三，丙辰得百分之三十九；此外大都无业，或虽有业而大都非正当者也。今岁全国教育联合会、各省区代表报告，则升学者仅及十之一，或不及十之一。若夫高等小学，今岁调查江苏全省，毕业者四千九百八十三人，而收容于各中等学校者，不及四之一；此外大都营营逐逐，谋一业于社会，而苦所学之无可以为用者也。

或曰："此之所云，普通学校耳。"则试观夫实业学校、专门学校，有以毕业于纺织专科，而为普通小学校图画教员者矣；有以毕业于农业专科，而为普通行政机关助理员者矣；甚有以留学欧美大学校专门毕业，归而应考试于书业机关，充普通编译员者矣。所用非其所学，滔滔皆是。虽然，此犹足以糊其口

---

① 原标题为《宣言书》，"中华职业教育社"为编者所加。

也。其十之六七，乃并一啖饭地而不可得。实业学校毕业者且然，其他则又何说。然则教育幸而未发达未普及耳，苟一旦普及，几何不尽驱国人为高等游民，以坐待淘汰于天演耶？曩岁，同人鉴于教育之不切实用，相与奔走呼号，发为危言，希图教育当局之省悟。今则情见势绌，无可为讳，盖既不幸言而中矣。简而言之，吾侪所深知确信而敢断言者，曰今吾中国至重要至困难问题，厥唯生计；曰求根本上解决生计问题，厥唯教育；曰吾中国现时之教育，绝无能解决生计问题之希望；曰吾中国现时之教育，不唯不能解决生计问题，且将重予关于解决生计问题之莫大障碍。此而不思所以救济，前途其堪问耶？救济之道奈何？或曰："此社会事业不发达之故。"夫人才而有待夫现成之事业耶？抑事业实待人才而兴也？或曰："此用人而违其长者之咎。"然吾闻农场尝用农学生矣，其知识、其技能，或不如老农也；商店尝用商学生矣，其能力未足应商业用，而其结习，转莫能一日安也。吾侪所深知确信而复敢断言者，曰方今受教育者之不能获职业，其害绝非他方面贻之，而实现时教育有以自取之也。

且教育曷贵也？语小，个人之生活系焉；语大，世界、国家之文化系焉。今吾国文明之进步何如乎？行于野，农所服者，先畴之畎亩也；游于市，工所用者，高曾之规矩也。夫使立国大地，仅我中华，则率其旧章，长此终古，亦复何害。独念今世界为何等世界，人绝尘而奔，我蛇行而伏。试观美利坚一国，发明新器物，年至四万种；安迭生①一人，发明新器物，多至九百种。我未有一焉。谁为为之，无新学识以应用于实际，无新人才以从事于改良，教育不与职业沟通，何怪百业之不进步！由是吾侪深知确信而复敢断言曰：吾国百业之不进步，亦实现时教育有以致之也。

同人于此，既不胜其殷忧大惧，研究复研究，假立救济之主旨三端：曰推广职业教育；曰改良职业教育；曰改良普通教育，为适于职业之准备。

依教育统计，全国中学四百有三所，而甲种实业学校仅九十有四；高等小学七千三百一十五所，而乙种实业学校仅二百三十。夫中学毕业力能升学者，或不及十分之一；高等小学毕业，力能升学者，或不及二十分之一。数若是其少，谋生者数若是其多。乃为学生升学地之中学、高等小学数若是其多，为学生谋生地之实业学校数若是其少，供求不相剂若此，职业教育之推广，其可缓耶？又况甲、乙种实业学校，固未足以括职业教育，而尽给社会分业之所需也。

---

① 安迭生，今译爱迪生。

虽然，属于普通性质之中学、高等小学数既若是其多，则一时欲广设职业学校，俾适合乎十分之一、二十分之一中学、高等小学毕业生升学者与谋生者之比，不唯财力将有所不胜，其进行亦嫌其太骤。故同人所主张，一方推广职业学校、职业补习学校，一方于高等小学、中学分设职业科。谓唯此于事实较便，影响较广耳。

虽然，仅言推广职业教育，而谓足解此症结，则又何解于实业学校毕业生失业者之纷纷。盖吾国非绝无职业教育，其所以致此，亦有数原因焉。一曰，其设置拘统系而忽供求也。美瑟娄博士有言："苟与我六十万金办中国职业教育，我必以二十万金充调查费。"夫职业教育之目的，一方为人计，曰以供青年谋生之所急也；一方又为事计，曰以供社会分业之所需也。然则今时之社会，所需者何业？某地之社会，所需者何业？必一一加以调查，然后立一校，无不当其位置，设一科，无不给其要求，而所养人才，自无见弃之患。今则不然，曰农，曰工，曰商，不可不备也。农若干科，工商各若干科，苟为法令所无，匪所宜立也。其所汲汲者，在乎统系分明，表式完备，上以是督，下以是报。而所谓时也，地也，孰所需，孰非所需，均在所不暇计。二曰，其功课重理论而轻实习也。自小学校令有加设农、商科之规定，各地设者不少。顾农无农场也，商无商品也，不过加读农、商业教科书数册，其结果成为农业国文、商业国文而已。所谓乙种农、工、商学校，亦复如是。即若甲种，其性质既上近专门，其功课更易偏理论。今之学生，有读书之惯习，无服劳之惯习，故授以理论，莫不欢迎；责以实习，莫不感苦。闻农学校最困难为延聘实习教师。夫实习既不易求之一般教师，则所养成之学生，其心理自更可想。而欲其与风蓑雨笠之徒，竞知识之短长、课功能于实际，不亦难乎。三曰，其学生贫于能力而富于欲望也。实习非所注重，则能力无自养成。然而青年之志大言大，则既养之有素矣。上海某银行行长，录用学校毕业生有年，一日，本其经验语人曰："今之学生，学力不足，而欲望有余，不适于指挥，徒艰于待遇耳。"夫银行，新式事业也，犹且如此。则凡大多数之旧式事业，学徒执役，则极其下贱，学成受俸，则极其轻微，其掉头不屑一顾可知。夫生活程度，必与其生活能力相准。办事酬报，必与其办事能力相当。若任重有所不胜，位卑又有所不屑，奚可哉？此第三病根，实于受普通教育时代种之。故同人所主张：改良职业教育必同时改良普通教育。

救济之主旨如上述，其施行方法奈何？曰调查，曰研究，曰劝导，曰指示，曰讲演，曰出版，曰表扬，曰通信答问。其所注意之方面，为政府，为学校，为社会，而又须有直接之设施。曰择地创立都市式、乡村式男女子职业学校，日、夜、星期职业补习学校；而又须有改良普通教育之准备。曰创立教育博物院。迨夫影响渐广，成效渐彰，又须设职业介绍部。其为事：曰调查，曰通告，曰引导。

今欧美之于职业教育，可谓盛矣。德国一职业学校，分科至三百多种。美国黑人实业学校，凡房屋以及房屋之砖之瓦之钉，屋内一切家具，马车以及车之轮之铁之褥之油幔，马之缰及马之豢养，御者之衣及履，食物如包，以及制面包之麦之粉，若牛肉，若牛油，若鸡蛋，若牲畜之豢养及屠宰，无一非出学生手。凡归自欧美者，莫不艳称而极道。然试考其发达之源，英仅自一九〇八年苏格兰设教育职业局始。美仅自一九〇七年波士顿设少年职业顾问所始。其后经舆论之赞成，极一时之响应，以有今日。可知谋事无所为难，作始不嫌其简。同人不敏，所为投袂奋起，以从事于本社之组织。十年而后，倘获睹夫欧美今日之盛，学校无不用之成材，社会无不学之执业，国无不教之民，民无不乐之生，乃至野无旷土，肆无窳器，市无游氓，因之而社会、国家秩序于以大宁，基础于以确定。斯皆有赖夫全国同志群策群力之赞助，以底于成，而非同人一手一足之所能为役矣。同人所敢言者，矢愿本其忠诚，竭其才力，终始其事。一切组织，具如别订。盖诚目击夫现象之大危，心怀夫方来之隐患，以谓方今最重要最困难之问题，莫生计若。而求根本上解决此问题，舍沟通教育与职业，无所计。唯我教育家、实业家与夫热心谋所以福国家利社会诸君子有以教之。

附一：中华职业教育社组织大纲

第一条 本社之立，同人鉴于方今吾国最重要最困难问题，无过于生计。根本解决，唯有沟通教育与职业。同人认此为救国家救社会唯一方法。故于本社之立，矢愿相与终始之。

第二条 本社事业之目的如下列：

甲、推广职业教育。

乙、改良职业教育。

丙、改良普通教育，俾为适于生活之准备。

第三条 本社事业之种类及其项目如下列：

第一类

甲、调查

调查现行教育之状况，调查职业界之状况，调查社会百业供求之状况，调查学校毕业生之状况，调查各地已办职业教育之状况。

乙、研究

会集研究或通信研究，此为关于各类各项事业所以构成本社意思之总机关。

丙、劝导

劝政府使注意促办职业教育。劝导社会有力者倡办职业学校。劝普通学校之堪以兼办职业教育者，务注意办理并指导之。劝职业学校之有须改良其教育方法者，务注意改良并指导之。劝导学生与学生父兄，凡青年力不能升学者，速受职业教育。劝导社会，咸注意职业教育。劝导社会已经任事而有受补习职业教育之机会者，勿失机会。劝职业界，录用学校毕业生。劝导学校毕业生，使就相当之职业。

丁、指示

甲项办理调查时，有以丙项各目方法来问或有所质疑，则就所知指示之。

戊、讲演

定期讲演，临时讲演，出发讲演，就学校讲演或就各业中心地讲演，社员讲演或邀请名人讲演。

己、出版

杂志、书籍、图、表定期刊布或临时刊布。此为关于各类各项事业所以发表本社意思之总机关。

庚、表扬

职业学校与普通学校分设职业科之办有成绩者，征取其方法，或以文字，或以影片，发表于杂志，并随时随地表扬之，俾社会注意，兼介绍使各校参观。

辛、通讯答问

有关于职业教育之疑问，不及面质者，得通讯质之。除就所知解答外，亦得通讯转问职业专家。

第二类

甲、设立职业学校

男子职业学校（都市式、乡村式），女子职业学校（都市式、乡村式），男女子职业补习学校（日课、夜课、星期日课、暑天课）。

乙、设立教育博物院

凡关于职业教育之教材与普通学校之教材皆搜集陈列之。第一步，使小学校之教授获此观感，渐近于实际，为多数学生将来受职业教育之准备。俟经费渐充，影响渐广，仿美圣路易教育博物院办法，多备教材，轮流借给各学校实地使用。

第三类

组织职业介绍部此俟职业教育成效渐见，影响渐广，然后设立。其事为调查，为通告，为引导。

以上各项事业，视财力、能力所及，次第设立之。

第四条　本社员分两种如下：

甲、普通社员。

乙、特别社员。

第五条　凡合于下列各项资格之一，经社员二人以上之绍介，得以其志愿为本社普通社员或特别社员：

甲、办理职业教育者。

乙、有志研究职业教育者。

丙、热心提倡职业教育者。

第六条　普通社员入社费两元，岁纳社费两元。特别社员入社费二十元，岁纳社费二十元，特别捐无定额。

凡入社费于入社时纳之，岁费于每年五月纳之。

第七条　社员有纳特别捐费二百元以上并担认岁纳如数者，与一次特别捐费二千元以上者，皆为特别社员，并免其前条规定岁纳之社费。

第八条　凡社员皆有参与会集研究、通信研究，并领受定期出版物或本社特别赠予临时出版物之权。

社员之纳特别捐费者，于杂志披露之。其金额一次纳至二百元以上者，并于举办第二条第二类事业时，题名于建筑物。

第九条　本社职员分两部如下：

甲、议事部。

乙、办事部。

第十条　议事部议事员由特别社员互举，至少以七人为限，多以三十五人为限。

议事员皆名誉职，任期三年，连举者连任。

第十一条　议事部之职权如下：

甲、公举本社主任；

乙、公举基金管理员；

丙、审核预算决算；

丁、议决本年度办事方针。

议事细则由议事部自订之。

第十二条　办事部设主任一人，总书记一人，其余书记、会计、干事及其他各项办事员员额，视各项事业兴办后，依其繁简定之。

第十三条　主任由议事部于特别社员中选举之。总书记以下各办事员，由主任延聘之。

主任负办事部完全责任，其任期及薪金额，议事部定之。

总书记有协助主任办理本部事务之职。主任有事故时，总书记代理之。

主任及总书记于议事部议事时，有出席报告或陈述意见之义务。

凡办事部办事员有以议事员兼任者，其议事员之资格仍存在之。

各项办事细则由主任定之。

第十四条　基金管理员一人，由议事部于议事员内公举，其任期，议事部定之，并得以议事部之公决酌支公费。

凡办事部会议时，基金管理员有出席之义务。

关于基金之管理规则，议事部定之。

第十五条　本社经费，以社员入社费、岁费、特别捐费充之。不足时，议事部负筹划之责。

第十六条　本社取交通之便利，设于上海，徐图推广事业于各地。

第十七条　此项组织大纲，由发起人同意订立。

附二：募金通启

敬通启者：

同人等组织中华职业教育社，其理由及办法，具如刊布。兹定六年一月开始募集社员并分筹社费，由其杰、元济、家修任临时基金管理员，以上海中国银行及上海商业银行为收款机关，一俟经费筹募成数，即行宣布开办。同人等或居发起，或表赞同，咸认斯举为救国家、救社会唯一事业。凡我同志，尚鉴微忱，宏此远谟，端资大力。倘加欣助，实所拜嘉。幸公鉴焉。

敬通启： 伍廷芳　　袁希涛　　张寿春　　邓莘英　　聂其杰

梁启超　　张元济　　周诒春　　于定一　　陈　容　　张　謇

江　谦　　杨廷栋　　朱友渔　　蒋梦麟　　蔡元培　　陈宝泉

史家修　　庄　俞　　顾树森　　严　修　　宋汉章　　刘　垣

刁信德　　沈恩孚　　唐绍仪　　陈辉德　　穆湘玥　　朱庭祺

余日章　　范源廉　　陆费逵　　蒋维乔　　朱胡彬夏　郭秉文

汤化龙　　张嘉璈　　龚　杰　　贾丰臻　　黄炎培　　王正廷

穆湘瑶　　刘以钟　　朱叔源

发起人及赞成人职衔如下：

伍廷芳　　外交总长。

梁启超　　前司法总长，军务院抚军兼政务委员长。

张　謇　　江苏省教育会会长，前农商总长。

蔡元培　　大学校长，前教育总长。

严　修　　前清学部侍郎。

唐绍仪　　前国务总理。

范源廉　　教育总长兼署内务总长。

汤化龙　　众议院议长，前教育总长。

王正廷　　参议院副议长，中国基督教青年会总干事。

袁希涛　　教育次长。

张元济　　商务印书馆经理。

江　谦　　南京高等师范学校校长，前江苏教育司长。

陈宝泉　　北京高等师范学校校长。

宋汉章　　上海中国银行行长。

陈辉德　　上海商业银行行长。

陆费逵　　中华书局局长。

张嘉璈　　上海中国银行副行长。

穆湘瑶　　上海德大纱厂总经理。

张寿春　　天津南开学校校长。

周诒春　　北京清华学校校长。

杨廷栋　　众议院议员，前农商部矿政局局长。

史家修　　上海申报馆总经理。

刘　垣　　前农商次长。

穆湘玥　　上海德大纱厂经理。

蒋维乔　　前教育部参事。

龚　杰　　前江苏财政司长。

刘以钟　　教育部视学。

邓萃英　　北京高等师范学校教员。

于定一　　前巴拿马赛会江苏出品协会主任。

朱友渔　　上海约翰大学教务长。

庄　俞　　上海《教育杂志》社编辑员。

刁信德　　上海同仁医院医生。

朱庭祺　　沪杭甬铁路局英文秘书，前工商部参事。

朱胡彬夏　上海《妇女杂志》社编辑主任。

贾丰臻　　上海江苏省立第二师范学校校长。

朱叔源　　上海浦东中学校校长。

聂其杰　　上海恒丰纱厂总经理。

陈　容　　南京高等师范学校学监主任。

蒋梦麟　　留学美国古仑比亚大学硕〔博〕士。

顾树森　　《中华教育界》编辑主任。

沈恩孚　　江苏省教育会驻会干事，前江苏民政司副司长，江苏省公署秘
　　　　　书长。

余日章　　中国基督教青年会署理总干事，前湖北外交司长。

郭秉文　　南京高等师范学校教务主任。

黄炎培　　江苏省教育会副会长，前江苏教育司长。

（原载《中华职业教育社宣言书》铅印本，1917 年 1 月版）

本社宣言书之余义

本社既为书以宣言矣，请更撮举二义。

其一，职业教育者，盛行于欧洲，渐推于美国，而施及东方。万非本社所敢创，更万非本社所得私。

其二，本社之倡职业教育，非专事推荡世界潮流以徇时尚。诚恫夫今之国家与社会，不忍不揭橥斯义，为万一之补救，本于自谋，非发于外铄。

明乎前义，即使异日获睹职业教育之发达，而欲以功本社，绝非本社所敢承；而今日有疑本社为好树新义者，亦绝非本社所敢受。明乎后义，苟一旦吾国上下，于所谓生计，所谓职业，所谓职业与教育之联络，诚确认为无有问题。则本社同人将立告息肩。否则，虽世界列国已认是为过去之问题，而本社同人亦将迫于天职而不敢自已。

（原载《教育与职业》第 1 期，1917 年）

南风篇

余草此文时，为六年八月二十一日。南洋归舟，阻风澎湖海峡之际。回思今岁度此二百三十日光阴，离奇变幻，令人迷瞀不知所为。方一月八日去上海时，拥重裘，游日本一周，赴菲律宾，如蝉之日困于蜕。抵孟纳拉，遥望海岸，客衣一白，自是无日不在兰汤蕉扇中度生活。三月归来，舍单而夹矣、而棉矣。五月又南行，乡人皆寒而吾独热。由新加坡、马来半岛、槟榔屿，而苏门答腊、而爪哇，日往来于赤道南北十度下。夫安知所经爪哇中部，若万隆、若牙律，终夜拥衾，偶不经意，遂感伤风。而所闻深山有下雪者，人家有围炉者。今草此文，汗又湑湑下矣。一死一生而见交情，一寒一暑而知世味，况于以二百三十日间再寒而三暑。虽然，夫又安知此二百三十日间，我心之所感，其变幻迷瞀令人不知所为，且什百千万倍于吾身所感耶。余之生涯，无论所遇如何变幻迷瞀，他人处之气结色沮者，吾常泰然而有余，何也？以吾不可夺之自信力。谓世界万事万物，日受裁于因果律，今见为恶果者，非今始恶也，恶于因久矣。夫不知其因之恶，而日唯不获善果是叹，与知其因之恶而犹冀获免于恶果，前者谓之不智，后者直谓之无良。曷弗少分其忧时叹运之精神，愤世嫉俗之气概，从事于善因之培养。夫昔日下恶因，无术使今日不生恶果，此即今日下善因，他日必生善果之极好担保品也。诚尽其在我矣，固确有可以自信而自慰者在。

吾何为提此义？吾之南游，南人有言，时局之逼人也，群智之不开也，经济之被压迫也，实业之受打击也，外力之日相侵也，政府之不见援也，非吁嗟之声，即鸣呼之调。亦知此种种者乃所谓果，而别有其致此之因在邪。古今成败祸福之数，何判乎？鉴于人而善处乎己，鉴于现在而善处乎未来，而转败为功焉，而因祸得福焉。此义不明，愁声怨气塞天地，而天地之昏黑愈甚。明乎此义，而莫大之希望生，莫重之责任出。

或曰，吾知子之为言，亦言教育耳，究今所种因，善乎否乎，而子亦有所以善其未善者乎？则请答第一问曰：谓今之教育未尽善则可，谓无善者则不可。答第二问曰：欲以一人之力善之不能，今人人有意欲善之矣，而责余贡其所为善者，而人从而善之，而余亦自善，其所为善焉则何为而不能？南洋一大中华社会之缩版耳，此义适于大中华社会，曷为而不适于南洋社会？吾请先实吾第一答语。

今春游菲律宾，观中西学校日夜课学生五百五十人，极一时之盛矣。兹者由新加坡、马来半岛、槟榔屿，而苏门答腊、而爪哇，历大小二十九埠，观七十九学校，其足以致吾低徊不能去者，随在而有，十步之内，必有芳草，信哉。今请约之以四校。而吾所未及往，往而以故未及观，观而以故未有所睹，或有所睹而未获尽述者，尚不知凡几也。

爪哇中部濒海有埠曰三宝珑，华侨一万四千余人，共立一中华学校。总理郑君俊怀、校长石君鸣球。校舍为马君厥猷宅之东园，堂皇开朗，山石花木，颇饶美感。花阴石罅，皆悬训语，曰整洁、曰守规则、曰准时刻等等。全校男女学生四百六十四人，高等科、国民科外，有幼稚生五十人，男女同校异级。一切设施，采生产的实用主义，教授采自学辅导主义，训育采自动的勤劳主义，证以所见，皆能实行。校长石君授高等科三年作文，令学生公拟课题，互相订正，教师纯居指导地位。其余各级，多类此者。国民科四年授爪哇地理，教员倪君宗璐，自编课本，注重唤起爱国心。手工多切实用，如纸石盘、蓝红墨水、习字显隐纸、干电池、纸制布制书包、信封、青色写真纪念明信片、贝类纽扣、镀银工、蜡土工、针金工、利用椰油成分之胰皂、木制家具模型。女子手工，如西式呢绣品、穿纱品，中西式女衣。一方求应用于事物，一方实验理科知识。图画则图案画、写生画、考案画、广告画、商标画。有学生营业部，贩卖学用品及学生制作品，悉由学生组织。有学校园，有讲演会，有谈话会，有学生邮筒，使全体儿童互相通讯。每周校长训话。每日儿童分值扫除，每半月大扫除。每学期检查体格。每试验毕开成绩批评会，令学生互评其试验成绩，可谓事事不苟。石君于研究教育外，兼精心研究理科制造，任事多年，深得社会信仰，锐意精进而不懈，实事求是而不事标榜，吾爱之敬之。

马来半岛西偏之中部，有市曰吉隆坡，为英属雪兰莪州之首埠。全州华校二十所，在本埠者男校五，女校二，而以尊孔学校为之魁。总理何君遂良、校长宋君森，是校成立十年，初办两等小学，学生不多，去年改办乙种商业，附设国民学校，现有学生二百五十三名。全校精神团聚，极重训练，以勤、朴、勇、毅四字为校训，而校长宋君能以身先之。朝有朝会，月有学级会，年有学艺会。以时开运动会。有学校新闻，有学生图书馆。关于商业实习者，有商业实践室，组织公司，命名益群，贩卖图书文具，佐以儿童负贩团、市况调查、儿童储蓄会。关于事务练习者，有学级日志、有气象观测、有全校整洁分任、有来宾招待练习、有假设通信、有公民选举演习、有演说练习。关于校务报省者，有学生年龄统计，籍贯统计，父兄职业统计，身体检查统计，有每周旷课比较揭示，有每日整洁检查揭示，而一皆注重自治。如整洁检查，则令儿童每晨于到校时对镜整容，有不洁者，自加记号于揭示之表。教授悉用启发式，修身参以表演故事，大增儿童兴趣。手工多趋实用，其种类为石膏工、色蜡工、铅皮工、制木工等等。图画则广告画、图案画，凡所设施几于应有尽有。去年七月，英政府华民政务司派员调查，见各种成绩及兵式体操，绝口称赞。传政府意给予校地，且岁给经费，而由英人为校董，几允之。后悟其非计，乃止。

新加坡有养正学校者，粤商筹款设立。总理简君英甫、校长梁君襄武。旧校长即宋君森也。高等科、国民科学生共三百五十人，夜学五十人。以清洁、勤劳、正直、自立为校训。有学生储蓄银行，办事者皆学生，储金转存商店取息。有自治会。内容关于德育为公德谈话等。智育为演说、辩论、阅书等。体育为游戏、竞技、足球等。有学校园，木石花鸟，生趣盎然。洒扫由学生轮值，游息由学生监察。发行月报，为研究教育之发表机关。参观教授国民科三年级，国文教员石君维森独出冠时，其教式纯用启发，作文、命题、改笔，皆主开发思想，期适应于各个之程度。闻此级国文，在全校中进步最速，足以证明新教授法之功效。各级教授间多类此。现校舍不敷用，在约克山购地八万七千余方英尺，高爽清幽，超出尘表，而无碍交通，在筹款建筑中。

马来半岛之南端，与新加坡隔一水，其地曰柔佛。橡园所萃，英政府特于此驰禁纵赌，但以华人为限。华人四万，有校曰宽柔学校。学生百余人，不分省籍，男女兼收。总理黄君福基、校长林君木卿。初创时为舆论所诟病，以其体操之伤身也，书价之贵于私塾也，后渐安之。今年二月，开学生成绩展览会，大受欢迎。男女学生手工品，原拟售价二百元充费，竟售至九百元，尚有留金定购者。校舍本系租用，至是公议建筑，原欲建祠庙者，改归学校，不期而集金至九千元。虽小小加非店，自愿捐金百元。影响所及，乃至赌窟亦托购各种杂志，以供众阅。校长林君，质朴而和蔼，善与学生父兄联络，待学生如子弟。每日师生共同洒扫，有运动场，有游戏室，有学校纪念园，分区栽培，兼畜动物，悉由学生任之。种种布置精巧，无一弓之地，不为其所利用。有五七公司，为四年五月七日国耻纪念，由学生组织，专售国人自制之文具糖果等，轮值发卖。高等科、国民科外，有高等补习科，以处高等毕业而无学可升者。有幼儿保育所，幼儿二十三名。用蒙氏教育法及器具教授。每金曜日会食导以规则，一切设施头头是道，林君不求名而名著，不求效而效见，可以风夫身任学校职务，日诟厉社会不良，莫能相助，而不悟己之积诚未至者。

之四校者，未足以概南学之优良，而实不失为南学之模范。而余之睹此四校，喜不能寐者，非以四校也。谓吾大中华国民任何地位、任何事业，必皆有以表示其天赋之能力。聚若干青年，其间必有出类拔萃者，聚若干学校，其间亦必有出类拔萃者。苟此出类拔萃者，勿沾沾自足，利用其优点而求进之不懈，而外此者之对于此出类拔萃者，勿嫉其功而隳其名，务师其长，以补吾缺，彼此不矜不伐，相提相携，以进其事业于圆满之理想中。理想无尽，而事业之进行与为无尽，国之福也，人群之幸也，岂唯南侨实受其赐，是谓善因。吾敢抉吾目于国门，以观其善果。

虽然，吾犹欲实吾第二答语。方吾舟过支那海，于风恬浪息中，草为南洋华侨教育商榷书，凡为问题十，为子目数十，以谂吾侨南父老兄弟矣。今请更提出关于南洋特殊状况之四大问题，俾侨南教育界与内国留意侨南教育者共研究之。

一曰南洋职业教育之设施法。吾欲定国民教育与职业教育为南洋侨学两大宗旨，其理由既详商榷书。其方法，一、以实用主义为基础；二、商业教育须有相当设施；三、兼重农工教育；四、注重迅速主义；五、补习应用文言，书中亦缕及之。虽然，此旁义，非正义也。此从补助上立论，非根本上研究也。夫就职业教育本题论，首须规定职业种类，如曰农也、工也、商也，此不过大纲耳。南洋各校盛行商业科，若苏门答腊，张君鸿南、步青叔侄，筹设甲种商业学校，而尊孔学校，既改为乙种商业矣。夫商业教育之种类甚繁，就余所见，适应于其事业而分科者有之，若银行、保险、运输、航海等是也。适应于其技能而分科者有之，如簿记、打字、速记、打包等是也。适应于其区域而分科者亦有之，如内国商业、外国商业是也。若夫普通商业，其一种耳。吾亦知初办商业教育，无分科之必要，然学校每年毕业数十人，岁月稍积，供求上不能不生影响，是所谓分科者，实际非必遽需此，而研究不可不及此。若夫农工则种类益繁矣。普通农业也、林也、渔也、畜牧也、农产制造也。工业则机械工也、家屋建筑也、家具制造也、其他等等也。外国且有与某工厂某商店联络，专养成某种人材者。余以为此事全无理论可凭，但凭事实，而苟认定需要，专设某种，则学成就业必自较易。所谓需要者，随地而殊，无取统一，而又须有远大之眼光，不拘拘于区域。譬如调查婆罗洲初辟之地，宜兴何种事业，特造成何种人才，以供给之。人才集而事业可着手矣。其次，须调查该科教授材料，而规定其课程时间。教授要目细目也。选定某科，此尚可一言决者，然而教材如何，时间如何，教程如何，此非实地调查研究，不能详审规定。美瑟娄博士尝语余，苟与我六十万金办中国教育，我必以二十万金充调查费。日本大阪育英高等小学试办外国商业科、内国商业科，先费两年调查研究之力然后实施。菲律宾各级学校职业科，皆规定某级某年授某种，并各该科之教授材料时间，无一不详细规定，盖其制胜方法全在乎此。今南洋职业教育，初见萌芽，不欲以此繁复之问题，使人畏难而却步可也，当职业教育之任，昧于应有手续，而不复从事于调查研究等预备工夫，不可也。

二曰南洋国语之推行法。关于国民教育之设施，方法甚多，而提倡统一国语，可谓为开宗明义第一章。英、荷两属，均不可谓无进步，而各有其困难之点。荷属与马来语为敌，英属与闽粤语为敌。马来语虽行之而非所安，闽粤语则习焉而不自觉，情形不同，成绩遂异。自余论之，彼此相求，有余师焉。先论英属，夫荷属华侨，犹是闽粤人，而何以无闽粤语之为障。固由当局热心提倡国语，亦以其每埠一会馆，每会馆一学校，聚不同籍儿童于一堂，势非一种方言所能达意，以是知英属国语程度之所以较差，实分籍招生有以致之。欲矫其弊，唯有取法荷属。第一，招生不分籍贯。第二，延师不限本籍，如本籍必绝对能国语者（最好粤籍延闽师，闽籍延粤师，或各延非闽非粤师，此虽不近人情，有类戏言，其实是根本上破除障碍法）。第三，在校绝对禁止非国语。就荷属论，荷属学校，高年级生，一律行国语矣。唯初年级尚有虑功课之减色，而以马来语，间或以广州语、嘉应语施教者。菲律宾公立学校，美国人所设以教土人者，自初等小学第一年起，在校即不许操非英语，余商榷书既言之。如以此证据为未确切也，则请取法英属。夫英属学校，操土语者诚有之。然吾见小埠一二教师之学校，其人非闽非粤，不解所为闽粤语，虽第一年第一日，亦只有教普通语之一法，却未见有所谓困难者。学生程度优者优、劣者劣，无以异他校也。家庭感情厚者厚、薄者薄，亦无以异他埠也。乃知初年级，因语言障碍，而影响于功课与其他，即使有之，亦微乎微耳。英、荷两属，倘有力矫时弊试行上所述方法者乎，愿以其所得结果公之于教育界。

三曰南洋学校儿童脑力体力之保护法。此行最使余怀歉于心不自已者，莫如南洋学校体育与卫生问题矣。以如此酷热之气候，头痛几遍于各埠，已显伏脑病之根。而每周授课时间，尚有多至四十五小时者。教育座位之拥挤，有以三儿坐两位，乃至两儿坐一位者。天气温和之内国所不能堪，乃以施之南洋。青年何罪，名为浚其心，而实以戕其身。受益不可知，而受害莫能逃。吾诚知为校长者，限于其力，非安于其心也。为学董者狃于其习，亦非安于其心也。吾唯有祝当局以最大之决心与毅力，立革之，毋以造福而转造孽也。至于授课时间之长短问题，以及上下午时间支配问题，非空言所能解决，当局者倘能以科学的方法，实地试验，调查统计，而以所得结果公之于教育界，则幸甚矣。

四曰南洋学校儿童中途入学、退学之处置法。春间至菲律宾，闻华侨所设学校，中途退学者甚多。今来英、荷两属，此风尤甚，几于各地一致。以余所闻，有以一学期而退学至四分之一，入学数略如之者。所至，辄叩校长以故。槟榔屿中华学校校长吴君骏声语我最详。一、热带人惰，阅时必休息。二、受其父兄命助理家事。三、随其父兄转至他埠。四、转而习业。五、转入他校。本届荷属教育研究会议决，限制退学。然如第三、第四原因，自是社会特殊之状况，非章程所能制止。若夫提倡职业教育，亦是一法。然对于不能不去者，尚未有圆满之解决。此种现象，内国所无有，即有之，亦不如是之甚。听之，则学程日紊，毕业生有无不必计，而中途退学者功课莫知所终，入学者莫知所始，安可置之勿问者。一方固当劝导社会，于其退学之非出不得已者婉言以沮之，定章以禁之；一方亦当谋所以处置之法。夫此种现象，几遍于南洋各校，不可谓非教育上重要问题。窃欲以此广询当世教育家，征求适应于此种现象之处置法。自余思之，或者于限制非时退学、提倡职业教育以外，益以一法，于编制各学年课程时，少采直进法，多采圆周法。多为可以结束之期间，使中途来者去者，易知所终始。而去者得小小之归结，可以应用；来者亦不致茫无津涯。愿当局实验其当否，而披露其结果于教育界也。

吾文既终，舟出澎湖海峡矣。戏语同舟罗君，大块噫气，其名为风，有此风乃有此文，所谓大块假我以文章非耶。因吾文之成于风，而所述又皆关于南国学风，命之曰南风篇。

（原载《教育杂志》第 9 卷第 9 号，1917 年）

南洋荷属华侨教育研究会之盛况

　　南洋英、荷两属，各有学务总会。而荷属由爪哇之巴达维亚、三宝垄、泗水三大埠轮值，每年由各校以投票法决定，而即移其会所于当值之埠，现归泗水埠当值。总理陈君显源为该埠中华学校总理者十二年矣，以森林起家，热心学务，慨任经费，设视学一员，现任为熊君理。上年十月至本年五月，调查全岛学务一周，乃召集荷属各校校长教员于泗水，开教育研究会，同时开成绩展览会。以七月十六日开幕计，到会者六十二埠、六十六学校、七十八教员。若苏门答腊、婆罗洲、答厘、龙目网甲等岛，咸来赴会。有山川险阻不惮间关跋涉以来者。熊视学为会长，总理、副总理等咸出席。用正式会议方法，会议十次，历四日夜而毕。其提议案除临时提出者外，凡三十件。议决通过者合成七案。其目如次：

　　南洋荷属中华小学校学科时间标准案；废止国民学校预科案；南洋小学教材调查部案；规定南洋适用之学期假期案；限制退学案；制定学校表簿案。

　　记者时有南洋群岛调查学务之役，承该会预约，于调查毕事后赴会为顾问，列席与议，对于斯会之发起组织与结果，深致满意。夫议案之有效与否，尚在未来，而聚数十教员于一堂，从容讨论，或剖析疑难，或发抒心得，所以作其精神而励其进步，实际上当有收效于无形者。会议时谨守范围，无嗫嚅不言之弊，亦无叫嚣尘上之憾，尤为难得。

　　至对于议决案，记者认为有最大价值者，莫南洋教材调查部若矣。夫南洋各校现行教科书之不适用，尽人能言之。国文之四时寒暑，南洋不同也。理科开卷之梅桃，南洋无有也。弥望皆是之槟榔、椰子，富源所在之橡林、锡矿，并其名而无之。以及度量衡、货币制度之不同，地理、历史需要性质之各异，以故改编南洋适当之教科书，诚为一切要问题。虽然，所谓不适当者其材料也。

非先将南洋特别之材料，详确调查，无论官府私家，举无下手处。而负此调查之责者，谁最相宜乎，是莫宜于各校教员与学生矣。为教员者，固当周知社会状况，供教科之参考，督其学生分任调查，以资历练，岂非课外作业之极好机会乎。抑岂唯南洋为然，内国教育家，倘亦有取于是。

（原载《教育杂志》第 9 卷第 10 号，1917 年）

南洋华侨教育商榷书

黄炎培谨留上南洋父老兄弟钧鉴：

炎培此次受教育部委托，偕林君鼎华调查英、荷两属华侨教育状况。由新加坡而马来半岛，经柔佛、马六甲、麻坡、吉隆坡及其附近各埠，乃至怡保、槟榔屿，渡海至苏门答腊之棉兰及其附近各埠，遂至爪哇。由巴达维亚、茂物、士甲巫眉、万隆、牙律、日惹、梭罗而至三宝城、泗水，参与荷属学务总会所组织之教育研究会，获与六十二埠、六十六学校、七十八教员上下议论者四日夜。既毕，游玛垄，返新加坡。复游芙蓉及其邻埠，所至备承学会、学校、阅书报社、商会、会馆、青年会及其他公益各机关殷殷招待，感何可言。所惜行程匆遽，不克遍至大小各埠，至又未能久留，实为抱歉。今将回国，谨荟萃其所欲商榷者，直陈诸父老兄弟之前。窃思教育部之委托炎培，与吾父老兄弟之厚待炎培，皆将责望其有所贡献，以为采择改良之助，不言固不可，言之过高而不切于事情，又岂有当。今兹所陈，大抵根据所见英、荷两属共通之现象。唯其事实间为他埠所有而此埠所无者，不妨阅而存之。苟其言而万一有合也，尚望加以研究，付诸施行，幸甚幸甚。若夫筹划教员之来源，学生之出路，荦荦大问题，容俟回国陈请教育部迅定办法。此之所陈，或为学董言，或为教员言，亦愿彼此互相观览也。

第一，兴学精神须坚持到底。华侨寄人宇下，兴办学校及各项公益事业，从未受政府经济上之助力，而得有今日之盛，何一非诸父老兄弟爱国热心所致，我政府深佩之，我全国国民共深佩之。今者时局纠纷，商业大损，国力未加，种种障碍，缘之而起。在此存亡绝续之秋，愿吾父老兄弟奋其毅力坚持到底。南洋教育已有十余年根柢，万一中途摧折，诸君十余年苦心付之流水，岂不可惜。今后世界，兵战乎？商战乎？皆学战耳！欧战之结局，将使科学价值益高，而视教育益重。子弟多受一分教育，即国民加高一分人格，国家增进一分地位，无论如何困难，当合内外国共谋解决。炎培所敢言者，时势所趋，舆论所迫，今后政府定必重视华侨教育，但祝国难少纾，则一切设施可以下手，即炎培不敏，亦愿尽社会一分子之力，奋其笔与舌为诸君后盾也。

第二，学校权责宜明定。南洋学校或附设于固有团体，或系私人共立性质，不能不于校长教员以外特设管理机关。然而习惯相沿，名称互异，事权未一，责任未明，有因此而意见横生，致妨校务之发展者，炎培以为第一宜改良者此也。查所见各校学董名称，如总理、名誉总理、大总理、正总理、副理、协理、总协理、监督、监理、监学、监察、巡学、稽查、检查、财政、掌库、查账、查库、查数、干事、司理、管事、董事、庶务、书记、招待、司信、评议、顾问等等，几难枚举，其故在每一学董必奉以一专名，而不暇问其人能任与否。尝见一校协理多至八十人。意在使人人多生关系，具见当局苦心。唯鄙见以为名称即不必深究，责任要不可不明，名实要不可不副，权限要不可不清。简单言之，各校宜组织一学董会，首领一人称总理可也；副之者一二人称协理可也。有代总协理常川办事者一人称书记可，称干事亦可。管理校产校款者一人或正副各一人，姑称财政员亦可。此外可一律称学董。凡大事如聘辞校长，核定一年度之预算决算等，皆由学董会公议行之。公议既定，即由书记（或干事）财政员辅佐总协理分别施行，此关于学董之权责宜明定者一也。

校员方面，间有不设校长者。鄙见以为学校苟有教员二人以上，即不可无校长，否则内部之管理教授事宜，何从取决。无专责之人，似人人负责，实人人不负责，此关于校员之权责宜明定者二也。

学校又间有两校长者，一为华文校长，一为英文校长。盖全材难得，其中具有苦心。但既为中华学校，当以华文为主体，虽英文亦当注重，或尚有他种原因，然只宜设英文主任，或称英文教务长，而统受一校长之管辖。试观本国高等小学以上，大都有外国文，而未闻设外国文校长。即外国人在中国所立学校，以外国文为主体而兼教华文者，亦未闻设华文校长也。盖一校不能有两长，犹一人不能有两首，其理易明。就余所见，因两校长各自为政，致功课有重复者，时间有加至逾限者（每日七时以上），其弊显然，此关于校长之权责宜明定者三也。

进退教员之权责，属之校长者少数，其大多数皆完全属之学董，或学董与校长商量决定。炎培历观各埠，所有学董，大都实业界重要人才，窃以为学董诸君，既担负筹划经济之重任，不宜复以进退教员之事重劳心力。且选择教员，大是难事，必须深知其平日学力如何，教授管理之能力如何。苟非同在教育界，无从深知，盖实业家之不易知教育内容，犹教育家之无从得实业经验也。故鄙见以为苟学董中确有深明教育者，不妨即任校长之职，否则另聘校长。为学董者，但须以公共意思，慎选一可靠之校长，而进退教员与平日稽查教员成绩即责令校长担负。如果任用非人，不妨公议更举校长，吾知为校长者必爱惜名誉，尊重职务，不负学董诸君之委托。而为教员者，受校长一人之指挥，与受学董人人之指挥，为较所甘心而易于尽职也。此本吾国教育部学校令所规定，为本国各省区通行之办法，愿诸君子斟酌行之。此关于学董与校长之权责宜明定者四也。

第三，学校基本财产宜筹集。处内国者，艳南洋实业之发达，方将觅地经营，以为教育事业之基础。乃炎培此行，观南洋各校，反未有基本产业，会馆有巨额之积贮金，寺庙有伟大之橡树园，而学校无有，有之亦绝微。诚亦知筹款万难，当局或有志未逮。然学校一日无基金，即一日可以闭歇。诸君子苦心经营，如筑大厦于沙土之上，岂不可惜。马来半岛芙蓉埠中华、文华两校，已各有橡树园若干英亩，邻近各埠，渐见仿行，他日实业发达，教育伴之而发达，之数校者，寿命之长可以预卜。此外亦间有设店铺或置店屋取息充用者，皆比逐年题募为可靠，愿各埠闻风兴起也。

第四，教员宜慎选宜优待。各地学董往往语我以延师之难，各地教员又往往语我以为师之不易，皆实情也。究其所以困难之故，固由于彼此情形不熟，亦由于彼此权责未明。倘将第二条所陈研究改良，则困难当减却一半。今南洋教员大都来自内地，为教员者苟不明所在地情形，或不谙所在地语言，则教材安能适切，学生家庭又安能联络，故培养适当之教员，自是南洋教育上一大问题。归国容言于教育部早为设法，在荷属学务总会有自设师范学校之议，诚为救急要务，炎培深愿早日观成。而在此时未有特设之师范学校以前，关于延聘教员问题将如何处置乎，则请略陈所见：

（甲）愿注重师范毕业生也。虽天才与经验，亦或过于其修学所得，师范生未必尽优，而优者未必尽出师范。然师范学校所以专教人为师者，则其毕业生在理宜较为适当，如非师范毕业生，须问其经验如何，以前担任学校之成绩如何，而特别加以注意。

（乙）愿注意负责任之介绍机关也。鄙意最好请师范校长介绍其现在或从前毕业之师范生，则为顾全学校名誉计，定必慎重推荐。其次，由可靠之学会，或于本校有感情有关系之人物色介绍。方今良教员不易得，而求事者比比皆是。吾观各地有为减少薪水省给川资计，即延用南来谋事者为教员。伍胥吹箫，毛遂脱颖，穷途落魄中岂乏奇才？然愿当局慎重访察，教育为专门职业，苟非性之所近，与积有学力经验者，未必尽人胜任也。

（丙）愿破除省界但以能国语为限也。省界之害，人人知之。欲使学生不分省界，当先于聘教员时破除省界，提倡国语为根本。破除之要着，苟其人能国语者，闽产亦可，粤产亦可，非闽非粤产亦可。

虽然，不筹所以优待之法，则好教员未必肯来，即在职者，亦未必安心久任。此行辄遇教员摇首叹息，以现职为无聊者之所为，苟有善于此者，将褰裳径去而不恤，此意炎培不甚直之。但为学校计，苟无术使教员安心职务，实于教育精神大有关系。各国对于优待教员皆有种种条例之规定，盖一方以大义责教员，一方亦当谋所以安其心而去其所苦也。请言优待之法：

（甲）宜定相当之薪额。就所至各埠观之，英属小学教员，月薪大多数四五十元，由校供膳。荷属则七八十盾，膳须自备。以现在各该地银价折合国币而与本国通都大邑小学教员薪额比，非唯无过，或且不及。而欲其抛弃室家，远游万里，苟非十分热心南洋教育与别有希望者，殆或不免望望然去。炎培非不知筹款万难，然终愿学校以适当之薪额，聘合格之教员，使之专心任事，无忧内顾。学校之设亦为学生耳，教员多一分精神，学生多一分利益。至于降格相求，而用非其人。譬如一玉之价十金，而以五金得碔砆，吾为此五金惜矣。

（乙）宜定年劳加薪之法。年劳加俸，为各国优待教员奖励久任之通例。以教员困苦之生涯，处南洋活动之社会，设无法以羁縻之，欲其久任，将不可得。闻从前王君广圻来游，曾为规定年劳加薪之法，去今八九年矣，实行者鲜。不揣冒昧，鉴于现今生活程度，参照本国教员薪额，与林君悉心商酌，为拟一南洋英荷两属小学教员初任与递加薪金额标准，意在不丰不啬，丰或无此财力，啬将不易得人。然此不过个人意见，聊备当局参考，幸勿彼此执以相责难也。英属校长（教员）初任每月任七十元至一百元（五十元至七十五元）。如职后确有成绩，则每阅一年或二年递加之。最后校长（教员）得加至一百四十元（一百元）。荷属校长（教员）出任每月一百盾至一百五十盾（八十盾至一百二十盾）。如任职后确有成绩，则每约一年或二年递加之。最后校长（教员）得加至二百盾（一百六十盾）。

说明：

一、初任最少之数，基于现额之大多数。

二、初任薪额之多少，得视学生数学级数之多少，事务之繁简，分别定之，其递加数亦视此定之。

三、此项标准，为毕业师范学校与虽非毕业师范而具有相当之学识经验者而设，使延聘校长教员时得所参考，非欲使现任人员遽援此以求增减也。

四、由校供膳与教师自备膳，从其习惯可也。

马来半岛某埠有教员多人，拟以每月积薪买山种橡，惧舆论非议，不敢下手。鄙意此绝好机会，提倡教员储蓄，一善也。使教员借此考知社会状况，改良其教授，二善也。使教员于前途有希望，不至感其生涯之枯寂，三善也。人苟稍有知识，莫不欲解决其未来之生活问题，分职务之余闲，助其生事之发展，其心安，其对于职务当愈奋，此等事不唯无可非议，且宜赞助之，明达之学董必见及此。但因兼营实业而妨害其职务，与职业稍稍有得，便变更其委身教育之初心，则殊对不起赞助者，非余之所敢知耳。

第五，侨学宗旨宜确定。吾华侨子弟不欲其肄业外国学校，而必自设学校以教之，所争在何点乎？离社会无教育，处何种社会，施何种教育，始吾父老子弟之来南洋，试问舍农工商职业尚有其他目的存焉乎？今请基于第一问题而为认定侨学宗旨第一项曰：国民教育。基于第二问题而为认定侨学宗旨第二项曰：职业教育。侨民子弟年龄稍长，大都为谋生计，中途退学，毕业者寥寥，遑论升学，游踪所及，几于各地一致，此尤为需要职业教育之明证。宗旨既定，进而言设施方法。

第六，关于国民教育之设施方法宜研究。

一曰励行国语。有国土而未能统一其境内之语言，则不得谓有完全之国家资格。有国籍而未能操其国通用之语言，则不得谓有完全之国民资格。今南洋国语，不可谓无进步矣。炎培所首欲言者，荷属渐发达，而英属尚未能一致也。苟英属各埠各校教员，于教授时特注意，各校学董于聘校长时，校长于聘教员时特注意，则一二年内虽与荷属齐亦可。吾观荷属中华学校，有校内禁操土语，违者至罚钱以儆者，虽不必效其法，而其意可师也。其次则学校高级生渐注意，而未尽注意于初级生也。语言之为学，教之愈早，收效愈速。吾观菲律宾公立学校美国人所设以教土人者，自初等小学第一年起，在校即不许操非英语，不及数月，英语纯熟。然其社会、其家庭，皆未尝通行英语，可知亦视学校提倡何如耳。或虑初授时因语言之障碍，功课将不免减色；不知利害须权轻重，国语无效，即国民教育失其基础，而设学之本旨荒矣。且如励行之，则所谓障碍者亦只数月，行之愈早，障碍之时间愈短，将何去而何从乎。

二曰破除省界。既认国民教育为第一要旨，则同国以内，即不宜有其他界限之见存。然吾观各校招生间有限于某省某县籍者，叩其原因，曰为学校创自某会馆，经费集自某属故也。自吾言之，甲属立校兼收乙丙之子弟，甲不愈荣乎。如因语言不一故，则学校固当教国语也，且因语言不一而招本属子弟，因所招皆本属子弟，而土语愈盛国语愈荒，而语言愈不能统一，因果相生，永永无了，教育之本旨安在？知明达者必能见及也。

国文、历史、地理为国民教育之主要学科，此外如唱国歌、敬国旗，利用适当之机会激发爱国之精神，全在教员于教授训练时多方诱导。而炎培对于侨学国民教育上，犹欲提出一要义，曰提倡国民外交。政体遽变，民与国日益密切，一切国政皆以其民为后盾，外交亦然，日本近年大注意此点。今春东游，政府倡中日亲善之说，而其民和之，举国一致，为之骇然。吾国势弱，国民外交益当研究，况侨民寄人宇下，一言动之得失，国之荣辱因之。怵于外人势力而专事服从固为不可，激于爱国热诚而贸焉排抵，又岂所宜。即非排抵，而言动意气失其和平，已乖交际之道。交际与交涉不同，敬人者人恒敬之，自尊者人不得而贱之。唯有于教育上注意此点，使华侨子弟人人对于所在国，以不亢不卑不悚相当之待遇，表示我中华大国民之风度，人格日高，国家地位亦以增进矣。

第七，关于职业教育之设施方法宜研究。

一曰职业教育当以实用主义为基础也。实用主义之发达，学校毕业立可谋生，学生制作可为商品，在校修学兼可营利，吾于美国于菲律宾男女学校皆尝亲见之。南洋学校大都倾向于实用主义，亦间有未能一致者，试分述之：

一国文 新加坡养正学校教员石君维森，教授国文方法与其命题评改，大惬鄙意。三宝垄中华学校校长石君鸣球课作文，精细简当，一望知为老手。此外各校堪令人钦佩者不少（如槟榔中华学校国民一年级教员杜君教法亦灵动有兴味），唯间有读论说文范，作论说题，专用注入教授。其命题或轶出小学生思想范围者，不无微憾；倘能一致注重实用，体裁则寻常应用，材料则本地风光，不使二石专美于前，则幸甚矣。

一算术 实用算术教法，详见实用主义小学教授法一书。尝于爪哇万隆埠中华学校见张君治先教算术诸等，改用荷币，甚是甚是。此外如是用心者当不少，彼此可相参考。

一习字　所见大多数为映写描红，此宜改良。又授行书者尚鲜，为实用计，似不可少。

一图画与手工　此行所见图画手工，以三宝垄中华学校为最满意。图画则图案画、考察画、广告画、写生画、商标画，手工则石膏工、蜡土工、针金工、木工、纸石盘、干电池、镀银、色墨水、隐现纸、胰皂（以椰油为原料）等等。泗水中华学校有图案画，有各种实用手工。吉隆坡尊孔学校有图案画，有石膏工、蜡土工、铅皮工、制木工等等。巴城中华女学校有写生画。而怡保明德学校教员古君愤生创为手工图画联络之法，以图画与贴纸为底，以剪纸片面人物饰于其面，参差远近成一幅写景画，令学生自由制作之，虽未精美，要其立意大可采取。外此相类者当亦不少，而沿用组纸、贴纸、映画、临画等旧法，无当于美术，更无裨于实用者亦间有之，愿彼此相参考也。

一女子手工　所见新加坡华侨女学、柔佛宽柔学校、芙蓉坤华女学、吉隆坡坤成女学、怡保中华女学、女子勤业学校、巴城中华学校、梭罗中华学校、三宝垄中华学校、泗水中华学校皆甚美。其间有开展览会出售得钱不少者，而售诸商场者尚鲜。大抵欧式合于商品居多，鄙意不论欧式华式，皆宜以普通应用便于出售为标准。又手工务谋与图画联络，宜导使学生自绘图样，而写生图案等法，其应十分注重，不待言矣。

一体操　体操有实用教授法乎？曰：有。其为普通操，不逐逐于操式之变化，器械之搬演。选定一种，日日课之，每次以二十分或二十五分钟为限。务合于锻炼体格之本旨，其为兵式操则定期课之，此小学教育法所未及，故附述焉。

一修身　石君鸣球编修身教授细目，而特揭要义八条：一、不可蹈诠解文义之弊；二、须有深切温和之感情；三、十分注意个性；四、须联络他科；五、须细察在家庭之举动是否一致；六、教授时不可陷于枯寂；七、不论何时何地皆当导使实践；八振刷精神勿忘本科为国魂所寄。语皆精要，敬介绍于教育界诸君。

以上不过略举大概，此外未及见者实尚不少，有愿以关于实用主义之各科教授法相讨论者，随时惠书见教可也。

二曰商业教育须有种种相当之设施也。此行至苏门答腊之棉兰见领事张君公善，首提出注重商业教育之意见，承其叔耀轩总理之命，将所创之敦本学校改办甲种实业学校商科。其宣言书云：南洋群岛一实业场也。华人侨此者率业贸迁，间事工作；子弟成年，大半以能世父业为贤。在才而赀者固不难遣返本国，肄业专门大学，而无力者势不能不从事个人生计以图自存。普通中学之程度，以语高深尚待精进，以云事实未切日常，有心人至有养成高等游民之诮，岂尽虚哉！本校总理张公耀轩知侨学不能不求深造，尤不能不求实用，特将本校改办甲种实业商科附设高等小学，经费仍由总理独力担任等语。炎培不唯佩其兴学热心，尤服其见解切实，不愧为一时之杰。此外吉隆坡尊孔学校改设乙种商业学校，巴城中华学校附设中等程度之商业专修科，以及小学校设有商业功课者，所在多有，实深合社会之需要。今请为商业学校与学校设商业科者借箸筹之。

商业学校与商业专修科，其宗旨固已明白揭橥，将使毕业生从事商业也。而小学校课商业每周一二小时，其宗旨果何在乎？自余论之，学生父兄之操商业，毕业生之从事商业以及中途辍学习商业者，既若是其多，吾侪因而确认南洋社会需要商业教育实有非常迫切之情势。则必非仅在小学校略授以商业知识，如所谓预备商业教育者为克满足其要求。故炎培对于小学校，仅课商业每周一二小时，认为犹有研究之余地，谓必须于课业以外，予以种种相当之设施，而在商业学校、商业专修科，其不可无此设施不待言矣。略举如下：

甲、商品陈列室 教科书上之商业知识，不足应用也，必实地研究商品，若就地取材，其普通者商之各商店，每种各出少许，当非难事。其贵重者量财力而购置之，一以所在地重要之土货外货为标准，而兼及国货。此事需费不多，但须运以精密之心思，使陈列得法，标签说明简明正确，教科上得益不少。

乙、商事调查 宜量学生之程度，于课余令调查所在地商事之情况，教师为规定种类事项而指导之，使谙练社会事实与习惯等等。

丙、商业实习 约分三种，可量学生程度而次第施之。

子、校内实习 养正学校有学生储蓄银行，新加坡启青学校有商业实习，宽柔学校有五七公司，尊孔学校有益群公司，坤成女学有职业实习部，怡保育才学校有学生贩卖部，三宝垄中华学校有学生营业部，皆以学生为之，使实习商业。此外有未及见与见而未及记者，有正在组织中者，此法于初步练习甚相宜，即非商业科或商业学校亦宜有此设施，借使学生练习服务。所当注意者，凡学生已达可以实习之年龄，皆宜与以实习之机会，勿使偏于少数学生。盖既以实习为目的，须使全体学生受益平均，与仅使分担一部分学校事务者有间；

设因学生数多，当值时间太少，可行假设买卖法，则无虑不能普及矣。

丑、学校商店实习　由学校自设商店，令学生已在校内练习若干时期后前往实习，此店以杂货为宜。

寅、分遣各商店实习　此为第三步，可先与各商店协商，得其许可，在店实习时，悉听经理人指挥，期满请经理人将其实习情形加以评语，过劣者不予以毕业。如是，则毕业生无不能谋生之虑，而商业无不能改良之虑矣。

三曰，商业教育外宜兼重农工业教育也。商战以农工为大本营，有商无农工，如萍无根，可立萎耳。今吾华侨之在南洋，于商业上稍稍占有地位，论农工大都为人驱役而已。二者之中，以工业尤为需要。试观吾华人所设商店，凡较精巧之工艺品，大都为日本货。此不唯南洋为然。而以南洋天产之丰富，美人调查菲律宾群岛，凡竹木藤草等植物之堪为手工原料者，上等二百余种，下等千数百种，而机器工尚不与。吾华人苟一方利用彼丰富之天产，一方利用吾天生灵巧之心思，勤敏之手腕，养成其精良之技术，以从事制作，何难于商业外别开一大富源！吾国食指最繁，苟善用此指，则因指可以得食，而最繁者得食将最丰。且调查学生父兄职业（就所至各埠之著名学校凡二十一校）而统计之，商业固占百分之六十三，而工业亦占有二十六分之多，工子恒工，安得不认为需要之一种，鄙意甚赞成三宝垄中华学校极力提倡实用手工以为导线，苟再进而为商品手工，受赐将无穷矣。

四曰，提倡职业教育宜注重迅速主义也。迅速主义为美国教育家哈佛大学校长爱烈哇脱氏所提倡，而实从事职业者所不可少之条件。读曰速读，作曰速作，写曰速写，画曰速画，算曰速算，不唯以正确为目的，苟同此正确尚须比较其经过时间之长短。授课时认此为目的之一种，而以适当方法养成之。有此素养，应用之于职业，大为利便。盖职业界之黄金时间，断不许有从容迂缓之余地，此为吾国向来所未注意，提倡职业教育者慎毋忽此。

五曰，提倡职业教育应予以补习应用文言之机会也。国文、国语、英文语既规定之于正课矣，然职业所需或不止此。就余所调查，与普通社会交接，则马来文、马来语不可不知也。在荷属有以交际之需要而要求习荷文、荷语者，苟其地一般社会盛行中国某种方言，而初至者不解，则势又不得不习此。南洋语言文字复杂极矣，一方固不能不确立标准而规定之于正课，一方又不能不为应用计。盖理论自理论，事实自事实，立标准所以希望将来之统一，谋应用所以供给现在之要求，不言职业教育则已，言职业教育，则职业上凡有所需，宜为之所。为之所奈何？唯有于正课外许其补习，如一校中愿习某种文言满若干人以上，为设某种文言补习科，于晚间或假期行之，既不背教育之本旨，又易博社会之欢迎，所至有以此为问者，故陈鄙见于此。

第八，学校体育与卫生宜特别注意。南洋终年炎暑，久处其间者，筋力弛缓，膝理疏懈；每至日午，神昏思睡，影响于脑力体力上甚大。同此儿童，马来种不及华产（据槟榔屿英人所设学校 FreeSchool 之校长语余，华童较马来童十四岁以内无甚差异，以外则华童聪慧胜于马来童）；同此华童，生于内国者优于侨生者（据泗水中华学校校长许君民一语余）。以上两例确否，极愿教育家以实地试验所得见教，未始非气候特殊有以致之。各地教员往往语余，学生患头痛者甚多，尤为影响于学校儿童之一证。因此体育与卫生，不得不认为南洋教育上一重要问题。炎培于此愧乏专门之研究，姑就所见为之发端，愿教育界诸君子引申而讨论之，实地试验以解决之。

其一，普通体操宜注重也。普通体操之目的，在锻炼体格，以治弛缓疏懈，实为列病良药。时间非不加多，但须以短时间日日课之（见前第七条第一项）。或疑如此气候，行之是否相宜，则试观美人治菲律宾，十分注重体育，成绩几为东方冠，而未闻有流弊也。

其二，授课时间宜研究也。吾国学校授课时间，失之过长；教授材料，失之过多。食而不化，几成通病。处于南洋特殊气候之中，不唯影响于其课业，且将影响于其身体，尤非减少不可。各校授课时间，大都每日五时，间有每日七时以上者，宜研究一也。每节之长短，大都五十分钟，间有六十分者，应否采取欧美不等长制，精神健全时，俾较长，疲乏时，俾较短，宜研究二也。英属各校大都上下午分课。荷属间有并课于上午，而下午仅一时，或竟无课者。棉兰华商校长杨君季芬语余，最好仿荷校办法，午前七时起十一时止，午后无课，此须斟酌地方气候、社会习惯，择善而从，无可统一，宜研究者三也。

其三，教室座位宜限制也。所至各地，每有学生逾额，一教室至七八十人，三人并坐之课桌至四五人。来学者多，是好气象，但如是拥挤，平居已不能堪。况在学校课业之际，况在特殊气候之中，浚其心而伤其身，良非所忍。唯有请学董诸君设法相当之校舍，未有相当校舍时，只可如额限止。

其四，课桌制度宜注意也。每见幼年生坐高大之课桌，两足宕空，种种不适，大妨卫生，此理甚浅，当局必非不知。但或忽不加察，或限于经济，要须从速设法，非可一日安也。间有加横木于下以安足者较可。

其五，体罚宜废止也。所见学校有行体罚者，体罚久经教育家公认为非宜，又早为吾国教育令所禁止。菲律宾同在南洋，绝对不许用体罚，而学风至善。尝见聚初等小学生三千人同时体操，不用教师，仅以一级长击鼓司令，而丝毫不乱，可见整饬秩序之道固别有在，而不系乎体罚也。

第九，宜调查南洋教材。现行教科书之不适用于南洋，人有同憾，所谓不适用者材料也。非先将南洋特别之材料详确调查，无论官府私家，举无下手处。荷属教育研究会议决组织南洋教材调查部，分历史、地理、算术（度量衡及货币）、博物、商业、家事六科。每科设主任，由各校教员合力调查，不限于荷属。此举鄙意极赞成，愿各地学校通信泗水学务总会，索取章程表式协力从事，即不为改编教科书计，为教员者固当调查社会状况以备教科之参考，且宜令学生分任调查，借资历练，实课外作业之绝好机会也。

第十，宜组织教育研究会与参观团。教育之进步无穷，一人之精神有限，尺有所短，寸有所长，披沙可以得金，他山可以攻玉，是唯联合研究，彼此参观。我有所得，可公之于人；我有所疑，可决之于众。荷属教育研究会此次用正式会议制度，结果颇好。槟榔屿有教育研究会，霹雳州教育会亦有组织教育研究会之规定，新加坡英属学务总会尤热心提倡研究教育，鄙意以为合各埠组织固可，就一埠组织亦可；会集研究固可，通信研究亦可。江苏省教育会拟有组织教育会研究教育方法，节录以供参考。

一、教育会各组织教育研究部，公推主任员二三人，专司发布问题，收集研究意见编辑刊布等事。

二、先由研究主任员酌定问题（每次以一题为宜），通告各小学校。由该校于此问题有关系者，本其平日之理想与实验分别答复。

问题举例（此不过略举大概，主任员尽可斟酌仿制，或将后开之一题化作数题亦可）。

初等小学习字教授，现用如何方法？是否用范本？用范本适宜否？现用何种范本？所用范本善否？

初等小学算术科教授现用如何方法？现用方法善否？善在何点？不善在何点？现用何种课本？所用课本善否？善在何点？不善在何点？课本外尚用他物否？

初等小学修身科应否用课本？应用或不应用，其理由如何？

初等小学游息时，宜用何种方法使之精神上得适宜之活泼？

小学校之训练，依地方情形以用何种为宜？学校与家庭之联络有何良法？

三、各小学校得拟问题，送备主任员采择；主任员亦得向各小学征取问题斟酌采用。

四、主任员将问题通告时，应定收受答案截止限期。

五、主任员于限期既满，将所收答案或加入自己所拟之答案，取其同者或异者，按其条理编辑，务使便于循序研究。

六、由主任员定期通告各小学校于此问题有关系者（不问曾具答案者与否）赴会研究，此外有愿赴会者听之。

七、开会研究时，应由主任员维持研究之秩序。

八、主任员或其他研究员，如于各校所开送之答案有欲加以贬词者，宜隐其校名或人名。

九、研究时应记录各员之言论。

十、研究之结果不宜用表决；如有两种以上之主张，由主任员并记于报告中。

十一、研究报告，应按期由主任员印刷或刊送各小学校。

若夫参观团之举，祖国年来盛行一时，菲律宾职业教育与体育著名世界，祖国同志且不惮万里以来游，诸君子奈何近在肘腋而忽之。即论祖国教育，年来亦不无可观。再退一步言之，同此南洋大有可以互励之资料。今之世界，事事非闭户伏案，抱几本陈腐册子可以有得。况教育为改革社会习俗，扶助国家富强，鞭策人群进化之大业乎？愿教员诸君提议，愿学董诸君赞成！此等事，如以美食养乳母，直接以肥乳母，实间接以肥婴儿，学董诸君应乐为之任费也。

以上所陈，或为有识者所倡议于先，亦或为当局者所志而未逮。然真理所在，苟同不避。积诚所至，靡事不成。区区之忱，非第以报诸君子之殷勤，教育部之诿。诚欲吾南洋华侨教育猛进以赴不再之时机，作图强之导线。既谁毁谁誉之自信，将知我罪我之唯人，但幸勿以为循例文章，不加垂察。彼此关系以此行始，非以此行终。远望南云，永纫高谊，倘因北雁，时惠德音。

（原载《教育杂志》第 9 卷第 12 号，1917 年）

职业教育析疑

自职业教育论倡始以来，赞许者实繁有徒，怀疑者亦间所不免。余既偕同志创立职业教育社，于怀疑者义当有以释之，于赞许者亦颇冀其反复研究，必达夫深知确信之程度而后已。凡理愈辨析愈明确，余之致欢迎于怀疑者，较赞许者为尤至也。爰诠次平日答问语如下。

或问："子之倡职业教育，为欲解决社会生计问题故。顾往尝闻实业教育论矣，今乃言职业教育，究竟二者之性质有别乎？抑否乎？请以最正确之解释语我。"

答："实业教育与职业教育，二者皆以解决生计问题为目的，然其范围不同。实业教育之高焉者，高等专门实业亦属之；其下焉，仅为职业之预备者亦属之。故论其长，可谓过于职业教育。英语 Industrial education 之名词，依其本义，仅限于工业教育，东方译为实业教育，亦仅限于农、工、商三种，而医生、教师等不与焉。职业教育 Vocational education，则凡学成后可以直接谋生者皆是。故论其阔，又可认为不及职业教育。"

（原载《教育与职业》第 2 期，1917 年）

南洋之职业教育

今岁二月，游美属菲律宾。五月，游英荷属群岛。所见华侨学校，几及百数。华侨之在海外，舍实业更无立脚地，因之职业教育基于自然趋势，而成为一大问题。余之献议欲以职业教育与国民教育定为侨学两大宗旨，诚以离社会无教育，处何种社会施何种教育，非可苟焉已也。请就所见撮而述之：

南洋需要职业教育之确证。所至每闻人述学生父兄言，在外国学校读书毕业后，谋事易、薪水多，中华学校不及。可见家庭之希望，多数在毕业后之谋生，而非在升学，此需要职业教育之证，一也。参观菲律宾中西学校，学生之中途退学者甚多，比游英、荷两属此风更甚，几于各地一致，甚有以一学期而退学至四分之一者。究其原因，随父兄转业他埠与转学他校者少，而中途退学而习业者多也，此需要职业教育之证，二也。

南洋先觉者之注重职业教育。在苏门答腊晤领事张步青君，一见即述注重职业教育之意见，并承其叔耀轩君鸿南之命，将所创敦本学校，改办实业学校商科。其宣言书云："南洋群岛一实业场也。华人侨此者率业贸迁，间事工作。子弟成年，大半以能世父业为贤。在才而资者，固不难遣返本国，肄业专门大学；而无力者，势不能不从事个人生计，以图自存。普通中学之程度，以语高深，尚待精进；以云事实，未切日常；有心人至有养成高等游民之谓，岂尽虚哉。本校总理张公耀轩，知侨学不能不求深造，尤不能不求实用，特将本校改办甲种实业商科，附设高等小学，其经费仍由总理独力担任"等语。张君鸿南为一方之雄，其富至莫得而数，曾游南洋者，莫不震惊其功业，而景仰其为人。是书论南洋社会状况与教育方针，深切著明，以见老于其间者之舆论。

南洋职业教育现有之萌芽。所见各小学，几莫不设商业科，然间有仅读几册教科书，而缺乏相当之设备与实习功课者，窃虑其收效之不易也。乃若新加坡养正学校，有学生储蓄银行，启发学校有商业实习，柔佛宽柔学校有五七公司，吉隆坡尊孔学校有益群公司，坤成女学有职业实习部，怡保育才学校有学生贩卖部，三宝垄中华学校有学生营业部，皆以学生为之，使实习商业。泗水中华学校附设夜学，授以音乐、制皮鞋等课。此外未及见、与见而未及记者，尚所在多有。

余对于职业教育未来之希望。观于南洋天产之丰富，吾华侨生齿之浩繁，与土人之蠢愚而短于工作，以为南洋之职业教育不唯重商，尤当重农工。各地于商业学校外，宜兼设农工学校，或于普通学校分设农工科，余之希望一也。商业教育，必备种种相当之设施，若商品陈列室、若商事调查、若商业实习，庶使技能归于切实，余之希望二也。农、工、商职业教育，一以实用主义为基础，凡普通教育各科，咸使改良，以为职业之准备，余之希望三也。而最大之希望，尤在本国宜组织一发展华侨一切事业之中心教育机关，或即利用暨南学校，一方养成师范及农、工、商各种教员，以应南洋各埠之需要；一方收容南洋各校毕业生，予以国民教育，及适应于南洋需要之农、工、商教育；使毕业后活动于南洋社会，为中国增拓未来之富源，世有热心研究南侨教育者，当腾斯言。

（原载《教育与职业》第 1 期，1917 年）

三中学加设职业科之调查

自教育部采全国教育会联合会之议决案，发布中学设第二部之计划后，各地中学校当局者，皆从而注意研究是项制度之得失，大都苦于依傍一空，无所则效。六年十一月，出都门南下。过津，闻津埠两中学皆新设职业科，特往调查，记其所得如次。

直隶省立第一中学校，学生七百人。校长王君川熊言：因调查历届毕业生之从事商业者，学生父兄之从事商业者，皆甚多。今年暑假后，第四学年开双级，于普通学级外设一商业科，令学生志愿习商业者入之。签名之结果，商业级生与普通级生数相等。两级之科目，大略相同而内容异。如商业科英文、英语注意应用，而经济学尤特别加重之类，外加打字、簿记等特设之科。打字则正课外兼于自修时练习，商事实习则在此第一学期尚无有。今年四月，省立中学会议，各视地方情形加设一种职业科，李君金藻云。

南开学校遭水灾迁移校舍，特访代理校长。张君彭春为言：今春暑假后，第四年生八十余人，分为文、理、商三科，就各生志愿自定，现数约相等。修身、国文、英文、历史、地理为五科相同者，而文科则添授中国文学史、经济学、心理学，理科则添授第二级物理、立体几何、三角、解析几何、器械画、化学，商科添授簿记、商学、珠算、商业英文、文牍、经济学，而簿记以英文为主体，中文为参考。至打字科尚待调查其家庭状况，如志为银行业者则授之，小商店则不授。教授时讲及邮政，教师带至邮局参观，银行亦如之。并于第一年起，设职业顾问教师，择教师于是级担任重要功课而有能力者任之。负有两种责任：其一，每年调查级风，草为报告，而随时改良之；其二，每年调查学生籍贯，家庭状况，功课之优劣，志愿之属于何种职业学校，入何种会、为何种职员，而制为报告。每一生制一单，迨学生欲选择职业时，得就此教师商量。

自分科以来，发现之利有三：其一，学生知职业之重要而注意之；其二，教授各就其便利，不受牵制；其三，功课各随其性之所近，如数学不佳者勿入理科，而文学较逊者勿入文科，易使其学业弃短而用长，其害则未见。

既南还，适江苏省立第五中学开十周纪念会，乃往常州参观。是校开会之盛况不具述，而其陶业科，则大可供研究者。其揭示说明宗旨云：紫砂陶器，非仅为本省特产，即世界亦殊重之。近自洋瓷盛行，国中陶业，日见衰落。本校之设此科为第二部之试办，其改良之大纲，一土质之研究，二工作之研究，三火候之研究云云。自五月开始，中经暑假，迄今仅数月耳，而观其陈列之成绩，五光十色，姑不尽述，所可喜者，土质、用器、建窑、调釉、绘画皆具有科学的研究。或依顺序陈列，或制为各种模型，或述其所经过之现状，或述其发明之新法，是乃陶业教育，而非普通之陶业工场也。

世有研究中学校设职业科之实例者乎？之三校盍往观之。

（原载《教育与职业》第 2 期，1917 年）

在杭州女子职业学校演说

本社主任黄任之先生于十月二十二日下午四时三十分钟，在杭州奎垣巷女子职业学校演说。来宾到者有省议会副议长秦吉人君及冯氏、弘道女学校教员学生百余人。首由职业学校校长谢雪女士致欢迎词，略谓黄任之先生为吾国教育大家，且为提倡职业教育之一人，今日敦请来校演说，不胜欢幸之至。语毕，黄君登台谓女子职业学校，前日已偕各省代表参观一次，均谓办理完善，弘道、冯氏二校民国三年五月亦曾往观，校中设备教授情形尚能忆及，今又与诸君同在一堂，异常欣喜。此次谢校长报告余为提倡职业教育之一人，诚然，诚然。唯提倡职业教育，亦极困难。前在沪时有同志，亦因提倡职业教育，故在女校添设职业一科，讵知招考学生来者甚少，推其故均谓读书所以求高尚之学问，以备将来充学校之教师，而于烹饪缝纫等事，似乎不屑为之。实则教师须有资格，非学问高深不可；且现在各校所需要之教员，为有普通学问而兼有技能者，今在杭各省教育会代表，亦均以缺乏此项教员为言。故贵校谢先生能注意女子职业，实深钦佩。然余今日更欲与在场诸君详细讨论，何以须提倡职业教育之一问题。若曰谋生计、求自立，其意甚是，然余犹以为未尽然也。盖人生世上，衣食住三者缺一不可，苟谓家有银钱可不必有职业，则造屋、缝衣、烹食等事谁人为之？盖银钱一物，饥不可以为食，寒不可以为衣，风雨不可以代蔽人之屋宇，若人人有产业银钱，人人无职业，则不成为社会，不成为国家。今吾国幸而贫穷，尚有农耕工作开矿经商之人，否则其危险何堪设想。故余谓无钱者要有职业，有钱者亦要有职业。人之有职业，非特为自己谋生计，亦为社会尽义务。无职业之人，非特不能对自己，亦且无以对社会。凡人须有职业一语质言之，尽自己一人之义务，以报答社会众人而已（言至此众鼓掌）。至于女子，虽有父兄所与之食物，婿家所有之产业，然非自己赚者，不得为自己之物，劳心力而得者，乃可为自己之物也。今在场诸同学，苟欲提倡职业教育，务须实力做去，以凡人须有职业、须受职业之教育二句，劝导亲友中之姐妹，则家庭社会两受其益，若徒在学校空言，做几篇自立说、女子贵自立论，尚未能谓实心提倡也。此外，若女子师范中学等校亦须注意技能教育，前在美国曾参观十九中学校，除一二校外，均男女共校，而均注重职业。即以制帽论，各校均能独出心裁，别成花样，每帽之料不过三元，工不过十日，而售价十五元（合美金六元许），已每日可得工资一元余，在校如此，出校时可知。其他若手工、裁缝、丝巾、陶器等工作，小学校之木工（男）、裁缝（女）等，亦莫不然。在一人得其利，而社会已受其福矣。今吾国之中学校等，仅知读书，即学成而归，亦不过一书生而已，又奚益？故余谓中学等校中之教科，如算学、手工等等，注重应用一途，亦即为此。而女生于受职业教育外，尤须尽力于家庭中之职务，如洒扫、应对、烹饪、管理弟妹等事，未入学校前，吾国女子均能为之，入学校后，则须较未受教育前更为优美。若一任父母兄嫂独任其事，而已则专以读书为唯一之事，则已失教育之本意矣。余意如是，未识在场诸君，以为然否云云。

（原载《教育与职业》第 2 期，1917 年）

考察日本菲律宾职业教育 ①

　　六年一月八日，（月曜）晴。午后二时，自上海乘日本邮船会社静冈丸启行，团员姓氏如次：

陈宝泉　　筱庄　　北京高等师范学校校长

张　渲　　绥青　　武昌高等师范学校校长

郭秉文　　鸿声　　南京高等师范学校教务主任

韩振华　　诵裳　　北京高等师范学校附属中学主事

蒋维乔　　竹庄　　前教育部参事

黄炎培　　任之　　江苏省教育会副会长

　　九日（火）晴。

　　十日（水）阴。午后四时船抵门司，上岸乘汽车向东京行。

　　十一日（木）晴。午后七时抵东京，宿本乡区麴阪町菊富士馆。

　　十二日（金）晴。午后，参观公立女子职业学校，留学东京高等工业学校毕业生张君寿丰（东翼）为导。五时，访章公使宗祥（仲和），代理留学监督金君之铮（锷卿）。

　　十三日（土）晴。午前，参观东京美术学校，是校留学生严君智开（季冲）为导。

　　十四日（日）阴。摄影，夜，张君之铭（伯岩）邀餐于风月堂。

　　十五日（月）晴。午前，访东京高等师范学校附属小学，主事佐佐木吉三郎氏、浙江留学经理员池君尚同（宗墨）为介，演谈三小时。午后参观附属小

---

① 本文及《日本菲律宾之职业教育》为黄炎培考察日本、菲律宾教育后所写。参加考察团的还有蒋竹庄、陈筱庄、韩诵裳、张绥青、郭鸿声等人，历时二月，归来分写成书。标题为编者所加。

学及本校，与干事西川顺之氏谈，夜池君及张君寿丰邀餐于荟芳楼。

十六日（火）晴。午前，参观东京府立青山师范学校，高师留学生李君诒燕（翼廷）及张君寿丰为导。午后宝泉、渲、振华参观高师附属中学，秉文、维乔、炎培由张君导观府立工艺学校。

十七日（水）阴。午前，张君导观东京高等工艺学校，与校长阪田贞一氏、学监杉田稔氏谈。午后，观其附属工业补习学校。三时，访前校长手岛精一氏于其家，谈两小时。夜章公使邀餐于使署。

十八日（木）雨。午前，秉文、维乔、炎培由池君导往千叶观千叶县立师范学校及其附属小学，与其农科主任河野一平氏谈。午后，观千叶女师范学校，回东京。

十九日（金）晴。午前，秉文、维乔、炎培赴横滨参观横滨商业学校，池君为导。午刻，张君之铭邀餐于成昌楼，坐有侨商郭君外峰、张君汝栋、董君仁荣等。午后，参观侨商公立中华学校，中华会馆、三江会馆。夜，赴大阪，宝泉、渲、振华自东京行，会于车次。

二十日（土）晴。晨抵大阪，参观育英高等小学校。午后三时赴西京，宿麸屋町泽文旅馆。

二十一日（日）晴。午后，参观活动写真制造厂，游金阁寺。宝泉、渲、振华先赴广岛。

二十二日（月）晴。宝泉等抵广岛，参观高等师范学校。夜宿鹤水馆。秉文、维乔、炎培赴神户，访王君敬祥。夜赴广岛。

二十三日（火）晴。秉文等抵广岛，共参观高师附属中小学。午后，参观教育博物馆。三时赴长崎。

二十四日（水）晴。午前七时抵长崎，访领事胡君祁泰（伯平），午、胡君邀餐于精洋亭。午后，游诹访公园，宿长崎馆。

二十五日（木）阴。午前，参观市西浦上山里村小学。

二十六日（金）晴。

二十七日（土）晴。午前，游长崎商品陈列所。

二十八日（日）晴。午前八时，上高丽丸赴菲律宾。

二十九日（月）晴。午后七时，船过上海小泊上岸。

三十日（火）晴。午前十一时上船，午后二时行。

三十一日（水）晴。

二月一日（木）晴。

二日（金）晴。

三日（土）晴。午前七时，抵菲律宾首都马尼拉（Manila）。总领事施君绍常（伯彝）、律师薛君敏洛及其夫人、商会总理施君光铭、教育会长陈君迎来及华侨各团体代表咸至埠欢迎。入法兰西旅馆。夜，施领事邀餐于东方俱乐部，游嘉年华会（Carnival）。

四日（日）晴。午前，访施领事。午后四时访薛君芬士、敏洛昆仲于其家，开茶话会。夜，蔡君德燥邀餐于中华酒楼。

五日（月）晴。午前，访教育局长麦夸氏（Marquart），谈两小时。午后，观嘉年华会出游。夜，观女王加冕。

六日（火）晴。参观圣恩台斯初等小学（San Andress Primary School）、梅雪克初等小学（Mesic Primary School）、圣他克兰拉初等小学（Santa Clara Primary School）、马尼拉中学（Manila High School）。夜，蔡君联芳邀餐于东方俱乐部。

七日（水）晴。午前，参观汤度高等小学（Tanto Intermediate School）。菲律宾商业学校（Philippine School of Commerce）。午后，参观教育局设立教育工艺品发卖所、森林局，并观嘉年华会场教育出品。

八日（木）晴。午前，施领事偕往谒菲律宾总督哈列孙（Harrison）。访侨商施君光铭、陈君迎来、杨君嘉种、吴君克诚、郑君汉淇、蔡君联芳。午后四时，华侨教育会开欢迎茶会于东方俱乐部，中西官、绅、商、学界到者八百人。夜游嘉年华会。

九日（金）晴。午前，参观侨商设立之中西学校，访侨商李君清泉、黄君念益。蔡君德燥、薛君西邈、陈君景山，并参观阅书报社。午后三时，森林局长费休 Fisher 导观嘉年华会农林出品。

十日（土）晴。午前七时，应菲律宾大学之招，坐摩托车行两小时，至露思班诺斯（Los Banos）。参观大学农科（College of Agriculture），开欢迎会。秉文演说"吾国与菲律宾之关系"。午，大学校长邀餐于卫生旅馆。午后，宝泉、渲、秉文、振华回马尼拉，维乔、炎培参观大学林科（School of Forestry），教授霍恩佛博士（Dr·Foxworthy）为导，留学生傅君焕光任译事。夜宿卫生旅馆。

十一日（日）晴。维乔、炎培以傅君之导，坐汽车赴百震亨（Pagsanjan）观瀑。午后，观斗鸡，三时回马尼拉。

十二日（月）晴。午前，参观菲律宾师范学校（Philipine Normal School）及女生寄宿舍。晚，薛君芬士、敏洛昆仲邀餐于其家。八时，菲律宾大学纪念会及中西学校皆邀往演说。秉文赴大学，说"东亚各国教育之趋向"，宝泉等赴中西学校，宝泉说"华侨教育之特点"，渲说"学生之责任"，维乔说"本国教育与日菲之比较"，振华说"体育"，炎培说"职业教育"，听者四百人。

十三日（火）晴。午前七时，坐摩托车行百五十启罗米达赴米无诺（Munoz），教育局长麦夸氏、副局长爱白脱氏（Albert）为导。渲、秉文、维乔中途参观马陆来斯初等小学（Malolas Primary School）。勃拉根省立中学及中央高等小学（Bulacan Provincial High School and Central Intermediate School）、勃拉根工艺学校（Bulacan Trade School）、勃拉根省行政机关（Provincial Building, Bulacan）、圣密甘尔初等小学及高等小学（San Miguel Primary and Intermediate School）。宝泉、振华、炎培先至，参观中吕宋农业学校（Central Luzon Agricultural School）。晚，渲等至，宿农校。

十四日（水）晴。午前六时，参观农校。八时半，坐摩托车行，返马尼拉。中途参观嘉白南登小学（Cabanatuan Primary and Intermediate School）。午饭于圣密甘尔村薛华乔氏（Miguel Siojo）家。午后复行，途过勃伦（Bulane），参观儿童感化院（Lolomboy Reformatory）。晚抵马尼拉。

十五日（木）晴。午前，参观菲律宾大学（University of the Philippines）暨附属马尼拉公共医院（Manila General Hospital）。大学开欢迎会，秉文演说"菲律宾之将来"，午后三时，摄影。夜假法兰西旅馆答宴侨商，发表对于菲律宾华侨教育意见书八条。

十六日（金）晴。午前，参观教育局组织法。午后，访马尼拉市长洛克萨斯（Roxas）、菲律宾副总督罗克斯（Rokas）、上议院议长奎仁（Quizon Harrison）、下议院议长奥斯曼尼（Osmena）。夜赴郑君汉淇家晚餐。

十七日（土）晴。参观菲律宾工艺学校。

十八日（日）晴。

十九日（月）晴。午前，参观科学局、卫生局、隔离病院。午后，观菲律宾师范学校附属小学。晚，游水族馆，秉文往大学演说"中国之现状"。

二十日（火）晴。晚阅书报社、普智学校邀往演说，宝泉说"社会教育"，秉文说"爱国"，炎培说"提倡爱国之根本在职业教育"，听者五百人。

二十一日（水）晴。晚广东会馆邀往演说，宝泉说"劳动之神圣"，炎培说"职业道德与知识"，秉文说"华侨爱国之方法"，听者四百人。

二十二日（木）晴。晚华侨教育会开饯别会于东方俱乐部，会长陈迎来君主席，致送别词，并宣布采纳同人意见，下半年即建筑商业中学，并添办小学三所。宝泉致答谢词，秉文演说"对于华侨前途之希望"，炎培说"中华职业教育社之组织"。侨商特赠银鼎一尊为纪念，上镌文曰：学界明星。

二十三日（金）晴。本日定启程返国，以候船改期，午后中西学校教员导观侨商公立之崇仁医院、摄影，并游北邙公墓。

二十四日（土）晴。

二十五日（日）晴。午后爱国学塾、民号报社邀往演说。宝泉说"社会教育气"，秉文说"爱国"，炎培说"手工与实用教育"，听者百人。

二十六日（月）晴。午前，至各侨商家辞行。午后各侨商集总领事馆，议捐金于中华职业教育社。三时上天洋丸，各送至舟次而别，四时三十分行。

二十七日（火）阴。

二十八日（水）雨。午后二时三十分抵香港，商务书馆许君允彰、姚君葆宜招待。夜邀餐于小蓬莱馆，宿香港旅馆。

三月一日（木）雨。午前八时，乘泰山船赴澳门，十一时三十分抵埠。午后，坐摩托车游全市。夜乘永固船赴广州。

二日（金）雨。晨抵广州。参观广东高等师范学校。午后三时，至省公署访朱省长庆澜（子桥）、代理政务厅长冷君通（御秋）、教育科长吴君鼎新（在民）。夜吴君及高师校长廖君道傅（叔度）、张君枢（士希）、程君祖彝邀餐。宿东亚酒店。

三日（土）晴。午前，赴高师演说，宝泉说"考察大略情形"，秉文说"教育之精神"，炎培说"职业教育"。参观岑南学校。午钟君荣光邀宴于其家。午后，复参观岑南学校小学部女子中学部。晚参观南武学校，朱省长邀宴于省公署。

四日（日）晴。晨至省公署早餐。朱省长及冷君等导自飞桥至督军署，见代理督军谭君浩明。由雷君殷导，自飞桥登观音山游览。午商务书馆梁君继恒（宝田）邀餐。午后三时登火车，七时三十分抵九龙，渡海至香港，宿中华酒店。

五日（月）晴。午前，参观香港大学。午后，参观皇仁中学。四时登电车，上太平山绝顶。晚游公园。

六日（火）阴。午前十时，上天洋丸。

七日（水）晴。

八日（木）夜大雾，舟停驶。

九日（金）午后五时抵上海。

（原载《考察日本菲律宾教育团纪实》，商务印书馆1917年出版）

日本菲律宾之职业教育

此行考察，以职业教育为主，所得亦较丰。尽写之，则资料难于贯串，文字将失之繁芜，不得已，尽载诸炎培另编考察日记，而于此设为问答，俾容量扩充，而端绪仍明晰。阅者鉴之。

问：考察职业教育，特至日本、菲律宾，有说乎？

答：有。往岁至美国旧金山，观巴拿马太平洋万国博览会，见菲律宾教育出品与种种图表，知其大注重职业教育，以为同处亚洲，必有可取法者。若夫日本教育制度，夙为西方教育家所诋诽，从前教育辞典，尚未有职业教育名词。然以比年时局之剧变，新潮之推荡，岂无适应于今世要求之新趋向，是不可不一考察也。

问：然则日本之于职业教育果何如者？

答：东京高等工业学校生徒监杉田氏言："诸君谈职业教育乎，幸在中国。若在日本，今日开会所标揭之题目曰为实业教育也，教育家席为之满。若曰为职业教育，则中流以上社会决无往者。"此可见其社会思想之一斑。虽然，外感于世界潮流之推荡，内迫于社会现况之要求，教育家之具远大眼光者，早见及此。观昨年六月出版之《职业教育之研究》（现由商务书馆译出改名《职业教育真义》）一书，盛称日本值此欧战以后，速宜于经济上大觉悟、大准备，所谓大觉悟、大准备者何物也，公民教育与职业教育是矣。教育家佐佐木吉三郎氏、工业教育家手岛精一氏余辈特访谈，皆承认职业教育之重要。

问：日本之于职业教育，有所设施否？

答：有之。就余所见，若大阪育英高等小学，以小学校而分设职业科者也。广岛高等师范附属中学，以中学而分设职业科者也。大正四年十二月，全国中学校长会议，提出中学分科问题者甚多。讨论之结果，先从事调查。逮去岁中学校长会议，决定于第四年起，酌加实业功课，每周三小时，可见其近今趋势矣。

问：广岛高等师范附属中学之设施如何？

答：该中学分两部，第二部依现制，第一部以研究为目的，于通行各学科外，设农业、商业、手工三科。农业第四、五年课绪论、重要作物、栽培作物、病虫害、造林、水产、蚕业、园艺、畜产、土壤、肥料、农业经济法规。商业第四、五年课商事要项、商业簿记。若夫手工，非手工也。木工课指物、涂物、雕刻、辘轳，金工课锻工及钣金，第四年更课考案、制作、工业讲话、工业发达史，实已入于工业范围。观其工场设备，殆宛然一甲种工校，而其制作品，悉切合于实用。其办法令全部生徒于农、工、商三者，各以志愿选习其一。即其附属小学，亦有特殊之设施。其第二部高小男生设农、工、商三科，令任择其一，各三年毕业，授以各该科之大要，而注重实习。女生则于理科授以家事之大要，而亦注重实习，各分组行之，皆余所亲见者。

问：育英小学之设施如何？

答：广岛高师附属小学分设农、工、商科，不过职业教育之预备而已。若育英小学之设施，乃系正式之职业教育。校在大阪市南区鳗谷东町，其编制示如下：

内地商业科	八级	
海外商业科	二级	
生产业科	二级	
普通学级甲	二级	重工业
普通学级乙	二级	重商业

各二年毕业，以其志愿占定之。生产业科，工业科也，其不称工业科称生产业科者，不唯授以关于工事之技能，兼注意于经济故也。

叩校长本多氏以特别编制之宗旨与其经历之顺序。

答：世界经济之竞争，日迫一日，教育不可不着眼于此。从前小学卒业生无适当之出路，不得不将文部省定制稍稍变通之。余在此二十年，深知非此不能适合地方需要，而满足学生父兄之希望。全国唯我一校，有此特别编制。编制仅及一年，然调查已费两年。因地方之实况，以定学科，因各科之需要，以定教授要目，因要目以定细目，其材料除实地调查外，取之于新闻纸之记载。

复叩以各科教授材料有别否？

答：修身、体操、唱歌三项无所别，其他依各科性质定之。如生产科之手工，与普通学级之手工大有别，前者不唯课之作业，且使晓然于原料之性质与其效用价值，且使调查本国原料，加以人工，而为之计算，而后者则在发达其身体与脑筋之能力，但期养成工商界之人格而已。不唯手工有别，即他科亦有别，如算术其为内地商业，则略笔算而重珠算，其为普通学级，则在养成算数的基础，其他各科准是。校长又言，吾校注重严格训练，仅强制地服从命令，不如养成其自决心与自制力。故每日将儿童应为之事，列为要目，令于隔夕就寝之先，思维一遍，以为明日实行地步，于养成人格上，大有关系。校外分七区，每区设同窗会，俾共从事于作业的生活。参观手工、图画课，凡手工制作，必先令绘图，图画与手工，无不相联者。理化实验室，分组试验，每组六人，各种器物均备六具，多学生自制者。若矿物标本注重铜、铁、宝石等商品，若各种度、量、衡器，若电铃之各种原料，便学生试装。若商品打包模型，多米、糖、面粉之类，此外物品甚多，大都工商界应用者。历史一级课题为东洋殖民会社，则海外商业科也。一级为大阪之商人，则内地商业科也。珠算令一生速唱数、速算，他生依之速算，一生报得数，他生证其误否。另设商工补习学校，于夜间授业，分英语科、珠算科、商业科、簿记科、工业理化科、读书作文习字科、制图科（内分普通制图、建筑制图、机械制图）、算数科，各六个月毕业，每周授十二时至十八时，各以其志愿选习一科或二科。本多氏又谓此辈受工业补习教育之生徒，极可怜，须乘其工作余闲为之，得此余闲甚不易，须得其主人之许可，故本校专施恳切之训练，全体教员相约以最温和之空气，涵濡若辈之身心。

大阪府大阪市育英高等小学校一览表

大正五年四月末日调制

设置负担区				编制							
町数	户数	人口	区内寻常小学校数	编制别		内地商业	海外商业	生产业	普通学级甲	普通学级乙	统计
大阪市南区长堀桥筋外九十一町	54,693	209,146	11	一学年	学级数	4	1	1	2	1	9
					儿童数	251	65	70	98	68	552
儿童保护者职业别					加设教科目	商业	商业	手工	手工	商业	手工3商业6
内地商业	海外商业	工业	建筑及土木业	二学年	学级数	4	1	1	1	1	8
480	40	211	11		儿童数	230	66	69	63	67	495
银行会社员	官公吏其他	旅馆饮食业等	其他		加设教科目	商业	商业	手工	手工	商业	手工2商业6
37	44	54	53								

问：此外尝参观职业学校否？

答：东京府立工艺学校、共立女子职业学校，皆尝参观。

问：请语我以东京府立工艺学校。

答：是校系甲种程度，分金属细工科、精密机械科、家具制作科，各四年毕业。以外间需此数科甚亟，故无失业者。从前学校与社会无甚联络，近年机械科与芝浦制作所及各电气机械厂联络，金工科与御木本工场、瓦斯株式会社、各种美术工艺厂、玩具输出品工厂联络，木工科与三越加工部联络，凡需人者皆向校长要求介绍，而学校兼奖励自行谋事，独立经营者亦渐多。上所谓联络，皆各科科长任之。学生在修学期内，制成品不得钱。积若干时期开展览会一次出售之。其价悉归校，因消耗之材料悉由校备，故需费亦甚巨。选科收年龄较大者，或由工厂选送来习。研究科限由本校卒业生，无定期。

问：公立女子职业学校如何？

答：此校设于东京，其目的在授女子以适切之技艺，并养成其常识与诚实勤勉之美德。其编制分甲部、乙部，甲部内分本科、受验科、高等师范科。乙部内分本科、受验科、家庭科。甲部皆三年卒业，乙部皆二年卒业。甲部各科于裁缝、编物、刺绣、造花四种，令选习二种。乙部各科但令习一种，此校得宫内省之赞助，历年进呈制作品，售出多至一万一百三十元。昨岁遣造花科数员，赴法国里昂留学，其进步殊无限也。

问：日本师范教育，有关于职业科之设施否？

答：此层颇加注意，访悉千叶师范加设农科，青山师范加设商科，故皆尝往观。不意青山师范，近因商科教员退职，另聘未得，暂行停止。盖日本高商毕业生，往往入实业界，不愿为教员，故觅教员不易也。千叶农科颇有可观。其农科主任何野一平氏言，每生令各借地一坪自营耕作，而师指导之，除资本外年入五六角，平常农村一坪之所入，仅约二角五分耳。但此校之目的不过为农业之准备，唤起其对于农业之趣味，实修时间少，而讲义时间多。故实修往往在校外，盖仅属职业陶冶性质，而非正式的职业教育也。大抵日本师范学校加设农、工、商科多类此。

问：工业教育家手岛精一氏对于职业教育之议论如何？

答：与氏谈话极长，择要述之，则第一节，论实业界与实业教育家不联络，各国皆然。日本二十年前，与今中国略同。其原因自学校言，教师对于本国状况，未能十分明了其所主张，往往不合实际之需要。自实业界言，则墨守祖传之知识与经验，不思改良，此为通病。唯德国两方最为接洽，加以政府之助力，为两方谋种种便宜联络之法，故成绩独佳。东京高工（氏即此校老校长）附设职工学校，卒业生不足应用。现谋与工厂订约，三年生一周入厂实习，一周回校修业，亦是实行联络之一法。第二节，论实业专门教育与职工教育之比较。日本从前偏重于技师教育，但成绩不佳。社会对于技师，不如对于职工之尤感缺乏。须知社会需职工多，需技师少。故学校养成职工宜多，养成技师宜少。唯技师不可偏于理论，亦宜重实习，虽非亲为职工，苟无职工之技能，不能指挥职工也。第三节，论普通教育宜注意养成职业之基础。如算学、理化等科为职业的基础知识，不可不注意输入。尚有两事：一将为职业教育之准备，不可不注重人格修养；二师范卒业最好再受工商教育，适宜于为职业教师。总之，氏意对于职业教育，认为必须提倡，且甚憾日本各大学，文法科生多于他科，其结果成为高等游民，为违反教育本义云。

问：今请示我菲律宾之职业教育矣。

答：百闻不如一见。夙闻菲律宾大注重职业教育，仅知其趋向而已，及实地参观，方知其所定种种设施方法，诚有足令人惊叹者。菲岛教育之宗旨，曰普及、曰统一，职业教育之设施，亦即依此以定方法。唯统一，故职业教育之总关即在中央教育局。局分六科，第一即为实业教育科。科分四股，其一为花边与刺绣股，其一为普通贩卖股，其一为普通图案股，又其一为实业管理股。以实业教育一科，而关于职业者占其四之三，可见其重心之所在矣。

问：菲岛现行学制，对于职业教育有特别注重之点否？

答：有。初等小学四年，高等小学三年，中学四年，大学二年至七年不等。自初小起即设职业科，自高小起即分设农、工、商及家事科，中学分设农、工、商、家事等。各校能升学者授普通，不能升学者授职业，为各级所一致。自初小起，规定职业科为二十八类而每类又析为若干种，规定某学年男子习何种、女子习何种，又规定各种艺术品之教授顺序，全岛一致，故教者易教，而学者亦易学。其时间则小学职业科，常占总时间四之一、或五之一，高小分科。则时间之偏多于职业，更不待言。

问：小学职业科之实况如何？

答：小学校学生之食事，恒由女生担任，食品简单，规定每件若干，令女生兼习售卖。尝见梅雪克小学，广场设栏，栏内有桌，设各种食品，女生之经理此事者立于此，男生立栏外，钱物授受，彼此贸易，极有秩序。又于汤度高等小学，见课烹饪。一女师教女生十余人，或执炊焉、或给料焉、或涤器焉、或供使令焉、或售卖焉，分功任责，相习而绝不相紊。其园艺亦甚好，男教师率男生，分任灌溉种植，其形状固一群农夫也。木工能制成器物，其工具简单。

问：菲律宾农业学校如何？

答：最令我不忘者，中吕宋农业学校。校建于大片荒地，学生三百七十人，初小高小毕业生，皆得入之。其事为耕作、为畜牧、为农事机械，如打米、锯木之类，半日上课，半日实习。实习分两种，普通法，每生给地一方，令以同等、同量之种子及肥料自行种植，而以收获之多少，定其成绩。特殊法，选学生之有能力者，名曰学生农夫，每二人为一组，给以荒田十五亩，自筑茅屋而居之，亦以收获之多少，定其成绩。农产品即由学生出售，夕阳西下，载运累累十余龄之儿童，各呼叱其所驾之牛马，以适于市，则皆学生终岁勤动之所得也。校舍除始创用数椽外，余皆学生所建，校给工资。工厂则学生出资本，公家给以机器及一切用具，获利以十之四归学生，十之六归公家。余辈留宿于校，饭于校长所，校长夫人司中馈，而往来给事者皆学生。有银行，有邮便局，有警察，有裁判官，悉以学生充之，盖特别之自治制也。察其经济上之报告，开办仅六年，已垦熟二千二百余亩，农夫、工人之直接、间接恃此校以生活者六万人。而此校常年经费，除教员薪水二万元外，悉以土地所获充之。而开办费仅十五万五千菲金，即垦费六万、牲畜费二万、建筑费二万五千也。

问：其工业学校如何？

答：马尼拉有工艺学校一所，收高小毕业生，分八科即铁工、木工、建筑、机械画、摩托车、机械预备、航海、测量是也。皆半日上课，半日实习。观其出品，价廉物美。凡学生制造，必须注意于经济之计算，务使其工料合计，定为价格，等于市价，或更廉于市价，而其物不失为美观、适用、耐久，方为好成绩。吾国学校出品，间亦有良好者，而价格太昂，遂难出售，此校大注重此点。学生课内工作，每小时以银五分计，但仅于定价时依此计算，并不给予学生。课外工作则视其手段之高下，分为一角、一角五分、二角、二角五分四等，而如数给予之。嘉年华会场，有陈列教育品之屋一所，即为是校建筑科学生所建。余辈偶行市上，见摩托车一乘，如飞而过，上坐学生四人，即是校摩托车科学生之实习也。

问：商业学校如何？

答：菲律宾商业学校在马尼拉，此校开办至今，毕业生殊鲜，盖社会需要极多，学生未及修了，已被聘而去也。全校学生七百人，分七十级，依各生各科程度而分。唯分级如此之多，故程度相当，无过或不及之患。尝观其实习打字，某公司出一书悬赏，谓有能用打字机抄此书，一字不误而又最速者，奖以打字机一座，于是学生奋其全力以竞争。述至此，乃联想及于养豕竞争中，吕来农校每一学生养豕一头，硕大无朋。因有某农具公司悬赏，设有能养成一最大之豕，奖以农具一副。此等事欧美常有之，实业家施其广告手段以利招徕，而在教育上借此鼓其竞争练习之兴味，可云各得其所，而实业界与教育家从此获沟通之机会矣。

问：师范教育与职业教育之关系如何？

答：此点甚要。菲岛之中央，设一师范学校，分普通科、工艺科、家事科、体育科。工艺科由通常学科外，课制篮、园艺、木工、竹工、制鞋、制帽、刺绣、花边、缝纫、家事、烹饪等科。家事科由通常学科外，课家事、烹饪、裁缝、各种工艺。此皆职业科教员之所由养成也。即普通科各学年亦课工艺，每日一二小时不等。其教授方法，各项工艺定为若干种类，限于若干时间内制成。如编物四十七种定为必修，有余力乃许习其他。此四十七种为一套，毕业后充教员，即以此为教授标本。裁缝规定各种衣服用途，一为自己、一为父母、一为将来之丈夫、一为将来之儿女，都凡二十一套，限于二年内制成，有余力乃许制其他。他科大率类是。故凡毕业师范者，无一非具有职业科教员之资格者也。

问：社会教育与职业教育之关系如何？

答：菲岛教育局长麦夸氏语余，本岛之办职业教育，重在普及，故有两要点：一、与家庭联络。学生在家所修功课，苟学校察知其合格，亦与以承认，给以分数，作为成绩品。且教员时至其家，扶助指导之。全岛受职业教育者六十万人，有四十八万人在家自营农工。二、与商业联络是也。各区设工艺品发卖所，非仅经理学校出品，且经理家庭出品（参看另表）。有所谓家庭工艺传习所者，集一二十家之妇女，合组传习手工，由学区委员长派遣巡回教员往教之，而经理其出品之销售，督促其改良与进步，设专门视学随时往察之。此项传习所已设者十九省，共一百三十所，传习之妇女三千人。又有所谓家事讲习所者，组织法略同，联合研究家庭社会应行改良之事，盖彼之职业教育，虽谓其大部分属于社会教育可也。

问：教育局与各学校职业教育上之关系，可列举之否？

答：可列为四事。一、编订课程及教材。二、养成教员，前皆述之矣。三、指导改良。教育局聘专门家若干人，专司创制新式之图样，而各教员亦得创为新样，以候教育局专门家之审定采用。又虑职业科教员之技术久而陈旧不适用也，设巡回教员，由专门家以时教授之，转以传授于各教员，故人唯求旧，而法必翻新。四、经理发卖。上述工艺品发卖所，置中央机关于首都，全岛三十五区皆有之。凡各学校与各地家庭出品，悉归其经售。教育局一室若干人，司制品之收发，一室若干人司广告与装运，仅篮类一项，每月运美销售十吨乃至十五吨。故教育局者，与其谓为行政机关，不如谓为商业公司之近似也。

问：菲岛关于职业教育之设施美矣、备矣，究其功效若何？

答：菲岛职业教育之功效，吾焉能测其所至。就现状论之，所共见共闻者，市无游民，道无行乞。国多藏富之源，民有乐生之感而已。盖其教育以生活为基础，同时提倡道德教育，文化教育进步之不已，骎骎乎将合东西两大洋文明而融会之，少年菲律宾，诚可羡也。

菲律宾六个月间学校工艺品出售数一览表
一九一六年八月至一九一七年一月

品名	数目（比索）
篮类 BASKETRY	24, 488.49
绣货 EMBROIDERY	41, 825.29
花边 LACE	67, 724.22
线结物 CROCHET	6, 991.02
拖鞋 SLIPPERS	751.16
帚及刷 BROOMS AND BRUSHES	62.76
织物 TEXTILES	180.00
木工 WOODWORK	1, 118.25
席 MATS	7, 073.40
统计	144, 214.59

（原载《考察日本菲律宾教育团纪实》，商务印书馆 1917 年出版）

我国图强所必要之训育方针

三五年来，实用教育、职业教育，不佞既随教育界诸同志之后，挟吾笔与舌，上下论究而勿敢告劳矣。顾以此身频年奔走国内外，外震夫气象万千，内伤夫沉沉长夜，因彼此之比较，觉两方精神上尤有特别之差点，以为国力强弱、国运盛衰胥由是判，辄欲从训育上为根本解决。举所谓实用教育、职业教育，皆将以斯点为之基。倘吾教育界诸同志所乐共研究者乎？

世界各国之教育，余所见而知之者，日本教育也、美国教育也、菲律宾教育也。上海有外人所立学校以教其国之侨童者，若日本、若英、若法、若德、若美，余皆尝参观焉。令人发生一大感触，即教授管理种种，凡关于方法上，各国容有不同，而有一点焉莫不同。凡关于方法上，吾国与各国差度虽大，总不若此一点差度之尤大，此一点维何？活动之精神是也。

以余所见英、法、德、美、日本之学校，其学生游息时，一种喧呼跳荡之声态，设以中国教师处此，将非呵斥禁止不可。然而，其教师见之自若，学生见其教师亦自若。及一闻号钟，徐徐敛其飞扬之气，整队入教室，然犹争先答问，戟其手，揎袖疾举，若不可遏，不似中国学生有屡问无答者。或疑日本不如此，德国不如此，不知两国学风之活泼，且有甚于他国者。吾往德校参观教室时，值课毕群儿围视，至有直立课桌上者，教师微风止之，不加斥也。

反观吾国学生，正课以外，多伏案呻唔；游息之时，多呆立枯坐。学业愈优者，活气愈减；学校愈负时誉者，学风愈缺自动。教师之定学生行评也，莫大乎守规；视学之判学校成绩也，莫要于整肃。有时教师不在，学生或稍稍放其活动之天性，教师一至，而肃然寂然，于是从而称之，谓其能立威而率教也。余家之子弟，余邻家之子弟，余亲友家之子弟，其始喧呼跳荡，初等小学毕业而活气稍杀，高等小学毕业而活气愈杀，中学毕业而活气之存焉者几希矣。某县师范学校夙负盛名，外国某教育家往观，语人曰："此校学生精神上未受伤者，仅一二人耳，外此莫可药矣。"

将谓中国儿童活动性果绌于他国乎？非也。当未受教育时，其活动性初未尝绌也。社会之所谓良少年，家庭之所谓佳子弟，学校之所谓好学生，莫不以规行矩步、整肃安详为唯一之标准。诗云："螟蛉有子，蜾蠃负之。教诲尔子，式穀似之。"苟举全社会之力而教诲之，安有不式穀似之者。夫社会一般人不足怪，教师从事教育者而犹然，此责其有所归矣。天地生才万有不齐，教育者其消极之效能，常大于其积极。质言之，即消极的戕贼人才之易，而积极的改造人性之难也。孔子曰："上知与下愚不移。"教育所得而移者中材耳。今欲以积极手段教中材，使与非常之材竞，虽古今大教育家，亦未敢信其可能。而欲以消极手段压抑中材之志与气，使之消沉堕落，本非不羁之马，将类就下之水。夫以占社会大多数之中材，一一被戕贼于是等教育，苟合全国计之，其受损宁复可以数计。今世界方认发展本能为教育最正大之主义，思想欲其开发也，体格欲其充实也，器官欲其灵活也。而吾国教育之结果，一一反之，于不知不觉中，戕贼人才，乃至无量数，不大可哀耶。

试从心理上研究儿童。当七岁至十五岁在小学时代，其求知心与好奇心初见发达，偶遇事物，必欲睹之闻之，取弄而审辨之，若有无穷之意味存乎其间，而后研究心生焉。因研究而发明，其快乐无穷，其知识亦与为无穷，他日大学问大事业皆基于此。斯时施教育者，苟不知利用其乍苗之性机，而于其动一物也禁之，弄一器也止之，禁止无效，则威吓之、苛罚之，不唯肆虐于其心，乃至加毒于其身，使儿童左抵右触，前桎后梏，而无有些子天趣。斯时儿童抵抗力本弱，中人之资，日迫于父兄师长之威权，绝无敢以己意有所动作。其天秉较强者，自动性不可遏，则唯有乘父兄师长所不及见、不及备之地，而试一为之，经一再之破露而操术愈工。前者贼其才，后者丧其德，德既丧而才亦拳曲臃肿无可用矣。再进至青年时期，而名誉心益发达，其初深自爱惜，经一度之呵斥而赧然，再度之记过而嗒然，三度之体罚而暴弃，不欲复有为矣。是故过严之学校，多犯罪之青年。过严之家庭，多不才之子弟。积若是学校家庭，而为国家求立于今世列强间，前途之命运，其可问乎？

曰：然则子于学校管理主宽而非严矣乎？主放任而废干涉矣乎？曰：非也。教育盖有其道焉。第一须启发其自觉心。儿童有不规则之行为，与其直施禁遏，不如本诚恳之意，或示以善例，或诏以嘉言，使本于其天良而自觉其不当。不自觉而第禁遏之，如锄草者，不去其根，春风吹又生矣。第二须养成其自制力。自制力之养成，非可以鲁莽灭裂为也。例如蒙氏教育法，令儿童日移满杯之水，使其全神贯注于一点，丝毫不敢放逸，久之而自制力大进。事物当前，苟自觉不当为者，本其素养以全神注定之，无不贯彻者。第三须代以他种之刺激。譬如日曜日儿童或浪游，与其严令禁止而寡效，即效亦强制于一时，而终未遂其好动之天性；不如于是日提倡种种正当之娱乐运动游戏，或教师身为之率，使无谓之浪游不禁自止（论他种刺激之方法，例如演剧，就心理学研究，儿童实具有戏剧的本能，宜使满足，不宜禁止，但当择其无弊者耳）。第四须正其平日之习惯。西谚有之，预防胜于矫正。活动为儿童天性，利用之而以同一之行为屡次反复，于生理、心理上均可造成习惯。其所造而正也，则以后行为，自然倾向于正，无可疑也。苟行以上诸法，则于根本上所以处置不正当之行为者，当无有遗憾。而若喧呼跳荡，苟无损于人，并无害于己者，一切皆宜听之，所以善培其活泼之性灵，而尊重其烂漫之意思，俾其思想因自由而开发，体格因运动而充实，器官因善用而灵活。即使复有畏缩性者，不妨由教师引使活动（每见外国学校监护游息之教师，见有学生呆立不动者，特与之揶揄，或拍其肩，或授以玩物，共之游戏，以引使活动，不嫌其亵也）。即使复有不正当之行为，亦唯有厉行上法，非至万不得已，决不加以消极的抵制（儿童因自动力过强，而间有出轨，亦不足异。上海英国学校校长言，吾校固极力消弭学生出轨之行为，然苟全无出轨行为，绝非余之所喜，因其自动力太消乏也。其语隽而理确）。孔子循循然善诱人，孟子曰："人之言性也，如禹之治水也，则无恶于智矣。"又曰："有如时雨化之者。"教育之理，无中外古今，一而已矣。

是故宽与严也，放任与干涉也，不成问题也。所异者，一取自然，一取强制；一取积极，一取消极；一主顺，一主逆。顺焉者养成其活动性，逆焉者养成其畏缩性。积之久而国民性判焉，国家之权力与地位，亦从而判焉。两者之目的本同，而所以达之之手段不同，而结果遂因之大异。见微知著之君子能无惧乎？

余参观学校，一面观其方法，一面观其精神。全校学生游息时，察其活动者若干人，不活动者若干人，活动程度之何若，与其流弊之有无，从而判其训育上之成绩。今岁十一月至无锡观江苏省立第三师范学校附属小学，学生个个活动，教师来，全无畏惧之色，不禁大叹其训育成绩之优异。夫学生见教师而匿其故态，日以假面具相对，尚安所施其训育乎？

本文要旨表

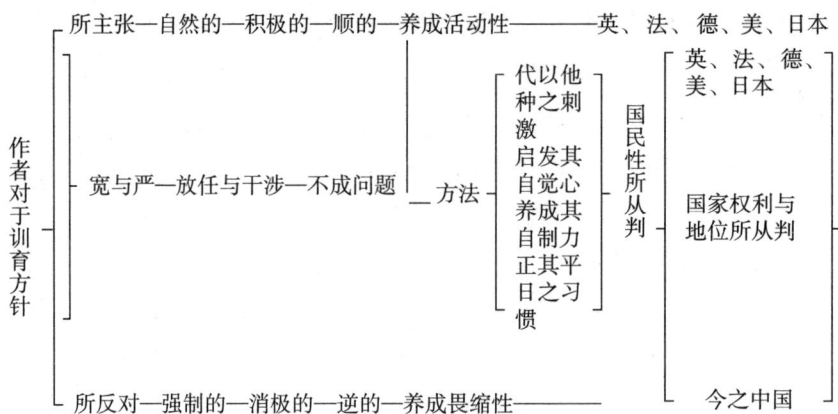

作者对于训育方针

所主张—自然的—积极的—顺的—养成活动性————英、法、德、美、日本

宽与严—放任与干涉—不成问题 —方法

代以他种之刺激 启发其自觉心 养成其自制力 正其平日之习惯

国民性所从判

英、法、德、美、日本

国家权利与地位所从判

今之中国

所反对—强制的—消极的—逆的—养成畏缩性————

（写于 1917 年 12 月，原载《教育杂志》第 10 卷第 1 号，1918 年）

江阴、南通、苏州农业教育调查报告

六年十一月二十七日，以事至江阴，参观公立南菁学校。是校盖以中学而试行职业教育者。从前宗旨为文科高等之预备，近年改从生产主义，于普通科外，注重农业。现尚有普通中学第四年一级。甲、乙类各两级。所谓甲类者，略视中等农业，每周实习农事三次，每次二时至三时。乙类则注重理、化，略如美国分科中学之理科，然此不过职业陶冶而已。近又添设农林科一级，其目的在养成有知识之农夫，得以改良农事，开拓森林。江阴有童山三十三，将借此为造林之预备。其功课除普通课外，有造林、气象、作物、测量、农艺、化学诸科，每周实习四次，每次二时至三时。余往参观时，适见学生一群，合凿一池，以其土填地，使高。诸生皆短服挑泥而不以为苦。既观毕，余与沈君信卿皆演说。余述前苏州中学校长为提倡校园，亲自担水施肥，为学生表率。其人即今南菁校长袁先生希洛。有是师固当有是生云。

二十九日至南通，观私立甲种农校，为张退庵、啬庵兄弟创办。主任为孙君观澜，尝往美国、日本、朝鲜和中国东三省、蒙古等处调查农事状况。是校注重在植棉试验，盖将贯彻啬翁棉、铁两大主义之一端。日本人在朝鲜设有木浦棉作试验场，其场长来观，欲为日本所不如。是校植棉试验分两种，一为普通试作地，一为学生担当地。而别于校外设自营农场，教师、学生每人各占地五分或一亩。调查今届邻近农家植棉，一亩之所获，平均四十九斤，其种类为青茎通棉与红茎通棉两种。而师生二十八人自农场之成绩，平均一亩之所获，表如下：

美棉	40 斤
常阴沙棉	107 斤
鸡脚棉	114 斤
青茎通棉	101 斤

依上表，除美棉外，所获皆浮于寻常农家二倍有余。余往参观时，棉尚未收，田间一白如雪，纵人观览。定明年一月十五日开棉作展览会。问主任孙君，其资本较之寻常农家有增加否？答无有。但种得稀，剪得透，约仅留九台为度，亦用通常肥料，但于配合及播种栽培上研究耳。该校以渐得社会之信用，乃仿欧美制度，设扩充部，分讲演会、俱乐部、贩卖部等，而以"贷种所"为联络农夫社会之主要方法。摘贷种所章程之要点如次：

一、贷种所以选择良种，并授以改良之种法为宗旨；

二、贷种暂以棉麦为限；

三、贷者以南通县境为限；

四、贷种量每户以四亩为限；

五、每届作物收获，贷者须依本校之招集，开会一次，比较成绩之优劣；

六、所贷种子，俟收获后，征取其原值；

七、凡播种、栽培、施肥、去草等，均须依本校所定方法，受校员之指导；

八、作物收获后，仍须售于本校，唯每石得较市价加十分之一。

另择最优者三名，分甲、乙、丙等奖给褒状，及园艺花卉种子。连得三次甲等奖者，次年贷种不取值。

凡此种种，大都仿自美国，在中国当属仅见。他种成绩亦甚佳。不具述。

十二月二日，应苏州江苏省立第二农校之招，往观其五周年纪念会。该校以改良一般农事为宗旨。校长王君舜成现定之计划，大注重农业经济，冀以经济上之成绩，取得农业社会信用，以蕲达改良之目的。校分农科、蚕科，今岁苏属秋禾，大闹虫灾，该校农科二年级学生分头调查苏城附近农家之损失，列表统计，损失百分之四十。此食稻者为螟虫。治法将稻根拔下囤而烧之，否则明年必重发，祸且加烈。该校陈列许多病虫标本，并取螟虫所窟穴之稻根，聚作大堆，以示焚烧之模范。毕业生留校分科研究。费君谷祥专研究病虫害，又查得苏松一带麦之黑穗病甚烈，一塍之间少数黑穗，因风力之传染，数传后可变多数。预防之法，唯有温汤浸种。将种子先浸于摄氏三十七八度之温汤中，然后播种。此法本极易，但难使一般乡民得识恰好之温度。该校拟以同温度溶解之物分给乡民，使投是物于温汤，以其溶解而验得适宜之温度，但尚在研究中。余在南京，闻金陵大学农科有一学生，发明浸种器，上有一表，验此温度极易，惜未获见。该校有模范的农村小学校园，地广八分，一部为共同实习地，余为分组实习地，可容七十二儿童之实习。凡小学校欲组织校园，大可往观。此外为园艺、畜牧、果树、蚕桑等类，而尤注意者为农产制造。其种类为纸、麦秆编物、酱油、豆腐干、豆乳、牛乳、各种罐洁物、白蜡（取诸虫）、黄蜡（取诸蜂）、薄荷油、番薯粉、制蓝等，皆商场出售。而若豆乳、牛乳等，则设肆卖座，坐客常满，来宾皆啧啧称道不置。

吾观于南菁中学而有二感：一感，夫中学设职业科，何等利便！诸生以其预定之目的，为循序之准备。此三十三童山，若天故留此，以为诸生他日发展能力之地，较之普通中学无目的之修业，其愉快为何如？苟必特设农校者，校地难，校舍难，校费尤难，果何时观厥成者？一感，夫学生之担土施工而绝不以为苦，乃知他校学生有骄养、厌服勤、耻劳动者，必其教师先骄养、厌服勤、耻劳动者也。彼青年犹土，亦视范之者何如耳。吾观于南通农校而有二感：一感，夫农校宜视地方状况而定其特别注重之点。通宜棉，则集中其研究于棉。乱流行而无定向，徒苦人子弟耳。一感，夫联络农夫社会之得法，能以实实辟辟之成绩昭示人，人欲不信，从而不得。而主任孙君且躬耕地一亩，俨然为自营农场二十八人之一分子。吾观于苏州农校而亦有二感：一感，夫诸生肯实地调查、研究、制造，不沾沾于讲义以自足。一感，夫校长王君将以农业经济上之成绩，取得社会信用，以达改良农事之目的，其计划老当，为大可法也。

（原载《教育与职业》第 3 期，1917 年）

东南洋之新教育（前编　日本）

弁言

记者既写东南洋之新教育讫，欲乘读者诸君未读吾记之先，摄其要点以告。而先贡三言曰：

一、此所谓日本、斐律宾①之新教育，为中华民国七年一、二月间之教育，读者应注意于其时。

二、此所记载与所评论，乃直抒记者个人之所见，他人有异同弗问也。

三、考察限于时与地，凡所记载与所评论，究有当于其真相否，所不敢知，但以忠实之心写吾所接触、所感发而已。

记者所认为要点如次：

一、日本之教育，殆可以军国民教育代表之。利用古来武士道之遗风，其国势上、政体上易于统一之优点，以军国民主义为其骨干，而一切设施万变不离其宗。试本此以观察，随在可得其证佐也。

二、日本自军国民教育庆告成功，一方益励行之，一方大注意于经济。盖其民节俭耐劳，克勤小物，实具有天然的治生能力，而今将以国家之力从而发展之。

三、日本于职业教育之名词，虽未见十分煊烂，而于实际则励行弗懈。观其全国实业补习学校，多至八千余所，可知其从前之强国政策，得力于军国民教育；而今后之富国政策，将取决于职业教育。且以其于世界大势之所趋，不以经济政策为后盾，而徒博军国民主义，知非完全可制胜也。

四、日本现行学制，彼国抨击之者甚多，大有改革之朕兆。而其大端，殆

---

① 斐律宾，今译菲律宾，下同。

不外乎普通教育与职业教育关系问题。此行所见大阪之育英小学，实开普通教育内参加职业教育之先声。

五、日本育英小学之设职业科，从调查下手，其准备方法大可则效，愿特别介绍于今后赴日考察教育者。

六、斐律宾之政治组织，大都本于美人所极意提倡之增进效能主义，观其各机关设置之分合，与其内部支配之灵活，凡立一部、设一员，全应于其时、其事之需要，而不凭乎理论，斯为最新式之组织，而教育制度其一也。

七、斐律宾之教育，以扶助其独立为政策，故励行职业教育，将发达其生计，以植独立之基础。

八、欧美之职业教育，大都由于社会自然之发展，而斐律宾之职业教育，完全以政府之力设施之，故其组织最完密而有秩序。

九、欧美之职业教育，其设施之方面大都属于职业界，而斐律宾则完全属于教育界，虽普通教育亦盛含职业教育之意味。

前编　日本

曩岁游美国巴拿马太平洋博览会，见美属斐立宾教育出品之富且美，社会之所需几无一非学校之所课。又观其教育报告，大注重职业教育与体育。所订学校制度，简单而适切。晤斐立宾教育局局长克龙君，怂恿往游。友人之尝往游者，艳述其教育收效之速且大，仅十年间，弱者强、虚者实。遂渴欲亲觇其盛况，以考其致此之故。袁君观澜闻之，谓我国士夫方墨守日制，子舍日游美属不可，盍兼游日？余亦念日当欧战后，必有适应于世变之新方针可供参考，以是决为东南洋之游。北京、武昌、南京三高等师范学校约同事考察，乃偕北京高师校长陈君筱庄（宝泉）、其附属中学主事兼图画手工专修科主任韩君诵裳（振华）、武昌高师校长张君绥青（渲）、南京高师教务主任郭君鸿声（秉文）同行。比出发，复得蒋君竹庄（维乔），凡六人。

六年一月八日，自上海乘静冈丸向门司行，初拟由香港赴斐立宾，由斐赴日，询船公司，乃知航线率右旋，鲜左旋者，乃不得不先日本。海行多暇，询船员以日本航海事业之状况。日本有外洋大商船公司三，曰日本邮船株式会社为最大，其资金四千四百万元，本船即其所属也。曰大阪商船株式会社次之，其资金三千三百万元。曰东洋航船会社，又次之，皆往来于东方与欧美间。自一千九百十五年美国国会通过凡商船之注册于美政府悬美国国旗者，船上所雇员役水手，须与船主操同国之语言，此条法律之用意，盖因美国商船皆雇华人为水手、仆役，故工党提议以是排斥之。然而用华人工价贱，用英、美人工价贵，论者诧为商业上之自杀，果也美商太平洋公司于是冬宣告歇业。于是数万里太平洋面，除华侨集资收买之"支那"一艘外，但见旭日之旗，往来飘扬于空际而已。从来航海事业，欲与欧美人竞争，大是难事，日本之得有今日，全恃彼国国库之补助。今则邻之薄、君之厚，得此空前好机会，即无国库补助，亦能自立，此层船员为余言之。犹忆方太平洋公司停办时，上海一部分年少有勇气之商人，颇有志于继起之组织，且甚希望政府之助力，而政府不之省。苟以其时帝制运动费六千万金，投其一部分于此，虽使太平洋面往来多五色旗不难，而吾侪今日亦何必效日语以与船员通款曲。嗟乎！我政府之不知利用机会，岂特此一端已哉。虽然，余欲忠告吾政府、吾社会，机会无尽，要在其人眼光与能力何如耳。本船员役水手共九十七人，内职员二十七，隶中国籍者仅二厨子而已。本会社有船一百十号，仅两船主为英人，余为日人。以视我国招商局，成立数十年，无一华人能驾驶何如者。彼国商船所用种种器物名词，悉译成日本文，用日本语，故一般水手，习之易易。以视我国，虽海军舰器物名词尚沿英文、用英语，致水手非习名词六七年不能执役，又何如者。本船之水手仆役，皆毕业于高等小学，间有毕业于中学者，若我国中学毕业生之心理，宁学成后闲居无事，谁肯为水手或仆役。吾见美国有以大学毕业生而夷然为人仆者，彼其心理谓无职业为下贱、可耻，苟有职业皆神圣、皆尊贵，吾不知吾国青年之所以骄人者，果何恃也。厨役月薪五十元，水手至多三十元，余二十五、二十不等。仆役以有乘客赏规故较薄。水手之来，皆由海员植济会介绍。海员植济会者，对于航海人员，施以扶植救济之慈善机构也。厨役仆役每服务若干期间，调至本会社所设之学校内补习，或由船主指令入校补习，校在横滨，船抵横滨停泊，则教师上船授课。善哉，此职业教育也。遇日曜日则全船练习救火与救生。每日午前十一时全船检查整洁。告我上述种种者，皆本船庶务员某君，此人毕业早稻田大学商科。夫其组织若是分明，教育若是不懈，管理若是完密，事业之发达岂偶然耶。

郭君言：前年游日本西京，遇一露天通事，能英语，又能华语，旧尝执役于上海同文书院，自憾华语不佳，谓方努力学习，苟习之熟，得至中国东三省，必为日政府重用。继复言，吾兼业人力车夫，明日当以车导游。及期果至，且奔且演说指导，谓君肯携我至华者，愿为君车夫，月薪止须六七元，但求得有练习华语之机会已足。且言吾现为车夫，以所入三之一赡家，一购书，一则储为他日游华旅费。车箱累累，皆华和文书籍也。既别，值新年，忽有贺柬至，署名君之车夫某。

十日，午后三时抵门司。上岸购车票，关员检查行李，色和蔼，检毕，肯助余结束，他处所罕见。六时上铁道会社所备大船渡海，至马关上车。船甚适，令人猛忆往年旅居旧金山与卜技利间，日日乘船渡海情景，正有同感也。

欧美人之东游者，往往取道日本以来中国。一至日本，必盛称其政治之良善完密，整齐划一。至中国，则因相形而益称日本不置。陆路由南满而京奉，水程由门司而上海，每有同慨。夫欧美为有政治之国，来者尚发此感想，则夫来自无政治之国，其感想益复可知。长路之汽车，海峡之渡船，其设备、其管理，皆可见其政治之能力。其人在上能负责任，在下能服命令。其物皆小巧精致而优美。市无颓垣，道无行乞，村无露天之粪窖，野无累土之馒头，不惟见其政治之精神，尤见其教育之功效。

日本报载，文部省最近调查全国市、町、村立小学本科正教员俸给年额，为三千三百三十万二千六百三十六元，其平均月俸额如下：

寻常小学本科正教员	25 元
专科教员	12 元
准教员	9 元
高等小学本科正教员	24 元
专科教员	40 元
准教员	40 元
代用教员	11 元

寻常本科正教员最多额为东京府二十七元，大阪二十五元，最少额为鸟取十六元。

上之统计，以较吾国何如者。我国小学教员月俸之大者，如天津、上海诸市，或达三四十元，实超过彼之最多额。而小者如一般之乡村小学教员，月俸不足十元，有并一仆役雇工而不如者，安望及彼之最少额耶。我之多少若是其参差，而彼若是其均平，岂非一有政治、一无政治之明征耶。一方规定小学教员之资格，一方规定其俸给之标准，同时颁布年功加俸制度，庶使滥竽者、废职者不得叨窃非分，而合格者、尽职者不至见抑同侪。如以全国社会生活程度不一，公家财力不一，可令各省体察情形，分别规定之。或更令各县分别规定之，此行政者无旁贷之责也。

自欧战发生，日本工商业突然雄飞于世界，富力之增进，一日千里。大正五年国库之盈余，既出于意外，而民间亦添无数富家。其家产在一千万元以上者，不知凡几。岩崎、三井、涩泽三家，各达二万万元以上，彼美国钢铁大王嘉南崎氏家产，亦仅美金五万万元耳。

同车遇一日本活动写真株式会社社长，活动写真，于推广教育、改良社会，有莫大之魔力。欧美久奏成功矣。日本旧有制造影片工厂四家，今仿托辣斯^①制度合组，而此君为之长。此君从事制造十七年，初创试验仅资本五万元，现全社资本一千万元，营业年息可得百分之二十。工厂有二，一在东京，一在西京。不惟制造影片，兼制造影灯，若其地无公共电气者，可购取其酸素轧斯林灯充用，全具价五百元。日本全国影戏馆三百所，皆地方出资建屋，而此社出影片，其利则分享之，全国及朝鲜皆为其势力所及地，徐图推广于国外，不久将来吾国。近方取三国演义及楚汉相争故事，饰为古代衣冠文物，摄影制造，将来公司获厚利，而在教育上亦发异彩。中国革命事迹，彼亦制有影片，获利尤厚。不知吾国亦有人想及否，为教育计、为营业计，皆大可为也。

三、高师学级表

既与三高师职员偕，乃以询谈所得，制为学级调查表如下：

北京、武昌、南京三高师学级调查表
六年一月调制

	北京	武昌	南京
国文部	1	—	1
英语部	3	2	—
史地部	2	1	—
博物部	2	2	—
数理部	1	2	—
理化部	3	—	1
预　科	3	1	2

---

① 托辣斯，今译托拉斯。

	北京	武昌	南京
补习科	1	—	—
国文专修科	1	—	1
体育专修科	1	—	1
手工图画专修科	1（附木工职业科）	—	—
工艺专修科	—	—	1
教育专修科	1	—	—
统计	19	8	7

同行诸子考察之目的多重在师范教育，而余重在职业教育，二者实互有关系也，共定考察之方法如下：

甲、参观属于上项性质之学校。

乙、访问研究上项教育专家，与其教育当局者。

丙、选购关于上项教育之书籍。

丁、观察一般社会。

上列丁项尤注意于乡村生活。

十一日，午后八时抵东京。严君季约（智钟）、季冲（智开）昆仲迓于车站，导宿本乡菊阪町菊富士馆。

十二日，午后，参观共立女子职业学校。（神田一以ツ桥通町）张君东翼（寿丰）为导，且任译事。此校之目的在授女子以适切之技艺，并养成其常识与诚实勤勉之美德，期于卒业后，无论在家担当家事，或就教员之职，或从事实业，各具有相当之技能而无遗憾。其编制如次：

甲部

一、本科　入学以年在十二岁以上，有寻常小学校卒业以上之学力者为合格。三年卒业。

二、受验科　入学以年在十四岁以上，卒业于二年期限之高等小学校者，与受高等小学校各科完全试验，认为有同等以上之学力者为合格。但卒业于高等女学校或与之同等之学校者，得无试验入学。

三年卒业，卒业后有受女子师范学校、高等女学校裁缝科、手艺科中等教员检定试验之资格。

三、高等师范科　入学以年在十七岁以上，备有下列各项之一者为合格。

甲、卒业于四年期限之高等女学校者。

乙、从专门学校入学者检定规程第八条第一号，受关于一般专门学校之指定者。

丙、从专门学校入学检定规程试验合格者。

丁、有小学校本科正教员之免许状者。

三年卒业，卒业者有受女子师范学校、高等女学校裁缝科、手艺科中等教员无试验检定之资格。

乙部

一、本科　入学以年在十四岁以上，有寻常小学校卒业以上之学力者为合格。二年卒业。

二、受验科　入学资格与甲部同。二年卒业，卒业后有受女子师范学校、高等女学校裁缝科中等教员检定试验之资格。

三、家庭科　入学以卒业于高等女学校或与之同等之学校者为合格。二年卒业。

专攻科　本科卒业生愿更专修者入之。

卒业期限一年以内。

附设科

一、割烹科　一年卒业。

二、洗濯色染科　一年卒业。

甲乙部之别：甲部各科皆三年卒业，乙部各科皆二年卒业。甲部各科于裁缝、编物、刺绣、造花四种令选习二种，乙部各科但令习一种。而若乙部之受验科，限于裁缝一种，家庭科限于裁缝，而以编物、刺绣、造花三种为随意科。科目有多少，故年限有长短。甲取其博，乙取其精也。各科课程表如下：（凡选科目及随意科目，皆于时数加括弧为记，编物、刺绣有用和文名词者，姑仍之，以待专家之审译）

甲部

一、本科

科目	每周时数	第一学年	每周时数	第二学年	每周时数	第三学年
修身	1	实践道德	1	同上		同上
国语	5	讲读、作文、习字	5	同上	5	同上
算术	2	加减乘除、诸等数（珠算）加减乘除	2	小数、分数（珠算）同上	2	比例百分
理科			1	生理、卫生	1	生活上必要之理科大意
家事			1	衣、食、住	1	看护、育儿、家计簿记
图画	2	绘画	2	同上	2	同上、图案
裁缝附袋物	（13）	普通和服（木绵）、洋服、裙类	（1）	普通和服（毛织之类）、洋服、裙类	（12）	普通和服（丝织之类）、小孩洋服、普通袋物
编物附组系	（13）	ハークル编法五本针编法及应用	（12）	二本玉针编法曲金编法及应用	（12）	二本针编法、网针编法及应用丸打、平打及应用
刺绣	（13）	缀绣、平绣、クシ绣、スカ绣、スカラ绣、肉入绣	（12）	サシ绣及应用	（12）	各种绣法之应用
造花	（13）	各种镘及器具之使用法、染色法、植物形态之一斑、花草之模造等	（12）	同上简易写生	（12）	写生、花之缠法、盛法、植法、插法等
体操		普通体操、游戏		同上		同上
教育			（2）	教育之理论	（2）	同上、教授法、学校管理法
洗濯色染			实习（2）讲义（2）	洗濯色染、织物之种类原料、衣类之整理保存		
割烹					实习（3）进义第一学期（2）	日常必要之和洋食物调理
计	36		36		36	

备考　一、裁缝、编物、刺绣、造花四种技艺科令选习其二科。
　　　二、教育以下为随意科。

二、受验科

科目	每周时数	第一学年	每周时数	第二学年	每周时数	第三学年
修身	1	实践道德	1	同上	1	同上
教育			2	教育之理论	2	教育之理论、教授法、学校管理法、教授实习
国语	5	讲读、作文、习字	5	同上	5	同上
算术	2	加减乘除、诸等数（珠算）加减乘除	2	小数、分数（珠算）同上	2	比例百分
理科			1	生理、卫生	1	生活上必要之理科大要
家事			1	衣、食、住	1	看护、育儿、家计簿记
图画	2	绘画	2	同上	2	同上、图案
洗濯色染			实习二讲义二	洗濯色染、织物之种类原料、衣类之整理保存		
裁缝附袋物	（13）	普通和服（木绵）、洋服裙类	（9）	普通和服（毛织之类）、洋服裙类	（11）	普通和服（丝织之类）、小孩洋服、普通袋物
编物附组系	（13）	ハークル编法五本针编法及应用	（9）	二本玉针编法曲金编法及应用	（11）	二本针编法网针编法及应用丸打平打及应用
刺绣	（13）	级绣、平绣、クシ绣、スカ绣、スカラ绣、肉入绣	（9）	サシ绣及应用	（11）	各种绣法之应用
造花	（13）	各种镘及器具之使用法、染色法、植物形态之一斑、花草之模造等	（9）	同上简易写生	（11）	写生、花之缠法、盛法、植法、插法等
体操		普通体操、游戏		同上		同上
割烹					实习（3）讲义第一学期（2）	日常必要之和洋食物调理
计	36		36		36	

备考　一、技艺科令选习三科。

　　　二、割烹为随意科。

　　　三、第三学年第三学期技艺科目，割授业时数若干，令实习教授，并行批评。

三、高等师范科

科目	每周时数	第一学年	每周时数	第二学年	每周时数	第三学年
修身	1	教育敕语道德要领	1	戊申诏书道德要领	1	我国道德之特质、伦理学之一斑
教育	2	教育之理论	2	教育之理论	2	同上、教授法、学校管理法、教授、实习
国语	2	讲读、作文	2	讲读、作文		
家事	2	衣食住	2	家事经济洗濯色染及实习	2	看护、育儿制烹及实习
图画	2	绘画	2	同上	2	同上、图案
裁缝附袋物	(14)	普通和服（木绵）、洋服、裙类	(14)	普通和服（毛织之类）、洋服、裙类	(15)	普通和服（丝织之类）、小孩洋服、普通袋物
编物附组系	(13)	ハークル编法五本针编法及应用	(13)	二本玉针编法曲金编法及应用	(14)	二本针编法网针编法及应用丸打平打及应用
刺绣	(13)	缀绣、平绣、クシ绣、スカ绣、スカラ绣、肉入绣	(13)	サシ绣及应用	(14)	各种绣法之应用
造花	(13)	各种镘及器具之使用法、染色法、植物形态之一斑、花草之模造等	(13)	同上简易写生	(14)	写生、花之缠法、盛法、植法、插法等
体操		普通体操、游戏		同上		同上
计	36		36		36	

备考　技艺科令选习二科。

乙部　一、本科

科目	每周时数	第一学年	每周时数	第二学年
修身	1	实践道德	1	同上
国语	5	讲读、作文、习字	5	同上
算术	2	加减乘除、诸等数、小数（珠算）加减乘除	2	分数、比例、百分
理科	1	生理、卫生	1	生活必要之理科大意
家事	1	衣食住	1	看护、育儿、家计簿记
图画	2	绘画	2	同上、图案
裁缝附袋物	(24)	普通和服（木绵、毛织之类）、洋服裙类	(24)	普通和服（丝织之类）、洋服、裙、小孩洋服、普通袋物
编物附组系	(24)	ハークル编法五本针编法及应用	(24)	二本玉针编法、曲金编法、二本针编法、两施编法、网针编法及应用、丸打、平打及应用

科目	每周时数	第一学年	每周时数	第二学年
刺绣	（24）	缀绣、平绣、クシ绣、スカ绣、スカラ绣、肉入绣、サシ绣	（26）	各种绣法之应用
造花	（24）	各种镘及器具之使用法、染色法、植物形态之一斑、花草之模造	（24）	同上 写生、花之缠法、盛法、植法、插法等
体操		普通体操、游戏		同上
教育	（2）	教育之理论	（2）	同上 教授法、学校管理法
洗濯色染	实习（2） 讲义（2）	洗濯色染、织物之种类 原料、衣类之整理保存		
割烹			实习（2） 讲义第一学期（2）	日常必要之和洋食物调理
计	36		36	

备考　一、技艺科令选习一科。
　　　二、教育以下为随意科。
　　　三、修裁缝者课以有关系之图画。

二、受验科

科目	每周时数	第一学年	每周时数	第二学年
修身	1	道德要领	1	同上
教育	2	教育之理论	2	教育之理论、教授法、学校管理法、教授实习
国语	5	讲读、作文、习字	5	同上
算术	2	加减乘除、诸等数，小数（珠算）加减乘除	2	分数、比例、百分
理科	1	生理、卫生	1	生活上必要之理科大意
家事	1	衣食住	1	看护、育儿、家计簿记
洗濯色染	实习2 讲义2	洗濯色染、织物之种类 原料、衣类之整理保存		
裁缝附袋物	20	普通和服（木绵、毛织之类）、洋服、裙类	24	普通和服（丝织之类）、洋服、裙类、小孩洋服、普通袋物
体操		普通体操、游戏		同上
割烹			实习（2） 讲义第一学期（2）	日常必要之和洋食物调理
计	36		36	

备考　割烹为随意科。

三、家庭科

科目	每周时数	第一学年	每周时数	第二学年
修身	1	实践道德	1	同上
家庭教育	1	家庭教育之大要	1	家庭教育之大要
家事	2	衣、食、住、割烹及实习	2	家事经济、洗濯色染及实习
裁缝附袋物	32	普通和服（木绵、毛织之类）、洋服、裙类	32	普通和服（丝织之类）、洋服、裙类、小孩洋服、普通袋物
编物	（4）	家庭日常必要之编物	（4）	同上
刺绣	（4）	家庭日常必要之刺绣	（4）	同上
造花	（2）	简单造花	（2）	同上
国语	（2）	讲读、作文	（2）	同上
教育	（2）	教育之理论	（2）	同上 教授法、学校管理法
计	36		36	

备考　一、编物以下为随意科。

　　　二、愿学插花、茶仪、音乐等达相当人数时，于正课时间外教授此等科目，别征收授业料。

附设科

一、割烹科

科目	每周时数	课程
割烹	实习3 讲义2 第一学期	日常必须之和、洋食物调理法 实习及理论之大要

二、洗濯色染科

科目	每周时数	课程
色染	实习2 讲义2	关于洗濯色染之方法、织物之种类原料、衣类之整理保存等法实习及理论之大要

以上凡随意科之授业时数，得割技艺科之时数以充之。

体操之授业时数不规定，但每日数回，于教室内行之。

专攻科之学科目及授业时数，依生徒各个之学力与志望而参酌定之。

于各部外设造花别科，其办法如次：

造花别科生，三年卒业。前二年使修乙部本科之课程，后一年修身以外专习造花，免纳授业科及他费，但在校内不得制作自用物。若因不得已事故中途退学时，须追缴在校一切费之相当额。

是日余辈投刺入校，事务室办事员皆女子也。副校长（称校长补）鸠山春子女士出见，年老矣。闻于社会颇有势力，其子为国会议员，其母能助之为政治上之活动云。体操教员西乡夕子女士导观刺绣、编物、裁缝、造花四科。每教室正教员一人，助教二三人。生徒裁缝、刺绣同向坐，编物、造花分团围坐，教员往来指示之。裁缝有制雏形标本者，有用纸习裁法，而教师画图于黑板者，有习熨衣者。室外廊下板桌置薄褥所以熨衣。家事课教师讲授实习家事教科书。刺绣必兼图画，先令画稿本。问裁缝编物原料何来？答皆出自生徒。故同时制物各别，制成后生徒携以归去。但各科成绩品，由商店或各种机关委托本校制造者，亦甚多。其售得之金钱，悉归本校。惟裁缝科则分给一部分于生徒。各教室人数皆在六十以外，无限制，但以目光能及讲坛为度。全校一千二百人，习裁缝科者最多，盖家庭应用最切也。

导观烹饪教室，与洗濯同室教授。其教室内之位置图略如次：

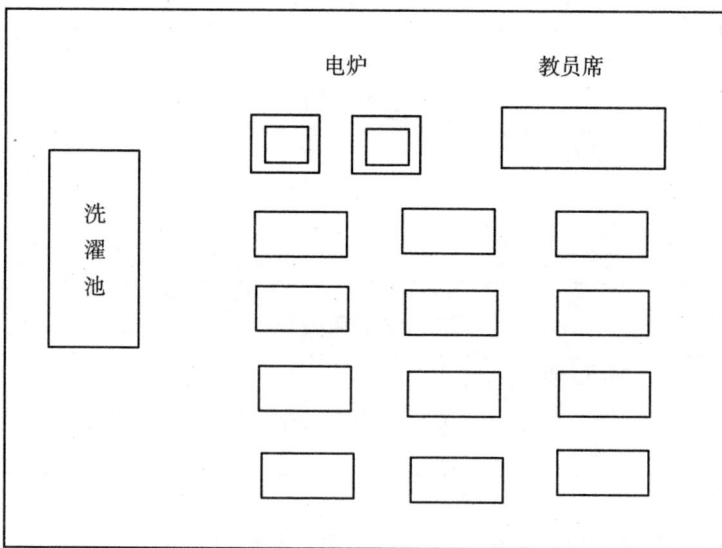

如图，教员席旁置电炉二架，煮菜时生徒轮用之。生徒桌之面，为刷衣用，兼于其上调制食物。桌面四板并列，开去即为洗衣缸。壁悬食物成分表。室之右方塞门德土制大水池，上装水管，洗衣、洗菜通用之。料理则和洋兼习。

生徒有习瓶花插法者，小小点缀，大显美术之作用。此事应用于家庭最繁，插法疏密高下，切忌呆整，闻其高下以分天、地、人三级为普通法。同行韩君云：课毕，生徒有实习洒扫者，其服装以棉、麻、毛制为限，不许服丝织物。

此校系私立，由现校长宫川保全等发起。设商议员若干人，定为财团法人制度，成立于今三十年。经费之来源：一、授业科；二、文部省为委托设置受验科而给与之补助金；三、制作品卖入；四、宫内省为收受制作品而给予之赏金；五、卒业生寄附金；六、商议员担任费。现校地为宫内省补助，皆西乡教员云。

观此校报告，历届内、外国博览会出品，无不获奖。每年进呈制作品于宫内，多数中选。故卒业生皆得服务于社会，不烦本校绍介。本年度制作品售出多至一万一百三十元。昨岁特遣造花科教员赴法国里昂留学焉。

有所谓奖学资金者，始于明治二十一年。以进呈制作品于皇后，特赐金充生徒奖学用，今所谓昭宪皇太后奖学资金是也。其后学校行创立二十五年纪念式，为表彰宫川氏之勤劳，特支出金五百元，文部大臣又赏金二百五十元，命名宫川奖学金。以其年息充奖学用。大正二年商议员永井久一郎殁，其子秉父遗命，以金二百元寄于本校，而本校亦加入金一百元，命名永井奖学金，以其年息充奖学用。此奖学金之支给，生徒有品行善良、学业优秀者，得给予之。有力不能纳学费，而调查其操行学业认为良好者，得贷与之，但卒业后须于适当时间缴还，皆规定于学则。

记者曰：此校命名职业，而偏重于美术，大抵借天语之褒嘉，博社会之信用。然其技术精进不懈，如特遣教员留学外国，有足多者。观其学科与成绩品之种类，多切于家庭日用，则卒业生之见重于社会亦宜。刺绣、裁缝必兼习相当之图画，俾其技能不流于器械。烹饪则和洋兼授，俾并适于新旧社会之习惯。教洒扫，禁丽服，俾习于操作而无放于奢华。自观其瓶花插法之练习，随地偶加注意，则旅馆酒楼，虽小小供养，莫不雅合法度，其家庭美术教育之影响欤。

晚访章仲和公使（宗祥），又访代理留学生监督金君锷卿（之铮），金君述所闻如下：

前此教育部派员来参观，访高师校长嘉纳氏。氏之言曰，中国之优点三：土地广、人口多、物产富。日本之优点二：政治善良、政权统一。若能彼此交换，则各获大益。交换之道，宜从联络亲善入手。又言舆论由少数有力者提倡而成，今此意尚在提倡时也。

日本画科课程

课目	每周教授时数					
	预备科	第一学年	第二学年	第三学年	第四学年	卒业期
修身	1	1	1	1	1	不定时
实习	24	31	29	31	33	卒业制作不定时
解剖学		2	2			
远近法				2		
图案法			2			
美学及美术史		东洋绘画史 2	东洋绘画史 2		美学 2	
历史及考古学	历史 3			风俗史 2		
外国语	2	2	2	2	2	
用器画法	8				（3）	
木炭画 铅笔画 水彩画		（4）	（4）	（4）	（4）	
教育学及教授法					（3）	
体操	2	2	2	2	2	
计	40	40	40	40	40	
备考　括弧内时数限于志为画图教员者于实习时课之，外国语英、法两国选习其一						

　　日本帝国大学文科学长上田万年氏近游中国，归语人曰：中国之教育，弊在不经济、不活泼，教科不注重本国历史，使人民知有国家。

　　制版科及临时写真科

　　以上修业期限各连预备科共五年，但制版科及临时写真科三年，无预备科，均以养成专门技术家为主旨。

　　图画师范科，以养成师范学校、中学校、高等女学校图画教员为主旨，修业期限三年。

　　参观日本画科。第一学年教室生徒十七人，桌之高及膝，分团围坐。习水仙写生，或植花于瓶，或拈花于手，有设色画者，有水墨画者，教员因事不至。

　　是科分模写、临画、写生、新案、图案五法，前三项为基本。新案则应用前三项之学力，依所命课题，凭各人之意匠而制之。图案则应用其绘画之能力，作为器物模样之图案。别课郊外写生。

严君即肄业西洋画科者，现已届卒业期。导观西洋画科两教室，皆课裸体写生。第一学年教室，写一裸体男子。第三学年教室，写一裸体女子。裸体者高坐，生徒围坐于前，每日午前须实习四小时，非裸体则肌肉之构造不显，而无从肖其真美也。此男女子皆学校临时雇用之。

是科之顺序，先木炭、水彩、铅笔，次油绘。先石膏像写生，次人体写生、风景写生。

西洋画科课程

课目	每周教授时数					
	预备科	第一学年	第二学年	第三学年	第四学年	卒业期
修身	1	1	1	1	1	不定时
实习	24	31	29	29	33	卒业制作 不定时
解剖学		2	2			
远近法				2		
美学及美术史		西洋绘画史 2	西洋绘画史 2	西洋雕刻史 2	美学 2	
历史及考古学	历史 3		西洋考古学 2	风俗史 2		
外国语	2	2	2	2	2	
用器画法	8				（3）	
毛笔画		（4）	（4）	（4）	（4）	
教育学及教授法					（3）	
体操	2	2	2	2	2	
计	40	40	40	40	40	
备考　括弧内时数限于志为图画教员者于实习时课之，外国语英、法两国选习其一						

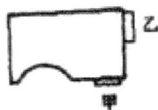

雕刻科观牙雕部教室，仅生徒一人自习，雕一牙质之卧鹿，置模型于前而仿雕之，其桌面如左式。

图中甲乙皆抽屉，以置工具，人坐于凹处。

木雕部十余人，或雕片面之花鸟，或雕神佛巨像，皆依模型

仿雕之。或于桌，或席地踞坐于坛，白发之教习，则往来指导。成绩橱陈列精美品甚多，闻前年失火，已被毁不少。

塑造部教室，地为泥土。自第一学年至卒业期，皆课塑土，以作物形。每生置一铁架如右式，各立于其前，而仿塑之。质以石膏为主，上式则仿塑植物者也。雕刻科分牙雕、木雕、塑造三部，而牙雕、木雕皆兼课塑造。

雕刻科课程

课目	每周教授时数					
	预备科	第一学年	第二学年	第三学年	第四学年	卒业期
修身	1	1	1	1	1	不定时
制造实习	16	27	27	27	33	
木雕及塑造实习		木雕 19	19	19	23	卒业制作不定时
		塑造 8	8	8	10	
牙雕及塑造实习		牙雕 19	19	19	23	
		塑造 8	8	8	10	
绘画实习	16	4	4			
解剖学		2	2			
远近法				2		
美学及美术史		东洋雕刻史 2		西洋雕刻史 2 西洋建筑史 2	美学 2	
历史及考古学	历史 3		西洋考古学 2	风俗史 2		
外国语	2	2	2	2	2	
体操	2	2	2	2	2	
计	40	40	40	40	40	
备考　外国语英、法两国选习其一						

图案科分二部，第一部为工艺图案，第二部为建筑装饰，生徒各依志愿，选习其一。

图案标本室陈列家屋建筑标本甚多，大半为日本有名之建筑物。俯视、侧面、断面或为图画或为模型，各种饰边，各种浮钉，尽罗列之。观第一部第一年生课瓶花写生，绘于图样之匡外。

图案科课程

课目	部别	每周教授时数					
		预备科	第一学年	策二学年	第二学年	第四学年	卒业期
修身	第一、二部	1	1	1	1	1	不定时
实习	第一部	8	16	18	20	18	39
制图	第二部	9	12	14	18	21	27
绘画	第一部	18	9	9	9	9	9
绘画	第二部	7	7	7	7	7	
图案法	第一部 第二部		2			2	
塑造	第二部	4	4	4	3		
工艺制作法	第一部	4	4	4	3		
理学	第二部	数学 力学 6	数学 地质测量 3				
建筑学	第一部 第二部	建筑学大意2 建筑学大意2	建筑构造 建筑材料 建筑意匠 4	建筑构造、日本建筑、铁骨铁筋构造、建筑意匠 5	家具制作及装饰法 建筑意匠 建筑科学 4	施工法 装饰法 色彩学 3	特别讲义 3
美学及美术史	第一部 第二部		西洋建筑史2 西洋建筑史3	东洋建筑史2 东西建筑史3	东西建筑史2	美学2 美学2	
用器画法	第一部 第二部	4 4	2 2	2 2		（3）	
历史及考古学	第一部 第二部	历史3 历史3			风俗史2		
外国语	第一、二部	2	2	2	2	2	
教育学及教授法	第一、二部					（3）	
体操	第一、二部	2	2	2	2	2	
计		40	40	40	40	40	39以上
备考	括弧内时数限于志为图画教员者于实习时课之，外国语第一部英、法两国选习其一，第二部课英语						

图画师范科参观其教官室，诸生方执画稿，就正于教师。一生实习人体写生，晤其教授白滨征氏。

图画师范科课程

课程	每周教授时数		
	第一学年	第二学年	第三学年
修身	1	1	1
教育学及教授法	2	2	2
美学及美术史	2	2	2
解剖学	2		
图案法		2	
自在画	19	19	8
几何画法	3	3	2
手工	4	4	2
习字	2	2	
英语	2	2	
教授练习			10
体操	2	2	2
计	39	39	39

漆工科置调漆、莳绘两教室，莳绘者漆绘山水人物也，分平莳绘、高莳绘、素地莳绘等，先习绘于手板，次习绘于器物。

漆工科课程

科目	每周教授时数					
	预备科	第一学年	第二学年	第三学年	第四学年	卒业期
修身	1	1	1	1	1	不定时
莳绘实习	17	30	26	26	27	卒业制作 不定时
调漆实习						
雕镂实习					3	
绘画及图案	18	4	4	4	4	
图案法			2			
漆工史及制作法		制作法 1	制作法 1		漆工史 1	
历史及考古学				风俗史 2		
工艺化学			漆及涂料 2	实验 3		
外国语	2	2	2	2	2	
体操	2	2	2	2	2	
计	40	40	40	40	40	
备考　外国语英、法两国选习其一						

金工科课雕金与锻金。雕金者以錾雕刻诸金属，锻金则捶击诸金属，使成各种物态也。铸造科置铸浚及蜡型教室、傅色教室、铸造工场。时已正午，仅于雕金教室，略观三年生实习。先绘图案于纸，次用墨涂绘于金属品，次乃雕之。于铸造科略观铸造工场，罗列鸟、兽、神佛像，多来自中国者。

金工科课程

科目	每周教授时数					
	预备科	第一学年	第二学年	第三学年	第四学年	卒业期
修身	1	1	1	1	1	不定时
雕金实习		12	16	12	12	卒业制作 不定时
锤起实习		10	10	8	10	
锤金实习				8	8	
塑造实习	17	8				
绘画及图案	18	4	4	4	4	
图案法			2			
金工史及制作法		制作法1	制作法1		金工史1	
工艺化学			金属及合金2	实验3		
外国语	2	2	2	2	2	
体操	2	2	2	2	2	
计	40	40	40	40	40	
备考　外国语英、法两国选习其一						

铸造科课程

课目	每周教授时数					
	预备科	第一学年	第二学年	第三学年	第四学年	卒业期
修身	1	1	1	1	1	不定时
实习		22	18	20	20	卒业制作 不定时
塑造实习	17	8				
蜡形实习			8	8	8	
绘画及图案	18	4	4	4	4	
图案法			2			
金工史及制作法		制作法1	制作法1		金工史1	
工艺化学			金属及合金2	实验3		
机械学大意					2	
外国语	2	2	2	2	2	
体操	2	2	2	2	2	
计	40	40	40	40	40	
备考　外国语英、法两国选习其一						

于制版及临时写真科均略观其设备，有印刷室（分铜版、玻璃版）、石印配电室、石研室、石版描画室（借光学反射作用，描取镜中花物于纸）、凹版印刷室、摄影室、分析室、三色版摄影室。

制版科课程

课目	每周教授时数		
	第一学年	第二学年	第三学年
修身	1	1	1
数学	2		
物理学	1		
化学	2	2	2
化学实验	3		
色彩学	1		
光化学		1	1
写真术大意	2		
印刷术		2	
制版术	2	2	2
材料及药品		2	
图案法		2	
制图	3		
绘画及图集	4	4	
美学		2	
实习	15	18	30
外国语	英语2	英语2	英语2
体操	2	2	2
计	40	40	40

临时写真科课程

课目	每周教授时数		
	第一学年	第二学年	第三学年
修身	1	1	1
数学	2		
物理学	1		
化学	2	2	2

课目	每周教授时数		
	第一学年	第二学年	第三学年
化学实验	3		
色彩学	1		
光化学		1	1
写真术	2	2	2
制版术大意		2	
材料及药品		2	
图案法		2	
绘画及图案	4	4	
美学		2	
解剖学	2		
远近法	2		
实习	16	18	30
外国语	英语2	英语2	英语2
体操	2	2	2
计	40	40	40

记者曰：日本之于美术，非能逮夫意大利、法兰西也，要其应用之于事物，推暨其影响于一般社会，斯为长矣。凡百学术造就之高下，往往与其经历日月之长短为正比，而于技术尤显，盖夫名家巨匠，流誉人间，往往化于国俗之同趋，率其累传之世业，有非一朝夕所陶冶而成者。至其应用于事物，推暨于社会，则教育之力也。此校为彼国美术教育中心机关，自明治二十二年立校，迄今卒业者凡千二百八十八人，现在学者六百二十一人，岁费十三万八千余元。其施教也，就其人所禀之天才而发展之，与以技术上之端绪，俾异日资其素养，底于大成，则其要旨也。中国人留学是校者，日本画科一人，西洋画科十四人，严君其一。工业图案科二人，大正四年至五年统计云。

十四日，游银座大街。日本商业知识之进步，实为可惊。曩游巴拿马太平洋博览会，当时所夸为最新陈列法得优异之奖评者，银座大街各大商店之陈列出品，已莫不行之。某商店玻璃栏内大幅富士山，堆絮为雪，绿叶覆之，絮为实物，绿叶为标本，最深处则为画稿。旭硝子会社玻璃栏内一大玻璃圆筒，其中一人卧吹玻管，大圆筒实物也，人纸片模型也，吹玻管之行为则图画也，令人莫辨真赝。他俱类此。其旁斜置巨镜，缀以电灯，赖光学之作用，使丈许之地，一曲一弯者，有无数妙景相引于无穷。

旭硝子会社为日本最大之玻璃制造厂，从前制平面玻璃，连岁亏耗，多或达七八百万元，去岁以一年而赢一千万元，出货现额，较欧战前增至八倍。

各大报馆门首，男女老幼，环如堵墙，争观大相扑胜负报告，儿童则欢呼跳跃以助兴。大相扑在浅草公园，而消息传于各地，揭于报馆之间。大相扑之日，三万人之席次为满，票价高至三元，贵族妇人皆争先订购，此其盛况，极似美国之棒球会，而其尚武之宗旨，尤为明显。各地写真店，皆高揭角力场之写真，与角力大家伟硕之体貌。观活动写真制造社叶片目录，关于武勇伟人之故事与时事，演为新旧剧者，多至百余种，几占全部分之半。各神社佛寺，皆陈列战利之大炮与炮弹，而公园与博物馆，不待言矣。乃至理发店亦往往饰巨大之炮于其门额，以为标帜。

夜，张君伯岩（之铭）招饮。同席日人某君见语，中国满地富源，所乏者资本，日本极愿相助，余往来中国各埠，极力鼓吹日本人投资于中国，经余手者已达二百数十万，若某省之铁道也，某地之矿也，某地之电灯与自来水也，已皆为日人投资所经营，愿中国勿受他人离间耳。

十五日，参观高等师范学校。（小石川区）适嘉纳校长旅行他往，见其附属小学主事佐佐木吉三郎，承为两小时之演谈，池君宗墨（尚同）译述之。池君卒业高师，现为浙江留学经理员。

佐佐木氏为高等师范教师二十年，兼任小学主事亦将十年，富于教育著述，近著一书名"世界大势与大正教育方针"，今所演述大意即本此，记如下：

本校自明治五年在昌平桥始创，颇缺训练。至明治十八年，文部大臣森有礼氏患之，乃以陆军大佐山川治氏为校长，注重兵式操，以军队式施之于训练，不惟重形式而并重精神，校风为之一变。森有礼氏以严童主义改良师范教育，影响于全国国民性甚大，余所深赞成者也。教育重在改造国民性，凡社会国家有所不足则补之，其有所长则保守而扩充之。政治亦有此能力，但现在的而非将来的。譬之于医，既病而始疗之，何如平日注重卫生之为愈。教育者，造成未来之健康者也。

今者对于诸君之惠临，请演陈教育上四大主义。

一、体力。中国国民躯干较高大，而素乏锻炼。日本人体格所占天然之优点有二：其一，皮肤之强。西洋人出外，必戴帽，日本人则否，不惟不戴帽，并不穿袜，使其肢体养成莫大抵抗力，可以耐风霜，习劳苦。自近顷改用洋服，肢体加以密裹，不能直接日光与空气，此优点将渐减；其二，骨节之利。日本人首腰膝足诸关节，皆自由灵活，因其平居不用桌椅，跪坐起立，俯仰屈伸，习惯自然。西洋人则否，曾在德国见习柔道，种种姿势，殊乏日本人之灵便，但日本人之弱点，则思想上不如人也，中国此点首宜特别注意。

二、道力。东洋道德，自昔非常发达。孔孟倡仁义忠孝，日本传授此义，道德之基础，不下于西洋。孔子之道，自修身以至齐家、治国、平天下。修身何为？为齐家、治国、平天下也。西洋之视道德范围则甚小，道德家无非宗教家，虽战争必祈祷，无一不假途于迷信。若东洋忠君、爱国、孝父母之学说，西洋所梦想不到者也。但东洋道德虽优，而亦有遗憾，即自治力与公德心之缺乏是已。子倚其父，父倚其子，因家族主义之过重，遂失独立自营之能力，是为自治缺乏之证。电车汽车争购票，争座位，且侵占他人座位，是为公德缺乏之证。东洋于此能学西洋优点，而仍不失其固有之长，则善矣。

三、智力。无科学之头脑，断不能生存于今世界。即论欧洲战争，非仅恃武力也，若大炮、若摩托车，种种行军利器，何一非根据科学作用。使科学不昌明，而欲发明器物，无望也。东洋人精神文明则优矣，物质文明则不足，欲求农工商与凡百实业之发达，必先求科学之发达。最好方法，在一方保守固有之精神文明，一方吸收世界之物质文明。

改良智力，有二要点。其一，东洋人之求学，但知读书而不知实地视察。西洋不然，心有所得，辄思手抚之足履之以为快。致知格物，为东洋古来求学之方，但只习于空说，而西洋则实行之。其二，西洋能发明，而东洋仅善模仿。即如日本数十年来，事事模仿西洋，而发明者盖少。此断非天赋知能之缺乏也，而胡以若是？此点亦宜注意。

四、金力。孟子曰：亦有仁义而已矣，何必曰利。似孔孟之学不言利矣。不知东洋古时，实亦重利。书称利用厚生，是其明证。孔孟当时，不过矫其弊之已甚耳。今之六年义务教育，务须与以生活之能力。乡村小学宜设农科，其理科宜注重稻、麦、石炭、家禽等日常应用之物产。他如手工、如商业属于职业之初步者，皆不可不注意。

方今教育家讨论之要点，在中学校、高等女学校之课程，未尝为学生谋生地。故毕业后如入银行，不能执一役，仅得升入专门学校。故必须于小学校授以生活之基础，则力不能升学者，亦可借所学以谋生活，此点大宜注意。

从前东洋专谈空理，不讲实利。人生但求丰衣足食，无事劳动为幸福，实则为社会蠹耳。今后须使人人能劳动，于个人经济国家经济，皆有莫大之影响。故鄙人对于齐家之道，敢为补一要义曰：独立。譬如一村落中，家家能独立，则全村事业，自然发达。推之于国亦然。美国最注重此点，故能厚植其势力于经济界。德国从前亦谈空理，近则大注重此点，其收效至速且大。

以上四大原动力，无论为个人，为国家，均有重大之关系。欲求四者之发达，必恃教育。实施教育，在乎教员。养成教员，在乎师范。故师范学校，尤宜注意于此。所愿中日两国互相研究扶助，凡事以求东亚幸福为前提，勿受离间而妨亲善，则幸甚。近人有倡大亚细亚主义者，诸君倘亦乐为研究也。

演述既毕，问氏以日本一般教育家对于职业教育之意见如何，现行普通学校制度，有何倾向于职业教育之动机。

氏答：日本对于职业教育，其观念尚属幼稚，近川本宇之介氏有职业教育之研究一书，可参考。至普通学校设职业科者，大阪有育英高等小学校，分外国商业、内地商业与工业等科，可参观也。

参观附属小学校，其编制如下：

第一部　寻常一、二、三、四、五、六年各一级，限于男儿童。其课程连续于中学校。
本部授业科每月一元五十钱。

第二部
- 寻常科男女同校
  - 一、二、三、四年各一级。
  - 一二年、三四年、五六年各一级。
- 高等科
  - 一二年合一级（二年暂缺）限于男儿童。

本部授业科每月一元。

第三部
- 寻常一、二、三、四、五、六年各一级。
- 寻常六学年单级。
- 补助学校上级及下级。
- 以上均男女同级。
- 女子高等小学校一年、二年各一级。

本部授业科每月五十钱。

一部寻常四年修身课，用教科书。课目为博爱，课文为奈丁格尔[①]故事。先教师演述，次儿童轮读。

二部寻常一二年合级国语课，一年课风筝，二年课时计。男女座位，男左右行，女中行。

按修身而用读本，且令轮读，鄙意不甚谓然。但参观仅十分钟，未及尽见教授法之妙处也。后一级儿童举手争先答问，颇有兴味。

理科实验室，一、二部合置。四壁置图画标本实物，中为试验桌。各个试验，初年级师教之，其后令自行试验。物品每种设若干具，不足用时采分团法，每团合用一件。其物品皆依顺序与种类，如鸟为鸟卵与巢之标本，为幼鸟与其伏雏时之标本，为鸟之标本。水产特多，玻璃方器，盛水藻之属。有砧与杵，令试捶金属品以验其硬度。窗设黑幕，教坛上当空平悬白布一方，有时放下，用幻灯试演之。

此室之设备，使知识归于实际，于教科大有价值。

三部补助学校。此为教育低能儿而设，但不明揭此意，使同校儿童对于此级不至歧视。问：有心理学试验器否？答：无。因本级所收低能儿童，皆深信的、非假定的。大抵低能儿童之确认有三：一、心理学者之观察；二、医生之报告；三、血统之调查。而本级则根据第二与第三项，再加以第一项之证明者。问低能儿教授实验有效之方法如何？答：本校所用之方法，一、直观；二、反覆；三、差别；四、各个。如历史但用图画不用书本，为直观之一例。教材无定级，分别授之，为各个之一例。以上三部主任樋口长市氏言樋口氏有名之教育家也。

三部女子高等小学校。此为法令所无，现在试验中。其宗旨注重实科。录其课程表如次，颇有研究之价值者。

各级均有校外观察课，今吾国各学校非无旅行远足之举，然往往有数失，无目的一也。无关系教科之预定，二也。无各学年继续之计划，三也。录其第一部校外观察预定一览表，以见其一斑。

樋口氏关于教生实习法之答问：从前教生实习在第三学年，中学小学各半行之。后因注重学理，故减为各一学期，现又减为各半学期。因高师生徒毕业地方师范者居多，大抵已有教授经验，虽其间亦有中学毕业生，然居少数。按

---

① 奈丁格尔，今译南丁格尔。

其寄宿舍要览载生徒出身统计，师范二百七十二，中学二百二十五，中学尚非绝对少数，则其减少实习，是否相宜，尚不能无疑。

第三部女子高等小学校课程表

教科目＼学年	每周教授时数	第一学年	每周教授时数	第二学年
修身	2	道德要旨　作法	2	道德要旨　作法
国语	5	普通文日用文之读法 书法　缀法	5	普通文日用文之读法 书法　缀法
算术	3	分数　百分法 比例　珠算	3	比例　珠算 日用簿记
日本历史	2	维新以来历史之大要	2	我国现时国势之一斑
地理	1	诸外国与我国有密切关系者之地理		
理科	4	关于衣食住之理科的事实 人身生理卫生之大要 普通之蔬菜花卉栽培	4	前学年之续及育儿法、看护法、 日常食物之调理法
唱歌	1	单音唱歌 简易复音唱歌	1	单音唱歌 简易复音唱歌
体操	2	体操　游戏	2	体操　游戏
裁缝	9	通常衣类之裁法　缝法 缮法　洗法	9	前学年之续及张法、去污点法等
手工	3	简易编物袋物	2	前学年之续及简易造花、刺绣
计	30		30	

关于校风养成法之答问：教导之外，注重训练。训练方法，大抵如概览所载。至其内容，先根据敕语，规定方针，然后规定细目，细目各校不同。

高师本校之编制，略如概览。从前分国语、汉文、英语、地理、历史、数理化学、博物学五部，为我国高师编制所从袭。今新规则分文科、理科、体育科，其内容揭要如下：

文科
　一部　甲组主修身、教育、历史。乙组主修身、教育、法制经济。
　　　　丙组主修身、历史、法制经济。
　二部　主修身、教育、国语、汉文。
　三部　主修身、教育、英语。

		附属学校	
各部 **事项**	**本校**	**中学校**	**小学校**
名称	东京高等师范学校	东京高等师范学校附属中学校	东京高等师范学校附属小学校
创立	明治五年九月	明治二十一年九月	明治六年二月
目的	养成师范学校中学校高等女学校校长及教员	一、基于中学校令以教育生徒 二、研究中学校教育之方法 三、使师范生徒实地练习授业	一、基于小学校令以教育儿童 二、研究小学校教育之方法 三、使师范生徒实地练习授业
位置	东京市小石川区大冢洼町	同上	同上
敷地	21445 坪，外附属农业实习地2196 坪	2172 坪	1973 坪
建物	4105 坪（内二阶二、444 坪）	539 坪（内二阶 326 坪）	935 坪（内二阶 315 坪）
图书	93754 册（和汉书 80546、洋书 13208）	7820 册（和汉书 6186、洋书1634）	8463 册（和汉书 8230、洋书 233）
校具	49234 点（机械 12502、标本16202、器具 20530）	5667 点（机械 1496、标本1476、器具 2695）	9143 点（机械 3958、标本1368、器具 3817）
职员	128 名（校长 1、教员 92、嘱托员 19、事务员 16）	34 名（主事 1、教员 31、事务员 2）	25 名（主事 1、教员 24）
生徒儿童	661 名（预科 121、专修课 92、研究科 42、外国学生 73、本科 326、选科 5、特别学生 2）	372 名	701 名（第一部 241、第二部 291、第三部 169）
学科教科	文科（4 年） 理科（4 年） 体育科（4 年） （旧规则）本科（3 年） 国语汉文部、英语部 地理历史部、数物化学部（主数学物理者、主物理化学者）、博物学部 专修科 体操专修科（3 年） 选科（2 年以上 4 年以下） 研究科（1 年及 2 年）	中学校（5 年）	第一部 寻常小学科 第二部 寻常小学科 高等小学科（2 年） 第三部 单级寻常小学校 寻常小学校 补习科（2 年） 补助学校
训练	于寄宿舍之训育 学级主任之诱掖指导 仪式讲演会等之施行 校友会各部事务之练习及事业之实施	训育主任及学年担任之诱掖指导仪式、学级会等之施行 训育内规及各学年训育要项之实施 桐阴会各部事业之实施 与家庭协同	训练要目之实施 训练实施案之施行 儿童之作业 儿童之会合 学级主任之诱掖指导 仪式、讲堂训话等之施行 与家庭协同

东京高等师范学校概览（大正四年五月一日）

东京高等师范学校概览（大正四年五月一日）			
各部 事项	本校	附属学校	
		中学校	小学校
休业	春期休业（自4月1日至4月15日） 夏期休业（自7月11日至9月10日） 冬期休业（自12月25日至翌年1月7日） 祝日、大祭日 日曜日 本校创立纪念日（10月30日）	春期休业（自4月1日至4月7日） 夏期休业（自7月21日至8月31日） 冬期休业（自12月25日至翌年1月7日） 祝日、大祭日 日曜日 本校创立纪念日（10月30日）	春期休业（自4月1日至4月7日） 夏期休业（自7月21日至8月31日） 冬期休业（自12月25日至翌年1月7日） 祝日、大祭日 日曜日 本校创立纪念日（10月30日）
经费	152642元	17084元	15716元
卒业生	3617名，外特别学生4名、外国学生87名	1023名，外听讲生1名	4402名

文科第一部

学科目	预科				本科第一学年			
	每周时数			学科课程	每周时数			学科课程
	甲组	乙组	丙组		甲组	乙组	丙组	
修身	2	2	2	实践伦理	4	4	4	实践伦理、伦理学
教育学					4	4	2	教育学
历史	6	3	6	国史、东洋史、西洋史（甲、丙）国史（乙）	6	3	6	国史、东洋史、西洋史（甲、丙）东洋史（乙）
法制经济	4	4	4	法学通论、经济通论		4	4	宪法、行政法、经济学
心理学、伦理学及哲学	3	3	2	伦理学	3	3	2	心理学
国语及汉文	5	5	5	讲读、文法、作文	3	3	3	讲读
英语	7	7	7	讲读、文法	3	3	3	讲读
生理学及生物学	2	2		生物通论、生物进化论	2	2	2	人身生理
社会学								
体育	3	3	3	体操、教练及竞技	3	3	3	体操、教练及竞技
计	32	29	29		28	29	29	

学科目	本科第二学年 每周时数 甲组	乙组	丙组	学科课程	本科第三学年 每周时数 甲组	乙组	丙组	学科课程 第一、二学期	第三学期
修身	4 演习隔周一回	4 演习隔周一回	4 演习隔周一回	国民道德论、西洋伦理学史	5 演习一回	5 演习一回	5 演习隔周一回	道德史、东洋伦理学史	
教育学	5 演习隔周一回	5 演习隔周一回	3 演习隔周一回	教育史 教授法	7 演习一回	7 演习一回	5 演习隔周一回	教授法、学校卫生、教育法令	
历史	7	3	7	国史、东洋史、西洋史（甲、丙）西洋史（乙）	6		6	国史、东洋史、西洋史	
法制经济		5	5	国际法、刑法、民法、经济学		5	5	民法、商法、诉讼法、财政学	授业练习
心理学、伦理学及哲学	4	4	2	心理伦理哲学概论					
国语及汉文	2	2	2	讲读					
英语	3	3	3	讲读					
生理学及生物学									
社会学					3	3	3	社会学	
体育	3	3	3	体操、教练及竞技	2	2	2	体操、教练及竞技	
计	28 演习一回	29 演习一回	29 演习一回		22 演习二回	22 演习二回	26 演习一回		

（一）甲组主修身、教育、历史，乙组主修身、教育、法制经济，丙组主修身、历史、法制经济。

（二）体育时间得增加之。

（三）本表外设随意科于本科课独语。

文科第二部

学科科目	预科 每周时数	预科 学科课程	本科第一学年 每周时数	本科第一学年 学科课程	本科第二学年 每周时数	本科第二学年 学科课程	本科第三学年 每周时数	本科第三学年 学科课程（第一、二学期）	本科第三学年（第三学期）
修身	2	实践伦理	2	国民道德论	2 演习隔周一回	伦理学	2 演习隔周一回	道德史	授业练习
教育学			2	教育学	3 演习隔周一回	教育史、教授法	5 演习隔周一回	教授法、学校卫生、教育法令	
国语	6	讲读、文法、作文	6	讲读、文法、作文	7	讲读、文法、作文、发音矫正	8	讲读、文法、作文、文学史、修辞学、国语学概论、有职故实（按即掌故）	
汉文	5	讲读、文法、作文	7	讲读、文法、作文	8	讲读、文法、文学史	8	讲读、文法、文学史	
习字	2	习字	2	习字					
心理学、伦理学及哲学	2	伦理学	2	心理学	2	哲学概论			
英语	7	讲读、文法	3	讲读	3	讲读			
历史	3	国史	3	东洋史					
言语学							3	言语学、声音学	
体育	3	体操、教练及竞技	3	体操、教练及竞技	3	体操、教练及竞技	2	体操、教练及竞技	
计	30		30		28 演习一回		28 演习一回		

（一）体育时间得增加之。

（二）本表外设随意科子本科课独语，第二学年、第三学年课习字。

文科第三部

学科科目	预科 学科课程	预科 每周时数	本科第一学年 学科课程	本科第一学年 每周时数	本科第二学年 学科课程	本科第二学年 每周时数	本科第三学年 学科课程（第一、二学期）	本科第三学年 每周时数	本科第三学年 第三学期
修身	实践伦理	2	国民道德论	2	伦理学	2 演习隔周一回	道德史	2 演习隔周一回	授业练习
教育学			教育学	2	教育史、教授法	3 演习隔周一回	教授法、学校卫生、教育法令	5 演习隔周一回	
英语	讲读、文法、作文、口述	14	讲读、文法、作文、口述	15	讲读、作文、口述、修辞学	16	讲读、作文、口述、文学史	16	
心理学、伦理学及哲学	伦理学	2	心理学	2	哲学概论	2			
国语及汉文	讲读、文法、作文	5	讲读	3	讲读	2			
历史	西洋史	3	西洋史	2					
言语学							言语学、声音学	3	
体育	体操、教练及竞技	3	体操、教练及竞技	3	体操、教练及竞技	3	体操、教练及竞技	2	
计		29		29		28 演习一回		28 演习一回	

（一）体育时间得增加之。

（二）本表外设随意科于本科课馀语。

理科第一部

学科目	预科 学科课程	预科 每周时数	本科第一学年 学科课程	本科第一学年 每周时数	本科第二学年 学科课程	本科第二学年 每周时数	本科第三学年 第一、二学期	本科第三学年 第三学期	本科第三学年 每周时数
修身	实践伦理	2	国民道德论	2	伦理学	2 演习隔周一回	道德史		2 演习隔周一回
教育学	教育学	2	教育学	2	教育史、教授法	3 演习隔周一回	教授法、学校卫生、教育法令		5 演习隔周一回
数学	算术及代数学、几何学、三角法	8 演习一回	代数学、几何学、解析几何学	8 演习二回 实验	代数学、几何学、解析几何学、微分积分	10 演习二回	微分积分、数学教授研究、应用数学		10 演习二回
簿记			簿记	2					
心理学及伦理学	伦理学	2	心理学	2					
国语	讲读、文法、作文	3	讲读	3	讲读	3			
英语	讲读、文法	7							
测量							测量		3 实习一回
物理学	力学	2 演习一回	物理学	3 实验一回					
天文					天文	2			
体育	体操、教练及竞技	3	体操、教练及竞技	3	体操、教练及竞技	3	体操、教练及竞技		2
计		27 演习一回		25 演习二回 实验一回		23 演习三回		授业练习	22 演习三回 实验一回

（一）体育时间得随增加之。

（二）本表外设随意科于本科课独活。

理科第二部

学科目	预科 学科课程	预科 每周时效	本科第一学年 学科课程	本科第一学年 每周时数	本科第二学年 学科课程	本科第二学年 每周时数	本科第三学年 学科课程（第一、二学期）	本科第三学年 学科课程（第三学期）	本科第三学年 每周时数
修身	实践论理	2	国民道德论	2	伦理学	2 演习隔周一回	道德史	授业练习	2 演习隔周一回
教育学		2	教育学	2	教育史、教授法	3 演习隔周一回	教授法、学校卫生、教育法令		5 演习隔周一回
物理学	力学	2 演习一回	物性学、音学	4 实验一回	热学、光学	4 实验二回	电磁气学		4 实验二回
化学	无机化学	2 实验一回	无机化学、矿物学	5 实验一回	有机化学	4 实验二回	理论及物理化学		4 实验三回
心理学及伦理学	伦理学	2	心理学	2					
国语	讲读、文法、作文	3	讲读	3	讲读	3			
英语	讲读、文法	7	讲读、文法						
数学	代数学、三角法、解析几何学	4	解析几何学、微分积分	4					
天文气象					天文	2	气象		2
手工	普通木工，以木材为主之简易机械	实习一回	普通金工，以金属为主之简易机械	实习一回					
体育	体操、教练及竞技	3	体操、教练及竞技	3	体操、教练及竞技	3	体操、教练及竞技		2
计		25 实验一回 实习一回 演习一回		25 实验二回 实习一回		21 演习一回 实验四回			19 演习一回 实验五回

（一）体育时间可得增加之。

（二）本表外设随意科于本科课独语。

理科第三部

学科目	预科 每周时数 甲组	预科 每周时数 乙组	预科 学科课程	本科第一学年 每周时数 甲组	本科第一学年 每周时数 乙组	本科第一学年 学科课程	本科第二学年 每周时效 甲组	本科第二学年 每周时效 乙组	本科第二学年 学科课程	本科第三学年 每周时数 甲组	本科第三学年 每周时数 乙组	本科第三学年 学科课程 第一、二学期	本科第三学年 学科课程 第三学期
修身	2	2	实践伦理	2	2	国民道德论	2 演习隔周一回	2 演习隔周一回	伦理学	2 演习隔周一回	2 演习隔周一回	道德史	授业 练习
教育学				2	2	教育学	3 演习隔周一回	3 演习隔周一回	教育史、教授法	5 演习隔周一回	5 演习隔周一回	教授法、学校卫生、教育法令	
植物学	2 实验一回	2 实验一回	形态学	3 实验二回	3 实验二回	比较解剖学 发生学	2 实验二回	2 实验二回	分类学、应用植物学	3 实验一回	3 实验一回	生理学、生态学	
动物学				3 实验二回	3 实验二回	通论、各论	3 实验二回	3 实验二回	通论、各论	3 实验二回	3 实验二回	发生学、进化论	
生理学及卫生学	4	4	人身生理、卫生										
矿物学及地质学	3 实验一回	3 实验一回		3 实验一回	3 实验一回	矿物学	2 实验一回	2 实验一回	地质学	3 实验一回	3 实验一回	地质学	

（续表）

学科目	预科 学科课程	预科 甲组	预科 乙组	本科第一学年 学科课程	本科第一学年 甲组	本科第一学年 乙组	本科第二学年 学科课程	本科第二学年 甲组	本科第二学年 乙组	本科第三学年 学科课程 第一、二学期	本科第三学年 第三学期	本科第三学年 甲组	本科第三学年 乙组
地理	地理学通论	2	2	地理学通论 日本地志	3		地理学通论 亚洲地志	3		欧洲及非洲地志 美洲及澳洲地志		4 实验一回	3 实习一回
农学				作物及园艺		2	作物及园艺 养畜及养蚕 土壤及肥料	3 实习一回	3 实习一回	土壤及肥料 养畜及养蚕 农业经济	授业练习	3 实习一回
心理学及伦理学	伦理学	2	2	心理学	2	2							
国语	讲读、文法、作文	3	3										
英语	讲读、文法	7	7	讲读	3	3	讲读	3	3				
天文气象	天文气象	1	1										
化学	有机化学 无机化学	3	3										
图画	临画、写生画、投影画法大要、黑板画练习及水影画面	2	2										
体育	体操、教练及竞技	3	3	体操、教练及竞技	3	3	体操、教练及竞技	3	3	体操、教练及竞技		2	2
计		31 实验一回一回	29 实验一回		23 实验五回	24 实验五回		21 演习一回 实验六回	21 演习一回 实验五回 实习一回			22 演习一回 实验四回 实习五回	21 演习一回 实验四回 实习一回

（一）甲组选习地理、乙组选习农学。

（二）体育时间得增加之。

（三）本表外设随意科于本科课独语。

体育科

学科目	预科 每周时数 甲组	乙组	丙组	预科 学科课程	本科第一学年 每周时数 甲组	乙组	丙组	学科课程	本科第二学年 每周时数 甲组	乙组	丙组	学科课程	本科第三学年 每周时数 甲组	乙组	丙组	学科课程 第一、二学期	第三学期
修身	2	2	2	实践理论	4	4	4	实践理论 伦理学	4（演习隔周一回）	4（演习隔周一回）	4（演习隔周一回）	国民道德论 西洋伦理学	5（演习一回）	5（演习一回）	5（演习隔周一回）	道德史、东洋伦理学史	
教育学					2	2	2	教育学	3（演习隔周一回）	3（演习隔周一回）	3（演习隔周一回）	教育史、教授法	5（演习一回）	5（演习一回）	5（演习隔周一回）	教授法、学校卫生、教育法令	10
体操、教练及竞技	10	4	4	体操、教练及竞技	9	9	9	体操、教练及竞技	9	9	9	体操、教练及竞技	9	9	9	体操、教练及竞技	10
柔道		11	11	柔道总论 形、乱捕	5	10	10	柔道总论（甲） 各论（乙、丙） 形、乱捕	5	10	10	柔道总论（甲） 各论（乙、丙） 形、乱捕				问答、形、乱捕	
剑道	5			剑道总论 形、试合	5	10	10	剑道总论（甲） 各论（乙、丙） 形、试合	5	10	10	剑道总论（甲） 各论（乙、丙） 形、试合				问答、形、试合	
体育理论					1	1	1	体育理论	2	2	2	体育理论	3	3	3	体育理论	
解剖生理卫生及救急疗法					2	2	2	解剖学、生理学及卫生学	2	2	2	解剖学、生理学及卫生学	2	2	2	解剖学、生理、卫生学及救急疗法	

（续表）

学科目	预科 每周时数 甲组	乙组	丙组	预科 学科课程	本科第一学年 每周时数 甲组	乙组	丙组	本科第一学年 学科课程	本科第二学年 每周时数 甲组	乙组	丙组	本科第二学年 学科课程	本科第三学年 每周时数 甲组	乙组	丙组	本科第三学年 学科课程 第一、二学期	第三学期
心理学及伦理学	2	2	2	伦理学	2	2	2	心理学									
国语及汉文	4	4	4	讲读、文法、作文	4	4	4	讲读	2	2	2	讲读					
英语	5	5	5	讲读、文法													
历史	3	3	3	国史	3	3	3	东洋史	3	3	3	西洋史					
计	31	31	31		32	32	32		30 演习 一回	30 演习 一回	30 演习 一回		29 演习 二回	29 演习 二回	29 演习 二回		

（一）甲组主体操、乙组主柔道、丙组主剑道。
（二）第三学年第三学期随意设科于本表外课英语。
（三）本表外设随意科于本科授业练习。
（四）本表外于每年夏季课一个月同游冰。

第一部校外观察预定一览表

学期 周期 项目 学年	寻常科第一学年 事项	场所	关系教科	同第二学年 事项	场所	关系教科	同第三学年 事项	场所	关系教科	同第四学年 事项	场所	关系教科	同第五学年 事项	场所	关系教科	同第六学年 事项	场所	关系教科
四				春之野	早稻田附近	国语科												
五										陶器漆器	高等工业学校	国语科				玻璃制造	玻璃工场	理科
六																		
七				播种	护国寺前	国语科 乡土科												
八							谷、小川	千川筋		乡土科			古代风俗美术品	博物馆	历史科			
九							高台	大家电车通	同前									
十							寺墓	护国寺	同前									

（第一学期）

106

学期	周	寻常科第一学年 事项	场所	关系教科	同第二学年 事项	场所	关系教科	同第三学年 事项	场所	关系教科	同第四学年 事项	场所	关系教科	同第五学年 事项	场所	关系教科	同第六学年 事项	场所	关系教科
第二学期	一							工业地公园	飞鸟山上野	乡土科									
	二										海之生物	水族馆	国语科						
	三	夏之草木	植物园	乡土科												纺绩	日清纺绩会社		国语科
	五													制舰	船桥	理科			
	六							河流	隅田川	同前									
	七				刈稻	护国寺前	乡土科							活版	印刷工场	国语科	造船镰仓旧迹	横须贺镰仓	国语科
	九				制纸	制纸工场	同前	又土及海	品川町	同前									
	十																		
	十一				动物	花屋敷	乡土科	神社教会宫城	九段丸内	同前				兵营生活	近卫第一联队	国语科			
	十二										火药制造	火柴工场	国语科						
第三学期	二	动物	动物园	乡土科				开港场	横滨	国语科乡土科									
	五										动物	动物园	国语科乡土科						
	六																饮料水	淀桥净水场	理科

理科 {

一部主修身、教育、数学。

二部主修身、教育、物理化学。

三部主修身、教育、博物。甲组选习地理，乙组选习农学。

体育科。甲组主体操，乙组主柔道，丙组主剑道。

各部科课程表另录之。

时已午后三时，不及观其本校教授，导观设备。

大礼堂：本校教授训育概况摄影。（创立四十年纪念）

以各种影片合粘一大片，装入镜框。师范生自其所从来之母校入本校，经种种教授训育之情况，以及毕业后担任各项职务之种种摄影，联绘线索，以明统系。

会议室：各职教员之任事年久者，于纪念会时，由生徒为之绘巨幅肖像以赠，陈列是室。

图书馆：册数见概览。或在阅览室阅之，或经教员盖印保证携归阅之。教员借出一年为限，生徒一学期为限。管理员设主任一人，以教员兼之。书记三人。

运动场

柔道场：在室内，此为校长嘉纳氏最注意经营之一事，身心自在四字额，嘉纳氏手书。

矿物实验室

动物实验室

农学实验室：有日本内地园艺农产物生产统计各种图表，大正二年农商务省大日本农会出版。

地理学陈列室：有古今各地天然品人工品。

历史学陈列室

地理教室：有暗射地图黑板，价每方约二十元。

图画教室及准备室：上装玻璃平顶。

物理学实验室：每桌下立坚础，旁张长黑幕，室内有小铁道，转运仪器。

物理学教室：教师及生徒五六人，方在黑暗中实验光学。

化学教室：门外长廊悬卒业生摄影及其任职履历。

观上种种，无甚特异之设备，惟时已傍晚，各科实验室皆有一二专门教师，围炉蜷处，实验其所研究之科学，一二生徒随之研究，咸置门外一切事物于不问，一若毕生大事业，惟在此一点者。夫专门科学，存乎其人，不存乎其器。余之乐观其器，不若余之乐见其人也。

干事西川顺之氏出见，干事者在校长以下，掌理各部分一切事务，具副校长之性质者也，置二人。

余问分科新规则施行后，有何现象。答：新规则本无甚变革，惟修身与教育加重，期使所造高深。史与地分离。以地理归博物部。而地理又与农学分组。数学独立一部。体育加重之，别设体育科，分体操、柔道、剑道三种。法制经济附于文科。各使养成专精之人才，故其时间皆增专门，减普通。至其时间总数，初意拟减少而后反增多。

问：贵校之特色。答：卒业生较之大学专门学校皆有特色，盖体育与训练殊有进步，观实地成绩，确能改造国民性，此可自信者。

问：尝研究更进之方针否？答：各科学甚好，可无更变，惟以后尚当随时注意训育之进步，求于教授以外，更得良好之效果。

问：经费如何？答：从前师范生皆官费，故本校岁费须二十二万元，现改自费，故较减，但后仍当加增。

按其决算表，大正元年度二十二万三千余元，二年二十万余元，三年十九万余元，四年十八万五千四百四十三元，皆递减，颇可异，故问及之。

参观寄宿舍，生徒监示以寄宿舍要览，且说明如下：

生徒全体入舍寄宿，但研究科、选科、特别学生、外国学生不在此例。分全舍为若干寮，生徒分寮以其所认运动部分而定。如习柔道者同入柔道寮，但预科另定之，因初入校尚未认定运动部分，故暂以学科分，俟确定何部运动，即编入其同部之寮。

全舍生徒限各认定运动之一部，每一部或占全寮，或占其寮之若干室。每部设主事，即为寄宿舍参事，其人系该部运动之优者，由生徒公举之。校友会干事，为寄宿舍理事，凡三人。

每室置室长、副室长各一，预科各室，则以本科生二人加入，为之室长。

各部现在人数如下表：

干事部	10	野球部	30
谈话部	16	短艇部	40
杂志部	6	游泳部	10
柔道部	52	相扑部	10
剑道部	42	预科第一部	50
弓道部	20	预科第二部	50
徒步部	20	预科第三部	50
庭球部	40	第七寮（分舍）	68
蹴球部	40		

上表某部生必系某种运动员，但某种运动员，不限于某部生。如游泳部仅十人，但预科生、体育科生、体操专修科生每年夏期为游泳旅行时，全体生徒皆可称游泳部员。又如春秋两季长距离竞走，全校生徒参加之，是全校生徒皆可称徒步部员。

导观各室。自习室、寝室、浴室、食堂（学校不理食事，由生徒互选炊事委员掌理之），游戏室、谈话室、应接室。

贩卖部，招合格之商人，由生徒互选贩卖部委员监察之。气象实验。舍之一隅设仪器，由舍生轮值实验之。各地方新闻，有公购者，有生徒自购者。

给仕，额定二十人，司宿舍食事。以高小毕业生之贫苦者充之。入学须经试验，每夜授课三小时，以师范生为教师，其科目从其志愿，舍中无为生徒而设之仆役。

消防练习，每年三回，不预定时日。临时特火其将毁之屋，生徒群向扑灭之。

另记所访闻之种种如下：

日本大学派（亦称赤门派）与高师派（亦称茗溪派）各于国中占伟大之势力，而积不相能。大正元年，大学派主张废高师，改设教员养成所。高师派乃调查全国中等学校教员之不合格者得五千余人，以是为维持高师之理由。其结果遂削师范经费，废师范生官给膳费，故自大正三年以后，高等师范生学费仍免，而膳费须全纳。

中国学生之留学高师者，无实习。但令加入批评会、其理由谓以语言隔阂故，但日语甚好者，亦不令实习也。

中国学生另一宿舍，不加管理，闻风纪不甚佳。去年尝有人要求改良，无效。据昔尝留学是校者言，日本学生宿舍风纪之整肃，较前亦稍杀矣。

中国学生亦得入校友会，但义务同而实际之权利不同，如运动器具，必俟日本人用毕乃可用，亦彼此积感使然，非有规定也。

革命以前，中国学生但称听讲生，不给证书。现给证书，但标明外国学生。

革命以前，中国学生体操另为一班。民国初年，学生留者寥寥，至今遂废体操，习柔道、剑道者亦少。

日本自明治四十三年，始规定柔道、剑道为中学校、师范学校必修科，盖其养成教员已足用矣。

记者曰：东京高等师范学校，为彼全国师范教育之中心，其职员谓惟体育与训练自信能改造国民性。伟哉斯言，良非夸诞。夫法容有新旧，策容有短长，要其根据。夫明远确实之观察，运以坚强密致之精神，久之无不获效者。虽然，亦须有种种之助力，善辅助之上也，无牵掣之次也。

章公使述户水宽人语，贵国抄我学制未尝不可，但不宜抄将废之学制。闻者无怒其言之刻，试自思吾国一部学制何自来也。夫人国制度废不废于我何与。要知一制度之成立，非根据夫理论，乃根据夫事实。其地其时之事实不同，则其需要从之而异，而制度亦遂从之而变，凡百皆然，岂惟教育，岂惟日本。苟不实地审察己国事实上之需要，徒窃人家一颦一笑，而亦趋亦步之，于我究奚益者。今我国高师制度，诚为日本已废之制度矣，不肯改而安护前失不可也，漫抄人而甘蹈前失又岂其可。愿当局者毋拘于已定之制度，亦毋斤斤于他人之制度，姑熟审吾国事实上之需要何如也。

十六日拟观分设农、工、商科之师范学校。闻青山师范设商科，千叶师范设农科，乃先观青山。校在赤坂区，明治四十年始设商科，与丰岛同为东京府立寻常师范，而丰岛设农科。闻全国男女师范学校九十二所，视地方情形分设农、商，而农多于商。教谕樱井氏出为招待，李君诒燕、张君寿丰译述之。记其谈话如下：

商业科在本科第二、第三、第四年，每周各二时。第二年商事要项、商业算术（在普通算术之外）。第三年同上，加商业簿记、教授法。第四年商业簿记、商业地理、商品。其目的在养成普通教员，商业其附耳。现本校商业科暂停，因旧聘高等商业学校毕业生为教师，去年四月退职，一时无相当者。将其时间改授他科。至今年四月，方有相当教员，才可复设。

师范商业教员之缺乏，（一）因高商毕业生大都投身实业界，不愿为教员。（二）高商虽亦有商业教员养成所，收容师范毕业生，但为师范教员不多时，又投实业界以去。

问：师范商业教员，既如是缺乏，尚有补救之法否？答：本校虽如此，他校未尽有此现象。盖本校困难在商业仅每周四时，而各教员平均每周四十六时，必其人能兼教他科，方为合格。本校亦非绝对不能得教员，欲于四月以后得适当之人才故也。

问：本校于商业科有特别设备否？答：无。其方法多同普通各科，惟簿记、取引等课，间或至商店参观。

问：然则师范商业科，其于小学校影响如何？答：直接与影响于小学，此甚难言。但即舍商业而论，各科都含有商业意味，故影响自在。盖以本校毕业生为一般教员，非专为商业教员故。

问：然则小学校设商业科者，其教员何自来？答：大都以在商店有经验者充之，或商人图免兵役，愿充小学教员。盖高小商业仅二小时，连英语亦仅六小时，尚不足专聘一教员也。

问：然则本校毕业生是否须受文部省检定，乃得为商业教员？答：否。

问：本校毕业生状况若何？答：本校毕业生由府视学官斟酌支配之，或由府视学官遣至郡町或区町，或由该地该校直接商请于本校。本府属男师校二，女师校一，每年毕业二百人。府属小学教员六百人，每年推陈出新，故各届毕业生，有时过半得位置，有时支配有剩余。

问：然则毕业生服务之规定如何？答：毕业后服务七年。前三年应听府视学官支配于本府地方，后四年可随意为各地教员。如在服务期间，有不称职或旷职情事，不惟免职，且受惩戒，因其为官费故也。但二年以后，如声明悔过，经府知事调查属实，仍恢复其身份。

问：师范生尽官费否？答：预科仅免学费，本科学、膳、宿费全免。

全校学生三百六十七名。本科外讲习科四十名，收高小毕业而有寻常小学准教员资格者，在此一年毕业，可为寻常小学正教员。夜班讲习科两组，每日午后五时起，课四小时，以寻常小学正教员入之。三年毕业，得为高小正教员。其第一年即课修身教育专科，如一年期满，不得受业，得有两科以上之合格，亦可受检定试验。

是时且谈话，且参观。入寄宿舍，教谕兼舍监冈田藤十郎出任招待，且述一切。

舍分五部，每部五室或七室，全部三十室。何人入何室，由舍监支配之。自入学至毕业，勿得迁移。

室置室长二，皆以四年生为之。部置部长，任早操口令，会集时传达命令等事，每三周更番。

校友会名尚武会，分室内、室外种种运动，每人限认内外各一种，每日午后三时至四时，全体强迫运动。校医每晨七时来视察一小时。扫除每晨一次，每土曜日午后五时大扫除，均学生任之。

设炊事部、购买组合部、会计系、卫生系、图书系、装饰系，各置委员长。以四年生任之。

十六人共一自修室，十人共一卧室，卧具学生自备，席地设置，晨起高叠两行，有定式，甚整齐。

浴室大方间甚整洁，先四年生，次三、二、一年生。

图书室图书皆学生公备，别无学校图书馆，每生月纳费四角五分，以其一部分购书。

舍置小使二。

食堂用长桌，每四人对坐共食为一组。

炊事委员共八人，除委员长限于四年生外，其副以三年生充之。校给费于学生，学生纳费于委员，凡指挥厨役及一切事，皆委员长主之。

委员皆以成绩优者充任，其功课本有余裕，故不至受损害。其办事另辟一室，晚间办事，每至夜分，始息灯。

购卖系物品皆由指定，学生司购入，兼司出卖。

寄宿生三百四十八人，舍监四人。

参观音乐、体操、图画、手工、图画五人为一组，团坐圆桌，便于写生。木工各有本生自制之图样，依之以制作。

录其概览如次。

东京府青山师范学校概览		
种别	本校	附属小学校
创立	明治九年三月	明治九年九月
位量	东京市赤板区青山北町五丁目	东京市赤坂区青山北町五丁目
校地	9433 坪	2500 坪
校舍	2433 坪	540 坪
体操场	屋内体操场 91 坪。 屋外体操场约 3000 坪。	屋内体操场 77 坪。 屋外体操场约 800 坪。
经费 俸给 杂给 生徒诸费 校费 修缮费	17,636,000 5,300,250 32,306,930 7,748,610 1,108,480 （大正二年度预算）	6,480,000 300,500 1,906,180 124,000 （大正二年度预算）
职员	校长 1、教谕 20、教谕心得 1、授业嘱托 4、书记 5、学校医 1、附使丁 11。	主事 1、训导 17、附使丁 2。
生徒及儿童	预备科 74 本科（第一部 301、第二部 29） 第一种讲习科 40 第二种讲习科 86 合计：530 （大正二年一月四日）	寻常小学科（男 358、女 351） 高等小学科（男 34、女 29） 合计：772 （大正二年一月十四日）
编制	预备科（修业年限一年）：二学级 本科 第一部（修业年限四年）：九学级 第二部（修业年限一年）：一学级。 第一种讲习科（修业年限二年）：一学级 第二种讲习科（师范学校学科目分三学部，每学部修业年限一年）：二学级	寻常小学科 单式（男儿）：六学级 单式（女儿）：六学级 复式（六个学年 男女儿）：一学级 复式（三个学年 男女儿）：二学级 高等小学科 复式（二个学年 男儿）：一学级 复式（二个学年 女儿）：一学级
	速成生（自明治十年至十七年）293 预科生（自明治十年至十一年）103 师范学科（自明治九年至十六年）14 女子师范学科（自明治十一年至十二年）33	寻常小学科 男 471 女 409 计：880

卒业生	初等科（自明治十七年至十八年）21 中等科（自明治十七年至十九年）20 寻常师范学科（自明治二十一年至三十一年）215 师范学科（自明治三十二年至四十一年）494 简易科（自明治二十八年至四十一年）129 本科第一部（自明治四十二年至大正二年）364 本科第二部（自明治四十二年至大正二年）150 乙科讲习科（自明治三十四年至四十一年）284 第一种讲习科（自明治四十三年至四十五年）82 第二种讲习科（自明治四十四年至大正二年）65 合计：2267	高等小学科 男 93 女 112 计：205 合计 1085 （明治廿三年度以后）

记者曰：是校未获观其商科，已失参观之主要目的。然其对于是科仅为陶冶之一助，并无何等特别设施，概可想见。论其普通教育上之设施，颇多可参考。是校印行《本校教育之实际》一书，内载"各科调查事项"，规定种种项目，表式甚详，大可供研究，惜不获尽录。

午后，观东京府立工艺学校。校分金属细工科、精密机械科、家具制作科、皆中等程度。四年毕业。实修每日四时，讲义两时。附设夜学校，教以普通科，为国语、算术、英语、理科，大致准寻常小学毕业程度。技能科为机械制图、精密机械工作术、装身具图案及工作术、板金工作术、西洋家具图案法、雕塑术、印刷术、时计学及其修缮法。每日午后自六时至九时，以前之一时半课普通，后之一时半课技术。一年毕业。初从学科制改为学年制其有志愿选习数科目者，仍听之。

参观铸工场、锻工场、雕金工场、板金工场、镀金工场、木工组合工场、精密机械工场、七宝工制成品、各种制成品。

与其教务主任铃木重幸氏谈话如下：

问：毕业生状况如何？答：毕业生向由学校绍介，现奖励自行谋事。因外间于此数科需要甚亟，故无失业者。近年工厂向校长要求介绍毕业生者日多。

问：与实业界之联络状况如何？答：从前无甚联络，近则机械科与芝浦制作所、各电气机械工场联络。金属工科与御木本工场、瓦斯株式会社、各种美术工场，玩具输出品工场联络。木工科与三越加工部联络。其联络皆由本科科长任之，而毕业生独立经营者亦渐多。

问：从前经过状况如何，现时有何困难？答：初设时日本工艺未发达（按是校明治四十年始设），一般社会不甚重视工艺，入学者甚少。即有之，其程度亦往往躐等。其后校务渐改良，社会工艺渐进步，双方并进，故觉无甚困难。至第四届招生，志愿入学者比开校时增二倍矣。所尚感困难者，（一）此校重实习，生徒用脑力于此居多，而于讲义殊疏远，故各学科讲义成绩甚平常。（二）各科联络甚难，保持各科之公平尤难。（三）学校与实业家不易联络，实业家要求甚多，若悉从之，将不成为学校。此点正在研究中。各科中精密机械科，于时局最为迫切，外间需要最急，故本科及夜学均增加此科学额，但此科实习场小，非大扩充不可（现全校面积二千二百六十四坪，建筑物一千零四十坪，内工场四百七十五坪）。扩充之计划，提出于东京府者数次，通过者不及十之一。校地系府产（京桥区筑地三丁目十五番），但地位狭小，非迁地不可。且四围为别种建筑物所困，风教又不良（地近游郭），不宜于教育。其优点在去银座大街甚近，陈列外国品甚多，便于参考，但利不及害。

现在生徒数（夜学生徒不在内，精密机械科人数几占全数之半）

科别＼学年	第一学年	第二学年	第三学年	第四学年	研究科	选科		计
						一年	二年	
金属细工科	22	15	8	12		7	1	65
精密机械科	34	25	24	22		2	1	108
家具制作科	18	17	13	11		4	3	66
合计	74	57	45	45		13	5	239

选科生年龄较大，已有技术上经验者，或由工场派送。

研究科限于本校毕业生，无定期。

大正五年度入学情形（志愿者五人中约许可二人）。

种别＼科别	入学志者	入学许可者
本科第一学年	209	74
选科	12	11
合计	221	85

历年毕业生就职情形

（第一回当明治四十三年　第六回当大正四年）

毕业生年有增加

科名＼就职场所＼毕业回数	第一回 官公署工场	第一回 私立工场	第二回 官公署工场	第二回 私立工场	第三回 官公署工场	第三回 私立工场	第四回 官公署工场	第四回 私立工场	第五回 官公署工场	第五回 私立工场	第六回 官公署工场	第六回 私立工场
金属细工科		9	2	4	1	6	2	6	2	10		10
精密机械科	4	1	2	6	3	6	2	4		8	2	12
家具制作科			2	2	1	2	1	8	1	7	4	6
计	4	10	6	12	5	14	5	18	3	25	6	28
其余	兵役1 学生2 自营3 死亡1 合计7		学生4 自营7 死亡1 合计12		学生11 自营10 未定11 合计14		兵役4 学生3 死亡1 合计17		兵役1 学生7 自营4 死亡1 合计13		学生4 自营7 死亡1 合计12	
统计	21		30		33		40		41		46	

问：各科设备费如何？答：精密机械科设备费最多，金属工次之，木工又次之。学费每月一元，各科同。夜学生徒每月三角，物料统由校备，故甚费。学生在修学期内制成品不给钱，各种制成品，积若干期间（约一二年）开展览会出售之，其费悉归学校。经费由府支出，基金由府保管，制成品售价亦充入之。

历年经费预算（最近八年每年三万余元）

年度 \\ 费目	经常费	临时费	计
明治三十九年度	19,273,940	34,745,050	54,027,990
同四十年度	46,446,882	41,829,023	88,275,905
同四十一年度	26,738,911	46,614,597	73,353,508
同四十二年度	29,874,299	4,565,015	34,439,414
同四十三年度	30,723,489		30,723,489
同四十四年度	33,845,056		33,845,056
大正元年度	34,650,900	1,041,240	35,692,140
同二年度	35,216,550	2,062,640	37,279,190
同三年度	33,350,450		33,350,450
同四年度	33,131,390		33,131,390
同五年度	33,745,000		33,745,000

问：教师之来源。答：大别有四：美术学校、高等工业学校、工场技师之优秀者、本校研究生。本校虽名工艺，实则精密机械科，近于工业美术矣。

问：学生之来源。答：出于工艺世家者三之一，余为普通居民子弟。

问：校有中国留学生乎？曰：无。志愿入学者有之，但日语程度不足。

问：譬如送生徒来，可收容否？曰：此须得府知事许可。

参观制成品后，指定两物拟购取，答：校长不在校，俟明日问明答复。其后无复也。

记者曰：观此校制成品甚精美，其设备、其分科、其联络社会苟循是行之，于工业界必有影响，无惑乎其毕业生之无失业也。而其间尤有为吾国提倡工业教育所须知者二事：其一，彼所设各学科，其事业皆可大可小，故进可厕身于大制作场，退亦可以些微之资本，自营而自立。而其物皆有广大之用途，销售不忧无所，于工业幼稚、母财微薄之社会；尤为适宜。其二，设夜学校，俾执业于工场者，一方增进其普通知识；一方改良其技术，影响于工业界尤普且速。同此机械场屋之设备，广其利用，而无荒废之时间，于经济上尤为合算。此二点吾侪所不可不知也。

十七日，观高等工业学校。张君寿丰是校应用化学科毕业生也。校分七科，曰染织及色染分科、机织分科，曰窑业、曰应用化学、曰机械、曰电气及电气机械、电气化学分科，曰工业图案、曰建筑。各三年毕业。内工业图案现并入美术学校。此外附设工业教员养成所，三年二学期毕业。职工徒弟学校三年。工业补习学校三个月乃至一年。

校长手岛精一氏任职三十余年，去岁才退隐。以张君之介绍，订午后三时赴其宅晤谈。乃先至校访新校长阪田贞一氏，生徒监杉田稔氏。阪田氏故机械科长也。先是杉田氏知余等来意，语张君曰："诸君谈职业教育乎，幸在中国，若在日本，今日开会所揭橥之题目曰为实业教育也，教育家席为之满，若曰为职业教育，则中流以上之社会决无往者。"盖其阶级思想之剧烈，平民主义之未发达，而又误以职业教育为狭义的职业徒弟等教育也。杉田君之子是时在病院病危，百忙中特来招待，至可感谢。

是晨先与两氏谈，次引导参观，直录其谈话如下：

阪田氏问：诸君对于职业教育，将注意何种职业乎？

余答：此当视地方情况定之，正在研究中。

氏谓注重形下科学以矫时弊，中日所同也。一方造成中坚人才，俾于技术上能直接指导者；一方宜就特殊名产地方设立学校改良固有之产物；一方整顿地方秩序，庶实业得以进步。

中日同文同种，余甚望中国工业发达，诸君来参观，极所欢迎，但幸勿于琐屑处从事模仿，而废却自己方针。

以两国间之亲密，互知宜最确。但内地各种产业，本国人尚不易考察，何论外人。然不从此处考察以定进行之方针，则固有之富源必不能保。

中国内地原料之富，诸君所知。此次欧洲战争，无非利用科学成绩，运用科学功能。中国若非就原有物产与需要从事于科学之精进其何以立国。

余曰：尊论诚是，至为感佩。此余辈之所为考察职业教育也。以贵校之发达，请问教育与职业联络方法如何？贵国经过之状况如何？

氏曰：日本当初情形正与中国相似，一般实业家非有教育知识，即名人如涩汉男爵，并未受过实业教育，只以四十余年之经验成一大实业家耳。故就理论言，宜以教育养成实业家，然而非常困难。惟有谋两方接近之法。譬如农商务省请名人讲演，招实业家来听，使知世界与本国现况，学校教师与工场当局者常接近，俾互知现况。日本经此阶级五十年，仅有今日，非一朝夕所几也。

此为都市言之，若论各地偏僻处，不能适用此法，除以教育造就实业家外无他法。

日本现况，两方尚不得谓十分联络。就本校论，毕业生居重要地位者尚少，但实业教育之目的非仅造成实业界人才，须为实业界谋最便利最经济之方法，故学校而外须设试验所，将现有制造品试验改良示于公众。试从学校外举一例。日本从前印刷局，（明治十三年）因自制印泥，以其副产物制胰子。既而民间皆知利用胰子，乃造纸。至局外争仿造纸，乃制碱。如此之类，民间未有，官家先设以风示鼓励之，此正现在中国政府官营业之所宜有事也。总而言之，中国现况，与日本维新时略同。宜谋以人才造实业，若英若美工业先发达，中国日本惟有先造人才以发达工业，此其所以难也。

陈君问：造就高等人才与中等宜孰先？

氏答：最好两种并造。但就中国言，比较的宜先造高等人才。盖先有指引者，而被指引者在后也（按此层当与手岛氏语参看）。譬如中国，农家多从事纺织，长此不易进步，非有人指导改良不可。一方设徒弟学校，以养成职工，设夜间补习学校，以教既为职工而未精良者可矣。

余问：中国造成高等人才，往往偏于理论，不能得实业家之信用，现正研究改良，请问有何方法。

氏答：病在向来轻视职业，欲使一般人悟职业之重要，宜由政府提倡，使待遇职业家与文人无异，勿使有阶级观念，此虽一般之关系，然非由当局提倡不可。非特此也，尤当于教科书编入重视职业与物质之事实，使养成其心理，再从家庭教育上注意此点，如儿童问铁道轮船何种作用，父母不答，此大不可，必使父母有此说明之能力。

末有一言尚欲奉赠诸君，诸君欲提倡职业教育，不可不于师范教育谋联络，此根本之图也。

乃导引参观，依顺序记之。

一、制革实验室。

顺序：水渍、石灰渍、削里、脱灰、浸酸、鞣、中和洗涤、加脂、染色、仕上。

二、油类应用品：胰皂、油墨。

油墨机美国别而门工厂所捐赠。此厂余往年尝往参观，此等事外国常有之，苟其校有名于社会，厂家乐以出品相赠为纪念，亦广告作用也。

三、涂料实验室。

四、造纸实验室。

五、Bongaiu 燃料机。

六、油脂分解器。

七、应用化学分析室。分两室，一为定性分析，一为定量分析。凡应化、窑业、电化、色染四科第一学年公用之，试验费每人每学期一元。

应化第三年实习分五组，油脂、制革、纸及胶、酿造、砂糖。

八、天平室。

九、毕业生研究室。

十、显微镜室。内有酿造、制糖实验。陈列东蒙古天然曹达，四年生铃木氏采集。

十一、纺织工场。从羊毛制成线，凡经过三机。

十二、力织机工场。模范职工二人，女职工数人。

十三、整理工场。管理者西洋人，已在此七八年。

十四、捺染实验场。安君宝忠、史君风清为指导说明。

十五、浸染实验场。

十六、电机工场。一部分新设备，刘君崇玑为指导说明。

十七、窑业工场。第一室黏土分解。

十八、同上，第二室造砖。

十九、同上，第三室窑场。

二十、窑工场。

硝子（玻璃）实验室、水泥实验室、瓦斯实验室、陶瓷器实验室、电气窑室。

二十一、木工场。指挥者美国人一。

二十二、原动机实验场。刘君言英国铁不美观而生命长，美国铁反是。日本新设大机械制造厂，教员多往任鉴定，出品售与欧洲。

二十三、铸造工场。

二十四、电机实验场。

二十五、材料强弱试验室。刘君言外间时送物来试验，英美试验器，不能十分准确，惟德最准确。

二十六、机械科徒弟实修场。校中欲制物则徒弟为之。

二十七、木工科徒弟实修场。家具制作科、建筑科徒弟均在内，制成模型甚多。

凡徒弟实习，以教员养成所三年生教之。

工业教员养成所。除电化分科外，所设学科皆授之。

职工徒弟学校分木工、金工、金属细工、电气、色染、机织、制版、制革、漆工、窑业各科。

工业补习学校课修身、算术、国语、物理、化学，及机械、电气、建筑、写真、制版等。

以上惟补习学校于每周之日曜至金曜五日夜间课之，余皆昼间授课。

卒业者就业别二年间对照表 （大正四年十一月二十日调 / 大正五年十一月二十日调）									
	本校					附设工业教员养成所			
	大正四年		大正五年				大正四年		大正五年	
	人员	百分比	人员	百分比			人员	百分比	人员	百分比
官厅	569	16.1	596	15.4		官厅	73	13.2	80	13.5
私设工场	2092	59.2	2285	60.0		私设工场	156	28.2	160	27.1
学校	163	4.6	165	4.3		学校	256	44.4	277	4.69
研究生及入大学者	13	0.4	13	0.3		研究生及入大学者	1	0.2	1	1
海外留学出张、在勤	92	2.6	95	2.5		海外留学出张、在勤	11	1.9	11	1.8
外国人	192	5.4	230	6.0		外国人	1	1	1	1
兵役	80	2.3	66	1.7		兵役	4	0.7	3	5
未定未详	20	0.6	16	0.4		未定未详	2	0.4	2	3
死亡	313	8.9	343	9.0		死亡	51	9.2	57	9.6
计	3534	1	3809	1		计	554	1	590	1

本校毕业生，大都由前辈引入工厂，普通者月薪三十元以上。录其大正四年、五年毕业生就职一览表如表：

上表所谓官厅者，非为普通官吏，乃为关于所习学科之技务官也。学校指为学校教师也。又其本校生任职官厅、工场两项，两年各合占百分之七十五以上，而教员养成所，为教员者百分之四十四、四十六以上，合以官厅、工场两项，共得百分之八十七、八十五以上。其印刷品谓苟有烟突之工场而稍具规模者，与需要技术之官厅，殆皆为本校毕业生服务之所，非夸矣。

余问杉田氏：贵校以一人习数专科，如应化科、油类制革等业，并习至五科之多，而将来所用实仅一科，此法于经验上认为适宜否。

氏答：最好专科宜专习，但经济不足，本校设行此法，则以现在全校经费设一专科而未足，不得已用此法。又各地用途不能预定，数科并习，则此科不用，可用他科，有余地可以活用也。

午后三时张君乃介访手岛氏。氏一生专心于实业教育，极为一般实业家与教育家所信仰。游欧美十余回，凡有博览会，无不参观，是日造庐求见，先生方将出游避寒，以受余辈约，特淹留一日。入其书斋，一切器物精致雅洁，想见其为人。先生出，苍雪盈颠，以其静雅庄敬之态度，发为微颤之声，问答两小时，为之大感动。

余首道来意。

氏谓重文轻实，各国皆有此弊，日本亦然。近虽欧化日盛，然从前文化，实输自中国，诸君来此参观，极所欢迎。日本国人如对于中国，有失礼处，务请原谅。

余问：中国兴教育二十年，收效者少，近鉴于世界之趋势与本国社会之需要，知职业教育不可不提倡。但第一困难，在教育界与实业界之不联络，以先生三十余年之经验，必有善法，幸见教。

氏答：实业家与实业教育家不联络，非但中国为然，各国皆经此阶段。日本二十年前状况，与今中国略同。其原因何在自学校言，教师对于本国实业状况未能十分明了，其所主张往往不合实际之需要。自实业界言，则一般实业家，墨守祖传之知识与经验不思改良，因此双方意见不一致。日本近年此弊渐减，与二十年前大不同，其故有三：（一）教师与职业教育当局者较之从前为能知己国现势，其学说取欧美所长其运用务合本国情况。（二）职业学校毕业生从事职业渐久，于学校所得学识外，又增许多经验，而地位亦渐高，于实业界不无裨益。（三）实业教育日进，实业亦日进，因此两方交接日多，往往实业上有所缺憾，求助于学校教师，而其所得多切合现况，足以解释其困难，两方互相提携，以有今日。如德国两方最为接洽，不惟为日本所无，即英美亦不及，故余极钦佩。间何以致此？盖于备具上三事外，又加以政府之助力，政府亲为实业学校与银行会社各业，谋便宜联络之法，其制度为他国所无。

顷所问甚要，惜未能具体答复，但除上述外，恐无他法矣。再补足言之，诸君所问者，为农、工、商职业教育，但余对于农商，愧无经验，故未及。

若东京高工所造就者，一种为技师，一种为职工。本科毕业，非即能独当一面。惟因工厂多前辈卒业生，皆已积有经验，故能提挈进行。其附设之职工徒弟学校，卒业后入厂不足应用，现谋与工厂订约，三年生一周入厂实习，一周回校修业，此为预定实务之计划，亦是联络之一法。

尚有一层，欲使教育与实业联络，先谋文部省与农商务省联络。高工商议委员之一人（日本官立学校皆有商议委员如吾国之校董），即农商务省工商局局长也。

余问：实业专门教育与职工教育，其缓急先后当如何。又提倡专门教育，往往不实际，致于社会无信用。提倡职业教育，不合于学生与学生父兄之志愿，将何以补救之。

氏答：日本当时偏重于技师教育，但成绩不佳。社会对于技师，不如对于职工之尤感缺乏。须知社会需职工多，需技师少，故学校养成职工宜多，养成技师宜少，但有多少，无缓急先后也。

技师教育所造就，往往偏于理论，日本亦然。故高工注重实习，中国学生前入高工者，不甚重视实习，今虽无此现象，但在校总宜以实习为重，盖技师虽非亲为职工，苟无职工之技能，不能指挥职工也。高工现为奖励实习计，劝导卒业生入工厂，择其成绩好者，给以奖状，亦奖励实习之一法也。尚有一层困难，如机织科，学校课机织，而工厂转多手织，故各科不可不注意研究需要。

徒弟学校入学者少，日本亦然。奖励之无他法，惟有使毕业者俸给厚、地位高，则人自趋之。

职业教育，不能以技师与徒弟为限，尚有为家计所迫者急于入工厂谋生，并徒弟教育而不及受，然工艺有相当必要之学理，则除设夜学校外，别无输入知识于此辈之机会。倘国民教育未发达，如国文、算学等根本不足，教之又非常困难，此职工补习学校之必要也。设置此校，非常经济，苟在工业学校中设补习学校，可无须增加设备。倘劝导工徒于夜间来学，授以极浅近之知识，此亦联络实业界之机也。

陈君问：普通教育应如何养成其职业教育之基础？

氏答：此问甚要。无论何国，受普通教育之国民，进受高等教育者必居少数，故政府务宜为多数计。余意师范教育，实为根本。即未将实业科加入，而如算学、理化等科，不可不注意输入基础知识。且此事非但为职业教育之基础起见，世界趋势，一切事物皆将以科学支配，故不可不特别注重数理化也。

尚有二层宜注意：（一）将为职业教育之准备，愈宜注重人格修养，否则入工厂后，将有粗制滥造之弊。技师为职工模范，尤宜注重人格。（二）师范卒业，最好再受工商教育，庶适宜于职业教师。

其末又言，日本以偏重文科，故流弊甚多。如大学文法科生，多于他科，卒业后无所事事，其结果成为高等游民，此岂教育之本意。诸君提倡教育，宜注意此点。善自为谋，勿蹈覆辙。余老矣，不知何日再与诸君相见，惟历游各国，见夫同种族之国家，必受同等之运命，故切愿两国为诚意的亲善。诸君前程无限，惟望注重实质教育以谋自立，尚其善为祖国谋哉。遂兴辞而出。

记者曰：嗟嗟！手岛老人乎，此一席话，迄今犹感不绝心也。即以本题论，三氏之言皆甚质实，根于其经验，发于其肺腑，而老人语尤精绝。若论高工学校组织，以一人之身习专科者四五，而用者一，虽诚有所不得已，要其于计算生徒精力、日力之经济上，是否适当究未能无疑也。

十八日，乘汽车赴千叶。池君为导，参观千叶县立师范学校。大雨。先观其附属小学，问：有农业科否？曰：有。农业主任并木常藏君出见，首述宗旨，谓小学农科，不过授学生以一般农业知识，遽欲施之实用，甚难。本校惟种麦、种稻、养鸡、养马可实行，此外多理论耳。

盖设科之目的有三：（一）授以关于农业之普通知识；（二）唤起对于农事之趣味；（三）养成耐劳苦之习惯。无论升学与否，此三者为其共同之目的，较之专重实修之农业补习科，大有不同也。

问：时间之支配如何？答：高小男子部，农业每周六时，内实修二时。

同上，女子部，农业每周六时，内实修每学年五六时。

因女子不能行田，惟令实修养蚕、养蜂、养鸡、种菜而已。

问：教科书如何？答：文部省许各县自编农业教科书，现各乡都有编订者，本校亦正在编订，不久出版，暂参用他书。

但各乡虽自编书，其间状况不同，有特重养蚕者，有特重种麦者，故须由各校自编细目，依其所在地状况，特别注重于其所需要之事物。

问：教授细目如何？出示草略，分作物作业及每月之配当。作物如豌豆、马铃薯、玉蜀黍、芸苔、甘薯、茄子、胡瓜、桑、大豆、甘蓝、落花生之类，作业如除草、培土、施肥之类，每月规定某事。女子之作物为养蚕、养鸡、养蜂之类。

问：教授法如何？答：注重于教授时使生徒习笔记。有目的三：（一）为各乡编教科书之准备，如认为不适当，则随时增损之。（二）为实修之准备。（三）使便于记忆。

问：普通科教材有注重之特点否？答：注重应用化学及理化之常识。

问：实修方法如何？答：在校则田园、森林、畜牧皆有实修农场，别于生徒之家令辟一坪之地为家庭园，其作物携带到校，请教师批评，而奖其优者，使校内外俱得有实修之机会。

问：对于农村之联络方法如何？答：有农事讲习会。

冒雨导观农场。校在千叶町猪鼻丘，冈陵起伏，上下皆农场。雨甚，道泞且滑，不获尽观。

转入本校，与农科主任河野一平氏谈，氏任职十三年。顷所与谈之并木氏、本校毕业生也。河野氏之言如下：

师范本科分一部、二部。一部农业为必修科，二部志愿学农者授之。从第二年至第四年每周二时，实修在外。

第二年农业之必要、农作物之大概。

第三年畜产、森林、教授法。

第四年肥料、土壤、原理、农家经济、水产、教生实习。

氏为农科主任，而实修时别用一助手，每人给一锄，有实习历，实习日记皆出示。

从前生徒不好实修，此殆东洋人普通习惯，其后有久任之教师生徒化之。

本科时间少而讲义多，故实修在外，但实修时间尤少，只能鼓励其自动。法令每生借地一坪，以其自力经营，而师指导之。此法行之四五年，从前无甚好成绩，去年起甚好。平常农村一坪之收入约二角五分，而生徒之自营者，乃得纯收益五六角，计增两倍。此项收入或充下年肥料费，或请名人开讲谈会或茶话会充购买果品之需，兴味甚好，将来实地业农，当较有把握。但得此殊不易易，非教师十分用心指导不可。总之，学生虽乏农村之经验，而于选种子、用肥料、农产物之出售，等等，关于农业经济之计算皆较优，可断言也。

设备费极省，经常费、器具、书籍、肥料等，每年预算仅四十五元。各种农作物标本及害益虫标本，逐年购入，计积至今约二千元。其间有生自其家携来者，有教师自制者。各种作业图，大都由学生或教师自制，非购品。

联络农村之法，于附属小学设补习学校，收十四岁以上二十八岁以下者，教以农事知识，半年或八个月毕业。每周三天，每天午后六时半至九时半。农业教师，时向补习学校生徒讲谈。

记者曰：自去东京来千叶，空气大殊，耳目为之一变。此校就教育上之设施，其为学校行政，则学年历也、生徒成绩检查也、缺席调查也、各种统计也；其于教授，则教授细目也、教授录也、教授法研究会也、科外教授也（如理化之实验、农业之实习、博物之实验及采集、音乐之乐器使用等）、揭示教授也（揭示时事或格言等）、校外教授也、特别教授也（对于成绩不良之生徒）、休假中之课题也、右文会也、其他诸学会也；其于训练，则讲堂训话也、模范人物纪念训话也、个别训练也、各种日志也、修养录也、炊事管理也、共同购买也、畜产会也（利用残饭养豚、养鸡等，现有豚九头、蜂四箱）、相互理发也、夜警也、修学旅行也、反省会也；其于体育，则身体检查也、深呼吸冷水浴也、武术也、养气会也、水泳也、大扫除也；其于卒业生之联络，则校友会也、卒业生之寄宿也、六周间现役兵之招待也、卒业生讲习会也、服务之视察也，斯以周矣。而于农以仅为附设之一科，故未尝于生产上期有直接之影响。然观于两主任教师之谈话，兴会飚举，似一尺土一粒粟之微，其间别有天地，终身乐之而不疲者，法无所为善不善，视其精神焉耳矣。

午后，观千叶县立女子师范学校。校长安藤氏问参观之目的。答：闻贵校以师范而注重园艺故？氏谓园艺不过随意的设施，无可观。惟家事裁缝、手工堪供参考。问：训育之主旨，答：女子师范之不同于男子，在养成妇德，兼宜于教育有心得耳，出示关于裁缝做法等教授摄影种种，且导观焉。

裁缝课教师为女子，手工课教师为男子。木工制挂衣具，纸工制各种厚纸具，黏土工制黏土器皿，铅丝工制盛胰子器、烘面包盘，铅片工制漏斗。

割烹与洗衣同教室。

学生读书室。

天井为园艺部，就前后隙地栽之，为不等形小片。

饲蚕室现休止，暂充病室。

校后为桑园，为养鸡舍。

寄宿与自修同室，每室自六人至十人，位置有定式，卧具另室储之。

全校学生二百十人，以本县人为限。

炊事局皆学生为之，各种簿记极详备，有日流簿、有各种用物统计簿，如米、麦、酱油、豆腐、渍物、砂糖、薪、鱼类、酒、酢、盐等。

食费每人每日一角七分，雇人煮饭，而学生管理之。

厨、理发室、浴室皆整洁。

凡用费，由校给与学生，而自管理之。管理者为各种干事，皆学生选举，后经校长委任。

贩卖部令学生习商业，其商品贩自市上，以女学校用品为限，陈列如商店式，每日午后三时至四时贩卖，以八人为一组，按日轮当。每年约售二千元，可赚二百元，充校友会经费。

预金部规定凡学生银钱在一元以上，皆须储蓄于部，由部汇存于银行，而立簿交本生收执。取钱时请部长盖印后向银行支取。部长及其他执事，皆学生也。银行存息，每年可得五六十元，充校友会经费。

记者曰：是校无他长。苟率是教也，可以理其家而立身于世，庶几哉之子其有所归乎。

晚，仍返东京。于停车场见有悬箱以受金者，其所揭橥曰：幼年护国会，调查全国儿童，凡六百万，劝令每人月纳一钱，苟尽纳之，岁可得七十二万元，购新式之鱼雷艇两艘而有余，以是激发儿童爱国心，且习为储金，现已收得一万七千余元。

十九日，赴横滨。访得商业学校，不介而往。校在横滨市南太田町清水耕地，立三十五年矣，未尝易校长，盖今之美泽进氏，须发苍苍，犹是当时创始人之一也。氏述初创时，英语、算术各教员，共校长而五，而学生乃止四人。附设夜学补习科，得十二人。今则在校生徒四百六十七人，卒业生一千零八十九人，夜学补习专收十四岁以上小学毕业生，在校者已达千人矣。初创时卒业生仅得自设商店，社会无录用者，其后卒业生渐多，市况渐盛，卒业生之服务于银行会社者成绩不谬，日见推重。今则除志愿自营商业者外，银行、商店、会社、各部省等处，尚未足给其所需也。

校为中等程度，五年毕业。专收小学毕业生，各学年平均年龄大约自十六至十九。学费每月二元三角，年以十一个月计。卒业后平均每月可得薪二十元，有因需要而增至三十元者，每年增薪一回，每回二元或三元不等，增至三十元以上，每回得增五元。大抵卒业生之半数，在横滨各会社执业，其在东京、大阪等地及欧美各国境内日本商店者较少。再入高商肄业者，年仅一二人，为教员者无有也。

卒业介绍方法，学生届第五学年，各就自己性质与志愿，将希望就职地，呈明校长，记入希望登录簿。卒业前将各会社需要卒业生之条件，与希望登录簿对照选派之。别制卒业生成绩表，有欲延聘卒业生者付阅之。

参观其商品室，种类如次：

护膜（即橡皮）制造顺序标本、砂糖制造顺序标本、麦酒酿造顺序标本、石碱制造顺序标本、各种漆器、各种金工器、各种麻、瓷器陶器、米糖等之捆包模型、胰皂香水等化妆品、贝壳类各种纽扣、各种伞、各种杖、火柴制造顺序标本、中国产织物标本、天寒角（即洋菜）、各种棉、各种木材、硝子（即玻璃）制造顺序标本、各种海产、各种席、各种丝织物、实用植物标本、各种罐诘、丝茧、纸、面粉及其捆包模型、草绳、各种花边、绣品、各种农产、牛筋制梳妆品、中国种种商品（购自南洋劝业会者）。

教务主任言本校商品标本，仅一部分由校购买，大都因价格昂贵，不易置备，其多数由卒业生寄赠，或为税关标本，或为展览会陈列品，由校长向该机关索得者。

参观其实习室，分内国部、外国部。如图（图略）。

教务主任言，商业实习分两种：

甲、同业同行法。

乙、模拟实修法。

高等商业二法均备，本校及与本校同等之学校只取乙法。（前图即系模拟实修法之布置，盖非同业非同行也）

模拟法分内国、外国两部（银行、商店、取引之类），均于第五学年课之。内国实修分三科，一、直接输出，二、卖入，三、地方商业。下列各机关隶焉，税关、邮局、银行（地方银行、商工银行）、保险会社、铁道会社、汽船会社。

外国部暂中止。

各种市价，由教师指示。所用商品名目，择输出入主要者，且为横滨市输出入主要者（如生丝、羊毛、羽二重、绵之类）。

本校除上述模拟法外，尚有三种实习课程如下：

一、每年暑假时选派五年生二人往国内各要地或国外商场调查商况，三周为期，调查所得，报告本校。此外，遇国内外博览会时，得随时酌派。

二、每日派五年生五人调查横滨生丝市况，横滨生丝行家大者有五，每家一人。

三、译外国杂志所载商况，其种类由教师指定之。

打字机实习每回三十分（昼食后），现有打字机十八台，每年添购三台。

观其所陈列之历年各种商业报告，略录其目如下：

海外市况报告、韩国视察报告、南洋劝业会视察报告、生丝市况报告、羽二重（即绢）业调查报告、海产物调查报告、第十回共进会视察报告、保险业实务调查报告、银行业实务调查报告、东京出张调查报告、外国贸易（绵、丝、铜、石炭、米谷）调查报告、盐业调查报告、北海道商工渔业调查报告、上海市况调查报告、青岛济南市况调查报告。

商品学、理化学教师浅野氏毕业于东京高工，于张君为同学，语张君云：从事商业者对于商品之鉴定，及商品制造工程，须有相当之知识，故本校理化学课，除一般常识外，注意商品鉴识及制造工程上必要之学识。

此校甚重体育，除体操每周五时外，柔道、击剑、端艇三者中，必选习其一。限令每周至少习五时，但端艇每周一回。此外各种运动，由校友会组织之，余辈往参观时，适值体操，其精神一如军队练习。

大讲堂悬乃木大将手书大字纪念额，文曰："明治三十七八年战役横滨商业学校出身阵殁之士"。检其一览，是役职员从军者三人，学生九十四人，战死者学生十二人。

是校之校训，曰正直、曰勉励、曰正确（其解释为严行指定之事于指定之时）、曰致密、曰整顿（其解释为确定处理业务之顺序方法而固守之）、曰精察、曰机敏、曰谨慎、曰忍耐、曰注意。

是校为横滨市十三町共立，将于本年四月始改为公立，历年经费预算大都每年不及三万元耳。

记者曰：以其精神，厉行其法，可以商战矣。

侨商诸君邀午餐于成昌楼，午后观大同学校。访中华会馆、三江会馆，与郭君外峰杂谈。

横滨华侨约四千人，粤产者约二千五百人，余所谓三江帮是也。华商店三百家，资本合约三百万元，以输出入业为最大，钱业次之，余为缝纫、烹饪等业。华商之得存于今日，独赖钱业耳，惟事类投机，故多失败。若输出入业，则入口几无货，其出口运华之货，大都为日人设店中国，直接贸易，凡无华商经营之余地。

欧洲战事，首受其赐者为日本。去岁各会社、各商店无不利市三倍。有专以买卖股票为业者，谓营利之顺遂，为往年所未有。盖股票有涨无落，随到手随脱手，稍延数日，获利无算矣。

获利之最巨为航业。某日人试营航业，资本仅五万元，租船一艘，未几而欧战作，知机会之将至，急改租为购，开行数回，获利无算。乃于美国船厂定造大船。船未造成，而铁价船价飞涨，数十万金之原价增至三倍，乃售去之，另行订造，如是数次，今拥资及一千万矣。

侨美华人所行之支那船，自美西方各埠，经檀香山；货已装满，过日本，几无余地容华商装货。利非不厚，惜资本微薄，不能扩充。侨商莫不叹惜，痛恨于吾国招商局之腐败，坐失此千载难得之机会。虽然，吾国内江、内河船业之未能保，尚何论外海哉？

欧美人之营商业于日本者，逐年收闭，大都转而之中国。即欧美各银行设支店于日本，亦莫能与日人竞争，但不能不设此机关耳。其原因不惟在政府之助力，国民爱国心之发达，而尤在生活程度高下之相差。日本人之刻苦耐劳，实为争存于天演界之利器。虽大商家晨八时入社办事，傍晚而毕，坐电车往返，返则易洋服而和服，共其家人料理家庭琐屑。若欧美人，出必马车、汽车，食必面包、牛乳，即以生活程度论，莫能与之争矣，夫生活程度与生活能力并进者，欧美人是也。生活能力进，而生活程度不与俱进者，日本人是也。若我中国商人，营业未获盈余，而场面日趋阔绰，生活能力不进，徒增其生活程度。夫第一种人，且不能与第二种人竞，安有第三种人立足地，尚不悟而自返哉。

日本近多印度人，其生活之低，远过于欧美，而长于经济，所制商品取欧式而减其成本，颇合日本社会心理。自商船直达以来者日多，日本人赴南洋营橡皮业者，日盛一日。资本家投金者，皆勤苦耐劳。与荷政府订约租地栽橡，获利甚厚。日人扩张国力之方针，本分图南与北进两派，一则属目于南洋群岛，一则注意满蒙，两派常互相激战。吾游东京书肆，凡关于满洲、蒙古，与夫英、荷、法、美所属南洋各埠地理、物产、实地调查记载报告，日新月异而岁不同，书肆至辟为专栏以陈列之，每一种出版千百部不崇朝而罄，其注意有如是者，可惊也。

二十日，晨抵大阪。亟欲观佐佐木氏所称育英小学校，访得之于南区鳗谷东町，门牓大阪市立育英高等小学校及商工补习学校，校长本多左右太氏出见。首叩其高等小学之编制，答如下：

内地商业科	八级
海外商业科	二级
生产业科	二级
普通学级甲	三级
普通学级乙	二级

各二年毕业，以其志愿认定之。

普通学级甲，为注重工业者。普通学级乙，为注重商业者。生产业科别有注重之点。

问：特别编制之宗旨与其经历之顺序。答：世界经济竞争，日迫一日，教育不可不着眼于此。从前小学卒业生，无适当之出路，不得不将文部省定制稍稍变通之，余在此二十年，深知非此不能适合地方需要；而满足学生父兄之希望。今全国惟我一校有此特别编制，编制仅及一年，然调查已费两年。因地方之实况，以定学科；因各科之需要，以定教授要目，因要目以定细目，其材料除实地调查外，类取之于新闻纸之记载。

问：生产业科何意？答：生产业科，工业科也。其不称工业科，称生产业科者；不惟授以关于工事之技能，兼注意于经济故也。

问：各科教授材料有别否？答：修身、体操、唱歌三者无所别，其他依各科性质定之。如生产科之手工，与普通学级之手工大有别，前者不惟课之作业，且使晓然于原料之性质与其效用价值，且使调查本国原料；加以人工，而为之计算。而后者则在发达其身体与脑筋之能力，但期养成工商界之人格而已。不惟手工有别，即他科亦有别。如算术，其为内地商业则略笔算重珠算，其为普通学级，则在养成其算数的基础知识，其他各科称是。

氏又言：吾校注重严格训练，仅强制的服从命令，不如养成其自决心与自制力。故每日将儿童应为之事，列为要目，令于隔夕就寝之先，思维一遍，以为明日实行地步。于养成入格上大有关系。校外分七区，每区设同窗会，俾共从事于作业的生活。

时全体千余儿童，方同场体操，既毕，乃顺次导观。

图书室及图书阅览室。

本校别设通俗文库，备一般儿童阅览，增进其普通知识。（详一览表）此则专备本校儿童课外阅览。

全校舍系前四年新建，地价二十万元，建筑十万元，校长谓地价贵，故支配布量，力求经济极费匠心。

壁皆有板，其高准学生平均之身长度。

门有玻璃，其高准学生平均之身长度而略过之。

窗下有穴，——置便当匣，窗有轴，使左右推移

时间表	村上教室某第	担任教师某	某科教师	某科教师	某科教师
几村级年	几上人	○○	○○	○○○	○○○

无声，其余建筑用心处类此。

手工室普通学级课木工，制小匣。

画图室凡手工必先令本生画图样，而后依以制之，故工准确，工与画处处联络，而画有效用。问：算术课几何乎？答：否。但无妨于教授图样。

理化试验室分组试验，每组六人，故各种器物均备六具。多学生自制者。若矿物标本，注重铜、铁、宝石等商品。若各种度量衡器、若电铃之各种原料，使生徒习装置。若商品打包模型，多米、糖、面粉之类，此外物品甚多，大都工商界应用者。

理化教室及准备室

画图课，铅笔临绘设色，板悬色彩图。雪地写生，农田写生，皆二年生新制。

击剑课，极奕奕有精神。

作法室，适无课。

休养室

各教室门外皆有版，揭如下式：

以主任教师名名其室，所以明责任也。

教科书尚用国定本，但依各科之性质，增相当之教材，而减其原有者。

历史课，一室课题，大阪之商人，则内地商业科也。一室课题，东洋殖民会社，则海外商业科也。

商业课，税关，此为海外商业科。

珠算课，指令一生速唱数速算，他生依之速算，速！速！指一生报得数他生证其误否。

各教室座位之配置为四行，以劣等生居第一行，中等生居第四行，而以优等生居中之第二、第三行。

唱歌课，以余辈参观，特令唱校歌。

大讲堂，楼下为屋内运动场。建筑费三万元，容一千二百人。中木龛供天皇御影。当余辈参观时，校长特趋御影前鞠躬，开幕、再鞠躬，闭幕、三鞠躬，乃退。

梯下安电机，恰宜于楼下屋内运动场观演电影。

屋内运动场，场左有屏，以障通路，屏之背揭其板则皆图书目牌。

问：卒业生状况如何？答：从事于工商等实际事业者八，其他事业者二。

问：聘教员感困难否？答：未也。普通教员，注重修养，商工科则皆专门教员，经文部省检定者。

问：有商品陈列所否？答：无。但令参观各商店，似实际参观较有益也。附设商工补习学校，学生六百八十四人，各科均六个月毕业，每周教授十二时至十八时，于夜间教授之。其学科课程入学资格如后表：

以下各得以志愿选习一科或两科。

校长谓此辈受工商业补习教育之生徒，甚为可怜，乘其工作余闲来校受业，若辈之获此余闲良非易易，而又须得其主人之许可，故本校全体教员，相约对于若辈，务施恳切之训练，冀以最温和之空气，涵濡于其身心闲。

补习生徒之年龄最大者二十五岁，最小者十二岁。授业科修一科者八角，兼修两科者一元三角。

大阪府大阪市育英高等小学校一览
大正五年四月末日调制

沿革表	本校以明治十七年建校舍于大阪市南区竹屋町，专收本区儿童，授以高等小学教科，称育英高等小学校。十一月十五日始开校，二十一年增筑校舍。二十八年更于鳗谷东町新筑校含设女子部。三十一年于西新瓦屋町新筑校舍分男女两校。三十四年立鳗谷分教场，设育英第二高等小学校，本校称第一高等小学校。四十三年第三高等小学废止，共本校移位置于南桃谷町，四十四年第二高等小学废并，本校称育英高等小学校。大正二年新筑校舍于鳗谷东町，移本校于现位置。					
设置负担区	町数	大阪市南区长堀桥筋外九十一町	儿童保护者职业别	内地商业	480	银行会社员	37
	户数	54,693		海外商业	40	官公吏其他	44
	人口	209,146		工业	211	旅馆饮食业等	54
	区内寻常小学校教			建筑及土木业	28	其他	153
设备	校地坪数	119,307 坪	普通教室	17 室	休养室	2 室	运动场	屋内 112 坪
	校舍坪数	58,280 坪	特别教室	图函、手工、理科、制图、唱歌 5 室	体育室	1 室		屋外 480 坪
	讲堂	11,200 坪	准备室	图画、理科、手工 3 室	其他	8 室	运动场对于儿童一人	屋内 0.11 坪
								屋外 0.47 坪

编制		一学年			二学年		
	编制别	学级数	儿童数	加设教科目	学级数	儿童数	加设教科目
	内地商业	四	251	商业	四	230	商业
	海外商业	一	65	商业	一	66	商业
	生产业	一	70	手工	一	69	手工
	普通学级甲	二	98	手工	一	63	手工
	普通学级乙	一	68	商业	一	67	商业
	计	九	552	商业 六 手工 三	八	495	商业 六 手工 二

		人员	勤续最长年	俸给		年功加俸			住宅料	被服料	配置专科教员之教科目
				最多额	最少额	十五年	十年	五年			
职员	本科正教员	18	年月 17.00	80	24	2	1	6	校长月 5	年 16	
	专科教员	6	16.00	40	27	1	1	1	训导月 3	12	体操、图画、唱歌、手工、商业、英语
	补助教员	2	10.10	25	24	1	1	1	教员月 2	12	

		总额	俸给	杂给	恩给	需用费	校舍费	杂费	教员俸给平均额
经费	经常费	18,418,240	11,958,000	3,908,200	123,240	1,269,400	247,550	911,850	本正 141,000
									专正 133,500
									补助 125,000
	授业科	区内 992 人 1 人 500			区外 55 人 1 人 1,000				对于儿童一人之经费
	基本财产	区内 992 人 1 人 500			区外 55 人 1 人 1,000				17,591

关系名誉职		负担区会议员	学务委员	学校医
	人员	20	4	1
	年手当	50,000	60,000	120,000

所属通俗文库	藏书数	图书部数 1,422	开库目时	大正四年开库日数 232	阅览人员 19,547
		公报类 3		平时…自放课后至午后七时	阅览册数 26,953
		新闻杂志 18		公暇日…自午前九时至午后九时	公报类新闻杂志随意阅览

月、水、金、曜日教授科目			
学科	每周教授时数	课程	入学资格
商业科	8	内外商事要项、簿记大要	寻常小学校卒业者
英语 C 科	8	发音、读方、译解、会话、英作文、书取	英语 B 科卒业者及解得第二读本者
英语 B 科	8	发音、读方、译解、会话、英作文、书取	高等小学校卒业者及英语 A 科卒业者
珠算 A 科	8	加、减、乘、除并速算	寻常小学校卒业以上者
读书 B 科	8	国语、汉文之讲读	高等小学校卒业者及读书 A 科卒业者
作文习字 A 科	8	日用往复文及普通文作法书字练习	寻常小学校卒业者
工业理化科	8	工艺上必要之物理化学及自然现象	寻常小学校卒业以上者
建筑制图科	8	建筑制图、家屋构造法及规矩法	高等小学校卒业者及普通制图科卒业者

月、水、金、曜日教授科目			
学科	每周教授时数	课程	入学资格
算数 B 科	8	开平、开立、求积、代数、几何、三角	高等小学校卒业者及算数 A 科卒业者
月、水、金、曜日教授科目			
簿记科	8	商业簿记（单式复式）商事要项	高等小学校卒业者及商业科卒业者
英语 A 科	8	发音、读方、书取、译解	寻常小学校卒业者
英语 D 科	8	发音、读方、译解、会话、英作文、书取、商业书信及打字机使用法	英语 C 科卒业者及解得第三读本者
珠算 B 科	8	加减乘除及速算	寻常小学校卒业以上者
读书 A 科	8	国语之讲读、作文	寻常小学校卒业者
作文习字 B 科	8	普通文及商业书信、习字	高等小学校卒业者及作文习字 A 科卒业者
普通制图科	8	几何画法、简易机械、建筑见取图	寻常小学校卒业者
机械制图科	8	机械部分图、组立图、见取图、设计图	高等小学校卒业者及普通制图科卒业者
算数 A 科	8	普通算术、开平、开立、求积	寻常小学校卒业者

校长出示成绩品、教授细目、各种教材、各种商标。细目分三栏，曰教材、曰教具、曰与他科联络。教材剪自各种日报杂志，分科装订成册，商标皆生徒所采集。

记者曰：职业教育可分为三种，曰特设之职业学校；曰普通学校分设职业科者；曰职业补习学校。前所见共立女子职业学校、东京府立工艺学校，其第一种也。此校兼备第二第三两种，而第二种尝数数见于美国者，日本乃全国只此一校。校长本多氏以二十年之经验，独到之眼光，不顾法令，犯群疑，而为此。顾可惊者，不惟以其法也，亦实以其精神。观夫调查地方之实况以定学科，因各科之需要以定教材，立要目细目苦心经营者二年。而后下手实施，乃至设备也、训练也、各科教授也，无一非其精神之所注，此校吾未有间矣。所亟欲为言者，凡所谓某法、某法一是皆以精神为本，本立而道生，初未许以取径之新奇，为文饰地，苟为灵而衣冠，犹为灵耳。

是晚赴西京，主于泽文旅馆。西京饶旧文化，此旅馆如百年缙绅大家，其人其物皆修雅整洁，诸婢彬彬有礼，乃至一盘盂、一衾褥靡不精且备。

二十一日，日曜休沐。晚偕竹庄鸿声游金阁寺。

游金阁寺

□□寒流引履痕，乍晴乍雪叩僧门。

夕峰向背分岚色，古社兴亡寄国魂。

受拜长松平地贵，多金小阁百年尊。

文章未要江山助，海鸟忘机自赏欣。

二十二日，赴神户。迁王君敬祥，略谈。是日为旧历除夕，侨商以是碌碌，闻日本乡间，犹可见旧历新年景象。

二十三日，赴广岛。陈、韩、张三君已先在。共参观广岛高等师范学校。广岛高师之建设，视东京高师为新，就编制论，其异于东京高师者，文理两科之外，无体育科，而有教育科一也；文理两科各三部，每部设若干精究科目及加设科目二也。表如下：

科别	部别	精究科目	加设科目
文	第一	教育学 国语 汉文	德语 习字 图画 音乐 武道
	第二	教育学 英语	德语 法语 图画 音乐 武道
	第三	教育学 历史 法制经济	德语 图画 音乐 武道
理	第一	教育学 数学 物理学	法制经济 德语 音乐 武道
	第二	教育学 物理学 化学	法制经济 德语 音乐 武道
	第三	教育学 地理学 博物学	法制经济 数学 法语 音乐 武道

上精究科目，令生徒各就规定若干目中选其一而精究之，但精究教育学者须兼修身。

上加设科目，令生徒依其志望就规定若干目中选修一目或二目，以上各四年毕业。

教育科二年毕业。其科目为修身、教育学、伦理学、生物学、心理学、哲学、法制经济、体操。上列各科外，并令就文科、理科所定各科目中选习其一目或数目。

附属中学校，分第一部第二部，各五年毕业。第一部直接于附属小学，以研究十一年间之普通教育为目的。但设农业、商业、手工三科，令于第四；第五年，各依其志望，选习其一。第二部从一般小学校卒业生中募集之。以研究五年间之普通教育为目的。其科目依现制。

第一部农工科课程表如下：

	第一年	第二年	第三年	第四年	第五年
农业				绪论、重要作物栽培、作物病、虫害、造林、水产	蚕业、园艺、畜产土壤肥料、农业经济法规
商业				商事要项	同上 商业簿记
手工	床工（单形简易之指物涂物） 简易细工（厚纸、竹针、金黏土）	木工（同上） 简易细工（竹、黏土、石膏）	木工（指物、涂物、雕刻、辘轳）、金工（锻工及钣金）	工业（木金工实习）、工业讲话	工业（考案制作）、工业发达史

农、商业四、五年每周各二时，手工一、二、三年与图画合三时，四、五年二时。

参观其中学国语、英语、历史等课，教生实习，互有短长，亦无甚特色。学生多数制服，教室不甚整齐，但其工场设备殊可观也。

手工教室，黑板旁揭广岛市工价表，每种工业列其工价上、中、下三等。又防遏输入工业一览表，所谓抵制外货品也，皆由生徒调制。

手工参考品陈列室，在教室之旁。其所陈列为镶木工、钣金细工、竹细工、木细工、漆工、外国学校成绩品、外国学校用工具、（皆与本国比较）木材标本、各种玩具、各府县黏土物、各种竹标本、各种铜铁丝、各种金属物标本、镜框边标本、漆之原料、瓷之原料、钉类标本、锁及铁链标本。

手工成绩品陈列室，制成理科用品甚多。

机械工场，第四年后实习用。

手工用具，寻常者生徒自备，每副四件为一匣，价约两元，特别者公备。

中学生徒卒业现况表（五年十一月一日调制）

官职商店	14
陆海军将校	19
征兵	2
小学校教员	12
实业	8

死亡	9
其他	63
升学	274
共	401

按其升学者仅占总数百分之六十，师范附属学校犹然，他可知矣。

附属小学校分三部。第一部六年毕业，以直接于附属中学为目的。第二部寻常六年，高等三年，以研究九年间之普通教育为目的。第三部寻常六年毕业，以研究六年间之义务教育为目的。

第二部高等科，设工业、农业、商业三科，每年每周各四小时。工授工业大要及实习，农授农业大要，水产大要及实习。商授商业大要及实习。令男儿童各选习其一，女儿童注重家事、裁缝、理科分组实习增加时间。

参观其国语、图画、历史、习字等课，皆教生实习，整肃不逮东京高师，而饶有生气。寻常三年作文，令儿童先自诵其草稿而师矫正之，然后眷正甚好。儿童每日入校时穿靴，在校须赤足。

附设教育博物馆，系高师教职员学生所组织，其主旨在供研究科学之助。

记者曰：日本高师，新制胜旧制矣。而广岛乃复于精究科中，令生徒选修其一，置加设科亦如之，虽仍参用普通主义，而自由选择之地日以宽，谋专精以求适于其性质与志愿之道日以广，斯为尤进也。

若夫附属中小学设农工商科，则亦犹是陶冶之一助耳。

二十四日，抵长崎。

二十五日，以未观乡村小学也，乃乘电车至郊外，信步入浦上三里村，观其小学校。学生一千一百五十人，导入教员室。未几，校长柴田清记氏出见，男女教员退课，相见者十余人。从一览表及其谈话，得种种如下：

校名，长崎县西彼杵郡山里村寻常高等小学校。

位置，浦上三里村中野乡。

管理者，村长某。

学务委员，公民出者二十人，教员出者十人。

校长言：规定公民选出四人，则教员出二人或一人，以此为比例。

通学最远距离，一里弱。

户数，1373。

人口数，8460。

职业百分比，农 74.3，商 59.7，工 7.96，其他 11.77。

本校加设科目，寻常四年以上珠算，高等农业。

学级，寻常 20，高等 2。

在学儿童，寻 1083、高 67、男 570、女 580，共 1150。

	学龄儿童	男	女	统计
就学	现在就学	528	555	1,083
	卒业	84	59	143
	合计	612	614	1,226
不就学	犹豫	13	29	42
	免除	1	1	2
	合计	14	30	44
总计		626	644	1,270

就学者百分比 97.76、95.34、96.53。

经管费预算

	基金息	5
岁入	杂收入	授业科 154 其他 28
	寄附金	
	本村负担	6,536
	合计	6,723
岁出	教员给	4,602
	旅费	35
	医药及慰劳	595
	备品费	307
	消费品费	265
	其他诸费	919
	合计	6,723

比上年度增 637。

本村经常费 19.403。

教育费对于村费百分比 34.6。

教育费一户平均，4。

儿童一人平均，5。

教员月俸平均，本科正教员，19.5。

专科正教员，13。

最多者，本科正教员，40，另加俸年额 54（满 12 年）。

最少者，寻常正教员，13。

正教员一人对于儿童数，寻常 77、高等 33。

卒业状况：升学 56、其他 106，合计 162。

图书数，1，237。

教具数，2，157。

本村主要物产，种类：米、麦、野菜。年值，130，362 元。

参观各级授课，国语、算术教员，或男或女，大抵教态教音均有法度。如国语轮读、齐读、默读、朗读更迭为用，均能照顾全体。

寻常一、二年生甚多，故分二部教授，每周授业十八时，其他二十六时。寻常二年起课记忆画，三年起课写生画。

乡村儿童易缺席，故行出席竞争法。分三种：（一）级与级比。（二）每级分四组，组与组比。（三）人与人比。均有表，分四色，判其高下。教室门外各揭等数，为级与级比之结果，一年无缺席者，校长特奖之，六年无缺席者，郡长特奖之。

廊下有拾物安置箱。

校外山坡有农场，共 270 坪。

高等一年、二年分区担任，其物为葱、菜、麦等农作业所得物，令生徒卖之，其金以全体名义贮邮便局，充卒业后旅行用。

黑板上揭有奖状，乃某年级栽葱，经蔬菜果物品评会给予者。

问：校长教科与都市有别否？答：无。惟随时与以本区适当之教材耳。

记者曰：吾游此校，观其组织，其设备，恍疑量身江苏苏城省立第一师范附属小学。初不意其在荒村也。荒村而有此自治，有此教育，国欲不强得乎。去村，道遇归家就餐之学童，脱帽戢戢行敬礼，益移我情矣。

二十六日，候船不至。日本新造日向军舰，行入水式，此舰造自三菱厂，载重三万余吨，其成也不用一欧人，为从来所未有。

二十七日，过公园山下，偶游长崎商品陈列所。其组织分出品部与调查部。其所陈列之出品，几网罗长崎外来货物，及本市本县现在与将来重要产物，及其原料而尽列之。就所见依次录其品名：

饴果、汗衫、袜扇、竹丝匣、洗面粉、贝壳制物（兼原料）、风景片、罐诘、水饴、制版、栗馒头、绷带、柿饼、鸡蛋糕、糖类、玩具、酒类、纸花、酱油（标本及大幅制造顺序图）、牛角制物、酢、螺钿漆器、镜、镜框边、木器、珊瑚类、陶器、铜器、工艺传习所各种出品、盲哑学校制木器、渔网、珠饰、瓷器、伞、七宝烧、孩车、孩椅、玳瑁类、玻璃器、棉纱（及纺织顺序照片）、藤器、雕模、珐琅、草帽（原料及顺序）、铸铁器（及涂油原料）、青铜合金物、黄铜合金物（皆表其分剂）、花边类、绣货（输出额种类、输出路价格）、人形玩具、漆绘木器、饮食用器、各种盐、各种纸、信封信纸、针、发卡子、香油（原料及制顺）、拖鞋、胰子、柳条箱（及原料）、线香、洗粉（绿豆制原料及顺序）、漆盘。

此外有新加坡市场搜集品、兰领东印度市场搜集品、中支那市场搜集品、又有仿比输入品，若珐琅器、罐诘、牛乳、果古、糖、饼干、瓷器、刀、叉、绒、绒布、花纱、各种洋服料、汗衫、毛巾、袜、伞、围巾、缝针、洋服饰物、各种化妆品、钉、理发器、铅笔、小刀，等等，皆以一种外国货、一种日本货，两两并列而比较之。

所尤可惊者，调查吾中国各地土货与其原料至详且悉，并有支那输入额表、输出额表。其报告书论广东化妆品，近颇发达，香港广生行而外，广州有三所，佛山、梧州、香山、江门、东莞各一所，宜注意。次论广东之袜，香港有维新、华洋两工场，年共产额百万元，日本品失其贩路。又论汉口、九江甚欢迎日本货，前途大有希望。又论九江人口甚多，日货大可畅销，且南浔铁路于日本有密切之关系云。

问其经费，则年只三千元，管理员五人耳。

二十八日，午前上高丽丸赴斐律宾。

（商务印书馆 1918 年出版）

东南洋之新教育（后编　斐律宾）

斐律宾之概况

二月三日午前七时，舟抵马尼拉（Manila）市。斐律宾（Philippine）为群岛之总名，其最大之岛曰吕宋（Luzon）。马尼拉其都会也。舟自上海至此，仅三昼夜可达。吾舟本定由长崎径至马尼拉，其后仍取道上海，小泊乃行。

斐律宾合三千余小岛而成，其面积有十二万方里，位置在北纬五度与二十二度之间。东面太平洋，西界中国海，南界西里伯斯海，北与台湾相望。其距离吾国，以厦门为最近。气候热而不酷，每年十二月至明年二月最温和，四、五月较热，最近二十七年间平均温度，依华氏表最低七十三度半，最高八十八度半。一年分干湿二季，自十一月至明年五月为干季，自六月至十月为湿季，均以雨水有无而定。

自六月至十月海多飓风。岛有十二大火山，皆往往为灾患。

（斐律宾群岛图略，编者）

斐律宾人不尽黄种，其大宗为棕色种，间有类似美洲之黑人者。据斐律宾大学历史教授克来君之调查，得一百九十六种，其间且多杂种。约分三类：一为斐岛土人与西班牙人通婚所生；一为与南洋其他群岛土人通婚所生；一为与中国人通婚所生。而以第三种为最多，其种亦最优，不论政、商、学界，凡少有能力有思想之人，往往与华种有关系，其议会议员，华种居百分之七十五。斐岛文化，从前甚低。自西班牙人来，渐趋文明。然尚有十二种人未甚开化，内数种且日以杀人为事。语言尤极复杂，有十七八种之多，此岛与彼岛不相通也。较通行者亦有三种：曰太加洛语（Tagaloy）、曰维瑟耶语（bisaya）、曰拍拍加语（pampamga）。太加洛有字母十九，五为正音，十四为副音，皆杂有西班牙、印度之土音及中国音。遇有土语不能发达思想时，则借用外国语。其仅有语言而无文字者，就其语言用罗马字拼而成之。西班牙既握政权三百余年，于是其民竞读西班牙文，习西班牙语。美国取而代之，乃教英语，今公立各学校无一非课英语也。

全岛人口九百万，奉天主教者六百万，奉耶稣教者二百五十万，其余奉回教之五十万人，皆在南方苏禄等岛。当西班牙时代，基督旧教势力最大，政教不分，僧侣之遭人民疾视者殊甚，乃致酿为革命。今教育行政全权操于政府，然旧教所立学校犹不少，一般绅士有宁送其子弟入此等学校者，因缘笃信旧教者多。然亦别有两原因：其一，旧教会学校教授用西班牙文；其二，则教课偏重文科，皆深合旧社会心理故也。

方余辈来自长崎、上海，衣皆重裘，沿途易裘而棉，易棉而夹。舟既抵港，遥望海岸，客衣一白，傍海绿荫芳草，如初夏光阴，然在此地犹为温度最低时代。领事施君绍常（伯彝），商会总理施君光铭、教育会长陈君迎来，及华侨各团体代表，吾友薛敏洛律师夫妇皆到埠欢迎。蜂拥以入法兰西旅馆（Hotel the France）。

是日行踪少憩，未出游。夜领事施君邀饮于东方俱乐部。东方俱乐部为华侨所组织，离市较远，四无嚣尘，小小结构，颇饶幽雅，其旁隙地，碧草为茵，裙屐所萃。叹夫，以上海之大、人物之繁，而未有此高尚优美之寻乐地，为可耻也。

谈次施君语余种种。

华侨人数，据领事署调查所得，有五万余，至多当不过六万余。从前最多时有三十万，但政府记载尚以为有十余万。去年日本函询斐政府以华侨数，答称十万余，但政府中人亦自知其非确。其原籍以福建漳、泉两属为多，广东人占极少数。

华人初至，大都赤手经营，不数年遂以致富。盖其利率厚，年息百分之四五十尚为普通之率。现家产达千万元以上者十余人，百万者数十人，每年以金钱寄回闽粤不下千万。惟其富力较之南洋英、荷各属华侨尚有逊色，然其急公好义、慷慨乐输，殊不甘居人后。有商会、有教育会、有善举公所、有公共医院、有公墓、有学校、有阅书报社、有日报馆、有俱乐部，皆华侨以其自力创办者。

华侨商人多、工人少，大商多、小商少。故流品整齐，而知识亦较高尚。其与斐人感情之厚无论已，即斐政府之美人，亦颇蒙其重视。盖华人善经商、和平迁就，能合社会心理。设与斐人各开一店，人必乐就华人之店。其贸易额占全岛百分之七十，去年统计营业税之出自华人者占百分之六十五。其种类以进出口为大宗，余如航业、米、布、酒、木材、杂货皆有之。每一邮局必雇用一华人，使阅书函封面之华文。印花税通知单，书华、英、西班牙三国文字，亦可见华人在斐之势力矣。斐政府令华人废华文簿记而用英文，以店伙不解英文者多，婉却之。因是斐政府为征营业税而稽查华人账簿时，甚感困难。在斐律宾群岛中虽极小之岛必有华人。

　　日本人现有数千，在马尼拉不过数百。虽人数不多，然来者大都有资本，注重拓张糖业，往往在乡僻大购地种蔗，其志不在小也。

　　本岛特产，以椰子、蔗糖、麻、米为四大宗，椰实可制油，其壳可制物。

　　斐岛近年械斗之风已绝，惟政党之竞争甚烈。要求斐岛自治之琼司议案，已于去年八月通过于美国国会，现在预备期中，各部行政官皆将易用本岛人，且将另设教育部。现总督哈列孙氏（Harrison）莅任后，行三大政策：一、铁道国有；二、农产银行集中；三、大注重垦荒。其第二策土人颇感不便，因银行手续不及私家借贷及旧式机关之简易也。哈列孙氏初莅任之演说，谓他日余去任时，苟获见美国国旗易为斐律宾独立旗斯善矣。盖培养斐人独立，乃美国今政府之政策使然也。

　　餐毕导游嘉年华会。

　　嘉年华会（英文 Carnival）初创于罗马，欧洲各国行之，美国东西诸大市亦行之，斐律宾于一九〇八年初仿行，至今年已为第十次。自二月三日起，至十一日止，就公共运动场辟为会场，秩序单如下。

　　二月三日开幕日。下午四时海陆军大操，九时嘉年华会跳舞会。四日斐律宾日。下午九时，斐律宾大跳舞会。五日，太平洋皇后日。下午四时太平洋皇后出巡，九时加冕大跳舞会。六日，政府日，下午九时配偶跳舞会。七日，股东日，下午四时化装跳舞会，九时股东跳舞会。八日儿童日，下午四时自由车竞赛会，九时甘巴沙士跳舞会。九日，海陆军日，下午九时陆军跳舞会。十日，来宾日，下午九时名人跳舞会。十一日，万国日，下午九时，万国跳舞会。

　　嘉年华会虽由政府提倡，实系公司性质。故有股东，有董事会，有总理，而以斐岛总督为名誉总理，凡新入股者每股交斐银二十元，旧股则每年补交十元，凡股东皆有特别券，入门及每夜入跳舞会场，无须另购券。

会场之周几一英里，大门气象巍峨，虽不及巴拿马太平洋万国博览会，而其点缀陈设，亦复略具雏形。门内一自由神高立空际，神座下为喷水池，池中满植莲花，水底安设电火，射作红、黄、绿色。一灯塔高七八丈。上缀电灯数千，塔顶安探险电灯，四面旋转，光照数里。会场分部陈列，有关于科学者、有关于体育者、有关于商业者、有关于制造者、有关于教育者、有关于游戏娱乐者。但见广场之上，电灯照耀，男女杂沓往来，不可数计，各戴鬼脸，为奇异之装束。手持布包，贮红绿色碎纸，一手满握，逢人四撒，妇女受者尤多。受者不得怒目相报，妇女转有以受纸屑愈多为愈荣者。但只许遥掷，不得手触肌肤，故虽举国若狂，而秩序丝毫无乱，殊足令初次参观者见而心折也。入场券每纸银两角，余辈皆见赠特别券。

四日午前，访施领事。午后，访薛君芬士、敏洛昆仲于其家，开茶话会。夜蔡君德燥邀餐于中华酒楼。

五日午前，访教育局长麦夸氏（Marguart）谈两小时。

斐律宾政府分立法、行政、司法、三权并立。以总督为行政首领，副总督辅助之。其下设内务厅、商务警务厅、财政司法厅、公众教务厅凡四厅。教育局者，隶于公众教务厅，掌全岛公立学校之事务者也。局中组织置局长一人，副局长二人，其下分科办事。

斐律宾学校系统如前表所列。

（斐律宾学校系统表略，编者）

初等小学四年，高等小学三年，中等学校四年，大学年期短者二年，长者五年或七年。

初等小学课程用普通制，高等小学以上用分科制。中学校分普通、师范二科。初级专门分家事、工业、农业、商业、测量、商船六科。大学分文、法、内外医学、热带医学及公众卫生、药学、兽医、农、林、工程、美术十科，文、法、农、林、药各分二级，热带医学及公众卫生科，须先修了医科四年，再入热带医学科一年，得热带医学博士学位，再入公众卫生科二年，得公众卫生博士学位，合计须七年为最长。别有教育科、商科附于文科之内。教育科三年毕业，授以中学教员证书。再修一年，得教育学士学位。商科二年，得商学士学位。

观上表，各级年期大致与吾国同。但有三大异点。自高等小学起，即采分科制，一也；自初等小学起，即用英语，无语言文字之障碍，故大学不设预科，二也；此表为现行制，每年酌量地方情势而修改之，绝非一成不变者，三也。

斐律宾之教育宗旨有七端，如下列：

一、求语言之统一以促进国家之统一；

二、减少不识字之国民以养成有教育之公民；

三、实施道德教育以确立国基；

四、提倡运动游技以增进体力与精神；

五、注重工艺教育以养成个人经济独立；

六、灌输农业学识以发达产业；

七、提倡家事教育以改良家庭。

上之宗旨，见于巴拿马博览会陈列之报告，宗旨不变，其制度随时而变，盖制度不过贯彻其宗旨之一种方法而已。

是日，麦夸君之谈话，计分六节。同行蒋君笔记之。

一、美国治斐之宗旨，意在教育之普及。普及不必用强迫，盖斐岛人民，对于学校极为信仰。设一学校，学生毕集，即有人满之患。以限于经费，不能扩充，初非父兄之不送儿童入学也。去年调查初等小学校，增加百分之十，高等小学校增加百分之十五，中学校增加百分之二十五。

二、学制之精神，在政府之集权。集权非专制之谓，乃各方面联络之谓。如教育局长以下，中央学务监督，四十一学区区长等时时开会，局长亦与会主席。中等学校之职教员，悉由教育局长委派，此集权之实也。然颁一新制，必先征集各方面意见，开会协议定之，局长不过负施行之责。各校有新发明之工艺，均可送局中鉴定后，颁其方法于全岛学校，此联络之实也。

三、注重职业教育。初、高等小学均有职业功课，义取普及。此外特别职业学校，全岛十九所，办法有二要点：一方面与家庭联络，令学生在家亦从事工作，教员时往察看指导之，一律给予分数。全岛小学生共有六十万，其中有四十八万人在家中自己做工。如种植、园艺、养鸡等，并以时开家事讲习会，派人至各处讲述家庭浅近工艺。如罐头食物及日用品之制法是也。另一方面与商界联络，即将学校工艺品、家庭制作品，由商家贩卖于国内外。如近来美国订购竹篮，一次有五万只，学生工作不敷，即发于各家庭工作。又如订购绣货一万斐金，亦用此法，使定货可如期是也。

四、体育亦采普及主义。每年各省有联合运动会，省与省又有联合运动会，再集合各省选手，开中央联合大运动会于马尼拉。二月间嘉年华会时行之。

体育之注重，为斐律宾教育之特点。分二种性质：一普通的，二特别的。前者为一般运动，后者为选手运动。然提倡体育之本意，则注重普通。去年调查各校学生，有百分之九十五均受过体育。昔者考验警察，其体格之标准，如身长及体力等，限制较低，近则加高。盖若仍用以前之标准，则人人可及格也，是即为体育普及之实证。

各处学校运动场，即为公共运动场，学校运动与社会运动，合而为一。

各地有至教育局要求添设学校者，必有一条件，即校内外须有空地一英亩至二英亩，可辟为运动场者，方准开办。

五、师范教育。一九零一年至二、三年间初办师范时，择本地人之较有知识者为师范生。大概半日受师范教育，半日任小学功课。因教师缺乏，故有此权宜办法。其后改为五日任小学功课，星期六受教育。近数年教员程度日高，亦复敷用，故仅设夏期讲习会，以补充其知识。中央之夏期讲习会，设于马尼拉，所讲者多为手工、图画、音乐等。各省选派技术教员，来中央学习后，归而开会传布新法。由各县、市、乡选派教员来省学习。大抵中央开会在五月，各省开会在六、七月。听讲者费用，省归省公费支出，县、市、乡归县、市、乡支出。亦有志愿额，以待志愿听讲者，则由本人自费。现在斐岛师范学校有七所，一九一五年大学特设教育科，造就中等学校教员。

六、斐岛每年教育经费七百五十万斐金。中央支出四百万元，省费支出颇少，计五十万，专供建筑中学校工业学校之用。各城市合出三百万元，另有人民捐助之款，亦五十万元，合为八百万斐金。中央派至各学区之教员数有二千，其中五百名为美国人，余为斐人。美国教员，每年减少三十至四十人，希望斐人可以独立也。教育局经费及派出教员薪水，均在此四百万内开支。

上之谈话，可注意之点有三：一、彼所谓教育行政集权制度，乃联络非专制。二、职业教育与体育皆注重普及。三、师范教育之制度因时以制宜，循序以进取。而尤可注意者，政府之对此种种，皆有具体的办法，一本其确定之方针，为适宜之处置。不胶成见，亦不涉孟浪，饶有一种稳健安详之态度。听麦夸氏言，深可佩服也。

与副局长考来氏（Corley）谈马尼拉市学务状况如次：

一、马尼拉市公立学校，计初等小学二十四，高等小学三、中学一、商业学校一、工业学校一、夜学校七。夜学均附设于他学校内，功课分两种：

（一）普通，授以小学一年至七年之功课；（二）职业，授打字、速记等应用技能。来学者须由商店出凭证，方许入学。盖因一开学即来者甚多，至不能容，故以此限制之也。

二、小学每晨必有朝会（Opening exercise）约十分钟。大概令学生扮演一种故事或唱歌，或讲说，有时教师讲一故事。此朝会之作用有四：（一）练习语言；（二）含有训话意味；（三）兼习唱歌；（四）发达想象能力。初小之朝会，令各级分为之，意在使个别发达，高小则集合全体为之。

今日为嘉年华会花皇出巡日。花皇者，以选举得之。被选资格，不分种族、不论门第，凡现居斐律宾之女子，皆有被选举权。其选举法分初选，复选。初选以各报馆为投票区，自十二月一日至三十一日，各报每日于新闻栏中附刊选举票一纸，阅者将其票剪下，写明欲选何人，用单记名投票法，寄报馆中。馆设选举投票柜，每晚检查票数，明日报纸揭载某某女士得票若干。时或登载女子小影，使投票者知所决择。至一月一日，各报将一个月间得票最多数者一人，送嘉年华会事务所，是为初选当选人。复选之权在股东，事务所既得报告，定期柬请初选当选人及各股东，开跳舞会，然后由各股东举行复选。既当选，在嘉年华会开幕期，得享特别权利，但闭幕后与平民无异焉。去岁当选者为斐女，今岁为美人某糖商之女也。

花皇既当选，必择日出巡全市，然后至会场行加冕礼。余偕借薛敏洛君夫妇凭市楼纵观，全市之人，殆如狂醉。前导军队无数，间以音乐队，一广车长而方，车上饰为山海之形，以四马驾之。一女子背山临海，衣红衣，手大旗，端坐于中。前后立女侍数人，旗上大书太平洋皇后，则花皇是也。其后为各种商业之广告，若牛乳、若肥皂、若酒、若烟草、若汽油、若洗衣、若印刷各公司，皆饰为种种奇形异状，杂以鬼脸者无数。其后马队、飞艇队，或饰为大炮车、或饰为兵舰。为蛮乐、为蛮舞。为职业学校学生队，手执伟大之工具。为商业学校学生队，为摩托车队、为童子军队。日本人一队，饰为武士道装。但闻军乐声、喧笑声、鼓掌声，花皇所至，皆夹道山呼。花皇领首以答，山呼不已，额亦不已，花皇其惫矣。前后仪从之长，不下数里。

晚参观加冕礼。礼场圆形，颇广大。周围上下遍饰电灯，以文木为地，光滑如砥。宝座高可十数级。场之四周，设位以坐观者。观者入场，必纳银五元，可带女子一二人。花皇坐銮舆入场，古衣冠者手执仪仗作前导，乐奏于后。下辇，宫装之少妇数人前行，童子八人，侍其左右，为拾长裙。花皇拾阶而升，坐于正殿。嘉年华会总理为之加冕。冕乃马尼拉市著名之某宝石店用金刚石制成，价值二十余万金。花皇之御前官宣读谕旨，其文（颜君文初所译）曰：

余蒙斐岛人士爱戴，推为第十次嘉年华会女皇。遽膺大位，恐忝厥职。兹定于月之某日，亲出巡，与全市之人相见，使人人永留纪念，臣民愉乐。特命忠爱之臣某大元帅典司出巡事务。尔有司人等咸听余言，将需用之电机车饰以香花，准是日下午三时，在某地启跸。巡游而后，余亲行校阅尔等布置之优劣，其有特别优美者，当膺懋赏，汝往钦哉。

宣读毕。近臣一一吻其手，奏乐礼成而跳舞作矣。是夕乔装鬼脸之人愈多，衣服之斗巧争奇。殆无相同者。花皇则派委员二十人，密查服饰之最奇异者颁赏焉。

是会也，阅者将嗤为无益之戏乎？将谓溃男女之防乎？藏之人思亡之，围之人思窥之，障之人思望之，男女也可胜防乎？嘉年华会行之十年，叩诸老于斐岛者，初未闻有非礼越轨之举动也。谓斐岛人民教育程度使然乎？固未见高于吾中国也。夫人民终岁勤动，则不可无所以逸之；祁寒暑雨怨咨之声闲作，则不可无可以泄之；春女感阳气而思，秋士感阴物而怨，则不可无所以化之；斯会也，殆有极妙之政治作用存其中乎。或曰：此西方之政治则然耳。顾吾幼读周官所谓大宾客，大田役，大祭祀，大会铺，大合乐，当时之政治，何等团花簇锦，何等兴高采烈。乃至中春之月，令会男女，奔者不禁，而其风化所养成，学者转尊为三代之隆。吾乡岁时演剧为常，二十年来，地方官严檄禁止，曰剧本不良，伤风化也，聚众乱秩序也，然而鸦片也、赌博也、盗也、淫也，曾不少戢，且加甚焉。夫剧本不良，曷勿谋所以改之；防乱不有警察乎，曷勿谋所以用之。彼嘉年华会之人民，吾信其非不能为淫且乱者也，而卒不为，盖亦有其道焉。以消极为用，一切遏止，但求无所事事，此行尸走肉之官吏，图偷一日安者之所为耳，曾计其污吾东方政治之名耶！而况嘉年华会，农、商、工、矿出品，学校出品，灿然满场，虽谓为教育实业成绩展览会可也。

六日，教育局派员导观各小学。斐岛高等小学采分科制，其行政采集权制。故其分科制度及教授时间，全岛统一。录教育局周年报告书所载表如下：

观下表（《斐律宾小学校分科制度及各科每周教授时间表》，编者），应注意之点：如每节之时间有长短，故分计、合计皆列若干分，而不列若干时。其作用在每节审量其学科之性质，影响于儿童心理上奚若，其为疲劳学科也，则缩之；否，则伸之。又审量其次序之先后，影响于儿童脑力上奚若，其在最健全时也，则伸之。否，则缩之。较之呆定每节若干分，无伸缩之余地者善矣，此其一。高小分家事、农、工科矣，即普通高小亦设职业科，乃至初小亦设职业科，各自第一年起有之。故虽小学儿童，莫不有基本的生活能力，此其二。（职业科之内容如另表）英文、职业、体育三科为最重。初小第一年每周各科总时数一千三百分，第二年一千四百二十五分，第三年一千六百二十五分，第四年一千六百五十分。而英文第一年会话、读本、拼法、习字，合计每周占五百六十五分，第二年六百五十分，第三年五百七十五分，第四年四百九十分。职业科第一年每周二百五十分，第二年三百分，第三、四年各四百分。体育则每年各二百分。其最要之宗旨，在统一语言，故英文时间最多。注重生活，故职业次之。提倡运动，故体育又次之。皆有适当之标准存乎其间，此其三。初小每周总时数，最多为第四年，一千六百五十分，仅合二十七小时有奇耳。高小最多为农科第三年，一千六百八十分，仅合二十八小时耳。授课时间不取过多，此其四。高小家事、农、工分科，各以英文、数学为基本科。而若家事分科之伦理、女红、烹饪、家事卫生，合计每周得七百二十分。农科之农学、农田作业，合计得八百分。工科之图画、工场作业、估计合计得八百分乃至八百四十分，皆占总时数百分之五十以上，以见主要科与基本科平均注重，此其五。而若女红、烹饪占家事分科总时数，几于百分之四十。农田作业，占农科总时数百分之三十七以上，工场作业占工科总时数百分之二十八以上，其注重实习若此，此其六。初等小学即有公民须知科，以见其教育宗旨，实欲扶助斐岛人民之独立。有以斐岛注重职业教育为出于美国人殖民地教育政策之作用者，实为谬误，此其七。观前载学校系统表，高小尚有师范科。查一九一五年报告，全岛高小三百五十所，设师范科者三十九，师范科学生占高小学生总数百分之十八。其科目不过于普通课程外，加教授法及管理法，现已废止。（按斐律宾师范校长包猱氏言，高小师范科从一九一六年起废止）此表从略。盖以此，此其八。

菲律宾小学校分科制度及各科每周教授时间表（以分为单位）

初等小学 · 高等小学

学年	一	二	三	四	五	六	七
朝会	50	50	50	50	200	200	200
会话	240	240	200	200	200	200	200
读本	200	225	200	150	200	200	200
拼法	50	75	100	100	200	200	200
习字	75	75	75	40	200	200	200
地理			90	150	200	200	200
数学	75	100	150	150	200	200	200
图画	60	60	60	60	200	100	
音乐	100	100	100	60	80	80	160
公民须知				90	100	100	200
卫生				90	200	200	200
体育	200	200	200	200	200	200	200
职业科	250	300	400	400			240
统计	1300	1425	1625	1650	1400	1400	1400

高小家事及家庭艺术科

科目	五	六	七
会话	200	200	200
文法	200	200	200
作文	200	200	200
读本	200	200	200
拼法	200	200	200
数学	200	200	200
图画	80	80	80
伦理	80	80	80
女红	320	320	320
烹饪家事	240	240	160
卫生学	80	80	160
家庭卫生	80	80	160
统计	1400	1400	1400

高小农科

科目	五	六	七
会话	200	200	200
文法	200	200	200
作文	200	200	200
读本	200	200	200
拼法	200	200	200
数学	200	200	200
图画			80
体育	200	200	200
农学	200	200	200
农田作业	600	600	600
统计	1600	1600	1680

高小工科

科目	五	六	七
会话	200	200	200
文法	200	200	200
作文	200	200	200
读本	200	200	200
拼法	200	200	200
数学	200	200	200
图画	160	240	400
工场作业（木工或锻工）	400	600	600
估计			80
统计	1400	1400	1440
商业实践时间同在外			

斐律宾小学校职业科各学年教程表

校别 学年 性别	初等小学				校别 学年 性别	高等小学		
	一	二	三	四		一	二	三
男生	简易编物	篮类或园艺	同上	或家具制造同上	男生	篮类或园艺	园艺	木工
女生	简易编物	普通缝纫	普通缝纫及商品缝纫	普通及商品缝纫家事烹饪	女生	普通及商品缝纫家事烹饪	同上	同上

上表可以见初等小学与高等小学所授职业科之区别，无一非切于男女生之实用者。

观于种类及时间表两种，叹斐岛政府对于设施职业教育之规定，精密极矣，所谓集权之精神如此。

参观圣恩台斯初等小学校（San Andres Primary School），校长欧兰那君（Erana）出见。全校男女学生约八百人，分十六级，第一学年六级，二年五级，三年三级，四年二级。年级较高，人数较少，其中途退学者多欤。校长为男子，教员皆女子。教室长九密达，约合吾国工部营造尺二丈八尺余，阔七密达，约合部尺二丈一尺余，各室一律，盖由政府统一规定者。每一学级，皆以能力之高下分组，其课本相同，但进度有迟速，两组相差五六叶耳。凡课本中图画，皆于每日上课之前，由本科担任教师绘于黑板。其英文教法，皆先会话而后读，使其听官发达。余参观时，第一年女生课朝会，其法分全级为两组，合演一故事，名睡美人（Sleeping beauty）。如演剧然，且演且谈话，以结花边所用之草枕，纳之怀以当婴儿，诸生兴味浓郁，遇情至处，有泣下者。此为余观斐律宾学校授课之第一幕，较之往岁初游美时之受刺亦已稍杀，盖此种教授法，去吾脑海固有之中国学校现状，诚不知其几千万里而既有美国学校状况为之先导，则亦不过如旧梦之重寻耳。又一年级，男女合课英语、图画、唱歌。又一年级课习字。习字之程序，先大后小，教师不标分数，但记最好次好字样。三年级亦为演故事。各级有不同之级训，视其级风而施之。问校长职业科教授之程序。答男子课制篮、木工、园艺、木工四年为主，三年生之年长者亦间课之。园艺三、四年均课之。每一儿童授地一方，长四密达，阔一密达。女生课花边及刺绣。所答与前载各学年教程表略同。

参观梅雪克初等小学（Mesie Primary School），全校男女儿童三千人，教师七十九人，可云盛矣。入门但见室隅廊下皆字条，勉用英语（Speaking English）。各科教授法，与圣思台斯无甚异。但有两端，诧为仅见。其一，聚全校三千人同时体操，按琴声整队入场，无教师但以一总级长立高桌，击鼓为号，全体应节动作而不纷乱，二十分钟可毕。问初入学儿童如何，答学校操法极简，各级一律，故易习。日日为之，故易熟。善哉！吾国体操往往间日课之，教员以多翻花样为能，岂尚知体操之本旨者哉。又其一，设栏广场，女童于其中烹调食物，而售诸栏外之儿童。汤每盏价二分，饼每枚二分，冰激凌每杯一分，授钱受物，授者虽拥挤不争，受者虽忙迫不乱，训练之效果至此，吾无间然矣。所得钱除资本外，以其余充校用。儿童各怀纸制之杯一，胸次佩小匙一，备饮水之用，所以防传染也。

又观圣他克兰拉初等小学（Santa Glara Primary School），其校长斐岛产女子也。全校男女儿童九百六十人，分二十级，教师十九人。此校之特点，在组织最新，校舍校具皆取新式。校舍筑费斐金六万五千元（斐金一元当美金一元之半），有工场。观四年生及三年生之年龄较大者同作木工，自基本练习以至成物，均绘精细之图于板上以示之，学生各有工具一副，或锯或削或锉，与工厂无异。教育局规定四年级方授木工，而此三年生之年长者亦授之，可见办法之因宜变通，不取拘执。有校园。其治餐三年生轮值为之。观某级儿童上课演故事一节，其内容为甲约乙共游马六甲，若饰为甲，若饰为乙，用电话问答。电话机器设于教室前后壁际，若饰为电话局接线人，既而甲辞家，则若饰为甲母。购帽，则若饰为帽店伙。购船票，则若饰为船局伙。所以教孝亲、教爱友、教治事、教旅行、教注重经济，视彼呆读呆教课文者，曾可与之同日语耶？

既观三初等小学，乃导观马尼拉中学（Manila High School），此为都市式之普通文科中学。全校男女一千二百人，教师美国产者十五人，斐岛产者八人。第一学年十二级，二年六级，三年五级，四年四级，凡二十七级。同学年之分级，以其学力定之。但校舍容量，同时止可供十五级学生，于是轮流入室授课。室内方端坐听讲，而室外环廊下席地摊书自习者犹如鲫也。计每级每周二十时，每时四十分，男女同级而不共课桌，教师则男女参半。此校既为普通中学，故所授皆普通学科。据校长言，统全岛中学计之，其毕业生之升学者，仅得百分之五十六，故分科制为亟亟也。然如吾国中学毕业生升学之成数，更少于此，乃满地是普通中学，将如学生前途何哉？有学生图书馆，图书之种类，由政府规定。愿读何种，由学生自择。但课外至少须读若干种，亦有规定。教育局所定为每年五本，而该校自定则每月至少一本也。有演剧，有种种会集，如文学会、演说会、辩论会、体育会等。别有名誉会（Honor Society），限于成绩得九十五分以上者入之。

夜蔡君联芳邀餐于东方俱乐部。

七日，导观汤度高等小学校（Tondo Intermediate School）。校分两科：

一、普通科（男、女子）。内职业科一年篮工，二年农，三年木工。

二、家事及家庭艺术科（女子）。

全校男女儿童一千八百人，分三十五级。每级约五十人，内中国学生三人。全校男女教师四十六人，内美国籍女教员一人。校长霍儿氏（REHall）导观种种。

校舍系一九〇八年特建，现因不敷用，另租校外屋两幢充之。

三年之一级，全级四十二人，均女儿童，课英语读本，斐岛特编。

三年之又一级，均男儿童，课图画。画建筑图，所用练习簿由教育局颁发。簿首数页为各种范本，其后空白备学生习绘。分全级学生为两部，轮流授课。一半在此绘图，又一半在工场作工。所绘之图，即后一时所作之工也，凡手工无不与画图联络者。

三年之又一级，均男儿童，课英语。

三年之又一级，均女儿童，课写生画。教桌置两杯，一侧置之，检示儿童画稿簿，非写生即图案，皆有一定之程序。

三年之又一级，均女儿童，课算术。

问教员职务之分配如何，答一年分组，设组任教师，二年三年不分，设科任教师。

家事教室，未上课。黑板预书衣之制法，备教授用。设值日生三人，其职务一洒扫、二拭机器、三陈设花瓶等四壁器物，逐日轮值。郎下诸女生方课刺绣，二人或三人合绣一件。教室不敷用，故利用廊下。

二年之一级，女生刺绣。男教师监视，异而问之。答课刺绣时，级任教师与科任教师共出席，绣科教师为女子，往来各教室指导之，此男子则本级级任教师也。

二年之又一级，女生课文法，各就黑板练习。此室之课桌，校长为言，皆学生木工科成绩也，与普通制家具殊无异。

一年之一级，女生课刺绣，亦以男教师监视。校长言绣样悉由教育局规定，俾统一易销售。

一年之又一级，男生课英文读本。

一年级女儿童方上课，以一半在室之一隅听讲家政，又一半实习烹饪，两组轮流行之。制冰激凌及食物种种。教师戏饷余辈油煎沙门鱼各一枚。烹饪教室图如右：

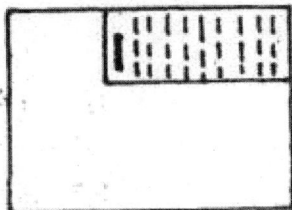

烹饪教师月薪四十元至八十元，均二年师范毕业生。所烹之物售与诸生充午餐，以其售得之钱充原料费，无须另筹资本也。

二年之又一级，男生园艺实习。地傍墙阴，大可二亩。一组铲地，一组灌溉。其农产成绩品，年送本市展览会，听专家评判。前周适开展览会，在高等小学中本校占优胜，其奖品给予学校者为图画，给予学生者为农具。

木工教室，男生课家具制造。工具陈列别室，教师指令一生入内分递，受者先唱名。四壁陈列教授顺序标本，一一编定号数，由简至繁，秩序井井。教室之课桌，即为学生所制。凡日用所需器物，均令习制，所制与市肆出售者无异。年幼者先习雕工，每年由专科视学调查学生成绩而第其等次。

读书室与图书馆，本校规定学生课外每年至少读书三本。

问学生年龄，答最小十岁，最大二十六岁。第一学年平均十四岁半，以上递加。

将出校，见看护妇方检查学生疾病。校长言此系本市卫生局所派。检查之结果，以眼病、齿病为最多，齿病占百分之十。教育局始筹得经费，雇看护妇四人巡察各校，但尚不能遍及。

既出，途遇一摩托车如飞而过，导者嘱余注意，谓此工业学校摩托车科学生驾驶实习课也。

参观斐律宾商业学校（Philippine School of Commerce）。校舍为旧式，校长施德慕氏（Storms）出见。校归教育局直辖。其宗旨在教育少年男女使任公署、商店、速记、簿记及书记之职务，并能自营商业，兼养成其商业上应具之道德。全校七百人，分七十级，各科以程度分，不以学年分。有上午班、有下午班，有夜班。每生每日授课四时或五时。内女生数十人皆由各省派送，其籍贯占三十四省（全岛分三十六省）。自一九〇七年始创至今，毕业生统计仅得一百四十一人，内女生十九人。以学生如此之多，而毕业寥寥者，盖以其课程切合社会需要，往往未及毕业，已受人延聘故也。此项毕业生，或就职、或升学，大抵按其所习学科，而就职者得百二十三人，几占百分之九十。毕业不即给证书，必在商店或他机关任事三月或六月，有成绩始给之。此法最切实，凡含有职业性质即毕业后预备就事之学校，皆宜仿行。盖其教育之目的，不在修毕学业，而在就职胜任面无惭也。其学科分为五种：

一、一年速记科，惟中学毕业生始得入之；

二、二年速记科，英文程度较高之高小毕业生得入之；

三、三年速记科，高小毕业生应补习英文一年者入之；

四、二年簿记科，高小毕业生入之；

五、四年商业科，簿记或速记科学生欲加习普通商学者入之。

速记、簿记、打字三科，社会需用尤多，故若兼习二科者，只须三年，亦得毕业。商业尺牍、简单绘图及打字等，为各科学生所通习。四年商业科，加授经济原理。

夜班所收学生，皆已在高小毕业日间有职务者。夜课生之好学过于日课生，其原因有二：一则已任职务，经验较深；二则既于日间为七小时之工作，自非热心求学者，不来肄业也。

参观速记科。美国女教员口授英语，学生各用简笔速写，教员为之改正，再送打字科打成英文。

打字科男女学生七八十人，以男女教员各一人监视之。凡打字及速记，均以迅速而不误为目的。观其练习打字，异常忙迫，若竞争者然。询知某公司向售打字机，现出书一册，悬赏募人打就，以比较最速且无一误字者为合格，奖赠打字机一架，故各生努力竞争。机盘之上，张以铁片，掩去字母，只用手指，不许观看。教员监视甚严，私窥机盘，固所不许，即打错后亦不许用橡皮拭去。

教室壁悬两表，一记打字机，有机件若干种；一将各生打字迟速列为比较。打字机各式咸备，学生练过甲种即易乙种，须各种均已练熟，方得毕业。学校规定每年添购五架。

某级学生方自习，阅商业要闻。凡商业科之教材，随时更新。教育局常将世界新闻中关于商业材料，编印颁发，以供学校之用。

有商品陈列室，其陈列顺序，一依教授顺序。先本岛物产，次外国于本岛有关系之物产。如麻、麦、豆、稻、玉蜀黍、鱼类、果物、草帽、草席，皆本岛产，而外国重要产物亦按类陈列，以资比较。

午后，实业教育科长密勒氏（Millor）导观教育工艺品发卖所（Sales Department Bureaw of Education）。此所隶于教育局实业教育科，凡外国订购教育品，归此经理。察社会之嗜好，随时指导改良，斐岛工艺教育之发达，皆系乎此。所中陈列，有结线类、花边类、绣类、衣类、鞋类、篮类、藤编物、竹编物、草编物类。入其仓库，货物山积。密勒氏为余详述其要点：

斐岛之实业教育行政，其初亦枝枝节节为之，为教员者各本其理想，以图本地实业之发达，无所谓中央指导也。迨后逐年进步，各地以报告书及经验汇报于中央。一九一〇年举行全岛原料出品及实业状况调查会，竣事后，乃着手编辑报告，至一九一四年报告编成，分送全国，于是教育局更以商业方法为实业教育之计划。凡学校实业科目，功课分量，悉由局规定。各区学校，应习何种科目，亦须由局认可。于是手工一科，乃成小学教育之特系，不仅为训练问题，而成为商业问题。课程既定，乃议及手工品之图案，亦由教育局主其事。如刺绣、花边、结线等图案，均由局颁发。计一九一五年间，凡发穿花、刺绣图案一万五千纸，花边图案三万纸。其手织、机织及其他手工之图案，则蓝色印刷颁发之。共计教育局所定图案凡一百十四种。所发蓝色印刷品凡一万纸。此外又有各区提出，经教育周审定之图案二百三十三种，由斐律宾工艺杂志发表者六十一种，而此发卖所实为各种新出品、新方法之总汇。

发卖所全岛共有三十五处，此为中央机关。别有工作场，内技工多人，专任图案制作等事。由此机关将所制图案，及模范物颁发于各学区长，区长分给于学校。若有新发明之式样，先由巡回教员学习制作，转而传授于各校教员。不惟指导学校工作也，兼为之司售卖，此发卖所其总机关也。所中分茏卖与零售，且为之贩卖于美国，亦有自美国来订购者，则按各校生徒之数，分配工作。每届半月，付给货价于各学区长，区长分发于各校长，校长转分与学生。是故斐岛职业教育行政之顺序，可分为四：其一，编订课程及教材；其二，养成教员；其三，指导改良；其四，经理发卖。

此发卖所不惟经理学校出品也，且经理家庭出品。有所谓家庭工艺传习所者，集一二十家之妇女，合组传习手工，由学区委员长派遣巡回教员往教之，而经理其出品之销售，督促其改良与进步。全岛巡回教育凡四十人，月薪自三十元至七十元，上受教育局所聘专门家之教导，下以传授于学校与家庭，而复设专门视学随时往察之。此项传习所，已设者十九省，共一百三十所，传习妇女三千人。密勒氏语余，个中仅篮类一项，每月运美销售者十吨乃至十五吨。

密勒氏又言此种种手工品，最重在搜集原料，而原料中之尤贵重者，为天然有色物，惟各种器物，参用天然有色之原料，故得依其图案之稿本，制成花纹，而富于美观。反观吾国各校，各厂所制藤编、草编之器物，全是素色，技能之精粗姑不论，即论花色，其去美观远矣。

斐律宾六个月间学校工艺品出售数一览表
（1916 年 8 月至 1917 年 1 月）

品名	数目（比索）
篮类 BASKETRY	2,448,849
绣货 EMBROIDERY	4,182,529
花边 LACE	6,172,422
线结物 CROCHET	699,102
拖鞋 SLIPPERS	751,116
帚及刷 BROOMSANDBRUSHES	6,276
织物 TEXTILES	18,000
木工 WOODWORK	111,825
席 MATS	707,340
统计	14,421,459

参观森林局（Bureau of Forestry），为全岛林务行政总机关。一方推广造林，一方经理木材之销售，其作用略同教育局。与其谓为行政机关，毋宁谓为商业机关之近似也。密勒氏复导观嘉年华会场教育出品，如衣类、绣品类、花边类、藤制家具类，各种图样、各种原料。原料之可充手工用者，上等二百种，下等二千五百种，皆本岛产也。又有教育局各种报告，为斐岛人特编之各种课本，各种关于教育之图画及影片。教育局规定小学校舍模型，完备者、简单者凡分三种，密勒氏为之说明云。每种都有一定之标准，依此建筑，可节费三之二，且仍留扩张之余地。盖其材料皆取斐岛价值低贱者，如窗用蛎壳，不用玻璃，以斐岛产蛎壳最多故也。又云从前校地取僻静，今则反之，务设于热闹之市廛，以欲使学校为社会中心故也。盖本岛教育宗旨之要点，在与社会联络，使有信用。密勒氏又云，从前斐岛人食物之种类甚简，今渐复矣。从前衣服殊不雅观，今缝纫日趋精致矣。从前家具简单，只用木制，今种类繁矣。凡皆教育之影响

云。方参观时，适美国商家之代表某女士当场选取贷样，大批订购以去。此陈设教育出品之屋，盖即工艺学校建筑科生徒两周间所造成之成绩品也。场中有图一，提倡学校图与家庭园，每一学生在学校所占地之面积，家庭园应四倍之，皆学校与家庭联络之作用也。

八日午前，施领事导往谒斐律宾总督哈列孙氏。其人年事方壮，英爽之中，颇见质朴，觉其去官僚气较远去书生气较近，绝无吾国大官非微慢即圆滑之态度。延入小阁，座谈约二十分钟。首总督问余辈来意，郭君代表余辈谨答之。次郭君问二事。问总督于斐律宾教育行政，卓著成功，能略示以经过之状况否。

答：美国初治斐岛时，于教育上有两种困难。一、政府提倡职业教育，而斐岛人则喜普通教育。其思想之谬误有二原因：盖斐岛人素喜政治法律，而鄙视工艺等实际之学艺，又从前西班牙政府限制斐岛人不许受高等教育，致起革命，因而误会职业教育亦犹向者限制之手段也；其二，斐岛土语错杂，故学校中不能不用英语，以求统一，生徒初入学，须舍其土语，改用他种语言文字，故进步稍迟。然斐岛人资质并非愚鲁，即如近来海军学校招考学生，斐岛人应考者六人中有四人及格，仅三个月之预备功夫，其成绩不在美国人下，今则此两种困难，已渐消除矣。

问：总督久在东亚，且曾游历中国，对于中国前途，应如何改良，可否见教。

答：此问题太大，余不敢置词。惟有一节可以贡献，中国极应提倡国家思想而捐除个人及地方思想，庶几可以立国。往年游北京，适贵国有救国储金之举，实为人民爱国之表征，而卒以个人权利思想破坏之，致无结果，良为可惜。

午后，华侨教育会开欢迎茶会于东方俱乐部，中西官绅商学界到者八百人。论者叹为从前未有之盛举。夜重游嘉年华会。

九日，参观侨商公立之中西学校。学生二百八十七人，均小学程度。又夜课生二百人，专课壮年失学者。记斐岛华侨设学缘起如下：

当斐岛受治于西班牙时代，华侨初无暇议及教育也。美人来斐，我政府设领事于马尼拉，首任领事乃发起华侨学校。附设于旧时甲必丹衙门，甲必丹以华人为之，所以管理华人者。未几，美政府颁行禁止华工条例。华商子弟欲袭先业而来岛者，以未成年为限。华童人口渐多，学校由甲必丹衙门移设于善举公所。然地方狭小，仅容学生三四十人，诸董事倡议学校与善举分立，另组学校董事会，总领事偕诸董事分投募捐，由侨商合任三年经费，计三万二千余金，自是中西学校之名成立。而欧美斐岛人士，亦渐知华侨有教育机关，时祖国辛亥革命时代也。

无何，三年限满，经费告罄。而华童人口数转增，船自厦门来，每一艘多至数十名。而学校日夜学生，不过五百余，向隅实多。诸董事筹议招股，建筑新校，以容日课五百人寄宿一百人为度，并添设中等商业学校，征集全埠侨商意见，皆赞成。乃组织华侨教育会，推定正副会长及董事，分任招股。一日之间，认股银至十二万余元，定以十五万为建筑费，二万为购置校具及开办诸费。

自民国三年冬发议，至四年夏共认十七万余元。遂以八万余元购地于塔虎脱街，计一万余方密达，适值欧战，百物腾贵，尚未兴工。其常年经费，议就华商营业税项下附抽百分之二，计每年可得四五万元。已具说帖送各商号签字，待全体承认，即请美政府代征。原有之中西学校，由教育会推定值理五人掌管校事。兹录职员姓氏如下：

斐律宾华侨教育会正会长陈迎来，副会长施光铭，司库陈清源，外总薛敏老。董事吴克诚、李清泉、郑汉淇、黄呈标、林为亨、胡诸群、蔡少菁、蔡膺成、邱维岩、郑焕彩、洪明严、李文秀、霍燧南、陈景山、甄寿南。

中西学校值理李清泉、吴克诚、薛敏老、邱维岩、蔡膺成，校长张云章。

参观半日，得其特异之点：一、国文与英文各别编制。如国文在第一年者，英文或在第二年，以史地归国文科，以算术、簿记、图画归英文科。二、注重国语。尝观国文科国民四年级授国语演说稿，学生颇有兴会。三、别设广东班。全校大多数学生皆闽籍，因将少数之粤籍生另编一班，延其同籍教师教之，其受困于方言隔阂如此。四、发行学生报，由学生组织，每月一回，写而揭之。五、学生衣服皆甚整洁，较胜于内国，殆一般社会同化之功乎。

马尼拉除中西学校外，有普智国民学校、有爱国学塾。在斐律宾南部依陆地方，尚有商务中华学校。是日参观阅书报社。

午后，森林局长费休氏（Fisher）导观嘉年华会森林农矿各出品。摘其重要品之统计表如下。（表略，编者）

观上诸表，以斐律宾政府提倡垦事如是之勤，然已垦者仅及百分之九，未来之富源，正复无限。其各种农产物，收额最巨者为米，一九一七年多至斐金五千七百余万元。次为细麻，四千二百余万元。又次为蔗，三千四百余万元。

而就历年产额比较观之，其进步最速者为烟、玉蜀黍、蔗，七八年间，几乎各增一倍。若金则七年之间增十倍焉。

十日，午前七时应斐律宾大学之招，坐摩托车行两小时，至露思班诺斯村（Los Banos）参观大学农科（Colloge of Agriculture）。傅君焕光留学于此，共同导观。此农科为大学中最先开办者，成立于一九〇九年。校址在麦圭林山（Monnt Maquiling）下，计校地一百二十五海格忒，一海格忒当中国十五亩零，合计当有一千八百余亩矣。距露思班诺斯村约三启罗密达，附置农田，土脉沃衍，凡斐岛各种农产物，均宜种植。自马尼拉至露思班诺斯村，距离约八十英里，有水陆两道，陆行火车可达。余等坐摩托车行，较火车尤速矣。

科学长高配伦氏（Dr.Corpeland）细菌学植物学专家也，导观一切。全校五百余人，有校舍十二所，与森林学校相连，分四科如次：

一、六年农学科。在公立高等小学毕业者得入之。毕业后授以农学士之学位。此科包中学在内，即前录学校系统表之农科一是也。

二、四年农学科。在公立中学毕业者得入之。毕业后授以农科理学士之学位。此即学校系统表之农科二。

三、四年林学科。在公立高等小学毕业者得入之。毕业后仅授以毕业证书，其中学毕业生之入本科者，得以二年毕业。此即学校系统表之林科一。

四、中学毕业生四年林学科。毕业后授以森林理学士之学位，欲得本学位者，得以二年之服务，代其一年之修学期限。此即学校系统表之林科二。

学生多寄宿于学生俱乐部，此俱乐部多设于学校区内，即学生自治区也。俱乐部建屋之地，由大学贷与之，不收地租，而由大学监督其卫生清洁。其房屋之一部分，由俱乐部出资建筑，通常每学生应纳一次费斐金二十五元。每月膳宿费自十元至二十元不等。有优待生多人，由森林局供膳宿。自来水及发电机，由本校备置。

学生组织团体自治，气象颇盛，如运动、财政、社会事务、家政改良、出版等事，俱分设专部，选委员处理之。又有月刊名斐律宾农林杂志，以振起本岛之农林事业为职志。学生除运动外，有文学会、音乐会、科学会等。凡露思班诺斯附近地方，有农林及他种事业，学生便往参观，向各团体演讲农林利益者，尤数见不鲜。

一九一五年至一九一六年，教育局派送优待生二十三人来校肄业。是项优待生由各省学区长荐举，每省应得几人，由教育局长定之。凡为优待生者，皆订有契约，应于毕业以后，照其优待年限，任教员之义务。

学生中程度较高者数人，由校中任为助教，月给二十五元以下之薪水。又有数人任看守房屋之责，月给十四元，雇用学生无定额，其薪每小时一角，故学生能借此支持费用，继续求学。

学费不收，惟学生应于学年开始时存十五元以备赔偿校具之用。农科之收获室，贮藏作物种子。学长告余农事以选种为最要，本校广搜世界各国种子，选其佳者，散布于各地。选种之法分为三次。初惟去劣存优，略加选择。播种收获后，再选之，去其劣者，再种之。收获后复为第三次之选择。然后定为佳种，曝而贮藏之，以备发行。

斐岛谷类出产，以米、玉蜀黍、落花生为大宗。校中现方就高地试种旱稻，其结果一茎可获三十二格兰姆。玉蜀黍以美国密沙里省所产者为最著名，取而试种，初时结实不肥，颗粒大小不匀，逐年选择之结果，至今本土所产者，与美无异。落花生之种子尤多，自西班牙来者，颗粒较小，自美国来者较大，亦有自爪哇来者，又有中国种自日本送来者。试验之结果，以爪哇种为最佳，收额最多。中国种叶多而利于畜牧，其实颗粒之大小无关优劣，农家惟察社会之嗜好，以为取舍可矣。

农场在山下，极广大，所植如桑、烟草、玉蜀黍、高粱、小米等；种类繁多，不可胜记。其中中国种不少，高粱秆颇柔弱，小米结实亦小，盖皆非热带所宜也。

森林学校（School of Forestry）与农科连属。山上下有一千二百五十英亩之森林试验场。五年前为荒地，野草没人，现在森林均五年内所栽，其中天然生成者亦不少。林科学长霍旦佛氏（Dr.Fox Cohorthy）美国有名林学博士也，傅君肄业林科，与之甚相得。

午，学生开欢迎会。毕业生致辞，谓华人来此考察教育，为历史所无，本校非常荣幸。且谓此间人大都含有华人之血，云云。郭君代表余辈演说吾国与斐律宾之关系。

大学校长维勒马氏（Villamor）邀餐于露思班诺斯村卫生旅馆。氏斐律宾人也。午后陈君等先返马尼拉，余偕蒋君以傅君之导译重至大学参观林科，示以斐律宾大学之组织表。

试细读是表，所谓大学者，其包含之宏富可知。各科均设在马尼拉市，在此山间者，惟农林两部耳。斐律宾行政大注重经济主义，往往设一机关兼种种之效用，精神一贯，而系统仍极分明。此大学所属之森林学校以森林局局长兼教务主任，以局员兼教员，经费由局担任亦其一例也。

霍思佛博士及傅君导余周行山下之林场，各种树木皆按其科标识之。其中有菊科之成乔木者。有世界最大之竹，历三十年高百尺者。有藤长七百尺。有草名以劈立劈儿（Ipilipil），能杀他草而肥地，从中美移种来此，五年成燃料。树木种子，均按植物分类法，用玻璃瓶贮藏之，中一种为铁树之种子，长六七英寸，为植物种子之大者。

学生实验，则将各种树木编号划区，分任种植。每生平时各有木样一套，令就木之纹理，辨别种类，再就实地对照。

种桑之成绩颇佳，其叶终年不凋，故养蚕一年，可收四五次。斐岛人于七十年前已知种桑，但未知养蚕，今美国人始提倡之。

五英里以内之鸟类，校中已搜集数十种，制为标本，以研究孰为益鸟，孰为害鸟。

学生之宿舍，均竹屋，仿土式。每间住六人或四人。屋甚高，如楼形。屋外循竹梯上，无地板，以竹片为之。但见竹屋错落于山岭间，别饶风趣，凡建筑等事，均学生自任之。尝入傅君宿舍，清洁幽静，孑然一身，与斐律宾人为伍，远谢纷华，怡然自得，非真好学者不能也。

夜，宿于露思班诺斯村之卫生旅馆。前临市街，后依大湖，月夜眺望，岚光湖色，并入帘际。凡病者辄就此为天然治疗。有浴室，其法殊异。先入盆浴毕，闭于小室，室仅容一人，四壁置管通气。即放，热度骤增，全身大汗，约五分钟出。卧于藤榻，蒙以毯，仅露两目，约二十分钟。斯时全身血行至速，昏昏然欲睡。乃引入别室，铜柱三，各有密孔，人立其中央。仰视则莲房下垂，水滴滴欲堕。机关一换，其上其左右前后，水如万弩齐发，集于一身，冷不可耐。犹以为未足，用喷射器以极大之水力自远射之，器上下移动，则自顶放踵，无寸肤之得免。斯时全身奇冷，至欲发噤而不得。可十分钟，乃引出，从容披衣，如释大负，愉快莫可名状，亦疗病之一法也。价斐银两元。与蒋君、傅君剖椰实吸其浆，甘甚。

（斐律宾师范学校现行课程表略，编者）

十一日，游百震亨，观瀑布，蒋君为之记。

（蒋维乔"斐律宾百震亨瀑布游记"略，编者）

十二日，午前参观斐律宾师范学校（Philippine Normal School）。此校直隶于教育局。建筑精工，设备完整，全岛师范学校，止此一所。其宗旨视为一种特别之职业学校，陶育少年男女，俾适于担任斐岛各种教科，必抱此志愿者，始得录之。凡教员之选任，课程之规定，莫不以此为标准。得其现行各科课程表，诸科半系旧制，在逐渐停废中。

表中如普通科从前小学毕业者得入，现改。又如中学毕业生科，现因废除高小师范，加设中学师范，亦改。教员免费讲习科，因欲加高程度，特设一科，养成管理员、教员及学校行政人才，不能与他科等视，故新制未曾规定。新制分三种：一普通科、二工艺科、三家事科，均中学一年修了者入之，四年毕业。另有体育科，二年毕业。小学教职员补习科，一年毕业，须有中等学校毕业资格，或有三年经验者，得入之。现均未设。更录师范学校新制各科之学科目于下：

家事科之科目如下，共四学年

1. 英文　2. 缝纫　3. 烹饪　4. 图画　5. 织物　6. 初生儿及病人食饵法　7. 动物学　8. 饮食论　9. 刺绣　10. 花边　11. 生理学　12. 卫生学　13. 养生论　14. 家政　15. 教育学　16. 教授法　17. 教授实习

工艺科之科目如下，共四学年

男子　1. 园艺　2. 手织　3. 制篮　4. 制帽　5. 织席　6. 制鞋　7. 竹藤工

女子　1. 缝纫　2. 刺绣　3. 花边　4. 手织　5. 线编物

男女共同之学科目　1. 英文　2. 动物学　3. 教育学　4. 图画　5. 音乐　6. 教授法　7. 教授实习

普通科之学科目如下，共四学年

（甲）温习初等小学及高等小学所用教科书。

（乙）中学校应习之一切学科：

1. 数学（代数、几何）

2. 英文（文学作文、商业用英语）

3. 历史（普通史、美国史、殖民史）

4. 地理（自然地理、商业地理）

5. 法制　6. 动物学　7. 物理学　8. 拉丁

9. 斐岛经济学　10. 体育（除疾病外，每周须练习一百五十分至二百分时间）

除上列科目外另加习下之科目

1.心理学 2.教育史 3.管理法 4.教授法 5.参观及实习教授

体育科

此科期限二年，男女生并收，系为各校养成管理体育之人而设，科目未详。

是日校长包猱氏（Harrey A Bordner）引导参观。氏美国产，在斐岛十六年矣。全岛皆男女同校，从前岛民因天主教徒反对男女同校之故，从而反对，今不闻矣。全校八百人，男子占百分之六十。全岛男女师范生之统计，初年级男子占百分之五十八，二年六十，三、四年各六十九。而男子入中学者，各学年须占百分之八十三乃至八十七。男女教员之比例大概如是。顺次记参观所见如下：

读书室：以美国女教员管理之，下课后非归家即在此读书，由校规定应读书籍之种类及其本数，墙壁多美术画，注意提倡美术。

木制揭示框，极美观。一为一九一五年毕业生所赠，一为一九一六年毕业生所赠。

教科书悉由校售与，价比市廉。

各教室学生座位有整列者，有团坐者。

物理学教室为阶级式，有黑幕可演影片，房置发电机，凡课地理历史均用影片，日日行之。

教室门外陈革命伟人黎沙儿像。

各室窗沿皆盆栽花草，极美观。

编物科，编物四十七种为必修者，庋置教室壁间，有一定之顺序。修毕有余暇，可随意制造。此四十七种为一套，毕业后即携去陈列所任职之小学，作为教授用标本。

制鞋科竹工科花边科

刺绣科

有教授顺序标本及图画。

或劈或削或磨。

式样顺序，均由局规定，分团坐。

同上。

间：有木工否？答：校之左近有工艺学校，设木工，故本校从略。

男生均通学，女生别有宿舍。

礼堂坛及窗皆有黑幕，备演幻灯，每月曜之晨，请名人讲演。沙盘陈廊下，教地理及各科用。

图画科写生用器均有。

裁缝科规定各种衣服用途，限于二年间制成二十一套，一为自己，一为父母，一为将来之丈夫，一为将来之儿女。此二十一套制完，乃许毕业。有余力，得及其他，皆分团坐。四壁设橱陈衣样，料归公家。

烹饪科陶制釜类，系斐岛人民家用者。并陈列铁碗等改良之具。校长言两种并习，一方从其习惯，一方望其改良。校长又言余于斐岛人生活之简单。殊不赞成，盖人生所需要者，不宜省，惟饰物等可省耳。校中三餐，非由此办，因此以教授为主，须依预定之顺序为之，与日常办餐有别。但遇园艺科有新收获，则于此烹煮供食，盖例外也。廊下设长桌，供食物用。

家事科一天上课，四天实习。

制衣科制衣、洗衣、熨衣并习之。

教生实习，实习期两年，每年六个月。此六个月中每天一时，体育科同，兼须至附属小学助管理体操。

附属小学同此校舍，午前师范生用，午后小学用，故课桌椅活动，其足垫可移使上下。师范生每节授课四十分，小学生或四十分或二十分。

毕业生为教员，前月薪斐银五十元，现至少六十五元，至多二百五十元。如欲再加，依美制须经考验。入学年龄无限制，但内务部规定凡服公职须经考试，十八岁以下不准服公职。公费生服务年数，如其学年数，自费生至少亦须任教职一年。

教员共五十八人，内美国教员二十七人。美教员年俸，自美金一千六百元至二千元。斐教员年俸自斐金五百元至一千六百元，凡斐金一元规定当美金半元。

总督特许收外国学生十名，已有女生二名，来自暹罗，尚有四人，自福建来，约而未至。学费年斐金四十至五十元，如入普通科，须中学一、二年修了，如入手工等他科，无此限制。

参观女生寄宿舍，与师范学校为邻，但寄宿不以师范生为限。高楼四层，第一层为食堂及音乐、手工练习室，二层为宿舍及会客室，三层为宿舍及图书馆，四层为游戏场，其设备之完美，令人惊异。建筑费斐银三十万元，规模宏大，图书、仪器、标本、模型、搜罗丰富，礼堂兼设活动电影，容积甚大。阅书室可容百余人，有教员轮流监督。食堂容二百五十人，极雅洁，与厨房毗连，厨房用西式灶炉，洗碗用电器柜，厨子四五名，均华人，布置整洁。学生会客室甚大，设备之美，与总督会客室相仿佛。宿舍每间七人，室外设读书桌，床帐一律整洁，每人有一浴室。四层楼上屋顶花园，多陈花木。问何以华美至此，学监美国某女士答，因斐岛人民生活太简易，实为养成惰性之根源，故导以高等生活，增其需要，促其进步，是为一种特殊训练云。食宿费每人月各二十元。

问管理员以训育之要点。答：注重爱国。问其效果，答：七年之间在此寄宿者，仅有二人犯规则。问：生活程度既高，回家不惯如何？答：需要与希望相伴而进步，则其进取之心必急，斐岛人民患在生活太简单，须使之发愤而进步也。

晚，薛君芬士、敏洛昆仲邀餐于其家。

斐律宾大学纪念会，同时中西学校欢迎会，皆邀往演说。公议郭君代表赴大学，余辈往中西学校。陈君、张君、蒋君、韩君皆有演说，余为殿。多谢兰君季献为我译成闽语焉。题曰实用主义，听者四百人。录校中所记演词：

诸君须知弟今日所处地位，为极困难，种种意思，已经诸先生发挥殆尽，无复可言，而又不能无言。尚幸小店新到一宗货，可以供给客人需要，弟前至美国旧金山、芝加哥、纽约、檀香山，又至日本长崎、神户、横滨、大阪各商埠，所见吾国侨外同胞不少，总无如此次来斐律宾，使人欣慰。忆弟初到此地，见施领事，悉此地有一学校，学生数百人，初以为外人所办，不足为奇，继乃询知为吾国侨外同胞所自设者。昨参观贵校得三特点：一设国语科，教授普通官话；二设簿记科；三悬有学生报（指壁上）。可见诸生不特勤于阅报，且能以所习各科著而为报，凡此皆切于人生日用者，可见贵校诸教师均重实用。弟今即举一二实用教育之实例可乎。夜深矣，不敢多言，只将前此所见两处学校略陈大概。两校并不在此地，此地各校，诸君习见习闻，毋庸赘述。其一在日本大阪名育英小学校，其中学科分为内国贸易科、外国贸易科、工业科、普通科，学生将来愿习某业，即入某科。愿升学则入普通科，习地理、历史、理科。商业则择与商业有关者授之，工业则择与工业有关者授之，内地贸易科算术有珠算无笔算，以笔算不适用也。学生毕业，升学者升学，谋生者谋生，各得其所。校长定此学科，先以二年间之调查，然后编定教授要目、细目。各种材料，取之报纸，搜集各店商标广告，以供参考。此校事事弟皆赞成，惟有一事最不满意，即此校为日本人所设，非若中西学校为吾国侨外同胞自行设立也。又一校则在美国纽约之南，为黑种人所设。有人往彼参观，所坐马车谁制乎？该校所自制。御者何人？学生。羁马者谁？学生。车之坐褥谁制乎？缝衣科学生。车轮之铁谁制乎？铁匠科学生。食堂谁建乎？学生所建。桌椅谁造乎？学生所造。牛肉、鸡蛋、牛油皆出自学生。羁牛者谁？学生。宰牛者谁？学生。总之，无一事一物不出学生手，此非笑谈，实有其事。究竟彼何故设此特别之学校，此非特别也，其意不外实用两字，人生无论何事何物，皆当知之，皆当能之，要须从近处做起。衣食住人生一日不可缺，教人以知能者，须使其知能足以供给人生最不可缺之需要。美国教育最重实用，此校即可代表美国实用教育。美人在斐律宾所设各校，其办法亦不出此范围。至于中西学校，既注重实用，弟更希望此后愈加推广，仿照育英办法，添设工商业各科，俾学生出校之后，无不得所。即如国语一端，尤望格外注意，将来弟若再到此地，可不必烦我先生（向传译者蓝君言）来作翻译，斯为实用教育最切近之效果耳。

十三日，午前七时，坐摩托车行百五十启罗密达，赴中吕宋之米无诺（Munoz）。教育局长麦夸氏、副局长爱白脱氏（Albert）为导。车行路歧，余与陈君、韩君先至，而郭、张、蒋三君中途尚参观马陆来斯初等小学（Malolas Primary School）、勃拉根省立中学及中央高等小学（Bulacan Provincial High School and Central Intermediate School）、勃拉根工艺学校（Bulacan Trade School）、勃拉根省行政机关（Provincial Building Bulacan）、圣密甘尔初等小学及高等小学（San Miguel Primary and Intermediate School），乃就诸君询得其状况。

马陆来斯初等小学。系市立。学生一千零四十人，四学年，年各四级。教员十六人，月薪自斐金四十至二十一元不等。教室板书种种格言以代图画，用色粉笔为美术的画法。教拼法先令学生依师口说，自书之，满十字乃令生自正其误否，不误者每字各十分，共百分，末令自记分数而自报告之。教室窗前，满栽植物，不惟美观，且易吸炭气。勃拉根省立中学及高等小学，学生一千七百人。有学生会集室，用途甚多，如会集、授课、图书馆、读书等，皆于是室行之。图书今年各校加倍，为该省本年教育政策之注重点。有家事教室，分五小间，二为教室，一为烹饪、洗濯室，参用土人瓦灶及煤灶而比较之，二为模范家庭，内一系卧室，一系应接室。

勃拉根工艺学校。凡省必有一中学校、一工艺学校、一家事学校、一高等小学校。是校工艺止课木工，收初小毕业生，三年毕业。每天实习二时。于高小普通各科外，增多图画时间。第一年课内做工，不给工资，课外每做工一小时，给银五分。是年最好之学生，每月亦可得斐银六元。至第二年而渐进，第三年行包工制，则每周可得工资四元有四，生每月可各得工资十八元。近有课桌三千支，包与学生制造，每支五角。

勃拉根省行政机关。该学区长以一半时间巡视所属学校，以一半办公，尚拟减少纸片工夫，希望将来以四分之三之时间巡视。凡学区较大者，特给区长摩托车一辆，而令自驾之，以备出巡。省行政机关有一女教员，专教所属家庭工艺传习所。此传习所在该区内计有二十八处，每星期五、六收集出品。该省各实业学校除教员薪水外，经济皆可自立。

圣密甘尔初等小学及高等小学。男生课木工，女生课家事。男生正在从事建筑，预备园艺日（Gardenday）之开会，是日教员、学生及各村皆送出品，有奖金。

是日行路甚长，七时出发，余等中途未停驻者，亦至午后二时，始及目的地。所经道路，皆阔二丈余。河之小者，上架平而阔之石梁，观其所镌年月，皆在一千九百年以后。河之大者，盖木桥，一律可行车马，而征取通过税以充经费。交通发达极矣，路旁皆有记里碑，有指示路由碑，途次记所见所闻风俗之一斑。

斐岛之家庭组织，浸染欧风，子娶妇后，独立门户，绝无与父母同居者。母老多依女，不依子，故特重生女。遗产之继承，以法律规定之，三之一平均给其亲生之各子女，其一得自由给予某子或某女，又其一得自由给予戚友。此为西班牙法律，至今尚踵行之，薛君敏洛语余如此。人民之婚嫁，绝对自由。男女交际极发达，自小学至大学，皆男女同校矣。乃若男女跳舞会，各乡村均有之。犹忆宿露思班诺斯之夜，其地仅小小数十家之村落，亦有跳舞场。黄昏时候，琴声间作，男女携手纂裳以来，可见其风俗之一斑。女子嫁期从前仅十五六岁，今文明渐进，大都展至二十一二岁，甚有愿与科学为伴侣，矢志终身不嫁者。婚礼大都行于教堂或法庭。

人死即葬，旧时已有公墓，今政府于各市规定地点，令丛葬之。人死，亲友至其家笑谈竟夜，为丧主解悲苦，无举哀者。棺小如箱，或以玻璃为盖，可于葬前见死者之面。死后，须于二十四小时内送其棺至墓屋，陈列死者爱玩之物，吊者皆赠花圈，臂围黑纱，此纱在持服最重之家人，以一年为期。墓以塞门德土为之，或在屋中，或在屋外，此西班牙旧俗，岛民化之。每年十月一日为亡魂节，子孙皆展其祖父之墓。忆尝游马尼拉之北郊，碧草如茵，绿荫匝地，极幽寂苍凉之致，可谓公墓是也。

今日之目的地，中吕宋农业学校（Central Luzeu Agricultural School）是也。校地名米无诺，全校有田地、山林总面积三百五十七海格忒，约合华地五千四百亩。校之周围皆荒地也，学生三百七十人，分两科如下：

一、三年普通科。初等小学毕业生入之，课园艺、耕作、畜牧等，不分科。

二、二年特别科。高等小学毕业生入之，分三种：

甲、养成农校教员。

乙、养成农场管理员。

丙、养成农业机械工，如锯木、碾米等。

各科均分两组，受课与实习，上下午轮流行之。普通科之实习分两种：

一、普通实习。共同作工，或分地，或分时，如锯木一周、碾米一周之类。

二、学生农夫（Student Farmer），择学生之有能力者，以两人合组为一户，给以犁一、牛一令耕一海格忒，自筑茅屋而居之，以收获之多寡定其成绩。此学生农夫，现有一百三十人。

普通农场，每生给以纵横各十密达之地一方，令以同等同量之种子及肥料，自行种植，而以收获之多寡定成绩焉。见其所收获之农产物，人各一堆，大小不一也。收获之所得，以百分之七十五喂养牲田，余充一切用费，再有余则归学生。

农场分若干部，假设为若干省，依学生所在之省份，如某省产某物，即种某物。宿舍亦分省，每省置一省长，以一人副之，管理该省事宜，略仿行政组织。盖全岛特设之农校，只此一所，学生皆自各省送来，如此组织，既励其爱乡爱群之心，亦所以示模范也。各省气候相同，故得假设于一地点。

学生至小十五岁，至大二十五岁，以十八至二十岁为最合格。大注重体育，以公家耗费养成孱弱之人，于经济上殊不合算也。

学生父母大都希望子弟之为绅士，而不愿使之做工与务农。故一方注重训练，一方联络家庭。以时开演说会、运动会，用幻灯表演种种。然讲谈之效力，终不及陈列学生种植、建筑等成绩品令父母来观之收效更大。

六年前校外皆荒地，现由校招田户，每户给以十六海格式，并许其转招六户，由校给予牲畜种子。田户有会，学校且为之开展览会。

工厂均由学生组织，房屋机器用具，皆公家所备，学生集资为活本，获利则以百分之二十五归公家，以其十归学生。现有碾米厂、锯木厂、磨面厂、制糖厂、家具工厂。

校舍除始创数橡外，余皆学生所筑。校给工资，凡学生课外做工，每小时工价六分，每日勤者可作四时，得两角四分，饭每餐八分，三餐恰可相抵。故学生之勤者，以课外做工抵饭费而无不足也。荒地茅屋以居学生农夫者，亦皆学生为之，余亲见学生方升屋从事建筑，校长戏指谓余，此屋顶之某生，即某省省长也。

有银行经理出纳学校银钱，兼为学生储蓄。有邮便局，皆学生为之。警察十人，警察长一人，亦学生为之。有音乐队，有活动写真，晚间以娱余辈来宾，亦皆学生为之。农产品皆由学生出售，夕阳西下，载运累累，十余龄之儿童，各呼叱其驾车之牛马，以适于市，则皆学生终岁勤动之所得也。是夜留宿于校，饭于校长所，校长夫人司中馈，而往来给事者皆学生也。

十四日，晨起，再纵观学校。每一学生养猪一头，极肥硕。校长谓是马尼拉某农具公司广告征求养猪，最肥者奖赠农具一副，故学生为是竞争。此种广告法，在公司所费不多，而使人人深印其名于脑际；在学生借此鼓其研究心，于教育与商业均有益，与商业学校打字机竞争相同，此在欧美常有之，吾国有谋沟通实业与教育界者，大可提倡也。

学生正建筑一农产陈列所，内分本校陈列部，各村陈列部，为联络家庭改良社会之一种方法。

是校开办仅六年，中间尝被火灾。今之校舍皆学生所建筑，计建筑费斐金二万五千元，常年仅支教员费二万元，余均以地之收入充之。从经济上研究，计公家所耗，每年垦费万元，合六万元，牲畜费二万元，连同建筑费共只十万五千元。而其垦熟之地，已得一百五十海格式，合二千二百五十亩。农人、工人之直接、间接，恃此校以生活者，六万人，学生之肄业于此与毕业以去者数百人，而年费仅耗二万元。时仅六年，而其所得之效果，于教育上造成一良好之学校，为推广及改良农事之中心，与大影响于社会；于实业上二千余亩之荒地，变为膏腴，开发资源，增进生产。观其一般状况，户不惊尨，民皆乐业，前途进步，正无限量。此亦美人治斐政策注重经济主义之见端，而职业教育之明效大验于此可见矣。

尚有一事，该地方之司法机关，悉由学生组织，置初级审判员一人，以学生为之，判断学生之狱讼。不服，得诉之上级机关，以校长为审判长。再不服得诉之于马尼拉大理院，亦一奇也。

问校长中国学生可收容否，答可。中国人之做工者，每日工资可得一元五角，而土人仅六角。

校长马衣氏（Moe）指导甚勤，盖其言动，一望而知为农场师，非专研农学者也。

午前八时，坐摩托车返马尼拉，中途参观嘉白南登小学校（Cabanatuan Primary and Intermediate School）。初年级教英语，纯用直接教授法，用书、笔、扇、球、树叶等实物，作种种状态，为师生会话资料。家事课刺绣、花边、烹饪等科，烹饪以土式炊具与西式炊具并习，木工制作家具，录其课程表。

（嘉白南登初等小学校每日课程略，编者）

午饭于圣密甘尔村薛华乔氏（Miguel Siojo）之家。氏为该地中等绅士，资望甚好。其家中器物陈设，虽浸染欧风，尚未脱东方美术意味。薛氏自言某世祖为华人，盖亦所谓含有中国血者也，待遇殷拳极可感谢。午后复行。

途过勃伦（Bulane），参观儿童感化院（Lolomboy Reformatory）。院系私立，全岛止此一所。专收犯罪儿童，施以训育，修学与作工并课之。共六百五十名，内有中国人十四名。此项犯罪儿童，大都由法庭送来，每月计有十名，有至二年去者，有逮成人始去者。虽私立亦受政府补助，现政府交议院议决，将以十五万元另建。犯罪之种类，小窃为最多，占百分之七十四，余如乞丐及品性不良而由其父母送来者亦有之。训练之主旨：一、行为信实，二、读书，三、做工。做工之种类为缝衣、印刷、煮饭、园艺、木工、藤工、竹工。犯规者以斐食为罚，训练之结果，百分之八十有效。

晚抵马尼拉。

十五日参观斐律宾大学（University of the philippines）暨附属马尼拉公共医院（Manila General Hospital），大学为全岛最高之教育机关，除农、林两科分设露思班诺斯，前已参观外，此间有文科、法科、工科、医科、理科、师范科等。其组织具如前表所述矣。是日，大学开欢迎会，郭君演说斐律宾之将来。会毕，观附属医院。其一部分之产妇院，有年尚稚而临蓐者，凤闻此间土人早熟，又俗尚早婚，此其一证欤。吾国留学生许君士佳在此，明年可毕业。去年有黄君开崇毕业，现留学美国。有日本人二，毕业于东京医科大学，在此研究。

夜，假法兰西旅馆答宴侨商，发表余所草对于斐律宾华侨教育意见书。

对于斐律宾华侨教育意见书

宝泉等来斐律宾考察教育，得与诸君子海外相见，握手一堂，欣幸之情，宁有涯诶。旬日以来，备荷欢迎，愧不敢当。但激于诸君子热诚，辄欲贡其区区之见，共相研究，以求最正当之解决法。盖同人奔走考察所急欲解决者，惟吾中华民国前途问题，亦即诸君子所急欲解决之问题也。故今兹所表爆之意见，谓是斐律宾华侨教育问题可，谓是中华民国教育问题亦无不可。

第一，吾辈宜十分信仰教育为救国唯一方法，而以全力注重之。中华民国成立以来，国体虽定共和，政局几经变嬗，事实所著，无可讳言。同人私相研究，谓此纷纷扰扰之原因，与其归之于道德问题、知识问题，不如归之于教育问题。盖人群事务所不能逃者因果律，以吾国土地之大，人口之多，而按之民国三年统计，全国学校，仅十万八千余所，学生仅三千六百四十余万人，较之列强，几不可同日语。况上承二千年专制之政治，一千年科举之教育，现象如此，亦何足怪。吾辈所确信者，不能使从前种下恶因，今日不生恶果，即不必虑今兹种下善因，他日不生善果。吾辈惟努力以种善因，足矣，他何知焉。善因惟何，厥惟教育。

第二，诸君子宜注意培养专门人才。以诸君子道德之高，信用之厚，亦既发达商业，占斐岛百分之六七十，为祖国光，钦仰无已。试更进而上之，使后生子弟，人人受世界高深之学术，不惟保守，且可进取，世界之进化无尽，我同胞事业之进步，与之无尽。盖今世商战工战无非学战。有远大之眼光者，自能洞瞩及之。故同人希望诸君子，就所经营之事业，选其子弟，俟普通学毕业后，送斐律宾或祖国或欧美专门学校大学校肆业。将来实业扩张，且十倍百倍于今日，可以预决。侨商已不乏专门学家，极为中外人士器重，其先例也。

第三，宜注意推广小学。我侨民之在斐岛者，即达五六万人之多，度其学龄儿童，不下数千。诚知教育重要矣，不待他人强迫，而自谋普及，既足增祖国光荣，亦借为本地政府助力。其办法首调查学龄儿童数，就其住居较密之地，先行推广小学，其余分年添试，而预定其进行计划，从事于经费教员等种种之筹备。如某年推广学校若干，需教员若干，需经费若干，一一列为预算。女子教育，一律注重。此事最好由教育会与各地商会联合组织，公举委员，分投办理。若夫筹费方法，闻现在从营业税项下附收，可谓法良意美。俟预算定后或就此推广，或别行筹募，以诸君子之热诚，必有良策以处此也。

第四，宜以教育之力，保存发展中华国民之特性。一国之历史，与其文字语言，实为其国民之所由结合，亦即为其国民特性之所由养成。对于侨商子弟，更宜特别注重此点。况吾国方言各别，号为同胞，亦非传译不能达意，岂非笑柄。今教育部正在提倡统一国语矣。为华侨教育计，其一，宜于小学校特别注重国文科，本国历史科；其二，尽力提倡本国普通语，从国民学校第一年教起，此时各校已设国语专科，渐进而各科教授，均用普通语，学校谈话，亦均限用普通语；其三，各校附设国语补习科，于夜间或休假日行之，俾一般侨商来校补习。一面多方劝导，晓以能操国语，方为爱国，则收效速且普矣。

第五，宜注重农、工、商职业教育。同胞在海外，舍实业更无立脚地，教育即当因其所需而施之。实业专门教育，不妨求之异国，若夫初步之职业教育，既主张特设小学，即宜酌量加入。观中西学校章程弁言，谓此间中户商家，因佣金高贵，子弟略已长大，即留在店中呼唤，故学生继续肄业满三年者，什不得一二，实为此间小学需要职业教育之确证。将来小学推广，市宜工商，乡宜农工，视各地方情形，分设职业科。如商特教内外国贸易，如工宜就本国或本岛物产讲求制造，其余视此可也。

第六，注重体育。健康之精神，宿于健康之身体，诚为不磨之论。我国人体格，非生而弱也，特未之练耳。同人此行过长崎，有侨商设立之小学校，与日本人比赛运动，再赛再胜。斐岛体育之发达，著称于东方，青年子弟朝夕观摩，不难与之同化。所愿劝导一般侨商，勿以有伤身体而非之，勿以无关急要而忽之。我华侨学生体育之标准，须以竞胜斐岛人与美人为标准，则祖国青年，亦将闻风兴起矣。

第七，为上述各项之准备，宜注重培养教员。教育之善良，存乎其人，不存乎其法，故增进教员知识，实为最要。依第三项计划规定，即宜培养师资。其方法或派送学生入此间师范学校肄业。顷同人参观马尼拉师范学校，校长见告，总督特许外国学生肄业，留额以待，此好机会也。或请教育部行知福建、或广东、或其他适当之省份，就原有师范学校，为斐岛华侨特设一班，其课程须择其需要，特别规定。先简易科，以期速成，后完全科，冀其深造。其学生或由侨商按格选送，或由本国招考、均无不可。一面提倡此间现任教员，随时赴斐岛政府设立各校参观，如假期遇有补习之机会，资送补习，则进步无限，而种种目的，可以实际达到矣。

第八，为谋上述各项之实施与进步，宜与祖国教育界、实业界联络研究。此事可以上海职业教育社为联络机关，如有亟须共同解决之问题，可以通信互相研究。或因推广学校，而需聘教员，或因传习国语而需用书本，可代为访求，惟力是视。而又须与实业界联络。何也？盖侨民舍实业无立脚地，前既言之，吾辈目的，直接在教育之发达，间接又在实业之发达。而职业教育社，则本国沟通教育实业两界之枢机也。

以上各条，不过就所触发，献其一得之愚。在诸君子提倡教育之热诚，久已传扬中外，同人游踪所及，以本岛华侨教育，为最发达。不惟现办中西、爱国、中华各校，尚将继续设立。且闻有组织商业中学之举，购地筹费，大致就绪。将来回国报告，在祖国政府与社会闻之，不知若何钦慰。同人因佩仰之深，希望之切，遂草此书。大都早为诸君子所见及，惟真理所在，无避雷同，尚愿加以研究而践行。倘仗诸君子之热诚，使一地华侨教育发达，各地华侨教育，从而发达，因而使本国教育，间接受莫大之影响，则吾中华民国前途，其庶几乎。

中华民国六年二月陈宝泉　张渲　蒋维乔　韩振华　郭秉文　黄炎培同启

十六日，教育局虽屡往接洽，尚未详考其组织，乃约今日往观。有组织表附于下页（斐律宾教育局组织一览表略，编者）：

观组织表，局长以下设总事务员，以庶务科直隶于局长，庶务科之速记股及会计，产业、记录三科，隶于总事务员。实业教育科隶于第一副局长，普通教育科隶于第二副局长，此中央教育行政也。

其地方教育，除马尼拉外，分为四十二区，与普通行政分三十六省不同。每区设区长一人，管理学务，与直辖之斐律宾师范学校、家庭实业学校、中吕宋农业学校同隶于教育局，而不属于其所在地之省长，马尼拉市亦然，所谓集中制者如此。若家庭实业学校，又分隶于实业科，中吕宋农业学校，又分隶于庶务科之校园管理股。

上之组织，可云骨肉停匀，而精神融洽矣。麦夸氏言："此为一九一六年制，本岛一切制度，俱应时势而变更，无一成不改者。"观实业教育科刺绣花边特设专股，所谓应时势要求者殆如此。苟以胶执成法者之眼光观之，得毋笑其不伦乎。吾国行政之组织，初不问其事务之繁简有无，但就理论上认为应设，或袭取他国制度，见为如是者，贸焉分科若干，置员若干，虽终年不知有几事可办，而卒无人敢提议废止。膺是职者，且以其清简无为适于懒惰而乐就之，于国帑、于人才均为大不经济，与此岂可同日语。

每一学区，分为数管理区，合全岛计之，共有二百四十七管理区。区设实业管理教员及普通管理教员，以辅助区长，凡管理区内各学校组织及管理之责任，皆此管理教员掌之。

全岛中学校、商业学校及高等小学校全数四分之一，皆管辖于学区长。此外高等小学四分之三及乡村小学，则由管理教员管辖之。依普通行政区域，省之下为市，凡省立学校校长教员，由学区长荐请教育局长委任，市立学校校长教员，由该区之巡回教员荐请学区长委任，各于省长、市长无与焉。区学务与省之关系，惟学务经费依法律归省议会议决，此外无有，其与市之关系亦同。

省立学校经费之来源分两种：其一，由省担任，凡学校建筑费、设备费及杂费是也。其二，由中央担任职教员薪水是也。

市学务经费之来源，分四种：其一，中央委任之教员薪水，由中央担任。其二，额定不动产税收入，至少百分之二十五。其三，除地税外，全市收入百分之十。其四，临时要求市议会增加。

凡省立学校之教员，全数由中央委任。此外市立小学，亦为得中央委任之教员，而受其薪水之补助，但必须合于下面两种资格之一。即，其一，经学区长查明该市财力不足，而将来有发达之希望者；其一，查明该市学龄儿童多，而财力实有不足者是也。

教育局所辖人员，斐岛产一千六百二十五人，美国产五百五十七人。

局庋教育书籍甚多，于普通教育科特设专股，凡教员皆得借阅，并有各学校活动写真全套，轮流借给试演。

产业科之征发股，凡全岛学校用品，均由此支配发给。如黑板规定长五尺宽三尺，价值斐银四元五角，全岛一律，其一例也。

实业教育科定各区实业教育之方针，如某区应设商校，为实业教育科之职责。而应设何种商校，则该区区长之职责也。凡各校手工图样，各校出品之出售与订购，某学校及某家庭传习所制手若干，存货若干，与其种类若何，每半个月货价之支配与给予，皆归此科掌理。有仓库、有图样室，有染料处，有新发明图样陈列处，有制样处，所谓与其称为官厅，不如称为商店与工场之近似者也。乃至入门无门者，见客无客室。翻忆吾国大公司大工厂之设备，与其谓为商店、工场，不如谓为官厅之较近似矣。

制样处美国妇数人，为言此等花边图样，本比国人所制发，今来源缺绝。中国品制手甚好，实比斐岛人为胜，惜无统系，故于商业不易争胜，而于工业亦易归麻败。

有巡回女教员数人，在此习新样，俟习之熟，然后出外传习。此教员为中学或师范出身，曾任小学教员而成绩优良者也。

有印图机，使能透光于纸，有电针凿孔机，专印花边图样者，价每架三四百元。

午后，访马尼拉市长洛克萨斯（Roxas）。洛氏待华人甚优，叩其与市教育职权之关系，答凡教育经费、教员薪水、学校建筑卫生，均归市厅管理，学校课程及关于教育之内容，由教育局管理。

访副总督罗克斯（Rokas）。罗氏以副总督兼任教育部长及卫生部长，从前无此两部长，以副总督管理教育卫生事务，今依琼司法律案新组织，设两部长之名，仍由副总督兼任。而教育、卫生两局，每年须送报告于部长，经其核准焉。罗氏旧尝为省长，后为审判厅长，为市长，一月前依琼司新案，任今职，尚兼私立大学罗马法教师也。

教育部长办公室即在总督署，其下只设视学三人，书记一人。三视学一在署办公文，二在外巡回视察私立学校，如办理合法，政府认可之。其认可一以教育为标准，不问宗教，全岛已认可之私立学校有三十所。凡公立学校归教育局管辖，私立学校归教育部长管辖。

教育方针由议院议定，教育部长执行之。总督与各部长每周会议一次，议决之件，即交各局执行。

本年议院有人提议，以后公私立各学校教师学生，均须受医生体格检查，每年二次，明年起实行。盖体育重要，从前检查体格，限于学生似职员可不必留意体育，殊为非是，此案虽尚未议及，大约无人反对。

问：办理斐岛教育有困难否？答：在经济不充。斐岛人民深知教育之重要，希望政府推广学校，而政府限于财力，不能遍设。苟设一校，来者必多，无待强迫也。

本年校数	4,496	较上年多	110
学生数	647,255	较上年多	46,059
美国教员	467	较上年少	22
斐岛教员	1,390	较上年多	120

承赠琼司法律案一册录其概要。

（琼司法律案略，编者）

访上议院议长奎仁（Quizon Harrison）、下议院议长奥斯曼尼（Osmana），均出未晤。夜，赴郑君汉淇家晚餐。

十七日，参观斐律宾工艺学校（Philippine Sehooi of Artsand Trades）。校长庆尼氏（Frank W.Cheney）出见。氏为美国产，俨然一工人也。在美服务八年，在本岛十八年矣。是校收高等小学毕业生，修业期限四年，以教育少年男子从事职业生活为宗旨。分木工、铁工、建筑、机械画、摩托车驾驶修理、机械预备、航海、测量八科。皆半日上课，半日实习，分两组轮流行之。附设摩托车驾驶练习科，修业期至多六个月，即给证书。航海、测量两科另设在外。全校学生六百人，一个月前有九百五十人，因摩托车练习科生稍习便去执业，得薪甚巨，故中途退学最多。教员三十人，美国人七，余则本岛产。每一工场，学生实习一年以后，自第二年起，即承造各商店之定货，实为是校工场实习之特色。录一九一六年是校工场统计表

原料	斐金 2,218,000
课外工价	865,855
课内工价	844,440
共计	3,928,295

即共计斐金三万九千二百八十二元九角五分也。课外工价给予学生，每小时分一角、一角五分、二角、二角五分，凡四等。课内工价每小时五分，不给学生，但于估计成本时加入之。一九一五年为二万五千元，一九一四年为四万七千元，则尤巨矣。学生实习，非徒从事工作而已，如器械之应用，材料之计算，如何能使成本减轻，而定价低廉，其工作又较市间出售者适用而美观，凡此种种均同时教授之。

木工科：基本练习凡十五种，为木板、木匣之类，人人须学，以后或为特别的，或为商业的，得择愿学者学之。每生用工具凡七种，价八九元。每年有车床实习四个月，第二、三、四年生轮习之。第二、四年每年实习磨工、漆工三个月，至使用机械。第一、二年只可辅助工作，第三年可酌量使用，第四年方可完全使用。校中自办公室之器具以及课室之桌椅，精致坚固，皆木工科生所为也。

铁工科：第一、二年为金属细工及锻工，第三、四年为机械实习。基本练习共十二种，凡基本练习，各工场均有之。斐岛终年炎热，而此铁工科生从事于洪炉之旁，长日与烈焰为伍，而不以为苦，吾国学生，毋乃视之有愧色。

建筑科：第一年与木工科共同练习，第二年后分习专科。所制若梯、窗门等，校中方新建教室一座，皆此科生自造，前见嘉年华会之教育馆，亦此科生之成绩也。

机械画科：半日普通，课外全是画图，分自在画与机械画。自在画为第一年铅笔，二年水彩，三、四年油画。其机械画，第一年铅笔，二年墨水笔，三、四年蓝色印画。以图画与工作关系最密，故时间颇多。

摩托车驾驶修理科：一年习锻工，二年金属细工，三年机械工场实习，四年修理摩托车及驾驶。见学生方修皮轮圈，凡马尼拉市公共机关所用之车，皆由本校修理。斐岛中央及各省道路平治，盛行摩托车，故需此类人甚多。犹忆在汤度高等小学参观出校，见一如飞而过之车，即此科生之实习驾驶也。

机械预备科：一年习锻工，二年金属细工，三年机械工场实习，四年分两节，前为木细工，后为铸工。

各科之普通课为：一、文学；二、英语；三、历史，普通史及政治史；四、机械学；五、物理学。但四、五两种惟铁工科三、四年有之，余则各科皆有。

各科图画学程之规定，如是年正课已习完，许其早习下年之课，至四年修了，有余时，许习课外之课。

各科授课有论节者，每节四十五分。

有储藏室，凡各科用之原料及零星之机件，皆入之，专员管理。定制物件者，由校长受而登记于三联单，以二纸送本室，本室留一纸，以又一纸送该科教员，教员预算需用原料若干，开单交本室，于存货单上标记之。

学生毕业者，自一九零二年以来，共三百二十六人，除十之二入大学外，十之八均执业社会，有贩卖机器者，有为机器师者，有为工程师者，有为电局技师者，有为教师者，有为建筑家者，有为木工师者，大有不敷应用之象。

余观是校，略等于吾国之甲种工校，然而种种不同，一、设科按社会之需要，非专求设置之整齐完备者。二、大注重实习，分两半日与授课轮流行之。三、以能营业为标准，如出品必求所以轻成本，降价格，而其成绩又须与市间争胜。四、学生得钱，惟备有上三项条件，故其出品皆可销售，因而按工计值，分其所得于学生，使贫苦者皆得来学，而不失职业教育之本意。种是等因，结是等果，非偶然也。临行购取木盘一，笔床一，归为纪念。其精致坚固，诚非市肆出售者所能及。

十八日休息。

十九日，午前参观科学局（Bureau of Science），若农务行政之农产，若商务行政之商品，若卫生行政与其他专门教育，皆须行科学试验，需相当之设备，斐岛乃于中央特设此局，掌科学上研究、审查、检定等种种事务。较之每一机关，分别设备，既省经费，又取敏活。凡市上食物，若菜蔬、若肉类、若饮料，皆在此试验。公共井水逐日一验，饭店用水随时查验，凡开井者，须先将水及土质送验。米则验其成分，是否合于政府规定之标准，不合者不准充种子，因食白米易致脚气病与他病，凡政府机关，均不准食白米以为之倡（吾国市上之米，竟尚精白，颇为科学家所忧，讲卫生者其注意）。验麻用何物可使之白，适于制帽。验水泥用何法可使之耐久。制造各种血清，应用于医学。每日海关送验进口轮船带来之药品，试验各种寄生菌与植物之关系，试验各种鸟与农事之关系，试验各种有毒植物与药品之关系。检定度量权衡。设摄影部，凡政府机关摄影皆萃于此。图书室皮藏图书十万卷，内四万卷尤精要。皮藏南洋各岛及中国产植物标本无数，仅中国产植物已有一万六千种。此伟大完备之科学局，苟分设之，不知须增耗几多倍经费与几多倍人才。参观半日，为之惊叹不置。岭南学校派二生在此实习，吾国人有欲研究科学，或研究行政上关于科学之种种作用，入一机关而可以得无数之资料，此大好机会，不可失也。

参观卫生局（Burean of Health）隔离病院（Isolation Hospital）。卫生局为全岛卫生行政之总机关。陈列关于卫生之标本、模型、图画、影片、书籍、器具无数。有模范村落模型，一合于卫生者，一不合于卫生者。斐律宾卫生行政，分全岛为四十五区，各区设区长，不隶于该省之省长，而直接受指挥于中央。卫生局有局长及各员役、为独立之机关，而于总督府以副总督兼卫生部长，规定卫生之方针，而稽查其报告。至实施之权，完全由局长操之。其效果之所见，则死亡率十五年来减四分之一，即从前每年百人中死者三十五六人，今仅二十五六人耳。隔离病院即隶于卫生局，凡肺病、麻风病、癫狂及其他传染病，皆分别建院调养。

前观斐律宾师范学校，尚未观其附属小学，今日午后特往补行参观。此小学即就师范校舍上下午分用之，下午小学上课，即为教生实习。师范三年生教初小，四年生教高小，每两月换授一种教科。文科每教生日教一级，工艺科日教两级，三、四年共二百人。计每日可容文科教生十余人，工艺科教生三四十人，而就每生计之，每周可教五节。

其实习法，每次均由担任教员严切监视，至有时担任教员仍坐讲台正座，教生仅在台下受教员之指挥，讲授有错误，教员立为矫正。殊不似吾国师范生实习，以欲保护未来教师之尊严，为指导教师者，不予以当场矫正也。观其实习板画极好。

实习即毕，开批评会，教生三十六人，男二而女一，教务主任美国女教员为主席。首主任发布本日之所见，均不道姓名，而指示缺失如下：

一、读法执书斜度须适宜。

二、发问不宜太长，免废时间。

三、会话宜安静有秩序。

四、体操发令宜确而速。

五、授课时宜细察儿童是否注意。

六、宜令优等生范习。

次教生随意发表心得，或假设教授。某生主张算术宜注重速算，某生假设图画教授，以次发言，主席随时矫正之。计终席男教生发言者十六人，女三人，不可谓非女子能力之较弱也。是会批评以初小第一、二年级为限，有外省某中学校校长，来共参观。

小学授课时间表三纸如下表（斐律宾师范学校附属小学初等科三、四年级时间表、高等小学时间表略，编者）。

游水族馆（Aquarium），就马尼拉城墙设立，隶于科学局。陈列各种奇异之水族，皆南洋特产，与往年在夏威夷所见水族略同。

二十日，阅书报社普智学校邀往演说。余之演题为提倡爱国之根本在职业教育，听者五百人，录会场笔记。

（上略）今晚在座诸君，有学生、有商人、有劳动家，兄弟欲演说一问题，不论学生、商人、劳动家，皆可听的，就是爱国问题。可惜方才郭先生已讲过，兄弟今进一步讲爱国之根本。夫今日而言救国急务，必自国民受有相当之教育始，此人人知之。然何以必人人受有相当之教育，此大可研究之问题也。中国从前读书目的在做官，故一开卷即蓄一举人、进士、鼎甲之幻想。今举人、进士、鼎甲种种名词，已随专制潮流以俱去，此等幻想，凡为学生者，切不可存之脑筋中。今日读书目的何在，兄弟以简言括之，学做人而已。人莫大于生活，读书者即所以发展生活之本能而已。近来中国生计日穷一日，以北京首都论，国民生计能力之日促，更为可惊可愕。弟前年到北京，闻友人言，北京现在坐食谋事者，有十五万人之多。去年十二月又到北京，闻坐食谋事者，有十七万人之多。以一年之中，北京一隅，坐食分利者，平空增多二万，北京既如此拥挤，则他省更可想而知。此数十万人，伺候公门，奔走权贵，营营逐逐，日无宁晷，非皆为谋做官也，大抵皆为谋啖饭耳。中国行政各机关，一时不能改良，即为谋啖饭之人太多，无有正当之疏通法，今注重教育，即须于根本上，解决此啖饭问题。去年调查江苏中学毕业生一百人中，除二十五人升学外，余多谋事而不得事者。在诸君或想中学毕业，学问未大精深，难于社会上谋生活，必待大学毕业，或外国留学毕业，始有啖饭地乎。

兄弟又忆去年友人述北京青年会，有留学生五十人，寄宿会中为谋事地步。嗟夫，未受教育者无啖饭地，已受教育者亦复如此。此等弊病，简言之，即全在平时所读皆无用之书。中国人读书，与外国人异，中国人所读，皆近于虚无宽泛，不切实用，外国人所读者皆切于日用生活，自小学而中学，所学者即以发展其生活能力。

兄弟到此地参观美人所设小学校，见一校有斐律宾二童子，在壁上学打电话，电话布量，诸君皆已见过，彼校乃普通国民学校，非电话学校，使学生习此电话，即使之明电话之理由与方法。夫教育为启发儿童必要之技能，儿童未入学校，无由知事物之理，既入学校，日用事物之技能，借以发展，此种教育，谓之生活的教育。中国过去所谓教育，非生活的教育也。欲革除此弊，不特教员负其责任，即父兄亦当同策进行。譬如昔时视农、工、商为贱役，欲子弟读书做官，为焕门楣之计划，此等见解，实为大误。以今日世界趋势，无论为农、为工、为商皆当有学。即以商业一事论，其父为商，能致产一万，其子所学者，必亦为商，则他日此商业，必更能扩而大之。推之若农、若工，亦何独不然。外国商业比中国为大，即其商业中人，皆受过商业教育。所望为父兄者，有子弟者，当使学其所业，则他日营业上之进步，必能达到无上目的。更望办学者相学生所处之地位，施以适当之教育，则他日出而谋社会事业，何患无啖饭地步。兄弟尝叹中国学校，所谓实业教育，非教以农、工、商业也，乃教其读农、工、商业之书耳。兄弟有一德国友人，系工科博士，彼告余中国学校，小学无工、中学无工、高等无工，惟分科大学有工科，肄业三年，便可得工业学位。若德国则自小学、而中学、而高等、而大学，皆有工业。以彼例此，则中国教育，从前不适于实用可知。此地为美国所管辖，美国富强，著名世界，其教授学生，皆使读有用之书。兄弟前年到美国考察教育，道遇一友，彼为全国青年会总干事。彼问兄弟，美国教育重要在何点，能一言括举否？兄弟答以美国教育，在发展学童生活能力，彼拍掌称是。诸君须知一国教育，能注重生活能力，则其国能富且强。兄弟在上海，同当世热心诸君子，倡办一职业教育社，即欲沟通职业界与教育界，为发展社会生活能力。兄弟今夜所言者，要旨何在？望将来肩教育责任者，当教学生读有用之书，为父兄者，当知子弟读书，即为谋生之捷径。能发达自己事业，方能发达国家事业。盖欲得有爱国之热诚，必先有爱国之能力。能力最大者何，金钱是也。有人问拿破仑世界何种势力最大，答曰：金钱。问何种势力次大，仍答曰：金钱。使吾全国国民皆有发展金钱能力，于是爱国。爱国可以实行，不致手无寸铁，徒托空言，则我中华民国其庶几乎！

二十一日，广东会馆邀往演说。余之演题为职业道德与知识，听者四百人。

二十二日晚，华侨教育会开饯别会于东方俱乐部。会长陈迎来君主席致送别词，并宣布采纳同人意见，下半年即建筑商业中学，并添办小学三所。陈君筱庄代表同人致谢。余演说中华职业教育社之组织。侨商特公赠银鼎一尊为记念，上镌文曰：学界明星。

二十三日，本日定启程返国，以候船故改期。午后，中西学校教员导观侨商公立之崇仁医院。院有西医、有华医，管理颇整洁。院前树创始人陈君兼善铜像，服前清礼服。陈君号乐峰，侨民皆呼为陈最戈，为本岛甲必丹。勇于任事，意志坚决无伦，如向人募金，必募得始已。广通当道声气，当西班牙人执政时代，政府公行贿赂，陈君求事成，虽行贿不恤。尝行贿于总督夫人，竟收奇效。西班牙政府深畏之，遇事必与之商，然所为皆华侨公益事也。以一九〇一年殁。生平虽极赫赫、初未致富。殁后感之者多、怨之者亦不少。其人不识字，然其子陈纲归国登进士第。斐律宾首任领事，卿其子也。

二十四日，休息。

二十五日，爱国学社偕民号报社合邀演说。余之演题为手工与实用教育，听者百人。

二十六日，午，各侨商集总领事署，共议捐金于中华职业教育社。余与郭君皆有演说。计集得斐金二万元。（陈迎来君、施光铭君、杨嘉种君、蔡肩成君各二千一百元，蔡德燥君、林为亨君各一千元，叶寿堂君、胡诸群君、李文秀君、吴记并君、黄呈标君、李清泉君、蔡少菁君、黄念忆君、杨忠懿君、吴克诚君、邱立权君、曾瑶林君各五百元，郑尊婕君、郑汉淇君、陈光纯君、郑焕彩君、薛煜添君、孙文章君各三百元，洪明炭君、蔡联芳君、蔡金桔君、蔡咸塿君、黄永口君、李桂堂君、黄赐敏君、茂材公司各二百元，俞廷修、俞升基二君合二百元，以半数归社，半数归清心实业学校。

三时，上天洋丸，各送至舟次而别。

舟抵香港，薄游澳门、广州，以三月九日返上海。途次，得沈君信卿和余日本金阁寺一律，其结语大足以跋吾记也。

和任之游日本金阁寺

沈恩孚

蓬山旧梦渺无痕，一卧沧江雪满门。

东道傥增行李感，西方已醉美人魂。

万流竞进衣冠贱，四海为家笠屐尊。

记取萧梁书婢谑，新来到处是羊欣。

（商务印书馆 1918 年出版）

职业教育谈（节选）

（一）

或问于余曰："谈职业教育者棼矣，请质言其旨，可乎？"曰："可。职业教育之旨三：为个人谋生之准备，一也；为个人服务社会之准备，二也；为世界、国家增进生产力之准备，三也。"

或曰："是三说者，于古有征乎？"曰："有。言治莫古于《尚书》，禹谟三事，曰正德、曰利用、曰厚生。为个人谋生，厚生之说也；为世界、国家增进生产力，利用之说也；有群而后有道德，服务社会，德莫大焉，职业教育为之准备，非正德而何？"

（二）

自本杂志第一册以幼儿画饭具揭于面，一时议论蜂起。称之者曰："善哉！今后之学子，其得啖饭地矣。"诋之者曰："鄙哉！乃以职业教育为啖饭教育也。"二说背道而驰，果孰非而孰是乎？请得而释之。吾人在世之目的与天赋之责任，其绝非仅为个人生活明矣。虽然，苟并个人生活之力而不具，而尚与言精神事业乎？而尚与言社会事业乎？职业教育之效能，非止为个人谋生活，而个人固明明借以得生者。以啖饭教育概职业教育，其说固失之粗浮，高视职业教育，乃至薄啖饭问题而不言，其说亦邻于虚骄。

（四）

某毕业生求事，余函复之。其言或为一般学生谋职业者所宜注意也。

谋事甚难，学生出路问题久悬未解。此固社会事业寂寥，对于学生信用淡薄所致。然行远自迩，升堂有阶，在学生方面亦宜先求其应尽之道。窃谓学生毕业，第一，须依其夙所研究之学科，调查社会上关于该科之现况，谋增进其知能。譬如习师范，应调查教育现况；习师范而注意研究国文，应调查国文教科之现况。第二，须发表其心得与疑问，或以笔或以舌，就正于先辈，亦借使社会知有某某其人。第三，须随时利用机会，注意社交。若株守家园，与世隔绝，而欲待机会之叩门而至，毋乃大难。此三者中，以前二者为大要。为用人者计，苟未深知其人平日学行如何，能力如何，其不敢贸然界以位置，亦人情也。

（五）

张君士一自美国纽约古仑比亚①大学来书云："私意在美，先就美国最长之处研究，拟十分注意于心理学一门。心理于教育关系极大，美国人之研究，比德国更重实验。此间言职业教育者，渐注意于职业心理学，使儿童得习其性所最近之技术，此亦余所拟加研究者"等语。

研究职业教育，注重于职业心理学，此可谓为世界思潮之新趋向。吾国此时职业教育，诚在萌芽，倘能于下手时，即根据职业心理，为倡导之标准，必且易于收效。已函复张君，请其搜采资料，随时见告。

（六）

各国方大致力于战后教育之研究。质言之，则所谓战后教育者，生产教育而已：如何可使土地增加其收获；如何可使人力增加其效能；制造也，如何使之更精；运输也，如何使之更捷。或谋事后弥补疮痍，或谋乘机发展国力，虽地位不同，要其心光、目光所凝聚之一点，唯"地"与"人"与"物"、生产能力之增进问题而已。夫欲解决"地"与"人"与"物"、生产能力之增进问题，舍职业教育，尚有他道邪？故吾敢断言，欧战终了以后，正职业教育大发展之时期也。

吾国今兹地位，非常困难。战事终了，所受影响如何，殊难逆料。虽然，

---

① 古仑比亚，今译哥伦比亚。

弱国有弱国之战后教育。以土地如此之大，人口如此之多，苟不汲汲焉自谋所以增进其生产力，他人将有代为谋者。是故，吾国之战后教育，更舍职业教育无所为计。所以图存者在此，所以图强者亦在此。谋教育而有国家思想、有世界眼光者，定不河汉斯言。

（原载《教育与职业》第3至6期，1918年）

南京暨南学校规复宣言并招生启

　　本校废止，于今六稔。兹者筹办规复，合将规复之宗旨，遍告我侨南同胞。近顷以来，南洋华侨学校，亦已进矣，而当局者困难之程度，与之俱进。有毕业生而无相当之升学机关；求良教员而无特设之培养机关；回国就学者，日见发达，而无指导之人；学科程度，或有参差，而无补习之地；此侨南同胞所引为大憾，亦祖国朝野上下所共抱不安者也。今将原有之暨南学校，重新恢复，扩充规模，改良办法，分设专科，并经营有利于华侨教育之各种事业，总以华侨子弟回国者，得受适宜之教育，造成有用之青年，以增进华侨文明程度发达华侨实业为宗旨。兹由鄙人筹办，一切办法，均载章程。决定于民国七年即一千九百十八年三月开校，校址仍在南京鼓楼南薛家巷。有志求学者，请速启程，所有回国留学须知各事，条列如下：

　　一、本校暂设师范、商业两科，师范科所以造就教育华侨之良教员，商业科所以造就经营商业之人才。

　　二、愿学师范者，照章学费、膳费皆免收，其书籍、制服费及杂费，大约每年华币百元。

　　三、愿学商业者，照章年收学费四十元，膳费至多六十元，连同书籍、制服费及杂费，每年大约华币二百五十元。补习科略同，各费均须预缴。

　　四、不愿学以上两科，而志在入其他大学，或专门学校，或先入普通中学校者，亦可由本校介绍，其入学所需费用，大约每年华币二百五十元或三百元。

　　五、凡年在十四岁以上，有高等小学毕业证书或虽无证书而有相当之程度者，均可来本校就学。但均须照章由从前毕业或修业学校之总理或校长具书证明，曾在某某学校学习几年已、未毕业。此证明书须签名盖章（书式附后），且须由总理或校长盖章于本生最近所摄半身相片之背后，一并带来。至欲入师范科者，须在十六岁以上，因恐年岁过稚，三年毕业后，尚无为师之能力也。

六、愿入本校者，至迟须在民国七年三月以前到校。如有不得已事故，不能如期到校，须先声明。

七、本校谋招待之利便，特托上海中华职业教育社就近照料。凡来就学者，须在启程前一个月，用函或电通知。通函地址为上海西区方斜路中华职业教育社（英文地址略，编者）通电地址为 Huangvenpei，Shanghai 说明何日由何船起程，以便届时派人招待。凡登岸住宿衣食等事，均有妥人照料，但在抵埠以前，沿途一切，应由家属派人照料，或该生自行料理。

八、学生金钱，交由本校代为管理，本校当负保管之责。

九、南京天气甚佳，但较南洋稍寒，回国学生，应先置办呢衣裤一套，在船中着用，其余可在上海置办。

暨南学校章程

第一条　本校以招集华侨子弟已在南洋受有初步之教育者，授以适应于南洋需要之知识技能，并发达其爱国思想，俾毕业后从事于华侨教育或实业，冀其事业之改良与发展为宗旨。

本校暂依中等程度办理，渐进乃施高等教育。在未施高等教育时，华侨有欲送其子弟入本国大学或专门学校、或为升学计欲入普通之中等学校者，本校负指导绍介之义务。须补习者，并设法使之补习。本校对于第一项，凡直接间接足以完成是项目者，得规划并设施之。

第二条　本校置校董若干人，规划本校进行事宜，其资格及职权另订之。

在校董未推定以前，就国内外卓著声望，热心南洋华侨教育者，推定若干人，为名誉赞助员。

第三条　本校置校长一人，统摄全校事务。教务主任一人，或每科分置主任一人，教员若干人，学监主任一人，其他管理员若干人，事务员若干人。校长以下职员，统归校长进退之。

第四条　本校暂设师范科、商业科，其他农、林、工、矿诸科，俟调查需要，量力添设。

本校酌设补习科。

第五条　师范科、商业科修业年期，各暂定为三年，补习科无定期。

师范科毕业生，应在南洋华侨所设高等小学校或国民学校服务，其服务年期定为五年，但修业年期增加时，服务年期比例增加。

第六条　师范科、商业科各置若干学级，每一学级以四十人为限，但补习科不在此例。

第七条　入学资格，须身体健全，品行端正，年在十四岁以上，通晓国语，在南洋高等小学校毕业，或与有同等学力。但入师范科者，须年在十六岁以上。备具前项资格，志愿来学者，应携带旧时毕业或修业学校总理（凡学董之领袖均以总理论）或校长签名盖章之证明书（书式附后），及本生最近所摄半身相片，片后并须经总理或校长盖章，听候验明，准予入学试验。

第八条　师范科之科目如下：

| 修身 | 教育 | 国文 | 英语 | 历史 | 地理 | 数学 |
| 博物 | 理化 | 图画 | 手工 | 商业 | 乐歌 | 体育 |

商业科之科目如下；

修身	国文	数学	英语	历史	地理	法制	经济
簿记	速记	打字	商品学	商事要项	商业实践		
体育							

上列各科外，得视南洋需要，随时增加各科，均兼授南洋特别教材。

补习科科目临时定之。

第九条　师范科学费膳费均免纳，商业科学费每年国币四十元，膳费每年至多六十元（办法另订盈余发还）。补习科学费每年三十元，膳费同前。并纳操服费，课业用品费，师范科同。

学生均不得无故中途退学，有不得已退学者，师范科学生，应查照部定师范学校规程第五十八条偿还各费。

第十条　本校以每年八月一日为学年之始。

第十一条　本章程所未载事项，均遵照部定各种规程参酌办理。

第十二条　本章程呈奉教育部批准施行。

（原载《教育杂志》第 10 卷第 2 号，1918 年）

民国六年之职业教育

当民国五年间，职业教育之声已喧腾于教育家之口，余撰《实用主义产出之第三年》文（载《教育杂志》第九卷第一号），尝胪举其发展之现象，以供后年度之比较。至六年而职业教育之声并噪。

菲律宾、日本教育考察团之发起也，其考察之要点，在职业教育。菲律宾盖东方实施职业教育之中心地也。团员既归，在上海，在南京，在北京，皆尝有所报告。对于职业教育施行方法，其研究之归宿点有五：一、调查需要；二、规定种类；三、规定教材及要目；四、培养师资；五、组织发卖及介绍机关。时则六年三四月间也。至五月而本社成立。

其始，职业教育不过社会上一研究问题，未尝于法令有所关系。至是，而教育部采全国教育会联合会之议，草为中学校设第二部之办法，征求各省意见。所谓第二部，盖鉴于普通性质之中学校，其毕业生大多数失业之恐慌，谋以是补救之。而职业教育，遂为学制上一问题矣。

十月，全国教育会联合会开第三届大会，关于职业教育之提案甚多，其结果制为职业教育进行计划案，呈请教育部采择施行。内容分为五事：一、调查及研究；二、培养师资；三、实施职业补习教育；四、促设女子职业学校；五、小学校注重实用。而公决之下年度提案二大方针，乃以职业教育与体育、义务教育并列。于是全国教育家视线之所趋，为之确定。

综观是年间经过之状况，所谓调查、研究、鼓吹、劝导，亦既有专设之机关矣。所谓培养师资，则如北京高等师范学校之设职工科，南京高等师范学校之设农业、商业、工艺各专修科，南通师范学校之农工分组，以及南京第一工业学校之设木工教员养成科，苏州第二农业学校之设小学农业教员养成科，皆为实施之准备工夫。其实施者，中学则有若天津第一中学及南开中学之商业科，常州第五中学之试办陶业科；小学则仅江苏一省，已不啻如春笋惊雷，争先出地，而以商业科附设学校商店者为最多。至于规定教材要目，则江苏师范学校附属小学联合会，分就农业、工业、商业、家事诸科，从事编制，陆续告竣，交本社披露，借供研究，不可谓非根本之举也。

虽然，亦有一种不逐潮流之教育家，未尝不应时势之要求，思稍稍有所施设，但雅不欲袭职业教育之名，日人某君所谓将以职业教育号召人，人无肯至者，盖东方学者之脑海，向无此四字，不足怪也。吾辈所倡，惟实而不惟名。诚务其实，何多求为？且究愈于务名而实际上茫无措手足者，夫教师之未备，教材之未储，一般当局，其茫无所措手足也，亦宜审所求而给之。吾将以觇民国七年之成绩焉。

（原载《教育与职业》第 4 期，1918 年）

暨南学校规则实践成绩表之绍介

暨南学校，在南京鼓楼南薛家巷，本年一月规复，以收容南洋华侨子弟为主，内设师范科、商业科及补习科。开学以来，校长赵君厚生（正平）欲求学生实践各种规则，乃创为此表。分教室、自修室、寝室、膳室四种，而表式则一，其用意有三：（一）使各规则确能实行，不至等于具文；（二）使职务生得实行职权之依据；（三）表以号数代人名，无论守规与否，不以名誉为劝惩，而专务良心上之自督。施行后成绩颇好，其诸生性行之特优欤？仰斯表之助力欤？训练之为事，纯属精神作用，绝非一纸所能收效，斯表倘亦赖有施教者之精神辅以行也。聊绍介于教育界同志，借供研究。（附表略——编者）

（原载《教育杂志》第 10 卷第 7 号，1918 年）

江淮间观垦记

　　江以北，淮以南，滨海产盐地，经沧桑之变，去海远，卤薄宜农而不可盐。官执成法，强使民盐。张睿氏以地理之不可弃，而民困之宜恤也，竭二十年笔舌心血，合群力经营之。今公司之成立者曰通海、曰大有晋、曰大豫、曰大赉、曰大丰、曰大纲、曰华成，自江迄淮数之凡七。其间或纯垦、或兼盐、或兼收，弥望畇畇，几忘昔日黄茅白苇间男妇据灶觖愁叹矣。予以民国七年三月游南通，十八夜乘特雇之小汽船自通行，翌晨距三余镇三里许上岸。镇西去通城百里，大有晋公司在焉。小憩，坐小车北行。路东为贡安区，西广运区，越河路东为恒兴区，西新兴区，皆大有晋地，属南通县。路尽得河，曰摇网港，过港为如皋县境，入大豫地。大豫有地四十余万亩，有干河四，曰南横河、曰中横河、曰公共河、曰北横河，皆东通海。分全地为十一区，摇网港以北南横河以南曰南附区，南横河中横河之间曰南一区、南二区、南三区，公共河以南曰中一区、中二区、中三区、中附区，公共河以北曰北一区、北二区，北横河以北曰北附区。余车既过摇网港，经南附区，入其事务所小憩，更北行，入南一区事务所，乃折回。公司总事务所在掘港镇，未及往。

　　凡田二十五亩为一小区。小区之间有河有路，令佃户浚辟之。路在河左右，河则左右两户各浚其半。积八小区而为，广二十丈长七十五丈，得二百亩。之界河及路则公司自浚辟之，路宽二丈，左右余地各一丈有半，余地外河各宽二丈，与间共宽九丈。

　　一夫一妇受田二十五亩，第一年纳五十元，第二年纳五十元，第三年纳百元，是曰订守。其制曰崇划。崇划者创自崇明，昔海门分县，由通崇划沙合并而成，故海门于崇划之田沿用此制，而公司佃人皆来自海门，故依其故习用崇划制也。佃户不唯纳订守，即开垦培植之资，亦佃户任之。定例退佃时退还订守，酌偿工本，但佃户不乐退佃，大都自行转移而取其利，不啻握田面之所有权。于是名不取订守转给垦费者曰底面制，以其田底及面完全所有也。

崇划制取租法，秋熟临收估计其收获之分量，而以十之四纳公司。纳租上仓有定期，先期纳者减其应纳量十之一以劝之。春熟每二十五亩纳小银元三十六枚。秋熟为棉，春熟为麦，棉之收获量中稔每亩七八十斤，多至百二十斤，大熟可得百五十斤，每斤二十两。

公司每区除大部分召佃外，就事务所近侧划若干地为试验场，试验种种改良方法，并植苗木，分栽于田间路之左右。

大豫内部之组织，总理外有坐办，其下设盐经理、垦经理各一，别设工程督办一人。每区之主任者曰管事，其下设管工、管垦、管自垦、会计、庶务、学生。其临时设置者曰测绘班。坐办月薪百元，盐垦经理各八十元，工程督办五十元，管事三十元，其余二十余元、十余元乃至数元不等。长夫工役月薪二元乃至二元七八角不等。临时雇工每日三角，浚河筑堤，取泥远至一丈以内者每方一角，以外每远一丈加一分。

公司巡警以夫役轮当之，凡夫役皆按时教练，使人人有为巡警之资格，若募人专为巡警，不久必懒且惰。

公司办事室有时间表，办事起、卧、食、息皆有定时，规定每夜必思日间所为之当否，并预计明日之所为。

办事员某君言，距今十八年前，张先生之始创通海公司也，就海滨构草屋，共农夫卧起，食藜藿之属，服大布之衣，手农政全书，且翻阅，且督耕，日未出而作，夜则集办事员团坐研究，若是者不知若干年月，乃有今日，回思犹历历如梦也。吾辈参观但见深沟高堤，方罫纵横，如游三代井田。道旁有树，池中有鱼，污邪满车，穰穰满家。田间五色之旗，耸于云表。警丁戎服，荷戈往来。公司所在，一年而成聚。仓庾之制，其崇如墉。棉机轧轧之声，与学校弦歌相应。农不施教而良，工不加督而完，而不知当时作始之艰，有如是也。

大豫公司股本百五十万元，每股五百元，可分得田百五十亩。每亩预计收息二元二角五分，百五十亩可分得三百三十七元，诚如是利百分之六十而强矣。大有晋每股千元，可得田三百亩，其利同。

（原载《教育与职业》第 9 期，1918 年）

中华职业教育社第一届年会词 ①

七年五月五日，吾社举行第一届年会，颇欲借会日有所陈述于同社诸君子。限于时间，不获畅其辞。既毕，乃杂书其意见于出版物之端。

自吾社成立迄于今兹，一年之间，所最足令人神往者，则同志之云集是也。吾社之于征求同志，初未尝有所组织，而志愿加入者，几近千人，遍于二十省区，布于海内外。今后吾同志辗转介绍，苟一人征求五人，则五千人且立致。夫吾社之成立，基于同志之结合，同志益多，是益予吾社以根本上之固结，且益彰吾社之于今日，实适切于时势之需要。而吾辈益不敢不深自刻励，以求副夫当世之责望。是则吾社蒸蒸日上，而吾心转因之惕惕不安焉。

此一年间办理之情况，所可告吾同志者，首为解释关于职业教育之疑问。就研究之结果所认为最正确圆满者揭橥之，以祛一般人之惑。世多有认职业教育为一种狭义的生活教育者。依研究之结果，为确定目的如下：

职业教育之目的 ⎧ 为个人谋生之预备
⎨ 为个人服务社会之预备
⎩ 为世界及国家增进生产能力之预备

而复为之说明曰：

职业教育与文化教育。均所以促文明之进步。主持教育者，当就时势之要求，酌定适宜之施行方法。

以上种种，均见于吾社新出版之职业教育表解。苟读此表解及各国学制系统图，凡职业教育种种问题，殆可涣然释矣。

其次，为研究职业教育实施方法计，征集关于职业教育之教科用书。而遂

---

① 原标题为《年会词》，现标题为编者所加。

承江苏省师范学校附属小学校联合会，以所辑小学校职业科教授要目见贻。今各地小学谋设职业科者多矣，所苦乃在教本、教材之缺乏。自各科教授要目告成，虽各地状况不同，尚待参酌，而得此，乃不患无下手处。不可谓非实施上一大助力。

若夫调查之为事，第一须认定目的，第二乃研究方法。如为欲设职业学校而先调查社会之需要，以便于各科中定设某科，或于某科中定设某种。则其方法，或调查该地方工价、物价之涨落与历年增减之比较；或就学校调查其学生父兄职业之种类，以验其多数之属于何种。凡此，吾社本年度间皆尝稍稍试行之。"事非经过不知难"，区区之意，苟非亲尝此中甘苦，绝不敢凭个人之臆想，腾口说以炫人。试行之结果，具如报告。

至于讲演，在本年度间只可认为预备时代。虽尝出外讲演，而以材料与图表、幻灯诸物，准备未全，但以暇日应各地之请求，初未尝为正式的出发讲演。同人以为讲演职业教育之目的，不唯在使施教育者与受教育者咸知所趋重；且将使学生父兄与一般社会，鉴于各地竞施无目的之教育，其结果使青年无路谋生，大为生产前途之累，因而及早为子弟谋职业之预备。此其意不唯以口舌发挥之，且将以景物描写之，俾耳目间联带发生新感触焉。

各地对于职业教育之感想，大概可分为两种：其一，因青年失业之多，而悟无目的之教育，其流弊直接影响于个人生计，间接影响于地方治安，因而感职业教育之必要，此其普遍现象也。而若甘肃牛君厚坤言，甘省以教育发展之较迟，尚未发现毕业生失业情事，但感于地方天产之丰富，从未能以人力利用之，不得不及早为根本疗贫之计。此语颇足代表一部分地方人士之心理。虽感想不同，而其认职业教育为重要则一。此去岁全国教育会联合会议决以职业教育为三大问题之一之所由来也。

此外尤有一特种社会，大感职业教育之必要，而极力赞助吾社之进行，则南洋群岛华侨是也。华侨之占有伟大势力于南洋，徒以职业发达故。学龄子弟，入学数年，苟稍稍能记账作信，便召之归，助其父兄营业矣。甲、乙二人赴爪哇谋为教员。甲不数日谋得一席，大喜。乙落拓无所就，乃依其友经商。略悉商业之内容，遂独立自营。不数年，积资数万，而甲犹是月入数十盾之生涯也。此非寓言，乃余往岁南游访得之事实。此等社会，苟更以教育之力扶植之，其生产力之一日千里，宁复可量？抑岂唯南洋为然？吾中国地利未垦辟、交通未发展地方，不知凡几，皆他日之南洋也。谁克承此天赐者，将视其民所受教育何如矣。

　　同人之矢愿勠力于职业教育，若挟有至深、极厚之希望于未来，良以此故，此一年间之所为，不过稍稍发其端绪耳，愿吾同志时督教之。抑此一年间之所为，发挥于言论居多，今学校不日成立，同人私拟今后一年间，当分吾精神十之五六于实际之施设。夫实施之状况如何，成败得失不可知，要其发为言论，当更有参考之价值也。亦愿吾同志及早脱离此空论时期，而各根据其所实施，以为论究也。

（原载《教育与职业》第 7 期，1918 年）

读中华民国最近教育统计

教育部最近颁布四年八月至五年七月（1915—1916，编者注）教育统计，自入民国以来此为第四次矣。试取全国学校数、学生数、教育费岁出数三项，就历年进步比较之，为表如次：

元二、三、四年全国学校数、学生数、岁出数比较表

年度	学校数	学生数	岁出数（元）
元年度（本年至翌年七月，下同）	87, 272	2, 933, 387	29, 667, 803
二年度	108, 488	3, 643, 206	35, 151, 361
三年度	122, 286	4, 075, 338	39, 092, 045
四年度	129, 739	4, 294, 251	37, 406, 212

全国学校数元二、三年进步之速率略相等，由八万零、而十万零、而十二万零，独四年度速率最小，犹未及十三万。学生数各年度间进步之速率以次递减，二年度三百六十余万，视元年度增七十余万，至三年度四百万零，则视二年度仅增四十余万矣。乃若四年度四百二十余万，则视三年度仅增二十余万矣。岁出数元二、三年之进步略相等，元年二千九百余万元，至二年而三千五百余万，至三年而三千九百余万，计各增四、五百万。至四年而忽降为三千七百余万，计减至一百六十余万，是可异也（四年度岁出教育费总数，不据第一百页历年比较表，而据第九页全国统计岁出表，以经前后钩稽，而知比较表有误也）。吾欲求四年度学校数进步最少之故，乃就历年学校数统计，分别初级、中级、高级三项，比较之为表如次：

元二、三、四年全国学校数分级比较表

年度	初级学校	中级学校	高级学校
元年度	86,318	832	122
二年度	107,287	1,039	122
三年度	121,080	1,079	109
四年度	129,425	1,110	86

是四年之视三年，就初级学校论，仅增八千三百四十五校，较三年之视二年，增一万三千七百九十三校而逊，较二年之视元年，增二万零九百七十一校而更逊也。就中级论，仅增十三校，较三年之视二年，增五十八校而逊，较二年之视元年，增二百零七校而更逊也。若就高级论，则二年视元年无增减，三年视二年减十三校矣，四年视三年且减二十三校矣。究其所减何校乎？试观下表：

元二、三、四年全国高等教育机关比较表

年度	高等师范	专门学校							预科	大学							其他	总计
		法政	医学	农业	工业	商业	商船	外国语		本科								
										文	理	法	商	医	农	工		
元年	12	64	5	5	10	5	0	5	10	0	0	0	0	1	0	0	5	122
二年	12	56	5	7	10	6	0	5	10	0	0	2	0	0	0	1	8	122
三年	11	44	7	7	13	5	0	2	14	0	0	0	0	0	0	0	6	109
四年	10	24	9	7	13	5	0	2	10	0	0	0	0	0	0	0	6	86

其间减数最大者，则法政学校与大学法科也，次之则为外国语与高等师范。盖当民国初元，国家乍脱专制而创共和，社会对于政治兴味非常亢进；一时法政学校遍于全国，有以一省城而多至八九校者，其获列于政府统计，仅其一部分耳。厥后政府多故，社会亦渐悟专门学术非无本者所得猎取，而政府且严厉限制，遂若怒潮之骤落。其他专门教育机关，亦多由凌杂而纳于正轨；然则三、四年间高等教育之减缩，尚非绝对的恶像也。吾欲求四年度岁出数锐减之故，乃就三、四两年度比较表所列各项，兹取其四年度，减少至十万元以上者，列表如下：

四年度岁出数较三年度减十万元以上之各项学校表

项别	四年度岁出数（元）	三年度岁出数（元）	减数（元）
大学法科	无	173,260	173,260
中学校	3,917,950	4,100,768	182,818
法政专门学校	854,511	1,041,494	186,983
大学预科	1,306,058	2,253,651	947,593
高等小学	8,273,717	9,617,560	1,343,843

大学法科与法政专门学校经费之减缩，适与其校数相应，固无可疑。若大学预科与中学校经费之减缩，殆以整理统一之故。独高等小学减缩至一百三十四万余元，斯为可异矣（大学预科四年度岁出数不据第一百页历年比较表，而据第九页全国统计岁出表，以经前后钩稽而知比较表有误也）。

全国男学生四百一十一万三千三百零二人，女学生仅一十八万零九百四十九人，女之与男，为一与二十之比而犹不足，女子教育无可言矣。若大学校、专门学校，女子竟无一校无一人，不更可羞耶？各项女学生统计表如下：

各项女学生统计表

项别	人数	项别	人数
国民学校	149,505	高等师范学校	无
高等小学	18,729	专门学校	无
其他初级学校	3,425	大学校	无
中学	948	其他高级学校	无
师范学校	6,685	统计	180,949
其他中级学校	1,828		

夫小学校与师范学校女学生之较他项学校为多，未始非好现象，然就全部观之，其应特别提倡，务谋进步之较速，俾改良家庭教育，以立学校教育、社会教育之基础，亦行政当局所应急起图之者也。

草此文时，知国立北京女子师范学校已设高等师范科，但女子高等教育，一校必尚不足。若基督教会所设，或外国人在中国所设，未必无高级之女子教育，然吾国人岂得以此卸责者？提倡之顺序，窃谓当从各省推广女子中学始。

余所主张之女子中学，以家政为中心，而兼采分科制。设竟如一般男子中学之例，纯主普通，则他日必有哗然于女子中学毕业生之无用，而转为女子教育进行之障碍者，不可不注意也。

全国人口数姑凭最近之民国六年海关贸易册，计四百三十九兆四十万零五千人（现读之教育统计为民国四年度，则最好须凭同年度之海关册，但此文作于旅行途次，无从检查，唯尚忆及六年册列，较四年无甚出入耳）。以现在在校学生数四百二十九万余人计之，百人中得一人而犹弱，教育普及，复乎远矣！依民国成立以来历年学生数之进步，平均每年约增四十万计之，十年当可倍于现数而得八百万人，则百人中亦仅得二人耳。夫苟教育渐几于普及，则在校学生数至少当占总人口百分之二十，不且将待之百年耶。夫欲求学生数增加，则教育费势必伴之而增加，乃四年度岁出数，且较三年而减少矣。忆曩年游美，彼纽约一市之教育费，当吾全国而有余。嘉南崎氏一人所捐于一大学之基金，又当吾全国而有余。苟论人国者，必欲以教育程度之高下第其文野，则吾中华民国人民果何年而得与世界列强相见耶。

今请更分省区读之，就其学校数、学生数、教育费岁出数，列表如次：

（各省区学校数、学生数、岁出数比较表略，编者）

四川学生数历年皆列第一，学校数元、二、三年皆列第一，唯四年较逊于直隶，致降为第二，然较三年固有增无减也。乃岁出数三年三百一十三万元零，四年竟减为二百八十七万元零，致其位置由第二而降为第四。其帝制战争之影响欤！

直隶学校数、学生数历年皆列第二，唯四年学校数由一万三千零，增为一万五千零，超过四川而列第一。且是年岁出数由二百七十四万零，进为三百零二万零，经费之所增不多，而其学生数由三十八万零进为四十七万零，学额之所增独巨，是尤可喜也。

江苏岁出数历年皆列第一，四年度虽由四百三十四万零减为四百二十万零，而位置初未稍降。独其学校数、学生数虽年有增加，而前者元年度位列第六，二年降第九，三年、四年均列第八；后者元年度位列第四，二年降第六，三年降第七，四年复列第六，则进行速率之不如人也。若其教育费额之独高，殆生活程度之关系欤！

山西学校数由五千，而七千、而九千、而一万一千，学生数由十六万，而二十一万、而二十八万、而三十二万；岁出数由九十六万而一百二十万、而一百二十四万、而一百三十六万，其进行速而最稳。

山东学校数、学生数、岁出数亦无一年无一项不增进者，而要以二年之进步为最大。学校由五千一百而进为一万，其位置由第七骤升为第三，学生由一十一万而进为二十四万，其位置由第十二骤升为第五，而岁出数亦由一百一十六万而进为一百九十一万，几无一不增加倍数，三、四年稍逊矣。

东三省独黑龙江历年无一项不增加，而以三年之进步为最大。学校由三百八十五进为九百六十六，学生由一万四千零进为二万九千零，各增加一倍以上。经费亦由三十七万零进为五十四万零。若奉、吉两省历年各项虽微有增加，而三年学生数奉天略减，岁出数奉天三年由二百八十七万减为二百四十四万，四年又减为二百四十万，吉林三年由八十六万减为八十万，四年又减为七十五万，是为可异。

浙江之进步与山西略相等。学校由六千一百、而六千六百、而六千九百、而七千四百，学生由二十七万、而二十九万、而三十万、而三十三万，唯经费三年由二百七十八万减为二百六十八万，然四年转进为二百九十三万。

河南各项亦均年有进步。虽三年岁出数由一百零二万减为九十八万，然四年转进为一百一十二万。

陕西、甘肃、贵州、新疆各项均年有增加。而以贵州四年岁出数由五十五万增为八十九万之进步为最大。

广东、福建四年度不无减色，广东学生数略减，而岁出数由二百八十余万减为二百七十余万；福建岁出数由一百零五万减为一百零一万，但其所减尚微耳。

广西、云南则逊矣。二、三、四年间，广西学校数由二千、而一千九百、而一千八百，学生数由八万、而七万、而六万，岁出数由一百一十六万而骤减为八十六万。云南学校数由五千二百、而五千，学生数由二十一万、而一十九万，岁出数由一百五十二万而骤减为九十六万，盖亦帝制战争之影响也。

湖北各项历年时进时退，要之无甚进步。

安徽二年大退步，三、四年稍进矣，唯四年岁出数由五十八万减为三十四万，不可谓非厄运也。

湖南可怜，四年学校数由七千而减为四千，学生数由二十八万而减为一十五万，岁出数由二百九十八万而减为一百六十五万。

江西尤可怜，二年以后，无一年、无一项不锐减，遍阅各省区，无与之相类者。

　　要之全表二十六省区，地方秩序之安宁与否，行政长官提倡教育之尽责与否，皆可于十数阿拉伯字间验之。其间备具二事者有之，若山西其最著也。亦有地方秩序未尝不安宁，而教育卒见为退步，若江西类，当有尸其咎者矣。

　　八年一月二十七日，作于自上海赴新加坡舟次。

（原载《新教育》第 1 卷第 1 号，1919 年）

与李石曾君谈职业教育

八年一月，余乘法公司斯芬（Sphinx）船赴南洋群岛。李君石曾同舟赴欧洲。李君夙提倡勤工俭学者，于华工教育问题，极致力研究。其在巴黎所创豆腐公司，自欧战起营业大发达，尽复其历年之所耗损而有余，途次畅谈职业教育问题，撮要记之如次。

李君问："君提倡职业教育，近来进步如何？"

余答："职业教育社近创一职业学校，颇为各界所注意。初惧学生及学生父兄不赞成此种铁工、木工等劳苦生活。以现状观之，不惟不感劳苦，从事其间者，颇觉快乐而有进步。唯所抱憾者，吾辈以为普通学校之设工科，皆宜采用是等制度，而因吾校之命名职业学校，使人仅视为一种特殊学校之办法，而无与于普通。此因名义之关系，而转惹人之误会也。余等以为普通之高等小学与中学校，设置分科，亦为职业教育制度上一种必要之办法。但以现状观之，高等小学之设置分科较易，而中学较难；设置工、商分科较易，而农科较难。"

李君问："中学分科之难何在？"

余答："中学分科，人所视为困难者，或系教育上普通之现象，或出于办学者畏难之心理。唯有特别之一点，今之学生，大都以升学为荣。虽中学毕业后，其财力之所限，或不能不就职业，而当学校予以准备升学或谋生两途使自抉择时，决不甘舍升学而就谋生，致见轻于同列。以故非至升学预备科额满时，不愿入谋生预备科。而于是两科所收之学生，未必与其实际之需要相合，则分科之本意，殊未贯彻也。"

李君言："此等现象，大抵发于科举遗毒所构成之虚荣心。虚荣心诚不宜有，然好研高深学术，亦为人类应有之欲望。且高深学术，亦为社会、国家所需要。而人往往为经济力所限，则最完善之方法，莫如予以随时可退就职业或进研高深学术之途。请言余于留学界之主张，与余培养子弟之方法。法国农校分四级：曰初级农学校，曰中级农学校，曰高级农学校，曰最高级农学校，或称农学院。每级各二年毕业。譬如小学毕业生，先入初级农校，由是而中级而高级而最高级。此等办法，余以为最适宜之点，即随时可出而就农业，且仍可进而研究农学，俾底于高深之域。法国学制，应农学院入学试验时，兼须试验哲学、文学等科；则当高等农学校毕业时，予以若干时间之预备，亦无不可。且不唯进退便利已也，论教育之顺序，当年龄幼稚时，须应其好动之天性，从事于实地之练习动作；及年龄渐长，思想发达，然后令之研究理论，实为最适当之顺序。而吾国之教育方法，往往反之。幼时授以理论，不问其适应于儿童心理与否。及理论既完，令之实习，而年事长矣。余之子始入中级农学校毕业，后入高级农学校毕业，今正在预备应试农学院时期也。"

余曰："此法甚好。犹忆三年前德国工科博士培伦子见语：'余始在小学习工，继在中学习工，最后在大学习工，前后习工十余年，乃得一学位。'中国之得工科学位者，小学未尝习工也，中学未尝习工也，大学预科未尝习工也，仅入大学本科习工业理论三四年，而专门之工学士成矣。彼此相较，似制度上不无研究。南京高等师范学校附属中学分设农、工、商科；江苏省立第四、第六两中学，设第二部商科。以来学者目的之不定也，乃拟揭分科之旨趣，为一方预备谋生，一方兼可预备升入同性质之上级学校。今闻君言，益令余确信此方法之较为适当，至论适合于教育顺序一节，尤为精切。"

按李君所主张之办法，可名之为专科一贯主义，愿吾同志共研究之。

李君曰："有应注意之点。今各地中学程度，至为杂乱，入学试验，竞事请托。于是大学预科招生，颇有限于中学毕业生之倾向。果尔，则此法未免生一障碍。"

余曰："诚然，苟在中学分科毕业，仍得中学毕业生之资格，尚无问题。唯吾辈所主张，不唯对于中学分科毕业生，即对于甲种实业学校毕业生，亦复有同样之希望也。"

李君问："顷国中盛讨论中学文实分科问题，君意如何？"

余答："此问题赞成者与反对者，对于分科制与普通制，不过程度深浅问题，并无背道而驰之意味。闻主张分科者，对于初年级未尝不主普通也。唯中学制度，现有两大问题：一为多数毕业生之谋生问题；二为准备升学者谋精力、日力之经济问题。就事实言之，前者之有待解决，较后者尤急。今文实分科，其目光仅注于后之问题，至于前之问题，实无关系。而其措辞或竟谓两问题可同时解决，恐非实际之所许也。"

李君曰："余意中学不唯可分农、工、商科，即其他各种，凡所以为谋生准备者，皆可分设。"

余问法国农学校制度之大概。

李君言，法国初级农学校，或称农业小学校（fermes écoles），收容小学毕业生，半日读书，半日农作。所读之书，多补习普通知识，兼授以农事上必要之知识。其人大都农家子弟，不收学费，农作时且给以较薄之酬金。往往有田主创设此等学校，利用学生农作者。二年毕业，宗旨在养成有技艺之农人。按此略等于吾国乙种农业学校。唯吾国乙种农业学校，病在不重农作而授学理耳。

中级农学校，亦称农业实习学校（I'écoles pratique d'agriculture），亦半日读书，半日农作，每年学费四五百法郎。农业小学毕业生或小学毕业生，皆可入之。其学科渐重学理，然仍注重实习。二年毕业，其宗旨在养成农场管理员。按此略等于吾国甲种农业学校。所不同者，注重实习，须半日农作耳。又按法国高等小学校，亦有农业、园艺等特别科。

高级农学校（I'écoles national d'agriculture），收中级农学校或中学校毕业生。渐偏重于学理，虽仍一半理论，一半实验。而所谓实验者，多在仪器室内之试验，其在农场，亦唯注重于各种肥料、种子及种植法之试验，而不同寻常农作。二年毕业，其宗旨在养成农业专家或初级与中级农学校之教师。此种学校，全国只有三所。

最高级农学校，亦称国立农学院（institut national agronomique），在巴黎。其宗旨在养成高等农学家。科学之研究，多于农业之实习。凡高级农学校毕业者，须补习外国语及文学、哲学等，一一经其试验及格，乃得入学，学期二年。

李君又言，法国工商教育之制度，亦大略类是。但工、商往往同校，以其关联多也。

余谓法国农业教育制度，大抵与吾国同，唯吾国以学人习惯偏重文事之故，于农业实习，格不相入，故收效独难；又以所聘教师仅受偏于理论之高等农校，而未尝从事于初步之实习。苟李君之专科一贯主义行，以此等人为教师，吾知其成绩必有进焉者。今日世界新潮，方挟职业平等、职业神圣之学说，风驰电掣以来。真理所在，莫之与抗。吾国人必有大彻大悟之一日，吾辈唯尽其力之所至，唤使早觉，勿久陷于迷途耳。

（原载《教育与职业》第 12 期，1919 年）

黄炎培、蒋梦麟致胡适

适之兄:

　　第二来函已交子公阅。子公现已离沪返乡,回校任职事,子公已允。此事若不另生枝节,大学可望回复原状。留傅事江、浙两省教育会先发难,上海学界留蔡后,亦复争留傅。北京学生宣言已到,大为国人所许可。杜威先生来函,劝"勿馁气,此为唤兴国民潜力好机会"。加伦比亚①已允给假,大学如散,上海同人当集万金聘之。大概大学不至于解散,因蔡既允复职(子公以不办学生为复职条件,政府已明示,子公不得不复职矣),田当亦不敢长教育(京讯政府已撤回任田同意案)。现在所争持者为青岛不签约及斥罢祸首二条,且看结果如何? 子公在沪时每日相见,此公仍抱积极精神,转告同志。

　　南方预备如下:

　　(一)同人所最希望者,为大学不散,子公自仍复职。同人当竭全力办南京大学,有子公在京帮助,事较易。办成后渐将北京新派移南,将北京大学让与旧派,任他们去讲老话(亦是好的),十年二十年后大家比比优劣。况巴黎来电赔款有望,南洋富商亦可捐数百万金,办大学藏书楼、中央试验室及译书院。此事如子公在京,必多助力,故望诸君设法维持大学,以为子公返职地步。

　　(二)如北京大学不幸散了,同人当在南组织机关,办编译局及大学一二年级,卷土重来,其经费当以捐募集之(炎,麟当赴南洋一行,《新教育》可请兄及诸君代编)。杜威如在沪演讲,则可兼授新大学。

　　总而言之,南方大学必须组织,以为后来之大本营,因将来北京还有风潮,人人知之。大学情形请时时告我,当转达子公。诸君万勿抱消极主义,全国人

---

① 加伦比亚,今译哥伦比亚。

心正在此时复活，后来希望正大也。诸乞密告同志。

炎培　梦麟同启　五月廿二日

（原载《胡适往来书信选》（上），中华书局 1979 年出版）

陈嘉庚毁家兴学记

民国六年夏，余游新加坡林氏山庄，众中见一人，态严正而静默，主人林君义顺进而为之介曰："此陈君嘉庚也。"相与握手作礼，时诸宾方杂遝为林母寿，未获与谈。既归，陈君因贾君丰臻斥万金助中华职业教育社，由是书简往还，殆无虚月。时陈君已于其故里福建同安县集美乡创建集美学校，有小学，有师范学，有中学。别于新加坡集侨商公建一华侨中学，陈君总其成。而以众意诿余物色校长。八年春，偕校长涂君开舆往，倾谈累日，新加坡已喧传陈君有毁家兴学之举。乃者陈君复以物色集美校长事诿余，以七月偕陆君规亮赴闽，获亲观其所建之学校，识其生平，并确悉其毁家兴学之实况，则不敢不亟亟焉介绍其人与事于吾全国焉。

集美乡与厦门隔海湾，相去可二十里。厦门为岛，集美恰当大陆尽处，土人实呼"尽尾"，后乃文之曰"集美"，一曰浔尾。西临浔江，东瞰金门岛，其南隔海，云山万叠，厦门隐约可辨。三面皆水，唯北枕天马山，地故为山水绝胜处。全乡五百家，皆陈姓。可耕之地不丰，则往海外贸易，留者多业捕蚝。邻有内头村者，全村往南洋，存者仅两户耳。陈君父经商新加坡，晚岁失利。君年既长，尽以先人所遗月入数百元之厦门产业让给异母弟，而自往南洋，独立营商，为新加坡种橡之先觉。十余年前，稍稍有获，悉返先人逋负，信用大著。清之末，国政不纲，家被官吏欺，君乃剪发不欲返故里。共和改建，始欣然归谋所以自效。

民国一年，君议于本乡创一集美小学，乡人百计尼之，仅得一低洼地，乃高筑以建校舍。既开办，感小学教师之缺乏，不唯本乡然也，则续办师范及中学。今者黉舍嵯峨，高矗海际，跨石为桥，建塔蓄水。有自设之电灯，照耀通野。寝食庖湢习礼之堂，晴雨练身之场咸备。其制浑坚而阔敞，初不屑屑计经济。耗金二十万元，视全部计划未及半也。濒海有高冈，郑成功故垒在焉，残垣数丈，累石为门。有井曰国姓井，成功凿以饮军士者。井不深，离海数十武，而水味淡，以成功赐国姓，故名。其旁榕荫纷披，君议于其地立校舍移小学焉。村之北议就高阜建舍以移女学。今已立者，师范及中学有学生二百余，新生百余，小学校学生二百余，女学校学生九十余，蒙养园儿童百，又有夜学校、通俗图书馆，岁费数万金。更以数千金资助同安县属男女小学。陈君则就校设办事处，析为师范部、中学部、小学部、女学部、蒙养园部、通俗教育部、同安女学部、教育辅助部，部各聘校长或主任主之。君以今夏归，将长住故乡，尽义务，而以君同母弟敬贤往南洋，兄弟故共产。君居南时，校事则敬贤商承君命为之也。

君之捐充集美基金，究有几何？依七月十三日在厦门浮屿集众宣布，分两项如次：

甲、新加坡店屋货栈基地面积二十万方尺，月收租金万元。又价值同等之地三十万方尺，甫在建筑，按三年完工。尚余百万方尺，价值稍次，俟数年后再作计算。

乙、橡树园七千英亩，至本年春全栽毕。栽最久者八年，余为七年以下及近月着手者。不欲急于取利，拟待足八年方采液。现已采者可五百亩，月收百余担，实利六七千元。

以上不动产，陈君在南洋时决定捐充集美学校永远基业，其预立遗嘱、变更簿记各手续均料理完毕。遗嘱之要件，为异日托新加坡中华总商会及公立道南学校董事代理收款。盖英政府条例，私人遗产，无永远承继权，唯公益善举有之。此皆陈君演词中语也。

就上两项计，甫建筑之屋产，以已建筑者为例，已栽未采液之橡园，以已采者为例，将来全部经营告竣，苟依现时市况，无有增减，岁入在百万元以上，盖君之不动产尽此矣。

君则以现办师范中学为未足也，更集众宣言筹办厦门大学，附设高等师范学校。其亲笔所撰之通告如下：

"专制之积弊未除，共和之建设未备，国民之教育未遍，地方之实业未兴，此四者，欲望其各臻完善，非有高等教育专门学识，不足以躐等而达。吾闽僻处海隅，地瘠民贫，莘莘学子，难造高深者，良以远方留学，则费重维艰；省内兴办，而政府难期。长此以往，吾民岂有自由幸福之日耶？且门户洞开，强邻环伺，存亡绝续，迫在眉睫。吾人若复袖手旁观，放弃责任，后患奚堪设想？鄙人久客南洋，志怀祖国，希图报效，已非一日。不揣冒昧，提倡办大学校，并附设高等师范于厦门。行装甫卸，躬亲遍勘各处地点，以演武场为最适宜。唯该地为政府公产，敬征求众意，具请本省行政长官，准给该地为校址，以便实行。谨订七月十三日下午三点钟假座浮屿陈氏宗祠，开特别大会，报告筹备详情……"（下略）

其所宣布之大学计划，以厦门演武亭一带，空气新鲜，交通利便，地广数千亩，足备后日扩张。另就相当地点，购民田为实习工厂、农场之用。自民国九年起，五年内认捐开办费一百万元，开校后认捐常年费二十五年，每年一十二万元，合开办费共四百万元。唯是高等教育机关，须筹有数十万或百万元之岁费，与千万元之基金，收容生徒数千名，方达此目的。而个人之力有限，唯望海内外同志共负责任。将来大学生不分省界，高等师范规定闽省若干名，他省若干名，此其大略也。最慷慨激切语则云："财由我辛苦得来，亦当由我慷慨捐去。公益义务，苟用吾财，令子贤孙，何须凭借。我汉族优秀性质不让东西洋，故到处营业，辄能立志竞争。唯但知竞争财利，而不知竞争义务，群德不进，奴隶由人，故国弱而民贫。古语有之：栋折榱崩，侨将压焉。未敢视同秦越而不早为之所。"末更有极沉痛语："嗟嗟！我国不竞，强邻生心，而最痛巨创深，莫吾闽若。试观吾闽左臂，二十年前已断送矣。野心家得陇望蜀，俟隙而动，若不早自猛省，后悔何及！诚能抱定宗旨进行，彼野心家能剜吾之肉，而不能伤吾之生，能断吾之臂，而不能得吾民之心。民心未死，国脉尚存，以四万万民族，绝无甘居人下之理。今日不达，尚有来日，及身不达，尚有子孙。"壮哉！余语闽商某："诸君聆此言谓何？"答曰："苟不唯陈君是助者非人也。"

余一至厦，君亟亟导观演武亭地。语余曰："吾之归自南洋，晨七时至，八时即来观。今君晨七时至，亦亟亟以八时导君观，知君必急吾之急，亦乐吾之乐也。"演武亭地背山面海，南太武峰隔海为屏，其东波涛浩渺，一白无际，估舶之南北往来，必取此道。三年而后，过闽海者，遥瞩山坡上下，栋宇巍峨，弦歌之声，与海潮相答。其南则有菲律宾大学，各以共和之新精神，互吸吐其文化，鼓荡其自由，合力以矫变东方一部分残酷凶暴之空气。其君之微志也欤。

记者曰：曩岁戊申，尝为文以记杨斯盛毁家兴学矣！二君者，家之丰啬不同，其毁于学一也，而陈君年方壮，异时所效且无限。若夫二君之性行，盖有绝相类者，心力强毅而锐敏，不苟言笑，利害烛于几先，计划定于俄顷，临事不惊，功成不居，跛于处物，而宽于处人。三五年来所见海内外成功家，大率类是。意者吾华民族之特性在是欤？然化于异族而不自爱其国，狃于私利而专以肥其身，亦间有之。吾游集美乡，观陈君之所居，入门而圭窦其形，循墙而伛偻其容，盖犹是先人之敝庐，未尝加一椽覆一瓦，其不私也如此。新加坡美人欲立大学，谋于君，君慨捐十万金，而要以设华文科，凡华人入学者，至少读华文二年。约既定，更为募集数十万。君之散财，非为名高，非为情感，盖卓然有主旨如此。今君方为大学故，嘤鸣以求友声，吾信国人闻君之风者，必且与闽商某君有同感也，故乐为文以介。宁敢拂君志而襮君之行以为名哉。

八年七月三十日厦门至　上海舟次　黄炎培

（原载《新教育》第 1 卷 5 期，1919 年）

我之最近感想 ①

　　五月四日归舟抵上海。有迓于舟次者，见告曰，有外国人杜威正在江苏省教育会演说。余思之：来者岂美国大哲学家杜威博士耶？既见博士夫妇，则大喜。博士所倡之要义，则平民教育是也。其言曰："教育之为事，不唯训练人之脑，尤当训练人之手。今科学之昌明，皆人类手与脑二者联络发达之成绩也。希腊时代，号称文明，而但闻文学之发达，不闻科学之发达，则缺乏手之训练故也。故手、脑二者联络训练，一方增进世界之文明，一方发展个人天赋之能力，而生活之事寓其中焉。此普通教育，非特别教育也。苟予一般社会以是等教育，则最大多数之幸福即在乎是。"博士其世界之福星哉。今博士既讲学于沪、于杭、于宁、于北京，且将周游各省，留华至一年之久。敬告国人，吾社向所提倡之主义，今后其可无庸疑骇。而若中小学校加设农、工、商等职业科，或疑为混乱学制者，如博士言，二者直当认为一物，而非可别职业教育于普通教育之外矣。

（原载《教育与职业》第 14 期，1919 年）

---

① 本文是《我之最近感想》中的第三点，小标题已删。

减少授课时间与精选教材问题 ①

今日所欲讨论之减少授课时间与精选教材一问题，在教育界固已研究有年，但自此次学潮发生后，本问题益感有研究之必要。

兹先就减少授课时间言之。鉴于近今世界教育新潮流，我国中等以上各学校，欲提倡学生练习自治、服务社会、种种课外作业，其势不能不减少学科上之授课时间。况自经此次学潮，将来学生对于枯寂的授课之兴味必减少，对于活动的课外作业之兴味必加浓，此就事实上预测，各学校尤不能不谋减少授课之时间。犹忆不佞任事浦东中学时，有高年级某生来言，校中课程太嫌繁重，力难胜任，商请减轻。当时以其仅属个人之意见，未敢信为正确，乃就全级学生一一调查其结果，表同情于某生者，竟居十之九。现在学制所定授课时间，并不异于从前，在学生亦必抱有此种感想，可以断言。吾人亟宜设法减少其授课之时间，以谋学生脑力之经济。但目前所顾虑者，此种办法如果实行，是否与部定学制抵触耳。

鄙意以为减少授课时间，在中学校与师范学校实为必要，而尤以中学校为最要。至虑及抵触部定学制一层，最近教育部曾有中学校得以变通课程之训令，是学制之得以活用，已为部令所许可，则解决此项问题之困难，已去其半矣。

教育部训令第一七七号（八年四月二十五日）

查本部中学校令规定，中学校科目以完足普通教育为宗旨。施行以来，详察各处办理情形，大率现行科目不无繁重之嫌，而时势所趋又有增设他科之必要，因时制宜庶几推行尽利。兹经本部详加核议，

---

① 本文为黄炎培在江苏省教育会中等以上学校教育研究会上之讲演。

筹定变通之法。嗣后各省区办理中学校，得因地方特别情形，就中学校令施行规则第一条所列各学科目酌量增减，并得增减部定各科目之时数，但增减科目必须由该校详确斟酌，声叙理由，列表报部核准后，方可开始教授，以昭慎重。为此，令仰转饬遵照办理，此令。

今果认本问题为重要，吾人可以切实研究一番。兹将美国芝加哥中学为例，节取其各科授课时间（参观江苏省教育会出版之《美利坚之中学》），与我国现制规定时数作一比较表（见下表），即可以见彼此学科时间之支配至少有四分之一之相差。此四分之一相差之时间，关系至重，彼国用之于课外作业，或预备功课，若我时间虽多，其效果所得，不过少数脑力较强之学生，多获些书本上之知识而已。

或又虑节省授课时间之结果，学生之程度，必将因之降低。其实不然。节省时间，并非减浅学程降低学生程度之谓，要知吾人既主张减少授课时间，同时尚须注意于精选教材问题。

吾人对于精选教材问题，亦已研究有年，但目前更觉重要。当此学潮甫息，学生意志飞扬之时代，倘所授教材，不能满足学生之意，则对于教师之信仰，必渐为之减。更有说者，考察现代趋势，学校当注意于活的教育，倘墨守旧时所授之教材，一无活的意味，便不适于现代之教育方法，此教材之所以更不能不精选也。

今先请到会诸先生报告平日教授上所感之困难，与夫所得之经验，然后研究本问题实施之方法，于明日结束各问题时再付公决可也。

附十八日关于本问题之议决案
观下表每周至多三十二时至少十七时

美国芝加哥中学各科每周时数表

		第一年	第二年		第三年	第四年	说明
普通科		26	21	方言历史科	17	17	
				理科	24 21 19	24 21 19	
理科	上学期	19	21		24 21 19	29 26 24	
	下学期	19	21		24 21 19	24 21 19	
师范预备科	上学期	26	28		23	23	
	下学期	26	28		23	23	
商业科	上学期	21	27		27	27	
	下学期	21	27		27	17	
工艺科	上学期	30	32		32	32	内含实习时间
	下学期	30	32		32	32	
普通 工业科	上学期	30	32		32	32 30	
	下学期	30	32		32	32 30	
家事艺术科	上学期	30	23		31	19	
	下学期	30	23		26	14	
艺术科	上学期	22	17		17	22	
	下学期	22	17		17	17	
建筑科	上学期	30	30		32	30	
	下学期	30	30		30	25	

观下表每周至多三十六时至少三十二时。

中国教育部定师范学校中学校每周时数表

		预科	第一年	第二年	第三年	第四年	说明
师范学校	第一表（男子）	33	34	35	35	35	师范学校规程第二十八条规定每周至少须满三十小时
	第二表（女子）	32 35	33 36	33 36	33 36	34 36	
	第二部 第一表（男子）		36				
	第二部 第二表（女子）		36				
中学校	第一表（男子）		33	34	35	35	中学校令施行规则第十七条规定每周至少须满三十二时
	第二表（女子）		32	33	34	34	

一、议题之修正

原题为"减少授课时间与精选教材问题"，公决加入"变通学科一语"改为"减少授课时间与变通学科精选教材问题"。

二、议决案

本案由省教育会通知师范教育研究会、中学教育研究会及中等以上各学校分别举办，但有注意之点如下：

（一）渐趋学科的分业制度，就分科及选科上研究实施之方法。

（二）教科务取提要，另谋课外补充方法。

（三）将教育之普通目的详细分析，并据所分析之部分目的，精选教材。

（四）注意图书馆、博物馆及其他必要之设备。

（五）普通科注意升学上必要之程度。

（六）教师按时计薪，改为按科计薪。

（原载《新教育》第 2 卷第 1 期，1919 年）

小学校用白话文的研究

前一个月，江苏省教育会因为各地方小学校，有用白话文的，有不用白话文的，办法很不一致，他们对于白话文，有赞成的，有怀疑的，意思也很不一致，所以通信江苏各师范学校附属小学，发出两个问题，请他们答复。

一、你们对于国民学校白话文，认为有提倡的必要吗？

二、你们学校的国文，现在用白话体吗？倘是用的，从哪一学年起呢？参用呢，还是专用？可以寄一二种课本给我们看吗？用了以后认为有益吗？学生对于白话文的感情怎样？学生家属的感情怎样？

现在答复到的，已有十一个学校：

第一师范附属小学、第二师范附属小学、第四师范附属小学、第五师范附属小学、第六师范附属小学、第七师范附属小学、第九师范附属小学、代用师范附属小学、第一女子师范附属小学、第二女子师范附属小学、暨南学校附属小学。

他们对于第一个问题，一个都没有反对，只一校答"尚在研究"，此外九校认为必要提倡，一校认为可以提倡，他们所说必要提倡的理由：

一、白话文容易学习。（四师附小、九师附小、代师附小）

二、用白话文可以节省教学的时间。（五师附小、代师附小）

三、记述和发表比较的便利。（五师附小）

四、可以实地应用。（四师附小）

五、容易使语言正确和明了。（四师附小）

六、可以希望言文一致，使教育易于普及。（四师附小、五师附小、九师附小、代师附小）

"一师附小"的答复很透彻，他说道：敝校对于国民学校用白话文，很以为有提倡的必要。（一）因为白话比文言简单，例如文言"良""佳""美""善"几个字，白话只消一个"好"字。文言"追""及""抵""止"几个字，白话只消一个"到"字。类于此的很多。（二）因为白话比文言易学，从来通白话文的，未必通文言，通文言的，却没有不通白话文，足见白话文易学，文言难通。至于怎样统一国语？怎样提倡新文学？这种研究那不专是小学校的任务，我可不讲，小学校的国文为什么要简单易学？这问题先生们都知道，我也可不说了。

但是他们对于用白话文，也有提出问题，希望大家讨论的：

一、白话文很多笔画复杂的字，教初学便利吗？（代师附小）

二、有标准的白话文吗？（九师附小）

三、社会还没有通行白话文的时候，学校所教能应用么？（代师附小、二女师附小）

四、上级的学校招生试验，尚未用白话体，应试时能合格么？（六师附小、代师附小、二女师附小）

五、专教白话文，所识的字，怕不够将来应用。（二女师附小）

六、最好希望政府公布，全国同时用白话体。（九师附小）

七、高年级还是用切近语体的文言较好些。（九师附小）

他们对于第二个问题，怎样呢？他们说："一师附小"：本校现在初等一、二年完全用白话文，将来到三、四年想参用文言。三、四年要同高等科衔接，在外面高等科的国文没有改低时，不能不迁就些，所以要参用文言，现在三、四年生，因为招来的时候用文言，"积重难返"，所以现在仍用文言做主，有时参用些白话文罢了。

"二师附小"：各学年多参用白话体。

"四师附小"：国民一、二年暂用商务书馆出版的新体国语教科书，三、四年仍用以前的。

"五师附小"：国民科单式学级一、二年全用白话文，三、四年也用白话做主体，但有时用普通文。

"六师附小"：现仍用文言体。

"九师附小"：国民一年，纯用白话文。二、三年采用切近语体的文言。

"代师附小"：还没有采用白话哩。

"一女师附小"：国民科都用白话体，且都是专用的了。

"二女师附小"：国民科一年起就参用白话，十分里约占三分，已行之两年了。

"暨校附小"：国民三年至高小三年，都添课国语了，国民科约占国文时间三分里两分，高等科三分里一分。

把以上所说统算起来，可用以下几项概括它：

（一）大多数学校用白话体了。

（二）多数学校国民一、二年，专用白话体的，三、四年参用的。

"四师附小"还有很好的意见，他说道：本校现定两种办法：

（甲）第一部的儿童，是要升学的。一、二年专用白话文，到了三年兼用文言，渐渐引导他，使学做和语体相近的文章。

（乙）第二部（注重商工）第三部（注重农）的儿童，是早早要就职业的，四年全用白话体，教他将来应用罢了。

他把学生求学的目的，做他设施的根据，很是，很是！

究竟他们用了白话文，认为有益吗？学生和学生的父兄感情怎样呢？他们说：

"一师附小"：用白话文后，学生方面似乎可以读比较长篇的文字，文字上深究教授，许多麻烦的手续，也省了些。学生的感情一、二年也不觉什么，因为他们没有学过文言，既不知道文言无味，也就不觉得白话有趣了。三、四年念惯文言体文字的学生，难得参用些白话文，他们真乐得"手舞足蹈哩"。学生的家属大多数不加可否，少数的人很反对，就同他细讲，他也不赞成。

"二师附小"：作文时参用白话体，儿童容易模仿，感情也好。至学生家属的感情，还没有确当的统计。

"四师附小"：一、二年级试验几天，觉得儿童容易懂，很有兴味。至于学生家属希望子弟将来要求高深学问的，大都不满意，以为太浅，虽然学会了白话文，将来要看文言体的书，仍然不懂，要做文言体的文章，仍然不通，岂不是害了他一辈子。当即告以白话文拿他做引导学文言的初步，待学生白话文明白了，渐渐拿文言来教他，自然容易进步，家属亦表赞成的意思。

"五师附小"：试用没有久，还没有见效果，家庭也没有表示，只儿童觉得很有兴味罢了。

"一女师附小"：究竟有益没有益，还在试验中，不能断定。但是学生发表的文字，比从前有了头脑，说的话也有了秩序，大概是很有益处的。学生谈到白话文字，都是兴高采烈的，家属没有来说过反对的话。

"二女师附小"：自从用了白话文，儿童对之感情甚好，且已有些微效果（如见白话文条告即能了解）。但学生家属，初起不免有几分怀疑，自本年书报上盛行白话文后，家属方面，怀疑诘问者即没有了。

"暨南附小"：现在试验的时候，还没有知道。总之论到有益无益呢，总是在有益的方面。论到感情呢，小孩子没有不高兴的。就是他们的父兄，有赞成的，有怀疑的，还是不一致。"一师附小"有几句话，很使人动听的。

本校毅然决然用白话文教学生，常有一种"后不见来者"的恐慌。在苏州地方，苏音离官音太远，人家更不敢试用，即有试用的，也是枝枝节节，不是完全根本改革，所以又常怀一种"吾道太孤"的鬼胎。很希望贵会先生们注意提倡，使人家都用白话文，我们那就有了救兵，勇往直前，不退缩了。

这几句话正怕他校也有这种感想。但是"一师附小"诸君！读了这篇文章，看见了主张用白话文的，和那已经用白话文的，这样多，一定是高声喊叫道："救兵来了！"

那要发表我的意见了，我以为：

一、小学校白话文，要用不要用，当然是没有问题了。

二、白话文果然有笔画复杂的字，但是没法的。好在白话文容易了解，笔画虽多，看惯也就不觉得了。

三、学校里用了白话文，社会上也会渐渐通行，就看这几个月，白话文不知道发达了多少，应用一层，那可以无虑的。

四、上级学校招生试验的文体，倒是很要注意。我以为白话和文言，没有一致的时候，高小和中等学校招考，应听考生自由。文言也好，白话也好，要晓得考试是要考他的思想，从白话文看他的思想，比文言还要明了，况且文的美不美，不在乎文言和白话哩。

五、学校里白话文，什么样用法呢？吾很赞成"四师附小"的话："升学的儿童初年级用白话，高年级慢慢地参用文言，若是要就职业的儿童，简直教他白话是了。"

我所讲得对不对，还要请读我这篇文章的诸君发表意见，等到本社收得意见书很多时，还要写出来请教哩。至于应用的白话文体，"一师附小""一女师附小"都送到自编课本的一部分，录在后面，也可以供大家研究。（附录略，编者）

（原载《新教育》第 2 卷第 4 期，1919 年）

《职业指导号》的介绍语

我们的职业教育社，自从成立后，一般普通社会里的人，都希望我们介绍职业。我们岂有不愿意的吗？只是办不了这件事。我们的意思，终想根本解决，所以打算从职业指导下手。

还有一层。我们既办了职业学校，在学生分科选业上很有关系。因而想到岂但是职业学校有这种情形，就是别的学校学生来学，凭什么方法替他们分科？用怎样方法教导他们养成他们职业界的种种资格？学成以后，更有怎么方法使得他们走一条相当的出路？仔细想想，这个职业指导，简直是职业教育的先决问题了。

依我想来，说到职业指导这件事的根据，脱不了两个标准。一个是职业心理，一个是社会状况。职业心理，是要请专门家研究的，我们可以将外国人所著的这种书翻译出来，给诸君研究的资料。社会状况，是要调查的，我们也曾向职业界有名人物问他种种意见，承他不弃，陆续见教，多谢多谢。我们自然要一一披露的了。

我们在训练上绝对主张提倡自动自治。很希望青年学成以后，在职业界上发展他们自己的能力，不要像从前加一鞭走一步的神气。那么职业的效能可以大大增加了。况且自动自治的习惯养成以后，人人觉得我的职业里头有很大的世界，可以发挥我的思想，使用我的才能，那么就有很浓很厚的兴味发生出来了。所以自动自治在职业教育上确有很大的价值。可是现今吾们的中国在旧式社会里头，多不欢迎这种富有自动能力的青年。吾国有一个鼎鼎有名的实业机关，进去的青年不高兴，退出来的很多。有一天吾问其中一位资格很老的朋友，这是怎么缘故？据他说就为是管理的人头脑太旧，不肯采纳部下有思想的青年的意见，所以大家多想退出来。这种现象，可以说是吾国一般旧式社会的代表。

吾们研究职业指导，这倒是一个很困难的问题，吾们虽是十分求合社会心理，哪里可以违逆进化新潮呢？况且这种旧式社会，不久也要随了进化新潮大大的变动么！

依我的意见，对于这个职业指导问题，地方教育行政机关有种种的责任，学校教职员也有种种的责任。读者诸君！先请读了本期杂志，以后我们还要写出具体的意见，和诸君讨论实施方法哩。

（原载《教育与职业》第 15 期，1919 年）

八年八月九日赴法美留学生送别会演说词

鄙人代表江苏省教育会及中华职业教育社恭送诸君，有数语相赠。诸君于此数日内所常筹划者，大概不外一问题，曰如何往，如何往。鄙意有不同者，以为诸君当此将往时，更宜筹划一问题，曰如何返，如何返。盖诸君之去，为学也。其所以为学，为将来为社会、国家服务也。虽然，诸君至回国之后，始谋为社会、国家服务，难矣，亦晚矣。近年以来，学成回国者日多，而能实际行其所学者甚少，社会之叹乏材且日甚也。譬之鞋肆制鞋甚多，购鞋者纷纷就肆以求，左右觅配，无一合适。愤而责肆人曰："何鞋之不合用若是？"肆人亦反以相责曰："何天下之足不相似若此？"今之求学者与用人者之间，岂不类此耶？鄙人今日所欲言，即就此平日所感受之困难，而欲为诸君一究此问题之解决法耳。鄙意以为，今后制鞋者，一宜求适切之鞋样；二宜及早与购鞋者接洽。第一说即分科宜细，择类宜专也。就教育界言之，幼稚园需保姆，而专学保姆者甚少；图书馆需管理员，而专学图书馆管理法者寥寥。最多者唯教育理论、教育行政等普通之教育而已。更就学校教育言之，中等教育为极感困难，而至今犹未解决之一问题，无专研究中等教育之人也。小学教员大多数非有精深之研究者，待解决之问题甚多，欲求一能为小学教师之教师者绝鲜。诸如此类，苟诸君之学教育者，能分少许之光阴，精思熟虑，以解决此诸问题，为国家、社会造福多矣。就工界言之，学化学者甚多，学应用化学者甚少。譬如玻璃，吾人日用所需者也，而无制造之者。虽原因甚多，而制造玻璃专门家之缺乏，亦其一重要原因也。数月以来，提倡国货之声，遍于各地，而日用之工艺品，欲求一相当之技师而不得。然而习工科者非不多也，其他各项亦然。鄙人所言，略举一二为例耳。故曰，今后之留学分科宜细，择类宜专也。其第二说，则诸君当于未离国前，或留学一二年普通学科毕业后，常与国内用才者接洽，即以所需何科而择其与己性习或所学相近者，特别研究之。于是用才者得说明其所需要，而求学者得专心以预储其将来切用之知能。隔阂既去，关系自深，学成归国，不必皇皇以求，而即可安心以行其所学矣。以吾所闻，今之购鞋者，渐趋于先期定制之一途，盖鉴于求才之难，多为未雨绸缪之计。苟学者不早日与用者接洽，恐将来之谋事益难耳。诸君乎，苟对于余所提出之两问题而随时欲有所商榷，则鄙人愿为协助诸君者之一。盖近年以来，鄙人固无日不注意此点。同人所创之职业教育社，此点实占社务之重要部分也。诸君乎，来宾乎，其勿视此点为无大关系。人各有特别之才能，本之天赋，苟一一用之于适当之途，与因学之不当、用非其长，或竟学成不用而一一废弃之，两者之一出一入，其影响于国家、社会前途，岂复可以数量计？所谓人才经济问题，吾知诸君固不得不认为重要。而鄙人不敏，实汲汲焉，欲于此点上稍尽义务者也。时间所限，不能多谈。诸君乎，唯愿长途珍重，为国努力。

（原载《教育与职业》第 15 期，1919 年）

《学生自治号》发行的旨趣

本社所办中华职业学校，学生入学的时候，一律要写誓约书。就是：

一、尊重劳动（学生除半日工作外，凡校内一切洒扫、清洁、招待等事，均由全体学生轮值担任）；

二、遵守规律（校中由全校学生组织自治团，自订一切规律而自守之）；

三、服务社会（学生除校内服务外，兼于校外从事一切相当之服务）。

因为办职业教育，最易犯两种病。其一，学生误解了"自尊"的一个名词，于是不知不觉看轻一切作业。随你学什么工艺，都成为贵族的工艺。除掉规定工作课程以外，不愿动手。现在的实业学校，犯此病的很多，于将来就职业上，很有障碍。其二，仅仅教学生职业，而于精神的陶冶全不注意，把一种很好的教育变成器械的教育，一些没有自动的习惯和共同生活的修养。这种教育，顶好的结果，不过造成一种改良的艺徒，决不能造成良善的公民。现在各地慈善机构所办教育，犯此病的很是不少。吾们既看出这两种病象，所以十分注意。在工作和授课以外，极力提倡劳动、服务，而一切归纳于有系统的自治里头。从初起时，就注意这点，如今倒有一年多的光阴了。

我们的学校，本是试验性质，很欢迎各地方教育家来参观和研究。开办以来，参观者着实不少。对于吾校自治的组织，非常注意，常有要章程的、问各种组织法的。吾校本取公开主义，断没有不可以告人的。只是有一层须声明，来宾参观后，要是误会了意思，以为职业学校才应该有这种自治的组织，那就大错。须知哪一种学校不应该提倡自治呢？不过说职业学校也应该这样罢了。

"五四"以后，各学校震于学潮的利害，大家议论今后的教育方针。于是学生自治，成为一个新流行的极时式的名词。各地教育家向吾校要自治组织法，做他们参考的更多。我校早早声明是试验性质，供大家研究的，岂不是"正中下怀"吗？所以急急忙忙，把吾校一年间关于学生自治的事情和教员对于这问题的意见，通通编辑起来，成为本杂志的一种专号。

只是吾们有三种意思，要向读者郑重声明的：

一、吾校虽是职业学校，但学生自治问题，是各种学校共同的。万不可误认为是职业学校才要有这自治办法。

二、自治怎么样组织，要看学校性质和学生状况，才可以斟酌规定。万勿随意抄袭举办。就是吾校也随时变更的。

三、吾校初创办，同人知识很浅，这样办法对不对，务求读者诸君不客气，赐教赐教。

（原载《教育与职业》第 16 期，1919 年）

"五四"纪念日敬告青年

"五四""五四"，于今一年了。这一年间，社会空气，忽而紧张，忽而散漫，不知变化了多少；青年心理，忽而喜，忽而怒，忽而悲苦，不知变化了多少；就是社会对于青年的态度，也不知变化了多少。吾敬爱的青年啊！身受的痛苦，还是有限，像诸君这样单纯洁白的脑筋，如何受得住这样恶浊社会所蒸发的甜酸苦辣的滋味。假使国家政治修明，用不着诸君费这样大的气力。又假使一般国民有爱国心，有实力，足以监督指导政府，也用不着诸君在青年时费这样大的气力。诸君生在这时的中国，算是诸君的不幸了。转过来一想，成败不足论，苦乐不必计，这种甜酸苦辣实实在在的经验，倒是无价之宝。诸君受了以后，用冷静的头脑，下一番亲切的考省工夫，优点啊，发挥他，弱点啊，修补他。比呆读死书，正不知得益多少哩。今天是第一个"五四"纪念。把吾所欲贡献于诸君，以及所听得人家希望诸君的话，认为很有价值的，分条写出。请吾敬爱的青年，平心想一下。

一、不论什么事，切不可忘掉两个问题。就是"是什么""为什么"。在意气极盛时，更要注意。

二、"爱国不废求学，求学不忘爱国"，真是至理名言。宜切记，宜实行。

三、根本救国，必在科学。倘使没有人肯用冷静的头脑，切切实实在科学上做工夫，吾国万无存在的希望。

四、学生自治，是学校最好的结合（参观新教育第一卷第三期美国学生自治研究委员会宣布）。依年龄和程度，为相当的组织。吾人须了解学校自治真意义，实共和国家的基础。对已在以自力养成规律的生活，对人在以群力发挥服务的精神。

五、关于社会服务的种种事业，吾人应认为神圣高尚的天职。勿因社会腐败而厌弃他。应原谅他，开导他。勿因社会锢蔽，不从吾开导而强迫他。应以诚恳的态度，不厌不倦的精神劝化他。

六、劳工神圣，是吾人良心的主张。吾人对于可怜的工人，须尽力设法给他相当的知识和待遇，须根本上救助他，使他彻底觉悟。不愿专挑动他粗暴的意气。因为无知识，即无实力，单是意气，转使他陷入苦境，是吾人良心不安的。

七、社会大病在虚伪，在苟且，在猜疑，在倾轧诟骂，在遮遮掩掩。就为如此，所以国事糟到这田地，吾人万不可染这习气，务须至诚、切实、公正，光明磊落，彼此原谅。

八、人尊敬我，推重我，称道我，勿因而自夸自大。有规劝我的，是他的好意，勿拒绝他。就是有非笑我的，也是他的失德，勿怀恨他。

九、无论爱国运动、文化运动，勿因收小效而自满，勿因遭小挫而灰心。最要紧的，是采用绵续不已的精神，采行有效的方法。

吾敬爱的青年啊，这都是良心话，并不是就要诸君做，是要诸君想。想来对的，吾人大家去做是了。

（原载《新教育》第 2 卷第 5 期，1920 年）

《职业心理学》的介绍词

本社译印《职业心理学》这书，是美国哥伦比亚大学教授荷令华甫先生著的。吾现在提出三个问题，一一解答：

（一）我们为什么印行这书？

（二）这书究有多少价值？

（三）这书的应用方法是怎么样？

答第一问：我们研究职业教育，要知道教育并没有绝对的能力。如果那人所入的学科，于他的性质和才能不相当，无论给他怎么样教育上的准备，总是无效。所以对于个人顶要紧的，就是用种种方法，试验出一种与他最相当的职业，然后给他入那种学科。吾的朋友中，常见有人品性和才能宜于甲的，偏偏去习乙的；他尽管在乙的学科上得了多大的学位、多高的资格，久而久之，还是去干他甲的事业。在他干乙的事业时，一点看不出怎样的本领；一干了甲的，便大大发展了。然而他在甲的不过凭他天才罢了。这样一想，要是这人从小就习甲的学问，干甲的事业，不知他的能力发展到怎么样，这人的快乐又不晓得怎样。所以一个人职业和才能相当与不相当，相差很大。用经济眼光看起来：要是相当，不晓得增加多少效能；要是不相当，不晓得埋没多少人才。就个人论起来：相当，不晓得有多少快乐；不相当，不晓得有多少怨苦。但是用怎样方法试验他相当不相当呢？现在教育家主张用心理学试验，我们一见这书，欢喜极了，所以急急忙忙译给我同志们"先睹为快"哩。

答第二问：荷令华甫这书，先述古时对于选择职业、推测人生命运的种种方法（第一章、第二章）。以后述脑力试验法的发明起于一八九四年哥伦比亚大学教授吉替尔①（Cuttell），后来德、英、法各国公立一种普通研究法，从这里头求出选择职业的标准（第三章）。以后列举各家所用种种方法——模型法、实习法、比拟法、历验法（第四章）、自审和公断法（第五章、第六章）。吉替尔的人类性品二十四种，桑大克②（Thorndike）、柏列治③（Portridge）都很称道他。有了这种方法，不但可以考察他人，并可以考察自己。以后述职业试验与学校课程的关系（第七章）。以后依据心理以定职业的分类——第一种，脑力薄弱、精神不完的人亦能做的；第二种，不须专门脑力亦能做的；第三种，须具有特别胆力、灵警资质方能做的；第四种，只需有常识、晓交际、具普通德性便能做的；第五种，包括其余职业（第八章）。以后论女子职业试验的结果，主张凡有职业，男女都可以担任（第九章）。以后述脑力试验法的原理（第十章）。最后综论这一种科学现时的成绩（第十一章）。总之，这书全部都是根据实验，并非理想；都是在数量的多少上、尺度的长短上试验比较，并非糊里糊涂的猜测武断；都是教人家你且照这方法去试试，或者还有更好的方法，并不是说我有怎么很好的方法，命令人家照样去做。这就是最新的科学态度，也就是这书的特别价值。

答第三问：譬如人家父兄对于子弟，希望他得一种恰当的职业，不可不读这书；譬如学校分设各种学科，希望学生品性和才能一一相当，都得很好的成绩，为将来服务社会、国家做他很好很好的预备工夫，不可不读这书；譬如工厂、商店经理人招募役员，给他职务，希望他所受的职务大小高低、轻重繁简，都和他的品性才能相称，将来久于其事，奏出良好的效能来，不可不读这书；譬如青年要凭自力选科修学，做将来服务社会、国家地步，究竟哪种与我品性相当，那种与我才能相配，"人苦不自知"，最好用明镜把我真相照他一照，不可不读这书。

吾现在要恳求读者诸君，把读罢这书后的意见，或照样用他的试验方法得到怎么的结果写出来，送到本社，不但我们得到很好的研究资料，或者还要寄到哥伦比亚大学去做他们的参考。庶几不负他们几位教育家的苦心呀。

（原载《教育与职业》第17期，1920年）

---

① 吉替尔，今译卡特尔。
② 桑大克，今译桑代克。
③ 柏列治，今译帕特里奇。

调查安徽当涂县地方状况报告

　　当涂徐君静仁斥巨金，筹立一职业学校于其乡，愿本社同人为之计划。炎培乃于九年三月一日乘车赴南京，乘舟转赴当涂，由江干金柱关入姑熟溪，抵城。调查其乡土图志（当涂县图民国五年吴峻绘乡土志，清光绪三十三年欧阳煊辑），周历城厢内外街市，与当地教育家实业家接谈，越宿出城，西北行二十里至采石矶，纵览形胜回城。夜乘轿西南行，至芜湖乘舟返。记调查所得当涂地方状况如下：

　　区域地及界址　当涂旧为太平府治，与芜湖、繁昌同隶太平府。民国成立，废府存县。其地西临大江，南界芜湖及宣城，东界江苏之高淳及溧水，北界江宁。

　　面积及户口　依图全境广九十里，衮八十里。据土人言全县户口虽未调查，约计人民当在三十五万至四十万之间，县城六千户，当得二三万人。

　　交通状况　当涂自城缘姑熟溪，至江干金柱关五里，上游去芜湖六十里，下游至江宁之下关一百二十里。姑熟溪一名水扬江，上通宣城、宁国等县，该地土产输出及外货输入，悉取道该溪出江，而以当涂为必经之门户，故该县实为皖南一部分之交通要道。县有大镇八曰黄池、曰乌溪、曰采石、曰小丹阳、曰薛镇、曰新市、曰博望、曰大桥。

　　物产大概　当涂多山，富矿产。现有采矿公司五，曰福民、曰利民、曰宝兴、曰振冶、曰益华。宝兴已出砂，前岁获厚利，去年铁价跌，稍损。福民今年可出砂，闻该处有数处矿山，铁砂俯拾即是，不须深掘。农产以稻为主。土人谓全县田一百万亩，产米约三百五十万石，志载年出口五十万石。豆麦次之，近山多番薯，江宁交界小丹阳一带多蚕桑，志载年产丝八万两。地富于湖沼，菱芡莲藕鱼虾之属，产额甚多，黄池之藕粉，有名于市。鱼价贱，银一元可得二十斤。芦柴一元三百斤。业养鸭者甚多，向芜湖炕坊购取已炕之蛋，肩以归。现价每千枚约三十元，依惯例先给半价，七日出卵再给半价，不出坊还所给。生数月售之南京，每头可得三百文，如收蛋利更厚。有珍珠萝卜，城东门外特产，色黄，大仅如莲子。有实心竹可制手杖，编物用之蓍草，染料用之花慈姑，皆富。土人言地质不宜于棉，然未实验。闻高淳交界湖阳一带产贝壳，可制钮，亦未见。泾县之竹，宁国之木，宣城之纸，大都取道该县输出。

居民生活状况 土人多业农，该地商人多来自皖南，工人多来自皖北。农工价常年雇定者年二十元，短工约五日一元，均给饭。女子大足穿裙，黑布帕首，其耐苦操劳，往往出男子上。农田、湖田之工作，女子皆能之，有能肩百十斤物远行者，唯升屋于茅，及耕田扶犁，非男子不可。农隙有纺织者，然当地销售之布，大都来自南通。女子工价低于男子一半。现米价每石五元余，一人一日之生活至少须一角。地价贱，田每亩二三十元。建筑费亦贱，屋十七龛者，费百五十元。母财甚乏，近年军队在该地放债，银一元月息重至一角。

教育状况 全县公私立高等小学七所，学生三百五十余人。国民学校二十余所，学生千余人。第一、第二高小皆在县城。第一高小学校九十人，三年级十余人。第二高小九十人，三年级十人。第三高小在薛镇，学生四十人，均一、二年级。第四高小在黄池，学生六十人，均一年级。采石镇立高小五十余人，三年级五人。县城尚有私立高小学生二十四人，均一年级。尚有私立高小在县城，正开办中。统计高小学生三百五十余人中，三年级不过三十人左右。高小毕业后百分之六七十升学，或入宁国第四师范，或芜湖第五中学，或第二农学，或升南京各校。不升学者习商，其年龄均在十四五以上。国民学校毕业生在城大都升高小，在乡任意来去，升学者较鲜。县城学校除上述公私立四高小外，国民学校三所，尚有乙种蚕桑学校一所，系蚕桑试验场附设，专收男生。女学，县城第一、第二两校，共学生百余人。凡学校无论公私皆免纳学费，全县公家教育费万余元。学校以外，全县私塾约二百余所。县城旧有太平府中学一所，革命后停办。邑人之现肄业高等专门者，欧美留学二人，日本五人，在北京大学七人，其他学校约十人。

地方政治概况 前清时，长江水师提督、安徽学政两衙署设在当涂，于武备及文化上皆为重要地点。民国成立虽受兵事影响，而凡百更新，地方人民欣欣望治，故民国初年之设施，斐然可观。来学者日多，无不超过定额。自经癸丑之变，元气大伤，教育中辍，黉舍驻兵，蹂躏殊苦，至今犹未复也。区区六千户之城垣，闻有私售鸦片者可百余家，军警月收费五元十元不等，为之惨然。

　　是行所接谈者劝学所长晋君厚瑶（献池）、县教育会长杨君彬（依平）、县立第一高小校长黄君绳训（叔彝）、第二高小校长张君正鹄（紫射）、第三高小校长孙君炳乾（健成）、第四高小校长娄君发义（协宜）、采石公立高小校长晋君承沅（芷香）、私立高小校长关君经铸（孟陶）、乡南公立国民校长孙君昶（若平）、劝学员唐君谷香、教员周君益三、汪君旭仁、福民公司刘君同（介堂）、黎君长牲（鹤年）、张君言（伯箴）。与余同行者涂君开舆（九衢）、傅君焕光（志章）。

（原载《教育与职业》第 19 期，1920 年）

当涂职业学校计划书

一、分科 以农科为主，以工科为辅。农如种稻、种麦、种豆、种菜、种桑、养蚕、养蜂、养各种家禽、山地造林、湖塘养鱼、养鸭、种菱茨莲藕之属。工如造木器、竹器、织布、农产制造。以上斟酌情形，次第举办。

（说明）设农、工二科之理由，参观调查报告。

二、地点 校地宜在半村半郭之间，既便通学往来，又便农田实习。校舍坐落地不必大，唯农田面积至少须百亩，能包有山坡湖沼更好。

三、校舍 会堂一所宜较大，以能容全体学生为度。教室宿舍以乡村农家为标准，虽草屋不妨，但改良其建筑，收拾整洁，使日光与空气合式而适于卫生。工场宜聚，农舍宜分，俾渐行菲律宾学生农夫制。

四、程度 高等小学毕业或修业者，国民学校毕业或修业者，年长失学者皆得入学。视其志愿与能力分别编制，但年龄至少以十二岁为限。修业年期分别规定，最长者三年，总以毕业后能自营生为度。

（说明）该地高等小学及国民学校毕业生甚少，故收生之途较宽，参调查报告。学生年龄以十二岁为限，根据美国各州对于儿童工作之限制。

五、学额 现时之设备，以能容学生二百人为度，分年招收之。

六、工读 以半日读书半日做工为主，但农科遇农忙时，得停止受课，专习农业。

七、训育 提倡学生自治，注重公共作业。

八、经费 原定五万元，约以三万元作基金，以其息及农工生产收入充常年费。以二万元充开办费，内约计购地七千元，造屋八千元，购器具及其他费用五千元。

（原载《教育与职业》第 19 期，1920 年）

上海职业学校计划书

该校由旅沪潮州商人捐款设立。地在公共租界胶州路，以两外国人、四华人合组董事部，握有全权。四华人以潮惠会馆董事充任，每年更举一次，而两外国人则为永久董事。校产约值银四十万两，建筑及购备器具规定七万五千两，而每年经常费仅规定一万五千两。聘邻近盲童学校校长英人傅步兰君兼任校长，委托炎培代为规划。时组织已就绪，建筑将告竣，只得就其现况拟具甲乙两种计划以备采择。其地坐落上海西北隅，去市稍远，校有余地，故设农科。校之北邻有牧场，南邻有美艺木器工场，皆可利用。上海机械工又大缺乏，故设铁木工科。其后校名依校董会意，称贫儿教养院，至两种计划之去取，此时尚在讨论中，炎培志。

甲之计划

一、名称 上海职业学校

二、学生资格

甲、十二岁以上之失学儿童。

乙、十二岁以上曾入私塾之儿童。

丙、国民学校毕业生。

均以家况清寒有志学习职业者为限。

三、分科 名额 入学程度毕业年期

甲、农业科（种蔬、种花、养鸡、养牛、养蜂等）不问程度，以农家子弟为限。定二十名，三年毕业。

乙、铁工科（机械、翻砂、锻工等）限于国民学校毕业或职业预备科毕业，年在十五岁以上者。定二十名，三年毕业。

丙、木工科（模型、雕刻、家具等）同铁工科。

丁、职业预备科。有志入铁工、木工两科而年未及格，或程度未及国民学校毕业者。定四十名，毕业无定期。农业、铁工、木工三科均年招一班。职业预备科每年常以四十名为限。

四、功课支配

甲、农业科　上课与作业视农作时间而支配之。

乙、铁工科、木工科　均半日上课，半日做工。

丙、职业预备科　三分之二时间习普通科，三分之一时间练习工作。

五、纳费　膳费每生每年纳三十六元，无力者免，学费不收。

六、设备

甲、农业科　划出北首余地，约以十亩为度，供花坞、菜圃、鸡埘、牛栏之用。并建筑农家房舍备农科学生住宿之用。兼备农用器具。

乙、铁工科　机械工场、翻砂工场、锻工场各一间，兼备机械及其他相当之设备并工具。

丙、木工科　木工场一间，并各种木工用具。

甲之预算

最初三年经常费：

第一年　农业科一班、铁工科一班、木工科一班、职业预备科一班、共四班，学生一百人。

收入　学生膳费（以五十人计）一八〇〇元。

支出　学生膳费三六〇〇元、职教员工役膳费（二十二人）七九二元，共四三九二元。

薪水校长一人一六〇元、副校长一人一四〇元，农科教员二人共八〇元，铁工科教员一人四〇元，木工科教员一人四〇元，普通教员三人共九〇元，农夫三人共四〇元，铁工匠四人共一〇〇元，木工匠三人共七〇元，庶务会计书记三人共八〇元，月共八四〇元，年共一〇〇八〇元。

添置一〇〇〇元。

消耗（电灯、自来水、煤炭等）一二〇〇元。

实习费农业科（种子肥料等）五〇〇元，铁工科（二十人）一〇〇〇元，木工科（二十人）五〇〇元，共二〇〇〇元。

办公费（纸墨笔砚等）六〇〇元。

杂费五〇〇元。

预备费六〇〇元。

统计二〇三七二元。

收支相抵，应支一八五七二元。

第二年　农业科二班、铁工科二班、木工科二班、职业预备科一班，共七班，学生一百六十人。

收入　学生膳费（以八十人计）二八八〇元。

支出　学生膳费五七六〇元，职教员工役膳费（二十六人）九三六元，共六六九六元。

薪水校长一人一六〇元，副校长一人一四〇元，农科教员二人共一〇〇元，铁工科教员二人共九〇元，木工科教员二人共九〇元，普通教员五人共一六〇元，农夫三人共四〇元，铁工匠四人共一二〇元，木工匠三人共七〇元，庶务、会计、书记三人共九〇元，月共一〇六〇元，年共一二七二〇元。

添置一〇〇〇元。

消耗（电灯、自来水、煤炭等）一四〇〇元。

实习费农业科（种子、肥料等）五〇〇元，铁工科（四十人）一五〇〇元，木工科（四十人）八〇〇元，共三〇〇〇元。

办公费（纸、墨、笔、砚等）七二〇元。

杂费六〇〇元。

预备费八〇〇元。

统计二六七三六元。

收支相抵，应支二三八五六元。

第三年　农业科三班、铁工科三班、木工科三班、职业预备科一班，共十班，学生共二百十人。

收入　学生膳费（以一百一十人计）三九六〇元。

支出　学生膳费七九二〇元、职教员工役膳费（二十八人）一〇〇八元，共八九二八元。

薪水校长一人一六〇元，副校长一人一四〇元，农科教员三人共一四〇元，铁工科教员二人共一〇〇元，木工科教员二人共一〇〇元，普通教员六人共二四〇元，农夫三人共四〇元，铁工匠四人共一四〇元，木工匠三人共七〇元，庶务、会计、书记三人共一〇〇元，月共一二三〇元，年共一四七六〇元。

添置一〇〇〇元。

消耗（电灯、自来水、煤炭等）一六〇〇元。

实习费农业科（种子、肥料等）五〇〇元，铁工科（六〇人）二〇〇〇元，木工科（六十人）一〇〇〇元。

办公费（纸、墨、笔、砚等）八四〇元。

杂费七〇〇元。

预备费一〇〇〇元。

统计三二三二八元。

收支相抵，应支二八三六八元。

乙之计划

一、名称　同甲。

二、学生资格　同甲。

三、分科　名额　入学程度　毕业年期

甲、农业科　同甲

乙、木工科　同甲

丙、编织科（织毯、织席、编草帽、各种编织物等）定二十名，二年毕业。其他科目临时定之。

四、功课支配　半日读书，半日做工，唯农科视农作时间之适宜而定之。

五、设备　农科同甲，木工科、编织科工场各一间或二间。

六、纳费　同甲。

乙之预算

第一年　农业科一班，木工科一班、编织科一班，共三班，学生六十人。收入学生膳费（以三十人计）一〇八〇元。

支出　学生膳费二一六〇元，职教员工役膳费（二十人）七二〇元，共二八八〇元。

薪水校长一人一四〇元，副校长一人一二〇元，农科教员二人共八〇元，木工科教员一人三〇元，编织科教员一人三〇元，普通教员二人共六〇元，农夫三人共四〇元，木工匠三人共七〇元，编织匠三人共七〇元，书记、庶务、会计三人共八〇元，月共七二〇元，年共八六四〇元。

添置八〇〇元。

消耗（电灯、自来水、煤炭等）一〇〇〇元。

实习费农业科（种子、肥料等）五〇〇元，木工科（二十人）五〇〇元，编织科（二十人）四〇〇元，共一四〇〇元。

办公费（纸、墨、笔、砚等）五〇〇元。

杂费五〇〇元。

预备费六〇〇元。

统计一六四二〇元。

收支相抵，应支一五三四〇元。

第二年 农业科二班、木工科二班、编织科二班，共六班，学生一百二十人。

收入 学生膳费（以六十人计）二一六〇元。

支出 学生膳费四三二〇元，职教员工役膳费（二十三人）八二八元，共五一四八元。

薪水校长一人一四〇元，副校长一人一二〇元，农科教员二人共一〇〇元，木工科教员二人共七〇元，编织科教员二人共七〇元，普通教员三人共一〇〇元，农夫三人共四〇元，木工匠三人共七〇元，编织工匠三人共七〇元，书记、庶务、会计三人共九〇元，月共八七〇元，年共一〇四四〇元。

添置八〇〇元。

消耗（电灯、自来水、煤炭等）一〇〇〇元。

实习费农业科（种子、肥料等）五〇〇元，木工科（四十人）八〇〇元，编织科（四十人）七〇〇元，共二〇〇〇元。

办公费（纸、墨、笔、砚等）六〇〇元。

杂费六〇〇元。

预备费六〇〇元。

统计二一一八八元。

收支相抵，应支一九〇二八元。

第三年　农业科三班、木工科三班、编织科二班，共八班，学生一百六十人。

收入　学生膳费（以八十人计）二八八〇元。

支出　学生膳费五七六〇元，职教员工役膳费（二十五人）九〇〇元，共六六六〇元。

薪水校长一人一四〇元，副校长一人一二〇元，农科教员三人共一四〇元，木工科教员二人共八〇元，编织科教员二人共七〇元，普通教员四人共一四〇元，农夫三人共四〇元，木工匠三人共七〇元，编织匠三人共七〇元，书记、庶务、会计三人共一〇〇元，月共九七〇元，年共一一六四〇元。

添置八〇〇元。

消耗（电灯、自来水、煤炭等）一〇〇〇元。

实习费农业科（种子、肥料等）五〇〇元，木工科（六十人）一〇〇〇元，编织科（四十人）七〇〇元，共二二〇〇元。

办公费（纸、墨、笔、砚等）七〇〇元。

杂费七〇〇元。

预备费六〇〇元。

统计二四三〇〇元。

收支相抵，应支二一四二〇元。

（原载《教育与职业》第 19 期，1920 年）

义务工作

　　当欧战中期，英、法、德诸国感于工人之匮乏，于征兵制度外，须行征工制度。其所工作悉应战事之需要，使不赴战场之国民无一不间接助战。迨欧战终了，德国因和约绝对禁止征兵，并严减军额（见德约第二部第二篇第一条），更无以武力制胜列国之余望，乃舍兵战而从事工战之准备，盛倡强迫做工，全国不论何人，至少须入工场当工人一年，是谓义务工作。而俄之列宁政府，一九一八年七月颁布宪法，实行全国征工制度，凡国民对于国家均负劳动义务，不劳动者不得求食，定诸宪法（参见黄郭氏"战后之世界"及本杂志本期德国特约通信）。余以为此乃今后世界之新趋势，准吾国国情实有提倡之必要。

　　试言其理由：吾国大患在多游惰，欲矫其弊，唯强迫做工，此其消极之理由一。吾国之所以见称于世，在人口多与土地广而富原料。人口多苟不做工，则以食者众而速贫；苟皆做工，则以生者众而速富。原料富，己利用之，将大见重于世；己不利用，人必有夺之以为用者，而国且见夷于世。此其积极之理由二。

　　试言其方法：凡小学校与中学校皆设手工或机械工科，苟受教育无不习做工，教育普及工亦普及，此其究极也。下手方法，不敢遽望政府之颁诸法令也，愿吾挚爱国家与深明世界大势之同志，其在学校速设备工事、提倡工作，其在家庭教子弟任何职业，必以若干时间令服役工作。

（原载《教育与职业》第 22 期，1920 年）

华商纱厂联合会棉铁工业学校计划书
——就聂君云台、穆君藕初、刘君伯森等三案参酌起草

我国之有纺织专门学校，首推南通，次则各省工校所设之纺织科。大都重学理而轻实习，卒业者仍必就各厂实习若干年，始能担任职务。因此各厂对于学生之信仰心，不无稍薄；而机件之装置与修理，以及实地工作，仍不得不委诸无知识、无学理之工人之手。我纺织界之不易进步，此其最大原因也。近一二年纱业稍稍利达，投资斯业者，飙举云起。才难之叹，因缘以生。夫今日之世界，一科学相争之时代也。无精良之技术，不独已有之厂，万难置身于商战剧烈之场；即新设者，亦难免不蹈旧厂之覆辙。本会有鉴于此，于是有棉铁工业学校之建设。

此棉铁工业学校，以工业为目的，以教育为方法。校内设一万锭纺纱厂一所，厂中工徒，尽用十三岁以上男学生。每日分四班，每班做工六小时，以其余暑授课三小时，是为工徒科。以上设技术科、高等技术科、技师科。各科毕业后，分别升级，或送各厂任相当之职务。凡入本厂工徒科、技术科、高等技术科者，均不收学费，由厂供其食宿，并酌给零用费。但入技师科者，酌收学费。

校内附设铁工厂及翻砂厂，专为本校有关系各厂翻造修理各项机件，以其余力兼事营业。翻砂一项，为各厂不可缺之工业，纱厂尤甚。我国因无精良技师，各翻砂厂所出之品，甚形窳败，其稍良者取价极昂，仍不足与舶来品抗。盖铁质之配合，热度之调节，砂质之选择，制模之改良，皆须有科学之知识为之支配，非置一炉、一风箱，取数斗砂即可从事也。关于机械精制工，尤须研究。凡我华厂每年之损失于此者，当不可以数计。今日办翻砂、铁工两厂，设工徒科，办法与纱厂工徒科略同。但因工作需用体力较多，年龄定为十五岁以

上，半日工作，半日受课。以上设技术科。各科毕业后，分别升级或送各厂任相当之职务。凡入本厂者，由厂供其食宿，但须酌收学费，至技术渐进，得酌给零用费。

以上两部内容之组织，具如下图。

[说明]

工徒科甲 收十三岁以上男儿童失学者，或国民学校未毕业者。每日六小时工作，三小时修学。做工为关于纺织之弹花、梳花、并条、粗纱、细纱、摇纱、打包等，关于织布之络纱、经纱、浆纱、织布、整理、打包等，轮流学习。学科为国民学校规定之必修科，而注意采用纺织有关系之材料。二年卒业，选入本厂技手科或分送各纺纱厂为工徒。

工徒科乙 收十五岁以上男儿童失学者，或国民学校未毕业者。半日工作，半日修学。做工为打铁工、翻砂工、精制工，次第学习。学科为国民学校规定之必修科，而注意采用铁工有关系之材料。二年毕业，选入本厂或纺织技手科。

技术科甲 选收工徒科毕业者，或十五岁以上国民学校毕业之男儿童。每日六小时工作，三小时修学。做工除轮习纺织各部外，兼练习各部管理及修机等事。并于习修机之先，入铁工厂习铁工。其学科为公民须知、纺织大意，及与纺织学有关系各科。三年毕业，选升高等技术科，或分送各纺织厂任相当之职务。

技术科乙 选收工徒科毕业者，或十五岁以上国民学校毕业之儿童。半日工作，半日修学。做工轮习铁工厂各部。学科为公民须知、工作法，及与工作法有关系各科。三年毕业，选升高等技手科，或分送各铁工厂任相当之职务。

高等技术科 选收技术科毕业者。半日练习各部工作管理并修机等事，半日课纺织学、机械学大意，及管理法，俾悉发动机、传动法、装置法等。一年半毕业，或留厂办事，或介绍入各厂任相当之职务，亦得以其

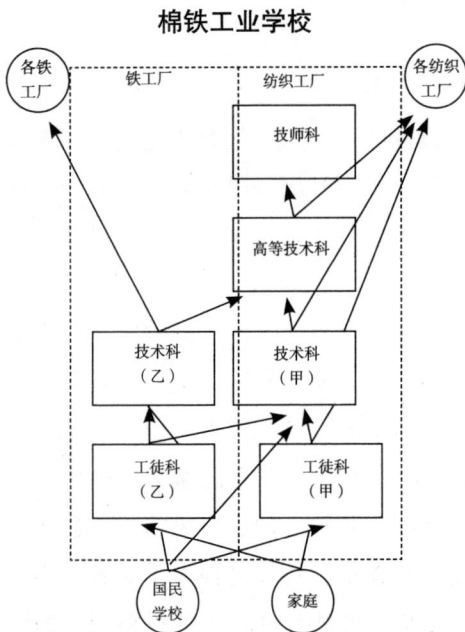

棉铁工业学校

248

志愿，补习高等预备学科后，升入技师科。

技师科三年毕业。授以高等纺织学、机械学，及有关系学科，俾成纺织工厂适当之专门人才，亦得择优资送外国各大学，以期深造。

凡入本校各厂者，无论何级，每学年均用能力试验法，分别试验。使质禀优异者，得相当超擢发展之机会；而中资之人，亦得循级渐进。又无论何科，悉予以充分之职业训练与公民教育，发展其自治能力，俾养成工业界有兴味的共同生活，同时为共和国之优良国民。是为本校特别注意之两要点。

吾国工业学校之制度，皆先理论，后实习。职业教育家近多主张理论与实习并授。欧美工商业近来用此制者颇盛。盖同时并授，虚实互证，趣味自浓，既可药呆读死书之弊，又可发挥尊重劳动之精神。成才以后，各厂需用之不暇，自无仰求官厅给凭之必要，即无墨守部定章程之必要。

为学生计，以不幸失学之儿童，或国民学校之未毕业生，入校后不需一切费用，而可以得切要之技能与稳固之职业；其有优异之能力者，随时得相当发展之地，同时又获受充分训练，则其所以养成人格者，自可无虑。而关于工作之年龄与时间，予以严格之限制，于体育上更无妨碍。

校内附设整修部一所，以本校总技师董其事。凡各新厂装置机件，及各旧厂机器损坏，或其出品不良而须改革者，可由本校派精良之技师，代为布置或整理之，取其相当之酬报。唯对于本校有关系各厂，不在此例。

本校经费，假定银二十万两，由各纱厂分任之。其纺织厂、铁工厂所用机器，可分向英、美制造厂商请赠送，或减价让与。以营业所得，抵教育费并公积之，以为扩充地步。

（原载《教育与职业》第 19 期，1920 年）

《农村教育》弁言 ①

　　教育宜视社会生活状况以立方针，有定论矣。社会生活状况，有截然不能强同者两大类，则城市与乡村是也。生于城市者，或至不能辨菽麦；生于乡村者，偶游阛阓，目眩神骇。不知所谓平居之所接触互异，遂至生活之所倚托亦互异。城市偏于工商，乡村偏于农工，其大较也。

　　今吾国学校，十之八九其所施皆城市教育也。虽然，全国国民之生活，属于城市为多乎？抑属于乡村为多乎？吾敢断言十之八九属于乡村也。久居乡村者姑勿论，即论城市往来负贩之夫、佣役食力之辈，试一览通衢，此蹀躞其间者，吾敢断言其皆来自田间也。然则教育而不必根据社会生活状况也则已，苟其不然，教育者，宜审所趋矣；教育而无取乎为大多数人谋幸福也则已，苟其不然，教育者，宜知所重矣。吾尝思之，吾国方盛倡普及教育，苟诚欲普及也，学校十之八九当属于乡村；即其所设施十之八九，当为适于乡村生活之教育。夫苟大多数受教育者之所需，明明其在彼，而施教育者之所与，乃斤斤乎在此，供求不相应；使夫受教育者无以增益其生活能力，害犹小，使夫受教育者尽弃其学，而学因以减缩其固有之生活能力，害不更大耶？然则策普及教育者，苟无以善其所施，安知不且歆虚名而贾实祸也？吾教育界同志而念此乎？乡村生活偏于农工，即乡村学校宜注重农工。就令不特设农工学校，亦宜于普通学校内设农工科；且宜于普通学校教授注重农工教材；且宜于普通师范学校外特设乡村师范学校，以养成乡村教员。

（原载《教育与职业》第 25 期，1921 年）

---

① 本文原标题为"弁言"，"农村教育"为编者所加。

汕头职业学校添设商业科计划书

　　校长林君木卿言，汕头为通商大埠，青年多志在经商，拟添设商科。校址设在崎碌，离市较远，商科拟另就汕头市设立。属代计划，姑就此行观察及平时理想拟之。

　　部定甲、乙种商校规程，最大弊病在呆板。毕业有定期，不问其能力如何；各科须通习，不问其需要如何。今略加变通，务求合于地方状况与来学者志愿。

　　今所拟办法，入学程度以高等小学毕业为标准；各科终了程度，以商业上粗能应用为标准。其有愿修高级功课者，俟续订之。拟课程表如下。

　　依下表，分选科、完全科两种，听人自择。选科任选一科或二科以上，于每科修了试验及格时，给予该科修了证书。

　　完全科假定以前一年习商用文、英语、商业算术、簿记四科，计每周三十时。后半年习英语、打字、商业要项，计每周十八时。同时以二分之一时间实习，计一年半可完全修了。试验及格，给予完全毕业证书。如志愿南洋经商，可不选商业要项，而选英、暹商业，则宜延长半年，加习马来语或暹罗语。计两年亦可完全修了。此为假设办法，各科之先后多寡，均得自由认定。唯每周至多以三十时为限，实习以第二年为限。

　　如商界任事者，欲分办事时间，补充知识，则选科最为相宜。但如将各科陆续选习完全，亦得给予完全毕业证书。本在商场任事者，免其另行实习。

　　入完全科者，如对于某科先已习过，经试验及格，得以终了某科论。

学科	每周时数	修了期	说明
商用文	6	一年	
英语	前一年 12 后半年 6	一年半	专授会话及书信等应用文，一年以四十周计，共六百时。
商业算术	6	一年	内包珠算。
簿记	6	一年	
打字	6	半年	
商业要项	6	半年	普通之关税、货币、汇兑、运输等，均以汕头为中心而研究之。志愿南洋经商者，得不选本科，选英暹商业科。
英暹商业	6	一年	潮梅各属，多往南洋英属之暹罗经商，故设此科。专授英、暹两属之史地要略、重要商事法规、重要商品、货币、度量衡、关税、汇兑、运输等。
马来语	12	半年	志愿南洋经商者选习之，或于两科中选习其一。此两科不过略习大概，以期减少初往时之困难。
暹罗语	12	半年	
实习	每周时间 1/2	半年	派往相当商店实习。
公民须知	每周课外讲演一时		
体育	另定练习时间		或介绍入普益社体育部。
初级英语	12	一年	从识字教起，以便未及高小毕业程度者补习。

实习成绩，由实习所在商店之经理判定之。如该经理认为尚未及格，须延长实习时间。但如延长至一年，至仍未认为及格，则不予完全毕业证书。在实习期间，如所在商店之经理认为不宜于商业，应令停止实习。

对于选习之某科，如同时愿习者不及若干人，未便开班，只可改选他科（此最少人数之限制，应视学校经济状况定之，亦得就各科分别规定）。

各科授课之时间，临时定之。如选科生因职务关系，欲另在适当时间授课，而能结合同志至规定最少人数以上，经学校认为无他种妨碍者，准其在该时间开班。

前表所未列之科目，如高级英文、其他外国语、速记等科，如有人愿习，能结合同志至规定最少人数以上，经学校认为可行者，得特别开班。

来学者之年龄，不设限制。

完全科学费及选科生各科之学费，应视地方习惯及各科特别情形分别定之。

本科应有商品陈列所（内并设英、暹两部）及打字机等相当之设备。打字科最重自习，如有人欲在打字室课外自习，经学校认为无他种妨碍，应准许之，亦得酌收轻微之使用费。

各科教员宜多聘于商业有经验者。

[附言]

本书课程表不过略举几何，其科目之增减、时间之长短、终了期之伸缩，似应由商业教育专家及熟悉地方情形者妥为斟酌。在起草者命意之要点：（一）设选科以便商界工余补习，兼设完全科以供青年正式受课。（二）所设学科，务切于其所需要。（三）注重实习。（四）为有志南洋经商者，厚储其知能，以期促进商业之发展。

本书与同行王君志莘商榷草就，有当与否，统候校长酌定。

（原载《教育与职业》第 27 期，1921 年）

参观苏州第二师做工记

十年六月三十日，因事至苏州，晤第二师师长朱君琛甫（熙），约往宝带桥观第二师第六团兵士做工。先是朱君偕地方人士创一女子职业中学校，分美术、商业诸科，兼办工厂，设织毡、织席、织帘等科，招军人妻女习工艺。又设一军官子弟学校，更于军队中提倡农工。是日所见，为一团三营，共一千五百余人。营房前为大片操场，东西北三方皆菜园，其西远山如几，平畦一绿，所种皆菜蔬、豆芋、瓜、葱之属，每畦标写第几连，深沟高岸，此土工皆兵士所为也。已种之地可数十亩，产品即给本团兵士自食，物不外求，较前购食时，计年可省四千余元。至冬，或更有余可出售。肥料取之本营，亦不外求。园艺而外有工艺，名曰公余工厂。一为制鞋，兵士数十人列坐廊外，所制即系兵士所穿之布底鞋，初因皮底鞋不适于野行，购布底鞋价日贵因谋自制。依现时出品，月可得价五百元。二为织毛巾，系初习。有织机十二架连摇纱等，计做工者凡二十四人，能自漂白，尚在研究改良。三为制藤器，如藤椅、藤榻之属，开办亦仅数星期，出售者已不少。四为制袜，出品甚好，余购其两匣，以九星牌为记，其说明甚可感动。录如下：

我们团里的兄弟，在操课以外学习织袜，半年以来织得很不错，除去团里头自己穿的外，存的甚多。袜子的原料既好，兄弟们的工资又轻，这个袜子可算得价廉物美。那么他们弟兄在营的时候，不会把宝贵的光阴抛去；不在营的时候，也有一种手艺，将来可以自谋生计。现在把这积存的袜子来出售，大家不妨买两双看看，既可见我们弟兄公余的成绩，也可算是提倡国货，岂不是一举两得么。

五为制毛刷，本轻而利甚厚。现先仿制旧式，尚拟改良。其制法无人教授，某士兵至市肆侦得之。六为制纱带，分二种。其一用细纱织机系扎裤脚用者，其一用粗纱织成系束腰者。七为糊火柴匣，苏城有安昌、鸿生两火柴厂，与之订定承制，计一小时可得工资三十六文。

以上农工各事均今年一月起筹备，其实做不过一两。其资本，每一官长月薪下各提一元。五个月积满五元为一股。不足，由师长筹集。兵士做工，防其趋逸恶劳也。菜园担粪汲水者渐进，乃令种菜，种菜者渐进，乃令摇纱织袜，其均劳逸之法，大率类是。所得工资均储作资本，而给以折为凭。一面以其所储推广设备，预计三年可望全团工作普及。此时有不得做他工者，悉令糊火柴匣，以此物不嫌供过于求也。但与两火柴厂约，不得因军队出技多，遂减少一般工资，致碍家庭生计，两厂亦允之。

营中每早五时起身整洁，八时起操，十时起讲堂课，午后一时起讲堂课，三时起操，五时至九时为做工时间。

问：自倡做工后影响若何？答：（一）从前课余多昼眠，自做工后遂无暇晷。（二）从前课余多假出，自做工遂不愿出。（三）疾病大减少，余往观之日，全团一千五百人，在调养院者仅四人。（四）食量增加，每人食米约增五分之一。师长朱君又提倡戒吸纸烟，计全团每月可节一千二百元。

是日所见团长唐彝林君、团附张叔怡君、一营营长王荩臣君、二营营长张矫成君、三营营长杜幼念君。

团长命题，令官长兵士各抒其对于做工之感想，不能文者口答，全团所作文，凡六百余篇。余阅其两篇，思想正确，词意恳切，我所欲言者几尽言之矣。

记者曰：吾尝问师长朱君，兵士畏做工乎？曰：否，且求做工。又曰：余之训兵士，前常与谈因果，今常与谈家庭。吾入其宿舍，器械衣物卧具至整且洁，有非学校所及者，意者养之有素，故一经提倡，即靡然从风乎。凡事结果良否，观其发念如何。吾闻朱君之创女子职业中学也，某甲自江西至苏买妾，阅一百八十人无当意者。朱君恻然求其故，此百八十女子皆贫使然也。乃亟谋女子职业教育。其倡军队做工也，某日行于路，见有背小箱笼叫售杂货者，迫视之，则旧日煊然同袍泽之军官也。恻然曰，自吾手裁兵十一度矣，被裁不能自存者岂可胜数，吾无以善若曹后，唯有及未裁时教使自养耳，乃亟谋军队职业教育，善哉朱君之一念也。君方欲吾社同人助之使有成，予以教师，广其门类，果有成者将闻于上，俾广斯道于省于国，意者其解决我国最难问题之唯一法欤。吾社既揭橥提倡职业教育，不此之务而谁务，吾欲提议于社，而冀人之赞同我也。尤愿当世位同乎朱君者，心朱君之心而为朱君所为也，因为是记。

是日同絜者同社省立工业校长刘君动麟、女师范校附属小学主事杨君鄂联也。

（原载《教育与职业》第 27 期，1921 年）

职业教育 ①

诸君在此地听讲，都是有衣穿、有饭吃的人。然而外边没饭吃、没衣穿的，正不知多少啦！俗语说，人为万物之灵。人既然是万物之灵，所以能对他人表示同情。职业教育便是从这一点同情心发生的。近几年来，职业教育的呼声很高，亦实出于必不得已。所说职业教育，就是用教育的方法来达职业的目的。

要讨论一个问题，必先把原理弄清楚。倘使原理弄不清，无论怎样研究，终没好结果。所以鄙人不得不把职业教育的原理和诸君谈谈。去年杜威博士曾讲演教育原理。他说，教育是什么呢？教育以"人"为本位，不是把课本或学校做本位，亦不是把地方或国家做本位。像德国、日本便是以国家为教育本位的，而杜威则主以人为本位，便是为"人"而教育，在孩子身上用功夫，教育他成一个社会上优良健全的分子。怎样叫作优良的分子呢？就是能为自己谋生，能为社会服务的人。末了一次，杜威氏在山东讲演，特别提出为自己谋生，为社会服务这两句话。这两句话的意思，能用一个名词来概括——职业。诸君一定懂得这个道理。譬如就教授一事而论，每月薪水，是为自己谋生，培养未来的人才，是为社会服务。教育的目地是造成有用的人。职业教育却合这个目的。所以职业教育在教育上的立脚地很坚固。杜氏在上海演讲，说凡是教育，都含有养成职业的性质。更可见职业教育的重要了。

欧战以后，各国对于职业教育，异常注意，竭全力来经营。最近美国设一联邦职业教育局，分为七部，由七人统管其事。其中四人是政府派的，三人是全国职业界选派的（参观十年八月十四日《申报》）。以前所谓强迫教育是指普通教育说的，现在职业教育亦要实行强迫。这是外国的实在情形。而吾国职业

---

① 本文为华超记。

教育徒然有名无实。国内同志虽组织一个中华职业教育社，亦不过使人明了职业教育的名义罢了，各地竭力倡行的很少。有数校虽授一些关于农、工、商的知识，而真正以职业教育为目的的很少。要知道职业教育是个公名，分开来说，便有农业教育、工业教育、商业教育和家事教育四项。不能说农、工、商、家事等教育外，还有别的职业教育。

以上所讲是普通的。鄙人还要讲些诸君对于职业教育可行的事。诸君都知道普通学校毕业生不能个个升学。既然如此，则不得不替他们设一个相当的方法，想一个相当的出路。这事很关重要。兄弟对此有两条意见贡献诸君。一种是有钱的办法，一种是无钱的办法。有钱的办法，是调查不能升学的学生，究属哪一类。是属于农界呢，还是属于工界呢？大抵城市的学生，都从事于工商，乡村的学生，都从事于农业。学校要适应社会以求改良社会。所以诸君要办学校，必须办复式的，就是于普通中小学校外，多设农、工、商等补习科。一种专为国民学校毕业不升学的设立，一种为高小毕业生不升学的设立。如是则升学的可进中学校，不升学的都可以进这种补习学校，求些职业上必要的知识。社会的组织和需要很复杂，所以学校不能行单式制，要行复式制。有人说，开办这种学校，一定要钱，没钱怎能办。兄弟以为无钱的办法亦有。就是当高小期内，视察学生从农的多，还是从商的多？倘使从商的多，则一切课程均以商业为中心。例如教授国文，则重商业文件、商业常识等。其余管理和设备，亦都以商业为中心。工业农业可以类推。如法办去，则城市学校便适宜于城市的生活，乡村学校便亦适宜于乡村的生活。这种以职业为中心的教育，叫作职业陶冶。

近几年来，各学校对于职业陶冶，未尝不注意，有模范家庭、贩卖部、家事练习室、学生银行等等，而收效终不好。为什么不好呢？因为所教的、所设备的都是假设的，不合实用的。模范家庭是假设的，大家多能明白。怎么说不合实用呢？请举一事实说给诸君听。以前苏州有个农业学校，校旁有荒地，使学生耕种。鄙人曾问每亩田耕种费要多少。统计起来要二百元。诸君试想这种学生毕业回去后，能不能实地应用到农业上去。习商业的毕业了亦不能到商店内实地工作，其他如女学中的烹饪，小学校的园艺，校役做了七分，学生做了三分，而面子上终说是学生做的。无怪女学生到了家里，仍旧不能管理家事，亦不愿意管家事。不重实地的试验，便生出这不良的结果。所以兄弟主张职业的陶冶，须重实地的试验。

职业陶冶有个先决问题，就是职业指导。吾国人有许多才能，因为习非所长，故埋灭的不知多少，可惜得很。鄙人有位上海熟人，他曾在日本专门学校习纺织。而回来之后，在政治上多方活动，到现在才做得一个中等的党魁。这个人天性是近于政治方面的，倘使他学的时候就学了政治或法律，恐怕早早就做头等党魁了。这种习非所用、用非所习的弊病，都是由于缺乏职业的指导。近来投考交易所的人，不问与自己性质近不近，妄然便去投考，亦是缺乏职业指导。以后做人父母的，做人教师的，应当视察子弟或学生的性质是怎样。是近于文学呢，近于数理呢，还是近于美术呢？决定之后，再指导他去学哪一种，才不致生出上述的弊端。《职业心理》一书，指导吾们应当怎样去选择职业，很可以供吾们的参考。还有一种特别的指导方法，就是用心理测验法来试验一人的心理究竟近于哪一种职业。中华职业教育社参酌德国的方法，制造七种职业心理测验器。都是试验手眼和运动等敏不敏、正确不正确，再定他配做何事。该社招生时，已实地使用过。应用科学方法于职业教育上，在中国算是第一次。

归结上述的话，职业教育的原理，是造成社会上优良的分子，能为自己谋生，能为社会服务。职业教育的分业有农、工、商、家事四种，职业教育的施行，要重职业陶冶和职业指导，而尤在实地的试验。诸君都是教育界的同志，须知今日的世界，是经济的世界。十年来，吾国不能十分发展，都因为好谈政治而不讲经济。人民没有相当的职业，个人的经济不充足，影响到国家社会的经济。倘使人人有相当的职业，充分的经济，谁亦不愿意去当兵，谁亦不愿意去干无聊的事，国家社会亦自然发达。所以振兴职业教育则兵不裁而自裁，督不废而自废——无兵可督，怎么有督呢？讲教育一定要从经济上着想——从职业上着想——徒言普及教育，强迫教育，是没用的。教育要带职业，职业要带教育。职业教育是救国的上策。发达职业教育是吾们唯一的目的。

（原载《教育杂志》第 13 卷第 11 期，1921 年）

职业教育与地方行政

此次第五届省教育行政会议，六十县议员诸君不远千里而来，鄙人得乘此机会与诸君子聚晤一堂，乐何如之。鄙人今日所欲与诸君谈者，即职业教育与地方行政是也。在座诸君多提倡职业教育者，对于其中理论似勿庸再渎，宜仅就方法上讨论。然鄙人意以为有几句重要理论，不可不重行概括。言者今欲说明此种理论，若必使人人认为有价值，非举一可崇拜之人作圭臬不可，其人者何？即杜威博士是也。

杜威博士是近世哲学家，主张新教育者，其言教育宗旨，要以人为本位。试问我们现今教育能以人为本位乎？曰：不能。何以知之，从各方考察而得。即各学校教员所授教科，无论学生之能得益与否，唯斤斤于课程规定，而不稍事变通，此学校教员拘泥课程，不以人为本位者，一也。学校校长为学校名誉计，特开运动、游艺等会，致使学生临时多方预备，异常忙碌，徒邀一时之虚名，绝无补于实际，此学校校长为学校名誉，不以人为本位者，二也。执教育行政权者，对于规定章程一成不变，殊不知适用于甲者，未必适用于乙，此执教育行政权者，守定章程，不以人为本位者，三也。统此以观，杜威博士之言如彼，吾国办学之弊如此，顾可以不加研究乎？

杜威博士又云：以人为本位者，其法在儿童身上作功夫，使将来为社会上优良分子，然后始可以改良社会。夫所谓优良分子者，既能为个人谋生，又能为公众服务之谓也。若中国国民人人能为个人谋生，又能为公众服务，岂不尽善尽美，尚何问题之足云。唯其不能，故有职业教育之提倡，意在养成一般能自谋生活，又能为公众服务之国民也。苏省办学以来，对于职业教育之设施，不可谓无基础。如农、工、商等皆设有专门学校，其他中学分科之类，皆关于职业教育者。今试考察其情形，凡成绩优良者固多，而其间所造就之人才不合用于社会者，亦复不少。鄙人曾晤北京中国银行张君，询以学生服务于银行者之情形。其答云：本银行每年任用商业学校毕业生多至数十名，其在校所学各科施于应用虽不至不足，而对于商业上训练每多缺乏。即如月底、年终扎账之期，比较平时异常忙碌，此商业习惯，而学生则畏难怨苦。夫既不能任劳任怨，而又欲望甚大，入行数月，便存得陇望蜀之心，若所愿不遂，往往屡易其主，而不能久安其位。张君之言如此。复闻社会上一般商界人云：与其任用高自位置之中等及高等学校毕业生，不如任用初等毕业生之较易驾驭。由此观之，嗣后办农、工、商等专门学校者，对于此种学生训练时，不可不特别注意耳。

职业教育办理之方法，不外三种问题：一、调查；二、经费；三、出路。按此三者之中，以经费问题最为困难。然鄙人以为，经费充足之区，固可多办职业学校，即经费支绌之区，亦可就穷办理。希望六十县诸君，于该县城市中最少须办一职业学校，乡村亦如之。其初办时不无发生困难，然总宜想法解脱，决不可因难而止。今先就关于城市者而言，各县办理职业教育者，宜先调查本地城市中四围学生家属之状况如何，然后取其最多数学生家属职业相同者，酌设商业或农、工等专门学校。

城市中办理职业教育者，可分为二种：一、经费充裕之区，可以特设。二、经费支绌之区，可以附设。盖以各县城市中，最少亦有一高小学校，而此一校之中，其学生必不止一班，既有二班，即以一班试办，由其校长调查该校学生家属职业之情形，从大多数酌设一种职业学校。倘一校仅有一班学生者，其办法已详载袁观澜先生说明书中，勿俟鄙人之赘述矣。

现在学校设备，如贩卖部一切簿记练习之类，皆关系职业，及应用于社会，往往不能胜任愉快。即如女校办模范家庭者，亦学校自学校、家庭自家庭，功效全无。推原其故，由于学校与社会未尽联络，以致闭户造车，出不合辙。今举例以明之。杜威博士寓言云：昔有一人访体育专家叩游泳术，于陆地手舞足蹈仿效之，甚自得意，以为学成矣，其后试之于水，遂溺而死。由斯而谈，若办职业教育，与女校办模范家庭者，仅以在校求学为事，而不分往社会及家庭实地练习，实无异于陆地学游水，其害曷可胜言哉。

方今学校与社会情形相差太远，社会固难迎合学校，而学校不可不想法俯就社会。上海中华职业学校商科办法，第一年学生全日在校，第二、第三两年以半日入学，半日躬往社会各业店实地练习，每届毕业之时，定成绩优劣标准，皆注重实习。良以职业教育之本旨，以适合社会之趋向为主，今社会既认为优良，则学生毕业以后之出路自无虑困难矣。鄙意以为中国办各种职业学校，固宜取法欧美，即女校办模范家庭者，亦宜提出一部分课程，躬往家庭实地练习家政也。

（原载《江苏教育公报》第 4 年第 7 期，1921 年）

农村职业教育

职业教育之设施，昨已为诸君言之，唯皆适于城市而非乡村者，今请就乡村者而申言之。

吾等欲知今日之世界，非文明之世界乎？生于斯世者，其享受之幸福为何如乎？照此不过千百分之一二，其未能享受幸福者，不知凡几。现今欧美各国之新思潮，欲令一般之平民，皆能享受此幸福，其理由不亦当欤？

今日之言教育者，曰义务教育。夫义务教育者，欲令全国之学龄儿童皆受此数年之教育也。

试思吾人之栖息者，城市多欤？乡村多欤？以吾人之考察，川沙全县约十万人，而居城厢者大约在五千左右，以此衡之，其比例乡民应占全县百分之九十五，则今日之言教育者，直应以全力百分之九十五施于乡村。

而今日之言教育，其措置实正相反，几以全力注于城市。故凡教科之选材、教授之方法、设备之事项、授课之时间、放假之日期，全非乡村所能适用。

且也经费之来源，若漕粮也、亩捐也、土产税也，不皆取自乡民乎？经费取之于乡，言教育而城乡并重已自不可，若以乡民之捐税，而全力注于城市教育，于良心上尤为不安。故今日之教育，不言普及义务则已，若言义务教育，则当以农村学校为重。

农村学校者，其教育应以农为本位，其一切设施，当偏重于农。吾苏之于农村教育非全不注意也，唯今所研究者，一、现今所办之农村学校敷用不敷用？二、现今所办之农村学校适当不适当？

现今所办之农村学校，江苏全省仅二十余处，其不敷用也不待言矣。学校之制度，曰上课也、散学也、星期假也、寒暑假也，不知此等之手续不应施之于乡村。

乡村之教育，在改良其农事，而增进其知识。当研究其田间所出产之物品，各就其地而改良之，令其地方之人民生其兴味，不应将农事之各方面而尽授之，故于部令农校功课二十三门之多，实属不合。

今之提倡教育者，非就其研究之兴味而施，实则使名之所诱，法之所迫，非其本心也。在昔农之子，恒为农，为安居乐业，不使有所荒废。今口之言教育者，往往高其欲望，使不能安其本业，而动辄以英雄豪杰相期。

夫英雄豪杰固非人人皆能做到，设令国之人民而皆英雄豪杰矣，则举凡农、工之事业，人人皆不屑为，国家之为国家，其前途又何堪设想。

吾国自五四运动以后，人人多抱为公共服务主义，不屑为个人谋生，而盛倡德谟克那西主义。

夫德谟克那西主义，倡自俄，观于俄劳农政府之宪法，人人有做工当兵之义务。

今日中国之青年，侈言新思潮，而于农工等之事业，绝不注意。人人皆抱治人者食于人之思想，则将来之农民，亦岂肯以终日孜孜之劳力，而不思安闲之事业乎。

且也，农村学校之教师，亦将不愿担任乡村之服务，而他去矣。

今日与诸君研究者共有三点：

（一）制度：不应与城市一律，宜因地制宜，而变更之其授课时间与放假日期，宜视各地情形，而设半日学校、或夜学校、或农隙学校，用混合之制度。

（二）课程：科目宜视地方情形，而为活动之加减。如部令之二十三门课程，自属不合（袁观澜先生调查英国之乡村学校，亦有可减少地理、历史之活动）。

（三）设备：乡村学校之设备，亦应视城市为不同。而于校舍之附近，亦可收买田地，其收获能为校费之补助（今日南京师范附属小学有设于乡村者，上海亦有乡村学校之设立者，并皆有经营田地之事，则将来必有一种完美之结果，实一举两得之事也）。

其他如乡村学校之师资，亦为最大之问题。盖此等教师之清苦，实同于荒寺之僧。以今日吾苏所办之十余处师范毕业生充之，实有不能安于其职者。盖师校之设立，皆在城市最交通之地，耳目之所接，家族之栖息，皆习于城市，而于乡村不能惯。

故欲养成此等之师资，非设师范学校于乡村不可。观于今日之师范学校，亦有设立附属小学之一部于乡村，亦欲其适用耳。

　　观此，可知今日之义务教育，为不可缓之要图，而尤以乡村师范学校为当务之急。吾望江苏六十县之大教育家，果能尽力行之，以期达此目的，则诚江苏教育前途之幸矣。

（原载《江苏教育公报》第 4 年第 7 期，1921 年）

民国十年之职业教育

"职业教育"一名词之产生，于今殆不及十年。特立团体——中华职业教育社——之创设，于今亦只四年。而影响逐年推广，至今年由通都而及于腹地，由空论而见诸实事，由浮动之气体而渐变为坚实之固体，由散漫的表见而渐进于系统的团结，请就所知分述之。

一、职业学校联合会之成立，是会发起于今年八月，现正式加入者东至吉林，西至陕西，南至云南，北至直隶，已及五十校，继起加入者尚络绎不绝。

二、职业学校之增加，列表如下：

校别	十年度依中华职业教育社最近调查	七年度依教育部全国实业学校一览表	比较	
			增	减
甲种农业学校	74	56	18	
乙种农业学校	311	269	42	
甲种工业学校	34	30	4	
乙种工业学校	62	38	24	
甲种商业学校	35	31	4	
乙种商业学校	107	80	27	
男子职业学校	34	3	31	
女子职业学校	44	21	23	
职业补习学校	11		11	
慈善性质之职业学校	6		6	
职业教员易养成所	2	3		1
统计	719	531	190	1

（说明）中华职业教育社之调查统计内，新疆及热河、察哈尔两特别区未有报告。部表原有甲种实业一校，乙种实业二校并列男职校内，实业教员养成所列入职业教员养成所内。

依上表，三年之间校数由五百三十一而增至七百一十九，几及五分之二，调查不无遗漏彼此所同，而就表以观进步不可谓不速。

三、职业学校出品展览会之发起。自职业学校联合会成立，即提议举行展览会，分全国为四大部，江苏、浙江、安徽、江西为东部，以上海为集中地；直隶、山东、山西、奉天、吉林、黑龙江为北部，以天津为集中地；湖北、湖南、贵州、四川、河南、陕西、甘肃、新疆为西部，以汉口为集中地；广东、福建、广西、云南为南部，以广州为集中地。每部分年举行，将于十一年二月举行第一届东部展览会。

四、新学制确定职业教育之地位。旧学制系统表尚无关于职业教育之规定，今年十一月，全国教育会联合会开第七次会于广东，议决新学制草案。规定：小学六年后二年，得施职业准备教育，中学六年，初级中学三年设普通科，高级中学三年得设职业科，并得设一年、二年、三年之完全职业科，与渐减普通渐增职业之四、五年职业科。为推行职业教育计，得于高级中学职业科内，设相当期之职业教员养成科，职业教育之地位予以确定。

五、大学对于职业教育之研究。东南大学本设有农、工、商科，其附属中学亦以普通科与职业科并设。今年暑假后，大学教育科并特设职业教育学程，俾大学生注意研究职业教育。

六、中学试办选科。从前提倡中学选科制，殊不得教育部之同意，今岁教育部特刊行中学选科示范一书以示提倡。就江苏一省论，省立中学十一校，已得五校试办选科，他省试办者亦不少，于职业教育殊有直接间接之影响。

七、商业界与教育界之实际联络。上海总商会、上海商科大学、中华职业教育社会同发起商业补习教育会，一面调查社会状况，一面实施商业补习教育，聘定专家，切实进行。于本年八月，成立中华职业学校与上海各银行合办商业科，收纳学生半日在校修业，半日在行实习，各地商界巨子创办职业学校或商业学校者日多。

八、僻远地方职业教育之发展。察哈尔农事试验场拟办农村补习学校，第一步先设农业讲习所，预备师资。福建南安县诗山乡，由侨寓菲律宾之巨商捐办职业学校，课男子以木工，课女子以织工。四川永宁道尹杨森君特派专员东下，考察职业学校，以资仿办。

九、军队教育之兴起。军队实行职业教育，养成兵士国民之常识与自立之技能，实为解决裁兵问题之绝好方法。苏常镇守使朱熙君就第二师营房周围隙地，辟为菜圃，督兵士莳植蔬、豆、瓜、蒜之属，营中日常所食，即取给于是。并办公余工厂，教之制鞋、织毛巾、制藤器、制毛刷、糊火柴匣、织袜，出品均甚好。四川永宁道杨道尹兼长该省陆军第二军，对于此点亦极注意，欲有所仿行。两湖巡阅使吴佩孚君特选军人子弟三十一名，到中华职业学校肄业。

十、研究职业教育同志之大增。中华职业教育社成立之初年社员仅八百余人，至去年增至三千。本年举行大征求，加入者益盛，总数乃达四千一百七十九名。计其占籍殆遍全国，且远及于南洋群岛之华侨，以及英、美、德、法、日本诸国之留学生，通都大邑更多以设支社联络为请。

综上述诸项观之，职业教育已成为全国共同注重之一点，集全国共同之心思材力以赴之，后此发展正未可量。而所谓社会生计问题，国家经济问题，将因此得一透彻之解决。此则述民国十年之职业教育，而尤于未来之职业教育，致其极大之希望与欣慰者也。

（原载《教育与职业》第 32 期，1922 年）

第一届职业学校出品展览会之所得

中国破天荒之职业学校出品展览会，其程度稚，影响薄，结果少，所不待言，然不能谓为无所得。今日之蹄涔萌蘖，他日之江河林木也。不可以不记之如次：

其开会状况

会期	十一年二月一日至七日，凡七天
送出品之学校所在省	江苏、浙江、安徽、直隶、山西、甘肃、福建、湖南，凡八省
送出品之学校	五十校
出品	三千零三十九件
参观者	一万零四百六十八人
售出物	三百二十九件
售出物价	一千二百余元

其审查标准

一、有教育的价值 —— 有创作精神 / 有美术观念 / 技术上之改良

二、应社会之需要 —— 增裕生计 / 有益社会

其大体批评

一、征求未普遍，故送出品到会之校遗漏尚多

二、出品标签说明未完备

三、工业出品应十分注重图案

四、尚宜提倡创作精神

五、尚宜增进美术观念

其详具如诸篇。展览会之价值，因其次数之多而为几何级数之增进。此其第一次耳。愿悬此以验他日。

（原载《教育与职业》第34期，1922年）

中华职业教育社成立五年间之感想

  凡一学说、一制度之倡，非人能倡之，盖时势所迫，察其需要之攸在，而为之振导，未几推行全社会。而其推行之迟速，一视乎社会相需缓急之程度如何，振导者积极的进行之精神与消极的排除障碍物之能力如何。夫所谓障碍者，或属于各方联带之关系，或由于其祈向与其习尚之舛驰。斯时而人力以见。故凡事之成，基于自然者半，本于人为者亦半。职业教育之于吾国，稽其既往，测其未来，亦循是轨焉以行而已。

  当本社成立之前，教育界盛倡实用主义已有年。迨本社成立，大都以倾向实用主义者倾向职业教育。故实用主义者，不啻职业教育之背景也。三年以来，新文化运动发生，"职业教育"之一名词，固与"文化教育"为对峙者也。首被新文化运动者为青年界，其知识欲与向上心同时亢进，大多数不屑俯就专业，而唯高等学业是求。此其消息，可于学校来学者之倾向于普通与书肆售书之倾向于文学、哲学得之。乃至女青年鄙家事而醉英文，一般青年薄学校作业而竞社会活动。极一时绚烂之观，未久而渐趋平淡焉。

  知识欲与向上心，人群进化之原动力也。夫使纵其所之，无有障碍，岂不甚善？顾常有一物焉为之梗，则生计问题是已。生计问题之压迫，唯青年父兄首当之。以故青年脑海中，只充塞其知识欲与向上心而不暇他顾，由是青年与其父兄间心理之所趋，往往歧异。职业教育者，其目的最显明之一部分，为解决个人生计问题。故其见重于直接荷担生活责任之青年父兄，往往出青年上。然亦有横遭不幸或醉心自立之青年，迫求所以解决生活问题，又不能抑制其知识欲与向上心，则工读说出焉。工读制度，固职业教育之一种也。

  工之事甚苦，兼读则愈苦。苟素习于工，或虽非素习，而心诚求之，殆无所为苦也。使所读之一部分，即所以增进其工之知与能者，则不唯不苦，或且应于手而得于心焉。若日读文学、哲学之书，以求飨其知识欲，其对于工也，只以生活上不获已之故而出此，则其心必有大难堪者。而况社会尚沿贱工之习，与其向上心绝不相容。故自最近二三年来，工读主义虽为新文化潮流之一部分，而不易实现，或虽现而不能维持存在。固半由于现行学制、工制之不适于工读，其精神上亦实有此障碍焉。

夫使职业教育而仅供解决个人生计问题，已足令感受生活压迫者闻而起舞矣，虽然此犹狭义的耳。吾人更愿郑重声明职业教育之宗旨曰：职业教育，将使受教育者各得一技之长，以从事于社会生产事业，借获适当之生活；同时更注意于共同之大目标，即养成青年自求知识之能力、巩固之意志、优美之感情，不唯以之应用于职业，且能进而协助社会、国家，为其健全优良之分子也。

自平民主义兴，为普及教育于社会计，颇盛倡义务教育，此为最近之趋势。虽然，义务教育而诚欲福利平民也，是不可不借职业教育以完成其目的矣。平民之所急者生计，苟输入文化而于彼所急曾无裨益，将奚以劝？今社会积习，青年一受教育，便有使君于此不凡之概，最普通之职业若农，若小工小商，多不屑就，而转让夫未受教育者之较易谋生。如是，教育愈广，生事且愈窄。苟诚普及，其影响于社会经济为何如？况以区域论，义务教育之设施，其大部分为农村教育。是宜依农村特殊情况为设施方针，于普通教育外注重职业陶冶，俟及相当年龄，予以农工训练。舍是而欲取得信仰，难矣。是故义务教育之推行，实促进职业教育之绝好机会也。

今全国甲、乙种农、工、商学校，职业教育之主力军也。顾当局心知其意者，几乎凤毛麟角。往往以宗旨未明，重读而轻习。来学者不尽有职业兴味，设学者不尽有相当设备。教师授课，往往以受之专门学校者施之甲种，以受之甲种者施之乙种。政府不导人以适应社会情况，而唯画一章程是求。抑知凡百教育，皆须因地因人而施，矧将以教育沟通万有不齐之职业者耶？惩于既往，则未来者其慎所施矣。

工商补习教育年来颇露动机，固由目光深远之实业家及时提倡，亦工人、商人转移于风会，亢进其知识欲之征也。劳工主义之潮流，遍于全世界。顾论中国现时社会经济，不重分配而重生产，而尤须先授相当知能，以增进其生产能力。故施补习教育于一般工商，实根本上援助劳工，而予以幸福也。

以余测之，职业教育前途必将有一种重大发展，即军队职业教育是也，今全国既有数处试办矣。中国政象苟有一日循轨者，必当以全力裁兵。兵不能自食，裁之驱使为盗为寇耳。寓兵于工，且工且教，既成而归。有事为兵，无事为工，此吾国最大问题之解决法。吾社同人当竭其知能以自效者也。

吾社成立五年矣，虽蓬蓬有春气，而无穷希望，尚在方来。既忝服社务，辄抒积感，以告同志。更五年观其发展，何如也？

（原载《教育与职业》第 35 期，1922 年）

一个全国教育界的大问题

我国教育从前忧无款，今将有款矣；将有而不注意，必至如无有；有而不善用，其结果亦等于无有。此非一局部数私人之问题也。二月八日中华教育改进社集南北教育家开会于上海，余提一案名曰：督促并计划扩充全国教育案。此案今既组织委员会在进行中，案文如下：

"近年全国人民心理，渴望扩充教育，以应时势之要求；乃困于经费，不唯无望扩充，几并维持现状而不获。立国命脉，不绝如缕。此全国人民所痛心者也。乃者以华盛顿会议之结果，海关税率，将实行值百抽五；第二步将值百抽七五，仍俟实行裁厘后，值百抽一二五。见于各报，中外议论，皆主张以一部分拨充教育费。关于扩充教育费之希望，此其一。全国教育会联合会议决以停付德、俄赔款扩为教育专款。其他各国，多有退还赔款以兴教育之动议。虽实现尚须有待，而舆论一致，必有贯彻主张之日。关于扩充教育费之希望，此其二。余日章君归自华盛顿会议，见述本年欧美间将有重要之经济会议。欧洲各国提议要求美国豁免各国对美所负之债务，而美报有主张将中国所负欧洲之债移归美国者。报载驻伦敦总领事朱兆莘君报告将举行欧美间经济会议云云。实行之期，当不在远。

我国倘获参与此会，对各国所负债务，虽未敢遽望豁免，或者要求展缓，尚非难事。

移应还外债之款，先以整理内政，则其一部分必当归之教育无疑。关于扩充教育费之希望，此其三。总是言之，今后教育费之扩充，决非绝对无望。所虑者：无猛进之运动，则虽有人提倡，而不成事实；无严密之监督，则虽成事实，而款将为政府挪用；无预定之计划，则款即不至被挪，而一任政府漫为支配，或用感情，或凭势力，无条理，无规划，虽有款而等于虚掷。凡此种种，

皆将视吾教育界用力之多寡，以卜教育前途效果之有无。（中略）①

　　本社既集合南北教育界同志，与重要教育机关，合组而成，对于上项问题，似属责无旁贷，第如何鼓吹？如何监督？更如何提出扩充全国教育计划？不拘于局部之眼光，不背于时势之需要；兹事体大，断非仓卒所能定议，拟由本社推举委员若干人，组织委员会，切实进行。"（下略）

　　余所欲为全国教育界同志言者：公则合，和则合，合则力厚；须合全力以对外，对政府，使之实现；又须合全力以定分配计划，根据国家根本上、社会实际上的需要为全部的规划，勿为自身有关的事业计；私则分，分则离，离则力薄，不可为也。此本政府所有事，今政府无人，则吾辈国民之责矣。

（原载《新教育》第 4 卷第 3 期，1922 年）

---

① 本文略去部分为著者所略。

我所希望孟禄来华的效果

　　孟禄博士是个教育行政专家，是个实施教育者。我国教育界为博士来华，特组织一实际教育调查社，请博士担任调查，不专事讲演；诚欲收获实在的良果，不仅在精神上吃几服兴奋剂而已。我听博士演说，自最初一回以及最后一回，前后差不多十来次。他的最大希望，就在末了报告调查所得情形的一次。吾人听了，不知不觉的非常感动。博士的话很多，吾在这里边摘取三大要点。倘吾人在这三大要点上，切切实实地尽力做到了，博士此行要算不虚哩！

　　（一）提倡科学问题　博士说："教授科学，是中国目前最大的需要。国家无论战争时、太平时，均非注重科学培养实力不可。"（在东南大学说）"教授科学，要从应用上注意，不是仅仅记名词就算了事。吾敢说中国能于最近若干年内，养成科学专家二三十人，其效力且较全国陆海军为大。"（在江苏省教育会说）"须知教育在教人使能宰制天然，而非仅为天然所宰制。"（在全国教育联合会说）博士的意思，认科学为人类对于社会所特别应尽的责任；而中国人尤应注意，则以科学在中国，其兴废直接关乎国家的祚命。推其意认为非此不足以救危亡。今吾中国最缺乏的，与其说文学，无宁说科学。说这种话的，从前也很多，但是徒托空言，于实际上丝毫没有进步。吾所切望的，得博士一番恳切的指导，数年以内，采用集中设备制度，各省成立科学馆若干所；各大学专门学校各得埋头实验室的专门科学教师若干人；即中等学校，亦各有相当的科学设备；学风为之一变；而社会上萌芽的机械工业，因之渐推渐广；即连萌芽还没有的化学工业，也有竿头日进的景象，博士的功就不小了。

　　（二）改良中学问题　吾不欲一笔抹煞中学。但就大多数论，博士说："都是八年以前的老教员"，怕是不错的。岂但是八年以前的老教员，他们的头脑，还是八年以前的老头脑哩。所以养成的，也有数原因：（1）高等教育。高等师范教育，在数年以前没有及早提倡，所以无从推陈出新。且以语文的隔阂，为教员谋增进知识机关的缺乏，他们的头脑就要推陈出新，也没有机会。（2）中学制度。从前认定是完足普通教育的，所以尽管眼见他一个个学生无出路，倒说中学本不是预备出路的，所以内容无论怎样说不下去，终觉当局的藏身很固，局外的督责很疏。（3）经费的困难，设备的缺乏，使当局提不起进取的精神，使教员与学生鼓不起研究的兴味。（4）小学常有人研究，有人视察，说到中学就难得研究了，就不大敢去视察了。今得博士的指导，希望各省集专门家组织调查会，将中学的课程和各方面彻底地调查一下。好的替他表扬，须改良的帮他改革。而行政机关，把全国中学校因逐渐地推陈出新而需要的教员，和高等师范及大学所养成的，双方对照，务使供求相应。一面速采行选科制，与以相当的设备，唤起学生研究的兴味。更使教员多得增加知识的机会，吾将于今后五年内祝望之。

（三）养成教育指导员问题　博士说："视学员应改为教育指导员。因视学员专寻人错误，指导员则从积极方面进行。在菲律宾已行此法。养成的责任，应在高等师范学校。美国规定是项资格，须做过教员一二年的。"现全国正在推广义务教育，断不能在短时间内养成多数程度甚高的教员。唯有使一面做教员，一面随时补充知识。菲律宾的方法，政府聘著名教育家若干人，为教育指导员授与新知识。教育指导员，则分往各地转授与小学教员。做指导员的与做教员的，不但施教是他的责任，即受教也是他的责任。所以遇到规定的受教时间，指导员、教员皆强迫出席，规避者以旷职论。此为余往年调查菲岛教育时所得的。吾中国最好以一省为一单位，斟酌仿行此法；但须在高师或大学内特设专科，养成教育指导员。此等人兼可为校长劝学所长。

以上三大希望，吾人须联想到"非钱不行"。但是今年增加关税的结果，教育费必可增加。吾人总须帮助政府，先确立一种适当的具体计划。何者应扩充？何者应添设？勿拘拘于局部的眼光，又须采用很经济的方法，使增一分教育费，在教育上得一分实益。吾很望负有研究全国教育责任的机关大大的注意。

（原载《新教育》第 4 卷第 4 期，1922 年）

职业教育

今天想用短少时间，稍微谈谈职业教育。其实本来亦可不用多讲，因为会场图表有大部分是关于职业教育的，愿意到会诸君，多多注意图表。再说到会诸君，都很知道职业教育的重要，所以也不必加以解释。不过最近有几个问题，现在同诸君谈谈。有人以为职业教育就是为个己谋生活，这种误会，不可不注意。职业教育所包括的农、工、商、家事等，不仅是为个人谋生的，并且是为社会服务的。所以凡是含职业性质的学校，同时须注意使学生知服务的义务，并养成服务的习惯。在中国生计问题固然重要，但是我国人不知合作，亦是一重要问题。学校方面必得养成此种习惯。再说教育，不过能给人一些知识、技能、力量究竟有限，所以教育的作用，应重在发展本能。办职业教育的，亦当注意此事，使凭本能的发展，以改造将来所担负的责任。

又请诸君注意表中有一幅为年来职业学校之增进，至今年四月为止，全国有职业学校八百二十四所，比较民国八年教育部的调查，增加在三分之一以上。但是又有一张比较图，全国男子职业学校有百分之八十八，而女子则不足百分之十，这件事不但女界同志要注意，男子亦当重视此事，因为女子职业教育连萌芽时代还谈不到呢。

还有两点要请诸位注意：

（一）义务教育并非同职业教育隔开，更不是有什么高下的阶级。义务教育年限，可长可短，至相当年龄即可与以相当之职业教育。如美国十二岁以下儿童不得为工，那么十二岁以下可为职业预备时期，以上即可为职业时期。如果儿童十二岁以上，义务教育还没有完，则不妨两方兼顾。现在各地推广义务教育，呼声甚高，而往往与职业教育截然两事，这还是没有明白义务教育中亦可有职业教育的道理。读书和谋生应当并重，不然仅有知识，亦无所用。袁观澜先生所著义务教育之商榷，对于这种种问题，罗列甚富，诸君不妨参考。

（二）中国有件最不得了的事，就是兵太多，所以到处谈裁兵。不过裁兵不加教养，也还是不了。现在各地已经不甚太平了。

据我所知，全国军队有一百数十万，现在打算裁去百万，若没正当筹划，为害正无穷。本省田督军对于裁兵很热心，田先生在江苏治军多年，后来在哈尔滨领兵，行屯田制，所以地方太平。田先生现在正筹备裁兵而不生流弊的方法，方法不外"教养"二字。

兵人归家后有生计，而又有相当教育，使不致为恶，那么必可为良民，岂不大好！苏州第二师师长对于军队职业教育很热心，军人为工为农，兵不裁而自裁。加了教养，军人可化为好百姓。诸位欲到苏州，我可介绍诸位去看看。又如四川第二军军长杨森，他亦热心军队职业教育，常常和我们通信。就是吴子玉，他也热心此事，他曾派兵人三十余名到我们上海职业学校学习。

可见现在军界都正在谋裁兵的善后，要使军人将来为良民，舍此别无办法。中国第一问题为裁兵，裁兵唯一方法为军队职业教育，否则后患便无穷了。

我对于职业教育不过稍做了一点事，对于军事更是门外汉，现在想同田先生细细研究，因为这个问题不独关于山东一省，乃是全国的问题。

（原载《新教育》第 5 卷第 3 期，1922 年）

读职业教育最近统计

据本社最近调查，至十一年四月止，得全国职业教育状况如下：

全国职业学校数　八百四十二（内包甲、乙种农工商业学校、职业学校、
　　　　　　　　　　职业补习学校、慈善机关所设孤贫儿院等名称）

以种别　农　百分之四十八强

　　　　商　百分之十八强

　　　　工　百分之十二强

余为其他

以性别　男　百分之八十八

　　　　女　百分之十强

余为男女未知

以省区别　　　百校以上　　江苏　　一百四十二

　　　　　　　　　　　　　山东　　一百十一

　　　　　　　五十校以上　河南　　七十一

　　　　　　　　　　　　　山西　　六十

　　　　　　　　　　　　　湖南　　五十二

　　　　　　　二十五校以上　直隶　　四十五

　　　　　　　　　　　　　安徽　　四十四

　　　　　　　　　　　　　浙江　　四十一

　　　　　　　　　　　　　云南　　四十

　　　　　　　　　　　　　湖北　　三十六

　　　　　　　　　　　　　陕西　　二十六

余为未满二十五校者

以地址别	城市	百分之七十九强
	乡村	百分之二十强
专以农校计	城市	百分之七十八强
	乡村	百分之二十一强
全国职业教育书籍		三百六十八
内	农业类	百分之五十二强
	商业类	百分之十八强
	工业类	百分之十六强

余为总论及其他

上之统计，诚不敢谓其正确，然大体当不外此。因此得可喜之点一，可异之点三。

依教育部最近七年度之调查，全国甲、乙种男女子农工商职业学校、职业补习学校、慈善性质之职业学校，共五百三十一所。今得八百四十二所。三年之间，竟增至百分之三十六强。此其可喜也。

论可疑之点，其一，试观其种别，何以工校独少？以吾国原料之富，销场之富，旧有工业之幼稚，前此三年间，又适当欧战初罢，舶来品犹未大盛，而何以此种教育之未见进行，全国只得一百零四所？意者教师之缺乏欤？抑调查、设计机关之弗备也？

其二，试观其性别，何以女校仅得八十七所，占总数百分之一十强？此最近三年间，非盛倡女子解放乎？解放必先自立，必先能治生。然则要求解放者，必先要求根本上培养独立治生之道。而何以此女子职业教育之萌芽，不获受灌于解放之新潮，而与之俱长也？闻之某女学校长言："近顷女青年，大都好研究文学，醉心高等教育，而于家事科殊弗屑措意。"且谓："今女子稍知解放之说者，咸愿致身于国家、社会，而不甘以家庭自缚。其不屑于家事以此。因此女学校之善揣风气者，亟先废止家事科，俾无拂女青年之意。"然则女子职业教育之不发展，良有以也。凡一学说之兴，应之者往往过于其适宜之程度。吾深信今女青年心理，初不尽如上述。即或有之，稍久必且自返。苟获一游欧美，亲见夫文明社会，不唯不废家庭，且将以科学方法，应用于家庭日用之间，以立社会健康之基础，则必憬然于家事科学之必要研究。即不然，异日身担家庭任务，感于小小组织，殊复杂而不易整理，而又责无可卸、义无可逃，则必尽敛乎从前高旷无薄之襟怀，而愿为家事教育之主倡可知也。故有迎其意而废止家事教育者，不唯为教育主义所不许，异日女子社会必且有从而非之者。

其三，试观其地址别，何以乡村职业学校独少，仅得五分之一？夫农校既在全国职业学校中占百分之四十八，何以乡村学校乃仅占百分之二十？试专就农校地址核计，方知百分之七十八固以农校而设立城市间也。夫以大多数农校而设立城市间，无怪乎农学生之往往缺乏实习，不适于田野生涯，而农业教育之精神，永不逮于农村社会也。此不合理之设施，教育当局试自反焉，亦当哑然失笑矣。

夫以中国之大，而全国职业学校乃仅得八百四十二所，平均合两县计，尚不足一校。就此萌蘗而滋长之，得此基础而发挥之，则吾侪之责矣。

（原载《教育与职业》第 37 期，1922 年）

一岁之广州市教育 ①

十年十月，全国教育会举行第七届联合会于广东，余为江苏省教育会代表之一。二十日，自上海出发，二十四日抵粤。二周而会务了，以十一月七日行。在粤十有五日。会议余暇，必参观，日以为常。余前此尝两游粤，一为六年春，时朱庆澜为省长，锐意求治。未几，以争赌禁不得，去职，未获大展布。一为今年二月，时有南洋群岛之行，过香港，特往广州一觇拆城后新气象。时值上元，一宿即返，未有所见。此行乃恣观焉。市政为广东新建设之一，余在粤，足未出广州市，所见止是，故所记止是。凡吾所记，或凭口说，或据文报，或征诸目睹耳闻，所可得而道者，曰必以实。方广州市民，盛其张设，以祝粤军入城之第一周年，适为余在粤调查之日。因命吾书曰《一岁之广州市》，祝此宁馨儿三岁而行焉，五岁而趋焉，十岁、二十岁而自立焉，是在市民善养护之矣。

市教育局处理广州市区内教育事务。内分学校教育、社会教育、慈善教育三课，及文牍处、统计处，后慈善教育课裁。设局长一人、课长三人、课员九人、处员三人、市视学五人，但市区内中等以上各校，仍归全省教育委员会管理。录其概况如下：

（一）学校教育　广州市现有国民学校一百四十五所，属于市立者四十五。高等小学七十二所，属于市立者十七。此外有乙种实业一，甲种实业一，师范学校一，俱属市立。据最近调查所得，市内共有学童五万七千三百二十八人，已就学者二万六千二百五十一人，未就学者三万一千零七十七人。关于市区义务教育，限于十一年九月办竣。其办理程序，约分三期。学区之划分，依照警察区域，分为十二学区。十一年一月为第一期，先于第三学区增设七十

---

① 原书共十二章，此为第十章，原章标题为"市教育"。

班，收容该区失学儿童。四月为第二期，于第一、第二、第四、第十一等四区，增设二百一十三班，收容各该区失学儿童。九月为第三期，于其余七区，增设四百五十九班。统计三期，共增设国民学校七百四十二班，每班约容学童四十二人，足收容市内全数失学儿童而有余。录所订义务教育暂行规程于下。

（所录"广州市施行义务教育暂行规则"及"第一期筹办义务教育计划书"略，编者）

为督促义务教育进行计，由教育局设一筹办市区义务教育委员会，置下列各职员：会长，由副局长兼任。顾问，由会长延聘学识宏富、研究教育有素者任之。总干事，由局长指派局员兼任。分区干事长，由各区干事互选。各区干事，由公立私立各校校员兼任。各部主任及部员，由局长指派局员兼任。

分会务为三部，每部设主任一人，部员若干人。（一）总务部，掌会务分配及进行事宜。（二）调查部，掌调查设学地点，查视工程，及调查各区学童已入学未入学人数。（三）劝导部，掌关于劝导入学事项。每一学区，设干事长一人，管理本区事务。干事若干人，分掌区内调查、劝导各职务。皆名誉职，每月举行会议一次。

市内私塾共一千一百有奇，学童就学私塾者，其数倍于学校。在义务教育未实施以前，自不能不借以补公立学校之不逮。然办理状况多未完善，又不能不督促改良。因设置各区巡回教员，以资指导。计每十塾，设普通科巡回教员一人，四十塾设专科巡回教员一人。现以第一、二两区为试办区，设置巡回教员十人，将来办有成效，逐渐推广。录巡回教授章程于下。

（教育局"巡回教授暂行章程"略，编者）

巡回教员，大都选取师范毕业生充任。就余所目睹，颇足供改良私塾者之效法。亦有私塾抗不遵章，致饬区解散者。第二十四号市公报载市长令公安局据第一区巡回教员报称，仓边街五十八号明德学塾，塾师傅明德办理既不遵章，巡回教员到塾时又复多方抗拒，肆意作难，劝谕无效，除令教育局妥将该塾学生分拨就学外，仰即勒令解散云云。其风厉可想。

此外，各学校组织，教员任免，教员俸给等，均有规定。国民学校教员俸给，采用年功加俸制。分专任教员俸为九级，每历三年得升一级。其有殊绩者，经视学会议之议决，虽未满三年，亦得升一级。表如次：

级次	一级	二级	三级	四级	五级	六级	七级	八级	九级
俸级月额（元数）	125	104	87	73	61	51	43	36	30

上列俸额，视他处似已甚优，然据当地人言，下数级俸额，尚不足以资生活。报载教员有要求加薪者，则生活程度之高可想也。助教俸额规定每月十八元，代用教员一律支第九级俸。校长除以专任教员之资格，领得该项俸给外，另加校长职务俸，以学生班数定俸额。表如次：

班数	一或二	三或四	五或六	七或八	九或十	十一或十二	以下类推
俸给月额（元数）	10	15	20	25	30	35	

（二）社会教育关于社会教育事项，其已筹办或在筹备中者，有十项。列如下：

甲、市民大学以间歇短期讲演，传达高等学术为宗旨。曾于本年七、八月间假省教育会议事堂，举办第一期。学科十二种，讲授七星期，入学听讲者八百余人。现拟觅适宜地址，建筑校舍，赓续举办，作为永久事业。录市民大学规程。

（"市民大学规程"略，编者）

乙、展览会每年举办二次。本年六月在局举行教育博物展览会一次。统计出品都二万一千余件，出品者凡百余处，展览期共七天，参观者共一万九千余人。

丙、通俗讲演分巡回固定两种。委定讲演员八人，巡回讲演。择市内繁盛街道、娱乐场所及各监狱等行之。固定讲演，则在第一通俗讲演所行之。该所近因改建第一儿童游乐园，现正觅地迁移。

丁、通俗图书馆现设一所。置备各种通俗图书日报。每日公开，任市民观览。

戊、巡回文库分车与箱两种，备载通俗图籍。马路用车运输，内街用箱挑送，每日巡回市内各街道，任人备阅。三日一换，不取代价。

己、监视戏剧、由市民发给视察戏剧凭证，随时派局员前赴市内各戏院监视，遇有不良之剧，劝令改良或禁止排演。

庚、公共体育场先设两所。其一由教育局偕工务局、省教育会共同规划，将东校场改建，附设于第二公园，现已着手兴工。其二附设于第一公园内，在规划中。

辛、儿童游乐园仿照美国各都市办法，选适宜地点，设立若干所，以供附近儿童游戏运动之用。已择定西门内玄妙观，改建第一园，绘具图样，招工承筑。

壬、劳工学校拟在市内设立二十所，授一般劳工以普通知识及实用技能。现先设女子缝纫学校一所、机织学校一所、商工学校二所、铁路工学校一所，均已觅定地址，分别筹办。

癸、市政纪念图书馆借以纪念广州市政之成立。一俟觅得相当地点，即行筹设。

广州市教育经费，本年度预算共五十四万三千六百七十元九角，内经常门三十一万零八百一十六元四角，临时门二万四千九百六十元，筹备经常门一十万零四千四百五十七元，筹备临时门一十万零三千四百三十七元五角。其分配如次表：

市教育局	经常三万五千零六十二元八角
市立各小学校	经常二十万零五千九百八十元六角
	临时二万元
私立学校补助	经常四万四千一百三十九元
巡回教授	经常六千四百八十元
义务教育委员会	经常三千元
小学联合会	经常六百元
通俗图书馆	经常九百八十六元
巡回文库	经常一千九百六十八元
通俗演讲	经常五千四百元
	临时一千一百五十元
市民大学	经常三千六百九十元
	临时八百一十元
派遣局员考察教育	临时三千元

市立师范学校	筹备	经常一万五千六百一十九元 临时八千零二十五元
市立甲种商业学校	筹备	经常六千一百五十六元 临时八千五百二十五元
义务教育新校	筹备	经常五万四千二百七十六元 临时五万七千三百五十元
劳工学校	筹备	经常二万二千二百五十元 临时六千九百三十七元九角
第一运动场	筹备	经常二千一百六十七元 临时二万元
市立图书馆	筹备	经常三千九百八十八元八角
通俗展览会	筹备	临时三千六百元

广州当局，盛倡新文化，然对于学校风纪，力主维持规律。市公报第十六号市长训令教育局整顿学校，改良校风文如下。（训令文略，编者）

（原载《一岁之广州市》，商务印书馆 1922 年版）

草拟河南职业教育进行计划

一、由河南省教育行政与实业行政合设一总机关，专办关于全省职业教育事宜。

此机关或称教育、实业两厅联合会，或即称职业教育委员会。其所以必须加入实业厅者，因职业教育大部分与实业行政有密切之关系故也。从前各省，大都专责之教育行政，故设施多不经济，而效力亦薄。

二、前条总机关之任务，可分为调查、研究、规划、设计、指导、筹备师资、推广出路（包含人与物两者），及其他关于职业教育进行事宜。

总机关既设，则以后进行事宜，应悉待该机关之调查、研究、规划、设计。但亦有可假定者，姑列举如下。

三、职业教育设施之概要，兹分类述之：

甲、农业教育

（1）应将学理的试验之责任，专属之农科大学（在大学农科未成立时以农专校暂充）。而旧设之甲、乙种农校，改为专任推广之责，就大学农场试验有效力之方法而宣传之。甲农负直接宣传，兼负养成宣传人才之责；乙农专负直接宣传之责。

旧时甲农重试验，乃至乙农亦重试验，未免负担过于其能力，且亦不经济，故为分划责任如此。

（2）就全省特别之农产，分为若干区。如豫西产棉，则定为棉区；豫南产稻，则定为稻区。余可类推。每区由最高学理的试验机关，即大学农科，就该区适当地点，分设农场专事试验该项主要农产，而以其他辅之（倘该区有私立农场，例如本省现有纱厂厂联合会所设之植棉试验场，不妨以此为代用）。亦有普通农产，无可分区者，则任择一区试验之。

旧时农事试验场，专属于实业行政。今既两厅合设总机关，当然可以统一支配。

（3）甲种农校

（子）除造就农业指导员及乡村农业教员外，并应协同农校及待设之各县农业指导员，就前条各该农场试验有效之种子、方法、器械等，负责宣传之。

（丑）每县将来应根据农业情形，分作若干区，每区设农业指导员一人或二人，就原有小学为根据地，专任推广农业事务。

乙、工业教育

（1）应分特种工艺与普通工艺两类。特种工艺，如电机、机械、矿业等较大之工艺，应指定适当地点，集中教授，视其需要，徐图推广。普通工艺，如制家具、制衣、制鞋等，关于人生日用品者，应由中央机关广为传习，并养成传习人员，以期从速推广。

（2）以上两类，均须由总机关先事调查。依调查之结果，知某地有何种原料，某地有何种用途，某地有何种旧传工艺，某地有何种大宗实业，可以提倡。具有连带关系之职业，均根据各该地方对于职业之需要与适宜，以定设施职业教育之种类与地点。并宜根据各该职业之状况，以定设校之程度。

（3）工艺教育最重要问题，在制成品之销路，应由总机关尽力筹划推广之。

丙、商业教育

（1）应于全省交通重要地方（例如郑州）设商业学校，以养成各种新式商业需要之人才，并为推广商业之助。

（2）且旧式商业之改良，在教育上宜从商业补习教育下手。

（3）凡商业教育所定之教科及教材，如何使适合商业需要；所施之训练，如何得养成商业适用人才；以及实习方法，如何使商、学两方，得极端之联络；皆应由总机关以调查研究等种种方法，尽力协助之。

丁、女子家事教育

（1）普通的家事教育，应于各级普通女学校内注意设施。

（2）其家庭工艺，或商业，或园艺等，为女子能力与社会习惯所适宜之职业，应设法使之逐渐推广。最好于正式学校内附设或特设各传习机关，以期达到人人得以自立之目的。

女子受职业教育后之出路，或其制成品之销路，应由总机关特别设法。此为提倡女子职业教育之要点。

四、设施各种职业教育之方式，可分列如下：

甲、特设之职业学校，或因专设一类，而称农业学校，或工业学校，或商业学校等。

乙、就普通之中小学校内，附设职业科一种或数种。

丙、分设各种传习所或补习学校。

丁、高级与低级，设法合设，使互相得益。

均宜由总机关视其需要与适宜，为之规划或设计。

五、设施各种职业教育之分量，应视地方对于职业教育需要之程度，可由总机关行下列之调查：

甲、对于已受教育者，调查中学毕业生之不升学者，其数若干；高等小学毕业生之不升学者，其数若干。此不升学者，即为应受职业教育者。至国民学校毕业生之不升学者，可令各县自行调查后，规划处置之。

乙、对于未受教育者，分两种处理之。

（1）学龄儿童如在十二岁以上，而察其能力，仅能受义务教育者，应于设施义务教育时连带设施职业教育或职业陶冶。

此应于小学特别注意调查。

（2）已过学龄之儿童应于补习学校内，以职业教育与普通教育并施之。

此应于推广补习学校时，特别注意调查。

六、就目前假拟之具体办法，及分期施行之顺序：

甲、组织总机关。

乙、创办大学农科。

丙、省立农业专门学校，可并入大学。其甲种农校及农事试验场，既在同一地点，且同属省立，可改为大学附属，以取费用之经济，且谋精神之联络。

丁、省立甲种工校，应酌予扩充。其县立乙种工校，既在同一地点，且学科相同，似可改为甲工附属，以谋极端之联络。至县对于工业，可另设他科。

戊、省立甲种商业学校，亟宜迁往郑州，以应其地之需要，而谋学、商两界之联络。

以上丙丁戊三项，皆限于参观所及，其他未敢臆断，故从略。

己、各县宜就财力所及，先设乡村职业学校（注重农工）及城市职业学校（注重工商）各一所，以资实地之研究，由总机关协助设计指导。其旧有之乙种农、工、商校，分别归纳之。

凡依新学制应改之名称及组织等，属当然之改革，兹不及。以上为初期办理之事，其后依总机关调查研究之结果，继续设施之。

（原载《教育与职业》第 39 期，1922 年）

民国十一年之职业教育

余作"民国十年之职业教育"文，刊入《新教育》杂志、《教育与职业》杂志，已著其梗概矣。

民国十一年之职业教育，承十年之趋势，由通都而及于腹地，由空论而见诸事实，由浮动之气体变为坚实之固体，由散漫的表见渐进于系统的团结。兹不尽述，述其荦荦大者。

一曰职业教育在新学制位置之确定。我国新学制，自十年十一月，全国教育会联合会在广东开会，议决草案；十一年十月，山东又开全国教育会联合会，就原案加以修正。先是，九月教育部举行学制会议，对于学校系统，亦有可增损。至是，乃复由部汇并审定，呈由大总统以教令公布。是曰学校系统改革令，时则十一年十一月一日也。其间规定职业教育各项如下：

（一）小学课程得于较高年级，斟酌地方情形，增置职业准备之教育。

（二）初级中学得视地方需要，兼设各种职业科。

（三）高级中学分农、工、商、家事等科，但得酌量地方情形，单设一科，或兼设数科。其依旧制设立之甲种实业学校，改为职业学校或高级中学农、工、商等科。

（四）职业学校之期限及程度，得酌量各地方实际需要情形定之。其依旧制设立之乙种实业学校，酌改为职业学校，收受高级小学毕业生，亦得收受相当年龄之修了初级小学学生。

（五）为推广职业教育计，得于相当学校内，酌设职业教育养成科。

（六）大学及专门学校得附设专修科。凡志愿修习某种职业而有相当程度者入之。

从此，各省区根据新制，对于职业教育已在计划与整理中。

二曰济南职业教育大会。包括全国职业学校联合会临时会、中华教育改进社职业教育组分组会议及两会之联席会议。自十一年七月三日至七日，共五天，先后开会七次。与会人员五十八，代表团体四十三，代表省区十有一。讨论议案十九件，最重要者：

（一）陈请中央筹定专款提倡补助职业教育案。拟在停付俄国庚子赔款、各国退还庚子赔款、德国欧战议和后赔款、关税增加后收入各项下，岁拨五百万元，在中央设职业教育局，就全国相当地点，建设职业学校十所，补助各省区扩充职业教育经费，择优补助私立职业学校。

（二）审定职业学校学程编制标准案。当于名称、入学资格、授课时间及课程支配等项，议定大体，再交由中华职业学校、北京高等师范学校职工专修科、山西工人补习学校、江苏省立第一商业学校、第二农业学校、北京女子职业学校等十九团体，组织委员会，详细讨论。并议决由各省、区实施职业教育之机关，自行组织各省、区职业学校联合会。而江苏职业学校联合会则已于八月中成立矣。

三曰职业学校出品展览会。为全国职业学校联合会所发起。其第一届以十一年二月一日至七日开会于上海中华职业学校。概括其状况：

（一）送出品之学校	五十所
（二）送出品之学校所在省	八省（江苏、浙江、安徽、直隶、山西、甘肃、福建、湖南）
（三）出品	三千零三十九件
（四）售出物	三百二十九件
（五）售出物价	一千二百余元
（六）参观者	一万零四百六十八人

同时，上海家庭日新会举行家庭展览会，并借该校为会场，亦所以补家事职业教育方面之不足也。

四曰全国农业讨论会。中华农学会会同中华教育改进社、中华职业教育社发起斯会。与上述之全国职业学校联合会，同时开第一届会议于济南。讨论范围约分三类：

（一）关于农业教育者；

（二）关于农业试验者；

（三）关于农业行政及其他问题者。

第一类中包括实施全国农业教育大纲一案，分别高等、中等、初等，由专家逐段审查，尤为详密。将由执行委员会设法鼓吹，以期实现。会议时兼办农业展览会，并称盛事。是次会议，有十七省、区代表一百七十四人列席。其影响于我国农业与农业教育前途，非浅鲜也。

凡此四者，皆为民国十一年中职业教育界特著之现象。前此之积极进行，于是收其果；后此之充分发展，亦于是肇其端。而如职工补习教育之推行、乡村职业教育之猛进，则并在民国十一年见其端倪者也。

又余于民国十年之职业教育文中，统计全国职业学校，民国七年共五百三十一所，民国十年增至七百十九所。民国十一年，中华职业教育社重有所调查，其结果则更由七百十九所而为一千二百零九所，几增百分之七十。其间或由于前度调查之遗漏，然亦足以壮吾社同志诸君之气矣。

（原载《教育与职业》第 40 期，1922 年）

职业教育之礁

职业教育，以教育为方法而以职业为目的者也。施教育者对于职业，应有极端的联络；受教育者对于职业，应有极端的信仰。乃就近来所发现，施教育者渐知联络职业，独受教育者犹不免抱定下方几种心理：

一、欲求职业，须从读书中得来，故吾宁注重读书。

二、既入学校受教育，总须就高等的职业，否则辱没身份。

三、亦尝入职业界实习，事忙则太劳，事简则无聊。总觉实习万不及读书之有味，职业界万不及学校之受用。

此种种心理，括言之，非以职业为贱，即以职业为苦。总之，受职业教育者，非真对于职业抱有最高之信仰而来也。来学时既无就职之诚，学成后更安有乐业之日？此无形之礁石，伏于青年脑海中，欲职业教育推行无阻，得乎？吾今敬告青年：

诸君须知，人生必须服务，求学非以自娱。无论受教育至若何高度总以其所学能应用社会、造福人群为贵。彼不务应用而专读书，无有是处。

诸君须知，职业平等，无高下，无贵贱。苟有益于人群，皆是无上上品。

诸君须知，求学与习事，初非两橛。以实地功夫求学，以科学方法习事，互相印证，其乐无穷。若歧而二之，不唯习事无有是处，即求学亦无有是处。

诸君既知，人不可无业矣。更当知任何职业，必须积小为大，先轻后重。吾敢断言，今之当大任者，即昔日服微末之务而不以为小者也。吾更敢断言，今之不屑服微末之务者，即他日并微末之务而不得者也。

以上诸义，苟或未明，其无庸受职业教育，更无庸为人。

（原载《教育与职业》第41期，1923年）

办理职业学校工场之商榷 ①

奉到很长的手书，感谢你对于职业教育的种种指教。先将你末后的意见，逐条答来。

（一）要办职业学校，当先办工场；欲办工校，先办工场，这话很是。欲办农校，先办农场。照此类推，弟所向来主张的。不过就现成工场附设工业教育，也是很可以的。若是工场办不好，敢断言工校是办不好的。

（二）工场自己足以自给，然后再办学校，这话不差。但是职业学校并无必须在自己所办工场赚钱供给学校的条件。如果另外有钱办学校，则学校自学校，工场自工场，也是很可以的。

（三）工场的组织，当用社会的成法。成法有好有坏，好的固然应保存，不必定要改革。若是坏的，非改革不可。但是须等自己经验丰富有把握，然后设法改良，这句话是很对的。

（四）工场的出产能力，当注重专一，很是很是。

（五）工场的组织完备，招生二级，用半日制，这话大致很对，但也须看地方情形。

（六）学生所习工作，专一小部分，另定试验时间，去习别种工作法云云，此节意思，未甚明了。不过弟所知的，譬如学铁工，先时各部分皆须学习，最后专精一部分，不知你所说的是不是这个问题。

（七）学生工作的分配，此问题正当方法，已见前条。若在营业的工场，往往关于设备和营业种类，不容许你照理论的方法去支配。这是营业工场和教育目的冲突的地方了。

---

① 本文是黄炎培与熊翥高的通信摘录。

（八）学校的一切设施，当取工场性质，这话是很对的。不过更完善的方法，要分两种设备，一部分是营业的，使学生知道营业的组织；一部分是教育的，使学生得依正当方法，为循序的练习。

以上是弟的意见，愿供先生研究。总之，先生说职业学校三大困难，第三层"毕业生未必能靠托这种职业到社会上去自立"这句话，顶要注意。若第一层"学生不能自给"，在受职业教育时代，并非即须自给。第二层"工场不能自立"，要不必以此责望一般学校，因此非必要的条件也。多承热心指示，所以缕缕答复，请先生亮察。

（原载《教育与职业》第 41 期，1923 年）

江苏职业教育计划案

苏省行政当局鉴于教育与实业，因密切之关系，有联络之必要，于上年十一月组织教育实业行政联合会。以省长、政务厅长、教育实业两厅长、省署第三四科长为当然会员，遴选本省教育、实业界领袖十人为聘任委员。本年一月二十一、二十二、二十三日，在南京举行成立会。当举定省长为会长，教、实两厅长为副会长，聘任委员邹秉文为总干事。设会所于贡院，并组织农、工、商业各委员会，及改良全省造林、蚕桑、园艺计划各委员会。别设职业教育委员会，则由联合会推出四人，农、工、商业三委员会主任并各推出一人，与本社推出三人组织之。本社主任黄炎培君，以聘任委员资格，提出本省职业教育计划案。经大会通过，交职业教育委员会详细讨论具体办法，再交由教、实两厅施行。兹事于职业教育前途大有影响。为将原案刊入本志，并记其缘起于端，录其简章于后。

江苏职业教育机关，就中华职业教育社民国十一年所调查，合公私立甲乙种农、工、商学校，男、女子职业学校，以及慈善性质之孤贫儿院等计之，共得一百九十六所，在各省区中占数最多。然就社会需要方面言之，以吾苏人民生计艰窘之有待于维持，与地方生产事业之有待于发展，此百余机关，无论其未完善，即使一一完善，其未足以给本省之要求，可断言也。

本会认教育、实业行政，有联络之必要，故就两厅及省署两科，合组而成。从前职业教育，仅视为教育方面所有事，故虽设有甲、乙种农、工、商学校，而与农、工、商实业行政，绝对不生关系。省立各农场、工场亦甚感教育之需要，或且附有教育事业，而与教育行政，亦绝对不生关系。如是而欲收充分之效果，宜其难也。本会成立，自应认为改进与发展职业教育之绝好机会。

江苏对于职业教育，夙所注重。行政方面，既设有职业教育指导员，省教育会又设有职业学校联合会。况中华职业教育社，虽范围属于全国，而机关设在江苏，对于苏省职业教育，尤应有特别之赞助与贡献。兹特根据本省地方状况，就平日调查研究之所得，提出本案，以待公决。

一、确定计划全省职业教育之总机关。职业教育包括农、工、商、家事四种。其入手办法，如调查、研究、规划、指导以及筹备师资、推广出路等事，头绪甚繁。在外国或特设职业教育局，或就行政机关内特设专科，以资治理。今本会既由教育、实业行政两部分组合而成，而中华职业教育社又设在本省，最好即由本会及该社会同担负计划职业教育，分部进行，按期报告，以专责任。

二、申明本省职业教育各机关之宗旨。自新学制颁行，职业教育之地位，已经明确规定。如甲、乙种实业学校改为职业学校，以及初级中学兼设之职业科，高级中学分设之农、工、商、家事科，大学及专门学校附设之职业专修科，小学高年级增置之职业准备教育，皆属职业教育性质。他如地方慈善团体，农场、工场、商店附设之教导职业，或补习职业机关，虽非正式学校，然其事业，实属职业教育范围。以上种种，皆应明定宗旨，一切设施，依之以行。责成前项总机关，统归计划，一致进行。

上两大纲既立，请更分类言之。

（甲）农业教育

一、采系统计划。农业教育与工、商业不同，应采系统主义。先以东南大学农科确定为本省关于农科试验中心机关，担负学理的试验之责，供给中学农科之教材与师资，并研究解决困难问题。以旧设甲种农校改为中学农科，就大学农场试验有效之方法而宣传之，兼负局部试验，及养成宣传人才之责。乙种农校改为职业学校，或即称农业学校，负直接宣传及教育农家子弟之责。从前大学农科及甲种农校，俱从事试验，乃至乙种农校亦从事试验，未免负担过于能力，且非经济之道，故为分划责任如此。

二、定分区制度。就全省特殊农产，分为若干区，如棉区、稻区、麦区、林区等。就该区适当地点，设立农场，分隶于大学农科，或农业中学，以供中央试验，或局部试验之需。俟至适当时期，每县亦得分为若干区，与农校联络，负担推广及指导之责。从前农场、农校虽在同一地点，且为同级机关所立，绝不联络。今本会成立，应注重此点，以资互助。

（乙）工业教育

一、机械工业。本省机械工业教育之属于高等者，如东大、交大、同济、通惠、南通纺织等。属于中等者，如一工、二工（现一部分试办专门）、中华职业等。此种较大之工业，须内审公私财力，外审学生出路，不必急事扩充，唯有察其需要与可能而徐图之。所亟应从事者，乃就现有机械工厂，施以补习教育，授普通以增加其常识，兼授专科以改进其技能。亦使枯燥之职业，得工余之乐趣，殊于改良工业，减免风潮，有直接之影响。应指定重要商埠之风气开通者，如上海、无锡等，先以调查，继以劝导，俾工厂自办此种补习教育，而为之代订办法，供给其教师与教材，实为当今急务。

二、手工业。欲使一般贫民得生计上之补助，而又不假巨额之资本，非提倡手工业不可。以吾国人口之最繁，工价之较贱，提倡手工业，且可于其出品之对外贸易上，收出奇制胜之效。吾苏各地旧设之此种工校，及慈善性质之教导工艺机关，所在甚多，而有良好之成绩者尚鲜。应由总机关速办下列各事：（一）调查。依调查之结果，知其地有何种原料，有何种用途，有何种旧传艺术，均根据各该地方之需要与适宜，以定设施之种类与程度。（二）供给教师。现办此种机关，其所以不易收效者，大抵缺乏良好教师之故。应由总机关设法养成。（三）推广销路。应由总机关就适当地点，特设场所，推销出品，而即就销路上，考察其出品之合宜与否，而指导其改良。如果办理得宜，此项制造可以立见推广，而嘉惠贫民，将无涯涘。省立各工场，应于此点特别注意。

（丙）商业教育

一、正式商业教育。正式商业学校，或公或私，江苏重要商埠，大多设立。以后应视地方需要，逐渐推广。此时亟须加以助力，使其与当地商业界有具体的联络办法，以冀养成适用人才，为改良与推广商业之助。

二、商业补习教育。旧式商业之改进。在教育上，宜从商业补习教育下手。应就南京、上海、无锡、镇江、扬州等重要地点，提倡试办。

三、关于商业教育之辅助问题。凡商业教育所定之教科及教材，如何而能适合商业需要，所施之训育，如何而能养成商业适用人才，以及其他种种有待于指导与供给者，皆应由总机关以调查、研究等各种方法，尽力协助之。

（丁）女子家事教育

一、设科问题。各级女学校，应提倡注重家事教育。或特设专科，或就相当学科，加入此项教材，可视其程度定之。

二、传习问题。凡家庭工艺，或商业、或园艺等，为女子能力与社会习惯所适宜之职业，应设法使之逐渐推广。最好于正式学校内，附设或特设各传习机关，以期达到人人得以自立之目的。

三、学生出路与出品销路问题。女子受职业教育后之出路，与其制成品之销路，应由总机关特别设法，以唤起其对于职业教育之兴味。

以上各类，只陈大概，兹更就设施上，举其共同者两事：

一、设施各种职业教育之方式，列举如下：

（一）特设职业学校。或因专设一类，而称农业学校、工业学校，或商业学校等。

（二）就普通中小学校内，附设职业科一种或数种。

（三）分设各种传习所或补习学校。

（四）就实业机关内，附设职业教育机关。

（五）以较低级之职业学校，附设于高级学校内，使得联络之益。

以上均宜由总机关，视其需要与适宜而施之。

二、设施各种职业教育之分量，应视地方对于职业教育需要之程度，可由总机关先行下列之调查：

（一）对于已受教育者。调查中学毕业生之不升学者，其数若干；高等小学毕业生之不升学者，其数若干。此不升学者，即为应受职业教育者。至国民学校（姑用旧制名称）毕业生之不升学者，可令各县自行调查后，规划处置之。

（二）对于未受教育者。（1）学龄儿童。学龄儿童之能力，有仅能受义务教育而止者，应于设施义务教育时，视其年龄之适宜，连带设施职业教育，或职业陶冶。此应于小学特别注意调查。（2）已过学龄之儿童。应于补习学校内，以职业教育与普通教育并施之。此应于推广补习学校时，特别注意调查。

以上种种，均应由大纲第一条所指总机关负责进行。下手方法，宜在总机关内，组织各种委员会。是否有当，愿行政当局及诸专家赐教之。

（原载《教育与职业》第 42 期，1923 年）

改进安徽职业教育办法案

十二年二月，安徽举行实施新学制讨论会。是会以教育厅聘请省内外教育专家十四人、省教育会代表四人、省立学校联合会代表四人、教育厅指派职员四人组织之。教育厅长主席。一日开会，三日闭会。是案由审查会职业教育组，依据教育厅交议案，及教育会建议案修正报告，经大会修正通过。余既被邀列席，合附记其颠末。

一、确定职业教育之范围

应认定归入职业教育范围之各机关列举如下：

（一）旧制甲种农、工、商业学校。

（二）旧制乙种农、工、商业学校。

（三）男、女子各种职业学校、工艺学校、工读学校、职工学校及各种职业传习所、讲习所等。

（四）高级中学农、工、商、家事等科，及初级中学职业科。

（五）小学校各种职业准备科。

（六）各种职业补习学校或职业补习科。

（七）各种职业科教员养成机关。

（八）慈善性质及感化性质之各种习艺机关。

至大学农、工、商、矿科，或农、工、商、矿等专门学校，虽未定在职业教育范围之内，亦应谋绝对联络办法。

二、安徽现有职业教育机关（编者按：原案列举各机关名称，兹从略。第计其类别，则归入前项第一类者八校，第二类、第三类者各十一校，第六类者一校，余待调查）。①

三、改进办法

（甲）农业教育以芜湖甲种农校为研究改良全省蚕桑总机关，以六安甲种农校为研究改良全省茶叶总机关，以安庆甲种农校为研究改良全省农林总机关。余详见改进安徽农业教育办法案。（编者按：原案五年内，三校经费仍旧额，每年共十五万元。各添聘专家，担任研究改良，造就、推广人才，协同各县立机关，分别改进本省蚕业、茶业、林业。一面由教育厅组织农业教育委员会，为协助规划及执行全省农业教育总机关。第五年定为二十五万元。以上三校，统改为农科大学，依次称第一、第二、第三分部。各注重造就专门人才。农业教育委员会取消，其职务归大学担任。）②

（乙）工业教育赞成教育厅交议案，甲种工校改为职业学校，设金工、木工（原设土木科，维持至毕业）、化学工艺等科，并视地方之适宜与需要，添设裨益贫民生计之其他工艺科，徐图推广于各地。

说明：职业教育应以补助贫民生计为主要目的。良以境遇所迫，谋生之志趣较为确定。以视中等人家子弟，其需要之程度不同，故其收效之难易亦异。况为改良工艺，增加生产起见，亦应注重养成一般适当之工人。其方法得采用半日或全日制，其毕业时期，以短为宜。

省教育会建议案，于亳县、宣城各添职业学校一所，均利用地方特产原料。其办法认为适宜，应视本省经济情形，陆续添设。

（丙）商业教育赞成教育厅交议案及省教育会建议案一致之主张。甲种商校，至适当时期，改为新制中学商科。提倡兼指导商业补习教育，徐图推广于各地。

说明：商业教育，一方宜培养适当人才，以供商界作用。一方并宜就已入商界者，导之向学，授以相当教育。而后者之需要，实较前者为急，以其影响于改良商业前途，尤捷也。该校设在芜湖，为全省最繁盛之城市，应先尽力提倡指导，以为各地之先声。

（丁）女子职业教育省立女子职业学校，除原设各科外，赞成教育厅交议案之主张，添办师范科，养成传授各地女子职业人才。该校应将原设职业补习科

---

① 此"编者按"为原编者所加。
② 同上。

办法，就本省适当地点，依次推广。

说明：女子职业学校，本省只有一所，似非男女教育机会均等之道。现在暂拟上开推广职业补习科办法，俟财力稍充，必当添设专校。

以上乙、丙、丁各项职业教育，经费之支配，有必要增加者，应由教育行政机关酌定。

（戊）各县职业教育原有乙种农、工、商学校，赞成教育厅交议案，改为职业学校。应由县教育行政机关调查地方之需要，以定设科，并视该科性质，以定年限。

赞成厅案，小学校注重职业陶冶，并应就学生适当年龄及地方状况，设职业准备科。

四、设研究、指导全省职业教育总机关

以上改进本省职业教育种种办法，凡关于地方状况之调查、学科及教材之编制、设施方法之研究与其他指导进行事宜，均不可无总机关以资办理。此项总机关，最好应由教育行政方面，会集具有各种职业教育之学识及经验者，共同组织。基此理由，主张由教育厅设职业教育委员会，其办法另订之。

（原载《教育与职业》第 43 期，1923 年）

学商业的青年自省七条

这几天曾到上海江苏省立商业学校和南洋商业学校讲演，就用这七条做资料。吾对于学商业的青年所要讲的话，简之又简，差不多全在个中了。青年呀！你们要是认这七条不错的，很望你们每天把这七条向自己考问一遍。教青年的先生们呀！你们要是认这七条不错的，很望你们把学校一切设施，望定这七条一一做去。

一、你能了解"商"的真意义在服务社会而尽力做去吗？

二、你能认定一"诚"字做一切道德的根本而尽力做去吗？

三、你办事勤么？

四、你能随时随地发挥合作的精神么？

五、你能练成敏捷而善决断么？

六、你能使自己的习惯适合于你所想进的商业社会，然后用稳健方法改进他们吗？

七、你能把应用的知识和技能修习得十分纯熟么？

（原载《教育与职业》第 45 期，1923 年）

黄炎培、孟宪承致胡适

适之先生左右敬启者:

  《申报》创办五十余年,惨淡经营,粗具成效,顾其对于全国教育学术上之贡献,迄今未辟专栏,殊为缺憾。同人不揣绵薄,拟创始一种教育周刊,定名为《教育与人生》,旨在介绍学理,记载要闻,俾供施教者与受教者双方研究参考之资料。夙仰先生学术湛深,著述闳富,谨特函恳台端宠赐鸿文,以光篇幅。至希俯允,并祈将尊稿于八月内见惠,径寄申报馆为感。专此,祇颂
撰安

黄炎培 孟宪承 同启(八月十六日)

[原载《胡适往来书信选》(上),中华书局1979年版]

在中华教育改进社董事会的演说词 ^①

适聆曹先生之演说，非常钦佩！曹先生为清华学校校长，吾等在此开会，脑筋中常有清华学校之照片。鄙人以前曾到清华学校，但并未住宿，此次能下榻于此，得瞻观此校完满之设备，因想在中国能有如清华学校之规模者，盖甚寥寥。然吾人倘使能以科学方法使清华学校移至欧美，与欧美各学校相比较，则亦无大奇异矣。由此得一觉悟，即吾人做事，决不因环境而减少声光，且能因环境以增加声光。中国学校有清华之规模者甚少，环境不同，适足以增加吾人做事之精神。因此可推论教育界之现象。中国现状杌陧不安，全国教育人士能在此聚首一堂，研究教育，此机会极为难得。犹中国之有清华学校然，环境虽有时恶劣，而吾人决不能因之胆怯，应改造环境，安慰社会。进言之，环境不同，责任因以加重，如年会在清华学校开会，清华学校之责任，因以加重焉。

各种事业，须吾人尽责任者甚多，而实际上不能完全尽作。教育界分内应尽之责任不少，然而所尽之责任果何如乎？能满足吾人之希望乎？近年有中华教育改进社年年开会，陶先生所谓以"合作""分工"，推行会务。教育界所能尽分内责任之事，要亦不外"合作""分工"二者。

凡研究一事，以吾之感想观之，可从对面着想，如此一座礼堂，须视外面人之看法如何，自己不必先加以意见。研究教育亦然，吾人研究教育，须看教育界以外之意见如何。教育界以外意见，大别有两派：

（一）与教育界有关系者，谓新教育不知为何物，社会上之风纪道德堕落已极，新教育无功用之可言。此种对于新教育抱怀疑态度者殆甚多。

（二）见教育界团结甚力，于是乃发生一种政策，以二字代表之，即"利

---

① 本文为黄炎培在中华教育改进社董事会上之讲话，记录者夏承枫。

用"是也。此种情形，兹不必细说。

吾人对于以上两派，须有正当态度。第一派抱怀疑态度者，谓新教育无效果。本来教育不易见效，吾人须立坚固之基础，如造屋然，图样绘成，基础立稳，按步进行，不管他人之怀疑，自己亦不必怀疑，勿抱消极，尽力合作，一旦大功告成，怀疑者即无形消灭。第二派欲利用教育界者，实为中国政治腐败之结果。中国十二年来，政潮反复，而教育界卒未受其利用。吾人抱定目的，使利用者知教育界不受利用，则此派即失其作用矣。

吾人从事教育界，尽力做事，而未做者仍甚伙。然近年来提出之问题及主义颇多，不过尚未解决，或似乎解决矣，而实际乃纸上之解决；研究则有之，实行则未也。陶先生谓一人研究一问题，吾以为须一面研究，一面做事，二者并行不悖。改进社公请陶先生为主任干事，非但因其学识丰富，品格高尚，能力过人，且因陶先生大名知行。知行合一，实为吾人做事格言。陶先生固未料知行二字，为吾人共奉之良箴也。

数年来有一大改革，即颁布新学制系统案是也。教育效果非恃一部令即已成功，以后之责任甚多。去岁颁布时，教育当局避不与闻，此即希望能实行之意也。

改进社最大之效果在何处？想诸位皆已知之。诸位对于改进社想各有希望，兹述吾之理想于后：

现今学校推广，学生增多，教育似达普及之程度，此为良好之现象乎？依吾之眼光观之，教育固需普及，而尤在好教育之普及。好教育维何？请为诸君言之：数年前余至外国参观，见礼堂上悬一牌，上书某年某月与某国开战，战死若干人，皆为本校毕业生。其用意盖一方面激励后来之学生，一方面表示学校之成绩也。吾不希望中国有此种教育，吾所希望者，乃在五年、十年、五十年、百年以后，中国大学校或其他学校，培养有科学家、文学家、哲学家，使社会知某科学家为某校毕业生，某文学家某哲学家为某校毕业生，不但使国内人知之，且使世界各国知某某科学家、文学家、哲学家为中国某校之毕业生。夫如是则教育庶有贡献于人类。目前相距太远，非一时可以达到。但鄙人以知行二字，为终身良友，努力实行，愿与诸君共勉之。

（原载《新教育》第 7 卷第 2、3 期，1923 年）

中国的职业教育 ①

"职业教育"这个名词虽然在我国被人们了解尚不到十年时间，而专门倡导这种教育的组织——中华职业教育社成立也仅有六年，但是职业教育运动在中国已经取得了巨大进展，并且已经尽可能地发挥了它的影响。本文将向读者简要介绍有关中国职业教育方面的一些主要的活动。

一、中华职业教育社的组织和活动

中华职业教育社是由一些进步教育家在一九一七年春发起的，目的在于发展职业教育。这个组织的成立，开辟了中国教育史的一个新的纪元。职业教育运动很快引起公众的注意，并立即受到学者和卓越的事业家的支持。同年五月，中华职业教育社正式成立。郭秉文博士等人被选为理事，作者被选为社务委员会主席。目前社员已超过四千人，代表着全国各省以及在欧洲、美洲或其他地区的中国人。从下面二表可以了解职教社的组织和工作。

通常职教社的工作均按表二所列进行，这里仅对一些更值得注意的主要活动作进一步详细的介绍。

1. 研究

研究工作分为两类：依靠通讯进行了解，实地访问和观察。第一类包括对全国各类职业学校状况的调查；对毕业生离校后的调查，特别是对职业学校毕业生情况的调查；还包括对有关职业教育方面出版的中文和英文杂志和书籍的收集，等等。这类研究的成果中包括全国职业学校数量的统计报告。对于指定地区的某些学校或团体进行有确定目标的了解，则属于第二类的研究工作。五

① 本文原文为英文，由高奇译，黄大能校对。

年来职教社在不同地区作了一百四十三项这类的调查工作，并分别出版了有关的研究成果。例如，我们曾在一九一七、一九一九和一九二〇年派若干工作人员去马来群岛考察；派另一研究组赴东三省和青岛；派其他去江苏、浙江、安徽和江西。此外，我们的研究部还编写了十年来上海的劳动工资和各类重要商品的价格的报告。

（表一）中华职业教育社组织图

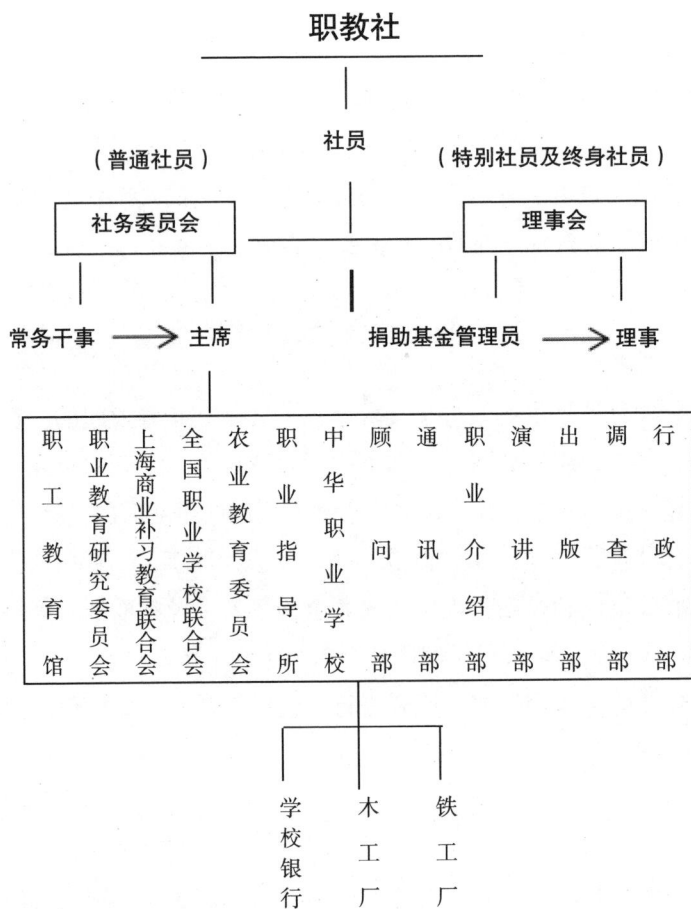

职教社

社员

（普通社员） ｜ （特别社员及终身社员）

社务委员会 ｜ 理事会

常务干事 → 主席 ｜ 捐助基金管理员 → 理事

（以下为各部门，自右向左：）行政部、调查部、出版部、演讲部、职业介绍部、通讯部、顾问部、中华职业学校、职业指导所、农业教育委员会、全国职业学校联合会、上海商业补习教育联合会、职业教育研究委员会、职工教育馆

（中华职业学校下设：）铁工厂、木工厂、学校银行

310

（表二）职教社之事业

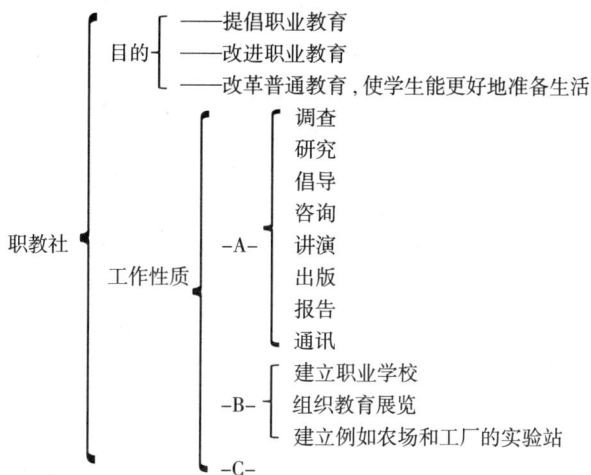

```
                     ┌──提倡职业教育
              目的─┤──改进职业教育
                     └──改革普通教育，使学生能更好地准备生活
                              ┌ 调查
                              │ 研究
                              │ 倡导
                              │ 咨询
职教社                -A-┤ 讲演
              工作性质       │ 出版
                              │ 报告
                              └ 通讯
                              ┌ 建立职业学校
                        -B-┤ 组织教育展览
                              └ 建立例如农场和工厂的实验站
                        -C-
```

2.讲演

职教社成立以来，曾在职教社的礼堂或在被邀请去的地方，进行了一百四十次关于职业教育的原理和重要性的公开讲演。另外，还准备了幻灯片，显示中国和外国学校中的职业教育活动。

一九二二年十月，作者曾在河南和北京，并在沿长江的大城市作了职业教育方面的演讲。在河南讲演时，教育厅长曾请求我为全省制定一个切实的、积极的计划以实现全面职业教育制度。我提供了这个计划，并为教育厅长所接受。希望这个计划能够很快付诸实施。

3.出版物

中华职业教育社出版了《教育与职业》月刊。在这个刊物中讨论了有关职业教育的各种问题。最近已经决定将这个刊物压缩，限于传递有关职业教育发展的重要新消息，并附有简洁但富于鼓动性的编者按语。这样做可以集中精力去编辑出版专题性的书籍。一九一七年我们翻译出版了 Dr. Snedden 的《职业教育问题》一书。职教社目前正准备用中文出版另一本新书——《职业教育研究》。此书以 Dr. D. S. Hill 的《职业教育概论》为基础，并参考了若干其他有关的英文书籍编写而成。其中包括什么是职业教育、职业陶冶、教育指导、职业指导、职业心理学、职业教育的科学研究等重要议题。此书由上海商务印书馆出版，将于今春问世。此书不是单纯的翻译，而是考虑到了适合中国的需要。关于职业心理学、职业测验和职业指导的书，不久亦将出版。同时，职教社将要从现在起，发行一年两次英文版的通讯。这将使我们的外国朋友能充分了解中国职业教育发展的情况。

4. 职业指导所

职业指导所是由职教社与中华职业学校教职员联合组成的，是职教社的一个附属单位。这个委员会负责调查上海主要商行和工厂的组织，调查有关他们雇用店员或其他雇员的情况。当我们普遍调查了我国日趋复杂的职业和迅速发展的职业教育时，我们意识到职业指导的迫切性。如果我们不想任凭我们的学生徘徊、徬徨的话，这种调查是必不可少的。职业学校的学生还必须具有使自己能更适应生活的明确目标。基于这个信念，委员会的成员尽了最大努力，对各行各业的各种条件进行了广泛的调查，特别是对上海这样一个商业中心。公众反应热烈。这个所在作了各方面的调查和访问了许多实业家后，在出版部的协助下，完成了一本名为《职业经验谈》的书。这是那些对职业的实际问题感兴趣的人的一本很好的参考书。委员会还根据从德国介绍来的方法，制作了一些用来进行智力测验的设备。虽然对这些设备到目前为止他们还没有完全满意地掌握，但是他们正试着使它逐步完善。

5. 商业补习教育联合会

上海商业补习教育联合会是在一九二二年由职教社和上海商会、国立东南大学的上海商学院联合发起的。上海工业界的领导组织也被邀请参加了这个工作。它的目的在于促进商业补习教育，特别是应那些从事商业工作之前没有受过新式商业教育，仅仅以老方式做过学徒的人的需要。这个组织的目的还在于解决多方面的问题，如商业职工的福利问题。在许多工业领导组织已经表示衷心支持的情况下，这方面看来不会遇到多大困难。

6. 职工教育馆

为了启发上海的劳动界，在中华职业学校的校园里建立了一个职工教育馆。其中设有各种科学的、医学、卫生学的和学校各车间不同产品的展览室。此外，还有一个宽敞的演讲厅和一个图书馆，经常有专家在此举行演讲。职教社的社务委员会正在设计一些更好的办法，使职工教育馆能给普通职工提供更多的方便。

7. 一个试验性的学校

中华职业教育社为了进行职业教育的试验和提供一个模范的学校，在上海创建了中华职业学校。学校的开办和维持费是由公众捐助的。在开始筹建时发起一个筹款五万元的运动。公众非常热心，现在认捐的总额已达七万元，比最初期望的多二万元。学校校舍在一九一七年七月兴建，次年十月开学。

中华职业学校设有五个科，即机械科、木工科、铁工科、商科和一个特设的职业师资科。以前还设有珐琅和纽扣两科，现在已经结束了。工业科的课程设置建立在实用或生产的基础上；商业科则采用联合计划，就是说，学生一半时间在校，另一半时间在机关或商店。此外，还为在职人员进一步培训的需要，设立了半日班和夜班。

以上介绍的主要是关于中华职业教育社的组织和工作，可以看出，其职责就是在中国发展职业教育。从这点看来，自职教社成立之日起，可以说一直沿着这条路在向前发展。

二、中国职业教育的发展

1.职业教育在新学制中的地位

一九二一年十一月在全国教育联合会广州年会上，制定和通过了一个新学制草案。在一九二二年十月山东召开的年会上，对这个草案进行了修订。同年九月，教育部专门召开会议讨论新学制和修改旧学制。最后，教育部在前两个新学制综合成果的基础上起草了另一个学制草案，提请总统批准。新学制在一九二二年十一月一日以黎总统命令公布施行。从职业教育的观点看，可以说这个学制为今后职业教育的发展提供了较好的机会。我们从学制中抽出以下几方面比较重要的内容：

①根据地方社会条件，在小学高年级可增设一些职业准备课程。

②为了满足地方社团的特殊要求，可酌情在初中设立不同种类的职业课程。

③高中课程分农业、工业、商业和家事。设立一种或数种课程，可根据地方社团的要求而定。对于按旧制设立的乙种实业学校，则应改为职业学校或高级中学的农、工、商等科。

④职业学校的学制和持续时间可由地方社会条件来决定。按旧制设立的初级实业学校，也应改为职业学校，接收高小毕业生，但也可以接收达到入学年龄的初小毕业生。

⑤为促进职业教育的发展，得在适当的学校内酌设专门课程，培养职校的

师资。

⑥大学或学院得设立某些专修科，让志愿对某种专科继续进修并有相当程度的学生参加。

上述计划颁布后，各省当局正在进行落实，相信不久即可看到结果。

2. 全国职业教育会议

全国职业教育会议于一九二二年七月三日至七日在济南举行。参与会议的有全国职业学校联合会、中华职业教育社和中华教育促进社的职业教育部。五天中开了七次会议，有五十八人代表四十三个组织和十一个省参加，提出和讨论了十九项重要提案。现将其中最重要的两项介绍如下：

①向总统提出一项建议，要求他为发展中国的职业教育拨一笔特别基金。来源可由俄国退还的庚款、德国的赔款和海关税款的增额内拨给，总数五百万元，用于下列项目：建立职业教育联合会；在全国适当地区设立职业学校；对各省提供扩展职业教育的经费，以及给予办得最有成绩的私立职业学校财政上的补助，以鼓励职业学校的加速发展。

②必须制订一个职业学校的标准课程大纲，以及职业学校的各种名称、授课时数等。这个大纲应交给一个专门委员会来充分研究和审查，最后送交政府采纳执行。这个委员会可由上海中华职业学校、北平师范学院的职业专修科和女子职业学校、山西职工补习学校、江苏第一商业学校、第二农业学校和其他有声誉的团体组成。

3. 职业学校成果展览会

第一次职业学校成果展览会于一九二二年二月一日至七日由全国职业学校联合会主办，在中华职业学校举行。主要收获可以归纳如下：

①参加校数　　　　　　50

②学校代表的省份　　　8

（江苏、浙江、安徽、直隶、山西、江西、福建和河南）

③展品数　　　　　　　3,039

④售出展品数　　　　　329

⑤售出展品价值　　　　1,200

⑥参观人数　　　　　　10,648

4. 全国农业问题讨论会

鉴于农业发展的迟缓和农业科学知识的缺乏，中华农业协会、中华教育改进社以及中华职业教育社联合全国职业学校联合会，共同发起、组织了全国农业问题讨论会。第一次会议于一九二二年七月在山东济南召开。讨论的问题包括三个方面：

①关于农业教育；

②关于农业实验工作；

③关于农业教育的管理。

这里应注意到，第一部分包括提出一个改革全国农业教育的计划，这个计划精心地设计安排如何实现高等农业教育。每一种都在会议上经过专家仔细的讨论和修正。目前这个组织的执行委员会已经负起宣传和设法实施这个计划的责任。

除了这个发展全国农业教育的综合计划外，这个组织还同时主办了一个农产品展览会。这项工作获得一致的欢迎。

参加第一次会议的代表有一百七十四人，看来这种热情和到目前为止取得的令人信服的成就，无疑将能确实引导中国农业朝着更有希望的前景发展。

5. 职业学校的迅速增加

一九二二年是中华职业教育社建社第五年，可以用职业学校的显著增加，作为她在中国工作成绩的标志。据教育部公布的第四次统计报告，一九一六年职业学校数目为五百三十一所。而根据职教社的第一次统计报告，到一九二一年，职业学校数已达七百一十九所。但我们去年的第二次统计报告数字更大，总共达到一千三百五十三所职业学校。

1921—1922 年职业学校数量增长表 [①]

学校种类	职业学校数		
	1916 年	1921 年	1922 年
中等农业学校	56	74	82
初等农业学校	269	311	345
中等工业学校	30	34	38
初等工业学校	38	62	82
中等商业学校	31	35	45

---

① 原表中 1921 年、1922 年职业学校总数与分类校数总计不符。按分类总计分别应 为 720 校和 1204 校。

学校种类	职业学校数		
	1916 年	1921 年	1922 年
初等商业学校	80	107	129
职业学校（收男生）	3	34	51
女子职业学校	21	44	158
职业补习学校		11	250
培养职业师资的专科	3	2	5
慈善性质的职业学校		6	19
总计	531	719	1,353

上述统计数字表示，一九二二年职业学校数目的增长约为一九一六年的170%，比一九二一年增长约为86%。尽管由于种种原因，如交通闭塞，公众对我们的询问不愿及时回答，使我们的统计数字不能如所期望的那样准确反映实际情况，但是还足以向我们提供某些研究中国职业学校稳步增长的依据，并且由此在教育界中产生一个新的希望，即今后职业教育将在我国生活中占有更为重要的地位。

（原载英文《中国最近教育状况》，中华教育改进社编，商务印书馆1923年出版）

对于云南职业教育进行之意见

全国教育会联合会已通过云南所提职业教育改进办法案，主张设置全省总机关，由教育行政、实业行政两方面联合组织。……炎培旅滇日浅，以两旬间之观察，何敢率然有所陈述。只以心感当局励精兴学之盛意与不耻下问之虚衷，辄就见闻所及，参以平时研究，条陈如次。愧未足副滇中当局与一般同志之属望于万一也。

（一）**对于组设全省职业教育总机关之意见** 职业教育调查研究，手续极繁，不可不特组机关，负责专办。诚有如云南原案所云者，而以云南省行政机关之组织完备，运用敏活，似只需组设委员会，由教育、实业两司各派重要职员，共同组织，以两司长为之领袖，并延访当地夙研职业教育之专家，酌邀加入。若昆明市政公所方锐意振兴市政，对于职业教育，亦有种种设施，似其领袖与其重要职员，亦宜加入。所有全省职业教育，以此会为调查、研究、规划、指导以及筹备师资、推广出路之总机关。委员而外，酌设驻会职员，以资办事。按照全国职业学校联合会所议决认定之十种职业教育机关，凡特设之农、工、商业学校或职业学校，以及大学校、专门学校附设之职业专修科（例如法政学校附设商业班），慈善性质或感化性质之职业教育（例如昆明市政公所所辖之感化院、习艺所、平民工厂、幼孩工厂、贫儿工厂等），实业机关附设之职业教育（例如模范工艺厂所招收之艺徒）等，皆由此会联络进行，以收提纲挈领之效。

（二）**对于农业教育之意见** 闻滇省可耕而未辟之地尚多，气候温和，物产丰腴。此时粮食价昂，木材亦贵，衣料多仰给外，有此扩张农业之可能与必要。深信当局诸公胸有成竹，早经积极进行。窃以为农业计划，宜与农业教育计划相应。而最近一般农业专家对于农业，大都主张采用系统的政策。如就全省特殊农产，分若干区，择该区适当地点，设场试验，附设农业学校，而皆受辖于担负中央试验、研究、指导之责之大学农科。旧时乙种农校所改设之职业学校，以及乡村小学校，皆依所在区农产之已经试验有效者，分负推广、种植、传布方法及教育农家子弟之责，合农业与农业教育而一以贯之，以兴实业为目的，而以种种组织及教育上之设施，为其方法。此种办法，或可备滇省之采行。况实业行政当局早有植棉、造林等种种大计划，以农业教育辅之，观成必更易也。

观省立第一师范学校设有农业科，与滇人士谈，皆极注意农村师范教育。得此系统计划，则因地制宜，头头是道矣。

（三）对于工业教育之意见　工业之大别，分机械工与手工两种。滇省交通尚未发达，各种实业正在萌芽，则机械工业教育之积极推广，恐非其时。省城现有模范工艺厂，内设机械工科，始基既立，或可稍事扩充，以为机械制造工业之中心机关。而同时培养技术与一般工人，以为改进与扩充之准备。悉当局有派学生至外省学习机械工之举，证以厂长见告良工之缺乏与招致之困难，则此举自不可缓。若夫手工业利用美富之天产与过剩之人工，不假巨额之资本，而可使一般贫民得生计上之补助，大可积极推广。而由第一项所述之总机关担任调查，何种为特产之原料，何种为特有之用途，何种为精美之旧传工艺，根据地力之需要与适宜，以定设施之种类与程度；而更为之供给其教师，推广其销路，督察其成绩，指导其改良，将悉唯总机关是赖。现省城已设有市立职业学校，读五年内教育改进办法案，将自十三年起，就省城开办职业学校，酌设工厂，并于女子中学附属第一、第二小学，添设职业科，于各县初级中学兼办职业科。既有此推广计划，则调查、研究、指导之总机关，自不可不先行设立。而若已办之女子工艺厂、男女子平民习艺所，以及贫儿幼孩各工厂、男女感化院等，皆宜由总机关负研究、指导之责。至其设施方针，观昆明市立职业学校所揭之第一原则，须先有从事某种职业教育之机会，然后筹设某种职业之教育，允为精到之言；以及功课注重实习，课外共同作业，以增进互助精神，养成勤劳习惯，皆可为法。至欲以生产之所得，偿教育之所失，在初办时或有为难，以试验时期之消耗大也。故依同人近岁之经验，以为生产一节，对于青年自宜养成其自谋生活之能力，而欲课学校以自谋生活，恐非易易。

伦敦市工业教育有中央教场之制度，上海仿行，已届四年。先从木工办起，设一中央木工教场，市立各小学依规定时间，先后轮往学习。教师与设备，皆从经济，而学生之精神与技术，转因集中而得奋发比较之机会。云南省城各小学手工教育或可试行此制。从教育言，手脑并练，以发展其本能；从职业言，试习工作，以养成其习惯与兴趣，亦职业指导之初步功夫也。

教育改进案内规定之民国十三年在省城添设职业学校一节，鄙意可就省城左近适当地点，办一农村式职业学校，以为各地推广农村职业教育之试验。

（四）对于商业教育、文事教育之意见　在较偏僻之地方，提倡商业教育，实较农工为先。虽今昆明市立职业学校有设立商业补习科之规定，而法政专门学校且以总商会之同意，设有商业班，教育界与实业界双方合作，先从补习教育与短期修业下手，自是稳健办法。总商会会长见告，鉴于培养商业人才之必要，拟设一商校，已筹得一部分经费，尚在续筹中，此事亦宜由第一项所述之总机关，联络研究，协助进行。至于公职养成科，市立职业学校定名文事科，招收中学毕业或现在各机关及学校、图书馆、工厂及公团等当书记、录事者，授以文牍、簿记、统计等科，甚为切要。鄙意中学校设职业科，当以商业科及文事科为较易办理，以此两科之性质，近于普通，在精神上，与普通科学生为较易融洽也。

（五）对于女子职业教育之意见　女子职业教育之较切要者，莫如手工与家事两端。而从广义言，则师范教育亦其一也。第三项对于工业教育之意见，包括男、女子而言，兹不赘述。而就前项所陈种种，其中推广销路一端，在女子工艺教育上，尤为特别重要。因女子往往于技能之精进见长，而于贩卖之习惯则见绌，在内地女子，或尤甚焉，总机关于此点，似宜注意。若夫家事，东西各国无不以此为女子教育重要部分，自宜极力提倡。似女子师范与中学皆可设此学科，而先之以研究，定为适当之教材与课程，务恰如其需要。大抵一般社会之妇女，宜以工艺为先；而中等以上人家，则家事亦宜注重，盖其需要然也。

（六）对于职业指导之意见　以上所陈种种，尚有一先决问题，即男女青年设或缺乏重视职业之心思与从事职业之兴趣与习惯，又或认一科、习一业而违其天性与天才，则职业教育之效果，仍难圆满。是职业指导尚焉。其方法：一、调查、发表各种职业状况及学校状况，使学生有选业、选校之根据与准备。二、测验或查询个人职业性能，俾择适宜于己，有益于群之职业。三、调查各职业机关所需人才、各学校学科及人数，以谋供求相应。四、用出版、演讲及其他方法，宣传职业指导之重要，及发表调查、研究所得之结果。而其尤要者，在对于男女青年，用种种方法发挥其服务社会之精神，唤起其从事职业之兴味。而指导之结果，兼设职业介绍机关，使学无不用，用无不学；而更调查其所介绍之适宜与否，以供指导时之参考。此职业指导之大概方法也。总机关宜分设一部，专办此事；而将市政公所已在试办之职业介绍所，加以扩充，接洽办理，并随时与中华职业教育社所设职业指导委员会，联络进行。

若夫云南军队职业教育，已规定泥木、缝纫、纺织、皮革、铁工、种植等科，从事试办，总机关亦宜接洽研究，联络进行。

至于经费一节，最好划定一部分。办理以上种种事宜，想早为当局诸公所计及也。

总之，因地因人，为职业教育一切设施之原则。地无不辟之利，即人无不用之才。二者道在相成，故功宜合作。全省职业教育总机关之设立，诚为必要。所陈种种，实未出省长与教育实业当局诸公计划之范围，亦聊以供参考耳。所望不遗在远，随时通讯，俾知进行状况。数年而后，再有机缘，更愿来观云南模范省职业教育之成效。

（原载《教育与职业》第 51 期，1923 年）

第九届全国教育会联合会演说词 [①]

　　吾们第九届全国教育会联合会，今年在云南开会。回想去年在山东讨论第九届联合会地点时，大家不谋而合的，都一致赞同在云南开会，我想大家赞成在云南开会的理由，第一，是继续联合会的精神；第二，联合会所以轮流在各省开会的原因，是为联络全国教育界的精神；第三，吾们到云南开会，非特本于平时仰望云南之天气、地势、物产，并仰望云南人物。因为在吾们中华民国的开国史上，云南占最重要之位置，并且护国、靖国二役，云南人牺牲了无数的精神能力，生命财产，使吾们才有今日之一中华民国，因此同人虽跋涉万里，远道而来，可是吾同人的精神，却反增百倍，毫不觉得疲倦。

　　对于联合会，本席以为讨论解决一切问题，眼光须注射在全部分上，对于教育问题，也要这样结果才有价值。主席在前面说过，吾们中国虽是纷乱万分，但全国教育界，仍是统一的，并无畛域之见。本席以为除少数之军阀政客外，全国的国民，都是"统一"的，"一气"的，实无南北的界限，所以吾们应以乐观的态度，进取的精神，讨论国家的一切问题。纵然国家纷乱，而于大体上实无重大妨碍。何以故呢？第一，吾们回想十二年间捣乱国家者，多不得善终。如袁氏世凯在民国三四年间，野心勃勃，称雄一时。但经唐、蔡二公振臂一呼，袁氏遂亡。第二，就吾们国民本身上说，一方面有很悠远的历史，一方面受数千年之熏陶，其聪明智力，随处可以表现。所以吾们对于一切的国家大事，都应取乐观的态度、进取的精神。十数年前，张季直先生第一次在江苏咨议局开会的时候，以议长资格演说过，凡是没有世界眼光的，不能讨论解决一省的问题；没有一国的眼光，不能讨论解决一省的问题。推而言之，讨论解决一府、

---

① 标题为编者所加，原标题为"江苏省教育会代表黄任之先生演说词"。

一县、一乡的问题，莫不如是。兄弟很赞成张先生所说的话。所以吾们欲讨论解决国家的一切问题，必须有世界的眼光，并明了世界的大势及现状，然后再讨论解决吾国的问题。对于教育问题，也是这样。吾们要讨论解决国家的教育问题，也要有全世界的教育眼光。

本席还有一点意思，欲解决全世界的问题，先从一国做起，欲解决一国的问题，先从一省做起。即如欲解决全国的教育问题，亦必先从一省的教育做起。所以吾们的责任非特讨论议决许多教育问题。回到本省后，亦复去实际地实行，这是本席希望同人努力去做的事件。本席以为政治问题，亦复如是。十二年来所以纷乱若是者，皆为大多数人的眼光不见本省，只见全国。山西阎督军，吾们所以赞扬其为政的原因，也就是阎督军之先事解决本省问题。云南自唐省长回辕后，不过年余，而于教育、市政、社会及其他事业，能得若是的成绩，也就是先解决本省问题，再解决国家的问题的意思。若各省的长官，也能如山西的阎督军，云南的唐省长一样，则国家问题，可迎刃而解矣。所以本席与许多青年谈话时，常说一句话，吾们的眼光，须从远处看，从近处做。鄙见如是，尚乞在座诸公有以教之。

（原载《第九届全国教育会联合会会务记要》，1923 年）

致中华职业学校毕业生刘达诚君书

自滇回沪，展诵手书，并职业学校计划书，敬悉。我兄所拟职校计划，弟已批阅一过，足见兄爱乡之诚意与服务之热心。唯鄙意青年初至社会任事，第一步在耐劳耐苦，多做事，少说话，以培养社会信用。使人知职业学校毕业生，确与寻常不同，则不唯对个人增其良好之感情，即对职业教育，亦必易得多数之信仰。况吾兄回乡，仅二月余，本乡风俗习惯，观察容或未周，此项计划似宜暂为保存，不可亟亟披露。经一二年后，地方对兄之信任日深，兄对地方之观察益确，更参以平时服务所得之经验，届时以极慎重之态度，提出意见，当易邀人赞许，见诸施行。弟对于贵地情形，全未知悉，计划中所述各节，无从加以评语。唯营业部一节，似宜商酌，因我兄一切设计，大半根据中华职业学校，须知适于甲地者，未必适于乙地，要当根据地方情形，不可拘执也。

（原载《教育与职业》第 51 期，1923 年）

民国十二年之职业教育

本年职业教育推行状况，具如中华职业教育社所为种种报告，不赘述。述本年所得重要之觉悟。

自推行职业教育六七年来，大潮鼓荡中所未能去之暗礁，有二：其一，对于待施职业教育者，尚未予以充分之援助，而未敢遽责其尽量推行也；其二，对于需受职业教育者，尚未予以相当之指导，而无怪其但知升学以为荣也。

吾人对于前者将如何？全国大计划之施行，有待异日；近一步，则各省区为单位而计划之。今若干省区定有计划矣，若干省区行此计划矣。至于一地一校之设施标准，揭橥亦既不一次（最近载于《教育与职业》杂志第四十四期，十二年四月出版）。其间最感困难者，实为职业学校课程，当局者每苦茫然无所据。自新学制颁行，全国教育会联合会设委员会（十二年十一月成立），与本社合作，从事拟订职业学校课程标准，今方在征集材料中。所议定者，分为三个阶段，以收容四年小学毕业而已届受职业教育年龄者为第一阶段；以收容六年小学毕业者为第二阶段；以收容初级中学毕业者为第三阶段。每阶段应于农、工、商、家事各科中，得出主要的分科（或不分）。每主要的分科假定最短修业年限及其修了后之资格，再按各分科草拟科目及毕业程度标准。此工作告成，则对课程问题，差得一较切要之参考资料。但职业教育重在因地因人，要非一种或数种标准所能包括一切。神而明之，存乎其人，是宜每一区域设指导员，或组指导员会，根据学理与其经验，导当局使为适当之设施。虽然，指导员何在，其养成方法如何，是亦一问题也。因以上种种问题之未解决，于是各地甲乙种农、工、商学校有因新学制颁行而改为中学或高级中学者，因噎废食，是非吾人所敢知矣。

吾人对于后者将如何，既屡告人以职业教育之先决问题，实为职业指导。

是宜先将职业指导之理论与方法，介绍于一般教育家，供其研究。于是有职业指导专书之辑行（《职业教育》丛刊第三种《职业指导》，十二年十二月出版，归商务印书馆发行），有职业指导委员会之组设（十二年六月成立）。其已在试验指导者，就余所知，北则有清华学校，南则有东南大学附属中学，青年会亦在试行。而委员会之主张，将于民国十三年之春，举行职业指导运动，指定某地某校，试行指导。其第一目的在使一般青年知职业之重要，其第二目的在使各个青年知某种职业之于吾为最有当也。倘经此次运动，青年心理，为之一变，且因而各得其适当之趋向焉，则社会之幸，亦青年之幸矣。

于此更得一重大之觉悟焉。今之受学校教育者，其处境大都中人以上者也。论原理，何人不当就职业，即何人不当受职业教育。但其相需既不无缓急，则其愿望亦不无浅深。对若辈而施职业教育，其致力较难，其程效较少，实即坐此。是宜于现行计划以外，别定方针，专就一般贫苦青年，予以相当之职业准备。有教育之精神，无学校之形式，使心理上绝不觉其身在学校，不致亢进其欲望，锐变其习惯，或者于职业意味较易相亲而相近。其间天才杰出者，仍予以进一步之教育，使尽展其天赋能力，达于最高点而后止。其事在计划中，冀于民国十三年有具体办法，可供研究或观摩者也。

（原载《教育与职业》第 52 期，1923 年）

提倡平民职业教育之商榷

　　新加坡华侨陈嘉庚君捐办厦门大学及集美学校，义声震海内外。近致函本社主任黄炎培君，犹以年来南洋营业减色，不能扩充为憾。黄君报之以书，述最近对于教育所持主见。书云："……近拟注重平民职业教育。以前所办教育，总限于中等以上人家子女。实则此等青年，其数不及中等以下之多，其需要职业教育，亦不及中等以下之切。乃悉其精力、财力，用之于此等青年，而中等以下反不及焉，良心殊感不安。故近年稍变方针，于上海、南京，小小试办，正拟逐渐推广。……对于一般教育之感想，认为学校无教育，唯教师有教育。故青年求学，与其择校，无宁择师。而设学者当以聘教师为第一重要事务。试思孔孟之时，百家争鸣，往往门人半天下。唯我于学说上，艺能上有所心得，而欲传授于人，于是教育之事起焉。今之学校，直工厂而已矣，师与生，从无直接之责任。教师受学校之聘约而至，学生应学校之招考而来，精神既不相一贯，安有感情，安有信仰？学校风潮之起，虽其原因不一，然此实根本原因也。补救方法，此时尚待研究。唯其现状之必须改革，认为毫无疑义。先生以为何如？唯弟近来抱此感想，故对于手书所云集、厦二校，未能多事扩充，觉得不妨缓缓进行。在工厂式学校之下，学生越多，愈难施教。孔门三千人，唯奉孔子为一尊，而心悦诚服，故无恙。否则如仲由之唪，宰我之辩，孔门亦早多事矣。弟更愿先生将用于中等以上青年之财力，略事节缩，以用于中等以下青年。十步之内，必有芳草，此中不少天才，徒为境遇所限，无由发展。为培养人才计，为尊重人道计，似宜注意及此。先生平日统筹全局而设施，此点亦已顾到。唯愿哀此之多，更以益彼之寡（教一百个中等以上青年之费，至少可教五百个中等以下青年）。未知尊意以为当否。……"

（原载《教育与职业》第 54 期，1924 年）

胶济路设立职业学校之建议

上年十二月，本社主任黄君炎培因事赴青岛，乘便考察胶济铁路近况，觉有种种关系，宜由路局创设职业学校，最近乃致书路局建议，略谓："青岛自收回后，凡百事业，振兴有望。而贵路营业，尤多发展，为地方开乐利，为国家增荣誉，下风逖听，已切钦迟。去冬炎培薄游胶澳，承贵局诸君子指示种切，尤深佩慰。兹愿以旅行所见，感想所及，为贵局长及同事诸君子陈之。鲁省民繁地富，交通事业之发达，自在意中。唯是近岁以来，盗匪充斥、行旅戒心、掳杀之惨及于路员，军警虽多，无从防制，窃惧路政进行，不无障碍。究若辈所以致此，无非驱于饥寒，铤而走险。治本大计，要在乎化暴为良，授以技能，助之生活，地方少一分游惰，庶铁路多一分安全。则为全路筹划治安计，其有赖于提倡生计教育者，一也。

鲁省物产，素号丰盈，而地利迄未尽辟，是宜储备专门人才，以为开拓之先河。其储备方法，与其借材异地，何如就地培材，视其需要，授以知能，生利之人日多，而利源日启，货物运输日繁，铁路营业，日以发达。则为开发沿路利源计，其有赖于提倡实业教育者，又一也。

抑尤有进者，胶济全线长七百余里，所用员役工人不在少数，最近如毁桥焚车等事，虽原因不一，而工役执行职务未能处置适当，要为一大原因。根本救济，必须将全路工役加以更番训练，使之忠于听令，勤于执事，娴于处变，安于处常。路工之知能日增，即路政之效率日进。而工人饱经陶冶，劳动风潮亦可无形消弭。往年交通部设铁路职工教育委员会，津浦、京汉等四路均曾举办，盖亦有鉴于此。此为增加铁路效能计，其有赖于铁路工役施行职业训练者，又一也。

以上种种，皆为职业教育范围内事。谓宜由贵局就适当地点，自行特设一职业学校，其分科视地方及本路之需要，其办法不务高深、专求切实，数年而后渐推渐广，铁路无不教之工役，地方少失业之人民，将使齐民举安，岂唯路政受益。美国各铁道多尽力社会公益，卒之铁道营业，随地方实业而共进；本协作之精神，收交互之利益，其法雅可则效。悉贵局长及诸君子鉴及普通教育之重要，必鉴及职业教育之尤重要，或者管窥所及，早在贵局计划之中，唯同人以推广职业教育为职志，聊抒献曝之诚，冀慰观成之望。一切进行，倘荷赐教，更当有所贡献也。"同时复以此意进言于交通部及该路理事会，均荷表示同意，业正在考虑中。

（原载《教育与职业》第 55 期，1924 年）

对于徐州职业教育前途之意见 [①]

（一）旧设县立乙种商业等校，应如何规复。此校现改为第一高小第二部商业科，似宜邀集商界热心教育而有知识经验者，共同商订方针，应否独立设置，是另一问题，唯以不增加经费为标准。

（二）吴氏兄弟学校能否附设职业科。闻铜山县城各小学学生中途退学而就职业者甚多，此即需要初级职业教育之确证。吴氏昆仲极热心教育，能否商请就原办学校，加设地方需要的职业科，使儿童有志升学者或无力升学而欲就职业者，各得其所，似亦嘉惠平民子弟所必不可少者。

（三）闻一女高校长褚晓峰女士前有志愿设立女子职业学校，应如何协助成立。徐州女子工艺，甚不发达；而外货之输入，甚为发达。洋货且勿论，闻高阳布一项，年销五十万元，如毛巾、如线袜销路亦渐推渐广，他地皆以女子为之，徐州似宜从速提倡，以挽利权而佐生计。既有热心家志愿倡办，吾人自应以全力辅助进行。

此外徐州土性宜棉，应提倡植棉；四周尚多童山，应提倡造林；家具木器工，亦渐发达；以及各种专业职业教育，吾教育界亦应与省立、县立、私立各农场、工场及各界联络进行。

（原载《教育与职业》第 55 期，1924 年）

---

① 本文为黄炎培 4 月 3 日在徐州教育界为规划铜山县将来职业教育而召开的茶话会上的讲话。标题为编者所加。

养成职业师资之一问题

蜀中温君少鹤，偕其同志，蓄意在巴县兴办职业教育，尝资遣学生东下学习，第未易收效。最近黄君任之损书温君，与商斯问题。略谓："职业师资，可分两种。一技师，专习各该科之技能者；二职业教育设计者，专事研究职业教育之理论及设施方法。必先有第二种人才规划设计，然后第一种人才得所著手。但第二种人才尤为难得，且未有切当之养成机关。似可物色曾习教育者，予以专研职业教育之机会，或送至暑期学校研习，或就地设研究会，延请专家讲演，约二星期，实地研究计划，或较切实，为期短而收效较大"云云立论颇深切著明，诚阅历有得之言也。

（原载《教育与职业》第 57 期，1924 年）

治军与设教 [1]

　　治群之道，无他，人人乐其业而群治矣。今有业焉，曰兵，职在卫群也。而群之所以报之者，自养且不遑，遑云教其子弟。夫人有生而不自养，有子弟而不能教，尚得云乐业耶。朱君琛甫长陆军第二师，悢焉忧之，斥其俸给，创设士兵子弟学校，予以小学教育。附设工场，教以织袜、织巾、制鞋、藤工，于今五年矣。学生月入工资二元、四元乃至五元，而未尝辍学也。斯岂培成无数青年，俾咸能自立而立人，且将使为士兵者人人无内顾之忧，委其身于国家而有余乐。吾尝设身以处，使吾为兵而得长官如此，以养以教，自吾身以及吾子孙，而吾犹不为之效死也乎。呜呼！若朱君之治兵，吾无间然矣。

（原载《教育与职业》第 58 期，1924 年）

---

[1] 本文为黄炎培为江苏省陆军第二师士兵子弟学校校况辑刊所作之序。

兴学与垦荒 [①]

琼岛有地十六万方里，而未知所以治之也。罗君汉、李君实至其地，惜焉。慨然欲导其人知所以为生，乃择地于嘉积，设农工学校，招吾职业学校同学三人襄其事。校分二部曰农、曰工。农所课可可、咖啡、椰子、蔬菜，工所课陶瓷、织袜、藤工、木工，二者之中农尤置重。开校甫周岁，入学者凡三百人。校有田千亩，师生合力已辟其十之三。学既兴，进而营市政，已建市场二，尚将组市政公所焉。今夏李君来，为余述之如此，并以学校将刊报告嘱为序。余向论教育之旨，归本人生，其义唯何？一曰治生，二曰乐生。顾治生、乐生云者，岂徒袭已成之业，贪他人之功，以求私人享乐之谓哉。必也竭一己之心力，应付天殊之环境，而主宰之，而利用之，匪唯供一己生存之需，且以为人类幸福之助，庶几其有当焉。今地有余利，人有余力，徒以无教育之功，而民生之艰困滋甚，启牖而鼓舞之，非吾侪之责而谁责。余尝南游国门内外，见地可垦者不知几许，使吾教育家多能如二君者，垦荒兴学，其所利赖于人群，使成能治其生、乐其生者，岂尠也哉！虽然，辟莱披荆，其事匪易，而教育之效，又非朝夕可期；唯有素志之人，肯以牺牲为任，乃能闻风兴起，共肩此伟大之业。若夫论待遇之厚薄，计报酬之丰啬者，非所敢望于此已。余嘉二君之绩，足为来者劝也，故乐为之序，且以谂夫从事教育者。

（原载《教育与职业》第 58 期，1924 年）

---

① 本文为黄炎培为琼崖嘉积农工学校周年纪念册所作之序。

职业教育组鉴别报告 [1]

　　中华职业教育社，年有全国职业教育出品展览会之举行。今年五月开第三届会于汉口之慈善会。出品地点有十三省区。出品机关有二百余个。成绩品计一万余件。该社另有审查报告。兹不复赘。此次全国教育展览会期，距职业教育出品展览期仅一月余。与会学校以运输周折，整理不易之故，送会陈列之品遂形减少。故就全国教育展览会看，此一小部分之职业教育出品，殊不足代表全国职业教育之状况。但以职业教育出品之表示，已别有组织，故此一小部分之出品亦足以表现近来职业教育进程之一般。统观本组出品虽不甚多，而合于出品标准范围，并含有教育创作意味亦殊不少。可为乐观，参与鉴别者，除某等二人外，尚有庄泽宣、章慰高、黄懋勋三君。兹将庄、黄二君之报告分列于下。后附以某等之报告如下：

庄君之报告

　　香山慈幼院　石工甚好，此科各处办者不多，大可提倡。

　　安徽静仁职业学校　教学概况表颇简明，注重实习更合法，年龄平均在十五六岁，亦甚合。

　　江苏第三师范附属小学商科　各处职业调查表，颇有价值。

　　浙江杭州教育工艺厂　出品虽不甚精良，但苦心孤诣应为奖励。

　　南京爱国职业学校　所制女西帽颇佳。

　　湖南楚怡学校　机械化精良。

---

① 此报告署名者为黄炎培与杨鄂联。

黄君之报告

浙江杭州工艺厂　金木工用具四组，都切实用。说明书一份，有教育意味。

上海叶公琼出品　木工基本练习一组，种式甚备。如角度接合，再加准确，更属有价值于木工教学。

南京东大附中　木工器具多种，轻便而且实用，式样亦都创作。

上海中华职业学校　铁工基本实习标本数十种。按件皆绘图，并列工作法、使用法、注意点、说明精详。用于铁工教学最有价值。

安徽静仁职业学校　牵牛花制为里底姆斯代用液，价廉物美，且有发明价值。

直隶香山慈幼院　化学工艺品大都质良实用。陶器标本，工精而有制作顺序。图案画十余种，皆可应用于陶器、织物。

湖北工业学校

江西鄱阳窑业学校　磁板写真工质精良，且有美术价值。

安徽女子职业学校　蚕丝出品品种优良。山水花卉绣品多件，不失自然生色。

山西陆军教育团　棉织物几种。如线袜、细线毛巾，及革工出品几种。工料均可与舶来品不相上下。

南京爱国女子职业学校　草帽工出品美观实用，唯原料尚非国产。

黄、杨、章总报告

安徽静仁职业学校　各种调查表，制作顺序表，如中国输出入棉花比较表，纺纱顺序，制袜顺序，均极明晰，于教学上尤多效用。另有纱布标本，搜罗甚广，具见苦心。

香山慈幼院　石工制作图，陶器制作顺序，造花过程三种。不仅工细，且可表示教育精神。

江苏第三师范附属小学商科　调查表二十四幅，报告书一本，于商事之调查极为详明，各处商校都可仿行。农村小学新课程表，支配亦都合法。

山西学兵团　概览一册，编辑虽未十分完美，但该团编制组织工学两重，极可钦佩。

湖南楚怡工场　各种机械剖面图颇工细。

江西陶业学校　陶器之小品，颇精美合用。

浙江杭州教育工艺厂　竹木铁工标本，合教育用。

奉天省立第二工科学校　制革及运动用品，可抵舶来品。

浙江水产学校　自制罐头，成绩尚好。

湖北省立高级商业学校　磁像秀美。

安徽省立女子职业学校　黄草织物，及麦秆工，颇合提倡小工艺
之旨。

姜丹书君　西湖模型，匠心独运。颇足引起观者艺术思想。

吕绍仲君　知方图深，合幼稚教育用品。

（原载《新教育》第 9 卷第 5 期，1924 年）

南洋华侨教育组报告 [①]

成绩品鉴别报告

此次征集出品，时日迫促，故于各属华侨学校中，仅征得其一小部分。然其瑰玮丰富，已大为一般参观人所重视。应征诸君，与劝导应征诸君之经营组织，煞费苦心，于此可见。炎培承会中同人之诿，深惧于应征诸君无所裨益。特分请专家，徐君则陵任文艺科，冯君澄如任图画手工科，黄君绍铭任理科，潘璧如女士任女子教育科，黄君伯斌任体育科，分司鉴别。而学校行政，由炎培自行检阅。唯关于测验部分，则请杨君鄂联分任焉。炎培别南洋群岛而归，时仅三年。而进步至此，为之惊喜。各部报告，分述如次。

学校行政出品鉴别报告

此类以报告及统计图表册籍照片为多。所见新加坡若华侨中学、养正学校、道南学校、端蒙学校、启发学校、育英学校、应新学校、爱国学校、中南学校、工商补习学校以及中华女学校、南洋女学校、南华女学校、马来半岛若麻坡之中华学校、巴双之中华学校、共和学校、中华女学校、吉隆坡之尊孔学校、柏屏学校、侨南学校、国民学校、加影之育华学校、大我月之新民学校、运怀义学校、金宝之中华学校、霹雳之育才中小学校，以及登嘉楼之维新学校、暹京盘谷若育民学校，菲律宾马尼剌若华侨中学校，皆可见学校状况与其设施之一斑。而其间尤足令人注意者，若养正之毕业生现况，加影育华之小学毕业生之出路图。依其升学与就业之状况，可以得今后设施教育之方针。观工商补习学校之学生保护人职业比较表，苦力最多数得百分之十九点三。知劳工子弟，热心向学，为之欣慰。而教育方针，亦可于此得所注意焉。各项表册之完备，尤

---

① 其他各组报告略。

见苦心。巴双之中华共和男女两校,有男女教员生活状况各一种。如能完全办到,必于校务发生良好之影响。其实施设计教法,尚未知其所得结果如何。登嘉楼维新学校,历年经费收支图,简明精确。

观各校报告,学生父兄之职业别,与学生之就业状况,皆以商为最多。往往占百分之五十以上。此后华侨教育方针,宜特别注重商业,殆无疑义。深信各地学校当局,必已早见及此。定能稍减预备升学之普通教育,而添设商科以应需要也。

学生籍贯统计图,及学生年龄比较图,俱不宜用进行线,附志于此。

新加坡工商补习学校有问题四则要求答复。同人略加讨论,敬答如下:

(一)问训育取放任主义,抑取严格主义,其折中方法如何?答:仅论主义,二者实各有长处。且如何谓之放任,如何谓之严格,其界说亦甚难定。此事全视运用之者,一本挚爱青年之热诚,因人因事,而予以相当之处理。往往同一方法,甲用之而效,乙仿行而不效,故难定也。

(二)问多复习,少授新课,不合学生家庭心理,应采何法。答:家庭心理,诚宜顾到,但如教育有法,使学生理解纯熟,善于运用,久之亦可得家庭之信仰。

(三)问侨民为工作时间所限,欲受补习而不得如何?答:此事极难处理。鄙意还是稳健进行为宜。设因鼓吹减少工作时间,惹起误会,使教育前途,转生障碍,亦实对不起工人,不如逐渐开导,使其自然向学。

(四)补习生中途辍学何法补救?答:曾闻某校收费逐年递减,借以鼓励终业。似亦可采。特不知贵校收费否耳。

(原载《新教育》第 9 卷第 5 期,1924 年)

职业教育上四个新问题

甲子年将告终矣。今年之职业教育，自秋徂冬，受战事影响，一切无可言。自余观之，今后殆将因时势之变化，而使吾人所负之责任因之加重，事业且因之加繁。试条举如下：

一、灾民职业教育　大兵以后，疮痍满地，灾民衣食居住，在在皆须代为之谋。但赈恤之力，限于一时，唯教之使能自养，方一劳永逸。而况农于乡村，工、商于市，自经浩劫，凡百荡然，因之失业者，不知凡几。曾见缙绅之家，夷为佣仆，工作未习，苦痛难胜。是欲使之就业，先须教之习业。今浏河、嘉定一带，已有创设工艺传习所之计划，宜推而广之。增生产以补消耗，于社会经济大有关系，虽改临时设置为永久机关，亦无不可。

二、伤兵职业教育　仅南京一地，闻已有残废兵士五百人，其流离道路无所归者，不知凡几。而奉直山海关之役，死伤数万，其间残废者，必更不少。养之既不可胜养，舍之又无以为生，是宜视其残废之部分与程度，或特教工艺，或分送工场，利其可用之官能，俾延其可怜之生命。无论其能否自立，总使公家稍减其赡养之资，不可少也。

三、裁兵后之职业教育　此议倡之已久。今者武力统一政策，既为国人所厌弃，将于国民会议，提出种种善后问题，则裁兵又占重要问题之一。况战后各方相竞添兵，全国已达二百师以上。不裁兵，国无可理之财，亡且立待。苟欲彻底解决，则兵农政策，兵工政策，实有不能不采用之势。而着手施行。必且有完善而伟大之组织。盖不如此，则减一兵，增一匪，无可免也。

四、清室旗人职业教育　清室优待条件，既经修改，于年费外特支二百万元，开办北京贫人工厂，仅先收容旗籍贫民（修正条件第二条）。政府而不欲履行则已，苟欲履行，是必有大规模之职业教育计划，使三百年来相传坐食之旗丁，皆获发挥天赋本能，享安全自立之幸福，于人道上实为莫大功德。

以上四端，皆为此次战后亟须提出之问题。我各地同志而以为不谬也，尚其各就所处之境地，分功努力，期底于成。仆虽不敏，敢不黾勉以随其后？

（原载《教育与职业》第 61 期，1925 年）

小学职业陶冶
——序杨鄂联君、彭望芬女士合著

何谓职业？一方为己治生，一方为群服务，人类间凡此确定而有系统的互助行为，皆是也。

何谓陶冶？范土成器谓之陶，铸金成器谓之冶。以此方法，施之教育，使儿童于不知不觉中，养成为己治生、为群服务之兴趣与习惯，所谓职业陶冶是也。

人当受初步教育时，一秉其本能之冲动而已，初不知所谓治生，所谓服务也。施教育者从而发挥之，设学校园，使之爱玩天然而习为种植，初不知其为农而农在其中焉；教之手工，使依样制作焉，自由制作焉，初未尝有意于为工而工在其中焉。凡此之类，其直接包含职业意味者勿论已。乃若养成儿童劳动、惜物、储蓄、经济诸良好惯习，其间接影响，何在不于治生上、服务上有深切关系？则皆职业陶冶之所有事也。

由是而进，则依其心理上与处境上自然之要求而施行职业指导焉，以指导之结果而授以职业训练焉，更以训练之成功而介绍职业焉。获得职业焉而治生，服务之功能大著，要其初步之根基实唯职业陶冶。人欲受职业训练，必先受职业陶冶。人容或不受特设之职业训练，而断无不受无形之职业陶冶。

职业训练，职业学校所有事也。职业陶冶则非仅职业学校所有事，而一般小学校所有事也。

职业教育于吾国，其为基至薄，诚欲厚培之，必自推行职业陶冶始。以是之故，余甚愿以他国专家对于职业陶冶积年研究之心得，绍介于吾国。而杨君夫妇乃取美国兰维脱氏、勃朗氏二人之所合著，准以吾国之国情，更参以译者之经验，以成是书。斯岂唯予职业教育者以研究之资？更将使小学教育家人手一编，斟酌焉以付诸实施，而发表其获之结果，互相参究。职业教育之前途，因是而一日千里。斯则社会之幸而宁仅余个人之所快慰也乎？

（原载《教育与职业》第 64 期，1925 年）

职业教育 ①

兄弟初次来到山西，素钦贵省的教育，尤其是钦慕贵省的职业教育，但为研究实际而避空论的缘故，于日前两日参观各处，得到两种感想：（一）规模宏大；（二）办事切实。这两点实他处所未有，真可以表示晋人的特性，及当局长官的热心。他处的通病是父母供他的儿童从小学校毕业之后，小学生不愿做工务农，而他的父母也不再望他们来做些事，是教育发达生产反日见减少；不知贵省亦有这情形否？山西的义务教育与职业教育差不多已算普及，从此可知阎督办之眼光甚高，而特注重这两种教育。教育苟不发达，固宜提倡职业教育，即发达亦仍宜提倡，不然这是很危险的。兄弟履晋对于此虽不能有具体的贡献，然愿把我一得之愚说与诸君。

（一）职业教育之宗旨在使无业者有业，有业者乐业。能如此实行，不但山西没有问题，中国也将没有问题，世界也可以没有问题，这真是天下太平之极致。但如何才能这样，这方法是不可说，且绝对的不能说。因为各地方的不同，所以只可说其原则。

（二）设施职业教育之原则

（甲）职业教育之设施，须绝对的因地制宜，因材施教——这八个字是人人知道的，实在是各种教育的原则，尤在于职业教育。各地的职业教育所以失败的缘故，大都如此；如同上海所设之中华职业学校，备有机器科、珐琅科等科，各地来参观者，咸赞为仿行之，然适于此者未必即适于彼，故不免有各种原料缺乏之苦。所以研究适合于地方情形而设施职业，因人施教，至关重要。人性各不相同，活动的宜于为商，心细的宜于学机器工，迟钝的宜于农等等，使能

---

① 本文为黄炎培在山西的讲演，记录者张福丙、冀承泽、曲廷瑞。

利用人的个性的，谓之"职业教育之指导"。还有一层，各校校长于学生毕业之后，宜负责任研究学生毕业后无业的缘故；或由无社会职业习惯，或由缺乏好的训练，或由在校不能使学生发达信仰职业教育，这都是应当明白而留心改良的。

（乙）职业教育须向职业社会里去设施——从前的学校、职业、社会是不相关的，这是各校的通病。正如飞机之航空，不适于平地，这种"飞机式的学校"是兄弟认为最痛心的，也是教育界最危险的！所以办职业教育的人须向职业社会里去设施才好。这个原则是各国所共认，言易行难，积极去做的。如外人于农、工、商各校，设种种方法，以求与社会一致融洽，就是这个意思。至于所用的方法，就是第三个原则。

（丙）职业教育宜从平民社会入手——我们看我的学校，都是平民以上的教育，而大多数的平民犹无教育之可言，这实在可惜，实在可怜。上海有一句俗语说："烧香要到枯庙里"，这话虽俗，却很有价值。这个原则，就是此意。至于入手的手续有二：（一）为己谋生；（二）为国服务。这两句话，第一是人人必须谋生活；第二是人人应当谋生活。

总之，有教育而无职业，则生产减少，反之则生产增加。一反一正，相差甚远。我们中国的至宝，就是我们四万万同胞的"八万万只手"，我们如能利用此宝，则前途幸福无穷。如不能利用呢，则有四万万人口的消耗实在危险啊！方才所言不过是三种原则，至于详细的具体办法，以后暇时再谈。

兄弟说了这一会，似乎也是空谈理论，来作"飞机式的讲演"，所以我再接续给大家讲一点方式：

（三）设施职业教育之方式

（甲）分区立系——此法最宜于农业教育，如贵省设有农校，于河东则宜倡种棉，北路多山则宜另倡种适宜之农业，再于每区设一农校及农业试验场，即以此校——省农校——为中心，以各县农校为小中心，凡由各校研究所得之良好结果，推扩及于各处，则普遍很易，如人身之由脑而传达于身体各部的一样，这种办法各省也有采用的。最可怜的就是没有这种设备，甲种农业四年，乙种也是四年，而且实验各不相同，这真是不经济得很啊！

（乙）指定一业——此法最宜于手工业，能照此法来利用我同胞的八万万只手，则生产可以日久增高。如晋省多产棉、毛之原料，则可多设工厂立工校，研究各种织物——布、袜等——而推广之。各校每年添招新生，卒业的分布各城镇，而此中心机关——大工厂，犹可供其原料，则日用之出品可以日多，且可以贱售之使各方受益，有余仍可运往其他城市及外省。

（丙）划定一区——此法不限职业种类，为各国所重视。但遍视中国，差不多可以说是没有，实在令人痛心。但不知贵省曾采用这个法子来没有？这个设施的方法，就是划定若干方里的地方，于这区域以内，设有宽大道路，卫生医院及各种工厂等社会所必须，使此区域以内之老幼男女于暇时得受相当的公民教育及各种娱乐。地方上能自治，各个人能谋生，家家能乐业，这个方式，实在成梳发从根上下手的一个根本方法。以兄弟理想，终究是有人来实行的。从前美国的孟禄博士也提倡以美国庚子赔款的一部退还中国来办划定一区的职业教育。现在呢，山西有模范省之号，尚可望继续来办；若我江苏以及其他各省，今日土匪劫掠，明日提款作战，小民生活不保，哪里能顾及此呢？唉，可惜，可怜！

兄弟自信所见之原理不差。最后还有告诉大家的一句话，就是爱国不是空口讲演，作大文可以骇住外人的，要知道现在的世界就是马寅初先生昨天所说的"经济战争时代"，我们如果能使中国的实业发达，国货外出，外人自然就要害怕不敢轻侮我国，所以我希望大家要牢牢地记住"服务勿忘爱国，爱国勿忘服务"这两句话！

（原载《新教育》第 11 卷第 2 期，1925 年）

对于本届年会两大感想

中华教育改进社年会第一次于济南，第二次于北京，第三次于南京，今年第四次将于太原举行。余既无役不与，乃就本届年会所得两大感想，写以供在会同志之商榷焉。

（一）本会既以改进本国教育为职志，今年本国教育界现状之变化，可谓大且剧矣。以外交史所未有之极残酷事变，其发生也，不幸而在吾教育界，影响所被，使全国工商百业，咸起不安之感。推其所极，岂唯国体荣辱是系，抑国权与国运之存亡与终替，将于是分焉。吾教育家丁此奇变，其将谓何者为适当方针，以开诚指导吾青年与一般国人乎？此问题不决，恐教育上任何主义与方法，皆说不到。

（二）吾社年会既忽忽焉第四届矣。试默数过去三届所提出之问题，已解决者若干？已执行者若干？执行而已得有效或未有效之报告者若干？社章第三条规定之社务，曰通讯或实地调查，曰研究实际问题，曰辅助实施事项，皆以切实贡献为目标。设仅集全国教育家，以一星期之同堂研究，分组非不备也，命题非不多也，立论非不高也，而其效能乃不出乎笔与舌之范围，浸假而人且议之矣，岂发起者之本意与全国所属望也乎？此吾人所宜自惕自勉者。

愿揭此两事，以为讨论一切问题之主要点，吾在会同志其或韪此言也。山西自革命以来，从未蒙全国政治上之不良影响，俾吾人得此一堂讨论之清静地；凡政治上教育上一切设施，早已切实有效闻于全国，尤予吾人以甚良好之模范；此定吾在会同志所同感者也。

（原载《新教育》第 11 卷第 2 期，1925 年）

《生活》创刊词 ①

世界一切问题的中心，是人类；人类一切问题的中心，是生活。

求生活不得，是一大问题；不满足于其生活，亦是一大问题。物质上不满足，而生活穷困，穷困之极，乃至冻饿以死，今既时见之矣。精神上不满足，而生活愁闷，愁闷之极，乃至自杀，今又时闻之矣。

天生人，予人以生活之资也，乃受焉而未尽其利；且予人以生活之才也，乃备焉而未尽其长，则生产问题起焉。一部人享优越之生活，致他部人求最低度之生活而不得，则支配问题起焉。

人与人相处而有社会问题焉，究之，则人与人间之生活问题而已矣；国与国相处而有国际问题焉，究之，则国与国间之生活问题而已矣。

武人也、政客也、游民也、土匪也、街头之乞丐也、狱中之罪犯也，乃之青楼之红粉、沙场之白骨也，凡人世间公认为可恨而可怜者，无非此问题所构成而已矣。

吾鉴夫此问题意味之日益严重，与其范围之日益广大也，欲使有耳，耳此；有目，目此；有口，口此；合力以谋此问题之渐解，作"生活"。

（原载《生活》第 1 卷第 1 期，1925 年）

---

① 原标题为《创刊词》，现标题为编者所加。

在山西三星期之工作^①

（一）职业教育之原则及方式

教育不发达，固宜提倡职业教育；即教育发达，更宜提倡职业教育。否则以现时一般教育状况，受教育者日多，服务者将日少，势必减少生产力。山西此时义务教育，闻已达百分之八九十，正宜注意提倡职业教育。

职业教育之原则一——须绝对的因地制宜，因材施教。

原则二——须向职业社会里边去设施。若专凭理想，不合实际，可名为飞机式的学校，因其飞舞空中，一落地便不能动。一般学校设施，皆宜以社会为根据，职业学校尤宜向职业社会里边去办，而以飞机式为大戒。

原则三——宜从平民社会入手。

职业教育之方式一——分区立系。此法最宜于农事教育。

方式二——指定一业，例如手工业。

方式三——划定一区，不限职业种类。

服务勿忘爱国，爱国勿忘服务。

（二）划区试办乡村职业教育计划

乡村职业教育之设施，不宜以职业教育为限。就交通较便地方，划定一村，或联合数村，其面积以三十平方方里为度，其人口以三千至五千为度，地方治安，取其可靠者，水旱偏灾，取其较少者，先调查其地方农产及原有工艺种类、教育及职业状况，为之计划：如何可使男女学童一律就学；如何可使年长失学者得补习知能之机会；如何养成人人有就职业之知能，而并使之得业；如何使

---

① 这是中华教育改进社在太原开第四届年会期间，黄炎培为山西省筹划职业教育计划的部分内容。

有志深造者得升学之准备与指导，职业余间如何使之快乐；其年老或残废者如何使之得所养，疾病如何使之得所治；如何使人人有卫生之知识；如何使人人有自卫之能力。凡一区内有利之天产，则增益而利用之；所需要之物品与人事，则供给之。无旷土，无游民；生产日加，灾害日减；自给自享，相辅相成。更如何养成其与他区合作之精神，以完成对省、对国、对群之责任。凡此种种，先设一中心教育机关，就其固有之自治组织，用其当地之人才，量其财力，定设施之次第。在试办时间，或由上级酌予补助，但经常费用必以当地担负为原则。划定办理期间与成绩标准，依次考核，试办有效，再推广于各地。

（三）推行家庭工艺教育

就晋省现办或待办之各种工艺，胪列而审察之，原料取其产于本地者；用途取一般社会所需要而易于推销，即产额增多，不患其过剩者；制作取其不用大机械，在家庭以内，用轻微之资本、少数之人力能从事者，酌定何种工艺，推行于何地。然后选相当之技师，择适宜之中心地点，先设一传习所，招相当年龄之女子（如依地方情形，宜暂收男子者，得斟酌办理），定期传习，划出相当时间，视其原有程度，授以适当教育。传习期满，由此中心机关分派毕业生于各村，为第二步之传习，仍以技能教育与知识教育并施，辗转相传，渐推渐广。习成以后，即在家庭从事工作，供给其原料，指示其式样（或借给工具），并代销其出品。有须应用科学、不能家喻户晓之工作，则补助之；立公共之商标，考核其用品而贴用之；以时誉行展览而奖进之；于相当地点，特设公共售品所，其售得之价，支配给予。一切办法，仍视其地其物之状况酌定之。

（原载《教育与职业》第 69 期，1925 年）

参观绥远政治教育实业以后之意见

（一）实施屯垦，化兵为民，此为永久保障治安之法，实系根本政策，应请特别注意。

（二）放垦在开发地利、裨益平民，故一方面欢迎投资，一方面宜预定办法，对于领地面积，加以限制，免使造成大地主。对于领地以后，限定于数年内实行施垦，免使辗转贩卖，价涨而生产力不增。

（三）包头濒黄河之地，发现坍势，似宜从早计划筑堤。

（四）富教兼施，宜谋教育实业两部行政合作方法，不唯成效易见，且于人才及经济两端免除重复。

（五）趁本区地亩尚未尽放时，宜划定若干宜林之山、宜农之地，为教育、实业或其他事业之公产。妥订办法，从事经营，以立各项事业永远之基础。

（六）农业教育宜设一中心机关。教育厅所辖之学校与实业厅所辖之农林场，联络办理，由该机关延聘专门学者，担任研究试验，随时指导，解决问题。现办之职业专门学校本设林垦科，大宜迁往野外（商科除外），使其环境适于农林，即定为农业教育中心机关。高等农业教育不妨缓办，在初办农垦时期，所用专门人才不多，尽可取之外地，不必自行培养，借节财力，中等农业教育所以养成农场、林场等管理员，及实际担任业务者，现时需要最急，似可使各地曾在甲种农校毕业（大学农科毕业愿来者）而有刻苦耐劳之精神体格者来绥，补受当地农事知识，注重经验，授地试垦，如试办有效，再行推广。对于一般农民，施以平民教育，或其他相当之普通教育、补习教育，以上皆责成中心机关计划施行。

（七）工艺教育，当道注重家庭工艺，意在利用久寒蛰居之时间，最为适宜。似宜由教实两厅合作办理，而以现在筹办之职业学校为中心机关。先办毛织科，亦甚扼要。一方面与老于是项工艺，积有研究者，改良其技术；一方面招生传习，招生宜从平民社会内招取（能招女生尤佳）。如将来是项工艺所得之薪金，不足以满其欲望、给其需求者，切勿招致。传习时间宜短，一班毕业，散往民间传习，设立分所，辗转相传。技成即令自行制造，而由中心机关指示其原料之优劣，供给其出品之图案与式样，助之染色，并收取其出品而为之销售，鉴别其良窳，随时开会展览，以资劝进。此外如骨角制造科、木工科、制革科、革器制造科、柳编科皆利用当地原料，供给日常需要，宜依此方法，逐渐推广传习，可使家庭工艺一端，于较短时间大收效果。商业教育宜采商学合作制度，较易收效。以上宜教实两厅合作，可由两厅及有关系人员合设委员会，分农工两组，规划进行。总之，造成农场式的学校与工场式的学校，一洗从前学校旧习，免使将来学成不用。

（原载《教育与职业》第 69 期，1925 年）

提出大职业教育主义征求同志意见

我们同志八九年来所做工作，推广职业学校，改良职业学校，提倡职业补习教育，等等，也算"尽心力而为之"了。可是我们所希望，百分之七八十没有达到。这是什么缘故呢？国事捣乱，教育当然不发达，不差；社会经济困难，职业教育当然不发达，不差；一般教育不发达，职业教育当然不发达，也不差。可是平心想来，这种责任是否可以完全推在"时机"身上？设遇到良好时机，照我们所用方法，是否一定的大收效呢？就是遇到不良好时机，究竟有没有法子可以战胜困难，可以自己造成较好的环境，使我们工作收效呢？想了又想，依这样方针，用这样方法，吾就不说"不对"，吾总要说"不够"。

"不够"怎样呢？以我八九年的经验，很想武断地提出三句话，就是：（一）只从职业学校做功夫，不能发达职业教育；（二）只从教育界做功夫，不能发达职业教育；（三）只从农、工、商职业界做功夫，不能发达职业教育。

只从职业学校做功夫，使得职业学校以外各教育机关总觉得你们另是一派，与我们没有相干。岂知人们常说什么界什么界，界是分不来的。不要说师范教育、医学教育等等都是广义的职业教育，就是大学、中学、小学，和职业教育何尝没有一部分关系？大学分科，高中分科，是不用说了，初中何尝不可以兼设职业科，小学何尝不可以设职业准备科？何况初中还有职业指导，小学还有职业陶冶呢。要是此方认为我是职业学校，与一般教育无关系，彼方认为我非职业学校，与职业教育无关系，范围越划越小，界限越分越严，不互助，不合作，就不讲别的，单讲职业教育，还希望发达吗？所以第一层只从职业学校做功夫是不行的。

办职业学校最大的难关，就是学生出路。无论学校办得那么好，要是第一班毕业生没有出路，以后招生就困难了。万一第二班再没有出路，从此没有人上门了。怎样才使学生有出路呢？说几句联络职业界的空话是不够的。设什么科，要看看职业界的需要；定什么课程，用什么教材，要问问职业界的意见；就是训练学生，也要体察职业界的习惯；有时聘请教员，还要利用职业界的人才。不只是参观啦，实习啦，请人演讲啦，都要职业界帮忙哩。最好使得职业界认作为我们而设的学校，是我们自家的学校，那就打成一片了。所以只从教育界做功夫也是不行的。

社会是整个的。不和别部分联络，这部分休想办得好；别部分没有办好，这部分很难办的。譬如农业学校和农家联络，工业学校和工厂联络，是不用说的了。可是在腐败政治底下，地方水利没有办好，忽而水，忽而旱，农业是不会好的；在外人强力压迫底下，关税丧失主权，国货输出种种受亏，外货输入种种受益，工业是不会好的。农、工业不会好，农、工业教育哪里会发达呢？国家政治清明，社会组织完备，经济制度稳固，犹之人身元气浑然，脉络贯通，百体从令，什么事业会好。反是，什么事业都不会好。所以提倡职业教育而单从农、工、商职业界做功夫，还是不行的。

那么，怎样才好呢？积极说来，办职业学校的，须同时和一切教育界、职业界努力地沟通和联络；提倡职业教育的，同时须分一部分精神，参加全社会的运动。消极来说，就算没有诡诡的声音、颜色，只把界限划起来，此为"职业教育"，彼为"非职业教育"，已经不行哩。换一句话，内部工作的努力不用说了，对外还须有最高的热诚，参与一切；有最大的度量，容纳一切。其实岂但职业教育，什么教育都该这样，也许什么事业都该这样。这样职业教育方针称他什么呢？大胆的称他"大职业教育主义"。

可是一味务外而置对内工作于不顾，当然不行，是万不可误会我的主张的。同志诸君以为怎样？赞成呢，反对呢？很愿请教请教。

（原载《教育与职业》第 71 期，1926 年）

职业学校毕业生出路问题 [1]

徐君静仁（国安）就安徽当涂创立静仁职业学校，分农、工两科，以孙君伯和（守廉）为校长。成立三年，成绩卓著，唯毕业生未尽能就事。此校本社曾任规划，主任黄君任之（炎培）又为校董，关系密切。近因由黄君函致孙君商榷如何可以弥此缺憾，嗣孙君来函推勘毕业生出路不广之理由，并提出以后补救方法。黄君复作书报之。此固办理职业教育者共同之问题也。[2]

承示贵校毕业生出路情形暨将来补救之法，条分缕晰，至为详密，敬佩敬佩。办理职业学校之难不一端，而出路困难实为最苦之一点。贵校农科学生以非农家子弟者居多，出路尤难。管理田产一时既不易办到，实施农事更非其所愿，但即可办到，似亦非最善之法。盖学生家属未必尽为地主，而设校目的本在为大多数农民着想也。至于乡人鄙弃农校成绩与学生有虚荣心，确为目前一般的现象，非仅一处为然。然此为时间问题。将来农业研究稍有进步，农校试验成绩略著之时，乡人自必乐于求教。据同人所知，苏锡一带蚕户之用改良蚕种，宁锡一带之改良稻麦，最近又有宝山金左临君，浦东奚沅君女士委托本社代请专门农校毕业生，为其农场指导员，均为深信农学效率之明证。故今日之患，不患人之不信仰学校，而患在学校之无法使人信仰。欲求见信于人，唯有招生须招农家子弟，宁缺毋滥；学风力求醇厚，以端趋向；学科力求简要，不尚高深；实习务切实，不求形式。一方力谋沟通社会，勿骄矜自喜，或者不至使人鄙弃，而于出路亦不无小补。中等以下学生经济未独立，当然不能为独立经营事业，尊论极是。现在希望各处公立农场渐去整理，大地主明白趋势，则

---

① 本文是黄炎培给孙伯和的回信。孙函已删去。
② 此段为原编者按。

毕业生之出路亦当较宽。至于工科之机织既非本地所宜，尊意拟于女子部试办家庭工业或小规模之工厂，甚善。一方面似可就本地情形，改设相当之科。农科方面如能照来书计划，领荒垦殖，以为实习之地，力谋推广，以树地方信仰，均属切要之图。以静翁与吾兄之毅力热诚，想不难指日观成，学校前途，更有无穷希望。唯所说中学部农科拟减少农业课程及实习时间而增多普通学科，似可不必。盖既以研究农事为目的，唯恐地方之不信，正宜格外注重实习，断难再减。至谓学生之轻农事、重升学，则仍为学生志愿问题，其关键在招生与沟通社会两点。若因此而减少课程与实习，似近于削足适履，弟以为应再郑重研究者也。……

（原载《教育与职业》第 73 期，1926 年）

参观上海艺徒教育笔记

美人裴以理君在上海倡办艺徒教育，已成立三处，尚拟推广。曾请得中华教育文化基金董事会补助费，并以艺徒教育亦属职业教育，经该会议决商同本社办理。已数度与裴君晤谈，裴君亦有文表示意见，刊入本期杂志。十五年六月十五日本社黄君任之又往裴君所办艺徒教育地方参观，兹揭载其参观笔记如次。编者附志

（甲）办理实况 [①]

（一）厂名及地址；（二）校始创期；（三）学生数性别年龄；（四）每日授课时数及其起讫；（五）课目及每课时数；（六）教本及教材；（七）毕业期及其毕业后待遇；（八）教员资格及薪额；（九）学费及用品费。

（乙）问题

（一）用何法使之就学？答：由厂遣来，点名表送厂，外国工程师对此甚热心。

（二）中途不退学否？答：未发现，以新创故。曾有某教师，学生对之不满，要求改请，今教师各人均专任一厂，故专且密。

（三）上课精神不疲倦否？答：未发现。读时（甲）照给工资，（乙）（丙）否。

（四）对来学者用何法满足其毕业后之希望？答：归厂主持。

（五）授课后对工作有无影响？答：未至此阶级。

（六）课程与其工作有无关系？答：（甲）教师兼工厂职员，故能授以工作所需要。

---

① 此处（一）至（八）项所记原稿不清，略。

（七）有公民课或其他训育否？答：无。不敢授，恐惹起其政治兴味，亦知公民课甚要，但只可从缓。

（八）厂主对校感情如何？答：好恶未及发现。

（丙）参观意见

（一）裴君专与西洋工程师接洽，易得同意。

（二）（甲）、（乙）、（丙）三厂均系公立，或较易着手。

（三）教师兼厂职，学生由厂遣，且不扣薪，均系要点。但（甲）有工人千余而就学者仅见五十余，（乙）有工人五百而仅约三十，盖皆抽工作余间就读者。

（四）校系初办，问题尚未发现，但阅其点名簿，缺席者甚少，学生自称有兴趣。

裴以理君又言，将来拟择优者行二周工、一周读制，或三周工、一周读制，须待回美调查后决定。但此制唯（丙）可行，已与厂主接洽。

（原载《教育与职业》第 77 期，1926 年）

工潮与职业教育①

近年职业教育受实业不振之影响，几于停滞，唯同人职志所在，不敢懈也。国民爱国思想近较发达，提倡国货之声日高，工业本有发展之望，无如罢工事件，接踵而起，不唯投资者为之裹足，即引进新人才者亦为寒心。无资本、无人才，今之工业当局几陷于欲进不能，欲退不可之境。先生对于此点，有何感想甚愿闻教。论工业教育，近年所培养者，大都理论有余，技术不足，而社会所需要乃反是。工程师渐见其多，求一技术精良，能亲工作而具有相当之学识品性者甚少。于是工厂实际权责乃落于无知无识之工头手中，包工已成习惯，所谓改良工作，改善工人生活，以及设工人补习教育等，俱谈不到。任何方案，病在肓之上，膏之下，有药而不能达。欲改用新人才，不唯无相当技能，未易使一般工人折服；且思潮怒发，欲望亢进，有实不能容之势。以此现象，欲求工业发展，与外人争胜，难矣。先生对于此点，有何主张，尤愿闻教。……

（原载《教育与职业》第 78 期，1926 年）

---

① 本文为黄炎培致曹强的信，删节处为原编者删。

设施职业教育新标准

（一）凡合于职业教育性质之机关，得适用本标准。

（二）职业教育机关之设科，宜按照社会状况。就大概言，城市以工商为宜，乡村以农工为宜。

（三）职业教育机关，专收男生或女生，或兼收男女生，视地方情形定之。但男女子不同之职业，其设科必各审所宜。

（四）职业教育机关欲决定设科，首宜从事调查。其方法宜从地方调查，如现有之职业，孰为发达，孰应改良，及未来之职业孰为需要。

（五）职业教育机关调查研究之结果，于农、工、商……各科中决定何科，尤当于一科之中，决定专设何种（如设农科，应视土性所宜，决定何种作物。如设工科，应视地方状况，决定其为机器工或手工；而于机器或手工中，更视地方所产何种原料，需要何种出品，而决定何种工艺。如设商科，应视地方情形而定普通商业或特种商业），宜简单，宜切要。俟其收效，逐渐推广。

（六）职业教育机关设农、工各科时，对于该科必先试验，确已有效，然后招生传习。

（七）职业教育机关斟酌设科时，必先审查学校财力是否能为该科相当之设备。

（八）职业教育机关招收学生，必审查其将来生活需要，是否为是项职业所能供给。

（九）职业教育机关招收学生，必须审查社会需要之分量，以定学额之多寡及按年续招与否。

（十）职业教育机关待遇学生方法，不宜与是项职业社会之环境相距太远。

（十一）职业教育机关之训育，除普通的道德训练外，须切合于是项职业社会所需要。

（十二）职业教育机关修业年限，宜分节，每节宜短。

（十三）职业教育机关为增高实际效能计，其实习组织，宜兼事营业试验，但其营业以独立计算为宜。

（十四）职业教育机关学生毕业后，宜令就职若干时间，察其成绩，然后给予证书。

（原载《教育与职业》第 79 期，1926 年）

黄炎培教育文集

第三卷

黄炎培◎著

中华职业教育社◎编

中国文史出版社

黄炎培先生 1927 年读书写作照

利居眾後
責在人先。

黃美倫

民紀共五八、後校

目 录

工业补习教育运动后短时期内之所得

　　补习教育在各国无不视为职业教育之一重要部分，积极扩充，不遗余力。一方面由热心社会福利之人士奋勉进行，一方面由政府定有专律，协助执行。在德国则补习教育已达到强迫执行之地步。如此双方并进，其效力遂与日俱增，前途发展，乃无限量。吾国则以政象不宁，行政当局尚无暇及此，故国家专律之规定，尚须有待。然以此事之重要，需要之急迫，吾人不得不竭尽心力，先事提倡。故本社最近于九月间规划先从工业补习教育入手，邀请工业及教育专家组织淞沪工业补习教育委员会，精密研究，详慎筹划，从事工业补习教育运动。其短时期之经过及所得结果情形，得略述之如下：

运动及宣传之概况

　　一、派专员调查淞沪各工厂及已设立之补习学校，作为创设或协助改进之参考；

　　二、定制征集问题之表格，发寄淞沪各工厂，探询其意见；

　　三、征得上项意见后，派专员前往商榷，并告以设立补习学校之宗旨及其需要；

　　四、征集并编译、刊印宣传小册及日报专栏之宣传文字；

　　五、拟定工厂补习教育设施标准及合作办法，以资遵循；

　　六、于各日报登载工业补习教育运动文字；

　　七、推定编订教材委员，从事编定工业补习教育各科适当教授要目。

在短时期内所得之影响

一、有各地教育团体来函询问办法，并索阅印刷品；

二、唤起出版界对此问题之评论与研究；

三、有厂家询问办法，并请代为规划，其中有已设立者，有正在进行中者。

现在进行事项

一、组织淞沪补习学校联合会，联络研究，互助进行；

二、就上海东南西北四区设立淞沪工业补习学校；

三、调查平民学校卒业生状况及志愿，作为设立职业补习学校之准备；

四、同时再继续劝导工厂单独设立相当之补习学校，并随时调查各校办理情形，以备研究，并谋改进之方。

以上所述，为工业补习教育运动后短时期内所得之大概情形。吾人所竭诚希望者，社会鉴于此事之关系远大，与以充分之赞助，而行政方面亦能与以相当之协助，则合众力以赴之，必能获得相当之效果。然后以行之一地而奏效者，推广扩充而布之全国，则固平民莫大之福，抑亦健全国家之基也。

（原载《教育与职业》第 81 期，1927 年）

办理职业学校之商榷①

昨诵大函，敬悉壹是。时局俶扰至此，而诸君子仍本夙昔之毅力、热诚，维持教育，无任钦佩。承示各节，洞中綮肯，尤深佩仰。既辱垂询，谨就所知，条复如下，至希鉴察为幸。

（一）教育本以适应需要为主，职业教育更不能离此原则。赶速完成应修之课程，进而谋农、商界之联络，注意需要，勤求实用，自是介绍毕业生出路之良法，又足为将来发展之地步，甚好甚好。

（二）职业教育实习是重，租地自设农场，诚为切要之设施。弟去年来绥见实业厅所办农场甚大，最好与之合作。如教育厅能筹得款项，就其基础推广之，似更完备而成效较易。

（三）职业学校学生毕业后即须为社会服务，训练尤为重要。训练之道不一端，而尊见养成耐劳习惯、减低欲望、适应社会三点，实为最要原则。佩甚佩甚！

（四）对于将来设科，亦以因地制宜为是。贵处情形农、工两科确更需要，但工艺在初倡时期，需要人才，似宜备高低数种。三年毕业固好，即一年短期毕业亦可供技手之用，而急求就职者，亦可早谋生活。鄙见如此，事实上能否可通，尚请卓裁。

（五）工科设工厂以资实习，自为必要之设置。但工厂办理极难，成本之筹划、出品之运销、工场之管理、材料之采办，实在有极大之关系，非于此道三折肱者不办。故最好与现设之工厂合作，则较易负此责任。此同人积数年之经验，感到此种困难。不知尊意云何？

---

① 文是黄炎培给吴棣华的复信。吴函已删。

（六）农科以招收农家子弟为原则，故实在农忙时，即全日停课亦无不可。盖停课所以便利其农作，正所以使之实地练习，唯应有稽考方法耳。

（七）学校本宜为社会之中心，诸君子拟力求与社会接近，使学校为本区职业教育之中心机关，甚善甚善。弟意扩而充之，不特易为毕业生谋服务之地步，且足为社会改进之途径也。

职业教育千端万绪，以上各条，仅就垂询所及，约略究之，不尽一一。嗣后尚希时惠教言，借此可以相互研究。

（原载《教育与职业》第 81 期，1927 年）

办职业教育须下三大决心

第一，办职业教育，须下决心为大多数平民谋幸福。

"教亦多术"，为什么注重职业？特殊阶级的人民，安坐以享优越的生活权利，或拥遗产，或发横财，或领干薪。此等人用不着职业，也想不到世上有所谓职业。此等人平白享受有职业人给他的衣食和一切生活需要，而自己绝不操一职业以图报，实为人群的蠹虫。大闹世界的社会革命，就是革他们的命。诗云："哿矣富人，哀此茕独。"吾人总须记得世上最大多数的平民，就是做一天人，干一天事，他的生命，是完全靠自己卖气力换得来的；全人类的生命，也就是靠他们卖气力相互支撑的。卖气力讨生活的人多，社会富；蠹虫多，社会穷；蠹虫普及，人类灭绝。全社会中，也许有小部分人间接地造福人类以讨生活的，但是绝大多数一定是直接讨生活的。所以教育目的，也许在初步时为非职业的，而最后必为职业的。也许小部分养成间接造福的，为非职业的，而绝大多数必为养成直接造福的，即职业的。吾们须切实明了职业教育的前提，吾们的用力点，才不致差误。如果办职业教育而不知着眼在大多数平民身上，他的教育，无有是处，即办职业教育，亦无有是处。

第二，办职业教育，须下决心脚踏实地，用极辟实的工夫去做。

任何教育，皆须脚踏实地，尤其是职业教育，不许用一分苟且工夫。为何呢？因为此等人受了教育以后，即须干他的职业。干得好，共见共闻；干得不好，也是共见共闻，俗所谓"当场出彩"。比不得预备升学的，升学即算完了；更比不得无目的的教育，修毕课程即算完了，他的知识和技能，有用和没用，都可以不问。古人说："画鬼易，画人难。"鬼是看不见的，无所谓肖不肖；人是共见的，肖和不肖，人人得而批评之。职业教育是画人，是共见的，故难。换句话说，就是办职业教育而不脚踏实地，其失败比其他教育还快。所以许多教育家不敢办职业教育；本来办职业学校的，偏偏"开倒车"，改办普通学校。他们何尝不知职业教育的重要，就是怕失败呀，就是怕做脚踏实地的工夫呀！也有许多同志并不是这样，只为他的环境不给他相当的助力。要是社会不需要职业教育，吾们何妨大家来干不费气力的生意呢？无奈大多数的平民，都是做一天人，干一天事。良心警告于吾之前，事实逼迫于吾之后，吾人不办教育则已，果办教育而欲为人们谋幸福，哪敢不把最需要的"破釜沉舟"去干一下？敬告同志，吾们大家下一决心，勿好高，勿沽名，勿投机，勿避难就易。

第三，办职业教育，须下决心精切研究人情、物理，并须努力与民众合作。

职业教育是绝对不许关了门干的，也绝对不许在书本里讨生活的。前面说过"职业教育是画人，故难"。要所画的人，和人相肖，必须知道人是怎么样，且须知道得真切，丝毫不许含糊。一种职业社会，即有一种的环境。欲使所培养的，适于他的环境，进一步更须改善他的环境，必须切实知道他的环境是怎么样，才可以下手。孔子说："吾不如老农"，"吾不如老圃"。孔子大圣人，岂有连农圃都不如的道理？可是他所知的是理论——长沮、桀溺也讥讽他是"五谷不分"——若论实在的方法，则种瓜得瓜，种豆得豆，一毫不许假借。既然四体不勤，没有像诸葛武侯躬耕过来，那里及得来老于农、老于圃者的真知灼见呢？可是办农业教育，而也是四体不勤，五谷不分，教者糊里糊涂地教，学者糊里糊涂地学，还禁得起"当场出彩"么？所以职业教育，绝对不许理想家和书呆子去干的。而况职业的定义，是人类在共同生活下一种确定的互助行为。职业教育，即是给人们以互助行为的素养，完成他共同生活的天职。是安可不用最高的热诚，包涵一切，最大的度量，容纳一切，发挥大合作的精神，做训练的方针，使受吾教育的，精神方面和知能方面，完全适合于人群需要呢？

如果切实下此三大决心，吾敢保证他所办的职业教育，一定有效。

（原载《教育与职业》第 83 期，1927 年）

我来整理整理职业教育的理论和方法

> 职业教育和现今两大中心问题成连锁的形势，替职业教
> 育打开若干条康庄大道

最近时期，所称新教育，他所表现的特色，只有两点：一是科学化，一是平民化。

从直里看来，一部近世教育史，在这百十年里头，好像五花八门，其实不过两点；从横里看来，吾们中国在这百十年里头，受世界潮流的影响，开着大门打躬作揖的欢迎，欢迎什么？也只欢迎这两点。盖十八世纪欧洲工业革命，为最近全世界一种最大的变化。因此动机，而愈感科学的权威有不可一世的倾向。所以关于物质的问题，皆将用科学解决；关于人事的问题，皆将用科学方法解决；而教育不啻为扩大科学运动的先声。又自工业革命，而劳资阶级分明，社会不公平的现象显著，自然而然地发生尊重劳工观念。因劳工占社会大多数，一切问题，皆以大多数的平民为总目标。尤以平民渐渐的自觉，唤起各方注意，政治则重平民政治，经济则重平民经济，乃至文学亦重平民文学。其在教育，安得不重平民教育？虽科学观念，基于人类的天赋，初非近世纪的产物；即平民问题，亦自有社会即有之。但至近世纪，对前者因为他功能非常显著了，对后者因为他环境太不安了，所以两者成为新时代最热烈的要求条件，在教育上就成为两大中心问题。

职业教育，却与两者成连锁的形势。就是一方要用科学来解决职业教育问题，一方要用职业教育来解决平民问题。

人类先有职业，后有职业教育。因从事于生活需求之供给，本于分工的自然趋势，养成专门工作，而职业以兴。其后因生活竞争日烈，谋工作之传授与

精进，才有所谓职业教育。一百五十年来的工业革命，领导者谁？就是科学。那个时候，不啻在昏沉的大宇中间，得一颗斗大明星——科学做他的先导，使行客得长足的进步。因而前方的行客，对后方的行客，想稍尽他们提挈的义务。请问他们的心光、目光，除却这一颗明星，还有什么地方够他们的注射呢？老实说，最近高唱职业教育的动机，无论中国、外国都起于承认科学。用科学解决，百业有进步；不用科学解决，便无进步。外国用科学较早，占了先着；中国落后，就为不早用科学。这种道理，已为一般人所公认。职业教育，直接求百业的进步，间接关系民生国计大问题，并不会在科学以外，别有解决的新方法。

讲到民生国计大问题，职业教育家常常得出这句话，也许有人以为"大言炎炎"。其实在外国讲职业教育，诚哉求进步的意思较多，在中国怎能不把国计民生当大前提呢？请观最近政府发表首都人口统计，总数四十九万七千五百二十六人，其中不识字的，倒有三十六万三千七百九十四人，占了百分之七十二；而无职业的，倒又有二十六万九千一百八十二人，占了百分之五十六。试问，解决了失学问题，还有失业问题是不是可以不管？而况一般平民的心理，总以为"书是有钱的人读的"，他们的眼光，总认谋生是第一，求学是第二；又况事实上，他们许多青年所以失学，就为是困于生计压迫，早早谋挣钱的缘故。所以我们认得清楚：要推广平民教育，定要从他们生计问题上着手；更认得清楚：要解决一切平民问题，定要从职业教育上着手。诚哉吾们不主张极端的物质论，要不能不承认物质问题的严重呀！

怎样用科学来解决职业教育问题呢？请看下列种种方面的关系：

（一）职业心理和职业指导问题；

（二）农艺化学和农业应用科学问题；

（三）机械工业问题；

（四）化学工业问题；

（五）工厂、商店、学校以及各机关的科学管理法问题；

（六）商业应用科学问题；

（七）家庭应用科学问题；

（八）其他以科学解决一切职业问题。

试问以上哪一种可不用科学或科学方法来解决呢？其中可分两大类：一类为物质问题，用科学来解决，如农业、工业、家事应用、化学、机械学等是；又一类为人事问题，用科学方法来解决，如工厂、商店、学校以及各机关应用科学管理法等是。而尤可注意者，因职业的各各不同，与人的天性、天才、兴趣、环境的各各不同，替他分别种类，谁则宜某种，谁则不宜某种，发明所谓职业心理学，以为选择和介绍职业的标准，不是极科学的能事么？

怎样用职业教育来解决平民问题呢？请看下列种种方面的关系：

（一）农民教育问题，推而至于全部的农村问题；

（二）工人教育问题，推而至于全部的劳动问题；

（三）商人教育问题；

（四）妇女教育问题；

（五）无告者教育问题；

（六）残废者教育问题；

（七）军队教育问题；

（八）其他关于一般的职业教育问题。

试问以上哪一种不是把平民做对象？而所谓教育，又哪一种不是在职业教育范围以内呢？

从事职业教育，如果对于上列种种方面，没有用分析的方法、专攻的手段，来深切地研究，——取得比较正确的解决方法，而徒盲目的或囫囵的提倡和试验，吾敢断言其无有是处。

所以吾十二分诚恳的希望：

一、希望教育行政方面完备的设置，热烈的提倡，隆重的奖励，以期研究和试验上列种种问题；

二、希望大学和其他相当的教育机关，特聘专家，设专科，来研究和试验上列种种问题；

三、希望教育家和青年有志教育者，各就他们天性、天才、兴趣和环境，把上列问题，拣取一个或几个，来研究和试验；

四、希望职业团体，各就他们的地位，把上列问题，拣取一个或几个，来研究和试验。

如果研究和试验得有结果，一个一个都得正确的解决，那时候便没有职业教育问题了。如果上列问题，一个一个都有人来研究和试验，即不谈职业教育，也没有什么不可以。

（原载《教育与职业》第 100 期，1929 年）

与安亭青年合作社谈乡村事业
——讯合作记者

记者大鉴：

读大著《对于徐公桥新村的新贡献》文，很感谢先生赤裸裸指导的诚意。"深入民间"一句话，确是十二分的中肯语。要是这四字做不到，一切办法，无论花团锦簇到什么田地，都是空场面，一分价值都没有。

实对先生说，我们所以提倡职业教育，就为是一般教育都是空场面，失败得够受用了，所以想到职业教育。我们所以提倡乡村教育，就为是都市教育全是浮泛在人群表面上的空场面，照此办去，前途危险不得了，所以想到乡村教育。而又想到乡村是整个的问题，教育是一种的方法，把乡村作对象，不应该单从教育着手。即如乡村经济，在……农友们眼光里，怕要占第一位，他们总想学堂是有了饭吃的人才得进去。要是我们没有法子在他们的生活上，尤其是生产上，增加些利益——至少减少些损害，随你讲多么好听的话，全不中用。所以想把全部农村改进的事务，统统包在我们责任范围以内，而不愿限于教育，就是这个意思。

本月二十三日，我偕本社主任江问渔先生、中华职业学校赵蔼吴先生及本村办事员杨懋青先生，巡行徐公桥村区。沿马溇而西，经西库村、南载、姚湾而东，沿吴淞江至梅浦、杨家浜、新溇村，折而东北至安亭，所过村庄，略略的观察，所见农友，略略的谈话——吾们的杨懋青先生倒是难得，每到一村庄，大概都有人认识他，叫他"杨先生"——这一天巡行的结果，得到很大的感触，就是先生所说"深入民间"这句话，真是要紧，可是真不容易。

吾们所感到的种种，内中有两件事，想和先生谈谈。第一件，就是本村村友不识字的要占到百分之六十以上，就学儿童对于学龄儿童的总额，仅占到三分之一，吾们究用什么方法，办到普及呢？最大的障碍，就是他们迫于生计，成人万不肯在农作时间以内来受教育，是不用说了；就是儿童，要使取得"田间助手"的资格，能稍稍工作，挣几文钱，便不肯抛这生产的光阴来受教育。徐公桥区域虽不大，住在边境上的，要他到中心学校来读书，于事实上、心理上都不免有些困难。所以吾们很想用分区的方法，巡回的制度，在较偏僻的地方，指定若干地点，先办露天识字，唤起他们的兴趣。次用补习学校的方式，使他们受较有系统的知识。而最要紧的两句话：（一）万万不可妨害他的农作时间；（二）所授予的知识，须完全切合他们生活上的应用。所以很可乐观的一句话，就是儿童亲口答复吾们说："吾们很想读书，可是没有福气呀！"可见他们求知心是很富足的，就怕吾们给他的不切实用，反而妨害他们工作是了。

第二件事，吾们看见到处都在砻谷，所用的工具，还是极老式的；看见水车的基址，而问他们所用水车，也是极老式的；以及打稻呀，罱泥呀，都是用很老的方法、很贵的人工——据说农忙时，每工须大银元五角，平常也要大银元二角五分。工价一天贵一天，而工具和工作方法，都还没有改良。这不是吾们的责任，是谁的责任呢？现在各地农具，都渐渐地改良了。吾们中华职业学校附设的铁工厂，替各地制造改良农具，还能渐渐地推广。吾们想把新式的戽水机呀、锄草机呀、打稻机呀、砻谷机呀、绞绳机呀，找一个相当时间，试验与农友们看，或是无代价借给农友们用。要是用得合式，果能劳力省，效率高，还怕他们不想用么？

这是吾们最近的感想。其他种种，都想按照预定计划，逐步进行。吾们是十二分的感激先生对于第二故乡——徐公桥的热心，更二十四分的感激先生老老实实的指导吾们的诚意，所以不怕烦琐，也不怕冒昧，把吾们的意见披露，希望先生还有更亲切的指导和帮助，更希望先生联合当地一般热心家，大家来指导吾们，帮助吾们，使吾们得到"深入民间"的途径和方法，进一步做到"与农民合作"，更进一步做到"农民自动改进"。

末了一句话，承先生提起吾的名字，是很惭愧的。吾呢，不过追随本社许多同志，用公共的力，来干公共的事，毫无特别的贡献。就是本社诸同志呢，也不过追随昆山教育局呀，中心小学诸位先生呀，当地诸位热心家呀，"群策群力"的大家来干。还承邻境的热心家，各方各面的赞助。很望小小徐公桥，得到圆满结果，各地农民，"由近及远"的闻风兴起。把乡村做国家的单位，把一乡村的改进，做全国改进的起点。这是全部同志的希望和计划，于个人没有关系的呀！

（原载《教育与职业》第 103 期，1929 年）

某自治农村进行方案之研究

承示方案，嘱为研究。此系共通适用的自治农村组织法，尚非指定某地对病发药的计划，就共通组织法论，尚无何等意见可以贡献，唯有宜注意者，则在人才与经济两点，如下：

一、关于人才——凡百计划。行之有效，存乎其人。指导员人选，首宜注意，宜选取践履笃实能了解村民心理易取得其信仰者，不宜选取才具过于开展肆意铺张者。指导员不必定用本地人，然总须多用本地稳健而有相当才能之青年，与知识开通信用素著之老辈，共同提倡。使之了解自治真义，在以本地人为之主体，须由本地人负起责任，一切设施，皆须认定此点，随时随地，唤起村民注意。

二、关于经济——欲取得村民信仰，唯一方法，在增加生产。果能于若干年内公经济方面，筹得相当的常年收入或积聚金；私经济方面——农业或其副业——以科学的效能与行政的权力，切实增进生产至若干数量，使村民生计日裕，则一切问题，皆可迎刃而解。此时种种建设总以地方力能负担，且力能继续维持为度。若某种建设事业举办以后，直接间接，能使地方增加生产者，不妨尽先行之；若某种建设事业使人民增加负担者，必须从缓行之。

（原载《教育与职业》第 103 期，1929 年）

第七届全国职业学校联合会里几个问题

在这种环境之下，恍如一场大病才好，不免有些头眩眼花的余波，害怕"病加于小愈"，这个当儿，我第七届全国职业学校联合会在杭州开会，竟有这样的盛况：

开会日数	二
到会代表人数	六四
报而未及到人数	二二
共	八六
代表机关数	三八
报而未到机关数	一三
共	五一
会员提案件数	二〇

从开会到闭会，大家很高兴的尽量讨论，很自然的遵守秩序，其中还有一种不可思议的精神，好像人人感觉在这个时候，料不到有这种集会，说不出又惊又喜的样子。我还记得这联合会成立于民国十年八月十七日的上海。后来

第一次年会，十一年七月四日在济南，出席四十二机关，代表六十一人。

第二次年会，十二年五月二十六日在上海，出席三十七机关，代表六十人。

第三次年会，十三年五月二十七日在武昌，出席代表一百人。

第四次年会，十四年五月二十六日在南京，与江苏实业学校联合会合并举行，故出席者尤多，但偏于江苏。

第五次年会，十五年五月八日在杭州，出席三十六机关，代表四十八人。

第六次年会，十七年五月十二日在苏州，出席五十人。

本届试以人数论，虽不及第三、第四届，然较其他几届，后来居上了。可是有一种现象，足令人注意的，就是："这八十六个代表中，在历届年会曾为代表的，除本社职员外，竟然绝无而仅有。"

对于此点，我不能不感想到六七年来，教育界变迁太大了。也许中间有的飞黄腾达，不愿牢牢地把守教育界的苦境。可是中间不愿转变而转变的，必定不少，我哪能不认为"不安业"的一种证据呢？

人的转变不要紧，还有一种现象，更足令人大大注意的，就是"这五十一机关中，为联合会老会员的，竟不到一半"。

新成立的机关加入本社，自然很可喜的事。倒是许多旧会员，到哪里去了呢？细细检查一下，大多数不是消灭了，便是改办普通学校了。这不是值得吾们特别注意的现象么？

三五年来，教育行政方面很提倡机关集中。一市内、一区内，有几个以上学校，归并做一个。高中可设师范科的，将师范学校并进去。也可设职业科的，将各种职业学校并进去。推而上之，各科专门学校，可并则并；推而下之，初级职业学校，可并则并。从理论上讲，岂不曰事权统一了，机关费节省了？可是事实上，无论农、工、商、师范乃至艺术，一科有一科的精神。独立则精神易于充分发挥，若将普通科与专科合设一机关，则于彼于此，往往有一方面精神被他方面吸收，而绝少存在。况农、工、商等职业教育，原是很难办的。如果设备上稍欠完备，教学上、训育上没有充分而特殊的精神，使青年一变其骄惰的普通惯习，而从事于他们认为艰苦的工作，则所谓职业教育，本易陷入名存实亡的绝境。而况坐观同校普通科学生，处同等的地位，读书享福——一般青年心理，每以为有福读书，没福做工——那得不舍此就彼呢？所以最近几年职业学校变化的结果，吾敢说两句话："停办是消灭，合并也是消灭。"若抉发他的病根，吾敢说一句话，叫作"职业教育普通化"。

今一般政治家、教育家，鉴于国民生计的压迫、学校和社会的隔阂、青年谋业的困难，不是大声疾呼，便是高揭标语，一致主张"普通教育职业化"，而岂料结果完全适得其反。苟诚意教育救国的，那得不赶快想法制止并矫正呢？

退一步说，即使主张机关集中，事权统一，将一事一区的教育并为整个的组织，至少要设法保存各分科独立的精神。如浙江大学笕桥的农学院、报国寺的工学院，不至减损他们独立的精神才是。

开会时，会员要求我发表最近对于职业教育的意见，我提出这点，认为目前最急的问题，今更为一般读者告。

开会时，有人提到职业教育经费支配问题，此点我主张：第一，须通盘筹划；第二，须适应需要。而欲测知需要程度，必须根据统计。最近本社上书中华教育文化基金董事会，中有关于教育经费支配问题一节，录以为提案者告，并为一般读者告：

教育以畸形发展为大戒。例如欲于某年度推广小学，则宜预计若干年后，当有小学毕业生若干人；根据历年统计，百分之几升学，则当扩充中学，使有相当容量。更预计若干年后，当有中学毕业生若干人；根据历年百分之几升学，则当扩充大学，使有相当容量。容量不足，则求学者放荡而无所归，必至〔致〕一部分流为失学，酿成社会隐忧；来源不足，则设学者滥于收取，既妨经济，尤累教育。

更从横的方面言之，小学毕业生，根据历年统计，仅百分之几升学耳；中学毕业生，根据历年统计，亦仅百分之几升学耳。此各级不升学者，将如何安放乎？欲就业则无一技之长，欲重复习业，则以若干年学校与职业界生活之不同，焉望其相安无事？若以不获受相当的职业训练之故，强令升学，甚且不得已而废学，皆足使青年行路越趋而越歧，小之妨害个人生活，大之影响社会安宁。

是故同人对于全部教育计划问题，愿为极郑重的献议曰：是必通盘筹划，根据各级毕业生统计与毕业生升学统计，务使纵的方面——上级教育与下级教育间，横的方面——普通教育与职业教育间，各依适当的比例而发展。

开会时，还有人提到职业教育行政种种问题。我以为今日谈职业教育，不宜遽求量的激增，而先求质的改善。行政方面，应特聘专家，将严格考查和积极指导的责任切实担负起来，同时一步一步地推广。本社上中华教育文化基金董事会书，也有一节，并录以为提案者告，为一般读者告：

职业教育，在全部学制上之地位，亦既明定矣。进而研究如何设科，如何订课程，如何立训育标准，如何培养师资，更如何测验职业心理。本社同人积十余年之共同努力，虽稍稍有所贡献，而因地因时设施适当，则固存乎其人，其间有待于继续研究试验者亦尚不少。因此对于全部职业教育，不敢不根据事实提出不求扩大唯求适切之实际计划，供参考焉。

应毕业生不升学者之请求，则以后初等、中等程度之职业学校及中、小学职业科，宜与普通教育方面依适当之比例而设置；应一般民众之请求，则以后民众的职业教育，至少宜与普通教育方面为平衡的进展。唯是事关社会对于教育之信仰，设无切实效能，以后何从取信？以故不敢遽求量的激增而先求质的完善。其法如何？请中央教育行政当局令各省、各特别市特设职业学校及民众职业学校，或就现办之各项职业教育机关、民众职业教育机关，调查其著有相当成绩者，每种指定一所或数所，报经中央派遣专家，复查合格，定为某省特别市标准职业教育机关，供该地方一般办理职业教育者之参证。并由中央特聘专家组织委员会，对于此项标准职业教育机关及一般职业教育机关，严格考查，积极指导，由委员会总考查指导之大成。此为第一步工作，旨在促进职业教育之改善，一方面培养师资，从事于第二步之增加数量。

（原载《教育与职业》第 107 期，1929 年）

朝鲜之教育及文化 ①

甲 学制

旧朝鲜之教育，京城有成均馆，有四官学；各郡县有乡校；私家有书堂。学子既修于书堂，得升乡校。更进入成均馆。修学之目的，在应科举及第，登用为官吏。此制行之五百年。至李太王三十一年，罢科举，兴新教育，废旧时教育机关，而立学校。迨与日本合邦之明年，即明治四十四年八月，颁朝鲜教育令。此令旨趣，在以单简的制度，干涉的方法，养成忠良国民。（参阅朝鲜合邦初年学制图（1））

是制，普通教育，所以普及国语（日本语）。师范教育，志在速成，故年期甚短。实业教育，以低级简易为主。专门教育，其初并未举办，至大正五年，始设京城法制经济专修学校，及医学专门学校、工业专门学校，七年，乃设农林专门学校。而朝鲜青年之游学日本者，且特设规程以取缔之，则其限制严厉可想。

吾前既言之，明治八年以后，日本对鲜方针一变。教育亦然。大正九年，先改正教育法规之一部，如普通学校修业年限，原定四年，今延长为六年；任用朝鲜人为公立普通学校校长；撤废日本留学生规则。特设临时教育调查委员会，调查审议之结果，以大正十一年二月，颁布朝鲜教育令，凡三十二条，施行至今。（参阅朝鲜现行学制图（2））

---

① 标题为编者所加，注为原注。

朝鲜合邦初年学制图（1）

依明治四十四年朝鲜教育令之规定

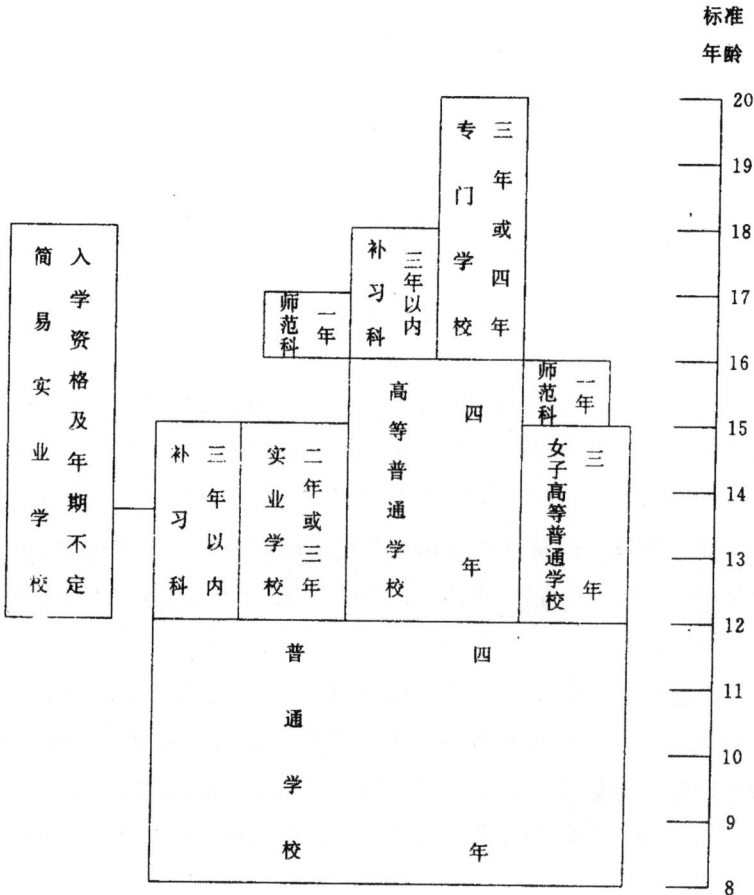

标准年龄

简易实业学校 入学资格及年期不定

师范科 一年

补习科 三年以内

专门学校 三年或四年

高等普通学校 四年

补习科 三年以内

实业学校 二年或三年

师范科 一年

女子高等普通学校 三年

普通学校 四年

20
19
18
17
16
15
14
13
12
11
10
9
8

朝鲜现行学制图（2）

依大正十一年二月四日朝鲜教育令之规定

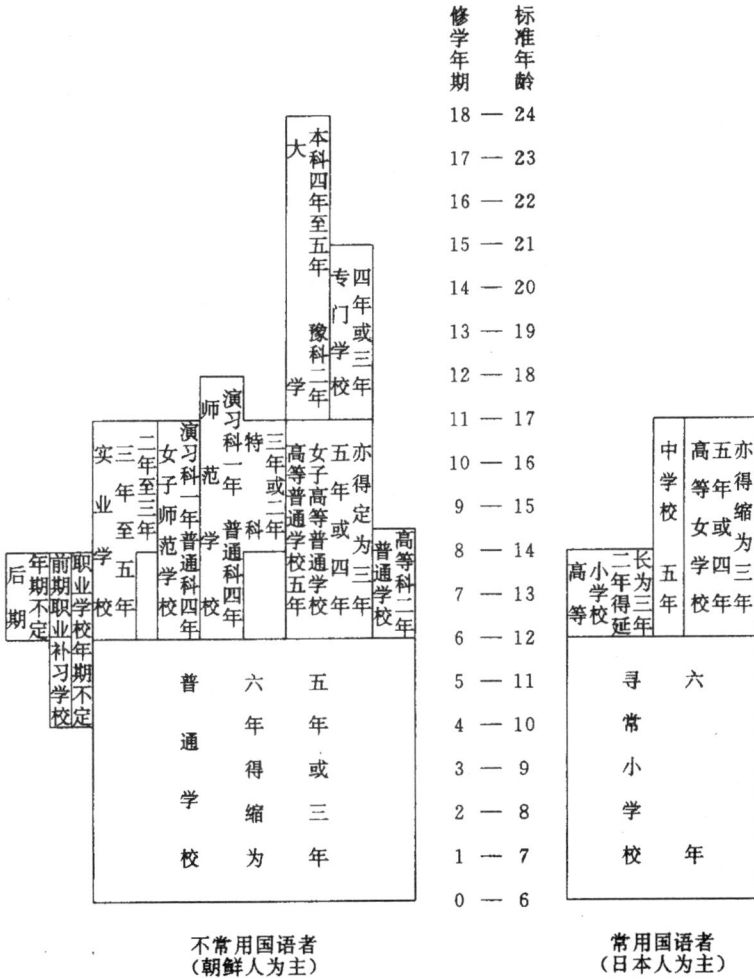

修学年期 ／ 标准年龄

修学年期	标准年龄
18	24
17	23
16	22
15	21
14	20
13	19
12	18
11	17
10	16
9	15
8	14
7	13
6	12
5	11
4	10
3	9
2	8
1	7
0	6

不常用国语者（朝鲜人为主）

大学 本科四年至五年／预科二年

专门学校 四年或三年

师范学校 演习科一年 普通科四年

女子师范学校 演习科一年 普通科四年

高等普通学校 五年或四年 特科三年或二年

女子高等普通学校 五年 亦得定为三年

高等普通学校 补习科二年

实业学校 三年至五年／二年至三年

职业学校 年期不定

前期／后期／年期不定

补习学校 年期不定

普通学校 六年得缩为三年／五年或三年

常用国语者（日本人为主）

中学校 五年／亦得缩为三年

高等女学校 五年或四年

高等小学校 二年得延长为三年

寻常小学校 六年

019

乙　学校

A　普通教育

　　忠君报恩之教育宗旨

　　朝鲜普通学校修身书卷首

　　明治四十四年十月二十四日教育敕语

　　"……我臣民克忠克孝，亿兆一心，世济厥美。……如是不独为朕
忠良之臣民，亦足以彰显尔祖先之遗风。……

　　今兹下付朝鲜总督"……

　　同修身书第六册十三课"感谢"

　　"生我……亲恩。

　　生存幸福……君恩，国恩。

　　以学问、人道教我……师恩。"

　　日皇既特降诏书，申明一视同仁，自不便于教育上，显示对鲜人与对日人
之差别。但政策上二者不能混同，乃于普通教育，设为常用国语者，与不常用
国语者两种，前者以日本人为主，后者以朝鲜人为主，二者分别规定制度，而
仍互认其入学。

　　不常用国语者之教育，为普通学校，为高等普通学校与女子高等普通学校，
依朝鲜教育之规定；常用国语者之教育，为小学校，为中学校，为高等女学校，
各依日本教育法令之规定。但文部大臣职权，以朝鲜总督行之。

　　不常用国语者之学校，朝鲜语与国语，同列必修科。授朝鲜语时，须与国
语联络，且用国语说明。常用国语者之学校，得加朝鲜语科。（3）

　　普通学校教科书，朝鲜总督府编纂供给之。小学校教科书，用日本文部省
编纂本。

　　普通学校，以日本历史地理为必修科。但于朝鲜事项特详之（普通学校及
小学校地理科，均规定兼授满洲地理之大要，吾国人注意）。

　　普通学校修业年限，原定四年，今以六年为原则。但仍得缩短为五年，或
四年。对普通学校卒业生，得设二年高等科，使与高等小学程度相准。

　　公立小学校，由学校组合设置之。公立普通学校，以府郡岛学校费设置之。

朝鲜官公私立普通学校及小学校累年比较（4）

年份	普通学校		小学校	
	学校数	学生数	学校数	学生数
昭和元年	1,342	441,954	453	56,981
大正十四年	1,254	407,541	448	56,177
大正十三年	1,141	374,349	444	56,492
大正十二年	1,008	317,814	436	54,017
大正十一年	855	236,172	419	51,918
大正十年	715	157,295	412	48,752
大正九年	595	107,282	399	45,699
大正八年	517	89,288	380	42,811
大正七年	490	90,778	365	40,239
大正六年	463	84,283	342	37,911
大正五年	439	73,575	317	35,173
大正四年	415	63,854	292	31,523
大正三年	403	59,397	264	28,592
大正二年	371	51,827	204	24,260
明治四十五年	355	44,638	180	21,452
明治四十四年	180	23,951	134	17,884
明治四十三年	171	19,901	128	15,464

上表（4），以昭和元年与明治四十三年较，普通学校，即朝鲜人学校学生数，增百分之二百二十二。小学校，即日本人学校学生数，增百分之三百六十八。

一个女子普通学校

十月二十四日，总督府特派员导观贞洞女子普通学校。

学生一级，以窗外远山为画本，临窗写生。初级习国语发音，悬发音图，对镜练习。自然科学教室，皆团坐自习。

习字用破报纸。

各教室教具特别完备。

礼堂悬文天祥书"忠""孝"二大字为校训（闻各校同）。一年生无从幼稚园来者，然百分之九十极活泼。

官立普通学校及小学校，均附属于京城师范学校，姑弗具论。其公私立普通学校及小学校状况，如表（5）、表（6）。

下二表，可注意者：（一）学生每人占费额。小学校历年多在五六十元以上，普通学校，仅在二三十元以上，则以小学校教员全为日本人，普通学校教员，大部分为朝鲜人，闻之教育行政官，日本教员俸，视朝鲜教员，加百分之六十，此其一大原因也。（二）男女学生数比较。小学校渐趋相等，普通学校相差犹远，则女子教育普及程度，日鲜两方不同之征也。

问教育行政官以教育普及程度，答从普及日本语入手。日本语普及运动，近年进步甚速。普通学校每周以九时间乃至十二时间，教授日语，各科教授，多注意于日语之练习及日文之书法，其他学校，一致努力，各地设国语夜学会、国语讲习会等，故日本语之推行，几于一日千里。

朝鲜公私立普通学校历年状况一览（5）

年份	公立普通学校						私立普通学校					
	学校数	学级数	教员数（A）	学生数（人）	经费额（元）	学生一人占费额（元）	学校数	学级数	教员数（A）	学生数（人）	经费额（元）	学生一人占费额（元）
昭和元年	1,258	7,398	7,734	419,691	11,635,287	28	76	388	917	男 12,239 女 6,900	395,182	24
大正十四年	1,187	6,900	7,216	男 334,596 女 57,640	11,704,763	23	65	307	368	男 10,075 女 4,385	412,756	28
大正十三年	1,087	6,146	6,492	男 310,359 女 51,351	11,915,523	33	51	242	270	男 8,125 女 3,428	356,791	30
大正十二年	956	4,786	5,450	男 263,191 女 41,868	11,576,713	25	49	217	250	男 8,626 女 3,005	341,563	30
大正十一年	808	3,887	4,317	男 195,285 女 29,575	10,576,052	34	44	188	199	男 8,097 女 2,179	192,185	18
大正十年	675	2,926	3,505	男 130,960 女 19,054	7,897,645	33	37	134	157	男 4,844 女 1,620	120,797	18
明治十五年	328	1,034	1,491	男 38,837 女 3,363	877,949	21	25	71	91	男 1,534 女 497	—	—

朝鲜公私立小学校历年状况一览（6）

年份	公立普通学校						私立普通学校					
	学校数	学级数	教员数（A）	学生数（人）	经费额（元）	学生一人占费额（元）	学校数	学级数	教员数（A）	学生数（人）	经费额（元）	学生一人占费额（元）
昭和元年	450	1,467	1,764	男28,925 女26,695	3,474,972	62	1	1	1	36	550	15
大正十四年	446	1,441	1,713	男28,473 女26,363	3,215,104	52	1	1	1	22	544	24
大正十三年	442	1,402	1,733	男28,313 女27,145	3,590,399	54	1	1	1	12	1,010	84
大正十二年	434	1,370	1,640	男27,749 女25,382	3,634,607	54	1	1	1	15	1,038	69
大正十一年	418	1,284	1,592	男26,786 女24,526	3,532,659	53	—	—	—	—	—	—
大正十年	411	1,213	1,472	男25,346 女23,152	2,945,423	51	—	—	—	—	—	—
明治十五年	180	530	590	男11,353 女10,099	568,564	26	—	—	—	—	—	—

朝鲜人解日本语者一览（7）

每年十二月末检查

	大正十三年	大正十二年	大正十一年	大正十年	大正九年	大正八年	大正二年
稍解日语者（人）	549,137	485,260	386,158	290,707	244,643	200,195	63,090
能普通会话者（人）	268,860	227,007	178,871	250,517	122,722	101,712	29,171
共计	817,997	712,267	565,029	541,224	367,365	301,907	92,261

上表（7）朝鲜人解日语者总数，对朝鲜总人口，大正二年，千人中得六人；九年，得二一人；十年，得二五人；十一年，得三三人；十二年，得四〇人；十三年，得四六人。

高等普通学校，原定四年，今延长为五年，使与中学校相等。女子高等普通学校，原定三年，今延长为五年或四年，亦得定为三年，使与高等女学校相等。

朝鲜公私立高等普通学校及女子高等普通学校历年状况一览（8）

年份	高等普通学校			女子高等普通学校		
	学校数	学生数（人）	经费额（元）	学校数	学生数（人）	经费额（元）
昭和元年	公15 私9 > 24	11,069	1,620,783	公3 私9 > 12	2,630	560,290
大正十四年	23	10,185	1,401,469	9	2,022	336,038
大正十三年	20	10,010	1,651,293	7	1,747	402,990
大正十二年	20	8,967	1,651,293	7	1,563	373,761
大正十一年	21	7,709	1,478,776	7	1,358	432,308
明治四十五年	3	974	171,269	3	283	47,029

朝鲜公立中学校及公立高等女学校历年状况一览（9）

年份	中学校			高等女学校		
	学校数	学生数（人）	经费额（元）	学校数	学生数（人）	经费额（无）
昭和元年	11	5,022	882,987	22	6,532	861,507
大正十四年	10	4,663	754,41.0	21	6,008	759,291
大正十三年	9	4,079	843,383	21	5,321	746,051
大正十二年	8	3,494	821,280	19	4,516	680,519
大正十一年	7	3,080	823,317	13	3,736	1,036,075
明治四十五年	2	480	154,706	3	650	53,223

全鲜幼稚园，昭和元年统计，公立者五，私立者一一九，共一二四。儿童七六四一。经费总额一九八七九三元。

B 实业教育

朝鲜农工商实业教育，初从简易浅近入手。其后乃改订实业学校修业年限，凡招收普通学校或小学校六年毕业生者，定为三年至五年，其招收普通学校高等科或高等小学校毕业生者定为二年至三年皆采日鲜并学制。朝鲜之实业教育，根据其实业政策，故除商业学校间有数校私立外，其余悉系公立，与其实业政策相应。如京城高等工业学校与中央试验所合设，实为全鲜唯一之工业倡导试验机关。水原高等农林学校与劝业模范场合设，并设棉作支场、牧马支场、蚕业试验所等，实为全鲜唯一之农业倡导试验机关。

商业教育之一斑

京城清云洞京畿道立商业学校所见

朝鲜语、英语外兼课汉语，每周2时。

实习用假设商店。

京城崇二洞高等商业学校所见

卒业七回，卒业生十之九就职金融组合、银行、会社、教员。

朝鲜语、英语为必修科。汉、俄、德、法四种语，选修其一，现选修汉语者最多。

问行实地实习否？答注重知识，无暇分往各业实习，亦以职业不定，未能决习何种也。

京城高等工业学校所见

此校兼设中等工业学校。与中央试验所，合设一处。实为全鲜工业教育及试验中心机关。其学科：

甲、纺织学科

乙、应用化学科（第三年分应用化学部、窑业部、色染部。）

丙、土木学科

丁、建筑学科

戊、矿山学科

各三年毕业。其课程知识与技能并重。毕业十次，共二六六人（内朝鲜人一〇三，日本人一六三）。计就职官厅一〇一，会社六三，教员五四，升学一五，自营六，余为未就职及死亡。

承校长三山喜三郎博士，以极诚恳之态度，指导说明。遍观纺织、制革、制纸、油脂、珐琅、色染、机械、电机等各工场。均有相当之设备。每年开成绩品展览会一次，中央试验所，分设化学工业、染织、窑业、分析、卫生五部。校长兼任所长。

朝鲜实业学校状况一览（10）

昭和元年

种类	校数	校地	修业年限	学级数	学生数（人）	经费额（元）
官立高等工业学校	1	京城	3	15	148 < 鲜 54 / 日 9	119,211
官立高等农林学校	1	水原	3	6	179 < 鲜 69 / 日 110	83,091
官立高等商业学校	1	京城	3	6	245 < 鲜 213 / 日 32	81,282
公立农业学校	19	京畿 1 忠北 1 忠南 1 全北 2 全南 2 庆北 1 庆南 1 黄海 1 平南 2 平北 2 江原 1 咸南 2 咸北 2	或 5 或 3 或 2	65	2927 < 鲜 2735 / 日 192	539,096
公立农蚕学校	2	庆北 1 庆南 1	3	6	269 < 鲜 253 / 日 16	56,164
公立农林学校	1	全北	5	10	459 < 鲜 215 / 日 244	79,595
公立商工学校	1	平南	5	8	312 < 鲜 189 / 日 123	45,293
公立商业学校	15	京畿 5 忠南 1 全南 1 庆北 1 庆南 3 平北 1 咸南 2 咸北 1	或 5 或 3	85	3754 < 鲜 1556 / 日 2198	568,085
私立商业学校	4	京畿	或 3 或 5	21	973 < 鲜 680 / 日 293	118,262
官立工业学校	1	京畿	3	15	156 < 鲜 30 / 日 126	61,049
公立水产学校	4	全北 1 全南 1 庆南 1 平北 1	或 2 或 3	9	219 < 鲜 212 / 日 7	62,310
公立女子实业学校	1	京畿	3	1	60（日）	5,914
共计	51			247	9642 < 鲜 6206 / 日 3436	1,822,352

朝鲜实业补习学校状况一览（11）

昭和元年

种类	校数	校地	修业年限	学级数	学生数（人）	经费额（元）
公立农业补习学校	10	京畿 4 庆南 2 黄海 3 咸南 1	2	15	527 < 鲜 523 / 日 4	85,010
公立园艺补习学校	1	京畿	2	1	5（鲜）	4,223
公立农蚕补习学校	1	京畿	2	2	48（鲜）	4,150

种类	校数	校地	修业年限	学级数	学生数（人）	经费额（元）
公立商业补习学校	7	京畿5 全北1 忠南1	或2或3	17	640 <鲜 483 日 157	31,963
公立工业补习学校	8	京畿1 全北1 庆北1 庆南3 黄海1 平北1	或2或3	18	273 <鲜 188 日 85	47,548
公立女子职业补习学校	1	平北	1	1	25（鲜）	3,686
公立水产补习学校	1	黄海	2	1	35（鲜）	27,461
共计	29			55	1553 <鲜 1307 日 246	204,041

C 师范教育

朝鲜师范学校，始创于李太王三十二年，即日本明治二十八年。至合邦之明年，即明治四十四年撤废之。仅于高等普通学校及女子高等普通学校，置一年毕业师范科，收受高等学校毕业者，并置一年以内之教员速成科，收受普通学校毕业者。大正十年，始于京城复设师范学校，其入学资格，定为寻常小学校毕业程度，或有与之同等学力者。其修业年限，为普通科五年，修了后更入演习科一年，更设一年或二年毕业之研究科，收受中学校毕业，或有与之同等学力者。大正十一年，教育会改正，师范教育采用鲜日人共学之原则，分为第一部、第二部。前者养成小学校教员，后者养成普通学校教员。并于各道废止临时教员养成所，每道设一师范学校，置三年或二年毕业之特科，收受高等小学毕业生，或有与之同等学力者，并置六个月毕业之讲习科。其女子师范学校，则较男子缩短普通科修业年限一年。

朝鲜师范学校历年状况一览（12）

年份	官立师范学校			公立师范学校		
	学校数	学生数（人）	经费额（元）	学校数	学生数（人）	经费额（元）
昭和元年	1（京城）	772 <鲜 163 日 609	148,926	13（各道）	1691 <鲜 1677 日 14	610,662
大正十四年	1	800	309,496	13	262	680,276
大正十三年	1	525	267,616	13	1,551	804,598
大正十二年	1	425	370,951	13	1,238	800,293
大正十一年	1	325	270,044	1	188	34,958
大正十年	1	117	235,676	—	—	—

附记：官立师范学校，学生极少数为女子。公立师范学校，学生少数为日本人。但其确数均未详。

D　专门教育及大学教育

朝鲜初无专门学校及大学校。专门学校之创设，自大正五年始。前学制段已详之。今所有者，除高等农工商业学校，见前实业教育段外，唯京城法学专门学校、京城医学专门学校及京城帝国大学法文学部、医学部而已。

高等教育与实业教育、师范教育，悉采鲜日人共学之原则。而就其学生数观之，则法学专门学校，鲜多于日；医学专门学校，日多于鲜；高工，高农，皆日多于鲜，而高商则鲜多于日；各私立专门学校并计，则鲜居大多数，日居极少数；京城帝国大学则日占其二，鲜占其一；两者思想之倾向与修学之程度，于此略见一斑。

京城帝国大学

十月二十八日，游京城帝国大学，参观其图书馆、陈列室。见大学总长松浦镇次郎氏，藤塚邻教授，今西龙博士，儿岛献吉郎博士，魏建功讲师，纵谈甚欢。藤塚君畜汉文书籍极富，曾往浏览。今西博士调查朝鲜古迹，不少有价值之发现。儿岛博士邃于汉学，索题其所筑见南山楼，为题一绝：

其人与物两萧闲。一径松涛昼掩关。胸次悠然更无有。人间何地不南山。

朝鲜专门学校大学状况一览（13）

昭和元年

校别		修业年限	学生数（人）	经费额（元）
官立京城法学专门学校		3年	164 < 鲜 118 / 日 46	49,098
官立京城医亭专门学校		4年	357 < 鲜 137 / 日 220	75,383
私立各专门学校		或4年或3年	784 < 鲜 771 / 日 13	400,502
京城帝国大学	法文学部	3年	150 < 鲜 47 / 日 103	1,493,921
	医学部	4年		
共计			1455 < 鲜 1073 / 日 382	2,018,904

E 书堂

书堂为朝鲜少年子弟向来唯一之教育机关，一家或一洞（洞等于村或里）延师设立，或教师自就其家设立。教授鲜汉文习字，施行不完全之教育。合邦以后，书堂数仍年有增加。至大正十一年后递减。试与普通学校累年比较表对勘之，普通学校自大正十年后，由五百九十五而七百一十五，而八百五十五，而一千零，而一千一百零，而一千二百零，而一千三百零。盖普通学校激增之年，即书堂递减之年也。于此可见日本对鲜政策中途之改变。

朝鲜书堂历年状况一览（14）

年份	书堂数	餐师数	学生数			经费额
			男	女	共	
明治 四十五年	16,540	16,771	141,034	570	141,604	466,214
大正二年	18,238	18,435	168,728	349	169,077	591,476
大正三年	20,268	20,807	295,298	391	204,161	706,724
大正四年	21,358	21,570	203,864	522	229,531	687,961
大正五年	23,441	23,674	229,028	522	229,550	734,307
大正六年	25,486	25,831	258,614	917	259,531	864,504
大正七年	24,294	24,520	264,023	812	264,835	1,148,515
大正八年	23,369	23,613	260,146	829	260,975	1,567,171
大正九年	24,030	24,185	275,261	659	275,920	2,398,680
大正十年	25,482	25,621	290,983	1,642	292,625	1,968,957
大正十一年	24,193	24,531	295,280	2,787	298,067	2,171,575
大正十二年	21,057	21,699	275,952	4,910	280,862	2,044,405
大正十三年	19,613	20,285	251,063	5,788	256,851	1,955,141
大正十四年	18,510	19,101	226,430	5,324	231,754	1,877,888
昭和元年	16,873	17,388	203,580	4,730	208.310	1,700,470

朝鲜官公私立教育机关 16 年间进步一览（15）

类别	昭和元年		明治四十四年	
	学校数	学生数	学校数	学生数
普通学校	1,342	441,954	180	23,951
小学校	453	56,981	134	17,884
高等普通学校	24	11,069	5	819

类别	昭和元年		明治四十四年	
	学校数	学生数	学校数	学生数
女子高等普通学校	12	2,630	2	394
中学校	11	5,022	1	205
高等女学校	22	6,532	3	515
幼稚园	124	7,641	9	606
实业学校	51	9,642	20	961
实业补习学校	29	1,553	3	93
师范学校	14	2,463	—	—
专门学校	10	1,877	5	409
大学	1	150	—	—
各种学校	614	63,735	1,667	71,763
总计	2,707	611,249	2,029	117,600
书堂	16,873	208,310	16,540	141,604

F 境外学生

留日之朝鲜学生，大正十四年统计二千六百九十四名。内官费生七十名。官费生资格，为卒业于朝鲜中等以上学校，私费留学日本，品行方正，学力优秀，身体健全者。选给官费后，令之修习必要之学艺。其官费年额，原定每人六百五十元，大正十一年始，减为三百六十元以内，而酌加员数。关于此等学生之保护监督订有规程。大正九年废止之。亦为对鲜政策改变之一端。现委托东洋协会办理。

大正十四年朝鲜留学日本学生状况一览（16）

类别	官费生	私费生	共计
官公立大学	16	53	69
私立大学	1	52	53
官公立高等学校大学预科	9	115	124
私立高等学校大学预科	2	120	122
官公立专门学校	30 女 10	148 女 3	178 女 13
私立专门学校	—	124 女 45	124 女 45

类别	官费生	私费生	共计
私立大学专门部	2	489 女 1	491 女 1
神学校	—	18 女 7	18 女 7
中学校	—	267	267
女学校	—	女 83	女 83
实业学校	—	477 女 8	477 女 8
预备学校	—	613 女 1	613 女 1
总计	70（60，女 10）	2624（2476，女 148）	2694（2536，女 158）
大正十三年	63	1,467	1,530
大正十二年	56	936	992
大正十一年	54	3,168	3,222
大正十年	40	2,195	2,235
大正九年	35	1,195	1,230
大正八年	34	644	678

间岛、安东、珲春、海参威及南北满其他各地，既移住大多数之朝鲜人，乃渐次设立书堂及普通学校，朝鲜政府给与补助金，或派遣教员，或赠给总督府编纂之教科书，以示好意。大正十四年，补助此等在外鲜人教育费预算额，十五万九千八百六十九元。（17）

其他各地留学，以美国为最多，闻有五六百人。

丙　教育费

朝鲜教育费，可分三级。上级为总督府预算内之教育费，凡府辖学校，及其他府办教育文化事业，于此支给。中级为道地方预算内教育费，由道知事管理，以道评议会为咨问机关。其下级又分为二。（甲）府郡岛学校费，凡普通学校及其他关于朝鲜人教育，于此支给，由府尹、郡守，或岛司管理之。设学校评议会，为关于预算及其他学校重要事项之咨问机关。在府，额定六人以上、二十人以下，由府住民选举之；郡、岛定额，如其面数，由面协议会会员选出候补人，由郡守、岛司任命之。（乙）学校组合，依改正学校组合令，以其组合区域内日本人之合于一定资格者，互选六人以上，十八人以下为议员，在府，由府尹管理，在郡岛，由道知事委任信望素孚之组合员管理，专办关于日本人教育事务。

府教育费，大正十三年度，预算六百零一万余元，对岁计总额占百分之四点二。较明治四十四年度，八十二万余元，增七倍以上。其间大正九年教育费，激增至二百万元以上，十年，一百五十万元以上，则以大正八年对鲜政策变更，新定扩充普通学校计划，每三面添设一校之故。至大正十二年计划完成，故是年教育费减一百二十万余元。

朝鲜总督府教育费预算历年状况一览（18）

年份	岁计总额（元）	教育费（元）	教育费与总额百分比	总额对前年度增减	教育费对前年度增减
明治四十四年	48,741,782	823,575	1.693	—	—
大正元年	52,891,209	1,050.560	1.986	增 4,150,427	增 224,985
大正二年	57,989,610	1,173,352	2.023	增 5,097,401	增 122,792
大正三年	59,412,966	1,237,170	2.082	增 1,423,356	增 63,818
大正四年	58,873,403	1,363,313	2.315	减 539,563	增 176,143
大正五年	59,848,998	1,571,333	2.625	增 925,595	增 208,020
大正六年	62,642,899	1,654,183	2.640	增 2,793,901	增 82,850
大正七年	65,141,653	2,195,672	3.370	增 2,498,754	增 541,489
大正八年	77,560,690	2,403,889	3.099	增 12,419,037	增 208,217
大正九年	114,316,860	4,595,372	4.019	增 37,749,960	增 2,191,483
大正十年	162,472,208	6,099,649	3.754	增 48,155,348	增 1,504,277
大正十一年	108,992,323	7,279,239	4.578	减 3,478,885	增 1,179,590
大正十二年	146,007,225	5,955,539	4.106	减 12,986,098	减 1,283,700
大正十三年	140,823,701	6,017,980	4.273	减 5,183,574	增 22,441

道地方教育费，历年对其预算总额之百分比，常往来于二十六至三十四之间。其数年有增加。唯大正十二、十三两年度独减，则以普通学校建筑费之补助停止故也。其大正十四年度之激增，则以向由总督府直辖之中学校、高等普通学校、女子高等普通学校及农林学校，移归道地方故也。此大正十四年度教育费六百八十六万余元内，国库补助二百八十七万余元，占百分之四十一以上。

朝鲜道地方教育费历年状况一览（19）

年份	岁入总额（元）	教育费总额（元）	教育费与总额百分比	教育费对前年度增减（元）
大正十四年	22,425,210	6,863,579	30.60	增 1,633,391
大正十三年	19,923,441	5,229,664	26.24	减 351,531
大正十二年	19,140,000	5,581,195	29.10	减 421,344
大正十一年	17,794,596	6,002,539	33.72	增 859,127
大正十年	15,096,240	5,143,412	34.06	增 961,842

府郡岛学校费，初时以国库补助金、道地方补助金、临时恩赐金生息，及财产收入充用。不足，则归人民负担。大正七年，总额一百八十三万余元、属人民负担者，仅十九万五千余元，每户平均不过六钱二厘。其后逐步扩充，人民负担因以加重，现平均每户二元以上。

朝鲜府郡岛学校费历年状况一览（20）

年份	岁入				
	赋课金（元）	补助金（元）	财产收入（元）	其他（元）	共计（元）
大正十四年	6,921,162	1,597,518	180,386	4,615,033	13,314,099
大正十三年	7,005,502	1,938,624	160,239	4,908,623	14,012,988
大正十二年	6,956,259	2,006,957	145,464	4,794,445	13,903,115
大正十一年	6,511,320	2,724,019	142,561	3,931,271	13,309,071
大正十年	4,766,945	2,843,109	133,082	2,642,709	10,385,845
大正九年	4,377,223	1,986,962	165,215	1,614,490	8,143,891
大正八年	527,716	1,155,995	114,477	723,102	2,514,209
大正七年	195,326	1,047,720	85,421	507,209	1,835,676
大正十四年	9,193,533	2,403,650	1,716,916	13,314,099	2.091
大正十三年	8,918,168	3,251,885	1,842,905	14,012,988	2.154
大正十二年	7,785,476	4,281,140	1,836,499	13,903,115	2.145
大正十一年	6,625,296	5,333,614	1,350,161	13,309,071	2.034
大正十年	5,098,659	4,003,512	1,283,674	10,385,845	1.493
大正九年	3,555,153	2,828,859	1,759,879	8,143,891	1.394
大正八年	1,545,268	507,516	461,506	2,514,290	0.168
大正七年	1,236.539	333,501	265,656	1,835,676	0.062

学校组合之收入，以国库及道地方之补助金、组合财产息金、营造物使用料，及对于日本住民征取之赋课金为主。其预算年有增加，现平均每户负担至二十五元以上。

朝鲜日本人学校组合历年状况一览（21）

年份	组合数	组合员额（人）	预算（元）	平均每户赋课额（元）
大正十四年	422	331, 148	5, 078, 227	24.568
大正十三年	417	373, 450	5, 449, 527	25.512
大正十二年	410	359, 549	5, 331, 326	25.331
大正十一年	401	343, 905	5, 580, 526	25.239
大正十年	394	321, 437	4, 418, 749	24.384
大正九年	384	325, 483	4, 354, 070	21.156
大正八年	363	312, 541	2, 391, 245	11.792
大正七年	352	304, 481	1, 865, 264	8.939

昭和元年，朝鲜官公私立大中小各学校统计经费总额，二千六百四十八万二千六百六十五元。（22）

丁　教科图书

关于朝鲜人教育用图书问题，当明治三十九年，即韩光武十年时，由学部从事编纂普通学校教科图书，是为第一回编纂。合邦以后，认为有修正之必要，乃根据明治四十四年颁布之朝鲜教育令，及各项规程之旨趣，重行编纂，计普通学校、高等普通学校、实业学校、专门学校，都六十一种，一百三十册，是为第二回编纂。及大正十一年，重颁朝鲜教育令，总督府本其旨趣，定教科书改版计划，先于是年一月开教科书调查委员会，参酌其意见，重新编纂，至大正十三年，通告大体完成，是为第三回编纂。

朝鲜教科用图书之需要，当大正八年度以前，每年不过百万册左右。其后向学加热，用途激增，十年度，达二百六十六万余册，十一年度，一跃而达四百万册，十二年度增至四百四十六万余册，其后乃渐减落。

朝鲜教科用图书历年颁布额一览（23）

大正六年	885, 420	大正九年	1, 324, 485	大正十二年	4, 365, 271
大正七年	1, 023, 400	大正十年	2, 663, 727	大正十三年	3, 385, 872
大正八年	776, 057	大正十一年	4, 002, 906	大正十四年	2, 741, 300

戊　经学院及孔庙

经学院，即旧时成均馆，位于孔庙旁。朝鲜总督府始政时，改用今名。置大提学一人、副提学二人、司成二人、直员三人。春秋释奠于孔庙，以时讲演经学，刊行经学院杂志。李朝置儒生，额定若干，寄存东西两庑。隆熙二年改设学生三十名。当日韩合邦时，给恩赐金二十五万元以为基金，年获息一万二千五百元，国库补助金年额六千元，所设学生废止之。

孔庙大成殿，及东西两庑配享，一如中国制。但增设朝鲜人配享者，薛聪、崔致远、安珦、郑梦周、金宏弼、郑汝昌、赵先祖、李彦迪、李滉、金麟厚、李珥、成浑、金长生、赵宪、金集、宋时烈、宋浚吉、朴世采十八人。计新罗朝二人、高丽朝二人、李朝十四人。此两庑及启圣祠久辍祭祀。大正十一年，斋藤总督特规复之，亦其政策表现之一端也。

谒孔庙

十月二十五日，总督府特派员导游经学院。参谒孔庙。凡大成殿、东西两庑、启圣祠等，应有尽有，所谓具体而微是也。当独立运动以后，斋藤总督曾亲往致祭，鲜人有乐道之者。

己　图书馆

大正十二年，始颁布图书馆官制。就京城光宣门内石鼓坛址，着手建筑，并准备开馆。十四年四月，先以新书部开放阅览。普通阅览室外，有妇人阅览室、特别阅览室等。其古书部及洋书部，待整理后开放。计藏图书七万六千四百四十册。阅览人数目大正十五年四月至昭和二年三月，十二个月间，共二十五万七千四百九十九人，平均每日八百三十八人。昭和二年度经费六万九千零八十三元。

庚　博物馆

大正四年，朝鲜物产共进会既终了，就其陈列品之一部，并利用京城景福宫新建筑及旧宫殿之一部，设立博物馆，搜集关于制度、风俗、文字、宗教、美术、工艺及历史上之参考品，以朝鲜为主，以中国、印度、日本辅之，陈列纵览，以供一般人之阅览。

馆以共进会新建筑之美术馆为中心。其物品为故寺内正毅伯爵所寄附之朝鲜古书画、佛像、佛具、食器、服饰品、妇人用具、陶瓷器、漆器以及总督府所购入，古迹调查会所搜集，并依遗失物法应归国库之埋藏物等。在思政殿，勤政殿之回廊，则有铁制及石造之佛像、石棺及兵器之属。在庭园，则有石塔、石碑之属。其后，则有久原房之助氏所寄附之西域搜集品，即日僧大谷光瑞以四年长时期，从中国新疆、甘肃诸省所采得者。更有古坟出土物、金石文、古坟壁画模写文，及一物绘画写真等，都凡九八九四件，实为朝鲜唯一之官立博物馆。最近大正十四年，观览者四万九千零六十一人。

庆尚北道庆州郡庆州面，即新罗旧都，设有博物馆分馆，以大正十五年六月，行开幕式，公开阅览。所陈列多系新罗时代之遗物。

实录之一部被毁

李朝藏列朝实录于库，名曰史库。同样之记录，凡四分，配置于各道之深山中，守以卫兵，计江华岛、春阳之太白山、江陵之五台山、茂朱之赤裳山各一（见朝鲜美术史）。合邦后，一分移送东京帝国大学者，大地震毁失。

辛　美术展览会

朝鲜总督府为求朝鲜美术之复兴，以大正十一年，颁布朝鲜美术展览会规程，每年在京城举行展览会。

第一回	大正十一年六月	出品 405 件
第二回	大正十二年五月	出品 515 件
第三回	大正十三年六月	出品 793 件
第四回	大正十四年六月	出品 797 件

壬　朝鲜史编纂

朝鲜既有甚长之历史，两千年来，于文化上虽少创作，而在亚洲东北部，实负宣导之责，朝鲜总督府欲以政府之力，收采记录，以诏后人，乃以大正十一年，特聘日本及朝鲜专门学者，组设朝鲜史编修会，从事搜集史材。大正十四年六月，更颁布朝鲜史编纂委员会官制，设编修官。其任务为搜集整理史材，编纂史书，期以昭和八年全部朝鲜史告成。

癸　古迹调查

古迹调查，为朝鲜今政府对于文化上一大贡献。前第三章第一节既言之。当大正五年定新计划，聘请学者，分区调查先史遗迹、史迹、古坟、古建筑物、金石、古文书及其他考古资料，期以五年间查遍汉、三韩、加罗、百济、新罗、高句丽、獩貊、沃诅、渤海、女真及高丽各时代之遗迹。至十年三月，工作完了。凡各时代所有长城、山城、城址、古坟、贝冢、古刹、寺址、古陵、古塔、塔址、古楼、佛像、古钟、石镫、古幢、幢竿、古碑及其他金石遗物，具详于历年报告册，并特别报告册。大正十年，更定新计划，期以十三年间继续详查全鲜古迹，如乐浪、带方时代遗迹之搜访、新罗古坟之发掘等，皆予考古者以崭新之资料。

游观日记之一斑

十月十六日，游奖忠坛公园，在京城东南隅。观朝鲜人小学运动会。坛系李朝奖鲜人之死于甲午乙未战役者。

谒吴武壮祠。

十七日，游昌庆苑博物馆、动物园、植物园，在京城东北隅。十九日，参观朝鲜总督府。游景福宫博物馆。

二十二日，游昌庆苑之一部秘苑，为李王及其妃嫔旧时起居之地，非总督府特许不得入。

二十六日，游奎章阁，非总督府特许不得入。

十一月三日，游南山神社，极庄严宏伟之观。其神则明治天皇也。

（1）朝鲜教育要览第 20 页

（2）依大正十一年朝鲜教育会特制

（3）普通学校规程第十一条第三项

（4）教育要览第三八页

（5）教育要览及诸学校一览

（6）同上

（7）施政年报第一六〇页

（8）诸学校一览（总督府学务局编）

（9）同上

（10）同上

（11）同上

（12）同上

（13）同上

（14）教育要览第一四四页及诸学校一览第三七一页

（15）施政年报第一五七页

（16）教育要览

（17）施政年报第一六七页

（18）教育要览第一六六页

（19）同上第一六九页

（20）施政年报第四四五页

（21）同上第四四二页

（22）诸学校一览

（23）施政年报第一五九页

（原载《朝鲜》，商务印书馆 1929 年版）

职业教育机关唯一的生命是什么

去年八月，全国职业学校在杭州开第七届联合会，赴会代表机关五十一个中，联合会老会员竟不到一半。许多老会员哪里去了呢？细细检查一下，不是消灭了，便是改办别种学校了。当时我作一文，题为《第七届全国职业学校联合会里几个问题》，很把中间的病根抉发了一下。

可是，那篇文所抉发的，偏于行政方面。难道职业教育机关本身便没有问题么？"物必自腐而后虫生"，如果生活力强，虽然不死药还没有发明，到底多几分抵抗力，生命多少延长些。

几个月来，各方面提倡职业教育的声浪又很高了。预料今后若干时期中，必将有多少职业学校，或者名称不是职业学校、性质倒是职业学校的出现。吾很想帮助当局，找寻一种新生命。如果找到了，不但呱呱坠地的，无灾无害；就是平时淹缠床褥的，亦将转弱而为强。这一点找不到，一切都是废话。

几年以前，本社同人公定一种《职业教育设施标准》，凡设科呀、训育呀、实习呀，一件一件揭出多少要点，可以说度尽金针了。如今想来，似乎其中最紧要的一点，还没有很显明地说出。

就吾最近几年间的经验，用吾最近几个月的思考，觉得职业学校有最紧要的一点，譬如人身中的灵魂，"得之则生，弗得则死"。是什么东西呢？从其本质说来，就是社会性；从其作用说来，就是社会化。

办职业学校，下手第一个问题，就是设什么科。假如某省、某市、某县、某乡行政当局，以为吾们已经设有农科、工科了，必得再设一商科，才算完全，这样落想，便是大错。职业学校设哪一科，乃至一科之中办哪一种，完全须根据那时候当地的状况。都市中办农科，固然是笑话，就是机械工业没有发达的地方设机械科，一班一班的培养出来，哪里去找出路呢？无非是增进一部分青年的痛苦罢了。从这点上，已足证明职业学校的基础，是完全筑于社会的需要上。

其次，就是定课程。十几年前的学校章程，中等商科必须授代数、几何。某年我游吉林，遇一位商业校长，谈话中很表示消极。他说："凭良心呢，商科实在用不着代数、几何。可是部视学来，说我不遵部章，大加斥责，用公文来迫我照加。罢了，只好让学生吃些亏了。"吾以为不是实地根据业务上需要，但凭学者的理想来规定职业学校课程，还不如不规定的好。如果说完全不规定，害得办学者依傍一空，无所适从，也不大好；那么唯有规定标准与原则，多留余地，以待学校当局自己酌定。吾以为职业学校教员，至少一部分须请曾任这种业务或现任这种业务者担任，所有教程呀、教材呀，让他就所规定的时间数、入学程度标准和毕业程度标准的范围以内，依他业务上亲身经验的觉察和主张来规定。既有一度具体的规定，以后一步一步地修改，自然逐渐且近于将来服务的需要了。一部分教员，既希望聘请现任这种业务者担任，那么这种学校的位置，当然不宜离开这种职业的区域过远了。这又是职业学校有深入职业社会之必要的证据。

某种职业学校，不宜离开某种职业区域过远，还有两大关系：

其一，实习职业学校实习是一个大问题。假设实习，不如实地实习。学校附设机关实习，不如送往社会机关实习。无论半日制、半周制、分期制，总须邻近这种职业社会，才有办法。

其二，训育环境不同，熏染的结果自然两样。不但是实际知能练习的关系，还有精神作用，所谓"置之庄岳，日挞求楚，不可得也"。

还有一层，职业学校唯一的直接的贡献，就是毕业生服务。如果平时与服务机关没有多少联络；学生毕业以前，也没有借实习使之与社会机关接近；毕业时也没有方法使毕业生有所表现，使社会机关因其表现而给以习练的机会，因其习练而予以相当的信赖；即去服务了，也没有考察他服务的结果怎样；更没有因他服务较久，而设法增进他的知能。把这种关门造车式来办他种学校，尚且不可，若拿来办职业学校，吾敢断言非实做到关门不可。反过来说，譬如有一工厂、商店，未开办以前，早把销路调查得清清楚楚；制造的时候，式样呀、花纹呀、色泽呀、耐久的程度呀，又把这种货物的用途、销数的多少和这种人的嗜好，调查得清清楚楚；货品出来了，尽人家试用，包退包换，用了几时，怕有什么不合适，还是包管修理，这样办工厂、办商店，营业还不发达，吾想很少很少的了。办职业学校，正是需要这种精神，适用这种方法。这个譬喻，莫说是不伦，其实道理确是如此。

所以设使人问职业学校校长的资格该怎样，吾想答他：热诚呀，学力呀，德行呀，经验呀，凡别种学校所需要的，当然缺一不可。还要加上一件，就是社会活动力。设使其他资格件件都好，独缺少这一件，恰如习琢玉的缺少耐久性，习汽车驾驶的缺乏敏活的目力和腕力，哪里行呢？总之，职业学校校长资格所最不相宜的，怕就是富有孤独性的书呆子。

根据这种观念，想把职业学校分做两种：

第一种，是深入工商业环境中间的都市式的职业学校。

第二种，是划定区域，以整个的社会为其教育对象的农村学校。

认这两种为现今最适宜的职业学校方式。也许有别种适宜方式，总以不脱离他的特殊环境为唯一条件。

从前政府所办各种学校，尽有好的。独是职业学校，要找一发达而能持久的，很不容易。何以呢？就为从前吾国官厅，是自以为超出乎社会之上的。一称官办学校，就没法与社会接近，社会也不敢接近他。所以照从前的习惯，"官办"名词和"职业学校"一名词，几乎连不上来。

其实呢，那一种教育是许和社会隔离的呢？岂但职业学校呀！

末了，请把我的主意复述一遍：职业教育机关的本质，是十分富于社会性的，所以职业教育机关唯一的生命——是什么？就是——社会化。

吾很希望职业教育界同志，就吾的建议，来研究一下，批判一下。

至于以前公定的职业教育设施标准，认为还是适用。

（原载《教育与职业》第 113 期，1930 年）

十一次中华职业教育社大会追记

民国十九年七月二十日，为本社社员大会之期。适上海环龙路华龙路新社所落成，即于五层大厦内举行。是为第十一次社员大会，合将本社成立大会及过去十次社员大会，大略状况，追记如下：

成立大会民国六年五月六日，在上海江苏省教育会举行。萨镇冰君主席，朱兆莘、郭秉文、黄任之诸君演说。朱郭二君均在美学过职业教育者。有人演说述吴稚晖先生说学校如油锅，学生如面筋，入校后外形愈大，中间愈空，可云妙喻。通过章程，推定聂云台、张菊生、史量才、王儒堂、杨翼之、郭秉文、沈信卿、朱少屏、黄任之诸君为临时干事。

（见《社务丛刊》第一期及第二期）

第一次年会，七年五月五日，在上海江苏省教育会举行。朱葆三君主席。马相伯君、牛厚泽君、穆藕初君相继演说。次由王儒堂、阮介蕃、章伯寅、尤惜阴、陆规亮、蒋梦麟、黄任之诸君就职业教育上种种问题，设为辨难。夜，聚餐。吴稚晖君演说放演幻灯。此次会场四壁，张贴社员赠言，系先期通告征集的，或商榷，或勉励，或发表他的感想，或记他所见所闻，短的数行也有，长的几千言也有，总数得八十六□之多，阅之大有趣味。本社现任主持职业指导所之潘仰尧君，当时即主张各地方应设职业介绍所，使学生得谋事的便利，一似十二年前，他老先生预定方针者。

（见《教育与职业》第七期）

吾想每一次会，该替他起一个别号，使人家容易记得。这次难得马相伯、牛厚泽两先生演说，该称他牛马大会。

第二次年会，八年五月三十一日，在上海中华职业学校举行。并补行职业学校开幕式，及募金纪念品赠与式。长沙马惕吾君、菲律宾于以同君及蒋梦麟君演说。学生演剧。会场陈列职校各科制作品。

（见《教育与职业》第十四期）

这次是中华职业学校行开幕式，大可纪念，该称中华职校大会。

第三次年会，九年五月二十九、三十日，在上海中华职业学校举行。附设玩具展览会，职业教育图表展览会，第四年征求社员纪念品赠与式。提议中华职业学校添设商科及设立教育博物院，均交办事员会讨论（单张年会报告已失）。

这次的特色，就是附设玩具展览会，该称玩具大会。

第四次年会，十年五月二十八、二十九日，在上海中华职业学校举行。第一日，聂云台君主席。第二日，余日章君主席。郭秉文君讲演美国职业教育之新趋势，黄任之君讲演南洋职业教育之新趋势。菲律宾教育局副局长奥西亚斯君讲演菲岛职业教育状况及趋势。武进市立职业学校校长刘铁卿君建议组织职业学校联合会，交由议事员会议决。附行中华职业学校小图书箱开幕式，并成绩展览会。

（见《教育与职业》第二十七期）

这次两主席，一天是云台先生，一天是日章先生，可称云日大会了。

第五次年会，十一年五月十九、二十、二十一日，在上海职工教育馆举行。郭秉文君主席。顾少川君演讲职业为发明之先河。阮尚介君演讲战后之德国生活状况及职业教育。附开职业学校联合会第一届年会（十年八月，在上海开成立会）。家事教育研究会，并举行职工教育馆开幕式。

（见《教育与职业》第三十七期）

这次是职工教育馆行开幕式，该称职教馆大会。

第六次年会，十二年五月二十六、二十七日，在上海职工教育馆举行。郭秉文君主席。第一次修改社章，并议决逐年轮赴各省开会，不以社所所在地为限。附开职业学校联合会第二届年会。

（见《教育与职业》第四十六期）

这次没有特别的纪念，只有第一次修改社章，可称初次改章大会。

第七次年会，十三年五月二十六日，在武昌青年会举行。陈叔澄君主席。德国培仑子博士演讲德国职业补习学校实况。次张伯苓君演讲。自本届始，分组会议，假中华大学举行。同时假汉口慈善会，举行西部职业学校出品展览会，（东部展览会，十一年二月在上海。北部展览会，十二年八月在北京。）并假武昌黄鹤楼，举行职业学校联合会第三届年会。

（详载《职业教育与武汉》）

这次当然称武汉大会了。

第八次年会，十四年五月二十七日，在南京旧贡院举行。黄伯雨君主席。通过募集百年基金案一万元。本息积计，至百年，可得一万二千五百二十七万余元。附开中华职业学校成绩展览会，并举行职业学校联合会第四届年会。

（见《教育与职业》第六十六期）

这次当然称南京大会，但不如称百年基金大会更好。

第九次年会，十五年五月六日至八日，在杭州律师公会举行。第二次修正社章。议决以后大会，每两年举行一次。附开江浙两省职业教育出品展览会，并举行职业学校联合第五届年会。

（详载《杭州职业教育大会报告》）

这次当然称杭州大会了。

第十次大会，十七年五月十三日，在苏州青年会举行。第三次修正社章，分组会议，附开职业学校联合会第六届年会，并举行职业教育讲演会。同时中央大学、苏州农业学校，及私立女子职业中学校，举行成绩展览会（见《教育与职业》第九十六期）。

这次当然称苏州大会了。

本届是第十一次社员大会，开会的地方是在上海环龙路华龙路交角上的巍巍新厦，那就老不客气称他双龙大会罢了。

回顾十四年来，沧桑一梦。凡同在社会上服务的，不知经过多少变化。本社同人，自问所贡献于社会、于国家，很少很少。但自成立以来，掬一颗赤裸裸的心，有一分力，尽一分力，向下列目标做去，就是

怎样用教育方法使 ⎰ 无业者有业，
⎱ 有业者乐业？

（原载《教育与职业》第 115 期，1930 年）

职业教育

[**起源**] 人群生活进化，由混合而进于分工。其时即有职业。欲求分工生活之改良与发展，于是对于职业而施以教育。教育二字之始见于中国文字，其一为孟子尽心章，"得天下英才而教育之" 此为人才教育。其二，为孟子滕文公章，"后稷教民稼穑，树艺五谷，五谷熟而民人育" 此即职业教育。挽近西洋学者卡尔吞氏（F.T.Carlton）说："因提倡平民教育，推行分工制度，以及发展工商制造业，故发起职业教育。"（见 Education and Industrial Evolution）。施乃登氏（David snedden）说："因科学昌明，与农工业改进的关系，所以提倡职业教育。"（见 vocational Education）。就中国最近情形，所以提倡职业教育，亦有四种原因：（一）无知识，无职业的游民太多，欲救济之，不得不提倡职业教育。（二）欲救济学校毕业生，与中途辍学的学生之失业，不得不提倡职业教育。（三）欲使青年热心社会服务，而先与以充分之准备，不得不提倡职业教育。（四）欲利用丰富的物产，与过剩的人工，以增进国家之生产力，不得不提倡职业教育。自民国六年中华职业教育社成立，专以研究并提倡职业教育为职志，于是职业教育，益为中国一般社会所注意。

[**定义**] 职业教育之定义：用教育方法，使人人一方获得生活之供给与乐趣，一方尽其对群之义务，名曰职业教育。

[**目的**] 职业教育之目的：（一）为个人谋生之准备。（二）为个人服务社会之准备。（三）为国家及世界增进生产力之准备。其最终之目的曰：使无业者有业，有业者乐业。西洋学者所讲职业教育目的：吉勒特氏说："职业教育目的，在使教育受社会化。要使教育社会化，须使教育职业化。"施乃登氏说："凡有预备生利的效能之教育，皆得称为职业教育。"喜尔氏（D.S.Hill）说："职业教育就狭义言，专事训练具有社会价值的种种职业。然此外尚需养成其自

求知识之能力，强固之意志，优美之感情，进而协助社会，使成为健全优良的分子。盖一方注重职业训练，一方须顾到受教育者是国家一公民，是社会一分子。"（见 Introduction To Vocational Education）（吉氏书成于 1910 年，施氏书成于 1912 年，希氏书成于 1920 年，可以见最近西洋职业教育学说之趋势。）

[类别]　求职业教育之类别，先求职业之类别。职业别为十类如下：第一类，为供给人群生活需要故，就植物、动物等天然生物培养之，或取致之以为业者。第二类为供给人群生活需要故，取致矿物以为业者。第三类，为供给人群生活需要故，就天然物，用手工或机械工制造之，使人利用，以为业者。第四类，为利人群交通故，从事于陆行、水行或空中飞行事业；乃至为交通人群思想故，从事于新闻、邮信、电信、电话等以为业者。第五类，为流通人群生活需要故，从事于货物与财币之交换，货物之运输或积贮，财币之汇兑或储蓄以为业者。第六类，为谋人群身心之健全发育故，从事于教育事业；乃至为谋人群心灵之安慰故从事于宗教或音乐、图画、雕刻等，各项艺术以为业者。第七类，为谋人群身体之健康故，从事于医药以及疾病之看护，生产之保育，身体之修洁与锻炼等以为业者。第八类，为谋人群之安宁与秩序故，从事于文官、法官、医官、税官、律师乃至就政治机关或生产机关，致力于全部或一部之职掌，如文书，会计等各项事务以为业者。第九类，为谋家庭之健康与快乐故，从事于家庭以内之教育、保育、卫生、经济、整洁等，各项事务以为业者。第十类，为谋国家之安宁与秩序故，从事于水陆或空中各项军事以为业者。——职业教育者，即就上列十类，分别施以教育是。西洋学者对于职业教育，普通分为四类如下：——（一）农业教育，（二）工业教育，（三）商业教育，（四）家事教育。此为狭义的职业教育。亦有从广义者，增一类如下：（五）专门职业教育。凡律师、医生、教师、新闻家、艺术家皆入之。职业教育机关，别为十种如下：第一种，农业学校、工业学校、商业学校、家事学校或职业学校，凡类此者皆属之。第二种，农业、工业、商业、家事或职业传习所、讲习所等，凡类此者皆属之。第三种，设有农工商家事等科之高级中学校，及设有职业科之初级中学校。第四种，设有各种职业准备之小学校。第五种，设有职业专修科之大学校，或专门学校。第六种，农业、工业、商业、家事或职业补习学校，及补习科。第七种，农业、工业、商业、家事或职业教师养成机关。第八种，实业机关附设之职业教育。第九种，慈善性质或感化性质各机关附设之职业教育。第十种，军队附设之职业教育。

[**制度**]　民国十一年教育部公布之学校系统改革令，予职业教育以明确之位置。其图表（见下页）及说明如下：

说明四　小学课程得于较高年级斟酌地方情形，增置职业准备之教育。

说明十一　初级中学施行普通教育，但得视地方需要兼设各种职业科。

说明十二　高级中学分农、工、商、家事等科，但得酌量地方情形单设一科或兼设数科。

附注二　依旧制设立之甲种实业学校改为职业学校或高级中学农、工、商等科。

说明十五　职业学校之期限及程度，得酌量各地方实际需要情形定之。

附注三　依旧制设立之乙种实业学校酌改为职业学校，收受高级小学毕业生，亦得收受相当年龄之修了初级小学学生。

说明十六　为推广职业教育，得于相当学校内，酌设职业教育养成科。

说明二十五　大学及专门学校得附设专修科，年限不等，凡志愿修习某种职业而有相当程度者入之。

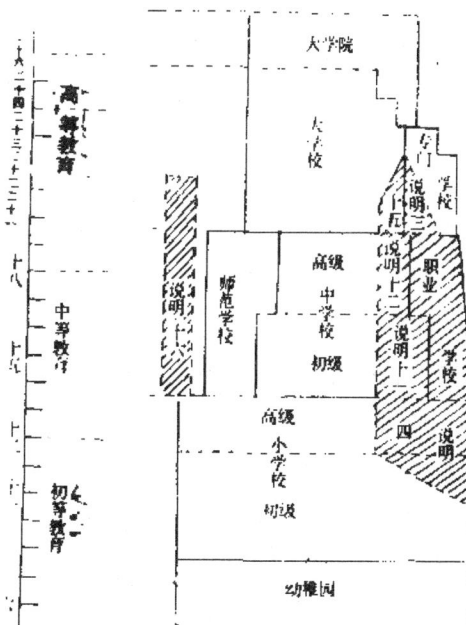

（新学制并非将职业教育定在中等教育段，只以受职业教育年龄，须在十二以上，故其位置遂与中等教育齐。其实职业教育，只有年龄限制，而无程度限

制。观其说明十五，职业学校之期限及程度，得酌量各地方实际需要情形定之，其下附注三，职业学校亦得收受相当年龄之修了初级小学学生等语，意自明了。且就职业补习教育言之，虽未识一字之成人，未尝不可受职业教育也。）

[设施标准] 职业教育，以最近十年间实地设施之经验，提出标准十四条如下：（一）凡合于职业教育性质之机关，皆得适用本标准。（二）职业教育机关之设科，宜按照社会状况。就大概言，城市以工商为宜，乡村以农工为宜。（三）职业教育机关专收男生或女生，或兼收男女生，视地方情形而定之，但男女生不同之职业，其设科必各审所宜。（四）职业教育机关，欲决定设科，首宜从事调查。其方法宜从地方调查，如现有之职业，孰为发达，孰应改良，及未来之职业，孰为需要。或为便利计，先就学校调查，如学生父兄之职业，孰为多数，毕业生所就之职业，孰为多数。（五）职业教育机关调查研究之结果，于农、工、商……各科中决定何科。尤当于一科之中，决定专设何种（如设农科应视土性所宜，决定何种作物。如设他科，应视地方状况，决定其为机器工，或手工，而于机器工或手工中，更视地方所产何种原料，需要何种出品，而决定何种工艺。如设商科应视地方情形，而定普通商业或特别商业）。宜简单。宜切要。俟其收效，逐渐推广。（六）职业教育机关设农工各科时，对于该科，必先从事试验，俟其确已有效，然后招生传习。（七）职业教育机关斟酌设科时，必先审查学校财力，是否能为该科相当之设备。（八）职业教育机关招收学生，必审察其将来生活需要，是否为是项职业所能供给。（九）职业教育机关招收学生，必须审查社会需要之分量，以定学额之多寡。亦不必如普通学校办法，逐年招生。（十）职业教育机关待遇学生方法，不宜与是项职业社会之环境相距过远。（十一）职业教育机关之训育，须切合于是项职业社会之所需要。（十二）职业教育机关修业年限，宜分节，每节宜短。（十三）职业教育机关为增高实际效能计，其实习组织，宜兼事营业试验。但其营业，以独立计算为宜。（十四）职业教育机关学生毕业后，宜令就业若干时间，察其成绩，然后给予毕业证书。

[学科分配] 职业学校课程，其普遍的原则，固在本业知能之修养。然其他与职业相关的知能以及人生陶冶问题，决不宜因职业学校而废置。故其学科应有下列三种分配：（一）职业学科。所以培养各该职业之知能，如农、工、商、家事等之各专科是。（二）职业基本学科。所以培养各该职业知能之基本，如农科需习生物及化学；工科需习数学及物理，商科需习算术，家事需习理科等是。唯国文、算学，为基本必须之学科。（三）非职业学科。此为人生不可少

之修习，与职业有间接相关之影响。各级各科，性质不同，设置此种科目，当然不能一致。唯至少应有下列三科：（1）关于公民者，（2）关于体育者，（3）关于音乐等艺术者。此三科之教学总时间，至少应占全时间百分之二十。

[中国职业教育现况]　据中华职业教育社十五年五月发表之十四年度全国职业教育机关统计，共一千六百六十六所。析计之，则职业学校包括旧制甲乙种实业学校一〇〇六，职业传习所及讲习所一八五，设有职业科之中学校五七，设有职业科准备之小学校三五，设有职业专修科之大学及专门学校一一三，职业补习学校及补习科九九，职业教师养成机关八，实业机关附设之职业教育二四，慈善或感化职业教育一三二，军队职业教育六。以省区别之，则江苏三三二，山西一五一，山东一四六，河南一一〇，湖北一〇八，直隶一〇七，其余一二十至八九十不等。边远区域如绥远、察哈尔、青海皆有之。报告书说明调查种种困难，所得止此。实际上当不止此。

（原载《教育大辞书》第 1618—1621 页，商务印书馆 1930 年出版）

袁观澜先生事略 [①]

先生姓袁氏名希涛号观澜，江苏宝山人。父霓孙先生，历官浙江淳安、德清、临安、嘉兴、东阳等县典史，长山草坪等司巡检，历办厘卡、塘工、漕运、盐务、税局等差。所至剔除积弊，勤恤民隐，刻苦廉明，年老告归之日，商民爇香郊送数十里，讴歌弗衰。母秦太夫人温恭慈俭，以清同治五年九月三日诞生先生于杭州板儿巷旅邸。六岁就傅，颖悟出群。长而劬学，耽史鉴及古伟人传记。年二十一补县学生。旋肄业上海龙门书院，研习宋儒性理之书，继治汉儒通经致用之学，旁及天文、地理、博物，凡当时号为新学者，靡不毕窥。而于国故、地理尤精，其学虽屡变，一皆措诸修身、齐家、体国、经野之实际，不徒以辞采惊人。年二十三娶秦夫人。旋奉母太夫人僦居吴淞，继迁沪上。以父年垂老，宦浙不遑宁居，岁时挈季弟偕备先生赴浙展觐，辄留数月。归则住院读书，兼课弟读。恒挟书恶衣服徒步淞沪间。丁酉应瑞安黄学使体芳之聘，赴安庆充经古书院襄校，益提倡实学，是年秋闱中式举人，时年三十有二。

明年戊戌应江南制造局之聘，为广方言馆教授，益攻究天文、地理、历代政治，诸生翕然宗之，六年之间造就甚宏，迭遭戊戌庚子之变，居常扼腕，以十年教训为己任。盖推究邻邦维新之故，实归本于教育。遂于光绪二十九年，在宝山创办县学堂、蒙学堂以为兴学倡，又每周赴宝山一日，徒步往来各镇劝学，其教育救国之志，自此发轫。

岁甲辰，与龙门同院诸公倡改办师范学校之议，得汤院长寿潜，袁观察树勋之赞助，于是年秋与沈先生恩孚、叶先生景沄、夏先生璈奉派赴日本考察教育，明年龙门师范学堂成立。嗣是五年之间，先后筹办复旦公学、创办太仓州

---

① 本文署名为汪懋祖、黄炎培、沈恩孚。

中学，历任以上各校职员、教员或监督，兼充江苏学务处议绅、上海总工程局议董。而宝山各镇至是，已设有小学三十余所，亲至各县视察劝导，凡学务筹划靡役不与。毛学使庆蕃嘉其劳，以入荐剡，先生固却弗受。是时新学初兴，人心顽固，阻力横生，先生之劝学也，态度诚恳，上下交孚，每变阻力为助力。复以新政倡始，官绅辄咨询于先生，而先生亦奔走唯力。为江苏商办铁路事，遍游淮海，履勘路线，北行陈白。旅京父老顾先生五年之间，迭遭父母丧，又殇两子，外忧国步之方艰，内伤家庭之多故，益笃念先人济人利物之怀，以和平奋斗为职志云。

先生父母既葬，遂遨游四方，欲以措诸一隅者施于全国。乃应直隶提学使傅先生增湘之召赴津任学署总务科科长、兼图书科科长，当时谈教育者，必推江苏，而言江苏教育者，必争识先生。河北人士以先生慷爽诚挚、乐与纳交，声闻益广。三年之间，遍历河北各县，视察劝学，问民间疾苦。又尝与张先生相文创设地理学会，学乃益进，辛亥八月革命军起义，各省响应，旋即南归，共黄先生炎培参加江苏省教育设施事宜。先时俶傛先生已入同盟会，尽力革命工作，先生则孜孜于新邦根本建设，其革命手段虽非一致，未尝不殊途同归也。

民国元年，先生以教育总长蔡先生元培之召，赴北京任教育部普通司司长。当国体更始，一切教育制度法令课程胥待厘定，先生乃外稽良规，内酌国情，期于折中至当。复以师资为教育之本，特悉心规划，主张高等师范学校归国立集中办理，部议韪之。于是逐年亲赴各省，视察勘定设校地点，解除纠纷，指导筹备，而于北京、南京、武昌三高师，尽心尤多，今皆改办大学，欲溯创始之艰难匪可得而闻矣。迨蔡先生及范先生源廉相继挂冠，先生一度任视学，卒辞去。仍巡视各地教育，从事著述。其后张先生一麐、范、傅二先生续为总长，皆引先生任次长，前后在部凡七年，代理部务三次。虽身膺要职，而淡于政治，历次政变，拒不参加。唯以教育为生命，以游历证所学。尝以考察之暇遍登五岳，漫游长江大河南北诸胜，至于热河。每登山陟岭，健步不假舆人。负一囊贮糇粮、铁锥、照相镜、气压表、望远镜等事，采集地质矿物标本，留意民情、水利、土宜，归则发书参证。时人拟为今之顾亭林，呜呼壮矣！

初北京大学风潮时起，校长虚位，先生白于政府，迎蔡先生长校。遂左蔡先生提倡文化事业，国内风气为之一变。又草定全国义务教育计划，至今依为根据。六年八月，吾国对德宣战，上海同济学校为法领事封闭时，先生以次长充国际事务委员会委员，竭力维持，派部员沈先生彭年南下，与教育界人士筹商，取归自办，迁校于吴淞。其间购地筑舍惨淡经营，至今同济学校乃得为国内有名大学之一。五四运动事起，蔡、傅二先生卒然相继出都，先生力任艰巨，周旋维护，终以力瘁辞职。

欧战既终，思想激变。先生以吾国教育，诸待兴革，以应世界潮流，特发起组织欧美教育参观团出洋考察。先至美国，历览二十余州，彼邦教育家争与相识，复转赴欧洲，凭吊战场，历十余国，阅一载归。先生既倾心义务教育，考览最详。民国十年归国，居北京数月，发箧整理笔记为书数十万言，其详赡鸿博，虽留学十年无以加也。唯是时政治环境益恶，军阀备战益亟，教费侵为军用，学校不能维持。先生痛心蹙额，仆被南归。旋被选江苏省教育会会长，发起组织义务教育期成会。又以东南半壁尚为完善之区，义教不难普及，盖始欲施诸一国者而不可期，则退而期诸一省，以树全国之风声。自此遂努力地方下层事业，然遇教育问题之有关全国及国际者，辄被推主其事。故又逐年分赴广州、云南、北京、济南、太原等处，出席学制会议、教育联合会议，凡学制之改革试验，课程之修订推行，以及庚款兴学之争议，致力尤多，皆于中国教育史上不可磨灭者也。

先生既南旋，仍奔走考察指导，祁寒盛暑无间。倡设乡村师范学校，以为推行义教之基础。不幸国难未已，齐卢构战，东南忽遭兵燹。先生痛心切齿，联合地方人士，电吁政府籍没齐燮元财产，以抵灾民损失。战甫止，即驰驱灾地，劝募赈恤，人咸颂之。挽近是非纷呶，先生置毁誉于度外，唯以热心教育为天职。徒因环境所迫，欲行之于一省者尚不可期，则退而期诸一乡、一邑。宝山昔为先生最初宣劳之地，而今为最后努力之区。自先生倡办清丈于清末，为全国之先声，比来建筑道路，调查户口，改良农事，推广教育，期从此规划进行成为模范自治之区。力常殚于一隅之所营，志常郁于一国之所苦，为公尽瘁不自惜其身，此所以不得不病，病而至于不起也，悲夫悲夫！

先生为人，慈俭耐劳苦，急公义自奉薄，取诸人尤薄。顾人有求，力所及无弗给，亲族故旧贫者，辄分金与之，青年则助之求学，遇支化教育慈善各团体募金，苟囊未罄不敢不应也。坐是境益困，至于暮年，犹篝灯编辑以自给。暇仍博览群书，精研学术，宿〔夙〕兴夜寐，数十年如一日。尤以改进地方事业为己任，每下乡视察学校，步行数十里。近年足疾时发，往来仍坐电车。家人多劝节劳自摄，先生谓我家差获安受赐多矣，敢不尽吾身若心以献。又谓全国四万万同胞，受教育者几何，倍我力犹虞不逮耳。其教育救国之志，老而弥笃。自撰一联曰，五岳归来，游大九洲，又返神州赤县；万方多难，赁一席地，也同福地琅嬛。先生之志趣与人格，于此可见其伟大。

先生体质素强，精神充满，有疾不自措意，竟以民国十九年八月二十九日捐馆沪上时，方主人文社编审史材事，病发之始犹赴宝山会议，归则草计划，一手执笔，一手以表自验热度，劳瘁以终，语不及私。春秋六十有五，妻秦氏夫人，子男三，枌北洋大学工学士，前任山东峄县中兴煤矿公司工程主任、青岛特别市工务局第一科科长，娶葛敬璇。世桎、世棨早荡。女二，世庄留学美国惠而士莱大学文学士，现任苏州女子中学振华女学教员，嫁吴县汪懋祖，留学美国哥伦比亚大学教育硕士，现任江苏省立苏州中学校长，世芳在室，研究书画。

（原载《中华教育界》第 18 卷 8 期，1930 年）

袁观澜先生像赞

先生名希涛，江苏宝山人。以诸生肄业上海龙门书院，博习国故旁及天文、地理、博物，而家益贫，常挟书恶衣服徒步往来淞沪间。清光绪丁酉中式举人，任广方言馆教授，益精研新学，归本教育。癸卯创宝山县学堂，甲辰偕龙门诸生创议改办师范学校。秋赴日本考察，明年校成，先生尝为校长。又尝筹设复旦公学，太仓州中学，被任江苏学务议绅，上海总工程局设董，继乃应直隶提学使生聘任学署总务科长兼图书科长。民国纪元，以教育总长蔡先生元培召任，为教育部普通司长。主张高等师范学校国立，亲赴各省视察、规设。嗣改任视学。张先生一麐、范先生源廉、傅先生增湘先后长教育，并引先生为次长。六年日、德宣战，以次长充战时国际事务委员，以先生之力维持上海同济医工学校于不坠。七年辞职，漫游欧美，历十余国，独倾心义务教育。归而以笔以舌倡导之，遂被选江苏省教育会会长，江苏义务教育期成会会长。将以所志行之一省不得，乃施之一县一乡。而于全国学制之修订，庚子退款之钩稽，本其精研，建为闳议。于省县教育以及重要行政靡不参与。先生待人诚笃，律己勤苦，处事宽厚，而治学独精。核举止洒落坦易，一任天倪，而立品乃峻绝。民国十九年八月二十九日，以疾瘁于上海。年六十有五。最后二年实主人文社编审史料，功竟而殁。乃景先生之像，而为之赞曰：

谋己不工，谋人则忠。其识通，其抱冲，其建于群也丰。吁不得于一国，而一省、而一里、一井，苟死而教有成也，先生其瞑。

（原载《中华教育界》第 18 卷 8 期，1930 年）

中华职业教育社百年基金纪念碑碑文

中华民国新纪元十有五年，实中华职业教育社成立之第十年，同人鉴于国人对职业教育需求之急，念社所负荷之重且远，谋所以永社生命者。甲之言曰：生命者，实含精神物质二元素，今社所有，独精神耳。乙之言曰：诚求物质乎！苟得万金，储银行，权子母，子复生子，百年将万倍母金而有余，盖图之；皆曰善。酿金如额，设委员会，保管之，以民国一百一十有五年为期，先期绝不许取用，及期并子母为基金，复储之，乃得岁取子金以用。例既定，会执以行。越四年，社建屋上海环龙路成，乃立碑以记。今社所设施，上海中华职业学校工商科学生六百六十八人，各科毕业生八百三十六人，中央木工教场学生二百九十七人，中华铁工厂、中华珐琅厂、上海职业专修夜校、会计科统计科学生九十六人，职工补习晨校学生五十八人，镇江女子职业学校蚕桑科学生八十人，下属蚕种制造场地三百亩桑十万株，昆山徐公桥改良农村凡四百四十六户二千〇一人，上海职业指导所，中华新农具推行所，出版则生活周刊凡二百五十期，教育与职业月刊凡一百十三期，丛书先后十二种，都凡一百十八册，其他职业心理测验，农村调查，职业教育图书编译等不具述。凡社员七千三百五十八人，董事九人，评议员十一人，办事员二十九人，以告百年后求社所以始者。

中华民国新纪元十九年二月黄炎培撰 沈恩孚书。

（原载《教育与职业》第 116 期，1930 年）

谁养我歌

谁养我

谁养我的生命？一半是自家本领。

那一半靠谁呢？

快来！快来！快来！

分我有用的精神，有限的时光，

来帮大众的忙。

大众！大众！

献我一颗赤裸裸的心，

唤醒你几千年黑沉沉的梦。

你有工夫为我忙呀。

我有气力供你的用。

到甚时候呢，才得见！

无业者有业，有业者乐业，

恭喜你可怜的大众？

中华职业教育社社所落成

民国十九年七月　黄炎培作歌以献

（原载《教育与职业》第 116 期，1930 年）

清季各省兴学史 ①

两年以来，每日析一部分时间，从事编纂中国教育史，先收集材料，次推求因果，而一以人类社会生活为中心，推求结果，觉最近五十年来新教育运动，其价值实驾三千年全史之上，辄欲取五十年新教育运动事实，辑为长编。乃移书各省友好，征求史事，特悬一中心问题，即各省清季最早创办为何校？何年？何人？何地？凡六阅月，收集略备。其间颇多祥叙事实，溢于吾书之所求者，稍予整理，辑为清季各省兴学史，次第发表于本刊。所冀各省同志，续续诏示，俾所得益详且晰，岂胜欢迎，庚午六月炎培志。

一、陕西

陕西在清光绪十一年时，有候选同知举人长安柏子俊（景伟）与举人咸阳刘焕堂（光蕡）主讲泾阳味经书院，即于院内立求友斋，以天文、地舆、经史、掌故、理学、算学课士。并刻《梅氏筹算》及《平三角举要》，又令筑通儒台，以实地测验。立白蜡局，创复幽馆。后刘又立时务斋，欲沟通中西，利用前民，以救时局。

光绪二十二年，陕西督学赵维熙会同护理陕西巡抚张汝梅奏请建筑格致实学书院。至二十三年五月，奉批着照所请，乃复会同陕抚魏光焘奏设。易名崇实书院。院址在味经书院东。其课程注重格致、英文、算学、制造。中分二斋，曰政事，曰工艺。盖亦渊源于味经书院之时务斋也。此院于光绪二十七年为陕督学沈衡奏并于三原宏道书院而改学堂。味经、崇实两书院，既以实学课士，而关中书院，亦注意实学，格致算学，皆其所尚。再进而改设游艺学塾。

---

① 文中略去部分为原作者所略。

游艺学塾者，由书院改良而具学堂雏形之教育机关也。光绪二十二年，陕西巡抚魏光焘据陕西粮道姚协赞转举人薛位等禀奏设立。因经费未充，暂借西安崇化书院地址试办，以开风气。常年经费，由后任粮道岁筹银一千二百两，又藩司李有棻详明，由州县岁捐四千两，升任藩司张汝梅拨生息银一万五千两。总办粮道姚协赞。总教习萧开泰（四川人）教授算学。分教习葛道殿（湖南人）教授格致。闫某（旗籍）教授英文。即以高才生四人兼任管理。薛位、闫培棠管理理化器械。毛昌年管理图书，兼办会计。周铭担任检查。课程分算学、格致、英文、课外阅书（如《纲鉴》等类）等。每日上课二小时。教授分为教习讲授及学生发问。阅书须有笔记，每十日呈交一次。学生约七八十人。中分上课生二十余人，副课生四十余人，普通生十余人。普通生由上课生轮流授课。光绪二十四年戊戌谕各省办中学堂，遂开办陕西中学堂于北院内。而以游艺学塾归并焉。

光绪二十四年，戊戌维新，各省奉旨创办中学堂。陕西巡抚端方会同督学赵维熙择北院地址设立。端方自任总办。提调周茂诚，程伯诚。总教习丁信夫（湖北人），其学尤以史、地为特长。分教习萧开泰（四川人）教授算学。葛道殿（湖南人）教授格致。学生于伯循（即于右任）、郭忠清（即郭希仁）等六百余人。斋长毛昌年、周铭、侯虎拜、薛位。成立年余，停止。其章程载列甚详（以上系抄自陕西教育厅编审委员会所编陕西教育史稿中。书尚未编就，刻仍在进行中）。

光绪二十八年陕西巡抚升允，藩司樊增祥创办关中大学堂，地址在旧考院。三十年改高等学堂。民国元年改西北大学预科。民国五年改法政专门学校。十三年改西北大学。十五年末改中山学院。十七年改现名中山大学。

光绪二十八年，陕西同盟会会员焦子敬、范紫东等，组织私立建本小学堂。地址初在西安西大街富平会馆。后移枣刺巷贡院内。陕西辛亥九月反正，即发源此校。胡景翼上将即此校第一次毕业第一名，在国民革命历史上关系甚大。

宣统元年陕西提学使余子厚创办女子师范学堂。地址在西安梁府街，即今之省立女子师范学校。（以上三段系广玉所调查者）

以上所述，系陕西清末最早创办高等教育、中等教育、小学教育、女子教育之概况也。

本稿以李文白、孟化人二先生之介绍，承西安孙韫生先生（广玉）调查见示者。编者志。

二、甘肃

甘肃文高等学堂（此校后改为甘肃省立第一中学校，今存）

光绪二十九年，杨增新奉总督令，以公款在兰州畅家巷新建校舍。杨充提调，另聘咸阳刘光蕡（学生称为古愚先生）为总教习。旋病故，改聘兰州刘太史尔炘为总教习。

当时风气未开，招生极难。爰就最后一次乡试荐卷诸生中，择年青者强迫拔送。

学生每月公给火〔伙〕食银二两。又按月考先后，分等另给津贴，借以招徕学生。

甘肃师范学堂（旋停办）

光绪三十年杨增新创设师范馆，附于高等学堂。学生系各县保送之举贡，并由各县担任每月每人八两之津贴银。一部分功课，与高等学堂学生同受。

光绪三十一年，由黎丹充提调。就兰州贡院求古书院，改设简易师范学堂。（不久停办）。

同年，就兰州新关兰山书院，改设优级师范学堂。双莆任提调。（后改为省立第一师范学校，迁畅家巷，今存）

上二师范学堂，均用官款。学生由各县保送。无诸生资格者，须捐监生。每月亦由校给伙食津贴。

矿务学堂（旋废）

光绪三十二年，劝业道彭英甲在举院内，以库款创设。聘比国人贺尔慈主其事。

甘肃女学堂

光绪三十四年，宣统元年间，邓宗、水梓倡捐设立女子小学堂于兰州学院街。旋迁南府街。不久田育璧接办。改设女子师范。用省款。（后迁新关，改为省立第一女子师范，今存）

甘肃公私立小学堂

狄道北区小学堂　光绪三十一年，邑绅曹大智倡捐建修两等小学堂，在城北四十里新添铺。（今存）

狄道养正学堂　宣统二年，邑绅杨明堂捐私资创设。并捐巨额基金。假城内石桥街杨忠愍公祠作校舍。（今存）

天水亦渭小学堂　宣统二年，邑绅张世英以服官陕西渭南县所得俸余，捐办两等学堂，并筹基金。取名亦渭，不忘本也。（今存）

皋兰兴文社两等小学堂　光绪三十三年，邑绅刘尔炘以社存公款，创设。在兰州西栅子。聘高登岳主校事。（今存。校今迁延寿巷）

武山蓼阳小学堂　宣统二年，李骏业在武山县洛门镇蓼阳村倡捐设立。并筹公款，作基金。李君自任校事。（今存）

旅甘两湖小学堂　由湘人宦甘者黎丹、易抱一、王国柱等，以两湖会馆款产及临时募款创设。校舍假贤侯街两湖宾馆。

兰州府中学堂　当时邑绅贺琳主讲五泉书院，由兰州府主办改设中学堂。即以贺主其事。经费用书院常款。（旋废）

此外各县就书院改办之小学堂，多在光绪三十二三年间，由官府奉行故事，似无特殊精神。今既采开办最早者，故概从略。

本稿承牛厚泽先生偕水楚琴先生梓在客中就所记忆开示者。编者志。

三、新疆

新疆自周秦之世，即已分部落，立国度，建君长，以行其教化。唯以地处极边，民安敦庞，言文化者，遂以无教无学目之，而于导齐之加，恒多漠视。殊不知禹平水土，声教已被流沙；汉开西域，匈权遣子入学；北朝时，高昌曾置学宫，授受《毛诗》《论语》《孝经》；唐贞观间，吐番诸酋长争遣子弟入国学。盖其闻声服教，由来已久。特就地遍置今日学校之基础者，实昉于清代。盖自乾隆三十四年后，始于迪化、昌吉、绥来、奇台各县，建立学宫。光绪十年，刘襄勤、锦棠再经戡定，分省设治，大兴义塾。迨后兴学命下，复改设蒙养学堂于各府、厅、州、县，以育学子。设法政学堂、高等学堂于迪垣，以造人才，以饬吏治。三十二年，朝命设新疆提学使，津门杜彤首膺简命，力毅心热，到任后，以省城设立之高等学堂，生徒程度不齐，改为中学，注重实际。时主教务者，为镇西刘熺暨狄道王昶澍、河州徐益珊。刘系前博大书院山长。王、徐皆以前清孝廉毕业师范，中西学，举有根底，授受有方。宣统元年，加理科教习张启聪，时经诠、恩隆、崇文等四人调自京师，学科益备。又因急于造就外属师资，于中学班内，分设简易师范一班，以新疆人民，缠民为多，另开缠师范班。其初级师范学堂，汉回各生，亦一律令习缠文，备利诱导。他如中俄学堂、实业教员养成所、裁判学堂、巡警学堂、武备小学堂、陆军小学堂、将弁学堂、师范附属小学堂、迪化府县各两等小学堂、模范小学堂、客籍两等小学堂、艺徒学堂、半日学堂、汉语学堂，均先后成立，弦诵之声，遍于城关。此清季省会办理教育实况也。外县于杜彤提学之初，即通饬各就原有蒙养学堂，改设两等小学堂。如法拓建，照章管教，规模俱备。光绪三十四年，分遣视学于南北两路，考绩黜陟。乌什同知彭玉章、焉耆知府张铣皆以称最优叙。官吏办学，于是益奋。宣统元年，又设厅、州、县各简易识字学塾，普及教育。除官办外，迪化、绥来等县，亦多有绅民捐资倡办者。实业学堂，则多合数县共设一学，改良市肆之制履、组带等技，以利民用。此外伊犁将军长庚于光绪三十四年，挑选四爱曼及锡伯、索伦各蒙部子弟，开武备速成学堂，延日人原尚志为总教习。各蒙生受教唯谨，成绩斐然。同时又派满族子弟，赴日留学。土尔扈特郡王帕勒塔，游日旋新，鉴于兴学为自强基本，乃纠合两疆各蒙部王公，于乌苏县建议速立学堂，并设文学堂于省城，送生入学。卒以经费难筹，弗果。嗣焉耆府张铣即于府立小学内，招纳蒙生多名，饮食而教诲之。塔尔巴、哈台参赞亦选种人子弟，设立小学。蒙、汉、回、哈一炉共冶，俾渐同化。一时边徼学风颇称蔚起。特各校经费，以民种复杂，就地筹措，恐滋扰累，故概由省库支发，用恤民艰，实为边疆兴学困难之特点。此清季省外各属兴办教育概况也。现则中学、师范、俄文、法政专门及男女各小学校、汉语学校、蒙哈学校，省内俱已分设林立，日益完备。近并严定县长办学考成，实行教员年功加俸，整顿扩充，分途并进，较之民十以前，更不啻一日而千里矣。唯详言则更仆难终，故不赘。

本稿以林烈敷先生竞之绍介，承新疆驻京代表王鹭洲先生汝翼详示者。林先生函称：新疆兴学首功，当推学使杜子丹，而长少白在伊犁，亦提倡甚力。杜自光绪三十二年到任，直至宣统元年，在此时期，各县兴学最多。王先生函并称：自光绪三十二年杜提学到新，就蒙养学堂，改设小学堂，并增设其他各校及简易识字学塾。至于中俄专门学堂，系刘襄勤先于光绪十三年奏设俄文馆。三十一年，虽经裁撤，三十四年，旋即复设。考其缘起，又在兴学令下之前云。编者志。

四、广东

金湘帆君（曾澄）覆讯

广东省前清末年最早创办者，为广州时敏学堂，由新会陈芝昌，三水邓家仁、家让等发起，捐资设立，是为设立学校之始。光绪二十四年戊戌三月开办，延聘教习，教授国文、英语、日语、算术、历史、地理、物理、化学、体操、图画等科，复捐巨款，购地于荔枝湾，建筑校舍。翌年，己亥，落成。学生寄宿者百六十名。越五年壬寅，选派学生十名，由董事邓家仁率同赴日本留学，是为学生自费出洋游学之始。初时科举未废，全省无一学堂。斯校甫开，入学者皆青年志士，有不远千里，从桂省及外府县而来者。迨数年后，清室诏各省兴学，官私各校，相继而起，每官开一校，时敏学堂之高级生，多被取去，故甲乙班毕业者，不过数人。及后学制粗定，限制转学，丙、丁、戊、己等班，毕业稍众。十余年来，具有成绩。然以经费支绌，民国八年遂至停办。民国九年改办铁路专门学校，亦以经费不足，数年而辍。今已改办国民大学，即时敏学堂之校址，此时敏学堂开办及沿革之历史也。

汪千仞君（凤翔）覆讯

承询时敏学堂，该校开办在戊戌之春，诚为粤中各校之最先者。创起人为邓君家仁字君寿，家让字恭叔昆仲，及陈君芝昌（剑秋），陈君兆煌（景亮），黄君景棠（诏平），邓君纯昌（伯粹）诸公。其地址在西关多宝大街外，月前恰有该校学生邬君伯健寄到《东斋杂志》一册，记该校当时杂事，颇有趣，特寄呈史席，以供参考。（下略）

东斋杂志节录 　　　　　　　　　　　　　　邬庆时

自序——时敏学堂开办，在戊戌政变以前，粤省群校，此为独早。教育界中，向有戊戌前学校之尊称。（下略）

当时学堂章程，尚未奏定，所有编制及功课，皆以意为之。其初分大学、小学两种。小学又因其程度分为四班。大学授修身、国文、经史、地理、宗教、政治、格致、算学、英文、日文、体操等科。小学则减宗教、政治、格致、日文。第三、四班更减英文，迨学制既定，乃照中学章程办理，并定名为时敏中学堂。

学制既定，公私学堂相继开办。粤人歧视时敏之见，始渐渐消除。犹忆未有学务大臣之前，粤中人士对于余等，不指为康党，即指为耶教徒，偶一过市，辄闻鄙夷唾骂之声，起于背后，戚友相遇，亦往往以退学为劝，每当兵式体操时，余独捧大旗前行，尤为爱我者谆谆切戒，此当日广州文化之情形也。

当日所有学会、学堂、报馆、均怵于世界文化，蒸蒸日上，思以开发民智，造就人才，起而与兼弱攻昧者抗。然根基未固，一遇政变，即随维新之局以俱去，其岿然为鲁灵光殿之存者，唯时敏学堂而已。

壬癸之间，时敏书局、时敏日报先后开办。而日报之编辑，景亮先生实主之。其时广州各报，只有论说、邸钞、新闻三栏，先生始于三栏之余，附载谐谈、小说、粤讴等小品文字，谈言微中，令人不忍释手，后更扩为附张，今则无报不有之矣。溯其起源，则先生其始祖也。先生又送其女公子敬存肄业于时敏小学，亦为男女同校之始。

诏平先生工诗，著有《倚剑楼诗草》。有《醉歌为邓君寿一首》云："开长筵，张广乐，夜未央，酒初熟，银蟾劝我千百觥，我醉为君歌一曲。人生百年劳者躯，岂能因人长碌碌？如君意气排高闾，上凌斗牛下岳渎。拣天藻耀翔骖鸾，选钱声价倍鸑鷟。起视群季翩翩皆惠连，前者吹篪后者续。一门孝秀蔚国华，合有机云继芳躅。我与君为肝胆交，跻堂不作谀词祝。忆昔中东肇衅时，波涛掀翻国步蹙。屠狗牧猪翔天衢，未能远谋皆食肉。人才不作当奈何，驾驷腾骧骐骥伏。君怀杜陵广厦心，每念树人如树木。读书不悔十年迟，课学自纠三余足。开智之楼高巍巍，琅嬛古香吐芬馥，养成杞梓皆国桢，匹夫终成裨大局。愿君珍重百年身，无徒撄情五斗粟。我率孤寒八百人，岁岁持筹添海屋。"所言创办时敏学堂之故，至为深切著明，不啻一篇缘起也。开智楼即校中藏书楼，后为民军所扰，焚书当薪，琅嬛万卷，荡然无存，现仅存少沅先生所书匾额而已。

少沅先生学书，学诗，均至坚苦。尝示余《题北郭酒家》云："天无曲惠唯春色，城市乡村一样深。稍远嚣尘花亦隐，似还少日树初阴，清闲渐笑忙人事？俯仰犹能郁古心。疏竹短篱风淡荡，夕阳斜处动微吟。"余读至花隐之句，忽忆梅花自由一事，笑谓先生真花之知己也。壬寅之冬，校中梅花盛开，有折取者，先生为文以戒之云："梅花者，天赋自由，春来起点，际此檐前独立，原与世界无争。岂宜虐等天行，理隳以太？劝诸君取一双素腕，忍耐呵寒，愿化身作十万金铃，为花请命。如其尚遗公理，开罪名花，请输买酒之钱，并志折枝之过。"一时省港各报，竞相登载，题曰《梅花自由》，于是梅花自由，遂成佳话。

曾入佳话之梅花，余赴二十周年纪念会时犹见之。独立檐前，依然无恙。会凡三日，校友赴会者，络绎不绝。临别，各赠天女散花图一帧，或以为不祥之兆。未几果停办，停办后同人于是共谋继起，加入金湘帆、邓槐廷、周道远、黄明伯及韬若、燕农、贞石、子薪、舜伯、昆佩与余为董事，组织新董事会。以种种关系，数年以来，仅向铁路专门学校收回校址，及每岁举行一消夏会而已。

消夏会向于荔枝湾行之。以其接近母校，回湖旧游，历历在目，校友于此，自当增多几许兴趣。今年改在海珠举行，偶谈及此，陈匡一提议：开三十周年纪念会，刊三十周年纪念册，以留纪念。余谓纪念之最广且远者，莫如时敏桥。桥本无名，以时敏学堂得名。今之游荔枝湾者，或不知有时敏学堂，而无不知有时敏桥也。

昔日所学，在当时竟直可称为无用之学。盖科举未废，奖励未定，即使学成，亦不足以干禄。且所学愈进，去干禄之途愈远。以是之故，来学者悉不以干禄为念，而不上课之恶习，无由发生。择师运动，更未尝有。学者专心读书，教者认真授课，相亲相爱，俨如一家。学风之良，二十年来，不可复见矣。

师道不立，等于佣工。计时受金，计金授课，交易而退，恝然相忘。学生之能领受与否，进步与否，绝不计及。在今日几于夫人皆然。以视当日各教员，何止有上下床之别？各尽所能，以授学子，课外加课，时时为之。虽不免时有陈义太高，求效太速，督责太甚，约束太严之病，而学生之所得，不可胜算。伯纯先生之督造日记，其益尤大。日记体例，分记述、评论、疑问三门，每日至少三条，每晨呈阅一次。先生批评，或解释之后，趁功课余暇，送至食堂交换阅之。余等处此，真如日饮五侯鲭也。

伯纯先生与千仞先生于讲学之暇，倡办广东女学堂。为吾粤女学之始，尔时风气初开，能演说者甚少，胸中虽有千言万语，一登演说台，即呐呐不能出诸口，甚至有预为演说辞，执卷照读，亦手口俱颤，不能自圆其说者。先生乃日以演说术训练诸同学，复与陈剑秋、陈景亮两先生，创办演说会。每星期日招集名人到校演说，而演说之术果大进。时陈舜伯仅十一二龄，即能于大庭广众之中，高谈天下事矣。

子良先生（姓程原名式谷，改名大璋，桂平人）一意讲学，不甚谈时事。戊戌之变，先生与康广仁同入狱，几不免，殆以是而养晦欤！

汪千仞君再覆

承询坤维女学颠末，该校初称广东女学堂，自马励芸女士出而擘画，改立今名，校务遂蒸蒸日上。顷寻得该校十二周年纪念录一册，敬寄呈台察，无须掷还。前室刘佩箴，名嘉祎，山西洪洞人，产于桂，民国元年避乱香港，殁于鼠疫。（下略）

坤维女学校十二周纪念录（节录）

吾粤之有女校，何自昉哉？前清光绪二十九、三十年间，桂省汪千仞君偕其夫人刘佩箴女士来游吾粤，与杜清持女士议立广东女学堂。税屋于西关逢源西街尾为筹办所，招学界人士开会集议，演说女学重要。是时吾粤学务，尚在幼稚时代。其男校之成立者，尚寥寥可数。唯会中同仁知女学之重要也，亦有捐资以助其经费者。遂决定以是处为校址，而女学堂之名因是以起。但以当日社会之闭塞，风气初开，闻有女学之名，则私议而非之。甚且造作诽语，互相讪谤，在所难免。且该校草创伊始，办理间未完备，而排之者遂得有以乘之，斯亦事之无可如何者矣。开办将近两年，经费支绌，遂议停办。时黄君诏平夫人马励芸与刘杜两女士友善，目睹情形，悯同群之窳敝，伤女学之沉沦，爰招同志，集议于黄君小画舫斋，谋所以继续之。卒荷众赞助，不逾月而我坤维女学，于是乎成立。

五、广西

汪千仞君覆讯

（上略）广西之体用学堂，弟未尝与其事，不能道其详，唯知最初主持校事者，为唐薇卿中丞，（时由台湾归，在籍为巨绅）大约系黄槐森为巡抚时代。敝处昔有体用学堂课艺，其端有唐中丞序，于该校原始叙述似颇详，惜今散失难寻。该校址在桂林文昌门外象鼻山前，今该校学生之在沪者，则有马君君武及陈君文。（字遂生，今为商务书馆编辑部聘员，当代算学专家）如欲调查，可就近向也。（下略）

马君武君覆讯

广西学校最早者，为体用学堂。前清史念祖抚桂，议设机器厂，史去，经黄槐森改为体用学堂。地点在桂林文昌门外，分为中西二科：

中　总教习唐景崧，课经义、策论，颇能鼓动士气。

西　　总教习利文石，课中西算学。

另设小学，课英文、算学、国文，选年在二十以下之青年学之。此学堂，后改为广西大学，仅办预科一、二年即停止。

此外有张鸣歧所设之农学堂，设备颇佳。由闽人魏子子主持。教习皆比国人，地点在桂林东门外魏家渡。梧州方面，有冰井学堂，系私立中学性质，为梧州新式学校之始。现在梧州师范学校即其旧址。

马君武君再复

广西体用学堂，光绪二十五年开办。

六、云南

张葊鸥君（维翰）覆讯

云南自清光绪二十九年，癸卯，停罢科举后，即开始于新教育运动。设学务处，为全省教育行政机关。以按察使陈灿为总理，同时就省垣五华书院原址，设立高等学堂，由陈灿任总办。滇绅陈荣昌任总教习。内分理财、兵学、交涉三科，维时教习人才，均就留心时务之科举中人选聘，师资极感缺乏。乃于三十年，开始选送留学。一时才俊被选送往京师大学，及日本、欧美留学者，凡百数十人。陈荣昌亦赴日本考察教育。三十二年，回滇，以高等学堂学生普通科学程度不足，乃改为预科三班。称普通部，以为养成高等专门人才之准备。又添招师范部三班，合计六班，凡四百余人，堂中课程，除数、理、化等科，系聘日人江部醇夫、池田太郎、河合涓吉等为教习外，余如史、地、国文、图画、音乐、体操等科，多以本省夙有研究，曾赴日本卒业速成师范之人才担任。三十三年，叶尔恺为云南提学使，始将高等学堂改为两级师范学堂，就原有普通师范两部六班，及东文学堂原有学生中，严加考选，得二百十五人，入优级师范选科。内分史地、理化、博物、文学四类。又另招一年及二年毕业之初级简易科，五年毕业之初级完全科，各四班。宣统元年，优级选科毕业。续办第二届，至民国元年毕业。停办选科，改为省会师范学校。并将校址移设于旧督署内，专办初级师范，即今之第一师范学校，是为云南最早之新教育机关。

按清光绪二十三年十一月，崧蕃等奏就省城经正书院隙地，创建学舍，名曰算学馆，议章招考，选精通算学之人主教。见《东华续录》。编者志。

七、贵州

黄齐生君覆讯

清季士习，溺于八股，咸同之际，郑子尹、莫友芝以朴学倡，黎氏苑斋以文辞著。僻在边远，影响盖寡。光绪二十二年，天津严范荪先生（修）督学黔中，悯士风之弇陋，创办经世学堂于贵阳，聘绥阳雷玉峰先生廷珍为堂长，调取各县生员之优秀者，得四十人，号高才生，肄业其中，月给膏火银四两。寒素之士，实利赖之。以经史、算学、物理为主课，兼及时务、政要。同时有武备学堂，为巡抚邓小赤所兴办，聘日人高杉、公通等为教习，乐嘉藻等则又别创师范学校于贵阳城外之云涯洞，取日文教授之便也。黄禄贞者，经世学堂高才生之一也。设算学馆于城内之南将军庙，与友人凌云等立达德书会，创办达德小学，彭述文等同时办乐群小学，作枰鼓应。事在光绪三十一年，实为贵州私立小学之嚆矢。厥后徐叔虞等办时敏小学，萧协诚等办正谊小学，钟山玉等办光懿小学，地点皆在贵阳。外县之闻风兴起者，所在多有。故论贵州私立小学之发达，在清末实具特色。官立则由大学而改高等学堂，继又改为师范中学，别有公私立法政等等，未容悉举也。

八、湖北

陈叔澄君（时）覆讯

湖北自甲午以后，张文襄总督两湖，毅然以办新式学堂为务。初改两湖、经心、江汉三书院为学堂式，迨庚子以后——庚子汉口之役，唐才常、傅慈祥二人均两湖高才生。——乃将两湖改为正学堂，分经史、词章诸科，梁鼎芬、蒯光典分任总教。别设自强学堂，授以外国语，理化诸科，曾广钧任堂长，辜鸿铭任总教。壬寅后，文武留学生之派遣至东西洋者，多出自两校。

此外教会所办之文华书院，——今之华中大学，——开办至今，已历四十五年，为颜惠庆之尊人所发起。

九、湖南

湖南兴学，当然以光绪二十三年时务学堂为最早。《戊戌政变记》卷八："湖南向称守旧……自甲午之役以后，湖南学政，以新学课士，于是风气渐开，而谭嗣同辈倡大义于下，全省沾被，议论一变。及陈宝箴为湖南巡抚，其子陈三立佐之，黄遵宪为湖南按察使，江标任满，徐仁铸继之为学政，聘梁启超为湖南时务学堂总教习，与本省绅士谭嗣同、熊希龄等相应和，专以提倡实学，唤起士论。

自时务学堂，南学会等既开后，湖南民智骤开，士气大昌，各府州县私立学校，纷纷并起，小学会犹盛。人人皆能言政治之公理，以爱国相砥砺，以救亡为己任，其英俊沈毅之才，遍地皆是。其人皆在二三十岁之间，无科第，无官阶，声名未显著者，其数不可算计……"

倾承友人寄示明德学校略史，此为湖南最早的私立学校。值得特记一下。

明德学校兴办概略

该校创始于清光绪癸卯岁，迄今垂三十年，为私立学校之权舆，凡小学、中学、师范与专门别科，以及大学部，悉以次举办。以坚苦真诚四字立校训，别具学风。东西各国，皆有其遣派学生，综计毕业与肄业者近万人。其创办人为攸县龙君湛霖、璋，绂瑞，茶陵谭君延闿，湘潭胡君元倓等，而始终支持，尤赖胡君。先是清光绪末，胡君应政府之遣，赴日习速成师范。归国后，一意兴学救国，并师日本之福泽谕吉。专从兴办私校入手。遂商之龙君璋及其叔湛霖，成立明德学校，时癸卯岁三月二十九日（此乃阳历）也。旋得谭君延闿助巨金，因请加入为创办人。复谋扩充，聘黄君克强主办师范，张君溥泉等主讲席。于第一期师范毕业后，更办第二期，并增理化选科，广中学班次，附设两等小学。唯当时该校鼓吹革命，外间屡有风声，惧事泄祸校，乃别立经正学校，图为明德之代身。未几，果事发，大索黄君于其宅，不得。盖黄已先一时避校，由龙氏之力，间关出险矣。而该校因是亦几濒于危。越一年，湘抚端方莅明德、经正两校参观，成绩优良，立将两校甲班学生遣日留学，并由铜元余利项下，拨给津贴。旋又得唐文治及严修两君之助，由商部咨湘政府拨给西园大湾内官地三千余方，并以津贴向政府押巨金，建筑房屋，至是该校始自有校舍。讵新舍甫成，铜元即停铸，津贴无出，险象顿呈，百计挽救不得。时总理龙湛霖已卒。继任者为谭君延闿。胡君为校款事，因在沪寓书于谭，云拟以身殉。旋转入奉，求援于奉督赵尔巽，得万金。复请于部，更得恢复津贴。该校生命，始有转机。其时校成立五年矣。明德、经正两校之师范及中学毕业者，岁有其人。苦无相当升学之地，又屡欲独办一高等商校，不得，乃谋于江督。将江南中等商校，改为高等商校，以收容明德、经正两校毕业生。更赖谭君屡为借垫款项，新增长沙校舍，得于中学外复设中等商业及法政与银行各专科，规模因益宏大。未几，值民元改革，军事陡兴，经费复奇绌，乃并经正于明德，以省费用。盖民国已成立，该校亦无须另立名目以避忌矣。次年，胡君拟办本校大学部，与黄君克强会请于部，得度支部饭余金八万余元，即立大学部于北京，设文、法、商三科，将长沙本校之商业及政治、经济各班悉送往焉。并另设预科一班以足之。而长沙本校则专设中学及高小各部。北京大学部成立甫及三年，成绩即斐然可观。民国四年，教部举办全国专门学校成绩展览会，本校大学部成绩，竟居全国私立各大学之首。而长沙本校，亦经部派员视察，认为规模宏大，成材众多，给以"成德达材"匾。嗣大学部因袁氏盗国，力谋踣之，故于所办三班毕业后，即行结束。至民国八年，范源廉君自美考察归，深觉私立学校极宜推广，尤愿援助该校，复商决在汉续办。本校大学，毕有商业及银行科计七班，后因经费支绌，并思专注力于中学，遂暂将大学部停办。近年以来，专将长沙中学部一切办法，力图改良。去岁三月，得国民政府特准，由教育部每月补助银二千元，尚有省政府补助千余元。二十余年来，无日不穷困交迫之明德，至是喘息得稍定焉。然并未因困而一日停辍，则胡君坚苦支持之力也。唯校址低洼，岁必患水，最近拟购长沙浏阳门外高地，更造房舍，并求政府补助，如幸有成，规模当更宏廓矣。

十、江西

《东华续录》卷一百三十五，清光绪二十二年，"八月，德寿奏……江西在籍绅士蔡金台等禀请将高安县地方，设立蚕桑学堂，考求种植，所购浙湖桑秧、蚕种及新出茧丝，均准暂免厘税一折，奉朱批依议钦此……"据此，江西最早兴学，当是高安蚕桑学堂，但问之友人，皆谓已不可考。

蔡蔚挺君（敬襄）寄示江西清季创办学堂一览

江西大学堂	清光绪三十年，改办江西高等学堂。
江西武备学堂	清宣统元年，改办江西陆军小学堂。
江西医学堂	清光绪三十一年停办。
江西高等学堂	民国元年，改称赣省中学，即现在省立第一中学校。
江西方言学堂	清光绪三十三年停办。
江西法政学堂	民国十年改法政专门学校。

江西实业学堂	民国十年，改农业专门学校。
江西初级师范学堂	民国元年，并入赣省中学。
江西陆军小学堂	辛亥革命停办。
江西女子蚕桑学堂	民国元年，改称女子职业学校，现称省立第一职业学校。
江西女子师范学堂	现已取消师范名称，归并省立女子中学校。
江西省会各区立小学堂	民国十七年，移归南昌市立。
南昌府立洪都中学堂	停办多年，至民国十五年续办。
南昌县立高等小学堂	民国十七年停办。
新建县立高等小学堂	民国十七年停办。
新建县立普育学堂	清宣统三年停办。
旅赣客籍学堂	民国二年停办。
私立登瀛学堂	民国元年停办。
私立法政学堂	现称章江法政专门学校。
私立心远中学堂	详后。
私立大同学堂	民国十四年停办。
私立章江小学堂	民国五年停办。
私立女子公学	五易校长，至今存在。
私立义务女学堂	详后。
私立匡秀女学堂	民国十六年，消灭校址，改市立小学。
私立正蒙女学堂	民国十八年，出顶于剑声中学，分为女子部。
江西省大学堂	清光绪二十八年开办（至三十年，改办江西高等学堂）。

江西省大学堂　清光绪二十八年开办（至三十年，改办江西高等学堂）。

总办：汪瑞闿。

地点：以省城豫章书院改设。

江西督抚奉谕旨开办。招收学生，均是举人、贡生、优、拔、廪生、秀才等，预先通饬各县保送。

江西省武备学堂清　清光绪二十八年开办（至宣统元年，改办江西陆军小学堂）。

总办：汪瑞闿。

地点：以科举时主考行台改设。

招收学生，多是秀才、附生，革命思想注入不少。

江西医学堂 清光绪二十八年开办（三十一年停办）。

监督：陈日新（知中医，刑部主事，官委）。

地点：城内高桥。

内容组织，非正式医学校。除聘请一日本医生南雅雄充教习外，均中国旧医生。

江西高等学堂 清光绪三十年开办（系大学堂改办）。

监督：黄大勋（翰林）。

地点：以贡院改造。

开始定学额三十名，后增加一百名。每名学生有津贴若干，如旧时之书院膏火。初一班于光绪三十三年二月举行毕业，如科举时出乡试榜，分最优等、优等、中等、下等四种，以廪生、附生注册，下等以佾生，准用顶戴。

江西省方言学堂 清光绪三十一年开办（三十三年停办）。

监督：程志和（礼部主事，本省巨绅，官委）。

地点：以友教书院改设。

此校监督由本省督抚委地方巨绅程志和充之。招收学生，多是举贡生员。

江西省法政学堂 清光绪三十三年开办。

监督：叶先圻（翰林；提学使委）。

地点：城内契家塘。

江西实业学堂 清光绪三十一年秋季开办（后改农业专门学校，至今存在）。

总办：傅春官。

监督：龙钟沔（举人，由劝业道委）。

地点：江西农事试验场，租城外民田，建筑校舍。

招收学生，均是秀才、廪生、附生。

江西初级师范学堂 清光绪三十二年开办。

监督：陶福祖（提学使委）。

地点：以贡院改设。

此校开始招收学生，均是秀才，多文理清通者。

江西省陆军小学堂 清宣统元年开办（至辛亥革命停办）。

总办：吴介璋。

地点：购澹台门菜园地基建筑。此校由武备学堂改设。招收学生，多世家子弟，具有革命思想。草野读书人亦有之，如李烈钧、林虎等，原由武备学堂编入陆军，咨送日本士官学校。

江西省女子蚕桑学堂　清宣统二年开办（至民国元年，改办女子职业学校）。

监督：丁惟椽（劝业道委）。

地点：以经训书院、孝廉堂两处改设。

官派委员，往苏、浙聘请能制蚕丝教员。其招收学生，预先通饬各县，无一应者。即在省城招收各女校学生，或世家闺阁颇识字之女子。

江西省女子师范学堂　清宣统二年春季开办（现已取消师范名称，归并女子中学校）。

监督：文徽芝女士（翰林彭树华之夫人）。

地点：租城内书院街公馆屋宇。

开始招办一班，学生不到二十人。省会各私立女学，稍能作数十字国文者，考取前列，盖先办师范而无小学根基，故有此弊也。

省会各区立小学堂　清光绪三十二年十月开办。

地点：择省会各适中庙宇设立。

先从高等学堂分出一部，为师范毕业生，由官厅派委充各区小学教员。另设一区学总务处管辖。

昌府洪都中学堂　清光绪二十八年开办（中途停办数年。现又在办）。

地点：本城系马椿公产房屋。

此校以南昌府属八县公有之洪都书院经费改设。归南昌府委地方绅士办理。原无小学毕业生，而开始办中学，故所收入肄业生，概是秀才、童生。

南昌县立高等小学堂清光绪二十八年开办（现已消灭，将所有经费分散各乡小学）。

监督由知县戚扬充之。另设一堂长，归县委任。

地点：以东湖书院改设。

开始招收学生，年大者三十余岁，多是本县秀才、童生。

新建县立高等小学堂　清光绪二十八年开办（民国十六年停办）。

监督：堂长，与南昌县校同。

地点：以西昌书院改设。

当时兴学状况，亦与南昌县校同。南新两县，为江西省首县，故列入。

旅赣客籍学堂 清光绪三十一年开办。

监督：公举候补道员充之。

地点：城内马家池新建筑校舍。

此校系江西全省官员，扣捐薪俸设立。招收学生，均是官吏子弟。

私立登瀛学堂 清光绪三十二年开办（至民国元年停办）。

堂长：李家德。

地点：租借本城梓树下民房。

此校开始名惜余学社，后改登瀛学堂。内部组织，分初、高、中三班。发起人：候补道江峰青（捐资颇多），候补官吏李家德、汪崇德、方梦松等。招收学生多官幕子弟。

新建县立普育学堂 清光绪三十二年十月开办（宣统三年停办）。

监督：程志和。

地点：新建县考棚。

此校为新建县绅士创办，设有一年速成师范一班。

私立法政专门学堂 清宣统二年春季开办。

堂长：刘存一（日本留学毕业生）。

地点：租借系马椿民房。

此校系留学日本早稻田毕业回国同人所创办。至民国元年，同人多充参众两院议员。

私立心远中学堂 清光绪二十七年开办。

堂长：熊育锡。

地点：开始在城内东湖边平远山房，为熊氏私产。现已建筑新校舍于省会三道桥憩云庵。

此校动机，始于清光绪二十七年熊元锷（光绪癸卯科解元）及熊育锡兄弟，受严几道先生之熏陶，为高足弟子。在省创办英文学塾。至二十八年，改为乐群学堂。育锡为堂长。锷擘画一切。捐资赞助人蔡可权、熊正瑗、夏敬观、邹凌沅、张浩等。至三十年，改称熊氏英文学塾，费用由熊氏捐助。至三十一年，停科举，乃改称南昌私立心远中学校，向官厅立案。

私立大同学堂 清光绪三十年开办。

堂长：周六平。

地点：本城水观音亭。

此校为周六平君一手创办。周君籍广西，在江西候补；是官吏而有新思想者。能兴学，办有成绩。社会颇推重之。

此校结果周校长因生活问题，不能久在江西，乃付托南昌晏宗傅君接办。晏君极热心，亏贴万金，不能支持，于是出顶于人，至民国十四年宣告停办。

私立章江小学堂 清光绪二十九年九月创办。

堂长：燕善达（举人）。

地点：开始在城内仓神庙，至宣统元年，建筑新校舍于城内豆豉厂。

此校为江西省城开办初级小学之始，学生多官幕绅士之子弟，非常发达，有二百余人，声名颇噪，倾动社会。发起人燕善达、吴霞浦、李翙灼、蔡可权等。光绪三十四年，添设中学一班。至宣统元年，建筑新校舍于本城豆豉厂。次年被火，然幸得官绅赞助维持。复建新校舍。

此校结果，至民国五年停办。校长燕善达于民国元年离校做官，未几得为参议院议员，病故于北京。

私立女子公学 清光绪三十三年秋季开办。

监督：张清如女士（由省绅公推聘请）。

地点：开始租借干家后巷民房，至民国元年迁移于小金台武协台衙。

此校系阖省绅、商、军三界发起，捐资组织，至今存在，五易校长。

私立义务女学校 清光绪三十四年春季开办。

经理（后改校长）：蔡敬襄。

地点：起初城内罗家塘小民房。嗣后迁移九次，至民国十年，建筑新校舍于凌云巷口，为固定地点。

此校创办伊始，学生二十余人，当时发起人蔡敬襄、萧名程、虞新援、洪陶、李竞由、张维圣、程瑞等。蔡敬襄总理校务。至宣统二年，学生发达，近二百人，而经费告罄，虞、程、张、洪相继云亡。萧、李他就。仅敬襄一人负责，势不支，将停办，乃断指募捐救校。（编者按，此校由蔡敬襄君一人，维持至二十余年，且从未向学生收取学费，其苦心毅力，可惊可敬。今其毕业生在社会服务者，已不少矣）

私立匡秀女学校 清宣统元年开办（民国十六年消灭）。

创办人：殷崇光（江西候补知府）。

地点：租借灵应桥民房。后迁移于本城右营衙。

此校开始，丁惟橡经理其事。先办妇女识字一班，教授浅近文字，一年毕业。招收学生，多是男教员女眷。

私立正蒙女学堂　清光绪三十二年开办（至民国渐渐衰落，现已出顶于剑声中学）。

堂长：尹光勋（湖南人，在江西候补县丞）。

地点：本城豫章楼公馆。后迁移于状元桥延生福地。

此校开始，系尹光勋家塾。其夫人石守箴亦识字。初收学生，多是官幕女子。

十一、安徽

李礼丞君（寅恭）见示冯汗青君（汝简）覆讯

安徽最初开办学校，莫如省立之求是学堂，即其后更名高等学堂者。其成立在清光绪二十四年，其创办人为邓筱赤中丞名华熙。学堂中有总办一职，即今之校长，初由中丞兼任。继乃委任刘葆良观察为总办。教习姚仲实、姚叔节、胡敬庵、解筱云、厉芙初诸君。又后乃聘洪朗斋太史为监督。至聘严几道先生为监督，则在光绪三十年，距此堂之开办，已六七年矣。开办之初正值废科举兴学堂之日。依附于科举之书院，既无所用，于是移省城敬敷书院之经费归入学堂。此外有无加拨，总数若干，则弟不能言之矣。若夫县立之学校，以吴挚甫京卿创办桐城中学为最早，事在光绪二十七年。初办时，假省城陆军督练公所旧址开学。次年，迁回桐城。常年经费不过七八千元。公立之学校以李光炯先生所办安徽旅湘公学为最早，事在光绪二十八年。次年，移至芜湖，乃将"旅湘"二字删去。其经费取诸米捐，数亦不详。尚志小学，较安徽公学开办略后，且规模甚小，不足言也。

十二、山东

鞠思敏君（承颖）覆示

山东省最早创办的学校，为山东大学，后改名高等学堂。以清光绪二十七年十月开学。其时主持兴学的山东巡抚为袁世凯，第一任总办为周学熙，第二任为方燕年，方则巡抚周馥所委也。总教习为赫士，美国人。校址当开学时在济南府历城内大街泺源书院，至第三任总办陈恩涛时，就杆石桥外建筑新校舍，改名为高等学堂。

十三、山西

陈乙和君（受中）覆示

山西省最早创办的学校为山西大学。以清光绪二十八年成立于太原。主其事者，山西巡抚岑春煊。当光绪二十七年办理拳案之结果，以庚子对英赔款五十万金，创设山西大学堂，开办西学专斋，并附设译书院于上海，英方主其事者，为教士李提摩太与山西洋务局及地方士绅会订合同，期限十年。所指经费，除建筑动用外，分年按拨。其办法，凡管理人选，由晋当局主持，教授人选，由该教士主持。分预科、专门两项，预科三年毕业，专科分法律、工程、采矿、冶金等科，四年毕业。当时岑春煊抚晋，创办计划，多出于岑氏。始聘姚文栋为该大学总理。姚未久去职，谷芙塘继之。先是姚已录取学生二百余名，谷择其青年及有志习西学者送若干名于西学专斋肄业，划为三班，其不愿入西斋者，则留中斋肄业。但中斋功课，初仅经史、经济、算学各门，不能与西斋相埒也。西斋各生毕业后，留学英、美等国者甚多，此为山西派送留学之始。至宣统三年合同期满，收回自办，即今之山西大学。

十四、河南

胡石青君（汝麟）覆讯

光绪二十四年戊戌，清廷命各省办中学，河南当局于宋门内大王庙后购隙地，于四界立石曰河南中学堂地界。迄未开办。

光绪二十八年壬寅，清廷命各省筹设大学堂，豫抚锡良筹办甚力。就旧参将衙门改建（在西门大街之东，普通称为前营门），名为河南大学堂。工程未竣，即于五月中旬招考；于六月一日开学，不放暑假。时总办胡翔麟（候补道胡燏棻之子），监督徐仁录（徐仁铸之弟），总教习孙葆田（荣城人，宋学家）。课程共三门，一中文、二算学、三西文，皆间日授课一次。中文在上午，共四小时。算学在下午，亦四小时。西文则全日八小时，名为西文，实亦授算学、地理、历史，故课程只三门，学生精力多苦不给，年长者皆渐退学。逾二年，遵奏令新章，改为高等学堂，裁总办、总教习等职，专责监督一人办理。大致皆候补知府充之。初办时，尚选求知时务者充任，末乃变为例差，日益腐败。后又因土客之争，客籍生并入客籍，高等学堂监督一职，亦改聘豫绅充之。直至光绪三十三年，始改遵新章，聘中外大学毕业者充教习。英人 Twigs 由英聘来，授物理、化学，美人施爱理，皆于是时就聘。此校之成为一现代学校，自此年始也。

私立学校最早者，约光绪三十年为知新中学。由祥符县绅士郑思贺倡办。正谊中学为戴、徐二君倡办，至宣统年间皆停办。

中州公学，为教育会所筹办，李时灿主之。光绪三十三年成立，民元停办。省垣教会学校，有圣安得烈学校，成立时未详。济汴学校由教士施爱理创办。初在鼓楼街，于光绪三十三年成立时，仅学生数人也。

十五、辽宁

辽宁省前清末年最早创办学堂

何年　　光绪二十八年

何校　　盛京省学堂

何人　　前奉天将军增祺

何地　　沈阳

东北大学文学院长周天放君见示

十六、吉林

吉林省前清末年最早创办学堂

何年　　光绪三十一年（按即吉林改行省之年）

何校　　简易师范学校

何人　　前吉林将军达桂（字馨三）

何地　　吉林省城朝阳门内崇文书院旧址

顾生孟愉（曾衍）见示

十七、黑龙江

黑龙江省前清末年最早创办学堂

何年　　　光绪三十年

何校　　　师范及中学

何人　　　程德全、林传甲

何地　　　齐齐哈尔省城

刘君芸生（潜）见示

十八、福建

福建省前清末年最早创办学堂

何年　　　光绪二十二年

何校　　　苍霞精舍

何人　　　孙宝瑝、林纾、力钧等

何地　　　福州南台苍霞洲距城五六里

高君梦旦见示

侯葆三君（鸿鉴）函告

福州学校开办最早者有四校。兹略述之。见筚路蓝缕以启山林之绩，不可没也。

一、仓前山为教会学校策源之地。其首创之校，曰育英，今已七十一年。民国十八年曾开七十周年之纪念会。此为美以美会中教士所创办，特开福州风气之先者。

一、马尾船政学堂。先借乌石山定光寺为学舍，继带迁马尾。为沈葆祯所创办（沈文肃与左文襄创议筹办，为中国海军教育之创始），迄今四十一年矣。今之海军学堂，即船政之改名。

一、山兜尾之苍霞精舍，为陈璧所创。继而移至南台铺前顶，改名工业学校，即今之省立理工学校，移至吉祥山马路，是又工业之改名也。

一、与苍霞精舍同时创办者，有陈宝琛之东文学堂在乌石山，继而改为师范学堂。大都今日在省教育界办事。较有资格，教育较有经验之人，悉为乌石山师范出身者。今之省立福州高中，即师范之改名也。苍霞、东文两校，以至理工、福中两校，均有三十余年之历史，足称开创教育之有勋绩者。

（原载《人文月刊》第 1 卷第 7—10 期，第 2 卷第 3—5 期，1930 年）

中国教育史要

序　言

　　王云五先生要我写一本《中国教育小史》，最好不要过四万字，那时候是民国十七年六月。

　　那时候，我写《朝鲜》才脱稿，笔头还余下不少勇气。教育史是我平时很想研究的，也很注意材料的，觉得这件工作，还有接受的兴趣，也许有接受的可能，足足考虑了三天。

　　社会是整个的，就从无数社会工作中间，单提到一部分教育工作，至少也须用全社会的眼光，来看教育，讲教育。世界是整个的，就使单提到中国，单提到中国的教育，至少也须把全世界做立脚点，来看中国的教育，讲中国的教育。所以不明了全人类进化史，而单想讲教育史，或一国的教育史，是万万不行的。

　　那样一想，这种工作，简直非同小可。就要写小史，至少也须把大史写成，然后撮要录成小册子。考虑又考虑，踌躇又踌躇，鼓着最后的勇气，来干一下。

　　流水般的光阴，忽忽过了二十五个月了。每天总把半天的工夫，来干这工作。怎样干呢？先把世界史略略地温习一下，次把中国史略略地温习一下，然后采用司马温公老法子，尽量收集关于教育的资料，依他的先后，制成长编，进而沉思默索他的前因后果，忽而有得，不觉手舞足蹈起来，忽而觉得不对，立刻丢掉，重复探索，一个人围在书城里，大概七百五十个半天，只会多，不会少。到如今，大小两史，都算勉强交卷。可是大史还待补充，整理和修饰一下。现在我把这本小册子内容的概要说一说。

　　这本书，还是采用分期法。分期法，是我所不大赞成的。我常说：人类社会的进化，是一贯的。由因得果，即果为因，必欲从中勉强划分起来，只等于抽刀断水罢了。可是不替他划成几个段落，真是越说越糊涂，还是不说的清楚。为求读者的便利，万不得已，分做五个阶段。这不过抓住他一种较重要的现象，在他的前和后，立一个假定的起讫，就把这种现象的名号，作为代表这个时期的名号，其实我并没有承认他是绝对的合理呀！

吾把这五个时期的名号，怎样定下来的，略略地说明一下：

第一，传说时期的教育。（秦以前）

三皇五帝是不用说了。即三代史料，绝大部分出自汉儒口头或笔头的传述。今所传孔子宅壁中书，汲郡魏襄王冢中书，谒者陈农所求，河内女子所献，是否可靠？谁也不敢说。而况教育一项，更无从觅系统的记载。吾且把秦以前统划做传说时期。

第二，德治时期的教育。（两汉）

中国自来政教合一，是没有疑义的。两汉政治，是儒道两家混合主持。两家都主张德治的。在政治上，教育上，道德空气的浓厚，吾敢断言：一部二十四史，无出其右。要阐发两汉政治和教育的真精神，而不提出"德治"两字做他的骨干，竟可以说没有搔着痒处。吾敢大胆地赠给他这个名号，如有人反对这个名号，请先读了本书的第二章再说。

第三，混战时期的教育。（从三国到南北朝）

从三国分立，到隋开皇一统以前，这二百七十年中间，全国没有打仗的，怕不满二十年罢！而且他们的打法，不单是甲和乙，同时往往有许多对子，各和各的打。给他这个混战的名号，吾料读史者还能公认的。

第四，科举时期的教育。（从隋唐到清）

如果真要说科举的起源，该说西汉。当时的考试制度，不早已分科射策么？但当时并没有全凭科举。接下来，魏行九品中正，至隋开皇中才罢。自炀帝始建进士科，唐因隋旧，一直到清光绪三十一年，中间仅宋王安石力主废科举，然亦只罢诗赋，改试经义；（《文献通考》卷三十一）清康熙初年，亦只停试八股文，改用策论表判；（《清文献通考》卷四十八）都没有认真废科举。前后一千二百七十年间，靠政治的权能，予直接的影响于人心风俗，除掉科举，总没有比较更大的魔力了。而况科举和教育，简直是两雄不并立，历代早有很不少的很显明的例证。从教育的立场说来，提出这个名号，给那个时代，实是一件很痛心的事。

第五，欧化时期的教育。（从清末到现在）

他的理由，具详于本书第五章。

吾这本书的写法，在上开的五个时期中，较远较略些，较近较详些。吾以为写历史，都应该这样写，才是。因为历史本身价值大小的比例，就是这样咧。那么，设有人问：你的小史和大史，究有什么区别呢？吾的答案是这样：

小史和大史，材料的详和略，固然是一种区别，而最要乃在立脚点的不同。吾写小史，只有就教育说教育，大史就不这样了。姑且把吾大史的分期法说一说：

第一时期，两汉以前——中国固有文化开发时期的教育。

第二时期，从魏晋到清中叶——中国兼收全部亚洲文化调和发皇时期的教育。

第三时期，从清末到现在——中国初步吸收欧洲文化时期的教育。

至于详细的说明，只得留待后来读吾大史了。可是读这小史到末一章，于最近世界大势，也许有相当的明了。

读书的方法，最要在从千头万绪的事实中间，找出一条或数条简单的原理或原则，拿来应用于一切方面，这才是很有趣味的事。吾且把这本小册子所写的，提出若干要点来：

（一）中国历来教育，是注意身教的。请看古代乡里教师，都须选取齿德俱高的父老，（第一章）可以推想其他一切了。而历来又是政教合一的，所以人民对于执政者资格的要求，至少须以本身道德问题为重要标准之一。

（二）因为政教合一，所以教育历来被认为政府方面应负的责任。但到政象混乱以后，不得不把私人讲学，来补公家教育的不足。由是思想重心，慢慢地移到社会上来，这种先例，着实不少。

（三）公家教育，最初是偏于贵族方面的。由贵族教育，移转到平民教育身上，靠什么东西，做他们过渡的舟子呢？倒是科举。宋赵汝愚评王安石时代的政治，说"自科举罢后，寒畯之士，进取无途。"（第四章）自然，任何问题，见到了九百九十九分的坏处，总不要忘掉中间也有一分好处。科举也是这样。等到后来科举废，学校兴，转不免带多少贵族教育的意味，这倒是科举时代所料想不到的。

（四）中国国民性，说他好处，是倾向平和，说他坏处，就是缺乏进取。请看两汉德治时期，大司徒教民逊、顺、谦、俭；三老教民孝、顺、让财；选士科目，把淳厚、质朴、谦逊、节俭，定为四行；（第二章）——这当然与儒道两家有很深的关系。——因此行为上，历来以极端为大戒，一种学说稍猛进时，或两种学说相对抗时，必立刻发现一种调和的学说，替他疏解。所以缺乏精深的进取，或者因为很容易地倾向调和，也是一种原因。这种态度，于治学上，于处世上，今后是否认为有相当的纠正之必要，抑有保存或进展的必要，在教育上，怕不能不定为一种重要问题罢！

（五）中国最近时期，文化落后，种种变化，都是外铄的，不是内发的；是被动的，不是自动的；这是很显明的现象。吾们处到这等地位，在教育上该采何种方针呢？当然，吾们先求跟上人家，慢想超过人家。总之精神上须不失自尊自立，方法上还须择善而从，若并模仿而以为可耻，是永没有出息的了。不过吾们且不可忘掉的，就是见到了九百九十九分的好处，难保中间没有一分坏处。总须一方择善，一方去其不善，能注意到这点，或者将来还有超过人家的一日哩。

（六）最近时期，创新教育，也有几十年了。可是细细考察下来，所谓两大要求，一是科学化，一是平民化。科学方面，固然没有丝毫成绩可言，就是平民方面，凡教育所到地方，怕不一定造福平民，或者还给平民前途以很大的危险。为什么呢？就是在教育还没有能造成好环境时，授予平民很浮薄的知识，同时诱导平民，使得他们厌弃固有生活，这不是大危险吗？至于教育没有到的地方，他们的危险，更不用说了。所以吾说创新教育，虽六十五年，论最切要的工作，还留待后人努力哩。

这是我写完小册子以后，提取的要点。吾所敢为读者告者，无论写大小册子，吾必牢牢地守住下开几条自定的规律，就是：

一、凡下一义，必先开列若干证据。

二、凡所引证，必注明来历（吾所亲身参与的事迹，除外）。

三、凡所引证，必取原书自检阅一过。

四、伪书已考定者，不去引用。即或引用，必说明伪书（曾有人疑他是伪书，而未经评定者，除外）。

五、乙书转引甲书者，吾必用甲书。（甲书已佚，或一时找不到，除外。）

脱稿了，总觉得小史命名，不甚妥当。老实说来，不过举其大要罢了。决计称他《中国教育史要》。

吾所自信的，在临文不敢大意；吾所自悔的，乃在平时太少读书。倘承读者厚意，纠正吾的谬妄，指示吾的缺失，敢不欢迎！倘病吾书太略呀！则请稍缓须臾，容将较大册子刊布，以为较正式的贡献。

民国十九年七月三十一日

第一章　传说时期的教育

（秦以前　公历前 207 年以前）

中国哪一部书，是最早讲到"教育"两字的？是《尚书·尧典》。

"帝曰：夔命汝典乐，教育子。"通行本作"教胄子"是错的。许慎《说文解字》育，养子使作善也。《虞书》曰："教育子。"郑玄注《礼·王制》立四教下，引《书》作"教胄子"。而注《周礼·春官》大司乐下，引《书》这一句，据陆德明《经典释文》本，作"教育子。"段玉裁认为今文本作育，古文本作胄（古文本，东晋梅赜所奏上，后人审为伪本，有定论）。《史记·五帝本纪》作"教稚子，"《诗·谷风》"昔育恐育鞠，"郑玄笺"育，稚也。"育，又通鬻《诗·鸱鸮》"鬻子之闵斯，"郑笺"鬻，稚也，"因为原文是育，所以亦作稚。

阮元《校勘周礼注疏》以陆德明本为是，应作"教育子。"俞正燮《癸巳类稿》以为改育为胄，是晋后传写错误。

后来《孟子》就把这两个字，老老实实地，用出来了。《尽心章》：

"得天下英才而教育之，三乐也。"

当时教育制度，不能详考。但据书本所说：《礼·王制》"有虞氏养国老于上庠，养庶老于下庠。夏后氏养国老于东序，养庶老于西序。

殷人养国老于右学，养庶老于左学。周人养国老于东膠，养庶老于虞庠。"郑注："上庠，右学，大学也。下庠，左学，小学也。东序，东膠，亦大学。西序，虞庠，亦小学。"《尚书大传·周传》"古之帝王者，必立大学，小学。……十有三年，始入小学，见小节焉，践小义焉。年二十，入大学，见大节焉，践大义焉。"

从此可知虞夏、商周学校名称不同，但皆分大学与小学，皆从小学升大学。

《孟子·滕文公章》"设为庠序学校以教之。……夏曰校，殷曰序，周曰庠，学则三代共之。"

《史记·儒林传》"闻三代之道，乡里有教，夏曰校，殷曰序，周曰庠。"

《白虎通辟雍篇》"古者教民，里皆有师。里中之老有道德者为里右师，其次为左师。"

《春秋·公羊传》宣十五年何休注"一里八十户，中里为校室。选其耆老有高德者，名曰父老。十月事讫，父老教于校室。"

《尚书大传·略说》"大夫士七十而致仕，老于乡里，大夫为父师，士为少师。"

从此可知国学以外，有乡学。其教师选取齿德俱高，曾经服官，而富有经验者。

《尚书大传·周传》"小师取小学之贤者，登之大学；大师取大学之贤者，登之天子，以为左右。"

《礼·王制》"命乡，论秀士，升之司徒，曰选士。司徒论选士之秀者，而升之学，曰俊士。升于司徒者，……升于学者，……曰造士。……大乐正论造士之秀者，以告于王，而升诸司马，曰进士。司马……论进士之贤者，以告于王，……然后官之，……爵之，……禄之。"

从此可知学校教育的结果，只有一条出路，就是为国家服务。国家用人，亦只有一条来路，就是学校，而把选举做中间一个梯子。

有一部书，很难断定他真伪的，就是《周礼》。《四库提要》说他不全是原文，也不是伪托。梁启超《先秦政治思想史》说他中间一部分是西周遗制，但大部分也可以表现春秋战国乃至秦汉之交的时代背景。把他关于教育的，姑且写几条出来：

《地官》"立地官司徒，使帅其属而掌邦教。……小司徒之职，掌建邦之教法。……乡师之职，各掌其所治乡之教，而听其治。……乡大夫各掌其乡之政教禁令。……州长各掌其州之教治政令之法。……党正各掌其党之政令教治。……司市掌市之治教政刑，量度，禁令。"

大司徒就是今时的教育部长，小司徒就是次长。以下乡师、乡大夫、州长、党正、司市，各掌管他们所属的教育。

> 同上，"大司徒……岁终，则令教官正治而致事。"

这不是叫他们每年度报告教育状况么？至于他们所教是什么呢？就是六德、六行、六艺。六艺中间，尤注重的是礼和乐。

> 同上，"大司徒以乡三物教万民而宾兴之，一曰六德，知、仁、圣、义、忠、和。二曰六行，孝、友、睦、姻、任、恤。三曰六艺，礼、乐、射、御、书、数。……以五礼防万民之伪，而教之中。以六乐防万民之情，而教之和。"

他们对于民众教育，也有一种特殊的教育方法。

> 同上，"大司徒……正月之吉，……悬教象之法于象魏，使万民观教象，挟日而敛之。乃施教法于邦国都鄙，使之各以教其所治民。……小司徒……正岁，则帅其属而观教法之象，徇以木铎。……州长……各属其州之民而读法，以考其德行道艺而劝之，以纠其过恶而戒之。"

这就是后来官府告示的起源了。但他们想得周到，不单是张挂通衢，就算了，还要挨次的揭示，有木铎的声浪，使老百姓闻声聚集，读给他们听，用劝戒的方法，使他们迁善改过，差不多是公开的演讲了。

以外还有音乐舞蹈的教育，有农事的教育，有军事的教育，姑且略去不说。

到了昭穆两王时，还是奉行《周礼》所载"以乡三物教万民而宾兴之"的遗意，从诸侯国的人民中，选取道德很好的，奉为模范人民。试读《管子·小匡》：

> "昭王穆王世法文武之远迹，……合群国比较民之有道者，设象以为民纪。"

到春秋时，渐渐地不行了。试把书本所载教育事实，摘写下来：

《春秋·左传》闵公二年"卫文公敬教劝学。"

《诗鲁颂·泮水》序"泮水，颂僖公能修泮宫也。"……"载色载笑，匪怒伊教。"

《左》襄三十，"我有子弟，子产诲之。"

同襄三十一"郑人游于乡校，以论执政，然明谓子产曰：毁乡校如何？子产曰：'何为？'"

……

像卫文公鲁僖公郑子产诚诚恳恳地为人民谋教育，在当时要算朝阳鸣凤了。

《左》襄九"楚……子囊曰：……当今吾不能与晋争。晋君，……其大夫不失守，其士竞于教。"

《国语·晋语》"辛巳朝于武宫，定百事，立百官，育门子，选贤良。"

《左》成十八"晋悼公即位于朝，始命百官。……荀家、荀会、栾黡、韩无忌为公族大夫，使训卿之子弟恭、俭、孝、悌。"

晋悼公也算轰轰烈烈行一番新政的，可是他所办的教育，虽然博得强邻的称赞，实际上却限于世家大族的子弟，对一般老百姓，就顾不到了。

《左》僖二十七"晋侯使人而教其民，二年，欲用之。"

同哀元"越十年生聚而十年教训。"

同宣十二"楚自克庸以来，其君无日不讨国人而训之，……箴之曰民生在勤。"

晋文公、越勾践、楚庄王，他们的教育，别有目的，无非是教民作战以强国，说来粗俗些，就是教成军阀的走狗，罢了。

当时一般学校的荒废，学风的浮薄，士大夫的不喜欢学问，简直无可为讳。

请读——

《诗郑风·子衿》序"子衿，刺学校废也。"

《左》昭十八"往者见原伯鲁……不悦学，归以语闵子马，……曰：……于是乎下陵上替，能无乱乎？"

同昭十七"仲尼见于郯子而学之，……曰：……天子失官，学在四夷，犹信。"

所以公扈子发为很愤激的论调，把当时种种的捣乱，归本于有国者之不学。

《说苑·建本》篇"公扈子曰：有国者不可以不学，……春秋之中，弑君三十六，亡国五十二，诸侯奔走不得保其社稷者，甚众，未有不先见而后从之者也。"

那时候，公家的教育，差不多没有了。于是乎一般私塾，应运而兴。

私塾先生中间，顶有名的就是孔丘。他老先生在鲁国，先头做小官，后来做大官，最后也还代理过一国之相。再后来，弃官游历，等到从卫国回到鲁国，弟子慢慢地多起来了。出门多年，很觉得风尘疲乏，而且东奔西走，一无结果，于是正式开设私塾起来，原来大夫七十而致仕，为乡师，当时本有此风俗。孔老先生却自设门馆，所教的，就是诗、书、礼、乐。以外还有射、御。一时学生差不多来了三千人，教了几年，有七十二位高徒，的确把上开六种科目，完全参透。（以上演《史记·孔子世家》）

孔老先生的教法，却是与众不同。

《论语·子罕》章"夫子循循然善诱人。"

同《述而》章"子曰：若圣与仁，则吾岂敢？抑为之不厌，诲人不倦，则可谓云尔已矣。"

同《述而》章"子曰：不愤不启，不悱不发。举一隅不以三隅反，则不复也。"

同《先进》章"子路：问闻斯行诸？子曰：有父兄在，如之何其闻斯行之也？"冉有问：闻斯行诸？子曰：闻斯行之。公西华曰：……赤也惑，敢问？子曰：求也退，故进之。由也兼人，故退之。

孔老先生的教育，重在一诱字，因材施教，要他自然启发，而一种到底不倦的精神，确是发于至诚，怪不得凭你多么高的才能、多么自负的意气，到孔老先生面前，自然而然地心悦诚服了。

当时鲁国，还有一位残废的王先生，他的学生，也着实不少。差不多两个人，把一个鲁国分占了。

《庄子德充符》"兀者王骀，从游者与孔子中分鲁。"

还有一位墨老先生，近来忽然被人疑他是印度人的。他专教人刻苦，节用。反对音乐，反对战争，反对丧服及厚葬。他的行为，非常干枯。（演《庄子天下篇》）可是他的学生，却和孔老先生一样的发达，直到他离开世界以后。

《吕氏春秋当染》篇"此二士者,（孔墨）……皆死久矣，从属弥众，弟子弥丰，充满天下。"

就是一班孔门的高足，分散到各国去，大的做卿相人家的师傅，小的在士大夫家处个馆地，也着实不少。（演《史记·儒林传》

教育止可以种后来的善因，却没法改变当时的风气，更没法转移当时的政局，当时政局，已由春秋而战国了。

战国时候，学校教育，是没有的了。可是人类求知欲，是不可灭的。则惟有各自寻师，孟轲、荀卿一辈，各有门弟子不少。齐宣王提倡文学，稷下地方，来了无数学士，像邹衍、淳于髡辈，一时从者几百千人。（演《史记·孟荀列传》及《田敬仲完世家》）这也罢了。还有苏秦、张仪均师事鬼谷先生，作诸侯说客，说甲攻乙，说乙攻甲。尤其下流的，齐国孟尝君，赵国平原君，楚国春申君，魏国信陵君，都是声势薰天的贵族。他们门下食客各几千人，其中流品，那更不知所云了。当时最高的是学士，其次是说客，最下的就是这班食客。

战国时，思想不定于一尊，各依他们所信仰，尽量的发展。今取《汉书·艺文志》所载各家，把他可确认为战国时人的，分录如下：

儒　家—孟轲　荀卿　宁越　公孙固　董子　鲁仲连
道　家—庄周　列御寇　公子牟　田骈　黔娄

阴阳家—公孙发　邹衍　乘丘子　杜文公　南公　邹奭
　　　　间丘快　将钜子　周伯
法　家—李悝　商鞅　申不害　处子　慎到　韩非
名　家—尹文子　公孙龙　成公生　惠施　黄疵　毛公
墨　家—随巢子　胡非子　墨翟
纵横家—苏秦　张仪　庞煖
杂　家—尉缭　尸佼
兵　家—孙膑　公孙鞅　吴起　儿良
数术家—甘公　石申夫
医　家—扁鹊

以上诸人，一个一个能表演他的特长，不是建立功名，便是发挥学说，至少传布一种独出冠时的技术。所相同的，就是没有一个没有著作流传身后。以战国一百五十余年间，而有那么多的人才，除了最近世，又当别论，恐在数千年中国历史上，要算思想最发达的了。可是与学校教育毫无关系。

诸家中最捣乱的，要算纵横家。战国之所以成为战国，多半是他们所造的孽。朝秦暮楚，此风一开，稍有才智的，都想用三寸不烂之舌，取得功名富贵。

在七国并立的时候，尽他们的捣乱，各国无可如何。独秦始皇天性刚愎自用，先为太后迁宫事，诛杀谏者二十七人。（《说苑·正谏篇》）其后就大索逐客。（《史记·始皇本纪》）大概各家并立，最大病根，就是彼此不肯佩服。尤其是当时所谓儒生，多议论，少成事。始皇二十八年，其时六国已全灭，始皇即帝位三年了。东巡到邹峄山，立一个碑，颂他的功业。始皇想起历代帝王，多指定某名山，用很严重的仪节，行封禅礼。既做了皇帝，这些事，该出出风头。齐鲁号称文化中心，就在泰山脚下，召集博士会议，到了七十人，交议一个封禅礼式的议案，议来议去，七十位博士，舌剑唇枪，简直是没法取决，到底一场无结果，从此始皇越发讨厌他们，（演《史记·封禅书》）焚书坑儒的祸根，从此种下去了。

焚书是在始皇三十四年。离他的死期，止有三年。要使稍微迁延一下，那就没有这回事。有一天，始皇置酒咸阳宫，七十位博士奉陪。有一位淳于博士忽然大谈其故典，倚老卖老地说：事不师古，一定不会长久。这句话，大触始皇的怒。丞相李斯一味奉承，以为他们总是说古时那么好，今政府这么不好，要使不去禁止，他们结成了党羽，政府一点势力都没有了。立刻下令，凡是史官所掌书，不是记录本朝的，一概烧掉。老百姓家里，除掉医、药、卜、筮、种树的书，统限三十天内送官烧掉。要是不送去，把藏书的人发往边地筑长城。以后还有人敢私下聚谈诗书古事的，杀。还有人敢说古时那么好，今政府这么不好，把他一族的人都杀。（演《始皇本纪》）

焚书以后，始皇还是不放心，怕人家说他不是，不服从他的法令。乃把儒生一个一个给他做郎官，听候呼唤，一共给了七百人光景。一面在骊山山谷里，暗中选定一片气候较暖的地方，种瓜，使他早熟。乃唤许多博士诸生，到那里，研究这瓜早熟的缘故，他们围住在山谷中间，你一条理由，我一条原则，正高谈雄辩的时候，不料始皇早早预备好了机关，把机一发，山谷里的土，像天崩地塌的压下，七百多人顿时一些声息都没有。（演《史记·儒林传注》引《卫宏诏定古文尚书序》又《后汉书陈蕃传注》同）

书焚掉了，读书的人坑掉了，我的教育史也只得告一段落了。

第二章　德治时期的教育

（两汉　公历前 206·年至 219 年）

当时天下虽然大乱，齐、鲁，即今山东地方，还不失为文化中心。孔老先生的一派，还是在那里研究他们的礼乐。秦二世元年，陈胜与吴广最初反秦，发难于今江苏之徐州，向陇海路一带进兵，自称楚王。鲁国一班学者，高兴得了不得，带了孔老先生传下来的礼器，投奔上去。孔老先生的后辈孔甲，楚王拜他做博士。后来楚王死，孔甲跟他死。直到汉高祖兵围鲁国的时候，还听得唱歌奏乐的声音。（演《儒林传》）高帝五年，即皇帝位。七年，拜叔孙通做奉常，定礼节。当叔孙通降汉时，儒生弟子一百多人，跟他去。可惜当时还在打仗，讲不到办学校，（演《儒林传》及《汉书·叔孙通传》）只靠当时一班遗老，传布他们的学说。读《史记·儒林传》：

> "申公，鲁人。高祖过鲁，申公见高祖于鲁南宫。……归鲁，退居家教，终身不出门。弟子自远方至受业者百余人。申公独以《诗经》为训。"
> "伏生，济南人。故为秦博士。秦时焚书，伏生壁藏之，即以教于齐鲁之间。由是诸山东大师，无不涉《尚书》以教。"

秦汉之间，文化不至中断，就靠这一班遗老。直到汉惠帝四年，始除挟书律。(《汉书·惠帝纪》)武帝即位，始兴学。

> "今上即位，赵绾王臧之属，明儒学，而上亦乡之。于是招方正贤良文学之士，公孙弘以《春秋》白衣为天子三公，封平津侯。天下之学士，靡然乡风矣。"(《史记·儒林传》)

从此学校教育，确定为政府责任，由中央而推到各地。请分述之：

汉的中央教育。秦本设有博士官，掌通古今。汉武帝建元五年，始设《诗》《尚书》《礼》《易》《春秋》五经博士，从太常（即奉常，景帝六年改。即后来的礼部官）的议复，为博士官设弟子五十人。其资格，规定"年十八以上，仪状端正，"由太常选补，这是正班。各地方（郡、国、县）有"好文学，敬长上，肃正教，顺乡里，出入不悖"的，由地方官（令、相、长、丞）申送高级地方官，（二千石，郡守，及诸王相）复加考察，认为合格，转送太常，一同受业，这是附班。凡是博士弟子，皆免徭役、赋税。受业及一年，考试结果，能通一经以上，补文学掌故官。名次高的，补郎中。不勤学，或天资太低，并一经都不能通的，令其退学。文学掌故通礼经的，称治礼掌故。其品级高的，得补左右内史，大行卒史。品级低的，补郡太守卒史，或边郡太守卒史。文学掌故，得补郡的属官。昭帝时，博士弟子满百人。宣帝末，二百人。元帝时，增至一千人。成帝时增至三千人。以后仍减为一千人。（演《史记》《汉书·儒林传》及《汉书·百官公卿表》）那时候，虽有教师，有学生，有入学资格，修业年限，及毕业生出路种种规定，却没有学校的形式。董仲舒对策，盛称"古之王者，立大学以教于国，设庠序以化于邑。"武帝并没有采用。宣帝时，王吉又言，又不能用，直到成帝时，在水滨得古磬十六枚，以为祥瑞，刘向利用这个机会，劝帝兴辟雍，设庠序。帝才兴工于长安城南，没有落成，而帝殁。所以称成帝，就为纪念这个将成未成的大工程的缘故。后来辟雍告成，已是王莽时了。（演《汉书·礼乐志》）

王莽对于教育倒非常注意。

> "元始三年，……莽奏起明堂、辟雍、灵台，为学者筑舍万区。……立《乐经》，益博士员，经各五人。征天下通一艺教授十一人以上，及

有《逸礼》《古书》《毛诗》《周官》《尔雅》《天文》《周谶》《钟律》《月令》《兵法》《史篇文字》，通知其意者，皆诣公车，网罗天下异能之士，至者前后千数。"（《汉书·王莽传》）

他的兴学，他的延揽人才，却有一种特殊目的。就是要结士类，以为制造民意，窃取地位地步。请再读《王莽传》：

"莽……散舆马，衣裘，振施宾客，家无所余。收赡名士。……游者为之谈说，虚誉隆洽。"

"贤良周护、宋崇等对策，深讼莽功德。"

"庶民诸生郎吏以上，守阙上书者，日千余人。……咸言……如彼安汉公盛勋。"……

制造民意的结果，怎样呢？

"商人杜吴杀莽，……传莽首，悬宛市，百姓共提击之，或切食其舌。"（《莽传》）可云惨极了。

光武中兴，未及下车，先访儒雅。四方学士，云会京师。立五经博士，《易》施孟、梁丘、京氏，《尚书》欧阳、大小夏侯，《诗》齐、鲁、韩、毛，《礼》大小戴，《春秋》严、颜凡十四家。各以家法教授。建武五年，修太学，明帝永平二年，亲临太学讲经，环桥门而观听者，盖亿万计。（《后汉·儒林传》）章帝又以建初四年，会诸儒讲经白虎观。（《后汉·章帝纪》）至安帝始薄艺文，博士倚席不讲，朋徒怠散，学舍颓敝，质帝本初元年，诏大将军以下遣子就学。从此游学增至三万余生，而浮华相尚，儒风更衰。（《儒林传》）灵帝光和元年，置鸿都门学，会群小至数千人，旬月间，并皆拔擢。（《灵帝纪》）鸿都门，就是帝宫门。小人得志，君子羞与为伍了。请看当时的图书，光武迁洛阳，载书二千余车，其后加了三倍。及董卓移都，许多缣帛，大的连起来做帐做缛，小的撕碎了，供包扎用。司徒王允所收拾，仅得七十余车。及李傕、郭汜作乱，差不多焚毁净尽了。（演《后汉·儒林传》）

两汉中央教育的经过，就是这样。至于地方教育呢？

汉的地方教育在郡国地方，每十里设一亭，有亭长。每十亭成一乡，设三老，掌教化。共有乡六千六百二十二个。(《汉书－百官公卿表》)三老，是老百姓的老师。(演《汉书·文帝纪》诏书语)地方文化的发达，要算蜀。郡守文翁修起学宫于成都，招下县子弟，以为学官弟子，选送京师受业，还教吏民，从此蜀的文化，和齐鲁一样。武帝令天下郡国立学校，实自文翁开始。(《汉书·循吏传》兼采《三国蜀志·秦宓传》)当时河间献王德修礼乐，被服儒术，造次必于儒者，山东诸儒，多从而游。(《汉书·景十三王传》)淮南王安亦好书，招致宾客数千人，(《淮南王传》)这都是西汉的事。

到了东汉，凡乡有孝子、顺孙、贞女、义妇，能让财的，能救患的，以及为民法式的，学士，乡三老，皆扁表他的门。(《后汉书》·百官志》)当时努力提倡地方文化的官吏，就《后汉书》所载，一一录写下来：

"寇恂为汝南太守，素好学，乃修乡校，教生徒，聘能为《左氏春秋》者，亲授学焉。"(卷四十六《寇恂传》)

"李忠迁丹阳太守，越俗不好学，嫁娶礼仪，衰于中国，乃为起学校，习礼容，春秋乡饮，选用明经，郡中向慕之。三岁间，流民占著者五万余口。"(卷五十一《李忠传》)

"鲍永子昱，昱子德，为南阳太守，时郡学久废，乃修起簧舍，备俎豆，黼冕行礼，奏乐，又尊飨国老，宴会诸儒，百姓观者，莫不劝服。"(卷五十九《鲍永传》)

"宋均补辰阳长，其俗少学者而信巫鬼。均为立学校，禁绝淫祀，人皆安之。"(卷七十一《宋均传》)

"应奉永兴元年，拜武陵太守，兴学校。"(同上，《应奉传》)

"栾巴四迁桂阳太守，以郡处南垂，不闲典训，为吏人定婚姻丧纪之礼，兴立学校，以奖进之。虽干吏卑末，皆课令习读，程试殿最，随能升授。"(卷八十七《栾巴传》)

"卫飒迁桂阳太守。郡与交州接境，颇染其俗。不知礼则。飒下车修庠序之教，设婚姻之礼期年间邦俗从化了。"(卷一百六《卫飒传》)

"任延为九真太守。骆越之民，无嫁娶礼法，各因淫好，无适对匹。不识父子之性，夫妇之道。延乃移书属县，各使男年二十至五十，女年十五至四十，皆以年齿相配。同时相娶者二千余人。其产子者，始知种性，咸曰："使我有是子者，任君也。多名子为任。拜武威太守，造立校官。自掾吏子孙，皆令诣学受业疸。"（同上，《任延传》）

"锡光为交趾太守。教导民夷，渐以礼义。化声侔于延。"（同上）

"秦彭建初元年，迁山阳太守。以礼训人，不任刑罚。崇好儒雅。敦明庠序。每春秋乡射，辄修升降揖让之仪。乃为人设四诫，以定六亲长幼之礼。有遵奉教化者，擢为乡三老。"（同上，《秦彭传》）

这可见当时地方教育，虽没有法令规定，然贤良的地方官，没有不努力兴学，差不多成为风气。为的是中国一直下来，政教合一的。尤其是到了两汉，所以政治设施，特别的富有教育意味。吾且提出两点来：

一、设官　丞相是最高级教化官。哀帝朝更名大司徒。（《汉书·百官公卿表》）东汉单称司徒。他的职务，依《后汉百官志》的规定，在教民孝、悌、逊、顺、谦、俭。三老是最下级教化官，他的职务，在教民孝、顺、贞、义、让财、救患。（见上）自惠帝以下，凡皇帝的庙号，皆冠一孝字。孝文十二年，诏书说："孝悌，天下之大顺也。力田，为生之本也。三老，众民之师也。廉吏，民之表也。其置三老，孝悌力田常员（《文帝纪》）孝景中元六年，诏书说："吏者，民之师也，其举不如法令者。"（《景帝纪》）孝武元朔元年，诏书说："公卿大夫所使广教化，美风俗也。深诏执事兴廉举孝，庶几成风。"（《武帝纪》）元帝元年，诏书说："相守二千石，诚能正躬劳力，宣明教化，以亲万姓，则六合之内，和亲庶几无忧。"（《元帝纪》）东汉章帝元和二年，诏书说："三老，尊年也。孝悌，淑行也。力田，勤劳也。国家甚休之。其勉率农功。"（《章帝纪》）随手翻阅列朝诏令，几乎满纸皆道修教育语，为任何朝代所没有的。

二、选士　选举，和考试，都不是教育。不过上边要那样人，下边自会走那条路。所以于风俗人心，影响很大。两汉选举科目，除掉技能方面不算，差不多没有一项，不包有道德教育意味。吾把《前后汉书》所屡见不一见的选举科目一一录下来。

明德　明经　贤良　贤良文学　贤良方正　孝廉　孝悌力田　好文学敬长上肃政教茂材　茂材异等　茂材特立之士　淳厚　淳厚质实　淳朴逊让　四行（淳厚、质朴、谦逊、节俭）　直言　极谏之士　有行义者，有道之士……

因为国家用这样的标准来取士，所以到了两汉末年，虽然朝政非常紊乱，那时候的士风和民风，还不少轰轰烈烈的表见。吾先说士风：

"鲍直下廷尉狱，博士弟子济南王咸举幡太学下，曰：欲救鲍司隶者，会此下。诸生会者千余人。朝日，遮丞相孔光……车，不得行。又守阙上书。上（哀帝）遂抵宣罪，减死一等，髠钳。"（《汉书·鲍宣传》）

"朱晖孙穆征诣廷尉，输作左校，太学书生刘陶等数千人诣阙上书，讼穆曰：伏见施刑徒朱穆处公忧国，拜州之日，志清奸恶，诚以常待贵宠，父兄子弟，布在州郡，竞为虎狼，噬食小人，故穆张理天网，……罹取残祸。……当今中官近习，窃持国柄，手握王爵，口含天宪，运赏则使饿隶富于季孙，呼噏则令伊颜化为桀跖。而穆独亢然不顾，非……恶生而好死也，徒感王纲之不攝，……故竭心怀忧，为上深计。臣愿黥首系趾，代穆校作。帝（桓帝）览其奏，乃赦之。"（同《朱晖传》）

"桓灵之间，主荒政谬，国命委于阉寺，士子羞与为伍。太学诸生三万余人，郭林宗、贾伟节为其冠。与李膺、陈蕃、王畅更相褒重，危言深论，不隐豪强。张成弟子牢修诬告膺等养太学游士，交结诸郡生徒，诽讪朝廷，疑乱风俗。于是逮捕党人，收执膺等，连及陈寔之徒二百余人。明年，赦归田里，禁锢终身，而党人之名，犹书王府。……张俭乡人承中常侍侯览意旨，上书告俭为部党图危社稷，而俭为之魁。捕俭膺等百余人，皆死狱中。死徒废禁者，六七百人。"（同《党锢传》）

次说民风：

"魏相为河南太守，有告相贼杀不辜事，下有司，河南卒戍中都官者二三千人，遮大将军，（霍光）自言愿复留一年，以赎太守罪。河南老弱万余人，守关欲入上书，关吏以闻……"（《汉书·魏相传》）

"赵广汉守京兆尹，……下廷尉狱，……吏民守阙号泣者数万人。或言臣生无益县官，愿代赵京兆死，使得牧养小民。……广汉虽坐法诛，……百姓追思，歌之至今。"（同《赵广汉传》）

"韩延寿守左鸿翊，……坐罪，弃市。吏民数千人，送至渭城，老小扶持车毂，争奏酒炙，延寿不忍距逆，人人为饮，计饮酒石余。使

掾吏分谢送者，远苦吏民，延寿死无所恨。百姓莫不流涕。"（同《韩延寿传》）

"第五伦拜会稽太守，永平五年，坐法征，老小攀车叩马，啼呼相随，日裁行数里，不得前。伦乃伪止亭舍，阴乘船去。众知，复追之。及诣廷尉，吏民上书守阙者千余人。"（《后汉书第五伦传》）

"宋均迁东海相，坐法，免官。客授颍川，而东海吏民，思均恩化，为之作歌，诣阙乞还者数千人。"（同《宋均传》）

"张浩子纲为广陵太守，在郡一年，卒。百姓相携诣府赴哀者，不可胜数。皆言千秋万岁，何时复见此君？张婴等五百余人，制服行丧，送到犍为，负土成坟。"（同《张浩传》）

"吕布既杀卓，士卒皆称万岁。百姓歌舞于道。长安士女卖其珠玉、衣装，市酒肉相庆者，填满街肆。"（同《董卓传》）

读《前后汉书》至上文诸篇，每叹人类直道正气犹存天地间。其所以养成这种风俗，岂是一朝一夕的缘故呀？称他做德治时期，还不算过当罢！

汉朝政治，有一件事，大概当时万料不到流毒直至两千年以后。及今追究当时制度，总不免有作俑的嫌疑，就是科举。上文不是说过两汉中央教育行政，有教师、学生、入学资格、修业年限、毕业生出路种种规定么？请再考当时的考试制度：

考试分射策、对策两种。

"射策者，设为难问疑义，书之于策，量其大小，署为甲乙之科，列而置之，不使彰显。有欲射者，随其所取得而释之，以知优劣。对策者，显问以政事经义，令各对之，而观其文辞定高下。"（《汉书萧望之传注》）

"弟子射策，甲科百人，补郎中。乙科二百人，补太子舍人。皆秩比二百石。次郡国文学秩百石。"（《史记儒林传索隐》）

大抵射策多行于太常受业以后的毕业考试。例如萧望之即以授业太常而射策甲科为郎的。对策多行于特殊荐举，天子临轩亲问，例如董仲舒以贤良文学科被荐，对策，三问三对，被命为江都相。当时实把荐举、学校、考试三事并行的。不比后来行了荐举，就废考试。行了荐举、考试，就废学校。然班固就说：

"自武帝立五经博士，开弟子员，设科射策，劝以官禄，讫于元始。百有余年，传业者浸盛，支叶蕃滋，一经说至百余万言，大师众至千余人盖禄利之路然也。"（《儒林传赞》）

当时文化固然因此大盛，然而病根早已深深种下。班孟坚末了一语，眼光看到很深微处，大可玩味。至后来因考试而并废学校，那是当时所料不到的。

第三章　混战时期的教育

（从三国到南北朝　公历 220 年至 588 年）

自东汉末三国分立，到隋文帝开皇九年一统，中间二百七十年，教育两字，可云若有若无。今请先说三国，据《三国志》及《晋书》所载：

魏之兴学

"太祖初兴，在拨乱之际，使郡县立教学之官。高祖即位，复辟雍，州立课试。于是天下复闻庠序之教，亲俎豆之礼。"（《魏志》高柔疏言）

"黄初五年，立太学，制五经课试之法，置《春秋》《谷梁》博士。"（同上，《文帝》）

"刘馥为扬州刺史，造合肥城，建立州治。聚诸生，立学校（同上，《刘馥》)

蜀之兴学

蜀立太学，设博士，州设典学从事。

按《蜀志·许慈传》"先主定蜀，承丧乱历纪，学业衰废。乃鸠合典籍，沙汰众学。许慈、胡潜慈子勖并为博士。"（同《尹默传》）"默子宗传其业为博士。"（同《谯周传》）"周为典学从事，总州之学者。"（《晋书文立传》）"蜀时游太学，专《毛诗》《三礼》，师事谯周。"据此，知蜀有太学，有博士官，有地方典学官。

吴之兴学

"吴永安元年，诏置学官，立五经博士。"（《吴志·孙休》）

这张诏书还称："古者建国，教学为先。……时事多故，吏民颇以目前趋务，去本就末，不循古道，其案古置学官，立五经博士，核取应选，加其宠禄"云云。查永安元年，吴建国已三十八年。下距失国仅二十三年，乃始兴学。

魏、蜀、吴都不能说没有教育。但是吴兴学这样晚，蜀祚最短，他的教育影响，无从详考。然后人称诸葛亮治蜀"朝会不哗，路无醉人；"又称"教美于鲁，蜀民知耻，"（均《蜀志·诸葛亮注》）当时教育上，必有多少设施，陈寿称国不置史，行事多遗，（《先主评》）大概是不错的。至于魏曹氏父子兄弟，均以文学著称，似应注重文化了。但鱼豢称："太和青龙中，（魏明帝时）太学诸生千数，而诸博士皆粗疏无以教弟子，弟子志在避役，无能习学。百人同试，度者未十。正始中（魏齐王芳时）朝堂公卿以下，四百余人，其能操笔者，未及十人。"（《魏志·王肃传注》引《魏略》）以曹家天下，而文事荒废到那么田地，究竟什么缘故呢？刘靖疏称："自黄初以来，崇立太学，二十余年，而寡有成者，盖由博士选经，诸生避役，高门弟子，耻非其伦。故夫学者虽有其名而无其人，虽设其教而无其功"云云。(《魏志·刘馥》)所谓诸生避役，不肯就学，诚为一大原因。战争与文化，其不相容如此。倒是有一位高士，大可起吾们敬仰的。

> "田畴，无终（今河北蓟县）人也。率宗族及附从数百人，入徐无山中，躬耕以养父母。百姓归之。数年间，至五千余家。乃为约束杀伤犯盗争讼之法，婚烟嫁娶之礼，兴举学校，讲授之业，班行其众，众皆便之。至道不拾遗，北边翕然，服其威信，乌丸、鲜卑，并各遣译使致贡。畴悉抚纳，令不为寇。"（《魏志·田畴传》）

在这样纷乱的时候，不问世故，画疆而治，用私人的力量，干他的自治事业，把整个地方做对象，而开今所谓教育社会化的先声，直使道不拾遗，远夷致贡。田先生！除掉诸葛武侯以外，就要对你行一敬礼了。

至于晋，以太康元年统一，不到二十年，就闹八王之乱。接下来，就闹五胡十六国之乱。东渡以后，袁瑰、冯怀辈，请立国学，征集生徒，莫肯用心，及殷浩西征，从此废学了。（演《宋书·礼志》）姑把他教育制度考一下：

晋的中央教育

"晋初，承魏制，置博士十九人。咸宁四年，初立国子学，置国子祭酒、博士各一人，助教十五人，以教生徒。江左减为九人。元帝末，增《仪礼》《春秋》《公羊》博士各一人，合为十一人，后又增为十六人。不复分掌五经，而谓之太学博士。"（《晋书·职官志》）

"晋初太学生三千人。"（《南齐书·礼志一》）

晋的地方教育

"征西将军庾亮在武昌开置学官，并准临川临贺二郡请求，修复学校。"（《宋书·礼志》）

"虞溥除鄱阳内史，大修庠序，广招学徒。"（《晋书·虞溥传》）"范宣为豫章太守，在郡立乡校，教授生徒，恒数百人。"（同《范宣传》）

这是晋朝兴学事实，见于晋书的一部分。且继续查考下去：

宋的教育

"高祖诏有司立学，未就而崩。太祖元嘉二十年，复立国子学，二十七年，废。"（《宋书·礼志》

"元嘉十五年，征雷次宗至京师，聚徒教授，置生百余人，以儒学监诸生，使丹阳尹何尚之立玄学，太子率更令何承天立史学，司徒参军谢元立文学，凡四学。"（同上，《雷次宗传》）

齐的教育

"高帝建元四年，诏立国学，置学生百五十人。帝崩，乃止。武帝永明三年，复立学，置生二百人。"（《南齐书·礼志一》）

梁的教育

"武帝天监四年，置五经博士各一人。广开馆宇，招纳后进。馆有数百人，给其饩廪。其射策通明者，即除为吏。又分遣博士祭酒到州郡立学。"（《梁书·武帝纪中》及《儒林传》）

陈的教育

"陈自世祖以降，稍置学官。虽博延生徒，成业盖寡。"（《陈书·儒林传》）

"陈置国子祭酒，品第三。国子博士，品第四。五经博士，品第

六。"(《隋书·百官志上》)

以上南朝兴学事迹。宋及齐国学开置，均不及十年，不过具文罢了。梁开五馆，怀经云集，陈自天嘉以后，稍置学官，而成材很少。（演《南史·儒林传》）

北魏的教育

"太祖道武帝初定中原，于平城立太学，置五经博士，生员千余人。天兴二年，增国子太学生员至三千。世祖太武帝始光三年，别起太学于城东。令州郡各举才学。于是人多砥尚，儒林转兴。及迁都洛阳，诏立国子、太学及四门小学。"（《魏书·儒林传》）

"显祖献文帝天安初诏立乡学，郡置博士二人，助教二人，学生六十人。后诏大郡立博士二人，助教四人，学生一百人。次郡博士二人，助教二人，学生八十人。中郡博士一人，助教二人，学生六十人。下郡博士一人，助教一人，学生四十人。"（同上）

北齐的教育

北齐师保疑丞，皆赏勋旧。国学博士，徒有虚名。惟国子一学，生徒数十人耳。幸政纲疏阔，故横经受业之徒，遍于都邑，燕赵尤盛。（《北齐书·儒林传》）

国子寺掌训教胄子。祭酒一人，领博士五人，助教十人，学生七十二人。太学博士十人，助教二十人。太学生二百人。四门学博士二十人，助教二十人，学生三百人。（《隋书·百官志中》）

北齐制，诸郡并立学，置博士及助教。（《北齐书·儒林传》）

周的教育

太祖好经术，世宗尚学艺，高祖保定三年，幸太学，问道于三老，天下响慕文教，开黉舍，延学徒者比肩。（《周书·儒林传》及《武帝纪》）

北朝文化，魏为最盛。史家称他"斯文郁然，比隆周汉"，（《北史》及《魏书·儒林传》）虽过甚些，但魏一切设施，却自规模闳远。且享国到一百五十年，为其他诸侯所不及，当然打下多少根底。像齐周两朝，才兴学，就亡国了。其他南北诸朝，都没有满七十年的。如何怪得他们呢？

政府对教育，既然没有长时间的努力来提倡，那么文化运命的维持，靠什么呢？靠私人讲学。

南北在野讲学者一览表（始三国讫隋）

北	南
国渊　乐安人。辽东讲学山岩，士人多推慕之。（《魏志》）	向朗　襄阳人。开门接宾，诱纳后进。（《蜀志》）虞翻
邴原　北海人。在辽东一年，往归原居者，数百家。游学之士，教授之声不绝。（同上）	余姚人。徙交州讲学不倦。门徒常数百人。（《吴志》）
王裒　北海人，以教授为务，门徒从者千余人。（同上）	范平、范蔚　钱塘人。家世好学，有书七千余卷，远近来读者，恒有百余人。（《晋书》）
张锦　钜鹿人。遁常山，门徒且数百人。（同上）	杜夷　庐江灊人。闭门教授，生徒千人。（同上）
隗禧　京兆人。以老处家，就学者甚多。（同上）	
刘兆　济南东平人。从受业者数千人。（同上）	刘瓛　沛国相人。少笃学，聚徒教授常有数十人。京师士子贵游，莫不下席受业。（《南齐书》）
徐苗　高密淳于人。远近咸师其行。（同上）	
汜毓　齐北卢人。时青土隐逸之士，刘兆、徐苗等皆务教授，惟毓不蓄门人，有好古慕德者，倾怀开诱。（同上）	顾欢　吴郡盐官人。于剡天台山开馆聚徒，受业者常近百人。（同上）
续咸　上党人。贞素好学，教授常数十人。（同上）	臧荣绪　东莞莒人。隐居京口，教授南徐州。（同上）
范宣、范辑　陈留人。父子以教授为事。（《晋书》）	关康之　河东人。隐京口四十年，不出门，弟子以业传授。（同上）
常爽　河内温人。置馆温水之右。教授门徒，七百余人，京师学业复兴。（《魏书》）	沈骥士　吴兴武康人。隐居余干吴差山，讲经教授，从学者数十人，各营屋宇，依止其侧。（同上）
刘献之　博陵饶阳人。四方学者，高其行义，著录数百，皆经通之士。（同上）	
张吾贵　中山人。每一讲唱，门徒千数。（同上）刘兰　武邑人。学徒前后数千，成业者众。（同上）徐遵明　华阴人。讲学于外，二十余年，海内莫不宗仰。（同上）	吴苞　濮阳鄄城人。泰始中过江聚徒教学立馆蒋山南，自刘瓛卒后，学者咸归之。（同上）
	徐瑶之、徐伯珍　东阳太末人。瑶之还袪蒙山，立精舍讲授。伯珍往从学，积十年，游学者多依之。及卒，受业生凡千余人。（同上）
李铉　渤海南皮人。教授乡里，生徒恒至数百。燕赵间能言经者，多出其门。（《北齐书》）	伏曼容　平昌安丘人。少笃学，宅在瓦宫寺，施高坐讲说，生徒常数十人。（《梁书》）
张买奴　平原人。经义该博，门徒千余人，诸儒咸推重之。（同上）	何佟之　庐江灊人。常集诸生论讲，孜孜不息。（同上）
鲍季详　渤海人，讲经乡里有徒众。（同上）	
马敬德　河间人，教授燕赵间，生徒随之者众。（同上）	沈德威　吴兴人。遁天目山，笃学无倦。授国子助教，每自学还私室，即讲授道俗受业者数十百人，率常如此。（《陈书》）
张雕　中山北平人。弟子远方就业者以百数。（同上）	
熊安生　长乐阜城人。专以《三礼》教授弟子，自远方至者十余人。（《周书》）	王元规　太原晋阳人。除鄱阳王府录事参军，迁南平王府限内参军。四方学徒，不远千里来请道者常数十人。（同上）
何妥　西城人。负笈游学者，皆为讲说教授之。（《隋书》）	包恺　东海人。聚徒讲授，著录者数千人。（《隋书》）
房晖远　恒山真定人。以教授为务。远方负笈而从者，动以千计。（同上）	
马光　武安人。教授赢博间，门徒千人，多负笈从入长安。（同上）	
刘焯　信都昌亭人。以教授著述为务。（同上）	
刘炫　河间景城人。与焯并称二刘。后进质疑受业，不远千里而至者，不可胜数。（同上）	
王孝籍　平原人。归乡里，以教授为业。（同上）	

私人讲学在两汉时，固然很发达，到三国、两晋、南北朝，这种风气，并没有改变，不过自马融、郑玄以后，多不以一经名，经师不必专经，晋朝南渡，太学博士不复分掌五经，（见前）亦是当时风会所趋，无可如何的。请把正史所载私人在野讲学事实，尽量的录下来，中间南北分录，还可以看出两方盛衰的消息。

就上表，北方二十八人，南方一十八人，北多四分之一以上。《隋书》称"齐、鲁、赵、魏学者尤多，"大概是不错的了。

当时学风很坏。汉末党锢之祸，正人君子，几于一网打尽，满地盗贼，杀戮太多，使人精神上感觉得毫无生趣，接下来，曹氏父子，以无上的威权，提倡风流跅弛一派，《魏志·武帝纪》建安二十二年注引《魏书》载：

> "秋，八月，令曰：……今天下得无有……负污辱之名，见笑之行，或不仁不孝，而有治国用兵之术，其各举所知，勿有所遗。"

公然用明令征求不仁不孝的人才，千古骂曹操，此事真值得千古唾骂。怪不得后来王珩居台司，羞言名教了（《世说新语》注引《八王故事》）。直到六朝之末，徐遵明为一代大儒，而好聚敛，（《魏书本传》）刘焯啬于财，不行束修，未尝有诲，（《隋书本传》）刘炫以牛弘奏请购求天下遗书，遂伪造百余卷，送官取赏（《隋书本传》），当时知识阶级的腐化，可谓达于极度。然其时亦有数人，很想做中流砥柱，如陶侃"语人：岂可逸游荒醉，无益于时？参佐以谈戏废事者，取其酒器、博具投之江，谓君子当正其衣冠，摄其威仪，何有乱头养望，自谓宏达耶？"（《晋书本传》）卞壸"以贵游子弟，多慕王澄、谢鲲为达，厉色语人，曰：悖礼伤教，罪莫斯甚，中朝倾覆，实由于此。"（同上，《本传》）惜乎，风气已成，一时少数敌不了多数哩！

第四章　科举时期的教育

（从隋唐到清　公历 589 年至 1861 年）

隋自文帝统一南北，虽享国不及三十年，但其一切制度，为后朝所沿袭者，着实不少。教育也是其中的一种。

隋的中央教育

"国子寺祭酒一人，统国子、太学、四门、书、算学，各置博士及助教，国子，太学，四门均各五人；书算各二人。学生，国子一百四十人，太学，四门各三百六十人，书四十人，算八十人"。(《隋书·百官志下》)

隋的地方教育

"文帝时，自京邑达于四方，皆开黉校。仁寿元年，诏以天下学校生徒，多而不精，惟简留国子学生七十人，太学、四门及州、县学并废。"(同上，《高祖纪》及《儒林传》)

"炀帝即位，复开庠序，国子，郡、县之学，盛于开皇之初。征辟儒生，远近毕至。既而师徒怠散，盗贼群起，有建学之名，无弘道之实"。(同上，《儒林传》)

太学是向来有的。国子学起于晋，四门小学起于北魏，(均见前)书、算专科设学，实起于隋。太学，国子，四门以学生资格分，书、算设学，可以说是分科大学的起点了。

隋享国只得二十九年耳（自公历五八九至六一七）。对于全国学校，兴而废、废而兴，在中国教育制度全史上，只可认为过渡时代。

上文不是说风气造成以后，少数敌不了多数么？其实不过一时的现象。果经长时间的努力，把经过时间的长度，来乘努力的高度，所得的结果，何尝不可以少数胜多数呢？魏晋清谈，算是最没有出息的一种风气了。对群，对国，果然不负责任，就讲对己，这样的偷惰放纵，结果惟有自杀。这种风气，经魏晋南北朝，至隋唐间，然后慢慢地减少。大凡风气改变，当然有无数若干的原因，但隋唐间有一位学者王通，他的门人称他为文中子的，确是努力于改变这种风气的运动工作。请读他的《中说》。

"子躬耕，或曰：不亦劳乎？子曰：一夫不耕，或受其饥。且庶人之职也，亡职者罪，无所逃于天地之间，吾得逃乎！"

"无功（通弟绩）作《五斗先生传》，子曰：汝忘天下乎！纵心败矩，吾不与也。"

"子曰：悠悠素餐者，天下皆是，王道从何而兴乎？"

"王孝逸谓子曰：天下皆争利弃义，吾独若之何？子曰：舍其所争，取其所弃，不亦君子乎！"

"子游太乐，闻龙舟五更之曲，瞿然而归曰靡靡乐也，作之邦国焉，不可以游矣。"

"子曰：天下之危，与天下安之；天下之失，与天下正之；千变万化，吾尝守中焉。"

唐朝开国功臣李靖、杜如晦、房玄龄、魏征、薛收都出自他的门下，因此许多人过度的捧他，惹起后人种种反感和疑问。要知在那个时候，抱那种态度，不能不认为魏晋清谈以后一部分反动思潮的代表。

唐的制度，很多是沿袭隋朝，而加之润色的。不独是教育。今考教育制度：

唐的中央教育

"国子监掌儒学训导之政，总国子、太学、广文、四门、律、书、算凡七学。"（《新唐书·百官志》）

国子学、太学、四门学、书学、算学是旧制度。广文馆及律学是新建设。更分考之：

一、国子学

"国子博士二人，助教一人，学生三百人。博士掌教文武官三品以上及国公子孙二品以上曾孙为生者，五分其经以为业，《周礼》《仪礼》，《礼记》《毛诗》《春秋左氏传》各六十人。暇则习隶书，《国语》《说文》《字林》《三仓》《尔雅》。"

"每岁生有通两经以上求出仕者，上于监。秀才，进士亦如之"（以上《旧唐书职官志》及《新唐书·百官志》）

二、太学

"博士三人，助教三人，学生五百人。博士掌教文武五品以上及郡县公子孙从三品曾孙之为生者。教法并如国子。"（同上，《职官志》）

三、四门馆

"博士六人，助教六人，直讲四人，掌教七品以上侯伯子男子为生及庶人子为俊士生者。有学生三百人。"（《新唐书·百官志》）

以上三种，可以说国子学是上级的贵族教育。太学是中级的贵族教育。四门馆是下级的贵族和平民子弟的混合教育。

四、广文馆

"博士四人，助教二人，掌领国子学生业进士者六十人。"（同上）广文馆，是有志应进士试者预备之所，可以说是大学专修科了。"凡教授，以《周易》《尚书》《周礼》《仪礼》《礼记》《毛诗》《春秋左氏传》《公羊传》《谷梁传》各为一经。《论语》《孝经》兼习之。每岁终，考其功业多少，为之殿最。"（《旧唐书·职官志》）

这可以说是各学的公共科了。

五、律学馆

"律学博士一人，助教一人，学生五十人。博士掌教文武官八品以下及庶人子为生者，以律令为专业。格式、法例亦兼习之。"（同上）

据《隋书百官志中后斋》即设律博士四人，属大理寺。《新唐书·百官志》称：隋律学隶大理寺，博士八人云云，律学设专科以教学生，是始于唐了。

六、书学馆

"书学博士二人，学生三十人。博士掌教文武官八品以下及庶人之子为生者，以《石经》《说文》《字林》[①]为专业。余字书兼习之。"（同上）

---

① 《石经》《说文》《字林》以及《国语》《三苍》《尔雅》，分见《隋书·经籍志一》及《旧唐书·经籍志上》。

七、算学馆

"算学博士二人，学生三十人。博士掌教文武八品以下及庶人子为生者，二分其经以为之业。习《九章》《海岛》《孙子》《五曹》《张丘建》《夏侯阳》《周髀》十五人；习《缀术》《缉古》，十五人，其《纪遗》《三等》^①亦兼习之。"（同上）

到高宗龙朔三年，以书学隶兰台，算学隶秘阁，律学隶祥刑寺，（《旧唐书·高宗纪》）从此设有特设律书算教育机关了。

此外还有以政府分机关而附设教育事业的。

八、弘文馆

"弘文馆学士，掌详正图籍，教授生徒。凡朝廷有制度沿革，礼仪轻重，得参议焉。学生三十人。"（同上）

九、崇文馆

崇文馆学士，掌东宫经籍图书，以教授诸生。学生二十人。（同上）

十、太乐署

凡习乐，立师以教。每岁考其师之课业，为上中下三等，申礼部。十年大校之，量优劣而黜陟焉。（同上）

十一、太医署

医师、针师、按摩师、禁咒师，皆有博士以教之。其考试登用，如国子之法。诸药医博士，掌以医术教授诸生。

药园师二人，药园生八人。（皆同上）

十二、习艺馆

学士一人，教习宫人。（同上）

乃至玄武门屯营飞骑，亦给博士，授以经业。当贞观年间，大征天下儒士，以为学官。国学学舍增至一千二百间，诸生员额多至三千二百人，高丽、百济、

---

① 《九章算术》，徐岳、甄鸾重述。《海岛算经》，刘徽撰。《孙子算经》甄鸾撰注。《五曹算经》甄鸾撰。《张丘建算经》甄鸾撰。《夏侯阳算经》，甄鸾注。《周髀》，赵婴注。《缀术》，祖冲之撰。《缉古算术》，王孝通撰。《数术纪遗》，徐岳撰。《三等数》，董泉撰。分见《隋书·经籍志三》《旧唐书·经籍志下》《新唐书·艺文志两部》，但其卷数不尽同。

新罗、高昌、吐蕃并遣子弟入学，鼓箧升堂者八千余人，(《新旧唐书·儒学传》)可云极盛了。再考他们的地方教育：

唐的地方教育

"京兆河南太原等府经学博士一人，助教二人，学生八十人。医学博士一人，助教一人，学生二十人。"

"大都督府经学博士一人，助教二人，学生六十人。医学博士一人，助教一人，学生十五人。"

"中都督府经学博士一人，助教二人，学生六十人。医学博士一人，助教一人，学生十五人。"

"下都督府经学博士一人，助教一人，学生五十人。医学博士一人，助教一人，学生十二人。"

"上州，中州，下州各经学博士一人，助教一人或二人，学生六十人、五十人、四十人有差。医学博士一人，学生十五人、十二人、十人有差。"

"长安、万年、河南、洛阳、太原、晋阳六县谓之京县。博士一人，助教一人，学生五十人。"

"京兆、河南、太原所管诸县谓之畿县，博士一人，助教一人，学生四十人。"

"诸州、上县、中县、中下县、下县各博士一人，助教一人，学生四十人、二十五人、二十人有差。"

"京畿及天下诸县令之职，皆掌道扬风化。"（以上皆《旧唐书·职官志》）

唐的教育行政，要算渐进于周密了。就新旧两《唐书》所记载，可以看出一种趋势，从好的方面说，是趋重实用；从坏的方面说，是流于机械。例如律学，是应用于刑法的；算学，是应用于历数的；书法，不过求文字的美观，只以唐重考试，功令所关，慢慢地成为风气。寻常街坊间所写经文，至今传为美术品，值得后来的珍赏。至以明字与明算，明法并列为取士专科，(《新唐书·选举志》)医学特设博士与学生，尤以唐为首创。贞观三年，令诸州治设医学，开元十一年，令天下诸州各置医学博士一员。二十七年，初十万户以上州，置医生二十人，十万户置十二人。(《唐会要》卷八十二) 医生名额而以户口多少为比例，直开现今各国的先声了。可惜科举制度，束缚一般人思想太甚，这时代的教育，适成为科举时代的教育罢了。

自隋炀帝始建进士科，(《唐会要》卷七十六薛谦光疏) 唐朝取士，多因隋旧，从学馆取出来的，称生徒，从州县取出来的，称乡贡，都升送有司，用考试方法，定他的等第。至于科目，有秀才、有明经、有俊士、有进士、有明法、有明字、有明算、有一史、有三史、有开元礼、有道举、有童子科、有武举，而明经有五经、有三经、有二经、有学究一经、有三礼、有三传、有史科，这是每岁举行的通常考试。还有皇帝亲自出题考试，称为制举，所以待非常的人才，不是定期的了。凡考题，有经义、有史义、有时务策、有诗赋。其试法，有口试、有墨试。(《新唐书·选举志》) 当时精神全用于考试方法，至于学馆里怎样教他们，倒不注意了。科举出锋头，出了一千年，科举捱骂，也捱了一千年。当唐时，就有许多人怀疑抨击，洋州刺史赵匡揭出十弊，(《通典·选举五》) 最深刻的，要算第二条。他说：

> "人之心智，盖有涯分，而九流七略，书籍无穷，主司征问，不立
> 程限，故修习之时，但务钞略，比及就试，偶中是期。业无所成，固
> 由于此。"

他这一条，从心理和学业的内容上立论，盖不重教育，专重考试，其弊必至于此。以李德裕的文章功业，而自称臣祖天宝末以仕进无他歧，勉强随计，一举登第，自后家不置文选云云，可以推想当时的流毒了。

但是唐朝在野讲学的风气，还有不少的流传。大儒沈重讲于太学，听者千余人。(《旧唐书·徐文远传》) 冀州盖文达博涉《春秋》，刺史窦抗集诸生讲论，刘焯、刘轨思、孔颖达等并以耆儒开门援〔授〕业。(《新唐书·盖文达传》) 江都曹宪聚生徒数百人，公卿多从之。滑州王恭少笃学，教授乡间，子弟数百人。魏州马嘉运退隐白鹿山，诸方来受业者至千人。瀛洲张士衡讲教乡里。绛州尹知章每休沐讲授不辍。(同上，《各本传》) 注《文选》的李善坐罪遇赦，以教授为业，诸生多自远方而至。(《旧唐书》本传) 注《汉书》的颜师古失职，贫甚，以教授为生。(《新唐书》本传) 这许多人，都还是初唐时人。中叶以后，就没有说起了。

从唐亡到宋兴，中间后梁、后唐、后晋、后汉、后周称为五代，享国长的，不到二十年，短的，并不到十年，五代合计，只得五十五年。欧阳修说：

> "五代之乱极矣，干戈兴，学校废，而礼义衰。"（《五代史一行传》）

当时教育自然说不上了。但是中间有一位很漂亮的皇帝，就是后唐明宗。他自己知道才德不够，常焚香祷告，愿天早产生一位圣主来。他自己并没有识字，送上来奏章，叫人读给他听。可是读的人也不大高明，不能完全懂得。（演《资治通鉴》卷二七五页七）他们倒是诚心诚意地提倡文化。还有一事值得提起的，就是后唐长兴三年，刻九经印板广颁天下。（《五代会要》卷八）原来雕版印刷术，始于隋朝。经过唐朝，并没有发达，到五代才大盛了。（详近人孙毓修《中国雕板源流考》）这于文化上，于教育上，倒是很大的贡献。

宋的教育制度，比唐朝没有多大不同。吾来考查一下：

宋的学官

"凡学，皆隶国子监"（《宋史·选举志》）

"祭酒，掌国子、太学、武学、律学、小学之政令。司业为之贰。丞参领监事。"

"博士，掌分经教授，考校程文，以德行道艺训导学者。"

"武学，博士学谕各二人，掌以兵书、弓马、武艺训诱学者。"

"律学，博士二人，掌传授法律及校试之事。"

"小学，置职事教谕二人，掌训导及考校赏罚。学长二人，掌序齿位，纠不如仪者。"

"府置文学及助教。"

"各路置提举学事司，掌一路州县学政。步巡所部，以察师儒之优劣，生徒之勤惰，而专举刺之事。"（以上均《宋史·职官志》）

宋的学科学额

"国子生以京朝七品以上子孙为之。初无定员，后以二百人为额。"（《宋史·选举志》）

"太学生以八品以下子弟及庶人之俊异者为之。自三舍法行，定外舍二千人，内舍三百人，上舍一百人。初入学补外舍。月一私试，岁

一公试，补内舍生。间岁一舍试，补上舍生。"（同上，并《神宗本纪》）

"广文馆生二千四百人。哲宗元祐间置，以待四方游士试京师者。"（同上，《选举志》）

"四门学，自八品至庶人子弟充学生。仁宗庆历三年立，未几废。"（同上，并《仁宗纪》）

"宗学，废置无常。凡诸王属尊者，立小学于其官。"

"律学，国初置博士。神宗熙宁间设学。凡命官举人，皆得入学，习断案，人试案一道。习律令，人试大义五道。月一公试，三私试。"

"算学，徽宗崇宁三年始建。学生二百一十人。命官及庶人为之。"

"武学，仁宗时置。既而中辍。"

"书学，习篆、隶、草三体。"（以上《宋史·选举志》）

"画学，徽宗崇宁三年置。曰佛道、曰人物、曰山水、曰鸟兽、曰花竹、曰屋木，分士流杂流，别其斋以居之。以不做前人，而物之情态形色，俱若自然，笔韵高简为工。"（同上，并《徽宗纪》）

"医学，初隶太常寺。神宗时始置学生三百人。曰方脉科、针科、疡科。崇宁间，改隶国子监。"（《宋史·选举志》）

宋的地方兴学

"仁宗即位，初赐兖州学田。已而命藩辅皆得立学。庆历四年，诏州县皆立学。"（《宋史·选举志》）

"神宗熙宁四年，罢诗赋及明经诸科。置京、东、西陕、西、河东、河北诸学官，使之教导。州给田十顷，置小学教授。"（《神宗纪》并《选举志》）

"哲宗元符二年，诏诸州推行太学三舍法。徽宗崇宁三年，增诸州学未立者。诏诸路知州通判增入主管学事四字。"（各《本纪》）

宋朝的教育制度，和唐朝不同处，只多一画学罢了。阶级意味，却比唐朝稍减。如国子学，唐限三品以上子孙，宋广至七品以上。庶人亦得入太学。可以见思潮转变的趋向。他们的科举，亦袭唐朝制度。史称"委曲琐细，咸有品式，"（《选举志一》）比唐朝还要加密，影响教育更大了。仁宗时，天章阁侍讲王洙言："每科场诏下，广文、太学、律学三馆学生多至千余就试，试已生徒散归，讲官倚席，但为游寓之所，殊无肄习之法。居常听讲者，一二十人尔。"这还是宋朝全盛时代，教育衰废，已到这般田地。

在那时候，有一种新制度产生，就是书院。据《文献通考·学校考》：

> "太宗太平兴国二年，诏赐庐山白鹿洞学馆九经。是馆南唐升元中建。李洞为道主。掌教授学徒，常数百千人。"
>
> "宋初，赐衡州石经书院额。是院，唐元和间李宽建。"
>
> "真宗大中祥符二年，应天府民曹诚造舍百五十间，聚书数千卷，延生徒讲习，赐额曰应天府书院。"
>
> "太祖开宝中，潭州郡守朱洞度基创宇，以待四方学者。大中祥符八年，赐名岳麓书院。"

这就是宋初天下四书院的发起概况。后来一处一处的推广，宁宗开禧中衡山有南岳书院，嘉定中涪州有北岩书院。到理宗时，更多了。（同上，《文献通考·学校考》）再后来，差不多每一州县，都有书院，仿佛就把书院代学校。一直经过了九百余年，他的运命，恰和新式的学校相终始。

宋朝的教育，有两件事，很值得注意的：

其一，从教学法方面说来，像胡安定的分斋教授。胡瑗，泰州人。设教苏湖间二十余年。人称为安定先生。那时候，朝廷重科举，士子习诗赋，很少研究心（此字疑有误——编者）实学的。安定的教法，设经义、治事两斋，教人明经而外，兼治水利，兵、农、算数。一人专治一事，又兼治一事。各就所研究的门类，群居讲习。并把当时的政事，悉心评论，而折中于最适当的方法。这种办法，很像八百五十年后，清光绪年间的湖南时务学堂，而安定先生还注重身教，自从范仲淹做宰相，皇祐四年，聘先生做国子监直讲。虽当盛暑，他必公服升堂。待学生和他的子弟一般。他本精音乐，每天课毕，会集诸生于肯善堂，雅乐歌诗，有时到深夜，始散。于是学生不远数千里来学，太学至不能容。（演《宋史·胡瑗传通鉴续编》及《宋元学案》）

其二，从教育行政方面说来，像王荆公的三舍法。前边不是说过么？科场诏下，学生纷纷应试，试毕散归，居常听讲不过一二十人，宋朝的学校，已给科举打倒了。神宗熙宁年间，王安石做宰相，他想设法挽回学校颓运。乃罢诗赋，令士子各就《易》《诗》《书》《周礼》《礼记》五经中占一经。增直讲为十员，二员共讲一经。分生员为三等。始入太学为外舍生，定额七百人。外舍升内舍，定额三百人。内舍升上舍，定额百人。外舍生每月私试，年终公试。及格，升内舍。每两年舍试，及格，补上舍。上舍生试及格，授以官。凡取士都从三舍中来，把科举废掉，各地方亦依太学三舍法考选升补。这就是升级设学的方法。他的意思，在合科举与学校，纳入官考试于学校教育的中间，苏轼建议驳之，实没有说得圆。还不及光宗朝吏部尚书赵汝愚评判得很公道。他的奏疏：

> "三舍之法，诚得党庠遂序之遗意。一时学者粗知防检，非冠带不敢行于道路。遇乡曲之长，学校之职，敛容避之。习俗诚美。而其失也，在于专习经义，崇尚老庄，废黜《春秋》，（五经去《春秋》）绝灭史学。又罢去科举，使寒畯之士，进取无途。……"（续《通志选举略》）

如果把王荆公的三舍法，和胡安定的分斋教授，并行起来，不是大妙么？

自从神宗朝，停废贡举，直到宋朝南渡，始一面建太学，一面重行贡举，然而奔竞成为风气，一切季考月书，都变做具文了。（演《赵汝愚》疏）

但是那时候，文化生活的延续，早不靠政府所办的学校事业了。胡安定以外，泰山孙复，徂徕石介，皆以讲学为大师，开一朝理学的先声。自此以后，一个一个大儒应运而生，成为濂洛关闽许多学派。

邵雍，字尧夫，谥康节，著《先天图》《皇极经世》《观物篇》《渔樵问答》《伊川击壤集》。居河南辉县苏门山百源之上，称百源之学。生大中祥符四年，殁熙宁十年。

周敦颐，字茂叔，著《太极图说》《易通》。晚年，居庐山莲花峰下，以世家湖南道县濂溪，称濂溪之学。生天禧元年，殁熙宁六年。

张载，字子厚，侨居凤翔郿县之横渠镇，称横渠先生。著《正蒙》《东铭》《西铭》《理窟》《性理拾遗》。称关学。生天禧四年，殁熙宁十年。

程颢，字伯淳，私谥明道先生。著《定性书》《识仁说》、陈《治法十事》。以家河南，称洛学。生明道元年，殁元丰八年。

程颐，字正叔，宅于河南嵩县，称伊川先生。著《易论》《四箴》、《颜子所好何学论》，称洛学。生明道二年，殁大观元年。

朱熹，字晦庵，谥文公。著《易本义》《易学启蒙》《诗集传》《大学中庸章句或问》《论语孟子集注》《太极图》《通书》《西铭解》。编《近思录》《小学》书等。始寓建州之崇安，后居建阳，称闽学。生建炎四年，殁庆元六年。

陆九渊，字子静，结茅江西贵溪县之象山，称象山先生。生绍兴九年，殁绍熙三年。（以上详《宋元学案》）

这都是理学大儒，此外还着实不少。中间不免多少门户的见解，要不失为一时、一地、一派思想的中坚，给影响于几百年以后。

宋的学风，果然败坏，但也有一二件很可以纪念。

"陈东，镇江丹阳人。以贡入太学。钦宗即位，率其徒伏关上书，请诛蔡京、梁师成、李彦、朱勔、王黼、童贯六贼，即复率诸生伏宣德门下，请复李纲职。前后请诛蔡氏书五上，被斩于市。"（《宋史·陈东传》）

"韩侂胄窃弄国炳，引将作监李沐为右正言，首论罢右相赵汝愚，窜永州。国子祭酒李祥，博士杨节，连疏救争，俱被斥。国子生杨宏中曰：师儒能辨大臣之冤，而诸生不能留师儒之去，与谊安乎？于林仲麟、徐范、张衜、蒋傅、周端朝共上书请窜李沐，还汝愚。祥简被送太平州编管，天下号为六君子。"（同上，《杨宏中传》）

宋朝末年，不少死节之士。读《宋史·忠义传》多至一百七十三人，附录者尚不计，在二十四史中，较任何史为多。

元享国仅八十九年，他的最大贡献，在以武力混合亚洲全部，远及东欧，建立一文化上东西沟通的基础，这是他在人类历史上，所负的重大使命。至于他在中国的教育设施，其制度比唐宋为单简，其目的和过去诸朝不同。试考查一下：

元的学官
"大司农司，凡农桑、水利、学校、饥荒之事悉掌之。"

"国子监祭酒，教国子与蒙古大姓，四怯薛①人员。司业二员，皆德尊望重者为之。监丞二员，领监务。选七品以上朝官子孙为国子生。凡民之俊秀者，为陪堂生伴读。"

"国子学置博士二员，掌教授生徒，考较儒人著述，及教官所业文字。助教四员，分教各斋生员。"（以上《元史·百官志》）

元学校学官的设置"世祖至元六年，立国子学，以新制蒙古字颁行天下，立诸路蒙古字学。"（《元史·世祖纪》）

"至元二十四年，设国子监，定生员额二百人，后递增至四百人。"（同上，《百官志》）

"同年，设江南各道儒学提举司。"

"二十六年，设回回国子学。"（以上《世祖纪》）

"仁宗皇庆二年，置辽阳四川等处儒学提举司。延祐元年，置云南儒学提学司。"（同上，《仁宗纪》）

把教育行政付之大司农司，与农桑、水利一同掌管，倒与富教合一主义相合，要亦制度单简的一种表征罢了。

元以蒙古族入主中国，谋施行一切政治的方便，最大问题，自然是沟通语言文字。至元六年，尚在统一中国之前八年，制蒙古字，立各路蒙古字学，可见蒙古设施教育目的之所在。

当元太宗窝阔台乙未年他们称羊儿年的，命他的太子，带了兵打中国，到江西的德安，掳杀百姓数十万。那时候，姚枢、杨惟中以汉人在蒙古军中，传令访求儒、道、释、医、卜、士。凡儒生被掳的，都放归。中间有一位赵复，就是后来被人称他江汉先生的。当时他的家族，都被杀了。枢怕他自杀，留与同宿，醒过来，月光下只留得寝衣一件。急向死尸堆里找，找到水边，恰见他披发大哭，欲投水。枢苦劝同北行。那时，北方还没有经书，自从复北来，学生从者一百多人。复便把他所记忆的程朱所著经传注，统写出来。惟中很佩服他的学问，乃和枢合力创建太极书院，立周子祠，把二程、张杨、（时）、游、（酢）、朱六君子配食。选得遗书八千余卷，请复在院中讲授。从此许鲁斋

---

① 《元史·兵志二》"太祖以功臣木华黎、赤老温、博尔忽、博尔术为四怯薛。"怯薛，犹言番直宿卫。

（衡）、郝陵川（经）、刘静修（因）诸儒一一出世了。北方有书院，研究程朱的学问，就从这时候起，（演《元史·赵复传》）也可以说南方文化传到北方惟一的途径。

元朝学校，倒稍稍有些统计。请读《元史·世祖纪》大司农司上诸路学校数：

至元二十三年　　二万零一百六十六所。
至元二十五年　　二万四千四百余所。
至元二十八年　　二万一千三百余所。

是否可靠，固然难说，要不失为教育统计的起点哩。

明太祖取天下于蒙古族掌中，论武功，不过把蒙古人赶出中国，其他还说不上。那么对于文治方面，该有些贡献了。太祖自为吴王的第二年，元至正二十五年，即于金陵建国子学；登帝位的第二年，即诏天下郡县立学，求才礼贤的诏书和专使，几乎没有一岁不颁发，（《明史·太祖本纪》）可是有明一代人物，于学术上、文化上有所贡献的，很少很少。为的是明朝政策，自开国始，专取束缚人心，使天下人才，悉出于科举的一条路上。至于学校教育，不过"储才以应科目"罢了。（同上，《选举志》语）《明史·儒林传》说：

"二百七十余年间，经学非汉唐之精专，性理袭宋元之糟粕，论者谓科举盛而儒术微，殆其然乎？"

在吾教育史上，只得把他和过去的唐、宋、元朝，后来的清朝，统划做科举时代的教育了。今请考查他的教育制度：

明的中央教育制度

"礼部掌学校之事，以学校之政教士类。"（《明史·职官志》）"学校有二，曰国学，曰府州县学。"（同上，《选举制》）"国子监祭酒一人，司业一人，掌国学诸生训导之政令。入监者，课以明体达用之学，以孝、弟、礼、义、忠、信、廉、耻为之本，以六经诸史为之业。博士五人，掌分经教授，而时其考课。凡经，以《易》《诗》《书》《春秋》《礼记》，人专一经，《大学》《中庸》《论语》《孟子》兼习之。助教十五人，学正十人，学录七人，掌六堂（率性、修道、诚心、正义、

崇志、广业）之训诲。"（同上，《职官志》）

"南京国子监，祭酒一人，司业一人，博士三人，助教六人，学正五人，学录二人。"（同上）

"入国学者，通谓之监生。举人曰举监。生员曰贡监。品官子弟曰荫监。捐资曰例监。"（同上，《选举志》）

明的地方教育制度

"儒学，府、教授一人，训导四人，州、学正一人，训导三人，县、教谕一人，训导二人。教授、学正、教谕掌教诲所属生员。训导佐之。凡生员、廪膳、增广、府学四十人，州学三十人，县学二十人，附学生无定数。"（同上，《职官志》）

"都司儒学、行都司儒学、卫儒学，以教武臣子弟。宣慰安抚等土官，俱设儒学。"（同上）

"府、州、县、卫皆建儒学。教官四千二百余员。弟子无算。"（同上《选举志》）

自儒学外，又有宗学、社学、武学。"宗学之设，世子、长子、众子、将军、中尉，年未弱冠者，俱与焉。""社学，自洪武八年，延师以教民间子弟。兼读《御制大诰》及《本朝律令》。弘治十七年，令各府、州、县、立社学。选择明师。民间幼童十五以下者，送入读书，讲习冠、婚、丧、祭之礼。""武学之设，自洪武时置，以教武官子弟。"（同上）

看上边的制度，和前朝没有什么大分别。倒是有一点，国子监不似从前把第几品以上官僚的大少爷做主体了。不称国子学，称国学了。有举监、有贡监、有例监，而荫监不过其中一分子，可见贵族教育意味，一天淡似一天。可是减少了一弊，加多了一弊，就是例监。读《明史·选举志》：

"例监始于景泰元年，以边事孔棘，令天下纳粟纳马者，入监读书。限千人，行四年，而罢。其后，或遇岁荒，或因边警，或兴大工作，率援往例行之，迄不能止。"

这就是顾炎武所谓"鬻诸生以乱学校，其害甚于汉之卖爵者也。"（《亭林

文集》)

一方面出卖国学生牌子，可见并没有望他好，一方面却用严厉的科条防他坏。洪武十五年五月，颁禁例于天下学校，镌勒卧碑，置明伦堂，不遵者以违制论。(《续文献通考·学校考》) 卧碑共八条，其中四条：

"一、府州县生员，有大事干己者，许父兄弟陈诉。非大事，毋轻至公门。"

"一、一切军民利病，农工商贾皆可言之，惟生员不许建言。"

"一、生员听师讲说，毋恃己长，妄行辨难，或置之不问。"

"一、在野贤人，有练达治体，敷陈王道者，许所在有司给引赴京陈奏，不许在家实封入递。"

这未免太奇了。明明干己的事，只许他的父，他的兄和弟代诉，却不许生员自诉。农、工、商贾，都许言，独生员不许言。一当了生员，把普通人民的言论权、诉愿权，一概剥夺净尽。处处把君子待人，人自然勉为君子；处处把小人防人，人自然陷于小人；莫怪有明一代生员，风纪扫地了。

有明一代人才，可云消乏到极点。薛瑄、吴与弼、陈献章、胡居仁、湛若水都是有名的理学家，都没有跳出程朱学说的范围。直到明朝后半截，才有王守仁出现。王守仁是怎样的人，倒是值得一述的。

王守仁是绝顶聪明的人，凡儒家、道家、佛家的学说，无不研究过，而且刻意实行。十七岁时，实行朱熹格物的学说，把竹子来格，到底格不出道理来，倒害了一场病。三十一岁，筑室阳明洞实行道家的导引术。后来还常和僧人来往，自从谪到贵州，困在龙场万山中，就悟彻生死。三十八岁，与人讲知行合一了。五十岁，在南昌始发明致良知的学说。(《阳明年谱》及《理学宗传》) 他说：

知是心之本体，见父，自然知孝；见兄，自然知弟；见孺子入井，自然知恻隐；此便是良知了。"(《传习录》) 他在虔州，答陈九川问：

"尔那一点良知，是尔自家的准则。尔意念著处，是，便知是；非，便知非；瞒他一些不得，须实实落落依着他去做。此便是格物的真诀，致知的实功。我亦近年体贴出来，初犹疑只依他恐有不足，精

细看来，无少欠缺。"（同上）

他很反对当时的科举教育，他答顾东桥书说：

> "皋、夔、稷、契所不能兼之事，今之初小学生，皆欲通其说，究其术。"

他所主张的教育方法，见于《训蒙大意》示刘伯颂等：

> "童子之情，乐嬉游而惮拘检。如草木之始萌芽，舒畅之则条达，摧挠之则衰痿，今教童子，必使其趋向鼓舞，中心喜悦，自然日长月化，若冰霜剥落，则生意萧索，日就枯槁矣。"

他对门人钱德洪等说讲学法：

> "你们拿一个圣人去与人讲学，人见圣人来，都怕走了，如何讲得行？须做得个愚夫愚妇，方可与人讲学。"

这种学说，就使他老先生生在二十世纪，怕也不能不使人佩服，何况他是十六世纪的人物呢？他总算替明朝三百年思想界，着实撑一些场面哩。

清朝以满洲民族入主中原，除普通的君主专制外，还加上一种防止异族反动，而一方面还想笼络士心。试观他的教育制度：

清之中央管学官
"礼部以布邦教。""仪制清吏司，掌稽天下之学校。"（《清会典·礼部》）

清的中央教育
"国子监掌成均之法，以时程课诸生。祭酒，满洲、汉人各一人。司业，满洲、蒙古、汉人各一人。""绳愆厅监丞，满汉各一人，掌学规以督教课，均廪稍。""博士厅博士，满汉各一人，掌阐明经说，以助督课。分六堂，曰率性、修身、诚心、正义、崇志、广业。汉助教

六人，学正四人，学录二人，分教直省俊选之士"八旗官学，分教八旗子弟。算学馆分教算学生。"（《清文献通考·职官考》）

"琉球学，掌教琉球学生。俄罗斯学，重教俄罗斯学生。"（《清会典·国子监》）

清的地方学官及学事

"凡学，皆设学官以课士。府曰教授，州曰学正，县曰教谕。""凡生员，有廪膳生，有增广生，有附生，各视其大中小学以为额。"（《清会典·礼部》）

"简学政以董教事，岁试，科试，各别其文之等第，以赏罚而劝惩之。取其童生之优者以入学。"（同上）

"凡学政十有八人，府教授百八十有九人，州学政二百有十人，县教谕千一百十有一人。府、厅、州、县训导千五百二十有一人。"（同上《吏部》）

"凡教学，必习其礼事，明其经训，示其程式，敦其士习，正其文体。"（同上，《礼部》）

清朝的科场大狱，自顺治二年，河南乡试起，迄于嘉道间，前后明诏严办者，不下十余起。尤酷的是为著书，或发表他种文字，稍涉毁谤清朝的嫌疑，立被诛戮，连他的家族。像顺治二年黄毓祺案，康熙二年庄廷珑案，二十五年戴名世案，雍正五年查嗣庭案，十年吕留良、曾静案，乾隆十九年世臣案，二十年胡中藻案，都是鼎鼎有名的文字狱。一方面除定期的科场考试外，还开馆修史编书，开科考取博学鸿词，又要用他们的才能，又要束缚他们的思想，表面上尊敬他们是贤人，骨子里防备他们是贼子，一手是刀，一手是功名利禄，这是清朝根本政策，至于学校，不过装些门面罢了。

清朝的太学，沿明朝的例自始即有例监生。凡生员俊秀，皆得援例捐资入监。所谓例，如军需、营田、塘工、荒政之类，由各部题准遵行，或咨送本监读书，或在籍准作监生，免其到监。（《清文献通考·学校考四》）以全国最高学府国学生，而可以捐资取得，并无须到监肄业，还成什么话呢？说清朝对学校，完全是敷衍政策，是不错的了。

一方面却防得十二分的严切，顺治九年颁卧碑文八条于直省儒学明伦堂，（同上，《学校考七》）除掉不许干求官长，交结势要，不许轻入有司衙门，即有切己之事，只许家人代告，不许对先生妄行辨难，不许上书言事，如有一言，以违制论等条，和明代卧碑一样的严厉以外，并不许纠党多人，立盟结社，不许将所作文字妄行刊刻，违者治罪。哪里知道二百六十年以后，到底亡在党人文字宣传手里呀！

可是民族、民权思想，几千年来没有发挥出来的，到那时已像当春潮水，汩汩而来，如黄宗羲、王夫之、唐甄等，是这派思潮的第一班代表。

> "天下大害，君而已矣了。"（黄梨洲《明夷待访录原君篇》）
> "可禅，可继，可革，而不可使异类间之。"（王船山《黄书》《原极》）
> "治世十二、三，乱世十七、八。君子无道也久矣。民之不乐其生也久矣。"（唐铸万《潜书鲜君篇》）

这派思想的表现，在文字狱里被毁的，在四库收书时被烧的，不知多多少少，这些是留下的一鳞一爪罢了。

书院制度，明以前私立为原则。至清而官立，且普及了。

> "雍正十一年命直省省城设立书院，各赐帑金。"（《清文献通考·学校考》）
> "凡书院，义学，令地方官稽察焉。"（《清会典·礼部》）

书院，义学而外，还有社学：

> "康熙九年，令各直省置社学社师。凡府、州、县每乡置社学一，选择文艺通晓，行谊谨厚者，考充社师，免其徭役，给饩廪优膳。"（《清文献通考·学校考》）

自学校有名无实，书院制度，起而代之。明末越中证人书院，无锡东林书院执一时思想界牛耳。清初讲学的风气还发达，所以维持文化运命，却也有相当功绩。至于义学、社学，虽未必有深切的影响，但他们的用意，无非欲推广教育于一般社会。就说他是后来普及教育，民众教育的起点，也没有怎么不可以。

清初学〔书〕院讲学，大概偏于理学一派，然这一派的贡献很少。倒是汉学家轰轰烈烈，实开后来科学的先声。当时所谓汉学，鉴于宋学家的蹈空，主张读书必先识字，识字必先辨音，而且读书必考书的真伪，必考书的有无错误，他们的初步工作，是文字学、音韵学、训诂学、校勘学、考订学，再进乃以脚踏实地的精神，研究舆地学、金石学，乃至天文学、历数学、乐律学、考工学、博物学，像当时顾炎武、黄宗羲、惠士奇、阎若璩、钱大昕、孙星衍、江永、戴震、凌廷堪、焦循、秦蕙田、齐召南，再到后来像张文虎、冯桂芬，都是经学家，然而于舆地、历数、天文、乐律等，都也有相当的研究和贡献。至于专以历算著名的王锡阐、梅文鼎、以燕、珏成父子孙三代、董祐诚、徐有壬、丁取忠、李善兰、华蘅芳、世芳兄弟等，为纯粹科学专家，那更不用说了。

一部大历史，是层层相递而来，好像活动影片，每片不过移动少许，积起来，成很大的变化。清朝结束以前的科举制度和书院制度，一方开发民族民权思想，使心光目光，慢慢地移到一般民众身上，更散下不少科学种子，等到世界新思潮坌涌而来，里应外合，构成一个新局面，到清朝的晚年，我教育史不得不另写一章了。

第五章　欧化时期的教育

（从清末到现在公历一八六二年至一九二六年）

吾欲叙述本时期的教育，该先把近百年来时代背景，以及变化推迁的大概，交代明白，然后前因后果，可以推究而知了。

满清用武力来统一中原，康、雍、乾三朝的武功，虽比不上蒙古，然而征缅甸，征安南，征廓尔喀，兵力及于国门以外，较之汉唐，有过无不及。到嘉、道以后，渐渐地不行了。鸦片之战，表示清廷武力破产。从此内忧外患，相逼而来，忽而教匪，忽而捻匪，好像一个病夫，患了满身疮疖，洪杨一役，仿佛是聚毒成痈，虽然生命还能保住，然而元气大伤了。

满清打平洪杨，确是洪杨内乱，自取灭亡，然而洋将洋操和洋枪炮，实在得力不少。这里边致胜的要点，一般老百姓，当然识不穿；清帝及满朝衮衮大僚，也未必都见得到；（清康熙帝谕大学士九卿科道："西洋各国，千百年后，中国必受其累。"见《柔远记》载倭仁反对设同文馆疏。但中叶以后诸帝，未必都见得到。）独身当其冲的曾、胡、左、李[1]，看得千真万确。加之江宁条约以后，又有英法天津之役，南北洋两扇大门，是到底关不住的了。于是一眼觑定，一口咬定的主张考求洋务。所谓洋务，是什么呢？习外国文言呀！练海陆军呀！制造枪炮船舰呀！开矿筑铁路呀！要办到上边种种，必须立学堂，派外国留学生，这便是欢迎欧化的第一动机。

学堂办几个了，留学生派几批了，海陆军枪炮船舰，装潢得差不多了，甲午一役，高高兴兴地，去应新政考试。满望雄飞世界，而不料一败涂地，连生命几乎不保，赔了巨额兵费不算，还奉送一个台湾，于是唤醒了一班有知识的士大夫，恍然大悟国家重任，万不可全委之昏庸顽固的满朝文武百官，一时民气悲愤激切，众口一词的主张办新政，比从前所谓洋务，较有条理、有计划，戊戌政变，新政受一大打击，庚子拳乱，反对新政的，也受一大打击，差不多双方抵销，从此不敢再说新政不是，这是欢迎欧化的第二动机了。

民族、民权思想，潜伏了二百余年，到此一发而不可再遏，东边闹起兵，西边闹暗杀，而满清命运，就在欢迎欧化声中告终了。

说到欧化，欧洲本身，也该考查一下。欧洲在十八世纪以前，地主与佃农也，贵族与平民也，此教徒与彼教徒也，乃至为王位，为领土而起种种战争，闹来闹去，总是这一类问题。到了十八世纪末年，工业革命成功，而帝国主义就此出世。

工业革命，起于棉铁。十八世纪以前，欧洲纺织耕种，都靠手工；运货交通，亦全凭人力和兽力；一七六七年，清乾隆三十六年，英人 James Hargreaves 发明纺纱机，一人可抵十人工作，后来陆续的发明。一七六四年，英每年输入棉花，仅四百万磅，至一八四一年，即清道光二十一年，鸦片之战后一年，加至五万万磅。同时冶金业大进步，熔铁用煤，不用炭，锻铁用蒸气锤。至一八四七年，即道光二十七年，法国也有蒸气机五千具，纺机十万余具，纺锤三百五十余万枚了。别种工用机器，也发明得不少。

从此社会分做两种阶级，一是工厂的主人——资本家，一是工厂雇佣的工人——劳动者，两方以利害冲突，成为对抗方式，而政府以征税关系，当

---

[1] 曾、胡、左、李，为曾国藩、胡林翼、左宗棠和李鸿章。

然为资本家后盾。自行用机器，出品骤增，政府不得不为资本家推广销路，一七八三年，乾隆四十八年，即英许美国自立之年，英全国输出货价，还不到一千四百万磅，隔十三年，加至一倍以上。西方渐渐地不够推广，眼光射到东方亚细亚大陆来了。

在劳资对抗的中间，一般中流社会，大都表同情于劳方，合力以与资方抗，而工会、工党起来了。这是十九世纪欧洲社会现象，而同时各国为推销出品，扩张商业于海外，尽力开拓殖民地，争取海上霸权，利用科学，改良种种战争用具，利用科学方法，改良种种工商业组织，以及战争方法。群雄不并立，至二十世纪，而欧洲大战爆发了。（欧战起一九一四年，中华民国三年，讫一九一九年，民国八年。）

工业革命的根据，在科学。因工业革命，而影响于商业，于海权，于国家政策，遂构成所谓帝国主义，他们所凭借的武器，亦惟科学。老实说来，他们所欲输送的，为科学所造成的种种事物，而我们所需求的，乃在造成这种种事物的科学。欧化！欧化！他的中心，无非是科学罢了。

明白了百年来中国大势，和欧洲大势，那可以进而谈这时期的中国教育了，请读下表：

清季以来教育大事表

年份：清同治元年　干支：壬戌　公历：一八六二

事实：八月，总理各国事务衙门奏设同文馆于北京。内阁先于乾隆二十二年设有俄罗斯文馆，至是并入。（《京师同文馆学友会报告书》）

年份：清同治二年　干支：癸亥　公历：一八六三

事实：二月，上海设广方言馆，广东设同文馆，均江苏巡抚李鸿章所奏请。（同上）

年份：清同治五年　干支：丙寅　公历：一八六六

事实：正月，总理各国事务衙门奏派知县斌椿率官生赴外国游历。（《同治东华录》卷五五页六）六月，福州设船政局。同时设英文法文学堂，继设绘事院，驾驶学堂，管轮学堂，艺圃。（《海军实纪》及《沈文肃公政书》卷四）

这是近世史中间欧化的起点。同治二年，李鸿章请上海添设外国语言文学馆疏称："……中国能通洋语者，仅恃通事。凡关局、军营、交涉事务，无非觅雇通事，往来传话，而其人遂为洋务大害。……洋务为国家怀远招携之要政，乃以枢纽付之若辈之手，遂至彼己之不知，情伪之莫辨，操纵进退，迄不得其要领，……"云云。当时设学目的，只在培养译才，当局所见及盖仅此。左宗棠创设船政局，同时办英法文学堂，复添绘事院等四所，绘事院习图、算；艺圃教艺徒；沈葆桢奏察看船坞情形疏称："船政根本，在乎学堂"云云，到那时候，他们的见解较高远了。

年份：清同治十一年　干支：壬申　公历：一八七二

事实：七月，选派梁敦彦、蔡绍基、黄开甲、詹天佑、钟文耀等三十人第一批赴美留学。(《约章成案汇览》乙三十二曾国藩奏摺及徐愚斋年谱)

年份：清同治十二年　干支：癸酉　公历：一八七三

事实：五月，选派温秉忠、唐元湛、蔡廷干、容揆等三十人第二批赴美留学。(徐愚斋年谱)

年份：清同治十三年　干支：甲戌　公历：一八七四

事实：十月，选派唐绍仪、梁如浩、周万鹏等三十人第三批赴美留学。(同上)

年份：光绪元年　干支：乙亥　公历：一八七五

事实：九月，选派刘玉麟、周传谏等三十人第四批赴美留学。(同上)

年份：光绪二年　干支：丙子　公历：一八七六

事实；三月，北洋大臣李鸿章派卞长胜等七人随洋员李劢协赴德学习兵技。(同上)

年份：光绪三年　干支：丁丑　公历：一八七七

事实：正月，李鸿章、沈葆桢奏派福建船厂学生三十名，随李凤苞、日意格分往英法。魏瀚等学制造，萨镇冰等学驾驶，三年为期。(同上)。

先是同治十年，南洋大臣曾国藩，北洋大臣李鸿章会奏："派委刑部主事陈兰彬江苏同知容闳选聪颖子弟赴泰西各国肄习技艺。从前斌椿、志刚、陈家谷等奉命游历海外，亲见各国军政船政，皆视为身心性命之学，中国当师其意，借通其法"云云。至十一年而第一批留学生出发，当时所注意的，于学则技艺罢了；于事则军政船政罢了。所以不派往他国，而专往美国，为的是同治七年新派志刚、孙家谷赴华盛顿和美订约的原故。据《愚斋年谱》所载一百二十人名单，替他统计起来，最大十六岁的仅一人，最小十岁的，倒有七人。大多数十三岁的，三十六人。

这四批留美幼童，到了光绪七年，年纪都在二十来岁的时候，忽然全部撤回。撤回的原故，以监督吴子登的顽固和公使陈兰彬的圆滑，借美国颁布华工禁约做题目，奏请解散留学事务所，撤回留学生，以示报复。详见容闳《西学东渐记》。

至于李鸿章和沈葆桢派遣学生赴欧洲留学的动机，一、因美国留学生派出以后，英公使即称："英国大书院很多，将来亦可随时派往。"其意于欢迎的中间，略含醋意。二、因李鸿章阅操烟台，见有日本武弁，在英国铁甲船上随同操演，大为动心。所以一面派习制造驾驶，一面派习兵技，他们的用心很深，不单是奉行资送毕业生出洋的故事哩。详见原摺。

年份：光绪四年　干支：戊寅　公历：一八七八

事实：上海张焕纶创办正蒙书院，分设国文、舆地、经史、时务、格致、数学、歌诗等科。其后改梅溪学校。（《梅溪学校五十周年纪念刊》）

这是最早采用分科设教的新式教育机关，只没有用学堂名称是了。查北京同文馆，当同治五年，于英文、法文、俄文三馆以外，设天文、算学、化学、格致、公法各科。（见毕桂芳《京师同文馆学友会序》）然还不如正蒙的斟酌允当。《上海县续志》称"张焕纶创正蒙，不授帖括，以明义理，识时务为宗旨，课余游戏，阴以兵法部勒，兼采西人教科所长"云云，他的思想来源，与其说是模仿安定分斋，还不如说是模仿西人，较为切近。从此欧化又进一步了。

年份：光绪五年　干支：己卯　公历：一八七九

事实：天津创办电报学堂。（《申报最近之五十年中国大事表》）

年份：光绪六年　干支：庚辰　公历：一八八〇

事实：天津创办北洋水师学堂。（同上）

年份：光绪七年　干支：辛巳　公历：一八八一

事实：撤回留美学生。（容闳《西学东渐记》）

年份：光绪十一年　干支：乙酉　公历：一八八五

事实：正月，天津设武备学堂。直隶总督李鸿章奏报。（《光绪录七〇三》）

年份：光绪十二年　干支：丙戌　公历：一八八六

事实：两广总督张之洞设陆师学堂于广东。（同上，一三二、一七张）《奏设陆军及铁路学堂摺》）

年份：光绪十六年　干支：庚寅　公历：一八九〇

事实：四月，总理各国事务衙门奏准出使英、法、俄、德、美五国大臣每

届酌带学生三名。(《近代中国教育史料》一册一六三页) 南京设水师学堂。(《最近之五十年中国之科学》)

年份：光绪十九年　干支：癸巳　公历：一八九三

事实：十月，湖广总督张之洞奏设自强学堂于武昌，分方言、算学、格致、商务四斋。(同上，一、一三)

正蒙分科设教，是私人办学。以官立普通学堂，而采用分科制，这要算是起点了。

年份：光绪二十一年　干支：乙未　公历：一八九五

事实：津海关道盛宣怀设头二等学堂各一所于天津，由二等升头等，各四年毕业。其后改北洋大学。(《光绪录》一二九、五)

这是分级设学的开始。

同年

事实：康有为倡设强学会于北京，强学分会于上海，旋被封禁。(《戊戌政变记》卷七)

这年二、三月间，对日和议将定，时值会试，十八省举人千三百余人聚议于北京松筠庵连名上书论国事，康有为实为领袖。既而创万国公报，设强学会，强学分会，至十一月，因御史杨崇伊的劾奏封禁，这是甲午战败后，人民发愤团结的第一表现。

同年

事实：御史陈其璋奏请推广学堂，奉旨沿江海各省，已设者量为展拓，未设者择要仿行。(《光绪录》一三八、三)

年份：光绪二十二年　干支：丙申　公历：一八九六

事实：二月，张之洞奏江南省城创建陆军学堂。别设铁路专门附入。(同上，一三二、一七)

同月，盛宣怀在上海设南洋公学，先办师范院。(《近教史料》一、三七)

这是师范教育的起点。

同年

事实：五月，刑部左侍郎李端棻奏请自京师以及各省府州县学，皆设学堂，京师设大学，旨饬各省遵办。(《光绪录》一三四、一及一三八、三)

这是甲午战败后，清廷君臣依康有为等变法救亡的请求，试行新政的第一表现。据罗惇曧《京师大学堂成立记》说：这疏是梁启超手草。

同年

事实：江西蔡金台等创设蚕桑学堂于高安县。（同上，一三五、一三）

这是实业教育特设机关的起点。

同年

事实：被禁旋解的强学会，改办时务报。于是上海有农学会、蒙学会、不缠足会、译书公会；广东有粤学会、群学会、显学会、公理学会、不缠足会，湖南有南学会、校经学会、地学公会、公理学会、不缠足会、岳州南学分会、衡州任学会、浏阳群萌学会；湖北有质学会；广西有圣学会；陕西有味经学会；北京有知耻会；南京有测量会；苏州有苏学会；福建，新加坡各有不缠足会。（《戊戌政变记》卷七）

年份：光绪二十三年　干支：丁酉　公历：一八九七

事实：准贵州学政严修请，议设经济特科。（《光绪录》一四二、七）

三月，安徽巡抚邓华熙奏设二等学堂。（同上，一四三、三）秋，湖南设时务学堂。（同上）

这是湖南巡抚陈宝箴，按察史黄遵宪，学政徐仁铸，前学政江标和本省绅士谭嗣同、熊希龄等所倡办。聘梁启超为总教习，而以南学会为一切新政的命脉。每州县必有会员三人至十人，每七日一会，遵宪、嗣同、启超轮日演说，巡抚、学政、率官吏列席，每会集者千数百人。（《戊戌政变记》卷六、卷八）

年份：光绪二十四年　干支：戊戌　公历：一八九八

事实：正月，准御史王鹏运开办京师大学堂之请，示议章程。（同上，一四二、一九）

二月，康有为倡设保国会于京师。时京师设有粤学会、蜀学会、闽学会、浙学会、陕学会等。（《戊戌政变记》卷六）

自丁酉十月，德人有〔占〕我胶州湾，俄人援例求租旅顺、大连湾，士气更愤激。

同年

事实：四月，清帝谕催各省开办高等、中等学校及小学，义学、社学。（《光绪录》一四四、一六）

五月，清帝谕自下科始，乡会岁科试一律改策论。（同上，一四五、四）

同月，开办京师大学堂，派孙家鼐管理。（同上，一四五、九）

同月，奖士民著书制器及兴学。（同上，一四五、二四）

六月，黄绍箕进张之洞所著《劝学篇》，颁各省。（同上，一四六、五）

七月，谕各省设农务学堂。（同上，一四七、十一）

同月，两广总督谭钟麟以阻抑兴学，被参查办。（同上一四七、二五）

八月，清太后复训政，罢一切新政，诛逐新政诸臣，停止各省改设学校，乡会岁科试复旧，经济特科罢。（同上，一四八、一九）

从此把五个月来新政，一切推翻。中国新教育，也跟了他受一大打击。独京师大学堂获保存。民国元年梁启超北京大学演说，谓：戊戌政变后，可留纪念者，惟此而已。（《京师大学堂成立记》）

同年

事实：经元善设经正女学于上海。（《上海县续志》卷十一）

这是为女子特设学校的开始。但这校不久停办。

年份，光绪二十五年　干支：己亥　公历：一八九九

事实：七月，谕订出洋学生分入农、工、商各项学堂肄业章程。（《约章成案汇览乙编》卷三十二上）

派学生赴日本学习陆军。（《最近之五十年中国大事表》）

年份：光绪二十七年　干支：辛丑　公历：一九〇一

事实：八月，谕京师已设大学外，各省设大学，府、直隶州设中学，州县设小学，并多设蒙学。（《光绪录》一六九、一）

同月，各省选派游学。（《清教育新法令》）

十月，谕从明年始，乡会试废八股，改试策论。（同上，一七〇、七）

十二月，以张百熙为管学大臣。同文馆并入大学。（同上，一七一、一）

先是二十六年正月，山东初闹义和拳，五月，延及近畿，杀日本使馆书记官，及德使。各国联军陷大沽。六月，陷天津。七月，陷京师。太后携帝西奔。闰八月，奔抵西安。以外人之要索，惩治拳乱诸臣。十一月，与各国和。十二月，下诏变法。这一年教育上简直无事可纪。太后和诸臣经了这样重创，对新政就屈服了。于是重复兴学校，派游学，废八股，试策论。

年份：光绪二十八年　干支：壬寅　公历：一九〇二

事实：乡会试自本年始，废八股，改试策论。

正月，张百熙订呈大学堂章程。七月，订呈高等中小学堂章程，先后颁布。（《光绪录》一七一、一二及一四）

这就是后来所称钦定学堂章程。

同年

事实：六月，日本留学生，发生退学风潮。(《约章成案汇览乙编》三十二下）

九月，令各省选派西洋游学。(《清教育新法令》）

十月，上海南洋公学学生二百余人，为反对某教员故，退学。(《政艺丛书》《南洋公学学生出校记》）

这是学校退学风潮的开始。也可以说是被治群众，对于治者反抗运动的第一表现。

同年

事实：山西巡抚岑春煊奏设山西大学堂，将筹备中的中西大学堂并入。(《政艺丛书》）

这是省立大学的起点。

年份：光绪二十九年　干支：癸卯　公历：一九〇三

事实：正月，张謇创立师范学校于南通。(《啬翁自订年谱》）

这是师范教育专设机关的起点。

同年

事实：闰五月，开经济特科。(《光绪录》一八〇、六）同月，谕张之洞将现办学堂章程，重新厘定。(同上，一八〇、九）

十一月，谕自丙午科始，将乡会试中额及各省学额逐科递减，至学堂办齐，停止科举。(同上，一八四、一三）

同月，张百熙、荣庆、张之洞复奏重订学堂章程，附学务纲要。(同上，一八四、一〇）

这就是后来所称奏定学堂章程。

同年

事实：同月，京师大学堂选生出洋游学。(同上，一八四、二）

年份：光绪三十年　干支：甲辰　公历：一九〇四

事实：无锡米商罢市，毁学堂。(《最近之五十年中国大事表》）

年份：光绪三十一年　干支：乙巳　公历：一九〇五

事实：六月，考试出洋毕业学生。(《光绪录》一九三、一五）

八月，令各省多派学生游学欧美。(同上，一九五、八）

同月，谕自丙午科始，乡会岁科试一律停止。(同上，一九五、一一）

依袁世凯、赵尔巽、张之洞、周馥、岑春煊、端方六疆臣的联名奏请。从此一千多年的秕政，总算瓜熟蒂落了。

同年

事实：十月，河南巡抚陈夔龙奏就省城设尊经学堂，以保国粹。(同上，一九七、二)同月，立学部，将国子监并入。(同上，一九七、一四)

到这一年，中央才立学部了；明年，各省设提学使，各厅、州、县设劝学所了。从此教育行政，有正式的机关，有分明的系统，总算慢慢地扶上轨道了。

同年

事实：十二月，日本留学生因日本订取缔规则，全体退学。(《最近之五十年中国大事表》)

年份：三十二年　干支：丙午　公历：一九〇六

事实：三月，宣布教育宗旨。——忠君，尊孔，尚公，尚武，尚实。(《学部奏咨辑要》)

把忠君列做教育宗旨第一项，未尝不想挽回专制政体的颓势，初不料此后只有五年的命运哩。

同年

事实：四月，裁各省学政，设提学使。(《光绪录》二〇〇、一)

提学使官制，有一点很可以注意，就是设有学务公所。议长一人，议绅四人，佐提学使参画学务，并备督抚咨询。议绅由提学使延聘，议长由督抚咨明学部奏派。提学使每日入所办公。这议绅名称的当否，姑且不论，而由官厅延聘地方人士，赞画行政，这种参议制度，在当时其他行政方面，都还没有见过。然亦根据各省现行制度而来。当时有几省像直隶等，设有学务处，这就是学务公所的前身。

同年

事实：同月，学部奏定各省学务官制。(《清教育新法令》一、一四)

同月，颁布劝学所章程。(同上，二、七)

同月，学部奏准考试游学毕业生，每年八月举行一次。(《光绪录》二〇二、九)

闰四月，派各省提学使先赴日本考察，然后赴任。(《清教育新法令》一、一七)

六月，公布教育会章程。(同上，二、一〇)

先是光绪三十一年，江苏地方人士组织江苏学务总会，规定宗旨，在研究本省学务之得失，以图学界之进步，事实上颇能团结一省教育界，时时纠正清季省官僚对学界猜疑的心理，和压迫或敷衍的过举。学部为欲施以限制，乃公布教育会章程。自有这分章程，而各省教育会都渐渐地成立起来了。

自戊戌政变以后，至庚子而唐才常起兵湖北，事泄，被害；史坚如谋炸粤督德寿不成，被害。甲辰，日俄战于奉天，清廷宣言中立，一筹莫展，民心更愤激了。乙巳，中国同盟会成立于日本，以"驱除鞑虏，恢复中华，创立民国，平均地权"为誓词。同年清廷派员出洋考察各国宪政，同盟会员吴樾狙击不成，以身殉。到了本年，依考察宪政大臣回国的奏请，而宣布立宪了。民心的愤激如彼。清廷的一方压抑，一方敷衍如此。

年份：光绪三十三年　干支：丁未　公历：一九〇七

事实：正月，学部奏兴女学。(《光绪录》二〇四、一八)

五月，湖广总督张之洞奏设存古学堂。(《清教育新法令》六、一四六)

十二月，禁学生开会演说。(同上，三、二九)

学部奏订日本官吏五校收容中国学生章程。(《清宣统新法令》一五)

学部公布第一次教育统计图表。

这倒是中国破天荒的教育统计。

年份：光绪三十四年　干支：戊申　公历：一九〇八

事实：五月，西藏设汉文传习所、陆军小学堂，蒙古设蒙古小学堂。(《光绪录》二一六、二及一八)

年份：宣统元年　干支：己酉　公历：一九〇九

事实：闰二月，学部奏定分年筹备兴学事宜，自宣统元年至八年。(《清教令》二、一三)

三月，变通初等小学堂章程，为(一)初等小学五年，(二)小学简易科四年，(三)小学简易科三年。(同上，四三、九)

五月，奏定派遣游美学生办法，始以美国减收赔款，选派学生赴美留学。(《学部奏咨辑要》)

十月，学部始设视学官。(《清教令》一、八)

十一月，公布简易识字学塾章程。(同上，四、四九)

年份：宣统二年　干支：庚戌　公历：一九一〇

事实：十一月，公布地方学务章程，地方学务，由府、厅、州、县及城镇、

乡自治职办理。(《学部奏咨辑要》)

十二月，修正中学课程，分为文科实科。(同上)

同月，改订劝学所章程。(同上)

劝学所章程，初订于光绪三十二年，称为"全境学务之总汇"。到了宣统元年，城镇乡地方自治章程公布，学务列为自治事项的一种，对于地方教育行政权限，颇不分明，乃由学部将劝学所章程，修正为"佐府厅州县长官，办理学务，自治职未成立以前，所有地方学务代其执行。"这是改订的要点。

地方学务的主要设施，为初等教育。初订劝学所章程，一、分定学区；一、推广学务，计算学龄儿童数，须立若干初等小学，计各村人家远近，学堂须立于适中之地云云。改订章程第八条，劝学所应办事务，除各项外，一、本地方学龄儿童之稽核；一、对于学龄儿童之父兄，为应受义务教育之劝导。同年，学部奏定普及教育最要、次要办法，将拟定试办义务教育章程，列入最要，惜都没有实行，时间上也来不及了。

年份：宣统三年　干支：辛亥　公历：一九一一

事实：四月，各省教育总会联合会在上海江苏教育总会开会。

六月，学部召集中央教育会。

这时候，全国思潮，分激烈和温和两派。清廷宣布预备立宪，当然不能靠他疏散革命空气。而况是假立宪？当温和派请愿开国会中间，全国革命工作，已著著进行。光绪三十三年，有徐锡麟刺杀安徽巡抚恩铭之役，有广西镇南关之役；三十四年，有安庆熊成基之役；宣统二年，有汪精卫、黄复生狙击摄政王载沣之役；三年，有温生才炸死广州将军孚琦之役，有黄花冈之役。方学部召集中央教育会时，会场显分两派，一是学部代表，一是人民代表，两派争执的焦点为军国民教育案，为停止实官奖励及变通考试章程案，(详见学部《中央教育会议事录》)盖清廷尚欲借奖励或考试来操纵学校青年，而不悟"虞不及腊"哩。

年份：民国元年　干支：壬子　公历：一九一二

事实：四月，教育部成立。

五月，教育部公布普通教育暂行办法。(《教育部文牍汇编》一)

七月，教育部召集临时教育会议。

八月，公布教育部官制。(《教育法规汇编》一)

九月，教育部公布教育宗旨。(同上，八七)

同月，公布学校系统。（同上）

同月，公布中学校令。（同上，一八二）

同月，公布师范学校令。（同上，一九九）

同月，公布大学令。（同上，三一一）

同月，公布专门学校令。（同上，三六五）

同月，公布教育会规程。（同上，八四）

十一月，公布中央学会法。

吴稚晖等发起留法俭学会于北京，送学生赴法俭学。同时发起留英俭学会于上海。（《近代中国教育史料》一、三一九）

民元教育部成立，所颁布一切法令，大都为人民多年期望而得不到的。苟涉专制政体嫌疑，一概删除，这何等痛快事？军国民教育，公然列为教育宗旨的一项，只可惜没有切实办起来。那时候，国会正在闹选举，后来的政潮，在那时，都还在缊缊萌孽的中间。教育界颇多主张超出乎政潮之外。蔡元培、吴稚晖、汪精卫等于不吸烟，不饮酒等等以外，还有不当议员的相约。其甚者，并主张不做官，可见当时一部分的思想。

上边所列教育部种种设施，中间中央学会法，是因国会选举法有中央学会会员资格的规定，所以颁布的。在实际上，无所谓学会，等于买椟还珠罢了。

年份：民国二年　干支：癸丑　公历：一九一三

事实：二月，教育部召集读音统一会，会议国语统一方法。（《近代中国学制变迁史》）

全国方音、方言不统一，文字与语言又不统一，实为推行文化一大障碍，早成公论了。欲统一文字与语言，须先统一各地语言，尤须先统一各地语音。清末，各地乃有造拼音字母的，最早广东王炳燿，后来有福建蔡毅若，有直隶王照。而王照的官话字母，因官厅的提倡，北京、天津、东三省、山东、山西传习的很多。浙江劳乃宣将王照字母，改名简字，设学堂于江宁，后来又有厦门卢戆章的新字，此外制造音字的，还有数十家。宣统二年，资政院成立，议员江谦提出学部分年筹办国语教育质问书。宣统三年，各省教育总会联合会议决统一国语教育方法案，中央教育会议决统一国语办法案，大都包含下列几点，（一）定标准音；（二）定音标符号；（三）范正汉文读音。至此，教育部召集全国二十二省及蒙古、西藏、海外华侨各代表及音韵学专家，共七十九人，开会三个月，制定注音字母三十有九，审定字音六千五百余。（《最近之五十年统一

国语问题》)

同年

事实：八月，公布实业学校令。(《教育法规汇编》二五一）

年份：民国三年　干支：甲寅　公历：一九一四

事实，五月，改正省官制，令各省行政公署原设之教育司裁撤，而代以政务厅下的教育科。(《政府公报》)

七月，改正教育部官制。(《近代中国学制变迁史》)

自二年七月，赣宁之役起，各省乱机动了。到本年，废止教育司，地方教育行政，更不能积极进展，其尤显著的障碍，如安徽、河南两省，皆以武人操政权，竟通令暂行停办全省小学校，至一年多，才恢复起来。(《最近之五十年中国之初等教育》)

年份：民国四年　干支：乙卯　公历：一九一五

事实：一月，申令教育部切实筹办义务教育。(《教育公报》第一年第八册)

四月，教育部颁定义务教育施行程序。(《教育部文牍汇编》二)

袁世凯既取消国会，遣散议员，颇想放手做几桩博人称道的事。本年一月一日，申令教育部切实筹办义务教育，二月，更特定教育纲要及细目，改初等小学校为两种，一、名国民学校，四年毕业，以符义务教育的意义。一、名预备学校，四年毕业，专为升学的预备。分中学校为文科、实科。(《教育公报》第一年第九册)这种规定，却也不能说没有理由。教育部乃于四月，据以颁定义务教育施行程序，列修正各项教育命令等十七事为第一期应办事项，限本年十二月前办竣，以设置学务委员会，分画学区，等集经费等十四事为第二期应办事项，限五年十二月以前办竣。

同年

事实：同月，全国教育会联合会第一次会于天津。

这会实接续宣统三年各省教育总会联合会而来的。从此每年举行一次，各省轮流开会，直至民国十四年为止。

同年

事实：七月，公布国民学校令。(《教育法规汇编》一二一)

同月，公布高等小学校令。(同上，一四五)

同月，公布地方学事通则。(同上，二八四)

十一月，公布预备学校令。(《教育公报》第二年第九期)

十二月，公布劝学所规程。（《教育法规汇编》二九三）

自清末施行地方自治，教育行政，多并入自治机关，另设学务委员。至是袁世凯取消自治，各省区多议复设劝学所，这项规程，又颁布起来了。

年份：民国五年　干支：丙辰　公历：一九一六

事实：六月，华法教育会在巴黎成立。

华法教育会于本年三月，开发起会于巴黎。六月，于同地开成立会，职员半为华人，半为法人，宗旨重在"以法国科学与精神之教育，图中国道德知识经济之发展，"规定于大纲第二条。（《教育公报》四年九期）

同年

事实：十月，全国教育会联合会第二次会于北京。

同月，中国科学社成立。

当民国三年的夏天，留美学生创科学社，目的在刊行《科学》杂志，到这时候，以全体会员的同意，改为中国科学社，以"联络同志共图中国科学的发达"为宗旨，规定于总章第二条。（《科学》二卷一期）他的事业，除发行《科学》月刊外，采译各国科学书籍，编订专门名词，设图书馆，博物馆，研究所，组织科学演讲团，解决实业及科学上疑难问题。（《最近之五十年中国之科学》）

十一月，教育部召集全国教育行政会议。（《教育公报》第三年临时增刊）

护国军早一年起来了。各省纷纷独立响应了。昙花一现的洪宪帝号，竟与袁世凯的生命俱终。于是副总统黎元洪就职大总统。段祺瑞被任为国务总理，而府院间又闹意见了。国会组织宪法会议，议员间又大冲突了。都是这一年的事。

年份：民国六年　干支：丁巳　公历：一九一七

事实：五月，中华职业教育社成立于上海。

全国教育界鉴于一般教育没有和社会联络，受教育者反多失业，于国家社会前途，认为潜伏绝大危机，发表宣言，成立这中华职业教育社。目的在：甲、推广及改良职业教育；乙、改良普通教育，俾为适于生活之准备；丙、辅导职业之改进；以使"无业者有业，有业者乐业"为最终目标。（《教育与职业》）

同年

事实：九月，公布各省教育厅暂行条例。（《教育法规汇编》六）

十月，全国教育会联合会第三次会于杭州。

这一年，张勋拥清帝复辟，黎元洪出公府，电请副总统冯国璋代行职务，冯、段收复北京，中间为对德、奥宣战，掀起绝大政潮，一部分赴粤国会议员开非常会议，举孙文为大元帅，下令北伐。

年份：民国七年　干支：戊午　公历：一九一八

事实：十月，全国教育会联合会第四次会于上海。十二月，教育部公布教育调查会规程。

这一年，南北混战。南方改元帅制为总裁制，以军政府代行国务院职权，摄大总统职。北京开非法的新国会，选举徐世昌为大总统，冯、段下野。

年份：民国八年　干支：己未　公历：一九一九

事实：四月，教育部举行教育调查会。

五月，北京各大学学生为山东事件，发生"五四"风潮。

六月，全国学生会联合会成立于上海。

十月，全国教育会联合会第五次会于太原。

连年政象梦乱，人心郁闷。山东问题，自巴黎和会宣布中日密订二千万元高徐顺济筑路借款合同后，吾国地位一落千丈。盖二十一条，犹得自暴力胁迫，这约订于德军将败的时候，不啻自认日本承继胶澳的权利，国人愤激，北京各校定这月四日，全体出校举行示威运动，遂毁曹汝霖宅，殴伤章宗祥，为他们是当时签定密约的负责当局之故，一时翻起轩然大波，从此教育界不得宁息。

年份：民国九年　干支：庚申　公历：一九二〇

事实：十月，全国教育会联合会第六次会于上海。

这一年，广州军政府内部冲突，各总裁宣告脱离。曹锟、张作霖所领直奉军，和段祺瑞所领皖系军战于近畿，直奉军胜。

年份：民国十年　干支：辛酉　公历：一九二一

事实：十月，全国教育会联合会第七次会于广州。

驻广东之桂军既为陈炯明军及各地革命军所逐，岑春煊通电解除军政府职务。乃以这年四月，由国会议员开非常会议，选孙文为大总统。五月，就职。北方曹锟、张作霖既战胜皖系，张欲伸势力于长江各省，他所交结的两湖巡阅使王占元，卒为直系军所战败。都是这一年的事。

年份：民国十一年　干支：壬戌　公历：一九二二

事实：七月，中华教育改进社在济南开第一次会。

这年七月，南北教育界组成中华教育改进社，以"调查教育实况，研究教育学术，力谋教育进行"为宗旨。定每年择地轮流开会一次。（《新教育》）

同年

事实：九月，教育部召集学制会议。

十月，全国教育会联合会第八次会于济南。

十一月，公布学校系统改革案。

这一年，直奉军战于京汉、津浦两路线，奉军胜。徐世昌出走，黎元洪复大总统职。第一届国会在北京继续开会。粤军欲北伐，阻于陈炯明，不果。八月，大总统孙文离粤赴沪。

五六年来，内战愈闹愈烈，各省不断的学潮、教潮，北京还闹索薪潮。教育上几乎没有一桩事可纪，只剩几个私人组织的教育团体，在那里支撑奋斗。全国教育会联合会也居然年年开会，但所议决的案件，差不多没有一桩能行，仅仅表示一部分精神团结罢了。到了民国十年广州开会，对于学制，一时成为重要议题。提出草案的，倒有十省之多。讨论结果，通过标准系统图及说明草案。到这一年，教育部的学制会议，全国教育会的济南会议，都把这案郑重的复加讨论，最后于十一月由教育部正式公布。

年份：民国十二年　干支：癸亥　公历：一九二三

事实：一月，教育部设蒙藏教育委员会。（一月二十日《申报》）

八月，全国平民教育促进会成立于北京。

平民教育促进会惟一的凭借物，就是千字课本，选取一千个通常用字，依着国语的文法，编成课本，用四个月工夫教完，俾可应用。初在长沙、烟台、南京、北京试办，很受社会的赞许，到这时候，成立全国平民教育促进会了。（《新教育》第七卷第二三期）

同年

事实：十月，全国教育会联合会第九次会于昆明。

中华革命党改组国民党了。时陈炯明已败，滇桂诸军将领迎国民党总理孙文回广州就大元帅职。北方黎元洪再被迫走天津，内阁摄政，曹锟以贿选为大总统。都是这一年的事。

年份：民国十三年　干支：甲子　公历：一九二四

事实：七月，全国体育协进会成立于南京。

十月，全国教育会联合会第十次会于开封。

国民党在广州组织国民政府，发表建国大纲、三民主义、五权宪法，分军政、训政、宪政三时期。苏浙又开战了。奉直军再战了。直军冯玉祥潜回北京，围公府，前敌吴佩孚大败，曹锟被迫，缴大总统玺，拘待法庭检举贿选罪。段祺瑞乃以军人推戴称临时执政。

年份：民国十四年　干支：乙丑　公历：一九二五

事实：五月，上海租界发生"五卅"惨案，学生死伤多人。

五月三十日，上海学生因日本内外棉纱厂枪杀工人顾正红，及公共租界工部局增加码头捐等事件，在公共租界内露天演讲，集众千数百人，为捕房枪杀二十五人，伤五六十人，因此罢市二十七天，罢工三个半月。（五卅公墓董事会电，见十七年十二月《申报》）从此各地风潮，相应而起了。

这一年三月，国民党总理孙文病殁于北京。

年份：民国十五年　干支：丙寅　公历：一九二六

事实：三月，北京发生"三一八"惨案，学生死伤多人。

自三月十八日，北京公私立大、中、小八十余校学生，国民党市党部，北京总工会等六十余团体，约五千人，在天安门开会。其主因，为国民军封锁大沽口，防止直鲁联军进袭，公使团借辛丑和约，提出抗议，并致最后通牒，限四十八小时答复，天安门群众既一致反对，直趋国务院，狂呼打倒帝国主义，驱逐八国公使出境，打倒段祺瑞等口号，忽有人在后大呼冲锋，群众向前猛拥，卫队开枪，计冲突两次，当场男女学生中弹死者二十六人，伤重入医院死者十一人，轻重伤者无算。其中女学生，小学生多被践踏，不能行动。（三月二十六日《申报》）这一年，蒋中正就革命军总司令职，誓师北伐。长江一带吴佩孚、孙传芳军先后败于革命军。国民政府迁武汉。北方鹿钟麟兵围执政府，段出走，张作霖入北京，称安国军总司令。

吾书到此告一段落。明年春，国民政府定都南京，从此中国政治打开一种新局面了。

读这六十五年间教育大事表，和所略加叙述的社会背景，其间因因果果，足以供给吾们研究的，亦已不少了。请再提三要点：

（一）教育宗旨最早讲求洋务，推行新政，是他们的教育宗旨。学部既立，乃于光绪三十二年三月，宣布教育宗旨五项：忠君、尊孔、尚公、尚武、尚实。

学部原奏说明广前二项中国政教之所固有，亟宜发明以拒异说；后三项中国民质之所最缺，亟宜箴砭以图振起。"但有目标而没有方法，于实际上何尝生些子影响？且忠而属于君，于当时一般人的脑海，早没有容纳的余地了。

到了民国成立，教育部提出下列的教育宗旨，于元年七月，经临时教育会议通过公布。

注重道德教育，以实利教育，军国民教育辅之，更以美感教育完成其道德。

美教育，为当时教育总长蔡元培所主张。蔡氏先提出新教育意见书，于一般所主张之军国民教育，实利主义教育，公民道德教育三者以外，提出世界观教育，欲使对于现象世界，无厌弃，无执着；于实体世界，由渴慕而进于领悟。

还提出美感教育，欲使脱离一切现象世界相对的感情，而为浑然的美感，以接触于实体世界，这项教育宗旨，不过去了忠君、尊孔，加上了蔡氏主张的美教育，要之有目标而没有方法，是一样的。

民国四年二月，袁世凯在解散国会，取消地方自治以后，用大总统命令，颁布教育宗旨七条：爱国、尚武、崇实、法孔孟、重自治、戒贪争、戒躁进。每项还有很长的说明。已取消自治了，还说重自治。其余凌乱杂凑，直无批评的价值。洪宪既倒，这种命令与之俱倒了。

到了民国八年四月，教育部组织教育调查会，通过教育宗旨研究案，请部公布。原案主张如下：

养成健全人格，发展共和精神。

他的说明条件：

所谓健全人格，一、私德为立身之本，公德为服役社会国家之本。二、人生所必需之知识技能。三、强健活泼之体格。四、优美和乐之感情。

所谓共和精神：一、发挥平民主义，俾人人知民治为立国根本。二、养成公民自治习惯，俾人人负国家社会之责任。

这案，当时教育部虽并没有公布，然到民国十一年，公布学校系统改革案标准第二项，实即采用这案的一部分主张了。所以无甚影响，为的是任何教育宗旨，都是有目标而没有方法。

（二）学校系统清末奏定学堂章程的系统如图1所示：

照这系统图，自入初等小学堂，至修完大学功课，至少二十年。加上通儒院，须二十五年。六岁入学，须三十一岁才得学成。

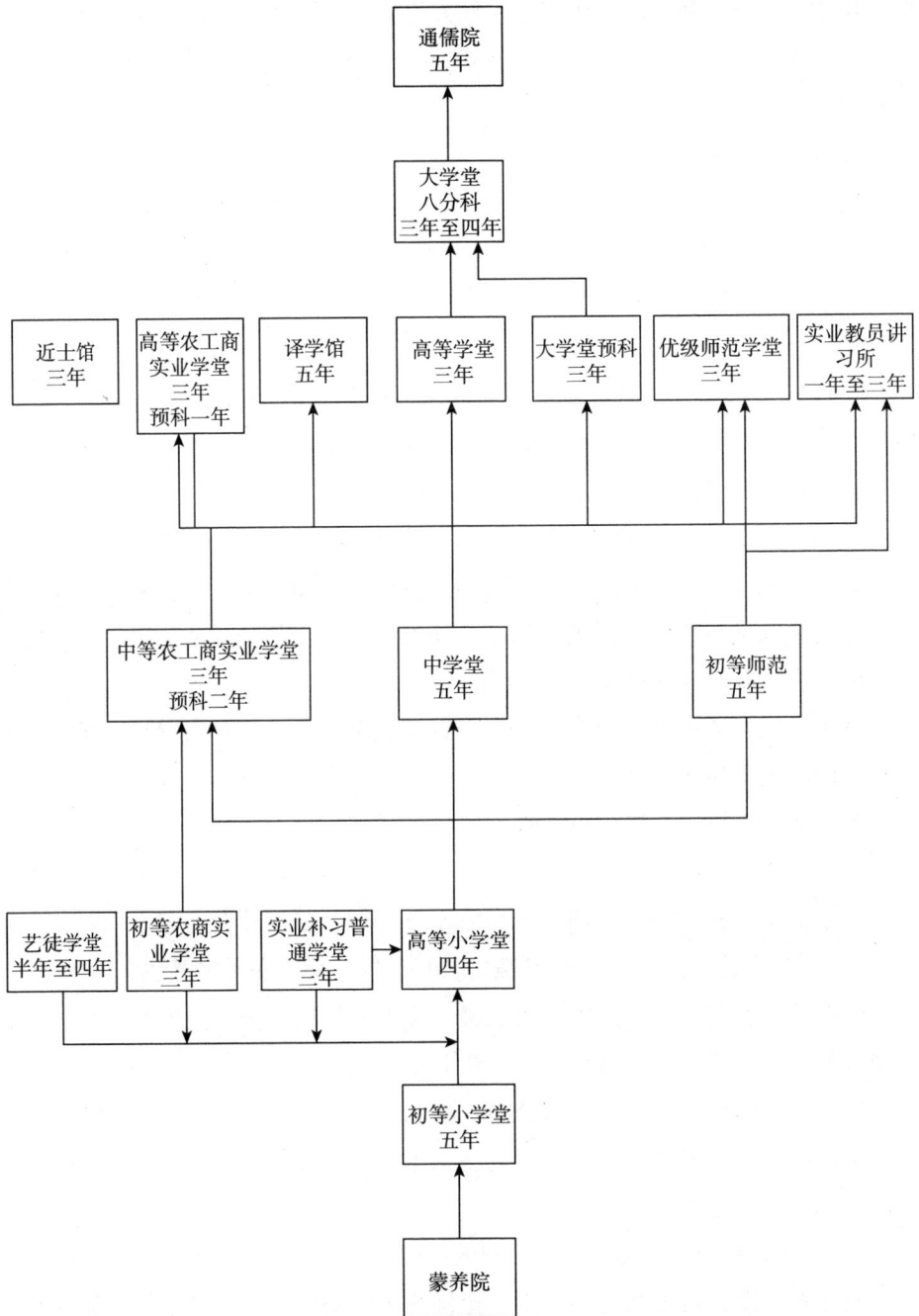

图 1

民国元年公布的学校系统图如图2所示：

这系统图，比前图至少减短二年，即六岁入学至二十三岁，即得修毕大学。所以能减短者，为的是课目内删去读经、讲经的原故。

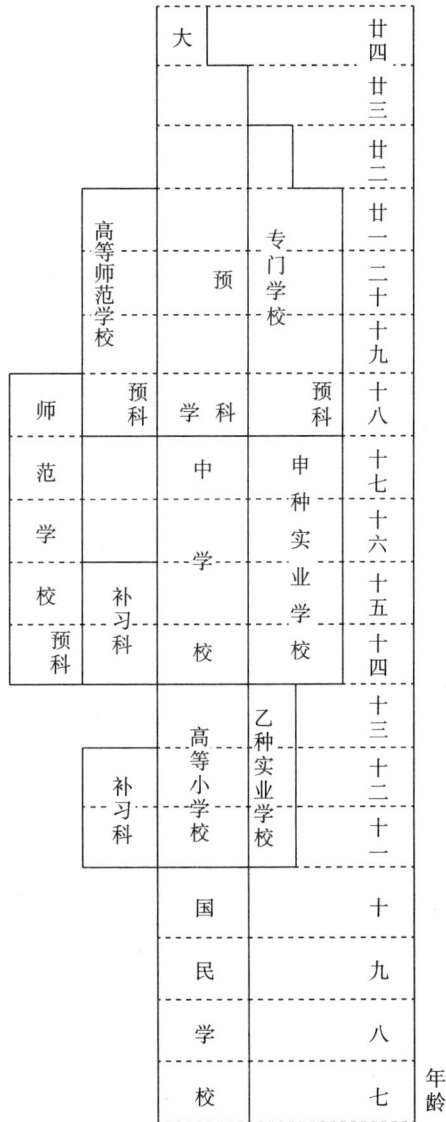

大

高等师范学校　专门学校　预

师范学校　预科　学科　中学　预科　申种实业学校

补习科　预科

乙种实业学校

补习科　高等小学校

国民学校

年龄　廿四　廿三　廿二　廿一　二十　十九　十八　十七　十六　十五　十四　十三　十二　十一　十　九　八　七

图2

民国十一年公布学校系统改革案，其全文如下：

标准

（一）适应社会进化之需要；

（二）发挥平民教育精神；

（三）谋个性之发展；

（四）注意国民经济力；

（五）注意生活教育；

（六）使教育易于普及；

（七）多留各地方伸缩余地。

图 3 左行之年龄，表示各级学生入学之标准，但实施时，仍以其智力与成绩，或其他关系，分别定之。

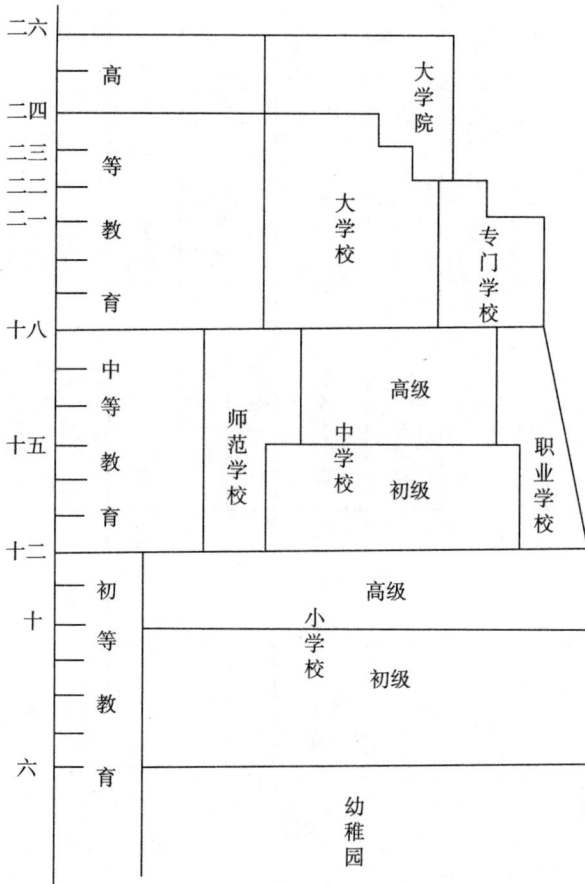

二六　高
二四　等
二三　教
二二　育
二一
十八　中等教育
十五
十二　初等教育
十
六

大学院

大学校

专门学校

师范学校

高级　中学校　初级

职业学校

高级　小学校　初级

幼稚园

图 3

说明

一、初等教育

（一）小学校修业年限六年。

（附注一）依地方情形，得暂展长一年。

（二）小学校得分初高两级。前四年为初级，得单设之。

（三）义务教育年限，暂以四年为准，但各地方至适当时期，得延长之。义务教育入学年龄，各省区得依地方情形自定之。

（四）小学课程，得于较高年级，斟酌地方情形，增置职业准备之教育。

（五）初级小学修了后，得予以相当年期之补习教育。

（六）幼稚园收受六岁以下之儿童。

（七）对于年长失学者，宜设补习学校。

二、中等教育

（八）中学校修业年限六年，分为初高两级。初级三年，高级三年。但依设科性质，得定为初级四年，高级二年；或初级二年，高级四年。

（九）初级中学得单设之。

（十）高级中学，应与初级中学并设。但有特别情形时，得单设之。

（十一）初级中学施行普通教育。但得视地方需要，兼设各种职业科。

（十二）高级中学分普通，农、工、商、师范、家事等科。但得酌量地方情形，单设一科或兼设数科。

（附注二）依旧制设立之甲种实业学校，酌改为职业学校，或高级中学农、工、商等科。

（十三）中等教育得用选科制。

（十四）各地方得设中等程度之补习学校，或补习科。其补习之种类及年限，视地方情形定之。

（十五）职业学校之期限及程度，酌量各地方实际需要情形定之。

（附注三）依旧制设立之乙种实业学校，酌改为职业学校，收受高级小学毕业生。但依地方情形，亦得收受相当年龄之修了初级小学学生。

（十六）为推广职业教育计，得于相当学校内，酌设职业教员养成科。

（十七）师范学校修业年限六年。

（十八）师范学校得单设后二年或后三年，收受初级中学毕业生。

（十九）师范学校后三年，得酌行分组选修制。

（二十）为补充初级小学教员之不足，得酌设相当年期之师范学校，或师范讲习科。

三、高等教育

（二十一）大学校设数科或一科均可。其单设一科者，称某科大学校，如医科大学校，法科大学校之类。

（二十二）大学校修业年限四年至六年。（各科得按其性质之繁简，于此限度内酌量定之。）

医科大学校及法科大学校，修业年限至少五年。

师范大学校修业年限四年。

（附注四）依旧制设立之高等师范学校，应于相当时期内，提高程度，收受高级中学毕业生。修业年限四年，称为师范大学校。

（二十三）大学校用选科制。

（二十四）因学科及地方特别情形，得设专门学校，高级中学毕业生入之。修业年限三年以上。年限与大学校同者，待遇亦同。

（附注五）依旧制设立之专门学校，应于相当时期内，提高程度，收受高级中学毕业生。

（二十五）大学校及专门学校，得附设专修科，修业年限不等。（凡志愿修习某种学术，或职业而有相当程度者入之。）

（二十六）为补充初级中学教员之不足，得设二年之师范专修科，附设于大学校教育科，或师范大学校；亦得设于师范学校或高级中学，收受师范学校及高级中学毕业生。

（二十七）大学院为大学毕业及具有同等程度者研究之所，年限无定。

四、附则

（二十八）注重天才教育。得变通年期及教程，使优异之智能，尽量发展。

（二十九）对于精神上或身体上有缺陷者，应施以相当之特种教育。

这分学制的优点，其一，从初入小学校，至修了大学校，不过十八年。虽规定年龄的标准，但仍得以智力和成绩自由伸缩。其二，这十八年中，横里的分划，多至五段。多予无力者以结束学业，中途就业或转学的机会，而尤要在将中学分为两级，使青年在十五六岁心理上自然发展至有择业的需要时，得升入以分科为原则的高级中学。其三，高中固把分科做原则，初中亦得兼设各种职业科。小学课程，且得于较高年级，增置职业准备的教育，使横的方面，门径很多，尽可自由选择。其四，中学虽分设兼设各科，而并没有禁设独立的师范学校和职业学校。大学校以外，亦得设师范大学，医科，法科等大学，使办学者仍得独立设置，收长期充分训练的功效。其五，大学校修业年限四年至六年，专门学校三年以上，中学虽以三三为原则，但四二和二四，在所不禁；职业学校年期，完全不加规定，以及补习教育，各级都有。广州会议提出原案，说明采用纵横活动主义，可说尽纵横活动的能事了。只可惜执行方面。往往拘守原则，抹杀例外，而不悟这分学制最优美的精神，就在多设例外。至于有等学校，利用新旧制过渡，争升格以为名高，而绝不顾财力和人才，以及社会需求，学生程度，这都是行政者的责任，非立法者所能为力了。

（三）教育统计　前清学部教育统计，起于光绪三十三年。从此每年都有刊布，到宣统二年中断了。民国元年，教育部继续刊布，到六年又中断了。前后公布统计共七次。今把历届图表所载全国学校数，学生数两项，汇表如表1所示：

表 1

	学校数		合计	学生数	合计
清光绪三十三年	京师高等以上中等以下合	216	37888（原表京11、14省18页）	11417	1024988
	各省	37672		1013571	
同　三十四年	京师高等以上督学局所属合	263	47995（原表京13省2页）	15774	1300739
	各省	47532		284965	
宣统元年	京师（同上）	281	59177（原表京1、4省2页）	12921	1639641
	各省	58896		1626720	
民国元年	男	84883	87272（原表1页）	2792257	2933387
	女	2389		141130	
同　　二年	男	105325	108448（原表1页）	3476242	3634206
	女	3123		166964	
同　　三年	男	118654	122286（原表12页）	3898065	4075338
	女	3632		177273	
同　　四年	男	125973	129739（原表12页）	4113302	4294251
	女	3766		180949	
同　　五年	男	117658	121119（原表12页）	3801730	3974454
	女	3461		172724	

清光绪三十四年，陕西、新疆的一部分，宣统元年，黑龙江的一部分，民国三年的绥远，五年的四川、贵州、广西，均没有报告，这里边从缺了。大约五年学校，学生两数，都比往年为减，就为这个原故。至于民国以来，历年私立学校未立案的，都没有计算，都见原表说明。

照上表，最后的统计，民国五年八月至六年七月，这一年度，全国学校只有一十二万一千一百一十九所，学生只有三百九十七万四千四百五十四人。

中华教育改进社于民国十三年刊布：《中国教育统计概览》，它的材料，大部分从直接调查得来，而把教育部没有发表的报告稿本来补充。中有逐年学生数一表，把它抄下来见表2。

由清光绪三十二年（一九〇六）至民国十二年（一九二三）逐年学生增加数

表 2

	学生总数（教会学校学生未计，下同）	内女生数
光绪三十二年	468220	306
同　三十三年	883218	1853
同　三十四年	1144299	2679
·宣统元年	1536909	12164
同　二年	—	—
同　三年	—	—
民国元年一二年	2933387	141130
同　二年一三年	3643206	166964
同　三年一四年	4075338	177273
同　四年一五年	4294251	180949
同　五年一六年	3974454	172724
同　六年一七年	—	—
同　七年一八年	—	—
同　八年一九年	—	—
同　九年一十年	—	—
同　十年一十一年	4987647	—
同　十一年一十二年	6615772	417820

上表民国元年至五年，查即根据教育部所刊布的统计。

照上表，最后的统计，民国十一年七月至十二年六月，那一年度，全国学生六百六一万五千七百七十二人。比较前十年，即元年至二年，增加一倍以上。内女生四十一万七千八百二十人，比较前十年，约增三倍。

好了，吾们且把六十五年中间所谓欧化期的教育，来统论一下：

第一，吾们先要问中国在这个时期，究竟在教育上所需要的是什么？吾们且把这六十五年来时代背景和世界潮流统看一下，有一句话，吾敢断言的，就是这种种变化，是外铄的，不是内发的；是被动的，不是自动的；前边已交代得清清楚楚了。那么，吾们先要问欧化！欧化！究竟欧洲凭借着怎么权威，来化人家呢？凭借着怎么权威，来使人家不得不受化呢？

吾常说最近时期所谓新文化，他所表现的特色，只有两点：一是科学化；一是平民化。

从直里看来，一部近世史，在这百十年中间，好像五花八门，其实不过这两点。从横里看来，吾们中国在这百十年中间，受世界潮流的影响，开着大门，打躬作揖地欢迎，欢迎什么？也只欢迎这两点。盖十八世纪欧洲工业革命，为最近全世界一种最大的变化。因此动机，而愈感科学的权威，有不可一世的倾向，所以关于物质的问题，皆将用科学方法来解决；关于人事的问题，皆将用科学来解决；而教育不啻为扩大科学运动的先声。又自工业革命，而劳资阶级分明，社会不公平的现象显著，根据人们怜惜弱者的普通心理，自然而然地发生尊重劳工观念；尤以平民渐渐地自觉，见幸福，能自动的要求；觉痛苦，能自动的号救；因此愈促起各方注意，劳工本占社会绝大多数，于是一切问题，皆将以绝大多数的平民为总目标，政治则重平民政治；经济则重平民经济；乃至文学亦重平民文学；其在教育，安得不重平民教育？虽科学观念，基于人类的天赋，初非近世纪产物；即平民问题，亦自有社会即有之，但至近世纪，对前者，因为他功能非常显著了；对后者，因为他环境太不安了；所以两者成为新时代最热烈的要求条件，在教育上就成为两大中心问题。

第二，那么，吾们要问究竟中国在这个时期，教育上所得到的是什么？说到科学化呢？前清江南机器制造局附设翻译馆，曾译印若干科学书籍。那时候注意者较少，学者也没有系统的研究。后来教育制度正式成立，学校有循例设立的理化讲座，学生有照章修习的理化学程，一部分学者尽在那里苦心的提倡，这些微的分量，当然不能及到上文所谓时代热烈要求万分之一。从学理方面讲，从没有听到科学上某种理法，为中国人所发明；从应用方面讲，也很少听到某种器物，为中国人所创制。前一时期，醉心于种族革命，政治革命；后一时期，醉心于思想解放，社会革命；在这种思潮之下，文艺方面，美术方面，也许有多多少少的进展，所最不相容的，就是科学。在有意识的，欢迎他们造成种种事物的科学，在无意识的，欢迎他们科学所造成的种种事物罢了。再讲到平民化呢！中国一部学制史，最早是贵族教育。——国学就是国子学。——科举倒是贵族和平民两种教育过渡时代的制度。科举罢斥，当然完全是平民教育了。可是这二十余年来，学校的设置，既偏于都市，学费的征取，更足使中等以下社会人家，无力送他的子女就学。义务教育，普及教育，既没有切实的进行；乡村教育，农村教育，也只有一部分的试验；社会教育，平民教育，民众教育，变一次政局，换一班人物，改一个名称，而在实际上，如航断港绝潢，一步没有移动。凡教育所到，有等地方，不但没有造福平民，且给平民前途以很大的危险。他的受病，是在教育还没有能造成好环境时，早早诱导平民脱离他们的固有生活，即使事实上一时不能脱离，先养成他们厌弃固有生活的心理，换言之，就是教育没有能增加他们的生活能力，而先亢进他们的生活欲望，使酿成种种不安状态，社会前途，是何等危险呀！至于教育没有到的地方，他们的危险，更不用说了。

著者常说："今后世界，凡于科学有绝大贡献，或能充分应用科学，与幸福于全人类者，其国力必较强，即或摧折一时，久必复起。有能唤起民众，增进其各个的知能，并明了而加密其相互的关系，使融合其心思才力，为国家，为世界共同一致的努力相当工作者，其国基必较固，反是，虽称强一时，不久必被灭或自灭。故有问今日中国教育上最大需要何在者，答之曰：是在应用科学或科学方法，训练民众。"

著者又常说："教育第一须认明对象，须完全把对方的环境，和我方的理想，出之以绝对的熔化。"换句话说："须把对方的生活，做出发点，万不可把我方的理想，做出发点。"今教育而以欧化为总标准，无怪乎蒙犯到诱导平民使之弃却，或不安于他们固有生活的嫌疑呀！

中国创新教育，虽六十五年，经过了不少的变迁，若论最切要的工作，还留待后人努力哩。

（商务印书馆 1930 年出版）

吾国中学制度之历史观

第一节　学制未完成以前

我常把清同治以来划作新教育时代，而以前之此为旧教育时代。今从历史上求中学制度，应先查旧教育时代，究竟有没有中学。

中国学校，很早就是分级的。但只有两级。

"古之帝王者，必立大学小学……十有三年，始入小学，见小节焉，践小义焉。年二十，入大学，见大节焉，践大义焉。"——尚书大传

只有两级，便没有中级了。到后来宋朝王安石定太学三舍法，推行于各地方，一律由外舍升内舍，转升上舍，内舍，就是中间的一级了。可是每月私试，年终公试，及格者升级，一年一级。这内舍只可称是一个年级，而不能认为独立的一个教育阶级，所以在旧教育时代，只可说没有中学制度。

至于新教育时代呢？清光绪二十一年津海关道盛宣怀设头二等学堂各一所于天津，由二等升头等，各四年毕业。同时上海无锡复设三等学堂。其中二等学堂，等于中学。这才可以说是中学的起点了。可是那时候制度，并没有完备。

吾国有整个的新式学校制度，从清光绪二十八年始。

第二节　清光绪二十八年

清光绪二十八年管学大臣张百熙订呈学堂章程，这就是后来所称钦定学堂章程。见图4：

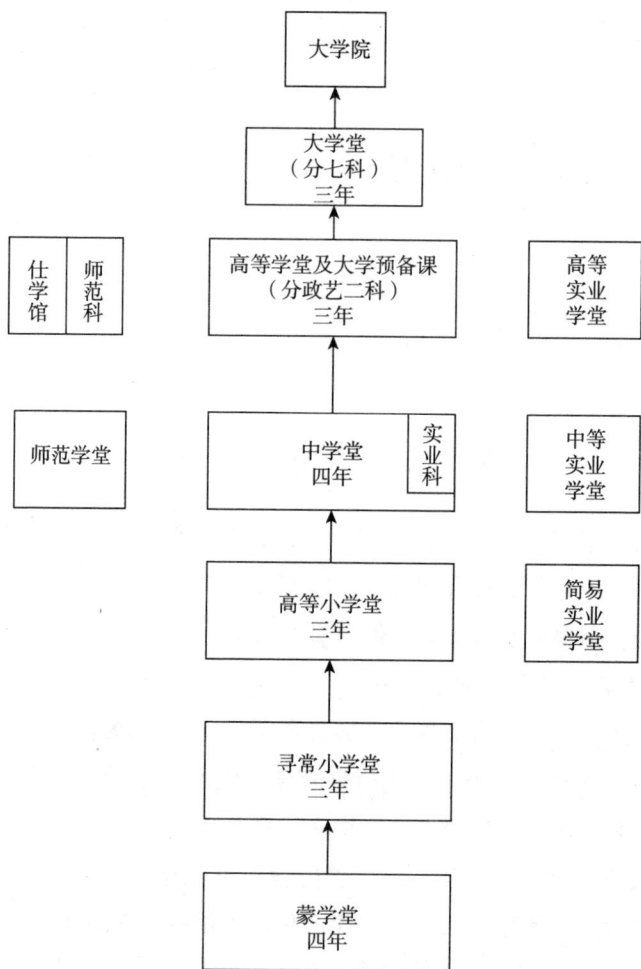

图 4

　　这里边下承高等小学堂，上接高等学堂及大学预备科的中学堂，定为四年毕业。但第三第四年级，得设实业科，这倒是中学分科制的先导。此外与中学堂同程度，同年限的，尚有师范学堂及中等实业学堂。师范学堂应附设于中学堂内，中学堂外应设中等实业学堂。中学堂以设于府治为原则，谓之官立中学堂；其由私人捐资设立的，谓之民立中学堂。一切中学堂，由该省官立高等学堂管辖，而转报于京师大学堂。

　　当时中学宗旨，完全在升学预备，章程中说：

　　"中学堂之设，使诸生于高等小学毕业后，加深其程度，增添其科目，使肄力普通学之高深者，为高等专门之始基。"

查阅当时中学课程表各科授课时间，外国文最多，读经次之，词章亦专列一科，见表3。

表3　清光绪二十八年中学每周教授时数表

科目＼年别	第一学年	第二学年	第三学年	第四学年
修身	二	二	二	二
读经	四	四	三	三
算学	二	二	四	四
词章	三	三	三	三
中外史学	三	三	三	三
中外舆地	三	三	三	三
外国文	九	九	九	九
物理	二	二		
化学	二	二	三	三
体操	二	二	二	三
图书	二	二	二	二
博物	二	二	二	二
共计	三六	三六	三六	三六

第三节　清光绪二十九年

前项学制，虽经钦定，却未实行。旋又命张之洞、荣庆与张百熙三人会同重订，而成光绪二十九年的学制，就是后来被称为奏定学堂章程的。就中中学堂，改四年为五年了。见图5。

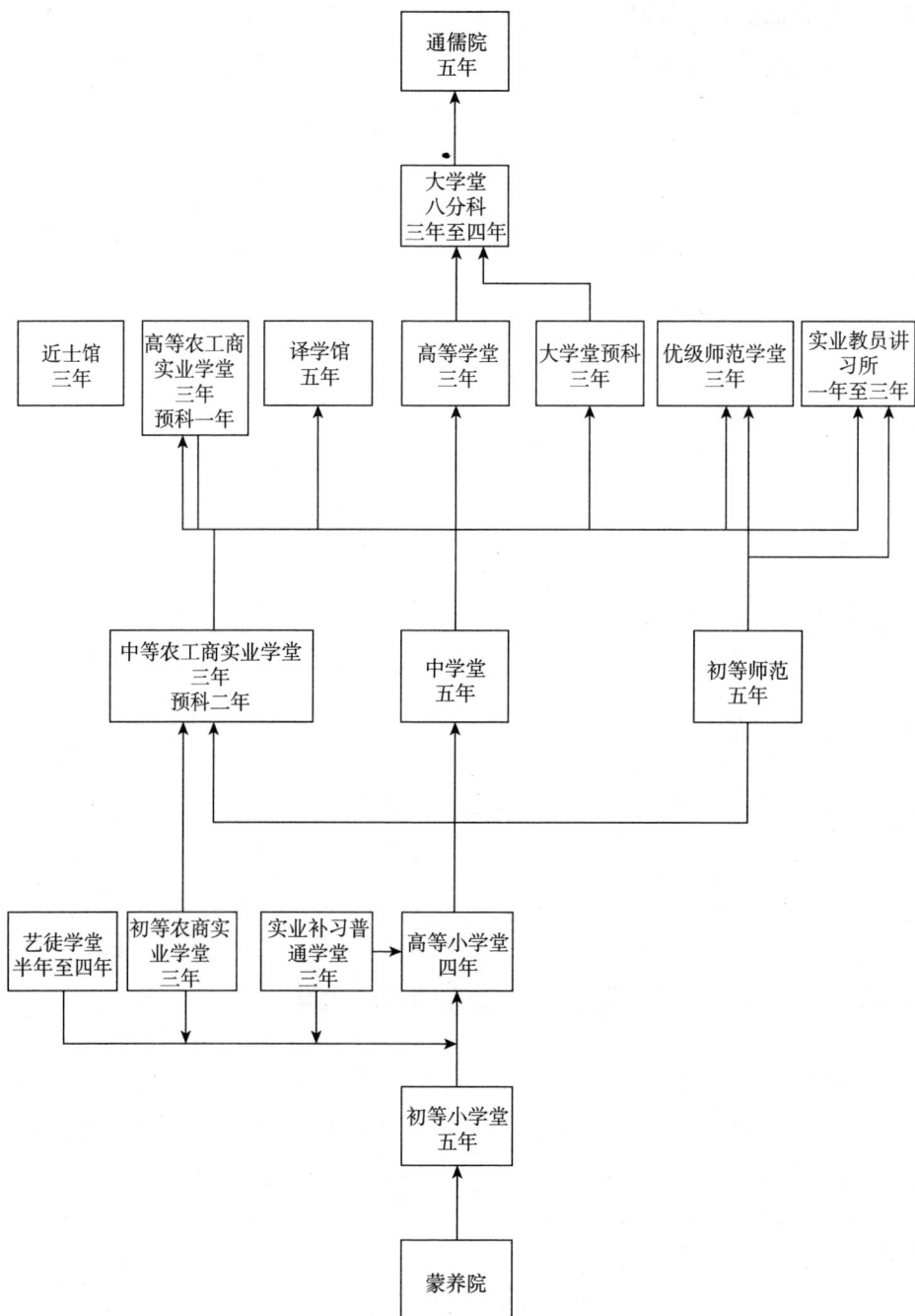

```
                              ┌──────────┐
                              │  通儒院   │
                              │   五年    │
                              └──────────┘
                                   ↑
                              ┌──────────┐
                              │  大学堂   │
                              │  八分科   │
                              │ 三年至四年 │
                              └──────────┘
                                   ↑      ↖
┌────────┐ ┌──────────┐ ┌────────┐ ┌────────┐ ┌────────┐ ┌────────┐ ┌────────┐
│ 近士馆  │ │高等农工商 │ │ 译学馆  │ │高等学堂 │ │大学堂预科│ │优级师范 │ │实业教员讲│
│  三年   │ │实业学堂   │ │  五年   │ │  三年   │ │  三年   │ │学堂三年 │ │ 习所    │
│        │ │  三年     │ │        │ │        │ │        │ │        │ │一年至三年│
│        │ │ 预科一年  │ │        │ │        │ │        │ │        │ │        │
└────────┘ └──────────┘ └────────┘ └────────┘ └────────┘ └────────┘ └────────┘
                ↑                        ↑                    ↑            ↑

        ┌──────────────────┐    ┌────────┐        ┌────────┐
        │中等农工商实业学堂  │    │ 中学堂  │        │初等师范 │
        │      三年         │    │  五年   │        │  五年   │
        │    预科二年       │    │        │        │        │
        └──────────────────┘    └────────┘        └────────┘
                ↑                    ↑

┌────────┐ ┌────────┐ ┌────────┐ ┌────────┐
│艺徒学堂 │ │初等农商实│ │实业补习普│ │高等小学堂│
│半年至四年│ │业学堂   │ │通学堂   │ │  四年   │
│        │ │  三年   │ │  三年   │ │        │
└────────┘ └────────┘ └────────┘ └────────┘
                                     ↑
                              ┌────────┐
                              │初等小学堂│
                              │  五年   │
                              └────────┘
                                   ↑
                              ┌────────┐
                              │ 蒙养院  │
                              └────────┘

                          图 5
```

当时中学宗旨，于升学预备外，加上职业预备，总算是进一步了。章程中说：

"设普通中学堂令高等小学毕业者入焉，以施行较深之普通教育，俾毕业后不仕者从事于各项实业，进取者，升入各高等专门学堂，均有根柢为宗旨。以实业日多，国力增长，即不习专门者亦不至暗陋偏谬为成效。"

至于课程表各科授课时间，以读经讲经占第一位，外国语次之。至第五学年，添设法制及财政科，见表4。

表4　清光绪二十九年中学堂每周教授时数表

科目＼年别	第一学年	第二学年	第三学年	第四学年	第五学年
修身	一	一	一	一	一
读经讲经	九	九	九	九	九
中国文学	四	四	五	三	三
外国语	八	八	八	六	六
历史	三	二	二	二	二
地理	二	三	二	二	二
算学	四	四	四	四	四
博物	二	二	二	二	
理化				四	四
图画	一	一	一	一	
法制及财政					三
体操	二	二	二	二	二
合计	三六	三六	三六	三六	三六

附一　师范学堂

到那时候，师范学校，不附属于中学校，而成为独立的组织了。优级师范且不论，各州县定设初级师范学堂一所，先在省城设一所，招收高小毕业生。完全科五年毕业，简易科一年毕业。其宗旨，初级师范，习普通学外，并讲明教授管理之法，以造成高等小学及初等小学两项教员，使全国人民识字日多为效。宣统二年停办简易科，见表5。

表5中，可见教育学科时间最多，每周自四时增至十五时，读经讲经次之，每周九时。

表5　清光绪二十九年初级师范学堂课程表

科目＼年别	第一年	教授时间	第二年	教授时间	第三年	教授时间	第四年	教授时间	第五年	教授时间
修身	五种遗规古诗类	一	同上	一	同上	一	同上	一	同上修身教授法	一
教育	教育史	四	教育原理	四	教授法	八	教育法令学校管理法实事授业	四	同上	一五
读经讲经	春秋左传	九	同上	九	同上	九	同上	九	周礼训本	九
中国文学	读文作文习官话	三	同上	二	同上	二	同上	一	中国文学家大略习官话作文读书教授法	一
历史	中国史	三	中国史亚洲各国史	三	本朝史亚洲各国史	二	西洋史历史教授法	一	同上	一
地理	地理总论亚洲总论中国地理	二	中国地理	二	外国地理	二	同上	二	地文学地理教授法	一
算学	算术	三	算术簿记几何	三	几何代数	三	同上	三	代数算学教授法	三
理化	物理	二	物理化学	二	同上理化教授法	二	同上理化教授法	一		
博物	植物动物	二	同上	二	同上博物教授法	二				
习字	楷书	三	行书	二	行书小篆	二	同上	一	同上习字教授法	一
图画	自在画用器画	二	同上	二	自在画图书教授法	一	同上	一	同上	一
体操	普通体操兵式体操	二	同上	二	同上	三	同上	二	同上体操教授法	二
共计		三六		三六		三六		三六		三六

注：外国语及农业商业手工得在正课以外加习一科或数科。

　　观上表教育学科时间最多每周自四时增至十五时，读经讲经次之，每周九时。

　　此时师范学堂，皆为男子而设，至光绪三十三年学部奏设女子师范学堂规定每州县设一所，初办可暂于省城及府城由官筹设，并许民间设立，招收高等小学四年级生，四年毕业，比男子初级师范完全科程度约低两年，见表6。

表6中，除家事、裁缝、手艺、音乐为男子师范所无有外，不设读经讲经，亦是女子师范一特点。

表6　清光绪三十三年女子师范学堂每周教授时数表

科目 ＼ 年别	第一年	第二年	第三年	第四年
修身	二	二	二	二
教育	二	二	二	一五
国文	四	四	四	
历史	二		二	
地理	二		二	
算学	四	四	三	二
格致	二	二	二	二
图画	二	二	二	二
家事	二	二	二	
裁缝	四	四	四	三
手艺	四	四	四	三
音乐	一		二	二
体操	二	二	二	二
合计	三四	三四	三四	三四

附二　实业学堂

在二十九年学制里，实业学堂的组织，分为三种：初等实业，与高小同等，招收初小毕业生；高等实业，与高等学堂同等，招收中学毕业生；二者姑不论，其中等实业学堂，与中学堂同等，招收高等小学毕业生，预科二年毕业，本科三年毕业，其宗旨，在教授农工商业所必需之知识艺能，使将来毕业后实能从事农工商业。其分科如下：

一、中等农业：农业科、林业科、兽医业科、水产业科。

二、中等工业：土木科、金工科、造船科、电气科、木工科、矿业科、染织科、窑业科、漆工科、图稿绘画科。

三、中等商业：不分科。

四、中等商船：机轮科、航海科。各科均得附设专攻科及选科。

第四节　清宣统元年

清宣统元年分中学为文实两科，实为中学制度上一大变革。学部原折称：

"中学堂之宗旨，年齿已长，趣向已分。……学生毕业有志升学者，其所志既有殊异，而所升之学，有文科实科之分。学文科者，当求文学之精深，学实科者，尤期科学之纯熟。中国文学既难，加以科学又极繁重，果能于五年之内，二者兼通，岂不甚善，无如近日体察各省情况，学生资性既殊，志趣亦异，沈潜者于实科课程为宜，高明者于文科学问为近，此关于天授者也。志在从政者，则于文科致力为勤，志在谋生者，则于实科用功较切，此因于人事者也，本此数因，……远稽湖学良规，近采海国成法，揆诸学堂情形，实以文实分科为便……"

当时所改订之各科授课时间如表 7 所示：

可是中学文实分科，不及一年，又因师资，设备，转学三者为难，将主要通习各科目，重行厘订，而各省实行分科者，仍复寥寥。

表 7　清宣统元年中学文实分科授课时间表

科目 \ 年别	第一年		第二年		第三年		第四年		第五年	
	文	实	文	实	文	实	文	实	文	实
读经讲经	五	五	五	五	五	五	六		五	
中国文学	六	四	六	四	七	四	七	四	七	四
外国语	八	八	八	八	八	八	八	八	八	八
历史	三	二	二	二	二	二	三	二	三	
地理	三	二	二	二	二	二	二	二	二	
修身	一			一	一		一			一
算学	四	六	四	六	二	七·五	三·五	七	一	六
博物	三	三	二	三	二·五	二·五				二·五
理化							二·五	五	三	五·五
法制财政									三	二
图画		一	一	一	二·五	一		二		二
体操	三	三	三	三	三	三	三	三	三	三
手工								二		二
共计	三六	三六	三六	三六	三六	三六	三六	三六	三六	三六

第五节　民国初年

民国成立，教育制度得一大解放。其见于中等教育，就是定中学校为普通教育，废除文实分科，其年期则中学校及师范学样，均定为四年毕业，但师范加预科一年。实业学校分甲乙种，与中学同等之甲种实业学校，亦定为四年毕业。元年九月所公布之学校系统如图6所示：

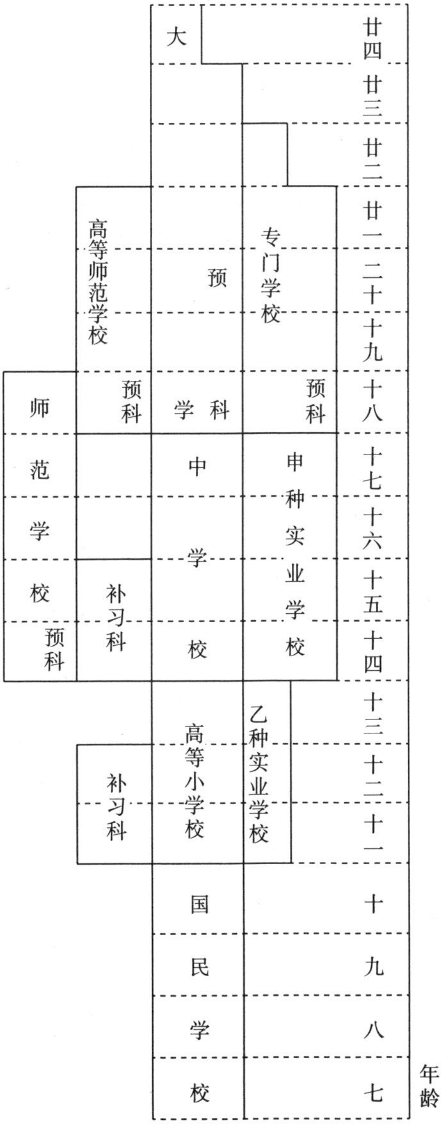

大　　　　　　　　　　廿四
　　　　　　　　　　　廿三
　　　　　　　　　　　廿二
高　　专　　　　　　　廿一
等　　门　　　　　　　二十
师　预　学　　　　　　十九
范　　校　　　　　　　
学　　　　预　　　　　十八
校　预　学　　科　　　
师　科　　科　　　　　十七
范　　　中　申　　　　十六
学　　　　　种　　　　
校　补　　　实　　　　十五
　　习　学　业　　　　
预　科　　　学　　　　十四
科　　　校　校　　　　
　　　　　　　　　　　十三
　　　补　高　乙　　　十二
　　　习　等　种　　　
　　　科　小　实　　　十一
　　　　　学　业　　　
　　　　　校　学　　　十
　　　　　　　校　　　
　　　　　国　　　　　九
　　　　　民　　　　　
　　　　　学　　　　　八
　　　　　校　　　　　　年
　　　　　　　　　七　　龄

图6

当时中学宗旨，使元年部令定为完足普通教育，造成健全国民。以省立为原则，但亦得县立和私立。其课程废止读经，而以手工和音乐列入正课。且与女子教育以同等地位。民国二年三月部令中学校课程标准如表8所示：

表8　民国二年中学校课程标准

年别 科目	每周时数	第一学年	每周时数	第二学年	每周时数	第三学年	每周时数	第四学年
修身	一	持躬处世 待人之道	一	对国家之责务 对社会之责务	一	对家族及自己之责务对人类及万有之责务		伦理学大要 本国道德之特色
国文	七	讲读作文 习字楷书行书	男七 女六	讲读作文 文字源流 习字同前学年	五	讲读作文 文法要略 习字同前学年	五	讲读作文 文法要略 中国文化史 习字行书草书
外国语	男七 女六	发音 读音 默写 文法 拼字 译解 会话 习字	男八 女六	读法 译法 默法 造句 会话 文法	男八 女六	读法 会话 文法 译解 作文	男八 女六	读法 译解 会话 作文　文法要略　文学
历史	二	本国史 上古中古近古	二	本国史 近世现代	二	东亚各国史 西洋史	二	西洋史
地理	二	地理概要 本国地理	二	本国地理 外国地理	二	外国地理	二	自然地理概论 人文地理概论
数学	男五 女四	算术 代数	男五 女四	代数 平面几何	男五 女四	代数 平面几何	男四 女三	平面立体几何 平三角大要
博物	三	植物　普通植物之形态分类解剖生理生态分布应用等之大要 动物　普通动物之形态分类解剖生理习性分布应用等之大要	三	动物 同前学年 生理及卫生之构造 个人卫生公众卫生	二	矿物　普通矿物及岩石之概要 地质学之大意		
物理化学					四	物理力学热学光学电学物性音学磁学	四	化学无机化学有机化学大要
法制经济							二	法制大要 经济大要

年别／科目	每周时数	第一学年	每周时数	第二学年	每周时数	第三学年	每周时数	第四学年
图画	一	自在画 临画 写生画	一	同前学年	一	自在面　临画 写生画　用器画 几何画	男二 女一	自在画 意匠画 用器画 几何画
手工	一	竹工木工	一	木工粘土细工	一	粘土石膏细工金工		同前学年：工业大意
家事园艺			女二	家事整理 家事卫生 饮食物之调理 实习（洗濯烹饪等） 蔬果花木等之培养法庭园构造法实习	女二	持家育儿经理家产家计簿记实习（洗濯烹饪救急疗法等） 同前学年实习	女二	同前学年实习（烹饪救急疗法等）
缝纫	女二	初步技术之练习 普通衣服之缝法裁法补缀法	女二	同前学年	女二	同前学年	女二	同前学年
乐歌	一	基本练习歌曲	一	同前学年乐典	一	同前学年	一	基本练习歌曲乐器
体操	男三 女二	普通体操 兵式训练	男三 女二	同前学年	男三 女二	同前学年	男三 女二	同前学年
合计	男三三 女三二		男三四 女三三		男三五 女三四		男三五 女三四	

（备考）女子中学校缺三角法，其余学科程度比照学期时数酌定并得展长，算术教授时数至五学期以内而减少代数几何之时数。女子手工授编物刺绣等，照所定时致分配。女子中学校无兵式体操，可代以舞蹈游戏照所定时数分配。

表8之标准，完全以完足普通教育为主，故各科学力，略取平均。至四年即有中学分科的动议，而未见实行。六年增设第二部实施职业教育，八年四月教育部通令中学得酌量地方情形，增减部定科目及时间，于是中学校多自由改组者。

附一　师范学校

民国成立以后之师范学校，规定宗旨，以造就小学教员为目的。预科一年，招收高小毕业生，本科第一部四年，由预科升入，第二部一年，招收中学毕业生。附设小学，并得附设小学教员讲习科。女子师范学校，且得附设保姆讲习科。除高等师范定为国立外，师范学校定为省立，其授课时间如表9所示：

表9　民国元年师范学校每周授课时间表

科目 ＼ 年别	预科	本科第一部				
		第一年	第二年	第三年	第四年	合计
修身	二	一	一	一	一	六
读经	二	二	二	二		八
教育			三	四	一二	一九
国文	一〇	五	四	三	三	二五
习字	二	二	一			五
外国语	三	三	三	三	二	一四
历史		三	二	二		七
地理		二	三	二		七
数学	六	四	三	二	二	一七
博物		四	二	二		八
物理化学			三	三	二	八
法制经济					二	二
图图手工	二	二	三	三	三	一四
农业				三	三	六
乐歌	二	二	一	一	一	七
体操	四	四	四	四	四	二〇
总计	三三	三四	三五	三五	三五	一七二

注：视地方情形得将手工、农业、商业之一科增加二小时以内，农业科得以增加之他科代之。

表10

科目 ＼ 年别	预科	本科第一部				
		第一年	第二年	第三年	第四年	合计
修身	二	一	一	一	一	六
读经	二	二				五
教育			三	四	一二	一九

年别\科目	预科	本科第一部				
		第一年	第二年	第三年	第四年	合计
国文	一〇	六	四	二	二	二四
习字	二	二	一			五
历史		二	三	二		七
地理		二	二	三		七
数学	五	三	三	三	二	一六
博物		三	二	二		七
物理化学			三	三	三	九
法制经济					二	二
图画手工	二	三	三	三	三	一四
家事园艺				四	四	八
缝纫	四	四	二	二	二	一四
乐歌	二	二	二	一	一	八
体操	三	三	三	三	二	一四
外国语	（三）	（三）	（三）	（三）	（二）	（一四）
总计	三二	三三	三三	三三	三四	一五六

注：外国语为随意科不列入统计之内。

表11之制度，男女师范教育，处于同等地位，特点一。师范定为省立，使师范教育得行政统一之效，特点二。设第二部，使中学毕业生，多一出路，且扩充师资的来源，特点三。

表11　民国元年男女师范学校第二部每周授课时间表

男女别\科目	男	女
修身	一	一
读经	二	二
教育	一五	一五
国文	二	三
数学	二	二
博物	三	三
理化		

科目＼男女别	男	女
图画	三	三
手工		
农业	三	
缝纫		二
乐歌	二	二
体操	三	三
总计	三六	三六

附二　实业学校

民国二年八月公布实业学校令，分实业学校为甲乙两种，甲种施完全之普通实业教育，乙种施简易之普通实业教育。对于中等教育的甲种，招收高小毕业生，预科一年，本科三年，但得延长一年，规定以省立为原则。此与前清大不同之点，在认定实业学校为不升学的学生而设，毕业以后，亦不与以升学机会，盖渐渐和职业教育接近了。

第六节　民国十一年

至民国十一年而全部学制，成一大改革，而以中等教育一部分为出入尤大，兹先将该案标准及系统图列后：

民国十一年学校系统改革案标准：

（一）适应社会进化之需要；

（二）发挥平民教育精神；

（三）谋个性之发展；

（四）注意国民经济力；

（五）注意生活教育；

（六）使教育易于普及；

（七）多留各地方伸缩余地。

图7左行之年龄，表示各级学生入学之标准，但实施时，仍以其智力与成绩，或其他关系，分别定之。

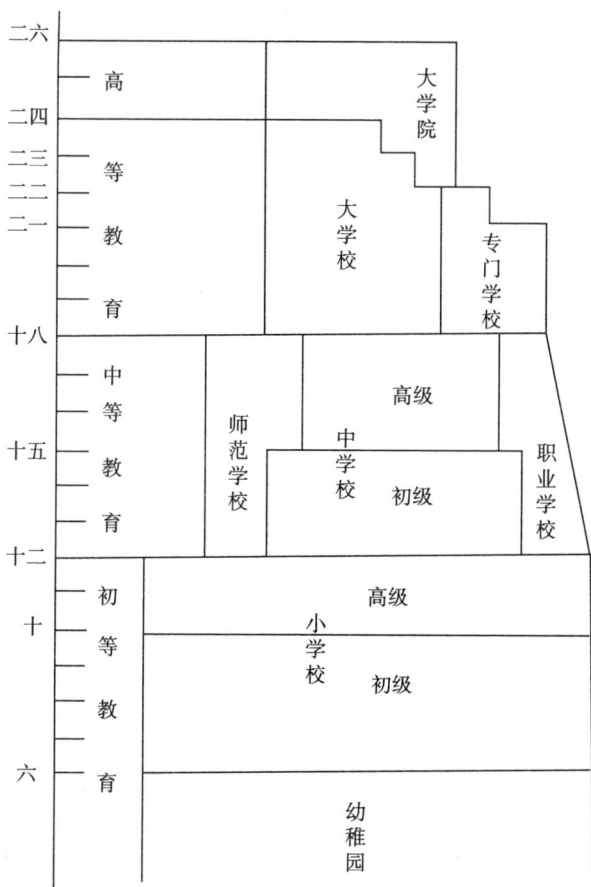

图 7

说明：

一、初等教育（略）。

二、中等教育：中学校修业年限六年。分为初高两级。初级三年，高级三年。但依设科性质，得定为初级四年，高级二年；或初级二年、高级四年。初级中学得单设之。高级中学，应与初级中学并设。但有特别情形时，得单设之。初级中学施行普通教育。但得视地方需要，兼设各种职业科。高级中学分普通农、工、商、师范、家事等科，但得酌量地方情形，单设一科，或兼设数科。

（附注一）依旧制设立之甲种实业学校，酌改为职业学校，或高级中学农、工、商等科。中等教育得用选科制。各地方得设中等程度之补习学校，或补习科。其补习之种类及年限，视地方情形定之。

（附注二）依旧制设立之乙种实业学校，酌改为职业学校，收受高级小学毕业生。但依地方情形，亦得收受相当年龄之修了初级小学学生。为推广职业教育计，得于相当学校内，酌设职业教员养成科。师范学校修业年限六年。师范学校得单设后二年或三年，收受初级中学毕业生。师范学校后三年，得酌行分组选修制。为补充初级小学教员之不足，得酌设相当年期之师范学校，或师范讲习科。

三、高等教育（略）。

这分学制的优点，除规定得以智力与成绩自由伸缩外，全部学程十八年中，横里的分划，多至五段，于无力者以结束学业，中途就业或转学的机会，而尤要在将中学分为两级，使青年在十五六岁心理上自然发展至有择业需要时，得升入以分科为原则的高级中学。高中固以分科为原则，初级亦得兼设各种职业科，又有特设的职业学校，不规定期限与年度，使横的方面，门径很多，尽可自由选择。即师范学校，亦没有禁止单设，补习学校及补习科均有规定，原案所称纵横活动主义，可云尽纵横活动的能事了。可惜执行方面，大都拘守原则，抹杀例外，且有利用新旧制过渡，争升格以为名高者。

至于中学课程，至民国十二年全国教育会联合会才有标准纲要发表。

关于初级中学课程，分为社会科（公民、历史、地理）、言文科（国语、外国文）、算学科、自然科、艺术科（图画、手工、音乐）、体育科（生理、卫生、体育）六科。其授课以学分计，每半年度每周上课一小时为一学分，但如图画、手工、音乐、体操、运动及理化生物之实验，无须课外预备自修，或预备自修时间较少者，应酌量折算。其必修科目学分分配如表12：

表12

学科		学分
社会科	公民	六
	历史	八
	地理	八
言文科	国语	三二
	外国语	三六
算学科		三〇
自然科		一六

学科		学分
艺术科	图画	一二
	手工	
	音乐	
体育科	生理卫生	四
	体育	一二
共计		一六四

初级中学毕业，其需修满一百八十学分。除必修科一六四分外，所余学分或补习必修科目。

关于高级中学课程，约分三部分，（一）公共必修科目，学分约占总额百分之四十三；（二）分科专修科目，又分必修与选修两种；（三）纯粹选科目，任由学生自择，但毕业学分不得超过百分之二十。

高级中学得设（甲）以升学为主要目的普通科，又分注重文学及社会科学的第一组及注重数学及自修科的第二组。（乙）以职业为主要目的的师范科、商业科、工业科、农业科、家事科。但一校不必全设。

高级中学公共必修科目为国语十六学分，外国语十六学分，人生哲学四学分，社会问题六学分，文化史九学分，科学概论六学分共六十四学分，各科毕业学分总额定为一百五十学分。职业科专修及纯粹选修的科目，由各校按照实际情形自定。普通科第一组第二组课程简表如表13、表14所示：

表13 第一组课程简表

科目		学分
公共必修的	一、国语	一六
	二、外国语	一六
	三、人生哲学	四
	四、社会问题	六
	五、文化史	九
	六、科学概论	六
	七、体育 （一）卫生法	一〇
	（二）健身法	
	（三）其他运动	

科目			学分
分科专修的	一、必修的	（一）特设国文	八
		（二）心理学初步	三
		（三）论理学初步	三
		（四）社会学之一种	四（至少）
		（五）自然科学或数学之一种	六（至少）
	二、选修的		三二（或更多）
纯粹选修的			三〇（或更少）

表 14　第二组课程简表

科目			学分
公共必修的	一、国语		一六
	二、外国语		一六
	三、人生哲学		四
	四、社会问题		六
	五、文化史		六
	六、科学概论		六
	七、体育（同第一组）		一〇
分科专修的	一、必修的	（一）三角	三
		（二）高中几何	六
		（三）高中代数	六
		（四）解析几何大意	三
		（五）用器画	四
		（六）物理化学生理三项选习二项每项六学分	一二（至少）
	二、选修的		一三（或更多）
纯粹选修的			三〇（或更少）

　　以上课程，虽仅教育会联合会所拟，并未成为法令，在实际上亦有照此施行者。

　　另有新学制师范课程标准纲要草案三种，亦系全国教联会所拟，如表15~表17所示：

表 15 高中师范科师范后三年公用课程必修科目表

	科目	学分
公共必修科目	国语	一六
	外国语	一六
	人生哲学	四
	社会问题	六
	世界文化史	六
	科学概论	六
	体育	一〇
	音乐	四
	共计	六八
师范必修科目	心理学入门	二
	教育心理	三
	普通教学法	二
	各科教学法	六
	小学各科教材研究	六
	教育测验与统计	三
	小学校行政	三
	教育原理	三
	实习	二〇
	共计	四八

表 16 高中师范科师范后三年公用课程选修课程表

	科目	学分
第一组注重言文及社会科学	选修国语	八
	选修外国语	六
	西洋近世史	四
	地学通论	四
	政治概论	三
	经济概论	三
	乡村社会学	三
至少须选		二〇

科目		学分
第二组注重数学及自然科学	算术（包括珠算）	八
	代数	六
	几何	六
	三角	三
	物理学	六
	化学	六
	生物学	六
	矿物地质学	四
	园艺学	四
	农业大意	六
至少须选		二〇
第三组注重艺术及体育	图画	八
	手工	八
	音乐	八
	体操	六
	家事	八
至少须选		二〇
教育选修科目	教育史	三
	乡村教育	三
	职业教育概论	三
	儿童心理学	四
	教育行政	三
教育选修科目	图书馆管理法	三
	现代教育思潮	三
	幼稚教育	六
	保育学	三
至少须选		八
纯粹选修科目	由学校自定	不定

表 17　三年二年一年师范学校学科分配表

年制 学分 学科	一年制	二年制	三年制
教育	三六	二四	一四
国语	三六	二四	八
社会学科	二六	一八	八
算学	二五	一六	八
自然科学及园艺农事	三三	二二	八
艺术	一五	一〇	八
体育	九	六	六
合计	一八〇	一二〇	六〇

第七节　民国十七年

民国十七年全国教育会议，议决中华民国学校系统案、对前制虽略有文字上的修改，然大体如旧，不复述。

第八节　结语

从施行新教育以来，所有中等教育制度与其宗旨，可括为六个时期如上列（第二节至第七节），五种变化如图 8 所列：

（时期）	（宗旨）	（制度）
甲、清光绪二十八年	升学预备	中等实业学堂 实业科 中学堂四年 师范学堂
乙、清光绪二十九年	建成小学教员 升学预备兼职业准备 预备农工商业	初级师范学堂五年 中学堂四年 中等实业学堂三年预科二年
丙、清光绪元年	仍前	中学堂五年文实分科
丁、民国初年	完全的普通实业教育 充足普通教育 小学教员	甲种实业学校四年 中学校四年 二部一年／补习科 师范学校四年／预科一年
戊、民国十一年	活动初中施行普通教育但得设各种职业科高中以分科为原则	职业学校 中（高级）学校（初级）师范学校／六年

图 8

（原载《教育与职业》第 120 期，1931 年）

中华职业教育社宣言 ①

（节选）

　　本社同人努力研究提倡并试验职业教育，亦既有年。平时屡以一得之愚，条陈政府，贡献社会，不敢惮烦。兹值战事告终，全国统一，更应群策群力，谋民生主义之实现，弭国家危患于无形。适本社有专家会议之举，集合众思，慎重考虑，会议结果，一致主张对于政府，对于社会，有所经验，掬诚宣言。

　　我国社会问题，日趋严重，抉其最著，约有数端。

　　近人恒言：普通教育愈发达，社会失业者愈众，虽因果关系，未必尽然。但毕业高级小学，不能升中学，毕业中学，不能升大学，一岁间无虑数十万，此辈散在社会，高低两无成就，既已具有相当之知识，养成超越平民之欲望，而却无一技专长执业社会，怅怅何之，满怀抑郁，其于国家社会，为利为害，不言可知。此其一。

　　民众失业救济之困难，各邦皆然，我国尤甚。据本社上海职业指导所十九年统计报告，委托介绍职业者二千八百七十二人，其中国内大学毕业七百三十八人，国外大学毕业一百三十三人，受高等教育者，皇皇求事，若此其可怜，而反观职业界所需求，乃在一能一技之专精，对于学位崇高者，转不免望而生畏。上海为通商首埠，一隅如此，全国可以推知。夫社会事业，既已日见凋枯，而人才供求，更复两失其当，国家社会，损失几何？宁能数计？此其二。

　　我国新式工业，方具萌芽，比之邻邦，幼稚特甚。工厂职工，年轻气盛，思想既易转移，迨年事较长，积习稍深，又复多染暮气。工作效能减退，即生产数量，无望增加。正其思想，改其环境，凡所以杜其乱源，裨益产业，实为

---

① 本篇宣言署名者为蔡元培、胡庶华、刘湛恩等 42 人。

目前当务之急。此其三。

妇女职业，非仅关系家运之荣枯，即社会组织，亦多利赖。我国妇女，向未以职业为重，同人以为男女平权参政，本诸人道之公，惟必须对于社会国家，厚储服务知能，然后自立立人，根本上方为有效。外而就业，内而治家，皆须在相当年龄，予以适宜之训练。若对女子教育，偏重普通，此种方针，是否适合于中国目前需要，实为绝大疑问。此其四。

我国以农立国，至于今日，衣食大源，且多仰给外人，兹姑舍棉货一端而不论，检十八年海关报告，米输入价达五千八百九十余万两，小麦输入价达二千一百四十余万两，面粉输入价达六千二百九十余万两，已足令人不寒而栗，农事不修，产量既因之日绌，农智未启，生活尤无由改良。夫以如此穷弱愚昧，一盘散沙之农民，其数占全国人民百分之八十五以上，谓可立国于今日之大地，宁非妄谈？倘不早图挽救，后患何堪设想？此其五。

以上五端，皆为迫在眉睫，刻不容缓之严重问题。欲谋解决，固不能专赖一方，而扼要之图，确惟职业教育是赖。乃依教育部最近统计，全国中学一千一百三十九所，内职业学校一百四十九所，仅占百分之十三。全国中学学生二十三万四千八百一十人，内职业学校学生一万六千六百四十一人，仅占百分之七。需要与供给，相悬至此，无惑乎求事者未能得事，求才者坐叹无才。本社同人十余年来，口瘏笔秃，既惭无补于民生而实际设施，分量尤为有限。其可共见于社会者，关于工商教育、农村教育、蚕桑缝纫等女子职业教育，各种职业补习教育，以及升学指导、择业指导、职业介绍等，凡此种种，在本社不过尽试验之功能，勉为社会打开新路，乃奏曲非高而寡和，勇者先登而绝援，耳聒乎民穷财尽之呼声，心痛乎杯水车薪之罔济。……心实为危，用敢掏其真诚，恳切希望于我秉国之政府，我立身之社会，在最短时间，实现下列诸事：

一、请教育部联合内政财政实业交通铁道等部，组织委员会，从人才方面，各就主管事务，提出需求与供给双方联络进行之切实办法，使用才与培才得相剂之效。省教育厅、市教育局，亦应有同样之联合。

二、各地普通教育与职业教育需要分量之差别，既非常明显，应将普通学校，限制添设并切实减少。至各地职业学校，未设者应从速计划设立，已设者应力求充实内容，增加效率。

三、各地设立职业学校，必须教育与职业两方极端联络，故对于是项学校方式，认为惟下列四种，收效较有把握：（甲）农村划区设校；（乙）职业学校自营农工商业机关；（丙）职业学校与同性质之职业团体合作；（丁）职业团体附设同性质之职业学校。以上四种，皆足使学生一面修学，一面实地习其所学，迨学年修了，尤须责令实际服务半年或一年，取得管理者之证明，然后正式给予毕业文凭。此法凡有目的之教育，如师范学校等，亦宜采用。

四、职业学校，应采用各国先习后学制度。凡学生先令实习若干时期，然后授课。此不惟养成工作习惯，且使学其所习，易增进课业上之兴趣。

五、各地普通中学，须令兼设职业学科。使毕业后一部分不能升学之青年，得立足于社会。

六、各地工商业团体，应请教育部会同实业部通令限期举办补习教育，增进职工服务知能，即以立发展改良实业之根本。

七、各地须指定相当地点，试办农村改进，以改良整个的农民生活为目的，然后逐步推广。其下手方法，一方养成农村教育师资，一方兼须养成农村警察，方收指臂相使之效。

八、女子职业教育，须多方宣传，尽量设施，其职业种类，应以在不妨碍家庭生活之下，提倡社会服务为原则。

九、职业学校之师资，必须从速培养。培养方法，与其单独设置，或就师范学校设职业科，不如就著有成绩之职业学校，附设职业师范科。

十、各地义务教育之推广，无论都市或乡村，皆须确立一标准，即对受教育者，在未经养成其相当能力时，绝对勿使脱离固有生活，庶不致义务教育愈发达，社会基础愈动摇。

十一、普通小学，应特别施行职业陶冶，充分予以职业上之基本知能。

十二、各级教育，应于训练上一律励行劳动化，俾青年心理上确立尊重职业之基础，且使获得较正确之人生观。

十三、各地应多设职业指导所，由政府择定地点，先行试办，予以充分的考察及指导，并从速培养职业指导人才。

十四、请求中央政府，确立工商保护政策，切实励行，俾实业充分发展，于人才出路，固有裨益，即于国家前途，根本免除危险，吾中华民国，实利赖之。

政府为民众所托命，社会为小己所构成，当能念国势之阽危，鉴愚忱之恳挚，俯表同情，立予采纳，喁喁向望，无任屏营。谨此宣言，伏希鉴察。

（原载《教育与职业》第122期，1931年2月）

三十五年来中国之职业教育

（节选）

本文为商务印书馆三十五周年纪念而作，既命名三十五年来之职业教育，当追溯清光绪二十三年即公历一八九七年以来，迄于现在。但"职业教育"一名词之盛行，到今未及二十年，而自施行新教育以来，关于职业教育一部分，其创始却又远在三十五年以前，以故本文所叙，初不尽以三十五年来为限。

本文分三节：曰三十五年以前之职业教育，曰自光绪二十三年迄民国五年凡二十年间之职业教育，曰最近十五年间之职业教育。

一、三十五年以前之职业教育

吾国新教育制度之创始，作者认为宜断自清同治初元北京及广东之设同文馆与上海之设广方言馆。而职业教育制度之最初成立，乃在同治六年。

同治六年六月，福州船政局设英文法文学堂，继又设绘事院、驾驶学堂、管轮学堂、艺圃。

沈葆桢同治六年八月察看福州海口船坞大概情形折："外国匠房之左为法国学堂，……又左为英国学堂。……船政根本，在于学堂。因于六月十九日就马尾甄别法学艺童，随及英学艺童。"（《沈文肃公政书》卷四）七年六月船厂现在情形折："各厂分招十五以上十八以下有膂力悟性者，或十余人，或数十人，俾易教导，名曰艺徒。现所招已及百余，又不能无以钤束之，于是复有艺圃之设。"（同上）

十二年正月船政经费支绌折："原议学堂两所，后添绘事院、驾驶学堂、管轮学堂、艺圃四所……原议两学堂艺童六十人，今则艺童艺徒合三百余人。"（同上）

光绪五年，天津立电报学堂。

（申报：《最近之五十年来中国大事表》）

同八年，上海立电报学堂。

（人文史料：《五十年来之交通部电信学校》）

同十九年十月，湖广总督张之洞奏设自强学堂于武昌，分设四斋，方言、算学、格致而外，设商务斋，但不久停课。

张之洞招考自强学堂学生告示："本部堂于光绪十九年十月，奏设自强学堂于武昌省城，分方言、算学、格致、商务四斋。……格致商务两门，中国既少专书，津沪诸局西人学馆译出诸编，不过略举大概，教者学者无从深求，现将格致、商务两门停课。"（《近代中国教育史料》一册十三页）

同年，北洋武备学堂附设铁路班。二十二年江南陆军学堂附设铁路专门班。

光绪二十二年二月两江总督张之洞奏折："光绪十二年间，天津地方曾设立武备学堂。……今于仪凤门内之和会街地方，创建陆军学堂，……从前北洋亦经设有铁路学堂，其学业有成者，曾经臣调用数人，惜为数不多，殊不敷用。今拟另延洋教习三人，招学生九十人，别为铁路专门，附入陆军学堂。"（《东华续录》一三二卷十八页）

同二十二年，江西蔡金台等设蚕桑学堂于高安县。

光绪二十二年八月，江西巡抚德寿奏折："署两江督臣张之洞奏江西在籍绅士蔡金台等禀请将高安县地方设立蚕桑学堂，考求种植，所购浙湖桑秧蚕种及新出茧丝，均准暂免厘税一折，奏朱批依议钦此。"（《东华续录》一三五卷十三页）

在此时期，学制初未颁布，大中小各级学堂都未成立，乃竟有职业教育性质之学校，率先举办；且其门类，包括农、工、商、铁路、电报各种。想见当时事实所迫，不得已起而因应。原来一部教育史，全发于人群生活上之需求，不足异也。

当时农、工、商、铁路、电报各种学校之发起，亦只为国家谋所以增进生产，开发交通，而初非注意于为个人推广生计，要此种种，固无一非在职业教育范围也。

二、自光绪二十三年迄民国五年凡二十年间之职业教育

光绪二十三年，时当甲午战败，乙未议和以后，各省方纷纷倡新政，谈新

学，鼎鼎有名之湖南时务学堂，实以是秋成立。而在职业教育上，亦复有值得纪念之一事发生，则杭州蚕学馆是也。

尹良莹《中国蚕业史》："二十三年杭州太守林迪臣氏，深感我国蚕业之重要，……创设蚕学馆于西湖金沙港。初聘江生金氏为教习，继又聘请日人前岛轰木及西原诸氏。"（《国立中央大学农学院旬刊》第五十七期）

至二十四年戊戌而入于变政时期，清廷乃依康有为之请，谕各省府州县设立农务学堂。

光绪二十四年七月上谕："总理各国事务衙门代奏工部主事康有为陈请兴农殖民以富国用一折，训农通商，为富国大端，前经迭谕各省整顿农务工务商务，……著于京师设立农工商总局，……其各省府州县设立农务学堂，广开农会，刊农报，购农器。"（《东华续录》一四七卷二页）

此农务学堂，各省尚未及遵旨创办，而清廷政变已作矣。

但清廷认实业为立国根本，颇以缺乏此等人才为虑。至光绪二十五年乃谕令出洋学生分入各国农工商等学堂，遂有出洋学生肄习农工商矿实学章程颁布。

光绪二十五年七月十七日军机大臣面奉谕旨："向来出洋学生学习水陆武备外，大抵专意语言文字，其余各种学问，均未能涉及。即如农工商及矿务等项，泰西各国讲求有素，凤擅专长。……嗣后出洋学生，应如何分入各国农工商等学堂专门肄业，以备回华传授。"（《约章成案汇览》乙篇，卷三十二上）

至光绪二十八年十一月，山西农林学堂首先成立。

直省农工商综计表："农林学堂光绪二十八年二月十一日经前抚宪岑派委严道震在日本聘订农林专门教习各一员。……两教习于是年四月到晋，十一月开学。总办奏调山西二品衔存记道姚文栋。"（《山西农务公牍》六卷二十二页）

至光绪二十九年十一月，张百熙等复奏重订学堂章程中有实业学堂，分三等，曰高等实业学堂，曰中等实业学堂，曰初等实业学堂，其种类为实业教员讲习所、农业学堂、工业学堂、商业学堂、商船学堂。其水产学堂属农业，艺徒学堂属工业，附学务纲要若干条。其一，各省宜速设实业学堂，以学成后各得治生之计为主云云。奏折中并有国民生计，莫要于农工商实业，兴办实业学堂，有百益而无一弊，最宜注重云云。（《清教育新法令》第三编及第七编）

当时政府提倡实业教育，虽亦以国民生计为前提，然绝未有职业教育字样。职业教育一名词之见于官文书，以光绪三十年姚文栋《山西农务公牍》为最早。

光绪三十年山西农林学堂总办姚文栋添聘普通教习详文："论教育原理与国民最有关系者，一为普通教育，一为职业教育，二者相成而不相背。……本学堂兼授农林两专门，即是以职业教育为主义。"（《山西农务公牍》一卷十三页）

同年姚文栋保送游学详文："外洋本以职工教育为最重。谓国有一民，必须予以一民之职业。"（《山西农务公牍》五卷三十页）

同年姚文栋送农林学生崔潮等游学日本文："职业教育，为东西洋各国所最重，生等出洋后自知之，予不必言也。普通教育与职业教育，相需为用，缺一不可。生等出洋后自成，予不必言也。"（《山西农务公牍》五卷三十二页）

光绪三十年，上海史家修创设私立上海女子蚕桑学堂，是为女子专科职业教育之嚆矢。

同三十二年五月，学部通令各省举办实业学堂。（《清教育新法令》第七编）

同三十四年，学部以闽督之奏请，通行各省，限两年之内，每府设中等实业学堂一所，每州县设初等实业学堂一所，每所收学生百名。（清宣统元年刊行《学部奏咨辑要》）

光宣之间，各省实业学堂数及学生数统计如下（见表18）：

表 18

类别		学堂及学生数 ＼ 年份	光绪三十三年（1907 年）	光绪三十四年（1908 年）	宣统元年（1909）
农业	高等	学堂	4	5	5
		学生	459	493	530
	中等	学堂	25	30	31
		学生	1681	2602	3226
	初等	学堂	22	33	59
		学生	726	1504	2272
工业	高等.	学堂	3	7	7
		学生	449	1184	1136
	中等	学堂	7	12	10
		学生	698	1080	1141
	初等	学堂	36	45	47
		学生	1653	2381	2558

类别		学堂及学生数　　年份	光绪三十三年（1907年）	光绪三十四年（1908年）	宣统元年（1909）
商业	高等	学堂		1	1
		学生		213	24
	中等	学堂	9	9	10
		学生	754	635	973
	初等	学堂	8	10	17
		学生	363	619	751
实业预计及地理		学堂	23	37	67
		学生	1910	2905	4038
总计		学堂	137	189	254
		学生	8693	13616	16649
一般教育总计		学堂	37672	47532	58896
		学生	1013571	1284965	1626720
实业教育对一般教育百分比		学堂	0.36%	0.39%	0.3%
		学生	0.85%	1.50%	1.02%

注：学部第一次、第二次、第三次统计图表，以后未经发表。

　　实业学堂数由一百三十七，而一百八十九，而二百五十四；学生数由八千六百九十三，而一万三千六百一十六，而一万六千六百四十九，皆与年俱增。其对于一般教育百分比，大体上亦与年俱增。惟宣统元年学生稍减，就实业教育方面看来，不能不说是好现象。

　　民国成立，以二年八月公布实业学校令，分实业学校为甲乙两种，其种类为农业学校、工业学校、商业学校、商船学校、实业补习学校。其第三条第四项规定女子职业学校，得就地方情形，与其性质所宜，参照各项实业学校规程办理。职业学校一名词之见于法规，始此。（《教育法规汇编》第五类二百五十一页）

　　民国初年，全国甲乙种农工商实业学堂数及学生数统计如下（见表19）：

表 19

类别	学堂及学生数 年份		元年（1912年）	二年（1913年）	三年（1914年）	四年（1915年）	五年（1916年）
乙种实业	农	学校	219	244	270	288	282
		学生	9526	10952	12736	11521	11500
	工	学校	90	105	105	91	59
		学生	5192	5455	5699	4706	3238
	商	学校	37	50	68	110	100
		学生	2539	3127	3637	4440	4827
	计	学校	346	399	443	489	441
		学生	17257	19534	22064	20667	19575
甲种实业	农	学校	39	42	41	42	41
		学生	4512	4698	4698	4659	4982
	工	学校	22	20	22	30	21
		学生	8128	3442	3207	3923	3436
	商	学校	18	20.	19	24	22
		学生	1829	2116	1695	1969	2106
	计	学校	79	82	82	96	84
		学生	14469	10256	9600	10551	10524
总计		学校	425	481	525	585	525
		学生	31726	29790	31664	31218	30099
一般教育总计		学校	87272	108448	122286	129739	121119
		学生	2933387	3643206	4075338	4294251	3974454
实业教育对一般教育百分比		学校	0.48%	0.44%	0.42%	0.45%	0.43%
		学生	0.108%	0.081%	0.077%	0.072%	0.075%

注：中华民国第一次、第二次、第三次、第四次、第五次教育统计图表，以后未经发表。

民国五年，甲乙种实业学校数、学生数，乃至一般学校数、学生数，均较上年为减，检是年统计图表例言称，四川、贵州、广西三省统计未经造报到部，则是年统计不足据。至元、二、三、四年实业学校数由四百二十五，而四百八十一，而五百二十五，而五百八十五，逐年递增，其对一般学校百分比，由0.48%，而0.44%、而0.42%、而0.45%，前三年皆减，惟末年增。学生数由三万一千七百二十六，而二万九千七百九十，减；而三万一千六百六十四，增；而三万一千二百一十八，又减。其对一般学生百分比，由0.108%，而0.081%、而 0.077%、而 0.072%，无年不减，由此可见职业教育，尚未能与一般教育为同速度的进展，其情状已显著于若干数目字间矣：女子职业学校，在历年统计表中，未有地位，无从查悉。

总之，自清光绪二十三年至民国五年，凡二十年间之职业教育，虽以事实上之需要，略有进展，而尚未为一般当局和社会所重视。在教育统计上，对于一般教育，并百分之一之地位而未曾取得，则其不发达之状况，概可知矣。

三、最近十五年间之职业教育

至民国六年五月，全国南北教育家，发起创设中华职业教育社于上海。社章第二条规定目的：甲、推广职业教育；乙、改良职业教育；丙、改良普通教育，俾为适于生活之准备。第三条事业，第一类分调查、研究、劝导、指示、讲演、出版、表扬、通讯、答问。第二类设立职业学校等。第三类设职业介绍部。其宣言书有云：

"兴学二十余年，全国学校，亦既有十万八千余所，何以教育较盛之区，饿莩载途如故，匪盗充斥如故。……学生之毕业于学校，而失业于社会者比比。……全国中学四百有三所，而甲种实业学校仅九十有四；高等小学七千三百一十五所，而乙种实业学校仅二百三十。夫中学毕业力能升学者或不及十分之一，高等小学毕业力能升学者或不及二十分之一，数若是其少，谋生者数若是其多。乃为学生升学地之中学、高等小学数若是其多，为学生谋生地之实业学校数若是其少，供求不相剂若此，职业教育之推广，其可缓耶？……吾侪所深知确信而敢断言者，曰今吾中国至重要至困难问题，厥惟生计；曰求根本上解决生计问题，厥惟教育；曰吾中国现时之教育，绝无解决生计问题之希望；曰吾中国现时之教育，不惟不能解决生计问题，且将重予关于解决生计问题之莫大障碍。"（《教育与职业》第一期）

同年十月，教育部召集全国实业学校校长会议。

同年同月，全国教育会联合会第三届大会通过职业教育进行计划案：一、调查及研究；二、培养师资；三、实施职业补习教育；四、促设女子职业学校；五、小学校注重实用。呈请教育部采行。并决定以职业教育为下年度提案大方针之一。

七年，中华职业教育社宣布职业教育之目的如下：

（一）为个人谋生之准备——使无业者有业，使有业者乐业。

（二）为个人服务社会之准备。

（三）为国家及世界增进生产力之准备。

既，该社宣布职业教育之定义如下：

"用教育方法，使人人获得生活的供给和乐趣，同时尽其对群之义务，名曰职业教育。"

既，该社宣布职业教育之分类如下：（一）农业教育；（二）工业教育；（三）商业教育；（四）家事教育；（五）专门职业教育。

（以上《实施职业教育要览》）

同年五月，中华职业教育社就第一届年会场，举行职业学校成绩品展览会。与会者二十七校。（《教育与职业》第七期）

本年度，教育部调查全国甲乙种男女子农工商职业学校，职业教员养成所，共五百三十一所。（《教育与职业》第三十二期）

九年五月，中华职业教育社年会附开职业教育图表展览会。（《教育与职业》第一百十五期）

十年八月，全国职业学校联合会成立于上海。（《教育与职业》第二十八期）

十一年二月，第一届职业学校出品展览会开会于上海，参加者八省，五十校，出品三千零三十九件。（《教育与职业》第三十期）

同年四月，中华职业教育社调查上年度全国职业学校得八百四十二所。内包甲乙种农工商业学校，职业补习学校，慈善性质之职业学校。以种别，农百分之四十八，商一十八，工一十二，余为其他。以性别，男百分之八十八，女一十，余为男女未知。以省区别，百校以上，江苏、山东；五十校以上，河南、山西、湖南；二十五校以上，直隶、安徽、浙江、云南、湖北、陕西，余为未满二十五校者。以地址别，城市百分之七十九强，乡村百分之二十强。全国职业教育书籍，部数三百六十八，内农类百分之五十二，商一十八，工一十六，余为总论及其他。此为新学制未颁行以前之职业教育实况。（《教育与职业》第三十五期及第三十七期）

同年七月，全国职业学校联合会第一次开会于济南，出席者四十二机关，代表六十一人。（《教育与职业》第三十七期）

同年十一月，大总统以教令公布学校系统改革令；小学课程，得于较高年级，斟酌地方情形，增置职业准备之教育。初级中学，施行普通教育，但得视地方需要，兼设各种职业科。高级中学，分……农工商……家事等科，但得酌量地方情形，单设一科，或兼设数科。大学及专门学校，得附设专修科，年限不等，凡志愿修习某种……职业，而有相当程度者入之。为推广职业教育计，得于相当学校内，酌设职业教员养成所。依旧制设立之甲种实业学校，改为职业学校，或高级中学农工商等科。依旧制设立乙种实业学校，酌改为职业学校，收受高级小学毕业生，亦得收受相当年龄之修了初级小学学生。职业教育在学制上取得确定之位置，始此。（《教育公报》第九年第十期）

本年中华职业教育社调查全国职业学校得一千二百零九所。（《教育与职业》第四十期）

十二年五月，全国职业学校联合会第二次开会于上海，出席三十七机关，代表六十人。通过两要案：（一）各种职业教育机关之认定，凡分十种。（二）规定各种职业学校非职业学科之种类及分量，职业学校非职业学科至少应有下列三科：一、关于公民者，二、关于体育者，三、关于音乐等艺术者，其教学总时间，至少应占全时间百分之二十。（《教育与职业》第四十六期）

同年八月，第二届职业学校出品展览会开会于北京，参加者九省，五十八机关。（《教育与职业》第四十九期）

十三年五月，全国职业学校联合会第二次开会于武汉，出席代表一百人。同时举行第三届职业学校出品展览会，参加者十一省区，一百五十八机关，一千九百三十四件。（《职业教育与武汉》）

同年同月，中华职业教育社年会宣布职业教育设施标准六条。又宣布职业训育标准五项二十条。（《实施职业教育要览》）

同年九月，职业科课程标准草案脱稿。先是十二年十月全国教育会联合会议订新学制师范及职业科课程标准，组织委员会，公举袁希涛、段育华、金曾澄、王希禹、黄炎培为委员，而以职业课程属诸中华职业教育社，由社推定朱经农、邹秉文、王舜成、黄异、赵师复、杨鄂联为委员，分任起草，至本年五月，全部告竣，函征各专家意见，至此斟酌修正定稿。（《教育与职业》第六十期）

十四年五月，全国职业学校联合会第四次开会于南京，与江苏实业学校联合会合并举行。（《教育与职业》第六十六期）

同年八月，中华教育改进社开年会于太原，山西省当局接受黄炎培划区试办乡村职业教育计划，委托黄偕赵叔愚、冯锐调查晋南北农村，拟具进行办法，

卒以时局影响中止。黄、赵、冯散归南北，觅地试办，农村改进事业始此。(《教育与职业》第六十九期)

同年十二月，中华职业教育社发表全国职业教育机关统计，职业学校包括旧制甲乙种实业学校一千零六，职业传习所及讲习所一百六十七，设有职业科之中学校四十二，设有职业准备科之小学校四十一，设有职业专修科之大学及专门学校七十七，职业补习学校及补习科八十六，职业教师养成机关八，实业机关附设之职业教育一十八，慈善或感化职业教育九十九，军队职业教育四，都凡一千五百四十八所。(《教育与职业》第七十一期)

十五年五月，中华职业教育社发表全国职业教育机关统计，农工商家事等职业学校八百四十六，职业传习所及讲习所一百九十六，设有职业科之中学校五十七，设有职业准备科之小学校三十七，设有职业专修科之大学及专门学校一百一十三，职业补习学校及补习科九十九，职业教师养成机关八，实业机关附设之职业教育二十四，慈善或感化职业教育一百三十二，军队职业教育六，都凡一千五百一十八所。(《教育与职业》八十五期)

同年同月，全国职业学校联合会第五次开会于杭州，出席者三十六机关，代表四十八人。(《杭州职业教育大会报告》)

同年十月，中华职业教育社发表修正职业教育设施标准十四条。(《教育与职业》七十九期)

十七年五月，全国教育[职业]学校联合会第六次开会于苏州，出席者五十人。(《教育与职业》九十六期)

十八年八月，全国职业学校联合会第七次开会于杭州，出席者四十八机关，八十七人。(同上，一〇七期)

同年，教育部公布全国职业学校数一百九十四所。(《教育与职业》一二一期)

二十年二月，中华职业教育社在苏州举行专家会议之结果，发表极沉痛之宣言，其要语云：

"毕业高级小学，不能升中学，毕业中学，不能升大学，一岁间无虑数十万。依教育部最近统计，全国中学一千一百三十九所，内职业学校一百四十九所，仅占百分之十三。全国中学学生二十三万四千八百十一人，内职业学校学生一万六千六百四十一人，仅占百分之七。……"宣言之末，提出办法十四条，希望政府社会分别采行。(《教育与职业》一二二期)

同年四月，教育部通令：

自二十年度起，各省应酌量情形，添办高初级农工科职业学校。自二十年度起，各县立中学应逐渐改组为职业学校，或乡村师范学校。其办法即自二十年度起，停招普通中学生，改招职业或乡师学生。自二十年度起，各普通中学应一律添设职业科目或附设职业科。自二十年度起，各县市及私人呈请设立普通中学者，应分别督促或劝令改办农工等科职业学校。(《教育公报》)

同年五月，国民会议第五次大会议决确定教育设施案：

一、(略)

二、中小学教育，应体察当地之社会情况，一律以养成独立生活之技能，与增加生产之能力为中心，务使大多数不能升学之学生，皆有自立之能力。

三、社会教育，应以增加生产为中心目标，就人民现有之程度与实际生活，补助其生产智识与技能之增进。

四、尽量增设职业学校，及各种职业补习学校。职业教育之制度科目，应使富有弹性，并接近固有之经济状况。私人筹设职业学校者，国家应特别奖励之。

五、尽量增设各种有关产业及国民生计之专科学校。

六、大学教育，以注重自然科学及实用科学为原则。(《教育与职业》一二五期)

综观中华职业教育社成立以来十五年间之职业教育，就学校数量论，民国五年甲乙种实业学校五百二十五所，七年加入职业教员养成所得五百三十一所，十年各种职业教育机关并计得八百四十二所，十一年得一千二百零九所，十四年得一千五百四十八所，十五年得一千五百一十八所，此五年间，不得谓无相当之进步。乃至十二年后，全国无教育统计可言，至二十年而教育部发表职业学校，仅一百四十九所，并民国初年而不如远甚，乃至并前清光宣之间而亦复不如，可谓一落千丈矣。就教育影响论，民国二十年中华职业教育社宣言所痛述，以视十五年前，即民国六年该社宣言所痛述，有何分别？但见青年失业，匪兵横行，有加无已耳。否极泰来，乃有最近教育部之通令，国民会议教育设施方针之确定。意者，职业教育前途，以后或将有以大慰吾人之期望乎！

民国二十年六月二十二日

(原载《最近三十五年之中国教育》，商务印书馆1931年9月版)

报告调查日本教育状况以前的几句话

日本现时的教育，吾可以两语概括它：军国民教育，是他们旧有的基础；职业教育，是他们前进的目标。

普及的体育，不但学校，连民众教育里，也十分注重。学校教育以外，还有青年团，普及于全国，乃至国外侨民也有如火如荼的组织。妙呵！青年团，一方补学校教育的不足，一方做征兵的准备，补军额的不足，这不是他们极端提倡军国民教育的确证么？

军国民教育是前三十年的老名词，吾们前二十年亦曾有一部分人高喊过。他们日本就是这些地方了不得，定了一种政策，锲而不舍，除非事实变更，不需要了，否则绝不因他题目太旧，不大新鲜好看，不要他了，另外欢迎一种新名词，这种不合理的好新厌旧的心理，他们是没有的。

职业教育，在他们倒是一个新名词。在大阪所见都岛工业学校校长杉田稔氏，在民国六年一月，还是东京高等工业学校生徒监，当时和他校长阪田贞一氏招待我，他劈头就说：

> "诸君谈职业教育乎！幸在中国，若在日本，今日开会所揭橥之题目，曰为实业教育也，教育家席为之满。若曰为职业教育，则中流社会以上人士决无往者。"

现在呢，全国上下都高谈职业教育了。可是他们并非发于不合理的好新的一念，他们确实见到弥漫全世界的新思潮，绝大部分，就是以生计为核心。他们的思想，从前只有"国家"，现在居然看到"个人"方面了。实业教育，是代表为国家增进生产，职业教育，是代表为个人解决生计问题。

吾们要晓得"教育"不能算是目的，只可以说是为人群解决他们所需要解决的问题的一种工具。日本现在所急需解决的是什么问题呢？吾可以简单地说一下。

　　吾国的社会组织是很粗疏的，日本恰相反，很紧密很齐整。他们的社会经济，一二十年来，早造成两大财阀对抗的形势，各显他们的神通，来运用他们凭自力所造成的两大政党，作政治舞台上的苦斗。遇到利害共同的问题，像对付共产党、无产党，临时团结起来，用整个的资本阶级的力量来抵抗，所以他们的劳资斗争是真的，不像吾们是假的。他们国民的吸收量来得大，同时教育又比较普及，所以他们所谓思想问题，不是靠高压力或小小补苴方法可以解决的。他们人口增加的速率很大，自从不景气问题发生，更促进他们思想上的变化，而对于国外，大家注目于苏俄五年实业计划完成以后东方商业上经济上的影响，很想抢先地来解决，而不可抗的震患问题，几年一小震，几十年一大震，虽然有一部分人的人生观，不免因此发生变化，而大部分人反而激起他们的进取心，这都是他们国内现时实况与急待解决的问题。

　　上述的种种，得到一个全国上下共同一致主张的结论，就是"向外发展"。军阀、资本家的野心，是不用说的了。政治家认为要减免竖的劳资问题的纠纷，惟有利用横的国家思想来抉破他，至于人口问题，经济问题，乃至天灾问题，无非是"长沙地小，不足回旋"，对症下药，惟有向外发展。

　　所以他们的军国民教育是有目的的呀！就是向外发展的准备。至于他们最近倾向职业教育，就为是对内的思想问题，经济问题，一方想从物质上，增进他们生产，加强他们实力，一方使稍稍得到精神上的安慰。他们的动机，可以说发于他们传统的野心，也可以说发于他们应付现势的苦心。

　　明白了他们国家的大势和现状，然后去看他们的教育，不但知道他们怎么样，而且知道他们为什么，对于一切所见所闻，自然头头是道了。

（原载《教育与职业》第 126 期，1931 年）

怎样办职业教育
——敬告创办和改办职业教育机关者

怎样办职业教育？这问题人人所要提出的。——我也是发问的人。——尤其是在民国二十年（一九三一年）四月二日以后。

民国二十年四月二日教育部第五三六号训令：（上略）

一、自二十年度起，各省及行政院直辖各市所设之普通中学过多、职业学校过少者，应暂不添办高中普通科及初中。……

二、自二十年度起，各省应酌量情形，添办高、初级农、工科职业学校。

三、自二十年度起，各县立中学逐渐改组为职业学校或乡村师范学校。其办法即自二十年度起，停招普通中学生，改招职业或乡师学生，以后逐年改招。……

四、自二十年度起，各普通中学应一律添设职业科目，或附设职业科。

五、各职业学校或中学附设职业科，应宽筹经费，充实设备，切实养成学生之劳动习惯及生产技能。旧有之各级职业学校，应一并增加经费，予以扩充。

六、自二十年度起，各县、市及私人呈请设立普通中学者，应分别督促或劝令改办农、工等科职业学校。……

（下略）

部令这样深切，这样严重，怪不得各方纷纷提出"怎样办？"一问题来了。我们呢，十五年来，从早到晚忙的，就想解答这个问题。那敢不把我们所调查，所研究，所试验，对这问题所得到小小的结果，尽量贡献于发问诸君之前呢？

在没有解答这问题以前，有几句话先要贡献的：

第一，办职业教育，万不可专靠想，专靠说，专靠写，必须切切实实去"做"。原来一切教育，都没有允许我们凭空想，说空话，写空文章的；不过职业教育，尤其重要。因为职业教育的目标，很简单，很分明，是给人家一种实际上服务的知能，得了以后，要去实地应用的。譬如学游泳，是要真会游泳，单说一大篇游泳的理论，哪里行呢？

第二，办职业教育，必须把试验业已有效的授给人家。如果自己还没有试验，或试验结果在我和我的同事都还没有把握，无宁不办。因为一般教育，总是根据一种原则，就是"先知觉后知"；而职业教育，不惟着重在"知"，尤着重在"能"，在"先知觉后知"以外，还须郑重地补充一句——"先能授后能"。若我和我的同事，都还没有取得"先能"的资格，以盲导盲，又哪里行呢？

第三，办职业教育，不但着重职业知能，而且还要养成他们适于这种生活的习惯。所以办某种职业学校，必须深入某种职业环境，如农必于农村，商必于商业区，工必于工业区，即家事学校，亦须使学生勿远离家庭生活，然后耳濡目染，不致理想日高，事实日远；即欲以教育的力量，改造环境，也须身入其中，然后随处得到待决的问题，供我研究。

以上第一点，须实地去做；第二点，须先试验有效；第三点，须深入这项职业的环境。这三点可以说是办职业教育的通则，在着手以前，应注意的。到实施时——

关于一般设施的，请看职业学校设施标准（本专号职业教育设施标准三之一）。

关于学校程度及名称，请看教育部解释职业学校程度及名称（本专号职业教育设施标准四之一）。

关于学科，请看职业学校学科分配标准（本专号职业教育设施标准三之二）。

关于训育，请看职业学校训育标准（本专号职业教育设施标准三之三）。

关于实习，请看职业科实习办法（本专号职业教育设施标准三之三附）。

关于职业教师问题，请看职业师资教育设施标准（本专号职业教育设施标准三之四）。

今请再就教育部五三六号训令分析研究之。部令内容，至少包含下列五问题，试一一解答如下：

第一，依部令第二条，怎样办高、初级农科职业学校？通则第二不是说过办职业教育须先试验有效么？办农科职业教育，先须自己于农事确有把握。孔子门下只有德行、政事、言语、文学四科，而没有农，就为是孔老先生自己说过"吾不如老农"的缘故。要办农的职业教育，吾以为限于下列两种方式：

（甲）根据第二通则，就试验有效的农场来办农学校。关于农事上一切问题既然试验有效，尽可挺着胸脯，教学生去学，去习。在学生固得了实际服务的知能，在农场不啻扩大了改良农事的宣传工作。

（乙）根据第三通则，选一个相当农村，划定范围，来办教育和其他改进农村的事业。而所办教育，当然包括改良农事在中间，所有师资，并可适用职业教育标准三之四的第二条，聘富有农业经验者而以受过师资训练者辅之。如此虽非正式的农科职业学校，而其影响足以改进农事与农村环境，较之办一农校，效力还要深切。

至于正式的高、初级农科职业学校学生，将来从哪里找出路，是一个大问题。必须对于出路，先有了解决方法，才可以开办，尤其是高级农校的出路，怕是特别困难。

至于上开乙种方式，他所办教育，固然包括农事，而总不离开他们固有的生活环境，自然不生问题了。

第二，依部令第二条，怎样办高、初级工科职业学校？先须按照职业学校设施标准第三、四条，用相当手续，就工业各科中，决定何科；次之依该科所需要，筹定经费，充实设备，慎选师资。缺其一，毋宁不办。而尤要者，在将附近各工厂联为一气。未办以前，邀工厂专家组、校董会或指导委员会就商课程及一切办法。办至相当时期，就商各厂，给学生以实地参观和练习种种机会，总须使学生毕业后，确是供给厂家所需要，兼须使厂家心里认清立校的本旨，看学校和自己的学校一样，然后毕业生出路可以无有问题。

这是在工业较发达地方最有效的工业教育方法。但如工业幼稚的中国，有多少地方适用此方法呢？则请退而思其次。

有等工业，有了天产适宜的原料和相当的销路，而技术不进，一天衰败一天，急须改良以图补救，同时就须训练一班人才，为改良张本，如宜兴的陶，即其一例。此等工业教育，除经费、设备、师资等普通要点外，有一特殊要点，即同时须有人精心研究该项工业，或聘老于是业而蓄志改革的有心人主持研究，研究有得，然后拿来训练他人，亦犹是第二通则必先试验有效的意思。更有一点须注意的，就是受训练者程度的高低、名额的多少，乃至将来所得酬报是否足供他们生活所需要，皆须看他事实而斟酌决定之。万不可务改良工业的虚名，而使青年受牺牲的实害。

有等手工业，别有一种提倡方式。例如花边、发网、织袜、织巾等等，技能较易修了，家庭亦可从事，则大可由传习机关兼做此项工艺出品的中心机关。

生徒传习毕业，散归家庭，从事工作，或联合若干家庭，转相传习，而由中心机关担任设计图样，指导改进——或散发原料——及其制成，由中心机关担任整理、装潢、销售和其他必要的工作。此项组织，最好采用生产合作制度，把他利益公平支配，依次推广。只须销路不绝，不妨尽量推行，既立小工业发达的基础，兼以宽拓一般人民生活的源泉，大可注意。

第三，依部令第四条，普通中学怎样添设职业科目或附设职业科？就现在一般普通中学说来，附设职业科，还是商科、文书科、会计科等类较为近情，工科就差了，农科最困难。因为所谓普通中学，大都偏向文科，农与工性质相去太远，而农尤甚。在一个学校以内设了两个以上不相同的科，而所谓不相同的程度，一苦而一逸，一朴而一华，其结果朴而苦者总敌不过华而逸者的易得同情，一方面的特性，尽量发挥，于是另一方面的特性，不免因此消灭，或者同化而两失其本真，都不是设科的希望。除非教师特别优良，设备特别充分，当然不论何科都好。可是现今一般的普通中学校，哪里说得到呢？

至于普通中学内添设几种职业科目，他的修业年限和他的目的，并没有因此而变更，还是无目标的教育，本不能算解决什么问题的。如果问到什么科目较相宜，则先须问设立这学校的方针在哪里，你所认识的将来社会需要又在哪里，而你现有学生精神上缺乏而急待补充的又在哪里，根据这几点以定添设职业科目是了。不过我所要贡献的，就是添设职业科目，如果要他有效，必须端整好相当的环境，这是一句扼要的话。

附设职业科，和添设职业科目不同，既有了特定的目的，与普通科不生连带关系，所有修业年限和一切办法，不宜受普通科的牵制。就一般的职业教育论，修业年限宜短——见职业学校设施标准第十条——况如文书、会计等科，怕更没有延长到三年的必要。

第四，依部令第三条，普通中学怎样逐渐改组为职业学校？这虽然是一件很不容易的事情，实在是一件值得研究的事情。如果研究出一种通用的方式来，使部令所指的各县立中学，都可以照办，岂不大妙？让我来考量一下：

自然，该先把上开的三通则和职业教育设施标准所列举的种种，一件一件地精细研究一番，然后提出改组职业学校计划，中间须包括：

（一）名称

（二）设科　这一点最关重要。从最初的学校设备，到最后的学生出路，都要筹划到。差不多成功和失败，大部分决于这一点上。

（三）校地　必须与设科相称，设为种种方法，使造成适当的环境。

（四）设备　必须给所设职业科以相当充分的设备。这怕是各地所最感困难的问题。万不得已，利用固有的环境。如农，利用农村天然的景物；工、商，利用工业或商业较繁盛地方的现成环境。如果说吾这边没有什么繁盛的工业区、商业区，那是本来不配办大规模的工、商科职业学校的。那么退一步想，可以办各种手工，如果有现成原料或可以希望打开销路的话，那就比较的轻而易举了。

大抵一说到工，往往着眼较大的工业，而忘却手工；一说到农，更易忘却森林、渔业、畜牧等较为特殊的农业。其实果有可以凭借的地方，好好办起来，把教育和实业联为一体，一方面安插人才，解决生计，一方面即是开发地方产业。

（五）程度　与其办得高，使出路更为困难，毋宁办得低些。吾有一句重要贡献的话，千万不可执定成见，以为吾原办的高中所以改办职业后，仍须办与高中相当程度的。甚至说初、高中原定修业年限是三年，所以改办职业后，仍须定修业年限为三年的。如果有这种见解，老实不客气，直可以说他是荒谬绝伦。要晓得职业学校程度和年限，是完全根据社会需要和该科修习上的需要，而且职业学校修业年限宜分节，每节宜短，这倒是他的原则。部令所称初级职业学校，是重在收受高小毕业生，而并没有说须与初中一样年限；所称高级职业学校，是重在收受初中毕业生，而并没有说须与高中一样年限。这是万万不可误会的。如果这种谬误的见解不打破，吾敢说一切设施，无有是处。

以上整个的计划，很郑重地、精细地立定了，通过了，把施行方法，从筹备到成立，不妨延长从一年到三年。一方面固然使经费问题，比较的可以从容接济；一方面使原有的初中或高中，让他完全毕业。这怕就是部令逐渐改组的意思。如果初、高中未毕业生，自愿中途改入职业，当然应设法成全他们的志趣，可是不必勉强，而且平时没有受过职业训练的，中途改习，却也未必相宜。还是等他全部毕业，在平白地上从头办起，较为妥当。

第五，依部令第三条，怎样办乡村师范学校？从广义的解释，师范教育是专业教育，即是职业教育的一种。总之是有目标的教育，比较的易使青年获得为己谋生、为群服务的途径。师范教育中，何为而有乡村师范教育一名词？这是近十年来一种教育上的反动。就为是以前教育，太偏向都市方面发展。自从平民思潮起来，着眼到大多数民众身上，于是"向田间去"的声浪，一天高似一天，而乡村教育、乡村师范教育应运而生了。乡村师范教育，教人去办乡村教育的。所以乡村师范教育怎么办，先要问乡村教育怎么办。

乡村教育的办法，吾以为最合理论、最切事实的，无过于上面说过的就农村划定范围，来办教育和其他改进农村的事业因为教育意义的重大，不单以受教育的人们为对象，还该以社会做对象。社会是整个的。向社会一部分的儿童、青年和其他人们做功夫，同时还须向整个的社会做功夫。整个的社会改进，一部分儿童、青年和其他人们也改进。尤其是乡村社会比较简单，不适用分工制，尤须向整个的社会谋全部的改进，这是理论、事实双方都不能不承认的。

因此乡村师范学校，即宜设置于整个乡村改进范围中，使一般师范生，以一部分时间研究理论，输入知识，同时以一部分时间在教师指导下，从事于农村教育和其他一切改进事业的实习。本文所提出三通则，即（一）须实地去做，（二）须先试验有效，（三）须深入这项职业的环境，是完全适用的。吾们平时所提倡做学主义，他的纲要：

做，学。

一面做，一面学。

从做里求学。

从随时随地的工作中间，求得系统的知能。

在乡村师范教育上，也是完全适用的。

以上五答案，是对部令所包含的问题而发的。吾意中还有几个问题，一并提出解答他：

第六，如欲办商科职业学校该怎样办？这问题比较容易解答。除掉上开三通则及职业教育设施标准各条外，吾可以贡献几句扼要的话：

诸君如欲办商科职业教育，关于商业专科理论还在其次。第一先把应用的国文教得真能应用；应用的算术，尤其是珠算真能应用；书法真能应用——如在通商大埠，英文、英语也是重要——并且注重训育，养成守规则、有礼貌、耐劳苦的习惯。如果真能做到，吾敢说没有一处不欢迎的。

第七，如欲办家事学校该怎样办？所谓家事，不外乎烹饪、缝纫、家庭整理、儿童保育、工役管理、家计簿记、卫生看护等等，吾以为上开三通则还是适用的。学校内假设的家庭和假设的家事练习，是不行的。惟有使学生勿离开他们家庭生活过远，每日宜以一部分时间，使他们在家服务。但做什么事？怎样做法？都该有笔记——记录，报告于家事导师，指导其得失。而事前召集家长会，使各家长了解此事的必要，尽力协助。经历若干时期，再集家长，问他们在家服务之有无进步。一步一步地实地练习，由易而难，由简而繁。而一部分时间在校授课，必须与实习相联络，使他们知与行双方并进。此法试验时，学生数不宜多，等到试验有效，所有关于家事实习的条理和程序，一一造成轨道，然后扩大举办。这是吾的理想，还有待于实地试验的。不过鉴于历来家事教育的失败，总想脚踏实地干一下。

第八，职业教育上还有一条康庄大道，就是职业补习教育，究竟该怎么办？办职业学校，最困难就是替学生谋出路。其实办学者在这点上固然应该用力，而出路之多少、宽狭，关系于社会各方面，非常复杂，绝不是教育者所能完全负责的。今职业补习教育，就已有职业的青年，予以相当教育，一方补充常识，一方增进其职业知能，虽与正式的学校教育不同，而于改良职业大有关系。即按之职业教育定义，亦复非常切合。而且职业学校，无法可以普设；职业补习教育，苟有职业，无处不可举办，亦无处不当举办。说到办法呢？就吾们的经验：

（一）科目及教材，务使切合他们日常职业上的应用。

（二）修业期间宜分级，每级宜短，使他们职业即有改变，修业中止，亦得一小结束。而欲长期修业者，尽可按级递升，两不相妨。

（三）学年制不如学科制，使得自由选科，补其所缺而不相牵制。

（四）每日既利用业余时间，则修学不宜过久，庶免疲劳，致生厌倦心。

以上种种答案，除极少数仅凭理想外，可以说大都从实验得来。但各地状况不同，如果举办时尚有不易解决的问题，尽请开示，本社设有推行设计委员会，中包各种专家，专备各方顾问。谨掬至诚，伫候明示。

（原载《教育与职业》第 127 期，1931 年）

日本的中学制度改革 ①

一九一七年，我游日本，参观东京高等工业学校，校长手岛精一郎，年七十多了，知我提倡职业教育，很殷勤地招到他家里，对吾说：你们中国居然提倡职业教育么？吾们日本，但知提倡为资产阶级帮助殖产的实业教育，哪里顾到为劳动家解决生计问题的职业教育呀！我老了，你们好好去干，将来大家总有觉悟的一天哩。我听了大感动，以后时常通信，不到几年，老人下世了，他的遗墨，我还郑重的保存着。这番到日本，老人墓木已拱了，可是职业教育，却成为最时髦的一名词，几几乎有全国教育职业化的趋势，不出老人的预料。

讲到教育问题，小学，学生年龄还小，大学呢，学生比较的还能自己解决；就是中学，上海俗话"尴尬"透了。从前谬误的见解，说中学是养成社会中坚人物的。——这就是当时日本教育家的曲解，难道大学毕业，反不配做中坚人物吗？有的只认中学做大学的预备，而没有顾到中学毕业生中间，至少过半数力不能升学的，怎样安放呢？就为中学制度没有定得妥当，弄得大多数中学生毕了业，没有办法。在这种不合理的教育方针底下，大学毕了业，也没有办法，但尤其是中学生。以致对于思想问题，平空添出无数强有力的响应者。日本到了最近，看破了这点，恍然大悟，首从中学制度上痛快地改革，把中学分做两下：一是预备就职业的，各种课程，都依他职业上的需要，不用说了；一是预备升学的，但也规定有若干时间，担任料理自己生活或学校公共生活的工作，叫做作业科，他们中学新制的要点，在养成社会生活上适切有用的知识，独立自主的精神，爱好勤劳的习惯。这新制就从四月一日起实行的。

他们还在那里鼓吹，小学注意职业陶冶。还不够，要把义务教育从六年延

长到八年，使受强迫职业补习教育。

他们用政府的力量，办各地青年团，普及全国。着重三点：第一体格锻炼，第二人格训练，第三就是职业训练。

他们的女子职业很发达，凡交通机关，商业机关，行政机关的助手，只须女子能做的，都让给女子；可是他们一方面用化学来解决烹饪问题，绝对的接受科学，更绝对的接受世界思潮，一方面还是保存他们的木屐和背包，决没有感觉自己落伍。回看吾们中国，但论女子头部，已不胜若干度沧桑之感呢。

职业教育该怎么样办

——中华职业学校十五周年纪念

　　吾中华职业学校成立以来，十五周年了。校长贾佛如先生用诚恳而略带强迫的精神，要我写一篇文章做纪念。

　　我哪里有好文章堪以纪念吾学校？只有一个好题目，倒着实可以纪念吾学校。什么题目呢？就是"职业教育该怎么样办"。

　　我同学诸君，我同教同事诸君，要知吾中华职业学校，就是建筑于这个问题——职业教育该怎么样办——的上面。

　　当民国六年，中华职业教育社初成立，吾们同事诸君就创一种议论：该把吾们理想的职业教育来实地试验一下。可是当时就有第二种议论：说话是容易，实行不容易。要是亲身试验而失败，不是社会对于吾社的信仰，根本动摇了么？吾说：就为这样，所以要这样。要是吾们的理想，连自己试验都还没有能成功，还能拿出去哄人么？要是我们存了畏难的心，老是说空话，对人家嚷："你们去干！你们去干！"而自己怕坍台，不去试验，恰等于带兵的将官们不敢上火线。

　　结果，决定用吾们全部的力量，来干一下。可以说，吾们创办这个学校，惟一目标，就是希望对于这个问题——职业教育该怎么样办——获得一种圆满的答案。

　　可是问题愈研究愈多了。问职业教育该怎么样办，先反问你要办哪一种职业教育？你在哪一种地方对哪一类人办职业教育？讨论结果，恍然大悟，我们试验，只能在一个地方试验一种或数种职业教育。比如衣服，替张三先生制，只能恰称张三先生的身段，至于李四、王五、赵六诸先生，不是一定不适用，绝不是人人适用，所以最好总得把张、李、王、赵诸先生身段各各量度一下才行。

那么，吾们先就本社所在地——上海来试验一下。上海是工商世界。中国读书人顶怕用手，除掉写字和吃饭、穿衣、上毛厕以外，简直像天没有给他生两手似的。在糊里糊涂中，把社会分作两下：一是号称士大夫，是死读书老不用手的；一是劳动者（很客气的名称称他们做平民。其实只是表示平民以外，还有不平民罢了），是死用手老不读书的。好罢！吾们来矫正一下。要使动手的读书，读书的动手，把读书和做工两下并起家来。要使人们明了，世界文明是人类手和脑两部分联合产生出来的。做工自养，是人们最高尚、最光明的生活。（现今吾校工场"劳工神圣"额，还是最初所题，就是当时所用的口号）……吾们亲身做工，同时还要用书本来阐发做工的原理和方法。当时最醉心这套理论而且立志实行的，就是顾荫亭先生，所以就公推他做校长。当时吾们对于这一种教育，很有深切的觉悟，曾发表吾们的主张如下：

"凡平民教育性质之职业学校，最合现今社会所需要。但其一切设施，须使勿远于是种社会之生活状况。否则其结果将与其宗旨日趋而日远"（《中华职业学校五年来之经过》，文载入民国十二年五月所刊行之《中华职业教育社》与《中华职业学校》）。

学校渐渐地发达起来了。每学期发问题给学生："做工好么？"绝大多数答："好。"对学生父兄来参观者，问："教你们子弟这样做工好么？"绝大多数答："好。"对一般参观者问："这样作工好么？"绝大多数答："好。"校舍不够，扩充建筑校舍，教师和学生合力自砌壁，自铺瓦（现今东部有几间屋，还是民国八年第二次建校舍时，师生合力建筑的）；运动场不够，扩充收买场地，教师和学生自治，全校不用一校役。吾们对外并没有吹，自然而然地使得中外为参观教育来的，父兄为子弟觅学校来的，把吾们学校做注意点。大家以为职业教育该这样办，有的并且认为教育该这样办。

当时吾们很提倡学生自治。全校假设一名称，叫"职业市"，有执行部，设正副市长及各科；有市议会，设正副议长；有检察长及检察；有审判长及推事。皆采民选制，由学生票选。而教师从旁监督指导。又自然而然地做了一般参观人的注意点。大家以为教育该这样办，有的并且认为职业教育该这样办。

这是第一个时期。

晋朝有个卫玠，面貌生得漂亮些，活活地给人家看杀。吾师蔡子民先生做北京大学校长时，曾在报上登一启事，引用六朝人语："杀君马者道旁儿。"曾问先生真意是什么？他说："吾的真意，是借用道旁儿拍手称赞马跑得好，马因此力尽而死这一句古语，来比喻一般社会鼓励北大，结果和这马一样。"咳！吾们中华职业学校何尝不是这样。当时轰轰烈烈地做了一般人注意的目标，教〈师〉和学生大家高兴得了不得。吾们的经费，没有一文钱不是募得来的。打算募足了三年经费，以后自己生产来供给自己。募金启一发表，多承社会的赞助，六七万元一呵而就。先办了铁工科、木工科，又办了钮扣科、珐琅科，还有各种教员养成科，每科附设了工厂。教师以外，请熟手工匠教学生做工；学生以外，添招艺徒，称乙种学生，白天做工，晚上读书。每个工厂都是一面给学生和艺徒工作，一面将出品出卖。全校教师和学生，天天在热烈的兴趣和活动的空气中过生活。

哪知道工厂是不容易办的。吾们以为事事脚踏实地，勤勤恳恳，虽不想多赚钱，总不至于大亏本罢！不料学校在一般人极口称赞，工场出品在各界极端的欢迎中间，只觉得银行往来账，渐渐地入款存进去的少，而用款增加的多了。原来吾们的工厂，是没有备具基本条件的。这几万元买地，建造校舍，建造厂房，买机器，这些算是资本，而工厂流通金不但没有，并且学校年年还要耗去一大笔经常费，在工厂各项开支以外，不上几年，债额一天高一天。初时由发起人和少数最热心赞助的校董向银行家信用担保，后来债愈积愈多了，渐渐地由困难而进于不灵了。怎么得了！怎么得了！千踌躇，万踌躇，这万万不可以使全校各厂同学、同事、同教诸君知道，不但于事无补，且惹起恐慌，是大不行的。更万万不可以使一般社会知道，内容一揭晓，债权人四面逼拢来，立刻破产，教育界闹一场大笑话。职业教育！职业教育！从此成为一种笑柄，吾们从此成为千古罪人。咳！王阳明先生说："哑子吃苦瓜，苦了说不得，若要你知道，除非你自吃。"老实说，为了这点，不晓得有多少时候昼不得食，夜不得眠，至今痛定还在思痛，可是当时教师和学生是很好的，学校当局是勤勤恳恳，十分卖力，而且酬报很薄，都是吾所十分佩服的。

职业教育该这样办。危险！危险！这是第二个时期。

那么，这个职业学校，怎么还得撑到今天呢？究竟当时用怎么方法渡过这个大难关的呢？想！想！居然想出一种办法。当时吾们先发行过五万元的社债，用校地工场等做抵押担保的。再来发行十万元罢，可是担保品没有，如何是好？巧值民国十年的冬天、十一年的夏天，两次北京政府要我去当教育总长，都没有去。并不是我搭架子，也不是我怕难，实实在在我和同志发起了中华职业教育社，办了中华职业学校，叫喊了几年。结果，还是丢掉了，去做官，良心上实在说不去。忽而计上心来，官是吾不做的了，何勿等到辞绝以后，到北京走一趟，请求政府常年补助职教社一笔经费。把这一笔款做了担保品，来发行十万元社债，不是难关渡过了么？好！试试看，北京走一趟的结果，靠多方的赞助，居然如愿，阁议通过每月国库补助中华职业教育社二千元。可是中央哪里有钱呢？请求指定由江苏拨给，又难得江苏省长和财政厅长的破格赞助，很切实地批准。居然第二次发行债券了。

可是这种债券，在我们是一片至诚，千回百折的干办，倒底要人家拿雪白的现金来换，哪里行呢？其中却有一种特殊的信用关系。这券面印有十一位经济校董的大名，个个签名盖章，第一名就是上海著名绝对谨严刚正、不肯丝毫通融苟且的宋汉章先生。宋先生怎么肯署名债券呢？这段事实，倒值得公开报告。

当民国九年，吾校第一次将要发行债券。那时候社债的风气初开，有人说：必得请到中国银行行长像宋汉章一流人署名，才得有效。说这句话的人，在上海很有权威的。吾与宋先生虽认识，但没有深切的交情，如何是好？试试看！到中国银行投刺见宋先生，倾谈之下，很诚恳地提出请求，宋先生瞪目视吾良久！良久！

"我宋汉章三字可以签在你们这种债券上的么？"宋先生很干脆地说。

我不答。

"别的不说，你们学校的会计，靠得住的么？"宋先生又说。

"宋先生！一般学校的会计，吾不敢说，我们中华职业学校的会计，吾敢说靠得住。"我很斩钉截铁地答。

宋先生不语。

"宋先生！吾今天拜访，原是敦请先生当经济校董，署名债券，此层姑且不说，倒是承先生提及对于我们学校会计的感想，吾为表示心迹，恢复信誉起见，无论如何，先要恳求先生查一回账才是。"吾很和婉而恳切地说。

"你们学校里的账，可经得吾们去查的吗？"宋先生越干脆地说。

"可以。请先生明天去查也好，得了工夫随时去查也好，今天立刻去查更好。"吾越斩钉截铁地答。

"真的吗？"宋先生问。

"当然真的。"吾答。

先生瞪目视吾良久！良久！"隔一天吾来。"宋先生似稍和婉地说。

吾回去很恭敬地写一封信，请求宋先生到校查账。某天清晨，职校打电话招我去。则宋先生很庄严的已先到校，正在检查一本一本账簿。从清早起，一直检查阅到"打！打！……"自鸣钟敲十二下。

"宋先生，这种账还过得去么？"吾很和婉地问。

"好。"宋先生很沉着而简截地答这一个字。

"宋先生！既承先生看吾们学校的账还不错，那要恳求先生署名吾校的债券了。"吾一面从袋里取出没有签过名的空白债券，送在宋先生面前，一面说。

不一分钟，尊严无上的"宋汉章"三字图章，从灿烂的朱墨光中，出现于中华职业学校债券上面了。

吾中华职业学校债券，从此一帆风顺地发行。到现今呢，第一回五万元，固经全部还清，即第二回十万元，也快要还清了。中间热心赞助的固然着实不少，岂止宋先生一个？而吾终不能不感激宋先生极端冷峭、严正的态度和行为，实特别大有造于吾校；而以平时处事不稍苟且，不至被斥于极端冷峭而严正的宋先生，才获博得一般社会的信用。隔几年，并以此关系，得以延续吾校垂绝的生命。尤足使吾们郑重纪念的，就是当时校长顾荫亭先生和会计姚仲良先生。

流水般的光阴，忽忽十年了。回想当年，使我恐慌而愁虑的，就为这"职业学校该怎么样办"一问题；使吾感激而安慰的，也就为这"职业学校该怎么样办"一问题。

出险了！出险了！这是第三个时期。

那时候，学校内部正在蝉蜕的进行。原任工科主任黄伯樵先生，已留德学成归国了。顾荫亭先生有志赴欧洲考察，将这千斤重担，移交给新受校长聘书的伯樵先生了。各科早都有毕业生了。各工场以整理之结果，有的认为时势变迁而结束，像纽扣工场（当时邻近产蚌壳地方，此业变做家庭工业）；有的集资独立经营，像珐琅工场；有的归并起来，交毕业生集资接办，而学生仍得前去实习，像铁工场和木工场。那时候，学校专办机械科和商科，一座大气盘旋、精采磅礴的中华职业学校，一变而谨严精核，一切科学化，依公定的教育新方针，打算从学校的课程上、工场的实习上，开辟一条新途径，来解答"职业教育该怎么样办"一问题。这是第四个时期。

时局渐渐地变化了。最可纪念的，民国十六年春，国民革命军初到上海，一群人持枪械蜂拥入学校，把枪指定当时校长潘仰尧先生的胸，迫令将学校交出。潘先生不慌不忙，向大众说："吾们的学校，是学生公共的学校。"诸生闻声毕集，皆挺身出，向大众说："吾们的学校，是我们学生公共的学校。"围立解。学校的运命，从滔天恶浪中，仰仗平素和平诚恳、万众爱戴、临时强毅坚决的潘校长和全体平素相亲相爱、富有热烈的爱校精神的同学诸君的挺身维护，很侥幸地安全度过。倒又添办文书科、择业预备科起来了。未几而工业专家姚颂馨先生继任校长。那时候，但得平安过日，保留学校一线生机，已是不朽的功绩。其间又添办机械制图科。巍巍校友会会所，就在这风雨飘摇中，由热心校友们募建起来的。又未几而商业专家赵师复先生继任校长，时局已渐渐平稳，于商业教育，很下一番基础计划。对于学校经济上的筹算，更多重要贡献。对"职业学校该怎么样办"一问题，又改变了一种答案。这是第五个时期。

现在是最近的一时期了。今校长贾佛如先生，一切设施，另有详细报告，不用吾来赘述。

咳！办事是不容易的。小小中华职业学校，当时无非感于一般社会对"职业教育该怎么样办"一问题，有尝试解答的必要，因而决心创办；十五年来，千回百折，内忧外患，经历了多少艰难险阻，都只为是这一问题。即今后无尽时期中，安知不有更大的艰难险阻，来尝试当局的热诚、智谋和勇敢？因此愈足以表示解答这一问题的价值和意义的伟大而深远。校长和同教、同事、同学诸君，恍惚站在头道火线，中华职业教育社办事部和校董会诸君，是参谋部的后方总兵站。而我所尤注意的，乃是毕业诸同学。十五年来统计，已达一千二百二十二人，当然也有一时未能用其所学的，而绝大多数，盖已在社会获得相当地位。诸君啊！果人人能忠于服务，对于当前和未来的艰难险阻，不惟消极的抵抗，并能积极地战胜，在国家和民族生存意义上，直接间接做切实的贡献，这就是"职业教育该怎么样办"一问题最有力的"活答案"。

当吾校初创数年间，上海本市以及各地纷纷仿办，大抵因来校参观，鼓起了热烈的兴趣，认为这样办去，从此职业教育问题解决了。可是仿办的结果，很多没有能满足他们的期望。其中一部分有以实业家资格来倡办，未几而实业停顿，学校因而挫折，当时很多这种现象。而多数不能如所预期的缘故，乃因这样办法，只可以说某地、某时或对某一类人的职业教育问题也许解决，而绝不是什么地、什么时，对什么人都可以解决的。记得当时曾依试验的结果，提出一条要义：

"凡职业学校之设科，须十分注重当地社会状况。乡村与城市不同。即同是

乡村，同是城市，其地方状况，亦不尽同。万一设科不合需要，必至影响于他日学生出路。"（《中华职业学校五年来之经过》文）

咳！职业教育的难办，就在这一点呀！所以吾想，要是今后办职业学校的，常常自己问自己：

职业教育该怎么样办？

这样办法在这时、在这地，对这一类人究竟对不对？

除掉这样办法以外，还有更好的办法没有？

如果常常这样问，吾敢相信一定会得到一个明确的答案，就是：职业教育该这样办了。只恐停一会儿，疑问又来了。咳！几千万年人类社会的进化，就建筑于重重疑问，剥不尽的蕉、抽不尽的茧上面的呀！吾提出这个问题，并没有说吾们已经解决，是说吾们学校，将永远把这个问题摆在面前，做吾们进行的指导。

末了，不禁使我发无穷的感叹了。吾们为什么创这中华职业学校？为什么在职业学校上面冠以中华两字？当民国六年中华职业教育社初创时，曾发表宣言：

"兴学二十余年，……何以教育较盛之区，饿殍载途如故？匪盗充斥如故？"

"国中自小学以至大学，学生之毕业于学校而失业于社会者比比。"

"然则教育幸而未普及耳。苟一旦普及，几何不尽驱国人为高等游民，以坐待淘汰于天演？"

"今吾中国至重要、至困难问题，尚有过于生计者乎？"

当时吾们看清楚，如果生计问题不解决，如果教育不能从根本上帮助中华来解决生计问题，后患岂堪设想？所谓"谛观现象，默察方来，而不胜其殷忧大惧者也。"

到了民国二十年，苏州举行专家会议的结果，发表宣言：

"近人恒言，普通教育愈发达，社会失业者愈众。虽因果关系，未必尽然。但毕业高级小学，不能升中学；毕业中学，不能升大学，一岁间无虑数十万。"

"依教育部最近统计，全国中学一千一百三十九所，内职业学校一百四十九所，仅占百分之十三；全国中学学生二十三万四千八百十一人，内职业学校学生一万六千六百四十一人，仅占百分之七。需要与供给相悬至此，无惑乎求事者未能得事，求才者坐叹无才。"

把前后宣言两两对照，匆匆十几年间，社会状况究竟有什么分别呢？吾社、吾校同志诸君能大声疾呼、亲身试验于十几年以前，而不能家喻户晓，尽量推行于十几年以内。到如今，内忧外患，重重叠叠，河山已破碎到不堪了。人民求生不能，求死不得，吾中华国族的运命，真所谓"不绝如线。"吾们还在这里举行中华职业学校十五周年纪念，一提到"中华"两字，惟有痛心。

痛心！痛心！痛死有什么用处？还是大家起来死里求生地干。吾同学诸君，无论已毕业、未毕业，人人须勉为一个复兴国家的新国民，人格好，体格好；人人有一种专长，为社会、国家效用。而吾们同教、同事诸君，苟自信吾们所主张的理论不错，那么大家加倍的鼓起精神来，一面埋头地干，一面虚心地问：

"职业教育该怎么样办？"

（原载《中华职业学校十五周年纪念刊》，1933 年）

《职业教育之理论与实际》一书之结论 [①]

我们不是说过，教育是有时间性和空间性的么？其实职业教育，说到他的方法，因人、因地、因时、因事，比一般教育，在设施上还要活动，简直是没有一定的轨道可以依据。即使造好一条通行的轨道给他，到使用时还得四方八面看个清楚，才可以开步走。从实际上说来，就是一般教育，何尝不应该如此？只是职业教育，他的需要更显明些是了。可是说到职业教育的理论，他的时间性和空间性却是很少很少的。著者常说：世界一切问题的中心，是人类；人类一切问题的中心，是生活。要是这个中心，在若干世纪内一时没法改变，那么有生活，必有需要、有供给，那么人类必定有各个的特性、各个的特长，而人与人间亦必定有彼此相感的精神和相结的方式，在人群递嬗间，更必定有老辈根据的经验，来供给后辈的仿效，从仿效中获得改进的门径。吾们敢说，职业教育这套理论，虽措词容有不同，而这理论的主干，是不易磨灭的。

再说到吾中国，这职业教育一名词，到了现在可算是红极了。人人能说教育不生产，是教育的失败，人人能说教育没有社会化，是教育家的罪过。几几乎众口一词，万矢一的。在名词上凭你多少变化，有的称实业教育，有的称生产教育，他的中心和轮廓，其实丝毫没有改变。可是翻翻统计，读读报告，证以耳闻和目见，还是普通学校学生像车载斗量的多，职业学校学生像凤毛麟角的少。创学校者，不敢创职业学校，就为是耗费较多；办教育者，也不愿办职业学校，诚恐画虎不成，连犬都不大像。表见于笔头和口头的需要如此，而实际如彼。从这一路上，我们该觉悟到，今后我们不但须认清努力的方向，并且要办到努力的真诚与勇气。

（原载《职业教育之理论与实际》，中华职业教育社印，1933 年）

---

① 本文原标题为《结论》，现标题为编者所加。

江苏省职业教育之改进计划

江苏号称教育发达之区，提创职业教育亦独早。查民国十三年度之调查统计，旧制甲乙种实业学校，合公私立全省有一百三十七所之多，其他设有职业科之中学，专门学校及实业机关，慈善机关附设之职业教育，尚不在内，可谓盛矣。在教育行政方面，于民国十二年，设置职业教育指导员，民国十四年，复举行乙种实业学校校长会议。在办理职业教育者方面，同年五月，有江苏全省职业学校联合会之组织。各方面于职业教育之推行研究，不为不力；徒以政府对于教育方针，无明确之规定，地方当局，又复步调未能齐一，遂致职业教育量的方面，固然可观，质的方面，成效不著，结果乃至因噎废食，而成今日之现象。乃者政府既以生产教育为最要之方针，社会亦感于过去教育之失败，于是职业教育之推进，为急不待缓之举矣。谨就管见所及，先拟本省改进职业教育之第一步计划如下，用供采择：

（一）设立计划全省职业教育之总机关

职业教育包含农、工、商、家事及其他各种。改进之初，如调查、研究、规划、指导等等，头绪甚繁，在外国有特设职业教育局者。现在本省财政竭蹶，当然不必有此大规模之组织；但为提纲挈领计，似可由教育厅仿教育部例，延聘专家及有关系各厅之代表，组织一设计委员会主其事，另调各科有关系员司，在会办事，如此则所费不多，而事有专责矣。

（一）派员调查全省教育实业状况

职业教育之目的，一方为人计，以供青年谋生之所急；一方为事计，以供社会分业之所需。则青年所急为何种事？社会所需为何种人？非调查不可也。进一步言，立一校，位置当否？设一科，应所需否？又非调查不可也。往者职业教育之失败，非本身之罪，实谋者不臧之过。今为改进计，调查为必要矣。

（一）整理现有职业教育机关

苏省职业学校虽较前减少，然合全省公私立之职业学校及慈善实业团体所设之教养机关，为数尚不在少。现在欲推行职业教育，非先改进现有职业学校，无以树风声而资则效。整理方法：一方面调查其内容，加以指导；一方面商定新计划，助其发展，此项任务，即可由上列之设计委员及调查专员任之。

（一）通盘筹划确定职业教育经费

凡百事业之兴替，与经费有重要关系。现在各省于义务教育，社会教育，均有规定经费，其成绩较诸未规定前颇有进步，即其明证。教育当局既欲推广职业教育，似宜仿福建省例，于省县全部教育经费，统盘筹划；酌定职业教育应占成数，庶足以明趋向而示决心。且此项经费，不必另筹，只须在学校教育经费中分别轻重缓急、比例定一标准可矣。

（一）先从普通教育职业化着手

民国二十年，教育部通令："……各普通中学应一律添设职业科目或附设职业科……。"同年，国民会议第五次大会议决，确定教育设施案内，规定"中小学校教育应体察当地状况，一律以养成独立生活之技能，与增加生产之能力为中心，社会教育亦应以增加生产为中心目标"可知政府与人民，已一致认为目前之教育，应以职业教育为最大目标。当然不能使所有普通学校，都改为职业学校，更不能以一切教育，代以职业教育；但至少要使普通教育与职业不隔膜，不轻视。质言之，使普通教育要职业化，如小学之注重职业陶冶，中学之设职业指导科，既不须增加经费，亦不变更普通教育固有之目的，而可以使青年得到实际之效用，可以使职业教育先具相当之基础，可谓一举而数善备也。

以上数点，均为初步着手之办法。至于将来应否分区设校，及师资如何养成，系统如何制定，出路如何预筹，消费如何减少，效力如何增进等等，似宜俟上项计划实施以后，方有正确之依据，兹姑从略。

（此计划与江恒源共拟，
原载《江苏教育》第2卷第4期，1933年）

中国二十五年间全国教育统计的总检查 [①]

教育,"量"要紧呢?"质"要紧呢?

国家的运命,危险到这般地步,人民的生活,苦痛到这般地步。

"人民不知国家为何物,敌人打进大门来了,打进屋子来了,屋子里主人,睡觉的睡觉,跳舞的跳舞。除非祸到临头,竟不知我身和国家有什么关系。唉!这是教育不发达的缘故。要使教育普及,不会有这回事。"甲说。

"这话怕不对吧!受过教育的也在睡觉。说到跳舞呢,没受过教育,还够不上资格哩。给人家弹劾过的贪官污吏,哪一个不是受过教育,怕还受过高等教育哩。农家的儿子,学堂毕了业,便不甘心种田,古人说:'农之子恒为农。'现在农之子永不为农,要使这种教育普及了,全国粮食将哪里来?"乙说。

甲的主张,教育"量"是比较要紧些。乙的主张,"质"比"量"更要紧。甲和乙的笔墨官司永远打不清。吾说,该先把"量"来检查一下。随后逐一部分检查他的"质",才容易得到比较观。

吾费很长的时间,用很大的忍耐性,干这干枯而乏味的工作——写这篇文章,无非为了这个动机。

吾现在先把这篇文章的大概说一下:吾是把二十五年里十次(甲至癸)整个的全国教育统计,从中取出学校数、学生数、经费岁出数三项做前后的比较,再把这十次整个统计中关于全国高等教育、中等教育、初等教育三项每项的学校数和学生数做前后的比较,最后把这较早的八次(甲至辛)整个统计,另加上一次混合而成的(子)共九次中关于全国生产教育和师范教育两项,每项的学校数和学生数做前后的比较。

---

① 本文表格中表述数字的汉字统一改为阿拉伯数字,删除数据来源说明。

吾在没有写正文以前，把学生数一项，分高等、中等、初等、生产、师范五项最近年度的数量开列出来，试和读者诸君钩稽一下：就是可惜毕业生数，各年度没有完全。

民国十八年度各项学生数：

高等教育	四〇二三〇人
中等教育	三四一〇二二人
初等教育	八八八二〇七七人
生产教育	二一三二三人
高等	四六八二人
中等	一六六四一人
师范教育	三〇六八四人
高等	一二一四人
中等	二九四七〇人

受高等教育的四万零二百三十人，把大学和专门学院姑且分做四个年级，就是每年至少有一万人在大学里毕业，也就是每年有一万个位置，容纳中等教育毕业而愿升学者。

受中等教育的三十四万一千零二十二人，把中学分做六个年级，就是每年至少有五万人在中学里毕业，也就是每年有五万个位置，容纳初等教育毕业而愿升学者。另于生产教育项下，发见中等一万六千六百四十一人，姑且分做三个年级，每年至少五千人；于师范教育项下，发见中等二万九千四百七十人，也分做三个年级，每年约计一万人，两共一万五千人，在中等毕业生五万人中，系受过专业训练，出去可当教员或就他业，这姑且不计，余下三万五千人，除掉大学里有一万个位置可以容纳，再余下二万五千人，既不能不就业，而又没有受过专业训练，将怎样呢？而况是年年这样的。

受初等教育约八百八十八万二千零七十七人，把小学分做六个年级，就是每年至少有一百四十万人在小学里毕业。除掉中学里有五万个位置可以容纳，余下一百三十五万人，如果都是农之子不愿为农，工之子不愿为工，既无从升学，而又不能不就业，又将怎样呢？况又是年年这样的。

如果每年至少有二万五千个中学毕业生和一百三十五万个小学毕业生没有出路，怕不能不算是一个很严重的问题吧！在教育上怕不该不快快想个法子罢！

这是我在写这篇文章的时候，就全国学生数一项，把钩稽的方法，来小小试验所得到的结果。此外该用钩稽方法的还多着哩。吾写这篇文章，就是预备着人家来一项一项这样钩稽的。

再就统计本身来讲，当然一年进步一年。可是也有前密而后来反疏的。例如民四年度以前的统计总表，高等中等初等教育，每项都没有小计，累得读者须临时计算，民五以后便有小计了。可是民五以前都有毕业生统计，后来反不见了。毕业生一项，在教育统计上占何等重要地位，是不该略去的呀！

我从前在教育行政方面服务的时候，也小小办过统计，当时起一种感慨，就是我们无论什么样精心编制，究竟有多少人来注意呢？怕现在办教育统计的当局，也不免有这种感慨罢！我愿意说一句安慰当局的话，至少有一个人很愿注意读教育统计，就是我。

我现在来写正文了。

○　○　○　○　○

中国全国教育统计，若论最早公布，要算《元史》。

卷第十四《世祖本纪》——至元二十三年（公历一二八六）……十二月……大司农司上诸路学校凡二万一百六十六所。

卷第十五《同纪》——同二十五年（一二八八）……十二月……立学校二万四千四百余所。

卷第十六《同纪》——同二十八年（一二九一）……十二月……司农司上诸路所设学校二万一千三百余。

这是仅见的记录。学校数以外，什么都没有。

自施行新教育以来，全国教育统计，在前清学部公布过三次：

甲、光绪三十三年（一九○七）《第一次教育统计图表》；

乙、同三十四年（一九○八）《第二次统计图表》；

丙、宣统元年（一九○九）《第三次教育统计图表》。

民国以来，教育部公布过五次：

丁、民国元年（一九一二）八月至二年（一九一三）七月《第一次教育统计图表》；

戊、民国二年八月至三年（一九一四）七月《第二次教育统计图表》；

己、民国三年八月至四年（一九一五）七月《第三次教育统计图表》；

庚、民国四年八月至五年（一九一六）七月《第四次教育统计图表》；

辛、民国五年八月至六年（一九一七）七月《第五次教育统计图表》。

此后未有整个的发表。至最近一年有半间，始由国民政府教育部非正式的公布了三种统计：

《全国高等教育统计》——民国十七年（一九二八）八月至二十年（一九三一）七月

《全国中等教育概况》——民国十七年八月至十八年（一九二九）七月

《全国初等教育概况》——民国十八年度

这三种，虽时期前后相距还不算远，究非同一时期，似乎不便拿来并合计算。正踌躇间，于全国初等教育概况表之部分，发见第九、民元以来初等教育发展状况与中高等教育比较表，又第十、民元以来小学幼稚园男女儿童数发达状况与中高等学生数比较表，所谓民元以来，提出四个年度来做标准，就是（一）民元，（二）民五，（三）民十一，（四）民十八。而各年度间初等、中等、高等、学校数，男、女学生数，岁出数完全载入。不惟民十八年同年度的中等高等各项总数完全，且发见外间所未经公表之民十一年度统计。因即根据该表，列为——

壬、民国十一年度（一九二二）教育统计（根据民国十八年度《全国初等教育概况》所附载）

癸、民国十八年度（一九二九）教育统计（根据同上）

此外私人的局部的教育统计间有之，政府公布的，全国的，没有了。

今取上列（甲）至（癸）十次统计，就其相同事项制成下列各图表，以通验他的增和减。

在没有制成图表以前，有几点须说明，使大家知道这种统计的价值，是有限度的。

其一，调查区域未完全。有的从实声明农区从缺，有的同一区内，备了这项，缺了那项，有的根据别方面材料来估计，把他估计数目编进去，较实际上究不少出入。（例如民十八年度全国初等教育）总之，"慰情聊胜无"是了。

其二，历届统计事项和方式太不统一。有的以区域分，有的以学科分，有的以性分，乃至制度的变化，名称的更改，种种不同，反复比对的结果，只有下列几项，还可以综合比较。例如毕业生数，当然有重要的价值，而或有或无，竟没法拿来比较，这不能不认为是一种遗憾。但是单就这几项，也可以看出二十五年来中国教育的进退了。

一、全国学校数

					合计（下同）
甲	京师	高等	5	216	37888
		中等以下	211		
	各省		37672		
乙	京师	高等	7	263	47795
		中等以下	256		
	各省		47532		
丙	京师	高等	7	281	59177
		中等以下	274		
	各省		58896		
丁	男		84883		87272
	女		2389		
戊	男		105325		108448
	女		3123		
己	男		118654		122286
	女		3632		
庚	男		125973		129739
	女		3766		
辛	男		117658		121119
	女		3462		
壬	高等		125		178976
	中等		1096		
	初等		177755		
癸	高等		76		214572
	中等		2111		
	初等		212385		

说明：（甲）（乙）等号，根据前列。即（甲）为清光绪三十三年统计，（乙）为民国元年统计，……（壬）为民国十一年统计。（癸）为民国十八年统计。以后仿此。

全国学校数，在清末（甲）、（乙）、（丙）不足六万。民初逐渐增加，至民四年度（庚），几及十三万。民五（辛），稍减。阅六年至（壬）几及十六万，再阅七年至（癸），增至二十一万以上。

二、全国学生数

					合计（下同）
甲	京师	高等	1478	11417	1024988
		中等以下	9939		
	各省	1013571			
乙	京师	高等	2122	15774	1200739
		中等以下	13652		
	各省	1284965			
丙	京师	高等	2009	12921	1639641
		中等以下	10912		
	各省	1626720			
丁	男	2792257			2933387
	女	141130			
戊	男	3476242			3643206
	女	166964			
己	男	3898065			4075338
	女	177273			
庚	男	4113302			4294251
	女	180949			
辛	男	3801730			3974454
	女	172724			
壬	高等	男 33993	34880		6819486
		女 887			
	中等	男 168411	182804		
		女 14393			
	初等	男 6138544	6601802		
		女 463258			
癸	高等	男 37521	40230		9263329
		女 2709			
	中等	男 285451	341022		
		女 55571			
	初等	男 7414613	8882077		
		女 1467464			

全国学生数，清末（甲）、（乙）、（丙）约及一百六十四万。民初，由三百万而三百六十万，而四百万，而四百二十万。至民五（辛），而减至四百万以内。经六年，至（壬）几及七百万，又七年，至（癸）增至九百万以外。

三、全国教育费岁出数（银圆数，下同）

					合计（下同）
甲	京师	高等	589600	1004170	18203716
		中等以下	414570		
	各省		17199546		
乙	京师	高等	566076	1049212	21965061
		中等以下	483136		
	各省		20915849		
丙	京师	高等	553726	913611	25357920
		中等以下	359885		
	各省		24444309		
丁	男		28002413		29667803
	女		1605390		
戊	男		33175814		35151361
	女		1975747		
己	男		36852891		39092045
	女		2239154		
庚	男		35203933		37406212
	女		2202279		
辛	男		33222087		35588298
	女		2366211		
壬	高等		13950424		59424567
	中等		14024180		
	初等		31449963		
癸	高等		25533343		126242541
	中等		35988173		
	初等		64721025		

全国教育经费，自（甲）至（己），由十千八百万，而二千一百万，而二千五百万，而二千九百万，而三千五百万，而三千九百万，增加数量，差见均平。至民四（庚）而稍减，计三千七百万，至民五（辛）而又稍减，计三千五百万，此减少之故，大可注意。经六年至（壬），几及六千万，又七年至（癸），增为一万二千六百万。

就（一）（二）（三）项合制图如图9。

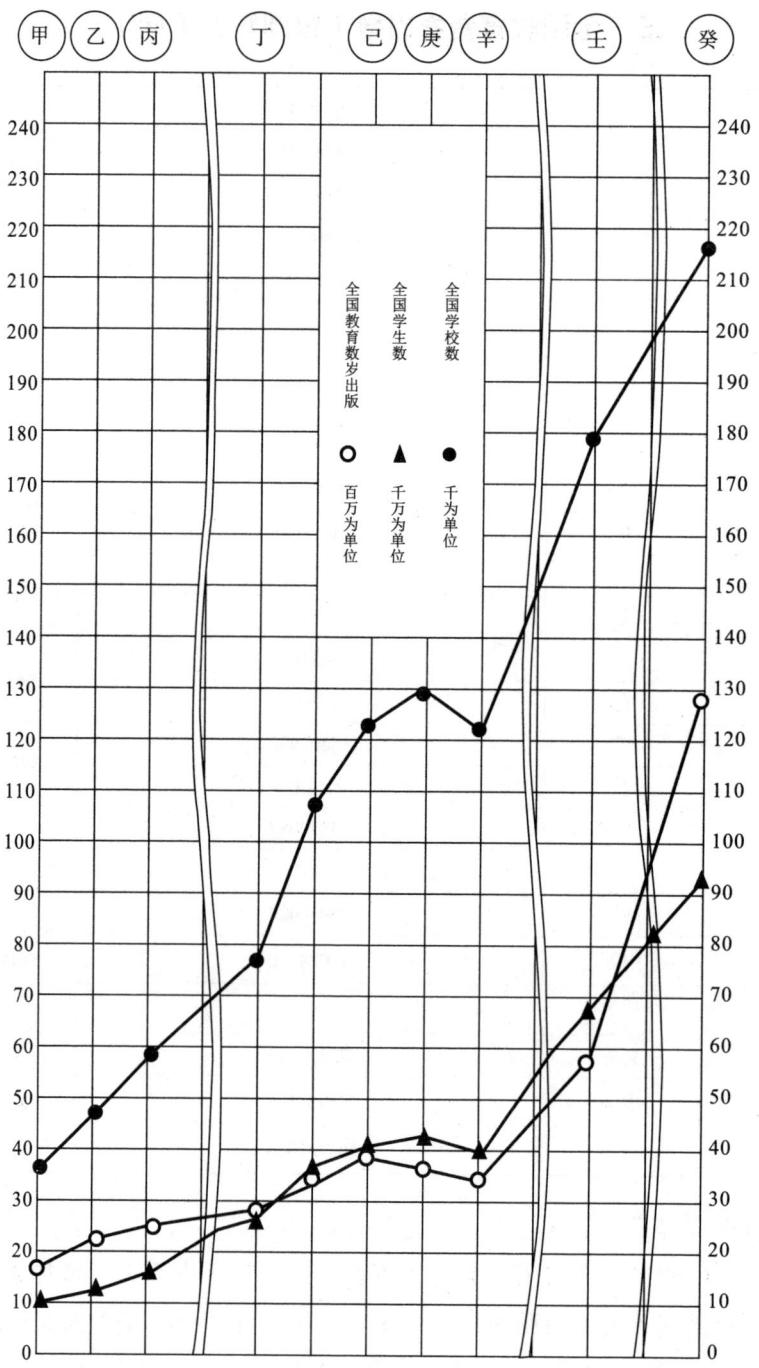

图 9

看图9，有两点很可注意，一、民五（辛）学校数、学生数、教育费岁出数皆减，乃因是年度四川、贵州、广西三省未将教育统计造报教育部，以致材料不全。（见统计原册说明）三数皆减，皆非真相。二、（辛）既不是真相，姑取（庚）为标准，以与（壬）（癸）比较，其间各相距七年，表如下：（千位止）

	民四（庚）	民十一（壬）	民十八（癸）
学校数	129	178	214
学生数	4294	6819	9263
岁出数	37406元	59424元	126242元

十四年间，首尾相较，学校数由一十二万，而一十七万，而二十一万，得二倍不足；学生数由四百二十九万，而六百八十一万，而九百二十六万，得二倍有余。教育费岁出数由三千七百四十万，而五千九百四十万，而一万二千六百二十万，增至三倍以上。试更以（庚）为指数，则（癸）之学校数，占百分之一百六十五，（癸）之学生数，占百分之二百一十五，而（癸）之教育费岁出数，占到百分之三百三十七。夫学生数增加之速率大于学校数，大概是每校学生数增进之征象。一方固见响学之热烈，与设学之经济，一方亦应于教育效能上加以研究，而教育费岁出数增加之速率，远超过于学校数与学生数，固见十四年间生活程度之突飞猛进，同时亦应想到推广教育之日陷困难，与教育界有无浪费问题之大堪注意。

四、全国高等教育

（A）学校数

甲	京师	5	合计（下同）
	各省	74	79
乙	京师	6	90
	各省	84	
丙	京师	6	110
	各省	104	
丁	男	121	122
	女	1	
戊	男	121	122
	女	1	

（续表）

己	男	108	109
	女	1	
庚	男	104	104
	女		
辛	男	84	84
	女		
壬			125
癸			76

四、全国高等教育，论学校数，民元（丁）、民二（戊）几与民十一（壬）相等，则因其时高等师范逐渐推广，而各种专门学校尤多。其后取缔日严，民五（辛）之锐减，固非真相（理由见前节），而经十四年至民十八（癸），乃仅得七十六校。一方固因制度变更，大都归并，私立大学虽多，未承认者，不入统计；一方盖亦困于物力问题与人才出路问题，而渐趋紧缩罢！

（B）学生数

甲	京师	1478	合计（下同） 14117
	各省	12639	
乙	京师	2039	18629
	各省	16590	
丙	京师	1933	20572
	各省	18639	
丁	男	41633	41709
	女	176	
戊	男	39904	40086
	女	182	
己	男	34380	34554
	女	174	
庚	男	27730	27730
	女		
辛	男	19921	19921
	女		
壬	男	33993	34880
	女	887	
癸	男	37521	40230
	女	2709	

就（A）（B）两项合制图如图 10：

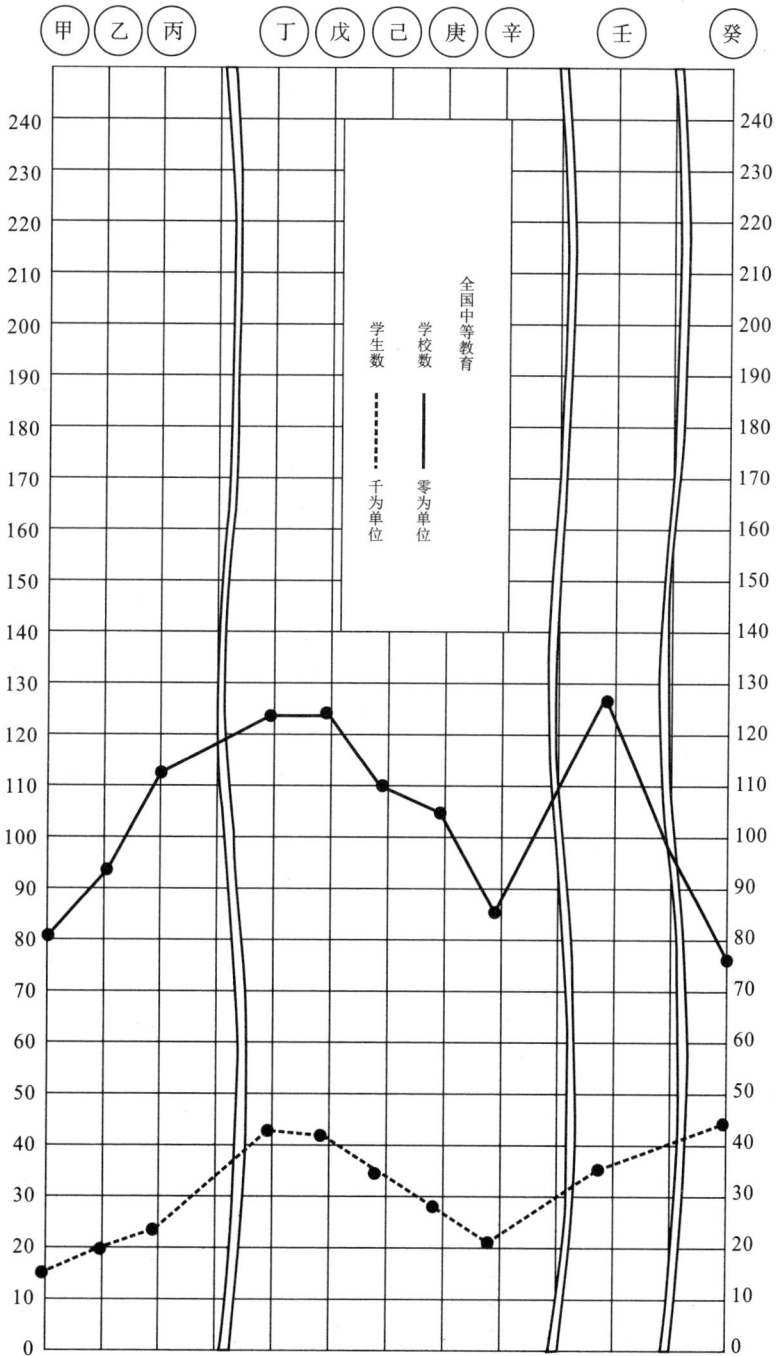

图 10

全国高等教育，论学生数，清末达二万以上。民元（丁）最多达四万一千以上，为任何年所不及。其后民四（庚）二万七千余，民五（辛）一万九千余，固然锐减，然至民十二（壬）亦仅得三万四千余，民十八（癸）亦仅得四万零。

看图10，历年高等教育学校数与学生数之升降，其步调大抵相同，而由民十一（壬）而民十八（癸），学校数锐减，减至任何年所未有，至学生数虽稍增，亦仅增至与民元（丁）民二（戊）略相等。

五、全国中等教育

全国中等教育，清季未满五百校，至民初而二倍以上，至民十八（癸）而超过四倍。

（A）学校数

甲	京师	21	合计（下同）
	各省	398	419
乙	京师	20	440
	各省	420	
丙	京师	22	460
	各省	438	
丁	男	722	832
	女	105	
戊	男	908	1039
	女	131	
己	男	961	1097
	女	136	
庚	男	996	1111
	女	115	
辛	男	834	932
	女	98	
壬			1096
癸			2111

全国中等教育，清季未满五百校，至民初而二倍以上，至民十八（癸）而超过四倍。

（B）学生数

			合计（下同）
甲	京师	948	31682
	各省	30734	
乙	京师	1258	36264
	各省	35006	
丙	京师	1587	40468
	各省	38881	
丁	男	87899	98045
	女	10146	
戊	男	105695	117333
	女	11638	
己	男	108625	119057
	女	10432	
庚	男	116994	126455
	女	9461	
辛	男	103073	111078
	女	8005	
壬	男	168411	182804
	女	14393	
癸	男	285451	341022
	女	55571	

清季，中等学校学生，仅四万有零，至民四（庚）而达一十二万六千余，民十一（壬）而达一十八万二千余，民十八（癸）而达三十四万一千余。

就（A）（B）两项合制图如图11：

中等学校数与学生数的升降，看他步调，大致相同，但一看（壬）（癸）以来，学生数虚线的昂度，可以吃一惊了。

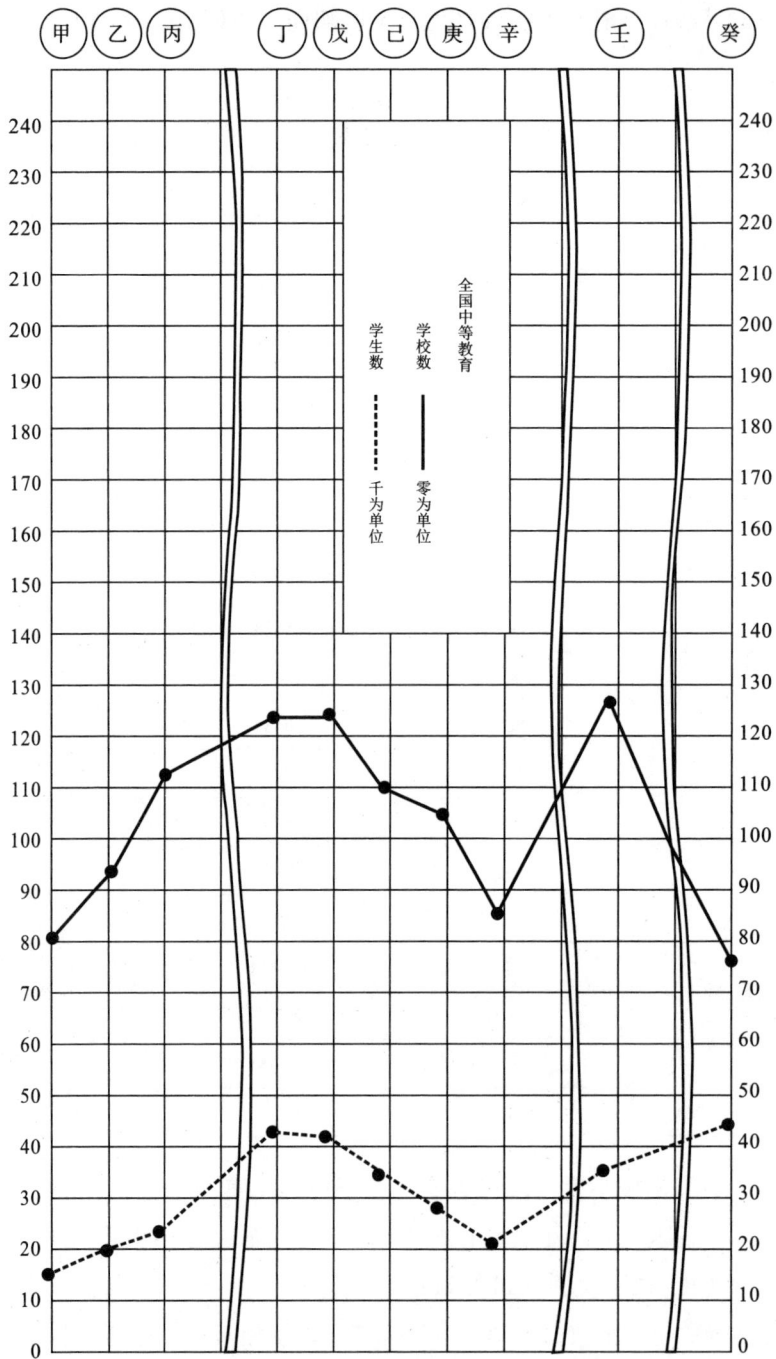

全国中等教育

学校数 —— 零为单位

学生数 ┈┈ 千为单位

图 11

220

六、全国初等教育

（A）学校数

甲	京师	165	合计（下同） 34812
	各省	34647	
乙	京师	209	41379
	各省	41170	
丙	京师	228	51677
	各省	51449	
丁	男	84035	86318
	女	2283	
戊	男	104296	107287
	女	2991	
己	男	117585	121080
	女	3495	
庚	男	124874	128525
	女	3651	
辛	男	116740	120103
	女	3363	
壬			177755
癸			212385

全国初等教育，清季不过五万余校，至民元（丁）增为八万六千余校。后来逐年增加，民五（辛）固非确数，而民十一（壬）达十七万七千余，民十八（癸）达二十一万二千余，较民元亦尚不足三倍。

（B）学生数

甲	京师	8332	合计（下同） 926918
	各省	918586	
乙	京师	11763	1191721
	各省	1179958	

丙	京师	8953	1531746
	各省	1522793	
丁	男	2662825	2793633
	女	130808	
戊	男	3330643	3485807
	女	155164	
己	男	3755060	3921727
	女	166667	
庚	男	3968578	4140066
	女	171488	
辛	男	3678736	3843455
	女	164719	
壬	男	6138544	6601802
	女	463258	
癸	男	7414613	8882077
	女	1467464	

初等学生数，清季不过一百五十余万人，至民元（丁）几及二百八十万人。民二（戊）加六十九万，民三（己）加四十三万，民四（庚）加二十二万，民五（辛）固不足数，而由民十一（壬）六百六十余万余，而达民十八（癸）八百八十八万余，较之民元，亦仅仅超过三倍。

就（A）（B）两项合制图如图12：

图12，初等教育学校数与学生数的升降，其步调几于完全相同。但试以民十八（癸）与民元（丁）较，则校数仅占百分之二百四十六，而人数竟占到百分之三百一十八。

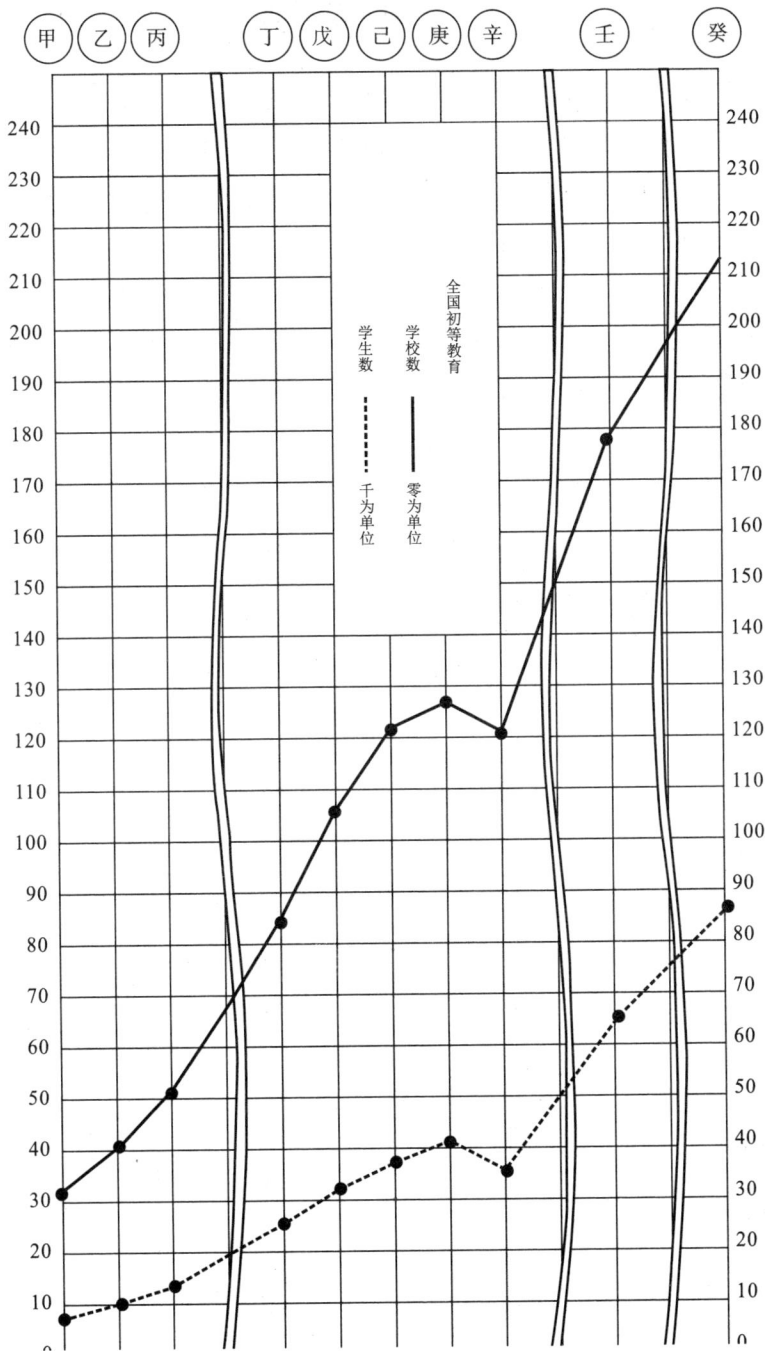

甲 乙 丙　丁 戊 己 庚 辛　壬　癸

全国初等教育

学校数　学生数

学校数

学生数

零为单位

千为单位

图 12

七、全国生产教育

清末（甲至丙）称初等、中等、高等农工商业学堂，民初（丁至辛）称甲乙种农工商业学校、女子职业学校。在国民政府下，高等教育，有农工商学院，有农工商学专修科或专门部；中等教育，有职业学校，此外有职业补习学校。现在姑把当今通行的"生产教育"名词来概括他。

（甲）至（辛）照前例。（子）取民国十七年度《全国中等教育概况》职业学校部分，及《全国高等教育统计》内十七年度农工商部分，汇合编制。皆是代表十七年八月至十八年七月的。

（A）学校数

			合计（下同）
甲	京师	3	140
	各省	137	
乙	京师	3	192
	各省	189	
丙	京师	2	256
	各省	254	
丁	男	398	445
	女	46	
戊	男	448	504
	女	56	
己	男	498	550
	女	52	
庚	男	568	610
	女	42	
辛	男	521	547
	女	26	
子	农	11	193
	有工科的学系	13	
	商	13	
	职业学校	156	

（B）学生数

				合计（下同）
甲	京师	142		8835
	各省	8693		
乙	京师	162		13778
	各省	13616		
丙	京师	174		16823
	各省	16649		
丁	男	28937		31615
	女	2678		
戊	男	31645		34772
	女	3127		
己	男	32779		36423
	女	3644		
庚	男	33172		36021
	女	2849		
辛	男	31695		33561
	女	1866		
子	农学院	574	754	21323
	农林专修科或专门部	180		
	工学院	2180	2345	
	机械化工采冶专修科或专门部	165		
	商学院	1501	1583	
	商业专修学科或专门部	82		
	职业学校	男 10860	16641	
		女 5781		

生产教育，前清末年，学校没有满三百，学生没有满两万。到了民国初年，学校由四百多，（民元丁）而五百多，（民二戊、三己）而六百多；（民四庚）学生由三万一千多，（丁）而三万四千多，（戊）而三万六千多。（己、庚）至民五（辛）稍减，则因那年调查有特别缺漏的缘故，并非真相，已在上文说明。可是到了民十七，（子）学校数不到两百，学生数仅两万一千余，一落千丈，这是大

可惊讶的。

正在追求他一落千丈的缘故，忽然得到一种参考资料，民十七年度全国中等教育概况（子）为湖南省职业学校连同未备案的私中并计，（原表第二十四页）得——

学校数　　　　四五
学生数　　　　四三〇二

而吾友湖南教育厅长朱经农君来信告我：十八年湖南职业学校统计——

招收男生者　　　一八校　　　　三六六五人
招收女生者　　　一五八　　　　九三二八
共计　　　　　　一七六　　　　一二九九三

一百七十六校之对于四十五校，一万二千九百九十三人之对于四千三百零二人，相距只一年，相差这般大。朱君替他解说：“湘省职业学校共分三类：（一）招收初中毕业生者，谓之高级职业学校；（二）招收高小毕业生者，谓之初级职业学校；（三）不限入学资格，专以教人习艺，并予以相当之补习教育者，谓之简易职业学校。而教育部中等教育概况，大概仅取招收高小以上毕业生之职业学校的缘故。”即此一端，可见生产教育统计可靠程度的有限，较其他各项教育也许更甚。

如果统计所列虽不多，而实际上并不这样，那对于统计，虽不无遗憾，为教育前途想，尽可以安慰的。

就（A）（B）两项合制图如图13：

从开始到现在，生产教育，学校数未满七百，学生数未满四万，且转以民三（己）、民四（庚）为比较最多，若是统计可信的话。

八、全国师范教育

（甲）至（辛）照前例。（子）取民国十七年度《全国中等教育概况》师范学校部分，及《全国高等教育统计》内十七年度教育部分，汇合编制。拿来代表十七年八月至十八年七月和职业教育一样。

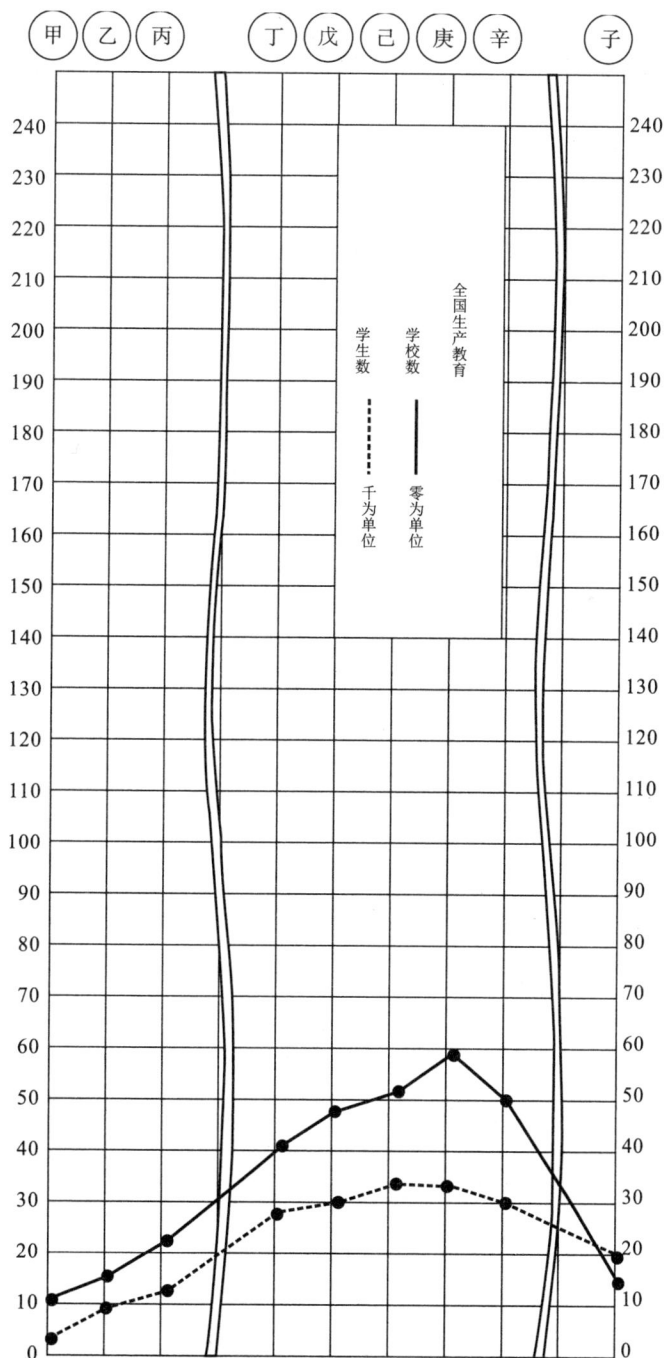

图 13

（A）学校数

			合计（下同）
甲	京师	12	553
	各省	541	
乙	京师	14	595
	各省	581	
丙	京师	12	427
	各省	415	
丁	男	183	265
	女	82	
戊	男	224	326
	女	102	
己	男	145	242
	女	97	
庚	男	147	221
	女	74	
辛	男	141	202
	女	61	
子	有教育科的院校	26	294
	师范学校	278	

（B）学生数

			合计（下同）
甲	京师	517	36608
	各省	36091	
乙	京师	552	33624
	各省	33072	
丙	京师	554	29126
	各省	28572	
丁	男	22366	30909
	女	8543	
戊	男	27107	37124
	女	10017	
己	男	20677	28755
	女	8078	

庚	男	23647	30332
	女	6685	
辛	男	21165	26957
	女	5792	
子	有教育科的学院校	1214	30684
	师范学校	男 22441 女 7029	

各类教育，学校数与学生数之由多而少，只有师范教育。论校数，清光绪末年，倒已达五百多了。宣统元年，减为四百多。民国初年，往来于二百多到三百多的中间。民十七（子）仅得二百九十一，还不及三百，较最多的年度——清光绪三十四（乙）五百九十五，不到一半。论学生数，从（甲）到（子）九个年度，总往来于二万六千到三万六七千的中间。而十七年度（子）仅得三万零，且不及最早办教育统计之清光绪三十三（甲），尚得三万六千六百零八。

就（A）（B）两项合制图如图 14（见下一页）：

师范教育，学校数与学生数递减的原因：一、清季及民国初年皆一方尽力推广小学，一方尽力培养师资。后来国家和社会的财力愈逼榨而愈艰难，以至推广教育热烈的程度，愈挫折而愈减退。二、清季及民国初年因急欲推广小学，各省、县设种种短期师范教育机关。后来此项教育，成绩未尽满意，受短期师范教育者来源亦渐少，而以前项原因，致教师之需要亦渐减。三、中学、大学毕业生日多，他们出路很少，大部分相率而当教员，于是师范毕业生的出路被挤，而师范教员，越发不为人注意。

民国二十二年三月二十五日动笔，屡屡停顿，到五月十六日脱稿。统计文字顶容易有错误。所引用的，都注明根据。很愿读者诸君发见时，千万通信指正。著者附志于人文社非非有斋。

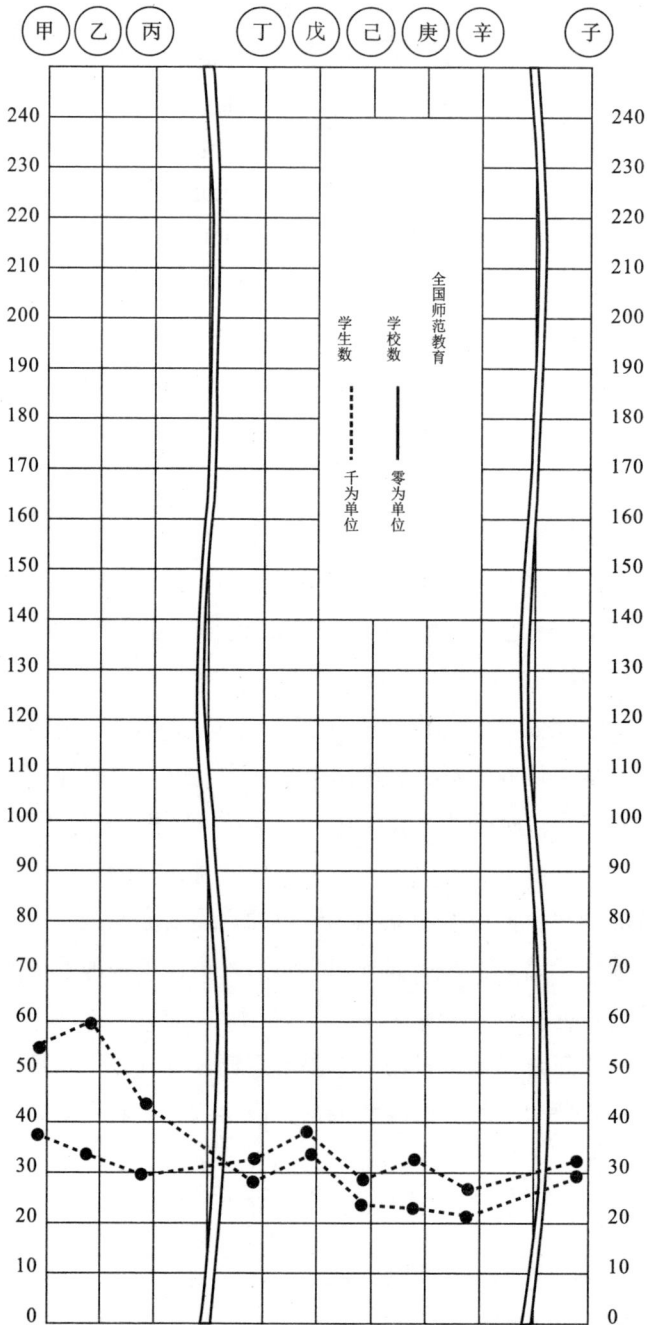

甲 乙 丙　　丁 戊 己 庚 辛　　子

全国师范教育

学校数 ——— 零为单位

学生数 ⋯⋯ 千为单位

图 14

（原载《人文月刊》第 4 卷第 3 期，1933 年）

社会经济严重问题之一斑

今天所要研究的问题，已写在黑板。我常这样想，现在世界所闹的问题，似乎很多，很繁，很重大，其实很简单的。拿世界上种种问题归纳起来，中心点是经济，是社会经济。无论是世界各国现在所谓罢工失业、不景气等等，固然是受经济的影响，就是我们此刻很感到苦痛的问题，日本来侵犯我们中国，我们中国自己一点没有应付的方法，这根本也是经济问题。日本无非要想扩张它经济上的势力，所以要推广殖民到中国来，所以要东三省连带热河在内所谓满蒙四省，他们就为那里有良好的气候，在经济上有重要的关系。天产丰富，地方广大，要是能利用它，可以从社会经济上得到很大的富源。而且那些地方，自己的生产力量很薄，人民不能供给自己的需用，一切东西都要从外面来，所以这是一个很好的资源，也是一个很大的市场，因此日本拼命要将满蒙四省拿到手中。从这点上可以推想到全世界所闹大问题的中心就是经济。各种事业，凡能帮助解决经济问题就是顶要紧的。

诸位总知道，此屋是中华职业教育社一般同人合资来建筑的，为什么要讲职业教育，因为想用教育的方法来帮助解决社会经济问题。譬如我今天衣袋里一个钱都没有，今天的晚饭到什么地方去吃？肚子饿起来怎么过呢？一夜勉强过去，到明天又怎样办呢？一个人要是受经济压迫到了这样的时候，心理上能不起变化么？现在大家都是受经济压迫，没有钱的人固然受压迫，有钱的人也是受压迫，因为有钱的人：一、怕绑票；二、租息收不到，也是受压迫。一个社会大家享福才是福，大家安乐才是安乐。要是人家都没有好日子过，我一个过好日子，一定不行的。

今天兄弟不说空话，我把我所得到的事实报告诸位，帮助诸位在实际现象上研究。中国开学堂，办教育，可以说是三十多年了，我把历年教育部编定的教育统计，就前后公布的通盘看一下，做了一篇文章，在《人文月刊》上发表，大约再有一二星期，就可以披露了。我在那篇文章里写出一部分教育的现象，诸位看了之后，我想一定会同我一样的感到忧虑和恐慌的。因为像这样的教育，再办下去，真是不得了！刚才我把教育统计最要紧的几个数目字，写在一张纸上，请诸位看，这是民国十八年八月至民国十九年七月十二个月的统计数目，这也是由教育部调查所得的。中国受高等教育的有四万零二百三十人，受中等教育的有三十四万一千零二十二人，受小学教育的有八百八十八万二千零七十七人。试再用一个方法来计算一下，所谓受高等教育的，是包括大学校及专门学校，毕业的年限也就不同，有的三年毕业，有的四年毕业，有的五年毕业，平均计算作为四年毕业，那么这些受大学教育的人，可以分做四班，最高一班一万人，最低一班也是一万人，就是每年有一万人毕业，也是每年有一万个名额，可以由中学升进来。再讲到中等教育，这里面包括职业教育、师范教育及普通教育。学程分两级，初中三年，高中三年，一共六年。把上面受教育的人数分做六个学年，就是每年有五万人毕业，也就是每年有五万个位子让受初等教育的人升上去。初等教育，分高级初级两种小学，分六年，计算起来，每年有一百四十万小学毕业生。

大学每年一万个毕业生，姑且不去管它，而中学每年有五万人：里面只有一万可以进大学，还有四万人是没有大学可升的。在中等教育有一万六千是受职业教育的，三年毕业，就是每年有五千人不用升大学，可以直接进社会去做事，又有二万九千多人是师范毕业，分做三年，每年差不多又有一万人毕业出来能够当教员去教书。在中学毕业生里，除去进大学的一万人，受过职业教育的同师范教育的一万五千人以外，还有二万五千人，他们所学是普通学识，不能应用，实在没有办法。诸位想，每年中学毕业生中间有二万五千人，既没有学过师范，不能当教员，又没有受过职业教育，不能做农做工做商，大学只有一万位子，又已经被别人占据，不能进去，那么什么事都不能做。头一年是二万五千，以后每年还是增加下去。一个人没有正当的事情做，为求生存，恐怕什么越轨的事都会做出来。个人闹乱子，社会也就不安定，诸位试想危险不危险呢！我们再看小学教育，八百八十八万多人，分做六年，每年有一百四十四万人毕业，升进中学的，只有五万人，除去升学，还有一百三十九万人没有办法。升中学没有位子，做职业他没有学过。他的父亲务农，他因为稍为受点教育，不愿再去务农，工商界的子弟也是一样不愿跟着做。吃是要吃的，穿也是要穿的，赚不出钱来，只有捣乱，小学再加上这些捣乱的人，社会不安的现象，还堪设想吗？

我们知道外国教育行政，统计得到以后，是用来做预算，再定行政方针的。譬如我们今天开学术演讲，先要计算我们有多少位子可坐，才发出多少听讲券，如果发出一千张听讲券，而只一百个位子，如果一千人来听讲，就不得了。我国社会里拼命地开学堂，是好事情，但是不替学生想出路，糊里糊涂的莫名其妙，如果教育行政长官也没有注意到哪种教育应该多办，哪种教育不应该推广，这个怎么好呢！所以我们今日应该把这种现象调查出来，同诸位研究。我同时还作了一篇文章，报告大众，不但希望大家注意，尤其希望当局的官吏也要注意，希望现在不生产的教育少办一些。同时每年中学毕业五万人中，除一万升学外，那四万人，都要能受职业或其他有目的的教育。小学毕业的一百四十四万人，也应该好好的指导他们去做相当的职业，同时在中学中也应该推广职业教育，增添职业课程，使一百四十四万学生，虽不能立时去干事业，也可以在中学受职业教育。我刚才所开列的教育统计，看到那些可怕的数目字，大家似不能不设法防止那些无目的的教育。为父母的也应该不要叫自己子女走盲目的路，这是我所研究得到一些的结果，今敢告诉诸位。

我还要贡献一种意见，就是我们大家都住在上海，上海是在太平洋沿岸大都市中的一个，在东半球可以说是顶大的都市，在全中国是头等的一个大都市，所以现在上海的人口年年增加，尤其是内地的荒年土匪种种危险的情形，一天大一天，上海的人口，也因而一年多一年。可是上海的现象怎样？诸位要知道，是很危险的。自从去年"九·一八"之后，我同一般朋友发起一个上海市地方协会，这会里头有一个统计组，编成一部统计书，大约有两三个月就可以出版，叫做上海市的统计。我今天先报告里面的一部分。这一本书把上海市重要各部分统统调查过，用数目字来计算，并且把上海市的四周农村，用一番工夫去调查，结果知道上海附近三五十里之内的农村不了。上海附近的农村，本来以丰富见称的，尚且如此，内地的农村更可想见了。这个不了，并不是一句空话，也有数目字可以证明的。上海附近农村，如再不想法去挽救，几年之后，一定要破产，要崩溃的。在上海附近农村的痛苦有四点：

甲、人多地少不够种——诸位要知道，现在一般农业家调查之结果，共同承认一个五口之家要有十五亩自耕的田才可以过活，要是人口比五口多的话，那么十五亩田就不够，这五口人是只限夫妇、父母或儿女，都勤勤恳恳去认真工作，才可够用。至于我们调查上海附近农村，不是普遍的调查，是在东边调

233

查两区，南边调查两区，西边调查两区，北边调查两区，共总东西南北调查八区，一区之中调查一百家，一共有八百家，所得的调查结果，报告给大家。八百家之内完全没有田的有两家，不满五亩田的有一百六十六家，不满十亩田的有二百家，不满十五亩田的有一百二十九家。共总八百家内不满十五亩田的有四百九十七家。就此看来，可以说是全上海附近有百分之六十以上的农家不能过活。每亩田有多少出产呢？也可以知道，我在这八区调查的结果：好地每亩每年最多出产是十四元三角七分，最次每亩每年九元三角八分。种五亩田的人，好年丰收，每年只收到七十元，五口人要吃要穿要住，能不能过去？况且这七十块钱，除了又吃又穿又住以外，还须纳税完租，这些捐税，多的时候，每亩每年要纳到一元三角六分九厘，少的时候，也要八角九分一厘。如果是人家的田，还要完租，好的田每亩要付六元一角，少的亦需三元五角。请诸位想，假如说一家五口人，种人家五亩田，就算丰年，可以拿到七十元，田租付出三十元，只余四十元，五个人一年的吃穿住，以这四十元里出，够不够呢？何况还要纳捐税呢！提到捐税，名目又举不胜举，如一、正税，是中央收的；二、地方赋税，归地方行政用的；三、市政府附税，是办市政府用的；四、教育附捐，是办教育用的；五、农场附税，是办模范农场用的；六、党务捐，是办党用的；七、筑路附捐，是办农村公路用的；八、保卫团捐，是防匪用的；九、清丈捐，是清丈田地用的。凡此等名目繁多，农村人民，怎么得了呢！更有穷人家，在下种的时候没有钱，必须去借，借是要出利的，幸而离上海近的关系，利率还算小，现在是少则一分，多则二分，这个比较内地三四分不等的虽说幸福，但是一家稀少的收入里面那能再来担任呢？

乙、荒旱等灾——自从民国十三年以来，年成好的只有一年，其余都是平常，尤其是最近两年，像真如这些地方，据调查所知，一家十五亩田种出来的棉花，以前号称丰年，可望三担，实则丰年只问满担没有。满担也不容易的，而况近来农产卖不出钱？像上海的米市，以前一石在二十元至十五元之间，现在是在七八元之间，甚至于四元五元都卖不到。去年苏州张仲仁先生向我说，他们那里有收了谷米，价贱无法卖出来偿债，因而吊死的，这不是灾欠以外，农产落价的一个最可怜的实例吗！

丙、附业的减少——在上海附近的乡下人种田是一种职业，因为不够用，所以都有附业。女人织布，以前还可以，自以机器盛行之后，纺有纺纱厂，织有织布厂，一个人可以管二十个梭机，这是中国未改良的工厂，改良的还可以加多。以机器生产很多，所以把手工业一扫而空，弄得没有法子。乡下女子到都市上来进工厂做女工，然而最近社会闹不景气，各工厂都实行减工，本来有三千工人，减到二千，本来有二千工人减剩一千，减工在工厂里出一张条子，很是便当的。可是这班被减裁的工人，怎样过活呢？上海还有一个苦痛之事，就是"一·二八"以前，在西南有一个很大的工厂，叫兵工厂。兵工厂开在那里，龙华附近有许多小工厂，那一带人民，直接间接靠兵工厂生活的有几万人之多，但是去年淞沪"一·二八"一役以后，中央说日本是无条件退兵，然而我听人讲，条件里规定上海地方不许有兵工厂。虽然政府颁布停战协定上没有载明，可是兵工厂也随着没有了。如果条件没有订明，那么兵工厂何必搬开？也许是政府因为要把它放在一个安全的所在，所以搬开，亦未可知，不过这班靠兵工厂吃饭的人，却已经不得了啦！

丁、奢侈习惯的染成——还有一种苦痛，都市里各种物价，一天增高一天，各种奢华的风俗，一天厉害一天，乡下人田是不得多种，年成是不好，收的农产是不值钱，一切工厂又没有，而且上海附近都是种棉花的，吃的米面菜蔬以及穿的衣服，都是要到上海来买，到了上海的时候，还被一般当地人认作"阿木林"，多少被敲点竹杠，比较城市里人出的价钱总要大一点，再顺便去娱乐娱乐，简直花一两块钱不算什么，可是经济上怎么得了呢！

以上种种，都是事实，有实际调查可来证明。我今天提出社会经济问题，严重在什么地方，就在人民受这种压迫，有了那种压迫，社会就因而纷乱，我们替它非常担忧，恐怕社会崩溃的时期快要到了。至于挽救方法，除非：一、政府觉悟，二、社会觉悟。说到政府觉悟，是句空话，我们不在政府做事，所谈的，政府的大人先生们也听不见，今天不必去讲。现在单讲社会觉悟，我认为有两方面要实行的。一、大家努力工作，努力生产，我们在这危险期中，必须增加工作时间。二、同时我们不能不提倡节俭，本来要穿绸缎的，改穿土布，本来要做新衣裳的时候，改穿旧衣裳，本来要看三次电影的，只看一次，或者一次不看。总之把能省的都节省下来，一方面增加工作，一方面节省金钱，社会纷乱或可减少。我想这几句话，与在座各位都有关系。我们在中华职业教育社做事，天天想到各种社会经济困难情形，想法铲除一切困难，我希望在座同志，大家想法，合力来解决这问题。

（原载《教育与职业》第 146 期，1933 年）

在中华职业教育社第十三届年会上的答词

今天我们听到各位先生很好赐教，兄弟归纳起来说几句话，即一部分为下午当讨论的，有的提出问题，有的还指出方法，在感谢诸位之余，确有一种代价。因兄弟想中国问题之研究，应该为整个社会问题之研究，不可专在枝节探讨，今日可以证明我平日之意见，是有点对的，即社会是整个的。欲解决任何社会问题，绝不能专求于一方面，此条应用到职业教育方面，即关着的办职业教育，是不对的。要知道职业教育，不是职业教育的教育，而是和人家极有关系的教育，与其他各机关都有连带的关系。如民政厅需要县长人才，应在大学中政治系去培养。再举例，如财政厅需要征收员人才，即应在教育中去办理，即政府会同大家办理，要将一切足为职业教育与其他社会团体隔离之障碍打破来做彻底的整个中国问题之解决。第二点以历史眼光来看，每个时期都有其中心的思想，欲解决任何思想问题，首当把握某时期之中心思想。如中山先生最初看到中国民族思想丧颓，即倡为民族主义，主张非革命不可，结果有一部分之成功。我们现在的中心思想，为要打破教育和其他各机关之隔膜，即在努力设法，促成众人之善，养成公共的意识。如果大家都将农村问题之研究，看做出风头之机会，人人都要希望在中国社会民众中做主要的人，不愿做平民或普通的人，只期做军阀、土豪、劣绅等特别的人，果如此，则中国危矣。所以大家今后对于各种社会问题，都要从实际方面做起，尤其做农村事业，必须参加农村实际工作，求农村生活之改良，不必将此事看做出风头的事。倘人人都愿做普通的人，则一切事业都有进步的可能，从此职业教育始有希望。上述两种结论，实得之于诸位先生的讲演，并非个人之创见，至于各种其他问题，应留在下午讨论，谨代表中华职业教育社诸君致谢。

1933 年 7 月 9 日

（原载《教育与职业》第 147 期，1933 年）

对于久别后之南洋华侨教育

《星洲日报》主编者要求我对南洋华侨教育发表意见，我于华侨教育，在十年以前，关系不能算不亲切。吾曾经两次游菲律宾，三次游苏门答腊，一次游爪哇，三次游槟榔，一次游暹罗，一次游缅甸，三次游马来半岛，两次游海防、西贡。至于新加坡，游踪经过的次数更多，每到一地方，必参观该地方的学校，和学生、教师、办学的董事们交谈，很深切地访问他们教育上的现况，和社会上的需要。进而探悉他们所感受的困难，相与讨论解决方案，并且每次总有聚集研究的机会，尤其盛大者，莫如民国六年七月在泗水，那边热心教育的学务总会，为了吾去，特开一次教育研究会，连续讨论四天，开会十次，通过七个重要议案，出席的各校长教员七十八人，倒占了六十六校；并且还有几次，参加过学校工作的展览，学生成绩的表现。记得我还先后正式发表过"菲律宾华侨教育意见书"八条，"南洋华侨教育商榷书"十条，其他历次发表于各地报章和教育期刊的文字，更不在少数。而且每次每地总是开会演讲，记得有一次在新加坡开盛大的讲演会，因吾不能说广东话和福建话，左首一位朋友帮我翻成广东话，右首一位朋友接上帮我翻成福建话，这是民国六年的事情。还有一次在仰光，开教育演讲会，他们列举了许多许多问题，要我一个一个发表意见，就从早上八点钟起，除了吃饭以外，一直讲到晚上十点钟。尤其难得的，有三位懂得中国话的西洋女教育家，从开头听到末尾，绝不间断，这是民国八年的事情。

当时，为什么这样奔走呢？就是我个人感觉到华侨教育，尤其是南洋华侨教育的重要，在民族性的认识上和国家前途的发展上，均值得吾们注意。同时教育部委托筹备规复暨南学校，既然担任了，总得对于华侨所在地教育状况和一般状况，知道得亲切而周遍些，同时也该使得海外同胞，对于国内情形和政府施教方针，知道得亲切而正确些。所以我的奔走南洋，可以说为的是华侨教育。可是那时候，还在民国六年到十二年，离开现今已有十多年了。在这十年中间，我却没有走过南洋。把十年前的眼光，来谈当今的华侨教育，怕不免有些隔膜。

我已经知道，十年来的华侨教育，至少有下列几点显著的进步：第一，国语比前通行得多了。我走南洋的时候，到处都是中国的土话，广东话有四种：就是广府话、潮州话、客话、琼州话。福建话有两种：就是厦门话、福州话。此外少数的还有三江话。复杂极了。至于国语，岂但在演说是需要翻译，倘使在街上买东西，竟可以到处没人懂。吾知道现时大大不同了。听说街上行走，不但有人能懂，并且大家能说。公众集会，普通用国语了。这还是我"闻而知之"的。许多南洋回来的闽粤籍朋友，尽能说很通行的国语了。这也许是二十多年来提倡国语的成绩。第二，学校数、学生数比前增加得多了。因为华侨教育常在吾脑海里，所以每遇从南洋回国的朋友，一定详问他教育现状，并且留心看各埠的教育报告，就吾所访悉，怕学校数比十年前增加总在一倍或几倍。学生数的增加也许不止此倍数。这都是进步的现象。可是换一方面看来，办学者、教师、学生这十年间精神上的痛苦，殆人人都有不能言与不胜言的隐衷，而以工商界排山倒海似的衰落，直接予影响于教育界，以吾所知，有几处地方，物质的供给，几乎陷落在他们生活线之下。回想十几年前，当时所认为未能尽满人意处，迄今追忆，不幸而竟成黄金时代。

在这种环境之下，来谈华侨教育，几乎感觉得无从谈起。虽然，事在人为。愈困难，愈足以鼓励吾们奋斗。吾们认为站在今日，要恢复吾华侨事业过去的繁荣，间接为祖国效力，根本着手，到底还靠教育。且把吾个人意见来说说：

吾以为从前谈教育，似乎有一缺点，就是多谈方法，少谈方针，换句话说，就是多谈怎样教？怎样育？少谈教什么？育什么？中国三十年新教育，吃这一点亏，怕不是少数。国内已经这样了，希望今后华侨教育，多多从教育内容上注意。

说到华侨教育的内容，自当注重材料方面，华侨教育材料，至少包含下列三部分：一、祖国的；二、世界的；三、居留地的。这三部分的价值，当然各有相当的重要性。分量上该谁多？谁少？教育当局定能经过慎重的考量，加以适宜的支配。此时吾所欲说的，关于第一项祖国的材料，至少该注重三点：一、历史。尤其是历代圣贤、英雄和其他伟人事略，可以表示民族伟大精神的。二、地理。凡山川文物、人工天产以及名迹胜景，可以使人起敬起爱的。三、诗歌。不论古调流传，或近今编著，凡可以使人对于国家和民族上激发丰富的美感和热烈的情绪的。以上各项，列入正课，固然很好，即或不列正课，而选定程度相当的若干读物，作为课外自习时必修品，亦自有同样的效能，吾所敢深信的。

体格的锻炼，随时事的变迁，而愈感非常重要。盖于民族前途实负直接的责任。吾于海内外同胞体育上表现，常发生一种感觉，即所表现的，大都是杰出的天才，而未能显出一般体育的增进。原来培养选手，奖进优异，借此鼓励群众对体育发生兴趣，作为一种手段，也没有什么不好。若竟作为提倡体育的最终目的，仅仅注意少数人的培养，而对一般体育听其自生自灭，这如何可以呢？一进国门，但见街道往来，过半是骨瘦如柴，甚至烟容满面，再到学校里望望，一部分乃至大部分还是风吹欲倒的白面哥儿、小姐，在这种状态之下，即使北方一个孙桂云，南方一个杨秀琼，他们的表演，打破环球一切纪录，于民族前面究有多少贡献呢？我以为提倡体育，仅仅着重选手，而没有注意到校内学生的普及和校外民众方面的推行，只可说是替一学校一地方出风头罢了。

吾游南洋的时候，常常发生一种很痛苦很惭愧的感觉，就是有许多地方，办学者常常闹意见。实是教育进步上一大障碍。我总希望这十年来早已不像那从前的样子。可是在教育上如何养成青年精诚团结，究不失为一个重要问题。我以为南洋华侨的团结，既有语言统一做他的先导，或者今后较为好办些。如果学校校长、教师，果能相互承认这个问题的重要性，倒有下列几个方法：其一，此帮与彼帮间，凡分帮设立的学校，如有集会，彼此互相参加。或竟规定每年须有共同举办的几桩聚会。如甲与乙，乙与丙，丙与甲，或更规定每经若干时期，必有一次各帮大联合的聚会。其二，此帮与彼帮间，鼓励学生互相通信，互相交友，校长劝令每一学生，须结交别帮的朋友至少若干。而总之以教师与教师间互相往来，互相交友。此外更设种种方法，务使人人感觉祖国不幸到这般地步，侨外同胞，万不可以再像从前那样分帮分界。从此侨界风气为之一变。进而更与国内教育界谋联络。那就贡献更多了。

以上所举几点，或者于事实上不无多少障碍，吾也知道的。不过吾确是承认为非常重要。总望排除万难的局势，做到一分算一分。却有一点须剀切声明，我主张一切设施，总在不防碍居留地政府现行政策之下，慎重举办。根据这个原则，或者此外还有若干可以举办的事情。上列几点，也不一定与居留地政府现行政策有所抵触的呀！

近年南洋侨界回国学生，似乎不及从前的多，经济衰落到这般地步，局面变化到这般地步。这是莫怪的。吾检教育部编《教育年鉴》，毕业生回国状况：

> 美属菲律宾　毕业生返国升学者与在外升学者，约成十与九十之比，占全体毕业生数百分之四十。其返国就业者，与在外就业者，约成十五与八十五之比，占全体毕业生数百分之六十。
>
> 马来半岛　毕业生返国升学与在外升学成一与八之比。占全体毕业生百分之九。
>
> 荷属东印度群岛　毕业生返国升学者与在外升学者成三与七之比。约占全体毕业生数百分之二十。其返国就业者与在外就业者，约成十五与八十五之比。约占全体毕业生数百分之七十。赋闲者约占全体毕业生数百分之十。

此外未有记录。以上都是根据驻外各领事馆所呈报民国十九年度华侨教育状况。以后未见披露。仅此一年，且仅此三部分，当然无从表见华侨教育进退消息。不过吾很珍爱此吉光片羽，希望各地领事注意继续此项调查报告工作，而尤其希望的，乃是各埠各校大家注意从事此项基本的调查工作。如果年年不断，而且各埠完全，合并起来，可以看出整个的华侨教育进退，单独看来，亦可证明一校教育的进退。

至于毕业生归国以后，升学的方式，吾倒不主张定入为华侨特设的学校。譬如暨南大学，我主张不必专收南洋回国的侨生，而侨生亦不妨分入其他相当学校，或者以此为过渡的学校，也未尝不可。因为侨生回国，最要在求与国内同化，无论修学时与学成服务时，于此点都有必要。在特设的学校修学，与在一般学校，其同化的迟速当然不同。而且所有各学院学科学系，特设的学校，更当然不能为侨生而一一遍设。

我别南洋各埠过久了。十年前交好，有尚在南洋教育界服务者乎，借此余白，郑重道念。倘荷示我近况，岂胜欢迎。

二十三年一月二日为《星周日报》作
（原载《五六境》，生活书店 1934 年出版）

我国生产教育状况及初等教育之新进展 [①]

一、生产教育状况

清代末年，我国就有农、工、商业学校，并且这些学校都系分为初等、中等、高等三级。民国初年，改为甲种、乙种、丙种三级，另外增加女子职业学校。及到国民政府成立前后，又有或为独立或为大学一院专门研究农工或商业的学校；而中等教育之中，也有职业学校，或某种特殊职业学校，以适应社会之需要及儿童之能力。但这一切一切都可包括于"生产教育"（productive educatiion）之中。

表 20 和表 21 即可说明我国二十余年以来生产教育发展之情形：

表 20　学校数目

年份	种类	数目	总数
1907	国立 省立	3 137	140
1908	国立 省立	3 189	192
1909	国立 省立	2 254	256
1912—1913	男校 女校	399 46	445
1913—1914	男校 女校	448 56	504

---

① 本文是黄炎培、陈鹤琴为《中国评论周报》写的，原为英文，姜让一译。

年份	种类	数目	总数
1914—1915	男校 女校	498 52	550
1915—1916	男校 女校	568 42	610
1916—1917	男校 女校	521 26	547
1928—1929	大学农学院 大学工学院 大学商学院 学校	11 13 13 156	193

表 21　学生数目

年份	种类	数目	总数
1907	国立 省立	142 8694	8836
1908	国立 省立	162 13616	13778
1909	国立 省立	174 16649	16823
1912—1913	男生 女生	28937 2678	31615
1913—1914	男生 女生	31645 3127	34772
1914—1915	男生 女生	32779 3644	36423
1915—1916	男生 女生	33172 2849	36021
1916—1917	男生 女生	31695 1866	33561
1928—1929	农业专校 大学农院	574 180	754
1928—1929	工业专校 大学工院	2180 165	2345
1928—1929	商业专校 大学商院	1501 82	1783
1928—1929	男子职校 女子职校	16860 5781	16641

从上列表 20 和表 21 看来,清代末年,实施生产教育的学校不及三〇〇,学生不及二〇,〇〇〇。民国初年,学校数目超过四〇〇,次两年超过五〇〇,再次至一九一五至一九一六年超过六〇〇;一九一二至一九一三年学生数目超过三一,〇〇〇,次两年超过三四,〇〇〇再次两年一九一五至一九一六年超过三六,〇〇〇〇。及至一九一六至一九一七年,学校与学生数目皆渐渐低落,不过这还不能十分相信,因为上表未必完全可靠。然而到了一九二八年,却学校不及二〇〇,学生总数不过二一,〇〇〇了。

假使这种表示可靠,则自实施生产教育以来,学校数目从未超过七〇〇,学生数目从来未达到四〇,〇〇〇。并且学校学生数目最多,还算一九一五至一九一六年哩。

最后,我们讨论师范教育,也可借用表 22 和表 23 以为根据:

表 22　学校数目

年份	种类	数目	总数
1907	国立 省立	12 541	553
1908	国立 省立	14 581	595
1909	国立 省立	12 415	427
1912—1913	男校 女校	183 82	265
1913—1914	男校 女校	224 102	326
1914—1915	男校 女校	145 97	243
1915—1916	男校 女校	147 74	221
1916—1917	男校 女校	141 61	203
1928—1926	大学设有师资训练课 程者 师范学校	26 278	304

表 23　学生数目

年份	种类	数目	总数
1907	国立 省立	517 36091	36608
1908	国立 省立	552 33072	33634
1909	国立 省立	554 38572	39126
1912—1913	男校 女校	22366 8543	30909
1913—1914	男校 女校	27107 10017	37124
1914—1915	男校 女校	20677 8078	28755
1915—1916	男校 女校	23647 6685	30333
1916—1917	男校 女校	21165 5792	26957
1928—1929	大学 师范校 男生 女生	21165 29440 22441 7029	30684

　　师范教育的重要特点，就是它的学校与学生数目逐渐低落。一九〇八年学校数目几达六〇〇，及到次年即降到五〇〇以下。民国初年学校数目却始终在二〇〇与三五〇之间动荡不定，甚至到了一九二八年学校数目只有二九四，还不及一九〇八年二分之一。至于学生数目，则民国初年常在二六，〇〇〇与三八，〇〇〇之间动荡，甚至一九二九年只有三〇，〇〇〇多一点，还少于一九〇七年六，六〇〇人了。

　　这种学校与学生数目低落的原因，可以概略叙述如下。第一，清代末年及民国初年，国家方将集中大部分力量与财产，注意初等教育，这自然而且必然要注意师范教育了。但时间一天天的进展，政府经费一天天的困难，所以实施师资训练的教育救国主义者也就心灰意懒了。第二，新教育初入中国，大家都希望在初等教育中弄出很大的进步，所以几乎各县都有短期训练师资的学校，而这些学校到了后来，大家觉得难满人意，也就渐渐给地方政府封闭了。第三，我们也可说中等学校及大学校毕业生之无相当职业，也是妨碍师范学校发展的一种原因。他们毕业以后找不着适当工作，往往混入教育界中，这样，师范学校学生遂不十分需要，社会人士也就渐不注意师资训练的教育了。

二、初等教育之新进展

教育的进展，常视学校学生数目以为断。最近教育部出版初等教育学校与学生数目的统计即是表示它的进展见表24：

表24

年份	幼稚园数目	小学数目	学生数目
1922	—	177751	6601802
1929	829	212385	8882077
增加数目	829	34634	2280675

从前面的表看来，我们可以说这七年内（一九二二——一九二九）初等教育有种显然的进展，自然，较诸他国，我们还差得很远。

从一方面，我们可以看出这几年来最显著的进展是萌芽期的幼稚教育。一九二二年以前，我国尚无幼稚教育可谈，及到一九二九年却有八二九所。这足见我国渐渐注重幼儿教养，并且渐渐把这初等教育的基础放在幼稚教育之上，把它弄得更稳固。

从另一方面，我们又可看出初等教育之中女子教育的进展。二十年前，女子教育很被人们忽视，那时只有很少的女校及读书的女子。民国成立，男女教育机会均等之说产生，全国初等学校始有女子的足迹，这时男女学生比较的数目，一为百分之八十三，一为百分之十七。换句话说，就是女子的数目约有一，四五五，〇〇〇，这自然还是很微啊！

现在我们且转眼来看看教育实质方面的进展。因为数目增加不必就是进展，真实进展必须儿童能获实在的利益。近几年来，新兴初等教育的实质方面虽有缺憾，但却也有一些进步的地方，此处且让我从新旧教育比较方面把它列出来。

旧教育   新教育
1.目的
狭隘的知识发展   整个的全人发展

2. 材料

    a. 从成人的观点选择并组织材料。   从儿童的观点选择并组织材料。

    b. 课程很少，只注意经书。   课程较多，并且注意科学、健康及公民训练。

3. 方法

    a. 印入法（教师活动）；   表示法（儿童活动）；

    b. 个别教授；   团体教授；

    c. 个别活动；   团体活动；

    d. 注重书本（学习书本）。   注重经验（学由于做）。

4. 设备

    简单的设备——桌椅而已。   除桌椅外，另有教具及游戏设备。

古代社会生活非常简单，所以教育的目的也非常简单，它只需要训练儿童成为忠臣孝子就是了。但到今日，社会生活却比较复杂，我们要教儿童在国家成为良善的公民，在社会成为独立的分子，并且还要在家庭成为朴实的子弟。

因为要达到这种目的，所以教导的课程和方法都不能不大加改变。昔日只有读法、书法简单的课程，今日不能不改为读法、书法、算学、自然、卫生、唱歌、图画、公民，等等的课程。

教材的选择与组织，今亦迥然与从前不同。我们从前所用的书，大家都知道是三字经、千字文、四书，这书里面，有哲学，有文学，复有文化，并且系为成人而设，然而他们要纳来教授儿童，并且还要儿童了解。现在儿童所用的书则不然，他的教本虽然尚未尽美尽善，但却比较的好，因为它的编制系以儿童为中心，它的内容，儿童容易了解。自然这从成人看来，有些过于简单和幼稚，但为儿童计，实是很好的，是为儿童而设的。

现在还须谈谈学习方面的进展。从前的人完全系以书本教授儿童，他们认为书本即是生活的知识。现在教育却不然，他们鼓励儿童的有益活动，从前抑制的方法，现在却代以给予儿童自我表现机会的教育。但我们也不可忽略旧制度中某种优良的教学法，旧制度中的个别教学或小团体的教学，确实可以增进个人的发展，而灭杀所谓"失败的指导"。

现在每班学生约有四五十人，这种视全班为一个儿童的教学趋势，简直埋没了天才儿童的发展，斫丧了低能儿童的天机，换句话说，这种教学，只能培养一些中庸的人。文明国家里面最好的教学绝非此种，它是团体之中寓有个别的指导。

再则现在还给了儿童种种自我表现的机会，例如儿童自治，童子军，以及其他种种团体，皆可发展儿童的组织力及活动天性，即是一个明证。

新学校实际方面的设备，都比较旧学校好。从前学校里面只有桌凳和几本书籍，现在则除了这些而外，还有游戏场、游戏器械、教学材料以及充实教学的工具。

另外一种最显然的进展，就是儿童刊物及书籍的出版数目，近来关于儿童的新闻纸有三种：

1. 儿童晨报；2. 儿童新闻；3. 儿童时报

儿童晨报畅销于全国者约凡一万余份。至于儿童书籍，尤其是各国著名研究儿童的书籍，则已陆续翻译，概括说来，现在流行着的最低限度已有二千多册。南京编译馆所列举的表格上认为很好的已有七百余册。

总之，我们可说近二十年来初等教育已有很大的进展，而更大的进展，却待将来开发。今后如何，政府方面固应有确切的规划及充实的经费，但徒有规划而无决心实施，也是毫无益处，苏俄和土耳其就可作为我们良好的先例。

（原载《新文化月刊》第 2 期第 45—50 页，1934 年）

中华职业教育社宣言

　　全国父老兄弟诸姑姊妹公鉴：中华职业教育社夙以研究、提倡、试验、推行职业教育为职志，精劳神敝，亦既十七年于兹矣。乃十余年来，民生日益困，实业日益衰，社会失业日益众多，学校教育日益傍徨而无措。近且强敌入寇，国土沦亡，举国人民，蒙空前之奇耻大辱而未由振拔。世界风云之险恶，既为有目所共见，而民族前途之危殆，更为有识所同忧。本社同人，知薄能鲜，上无以纾政府之忧劳，下无以挽社会之厄运，抚衷自问，惭悚弥深！本年二月二十四日，本社举行专家会议于上海，竭四十人之精力，费十余时之光阴，讨论问题，多关重要；而佥认为确定社会观念，阐明各方关系，根本所在，尤有亟须与全国人士商榷者四事焉，谨掬至诚，宣言如次：

　　职业教育之定义，是为"用教育方法，使人人依其个性，获得生活的供给和乐趣，同时尽其对群之义务"。而其目的：一、谋个性之发展；二、为个人谋生之准备；三、为个人服务社会之准备；四、为国家及世界增进生产力之准备。其分类，则有农业教育、工业教育、商业教育、家事教育、公职教育、专业教育等六项，此皆经过本社同人若干次之研究讨论而始决定者。迩者国内生产教育之呼声，洋洋盈耳，而于生产教育之界说，则迄未有明确之规定。就表面以观，似职业教育与生产教育，内容一致，形式无殊矣。然若论其范围，则生产教育似又较职业教育为稍狭。究竟涵义何若，界划何若，应有极精确之辨明。此为教育理论所关，希望吾教育界同人，能予以深切之注意，此其一。

　　近年以来，各方感于生计艰难，富力日削，热心提倡职业教育或生计教育者，风起云涌，此诚教育界极可乐观之现象也。顾"事预则立"，"有备无患"，古训昭垂，宁可以废。职业教育或生计教育，论其效用，固在解决职业问题及生计问题矣，然若无预备，无计划，贸贸然徒求校数之增多，其结果不惟不足以解决此问题已也，且恐将来更困难更危险问题或缘之以起。盖无专科教员之训练，则技术教师无由出；无工具上之设备，则所教所习皆空谈；无毕业生出路之预筹，则教育必无相当之良果；无职业界相当之联络，则教育仍与社会为两橛。在设校之初，或不致有若何感觉也，迨至修业期满，学生出校，职业界既无人延用，个人又不能独立谋生，仍是与一群无业游民憧憧往来于社会，此与不升学之初高中毕业生何以异？果如是，则今日高倡职业教育与生产教育者，岂非国家之罪人乎？既认教育为国家建设事业之一端，则对于职业教育，自应有通盘之计划，常备之功夫，此不能不望各级政府，注意及斯，早为之所。此其二。

教育诚为立国救国之要图，但必资教育以万能，其他视若不负若何责任，此因理所必无，亦势所不许。希望教育有进步，有实效，同时亦必希望各方面，能革新，能努力，如机器然，全盘机构健全，方能动作一致；否则此健而彼窳，此行而彼滞，则健者行者，亦终于力竭精疲一蹶不振已耳，于全局果何益乎？即以失业一端论之：在一般人士，佥以为职业教育，可以解决此难题，此论似矣。然曾一考失业之原因何在乎。实业不兴，土匪遍地，制造失业之机会，层出而不穷，试问仅有少数职业学校，于事何补？即有职业指导机关，所补救者，亦至有限，而况所谓职业学校者，未必真能养成生徒自立谋生之技能，所谓职业指导机关者，尚未为政府及社会所重视乎。在此情况之下，势不能不希望政府，积极保护国内已有之实业，用图产业之振兴，同时倡办重工业，以立一切工业之基本。果国内产业发展，自易消纳多数职工，而职业教育，亦不难适应其需要。而显著其效能矣。此其三。

立国之道，首在民心，次为民力。国力者，民力之所萃，而民族之意识，则民心之所表现也，乃者寇至不能御，全国民众，忍辱而吞声，民力已可见矣，夫力不足犹可徐图充实，若民心不振作，则生气索然，生机将斩，生力之充实，宁有望乎？如何充实民力，第一要着，在民族能自给自足，不再仰给于舶来物品，此诚职业教育所应负之一部分责任也。至于如何振作民心，则关系民族前途，实较充实民力为尤要。一切教育，固应以此为重要目标，而职业教育，亦应视此为唯一重任。本社所揭橥之职业教育目的第二项，固明示以"为社会服务之准备"矣。今且不妨明白诠释社会服务之意义曰："为民族谋独立与繁荣。"再详言之，则对己为革新个人之生活，对群为创造公众之福利，以人格修养为起点，以民族复兴为终极。王阳明不云乎："平泽中寇易，平心中寇难。"今者民心之不振作，其为害且烈于强敌矣。吾教育界倘不以振作民心为工作要件，则不惟已失之国土无从收复，而民族灭亡之惨祸，且恐不能幸免。吾职业教育界，倘不以振作民心为工作要件，则不惟教育失其主旨，即欲充实民力，亦复徒托空言。言念及兹，为之毛戴。兹经议定职业教育之设施，以"自治治人，自养养群，自卫卫国"三项为主干，无论于都市，于乡村，为学校教育，为社会教育，为正式职业学校，为非正式之补习学校，咸将以此为依归，并经议定组成"民族复兴教育设计委员会"用以联合各方，征集材料，贡献意见，推进一切工作，业已开始集会，惟救国大业，绝非一手一足之烈所能成，势必群策群力，全体动员，方克有效，本社同人不敏，深愿在政府指导之下，追随邦人君子，竭尽知能，用完素志。此其四。

　　谨此宣言，伏维

亮察。

中华职业教育社

二十三年三月二十六日

（原载《教育与职业》第 254 期，1934 年）

一个无名的山村学校

二十三年七月，从南昌来牯岭，二十三日下午访吾友赵先生于芦林，但见蒙密的森林，潺潺的溪流，盘旋曲折，找不到吾友庭舍所在。忽见树林荫翳中白木的门榜，写着"交芦精舍"四大字，想个中人或知吾友者。闯入门，绿荫满地，隔着小溪，白垩的精芦，窗户洞开，一人从窗中引首招手，说："黄先生来了。"吾大惊异，绕从溪尽处走入，则已掬着满面笑容，出门来接，迫握手相见，乃知为十年前在南京听欧阳竟无居士讲《唯识》曾一度谋面之李先生。略道契阔，急急问赵先生所在，答："勿忙，赵家即在近邻，赵先生少顷即来，请入内少坐。"

李先生携我入门，一个十一二龄童子赤足而穿鞋，方坐门内读，见师来，一鞠躬。对我亦一鞠躬。一会儿，又有两童子来，同样的恭而有礼，吾完全莫明其妙。问李先生："这是什么地方？"李答："说来话长，请入室少坐细谈"。

既入会客室，四壁屏联都含着教育意味。问李先生："究竟交芦精舍是什么性质？"李说："交芦精舍是一件事，若干年前，吾和几个朋友合资购地建筑的。吾们在这里工作，又是一件事于是李先生打开话匣子，滔滔汩汩地大谈其教育上的抱负，对现今教育痛下抨击，本着他救世苦心，牺牲一切，来努力实验他教育革命的理想。

话才及半，赵先生来了。李、赵二先生引我至赵家，继续谈下去。赵先生有时以客观的立场，插入几句替李先生说明的话，且述李先生生平略史，人们称庐山有三杰，李先生就是三杰之一。还没有说完，夕阳忽然地下山了。已不及观李先生工作，告别而归，订期再去。

二十五日上午，重访"交芦精舍"李、赵二先生，乃获尽听李先生自述教育主张，且获亲观他的教育工作，让吾把主张来归纳一下，有些是从他工作中看出来的。

李先生所认识的教育好像：

一、教育该和生活打成一片。首须陶成他适于集团生活的性行，使他能自治，能受治，能治人。

二、使他了解生活的原则，在"自立"。从而在合理的方式之下，充分养成他自立的习惯。

三、深信人类生活所需要的能力，大都备具于其天赋，特潜伏而未能尽量发泄。故主张以集团的方式，使之充分引出他固有的生活自治能力与自立能力，自然地达到上列两项目标，而不欲用教育者的力量，多方干涉。即或用之，亦须减至最低限度。

李先生主张接受西方文化，而仍充分保持中华固有文化。主张新式生产。主张发挥社会主义的情绪。以上三语，直接闻之于李先生。

李先生所痛恨者，是现今教育，抨击不遗余力。他说：现今教育，全出于相互的哄骗。明知教育早已因脱离生活关系而破产，无论精神方面，物质方面，任何问题都没法解决。近年来，已成显著的现象。只为是外国这样，也只好这样。大家这样，也只好这样。外国人把这些来哄骗吾们中国，中国人受外国洗礼的，归来哄骗本国，有力者哄骗无力者，前辈哄骗后辈。请掏出良心说一句，这种教育，还能解决个人问题么？还能解决国家和民族问题么？明知其不能，而还在天天哄骗人家走上死路。

李先生尤其反对现今卖买式的教育。教员一个钟头多少钱，大学毕业比中学多些。外国大学毕业比中国多些，西洋比东洋多些。博士比硕士多些。欠发薪水，则同盟辍教。学生每期每学年缴学费若干，欠缴学费则扣留毕业文凭。不肖的校长，计算精工，以其余资，供私人奢侈的享用。

现在吾要述李先生的教育工作了。第一，学生不规定学费，纳则受，多少随意，不纳者听。但规定月纳米三斗充食。真贫乏无力欠纳者亦听。教师不送薪水。李先生自己不用说了，叶先生是李先生的同志，牺牲一切，协助他办这神圣教育。史先生是极好的英文教师，任职于九江某校，春假、暑假、寒假，上山义务授课。熊先生数学大家，隐居庐山太乙村，学生轮流往受教，不惟不送薪水，还饷学生饭。今夏临时授军事训练者，即吾友赵先生。总之不送薪水，非真有教育青年极高度热诚，不会来担任。如有专门学者来山，约其同意，临时讲授某种学科，亦所欢迎。或访知某学者在某地讲某种学科，就可能范围，派一部学生往听,亦时有的。

全校学生八十余人,内女生十余人。入学不问学力,但以八岁至十二岁为标准年龄。亦无其他条件,但须在学满十年。

设有学生自治会,分若干部,各有长,均由学生互选。凡功课之监视稽考,以及日常生活工作,均由学生分任。校舍分两部分:第一部分,即门榜"交庐精舍"的,住幼年生及女生。入门对我一鞠躬者,就是守门值日生。第二部分在山势较高处,皆年长的男生。先观第一部分,幼年生读书,年长者监读兼自读。凡室内整洁布置,皆学生为之,有轮值表。全校炊事,由女生年长者为之。有轮值表。炊室很整洁。学生方从溪头挽水入厨。师长及幼年生洗衣,由女生为之。亦有轮值表。女生习织布、纺纱,所有原料,都是国货。有一妇似指导者。我在这时候仿佛入了一个治理严整之家庭,全家从事有条理的操作,新学生入学,亦完全由自治会负责指导。

他们半天工作,半天读书,是定为原则的。读国文不惟能讲,且须烂熟。学生互相监令背诵,并令抄写一过。为节省书费,常令十余人合用一书。英文亦须熟读、背诵、抄写。史教师来校时,连授若干课,平时指导矫正,李先生自任之。算学先令自习,有不能解,诣熊教师请教。普通指导,李先生自任之。叶教师教国学,则常住校内,朝夕皆可领教。幼年生有读《论语》《孟子》的。有读《国语教科书》的。至十年期满,希望外国文能自读书与算学都达大学预科程度。

全校晨起洒扫,上午读书,下午劳作,惟炊事不在此例。卧室席地设卧具。为保持各室清洁,入室须脱履。夜读用盏燃植物油,以价廉且较合卫生故。

再观第二部分,学生方整队廊下出发做工,一生为队长,次第呼令某生某生赴某处任某项工作。二人为一组。分配讫,均走向山腰,或砍树枝,或劈,或捆,以入下午工作时间故。挑粪、担柴,凡生活所需要,皆为日常工作。有一石路,为学生所修筑。芦林附近将设一植物园,学生将前往服务,且将依专家的指导,前往研究。

入读书室,长方形如餐桌者若干具,学生环而读,此桌制作简朴,出学生自造。看学生所写日记,属于讨论修养方面者甚多。亦有讨论时事的,盖报纸亦为读物之一种,凡日记,先令诸生互阅,然后教师阅。

在教师监督并指导之下,学生公订自治规约。条文及罚则,均具体规定,至严且密。中有他处从未见过者一条,就是绝对禁止同学相互间讥笑非薄,尤重在背后说坏话之类，处罚甚重。询悉此条初时有违犯者，今已无有，违犯自治规约之罚则分三种：一、植立或跪；二、减食；三、体罚。此规约及罚则，师生共同遵守，不少宽假。李先生述自己曾因违犯某项规约受减食处分，从此全体无逃罚者。

全校从无星期假、春假、暑假、寒假及一切假期。盖认为教育即生活，生活无一天停止的。

此学告八十余人中，来自农家者有之，贫不能纳费者有之，大家子女亦有之。如陈铭枢、谢远函辈皆有子弟在内。学校则一切平等待遇，绝无歧视。闻此方法，尤适于青年之富有能力、被人呼为顽劣的，一入其中，立现头角。

李先生言：八十余人食费及全校一切费，每月仅一百七十余元。问："如此俭省，学生食料够营养否？"答："全体每天食豆浆，滋养甚足而价值甚廉。"

李先生对体罚不主张废止。以为青年心理发展到某种状态时，不宜废体罚。尤以体罚出自治会公定，裁判亦出自治会，故断然行之而不疑的。

我和李先生讨论两事：一、劳作虽可辅助体力之增进，然发育不易平均，故仍宜施行个人体格的锻炼。二、宜注意使学生获得系统的知识。虚心的李先生均深以为然。至于不受薪水的教师，此等同志不可多得，当然亦是一问题。

校中未见过章程，亦未见有报告，大抵李先生主张不立文字的。上述种种，大都根据个人的回忆，所用名词，或于实际不无出入，即把"学校"两字称这教育机关，亦只取行文的方便，恐未必为李先生所赞许。

我对于李先生的教育方法，大体赞同。至于细节，有的为我所未知，有的尚在初步试验，当然研究改进，无有止境的。对于李先生所提教育上原则和对于现今教育的批判，我认为丝毫没有疑义。尤其是最近年来，因现象的显著，遂成一般的公评，此是何等痛心事？可是二十年来的我，维亦有一隙之明，局部的努力，而没有李先生的勇气，肯为比较彻底的革命式的教育试验。今既得之亲闻和亲见。不及征取李先生同意，遽尔公布这篇文字，虽不无抱歉，然区区之诚，以为至少可以促一般教育当局和教育行政当局的反省。热诚和勇敢的李先生，应不至以标榜声名责我罢！

李先生名一平，云南人，吾友赵先生号踽武，亦云南人。

二十三、八、一客牯岭

前年冬天，含鄱口火烧林木茅草，几乎延烧到太乙村，村中只有老叟两三人，没法救护，也没有别人来救护。这校的学生知道了，当晚挑选了十个年龄较长的，费了一夜的气力，把火扑灭了。天明，十个青年还家，个个浑身是血。他们是不求人知的。他们认为这是人类应尽之天职，否则还成人类么？他们读书做工，是学做人，是练习为人类服务。

这是我第三次见李先生时所闻到的。李先生还说山下旱荒大不了学生每天原来吃豆浆的现在除掉了，想到山下人家饭都没得吃，我们还吃豆浆么？原来自己种的菜，剥去黄叶，然后吃。现在连黄叶吃了，想到山下人家，连黄叶都没得吃，我们还忍剥掉么？他们用这种方法，来培养他们同情心。

我写这篇无名的山村学校，是不是认为观察得很够，已经取得批评或赞美的资格了么？不是的，所以急急忙忙介绍给教育界同志的意思，就是希望虚心求进的教育当局，各就各的地位，依据这种原则，或划定一个时间，或指定一件或几件事，来实地试验一下，如果和著者同样地承认这原则的话。

八月二十日黄炎培附记

（原载《中华教育界》第 22 卷 4 期，1934 年）

参观定海舟山中学报告

  刘君鸿生尝约余赴定海，观其所创舟山中学，欲就该校施行职业教育，以广学生出路。人事碌碌，不克成行。民国二十三年春应浙江建设厅之邀，视察公路，周览名胜。被邀者数十人，分区出发，余认定浙东，既周历绍兴、宁波、台州、温州四县，由永嘉坐海轮返沪。所乘海轮，过定海恰须停泊半日，以四月十七日晨抵埠。同行四人，上岸入城，登山纵眺，问土人，知此山名镇鳌山，俗称镇山。正游目间，山下学生方集广场会操，初未知为何校也。既谒成仁祠，日已亭午，觅饭店不得，入某银行访问，接待者甚殷勤，此时乃忆及舟山中学，以为距此或不过远。问之，乃知顷从山头所见学生会操之学校，即是。饭毕，

  距船启碇尚有一小时许，立往参观。

  入校见校长方同源，沪江大学毕业生，任职七年矣。前此虽未谋面，然曾通讯，一见面识为朴实干练之教育家。既述来意，就方君所报告及所见壁间统计一览各表，摘要记录。归后，复函询方君，得复，一并录入如下：

  一、校名 私立定海初级中学及附属小学。

  二、校史 从创办到现在，凡十三年。

  三、学级 现有初中一、二、三年级，小学一、二、三、四、五、六年级。

  四、学生额 全校三百六十七人。内中学一百二十一人，小学二百四十六人。

民国十八年上学期	一〇八人
同年下学期	一二五人
民国十九年上学期	一五五人
同年下学期	一七〇人
二十年上学期	二〇八人

下学期	二三四人
二十一年上学期	二六一人
下学期	二九七人
二十二年上学期	三三四人
下学期	三六七人

五、现在学生之家庭职业 商界一百九十八人，学界二十三人，其余为其他。

六、现在学生之籍隶定海者二百二十七人

七、现在学生之年龄

最长	二十岁者	二人
最幼	六岁者	十四人
最多数	十二岁者	四十人

八、毕业生

旧制中学第一届	十六人
第二届	十九人
第三届	十五人
第四届	十四人
初中 第一届	三十三人
第二届	五十三人
第三届	二十六人
第四届	三十八人
第五届	十二人
第六届	十四人
本届中学将毕业者	十五人

九、中学历届新生投考与录取者一览

民国十八年上学期投考者	四十人
录取者	三十人
民国十八年下学期投考者	五人
录取者	
民国十九年上学期投考者	二十四人
录取者	十四人

民国十九年下学期投考者	三人
录取者	一人
民国二十年上学期投考者	四十四人
录取者	三十三人
民国二十年下学期投考者	二十七人
录取者	十八人
民国二十一年上学期投考者	三十五人
录取者	三十人
民国二十一年下学期投考者	八人
录取者	六人
民国二十二年上学期投考者	四十人
录取者	三十四人
民国二十二年下学期投考者	十五人
录取者	十二人

十、教职员十八人

十一、学费

每学期初中　　　　　　　　十三元

小学分三级六元、四元、二元

十二、基本金

现有基金　　　　　　　二十万元

连地产等共计　　　　　三十万七千余元

十三、经费

前年度共支二万一千三百五十一元分计之：

二十一年度上学期　　　一〇一八二元

下学期　　　　　　　　一一一六九元

基金息收入充抵不足时，由刘鸿生君捐助补充。

礼堂陈刘鸿生君封翁遗像。在十年以前，封翁已捐本校二十余万元。综上此校有可注意之特点如下：

（一）历届毕业生大多数愿就职业。

（二）为准备服务起见，珠算一科，从小学四年起至初中二年止，五学年间，皆有课，故出校时尚足应用。

（三）国文及书法特别注重。阅该校所发行之《定中》可见注重国文之一斑。

（四）所见学生，体格多数强健。

（五）精神之活泼，虽或不及大都市，而善良过之。（方校长说）

（六）全校整洁，虽不易整洁之厨房。亦甚过得去。

（七）环境极好，定海无剧场，无游艺场，无电影园，并无茶馆，故学校以外，别无诱惑游荡之机会。晚间不须点查，从无外泊。

（八）出外就业者，大都能得雇主之满意。（刘鸿生君说）

参观既毕，觉此校在普通教育上，甚可认为满意。即从职业教育立场论，此校毕业生既大多数愿就职业，确有注意之必要。所谓职业教育，除特设职业科外，果能依照下列三项切实办到，则毕业生之在职业界，亦可获相当之出路。

一、特别注重训练，如人群生活意义之明了，爱国家爱民族思想之唤起，责任心之唤起，劳作习惯之养成，守法与整饬习惯之养成，爱惜公物与廉洁之养成，对人诚实和爱，处事不苟，种种善良习惯之养成。

二、注重体育，不惟充分养成克胜劳苦繁剧，抵抗天然压迫之心力，而兼备有其体力。

三、关于应用各学科如国文、书法，必要之外国文书、算术、珠算等科特别注重，使能纯熟应用，更于课内外，力求常识之补充。

以上三项，果能切实办到，虽未入职业科，亦必到处受人欢迎与重视。得此基础，如受专业知能之训练，前途希望自必更大。

此校毕业生之得有出路，诚恃鸿生先生之助力，而就业后之能得雇主满意，则平日诸生善学与校长诸教师善教之功也。因此炎培所愿贡献之意见。

一、就现定方针加倍切实努力做去。

按表开历届投考者，尚不至拥挤，每级学生亦尚不多，此等现象于教育效能，较易增进，至欲办到上面三项中第一项训练第三项学科之切实收效，非全校学生勿使过多，与每级学生勿使过多不可，最好采用外国小学级制度，限定每级学生至多不得过若干人（鄙意以三十人为适宜至多不宜过四十人）。宁使学校较少，而使学生于在学时得充分之教训，毕业后得圆满之出路，勿使学额过多，等于工厂粗制滥造，丧失雇主信用社，堵塞出品销场。因此所愿贡献之意见。

二、限定全校及每级学生名额切忌过多。

如欲开办职业科，必须注意下列诸端：一、预先筹划将来出路，如因学生家庭绝大多数属于商业而开商科，必与商业社会先有接洽，识其所需要者为何，所避忌者为何，而后知所取舍，适应所求。如因定海地方海产最为发达而开渔业科，必先确定渔业改进计划，确知需用何种人才，而后逐渐培养。必须先定事业，后养人才，万不可先养人才，后兴事业。其次，如欲开渔业科，必须招取渔家子弟，方能情形熟悉，习惯适宜，盖职业教育有若干原则，其一为职业科所招学生，须注意其时生活环境，于该项职业，是否适宜，并须注意该科学成后，是否能供给该生将来生活之所需要也。此不过略举一例，表明设职业科有研究先决问题之必要。因此所愿贡献之意见。

三、如欲办职业科须先注意于若干先决条件。

民国二十三五月

（原载《教育与职业》第 157 期，1934 年）

从六年半的徐公桥得到改进乡村的小小经验

　　徐公桥乡村改进试验期满，中华职业教育社已有报告中公布。吾们为什么从事试验？譬如行军，吾们是斥堠队，是开路的先头部队。对于后方，当然负有详确报告接触状况的义务。吾呢，从选地到移交，既为始终关系人之一，该将所得甘苦，就吾个人所见和盘托出，供一般同志的参考。所以既草《徐公桥乡村改进史的最初一页》（载入《六年间之徐公桥》），再写这篇文字，作为对于从事乡村改进运动诸同志的正式贡献。

　　今请先述徐公桥概况如下：

　　管辖　江苏省昆山县。

　　面积　四十方里（初办时，十四方里）。

　　户口　七百三十五户，三千五百九十七人（初办时四百四十六户，一千九百九十人）。

　　交通　南滨吴淞江，北接京沪路、天福庵站，东距同路安亭站六里。

　　试验期间　民国十五年十月至十六年春为试办期，十七年四月至二十三年六月为正式试验期。同年七月一日起，移交地方接管。

　　试验经费　六年间，本社支拨经常费一万二千元、开办及临时费五千三百零九元四角二分。此外公私捐拨特种费用不在内。

　　次述徐公桥六年半改进期满所得结果之大概如下（详见《试验六年期满之徐公桥》六十五页至六十八页）：

　　关于教育

　　在学儿童：五百三十五名，对学龄儿童总数六百五十名，得百分之八二·三。以较初办时，在学儿童一百六十名，对学龄儿童总数二百二十六名，得百分之七〇·七，计增百分之一一·六。

成人识字者：一千五百二十四人（初办时五百六十人）。

学校数：由公立小学一、私立小学一，增为公立小学四、公立流动教室二、私立小学二。

教育年费：由一千一百十六元，增为四千七百零二元零八分。

关于经济

农场：二十二亩二分。

养鱼合作：计有鱼池十三处，养鱼二万三千尾。

养鸡：平均每户由不及四头，增为十一头。

苗圃：自植树苗，分给农民十万株。

农具：灌溉、砻谷、打稻、碾米、弹棉等，用新式的，已见效。

种子：推行金大二十六号小麦，达全区十之六七。收获量自八九斗增为一石四五斗。除虫常识普遍，产量亦增。

合作社：正式成立者三所，试办者三所，社员四百六十七人，社股金一千七百八十元。

公共仓库：成立总库一、分库三，储米价值一万元以上。

土布花边刺绣：尽力推广销售中。

果园：八亩，种桃，已见效。

关于建设

筑路：已成可行黄包车之石路六里，阔六英尺之泥路十一里。

桥梁：修理石桥七座，修建木桥二十四座。

公墓：设有万年公墓一处。

一般建设：街道平坦可行，厕所一律改良，垃圾设有木箱，晒衣特设场所，路灯彻夜光明，电话达于全县，黄包车直达京沪车站。

关于保安

警察：设有分驻所，试行警管区制，额设警察十二名。

保卫团：按时训练，分设三处，团员共八十四人。

关于卫生

设有公医诊所，注射防疫血清一千八百余人。瘟疫无。小孩染天花者亦无。

一般概况

农民物品典质：由少数而进于绝无。

烟赌：由公然的盛行而进于绝无。

游民乞丐：由极少数而进于绝无。

团体及机关

设徐公桥乡村改进委员会一所（会员四百六十二人），分会七所。此外设有赞助委员会、民事调解委员会、仓库管理委员会、款产保管委员会、经济稽核委员会、青年服务团、小青年服务团、婚嫁改良会、省节会、儿童幸福会、同乐会、长寿会等。其办事机关，除改进会事务所外，有镇公所、区公所分办事处、公安分驻所、保卫团、农民教育馆、民众讲演厅、民众体育场、民众公园、民众改良茶园、民众问字处等。

基金

现筹得基金二千六百零五元。

这一些些，原不算什么。如果把吾们的理想定为百分，那么现在至多不过七八十分。如果从宽定为八十分，那么未改进时至少也有三四十分的基础。可以说先天原是不错的。我们所以选这先天较好地方来试验，也有苦衷可以说明。在现时，我职教社同人所从事试验的，固然有六七处之多。在那时——民十五时，只有这一处，环顾全国从事乡村改进运动的，也还寥寥，或者可以说绝无仅有，所以很希望进行顺利些，免使新芽遽受摧折。

那么我们踏进徐公桥，首先注意什么呢？首先注意两事：一用人，二用财。我们对这两事在十五年五月三日通过之《试验农村改进计划》中规定之原则如下：

甲、用人以就地取材为原则。虽为指导督励起见，施充分之助力，总以试验期间终了后，能用当地人才继续举办为度。

乙、用费以就地筹款为原则。虽在提倡时略加助力，总以试验期终了后，能用当地经费继续进行为度。

我们很早决定我们的工作性质，我们立脚点很是分明的。徐公桥是徐公桥人的徐公桥，我们站在客位上帮助他们建设成功。我们是客卿，是剧场的票友，说明在先。若干时期以后，交还他们自办的。万不愿意招了许多人才，花了许多钱财，办得过于花团锦簇，超过地方上继续维持的能力，使得极盛难继。今日所以还能移交地方接管，是我们很早注意的结果。

我们一班同志，都是站在教育方面的。可是踏进徐公桥，决不敢摆出吾们老架子。我们认定孔子遗教"君子信而后劳其民，未信则以为厉己也"（《论语》)，很想先从"信"字打些基础。可是从哪里取得呢？设得比较有效的就是两事：

一、施医药。自改进会成立，即举办施送药品。后来就改进会设医诊所，设药库于分会，聘医师一个主其事，凡种痘、防疫、疗病、急救，村民均认为有效。

二、放款。先举办借贷合作，轻利放贷。先后举办九期。最初两期，每期五百元；以后每期一千元。到期本息绝无欠缴，已成习惯了。后来举办信用合作，先后贷出将及三万元。继续至今。

这两件事是"有目共赏"的，尤其是在村民心目中。他们的批评，称改进会是做好事的，劝人家做好人的（《见徐公桥报告书》）。

后来要筑路了，一经宣布，大家愿意捐出工来；要加宽路线了，一经宣布，路旁的地主愿意让出地来，乃至农友愿把他偶然得来的钱捐给改进会，老太太临终遗嘱愿意把他生前辛苦积聚得来的钱捐给改进会。凡有动作，凡有需求，村友只有乐从，从无拒却。或者是下手时在一个"信"字上打下一些基础所致，我们该郑重报告的。

无论你手段怎样和平，态度怎样温婉，总不免有多少地方和人家利害上直接发生冲突的。积极的如放款之于高利贷家、购买合作之于商人，消极的如禁烟禁赌之于营业者。徐公桥岂能独免？

那么，我们用什么方法解决这问题呢？除掉在相当限度内，很轻微地用些警察力量以外，还得从种种方面，直接间接或劝导或警告，乃至设为其他方法，总在不伤感情之下，达到吾们目的。到后来警权渐渐扩张，那更无问题了。这种地方，如果正式握有政权，当然还可以痛快而迅速。

吾们很注意而很不易直接见效的，是改进农产。吾们很虚心自反，书本上的学理和方法，当然不易折服劳苦一生的老农。特设农场，从事试验，吾们认为不是一乡干得了的事。吾们主张全国该有整个计划，分别作物种类，就某种作物区域内适宜地点，试验某种作物，而各地惟有取他试验结果确认有效的来担任推广。徐公桥就认定这种方法去干，麦种介绍金大二十六号，稻种就地选取，棉种介绍江阴白籽棉及济南棉，以及推行新农具呀，推广副业呀，倡导除虫方法呀，大都利用现成。总之自忖能力不及的事，吾们决不随便干，免致蒙受重大损失。此点理宜报告的。吾们认为"利之所在，民尽趋之"。只须把有利的事实，给人家看，不怕人家不照办。所以吾们也有农场，也有分场，目的只在把有利的事实，做给人家看罢了。与其把空话说给人家听，说多次未必相信，不如做给人家看。做一次两次，大家便哄起来了。

有一点吾们很注意的。徐公桥距上海不过几十里，物质上文明幸福，当然人人欢喜接受的。大都市因百货的集中，形成豪奢的风俗，往往过于他们生活负担力，这是很可顾虑的事。吾们一方面注意增进农家生产，一方面注意减少他们无谓的消耗。上边所说婚嫁改良会呀、省节会呀，都是这点意思。就是上海去的先生们，绝对不希望他们把上海浮华豪侈的风俗以及所谓"洋派"带到村里去，这点为吾们深微地注意的地方。所以六年半中间，对于帮助青年或民众组织参观团，参观上海种种建设的事，虽曾想到，而从来没有做过。不过对于国家观念、世界眼光，于儿童教育、民众教育上，都很注意灌输并发挥的。

以一万七千余元的经费，六年半的光阴，经营这四十方里、不足三千六百人口的乡村，或以为用力多，收效小，可惜。吾说不是的。分两层来说：第一层，试验当然从一隅起，即或失败，损失不多，故规模不嫌其小。第二层，吾们是平民，没有政权的，就吾们地位和环境来说，是不能扩大，并且不宜扩大。

吾们的理想要把中国治好，无疑的须着重下级政治。最下级乡政，次之县政。……分析说来，无论乡政或县政，该分若干项，某项分若干目，进行时这样办法比较好，那样办法比较坏，乃至组织方法、施行规则，种种图表簿籍及其他文件，都有现成的式样可以参考。譬如三十年前各地开学校，茫无办法；现在呢，好不好另一问题，所有订课程，定教本，办校具，如何编制，如何布置，大家都懂得了。譬如设银行，不似其他公司的创立，须从头讨论设计。所有部分如何组织，手续如何规订，簿籍票据如何制定，一说到银行，都有现成可依据了。这就是无轨道与有轨道的分别。现在东一处，西一处，尽管各自试验，经过若干时间，一切都有公认良善的办法。所有乡政或县政，造成了轨道，使普通都可以仿办，或者于下级政治的改进，得一较好的基础。

说到造成轨道，就吾们所想到还没有做到的，提出几桩来说说。

一、户籍片。户籍登记，以户为单位。宜用片，不宜用册。一户一片，纳在一袋中，编号保存起来。户主更易，别制一片，而纳在同袋中。凡人口变动状况，如死生、婚嫁、迁徙；教育状况，如学校教育、成人教育的受业卒业；服务状况，私的方面如职业，公的方面如任公职、服公役；经济状况，如田之自耕佃耕的面积、副业种类、合作社之参加状况等；健康状况，如种痘、防疫、患病种类、治疗状况等，分若干栏，一一登记。事项越简要越好，但登记须勤。大概当总干事或分区干事的，对他所管辖的村户状况，当然明白的，不明白就不算称职了。不过要把他脑海里的记录变为书片上的记录而勤于记载。例如人口异动报告，便钞登上去；学校教育、成人教育始业卒业，便钞登上去；种痘、防疫、治病的记录，均钞登上去。切戒遗漏，最好定期检查，或各区定期交换检查，这样，比较彻底清楚了。

二、分团指导。依保甲法，若干户为甲，有甲长；若干户为保，有保长。这最下层的工作，真值得切实去干。但对保长，尤其是对甲长，须切实训练。他们不是仅仅传达命令，还须负指导民众的责任。吾的意见，如本甲没有相当人才，得派附近别甲中人来担任。他的名义，是以户为单位的一甲行政首领。他们的实际任务，却是以人为单位的分团指导员。此点须认识得清楚，规定得明确。如果人员挑选相当，再加以充分的训练，很灵活地运用起来，确是最下层最切实的工夫。或者想到那里来许多人才，这就须要训练呀！

三、成绩记分法。假定以若干年为一阶段，规定若干应办事项，分别轻重，最高总数为百分，某项较重，最高定为几十分，某项较轻，最高定为几十分。项之下有目，分别轻重，某目较重，最高定为几分，某目较轻，最高定为几分。每目以办到何种程度为若干分。积目而项，以办到何种程度为若干分。所谓轻重，就跟所定政策，在一阶段以内不得变更。每年或每半年检查一次，分计起来，得若干分，总计起来，得若干分。等到期满，一阶段终了，看总数得若干分。

以上几件事都是比较精细刻实的办法，吾们还没有做到。但是单靠方法，是不行的。

第一，方法以外更要紧的是人员。就为了徐公桥，感悟到人才的重要与缺乏。所以在两年以前，设了一班乡村改进讲习所，训练得十人；现在上海西南漕河泾地方，设了农村服务专修科，在训练中者二十八人。

第二，方法以外更要紧的是精神。六年半的徐公桥，虽算不了什么，还不至于全无结果，与其说是方法，无宁说是精神。吾们是没有政权的平民，除掉和地方领袖施行人格感化以外，简直无下手处。譬如不许人家干什么，总得自己先不干；要人家干什么，总得自己先干。就是握有政权的，亦须"本身作则"，才得有相当效能。现在一般政治之有待于改进，方法方面固然重要，但精神方面的重要，怕还要占多数。

末了，吾把徐公桥用费来计算一下（临时及特种费用不计）：六年间经常费总数一二，○○○元

以六年平均计每年二，○○○元

以人口（三千五百九十七）平均计每人每年○·五五元

（原载《五六境》第 81—103 页，生活书店 1934 年版）

地方收入锐减后如何解决普及教育经费问题

最近中央政府厉行取消各地方苛捐杂税，其间一部分属于地方收入。实行以后，影响于地方事业很大。尤其是教育费大感困难，使全国一致认为重要的普及教育，不惟无从进行，甚至原有者无从维持，成为目前很严重的一问题。要是没有方法解决，恐民国二十四年以后教育统计初等教育部分数目字，势将发见惊人的减削。

在免除地方捐税以外，今年旱灾的严重，亦为收入减少的一种原因。然天灾尚属一时的，而前面问题的严重，且含有继续性。

颇有人以此为问题，而征求解决方案。作者愿以思考的结果，贡其一得。

第一点，苛捐杂税，是否赞同废止？当然赞同。最近发见于艾迪博士演讲笔录的，华北有六十几种捐税，此殆可为全国苛捐杂税的代表。此而不废止，一般老百姓将无生路。虽一部分用之于教育，或可认为例外。然一穴溃堤，一事认为例外，何事不可认为例外？从此便无废止之望。故吾人绝不主张为教育而保留一部分之苛捐杂税。

第二点，能否在地方捐税以外，别谋来源之补充？则不能不想到中央或省的补助。然以现时万方一概的财政艰窘，如欲完全仰仗上级，吾敢断言其无望。

此问题如何解决呢？请贡献两义。前者为主要的贡献，后者为补充的贡献。主要的贡献怎样呢？请从教育原理上、吾国地方习惯上和社会心理上说起。

原来教育的起源，是父兄教其子弟。所以教育费本以私人自给为原则。自国家组织成立，欲使一般人民了解这组织的重要意义和人民与国家相互间权利、义务种种关系，于是乎教育发见统一的必要。复次，群性的发展，公认为促进人类思想演化的重要条件。个别施教，不如集合施教的较易发挥其群性。因此形成现今的学校制度。而以教育行政上之便于指挥和财政上之便于调剂，故教育费率以国家政治权能来集中支配。然其自给的原则，要自不可磨灭。

　　吾国各地方都有"乡""社"等种种组织。这还是数千年遗传下来最下级集团生活的制度。就作者亲身经历，安徽的南部和山西之南北部，此项制度之遗留，尤为显明。大概乡村间修理桥梁、道路，修葺公共寺庙，大者如开浚河道，寻常如迎神、演剧、赛会，其经费都由村民各量财力之大小，醵集充用。事毕，或年终，就庙门之外，榜示收支款目，以昭大信。此种习惯，犹随处可见。教育在未经国家政治权能来支配时，其最下级的设施，实即上开乡村醵资兴办公益事项的一种。所谓"古者教民，里皆有师"，"一里八十户，中里为校室。十月事讫，父老教于校室"，即其先例。至今乡村小学，犹有学生家庭轮流供给教师膳食的残余习惯。

　　怎么叫做苛捐杂税呢？方法苛细，不审民力，不顾生产，乃至官吏中饱，都是莫大流弊；而其用途之不明，与纳捐税者之无权顾问其用途，尤为人民痛心疾首之所在。如果集本村之财力，办本村之公益，教本村之子弟，其利益人人共见，家家共享，即使负担稍重些，亦不至有怨言。而况科举停废已及三十年，子弟不入学校，别无进身之路。近年学校到处患人满，尤为人民心理大变化的一种表现。

　　为利用人民乐于以自力解决其自己生活问题的心理，故此项教育费之自给，不宜采用大区制，而宜以一个学校为一区域，使此区域内民众，皆有为此学校学生家属之资格，而同时即为此学校经费之负担者。

　　根据上列种种，吾敢提出一种主要的贡献，即是——"普及教育经费，酌采划区自给制度，而以上级的财力，补助其不足。"

　　请说明作者此项主张之所由来：

　　当一九一五年，作者漫游美国，于巴拿马博览会陈列品教育部分中，曾见多少学者发表关于普及教育的主张，有图，有说。其中一种主张，即如上述。

　　又尝游日本长崎浦上山里村，观他们所办小学校，一区一校。有学务委员，一部分是教员，一部分是村民。校门揭示本村户口数、学龄儿童数、经常费预算数、本村经常费数、教育费对于村费百分比数、教育费每户平均数。

　　这就是以本区财力办本区教育的方式。可是我的主张，并不根据外国成例。我所根据，乃是教育的原理、吾国的地方习惯和社会的心理，如上述。

　　或疑于现行教育法令缺乏根据，却亦不然。民国二十一年六月二十五日教育部公布之第一期实施义务教育办法大纲第六条，第一期实施义务教育所需经费，以就地筹措为原则；其筹措办法第五项，劝导私人捐助。同年月日教育部公布之短期义务教育实施办法大纲第六条，实施短期义务教育所需经费，以就地筹措为原则；如遇地方经费困难时，得呈请上级机关补助等语。可知以地方的财力，办地方的教育，在现行法令，本视为原则；上级补助，乃视为例外。而私人捐助，实即教育部定为原则的一种。不过作者所主张，以为广泛的捐资兴学，比较困难。惟划定区域，使之自给自享，此于心理上大有关系。因此，提出办法大纲如下：

一、就交通之适宜与户口之密度，规定设学地点；而以儿童通学所能及的距离为度，划定区界。

各省、市现行学区，大都就行政之利便而定。此之划区，以学校为中心，宜正名为学校区。或竟称义务教育区，简称义教区。

二、就其区域设学董会，以备具相当资格而为本区民众所信仰者为之。责在议决该区域内设学添班、规定学额各事宜，而教育费之筹措亦属焉。

三、由学董会酌量本区学龄儿童之数量、财力之程度，酌拟学校预算与其筹措经费方法。

四、预算拟定后，经教育局核准公布。学年终了，编制决算，一方呈候教育局核准，一方揭示本区人民知之。

此项办法，须慎防下列数种流弊：学董不得人或学校无成绩，致不为民众信仰，一切无从进行，一也；不审本区财力，一意猛进，以致无法维持，二也；托名兴学，肆意诛求，致蹈苛捐杂税之覆辙，三也。上开办法，皆为预防此流弊而发。其施行细则应另定之。

此项办法，其收效亦有限度。至少有下列数种状态，足以减损此项办法之效能。今请列举而解答之；

（一）各地农村，类多破产，虽有兴学之心，而无其力。此种现象，诚为可虑。然就各省论，必有比较完善之区。就一区论，亦必有比较殷实之户。采此办法，总有一部分地方之教费问题赖以解决，或教费问题中间之一部分赖以解决。

（二）生产力薄弱之区，有兴学的需要，无集款的可能。此则不能不赖上级机关之补助。然就全国言，总是少数。

（三）户口稀少之区，既不够特设学校，更无从筹集款项。此等地方，除由上级机关补助外，尚有一法，即作为邻区之附属，设分校而勿使独立，一切变通办理，以节经费。

总之，此普及教育费划区自给方法，在理论上确有根据，在事实上必可解决若干地方之困难问题。而作者所乐于提出此方法者，不仅仅在乎教育经费，而实在乎教育本身。

方今教育上最大问题，无过于学校与社会隔绝。教育自教育，生活自生活。试入普通乡村，而一观其学校，为教师者，每多墨守其师承，授受以为亚，而无复他求；为学生者，轻弃其固有生活，误认学校为功名利禄之路，其或力不能入学，辄引为终身恨事；而学生家长，但求吾子若弟借此而得名，进一步借此而得官，此外何求？至于教育效能如何，复何心顾及？而一般民众，率视教师、视学生为另一阶级人物，非吾辈所宜顾问，更非吾辈所敢顾问。此种现象，所谓生活教育、国家教育，种种使命，完全说不到。有教育与无教育，究有多少分别呢？今行划区自给制度，全区民众认学校为本区公共设立的中心教育机关，为吾们子弟所从受教的惟一场所，因经费由吾们担负，认定学校是吾们的学校，教师是吾们的教师，精神上已打成一片。从此更进行扩大教育范围，沟通生活界线种种方法，而理想的教育，或者因之实现。

所谓理想教育怎样呢？这就是吾所提出补充贡献的意见。

区域既经划定，应认清教育对象不限于本区儿童，而是全区的民众。此校既为全区惟一的文化机关，如果对于教育即生活的原则是承认的，凡该区域内一切社会改进工作，都应包括在此校责任范围之内。即论教育，应不以学龄儿童为限，兼设民众学校。凡年在十六岁以上，无论男女，苟未受教，皆宜教及。即在儿童，亦宜活用方法，全日制以外，参用半日制及日夜分班补习制，收效才广。而所施教育，须绝对适应本区生活状况，不惟受课时间须不妨碍其日常生活，而且教育内容务须供给其生活需要，扶助其生活改进，才能表现教育的实际效能。或疑组织复杂，需费较多，不知经费多少，视乎学生与教师人数之多少，而不系乎组织。中华职业教育社在昆山徐公桥办一观澜义务试验学校，即试行此种复式组织。其历年概况如表25：

表 25

年度 \ 性别 \ 时间	全日制			半日制			时间制			总计
	男	女	共	男	女	共	男	女	共	
十九年度	7	1	8	6	6	12	0	18	18	38
二十年度	15	1	16	5	7	12	0	21	21	49
二十一年度	17	4	21	15	7	22	0	12	12	55
二十二年度	19	6	25	15	7	22	2	11	13	60

注：此所谓时间制，即部令分班补习制。

四年间每一时期，学生数未过六十。而其中有全日正式受课者，有须协助其家长工作、只能半日受课者，有于农忙时并半日受课而不能、只能于夜间或日间酌定时间受课者。如果呆板教法，仅用全日制，则依上表所开示，每年至少有三十余人不得入学，而学生数至多不能过二十五人。

依上表所开示，如欲问需要教师人数及薪额多少，则请观下录报告之两节："校长兼教员一人，年薪四百三十二元，经常费额定全年六百元。"

由此可知，复式组织容量较大。如果学生数不过多，则教员不须加，而经费亦有限。而以容量之扩大，教育与其日常生活之不相冲突，因此大得村民之热烈信仰。

办乡村教育，有村民信仰做基础，则就地筹款，自较易易。此吾所乐为补充贡献者。

但是，吾虽提出上列教育费划区自给主张，吾仍欲保留政府对于普及教育相当的政治权能，以为教育前途发展上必要的助力。

普及教育使命之一部分，到底属于发挥国家意义，故思想之统一，实有相当的必要。

即论教费之分担，据吾人经验告诉我，一方固赖充分改进教育，取得人民热烈的信仰，而一方还须靠政治权能，来公平支配，同时准备几分合理的督促，留作施行时的后盾，庶几有效。

（原载《五六境》第 63—80 页，生活书店 1934 年版）

二十年前考察安徽教育笔记
——安徽教育史资料之一

弁言

  顷检民国三年出版之《教育杂志》，得黄任之先生《考察全国教育笔记》一文，中有评述安徽教育一章，所记当时安徽教育之落伍，甚至一县无一学校，虽有学校而多不谙编制，建筑不良，座次杂乱，官气十足，缺乏各科合格之教员，除安庆、芜湖两处均无足观之状况，读之殊堪发噱。安徽教育素以较江、浙、鄂、赣为落后，见称于时，黄氏此文，实有重大关系。盖皖之办教育者，素不惯以其成绩曝诸国人，而国人之欲知皖教者，首借黄氏此文。于是此文一出，而安徽教育之落后遂为众口一辞矣。

  二十年来，本省教育之进步如何，虽不得黄氏再为一文以论之，然于篇中所述之状况，盖已今昔迥殊，此为吾人可信之事实。惟"前事不忘，后事之师"，本省教育界同人，正不妨再读此文，以知二十年前吾省之状况何似，今之进步何在，而发吾人之深省也。故特转刊于此。虽《杂志》刊载此文时，曾声明"禁止转载"，然今事隔二十年，时移事易，转载出之，谅黄先生亦将为之莞尔。

  顾吾尤有言者：教育标准，殊不以形式之合法与否为已足。如文中所举，功课排列之足三十六时，学生座次之七横八竖，班级编制之乱杂无章，……此种訾病，在教育问题中仅占极微末之地位。此盖两三小时之讲授即可了然之事，而中国之教育问题，尤在教育之政策与实质是否合于国家之需要与社会生活之背景，非然者，即使学校之形式已美轮美奂，其结果与贡献仍将不知何在，故二十年后之今日，中国教育仍在扶墙摸壁，而回观既往，不足较量于五十步百步之间也。

再则教育之昌明与否，贵在倡导之得人，江流之高下无与也。若其地虽近江流，而不为轮泊所通，人文素不称盛，则其教育状况，无异于偏僻闭塞之地。故即就二十年前之状况言之，据吾个人记忆所及，当时黄先生未到之县，如桐城、如合肥、虽在内地，而学校教育均甚发达，远在文中所述东流、望江之上。故吾谓本省教育若无善为倡导之人，则非特二十年前无足齿数，二十年后恐亦有不足齿数者。此为吾因黄氏之文而得区区之感想，愿以贡于海内先进及本省教育界之人士。

民国二十四年二月十九日陈东原谨识

余今将述皖省沿江一带之状况：皖省风气，素以南北分。皖司法官某君尝为余言："皖北刑事多于民事，皖南民事多于刑事。"则民性强弱之别也。以余所至，若芜湖、大通、铜陵、怀宁、东流、望江，凡滨江城镇，足迹几遍，观风问俗，视江苏宁镇一带，尚无十分岐异处。而独有所感者，东流审判所长盛君言："东流民性本驯，而好弄小狡猾。"望江县知事王君言："是县泊湖以北，民性强悍，遇事慷慨不肯匿其情；而湖之南近江处，反是。"东流在江南，望江在江北，如二君言，则论长江下游民性者，当析为三。沿江地为一种，其优点为敏活，为智巧；其劣点为柔弱，为狡猾。而其南与其北，又各自为一种，各有其风气，而均不与此相同者也。

若论教育，则此沿江一带地，已觉上下流气候廻殊。余此行自东之西，就所经之状况，递相比较，辄觉江流之高下，恰与教育程度为反比例。例如小学编制法，除安庆省城，各小学人数较多外；其余大都集数学年生徒于一教室，以施教之。而能解单级教授方法为合法之编制者，惟芜湖尚有之。而如下列情形者，且比比焉。

一、以招生次数之先后，定为甲班、乙班等名目，而莫能定其第几学年者。

二、以学生入校第几年，定为第几学年，而程度实不与之相合者。

三、名为第几学年，而其所授之教科书，则各学年咸有者。

在芜湖所见，若乙种商业学校，附设初等小学。若公立贫民小学，类皆恰依单级编制，且能使用小黑板等教具。尝叩其所自，则谓当江苏教育总会开单级练习所时，曾遣二人往习，归而传其所学。今之单级教员，大都出此。然则风气信有后先之不同，而吾教育界同志，诚不可不努力造善因也已。

若其授课时间，则大都每周三十六时，每时有授足六十分者。叩其故，谓非此不足昭勤恳，而博得社会信用也。余于此有一研究问题焉：夫小学授课时间过长，用脑过甚，于儿童生理心理，皆为不合，稍研究教育者尽知之，诚知其不合于教育原理，非第违反教育合已也。乃余尝见他处小学，有时间表揭每周三十时或三十三时，而仍外加自习时间，以凑足每日六时者，将与掩耳盗铃何异？是转不若从实揭明三十六时之为愈矣。夫授课时间，必求其多，凡为社会信用计也，实则按照教育原理以行，其所以博信用者，正自有在。盖学生父兄所不懒于学校者，在晚间放学之过早，在校时间之过少；以为较之私塾，终日书声琅琅，日晡犹喧，勤惰迥殊。而于学校授课时间之长短并未过问也。即余亦以学校放学过早，儿童受良教育于学校之时间少，受感化于不良社会之时间多；窃不胜其一暴十寒之惧。故诚为全社会信用，求教育实效起见：不必增多授课时间，但于授课时间以外，奖导运动游戏，以助其体育；设为种种方法，实施训练，以助其德育；俾儿童课毕不遽散归。既深合乎教育法令与原理，而家庭亦不至啧有烦言，岂非两全之法乎？

学校建筑之合法，教室光气之适宜，非所期于内地矣；而教室内学生坐位，常发见奇异之布置；则教桌之左右两旁，往往设学生席，使学生坐处与教师立处，在同一纬度之上；而教师板示时，断非此数生所能见，亦若不欲使见者然。此其故非尽由于教师之昧昧，大抵教室小而学生多，不得已而出此。夫教室小，不能扩充，可憾也，学生多，几至不能容受，亦可喜也；然亦不尽由此。往往有初等小学兼收女生，谓坐次宜有别；或年龄过小之儿童，从其家庭命附学焉，谓其坐于教师易于照料之地；则皆令坐于教桌之左右。不知男女同是幼童，无取过于分别；若学龄未及，则小学万无收容之理；似此七横八竖之席次，无论系何原因，总之无有是处。而若某县县立两等小学之初等科教室，为欲学生免致背向侧窗光线故，令背教师桌而坐，尤为余生平所仅见矣。

内地国文，往往注重背读，此则余深赞成者也。高等小学以上之国文，由应用而渐近于美术。美术的文字，非第求能解已也；字法句法，以有所本为美，以能运用成语成典为美。此非熟读读本不可矣。私塾教国文法，其病在不讲，而不在背诵。固不必尽反其所为，而转病矫枉之过正。但学校背诵，亦宜有法，不可杂乱无序。安庆省立初等高等小学四所，余见其三，学生皆一百数十人，诸校长、教员，均能用心研究。而第一校长王君，尤注意研究修身国文教授法，于国文主张背读，余深韪之。

论及国文，有令余联想及之者：内地小学，往往修身、国文类为一教员，算术、体操类为一教员。而前一种教员，大都非从学校中来，虽优良者亦不少，而其次焉者，不惟教授法无可观，即其思想，亦少嫌陈腐。譬如作文命题，往往是三代秦汉间史论。其所改笔，往往是短篇之《东莱博议》，而其评语，则习用于八股文者为多。夫小学注重实用，国文宜多为记述体，余所绝对主张，而至不辞烦渎辄为教育界同志言者。虽然，此仅就形式论，若论思想，则今之小学教育，既欲养成适于今后五洲交通列强环峙之世界之国民，岂可仅仅令富有吾国二千年以前之思想而已足？国文与算术，为两大基本学科。算术系用规律的方法，以精密其思想；国文系用活泼的方法，以广博其思想；此其关系，夫岂浅鲜。深愿负教育行政之责者，注重师范教育，冀五年后，多各科合格之教员。而尤冀各地小学国文教师，注意研究改良教授法，是余所厚望也。此论非为安庆发，安庆小学，就余所见，无此弊。若夫习字教授法，多未研究。初习为描红，其后则映写，所见几于一致。甚有认为无甚关系，即令学生回家自习，以其时间改授他科者。

凡教育之发达，其动机自下发者，弊在不易统一；而其优点，则为少浮文，多实际。若动机自上发者，反之。余行内地，所见学校，几于无一不带几分官气。若其学校较大者，其模仿式样更肖。譬如门前必悬牌二，书："学校重地"，"闲人莫入"字样，每字碌圈，或加悬木棍焉。学校试验之结果，必出，榜，校长叙衔加碌焉。某市市立初等高等小学校。毕业榜校长与县知事会衔，则式更完备。行其廊，且必有牌。校长有命令，录而悬之。首行大书，"本校长示"，而加碌焉。虽小学校，其令文之深且典，往往为中学生所不易解。夫敬畏官厅，殆现今社会普通之心习，因此而办学者，以为非此不足耀一时耳目，似亦一种苦心；但一方面即养成学生重视官吏，轻视其他职业之心理，于共和国民一律平等之旨，不无少背。故余认为非至善之法。然此但从形式上研究耳。学校教师与生徒，莫要于以直接的方法，使多为精神上之联络。凡有命令，用文字万不如其用语言。集全校生徒于一堂而训话之，情意何等真切，精神何等浃洽，若用文字，其弊小则隔膜，大则误会。须知官厅文告，亦因所辖人民，其数至多，势不能召集一堂而施告戒。故舍语言而用文字，非得已也。若学校师生，朝夕与共，焉用文为？故或讥其多官气，说官话，其关系尤小；窃恐影响于教育实际滋大，不可不研究。若为学生便于记忆起见，一方面训话，一方兼用文字，本无不可；但撮其要旨足矣，亦无取乎深且典也。

有一事为吾辈业教育者所亟宜注意研究者：则交通梗塞地方，其学校风气之敦朴，学生对于教师，对于家长、亲长，其仪容之严肃，礼节之周至，与风气开通较早地方大异。旅行所至，特于此点三致意焉。当俟所见较多，汇合报告而研究之。

安徽自经去秋变故，几无教育之可言。九月间，都督通令全省学校停办一学期，以办学经费移办团防。至今年一月，令各县调查所属公立学校成绩，以其优劣定存废；其应存者，赶于二月开学等语。得此一令，教育始有复活之机，然而学校停闭已久，学生则既散矣，学款则既化矣，规复之难，甚于建设。余旅行所至，时已三月，尚有全县无一校者。某县办学者某君，且惨然为言："苟学款果办团防，亦未始非地方利益。所苦者，团防未尝办，而学校则无不停，且一停不易复耳！若夫省教育事业，原设师范五所，现并成三所，女师范存一所，中学二所，农学校一所，及其他教育费，预算一月至六月，总额止七万元，以故当事者咸不胜其悲观。"余则谓教育行政为一事，实施教育又为一事，所冀各尽其力，举其职，且将益励其猛进之精神，以战胜此飘摇之风雨也。

民国三年四月四日以前途次书。

（原载《教育杂志》5 卷 1 期，1935 年）

河车记

民国二十四年四月二十日从上海启程，二十一日上午过徐州，即晚到开封。二十八夜上车，二十九日晚到西安。五月三日游《泾惠渠》，四日自西安行，五日游华山。六日宿潼关。七日游灵宝。八日游郑州。九日游淇县。十日回开封。十一行。十二过徐州。十三回上海。所经过的全是黄河流域，所用交通工具是车辆，因名此文为河车记。

（甲）河南部分

一、上海至开封车中

河南，吾去过两次。一次是民国十年，一次是二十二年。这回开封河南大学要我去讲职业教育，恰好陇海铁路去年除夕起通到西安，陕西，吾是没有去过的，趁便走一趟，开开我的眼界。

二十四年四月二十日从上海发。

冬为一岁之余，夜为一日之余，星期日为一周之余，舟车中生活，不能不说是我整个的一生岁月之余了。而况孤身旅行，尤为我利用此一生余暑最好的机会。

我坐的是二等车，和我同室的三人，其一为王君子宿，通姓名后，王君说，先生恰和我乡一位老辈先生同姓名。吾问贵乡何地？王君答川沙。我说，兄弟亦是川沙人。王君大惊异，说先生面貌大变了。

此王君和他同行的二人沈君清钊，吴君德明，皆纺织专家，皆从海外留学归来，皆二三十岁青年，而皆不吸烟，皆称难得看电影，连近来名噪一时的

《渔光曲》啊，《大路》啊，有几位都还没有知道。他们批评多数国产影片，不应该偏重悲剧，不能领导国民向积极猛进的路上走，而陷入悲观、颓废、浪漫，于民族前途大有关系。我也是难得看电影，无从加以可否。似乎国产影片，还不至于如此，若果如此，导演电影的先生们，怕是值得非常注意的。

忽然来了一群客人，是三个女子，一个男子，预备从无锡下车，坐长途汽车到宜兴游山洞去的。看他们装束，倒有百分之八十五的摩登化，强入我们预定的车室，车掌，查票员，屡次柔声敦请他们到外边客厅上坐，他们定不肯，四支烟卷儿，吞云吐雾，把我们不吸烟的四个男子，捲入云雾里去了。也好，供给我不少的资料。听取他们的谈话，那位男子倒是不大不小的资本家。甲女对男子说，外边都在那里说，某公司是你接办下去了。男答，没有这回事；女说，若是真的，务必替我留一个位置，我没有别的本领，我能叉麻雀，几十圈不叫饶，输赢几百块钱不算稀奇，于是四张嘴大谈其麻雀经。

此时正是落杨花的时候，沿路杨花乱飞，我就成一首诗：

满眼杨花舞嫩晴，全无主意扑窗棂。

纵教化作池萍活，一样浮沉过一生。

无锡以上客人大减，我们的车室，从此回复秩序。此时我所读的是江易园先生（谦）《阳复斋诗偈续集》。

不见易园先生十二年了，此数天恰来上海，几度畅谈，先生知我和一班同志正在研究《大学》，他说"亲民"的"亲"字，意义最精，人与人相互间，个个都像六亲的亲，所谓同胞，就是像嫡亲兄弟，而况依轮回之说，我的祖宗父母都在这中间，倘能懂得这"亲"字的精意，世界哪里会有相争相杀呢！我说：即依科学讲，吾们已经知道生物是由细胞结合而成的，各个的细胞怎么能结合到这样不可分离的呢？凡物用化学分析起来，都是原子的结合，譬如铁，不也是原子结合的么？何以眼前一块铁，没有很大很大的力量，切不开，钻不进，细胞与细胞间，原子与原子间，结合到这样不可分离，人与人间，怎么不能构成和它们同样的结合呢？如果有一天，人类的群性能发展到这般地步，包管世界上，至少人类中间不会有相争相杀。

火车装在轮船上不知不觉地过江了。

轻车千里破黄埃，忽地横江暮色开。

不辨柁翻和毂转，满装名士过江来。

二十一日午前十时过徐州，中学校长严晓帆君，到车站来迎，小憩。严君深以二三十年来教育多讲方法，少从根本上注意，引为遗憾，我很表同意。

过砀山车站旁边一带，很高的树，满开了紫色的花，又茂密，又美丽。却和旁边一株紫藤同样的色素。吾远望里误认为楝花，问了站长，才知道是桐树，却和梧桐是二物。梧桐干是绿的，皮有横纹，桐灰色而直纹。站长说：日本人的木屐都用这桐木。后来在华阴农工机器制造厂中，见所制家具，所用木料质轻而坚，访知即是桐木，陕西省产量甚多。又从西安初级农林职业学校访知名为袍桐。且知十几年前，日本人大提倡种植这树。

三月夏正桐始华，东人制屐美材夸。

紫英万树能留客，芒砀山高欲下车。

二、开封

到开封了。河南大学文学院长江绍原君，教育系主任高思庭君，来站迎接，宿于大学西斋。我在大学内讲职业教育，每天讲两次，讲了一个礼拜。

有一晚，各教授请我吃西餐，河南灵宝产大枣，比胡桃还大。那天，侍者端出大枣来了。我对主人说：这里提倡国货真方便，有这样精美而伟大的国产大枣！侍者忙插口说：不！不！先生，这是顶好的，这的确是来路货。于是哄堂大笑。某教授述一桩故事：某年夏天在北平请客，侍者端出冰来，主人对客人说：请列位放心吃，这是机器冰。侍者急插口说：不！不！列位请放心吃，这的确是人造冰。主人瞪了两个大眼，一句话不能说。

和高君闲谈到途中见三女子和一男子大讲麻雀经事，高君述寓居南京时，邻居某军官夫人长日出外打牌，家里三个小孩没人照顾，让老妈子胡乱相伴着，衣服既不整齐，又不清洁，弄得像乞丐一样。她的丈夫回家，老是"入其宫，不见其妻"。总没得好好的饭给他吃，常常发脾气。

开封省立女子师范学校招往演讲，吾选的题目"今后女子走哪条路"，便介绍陈衡哲女士所著的《新生活与妇女解放》。我认为这是今后女青年最适当的途径。摘录要语如下：

> "一个新生活的实行，一个女子的解放，不是新或旧的标准，乃是是否能实行基本的清白生活条件——包涵外表的勤劳与整洁，简朴而有艺术风味，和内藏的温雅高明，廉洁知耻——是有现代的常识和健康的人生观的，是有自尊心和经济上自立的能力的，是能对国家担负她分内的责任的。"

> "她总须能堂堂地做一个人，喂得饱自己的肚子，挑得起自己的担子，走得动崎岖不平的世路，识得出人海中隐现的港湾与岛屿。她的脚踏着地下，她的眼欲看着天上，能实行，也有理想。她不但懂得生活，还能把生活享乐化、艺术化，使规则之中有自由，自由之中有规则，这方是一个康健民族的主宰者的生活，也是一个解放了的妇女的理想中的新生活。"

吾到开封，第一感触就是黄河的大灾。五十年前，吾的父亲曾在吴愙斋先生（大澂）当河东河道总督时，参与过郑州河工的。那时候，吾不到十岁。父亲写信回来讲河工的情形，说：灾情怎样的惨酷，河边的民众怎样的迷信神秘，金龙四大王呀！还有什么什么大王呀！老河工怎样的老辣，那位吴督帅很信仰科学，聘了许多算学专家来计算土方和材料。正持筹布算时，老河工走上来，一看便说：这些不够，这些太多，这些刚好，布算的结果，却没有相差多少。这种种话，至今还深印着我的脑海。现在呢，我的父亲早归地下，我亦已由中年而渐上老年了。而河边老百姓年年还是闹河患，还是闹河工。

在开封遇着好几位水利工程专家，我就把最近贯台河工出险情形，详细发间，以下是某工程师的语："这回黄河在贯台地方决口，是去年秋冬间事。贯台即是铜瓦厢一部分，虽坐落河北省长垣县，却当河南河北两省交界处，去山东界亦不远。黄河北岸，原有河南大堤。以外有太行堤连接河北大堤，再以外有汉代留传下来的金堤。自从铜瓦厢决口，黄河北向改道，夺了济水，向山东利津出海，这三条大堤被冲溃了，堤身和河流几几乎成了直角。于是在此堤与彼堤之间，补筑横堤。其中一段因其地势天然的高，认为无筑堤之必要，便没有筑。所谓贯台，就是其中的一部分。年深月久，这天然的高地渐渐的低下。若干年前，华洋义赈会工程师，查出危险，但限于财力，曾在这地上筑过一小埝，去年出事时，不过透穿了一小部分，如果平时有准备，临时抢修，只须花几千元即可了事。不料蹉跎又蹉跎，其中又包含人事上种种非常复杂而不易解决的问题，有了黄河水利委员会，又有黄河水灾委员会工赈组，职权是直接冲突的。领款的困难，办事的掣肘，又有新旧学派的争执，有的主张在贯台上游，先筑几道拦水坝，杀杀水势，便易堵口。老河工说，向来没有这种规矩的。种种都是心理上的礁石，人事上的障碍物，并不是科学上的问题，直到这次天时人力种种凑拍，居然大功告成，但已损失了不少生命财产，在公家亦已花去几百万老百姓们汗血之钱了。"

先人壮岁此邦游，五十年前屐雪留。
终古黄流成大患，贯台口外荡庐畴。
铜瓦厢堤接贯台，豫齐燕界易成灾。
事权学派争无已，百万生灵岂暇哀。

河大哲学教授郭本道君，和我长儿方刚是共同研究哲学的朋友，来长谈，对于人类所走途径的总错误，吾国国民性弱点的养成，各家学说和历史事实给我们的影响，和今后吾们该致力之点，彼此主张很多相同处。竟忘却窗外太阳西下了。

待人如日烘冬暖，说理如砖落水圆。
困勉半生吾未信，誓将斯意饯华颠。

河南省立水利工程专科学校招往演讲，讲毕，对全体学生赠诗一首：

诸君治水先治己，水利利群舍己利。
与人一心成大功，此是学工第一义。

在河大讲了十三次。末一次是讨论。讲题是：（一）从人生观说到教育和职业；（二）职业教育概论；（三）职业陶冶；（四）职业指导；（五）都市职业教育；（六）工商职业教育；（七）农村改进与农科职业教育；（八）家事教育与女子职业教育；（九）公职教育、专业教育与特殊职业教育；（十）职业教育师资、课程和训练；（十一）职业补习教育；（十二）职业教育现行制度和吾人对职业教育的主张；（十三）结论；（十四）讨论问题。

三、职业教育讲座

第一讲　教育与职业

诸位同学！此次应贵校之聘，讲演职业教育问题。大家或许以为我是专攻职业教育，对于职业教育有经验，有贡献，其实，我非为职业教育而研究职业教育，亦非为职业教育而办职业教育。我之从事于职业教育之提倡，乃是根据个人的人生观，从教育实际经验发生一种觉悟，因此，在十八年以前，纠合许多同志从事于职业教育之研究与提倡。

我以为人们一切行为，一方面为欲表现他的思想，发展他的能力，另一方面求为大众服务，以报酬社会给与的恩惠。吾是受这两种观念支配的。在二十年前，觉得中国生计的问题，日趋严重，教部对于实际社会问题，隔离太远，当时都在闭门办教育，门外一切社会问题，均置之不问，长此下去，国内生计问题，愈演愈烈，不但我的知识告诉我前途危险，即在我良心上亦很感不安。

二十五岁时，兄弟初办小学，后来办中学，自以为办理努力，学生毕业，各门功课均过得去，心中颇感满意，但毕业学生无出路。我受第一次刺激，就是有一个胡姓的中学毕业生，家长为他儿子找事情，谓学生门门功课都会，门门功课不能精，不能用。我当时答复他说：中学是预备升学的，并非立刻教他做事。闻者悔之莫及。

民国四年，兄弟到美国考察中学教育，大受刺激。参观十九个中学，其中只有一个中学是预备升学的，其余均办农、工、商等，为职业预备。后往菲律宾参观他们合理的教育，回国后，遂发起中华职业教育社，办中华职业学校。

社会一切事业，往往依据时间空间之不同，与社会需要之变更，因而变更其价值。我在职业教育上服务到今已十有八年，在此十八年中间，只感职业教育需要增加，未见减少。其内容方面，不无小有变化，然大体言之，实无重大变化。二十年前，讲教育而连带到生计问题，社会人士多以为卑不足道。民国六年赴日本东京高等工业学校考察，该校校长千岛精一氏很感慨地告诉我："你来考察职业教育，日本哪里有职业教育呢，只有实业教育。实业教育是养成资本家，职业教育是为各个劳工生活问题之解决。"这是以前的事情，现在世界各国已逼得大家都注意生计问题了。

现在还没有讲到本题，先解释"职业教育"四字，在未解释以前，先将职业与教育两个名词说一说，为易于了解起见，先讲教育，后讲职业。

何谓教育？各人所下定义不同，我所下的定义："教育是人类知识、能力之传递与演进的作用。"教育是人类所以传递他们的知能，这一点大概为一般人所公认的。但接受传递者，不限于未成年人，否则成年人教育何以会有可能性呢？教育不但传递知能，如演讲时，讲者讲，听者听，听者所受不会完全是讲者所授。同是听者，有的所得为甲，有的所得为乙，有的所得为丙，经过听者脑海时，起一种变化，所以教育不仅是知能之传递，同时还会演进的。人类所以不断地进化，此亦是重要原因。

"职业"二字意义，各人看法不同，有人说职业不过吃饭问题罢了。就论吃饭问题，亦不可轻视。假使人没有饭吃，恐怕问题立刻会严重的，不过吃饭二字不能包括职业教育一切。职业教育至少包含三种意义：

1. 取得生活的供给。

2. 完成对群的服务

以上两种意义是相互为用的。一是人施与我，一是我施与人。也就是说，一是为己，一是为人。从前职业解释，尽于此矣。但只有前面两种含义还感不足，尚需第三种意义以补充之。人类是理想动物，常不安于现状，即令有了职业，生活安定，总觉有点不舒服，内心不安，这就是暗示有第三种意义在内。所以中华职业教育社有两句口号："无职业者有业，有职业者乐业。"达到此种程度，谈何容易。试将第三种意义写出来。

3. 发展天赋的能力。

一个人有天赋能力，总想发挥出来。此种现象，无论成人或儿童都可以见到。这是人类天性。所以职业教育不仅是供给自己生活，完成对群之义务，同时还发挥自己的能力，如果他的职业与他的能力相适合，自会可以达到乐业境地。

现在我要讲到职业教育，可是先要向大家贡献一句话，就是职业教育固然很重要，但非根本问题。根本问题不能解决，职业教育亦无办法。根本问题是怎样呢？闻本校还要我公开演讲一次，且留在公开演讲时说明。此次共讲十四个题目，每日讲两个，七日讲完。讲的材料大多根据《职业教育之理论与实际》一本书来的，此书是民国二十二年邀请国内许多职业教育专家，就各人研究与经验所得写成的，但中间我有临时加以补充处。

第二讲　职业教育概论

职业教育定义，中外学者有各种不同的说法，依我的主张，职业教育是"用教育方法，使人人依其个性，获得生活的供给，发展其能力，同时尽其对群之服务，此种教育名曰职业教育"。

职业教育种类：

1. 农业教育
2. 工业教育
3. 商业教育
4. 家事教育
5. 公职教育
6. 专家教育

普通说来，职业教育以有农、工、商三种为主，除此以外，家事教育实非常重要，在过去和现在，家事早成为重要问题。在将来或许成为更重要问题，或许不成问题。吾国经济制度以家庭为本位，家庭中衣、食、住、儿女抚养、仆役管理种种问题，均甚复杂，家庭好坏，深足以影响社会各方面。我常有一种理想，现时吾国家庭组织是不合理的，浪费很多，如张三、王四、李五每天都要回到各人家里做饭吃，假使张三、王四、李五三家逐日轮流着做饭，物质和时间，不皆经济多多么？吾们知道苏俄现在已办到了，今后吾国亦将进入变化时间。以前丈夫出外服务，家庭内均由太太凭经验和天才来料理家事（现在男女都要在外工作，家事大可以集数家请一人代为管理，上海方面已渐有行之者）。在这种状况之下，家事教育，今后实有专门研究的必要。

公职如文书员、事务员工作皆非常繁忙，需要专门训练。关于训练事务员，从去年始，中华职业教育社组织委员会，在研究中，现在国内尚无事务人员养成机关，实觉可虑！

专业教育，如律师、医师、教育、新闻家及其他职业，需要高等专门训练的。

职业教育程度（或等级），论受教育者年龄，职业教育应该始于何时？在乡村间十来岁儿童即帮助家庭服务，甚至从事非常劳苦的工作，以教育家看来，是不相宜的。因为儿童在幼小时期，生理组织尚未健全，如使其负担重任，足以影响儿童将来的健康。所以职业教育，不开始于幼稚园和小学时期，而开始于初中十二岁即为此。其实施职业教育，可分三个阶段：

第一阶段相当于初中，满足十二岁小学毕业儿童入之，称初级职业学校。

第二阶段相当于高中，初中毕业生或初级职业学校毕业生升入，称高级职业学校。

第三阶段专门学校或大学专科，高中毕业生升入之。

职业教育实施方式：

一、正式职业教育

第一种：农业、工业、商业等职业学校。

第二种：设有农、工、商专科之高级中学及设有职业科之初级中学。

第三种：设有职业专科之大学，或专科之学院。

二、职业补习教育

第四种：农业、工业、商业等职业传习所，讲习所。

第五种：农业、工业、商业等职业补习学校及补习科。

第六种：慈善性质或感化性质各机关附设之职业教育。

三、特殊性质职业教育

第七种：盲哑学校，残废工厂，军队附设之职业教育。

职业教育设施原则：

一、注意个性之发展：教育专重个人而忽略社会，与仅顾社会而忘却个人，是一样错误。近代心理学对于教育一个最大贡献，是个性的发现，使教育注意于个性的适应。一个社会人人有职业，有与其个性相适合之职业，则人人得事，事事得人，社会无有不发达者。要做到人人得事，事事得人，办理职业教育者，必须注意于个性之发展。

二、注意社会之需要：各种教育都应以社会需要为出发点，职业教育尤应如此，所以办理职业教育，事前必须有缜密调查，以决定社会需要，职业趋向，环境要求。事后尤须有详细考查，以占所造就人才是否能适应职业的环境，切合职业界的要求。

三、注重手脑并用：职业教育应"做学合一"，理论与实习并行，知识与技能并重。如只注重书本知识而不去实地参加工作，是知而不能行，不是真知。职业教育目的乃在养成实际的、有效的生产能力。欲达到此种境地，须手脑并用。

第三讲　职业陶冶

一件事情之成功，不在临时而在平时之努力。此是从经验中来，实处世之良好原则。譬如黄河之水，惟其源远，所以流长。教育也是如此，希望儿童将来成为有用之人才，须极早予以充分注意，用种种方法帮助其发展。这早期准备工夫，在职业教育上有一个特定名词，谓之职业陶冶。

照字义讲，范土成器，谓之陶，铸金成器，谓之冶。所谓职业陶冶，在利用各种作业，对于全部儿童施以各种业务上之普遍陶冶。事事与实际生活相合，与社会生活接触，使儿童依此实行作业，潜移默化，得受种种训练，培养其勤劳精神与实行能力。

中国现行学制，满足六岁儿童入小学，小学四年毕业升入高级小学，二年毕业，时为十二岁，是小学教育阶段。十二岁入初中，三年毕业入高中，时为十八岁，是中学教育阶段。中学阶段为最主要实施职业教育时期。小学阶段为职业教育陶冶时期。

现在小学课程，如公民科，在养成良好之公民资格，国语、算术等科为传递知识之工具，不待言矣。但如手工、艺术，其意不在使儿童将来进工科也；园艺、劳作，非希望儿童将来学农业也；贩卖部，记账，亦非企图儿童习商业也；此种意义，在教育上言之，是为职业陶冶。儿童在未决定人生趋向以前，要养成各种习惯、兴趣、能力。儿童在幼小时期，尤应特别注意者，就是习惯之养成。习惯能支配一切行为，有良好之习惯，乃有良好之行为，教育之所以有效，全靠习惯。职业教育根据此种原则，使儿童在幼时养成一种劳作习惯，且儿童幼时，喜欢变化、活动，利用此种心理，以培养儿童兴趣与能力，是谓陶冶。

我见有些人从小即不注意劳作习惯，所以长到成人亦不愿意担任各种劳苦工作，如果他们幼小时养成劳作习惯，就不会如此。所谓习于善则善，习于恶则恶，习惯之力很大很大。

小学中公民训练，即使学生在小时养成公民习惯，年长时可以做良好的公民。小学内指导学生组织各种会，如自治会、同乐会、音乐会等，教儿童明了各种会务组织方法，努力会务，服从领袖，养成团体活动，即在日常生活中，亦须使儿童知道一切生活之料理，亲身经历，以后对于日常生活问题，自可应付裕如，所以儿童在幼年时期，处处使其留心于日常事务，此即职业陶冶之最好方法。昔人有云："一物不知，儒者之耻"，此可见古之儒者与今之儒者大异其趣矣。古时凡做大夫，应具备九种能力，其中有二，即为"举物能名，登高能赋"，而今之大夫如何？实太可怜！今后做人要各方面都懂得些才对，职业陶冶即属斯意。

解释职业陶冶之重要性，可用佛家之说为证，"平时须作临时看，临时须作平时看"。此语意义颇为深远。普通人做事，平时毫无准备，及至临时则无所措手足。职业陶冶就平时早施预备，免得临时后悔。

第四讲　职业指导

职业指导宜在十二岁至十五岁初中阶段内实施。儿童长成到将近十五岁时，自然想解决许多问题，而其主要问题，就是对于自己发生疑问，将来做什么呢？这不是我个人之理想，乃是许多心理学家测验之结果。小学年龄对于个人人生问题不甚注意，及年龄稍长，至少会要求解决下列两个问题：

一、择偶问题

二、择业问题

办教育者利用此种心理上生理上之发展，给以适当方法与材料，帮助他们解决他们所要解决的第二问题。民国十一年改革学制，分中学为高中、初中两个阶段，其主要原因有二：

1. 学程阶段分得很多，每段皆可独立，使学生在某一段中，随时可得到结束，便于离开学校，从事职业。

2. 初级中学全为职业指导而设，初中得设农、工、商科，但以不分科为原则，以分科为例外，高中则反是。因为初中学生身心尚未发展到自己有择业之能力、兴趣，好尚均未固定。

职业指导之定义："供给事实、经验、意见，帮助个人选择、预备、获得、改进职业。"试加以详细说明：

1. 初中学生初入学时，可供给他们许多事实，如农、工、商等实际状况，报告、文章、杂志等，分类给予学生，任意阅览。

2. 请各种专家演讲。将他自己之理论、方法、经验，讲给学生听，以引起他对于某种职业的兴趣。

3. 供给意见：到三年级，学校制造一种表格，交给学生填写，调查学生对于某门功课发生兴趣，参加学校何种团体，好阅何种书籍与杂志，课外喜欢作何种活动，诸如此类，填好以后，由校长或主任就其所填表格，从事于个别询问，记其回答，加以研究。组织委员会，考察各生为之假定，依其天赋才能，帮助学生选择一种职业，预备职业，获得职业，改进职业，如是，职业指导工作已告圆满。

可惜初级中学而能实行职业指导者甚少，中华职业教育社特设职业指导所，以从事于各种指导工作。

（一）什么人可以请求指导：

1. 在学校修学感觉困难的。

2. 在学校将毕业而不决定前进途径的。

3. 决定升学而不明了学校情形的。

4. 决定就业而不知选择何种职业的。

5. 选定职业以后不知如何准备的。

6. 无业或失业寻求机会的。

7. 对于职业不满意而需要改进的。

8. 有意改换职务而犹疑不决的。

9. 有法律问题的。

10. 有健康问题的。

11. 有其他个人问题的。

（二）怎样请求指导：

1. 填谈话表注明请求指导的性质。

2. 安静等候次序与指导员面洽。

3. 指导员初次面洽时，如问题简单，或即可解决，如问题复杂，当需继续研究。

4. 继续研究或由专家测验面洽，或由指导员再行接谈，均需充足时间。

5. 指导是建议性质，采纳与否是在个人，采行结果，亦由个人负责。

（三）请求介绍职务的须知：

1. 介绍职务全凭外来的机会，没有相当机会，只有等待日期，长短不定。

2. 介绍职务以相当的人配适当的事，并不保证人人有事。

3. 如果一时介绍不能成就，乃是情势使然，不必抱怨、失望。

4. 寻求机会不限于一个地方，得业门路很多，你都曾想过、试过么？

5. 得一职务未必能解决你的根本问题，因为你无业或失业，未必是因为没有机会，你曾将你自己分析研究过么？

扼要言之，职业教育专家发现，人都有一种"可型性"，"一百人中有五十人对于一百种职业中之五十种可以获得一百分中五十分的成功"，所谓"可型性"即此。因是，吾人可知职业指导富有极大弹性也。

现在讲到本题，职业教育是以社会需要为前提，所谓社会，乃是由许多人组织而成的，但以天然情况之不同，产生两大不同的社会，即都市与乡村，是以职业教育之设施，亦因之有异。

第五讲　都市职业教育

假定有一个都市，请某位同学去办职业学校，第一步须举行调查工作。天下事最坏在无目的、无计划，失败是应该的，成功亦是侥幸。调查对象有下述几种：

一、普通调查：如人口、男女、职业种类等。如已办户口调查者，可根据调查表统计之。进一步调查都市内有若干商店，主要商品之种类、工厂数目、家庭工业、小工业等，须加以详细调查。

二、地方上的特产：询问年老土著可以得到种种实地情形，再从商店商品中，亦可查出本地特产。

三、地方生活之需要。

以上各种调查都有连带关系，由一种调查所得，可以推知他种。

调查之目的，在知道各种社会生活之需要，然后设法供给，改良生产，增加输出以利大众，各种职业学校之设立，皆须适应社会需要，如河南水利工程专科学校，甚适合河南之需要。

办理职业教育，并须注意时代趋势与应走之途径，社会需要某种人才，即办某种职业学校，另外还须注意需要之分量，不使其供过于求为宜。

第六讲　工商职业教育

假定同学中有愿办工商职业教育，此时应该如何？略举其重要点言之。如要办工厂，需要三种人才：一、工人，二、管理员，三、技师（工程师）。开办工业学校，即应决定目的，训练何种人员。从前训练工人，用学徒制，须约五六年，现在工人训练至多三年，亦可运用最复杂之机器。管理员是要对于工人所知者均知之，工人所能者均能之，一方面管理，一方面指导。工人养成，小学毕业生入初级职业学校即可，其中天才高者可充任管理员。相当于高中程度之高级职业学校，培养管理员与技师。

另有须注意者，即"实习制度"，今人每多忽略。实则凡是关于"术"的，均要靠"习"，习之制度要分三种：

1. 先学后习。

2. 先习后学。

3. 同时学习。

中国向来是采用第一种方法，如师范学校往往"学"到末期，仅有短时期之实习，又如工业学校先学种种方法与理论而后实习，此种办法，收效甚微。中华职业教育社所办职业学校，从前采同时学习方法，后请七位工业专家会议，改革职业学校办法，初级工科，每周上课时间四分之一，工作时间四分之三。如是者三年，至高级工科第四、五年级始学"工作法"，上课时间加多，成效大著，是即先习后学之事实。

先实习，后再参考理论与方法，其效率更大，所谓"由做而学"。知识与技能完全两事，只有先学会技能，而后求得理论知识以证明之。如陆上学游泳，对于游泳术及游泳理论均非常透澈，迨一入水中，手足无措。且儿童幼时天性，极好活动，年龄增长，好动天性减少，利用此种天性，以养成儿童好动习惯。

至于商科，以我之经验报告，工业是人与物之关系，商科是人与人之关系。商业教育有一极大之错误，应待纠正。自西汉以还，世人轻商重农，称农为本业，商为末业。真正社会主义制度下，商业不能存在，此时中国仍保存资本主义制度，商人是不可少的，"农有余粟，女有余布"，全赖商人作交换之媒介，普通人以为商人重利而轻视之，实未知商人在社会具有相当重要性也。

关于商科学校课程教法等，各书已有言之，余所讲者为商科学生之训练问题。

（一）公共的训练：不论何种职业教育均需此。

1. 启发健全的人生观。

2. 服务社会是受职业教育的真义。

3. 养成勤劳的习惯。

4. 养成合作的精神。

5. 养成科学的态度。

（二）商科特别注意者：

1. 敏捷、决断——人与人间之活动，无论任何问题之解决，事实之应付，都须要有敏捷、决断之训练。

2. 信实——自古极崇拜此点，商业扩张，全赖信实。

3. 礼貌——农工之对象为物，商之对象为人，人与人之间，应当具有一种礼貌。

4. 注意社会状况——社会是活动的，而商业在社会其流动性更大，故商人须养成一种注意社会状况之习惯。

具备以上数种条件，始可称为一完善之商人。

第七讲　农村改进与农科职业教育

农村改进与农科职业教育，江先生已经讲过，今只将其要者，略略补充之。

现在为什么将农村改进与农科职业教育二者合讲，实从吾人经验中得来。职教社对于工商科职业学校，先经试办过，当时所有农业学校，分为甲、乙两种，甲种农业学校收高小毕业生，乙种农业学校收初小毕业生。调查各地两种农校，发现很令人不满意，其失败之原因虽属多端，但主要原因乃注重书本上死的知识，而忽略实习重要工作有以致之。

吾人要知都市社会组织与乡村社会组织不同，都市组织是分工的，乡村组织是混合的。如都市油、盐、米、菜等商店，各执其业；乡村商店一切都卖。此实为都市与乡村社会环境需要之不同，而不得不如此，所以农村教育之办法，亦应根据此种原则。乡村学校，必得与社会生活发生密切关系，校中教师，即为本乡人民一切事务之顾问，如写信、记算、卫生等。于此，吾人办理小学，势不能不从整个乡村社会需要着手，初采取中心小学制，以小学为乡村改进中心，负责指导乡人日常生活需要问题之解决。职教社根据上述之经过，大为觉悟，注重农村改进之整个活动，其详细方法，谅江先生前已言之。

农村改进与农科学校，经验告诉我们二者是不可分离的。在农村未改进之前，绝没有农科职业教育之可言，农村改进与农科学校原则与背景，于《五六境》一书中，曾将农村实验教育观察结果，述之甚详，兹不多言。

诸位以后下乡办理农村改进，有几点应须注意：

一、因地制宜。顾及本地乡土情形，切不可将人家之办法，一律搬到本地来，我们应注意地方之需要。本地不需要者，人家办得天花乱坠，我们亦不可采用，只可以借他人之理论与设施，以作吾人办理农村改进之参考。且理想与经验，每多距离太远，决不能将自己之理想施诸乡村。以前我国农村教育失败，概由于闭门幻想；不能脚踏实地，切合地方之需要也。

二、适应乡土生活方式。中国办理新教育之失败，为大家所公认，办理农村改进，应注意乡村生活方式。乡村人民生活，迥然与都市不同，吾人下乡工作时，切不可将洋化的物质带至乡村，引诱农民生活程度提高，增加消费，其坏的影响，实较其努力改进之效果，大至数百倍也。王阳明先生有言：与愚夫妇讲学须与愚夫妇一样。总言之，自己一切生活均须与乡人同，不然，则从事于农村改进，不徒无益而又害之。

三、以身作则。凡事须从个人做起，才能感动乡间民众，博得乡人之信仰与尊敬。吾人不办农村教育则已，如办农村教育，须有吃苦耐劳之精神，要人家不做，自己须不做，要人家做，自己先做。

假定办农科职业教育是否可能，其目的看养成何种人才。此二问题吾人得先解说之。甲种农业学校在养成管理员，乡村不甚需要，至于技师培养，更事实所不甚需要，乡村所最需要者，实为农人。然农人之农事教育已由家庭学得，祖传经验已很适用，殆无须乎专门农科之训练。乡村农事教育之实施，应从小学办起，予以职业之陶冶，普通农事知识附带教导，特别设立农科学校是不需要的，至于肥料、种子、农具等之研究，甚为需要，但此并非一乡一县为单位所能办之事，最好以省为单位或全国指定几个区域试验，试验成功后，推行全国。乡村实施农事教育，在小学、民众学校、成人学校中授以普通农事常识。农科职业学校以省设或县设为宜，乡村似无办理之必要。

第八讲　家事教育与女子职业教育

家事教育与女子职业教育实为二事，但亦可以合而为一。家事教育包括女子教育，女子教育并不包括家事教育，现在先讲家事教育。中国古时极注意家事，《礼记·内则篇》多述及家事问题，现在家事教育仍为需要。中国社会组织以家庭为本位，经济组织也是如此，一夫一妻，对外服务国家与社会，对内家庭一切事务之料理，夫妇因对外对内工作纷忙的原故，是不得不取分工制度，夫任外事，妇主家事。为求家事料理成为科学化，非受家事训练不可，此家事教育之来源也。

我常感觉到每个家庭任务多数是相同的，而要分开料理是不经济的，使将来社会人士有一种觉悟，合数家或数十家共同在一起，在公共食堂、洗衣处、理发处、裁缝处轮流服务，既可以节省经济，又可以减少时间，果能如此做去，则家事教育之需要，更为重要。即退一步言之，不以代人料理家事为职业，而为自己家庭服务，亦须研究家事教育，除请大家参考《职业教育之理论与实际》家事教育一章外，特简言家事教育之要点于后。

要使家庭一切事务都成为科学化，须用分析与归纳方法，兹略述其要点于下：

1. 家庭经济：一家之中，收入支出之料理，预算决算之分配，须加以相当筹划，始可运用裕如，贫富均应如此。

2. 家庭教育：满足六岁儿童，学校应负一部分教养责任，但为父母者，须以自己教育子女为原则，学校教育为例外。

3. 家庭卫生：疾病之预防，医药之运用，清洁之整理，皆属于家庭卫生范围。

4. 家庭构造：注意经济、实用、卫生、美观等。

5. 家庭食事。

6. 家庭衣服。

7. 家庭管理。

8. 家庭园艺。

在此种分柝之下，吾人又可用归纳方法，分为几种目标：

1. 经济：分消极与积极，消极注重节俭，积极注重生产。

2. 卫生。

3. 美感：家庭布置要艺术化。

4. 舒服。

以上几点不特是男子要求，女子亦有此种希望，要想家庭美满，上面四点不得不注意也。

家事教育之实习问题。普通学校家事教育之实习，均采取轮流管理方法，如煮饭、烹饪等事项，且有学习制造西餐，此种制度，殊属不宜。

女子学校没有家事科，亦应练习家事。其练习最好方法，联络几个家庭或指定几个学生家庭为实习场所，半日上课，半日实习。凡家庭中所应做事项，实习生均须做之，并将每日实习记于日记上，以便检查，但对于家庭改进程度，不必希望过急，以达到本人理想之标准，循序渐进，自可渐入佳境矣。且实习时，不可干预或批评，致人家发生反感，经济方面，更不必使实习生过问。如此做去，将来可以获得三种良好结果：

1. 学生可以知道家庭之实况，设法解决，并明了理想不容易实行，以图努力研究改进之道。

2. 实习之家庭可以进步。

3. 学生家庭亦可进步。

至于女子职业教育与家事教育，有一部分相同，有一部分不相同的。以现在情势来看，女子教育非常重要。中国处于极危险之境地，将来总有一日被动或自动地出于硬干一条道路，以渡此难关，方能讲到生存。中国素以地大物博自豪，至今日国土日削，物质缺乏，其差强人意者，惟我国人口众多，以日本最近人口之统计有一万万，但我国人口有四万万以上，以四人而抵抗日本之一人尚属有余。所最希望者，各种人所有的能力拿出用在最需要地方，始可以复兴民族，挽救中华。诸位想一想，中国四万万人口，男女各占其半，将来男子赴前线作战，女子在后方应作种种为国事为民族之准备。中国只有此一线希望。全国人不当有些微之能力无代价消耗，而应当各个人将自己能力，用在他自己认为对于民族国家救亡图存的重要事项上，以全副的力量去做职业教育、农村教育、民众教育等，今而后中国始有希望也。女子所需要工作，如家畜、纺织、缝纫、园艺、蚕桑等直接可以维持自己生活，间接可以为国家为社会。兄弟于"一·二八"事件发生时，视女子在后方做各种救国工作非常重要，因此，吾人深知女子教育之需要。

第九讲　公职教育　专业教育　特殊职业教育

公职教育包括文书员、事务员等，为公共机关所需要之人员。现在想增加工作效率，使其成为科学化，则公职教育，大有研究之必要。

职业教育两种不同的状态：一为有一定轨道的，如银行，一切办法都有轨道可循，不必研究与讨论，所有的银行大概是相同的。一为无轨道的，如中国磁业并不依据科学方法，只凭祖传方法、个人经验。不用温度表，只用口液试验，即知烧好没有。

有轨道职业应办职业教育，无轨道职业亦应办职业教育。在办理职业教育时，须先将无轨道职业加以组织、分析、研究，造成有原理、原则科学化的轨道，而后才能施以教育。

现在公职教育，多凭个人经验处理一切事务，结果多不经济而少效率。故吾人应先将无轨道者化为有轨道，不科学化者化为科学化。现中华职业教育社正在进行研究，以作公职教育实施之模范。

专业教育，如医、法、会计、教师等，均已有专门研究，成为一条轨道，举办时较为容易，不过有几点应须注意：

1. 看清需要之分量：英国每千人中有一医师。德国不仅以人口分，且以区域分，甲区需要若干医生，乙区需要若干医生，均有相当之规定。中国虽无此种规定，但亦须顾及社会之需要，既不冀其求过于供，但亦不使其供过于求。

如律师人才，似嫌过多，会计人才，实觉太少。设置专业教育，培植人才，势不能不注意需要分量，而适应之。

2. 附属需要不可遗漏：如医院中之助产、看护，特别适宜于女子职业，应加提倡。

特殊职业教育，如残废、盲哑学校，实施职业教育时，要看社会之需要，与残废者之能力，以定职业之标准。宁愿对于残废之能力看重，而社会需要次之，因残废者所作物品尽可廉价出售，以维持生活为唯一目的。再如军队职业教育，亦甚重要。中国有二百万人以上军队，一旦政治安定，裁减军队，则若许军人是将何以谋生？中华职业教育社出有专书研究，盼大家参考，兹不多述。

第十讲 职业教育 师资 课程 训练

（一）师资

现在要办职业教育，第一困难问题，就是师资，师资可分为两种：

1. 行政员。

2. 专科教员。

如办机械工科学校，所要的师资，当然是工程师和专科教员，但不至此，校长、训育主任、普通教员，也是非常需要。专家才能是向内发展，校长才能是向外发展。使专家而担任校长，每以其自己所长，特别提倡，而忽略其他一切。且两科以上之职校，其校长更不能兼精此二科。校长人才，只须知道专科之原理，而对于行政事项应要擅长为宜。

校长之重要，既如上述。至于普通教员及行政人员亦不可忽视。督学或视学非懂得职业教育不可，督学而不懂得职业教育，会有不合理的批评或指导，其影响很大。以往某地有公立私立职业学校各一，公立是依照教育部规定办理，学生没有出路，私立是按地方需要设施，学生都有工作。公立何以如此，实受视导不合理的限制所致。至于普通科教育，尤须特别注意为要。

专科教员养成之方法有三种：

1. 授学生以专科之原理与方法。

2. 师范学校已毕业学生，再授以专科之原理与方法。

3. 职业科已毕业者授以教育之原理与方法。

但此三种皆无济于事，因：

第一种，所需时间太长。

第二种，技能的训练，因生理发展至一定模型，再授以师范毕业生以劳动之训练，恐属不易。

第三种，事实上专科毕业生多已往实际劳动场所工作，何必再受数年教育的原理与方法之训练呢。

于此，吾愿贡献一方法，以解决上述困难。

理论的教育学者易找，实习之教师难觅，故最好请精练之技手，再参加以专门学者，绝对合作办理职业教育，则收效更大。专门学者在以学理的根据来矫正或承认技手之工作，加以估定，即可写为工作法，以为他人办理职业教育之范本，如此可得三种好的结果：

1. 工作法成立。

2. 精练技手之技艺得专门学者之指导，亦可以科学化。

3. 专门学者借此可懂得实地经验。

（一）课程

职业学校课程，各专科有各专科之规定，但有几点应当注意。职业教育不仅是一种专门技术，同时还要明了其他学科，现将各种学科分为三类：

1. 职业学科——专门学科。

2. 职业基本学科——如学工以算学为基本，学农以化学、生物为基本。

3. 非职业学科——如公民、体育、音乐等。

编制课程，应根据上述三种分类，至于分量之订定，经一般专家研究结果，认为以下述之比例为最适当：

	职业学科	百分之六十。
初级职业学校	职业基本学科	百分之二十。
	非职业学科	百分之二十。

	职业学科	百分之六十五。
高级职业学校	职业基本学科	百分之十五。
	非职业学科	百分之二十。

	职业学科	百分之五十五。
职业补习学校	职业基本学科	百分之二十五。
	非职业学科	百分之二十。

（三）训练

职业教育训练，第一要义即"为群服务"。一个人不能太重视自己之利益而牺牲大众。职业并不是只为己谋生，同时对于"为群服务"之"群"字，应特别注意。第二要义即"以身作则"。事欲先做，由我做起，事欲莫为，由我戒起，抱此精神向前进行，则任何事均可迎刃而解。

第十一讲　职业补习教育

一般人往往重视学校教育，而忽视补习教育，其实普通补习教育，其重要究亦不在正式学校教育之下。补习学校最大功能是活动而具有伸缩性的，其内量可以扩至无限大，并能使受教育者尽量就职，而同时又可读书，若此者，远非学校教育所能办到。

外国有许多大学，功课都排在晚间，是便利一般人白日就业，晚间可以读书，上海东吴法学院亦有此种办法。这也可以说是一种补习教育。

普通讲补习教育有一个定义："对于就业的青年或成人利用其工作余暇，对于其知识、技能、品格、体格各方面予以相当的训练，谓之补习教育"。从此定义中，吾人可以看到职业教育不仅是知识、技能之培养，同时还要顾及体格、品格训练。补习教育大概可分为两类：

普通补习教育：已过义务教育年龄（六至十二岁）之儿童，未曾受过义务教育，现已经就业，而令补受义务教育。

职业补习教育：已受教育，因感知识、技能之缺乏，犹图上进，再予以教育。

此二种教育之设施，应以社会需要为转移。倘吾人要办补习教育，有几点应须注意：

第一，要有弹性：容量要大，不可呆板，正式学校规定各级教育之阶段，补习教育是在正式学校之外，更应具有活动性。且按教育原则上讲，教育是应当活动的，以适应社会之需要与个人之个性，不必一律以呆板方法去办理补习教育。

前天参观河南省立妇女补习学校，有几点可足取法，并可证明补习教育是要活动的。

分班办法活动：如成人的，幼年的，全日的，半日的，就她们需要，而予以适当之教育。

功课以能力编制：国文为一年级，算术及其他课程可为二年级，以个人程度之高低，作为授课之标准。

地址分散各处，给受教者之方便。

第二，应知受教者之心理：受补习教育者，大都年龄较大，他们为生计之解决，已进职业界，现来受教者之共同目标，还是为生计问题之解决。办理补习教育者，应设法达到他们所欲达到之目标，授以知识、技能，对于他们生计问题，有直接利益或间接有效的帮助。

第三，要注意"非职业学科"：非职业学科为多数人所忽视，其实体格、品格之重要，决不在其他职业学科下。我国际此非常时期，任何教育，均应以国家、民族为前提。补习教育为国家教育重要部分，实施时，应授以国家、民族之观念，一旦国家有事，自能各尽其能，为群服务。再如体育方面，亦应注意。中国人与中国人体格相较，还不觉得差别太远，以中国人与外国人相较，真是小巫见大巫，可怜亦复可耻！通常因职业劳作而引起病象，如所谓职业病者，裁缝曲背，刻字近视眼等病态。办补习教育者，总应千万注意，提倡体操及其他各种运动，以免畸形发展，而有不良病态之发生。

职业补习教育制度（方式）

1. 日校——白日给一二小时之教育。

2. 夜校——利用职业余暇，授以教育，补习学校以此种为最多。

3. 晨校。

4. 星期学校。

5. 农隙学校。

6. 家事教场——往学校附近家庭实施职业教育。

7. 通问学塾。

此七种方式，可择办一二种，或七种全办，皆须以适应社会实际需要为原则。

此外还有与方式有关系的两种问题：

1. 学年制——以年级为修学标准。

2. 学科制——以学科为单位，而不以时间长短为本位。

教育家对上两种制度，很有讨论，在我个人以为学科制较好，因学科制具有活动性，可以适应个人个性与需要，但亦须因地方环境而定。如在风气初开地方，入补习学校附带含有务名意思，用学年制为宜，因借文凭之引诱，可以鼓励学生好名之兴趣。总之，采用制度时，要因势利导，因时制宜，不能立一定公式而一成不变也。

假定采用学年制，则分级要多，而且各级要具独立性，随时可以告段落，颇适宜于个人条件。最好教育行政当局正式规定统一办法，予学生转学升学之便利。如在开封补习学校读到某个阶段，因事故而转移他处，开封补习学校可以发给证明书，到另一地方续读，并在每一阶段完成时，给予证明书，一则可使学生对于读书发生兴趣，再则增高自己地位与主人信仰。

第十二讲　职业教育现行制度及吾人对于职业教育的主张

民国十一年公布新学制，至今未有变更，民国十八年虽有改的动机，但未成事实。

现行学制第一级为小学，分初级、高级。初级四年，高级二年。年龄自六岁至十二岁。第二级为中学，分初中、高中。初中三年，高中三年。年龄自十二岁至十八岁。小学阶段实行职业陶冶，中学阶段初中实行职业指导，高中实行职业教育，现行制度纵横活动，在职业教育立场看来是很适宜的。但制度是死的，施行时要活动以适应社会之需要。最近政府受多方面之刺激，感觉国民生计问题非常严重，民国二十二年四月一日，教育部颁布命令："各省市现行中学限定于相当时期内将普通中学减少，改为职业学校，以后增设中等学校，只准添设职业学校，不准增添普通中学。"同年王部长发表谈话，主张今后中学应占百分之二十，职业中学应占百分之六十，师范学校应占百分之二十。据上面看来，对于职业教育提倡，非常努力，自是良好现象，但操之过急，恐亦含有危险性，吾人为减少危险成分，特提出几点主张：

1. 对于已办之职业学校，充实内容，打开出路。

2. 添办职业学校时，要充分注意社会需要。

3. 对于都市尽量创办职业补习学校。

4. 对于乡村在整个的农村改进计划之下，尽量施行农村教育。

一、二两点是补救方法，含有消极成分，三、四两点可尽量办理，积极进行。

第十三讲　结论

将以前所讲问题，作一个总结束，以使诸位便于记忆，若能将此要点牢记心头，则听讲已得结果矣。

要点：

1. 职业教育的原则，着重在适应社会需要。故其施行方法，宜活动，切忌呆板。

2. 小学职业陶冶为职业教育始基。

3. 初中在现行学制上须负起职业指导特殊使命。

4. 纠正职业界不正确的观念，化去狭义的为己谋生，倾向于为群服务。

5. 职业课程对于非职业学科不宜忽视。

6. 实习制度宜承认"先习后学"为较善（现行"职业学校规程"即采用此法）。

7. 未造成轨道的职业，须先加以研究组织使之科学化，然后施行职教。

8. 吾人主张：

（甲）已办之职业学校，须尽力充实内容，打开出路。

（乙）添办职业学校时，须充分注意适应社会需要。

（丙）在都市尽量创办职业补习学校。

（丁）在乡村须在整个的农村改进计划之下尽力施行农村教育。

此次演讲要点都不外上列所举。至于参考书目，《职业教育之理论与实际》一书中附录甚多，勿庸详举。（本讲座由黎博文、刘国亮、许梦瀛、梁树梓、廖量才记录）

四、有趣的教育实验

在开封发见教育上一桩极有趣味的事。某天，偕姚君惠泉出开封东南门——曹门，行于恍惚沙漠一般的大道中，到大花园村，若非稍稍读过中国历史，绝不会想到这里八百年前是吾们中国的都城。如果那时候的人，有能在八百年后复活的话，哪里会料到物质破坏得这般快。那边有一个开封教育实验区所办的实验学校，见校长李子纯君，施行种种教育上新试验，详细参观郑女士教国语。他们的教材，用大单元制，使教育和生活打成一片。他们的教法，特制各种教具，节节变化，使受教者得思想的连贯，而不会厌倦。他们领我到农民家，一个四十六岁老婆婆，从没有识过字，他的儿子，用他们的新方法教他识字，我把各种字和句教他读，居然一字不差，而且所认都是很复杂的字如"蒸笼""磨"等，这就为教育和生活的连接，所以有效。他们把日用的字，贴在实物上，如"门"字贴在门上，"桌子"字贴在桌子上。他们读的句子，都是通常的语句，例如"你吃过饭没有""我肚子饿了"等等。如果一个一个字分开读，有几个字很难认、很难记的。现在连成了句子，通俗得很，读得一两字，便理会到全句。而又是从不识字的忽而识得，这种好奇心鼓动她的兴趣，这位老婆婆识字的成功，大概是这个缘故。进城以后，还在开封杏花园参观他们另一部分的试验，又是一位女教员，教得非常好。这都是李步青先生把他的理想发挥试验，吾敢断言于教育方面一定发生极大的好影响。更难得者，倒是几位教师善于运用他的方法。

李步青先生所揭出关于教学基本问题必须了解的三要点：

一、在儿童未有自由阅读能力时，若不使儿童由接触事物而学习，专从文字本身而学习需要，其需要且不属于当时活动，则其学习必感困难。

二、仅从练习方面谈材料，不问材料所从出，则方式不过供最后复习之用，将成为一种点缀品，不能改善整个学习问题。

三、仅谈练习方式，而不问整个学习进程，即备列多种新奇方式，运用难期适应。

（见《改进小学国语课程》第二期方案第二篇）

他所用的教具，大都和他校不同。比较特别的如下：

1. 教学用大字片 这是在教室里面大家共同用以练习的。宽三寸半，长将及六寸。用二百磅纸裁制，因为稍硬一点，可在字袋及轮盘上面插置。字体正楷，用墨书写。须特殊注意的字可用特殊颜色。就我所见，这字片上的字，还须放大些。

2. 图片　字片意义可以图画代表者均须制图。图片大小和厚薄均与大字片等。

3. 口令片　教室中所用的口令，也都制成纸片，使儿童看着照做。大小与大字片等，颜色以浅绿色为宜，以便与普通字片有所区别。

4. 儿童练习用小字片　大的字片认会后，再照原字印成小的字片，发给学生，以便随时练习。小字片以宽二寸长三寸者为最合适，但亦可视其上所有字数多少而略有变动。

5. 眉片　眉片也是表明图片上所绘的画之意义的。上面所写的字完全和指示该图片的大字片相同。它是图片和大字片中间的一个介绍。常插在图片上面。宽与图片等，高约六分。

6. 字袋　字袋是插置大字片用的，长宽以恰能插下这种字片为合度。上制布罩，可掀可合，并排八个或十个用布带连在一起。用时就绷在黑板上面。

7. 图袋　图袋大致与字袋同。但是要分两层，上层以恰能置眉片为宜，下层以恰能容图片为宜。

8. 插字袋　插字袋和普通的插信袋差不多，挂在黑板旁边，以便每节教学所用字片可随便插放。学生的名片也可放在里面以便随时取用。式样格数不拘，但以敷用而且占地方较小者为合适。

9. 口令箱　口令箱和"西洋景"的装置差不多，是一个长方形的小木箱竖挂在墙上的。里面装着可以箅放口令片的冰铁片若干，都用线绳系着。线绳的另一端经过木箱旁边的小孔而露在箱外。箱向外的一面上半截是缺着的。用时把绳子一拉，这个口令便随着它所被箅的冰铁片而露了出来。口令片自然是可以按着教学时的需要而随便更换的。

10. 字匣　字匣是学生们放小字片用的。以木制，长五寸半，宽三寸半，高二寸半。中分四格或五格，以便字片按单元分置，不使混乱。

11. 轮盘　轮盘以木制，形如走马灯，分上下两层，皆可自由旋转。每层六面，每面长宽同字袋，以便插入字片与图片。用时或使字片与图片对照，或单示字，或单示图。

12. 指引签　指引签是用硬纸做的稍宽的长条。是在读儿歌及故事画时指引所要读的语句而遮掩不读的语句用的。

前项教具，关于认字的教学方法如下：

1. 对示　把学生已经观察过的实物，制成图片。学生既然认识了这种实物，那么代表这种实物的图片也自然是很容易认识的。学生认识了图片之后，再把和这图片相符合的字片拿出来和图对照。令学生循声齐读几遍，使他们于文字和图画中间能发生联想作用。

2. 查眉标　字片和图片对照，学生对于文字的认识还是觉得无所凭借，难以捉摸。于是便有用眉标之需要。眉标的作用便在于介绍字片和图片。它不但可使学生认字容易，而最大含义乃在能把学生的注意，引领到符号与符号之间，而加重在视觉的练习。其行使的方式有二：

（甲）取置式　把三个袋子平绷在黑板上。上两个是字袋，下一个是图袋。最上面的一个装字片，中间的一个空着，最下面的一个装图片及眉片。先将字片掩蔽。开始时，将字片露出一张或两张，唤学生按着字片去对眉片。对着后，将眉片下的图片抽出来，插在该字片下面的空袋里。等到所有的图片都对完了，令学生齐读几遍。然后把图片全体掩蔽，再一个个地露出来。令学生按着图片上的字片，放在和这字片相同的眉片下面。

（乙）错综式　取置式练习过若干次后便可进行错综式。错综式是把字袋和图袋平列起来。字袋中置字片，图袋中置图片和眉片。字片和图片排列次序不必相符。叫学生把和图片不合的字片拿出来，对着眉标，放在相符的图片下。对完后，再错综排列，再对置。

3. 发字片　经过上面的程序，学生们已经认得这些字了。然后再把这些字印成小的字片发给他们。发字片的方法是这个样子：先令学生站成一行或坐成一排。叫每一个学生各拿一束相同的小字片（各人都必须会认识自己手里的字片），剩一个学生不拿。先生拿一套大字片，这些字和学生们手中的一样。开始时，令那个手中没拿小字片的学生，看看先生手中的字片读。每读对张，那个持这个字的学生便从他手中的一束里面抽出一张来，另外拿着。读错的不抽。读完后，便向每个学生手中取他适才读对的字片。取的时候，再一个一个地读一遍，读错的不给他。收完后，叫他来，立在一行之末尾。这时候每上边的一个人都把他手中的字块，传递给下边的一个。于是排头的一个，便又没有字片了。他便再开始读先生手里的字片，再收取他所读对的，再站在排尾。这样依次做下去，直到每个学生都领到了他所能认识的字为止。结果，在这个发字片的过程中，每个学生都还必须把所要发的字片读够三次。计读教师手中的大字片一次。收取的时候读一次，连次的传递加起来又是一次。至于批评他人读的误否还不在此限。

4. 描字片　把学生学过的字，按着画数、形体和字画三方面的适当步骤，拣出些把它们双钩起来。然后由教师领导，用彩色铅笔依次给它填成各种颜色。使学生由此而得到一些笔画和笔顺的感觉，作将来写字的预备。

5. 对图片　等到学生都有小字片了，教师便可把和这字片相应的图片显示出来（显示方法或用字袋或用轮盘），令学生各举起自己的字片以对。或者去了眉标，用字袋和图袋上面的字片和图片对置；用轮盘自然更合适。前者是在个别订正时用的，后者是在相互订正时用的。

6. 读字片　经过了上面许多次练习之后，便可以脱离图片而令学生单独地读字片了。这时候，教师便可利用字片的闪烁，不但要使学生读得熟，而且还要读得快。读的时候，或用比赛式以引起学生们的好胜心，或用抽签式以激动其好奇心。总之，以使他们在读的时候不至于感到单调乏味为主。自然，上面说的对图片也是很可以利用这两式的。

7. 演字片　为要使学生把字片的意思领略得更完满更确切起见，于是乎便有把字片的意思表演出来的必要。表演的方法有两大类：一类是用动作来表演，一类是以缀字句来表演的。属于动作表演者，又分一致动作和个别或相互动作两种。属于缀字表演者，又分问答式和补充未完语句两种。缀字表演，在步骤方面，应先以一个上片（即一句之上半句）和许多下片（即一句之下半句）对置，使儿童视其有无意义。进一步再以许多上片和许多下片分别杂置，令儿童对联。不然，若开始时太难，他们便连不成了。

8. 综合练习　一个或几个单元完毕后，所有学过的字片很需要有一个综合的练习。这种综合练习，差不多都采用设计的方式。这种综合练习的好处，一方面在使已习字片，得在教学时间内，归纳于一个目的之下，选择练习，知所运用。一方面在使字片练习，因设计所包含之连贯事实，于练习外发生新意义，不致干燥无味。此种练习，当在读字片或对图片以后，与演字片相互进行。

（见《开封实验教育》第一号第十二至十六页）

这种教具和种种使用教具的方法，我于大花园和杏花园两地参观时都约略见过。我认为最有价值，在利用儿童好奇心和好胜心，使儿童在有规则的游戏中，不知不觉地认识了许多文字、许多实物的名称和种种使用的方法，同时又熟悉了群众的规律的种种动作。我说来似乎繁复，其实是很简单的。请看几位年事很轻的女教师，运用得都很纯熟了。

高思庭君索诗，援笔率题二绝：

> 桐槐两院午阴清，相对倾谈叙旧情。
> 倘许梅庵温昔梦，六朝松下读书声。
> 大好河山我欲歌，兴亡今古感怀多。
> 八千子弟须磨励，与子同挥塞外戈。

在省立第一职业学校，讲服务三要：一、要有精熟的技能；二、服务努力；三、要能适应环境。在省立妇女补习学校参加过教员谈话会一次。最重要是在河大礼堂公开演讲，题目是"青年自觉和民族复兴"。

五、开封公开演讲词

今天承校长杨先生给我一个很好的机会，来同在坐诸先生、诸同学作一次公开演讲，个人觉得万分高兴。今天预备研究的是"青年自觉与民族复兴"。我所以要提出这个题目来说，是因为我们彼此聚首的机会很难得。当然不能，实在也不必花费这可宝贵的时光，去谈其他不关重要的话。惟有"民族复兴"是全国上下要求一致努力的途径，这是大家所公认为最有价值而且最急需讨论的问题，我很愿意向在座诸先生及诸同学供献一些关于青年自觉与民族复兴的意见。

诸位对于中国现状的危险与前途的黑暗，想已相当地感觉到了。可是危险的程度如何？也许不是大家十分明白的。个人在"九·一八"以前，整个的时间及精神，都用在教育的研究、教育服务上。以后才提出一部时间来偕同热心的朋友们从事挽救民族的工作，实际地负担起解除国难、复兴民族的重任。如何解决国难达到民族复兴的成功，便是今天要向大家共同研究的中心问题。自问可以提出不少很适切的材料，以激奋大家、加深大家的注意，最后还希望大家脚踏实地去干！

大家都知道：一个人的身上，无论哪一部分，开了一个窟窿，要是不找医生救急，不把它封起来，也不想其他法子诊治的话，定会血流不止，在最短的时间内，必死无疑的。现在的我国，即等于一天一天在那里流血，一年一年在那里流血，只要诸位一看每年海关对外贸易的报告，便会警觉到非常的可怕。从前一般人对于统计不甚注意，其实大量的流血，已有几十年的历史了。中国的对外贸易，自光绪二年至现在，除了一二年外，没有一年不是入超的。这里，特别将最近三年的入超分量报告给大家听：

二十三年一月至十二月，出入口相抵，入超是五万万零三百万，以中国四万万人计算，每人的担负还不只一元。

二十二年一月至十二月，出入口相抵，入超是七万万三千万，以中国四万万人计算，每人的负担，已将近二元。

更在以前入超最大的一年一月至十二月，是九万万元。以中国四万万人计算，每人的负担竟超过二元了。

农村破产，自然是毫无疑问的事实，其原因，便在连年的入超太大，所以，入超的问题不能得到解决，就等于一人的流血而不治，转瞬便要遭受到死亡的危险一样。全世界除了中国外，都是特别注意对外贸易的，他们发现了某月份的入超报告后，不管多少，一国的政府是要负全责去弥补与救治的，否则国民也就要责备政府之措施不得其宜甚至不信任了。许多国家的内阁，往往因为有对外贸易的问题发生剧烈的争执，竟至倒阁的也有。吾国从来对于进出口货的出超、入超的问题，不在意中，长此下去，就是人家不用武力来袭击我们，我们也自会走上灭亡的途径。说起来真是痛心得很。

以上所讲的是中国的慢性出血病；另外还有一种急性的出血病，更是危险到了极点。

诸位对于"九·一八"的印象，定然是很深刻吧！四十几天当中，东三省完全被人占去。二十二年一月山海关的战争继起，四月二日热河竟至失守，东北四省都通通送给人了。诸位要知道：四省之失，我们虽然还是漠不关心的不觉得什么；日本人得此，可就了不得的高兴呢！东四省的矿藏之多，农产物之富，是甲于全国的，单就热河的金矿、煤矿来说，便不知有多少。热河十大矿产，是日本人占据以后公然发表的。可怜的中国，就这样地断送给人家了。要是东四省丢掉之后，日本人便不进攻了罢；但事实上，绝对不会的。日本人的目标不是占据东四省就完了，他还要华北，不只华北就够了，他还想吞并全中国，这是日人的计划，日本人非力求成功不可。我在所著《黄海环游记》一书中，写得比较详细。二十年春，我在日本的时候，当时尚在"九·一八"之前，日本已公开地讲着，要占领了中国，才得海上与美战，陆上与苏俄战。其侵华大政策中，有一点可以告述者，便是日人侵华的一条路线：预备由海州登岸先占徐州，将中国北部占有，然后进占郑州，将平汉及津浦二铁道截断，使南北关系隔绝。这是我在日本听说的，回来时，还不以为真。后见报载，日人潜水舰在海州测量的消息，上下哗然。个人特去南京向蒋先生报告，蒋先生颇为动容。蒋先生承认这是必然要发生的一件事，应当准备应付；可是一般办外交者，却说"恐怕不会"，或者"不至于"。谁知"不至于"，"不至于"，"九·一八"的事件便轰然发生了。日本人是有计划的侵略，如果进攻陇海路线有了实现的一天，河南不知如何办？诸位切不要以为日本占了东省距离开封很远而安然地仍旧混沌着。其实日人老早就有占据华北的决心的。中国极新的创伤是这样厉害，旧的病症又如是其深沉，各国都在协以谋我的时候，我们究竟怎样办呢？"九·一八"以后，打主意者很多。大约有三派：

（一）到日内瓦去——日内瓦是国际联盟的所在弛，去日内瓦，就是求救于国际联盟。但，我们知道，国联原是英国同法国在玩把戏，他们欧洲自身的事尚且弄不清楚，如德国天天在与法斗，法国尚且应付之不及，又何暇来顾及吾们中国呢！所以，国联虽然应了中国之请，无奈，派了五人组织一国联调查团来华，二十一年下半年也曾发表了一份报告书，但是讲到东三省的问题，并没有公正而刚断的主张。求救国联的结果如此！

（二）到莫斯科去——到莫斯科去，当然是设法与俄人联合共同抗日了。但这行得通吗？请看震惊东亚的中东路出卖事件，便知我与苏俄间的交情全是梦想。中东路的修筑经费，原来是中国一半，俄国一半，虽然共同管理，而土地主权则完全属于我国。现在俄国竟不得我国的同意，公然出卖日本。俄国对我如此，到莫斯科去，不是一条绝路么？

（三）到东京去——有的主张：日内瓦、莫斯科既然都走不通，只好到东京去，与日本直接商量了。这简直不啻是投降，而且投降也不能终止其占领全中国的野心。跪着求，亦求不了。与虎谋皮。真是笑话到极点。

路路不通，如何是好呢？天下事，求人不如求己，细想，求己的办法倒反不难，兄弟认为中国始终是有希望，有生命的，只要大家努力。（掌声如雷）

前面已经说过，中国的两大症疾，一是慢性的出血，一是急性的出血。慢性的出血是中国人自己拿钱去买洋货，故年年入超。但这病不是无救的，只要中国全体人民一条心，不管国货如何贵，如何丑，大家从今后都买国货，全体国民都不用洋货，入超的货额，必然会于无形中由减少而消灭。中国所用的煤油全是外货，这完全由于我人不向新疆、陕西开发或开发还不够的原故。个人感觉到：全体不用洋货的觉悟，决定会打破这第一个慢性流血病的难关的。如何使全民知道觉悟呢？我也敢担保有办法：

现在假定在座的有八百人，都下了决心不买洋货，出去后每人又劝三人不用洋货，于是，今天下午便有三千二百人不用洋货了。在所劝的二千四百人中，又请其每人劝三人不用洋货，于是，马上便有九千六百人不用洋货了。如此下去，事实上并不是很难的事体。开封只有二十余万人，不到几天的工夫，开封全城的人民都不用洋货了。此种办法最可能而有效。今年定为"学生国货年"的意义，便是让青年学生来开头。学生是年壮力强、爱国心极强烈的。希望大家真能如此干下去，入超问题的解决，就是国民经济问题的解决。我所要讲的青年自觉，这就是第一种。

第一种病解决了，第二种怎样办呢！日本人打进来了，也并不是没有应付的办法，经验告诉我们，两人打一人，两人胜，四人打一人四人胜，这是毫不疑义的事实。中国有四万万人，日本连朝鲜、台湾还不到一万万人。四打一，中国那有不胜的道理。可惜中国人，四人是不同心的，没有联络的。中国的失败，也就是无组织、不合作所造成。我们既然相信：一切不是没有法子来解决的，经我们彻底加以研究后，成立一种主张，如果大家真能办到，第二个急性出血症的难关，马上也可迎刃而解的。诸位知道打架是"力"的问题，我们已承认中国的人数是能战胜日本的，其所以老是被人欺辱者，便由于力不集中的原故。简言之，也就是由于中国人太缺乏团结的精神了。团结足以增加人的力量，中国有这般多的人口，怕什么！只怕不团结，但怎样才能团结呢？去年"九·一八"纪念节，兄弟在上海中华职业学校公开讲演，曾经这样说：

"我们各个人都要把自己所有的力量，不许有一点私藏，也不许有一些浪费，完全贡献给我所认为国家和民族生存上最需要、最迫切的工作。"这不是力量集中吗！（掌声大哗）

爱国，我还要贡献一点意见给诸位。原来一个国家、一个民族需要的工作很多，无论学农也，学工也，学商也，学政也，无不是民族所需要的、有关国家生存的工作。救国要靠健全的身体，丰富的知识，服务的、牺牲的精神。在座有很多童子军，令人敬重极了。童子军应具备有服务与牺牲的精神，倘使在座诸同学，都能够一致地将个人的力量纯粹用于救国的工作上，不打牌，不浪荡，虽是身体有些微疲倦，也不可因此不上课，而将身体的力量浪费掉去。

以上，不过是集中力量的办法罢了。最重要的还要将各分子的力量增加起来。去年二月，中华职教社邀请了很多专家在乡下开会，讨论用什么方法来增强青年的力量，结果，拟成了一种最切要而易作的复兴民族的行为的标准，这是最低限度的希望。能做到的，便是中国的模范青年，有力的青年了。请听我把这个标准上所列的各条逐项读出来：

民族复兴行为的标准：

甲、应做之事有八条：

1. 早起。

2. 整洁。

3. 锻炼身体。

4. 服用国货。

5. 遵守时间。

6. 爱惜公物。

7. 努力为公众服务。

8. 救人急难。

乙、不应作的事有四条：

1. 不撒谎。

2. 不侵蚀公款。

3. 不冶游。

4. 不赌博。

一个人对于道理总是懂得，可惜言而不行，结果究竟是于事毫无益处。你们不做，我何必做！大家不做，我一个人何必做！国事的败坏，追求它的根源，实在这一点上。什么话都懂得，只是不做。病不肯吃药，是无救的。所以，最后，我要很郑重地提出两句话来，希望诸位牢记心头，今天的讲演，也就算不虚了。两句话是：

（一）良心上认为应做的，从我做起，而且须立刻做！

（二）良心上认为不应做的，从我戒起，而且须立刻戒！

末了，兄弟打算介绍两种刊物给诸位，一种叫《国讯》，是从“九·一八”以后，供给全国各地重要消息的。还有一种，叫《五六境》，是兄弟近来写的文章，刚才所讲的话，这本书里讲的还要详细。大家得闲可以看看。（廖量才记录）

刘经扶主席峙要江问渔先生和我对河南有所贡献。江先生草了《县政建设计划纲要》，我草了一篇《河南举办工商业补习教育理由及方案》。并于陕西归途，参观了三个县：一、灵宝，二、郑县，三、淇县，各草报告，以供计划县政时的参考。

六、灵宝

游罢陕西，出潼关朝东行，就和姚君惠泉到全国产棉最有名的河南省灵宝县下车。车站离城很近，约仅半里。入城，访到县政府，先从照壁上见县长全耿光就职公告，知县长到任尚只四天。相见极殷勤。灵宝正开到了不少大兵，县南几十里就有事，办兵差大忙。百忙之中答复吾们发问这样那样。我们心里很是不安，乃请介绍一位熟悉地方情形的科长，见陶科长健夫（懋烈）长谈了大半天。辞出，访得又一村餐馆很好，饱餐了一顿。闲行街市中间，随便看了一个很小很小的小学，买了一大包很大很大的鼎鼎大名的灵宝大枣。要求枣铺里一位小伙子，带着我们走，绕了许多路。路旁见上海慈善家王一亭等纪念碑，最后看见了函谷关。

那天正刮大风，黄沙遮蔽了太阳，在很高的堤上走，岌岌可危的形势中，很感觉环境的伟大。到了车站，我俩又和站长、站员、满站驻着的兵士以及他们的军官闲谈，知王以哲师长快到了。

灵宝人口十六万余，分六区，二百六十九个保，是二等县。县政府经费每月一千二百元（一等一千四百，三等九百五十）。县长月俸二百四十（一等二百八十，三等二百），科长八十五。

灵宝棉的历史，据陶科长述很有趣。清末，天津开物产会（按当是宣统二年，南京南洋劝业会之前，开地方物产会），灵宝有位老先生去参观，见会中伟大的棉花标本，索得棉子几粒，带归，种于盆内，居然结成伟大的棉花。那时华北一带，盛行一种舶来品织物，呼为德绸，其实是棉织品。大家因这棉可制德绸，推广种植，渐种渐多，经过若干年，遍于全县以至邻县，名震全国。因此地方不叫他美棉，叫他德棉。

到了民国十七、十八、十九年大荒，棉田绝种，上海慈善家于民国十八年送到了一批美棉种，散给全县，路旁所见纪念碑，即，指此事。但距今六七年了，最好再换种一次。现年产棉一百万担。车站站长说：去年产八千万吨。因市场跌价，仅出五千余吨。普通每亩产量约子棉一百斤。棉田占全县耕地三分之二。

灵宝现有合作社七十八所，内信用合作二十七所，运销合作四所，信用兼营其他五十一所，利用兼营其他五所。社员共五千八百零八人。社股二万八千五百七十四股，每股先收一元。有仓库一所，收受棉花抵押，但存货多未售出。去年银行放出十万余元，月息一分二厘（内银行收八厘，余四厘充社经费），本地息率二分至三分，特殊者高至五分。

灵宝田赋每十亩额征银一两，每两从前收至二十余元，现减为正附税共六元。田价分水旱两种，水田上等一百元至二百元，中等五六十，下等二三十。旱田四五十至二三十。除棉田外，水田可收二熟，大都是麦和玉蜀黍等。

灵宝无大富，亦无极贫。富者每家至多百亩上下。民风乐于守业，不思外出。民国十七、十八、十九年大旱灾，加以兵灾，大感痛苦，倡议移民，民仍不愿。当地商人，十之七八，皆来自晋省。该地称就食灵宝为"吃河南"。母亲勉励他的儿子："好儿子呀！母亲盼望你长大起来去吃河南呀！"因河以南，地多肥美，易于得食的缘故。但灵宝南部皆山地，不尽可耕，最近治安又成大问题。

生产较富区域，为县城南四十里以内，约占全县三分之一。

壮丁训练，每期四个月，先就有枪者训练。民间有枪甚多，皆平时购置及军队溃散，售与民间。给他们剿匪自卫。警察以外，有保安队，归第十一区行政专员指挥，本县出二百人参加。

民国十七、十八年土匪抢劫、绑票，骚扰得很厉害，六区区长立约互相保卫，有警互相救护搜剿，稍复治安。同时推究匪的来源，由于鸦片，乃更立约互相督察禁绝烟苗，故灵宝在各处烟苗遍地之时，单独的禁种净绝。

灵宝县教育费年约二万五千元，小学校县立区立保立共三百四十余所。河南各县大都每保立一小学，故校数不少。

那天访谈完毕，正想离灵宝东赴郑州的时候，偕惠泉去买票。"买票！买票！到郑州去，"不料给我的票，却是陕州，大惊异，"错了。我们要到郑州去"。"没有错呀！我是给你们陕州票呀！"原来中州音"郑"字须念清音，而我们的姚先生用江南方言，含了浊音，"郑"字浊音与"州"字稍急些连读，便误听为陕州了。江南人到西北去，须快快把方言丢在家里，万不可带着走，要出乱子的。

七、郑县

离开了灵宝，原定到郑州直接北行军，赴定县，沿途兵车络绎，节节停顿，到郑州，差不多迟误了两个钟头。一转念，便来调查郑县一下，不更好么！入郑县县政府，县长兼第一区专员阮藩济正下乡检阅壮丁训练，秘书金定九君出见畅谈。

金君问：从前到过郑州么？答：到过两次。市况比从前发达多了。金：郑州市况，实比最盛之年衰减了不少。从前棉花输出，每年四百万包，现大减。因为交通逐渐发展，交通中心西移，打包厂多移向内地了。幸尚有银行分行十二家撑住了市面。从前晋、陕、甘三省烟土通过这里，每年约值一千万元，现在逐渐减少。郑州市内地价，从前高到每亩一万元，现在跌到五六成，还是有行无市。种鸦片已禁绝了。吸者正在登记，但虑不一定准确，尚在严查中。农村正试种美棉，以后想逐渐推广。商会赠灵宝棉子七万斤于民家，秋收后，如量收回种子。去年农田秋收得九成，农民很欢喜。前三年都得八成，今年麦熟只五六成，因为一春未得雨水的缘故。郑州大宗农产，还是高粱、小麦等。

有凤凰米，为此间名产，产在凤凰台地方。在前清是一种贡品。可惜产量甚少，一年只几百担，全县田赋二万余两。每两征六元多。其中正税两元，余为附税。上等田八九亩纳一两。中等十四五亩纳一两。合作社有百余所。农工银行，上海银行首先创办。现政府设有合作指导员办事处，非经核准不得办。而地方高利贷还高至三分到五分。郑县是一等县。县政府、专员公署、保安司令部三方共经费每月四千二百五十元。区长公费每月三十元，保长五元。每五个保为联保，公费二十五元。全县人口二十三万余，分七区，六百多个村。全县小学校十一所。保立初小三百七十八所。规定每保设一学，大都从私塾改良而来。现在训练壮丁，每保出一人，一年训练两次。经费每户每次纳两角。初不肯来，现渐成习惯了。所用枪，或由县发给，或自备。民有枪支，现严令集中。郑州往年土匪很多。前年尚有绑票及拦路抢劫等。今大减少。或者可说没有了。问是什么原因？答是政权统一的缘故。县长兼专员，兼保安司令，兼司法，军民政权，集于一人之手，"令出惟行"，办理迅速，匪便没法存在了。吾从几个方面访知现任公安局长傅良弼，精干廉洁，地方风纪整饬，亦是一个原因。郑州政权统一，当局之精干廉洁，匪类潜踪。吾从这里可以认清政治的原则，要使行政有效，必先树立统一、健全、强有力的政权。而执行这政权的人，不但精干，又须廉洁。只须看人身组织，"天君泰然，百体从令"。而所为天君，又绝对不会对他一手一足有所偏私，百体自然从令了。

郑县城内东偏，有省立工科职业学校，教育、建设两厅联合管理。校长赵竹铭，访见畅谈。分化工、酿造两科，每科设高初级各一班，初级四十人，高级二十余人，各三年毕业。未有毕业时，不招新生。附设平民学校，有学生百余人。学校开办费两万元，各项设备费两万元。经常费第一年九千元，去年第二年两万元，今年两万四千元，八折发给。出品如肥皂及化妆品皆已发售，售价除收回原料价外，有余，充折旧、添置及平民学校经费。员生亦有分红。初时半天工、半天读，后因工作有连续的必要，改为三天工，三天读。力求将技术和理论打成一片。问技术上有困难否？答没有。所苦就是经费。全省化工学校仅这一所。化学工厂亦仅一所，在郑州。

我告赵校长，这校的长处，就是有出品发售，学生不多，未毕业不招新生。盖化工职业教育，重在质之精，而不宜遽求量之多，不能如普通的教育检计法，花多少经费，养成多少学生，需费越少，养成越多，定为成绩越优异。凡事在试验时期，眼光须放得远，盈亏成败，须合前后通盘打算。化学工业，果能就试验之结果，养成一批确能用其所学的学生，创成一个基本的化学工厂，他的技术和出品，确实站得住，然后就其需要，逐渐推广，精者由中心制造，其一部分可以家庭工业补充的，逐渐传授平民，推广制造，而仍由中心机关为之指导，需要指导员加多，即培养学生须加多。这化学工业中心试验教育机关，贡献不能说不大了。只怕明白这点的不多。此时说不定会有人来指摘，总须扎硬寨，打死仗，切不可轻易动摇阵脚。一动摇，全功尽弃了。但宜将个中关系恳切说明。赵校长说：已有人来指摘过了。

到郑州市西碧沙冈访农林实验学校，设在规模甚大之军人公墓祠内。见校长许养素（道纯）、教员张安之（宝贤）长谈。此校二十三年九月开办，学生八十人，分为两班，一招收初中毕业生，三年毕业，共四十七人。一为讲习班，三个月毕业。凡粗通文字者皆可加入。本区十三县每县选送三人，合为一班。令其受普通方式的教学。

农科学校最难办，初中毕业生，用寻常学校方式施教，三年毕业，竟无从找出路，十年前甲种实业学校的覆辙，有目共睹了。首须研究的，究竟农林界需要何种人才，这种人员须备具何种知能，须养成何种习惯，然后依他的需要来施教练。而招生时，须招收堪受此等教练者，于来学者平时的习惯与其所受基本教育，皆须顾及，否则恐为甲种农业之续。至于粗通文字者，令受三个月普通方式的教学，是否能接受，三个月后出路如何，似皆应有的疑问。许校长亦深为顾虑。只以章程早经规定，无如之何。现努力于农具改良，苗木试种，副业研究。

导观孟子安君所制改良农具，如播种器、中耕器，尚有改良纺机，惜未得观。孟君以天才潜心研究，许校长热诚指导赞助，将来当有大贡献。

八、淇县

郑县访查既毕，总想渡过黄河去看一县，换换眼界。转平汉北行车，到淇县去罢！下车，寄行李于车站，站长杨俨若（守怪），上虞人。一见吾两人名片，颇表欢迎。车站去城稍远，问明路由，雇车便行。站长谆嘱早归，过五时切不可行。

入城了。访到县政府，入门投刺，请见王县长（兆珍）。门者带我两人至收发处，中年而科员模样者一人，把名刺玩了一会儿，问：你们见县长有公事么？答：有。问：拿来给我看。答：我们公事须口头告县长。我们有公事，并没有公文。就把我们的来历及所以请见县长的缘故，详说一过。他说：县长不在家。吾柔声说：那么我们见科长也好。他说：科长也不在家。吾再柔声说：科长该有三位，请见任何科长都好。他说：任何科长都不在家。吾更柔声说：那么请见科员也好，任何科员都好。他说：任何科员都不在家。吾两人大诧异。这样堂堂县政府，青天白日，法定办公时间以内，一个人都没有。怪了！怪了！问：先生高姓？答：姓"徐"。音很不清楚，又似"瞿"。再问：请先生赐一尊片。答：没有。乃授与纸笔，请写高姓大名。答：吾不会写字的。更怪了，怎么堂堂县政府，竟用不能写字的职员。没法了，很恭敬地告辞而出。访到教育局，见局长田会川君具道来意，十分殷勤地接待。亲自导观县立初中，女子高等小学、第一高等小学，均参观上课。既毕，告田君以方才到县政府情形，田君导我们再去，不意收发处那位先生依然挡驾，教育局长亦没法。忆及站长过五时不可行的谆嘱，别田君即行。

到车站，杨君竭诚招待，招到站旁住室，见他的夫人。正周旋间，一人偕省派点验壮丁训练的数军官入室，说，县长来了。杨君一一介绍，一军官似曾相识，独致殷勤。县长方落落然，军官和他耳语一下，县长即来让我上座，问何不到县政府谈一下。说到这里，巧值田局长也来了。我便答县长：县长！我们此来本是专诚拜谒，不料刚才到府，大概因我们太乏官气，又恰逢县长、科长、科员在办公时间内全部公出，无缘相见。说到这里，几位军官和站长都听得大诧异，我只得将经过情形详说一番，累得王县长在极度的局促中间，表示极度的亲切。以下皆县长答我们的发问：

淇县去年麦五六成，今年恐只三四成。农产以麦为主，棉无有。田赋共一万六千八百两。每两正附共五元，全县人口十万三千多。面积三千多方里。全县分五区。区经费每月六十六元。原定一百七十元，因费绌匀减。财政很困难。连司法每月仅一千三百五十元。联保之下，每保每月费二元至三元。田赋每十亩征银一两。亦有二十亩征一两的。山地有四五十亩征一两的。因垦熟不易之故。淇水出太行山下。有民生渠，引淇水灌田，长四十多里。内二十多里，现时可灌五百顷，将来可灌八百顷。自民十八始开工，中因党派争执，停顿多时。前后共费九万元。现正计划引至城濠，可多灌田百顷。若全部告成，可占全县耕地三分之二。渠乡田价前每亩不到十元，开渠以后，增到二十元。山地面积大，一亩有当三四亩的，故每亩田价竟高到七八十元，普通在十元以下。

合作社无，但有仓库可抵押小麦。借贷息率普通三分。壮丁训练，枪械自带。全县登记枪械一千一百余支。烟苗绝对禁绝。悬赏秘报，五亩以下，赏三十元，二十亩以下，五十元。五十亩以下，一百元。往年土匪极猖獗，前任县长被架去。去年来枪毙土匪三十余人，地方才得平静了。

问答时，偶询及淇县地图，承县长立派公役驰向县政府取以见赠。并坚留一宿，婉词谢却，上车时更承县长、局长亲送，至为可感了。

九、开封省府大礼堂演讲

再到开封了。五月十一日刘主席召集所属各厅、处人员于省政府大礼堂，邀令公开演讲，我很感激他的诚意，就老不客气地一一报告。对于省政府以下富有朝气，人民称道地方官吏多能廉洁，人民担负赋税确较以前轻减（灵宝每两正附共六元，郑县六元余，淇县五元。从前有征至二十元者），地方治安确较以前进步，这几点表示十二分感佩。而对于三县提出问题如下：

灵宝　该地惟一特产为棉花，而棉花有三大问题正待解决：（一）现时棉种，尚是民十八年上海慈善家所捐募散给者，五六年来，不免变杂，急须精选换给。（二）各合作社，及收受棉产抵押之仓库，本皆善政，但往往为土豪或小商人垄断，而不能实惠及民。（三）商人经收经售，大都掺水掺杂，近则农人亦工于舞弊。郑州纺织界友人，深以灵宝已无真正良棉为痛心，灵宝棉信誉一落千丈。虽政府特设机关，严禁全省棉花掺水掺杂，亦尚未见大效。凡此皆为农事问题，而牵及政治与教育者。

郑县　郑县与其他各县，皆以天时抗旱，农田缺乏灌溉，为惟一严重问题。途中有客自洛阳来者，亦深以为虑。且谓若今后一星期内无雨，棉田将不得下种。我说：三十年前，即闻豫省俗谚："梁靠墙，病靠命，田靠天。"若农田水旱，专靠天时，别无人工救济之法，如何可行？民初孙发绪长河北定县，以掘井为四大要政之一。全县掘至几万井，至今深赖其利。河南何不来盛大提倡一下！此君说：有井之田较无井之田，价值几高一倍。且河南地层，水源甚足，二十尺以下皆有水，只一般农家无力办此耳。

淇县　淇县问题，自以治匪为第一要政。但一渠而能灌全县耕地三分之二，能增高渠旁田价二分之一以上，其所需费又不多，此不宜听地方争闹意见，停废要工。亟宜于调查属实后，一方筹集款子，一方责令地方限期完成。此为增加生产根本之计，民生既裕，匪源或亦因之而绝。

地方政府，一方对国家负责，即在整个的中央规定政策之下，如何维持治安，如何训练民众，如何增加生产，凡所以培养国富，增进国强，责无旁贷；一方对人民负责，去其痛苦，予以便利，使人人得发挥其生产本能，其有伟大的基本的生产事业，非民间之力所能举者，政府任之。其有一般应办之事，人民或办或不办，则政府督之便归于一，有能有不能，则政府助之使底于成。同时以教育之功，浚其知识，齐其心态，以政治辅导之功，使之有群足以自治，有力足以自卫。中华职业教育社同人试办农村改进工作，提出三要点，曰："自治治群，自养养人，自卫卫国。凡做，做此。凡学，学此。凡教，教此。"政治纲要大致尽于此了。末了，更贡献几点：

一、省有省的整个施政计划，每县亦宜规定一县的整个施政计划。但在同时间内，头绪不可太多。宜就地方需要尤急切者，以全力举办一事或数事，有成，乃更为他事，而此事与彼事间，须互相联络辅助。例如民政方面从事开渠，则教育方面宜大宣传开渠之利，同时借开渠一事，使人民练习自治。

二、甲地所需要之事，乙地不甚需要或竟不需要，决勿取形式上之整齐划一，而强责以同样举办。

三、无论为教育，为建设，为其他，凡仅属表面的点缀，而实际上无甚裨益于国家与民众者，一概勿取。尤宜减少文字上的虚烦。

四、政府才力与财力皆有限，而需要则无限。最好方法，在利用各方面所有力量，集合构成整个的力量，以扩大一切设施的基础。

五、用普遍有效方法，教导全民众，使之心目中只有国家与民族观念，以此化除省与省间、县与县间乃至区与区间卑狭的畛域心理。

那天吾公开讲演的大意是这样。有人问中州政象如何？我说：不单是中州，大概我们中国内地多犯着"水土不服"的病。水的病两种，河里的水太多，田里的水太少。土的病也有两种，一是土匪，一是鸦片土。像河南的病，已算渐渐有起色了。

在开封见总部禁烟特派员罗心汉。他说：烟禁很严，如某县发现一株烟苗而不报，该县长须枪毙，罗君索书，为拾古书句成联以赠：

> 有朋自远方（《论语》），亦既见止（《诗》）。
> 以此毒天下（《易》），吾将去之（《孟子》）。

（乙）陕西部分

一、入关

四月二十八日下午九时，上陇海西行车，离了开封。临走的时候，河南大学杨校长丙辰，文学院江院长绍原，高思庭、肖承慎、葛定华诸教授，学生李荫、邓瑞明等，财政厅尹厅长任先，皆来送行，姚君惠泉先一日行。天未明，自洛阳上车来会。

洛阳以西，吾生平没有到过。在火车中可望不可及的，是一条像紫花布一般的黄河。车的左右，高高低低的是土山，是穴居的民众。诸君且慢把穴居生活，当作文化低下的表征。十年前，吾在山西曾经宿过一夜土穴。问他们，才知道冬暖夏凉，万分舒服。而况黄河流域的空气来得高燥，绝对不会感觉到潮湿。道地的土穴，建筑费比房屋还要贵。住在中间，简直"此间乐不思洋房"。人们欲求快乐舒适，只有利用天然。如果矫揉造作，违反自然，甚至把生活需要，牵连到体面问题，结果，便是自讨苦吃。譬如日光，是再好不过的取暖的东西。就是阴雨没有办法。现在，不论阴雨和晴明，到天气稍冷些，定须装设火炉，天天躲在屋子里生火取暖，一半也是装作体面，早忘却"冬日之日"的可爱了。

二十九日，清早，寒甚。午又热。过潼关，更热。向读谭浏阳诗："河流大野犹嫌窄，山入潼关不解平。"实则应改为："山出潼关不解平。"一入潼关，铁道与渭水平行。右方沿渭水平畴一绿，葱郁可爱。左方远远地一带山脉，东西横列，高耸云表，就是华山山脉。

由潼关而华阴，而华州，而渭南，车行平衍的郊原里，碧绿的麦田，一片一片方方正正地排列着。麦，绿得像老翡翠一般，长形的圆形的池塘，上边，环抱着一丝一丝随风摇曳的杨柳，简直是我们家乡江南风景。过灞桥，原来灞水和浐水，为关中八川之二。今则水浅且狭，已不是我理想的景物。而桥和杨柳还是保持着那千百年来送客销魂的风采，够使我触发无穷感想了。西安车站设城北，经营尚未完工。老友陕西省主席邵力子先生早在车站盼等着。那时候是四月二十九日下午七时。

渭南潇洒似江南，风柳丝丝漾碧潭。

使我渭川千亩竹，为君佳处一茅庵。

灞桥销尽古今魂，流水斜阳尚屐痕。

一笑书生留本色，故人迎我到郊门。

二、西安

陕西在全国各省中间，"提起此马来头大"。古来建过都城的，没有比他更阔的了。周从武王起，秦从孝公起，汉从高祖五年起，五胡乱华的时候，汉刘曜，秦苻健，后秦姚苌，西夏赫连勃勃，最后是西魏，直到统一以后，隋从开皇二年起，唐从开国起，皆建都于此地。到后来交通中心渐渐向东移动，政治中心跟着移动，这中华的老宅渐渐废置，这是近一千年来的事。

陕西父老告我，自入民国，陕西从没有享过安乐。光复时，姑且不论，自民五陈树藩为都督，将前督张凤翙已经禁绝的鸦片，纵使复活，烟苗遍地，流毒直到现在。民十刘镇华为省长。明年，兼督军。民十三以后，孙岳、李云龙先后握政权。民十五，刘复入关中，围攻西安，杨虎城等在内死守，相持至八个半月，城中罗掘一空，饿死人民两万。其后连年大旱，匪盗满地，死亡更不可以数计。凡军政中心人物更动一次，必激起一次大风波。直至二十年以后，始渐渐稳定。

西安人口，民十三调查约得十二万人。后来经过十五年的围城，十七、十八年的大旱，死伤逃亡的结果，至二十年六月，调查仅得十万八千人。其后逐渐增加，建设厅发表，民国二十一年底得十一万四千三百八十九人，二十三年底得十二万五千一百四十一人。今后的激增是可以预料的。

当民国十八西安大旱时，麦每石价六十余元。十五年围城时麦每斗须一百二十元。父老告我，过去的陕西，在天灾人祸中间，简直是人间地狱。先生若在两年以前来，还可以亲眼看见。省城稍偏僻处，便有绑票。满街叫卖小孩，一名只一块钱。老百姓把他住屋的材料拆下来零卖，一百文一担。从潼关到西安，沿路都可以看见。军队可以直接向地方派款。有所谓租担捐，佃农纳租于田主，粿子（大约是未加人工的农产物的总名）每一担，须派田主捐两元。佃农捐两元。而对经征者尚须纳几倍的手数料，饱他们的私囊。实则每担时价连两元都不到。教育局顿时收到无数田契，地主声明情形，情愿将田捐办学堂，这是曾经在这等也方当过县长的亲讲给我听的。邵力子主席一到，很坚决的命令禁止。一面向军队声明，所有预算通过的军费，悉归省政府负责供给。陕西田产分金、银、铜、铁、锡五等，见之于旧时公文。金田每十五亩纳粮一石，平均则每四十亩纳一石。派款最多的，每石须派至八十元。自邵主席严禁派款后，每石减为正税五元，附税至多五元。省政府宁将多项费用尽量节减，连各项建设事业，宁使缓办、少办，决不派款。此层某县现任县长亲对我说，而决不派款一层，邵主席自己亦亲对我说，从前商家常苦勒捐，自邵主席来，力矫此弊。仅一次为省外振济，向商会借款，不久由省库归还，此层由商人亲对我说。加以两年来风调雨顺，年谷丰登，老百姓爱戴邵主席，简直是五体投地。

　　　　百钱百觔粱上穣，一金一口怀中儿。
　　　　廿年两陕伤心史，耆旧从头说乱离。

　　　　到此民劳汔小休，家家物物罢诛求。
　　　　官民情重成师弟，叔子雍容自带裘。

"日出而作，日入而息"，是人类正常的生活状态。偏偏天晚不肯早睡，天明不肯早起，由植物油灯变为煤油灯，再变为电灯，电灯区域逐渐扩大，连乡村也要装起来了。灯火制度越完备，夜睡越迟，说不定将来会有"日出而息，日入而作"的一日。人们无数若干害人害己的勾当，多半是在日入而不息中间干出来的呀！只想用人工代替天然，早忘却大宇中间还有那盏活动的大电灯，无始无终地燃点着，正在抱怨你们太不信任它了。电有很高的权威，电灯有很多的功用，我并不愿用偏激的论调来抹杀一切，不过凡事要从比较中间求得真价值，需要那样，把那样来供给，当然是合理的。如不问需要不需要，需要的程度够不够，只觉得那样新奇可喜，用了，才是漂亮，大家用，我不用，多么可耻，这是什么话呢？西安省城还没有电灯，有人以为太不注意物质建设，吾就把这番话对他说。

在西安，尽我的眼力来看，尽我的耳力来听，省立第一图书馆，孔庙碑林，第一女子平民职业学校，省立西安高级中学校，小学教员训练班，省立西安师范学校，韦曲民众教育馆，莲湖公园，荐福寺，小雁塔，慈恩寺，大雁塔，卧龙寺，东岳庙，八仙观，杜少陵祠堂，兴教寺，玄奘，玄测，窥基骨塔，皆为吾游踪所及，吾目浏览过了，吾手摩挲过了。

碑林在西安城东南隅府学孔庙后。有碑石四百九十四种，一千四百二十四方。最古者北魏造像四方。最近则清八百七十方。民国以来二十五方，其次多者，唐三百十一方。其规模最大，要算唐开成二年所刻石经十二种（《十三经》缺《孟子》，清康熙中补刻）。最可爱者，要算唐太宗昭陵石刻六骏。民国五年被盗卖于外人，追回了四个，今置第一图书馆。

所见各教育机关都有相当成绩。女子平民职校，分染织、织袜、缝纫三科，临街设有商店。初级农科职校分农、林、垦三科，以职业教育眼光观之，都是好学校。

西安各学校，很少见新建筑，而规模都很伟大。可见新教育始创时规划之闳远。教育厅主办之小学教员训练所，令各县选送小学教员听讲，六个月为一期，尤重军事训练。陕西不办大学，就高中毕业生选送省外各大学，需要何科，令习何科。需要多少，派送多少。普通高级中学亦仅设一所勿使无力升大学者，来受此路不通之普通高中教育。而于专科教育颇尽力提倡，国立农林专科学校正在建筑，同济大学医工科分校，亦有成议。盖自当局减少人民负担，收入锐减，省库支绌，不得不尽力节省支出，然如不办大学，少办普通高中，实为教育政策所在，都非财力关系。

前年我调查各省清季兴学的经过，略知陕西最早创办新教育的状况。清光绪十一年，长安举人柏子俊（景伟）与咸阳举人刘焕堂（光）主讲泾阳味经书院，于院内毛求友斋，以天文、地舆、经史、掌故、理学、算学课士。又土时务斋，意在沟通中西，利用前民，以救时局。二十三年，陕西督学赵惟熙，巡抚魏光焘会奏。就味经书院之东，设崇实书院，课程注重格致、英文、算学、制造。分二斋：曰政事，曰工艺，实本时务斋之大意。崇实书院开办之前一年，西安崇化书院内设游艺学塾，课算学、格致、英文、课外阅书（《纲鉴》等），作笔记。至二十四年而陕西中学堂开办。二十八年而私立健本小学堂开办。于右任即中学堂第一班学生。胡景翼即健本学堂第一次第一名毕业生。这《清季各省兴学史》，曾在《人文月刊》第一卷第七期发表。

力子偕其夫人导观易俗社演剧。此社成立在十年以前，志在借戏剧改良风俗，曾于汉口一度观演。此次所见为《蝴蝶杯》全本。完全保持秦腔面目。吾尝悬一疑问，各地戏曲多能表现其地人民特性殊俗，如昆曲之于吴，粤曲之于粤，皆然。独秦腔高亢急激，与今西北民风，绝少相应处。余于戏曲历史未尝深考，惟《越缦堂日记》称："都中向有梆子腔……优人益变其音为促急繁乱，以娱众耳。"震钧《天咫偶闻》称："光绪初，忽竞尚梆子腔，其声至急而繁，有如悲泣，闻者生哀。余初从江南归，闻之大骇然士大夫好之，竟难以口舌争。"而严长明著《秦云撷英小录》，叙述更详。说："演剧昉于唐教坊梨园子弟，金元间始有院本。院本之后，演而为曼绰，为弦索。曼绰流于南部，一变而为弋阳腔，再变为海盐腔。至明万历后，梁伯龙、魏良辅出，始变为昆山腔。弦索流于北部，安徽人歌之为枞阳腔，湖广人歌之为襄阳腔，陕西人歌之为秦腔。秦腔自唐、宋、元、明以来，音皆如此。昆曲佐以竹，秦声间以丝。昆曲止用绰板，秦声兼用竹木，俗称梆子。竹用箎笪，木用枣。所以用竹木者，以秦多商声，云云。"以上见王芷章《腔调考原》。是梆子调与古秦声关系之多少有无，尚是问题。即使有关，而今之关中，自秦、汉以后经过无数次的屠戮与无数次的流亡与迁徙，其人民非西北土著，殆可断言。意者所见秦俗为今之秦俗，所演变之秦音为古之秦音，其不相应，自是当然的现象。

西安上上下下，对力子不称邵主席，称邵先生。我偕邵先生、邵夫人游韦曲民众教育馆，一般民众，见邵先生来，在平平常常状态之下，含笑相迎，而馆员以平平常常状态导观并说明，绝对没有正立垂手，连声唯诺，曲意趋承的肉麻动作。邵先生也是满脸春风，很从容闲雅地和夫人看看这样，问问那样，不知者决不信其为一省长官。那时我从旁冷眼注意，想到在别的时候，别的地方，省主席降临，那还了得。

最使我流连不舍的，是杜少陵祠堂和三藏骨塔。少陵一生信是可怜而可敬了。三藏以贞观三年去国，至贞观十九年，年四十四还长安，居弘福寺壹意译经论。贞观二十二年大慈恩寺成，敕为上座，仍壹意译经论。其间仅于显庆二年随驾至洛阳，三年还，居西明寺。四年徙玉华宫，仍壹意译经论。至麟德元年，年六十三怛化，计其所译经论，共七十四部，一千三百三十五卷，葬于樊川北原，营造塔宇。——以上皆据金陵本《三藏传》——我登大雁塔数得二百零八级。而所谓慈恩寺云阁洞房，十余院，一千八百九十七间，不知几度化为瓦砾，荡为烟尘，独此塔与兴教寺骨塔，兀然并峙于樊川北原，经一千二百余年而不灭。

历劫衣冠见苦心，蝶杯无恙放喉吟。
古秦声异今秦俗，亢激迂徐演变深。

少陵祠与玄师塔，寂寞城南吊古情。
诗史千篇篇有泪，相宗八识识无明。

三、泾惠渠行

五月三日清晨，邵先生假我汽车，蒋德麒君陪我出西安北门，过沣水，入一村，小憩，村名低庄湾，满地惨艳的莺花，知入咸阳境了。陕西烟禁，先分期禁种，次分期禁吸，现全省九十二县中，已有五十七县禁种。所喜是说禁便禁，如长安在禁种之列，不入咸阳，见不到一株烟苗。

前临渭水，从人声喧杂中，方舟载车马以渡。舟子八人，仅一人不吸鸦片。问何故？答：不吸没有气力。渡时水浅处或推或挽，深处用篙，邪许声极惨厉。中流有桥柱若干；问何用？答：冬天水落；盖木为梁，一边渡行人，一边渡车马。方知孟子"十一月徒杠成，十二月舆梁成"。建设随时令而兴废，自是古代普通现象。吾常感觉不出外旅行，不能领会到古书中意义。"郑子产以其乘舆，济人于溱洧。"吾生长江南，当时读《孟子》到这里，甚不解乘舆如何能济人。

后来游山东渡汶水，实地表现一下，恍然大悟。又尝游南洋群岛，见侨民海滨游泳，多以椰壳两两成联，系于腋下，入水便不会沉。恍然大悟《论语》"吾岂匏瓜也哉！焉能系而不食"中"系"字的解释。而《诗经》"匏有苦叶，济有深涉，深则厉，浅则揭"，不是"兴"，不是"比"，直是"赋"。《国语》《晋语》诸侯伐秦篇——苦匏不材于人共济而已。——韦昭注：佩匏可以渡水也。盖彼用匏瓜，此用椰壳，性质略同，于涉水实有甚妙的功用。不料于海外获见此古风俗。

渭水与泾水中间是很高的高原。隔渭水北望，郁郁森森地像一道很长的山脉。及渡过泾水，回头一看，又像一道临河屹然的高墙，《诗经》"周原膴膴"这"膴膴"二字，形容得很有意思。渡了渭水，车掠咸阳城东南角而进，周文王武王及历代帝王陵墓一个个离立着，且待归途展谒，一直前行。泾水比渭水宽度小一些。长绳两端分向两岸牢牢地拴住，过渡时，舟子以手援绳自此岸缓缓达彼岸。

泾惠渠副总工程师刘辑五（钟瑞）半途来迎，入泾阳县城泾惠渠水利管理局小憩。此管理局房屋，料不到即是西北近代文代发源地崇实书院的故址。自西安至此恰一百里。刘工程师出示《泾惠渠全图》。

泾水自西向东斜南入渭。于泾阳县西六十里泾水自谷口出发处，筑一坝，坝设三闸；司开闭。蓄水为池，名檀香山闸。池三面皆山，于池北山根凿隧通水；隧门亦设闸，司开闭。隧长里许，水既出隧，与泾水平行东下，是为总干渠，经过老龙王庙、水磨桥、大王桥、小王桥、赵家桥、朱子桥、民生桥而至社树。分为三支：曰南一支渠，经过泾阳县城南。曰南干渠，至下游分若干支渠。曰北干渠，至下游分中白渠及若干支渠。各渠并行东下。分灌泾阳县之半及三原、高陵、临潼、醴泉，栎阳等县之一部分地。所谓水磨、大王、小王等桥，皆跨渠上。渠之北为高地，桥用水泥筑成，以墙为栏，引渠北高地之水，从桥面经过以入泾水，勿使入渠，一桥为朱子桥将军募建，土人以其名名之。

泾惠渠以民国二十年二月开工，至二十一年六月始放水，其后逐渐展凿，预计约可灌田一百万亩，现已灌五十七万亩。未开渠前，地价每亩六元，现每亩悬价三十元，尚无人肯售。开渠费分两期，第一期华洋义赈会七十万元，陕西省政府五十万元，第二期华洋义赈会北平部分九万元，上海部分四万六千元，全国经济委员会二十五万元，陕西省政府七万元，共一百六十五万六千元。以上皆刘工程师告我。陕西省政府当民十八九年大灾之后，尚能拨此巨款，为老百姓谋根本的福利，大是难得。

刘工程师又告我：泾惠渠工程，实沿袭秦、汉以来成法。不过古时未有水泥，故工程易坏，不久即废。今用水泥，浸在水里，越长久，越坚固。

《史记·河渠书》：韩闻秦之好兴事，欲罢（疲）之，无令东伐，乃使水工郑国间说秦，令凿泾水自中山西抵瓠口为渠，并北山东注洛三百余里，欲以溉田，中作而觉，欲杀郑国。郑国曰：始臣为间，然渠成，亦秦之利也，秦以为然，卒使就渠。渠成，用注填阏之水，溉潟卤之地四万余顷，收皆亩一钟，于是关中为沃野，无凶年。因名曰郑国渠。

《汉书·沟洫志》：太始二年，赵中大夫白公奏穿渠，引泾水首起谷口，尾入栋阳，注渭，中衺二百里，溉田四千五百余顷，因名曰白渠。

唐永徽六年，太尉长孙无忌奏开白渠。宋熙宁间，自仲山旁凿石渠，引泾水东南与小郑泉会，下流合白渠。大观元年，诏提举常平赵佺董其事。明年，土渠成。又明年，石渠成。又度渠之北地势高峻，通窦以防涨水。凡溉田若干万顷，赐名曰丰利渠。元至大元年，西台御史王琚建言于宋丰利渠上，更开石渠五十丈，延祐元年兴工，至五年渠成。明成化初，巡抚项忠于元王御史石渠之北，凿小龙山，大龙山腹里许为洞，下属白渠，名曰广惠渠。功钜费广。历余子俊、阮勤，几二十年，始踵成之。正德中，巡抚肖辨又凿石渠四十二丈，名通济渠。清雍正五年，发帑兴修，自上流开凿龙洞，中浚三白渠，凡灌泾阳、醴泉、三原、高陵四县。

从上文种种看来，与今泾惠渠计划完全无异。今檀香山闸地，即古瓠口，亦称谷口。而水所从发之山，秦名中山，亦作仲山。今之隧道，即明朝所凿龙洞。宋丰利渠以渠北地势高峻，通窦以防涨水，今易以桥，用意同而工事较前进步。

泾原郑白早开渠，唐宋明清代浚疏。
终仗水泥精炼力，今人敢笑古人粗。

是日从泾阳县城西行至社树，舍车而步，过民生桥，赵家桥，直上至谷口。此闸名檀香山闸，因檀香山华侨捐不少资财于华洋义赈会之故，闸旁有碑记其事。自泾阳城至此六十里。既畅观，步行至张家山办事处，午餐毕，车回泾阳城。

泾阳城甚僻小。自泾惠渠告成，无水旱灾，去年年成又大好，城内各商店当秋收后，每家每天生意都在一千元以上。农工商快活得"不亦乐乎"！

距泾阳城约四十里，地名永乐店，为甚大之村市。拟往参观，中途阻于水道，折回。村道本极开阔，农家凿沟通水，切断村道，致妨行旅，此为村政上应改良之点。过三原城，入内，访永乐合作社，与经理王凤阁畅谈。回至泾阳，县政府科员侯训诂、教育助理员葛实生来谈。泾阳有小学初级三十六，高级三，私立初小一百零一。

陕西水利问题既略得解决，同时进行改良植棉，提倡合作社，先在西安参观陕西棉产改进所，观其在本年三月所发之陕西棉花产销合作社一年来之概况，撮要如下。

该所的目标：一、改良棉种，取缔搀杂舞弊等事，以提高棉花品质。二、介绍棉花生产贷款及指导植棉方法，以增加棉花产量。三、改良轧花打包及办理分级与直接运售，以提高棉花卖价。四、免除高利贷，以改善棉农经济状况。

该所所指导之棉花产销合作社，除永乐社为二十二年春组织外，二十三年成立十五社，本年成立五社。其区域及于西安、咸阳、泾阳、三原、高陵、渭南、临潼、华县、大荔、郃阳等县。二十一社合计户数二万零八十七，耕地亩数七十七万三千六百三十五。棉田亩数三十万八千六百一十八，收皮花担数二万二千三百四十八。

农民对合作的意义，当然不易明了。惟对借钱一事，表示极大兴趣，亦是灾荒以后应有的现象。各该地借贷利息三四分不算大。尚有"大加一""利大滚"种种名目，无非尽量盘剥克扣罢了。尚有"支花""支麦"等，趁未上场时，重利指抵贷款，趁早作价结果。此等人当然对合作社成正面的利害冲突，在势不能两立，因此造为种种蜚语，称合作社为"活捉社"，吓骗乡愚。到底事实具在，经过多方宣传以后，大致都渐能了解了。

但社员入社，大都为借款而来，其他如改良棉种等，多不注意。好在二十二年脱子棉的成绩，已表现出非常优美。有事实为之证明，更无怀疑的余地。至于运销，初时多将合作社与，普通棉商同样看待。将棉送社，得到预付价银，就以为卖给合作社了。亦有自作聪明，要求将货卖绝的。及至卖棉取得分红，方知交棉于社，还有利益可图，于是对社渐渐亲密起来了。

合作社的业务：一、借贷棉种。二、小麦生产贷款。二十三年各社贷出合计二十万八千四百二十六元。本年四十五万三千四百零一元。三、棉花生产贷款。二十三年四十二万零四百十八元。四、设备贷入款。各社为业务上必须设备，如轧花打包等机器及建筑，向银行借贷，去年十四社合计十四万零七百二十二元。五、流动资金借贷。此系供各社业务周转，用活期透支方法，将所收籽花作担保，向银行借贷。去年共一百零三万四千四百四十九元。六、押汇借款。此系借棉花运出时运费保险费及归还流动资金之用。由各社于棉花运至渭南堆栈或装火车后，将提单向银行押借，去年共借三十六万九千五百三十六元。

自改良棉种以后，每亩增加产量约百分之三十。轻利借贷，使农家不受高利贷的剥削，又无耕耘施肥失时的影响，以及轧工的低廉，棉秤的公平，行佣的免除，皆为农民逐渐感觉所及。

以上种种，都是泾惠渠成功以后，才得着手。泾惠渠以外，还有洛惠渠，也快要完工了。还有导渭工程，规模更大，利民更多。可是西安省城从省政府起，所有各厅各局各学校，各机关从没有见过一座体面的洋房。可惜"孔子西行不到秦"，若使孔圣人生在今日，向陕西走一趟，他一定会说："卑宫室而尽力乎沟洫，陕西省政府，吾无间然矣。"

这许多水利工程大计划，全出于李宜之先生一人之手，先生名协，陕西人。留德习水利工程。曾任河海工程专门学校校长。今之从事水工者多出他门下。今任黄河水利工程委员会委员长。刘工程师告我李先生是咸阳刘古愚先生高足。他的坚忍、朴实、耐苦，实本刘先生遗教。吾记得元朝郝陵川先生（经）有句话："能活百万生灵于水火之中，则吾学为有用矣。"像李先生才不惭愧了。

李先生还有一事，大可佩服。泾惠渠告成，宣言凡种鸦片的田地，不给他灌水。泾惠渠全区就没有人敢种鸦片。因此土豪大恨李先生。有一度委任他做陕西建设厅长。土豪大攻讦，李先生亦就辞职。

观泾惠渠留赠工师，并怀李仪祉

万峰深处响飞泉，不信人工竟胜天。
大脉平行仍挹注，伏流涌现忽洄漩。
三年畚锸千夫汗，一碧禾棉万顷田。
尽力沟渠吾何间，漫将工拙较前贤。

四日晨，自泾阳循原路返西安，途经咸阳高原，古称毕原。谒周文王陵，步陵基一周，得六百零六步。其后为武王陵，大小略相似，周文王陵、周武王陵墓碑各四大字，皆乾隆丙申年毕沅书。而四大字旁竟刻有"民国癸酉孟夏海城陈兴亚来谒"十三字。谒墓而必题名，且题名于墓碑之上，恶劣一至于此。陵屋皆近时建。中设小学，一片伟大而荒凉景象。登陵巅四望，广漠无边的大野，无一民居，仅东边相距十里许有两墓，传是周公墓，太公墓。此外视线所及，尚有不少高大陵墓，皆无树木。

抟抟大野莽尘黄，风雨姬姜墓早荒。

想像三千年以上，招招一水造舟梁。

四、西安的一场公开演讲

教育厅周厅长（学昌）召集了西安省城中等学校男女学生近一千人，就高级中学礼堂，邀我公开演讲，邵先生夫妇亦列席。我的讲词大意如下：

诸位先生，诸位同学，今天周厅长给兄弟一个机会，来和在座诸君谈话。兄弟以前未到过陕西，这次来陕，已经参观各校，看见诸位同学上课，一切都很认真。又参观了许多古迹名胜，农村水利，更使兄弟得几种感想：第一，觉得陕西的基础特别伟大，也可以说代表全民族的伟大精神。第二，知道陕西在过去二十年中，人民非常痛苦，这不只是陕西人民的痛苦，可以说是国家整个的痛苦。第三，赖我们上下努力共干把陕西治理得有新精神，有朝气。这一点值得吾们注意。兄弟看了现在的陕西，料以后再不会像二十年来那样痛苦了。可是从整个的大局看来，以后还许有更大的痛苦。请把这原因简略报告一下：

假使人身上受了创伤，开了一个洞，血流个不止，那么这个人要怎样呢？是无疑要死的。我们中华民国，恰像人身开了洞，血流着不止。是什么洞呢？就是每年海关贸易统计出来的巨量入超。国家对外贸易，把货卖给人家，换钱回来，叫做"输出"；人家把货卖给我们，换我们的钱，叫做"输入"。两相比较，要是货往外运的多叫做"出超"，反之便是"入超"。国家要是出超的话，当然很好。入超呢，便不好了。让兄弟先来报告去年我们中国对外贸易的情形，据海关统计，去年入超五万万零三百万元。用四万万人来平均，每人负担一块钱还不够，这个数目也就不少了。可是二十二年还厉害，入超竟达七万万三千万元。还不算最多。最多的一年，达九万万元。四万万人每人担负两元还不够。请诸位想，国家对外贸易，和商人做生意一般，年年亏本，还得了么？一个人血流尽非死不可，一个国家银钱流完，也就非亡不可。这还算是慢性病，更有一种急性病的危险，便是日本不断的侵略。自民国二十年九月十八夜，日本占领辽宁的省会沈阳，不上三个月，便把东三省完全占领，到了二十二年春热河又被占领，东北四省完全在日本掌握中。但是，日本并不以此为止，有一段事实可以报告，兄弟在"九·一八"以前恰到日本，他们朝野上下，公开地说，要吞并我们中国，他们的计划，是预定的。无论对俄在陆上作战，对美在海面作战，都非先占据中国不可。因此他们预定几条计划，内中一条最厉害的，便是从陇海路终点海州登陆，沿路占领徐州，把津浦路切断。再向西把郑州占领，切断平汉路，这样便把中国腹部东西南北交通完全割断。兄弟所写《黄海环游记》，曾把这件事说过，诸位想，如果日本竟把这种计划实行地来，中国还成什么样子？这事并没有过去，日本天天在准备着。诸位或许想，虽则这样，陕西总还不要紧。诸位如果有这种观念，那就错了。社会经济是整个的。如果沿海各地有事，陇海路被日本占领，战争状态成立，那时经济立刻发生影响，陕西局势立刻严重，现在还有人高高兴兴地复兴农村，修复水利，到那时大家心有余，力不足，一切都讲不到。不单是建设，也许还会恢复二十年来痛苦。大家要知道个人的生存，地方的生存，都要先取得国家整个生命的生存，否则同归于尽。我们将怎样渡过这个未来的难关呢？

只要我们大家觉悟，不但难关可以渡过，而且更进一步可以收复东北四省。关于这个问题，兄弟的意见拿来贡献一下：先举一个浅明的例子，譬如两个人打架，谁胜？谁败？诸君一定说力大者胜，小者败。要使两人合起来打一人，谁胜？谁败？诸君一定说两人胜。以次类推，三人打一人，四人打一人，一定是人多者胜，少者败。那么请问吾们中国有多少人？四万万。还有人说四万万七千万。就从少数四万万吧！日本呢？本部是七千万。就把他们自己发表夸大的统计来说，连台湾、朝鲜一并算在里面，也不过一万万人。换句话说，就是四人打一人。谁胜？谁败？还不了然吗？可是过去为什么打不过日本呢？就为我们人虽多，而毫无团结的力量。假使团结起来，不但能胜日本，而且可以对付全世界列强的侵略。今后要解决对日本问题，不在日本，而在我们自己。我们第一该把全国来一个整个的团结动员。一方面还要疗治上面所说的慢性病，用我们团结坚固的力量，集中起来，利用地大物博的天然富源，以开发生产为

目标，制造国货，抵制外货，挽回巨量的入超。中国本是很丰富的国家，尤其是陕西，几千年来号称殷庶，只要我们把自己的宝贝两只手，不息地动作起来，陕西有希望，就是中国有希望。人的手不但可以抵抗人，而且是顶好的

生产工具。那么吾们八万万件宝贝，无论男女老幼，个个都不许空闲，也不许浪费，完完全全用在生产建设或抵抗敌人上面，兄弟认为这才是根本救国。今天看见诸位精神很好，我很高兴。可是几百个人精神好，还不够，必须把这好精神，普遍发挥到陕西二千万同胞身上，才行。兄弟前天登大雁塔，见壁上一首诗，大意是说："我家离此不过百里，登塔顶看不见家乡。当时希望我怎样好，我家怎样好，我乡怎样好，可是到了现在，我乡还是这样，我家还是这样，连我也还是这样，唉！"兄弟当时看了，发生无限感触。想这题诗的，一定是位热心的青年，他能从本身想到家，想到乡，思路总算不错，但是不该以叹气了事。要知道这正是青年们苦干的时期。我希望诸位同学不要像那位青年老是叹气。一定要打起苦干的精神。将来毕了业，到家乡去担任工作，无论是教育，是其他，大家先应该检查一下，是不是帮助生产，或者竟至妨害生产，竟至破坏生产工具。什么是妨害生产呢？便是买外国货。诸位一定要完完全全服用国货，什么是破坏生产工具呢？就是抽鸦片、卖鸦片，种鸦片。使得根本上不能生产。诸位一定要宣传一律铲除。此外，兄弟和几位专门学者费了一年多的工夫，研究决定民族复兴教育的行为标准，用来增加青年男女的力量，现在乘此机会，读给大家听听：

复兴教育的行为标准

甲、应为之事：一、早起；二、整洁；三、锻炼身体；四、服用国货；五、遵守时间；六、爱护公物；七、努力为公众服务；八、救人急难。

乙、不应为之事：一、撒谎；二、侵蚀公款；三、冶游；四、赌博。

至于鸦片，该劝导民众速速戒掉，是不用说的了。总括起来，第一，个个人必须把他的力量用之于生产，虽不能直接生产，也须间接地帮助生产。第二，把上边几条做人的方法做到，养成一个良好公民，最后提出两句口号：

凡是良心上认为应干的事，立刻干，从我干起。
凡是良心上认为不应干的事，立刻戒，从我戒起。

（魏筱烈记录）

329

五、华山行

在西安，很使我不能忘怀的，是两位老先生。一位是王幼农（典章）先生，年过七十，精神不减壮年。头脑清晰，与之谈过去及现时国事、地方事，能融会新旧思想，用和平公正眼光，剖析是非利害，一归至当。现任陕西省政府委员，闻不少有利地方的贡献。访其居，见其孙德锡，循循服务，至可爱。一位是周定宣（廷元）先生，原籍湖北，居甘肃多年。醉心实业。创设手工火柴厂，散在兰州、静宁、平凉、天水等处。二十年前，来上海相识。此次客中相遇，过其寓庐，出示家人手制之毛绒线、毛绒线衫及其他酒类。在老辈中为刻苦实行的实业家。

听一位老先生讲，陕西老百姓，到今还是家家户户，纺纱织布。女儿到十来岁时，母亲给她一包棉花，她自己去纺，去织，将布一部分卖掉，买了纱，再纺，再织，到出嫁，父母不再给她"奁赠"，这若干年积下来的布和钱，尽够办妆奁了。愈往内地，此风保守得愈多。可是他们所用的工具，还是老式。织机用梭还是左右两手互掷，不用拉绳式，纺机还是手摇一缕纱。闻得陕西正在创办两个纺织工厂，但生产数量，一时断不能供给需要，且纺织厂所容纳的女工，至多不过几千人，而使绝大多数家庭女工被他们打倒，于社会经济上如何说得去？吾意机器制造，大量生产，应该相当的提倡，同时应改进家庭工业，从改良工具入手，如布机掷梭改为拉绳，纺机一缕改为几缕十几缕，虽出品的精美，当然不及机器制造，如果效能增进，产量加多，亦可以维持生命。并且应该喊出一种口号，精美的机制品向外推销，本省人用本省货。菲律宾将玉蜀黍供本岛食粮，而将米推销境外；日本人将朝鲜产米，次等的自食，上等的推销境外。在社会经济上是多么有利的事呀！

本省人用本省货，这句话倒不是我说的。别了西安，游华山，五月五日上午四时偕姚君惠泉抵华阴。一口气奔到山脚，从玉泉道院行五里，第一关，又行五里，莎萝坪，又行十里，青柯坪，从此经过千尺幢、百尺峡等等而至北峰，又经擦耳崖、苍龙岭等等而至中峰，至东峰，至南峰，天气不过下午三时，四山云起，大雨将来，便歇下。没有事，怎么办呢？招同来的轿夫、挑夫六人，来一个玩意儿，问他们识字么？一人答略识字，余答不识。一个个问他们姓名、年岁。除略识字者李焕荣外，每人写一字条。问他一句话，把他的答语，另外写一个字条。每人给他两个字条。逐句逐字地教他。

李照荣年二十三岁，我今年才抬轿。李根恒年二十岁，我的父亲务农的。

郭喜生年二十二岁，我家在上洞儿。李智芳年四十岁，我不抽鸦片。

郭拴华年二十二岁，我在这儿砍柴。（"拴"，他们土音读"反"，真莫明其妙。）

到了晚上，一个个问他，居然不识的字很少了。到明早，再问他们，居然逐句逐字能认能读了。他们快活得像拾着黄金一样。要求在上洞儿地方开一学校，说他们那边要识字的很多哩。问：你们自己知道是哪一国人？答：中国人。指强盗牌香烟问：你们知道这是外国货么？答：不知道。就为有人喜欢买外国货，所以每年雪白的银子，流到外国去几万万元，吾们中国越弄越穷，他们外国还把吾们的银子，买了枪炮来打我们，你们不知道么？皆大惊讶。一人抢前说，"那么以后吾们本国人用本国货，本省人用本省货。"初不料这两句话，出于"目不识丁"的乡村苦力的嘴里，简直使都市青年、摩登女子惯用洋货的愧死！愧死！临别时，一种依依不舍的神情，真使人万分感动。

那天早起，游了西峰，便下山。上车赴潼关。此行随带了亡友袁观澜先生所著《游华岳记》，所取途径，没有出其他范围。若蒋竹庄先生所玩过的鹞子翻身、搦搦揉等，见于他所著《西岳华山纪游》，都没有到。

太华行

往者辕固生，华岳写游记。读之神欲飞，廿年后君至。
太岁在乙亥，夏正其月四。姚生我良侣，资粮供维备。
二车辨色发，轻掠华阴鄙。三峰何岂峣，望影已心悸。
院门叩玉泉，山根得少憩。竹兜未童习，下沟伏欲坠。
五里第一关，十里莎萝坪。毛女乐洞居，神话留咸京。
舆夫指山凹，白蛇遭难形。行行二十里，青柯坪不局。
炼师惠我多，布鞵易革轻。有石号回心，客心始屏营。
陡壁凿斜级，下临溪莽青。壁孔容半足，左右铁练萦。
是名千尺㠉，登山此初桄。上有百尺峡，举趾危欲倾。
仰见下峡者，头汗喘有声。巨石老君犁，更进愁猖狁。

一过车箱谷，巉险难具名。惴惴登云台，北峰穷峥嵘。
青柯坪以上，何止十里程。道人辟精舍，饷我以黄精。
虽乐敢流连，舍此还复行。一梯斜上天，垂直如引绳。
其上擦耳崖，侧身修未能。崖尽得山脊，苍龙岭见称。
浪浪激天风，气噎唤不应。自下上峰顶，非此无由升。
遂从五云峰，上攀玉女宫。玉女正乎中，东西南北通。
此外峰无数，罗拜儿孙同。既安危未忘，少休力转充。
朝阳凤不鸣，乘风吾欲东。直上复直下，矫捷如行空。
论位玉女尊，论高数南峰。巍巍金天宫，一览诸山穷。
其阳有大脉，西北迷所终。少华似弱弟，疾行兄是从。
东北瞰黄河，夭矫龙门龙。渭水东注之，云树春蒙茏。
受溉者万家，方卦铺青葱。倏然白日匿，作云雨意浓。
黄冠下宾榻，丹房停游筇。全山四十里，尽此一日功。
功成敢告劳，余兴犹能作，舆夫招使来，班荆以为乐。
六人占姓二，四李加两郭，家在上洞儿，力田殊不恶。
不染阿芙蓉，亦不嗜赌博，所苦不识字，惟恃健腰脚。
作书试教之，颠倒认无错，成言授之诵，欣然若大获。
往时茅塞心，一旦云开幕，尊我以为师，情意良非薄。
中华千年来，嗟此未彫璞。明朝觅归路，掖我加殷勤。
西上莲花峰，五峰遍游身。朝暾红四山，巨幅斧劈皴。
下坡舆倒坐，临别还逡巡。吾爱太华山，尤爱华山民。

这首诗，就当作游记。此行最有趣，就是一群轿夫的谈话。中国还有今日，就靠他们的刻苦和天真。今后中华民族的生命，

还是寄托在他们身上。吾们是功是罪，怕还是问题吧！

太华岩峣削不成，五峰两日尽游程。
爱山更爱山民好，一夕儿笛见性情。

归途遇金陵大学教授郝君钦铭同车，郝君问陕西好么？建设得怎样？我答：陕西好。因为不建设，所以好。郝君大惊异。我说：请先生细想，建设的钱哪

里来呢？公家要靠生产来建设，此时说不到。惟有希望靠建设来生产。可是生产还没有，老百姓担负建设费已叫苦连天了。而况许多不生产的建设，花钱更为冤枉。怪不得梁漱溟先生在他所著《中国民族自救运动之最后觉悟》中，说"老百姓最怕听建设这句话"哩！陕西呢，地面上的建设，可以动人观看，博人称赞的没有，然而水利有办法了。农村经济恢复了。老百姓得着生路了。总算牺牲了政府诸公的体面，换得了几千万老百姓们的生命。郝君连称有理！

过潼关，宿一夜。傍晚，登关城四望，气象万千。

> 莽莽关河渺渺思，犹龙西去欲何之？
> 一言合补五千注，莫认无为是不为。
>
> 落日关城画角哀，河声岳色客心摧。
> 片帆欲唤枫林渡，太息横流去不回。
>
> 忽闻人笑忘年老，始感吾生历世多。
> 五十津梁人未倦，又携绿鬓看黄河。

六、参观陕西后的意见

陕西省政当局，力求与民众亲近，无官气而富有朝气，尽力减轻人民负担，定田税限制，取消一切苛杂，宁减俸给，宁缓可缓的建设，绝对不愿多取于民。泾惠渠实利已见，洛惠渠闻亦告成，导渭工程在进行中，定有逐步推广计划，这些都是切要的基本工作，很好。今后进一步希望：

一、陕省整个的生产计划，当局大概胸有成竹。就短时期观察所及，机械工业大量生产，只宜相当的提倡，同时尚须注重改进手工艺。例如棉花，陕省产量甚多。西北各省数千万人服用所需，销路亦甚广。而民间妇女纺织的风气还盛，但所用工具，都是旧式。宜通盘筹划，（一）估计关中产棉数量，设法畅通关外销路，在不超过销路需求额之下，尽量推广植棉。（二）关中设厂纺织，须规定限度，勿使出品过剩，并勿使女工生计骤被侵夺，至其出品，宜尽量向外推销。（三）尽力研究改良民间纺织手工具，不求与厂机竞争，但求比较旧式，增进效率，而尤要在工具成本轻微，使民间易于购买。研究有得，择区试用，认为合式，然后广事制造，多方宣传，以期普及改进。（四）由民众教育方面提倡服用土布，转变贱视土货、重视外货的心理，使地方经济，渐进于自给自足。

二、陕西合作社极一时之盛，各银行银团在开发西北之呼声下，踊跃争先，自是极好现象。但供求之际，稍不适当，即易失败。即如放款，人民尚未能了解合作意义，放款之先，未能确查受款者的能力与其信用，或因办理者有心市惠，诸涉通融，或因土豪垄断，农民不得实惠，或竟出一途，他途阙如，或群集一区，他区阙如，皆可以善意而得恶果。我于五年前，调查日本所办合作社，在朝鲜辽东者，十九失败，当时曾写报告，警醒国人，盖人民不能了解合作意义，实为失败总根源。故处处须把民众教育做前驱，把农村自治做后盾。陕西

合作社，在乐观的中间，不免窃窃私虑，如欲预防失败，须有整个的计划，统合的组织，使彼此分明融洽，寓统一精神于分功发展中。

三、行泾惠渠，见水道纵横，禾苗葱郁，农田水利问题解决了，然教育尚待推广。农家生计，渐见复活气象。小小泾阳县城，去岁秋收时，市况繁荣，过于省会。未富不能教，既富不能不教。曾在三原与永丰店间，见水沟妨碍通道，知村政尤须乘机整理。

四、陕西不设大学，就所需要，资送相当学力之学生，赴省外就学。全省普通高中，仅设一校，不欲使多数青年，盲目以入"此路不通"的大学。大可佩服。大学省立，略同中学县立，不惟经济上往往类于"举鼎绝膑"，即学生出路，亦将等于"断港绝潢"。陕省此时诚感财政困难，即使将来充裕，亦宜继续今日方针。同济医工、国立农林两专校，知已定案，将来可收高中毕业生，更宜商请两校附设收容初中毕业生之学科。苟为公私财力所许，更宜倡设收容初中或高小毕业生之职业学校，使人无无用之学，地无无业之人，便是理想的教育世界。

（原载《断肠集》，生活书店 1936 年版）

国难中之职业教育 [①]

诸位同学：兄弟承温先生的介绍，今天有这样好的机会与四个学校的同学相聚一堂，来共同研究问题，很觉高兴。温先生是我认识四川朋友的第一位，兄弟是提倡职业教育的，温先生亦为四川职业教育的提倡者，今天承他介绍，所以更觉得兴奋。

大家天天想解决的问题，怕就是职业问题吧？兄弟今天来贡献点意见，希望在座的男同学、女同学考虑一下，不对的，请原谅，对的，请大家遵照实行。现在先把商业包含的重要问题谈一下。它一共包含三点，要是一位青年老记着这三点，我敢担保许多人都要来聘这位青年去服务。那三点呢？第一点就是商业的宗旨。许多人最容易误会的，就是商业的宗旨，以为商业只是为个人谋利益，只知道如何挣钱。在历史上像汉朝，只敬重农业，却轻视商业，他们以为农是本，商是末，国家法律规定不让商人有很高的位置，连车子、衣服也有一定限制。由汉朝一直下来，都把商业不认为可贵的，因此商人自己也觉得不很高尚。譬如在浙江一带，许多人问做买卖的只说："你在哪里发财？"答的人只这样说："在哪里骗饭吃呵！"诸位想想，这问答的人是不是都错误了呢？兄弟认为商业的宗旨：一方面是为自己谋生，一方面是为群服务。这两句话是一件事，譬如一物两面。我们何以知道商业是为群服务呢？兄弟来说明一下。譬如兄弟是江苏人，诸位是四川人，江苏到四川五千里，现在重庆的货品运到上海，上海的货品运到重庆，这些都靠重庆与上海的商人来贩运的。要是重庆四乡的农作物生产起来了，工厂把它制造起来了，没有商人来贩运，重庆的货物就用不完，卖不掉，在上海也要发生同样的情形，那就不得了。这所屋子，假

---

① 这是黄炎培 1936 年 2 月 17 日在重庆市商会私立通惠中学的讲演词。同听讲者四川省立重庆高级商业职业学校、私立实用高级商业职业学校、重庆市商会私立益商职业学校。

使没有电灯，两小时之后，就要发生问题。电灯的电是哪里来呢？是从发电机发出来的。发电机呢，重庆不能够制造，它们是由上海或由外国运来的。要是没有商人，那就发生问题呀。所以，商业的宗旨不单是为己谋生，同时为群服务。本人有了利益，大家也有了利益，这不是为群服务么？商业不是很高尚的么？诸位如果不明白商业是为群服务，很是危险。为什么呢？因为不明白这宗旨，许多生意他都会去做了，鸦片烟可以发财，外国货也可以贩运。但是错了，就是忘掉了为群服务的宗旨。

第二点就是毕业后的职业问题。大家毕了业是不是有事做，有没有做事的机会，要是没有的话，不是就不得了吗？诸位同学，不错，毕业的时候，大家来恭喜你们，可是你们自己却很担忧。兄弟认为这个问题倒容易解决，因为这全凭自己去做呀！譬如有一个银行或者大商店，要招五位练习生，向温先生办的学校来要。他们要成绩好的呢，还是要成绩坏的呢？当然要成绩好的罗。那么，假如温先生今年有三十位毕业生，他们就选了五位好的去服务，其他二十五位就错过了这个机会。第二个机会来了。某商店又要招请五位，又选了五位好的去，其他二十位就保留下来。大家都是毕业生，有文凭，为什么自己老是没有机会呢？在这个地方，我们拿好坏的事实来分析一下。所谓好，譬如功课，当然要成绩有百分或者九十九分才行。但只是功课好，够了吗？不够，还要身体强健。身体强健，够了吗？不够，还要技能纯熟。譬如你学的会计科，要是你写账不正确，又慢，我想老板一定会说，好是很好，但慢了一点。这一下又糟糕了。所以技能又要纯熟。这样，够了吗？不够，还要脾气好。譬如一个同学被某银行请去了，他感觉住的地方赶不到学校，床铺也不好。要是当一个零售商店的店员，买主要买茶杯，拿了一个，不行；掉一个，不行；再掉一个，啊呀！怎么这样麻烦，真是懊悔，不该进商业学校啊！这可不行的。兄弟是办职业学校的，我曾经问学生在商店的生活怎样。一个说，啊呀，忙得不得了呵！又一个说，啊呀，没得事情做呵！忙也不得了，闲也不得了，这样才真不得了。还有薪水，初进银行，自家的薪水，假定每月十五块钱，一问大先生多少？五十元，一百元，两百元。他们没进过学校，我是学校毕业的，他们的薪水高，我们的薪水低，这怎么成话呢？这样是不对的。你一进去，要是老板就给你每月一百块钱的薪水，好了，看你有多大本领，一个月拿人家一百块钱，自己写账、写信、生意方针一点不懂，商店老板要不要你呢？要是只有十五块钱，自己的脾气还好，商店老板认为便宜，下半年就会加薪水。所以第一步要别人认为相当，在那个时候表示自己的本事，一定会有好的结果。以上四项都要全凭自己去做。兄弟在中华职业学校时，常有两句话，就是"利居众后""责在人先"。这两句话是唐朝韩文公讲的，这八个字好极了，我将它送给所有的商业职业学校。今天在座的诸位同学也带去考虑它一下！

职业学校的学生，明白了第一、第二两点，还不够，还要懂得第三点。我们要明白摆在前面的大问题，就是国家民族生死存亡的问题，很明显的现在只有两条路，一条是生存，一条是死亡。过去我们只要个人努力就可以生存，今后要大家一齐努力，集中大家的力量，才能抵抗敌人压迫，取得生存。举个例来说，四川的蚕丝畅销各地，就是云南、缅甸都有。从前，四川的丝商各做各的生意，相互抵制，你有了销路，我也来抢，这叫做"商业竞争"。到现在，大家知道这种竞争是自杀的政策。譬如，去年的轮船生意，一张船票本来是十块钱，后来你卖九块，我卖八块，你跌价，我也跌价，弄得大家都支持不住。假如一个同学来开一家晶明眼镜公司，有个同学又另外开一家光明眼镜公司，好了，大家都同归于尽。中国的商业，过去都是如此。现在我们明白了，我们要去改革。四川的丝业在报纸上看见将要组织一个大公司，各工厂都加入进去，你的丝推销那一个地方，我的丝推销另一个地方，生意的盈亏，由大家平均负担，便益大家便益，吃亏大家吃亏，外国人只能在一个公司购买货品，没有人竞争。现在有一个新名词，恐怕大家听来都害怕的，就是"统制"。其实不但商业应统制，教育也应该统制。现在有许多大学、中学，都无一定目的，尤其不得了的，是普通高级中学。诸位能够升大学的，自然可去进普通高中，不然，千万进不得普通高级中学，那是一条死路。就是商科职业学校，也须注意供求状况。我不知道重庆有多少商科学校，有多少商科学生，顶好先把需要数量估计一下。譬如从今年起，预计三年以内，需要多少商科学生。自然，有些商店临时发生闭歇或新设，是不可预定的，但可来一个大概的估计。不但商业，就是建设也一样。譬如丝业大公司成立了，要多少学生才够，不够，应该办一个短期商科学校。总之，须得先把供给与需要估计一下，上海中华职业学校有土木科，去年有一个机关来要一千六百个土木工科学生。学校仅有一百多学生，哪里有那么多人呢？现在有这样严重的需要，许多学校不知道，还在那里办普通科，弄得许多人没有出路，这是甚么道理呢？就为是没有统制。……我以为四川的教育，也应该统制一下，要教育有办法，定要从统制教育着手。我在成都，已向着建设、教育两厅建议。现在时势紧迫极了，我们有形的国难以外，还有无形的国难。诸位同学应当知道敌人不但用政治力量来亡我，还用经济力量来亡我。国际贸易上有两个名词，一个叫"出超"，一个叫"入超"。民国二十四年入超三万万四千三百万元，二十三年五万万三千万元，二十二年七万万三千万元，二十一年九万万元。诸位！把四年入超的数字加起，不是二十五万万元以上吗？这不是一个惊人的数字吗？向外国买货要用现钱，用金的国家要用金子，用银的国家要用银子，这四年一共流出了二十五万万元现金。像这样下去，真不得了。我从一月二十九日离开上海，据上海海关一月份报告，真是可喜，一月份竟出超一百三十五万元。但是诸位不要高兴，中间那还有点道理，说出来大家怕还要发愁的。这是坏现象，亏本亏得少就是买外货买得少，即是说没有钱去买外国货了。出超的现象就是表现大家没有钱的缘故，所以这是坏现象。不过是有办法的，因为这种权柄在我们的手中，只要大家下决心不买洋货，从今以后，货物只有出口，没有入口，我们开商店也开国货商店。这是我们应该提倡的，知识分子更应该提倡，是学生更应该，大家应当来一个运动。在上海有许多国货机关联合起来组织一个国货大团体，在这个团体中有一个妇女国货团，现在已成立起来了，准备要派女团员到长江一带来宣传。各地都在提倡国货，但本地的太太、小姐是不大引人注意的，他们来了，大家一定要去争看上海来的太太、小姐，借此我们就可以宣传提倡国货了。他们到重庆时，还希望商界的领袖们予以指导。这是商业的生死关头，这是中国的生死关头，所以更盼望商界的领袖们，也来发起一个运动，每个月举行一次，分区作露天讲演，专门提倡国货。

今天讲的虽然偏重商业，但甚么学校的学生也应该明白，应该实行的。兄弟这是第一次到四川，以后何时再来是不能预定。我们会面的机会很少，今天我极诚恳的与诸位谈话，希望把区区热忱贡献大家。但是不能继续，有什么方法呢？"九·一八"以后，我们出了一个刊物，名叫《国讯》。兄弟每期多多少少都写点文章，我在四川也写了五篇文章，诸位要是认我还可以做朋友，我们来做一个文字之交吧。诸位有文章，也可以寄来发表，并且有朋友帮助，大家来解决问题，希望每个学校图书馆都有一份，诸位每人有一份更好。还有一本书，更郑重地报告诸位。东北大学文学院有一位学生名叫苗可秀。苗先生毕业的时候，正是"九·一八"事件发生的时候。苗先生愤于国难，在辽宁当义勇军，打了两年多，被日本人打伤了，躲在乡间，被日本人搜了出来。他躲藏的那家被抄了，苗先生也被逮捕。临刑时，……苗先生一共写了两封信。……现在苗先生的信、作品、史略印成一本书，我到讲演的地方，都送他们一本。今天郑重又郑重地也送诸位一本，并盼温先生把它多翻印些，希望男女青年，每个人能有一本，时常放在案头上，时常去读读，发挥爱国的精神。要是个个人都能如此，中国不但不会灭亡，中国将永远存在，永远光荣！

（原载《教育与职业》第 176 期，1936 年）

留告四川青年同学书

一　大家把人格建立起来
二　大家把同情心实现出来
三　大家把眼光放大起来
四　努力团结
五　努力生产

炎培第一次来四川，自入夔门，到今两个月了。我来川的目标，除了私人游览山水，病后休养身心和一部分家庭团聚以外，一、想看看困难声中的四川，究竟天产的丰富如何？民生的疾苦如何？怎样才能完成未来重大使命？二、想看看四川一般青年思想如何？能力如何？将如何修养以负荷未来责任？基于前一目标，此两个月来，仰赖当局诸公及各地诸友好的指导与助力，东游万县、重庆、江北、北碚，观地方建设；北游绵阳、剑阁，观剑门关天险；西游灌县，观都江堰水源，登青城山，游峨眉、嘉定，上峨眉金顶；南游内江、自贡两册，观糖、盐及天然煤气之利。所至，尽吾目力所及来看，尽吾耳力所及来听；还尽吾笔力所及来记。基于后一目标，凡以对男女青年同学诸君演讲相邀，只须时间允许，没有不应命。自从离开上海，到此时为止，演讲已达三十四次。演讲以外，我男女青年同学诸君，还订期谈话。口头发问以外，书面发问；集团谈话以外，单独谈话。我呢，只须时间允许，没有不应答。有时寓庐缺少坐位，乃至席地而谈。自从成都省党部公开演讲，有人投书于我，说："今天听讲，几乎使我流下泪来"，要求我在离开四川以前，多写几篇关于青年修养的文章，指示青年今后应走的方向。还可怜那边远地青年，另求设法在边远各地报纸转载。我可爱的青年男女同学诸君啊！这不是我的思想和说话能感动人，实是诸君的善于感动，实是诸君的心头，烦闷到极点了，痛苦到极点了。诚然，诚然！在这样环境里，苟有一分良心，怎能不教人烦闷和苦痛呢？

诸君所感受的烦闷和苦痛，我从诸君口头和书面所发问题中，拿来归纳一下，大概不外下列三点：

一、国难严迫到这般地步，想到我国家民族前途究竟怎样才能回复吾们的光荣？维持吾们的生命？

二、历年兵灾匪祸，同胞痛苦到这般地步，吾们该怎样来挽救？

三、回想我们青年自身，国家、社会正在需要人才，但吾们的出路究竟在哪里？

大概诸君心坎里问题，逃不出这三点罢！那么，吾就对这三点，尽吾所知和所能来解答一下。

在吾没有具体解答以前，吾劈头先贡献一句话："诸君！吾们须坚决地相信吾们中国绝对不会亡的。就是看吾们怎样干法。"

一个国家和民族的生存，有若干条件，看他物产方面的天赋怎样？看他人民的智力怎样？体力怎样？看他民族的历史怎样？这几个条件，不用我细表，诸君都明白。我们不说大话，至少总可以说，件件都在水平线上。所缺少的，就是看吾们人民对自己国家有没有真切的认识？能不能根据他们的认识，从自信心发为勇气？能不能从他们自信心和勇气中间，把各个人的聪明，陶铸成为统一的观念；把各个人的力量，锻炼成为整个的力量？换一方面说，就是看他们能不能把所有聪明和力量，不用在个人的功名、地位、权利种种的争夺、种种的打算上，而完全用在保养和发挥吾国家民族的光荣和生命上？要是他们能了解、能实干的话，我中华国族一定不会灭亡。要是不能的话，本来中国不会灭亡的，就为这一点，结果免不了灭亡。这是我多年来对于吾乡顾亭林先生所著《日知录》上一句名言"天下兴亡，匹夫与有责焉"的解释。

我对亭林先生这句名言的解释，还有进一步较深刻的说法：亭林先生所说"匹夫"，是指人人自方的"匹夫"，而不是指对方的"匹夫"。吾常听到本国人最会骂本国，譬如中国人吗，人人都骂"中国怎么样！""中国人怎么样！"而没有想到自己就是中国人。本地方人最为骂本地方！譬如上海吗，人人都骂"上海怎么样！""上海人怎么样！"而没有想到自己就是上海人。吾还听到人人骂人，而把自己提空，譬如老百姓总是骂政府不是，那样不是，政府也是不满意老百姓：愚蠢些，说他们没知识的不好，刚强些，说他们不服从的不好。下级官吏总是不满意上级，说他不体谅僚属啊，待遇不公道啊！而上级官吏也总不满意于下级，说他们取巧，说他们愚笨。乃至文官骂武官，武官骂文官。（当然，政府和老百姓相骂，政府该多负些责任，因为老百姓是被支配的。上下级官吏相骂，多少也有相同处。）学校呢，学生总是不满意教师，不怪自己学得不好，只怪教师不会把学问装到吾脑海里来；教师总是不满意于学生，不怪自己教得不好，只怪学生资质不佳，风纪不良。三百六十行，几乎行行如是。仿佛王阳明先生有这么一回事：有一天，阳明先生和他的学生出外，路上有两人相骂，阳明先生说："你们要注意，他俩正在讲学。"学生不懂，先生说，只须他俩把骂人的话，转过来责备自己，便是圣贤无上的学问了。就为是吾们个个责备别人，不责备自己，甚至你做，他不做，你要骂他；你做，他也做，你还要骂他；你做得不好，他做得好，你更要骂他；搅到所有聪明都用在相骂中间，所有力量都用在相消中间，使得生存条件，永远不能具备，结果便中了亭林先生名言的下半句，就是说："天下亡，你这位匹夫要负相当责任的啊！"

翻过来说，我们站在匹夫的地位，要负起兴天下的责任，却也并不是难事。我们既经了解吾们的国家和民族生存上所缺少的条件，是聪明集中，是力量集中，吾们既然不甘心做安南人、台湾人、朝鲜人，我们先各下一个大决心，把自己所有聪明和力量，不许有一些私藏，不许有一些浪费，完完全全贡献给我国家和民族生存需要的工作上，一切从我个人做起。农工啊！尽我心力来增加生产，改良生产。商人啊！尽我心力来推销国货。教师啊！尽我心力来教民族前途所托命的青年。学生啊！尽我心力来修习将来效用于国家的学业，不管别人怎样，我总是这样。官吏啊！既然献身国家，人人须有鞠躬尽瘁、死而后已的精神：文官，不把政权当做个人立名、个人发财的工具，而但认为是我尽忠报国的机会；军官，不把军权当做保全个人禄位的工具，而愿将军队完全贡献给我国家；领袖，但知服从民众公共的意思，来行使吾领袖的权能，完成吾领袖的职责，对任何方面，绝对大公无私，不管别人怎样，我总是这样。有人说：你这样了，别人不这样，有怎么用处？须知一人这样，别人都会跟上来的。一部大历史，人心风俗的转变，都是一二人创出来的。青年诸君啊！无论诸君现在当学生，将来直接、间接替国家服务，这等处希望诸君要"自尊"，要凭自信心和勇气来担负这责任，是什么责任？这是匹夫兴天下的责任。

国难严迫到这地步，很多人问政府应付方针怎样？我敢公然说：这一点没有问题。现在问题不在方针而在方法，政府地位，不能跟吾们同样说话。可是政府决定大策以前以后，还有个必要条件，就是必须个个人负起匹夫兴天下的责任，像上面所说。

兴天下当然须根据理论，提出方案来。这方案，至少要适合三个方面：一、这片地，二、这群人，三、这个时候。这不是短篇说得了。基本的要求，还是在每一分子依他自己的觉悟对大群负起责任，所以希望诸君先从这点上努力。

诸君既备具自信心和勇气，接受我上边的话，我才敢把对于兴天下基本要求的具体意见提出来。因为吾的具体意见，不是说的，是做的。是希望人人自己做的。

第一，做人最小限度，须让我做一世清清白白、堂堂正正的人。知识尽管有高低，但既经根据我的认识，见得该这样做，便得这样做。环境任何严重？须用我定识和定力去变化他。为变化环境，先求适应环境则可，随环境转变则不可。孟子说："富贵不能淫，贫贱不能移，威武不能屈。"备具这三个"不"字，才成一个人。才是一个具有人格的人。前两个"不"字是常时用的，后一个"不"字是变时用的。吾来川读过清初彭道泗所著《蜀碧》一书，书共四卷。专写明末张献忠屠杀蜀人事。官吏、士民、妇女拒贼、杀贼、骂贼不屈被害，有姓名可考的，全书积计，将二百九十人。而不载姓名，如称"合家被杀"，称"某某等被杀"，称"某某等几人几十百人死之"，此类皆无从列计。吾对这样死法，只有局部赞成（中间有不以为满足的，下文另有论及），但吾同时感想到辽、吉、黑、热四省的失守，何以很少听到这类事。吾常游浙江舟山，谒成仁祠，供着鲁王监国时张肯堂等一百二十个神主，殉难士民、职官、妇女，不可以数计，当时我有诗："……雪交亭前双树肥，成仁祠外风满旗。摩挲栗主百二十，在昔何盛今何稀？……嗟嗟东北好河山，亦有义民无义官，官不升降即生还，低徊今昔空长叹。……"（见吾所写《之东》一四七页）再论到处常，

自盗国袁氏以及窃取权位的北洋军人，一面受人唾骂，一面以富贵奔走士大夫，玩弄女性，奉承他们的着实不少。我不欲批评个人名节，我只顾虑到此风不改，国家哪里站得住，只须看四五年来跑向东北当伪官的多少，已够使吾们吃惊了。我青年男女同学诸君啊！诸君是纯洁的，是清高的，该牢牢记着三个"不"字，处常用前两个，处变用后一个。吾第一句话，就是说：大家把人格建立起来。

第二，可怜四川同胞第二次"蜀碧"时代到临了，我亲身听到成都人告诉我，那年省城巷战，双方争一高墩，争一车站，把老百姓驱向前排，拿来消耗对方子弹，老百姓不知死了多多少少！这不过是一部分。据康选宜《川战简史》

上说：从民元到前年（民二十二）战事共四百七十九次。吾到四川来，搜求记载关于匪祸的书，得民间意识社出版之《四川匪祸的科学记录》中载南江、通江、巴中、仪陇、宣汉、绥定、广元、营山、渠县、蓬安、南部、苍溪、保宁各县人口的损失，某县被杀几万人，某县被杀几十万人，南江、仪陇最多，各二十几万人，合计一百一十一万人，还说不及记者尚不少。某地发现尸窖若干处，每窖埋尸几百人，几千人。某校操场深坑内女学生尸几百人。更使我大大痛心的，要算通江县河坝附近被水冲出所埋之尸，积之成堤，长几十丈，这还成世界么！诸君啊！吾们大家想，假使你我亲爱的父母妻子兄姊弟妹，陷在遗数目字中间，你我将怎样呢？"同胞"，"同胞"，他们不就是吾们父母妻子兄姊弟妹么，怕实际上诸君的父母妻子兄姊弟妹在内的不是没有吧！如今造成满地饥民，连日报载，有吃死人的，有吃泥巴的。吾不知此一刻钟内有多少人在将死未死，不知吾写这篇文章几点钟内又死去了多多少少；诸君啊，一二人学说的倡导，少数人思想的转变，影响到这样悲天惨地！诸君此时居然定有机会读书，诸君读的书，不还是政府从将死未死的老百姓身上征到全年赋税六千七百多万元中间划出一部分办学校，聘教师教诸君的么？究竟诸君读了书，还想作什么用呢？校舍的辉煌，是代表老百姓的血光；讲堂的粉笔，是代表老百姓的枯骨，吾们还忍心读了书去谋个人立大功名，发大财么？这几千万尸窖中的同胞，算了？还有几千万将死未死，他们希望谁去救呢？诸君！几点眼泪，无论那么热，是不够的。说几句空话，无论那么动听，是无用的。通南巴一带吾没有去过。可是到过剑阁一带，男女衣袴已不能完全了。重庆街上躺一死尸，旁人说：又是一个。可见不止一个。简阳街上十余岁童子叫饿两天而死，死了两天，没有人埋，这是我和我的同伴亲见的。市长、县长不知道，区长在哪里？区长不知道，保长、甲长在哪里？邻舍还有人么？吾常想对官吏说：你们的工作对象是谁？要知不是上级，是老百姓。你们的后援是谁？要知不是上级，是老百姓。你们的生命线在哪里？要知不是上级，是老百姓。现在不要怪别人了。我第二句话，就是要说：大家把同情心实现出来。

第三，说到民生痛苦，岂但四川？区域远的且不说，时间远的且不说，这一条长江，不是从四川直贯到吾们家乡江苏才出海的么？去年秋天大水灾，长江流域湖北、湖南、江西、安徽各省被灾的一百四十县，一千四百万人。仅汉口捞到流下来的尸身就有三万具。天门一夜，全县陆沉。这是就我记忆所到，客中不及检报告书，说出正确数目来。黄河流域更厉害，还没有知道确数。此外天灾人祸，一时还说不尽。是天灾吗？完全是人祸罢了。哪一桩祸患，不是人闹出来的？哪一桩不是人力所可能挽救的？我又要问吾们自己，究竟读了书有什么用处呢？记得元朝一位大儒郝陵川先生（经）有句名言，他说："能救百万生灵于水火之中，则吾学为有用矣。"诸君啊！民生痛苦到这般地步。国难逼迫到这般地步。吾们还读死书么？还不觉悟么？这次吾带来东北大学文科毕业生苗可秀烈士遗墨，有好几次讲演介绍于诸君的，诸君也许知道吧！这位烈士联合同志，从民二十一年七月起，在辽宁省南满路以东，安奉路以西三角地带，干了不少抗敌工作，到二十四年秋，因苦战受伤，为敌人捕去，七月二十五日被杀于凤凰城，临死以前，有一番慷慨严正的演说，使得敌人大大感动允许他亲笔作书，替他寄达北平师友，吾所带来，就是他亲笔信的印文，和他的照片、作品。他的遗书给朋友有几句话："弟等可在西山为余建一衣冠塚，竖一短碣，刻'苗可秀之墓'，山吟水啸，鸟语虫声，皆视为余歌余语，余泣余诉。泣系为国事而泣，非为私人泣也。凡国有可庆之事，当为文告我。有极可痛可耻之事，亦当为文告我。弟等思想要正确，精神要伟大，不要忘了我们要做新中国的主人，要做重整河山的圣手。做事不可因为一次的失败，便灰心；不可因为一次的危险，便退缩。须知牺牲是兑换希望的一种东西，我们既然有希望，便不能不有牺牲，不过我们的希望，务须正大而已。"末了，还祝大家为国珍重，更为国努力。诸君啊！我们不是中华民族一分子么？不都是担负做新中国主人的使命者么？不都是接受苗烈士的期望者么？像苗烈士真不愧为大学生。吾深知四川青年在东北牺牲的也不少。就退一万步，替四川打算，一旦海疆有事，长江下游被敌人封锁，四川出路在哪里？请诸君闭了眼一想，那时候，全国怎样？四川怎样？全国无办法，四川有办法么？巴东三峡，只是诸君思想上的障碍，哪里够做中华半壁河山的防御？吾第三句话，是说：大家把眼光放大起来。

以上三点，都是希望诸君对己修养的。进而对群，怎样呢？我对于应付国难问题，曾提出三事。在"九一八"以前写《黄海环游记》时，就是这样主张。这三事彼此间有联锁关系，如右图：

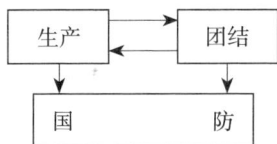

团结增进人的力量，生产增进物的力量，把人与物的力量联合起来，才能构成整个的国家力量，才能建立国防。　　　　　（详见吾所写《五六境》一一六页）

诸君对群，将准备担负何种任务呢？我就把这些来贡献诸君：

第四，努力团结。我又要谈到《蜀碧》了。在张献忠七杀主义之下，他们官吏、士民、妇女慷慨赴死，虽受断肢剥皮等种种酷毒，为表现威武不屈的精神，绝对不降服。站在今天的我们，除了尊敬他们节操的坚贞，与夫重义轻生热烈的情绪以外，还有什么话？虽然终不能不哀怜他们死的价值还不大。在三百年以前的社会情况，自然谈不到什么组织和训练，然观《蜀碧》载贼屯忠州，健斗者十余万，负载者倍之（初版本卷二第二页）而督师杨嗣昌拥百万之众（卷一第十二页），不能善用这些忠勇义烈发于天性的民众，民众自身又没有机会来团结——稍稍团结，像赵光远、贺人龙在剑州、广元，刘道贞在雅州，王应熊、樊一蘅、杨展在叙州，皆能抗战自保。说到这里，我不能不叹苗烈士苦战三年而死，死的价值真伟大。这价值的告成，就为是能团结，就为是经过若干时期的组织和训练。凡两民族对抗，谁胜？谁负？人数多少的关系小，有无组织训练的关系大。无组织训练，人数虽多，可以长期被压于有政权的他民族。……对今日的敌人，可以自恃我的人数四五倍于彼，不注重组织训练，而希望胜利么？且不说胜利，希望能生存么？

有许多现象是矛盾的。好群是人类的天性（岂但人类，凡动物都是这样。寓庐新来一小犬，因为脱离了他的阿母阿兄阿姊，在我写这篇文章的时候，整整的叫了一夜，可是"不能群"又是人类最有力的公共的大敌。我常想全世界十几万万人来一个大团结，不大妙么，不斩却无数葛藤么？世界是一天一天望这上边走的，只须看国际组织，一天一天在那里增加起来了。可是前面有一极大礁石，就是语言文字的不统一。我又想把世界所有言文，公同指定一种作为标准（世界语 Esperanto 也好。就各种言文中指定行用最广的一种也好）。每一国家，除了本国言文以外，只须学一种标准语，就是每一个人，只须学两种言文（连他本国言文在内），岂不简捷痛快。而每一重要出版物，都须译成标准语，这样，世界文化前进的速度，必增加不少。像言文特别困难的我国，就我亲身体验，每一青年，至少总须销耗百分之三四十的精神与时间，在学习外国言文上。而因全人类言文的统一，便促进全人类的大团结。这是我的理想。诸君！我们中国的不容易统一，文字固无问题，语言的障碍着卖不少呀！黑龙江人跑到广东去，琼州人跑到绥远去。这种语言的障碍哪能不影响到精神上来呢？打破这种障碍，交通的并发，是一大利器。我是江苏省川沙县的，从家乡到成都来经五千里，但我到这里第一天的感想，只觉眼前景物，和吾乡没有大差别，从此可以悟到民族的迁流，于河流关系绝大，因为这五千里都依靠这一条长江的缘故。我深信粤、汉、川、湘几条重要铁路告成，于促进全国团结上定有绝大帮助。

可是时局的要求这样严迫，还能耐性地等到将来么？我们必须研究出一种团结速成法。

原来团结有两个必要条件：一、须有共同的目标。二、须有信仰的领袖。备具这两个目标，精神才能集中，因领袖命令之有效力，而行动更能一致，团结就成功了。我们的共同大目标，就是国家和民族的生存，而因他方暴力的压迫，使大家对国家、民族很薄弱的观念，不能不立时浓厚起来，今后只希望将这观念发挥到一般民众方面，发挥愈广，团结愈有望，这就是吾们应公共担负的一种责任，尤其是青年诸君宜注意。

至于领袖信仰问题，我该先把原理来说一说：我们只须看人身，没有首脑，能完成全部生理组织，能发挥他的功能么？十个足趾，十个手指，每个装上一个脑袋，能成人么？并看看乐队，合几十人百十人成一队，没有一个指挥者，能奏成曲调么？拉提琴者要用甲调，吹大箫者要用乙调，没有人来统一，能入调么？不消说大规模乐队，就只"小红低唱我吹箫"，我要昆曲，小红偏要皮黄，两个人就闹翻哩。

我们中国人为什么对领袖信仰问题，发生一般大障碍呢？其中有两大原因：一、就是前边所说，相骂多，相询少；疑忌多，服从少；人家有种动作，总猜做坏事，不信人家能做好事；"既生瑜，何生亮？""两雄不并立"，"两贤相厄"，"文人相轻，自古有之"。这一类古语、这一类先例太多了。于是一乡有一乡的瑜亮，一县一省有一县一省的瑜亮，一国有一国的瑜亮，你要做件事，不论好坏，我破坏你。我要做件事，不论好坏，你破坏我。前任做的事，后任来破坏他。后任做的事，还有后任来破坏他。尤其是我做不成或做不好的事，你能做，做得好，非破坏不可。所以搅得全国几乎不能做成一件好事，不能产生大家所信仰的一个好人。领袖问题，尚何从说起呢？二、因推倒满清，养成厌忌一切统治者的变态心理，并养成不须要统治者的谬误观念（民国就是被统治者和统治者地位不固定）。若以为不需统治者则大误。对一般人，既以恶意推测，尤其是对统治我者，不肯以善意推测。于是领袖问题，更何从说起了。

可是生存条件的要求，只有因压迫严重而加紧，绝不会因上边所说种种障碍而减轻。不团结只有一条死路，没有第二句话。

团结速成法怎样呢？从自己做起，拿至诚来对待人，拿善意来推测人。"人之欲善，谁不如我？"我爱国，难道人家就肯卖国么？真演出事实来，当然不宽恕。而且以恶意待人家，至少使人家减少为善的热心和勇气，或者因灰心颓丧，因愤激而横决。所有因此而使社会国家蒙受损失，此项损失，皆须由恶意测人者负责。诸葛武侯治蜀，就是六个大字："开诚心，布公道。"诚心是精神，公道是率实，吾青年同学诸君啊！不必等将来为社会国家服务时，才发挥这种精神的。现时在学校里，有师长，有同学；出校，有亲长，有家人，有朋友；到处有团体，有领袖，从今日起，从自己起，拿我的至诚来对待人，拿我的善意来推测人，看影响怎样？或者约定一般朋友，大家来这样干，看影响怎样？

现时各学校多提倡童子军和军事训练，好得很。这中间包括锻炼体格，激发志气，整齐动作，练习劳苦种种作用。也就是练习团结的基础工作。很希望切实干下去。很多同学面对国难应干什么工作？吾敢说，这就是最重要的工作之一。

我来四川，发现一点很不满意，就是一般民众体格不大好，尤其是万县、重庆、成都等处的劳工，有的几乎枯瘦得不像人，当然是吸鸦片关系。同时却发现很满意的一点，就是各学校学生体格多数很好，尤其是女学生。我所到的成都、重庆、北碚、嘉定、峨眉、眉山、绵阳、剑阁、内江、自流井，绝大多数是强健。我很欢喜，但希望把这精神发挥到社会一般人的体育上。吾在此附带提及。

第五，努力生产。说到生产，吾们中国是很可怜的了。农村何以破产？既是农业国家，何以早几年农产品进口占到第一位？还不是到处人造的天灾以及兵灾、匪灾，搅得生产减少，加以交通障碍，调节困难，到这地步吗？别国多建立起关税壁垒来，保护生产。我国敌人不在门外而在门内，请看沿江、沿海较大工业、商业、航业乃至矿山，这一切是谁的呢？这些且不谈，吾来报告海关最近几年入超数：

民二十四年	三万万三千四百余万元
二十三年	五万万零三百余万元
二十二年	七万万三千三百余万元
二十一年	八万万六千七百余万元

就这四年间入超并计已达二十四万万六千七百余万元了。诸君要明白，向外国购货不能用我国纸币的。这出入口相抵不足之数，即是现金出入相抵不足之数。试问这样巨额流出，中国究有多少现金可供亏耗呢？我敢说，如果没有

别种抵补方法，而还是这样狂态的入超，不到一二年，不必打仗，中国已就完结了。所以这问题的严重性，实不下于国难，或者可以说是无形的国难。

怎样办呢？只两个办法：可是都要吾们每个人自己来干的。其一，消极的，人人不用"非国货"。我们既然知道买外国货要用现金，我国现金这样缺乏，多用一分外国货，等于贫血病者多流出一分血，有这样确切的认识，大家对己来一个内心的坚决的宣誓，对群来一个随时随地随人不断的运动，就是非万不得已，非万万不得已，决不用外国货。因大家不用外国货，于是外国货商无利可图，不再向外国购货。于是输入减少，现金保留，才得把留下的现金，向外国订购为维护国家生命而急要的如飞机、大炮等应敌必需品。同时因大家都用国货，于是国货畅销。制造家乃得因销路打开，厚集资力以从事改良与推广；并因品质的改良，产量的增进，得于自给自足以外，进一步向外推销，换取他国现金，储为我用。而入超坏现象，渐渐地变为出超好现象。这经济局势的扭转，全在我们每一个人肯尽一分力，在这一点上倒不须仰面求人的。有此机势，加以政府努力整理金融，奖进工业，用有效方法来调节，来推广，或者经济上因此得一立足点，也未可知。其二，积极的，人人从事生产。关于这点，吾不能不从教育上说起。

教育是方法，不是目的。是预定了一种目的，而以教育为达此目的的方法。譬如说：各国教育普及了，吾国也该普及一下。这未免不成话了。等于父兄对子弟说："别家都在上学，你们为什么不上学？"这都是但知办教育，上学是应该的，而没有知道为什么教，为什么学。因为历来政府办教育不一定有目的，所以学校多，学生多，便算有体面，有成绩。因为父兄命子弟上学不一定有目的，所以能毕业，能升学，便算满足，算光荣。四十年新教育，最大吃亏，就是和社会生活脱离关系。到现在大家明白了。国家民族生存的要求，团结以外，还有生产。可是教育和他个人生活都接连不上，还讲什么生产？

现行的学制，小学六年，是国民教育，是教些做人的意义，做国民的意义，但也不该离开他们生活环境的。初中三年，以普通为原则，以农、工、商等分科为例外。但年龄正在十五六岁，在此年龄，察知他们的天性和天才，帮助他们决定以后修学服务的途径，这叫做职业指导。初中对学生应负这特殊任务。高中便以分科为原则，以普通为例外了。这都是现行学制的本意。小学既不离开他们生活环境，毕业后在他们原有环境中找生活，当然无甚问题。初中、高中普通科都是以升学为惟一目的。设上级学校不能容，而又无短期职业科可升入，简直等于断港行船。或者普通初中毕业，离开他们生活环境没有过远，多少还可以想法；至于普通高中毕业，更少办法了。所以办许多普通初、高中，实是很不相宜的现象。前清光绪二十八年，桐城吴挚父先生（汝纶）赴日本考察教育，归来写一本《东游丛录》，中间与日本文部大臣菊池谈话一则，菊池说，日本中学办得未尽善，德国亦未完善。中国可缓办中学，专重大学、小学，各省立专门学校。小学卒业，为农、为商、工，各任自由。大学由预备学校升入。若必欲与小学相接，可于预备学校下，更设一预备学校，中学校可缓办。还谆嘱中国勿蹈日本覆辙（详见《东游丛录》日记第五十九页及函札第七十六页）。可惜三十五年来少人注意，到如今还是满地普通中学。

我来四川，承教育厅检赠四川全省中等学校概况，将现在普通初、高中学生数一项细加检核，得全省共数如下：

初中 $\left\{\begin{array}{ll}\text{男} & 26460 \\ \text{女} & 9181\end{array}\right\}$ 35641

初、高中各三学年，依常态，一、二年生较多，三年较少。今假定三年生占全额四之一，则现时应有

高中 $\left\{\begin{array}{ll}\text{男} & 3532 \\ \text{女} & 802\end{array}\right\}$ 4334

初中三年生　　3910
高中三年生　　1083

此即是今夏毕业生数。初中毕业生三千九百一十人，试取高中总数四千三百三十四人，以三除之，得一千四百四十四，即高中一年学额。上开初中毕业人数，减去高中一年学额，余二千四百六十六人，即是今夏发生出路问题的初中毕业学生数。访问本省三大学——川大、重大、华大近年招生状况，合计恐不能过五百人。上开高中毕业人数，减去五百，或当有小部分投考外省大学，然定有早几年毕业到此时来投考的，则今夏至少当有五百名以上发生出路问题的高中毕业学生。即使他们自己无力升学，亦当替他谋出路。愈无力，愈急求出路。即不为学生打算，这多少青年，受多少年教育，废弃不用，为国家人才计，岂不可惜？仅四川一省，一个暑期，初中有二千四百人，高中有

五百人发生出路问题，这已够使行政当局焦忧了。积多少年，多少省份、社会还不会受影响吗？

所可怜的，一方面青年发生出路问题，一方面国家需要人才，还在发生来路问题。摆在面前的一条成渝路，一条川湘路需要多少机械工科人才？多少土木工科人才？多少管理人才？这不过举例，此外造林不需要人才么？改良农业不需要人才么？航业不需要人才么？新事业凡有兴作，旧事业凡有改进，那一件不需要人才？除了高级专门人才以外，哪一件不需要中级助理人才？需要数量，比高级要加起很大的倍数。最适当的方法，就是把初中、高中毕业生，已有国民教育和普通教育根底的，加上若干时期专科训练来应用，只不宜枝枝节节办。要是枝枝节节办起来，竟可以造成了专科人才，还是没有出路。必须由政府通盘打算，预计二十五年度办若干事，二十六、二十七年度各办若干事，需要何种何种人才，高级若干，中级若干，由教育行政方面依照所需要学科和数量，就现有学校通盘筹划到某校办某科，某科该定几年毕业，定多少学额。这样办来，供求相剂，才能达到事事得人、人人得事的目的，而生产问题，才得根本解决。

以上种种，当然由政府方面发动。至于学生自己，难道坐等着，就够了么？要知自己修养不努力，竟可以在政府良好计划之下，进了专科学校，毕了专科学业，别人都飞黄腾达了，而我还是不行。所以还要回过头来，劝诸位自己努力：知识要切实，技能要精熟，而还要注意上边所说人格。

上边所提供求相剂计划，全为行政方面设策。话虽如此说，社会情形何等复杂，各人有各人的环境、各人的机遇，尽可各奔前程，向着他要走而能走的路走去。不过吾所希望的，职业分三种：（一）直接生产的。如农、林、渔、牧，如工业制造等。（二）间接生产的。如官吏、商人、医生、新闻家、著作家等。（三）非生产的。如音乐师、画师等。第一种当然贡献最大。第二种虽非直接，然于生产上却有同样价值。第三种根据各人天赋，虽非生产，于人类亦有贡献。惟有家居坐食，无所事事：或拥遗产，或贪安逸，个人生计问题关系还小，就社会经济立场看来，这等人直是社会上绝大蟊蠹。还不如守几亩薄田，躬耕自给；或利用几间老屋，督率家人，身亲纺织；或深入乡村，教一般乡农，不必有学校的形式与名称，而倒有教育的实际。陶行知先生倡小先生制。小先生可能，难道诸君年龄和能力，够不上小先生么？这都是和诸君充类说到这里，不必有这些事，不可不存这般想。须知这样干法，他的价值，正不宜轻视的呀！还有一点，从事生产，无论采何方式，必须根据科学。希望诸君切勿忘了世界一百五十年来的新贡献，必得大家信仰科学，研究科学，利用科学。

以上五事，前三事对群，后二事对己。我就把这些答复诸君心坎里三大问题，诸君以为怎样？或者说，第一国难问题答复过了，第三自身出路问题答复过了，就是第二问题同胞痛苦，究竟这些办法够解救没有？我敢说：如果一方把同情心扩大，一方人人从事生产，物质精神双方并进，再加上全国团结起来，我想今后同胞们决不会像过去的痛苦吧。

自从"九·一八"国难发生，吾们一般同志发行一种刊物，叫《国讯》，因为内地青年很多写信来问：国难现状怎样？怎样挽救？所以把这刊物代替复信。我除时间不允许外，差不多每期都有文字。诸君如有关于国难或个人修养问题，尽可向《国讯》通讯发问，可以公开答复，或通讯答复。《国讯》提出四种根本上修养：一、高尚纯洁的人格；二、博爱互助的精神；三、侠义勇敢的气概；四、刻苦耐劳的习惯。没有这四种，吾们以为不配于救国工作。

有许多女同学，提出今后出路问题，究竟向家庭里去，还是向社会上来？吾说两边都去得，两边兼顾更要得。可是有两个要点：一、女子务须和男子同样地为社会、国家服务；二、女子务须养成生计上自立。上边所说种种，不单对男同学说，也是对女同学说的呀！……

有许多男女同学，提出男女问题，我当时发表意见很多。概括起来：由男女结为夫妇，当然是感情作用。可是有两个要点：一、宜经过较多方面的比较观察，然后成立假定的对象，再经过较长时期的考察，然后由假定成为确定。因此双方年龄宜待稍长些。还有一点：须替对方想，我满意了，对方满意么？我有办法了，对方有办法么？（这点尤适用于男对女提出解除关系问题时。）还须回过来想想自方，我所责望于对方的，我自己怎样了？在没有确定关系时，只觉这对象真至善至美了。及关系确定，才悟至善中还有未善，隔几时竟觉大大的未善了；同时才悟至美中还有未美，隔几时发现这美也平凡得很，再隔几时，大悟世上还有美于此者，这简直是不美。哈！哈！原来爱情是盲目的呀。

还有人提出读书方法问题，我愿概括地说，读书有三想：一、想我为什么读书？二、想这书该怎样读法？三、读了以后，想比未读时怎样？凡读书提要记录大概，可以得极大帮助。

凡我对诸君说的话，都是我对弟妹、对子女说的话。而且是常常勉励我自己实践的话。

我去了。此书发表的时候，不久便是我离开四川的时候。诸君以后如有问题，尽望随时通信。此行承各地青年热烈相待，心中非常感激。有的学校，有的公团，以及各地有约我参观或演讲，如灌县、梓潼、乐山等处，限于时间，不能应命，附此道歉。末了，还要复述苗烈士遗书结束语：祝大家为国珍重，为国努力。

（原载《蜀道》第1—50页，开明书店1936年版）

为中华职业教育社年会敬告四川各界

民国二十五年八月，中华职业教育社将在成都举行第十六届年会，同时举行第十四届全国职业教育讨论会，我因内子病不能赴会，特假航邮略陈所见。

本届年会的使命，一、讨论本社和会员所提出的问题；二、应川省政府和学校当局的嘱托，集诸专家讨论职教改进问题并参加设计。回想过去各届年会，十之九我都参与。开会结果，关于前一层〔届〕，积下来议案着实不少，可是实行的究得多少，尚待查考。鄙意不如提出一个中心问题来讨论，最好更预定一个下届年会应讨论中心问题，可于事前通告会员专从这一问题报告或提议，这也许是比较合理的方法。尤其使人兴奋的，却是后一层对川省职教讨论改进，参加设计，我虽抱歉不获来川追随诸专家后，愿把我的意见大致说一下。

凡事，凭理想易，求切合事实便难，教育是人们把理想实现到事实上的基本工作，本来不是容易办的事。尤其是职业教育可以说是距离事实最切近的教育，我常说：画家画鬼易，画人难。职业教育等于画人，受吾教育者，走得进职业界与否，进去了，合式与否，在短时期内，立见分晓。所以办职业教育有一要点，就是须在事业需求范围以内，发挥"前进"的精神。

所谓事实需求，可分两层说：一是未来的需求，一是当前的需求。例如成渝间要筑铁路了，当然需要土木工程人才，铁路管理人才，这是当前的需求，急须供给的。试更从成都抬头四望，出烟的烟囱简直找不到几个。机械工厂太少了。可是"高屋建瓴"的水势，从西北奔流而下，到处可以利用作原动力。电机和机械的使用，富有天然可能性；改良纺织，需用机械，农田灌溉，农具改良，需要机械，美而且富的林木，锯伐成材，需用机械，需用机械处岂可胜数，眼前未感需要，到需要时将不及培养了。这就是未来的需要。

可是枝枝节节地举办，还是不中用。必将在教育建设两部行政极端合作之下，将全省各项建设事业，如蚕丝、糖、盐、棉织、农林、畜牧、矿产等等，第一步确立改进计划，第二步从事筹备，在筹备中间，即包括培养人才一项。专门技师，固须国内外大学培养，但任何建设，需用高级人才少数，需要中级人才多数，或特设机关训练，或就原有职教机关，特设专科训练，以及基本学科如电机、机械、土木、应用化学等；普通应用学科如商业、文书、会计等；专门应用学科如政治、法律、教育、新闻学、医学（附助产、护士等）、药学等；更扩大说来，例如为整理财政、整顿税收，而需训练财务或税务人员，为整顿警政，而需训练警务人员。或由本省各厅合作，或由本省与中央政府各部合作，或与他省政府合作，或与社会团体或个人合作。皆须由当局审察供求实况，统筹全局，提出整个计划，在此计划之下，分工进行，才得头头是道（此所谓合作当然包括成渝三大学在内）。

在整个社会中间，有绝大部分占基本地位，而有特别情形，须特别规定办法的，即是农村。都市组织是分王制，农村组织是混合制，从前把都市办法来应付农村，无有是处。例如学校，教师如依都市办法，关了门专把门内学生做对象，万不能满足乡村一般社会的期望，这种事实太明显了。因此，吾们觉悟到农村职业教育，须在整个的农村改进计划之下来进行的，在现今尚未能普遍地改革村政的时候，惟有指定若干区若干乡，或觅指定某县来试办，为将来普设的张本。这也是整个计划的一部分。

凡此种种，一方面为国家为社会求人才的来路，一方面也是为人求出路，既然为事兼为人，那么人的方面，男子以外，还须兼顾到女子。哪一条路该让女子走的，哪一条路女子也得走的。还须兼顾到平民方面，使一般无力受多大教育的，也得受职业训练，挟一技之长以自立，这都是整个计划中须顾到的。

至于原在职业界服务的，须给他们进取机会，这就所谓职业补习教育。就职业教育以前，就职业以前，须给他们指导，使不致走错门径，这就是所谓职业指导。前者最好就成、渝两市各为整个计划，逐步进行。后者就省城设一中心机关，为全省服务，兼与他省联络，度皆在诸公筹划中了。

此次各位专家联袂入川，无非是感于省政府当局邀请的诚意，而又适逢年会，去交通尚未大发达的四川，总算是不易得的机会。还想到春间在川，男女诸青年热烈的访谈情形，拟请各位专家在参观、讨论、演讲以外，如能留出时间，备青年诸君的访谈，先在报端公告一下，我想青年诸君一定非常喜欢的。

吾所欲为青年诸君告者，此次开会以后，诸君对于职业教育定有一番认识和兴奋。但是吾们要懂得职业教育是制度，制度是呆的。尽有人受了职业教育以后，还是行不通。所以在我们施教育者方面，特别注重职业的训育，而在受教育者方面，还须自己注重个人精神修养。我愿大声疾呼告我青年男女诸君：我们中华民国在这空前的国难中间，所需要的是什么精神？是公正、热烈、精干、刻实、和平、阔大、勇敢的精神，这种精神，一天一天普遍地发挥出来，岂但四川前途有希望，吾整个的中华民族前途大有希望。别的话早发表在《留告四川青年同学诸君书》中了（此书编入《蜀道》,《蜀道》已在上海开明书店出版，不日可运到。成都开明书店发行）。

我所非常悲戚者，川省旱灾之后，继以水灾，从报纸上知道此时灾情着实严重。

我不获奉陪诸君子参加会议，惟有遥祝四川五千万同胞从九死中得到一条生路，遥祝四川行政当局教育当局诸公为国为民设施顺利，遥祝四川男女诸青年黾勉修学，身心俱进，遥祝年会诸君暑天康健，长途安乐！

1936 年 8 月 9 日在上海

（原载《教育与职业》第 178 期，1936 年）

川沙公立小学校史最初的一页

在清光绪……二十七年那一年八月，清廷谕各省、州、县设小学；明年七月，颁布高等中、小学堂章程，令各省照办。

那时候，内地学堂很少，南汇只有顾旬侯先生（名忠宣）创办的肇兴学堂。上海西乡马桥有强恕学堂，系钮惕生先生所创办。川沙西乡艾巷桥有艾谱园先生（名承禧）所创办的养正学堂。川沙城里还没有，只有一个观澜书院，每月把八股文和试帖诗来考课地方士子。诗文作得好，有奖金，称膏火。地方官高兴的时候，特别加给奖金，称花红，或者花红外还有加奖。书院有田产，把田租收来，充作膏火。

那时候，我在上海南洋公学读书。到了十月，公学发生罢学大风潮。退学的学生，大部分联合起来，创办爱国学社于上海。我呢，和川沙一般朋友如张伯初先生（名志鹤）等，老辈如陆逸如先生（名家骥）等，都是受着了"教育救国"新学说的影响。看看国事，已经糟到不可收拾；看看老百姓，大家还是睡在鼓里。记得当时我还亲见一本书，叫做《并吞中国策》，是日本尾崎行雄作的，简直不把我们中国放在眼里。大家发一个愿，认为要救中国，只有到处办学堂。

那时候，哪里有现在流行的各种漂亮名词，像"民众教育运动"呀，"打倒文盲运动"呀，可是工作的方式，和现在并没有多大不同，或者运动者和被运动者比较现在都还热烈些。不过同时反对者却也非常热烈。

吾和张伯初先生、陆逸如先生等，大家计划已定。因那时满清有上谕，将各省书院改办学堂。趁此机会，约齐一般同志，联名公呈，向川沙厅同知陈家熊请求将观澜书院改办川沙小学堂，但明知川沙厅是不会答应的。因为地方还有许多靠书院考月课取得些膏火，补助他们生计，当然对改办学堂，成为正面的利害冲突，绝对不会赞成。就是官厅也抱定多一事不如少一事的宗旨，最好不要出什么新花样，少惹些是非。所以我们定的计划，一方面向川沙厅进呈文，同时向两江总督衙门进呈文，使川沙厅不敢批驳。当时一同具名呈文上的，吾和张、陆两先生外，还有潘敏斋先生（名守勤），似乎还有包聘卿先生（名志澄）等，至多不过八人罢！一般父老，推我首列，我也就不客气了。记得吾和伯初先生亲送呈文到南京总督衙门，就是光绪二十八年的冬天，天气冷得真可以，冒着大风雪，坐了长江轮船到南京。当时哪里有沪宁铁路呢？总督就是张之洞，投文的时候，真所谓"侯门似海"，但见几十百顶前清红纬帽来来往往，使人一点摸不着头脑。那年吾是侥幸新中了举人，到石坝街去拜房师湖南陈伯弢先生（名锐）。门房有一副陈老师亲笔写的门联："慎司尔出入，无慢我宾朋"，却还深深地印着在我脑海里。

就为是吾们呈文措词根据着上谕，使官厅无可批驳。当时的陈司马，先头表示很不高兴，后来知道不可抗，那就表示十二分讨好。而观澜书院改办小学堂，将院有田产全充小学堂基金的案，居然确定。

川沙小学堂的开学，我记得在光绪二十九年正月末了的时候，我和伯初先生被川沙厅聘任为总理和副办，而潘敏斋和陆逸如两先生被聘为经董。学生六七十人，分两班。我和伯初先生都亲自授课，每天倒有三点钟之多。当时首席教员为嘉定秦蘅江先生（名沅），后来被公认为算学专家的。还有一位湖州汤先生、苏州沈先生……会计顾神州先生。当时的学生现在怎么样，也有不给我们知道的；也有早已飞黄腾达。后来做过十年校长，而且成绩很好的陆叔昂先生，也是当时吾们的学友，怕年纪只有十五六岁。

我和伯初先生，当初都是尽义务，不拿薪水的。我家离学堂不远，天天回家吃饭。我是一个穷汉，不拿薪水，还要自吃饭，怎样过日子呢？吾可以老实说，早一年曾经分送多少本乡试的闱墨，叫做朱卷。当时风俗，人家照例须赠送钱的。记得当时除掉开销，还余一百元光景。这半年多的家用，就靠这笔闲款。自问生平，就是这一笔款不劳而获，是吾良心上很不安逸的一宗收入。至于当时为什么尽义务，不拿薪水呢？因为当时学堂新创，反对的人太多，记得吾们不拿薪水，是在章程内规定的，这样才能博得人家同情，而减少反对。即川沙厅所以聘任吾两人来办，也为是不拿薪水的缘故。

吾们当时都是年轻小辈，老辈中独有陆逸如先生和吾们一样的热心，而且常常把他老练的经验，来指导吾们。也因为有个老辈在内，使得以不敢十分看轻。恍惚后汉书上讲，光武南阳出兵，大家觉得"谨厚者亦复为之"，无形中增加了不少助力。所以说到川沙小学堂的成立，陆逸如先生实有很大的功绩，该好好纪念的。

学堂已经开学了。可是开办费还欠人家，没得来还，陆逸如先生带领我亲到上海珊家园见同乡杨锦春先生（名斯盛）。吾认识杨先生，杨先生后来轰轰烈烈地毁家兴学，这是最早的起点。当时杨先生捐银三百元，在那时候要算很可纪念的一件事。记得沈戟仪先生（名亮棨）来一封很长的信，表示赞成，捐银五元。沈先生是穷汉，也这样慷慨，鼓励吾们。当时吾们把学堂的办法，很亲切地对杨先生说，很得杨先生的称赞，立刻叫他的侄儿杨弄一，进吾们学堂读书。几个月之后，他考查的结果，他说：这样办法，别的好处吾们不知道，鸦片、嫖赌种种恶习，总可以没有了。后来毁家兴学，实际上，那时的观念，就是他最初的根据。咳！吾们只有这一颗心罢。说到效验，对于爱护吾们、赞助吾们的杨先生，实在惭愧得很。

当时吾们办学堂，确是兴高采烈。把现在眼光来看，办法上诚哉幼稚，可是精神的确十足。每天有体操，当时人家多反对这一点。许多大少爷式的学生，入学时父兄声明身体太弱，体操是当不了的。吾们告以就为体弱，所以要体操。正课以外，常常举行各种游戏及演说故事，学生倒高兴得了不得。记得几次在城墙边举行速算竞争。至于演说故事，吾记得担任过顾亭林、西乡隆盛等一生事迹的讲述。

匆匆半年过去了。南汇顾冰畦先生（名次英）从日本留学归来，请他来演说。记得那时的演说会，顾冰畦先生外，还有上海杨月如先生（名保恒）、穆恕斋先生（名湘瑶）、瞿绍伊先生（名钺）、南汇马亦昂先生（名戴仁）。听者人山人海，好不热闹呀！所演说的材料，无非说到国家前途的危险，要国家转弱为强惟有办学堂。至于吸鸦片、赌钱以及女子缠足，都是亡国弱种的勾当，万万要不得，以及外国怎样厉害，亡国怎样苦痛，各国快要来瓜分吾们了。翻来覆去，大都是这一套话。吾们当时还在家里办一个女学，叫做开群女学。也是吾们天天上课的。

顾冰畦先生来演说，已是六月了。到了六月十八夜，吾和张伯初先生到南汇县新场镇，应了新场诸君的请，特地去演说。不料弥天大祸，就从这里开始。我和张伯初先生从此亡命海外，和这个小学堂，在万不得已的中间脱离了关系，解除了吾们的责任。听说当时还怕官府到学堂里来查抄，把我们所有书籍、文件一概烧掉，学堂以后事情，吾就不大明白，直到日后案情松淡，亡命归来，受了杨锦春先生委托，办广明小学、广明师范、浦东中学。那时候，又来担任川沙劝学所总董和视学员，和这小学堂发生间接关系。再到后来，担任这小学堂校董，怕有十多年。这都是后来的话。

（原载《川沙县志·教育志》第25—26页，1936年）

黄炎培教育文集

第四卷

黄炎培◎著

中华职业教育社◎编

中国文史出版社

图书在版编目（CIP）数据

黄炎培教育文集 . 1–4 / 黄炎培著；中华职业教育
社编 . —北京：中国文史出版社，2022.6
ISBN 978-7-5205-3592-2

Ⅰ . ①黄… Ⅱ . ①黄… ②中… Ⅲ . ①黄炎培
（1878-1965）—教育思想—文集 Ⅳ . ① G40-092.6

中国版本图书馆 CIP 数据核字（2022）第 129385 号

责任编辑：张春霞

出版发行：中国文史出版社

社　　址：北京市海淀区西八里庄路 69 号院　邮编：100142

电　　话：010-81136606　81136602　81136603（发行部）

传　　真：010-81136655

印　　装：北京温林源印刷有限公司

经　　销：全国新华书店

开　　本：710mm×1010mm　1/16

印　　张：89.25

字　　数：1505 千字

版　　次：2023 年 1 月第 1 版

印　　次：2023 年 6 月第 2 次印刷

定　　价：288.00 元（全四卷）

1937 年 5 月，黄炎培前往苏州高等法院看守所探望被国民党当局逮捕的救国会领导人沈钧儒、邹韬奋等"七君子"（七君子之一史良在女狱，不在场）。

1957 年，黄炎培视察上海机械学校（原"中华职业学校"）

1957 年 5 月黄炎培在中华职业教育社立社四十周年上海庆祝会上讲话

目 录

吾人在非常时期将以何者为最重大贡献乎

作者早年读书南洋公学，今母校已蜕化为交通大学。承在校诸同学发出"青年在非常时期应有的准备"一问题，就把我的意见写成本文，很愿公开贡献于青年诸君，供给大家参考。

此问题，近人发表意见甚多，如锻炼体格也，参加军训也，研究战时应用科学也，练习战时应用技能也。所谓战时应用科学，如军事常识，如交通常识，如医药常识，如机械学，如化学；所谓战时应用技能，如宣传，或以文字，或以口舌，如民众训练，如临时政治工作，如创伤救护，如难民救济，如交通管理，如机车驾驶，如公路修筑，如防空、防毒练习，殆皆为研究此问题者考虑所及。兹就我所认为较重大者，提出下列三事，以供同学诸君之参考：

（一）在此非常时期，吾人须处处从世界大势，中国全局着眼。世界各国，各有特殊之国情与国势。例如美国正在关着门求解决内部经济问题；英国鉴于殖民地之多，霸权之难于维持，但求大事化小，小事化无；苏俄两个五年计划，正从对内而转重对外；法国怵于世仇德意志之复兴，惴惴焉专从此点上求所以应付；德与意如两头乳虎，蓄着新兴的势力，准备向外发展。凡此，皆为每一国的中心问题，交织而成西半球现局最近如西班牙问题，政府军背后为某国某国，革命军背后为某国某国，几形成法西斯与民治两大派之决斗。基此种种，影响所及，直接欧洲全局，间接且及东方。东方中心问题，已有五年来事实诏告吾人，更无怀疑余地。如果欧洲一旦不能维持和平，所谓太平洋问题，必将乘机而起。吾人同时更须着眼于中华全国。华北既成现况，沿海而南，各省形势如何？沿长城而西，沿陇海路而西，沿扬子江而西，形势又各如何？不幸而有粤桂问题，粤事甫了，桂事未了。返观财政状况如何？社会经济状况如何？民生痛苦状况如何？积此种种，构成现势。吾人以世界眼光，观察我国乃至任何国家；以全国眼光观察一问题乃至任何问题，所获概念，必有不同于管窥蠡测者。吾人亦既决心求尽国民天职，一切工作专为国家、民族前途求出路，至少必须闭着眼对世界大势、全国大势，如示诸掌，然后根本明了国族前途真实危险情形，从内心发出热烈的情绪，来担当救亡图存大任，所有小己乃至小群自私自利观念，自然一笔勾销。

（二）在此非常时期，吾人除对于锻炼体格、军事训练等集合群众工作，绝不自外，苟可参加，绝不放弃。此外还须一方努力于普通知识之增修，求常识之足以应用；一方须就战时所需要之各种知能中，专精一种。此点极为重要。吾人从"一·二八"战事后方服役实地经验，感觉到最大缺乏，就是人员。普通人员，不为不多，但一到非常时期，出入于军事地带，肯冒险，肯负责，且能持久不懈，此等人不可多得。或者今后因公民训练之普及，心理渐见改变。而当时尤感缺乏，莫如专门人员。前文所举各种战时应用科学、战时应用技能，无一不感觉不够供给。"一·二八"仅一区域短时期之战役犹如此，万一大规模的非常战祸发生，其所需要，岂可数计！故一说到准备，莫急于每一个人有一种专精的技能，或特别需要的某种常识。其选定方法，可就各人平时所研习，或其环境惯常接触事项，研习精熟以后，更宜加入是项专门或专业组织，才易获得参加机会。例如，沪市医生，平时似觉供过于求矣。一到非常时期犹觉不足，其他更可推想而知。实际上未必缺乏到此程度，只以人才向不集中，尤少组织，如医学，如化学，平时尚为有组织的。此外虽有专才，从何物色？而专才亦苦无从参加服务。所以从行政方面言，急须培养专才，集中专才；而在吾人自身，实有如上述之必要。

（三）在此非常时期，吾人真为国家服务，有一事万不可忽：交友是也。事实诏告吾人，平日交游遍天下，一旦遭遇世变，肯共患难，出肺肝相见，曾有几人！时穷见节义，世乱识忠贞。所谓"桃李竞艳于春风，松柏后凋于寒岁"。时会所逼，天性之厚薄，品格之贞邪，才能之正诡，志节之坚脆，到此分明，更无掩饰余地。大抵非常时期所需求之人才，从消极说来，第一，自私自利者不可用；第二，圆滑取巧者不合用；第三，绳趋矩步，束身自好者不够用。从积极说来，一、须有高尚纯洁之人格；二、须有博爱互助之精神；三、须有侠义勇敢之气概；四、须有刻苦耐劳之习惯。而更须以坚强贞固的节操，战胜千艰百险的环境。名，吾所不求；功，吾所不争，将吾整个生命，完全献给我国家、民族生存工作上。其先，个人以之自勉；其继，同志以之共勉。少数人确立之信条，扩大而成一群完整的精神；一时间鼓荡之风气，绵续而成全民族不可磨灭之特性。此才是吾人最大之贡献。

（原载《空江集》第 137—142 页，上海生活书店，1937 年版）

怎样教我中学时期的儿女

我有十二个儿女，殇了三个，现存五男四女，有在教书的，有在办事的，有在管家的，有就学国内外大学的，余下二女一男都在中学。这一大群儿女，不论过去或现在，都曾经过中学。我感觉到最难处置，就是中学这个关头。到了大学，人生观渐渐确定了。中学正在交叉路口，欲东便东，欲西便西，出入很大。我于中等学校，普通的，分科的，皆曾创设过，服务过，前后关系达三十多年。对这个关头特别注意，且深信其值得特别注意。很愿把我对于儿女，在中学时期怎样教法，和他们对这样教法感觉怎样，公开地向中学一般男女青年报告。

吾在没有认识职业教育的重要以前，却早注意到一点，就是修学必先确定服务方针，将来做什么，现在学什么。三十年前有一从弟自幼发见他有机械天才，入中学时，即令他实习机械，到底成为机械专家。我的儿辈，除了考入清华大学，他们没有设分科中学，只得在大学每年暑假期，看他们才性，给他们练习机会，有的银行，有的铁路，有的教书，其余都在初中时早就帮助他们决定大方针，升入分科高中，年满毕业，就他们所学，给他们服务机会，一二年后，再令入国内外大学求深造。这一个过程，这一种方式，我很确实地认为重要，而他们自己亦很深信为有效。我为这些，不知当众演说过多少次，文章写过多少篇，苦口劝告大众：（一）初中三个学年的使命，就在让别人认定他的，或自己认清自己的天性和天才，来决定一生修学就业的大方针；（二）即使预备升大学，在高中时亦宜依照所定方针入分科修习；（三）如果中学修了，即拟就业，不再升学，更宜入分科高中。可惜一般人还不能完全了解，以致走错路头的还不少，我所深深地认为歉然的。

上开一点，要算我对中学儿女最注意所在。有一个儿子，少年最欢喜读子书、佛经，便指导他研究哲学。还有一个在孩童时期欢喜玩积木，构成各种建筑，便时常带他从远处、高处看上海市景，诱发他对于工业的兴趣，指导他研究工科。大概这一点我绝不敢放松的。我有一个侄儿，现在被公认为音乐专家了。但是他自小在家庭于音乐并无接触，故并无特殊表现。幸亏进了清华，得到尝试机会，他自己发觉非常兴趣，才获走上适合他天才的途径。如果得不到尝试机会，眼睁睁地便把天才埋没掉。我想青年中自己没有发觉他的天才和没有机会表现他天才的，正不知多多少少哩！此外我对于各门功课，仅切嘱他们特别熟习三门，就是国文、外国文和算学。算学训练头脑，使之清澈、正确、精密，影响于思想很大，文字学科，实吸收各种知识的唯一门径，都值得重视。至于各专科，自有专门教师指导，自己既发生兴趣，自会精心钻求的。体育，却也是我所特别鼓励的一端。

我常常严厉督促他们写日记，用钱必督促他们记账。大概他们的日记，是我负责检阅的。用款检查，是他们母亲负责的。他们的母亲对于检查用款，非常精明，绝对不给他们多量的钱。因此，一般儿女们对于银钱的眼孔特别小。在中学时代，身边有一整个的银元，便快活得了不得。他们的母亲，对于整洁，对于节俭，每次归家，不断地训话，积极地勉励，消极地责罚，旁人听惯了，真所谓"耳熟能详"，但对于帮助更清苦的同学，从来不加阻止，有时还多量资助他，养成他们待人慷慨的心肠。但交友的好坏，却为我夫妇所共同注意。归家必责令服务，迄今儿女大半成年了，他们回想儿时母训，还时时拿来做家庭谈话的资料。

在任何场合，绝对不许他们说谎话，这小小一点，从幼时，就用极大气力注意的。这点，幼时用力养成了习惯，到中学时期，便不致成问题，但仍值得注意。家庭中，我和他们的母亲，都不惜用扑责的。我用扑责时较少，但他们对我多畏惧。这一点长儿方刚尝和我辩论，以为若是没有这一点不更好么？我以为从幼年到青年，至少在某时期、某场合，实需要这多少有所畏惧的心理，使精神上有所约束，影响到他们行为上，使有所不敢为。同时做父母的十分检束自己的行为，凡不许儿女做的，父母不做，且禁止家庭中任何人做。具体的如赌博，如吸纸烟——乃至亲友到我家里，恕不敬烟——苟为权力所及，总不让这些在我家庭里发见出来。此等处我诚然多少对不起亲友，实在是我为了这一群儿女呀！到底我们家庭里并没有因此感觉枯寂，吾们很热闹，很快乐，很和爱，家人相处，情感浓厚到极度。踹稳了脚跟做人，拿很好的心肠待人，大家力争上游，一个个携着手向着共同的大道上走，成年以后，父子间更如亲密的朋友一般。我和方刚是一对很好的谈谈学问的朋友。那年住大连，三儿万里教我英文，讲文法讲得真清澈。大概他们学成以后，一部分知识上都合做我的先生。

年龄较大的几个儿女，他们都曾在学校里稍稍听讲过经书，他们自以为很受用。但年幼的便没有这机会了。他们联合要求我讲经书。就在今天写这篇文章以前，才对他们讲罢了三章《论语》，就是（一）"子曰：学而时习之，不亦悦乎！有朋自远方来，不亦乐乎！人不知而不愠，不亦君子乎！"（二）"曾子曰：吾日三省吾身。为人谋而不忠乎？与朋友交而不信乎？传不习乎？"（三）"子曰：弟子，入则孝，出则悌，谨而信，泛爱众而亲仁，行有余力，则以学文。"我把做功课的方法，交朋友的方法，引用实际材料来证明，而特别提出"泛爱众而亲仁"一句，认为人生一切行为的基本，彻上彻下地讲了一番。古书今讲，是最有趣的。讲毕，在座十几人，从十一岁到三十多岁，十之六七都在中学，问他们听得有兴，愿下星期继续的，举手。全体举手。

我很觍缕地很坦白地说出来，给中学男女青年做个参考，还给研究中学教育的先生们做一些研究资料。

（原载《空江集》第157—165页，上海生活书店1937年版）

中华职业教育社社歌①

惟先劳而后食兮，嗟！吾人群之天职。欲完此天职兮，尚百业之汝择。愧先觉觉后之未能兮，舍吾徒之责而谁责？同心组成吾社兮，将以求吾道之昌也。研究试验以实施兮，期一一见诸行也。苟获救吾民之憔悴兮，卜吾国族之终强也。手旗兮飞扬！吾何往兮？比乐之堂！将使无业者咸有业兮，使有业者乐且无疆。嗟！嗟！吾愿何日偿兮？天假我以岁月之悠长！

（原载《中华职业教育社二十周年纪念特刊》，1937 年）

---

① 此歌词为黄炎培、江问渔所写。

《事务管理之实施》导言

民国二十四年六月，向中华职业教育社提议约集同志，组织一事务管理委员会，专事研究事务管理问题，希望帮助各机关增进办事效能，兼为训练事务人员投下一方础石。何清儒博士平时于这事很有研究，全仗他不断的努力，和各位委员肯把理想和经历尽量贡献，和各机关的充分供给材料，居然这本小册子，到今天发现在我们眼前，这是多么高兴的事！

我先说明这项提议的动机。十几岁时，遇到亲族家有婚丧喜庆事，有几次被人推我当账房。账房，就是设计、指挥、监督一切事务的总机关，人以为劳苦，我却感觉兴趣。等到后来服务社会，有几个小学，有一个中学，为我所亲手创办。辛亥革命，江苏省教育行政机关，尤完全是我所规划创始，对我所担任一部分政务的处理，兴趣更浓。民国四年，我和蒋君梦麟同住在旧金山隔海抔克雷①地方一个月。他对于我一切事物的整理，认为有条理，尝赞许我。归来不久，就和同志发起这个中华职业教育社，梦麟亦慨然参加。匆匆到今二十年了。到最近几年，才有所谓事务科学化，有所谓科学管理法。可是事务管理的专书，还不多见。

我常在想：各机关文书人员，有训练的；会计人员，有训练的，独没有训练过事务人员。难道看事务无足重轻，无训练的必要么？事务所包括比较文书和会计，着实重要而繁复，差不多整个机关的生命、全部职员的福利，都寄托在事务部人员的手掌里。有关于人群心理的，有关于科学常识的，有关于政治法律常识的，有关于医学卫生常识的，有关于地方一般风俗习惯的，设有数部分乃至一部分不熟悉，就不配当事务员。人们还看轻他，一若别的职务当不了，

---

① 抔克雷，今译伯克利

事务员总没有当不了的。也难怪各机关事务部分的良好成绩不容易发现哩！

一种专门学科的成立，凡属社会科学部分，他的经过，总逃不了下开几个步骤。最初事实上发生若干要求；第二步有人把所有要求，列作若干问题，用科学方法来分析、来综合地研究；第三步根据他们研究来实地试验，经过若干度的成功和失败，最后乃成立若干条原则、若干种方法，后来经过相当时间的整理，就成为一种专门学。而谙熟这原则、方法和事例的，就被称为专门学者。我想这事务管理，说不定今后会成为若干种专科中间的一种。

我所认识的事务管理，他的要义，不外乎"人""地""时""物"四项的适应和支配。而其目的，也就不外乎地的经济、时的经济、物的经济和人的兴奋而和洽。所谓效能的标准，就不外乎此。所感觉困难者，乃在"地"与"物"是固定的，但我之所有，有定量的。"时"是不断的，但允许我使用，亦有定限的。"人"是有意思的，是活动的，是各别的。有意思而活动，故难于捉摸；有意思而各别，故难于兼一。在这种繁杂状态之下，能处理得妥帖舒适，一半固然存乎其人：品格的感化，情意的联切，信义的孚洽；又一半到底属于技术。技术的运用，不外乎语言、文字、器具以及由形态、色素、声音所构成的符号，来支配"人""地""时""物"，而其结果还可以用图和表来计算效能的消长。今所研究的管理方法，自然偏重于技术。但前一层人的关系，也是绝对不可忽略的。

在这全世界不景气潮流中，我国更加上非常严重的国难，从整个社会和国家的眼光看来，第一当然要求有对外见容于国际，对内适合于国情的政策；而其第二要求，即属于各方面、各机关都激进他的效能，因而结成全部机构之效能的激进，此其需要何等迫切！其关系又何等重大！这小册子，仅是吾人初步的贡献，扩大起来，深入下去，所获的结果，也许不是吾们今日所能料到的。

吾进一步的希望，在根据这报告，集合若干富有事务经验者，加以缜密的研究，予以纠正与补充，然后就相当学校设事务管理科，训练成若干事务管理的专科人才，以期逐渐达到增进各地机关办事效能的目的。

吾还在想：吾人眼光要远大的，心量要宽广的，但办事却要精细密致。请看天体的运行，人身的组织，何等精细密致？吾人志虑要坚定的，但办事手腕却要活泼变化。请看人身新陈代谢，又何等活泼变化。远取诸天，近取诸身，这就是吾人研究科学的事务管理法上最好的榜样。

（原载《空江集》第 191—196 页，上海生活书店 1937 年版）

二十年来服务职业教育的回想

当清光绪季年，任职浦东中学。第一班学生毕业，某生的父亲来校，对吾说："吾的儿子毕业了。升学，吾力不够；做生意，珠算不熟，英语不够说，英文不够写，国文能写，但不很能应用。请问先生该怎么办？"吾就把中学是普通的，毕业后不是预备进商界的这一套话来对付他。虽然如此，总不能不想到这种普通的中学，至少给某一类学生以毕业后走投无路的痛苦。

吾对当时学校制度的疑念，越积越深。到民国元二年，就根据事实的要求，提出一种主张——实用主义的教育，发表了多少理论，列举了多少方法，要教育界同志们对他表示赞否，结果纷纷投函表示赞成。可是怀疑于旧制度而别寻出路的念头，虽一天一天明朗化、具体化，到底胸中还少成竹。

民国四年，公历一九一五年，游美国。因多年服务中学，特别注意中学教育。结果，参观了十八个中学，倒有十七个中学是农、工、商、师范、家事分科的。归途过旧金山，穆德博士邀我朝餐，问："能以一句话概括说明君所见美国教育的特点么？"余答："能。美国就是教育和生活不分离的。"穆德博士说："很是很是。"从此吾脑海里留下不少职业性中学的印象。

民国六年，教育部资遣考察菲律宾教育。他们的教育制度，是根据一般学者最新的理想，就是尽力沟通学校和社会。他们全部的教育制度，是把职业教育做中心的。那时候，吾们已经联合了全国南北教育界、实业界领袖，想发起中华职业教育社。在菲岛和郭秉文博士向华侨诸君演述，得他们实力的援助。归来，就在那年五月六日，在上海开会，宣告成立。

天下事，"难与图始"，古人的话是不错的。当时和社会接近的教育家，极端表示赞成职业教育。可是有一班学者，认教育的使命，何等重大！不应该仅仅拿来解决生活问题。更有一种不明世界大势，带几分迂腐气息的，还以为个人生活问题算什么一回事！若把天地万物所托命的教育，拿来做个人生活问题的工具，成什么话呢？所以在职业教育社初期，很受谤议，有的还笑吾们所倡是吃饭教育。可是吾们最初所下职业教育的定义"用教育方法使人人获得生活的供给和乐趣，同时尽其对群的义务，称职业教育"，盖当时吾所认识的"职业"一名词，包含对己谋生与对群服务，实是一物两面。故职业教育，于整个的人生修养上乃至于国家观念、民族意义之培养上，不但毫无抵触，而且有很大的贡献。

请把那时候吾的人生观说一下：吾在青年时代，饱受外患的戟刺，痛恨满清政治的腐败，精神上是很奋激的，很不平和的。可是觉悟到干燥的奋激，没有什么用处，只有努力干。从先儒遗言上得到的教训，凡吾所知的，应是吾所干的。自从二十岁左右，读了《天演论》，早觉悟到世界是整个的。虽然很忧惧着劣败者被汰于天行的凄惨，无可幸免，同时却也笃信到努力一分，必可占取一分优胜的成分，减却一分劣败的成分，真是佛经所说"福不唐捐"的。积这种种觉悟，以为一个国族的复兴，须有人从最高层用力，还须无数人从中层、下层用力。而彼此所用之力，须相应的。我呢？很愿意在中下层用力。因为愿站在高层者多，而高层需要人数反少，中下层需要反多。譬如坐船，大家趋向左舷，我须站在右舷，因为船的需要是平衡。失去了平衡，船立刻倾覆，结果惟有同归于尽。所以民国成立之初年，我就不愿服务中央教育行政，而愿任地方。到民国十年、十一年，我更谢却中枢教育行政的使命，而矢愿委身职业教育。因为并没有觉得在野的贡献为渺小，而且深信职业教育，实是整个国族生命上所急需，初不限于个人生计。即论个人生计，在全群里，积起来亦已着实够大，够严重了。

虽然，职业教育在实际上是否真能解决个人生计问题呢？空言是不能引起人信仰的。自从民国六年成立了本社，那年就提议设立职业学校。当时很有人替本社担忧，说职业学校是很不好办的。办得不好，从此没有人信仰职业教育，连空言的地位都削光。说这话的人，倒是真实了解职业教育的。吾们下了大决心，情愿冒着危险来干一下。终于在民〈国〉七下半年成立了中华职业学校。这一点，就本社的立场，不能不感谢到职校初期顾荫亭、黄伯樵诸先生的卖力，而各方的热烈赞助，确也足以使吾人兴奋。当七年九月宣布募金创设职业学校，预计募足六万元，仅一个月，就募得六万六千七百余元。复因贾季英先生的绍介，南洋陈嘉庚先生慨捐本社每年二千元，五年，合一万元。当时内部的努力，沈信卿先生曾担任办事部临时主任，蒋梦麟先生担任总秘书兼《教育与职业》月刊总编辑。而聂云台、史量才、杨翼之、穆恕斋、〈穆〉藕初诸先生，或实力扶植，或精神鼓励；而尤可纪念，莫如宋汉章先生肯以银行领袖资格首先署名于中华职业学校所发行之先后五万元、十万元两次债券，王儒堂先生在他的国务总理任内，经国务会议通过，准许补助本社每月二千元；今江苏省政府继续补助，从没有间断。此二十年间，真不知经过在朝、在野，海内、海外多少热心家的扶助，才得有今日。

自从中华职业学校章程宣布后，首先表示赞成的，是学生家属。很顾虑到青年自身，欢喜读书，不欢喜做工。不到几天，纷纷告退。不料工作却越做越高兴。参观者更络绎而来，当作一件教育界新闻。聂云台先生有湖南旅沪职业学校的创设；徐静仁先生在他的当涂故乡，发起职业学校；实业界诸领袖拟创设棉铁工业学校，都委托我们设计；各省委托计划职业教育的，每年总有几起，所有计划书，都披露在《教育与职业》月刊。于是就中华职业学校内先后附设职业教育养成科、职业师范科。民国九年三月，就本社设职业指导部，其后改设委员会，创制职业心理测验器，与各地中等学校当局合作，试行职业指导；与实业界合作，于民国十三年创设南京女子职业传习所；乃有许唐夫人投书捐赠奁田于本社，托为筹设镇江女子职业学校，厥后以冷御秋先生之力而成立。于是工商教育、女子职业教育，都获到实验机会，就是农村职业教育，还没有着手。乃创以教育为中心的农村改进计划，宣布于十四年秋太原大会，经阎百川省长邀请，就晋南北各县计划，草案告成，格于兵事，不能开办。乃以十五年夏，就江苏昆山徐公桥组织农村改进实验区，所有学说的研究，工作的试验，根据多年经验，辑成实施职业教育要览一小册，作为本社结晶的贡献。此中又不知经多少教育学者、多少教育家的指导和赞助，才有这些些的结果。

民国十六年，上海一度纷扰。本社给暴徒打毁，其间不绝如缕的生命，卒获延续以有今日，全恃杨卫玉先生之力。十七年五月二十六日，偕卫玉先生及同事黄竹铭先生赴徐公桥，路经安亭，吃茶少息，谈到本社前途。那时候吾正谢绝一切，作闭门读书计划，感觉到本社中枢力量没有充实，卫玉、竹铭建议，请江问渔先生来主本社。时江先生才从河南教育厅长卸职归来，经董事会评议会和办事部全体同人极恳切、极坚决的敦请，慨允就职。从此又经过了江、杨二先生和在事同人十年间的努力；才得有蓬蓬勃勃的今天。

今天呢？世界战云，正在一步一步地展开，吾中华被破碎的河山、被蹂躏的国权，还没有回复完整。同人所辛苦二十年的中华职业教育社，惟有继续努力，矢愿在国族复兴大方策之下，根据整个的经济建设计划，就自给的目的，来训练生产需要人才；就自卫的目的，来训练国防需要人才。"十年教训"，愿更在三十周年纪念会中，一检讨本社所贡献的有无多少。

（原载《中华职业教育社二十周年纪念特刊》，1937 年）

吊南开大学并急告教育当局

　　民国二十六年七月二十九日下午，我拥有四十年文化先驱历史的南开大学，竟牺牲于从"九·一八"散下的"不抵抗"种子所发荣长养出来的凶恶的敌方飞机大炮之下。

　　报纸还载着，敌机先在南开上空飞翔很久，投一红旗于南开大学秀山堂楼顶，以此为目标，连续炮击，证明敌方是有预定计划的。

　　我敢正告敌人，尽你们的凶狠，能毁灭我有形的南开大学的校舍，而不能毁灭我无形的南开大学所造成的万千青年的抗敌精神，更不能毁灭爱护南开大学的中华全国亿万民众的爱国心理。我南开大学现在和未来的师生，只有因此而激进他们的抗敌救国情绪。他们有生一日，定将每日晨起，端默想象某年某月某日冲天价这惨酷而壮烈的文化火焰。

　　我更正告敌人：你们既然有计划地毁灭文化机关，我愿在人类文化大历史上，大书特书，曰：日本帝国为企图灭亡中华民国，于某年某月某日，用预定计划，毁灭华北著名文化机关南开大学，这是"一·二八"焚毁上海东方图书馆后第二回毁灭文化机关的暴行的铁证。

　　依我们所认识，文化的生命同它的价值，是超出政治之上的。今敌人发于政治上的凶欲，有意毁灭南开大学，适足以证明被毁灭者不但在文化上有伟大贡献，致惹起敌人的妒恨，并且它所养成的青年，他们的思想和能力，足给国族前途以重大保障，使敌人发生不容并立的感觉；致出于最残酷的一种手段。在这种意义之下，不惟我南开大学全部师生以及辛苦经营四十年之张伯苓校长，不应有丝毫悲丧，只有加倍奋激，并且足以大大安慰创办人严范孙先生在天之灵。

　　我南开大学全部师生，我全国爱护南开大学的民众，惟有跃起来合力重创，使南开大学不惟精神不死，并躯壳亦不灭，我中华民国有一寸土存在，我南开大学存在。

真教育本不在形式而在精神，平时一般人不免有种错觉，见巍巍大厦，才认为最高学府，今大可趁此时机，给人们心理上的纠正。有田一成，有众一旅，可以兴邦；有若干间茅屋，若干条板凳，何尝不可以聚集起来，讲论人类生活的意义，民族兴亡的真理，或者和真实的人生，真实的社会，实际的事物，反较亲切些。这一问题，我愿改日另为文详论一番。

我所急急欲告教育当局的，须赶快用种种有效方法，将各学校教师和学生，从危险地带里救护出来。战事发生，妇女和儿童应尽先救护，为是民族种子关系的缘故。教师和受过教育的青年，不是国家的文化种子吗？尤其是受过军事训练的学生们，对国家所负使命特别重大。今后惨酷的局势将一步步开展，万不可做无谓的牺牲。我们是预备牺牲的。但是要有意义，有计划，才有价值。诸位先生！诸位青年！我们欢迎诸位，快快走出危险地带，来干共同有效的工作。

我所急急欲献议于教育当局的，计下列五事：

一、凡危险地带各学校，应令首先将学生名籍和照片设法保存带出。

二、战事发生应指定战区以外较近便、较安全地方，设法集中收容各校教师和学生，尤注重大学和中学。既入非常时期，此费用可从教育费项下非至急者或减或缓移充之。

三、设法劝导各校教师及学生自动退出危险地带。

四、通知办理救护救济的机关，对于教师和学生须特别重视，首先救出危险地带。

五、凡受集中收容的学生，设临时课程训练之。

前方作战，后方须加紧训练，从危险地带出来，予以非常意义的训练，尤为相宜，此点更值得注意。

南开被毁第二日在上海

（原载 1937 年 7 月 31 日天津《大公报》）

我之人生观与吾人从事职业教育之基本理论

（一）

人生几个原则，吾人所时时以之自省者：

一、须得清清白白地有计划地做人；

二、须从远处看，从近处做；

三、我恃群以生，须减少个人一切打算，对群谋尽量的贡献。

（二）

人有知，乃求真。有为，乃求善。有感，乃求美。而其本在求生。孤生不能，生亦寡趣，乃求群。一切有求，皆从此数者而起。虽时有变态发现，语其常不外乎此。仰观日月诸星天体之无极，而悟我身之小。剖观人体包孕之繁且富，而悟我身之大。追思地球有史之远，而悟我身之暂。推究一切事物之原，而悟人类所知之浅。观万物生理构造、生活状态之相类，而悟物我之平等。观万物生命之同源，与空际电流之有感即应，而悟物我之一体。知大宇间整个生命之有在，而悟我生仅占其一部。我死，质则还之大地；灵则归入浑然元气之中。观有生无生一切物之变动不居，与人类求真、求善、求美之不已，而悟世界之日在进化与其进化之由来。观万物在天演界因优胜而生存，因劣败而灭亡之可幸与可悲，而觉悟而认识我人应有之努力。

（三）

天赋我以知，更赋我以爱。有生而爱其身，爱其群，因生生相倚，而爱其家，爱其族，爱其国。知物我之平等与一体，而爱一切物。大哉生也，善哉爱也。而惨变伏其中。万物因生而有求，求之不得而有争，有争而有杀，则物质限之也。有所爱乃有所憎，爱之极，激成憎之极，因之而有杀，爱限之，而实知限之也。重以人事之纠纷，而一切惨变以起。此诚世界大不幸事。虽从另一面观之，此相争相杀，未始不足以促使自觉、自立、自卫。世界进化，或亦资其一助。然岂富有爱他心者之所忍见而忍闻耶！

欲减免世界一切惨变，使万物相安以生，将用何道乎？从客体言，在增进所以供给生活需求者之分量与效用；从本体言，在广其知以大其爱。二者之间，因果存焉，所求既给，则爱他心油然而生。

物我平等，物我一体，我知之矣。苟人人大其爱，使全球十九万万人间，有相爱，无相憎，无相杀；苟恃人类之知与能，大增其物质之供给，便各足所求，无所用争，无所用杀；苟由人类以推物类，使有生与有生间，无所争，无所杀，不亦善乎！生物学者以为不可能也，我求其可能而亦未得也。我为人类之一，退而求人与人间无所争，无所杀，此在达到某一境地时，或不可能，而今未见其为必不可能也。我人且试为之。

（四）

将免除全人类之惨变，惟有凝和全人类为一体。由小康而大同，先哲言之矣。然未具体言其致此之道。我深思之：全世界人类间，既形成若干固有结合，若欲尽散之而重使凝成一体，不可得也。则惟有就我固有结合与他结合间，先从某局部、某事项构成生活上之联系，日扩大之，日加密之，使渐渐构成生活的整个联系。苟扩大、加密之不已，必有全体凝和之一日。

此非全恃人为也。在人群不已演变中，此为自然进达之一境界。盖进化至某一阶段，个人或弱小团体已无单独生存之可能，且欲与他结合间构成联系，而自身不先造成强固有力之个体，则亦不可得也。因此全球现时若干固有结合，即若干国家，各自负有对内、对外两重使命如上述。而对内使命之严重，尤为一般国家所确认。

欲求对内造成强固有力之个体，惟有尽量发挥并凝合一国间地力、物力、人力，以构成整个国力，舍此无他道也。所感为不幸者，世界尚不少凭借此国力，以扩大其相争相杀，凭借国际之联系，以构成分团的相争相杀，至今日而全世界尚留滞在不断地相争相杀之惨酷过程中。

自人类日求真知，促成科学之发达，因而生人、杀人皆激增其分量与速度。人类方惴惴焉日求所以自存，或汹汹焉欲借此灭亡人国以自扩大。汹汹与惴惴之极，所有旧制度、旧习惯，苟认为不适，不惜彻底推翻之，以觅取新途径。至二十世纪之初，此心理遂赫然表现于社会经济组织上与国家政治组织上。

世界之有国家，基于生活环境上种种要求与其演变。然其先天条件，凡以为民而已矣。故政治制度，有正轨焉。在民治、民有、民享三要义下，为适当之设定。对名实不合者，只有去伪以求真。其或废弃一切，采用独裁，此乃迫于某种特殊环境，求一时应付之便利而然。在政治史上只有认为某方面某时期的变态组织，而置之例外，且预料作用终了，自将步上正轨，而绝不以此为永久经邦大法也。至于社会经济制度，亦惟有在社会与国家整个利益下，维护个人正当利益。其有凭借特殊地位，谋独占或多占，形成不公平，皆所取也。政治经种种演变，而提出民主制度；经济经种种演变，而提出社会主义，皆惟吾人信念所在。就国家立场言，无论政治或经济，其原则总在尊重维护民众的权与利而集中并增厚一切力量，献之国家，以完成其对内造成强固有力个体之使命。

如何尽量维护民众的权与利？最有效方法，莫如用启发方式，使人人明了其自身在应尽义务以外，应享权与利之质量与限度，而努力取求，而珍重行使。如何集中并增厚一切力量以献之国家？最有效方法，莫如浚发人人智力，运用科学，以开拓地力与物力。其扼要在从人人日常工作，即以其劳心或劳力换取生活所需求之定型动作上，用启发方式，使人人增益其智能，即知而即行之；并深明其意义，使知人生长日劳心劳力，不专为个人生活计，而在恪尽其直接对群、间接对国的神圣义务。于是地力物力，因从事开拓者知能之正确与纯熟而增厚，因人人对于靖献国家大义之普遍的明了而集中，而国家整个力量，因以强固。其间更将有二大贡献：人人对于其日常劳作，既确认为对群神圣义务，因善意之相感，亦使人人对劳作者进而敬厚有加，相争相杀之风渐化为相亲相爱，当不失为减少人类惨变之一种作用，一也。因其智能增益，重在即知即行，使思想与动作联系，悉其聪明才力，运用于日常工作，因求效率之增加，日从事于工作之改进，促成事物之新发明，从此有裨于文化之发展，借以补吾国二千年来发明缺乏、文化落后之遗憾，二也。

基于如上之认识，乃各求所以致力之道。其道多端，而就吾人思之，所谓用启发方式，使人人明了其自身应尽之义务与应享权与利之质量与限度，而努力取求，而珍重行使，教育是也。所谓人人以其劳心或劳力换取生活需求之定型动作，职业是也。而用启发方式，使人人增益其智能，即知而即行之，并深明其意义，则职业教育是也。

教育、职业教育，经纬万端，而其对于国家主要贡献，不外乎此。一国家之建立，经纬万端，而其所以培养实力之基本条件，不外乎此。

吾人有所见及，立试为之。虽局一隅，必倾全力。小试而成，因以大行，则自我自人，初无所择。盖知而即行，成而不居，以之勉人，亦所以自勉也。至求工作效能之增进，则集合同志，组织必须健全，纪律必须严明，生活必须整饬，劳苦皆所弗辞，盖壹为信念所驱使而然也。

（五）

同人根据上述人生原则以及整个世界观念、人生观念，凭其彻上彻下的认识，辄敢慷慨负荷重大而艰巨如上之使命，以为对国家切要贡献，亦即对世界全人类初步之切要贡献。从事以来，亦有年矣。敬布腹心，以乞知我者之明教。

职业教育目的（民国六年中华职业教育社成立之年公订）：

一、谋个性之发展；

二、为个人谋生之准备；

三、为个人服务社会之准备；

四、为国家及世界增进生产力之准备。

二十七年十二月二十日重庆南温泉

（原载《国讯》第 193 期，1939 年）

一封公开的信

写给中华职业教育社诸同志同事同学，介绍《我之人生观与吾人从事职业教育的基本理论》文。

对暴日抗战到一年半以上，我全国民众不惜任何牺牲，和顽敌决斗，绝不肯屈服，究竟为的是甚么？我诸同志、诸同事以及毕业诸同学，在此抗战期间，无论在前方，在后方，在某种地位，任某种工作，没一个不是舍命努力，求尽他一个职员应尽的本职，和一个国民应尽的天职，究竟为的是甚么？在校诸同学，或在流亡颠沛之后，或在孤岛苦闷之中，用最大之努力，发愤修学，年长者准备短期参加工作，年幼者准备他日尽他第二代国民天职，究竟为的是甚么？即我个人，从"九·一八"以来，抛掉闭户读书生活，从"一·二八"以至"八·一三"，从未放弃抗敌后方任务，淞沪抗战三月，奔走京沪间九次，自后，徐州、济南、武汉、长沙、沅陵、桂林、柳州、梧州、广州、香港、贵阳、成都、重庆，或一二次，或三四五次，在此一年半中间，从不敢一日偷安，究竟为的是甚么？岂但这些，就是整个的人生，忙忙碌碌，为的是甚么？

为欲答复这问题，平时一点一滴地积在心头，从没有制成整个的答案，今日我中华民族逼迫到存亡生死关头，同人正在用最大的努力尽最后的责任，此时再不提出，更待何时？因此，一个人走向重庆南温泉地方，在山重溪复中间静悄悄地关了一天的门，写一篇文章——《我之人生观与吾人从事职业教育之基本理论》载入《国讯》第一九三期，公开地请求赐教，并且对我平时所爱重的同志、同事、同学诸君，还愿亲亲切切地补充几句话：

第一，吾人既深信世界万事万物，因天然的演变与人类的要求，而日日在前进的途程中，我不求生存则已，否则思想与行为不可不随时随地自己把自己痛加鞭策，方法怎样呢？其一，求友。深切注意别人的言行，拿来和我的言行比较，立刻发现彼我间长处和短处出来。其二，读书，苟为我所不及见不能见的人，他的思想行为，既成文地写在那里，而恰给我以正面的对照或旁面的参考的良好资料的，我必尽量吸取。求学时须读书，办事时尤须读书。其三，我的行动，事前必须经严密的考虑和计划，事后必须虚心检讨，而尤有效乃在集合同志，为相互的检讨，尤其希望我诸同事同学，利用集团生活，多方求益。如果不断地用力，有生一日，前进一日，眼前既不致辜负这空前大时代，即未来世界，任何演变，因思想之不断前进，亦且从容应付而有余。

第二，人类进化到今日，最要一点在发现了"群"的伟大价值。就把抗战来说，从前战争，是少数人的私斗。此番确是民族的战争，敌人所资以为号召，虽并非彼方全民族自发的要求，而确已集合了他们全民族的力量，且其目的确在企图灭亡我方全民族的生命。那么我方不集合全民族的力量来抵抗，如何能生存呢？即以平时论，自从社会组织扩大且加密，个人生活力量一天减少一天，"群"的力量就一天加大一天。吾国进化，落各国后，无可讳言。中山先生积四十年经验，提出"唤起民众"一语，载在遗嘱，确是扼要之语。任何事物，总须看他贡献于民众方面的有和无、大和小，而定它的价值，就为是世界在整个演变之下，个人的生命，系于民族的生命，而求民族的生存，必须唤全民众起来，自力奋斗。民众起来以后，便发生他们的新要求。耳聪了，什么都要听一下。目明了，什么都要看一下。政治生活当然要参与的，经济生活早构成整个组织了。乃至哲学、文学、美艺、一切一切都须大众化。即论个人品性和行为，所有从前"孤高""狷介""逸民""独行"凡这一类名词，到如今只有"束之高阁"，最合理的人生，就是将身投入群众中间，和他们共同生活，凡人能和群众凝和，有力量提挈群众，文章能使群众了解，事业能给群众福利，这才是有价值的贡献。这是世界大放光明的初步，如果一天一天扩大起来，大众相互地携着手走上共同生活的途程，这才是全人类的福音。

第三，"平时作临时用，临时作平时用。"这两句话不错的，抗战是临时的，建国是平时的。一面抗战，一面建国，倒是真理。并非故作壮语来歆动国人。惟有在抗战中间才容易完成建国的使命。吾人服务，遭遇空前的艰危和困苦，不但须看做个人献身卖力报群报国的时机，且须认清这就是一生事业鞭策成功的好机会，在这个时候，须插身进去，须担当下来。如果存心以为这时候我无从效力，暂且向旁边退隐一下，到事平后，我算一个是了。这是大错特错。须知恶浪孤舟，到同归于尽时，任何人无生存余地，如果抗战成功，又是一番新世界，必更有新的艰危，新的困苦，百练之身，或尚有需于继续的折磨，哪里还容工于趋避之人来插足呢？认清临时即是平时，平时亦是临时，责任当前，如认为没有什么办不了，应即挺身而出。这不是个人建功立名，却是服务，此等处要受人生观与做人基本理论的支配了。

第四，上文不是说过吾国文化落后么？中华民族的优秀，和古代文化开发的早，都经世界公认的，而何以有此现象呢？最大原因，就是一千二百年来科举的毒刃，把士大夫言论和行为两下劈开；说话是一件事，做人又是一件事，造成了不以为奇，不以为耻的恶习惯。而其根本原因，尤在把学问和事功劈开。造成知是一件事，行又是一件事。我承认职业教育的贡献较大一点，就是教人所学即是所做，凭他的聪明，从修学得来的知识，应用于日常工作，积成丰富的经验，促进了工作的改进，改进的结晶，物的方面，获得制造上的新发明，事的方面，获得方法上的新发明，此时尚没有觉察，积若干年后，必有显著的收获。此点在吾文中略已提及，我所更欲为诸同志、同事、同学告者，吾人须下一大决心，除非想不到，想到必做到，除非不懂得，懂得必行得。知是头脑的事，行是手足的事。如果头脑发令而手足不奉行，必是病夫。知是统帅的事，行是士兵的事，如果统帅发令而士兵不服从，还成军队么？三十年来，新思潮输入国家，知识阶级思想大进。自清末迄今，积无数变故，给我们无数经验，国家的要求是什么呢？民生的要求是什么呢？大都懂得，而实现的究有多少？即就抗战而论，问你认抗战必要么？答必要。问抗战必要全民动员么？答必要。问全民动员有钱出钱，有力出力，必要么？答必要。问那么你出多少钱呢？多少力呢？那就难答了。一般民众知识不如人。发于天然的爱国热诚与抗敌除暴的义愤，慷慨赴死，前仆后继，而发现于知识阶级的，究有多少？这一点病根不拔去，知的程度越高，范围越广，行的成分越少。直是妨碍国家民族生存的最大敌人，我和诸君须各下一个大决心，来亲身克服他才好。

第五，纪律必须严明，生活必须整饬，这两句须得说明一下。从前一般社会，很少施行严格的训练，非军队而用兵法部勒，往往引以为奇。私人生活，亦以懒散为风流。今后不然，社会集团一天多一天，如果组织不严密，不惟无益于社会，对内对外或且惹起纠纷，而人事日繁，环境日趋错杂，非提倡规律生活，精力日力，皆无从应付。世界万事万物，日在要求规律化，试观大宇，日月星辰的行动，何等庄严！试观人身，骨肉肌理，有一定的分量和组织，其搏动有一定的速度，又何等精整，这都昭示我们的真理，人们对一切事物都欢迎现代化。须知惟纪律严明，才是集团现代化，惟生活整饬，才是个人现代化。近代大人物，即如列宁，试读他的传记，办公室动作有定时，器物有定位，开会决不迟到一分钟，会议时间不许吸烟，严整到这般地步。吾当对诸同学讲，吾们认清了环境和时代的要求，虽小小修学集团，要须有金一般的人格，和铁一般的纪律。

以上吾文皆略略道及，特为郑重申说，凡吾文所贡献，陈义不尚高深，取材不尚繁博，但求有当于事理物理之真实。私念读书五十余年，所得惟此，服务三十余年，亦只为此，深愿得此如夜行得灯，有明确的方针，如车行得轨，有切当的途径。根据彻上彻下的全盘理论与夫打破生死的基本观念，如此做人，才是心安理得。窃愿以此自勉。途径不必尽同，出发只此一点。他日得闲，更愿分析吾文要义，尽量发挥所见。吾文对象，实未尝以吾社同志、同事、同学为限，凡读吾文者，幸皆有以教之。

二十八年一月

（原载《抗战以来》国讯书店 1946 年版）

会理四校男女诸学友书

会理省中、"一小""二小"、女小诸学友：

此次三度演讲，一度谈话，临行复承推举代表相送，彼此感情浓厚到极度了。诸君！你们是青年，我是中年以上之人，年龄相差这般大。我是江苏人，你们生在会理，彼此家乡相距又这般远，何以彼此感情会这样浓呢？就是为大家有一种相同的认识，认定我中华民国祖宗所手创，所遗传的，许多革命先烈用血和肉去换得来的锦绣般的河山，已被凶暴的敌人占去了一半，还在向我不断地进攻。诸君！我们怎能一刻忘掉已失各地的男女老幼同胞陷在暴敌势力之下，求生不能求死不得呢？诸君！我们怎能一刻不想到，如果没法把敌人打退，不论前方后方，任何区域男女老小同胞，都将和陷敌各地的同胞同样的吃苦呢？古人说"覆巢之下无完卵"。诸君！我是中年以上的人了，你们年纪这样轻，前程何等伟大，所负的责任何等艰巨！如果对于抗战，对于建国，大家努力去干，诸君的前途是了不得。若是不努力的话，诸君的前途简直是不得了。我虽是中年以上，既经看到这里，不但应该负起同样的责任，并且应该把我所有一些些的知识和经验，尽量地传给一般后辈青年。所以东奔西走，到处愿和各地青年做朋友，而各地青年，也就很诚恳地肯听取我口头的讲话或接受我书面的表示，大家把一颗鲜红的心，互相交换。诸君！怕你们也就承认我所讲的一番道理吧！

我已和诸君分别了，但是，我还有几句话要贡献给诸君，并且又有新资料要贡献给诸君。我们同来的李璜先生说："我们中国人打仗打聪明了"。这句话真好。诸君！今后我们做人的标准提高了。我们老一辈的做人，在当时也行。今后如果仍是这样，不是不对，是不够的。怎么说呢？就是别人标准提高了，我只有这一些，那是非被淘汰不可呀！诸君！如问今后做人标准怎样呢？请读我附去的两封信，这两封信是今天早起在小河镇发见的呀！我读了这两封信，不知淌了多少眼泪！

诸君！这两封信，是小河镇上两位在前方打仗的小英雄写给他们父母的呀！这两位都还是小河镇上小学校里未毕业的学生呀！他们都已知道国家的意义和国民的义务；不但知道，并且都肯去实行。他们对于抗战认识得这样清楚，肯把生命交给国家。你们想：现时有等人，还是自私自利，还是假公济私，甚至营私舞弊，这种人的人格，还能和他们相比吗？他们并且对父母这样孝顺——你们必须要明白，这才是做人的最高的标准，因为爱国家和爱父母，同是至高无上的爱。古人说："忠臣出于孝子之门"，就是这个道理。他们简直是忠孝两全，是会理县的模范青年，也是全国全世界的模范青年。我□已经预备把他们的信摄影分送各地，来一个广大的宣传。诸位，你们都是会理青年，是多么荣耀呀！也许会想到我还没有这样做，不免有些抱歉。

抱歉是不必。只须我们大家努力去做。

怎样做法呢！我们硬要把垂危的中国挽救过来，硬要把他复兴起来。会理的青年，至少须把会理整理起来，繁荣起来，把会理的民众，唤醒起来，把他们的痛苦救济起来。男女青年，每人至少要学一种本领，要尽一部分义务。怎样学法？怎样尽法？我演讲和谈话中间，提出具体的办法已着实不少了。请诸君回头去想。

诸位！会理的现代青年，难道只是张鉴、李永安两人么？不，还有诸位。

诸位！我对最爱的会理、最爱的会理青年暂别了，我从内心献一个最诚恳的敬礼。

信一（标点是编者加上的，讹字完全照原文。信二同。）

二位双亲大人膝下万福金安。敬禀者：

儿自由家别后，光阴似箭，日月如梭，不解过了三载之久，未知家中老幼一切安□好否？九月初八日奉令开发，经对贵阳省、湖南省，步行，九月十四日到达长沙市，搭火车，又经过江西、浙江等省，到了浙江衢县休息十余日，因敌机逐日来轰炸，又奉令转汉，乘车数日，到了九江乘船，一昼到达汉口休息。敌机时常来扰乱，所以又到贺胜桥过老年节。正月初七日，又奉令搬到距汉口二百里之处孝感县之花园休息，训练上课。不料三月中旬，奉令调前方抗战，十八日上车，二十二日到达山东台儿庄下车，对敌猛烈拼命。现儿在一营二连服务，目前我国处于国难当头之际，民族不能生存之间，所以为中国一男子，理当于国家出力报效。古人云：国家兴亡，匹夫有责。有国才有家，所以保卫国家是军人当任的重担。现刻儿都是祖上有德，受了若干危险，身体都清吉如常，请切勿挂念。此外将经过地方若说几句。东北战方面，人民甚是痛苦，山东、江苏、安徽、河南一带地方，禾田半丘具无，何处去找一粒米来呢，只有种大小麦糕粮而已。所以，人民不能安身存在，概行逃完；若不逃之，老者被日人杀尽，幼者男子运回他国，妇女被奸淫污辱不堪，房屋被敌烧完，所以放弃产业而逃。看此情形，铁心人看见也悲泪，但是目前我四川、云南、贵阳三省的人民很为幸福，不过各人讨生活耕种田地而已，别无忧虑。目前儿为国尽忠，不能敬奉养育之恩，古云：尽忠不能尽孝，刻下家中之事，希望双亲维持管理，教训儿之弟妹，此事为要。以后有甚余之钱文，儿定然回家奉养双亲。儿在此三载之中，理当早以禀上一函，不过时间短促，所以不得修书问安，接信后请将家中并地方情形给儿一音以免远念。请福安。

儿李永安　二十七年五月二十七日寄自湖北麻城县宋埠街。

信二

母亲大人膝下钧鉴。禀者：

来函无别，因四月二十六日接得母来函，甚是慰藉，家庭之事，男也尽知了。回想昔年在家之时，生活都还过得，不过现在国战爆发之时，国内之货物高涨，生活也就觉得困难了。但合家清吉，男在前线好生抗日，等把日本鬼子赶出国去之时，才对得起我全国同胞。男在抗战当中，金钱方面，也是很困苦的，不过节省稍有存项，男现在兑回国币洋二十元整交本县邮局，母接信函之时，拿兑票到邮局去取国币票洋二十元整，请母稍度生活，不要嫌少，暂且用着。后只要金钱方便，可以时常兑洋回家补助母之用费。母来函训示男之话，亦可遵守。在抗战当中，作事谨慎不敢乱为，母在家不要挂念。因兄在家不能帮助吾母，反在外荡浪，男心中实在抱欠良多，母也不要忧气，等他在外回心转变之时，也就好成家立业。国战平息之时，男可以向长官请假返家侍奉吾母，以报育养之恩，此乃乐耳。男尚望叔父母大人帮助侄之家庭，看照侄之家庭，看照侄之母亲与姊妹，感恩不尽矣，只要叔有甚么为难之事，可以寄函给侄，可以帮办，给政府公函，以免吃苦。但侄前来证明书，以免捐借、款项夫马之征调。吾母接得函时，速回来函，男才知兑回洋收到，乃心中甚乐，千万不误，回函探交山西四十七军司令部特务第二连收。这回兑回之洋，兑在会理县邮局收存，母得函时，即速到会理邮局去取不误。特此问候钧安。

请叔父劝胞兄返家料理家务，侍奉母亲，以尽子道。切不可在外浪游失业，受社会淘汰，未免可惨。况且现值国难时期，更非青年逸乐之时，望乞转答微意之幸。

男张鉴跪禀　二十八年一月五日

（原载《抗战以来》，国讯书店1946年版）

第六十二生日告儿孙诸卑亲属及诸学友

今天是旧历九月六日，是吾第六十二生日。吾对诸儿女、诸侄、诸甥、诸孙、诸外孙、诸卑亲属、诸学友，欲有所言，久矣。吾六十生日，值对日抗战初期，服务淞沪后方苦战最严重时；六十一生日，奔走川、黔、桂各省，车过独山时，皆在繁忙纷乱中过去。今者，恰值国民参政会闭会，乞假来成都，疗养臂病，郊居得暇，乃为此文。

吾苏沈信卿先生恩孚生日，即其母夫人死日。因是日念母哭母之故，从不肯称寿。实则任何人生日，苟有母者皆应念母，失母者皆应哭母。祝寿！祝祷！为我生而颂祷，遂忘生我之劬劳乎！

今先略述儿时情况：当清光绪四年之今日，我母孟太夫人樾清生我于江苏省川沙厅城（民国纪元改县）。时我四伯父佐臣公燡斌与先父叔才公燡林，先后补县学生员，而四伯父遽以病殁。先祖厚余公□谟在悲痛中得孙，叹曰：吾家不幸至此，尚望生好孙儿乎！吾生弥月，而先祖亦殁。此节先祖母沈太夫人晚年及见我与先四伯父遗孤济北兄洪培为乡里为社会孜孜服务，而辄以唏嘘诏示者也。迨我生十三龄，而先母殁。十七龄而先父亦殁。我无兄弟，有二妹。当我母临殁，气既绝矣，撤帷，覆面幕，约半小时，举家号哭声中，幕忽动，环呼之，苏。四顾颤声问：诸儿何在？我与二妹急抱而呼。有顷，母长逝不返矣。年仅三十有二。我父以三十九岁咯血殁。殁之前夕，自知不起，天濒晓，独我侍病榻，诏曰："奎（我小名）！尔年差长，当知所自立，所难舍者，二妹耳，其善待之！"我哭而诺。

自吾父母之丧，而大悟人生有尽时。今我生忽忽六十余年而未尽，曾百分之九十九将受刑而获救，百分之九十九将病死而不死，我生所享，实已尽超吾父、吾母、吾祖及吾诸伯叔父而过之。苟碌碌就此以没，所愧不亦多乎！

人惟恋生，乃求长生。知求之无也，则伪颂之。或且乐人之伪颂以自慰。

人惟畏死也，乃讳言死，或昏昏焉乐一日之无死，亦天下之大愚哉！人惟不虚生，生乃可贵。人诚不虚生，虽死，亦何足悲乎！

我之人生基本观念，得力于一语，释迦牟尼说："吾生为一大事而来。"彼所谓大事，自度度人而已。此语也，其精神至伟大，其意义实至平凡。人生最低限度须如此，最高限度亦止如此。苟实践其言，虽死，何悲！然苟并此而不能，虽生，何贵！

我闻此语，在二十六至三十之间。自幸得闻尚早，三十年来，未敢或忘。今欲有言者，人苟有心，闻此语皆当自觉，当自省，当自勉。诸儿乎！诸生乎！若犹未也，愿及早领受此语，而自问曰：吾生将为何事乎？再自问曰：吾将如何为之乎？三自问曰：吾在为之前将如何准备乎？

吾长儿方刚研哲学，对此应早有所悟。次儿敬武近顷意有所触，自其服务场所，写"我之人生观"文寄阅，吾侄自不幸去夏早世。吾虽深恸之，然其十余年致力于乐，所献于国于群不少，差可云不虚所生。人入青年，渐将思及我如何自立？中年以后，所以促使解答此问者更亟。其或遭遇拂逆，穷通生死，诱之于前，驱之于后，则身世之念，油然而生。而况今日人人走在长期之抗战与更长期之建国程途中，无量数忠勇将士、爱国民众，性命决于俄顷，血肉充乎沟壑，生者以身许国矣，而我何如？死者以身殉国矣，而我何如？诸儿乎！诸生乎！尔等所以答此问者定不相同，而吾欲于不同之中，揭发若干当然相同之点，试为分析言之：

其一，我年十二三时，读八百年前张横渠先生（载）西铭，至"民吾同胞，物吾与也"二句，细思之，吾与人类，与凡生物类，皆在天地间求全其生命耳。同类者视如兄弟，称为"吾同胞"；异类者视如朋友，称为"吾与"，于情于理，皆至适当。于是天赋吾不忍杀生之一点仁心，如获得强有力之援军，扎成硬寨，不可动摇。中年以来素食，实伏根于此。从此吾思想，吾行为，悉归宿于一点，即如何造福公众是也。因托业于教育，积种种事实之刺激，觉教育与生活隔离，是极端矛盾现象，充其极，将予人生以绝大痛苦，于是从事职业教育，数十年来，思路一贯。诸儿乎！诸生乎？职业虽至万殊，苟不以造福人群为目的，无有是处。此义虽似平凡，然至私利当前，往往不暇顾及公众，实有时时提醒之必要。至于个人生计，虽是问题，却不是严重问题。苟念念不忘造福人群，而其行为复与之相副，吾深信个人生活上之需求，万无不获取偿之理，殊不必鳃鳃过虑，此吾所欲言者，一也。

其二，吾年十七，值甲午对日作战，一时爱国心勃然而起。迨涉猎古今中外学说，兼受国内外种种载刺，而国家观念，遂占愿吾方寸间主要部位，以迄于今。吾后起青年，其热烈之程度，必且十倍于我。吾人其深思之！国何为而可爱？此非宜人云亦云者。吾人确实有见于国之荣辱兴亡，与我一身一家，有绝对关联之理。今后数十年间，此象有增而无减，吾敢断言。吾人理想，本未以此为满足。只深信此为人群演进必经之过程，亦既认识及此，则直接参与国政无论矣，任何职业，任何地位，皆须关念国事，研究国事；任何义务，无论纳税、当兵与其他服役，皆绝对不避，此才完足国民资格。在此抗战期间，吾奔走后方，亲见内地青年，其修学程度，并不高深，有仅小学毕业，有并小学而未毕业，类多慷慨自动投军，其热烈精神，且远超乎经过高深修养者。知矣，而不行；能言矣，而不能行；此为人生绝大羞耻，吾须与后起青年一雪之。

吾家先辈，颇以豪爽、耿介、尚侠、好义、做事精能，见称于乡里，亲朋有事，尽力扶助；有难，尽力救护，浸成家风，此风未宜轻视。人群相处，取舍趋避之间，以利害为准乎？抑以是非为准乎？设遇彼此抵触，其将何去何从乎？公尔忘私，见义而勇为，见危而授命，小则施之于一人、一家、一乡、一邑，大则施之于全国、全民族，皆此浩然正气所弥纶，此不惟吾家为然，中华先圣先贤，富有此遗教；田夫走卒，富有此遗风。此次抗战，吾将士牺牲之忠勇，吾民众抗拒之热烈。实已显然表现，吾须与后起青年接受而发挥之，此吾所欲言者，二也。

此为人生两大要义。至于身心必须珍摄，使之健康，才能负荷一切责任。生活必须整饬，必须俭约，才能清心寡欲。操守必须廉洁，才能取信于人。无论修学、治事，皆须精细、勤敏、切实。凡我所言，不分男女两性。女子应受同等教育，负同样职责。吾所欲言者甚多，只举大者言之。吾生所为文，自信尚不背此义，尽供诸儿诸孙阅览。吾生行事，以为当学，则学之。其有过当，引以为戒，可也。诸儿乎？诸生乎？诸后起青年乎？吾深信人群日日在进化中，后人接受前人思想，必且能充实发挥而光大之。吾愿后辈每一个人，须负起领导更后一辈之责任。

内子纠思，为我四十余年亲爱同志。凡吾所言，绝无异议，附记于此。

民国纪元廿八年十月十八日成都南门外新村

（原载《抗战以来》，国讯书店 1946 年版）

我所见一百一龄马相伯先生之生平

我和马相伯先生为忘年交者，几四十年。今先生以高龄考终，在义不能不将先生生平行事，写一篇文字，贡献于一般欲识先生者，可是我不是不能写，实在不够写。因为我现虽超过六十岁的人，然获交先生，已在先生六十岁以后。先生少年壮年期间，所有事迹无从详悉。十年以前，同在上海，曾定期携笔谒先生为有系统之谈话付之记录，发表于民十八年《人文月刊》者若干篇。过去我亦颇着意于文献材料的收集，稍稍有所获得，其中关于先生者亦不少。惜在抗战期间，一切都不在手头，只得写吾记忆所及，且待他日抗战工作完成以后，补充终篇。

我第一次见先生，忆在清光绪二十七八年，读书上海南洋公学时。先生方居徐家汇土山湾教授拉丁文，当时同去见先生者，似是同学邵仲辉先生，今号力子。先生滔滔汩汩，和我们大谈拉丁文，我是初学英文，对拉丁文，一些儿不懂。时向先生受学者，有两位前辈，就是张菊生先生元济，和我师蔡子民先生元培，后来先生盛称两先生好学。清早奔往受业，从不缺课。是时同学中亦有前往受教者。

那时候，我已知道先生是丹阳人，但是后来江苏发起学务总会，先生被选为评议员者多年，评议员是分县的，先生代表是丹徒，还记得清清楚楚的。同时知道先生有家在上海西乡泗泾。泗泾后来属松江县。先生在松江县境，有相当多量的田产，完全捐给震旦学院。

震旦学院，就在那时期经先生手创的。为了某项问题，不久别创复旦学院，先生为校长。先生是笃信天主教的，先生的门人告我，先生加入的是耶苏会，会律特别的严。不许私有财产，不许在教旨以外发表思想。先生尽捐所有财产，就是为此。而教廷因尊重先生之学识，特准自由发表，故惟先生得刊行其著作，在教会中为异数。

先生极端信仰科学，其科学造诣之精深，当然非一般人所洞晓，而其演说却能激起大众同情，虽妇孺亦能欣赏。我第一次听先生演说，大约在清光绪三十年左右。其时上海南市沪学会，敦请先生演说，听者人山人海，我以青年杂在人群中。先生解释"差以毫厘，谬以千里"的真理。他把两手相并，两食指分向左右，举起成三角形，以示大众，他说，你们看我两指，从这里分开两个方向，一直分出去，直到天边，再不能接近拢来了，实则出发处就只这一点。诸位要明白呀，"近在眼前，远在天边"，就是这个道理。台下大鼓掌。先生讲科学，深入显出，大都是这样的。

清末，各省设谘议局，先生和我都当选谘议局议员。从此朝夕一处了。先生在谘议局，发言不是顶多而所发表的主张，极易得大众同情。因为除了主张的内容以外，先生语言、声音、态度，在任何一点上，都受人欢迎。当辛亥革命之际，南京未成立政府时，先生似曾一度长民政，其详我不复能记忆了。旋即入北京，任北京大学校长，当过参政院参政。那时候，先生印行一本著作，主张度量衡采法国制。大意以法制长度的单位，为地球子午周四千万分之一，其所根据，最合科学原理。当时我读了这本书，对于他的主张，深深地感为正确。今吾国采用万国权度通制，即是接受此项主张。

先生对袁、曹当国，极不谓然。其所主张，既非利所能动，亦非势所能屈。居京师既倦，翩然南归，仍在上海徐家汇土山湾。年已过八十了。我乃复得时时访问先生，亲受教益。我语先生：你老人家一肚子哲学科学，能传授的怕不多。至于百年来，亲身经历的史实，先生如肯口授，我愿任记录之役。民十七、十八两年，我偕一位深思好学的青年陈乐素，接照商定的期限，前去请教。先生最熟悉而乐道的，为朝鲜掌故。大院君呀，闵妃呀，黄学党呀，源源本本，谈得有声有色。先生说：你们不要过誉西方文明。要知一切都是近百年来事。我年轻时，到外国去，亲见他们还没有好好医药，生了病，用蚂蝗斜贴在太阳穴里，说百病就会消灭的。还没有笔，用鹅毛管当钢笔用，我就是用鹅毛管写过字的。什么钢笔呀，铅笔呀，自来水笔呀，都是"后起之秀"哩。先生于谈话中常常提及"老三"，这就是他的令弟，著《马氏文通》的马建忠，号眉叔。又爱述童年故事。先生系生于清道光十九年，即林则徐在广东焚鸦片之年。于英法联军鸦片之役，最为熟悉。南京订约，英原拟提出种种要求，就为是英兵船驶往南京，过镇江时，我发一炮中其桅，英知我未可侮，故帖然就范。

而此一炮究系谁发，经多方调查，才知发自镇江城墙，发炮者谁，乃系一理发师，用手中纸吹燃药引，全以游戏出之。此一炮既立大功，乃赠此理发师以都司职，而此人以儿戏发炮，惧肇祸得罪，早逃掉了。先生所讲史事，庄谐杂出，大率如此。群见《人文月刊》先生谈曲笔记。

先生居沪之日"九·一八"事变猝发，告我须赶快结合同志救国。虽以八九十高龄，而犹时时写短篇文字，发表于报纸，大声疾呼，唤起民众，唤起青年。青年奔走先生之门，亦因此日多一日。先生主张之前进，往往突过青年。试捡上海各报跡发表谈话，或亲笔写所作文字，影印报端，苟有人汇集成编，遍读一下，先生的思想与其态度。了然可见。

先生生日，我所知为阴历四月八日，既年过九十，沪同人乃为千龄宴，年年移樽先生居所。先生犹起立致词，谆谆以爱国救国，挽救国难，责望后辈。餐毕，摄影。同人题诗介寿，率以为常。忆民二十三年，先生手制"满江红"词一阕致意。我当时献诗以明朝湛甘泉九十游南京为喻，不意成为诗谶。到九十七岁时，果游南京，而我献诗中有两句，"一岁愿投诗一首，不才准备百篇新。"不意去年先生百岁，我献一首诗，竟成最后的祝寿诗。

当先生九十六岁时，我进见，先生方握管为文，语我：此为《四圣传记》译稿，再半年可译完。从此我无遗憾了。先生还说：我译这本书，绝不苟且。一个名词，须择中国古书原有此名，而含义适合者。故下笔非常迟缓，大有严幼陵"一名之立，旬月踟蹰"之态。既赴南京，又问，则已脱稿了。但尚拟作一篇序文。隔数月，又往，则出序文稿见示。时先生方戴眼镜看书。说："我老了。要戴眼镜了。"我答："先生您忘了年纪了，您今年九十九岁了。"其时我年六十，为先生所知，手书寿字一幅，上款称"学长兄"，这怎样当得起呢？唯有珍藏起来，他年送到博物馆里去。但恐后人疑我比先生年龄还长哩！

民国六年，中华职业教育社始创。从此年起，凡有会集，先生几没有一次不到。有一年大会，先生出席演说，同时演说者尚有甘肃牛厚泽先生。时人戏呼此会为"牛马大会"。有一年，上海举行不吸纸烟运动。中华职业学校敦请先生演说，极寻常的题目和演词，一出先生之口，人人爱听。一时听客溢坐。职教社环龙路社所落成，先生手题"比乐堂"三大字以赠。取义于本社信条"使无业者有业，有业者乐业"，迄今犹在笼纱珍护中。

先生起居有定时，有定位。晚年居徐家汇，卧处隔室设一座小礼拜堂，卧榻左右皆可上下。黎明即起，榻后小门一启，便可扶下登堂行礼，寒暑从不间断。饮食有质，有定量。日食鸡蛋六枚，鸡汤一杯，面包四小块，从不增减。先生子妇马任我夫人为我言如此。先生女适宝山徐球，号紫球，留法，学音乐，亦是我旧交。惜早世。外孙二，罗马，京华。先生孙女玉章，适谢文辉。

先生既赴桂林，我犹谒见三次。去年我携十四龄幼子谒见，先生指此儿问我，"这是你的弟弟么？"我答："否，是我顶小的儿子。"临别，又呼此儿为我的弟弟。我懂了。在先生眼中看来，六十余岁之我，和这十余龄小儿，有什么分别。每见一次，必详问作战状况，于是大谈日本必败。末一次进见，我戏问，"先生还忆我们当谘议局议员吗？"答："怎么会不记得呢，议长张季直（謇），这个状元总算肚子里通通的。"任我夫人接问："爸爸！状元还有不通的吗？"答："你还不知，如果通的，还肯到满清去考状元么？就只张季直，虽是状元，还算是通的。他还爱国家，还赞助革命。"是为民二十七年十月二十一日，是为我末次见先生，先生恰一百龄。临别，先生赠我手杖一枝。说："我现在不要用了。赠给你吧。"迄今思之，这中间包含什么意义呢？我只有惭愧，我只有惨哀，我只有奋勉。

我生平有两大幸事，其一，我曾获于纽约西橘村，谒见电学大家爱迭孙先生。既共餐，又共摄影，导我入其化学试验室，谓我在世间，绝无他望。只望我死时，能将此室以去。又其一，则以我后生不学，而获交于先生，承先生对我这样的厚爱，这样的厚望。

二十八年十一月

（原载《抗战以来》，国讯书店 1946 年版）

吾师蔡子民先生哀悼辞

呜呼! 吾师逝矣。吾生硕果仅存之吾师,海内一致山斗宗仰之吾师,从此吾与海内学人俱不复能亲教诲矣。

当民国纪元前十二年,我甫从旧式教育界襁被出走,投上海南洋公学,考取特班生肄业。开学之日,礼场诸师长中,有衣冠朴雅、仪容整肃而又和蔼可亲者一人,同学走相告,此为总教习,则吾师是也。

师之教吾辈,日常课程,为半日读书,半日习英文及算学,间以体操。其读书也,吾师手写修学门类及每一门类应读之书,与其读书先后次序。其门类就此时所忆及,为政治、法律、外交、财政、教育、经济、哲学、科学——此类分析特细,文学、论理、伦理等等。每生自认一门或二门,乃依书目次序,向学校图书馆借书,或自购阅读。每日令写札记呈缴,手自批改。隔一二日发下,批语则书于本节之眉。佳者则于本节左下角加一圈,尤佳者双圈。每月命题作文一篇,亦手自批改。每夜招二三生入师朝夕起居之室谈话,或发问,或令自述读书心得,或对时事感想。全班四十二人,计每生隔十来日得聆训话一次。入室则图书满架,吾师长日伏案于其间,无疾言,无愠色,无倦容,皆大悦服。

吾辈之悦服吾师,尤在正课以外,令吾辈依志愿习日本文,吾师自教之。师之言曰,今后学人须具有世界知识。世界日在进化。事物日在发明,学说日新月异,读欧文书价贵,非一般人之力所克胜。日本翻译西书致富,而书价贱,能读日文书则无异于能遍读世界新书。至日语,将来如赴日留学,就习未晚,令吾辈随习随试译。师又言:今后学人领导社会,开发群众,须长于言语。因设小组会习为演说、辩论,而师自导之,并示以日文演说学数种,令参阅。又以方言非一般人通晓,令习国语。犹忆第一次辩论题为"世界进化,道德随而增进乎? 抑否乎?"某次课题"试列举春秋战国时爱国事实而加以评论"。自余不复能忆矣。

斯时吾师之教人，其主旨何在乎？盖在启发青年求知欲，使广其吸收，由小己观念进之于国家，而拓之为世界。又以邦本在民，而民犹蒙昧，使青年善自培其开发群众之才。一人自觉，而觉及人人。其所诏示，千言万法，一归之爱国，不惟课本训语有然。观出校后，手创学社，曰爱国学社；女学，曰爱国女学。吾师之深心，如山泉有源，随地涌现矣。

全校千百学子，所栖息之如云学舍中。辟一隅地：师生于于焉，喁喁焉，若群雏之围绕于其母，共晨夕，共食宿。不二年而轩然大波起。中学某生侮其师，校当局下令斥逐。诸生以被逐者非侮师者，请收成命。则令并逐请者，全级为请，斥全级；全校为请，斥全校。吾师既力争于当局不得，则率退学诸生，立学社，事暴于全国。而我相亲相爱之学团，随之而星散矣。

是时，小子禀承师旨，就故里立小学。未期年，以演说谤清廷下狱，既而亡命走日本。稍久，返上海。为学校教师自活，而吾师方图以文字发群聋；东北边警作，吾师创期刊《俄事警闻》，试令写社说，是为我投文新闻界之始。师又创《选报》，取各报精华，萃为一编，半月辑一卷，语我：此良佳，力省而效宏。是时居至近，往来至密。民国成立前七年乙巳秋，吾师忽召至其寓庐，郑重而言曰："我国前途至危，君知之矣（师手书见称必以君以兄）。诸强邻虎视于外，清廷鱼烂于内，欲救亡，舍革命无他道。君谓然乎？"则敬答曰："然。"曰："欲革命，须有组织。否则，力不集，事不成。今有会焉，君亦愿加盟乎？"则敬答曰："苟师有命，何敢不从？"期以某日深夜宣誓，出誓文，中有句："建立民国，平均地权，驱除鞑虏，光复中华。"吾师既指平均地权句说明其理由，小子卒在吾师之前，宣誓加盟焉。其地上海市西昌寿里六十二号，则吾师之寓庐也。

自是趋吾师之门日益密。一日，语我："救中国必以学。世界学术德最尊，吾将求学于德，而先赴青岛习德文言。吾所任同盟会干事，君其代我可乎？"则敬诺。立出秘密文书名单多种，有素未知名者，有熟友而向未知其为同会者，盖其慎也。而吾师则翩然长往矣。临行，嘱关于会务时时与吾师之弟国亲先生洽。

民国既建，中央政府创立于南京，吾师归，就第一任教育总长职。电招往助，时江苏都督府成立于苏州，吾任教育行政。私意民国教育基础在地方，其职责之重不下于中央。既受任，不宜遽辞，第师令不可违。则赴京面陈此意，荐袁先生希涛以代，而留部数日，为草拟若干种民国临时教育法令而归。吾师之长教部也，重订民国教育宗旨。发表对于教育感想文，略谓人惟不执着现象世界，才能接触实体世界，从正确之世界观中，获得正确之人生观。未几，又发表以美术代宗教文，主张以美感教育，完成道德。盖吾师返自欧洲，方治哲学有得，于人类社会有所认识，以为相争相杀之风尚，多起于现象之执着。惟宗教能使人超脱现象世界，惟美育能代宗教而兴，盖其导人超脱现象之力一也。吾师之名论甫倡，而世界大战作。今战祸重开而吾师逝矣。

吾师之长北京大学也，合新旧思潮而兼容之，绝不禁百家腾跃。时吾方倡职业教育于南方，其始颇不为人谅，惟吾师能知我，既共列名发起，复时时为之张目。数度当众演述中华职业教育社创始之艰苦，当时论尤庞杂时，矢石雨集，吾师乃身为之蔽，任评议会主席且十年，有会集必至。我又尝集同志创鸿英图书馆，专搜集史籍与史材，盛获吾师嘉许而乐为之董理焉。近岁病甚，谢一切职，独于兹二事弗辞，以迄于长逝。呜呼！吾将如何加勉以报吾师耶！吾师曾评骘及门诸子，谓小子有学，一从实际获得。吾又将如何加勉以实吾师言邪！

吾师生平风度休休焉，其言恳恳款款焉，独于其所不好者，绝不假词色。其行至方，语至耿直，从不阿合于人。胡先生元倓尝以八字状吾师曰："有所不为，无所不容。"盖有所不为者，吾师之律己也；无所不容者，吾师之教人也。有所不为，其正也；无所不容，其大也。

吾师无所不容，而独于暴敌之侵略，主抗战至坚决，见于其所为《满江红》词。愿以一言慰吾师地下，苟及吾师门者，当无不以至诚接受吾师遗教，如小子者，曾何敢以吾师之厚我而私哭吾师，只有本吾师言教与身教，自儆惕，自奋励，以终吾生，尽吾天职，答吾师之德。

（原载《国讯》第 231 期，1940 年）

痛悼我师蔡子民先生联

最初启示爱国者吾师，其后提挈革命者吾师。唯师则讲学独倡美育，谓不执现象世界，才能接实体世界，了悟人生。但其愤对暴敌猖狂，必争独立，百战宁辞。在国步艰危时，痛失老成。还我中原，祭告无忘[①]他日。

有所不为吾师之律己，无所不容吾师之教人。欲人知求真一本自由，溯自长绍兴中学，以至长北京大学，弗逾初旨。晚而主持科学研究，广纳众流，一贯斯道。从德量浑涵中，确标趋向。嗟余小子，心传窃奉终身。

（原载《国讯》旬刊第 230 期，1940 年）

---

① 原刊载为"忌"。

关于职业指导
——如何办理职业指导序

重视职业指导者谁乎？

凡物能传之久且远，必有其存在之理由。职业指导，外适于社会分工制度之需要，内应天生人类不齐才性之特征，心理学者乃运以邃密之研讨，设为若干原则和方法，教育家乃得依之以施教，百业效能赖以增进，人类亦因以获得执业的乐趣。苟社会分工制度一日不废，而人类天生才性一日不齐，职业指导遂永远存在可也。余幼读古籍，有悟于因材施教之合理，有十余龄从弟，能运其天才，自动修整已坏之计时钟，乃导之使习机械，终有献于时。而我友甲，习蚕桑，不安所业，投身新闻界；友乙，习纺织，学成而不屑所为，则创为法政学校；友丙，亦习纺织，不安所业，投身政治既而研佛学，之数人者，最后或有成或无成，一皆不悦所学，相反地使余益感所习不依其才性之非。此皆三十年前事也。既而中华职业教育社成立，以谓施行职业教育以前，须精察受教育者才性之所宜，乃倡职业指导。设机关，聘专家，刊布书籍，施行实验。民国十一年政府颁布新学制，且根据此理论，分中学为初高两级，初级中学，负实施职业指导之使命；高中乃依其所指导而分科设教，用意至善。惜其时高中分科者鲜，学者亦少注意于此。余所主张之学习互进法，即高中视其才性而分科学成，就业一二年，入大学分科，卒业，再就业一二年，入国内或国外研究院，卒业后，正式就业。余虽数以此语人，而赞者不多，施之于儿辈固章章有效也。我友教育家陶行知先生不随人俯仰者，其长公子自幼习化学，且重实验，崭露头角。陶先生且特设育才学校，专收天下卓著之儿童，施行专科训练，余心滋慰。所欲进而有言者，世界心理学家以其实验之结果，划青年十四五岁为施行职业指导最适当之年龄，前乎此，在教育上仅宜施行职业陶冶。盖以儿童最富于可型性，未宜遽引入一成不变之途径，此亦有志革新教育者所应注意及之者也。抗战以来，咨专才益急，职教社方继续施行职业指导，刊布专书，而社主任江问渔先生特著《怎样办理职业指导》一编以公诸世，因写所见，愿家有子弟者，与负责教人子弟者，共鉴之。尤愿前程远大之青年学友善自决也。民国廿九年五月渝州行都。

（原载《国讯》旬刊第 237 期，1940 年）

高中女生的升学问题
——答巴县歇马场××女士

××女士：读你来信，感动得了不得，你的真诚，你的热烈，心思又周到（连邮票都附来），使我不能不在接信后两小时内，万忙之中亲笔复这一信。

我第一句安慰你的话，我一定尽吾全力来帮你忙。我虽是个老人（也不算顶老，并且不觉得老，我只有六十四岁），我是四十年来青年之友，只需你愿意做我的朋友。

我首先要答复你的，你看了许多老百姓，尤其是农民们的苦痛，你有些抱不平。荫碧！你知道我在社会奔走到今四十年，为什么不忍放松一步，就是为这一点呀！为什么？改良政治，革新社会，从源头上做起，要改进并推广教育，并且要深入广大的农村，都是为这一点呀！可是吾们家乡——我是江苏省上海附近川沙县人——有句老话"不要气，只要记"。我再来续一句，"不要喊，只要干"。我们一班同志干的是什么？是办职业学校——重庆所办有机械工科、土木工科（男女兼收）、商科（男女兼收）。办职业补习学校，科目很多，办农村改良（四川所办在成都郊外）办职业指导所，专事指导男女青年求学及谋职业。这是我们所干的工作，此外还有工厂、书报发行等。对象都是青年。并且希望青年来参加的。

其次，我要答复你求学问题了。你的家长认为女子高中毕了业，不必再读，这是老一辈人的看法不同，不是不爱你，决不能错怪老人家的。只有用种种方法来说劝，来劝改他们的主张。不知你还有什么长亲像伯伯叔叔母舅姑夫姑母之类，能帮你的忙？不知你有什么邻居，什么地方绅董，他们能了解青年求学的热诚与失学的苦闷，为你帮忙？不知你有什么中学里的老师，能帮忙说话？可惜我都不知道，要使有人能替我介绍的话，我愿意写信给你的家长，帮你说话。歇马场是不是有个乡村建设学院，校长晏阳初先生，也是我的朋友，不知

041

你认得了吗？他们能替你想法么？我今天虽没有能力可以立即提出具体的帮助方法，可是你如能替我开出一条路来，我是有一分力用一分力帮你忙的。你放心！你千万勿悲伤，勿消极，你有这样向上的志气，文字清畅优美的能力，我誓必帮你完成目的的。

　　你在乡村里要知识的材料，这更容易办到，我先寄这封信，试试邮递的成绩，我还能想些具体的方法，希望你就复我一封信，看这信到达不到达。

　　荫碧！你千万勿悲伤，勿消极，你所要求，是人生最正当的要求，"有志者事竟成"，是绝对可靠的。完了，祝你身心都好！

黄炎培　卅、二、廿六

（原载《国讯》旬刊第 266 期，1941 年）

敬介绍"学习一贯互进法"于国人

——贡献于三十年三月中华职业学校二十三周年、渝校成立三周年纪念会

我所主张的学习一贯互进法，就是"学生毕业初级中学，欲升高级中学，便应就其天才、天性所近，认修高中某种分科。三年毕业后，实习一年，例如学工则习工，学农则习农。升入专科大学，习工者仍学工，习农者仍学农。毕业后，依其所学，就职一二年，入研究院或就学国外，学成正式就职。"

说明一：现行学制，初中以普通为原则，高中以分科为原则。部令正厉行高中办分科。

说明二：最近部令，将高中及大学专科合设为专科学院，办法一贯，甚为合理。但中途宜许学生短期实习。

说明三：文科、政治、法律诸科除外。但在升级以前，就其可能，使之实习，亦合需要。医科除外，但亦宜重实习。

我认定并实施这主张的经过。三十五年以前，我所办的是普通中学，学生毕业后，有不能升学而愿就业者大感困难。是为第一次受到的刺激。其后随处感到学生所学非所用，社会所需非学校所教，使青年困于出路，埋没了不少人才，而社会百业，亦无推陈出新、改良进步之希望。民国元年以后，我为教育行政官，遂提出实用教育主义，主张中小学科目、教材，皆须改革，使切合实用。一时教育界表示热烈的欢迎。民国四年到美国考察，走了二十五个大城，参观了十九个中学，只在波士顿见一个普通的文科中学，其余十八个都是农、工、商、师范、家事等专科，所以中学生毕业，立刻可以就业，给我一个极深刻的印象。后来写一本书，名曰《美利坚之中学》。

民国六年我的主张更具体化，偕同志发起中华职业教育社。明年，创设中华职业学校。皆竭全力经营，各省纷纷响应，颇得一般青年的同情与青年父兄的赞许。

民国十一年，新学制颁布，小学六年，初中三年。此制经全国教育会联合会就广东省教育会的提议，集合许多专家，并就商于美国名教育家数人，积三年间之讨论审查而决定。要点是根据世界青年心理测验的结果，适应青年达十四五岁自发地想到择业问题的心理，设为三年初中，使六岁入学后到初中毕业恰及十四五岁，因于初中施行职业指导，依其结果，选定相当专科，升入高中。所以初中以普通为原则，高中以专科为原则。

凡人欲有所倡导，最好须亲身试验。我有五个男儿，长次两儿，中学、大学俱修学于清华，无从实验我的主张，乃从第三儿万里起。此儿幼时察其天性、天才，近于工业。乃随时随地加以暗示，如带他坐船行黄浦江，导观两岸建筑物之伟大而美丽，使增进倾向工业的兴趣。到初中毕业，令考入相当高中程度的无锡实业学校，修习工科，以家具工、建筑工为基础，皆重实习。三年毕业，令为建筑监工员。同时补习普通学科，养成其升入大学的能力，遂考入唐山交通大学习工程。毕业后服务平绥路，转浙赣路督造桥工。未几，考取官费，赴美研究水利工程，得博士学位。归而服务水利，现在办理涪江工程。第四儿大能，亦依此轨道进行，现大学毕业，正在服务，尚未走完全部途程。

我有从弟朴奇，专研机械，修学过程特重实习，做了多年的事，然后到外国去研究。他所擅长的是机械工、纺织机制造、工厂管理，颇为社会特别重视。

我家子弟辈实验此种教育方法的结果，觉有几点值得贡献。一、行此法，学而习，习而复学，使其所学与社会需要相配合，免蹈一般学非所用的流弊。因为互进的缘故。二、行此法，使青年聚精会神于一种专科，学于此，习于此，所认定的知能，必较普通教育方法所得为切实而熟练。因为一贯的缘故。三、行此法，可使中材子弟，得较可靠的一技之长，立身而报国。如遇天资较高者，必可养成一个具有实际学力与实际服务能力的专门家。与仅恃资格名位者不同，以此将见重于国家、社会。而今后国家、社会所需要，定是此种人，而非仅恃资格名位者，吾敢断言的。

至于人格的培养、体格的锻炼与夫基础学科之修习、常识常技之养成，当然与普遍教育方法同样地重视，是不待言的。

关于常识，有人疑为依此进修，必感不足。实验之结果，却不尽然。每期既重实习，多与社会接触，此中所得的常识，才适合人生需要，而绝非求之于书本所能满足的。至少从实习可以识得需要某种常识，更可以识得求常识的途径。

怀此一得之愚，不敢私于我子弟，而愿以问世者，有年矣。今者职业教育已占定了国民政府教育政策的重要部分，经过三年抗战，而愈觉其重要。各地职业教育机关，风起云涌，而我社、我校之成立，迄今已达二十四五年。敬乘渝校纪念会，掬诚建议于一般志切立身报国之青年与其家长，愿共考虑而试行之。试行之结果，尤愿见教。

写于 1941 年 3 月 18 日

（原载《抗战以来》国讯书店，1942 年版）

从困勉中得来 ①
——为纪念中华职业教育社二十四周年作

（一）

中华职业教育社到民国三十年五月六日，刚正是出世的第二十四周年。况诸一个中国人的生活历程，则二十几岁的盛年，正是服务国家最好的时候。吾们这个团体，的的确确是靠着国家、社会的荫庇扶护，由出生以至长大，但对于国家、社会的贡献究竟有多少呢？眼看着国难辗转加深，吾们一些些的努力，难道忍心辜负国家、社会的期许么！

吾们向来不同意于一种看法，就是把一个事业解释为某一个人或某些人的履痕。真的历史是这样地昭示我们，"人"是"事"的注脚，绝非"事"是"人"的注脚，就凭着我们一小小团体的短短历程看来，也可以断言一个事业的发达与成就乃是许多人的集体努力的结晶。如其说中华职业教育社曾经做了一点点的事情，那也断然不能归功于某一人或某些人。执行的人自然无法否认其作用，但这班人的乐于驰驱，乃是缘于受了社会上一种呼吁的力量的刺激、督责；执行工作者的"欲罢不能"，乃是对于这种精神的感应。吾们中华职业教育社正是如此出生以至成长的。

在这立社二十四周年的前夕，吾们细自检讨，觉得有几点结论应该公表，一方面供别的社团的参考，一方面请求各方贤达的指教（关于事工方面，另有文字揭载于《中华职业教育社立社二十四周年纪念刊》）。国事多艰，吾们怎敢不协励奋勉，力图上进呢！

---

① 本文为黄炎培、江恒源、杨卫玉、孙起孟合写。

（二）

这里所谓"检讨"，乃是吾们一部分人参与中华职业教育社工作的一些经验的平直的报告。无论是优点或缺点，成功或失败，都可以看为吾们的"心得"。谁都愿意具有优点，取得成功；克服缺点，避免失败。但一个人，一个团体，一个机关总不免有些缺点，遭遇失败，而且最可虑的是有时缺点竟变为痼疾，断送了这一个人或团体机关的生命。问题在哪里呢？是在对于这一些优点或缺点能不能从中认辨清楚，能不能检取教训，改进自己。吾们所以要公表吾们一点点的工作"心得"，完全是根据了这样的意思，——自然，所说的不免有偏而不全，为感情所影响的地方，此则有赖于大家的指正和补充的。

一个事业的出生与发展，主要的是若干客观条件的反映。例如，中华职业教育社为什么不早不迟，而要在我国"海禁"已开、欧战正酣、所谓"列强"对于我国的经济侵略不能不稍松弛的民国六年出现呢？这显然是因为到那时期职业教育的客观需求已经酝酿成熟了的缘故。是这样的客观条件刺激起一些比较敏感、比较肯用心思的人们的认识；而他们的认识、努力，因为自觉地或不自觉地符合客观的条件，倒表现为"发明"、发动一个事业的主力。要从客观的条件来检讨，这不是本篇的任务。这里所能谈的，是我们主观方面的努力经过，这范围也就是近人所爱用的一个字眼，叫作"作风"。

（三）

什么是"作风"？依我们所见到的，它乃是一种做事的态度，一种处理事务的规律，由若干人自觉地倡导以至普遍地不自觉地翕从。任何人一浸沉在这种工作氛围中，自然而然地会同化，求得适应；这时，一种作风便算确立了。

回首中华职业教育社自成立迄今，忽忽已阅二十四年。发起之初，自然对于这个团体不会不寄以希望，但说当时即已预计以后事业之质与量的发展，却也并非事实。以一私人结合的事业机关，支持了二十四年，而且还在进展着，为其求索原因于它的"作风"则有以下三点可以说：

第一，中华职业教育社之有今日，我们相信，有很多工作同志的不厌不倦，用全副精力去干，乃是一大原因。一般的赞助职教事业的社员、朋友始终帮忙，或给以精神的鼓励，或给以物质的资助且不说，即看工作机构——董事部、评议部、办事部以及所有事业机关的参与服务人员，他们的工作坚韧性乃是一个值得注意的共同的特点。董事、评议中如沈信卿、陈光甫、蔡子民（故）、朱子桥、史量才（故）、穆藕初、钱新之、王儒堂诸先生（名不备列），扶植这个团体，爱护这个事业，真可谓数十年如一日。他们尽管负荷别种重大的责任，但社事一有请求，没有不尽力帮忙。即如炎培、恒源、卫玉三人，自知无似，而对于笃信笃行职业教育的砭砭之愚，则都历时而不改，从来未因它项缘故而敢偷懒，轻弃责任。吾们并非什么专门研究者，只是触发于国家经济、人民生计的问题，觉得职业教育乃是解决此类问题的重要途径之一，从而循此途径做一些工作，上述的问题一日不解决，自觉一日责任未能卸除。职教的工作做了一些日子，省察于国计民生的确还有些补益，证明了吾们所信所行的是理想，不是幻想；于是吾们对于这事业、这团体，发生了深挚的爱。这"爱"使我们对这事业、这团体在任何情况下都有不可分离性，这成为吾们一伙平凡人的力量的源泉。吾们工作干部，一般的服务时期都比较长。以吾们的一个附属机关中华职业学校为例，到今服务满十年的就有十三人。吾们"用人"，是取着"难进难黜"的"政策"。选用一个人才，吾们必是尽可能地广征博访，测验甄选，一经入社以后，非至万不得已，绝不轻易更动甚至黜退。对于教育一个干部人才，吾们自信是不惮烦的。甄选的时候，吾们不仅希望得到工作上的同事，而且希望得到思想上、待人处事态度上的同志。入社前如不可能，入社后一定朝着这样目标做去。一句话：假使没有一些朋友肯为职教事业、职教团体做不厌不倦的长期努力，中华职业教育社能否有今日恐怕是有问题的。

如其说可以把这样的经验写成一个参考的意见，则吾们不耻于提出这样一个主张：就是悠久的事业，产生于坚韧的战斗性。以中国之地广人众，历史绵长，问题复杂，只要抓住一点，切合实际，不背潮流，绵绵密密地做去，总会一天有收获的。初发起职教社的时候，吾们被骂为"破靴党""饭桶教育家"；吾们的"职业学校"被以"作孽学校"的恶名。后来又有人以为职教事业是落后的，非革命的。吾们固然也很愿意虚心地考虑，但信念从来没因之动摇，吾们还是照样地朝前做去，在工作中检点自己，改进自己。这一点，吾们敢于无顾忌地希望后来的工作同志要注意，要发挥成为一种定型的风格。

第二，使吾们这团体进展的，同人的能团结一致乃是第二个重要的力源。中华职业教育社有了二十四年的历史，事业机关也不算少，但内部人事上的分歧错杂是没有的。这不是说工作同人间从没有过不同意见，而是说即有不同的意见，到头来都能以团体利益为准则。因意见不同而闹成派别，以前固未有过，以后也看不出这样的可能。所以能如此，主要的恐怕是靠着几个总负责人之间经常地做消除隔阂的努力。有什么，他们间都可以畅谈，把任何问题都说穿了，然后综合意见，依照行政的常轨处理。尤其好在大家都以团体为重，事业为重，意见有出入的地方总是为公，一涉及私，谁都不愿冒不韪。吾们曾经把同人所以比较能团结一致的原因归总成十二个字，便是：明辨是非，融洽感情，尊重秩序。辨是非，是基本的条件，辅之以加强同人情谊的努力、同人对于工作秩序的尊重，这样，相当的团结一致便不成为一件难事。靠着团结一致，吾们没有把力量消耗在一些人事纠纷的排解上，可以把吾们的微薄的力量集中起来，贡献给这个团体。

第三，吾们所触发的原是一些极实际的问题，例如吾们自身经历或是若见别人遭遇的贫穷问题，读了书一无所用的问题，社会上需用人才而学校不能供应的问题。吾们主张职业教育，推行职业教育的目的也就是想解决这些实际问题。因此吾们对于任何事情的处理，都愿意做到"实事求是"，绝对厌恶蹈空。吾们自然也要博采中外的理论和方法，但这些理论和方法，在我们这个团体里总希望不是老长在书本上或是嘴上的东西，而是能见诸实行，对于一些实际问题的解决能有帮助。吾们所发表的主张大都是从吾们实践中抽绎出来的。例如，吾们向来办职业教育事业，其主要内容就是办职业学校。后来发现了许多实际问题，并非职业学校教育所能解决，于是又办职业指导、职业补习教育。实践得久而久之，也就成了职业教育内涵是职业学校教育、职业补习教育、职业指导的三分说。后来因感觉都市工、商职业教育还不够，进一步从事农村改进，都是从实际经验得来的。因为吾们注重实际问题、实际问题的实际解决，所以大家养成了一种心习，就是只要是实际的，无论是大是小，是显是隐，吾们都一样地用力去做，尽心去处理。吾们希望做到的是从远处着眼，而必须从近处着手。吾们绝不敢说这一些吾们已经完全做到了，但同人中都有了一种"搏狮搏兔，俱用全力"的心习则亦是事实。

如其有什么值得报告，便只上面这一点点。

（四）

其次应该指出吾们工作上的主要缺点，许多涉乎琐细的不想在这里占据篇幅，亟愿提出两点：

第一是吾们自审认识的工作、研究的工作做得太不够。对于未来国家、社会急剧变化的需要之配合，不能说不对，总觉得不够，而且还不够为事工实践的指导。这是吾们这个团体的一个缺憾。所谓"认识"，所谓"研究"，有两种必要的内容，第一种是认识、研究吾们这个团体的工作如何配合现代中国的经济建设的问题。这一方面的含义是非常繁复的，例如一、中国社会经济的本质及其展望；二、在三民主义经济建设中，农、工、商几方面发展的比重；三、适应于三民主义经济建设各种人才的质与量的估计……都是必须研究清楚的问题。要明了这些问题，而后吾们的工作，吾们这团体的努力才有真正的意义，才是真正地达成为国家、为人群服务的目的。第二种认识、研究是关乎职业教育自身的。吾们二十四年来调查研究的工作做得也并不为少，可惜还未十分贯串起来。吾们第一着自然要做这点结集、整理的工作；第二着便得要把事工的推广与研究加深统一起来，配合起来，使一切事工都成研究的材料，一切研究都成为事工的张本。在职教事工本门，吾们一定要经常地注意新条件，发掘新问题，出新主意，想新办法。倡导职教的责任，吾们多少尽过了，以后是要加强职业教育质的改进之研究，这一点恰恰是吾们现在所未曾尽力的地方。

第二是在工作上还有未曾贯彻到底的地方。工作经验告诉吾们，任何一个计划、一种措施，如其不能贯彻，即使是最理想的、最好的，也不会有多大成效。因为未能贯彻，未见成效，又来一个计划、一个办法，结果总是事倍功半，或竟是事功全废，有人诿过于人事的变动，但这说法是不对的。例如吾们这个团体，人事上的变动很少，即使人事有变动，章法规矩、计划办法是不应该无批判地轻率变动的。人对事是隶属的，事对人是主导的。历史的可贵就在于使人检取许多已经历了的事实教训，使人可以减去不必要的时力的消耗。以过去走过的做路基，再修整，再铺设，这样工作的成效可以扩殖无穷。自然必要时也可以另辟新路，只是所谓新路对于老路也不是断然可分的。吾们的毛病就在明了或实行这样的意义，倡议一个意见、一个办法，一时很热烈，不多久会无缘无故地冷搁起来；可是隔了一个时候，同样的问题，同样的办法又会被再提出来。这说明了不是事先吾们考虑未够，研究未够，就是吾们精神懈怠，未能首尾照顾。这一点吾们应该切实诚勉！

吾们的缺点随时随地都可以发现。以上所说的仅是最主要的两个。

（五）

中华职业教育社这二十四年来的工作，就其总目标、总趋向说来，可以分为两个时期：第一个时期是以努力使教育配合社会为中心，第二个时期是以努力使职业教育配合国家民族为中心。前面已经说过，吾们所以主张职业教育，推行职业教育，是触发于一些实际的社会问题。这里"社会"二个字是特别要重视的。吾们所以主张职业教育，最基本的出发点是想消灭贫穷。吾们深切地感觉贫穷是我们中国人一种严重的胁迫，一种根本的苦痛。因为想消除这种苦痛，转念到教育的途径上去。由此可见吾们所主张的归趋能在教育方面，而其动机和目的则是"社会"的。所以，二十四年来，吾们力求与社会各方面多接触，多联系。吾们所希望发生的影响，绝不愿局限于学校或是教育事业，而是要投入广大的社会中去。自从"九一八"事发，吾们内心起了极大的冲动，精神受了极大的影响。吾们亲切地看出，在我们中国这样一个政治上、经济上受着种种枷锁的国家，所谓社会问题的解决，必须统一于国家、民族的解放。从这里吾们越发看出中山先生眼光之远大与夫三民主义之准确。吾们深深觉到，吾们的教育工作如其不配合于一个合理的政治主张和措施中，是不能有什么成效的。从那时起，吾们的工作便力谋与国家的需要相配合，而有一部分同人呢，倒反像离开了教育的工作岗位，致力于国事的奔走。抗战爆发后，益觉这样的路向没有走错，朝这样路向的努力益觉迫切而重要。二十八年（一九三九年）五月，吾们同人在昆明举行过一次工作讨论会，会后曾经公表吾们的意见，内中有一段话说出了吾们的总方针：

"职业教育的目的何在呢？本社工作的目标又何在呢？往远处说，是在实现一个民生幸福的社会。在那社会里，确切达到了'无业者有业，有业者乐业'的目的。要使社会上没有无业者，也没有不乐业者，职业教育，本社工作的任务，才算真正完成。就近处说，本社的使命，是在以最高的积极性，参与抗战建国的努力。吾们确信，职业教育，只有在民族解放、民权平等、民生幸福的社会里，才能实现他的造福人群的理想。反过来讲，又赖有职业教育的努力，吾们民族解放、民权平等、民生幸福的国家社会，才能加速地出现。"

是本着这样的总方针，吾们极端拥护并关切三民主义、抗战建国纲领的切实施行。凡是有一个机会，有一点力量，有助于三民主义、抗战建国纲领的实施的，吾们相互勖勉一定要以最高的热忱、最大的努力去运用。职业教育乃是吾们工作的归宿，吾们的一切努力不仅不会放弃这本位，而且要加强它，充实它。吾们关心政治，研究政治，为着吾们推进职教工作的必要准备。吾们的动机十分纯粹，目的十分简单，就是始终站在国民的立场，参与国家的新建设。能懂的事情，我们一定尽心尽力地说和做；不熟悉的，我们绝不强不知以为知，强不能以为能。吾们愿意本此赤忱，为我们正在受难的国家默默地做些事，尽吾们国民的天职！

（原载《国讯》旬刊第 268 期，1941 年）

本刊创刊十周年告海内外青年书

亲爱的青年诸君：

著者现在代表国讯社同人掬最诚挚的心意向诸君说几句话。

诸君！本刊的诞生在"九一八"事变之后，当时青年诸君纷纷来信问同人对于国事意见，我们不愿辜负青年们的热忱，发行本刊，和大家讨论救国问题，报道救国消息。可以说本刊的由来，完全是为青年诸君服务。

本刊专和青年诸君做朋友的。以著者个人来说，数十年奔走国内外各地，每到一处，必和青年诸君讲演、谈话、讨论。与青年接触的时间，实占旅行生活的大部分。就是在社的时候，写文章、发表谈话，也常是以青年为中心。并且劳我同事们一一缮答各地青年的来信，解释疑问。最近我五月去香港，六月、七月去成都，八月、九月、十月再去香港，去菲律宾，为劝募公债稍稍努力。每到一处，除公事外，尽所有机会，向青年们贡献意见。在菲岛时，青年诸君热烈情形，至今在我心目间。我们为什么要和青年诸君做朋友呢？因为我们认定社会是不断演变的，青年是社会将来的继承人，希望社会进步，先希望青年诸君进步。因此，我愿把自己的经验和认识告诉诸君，和诸君做朋友。

诸君！我过去随时和大家讨论研究的，往往限于片断的局部的事项和零星的意见。现在想趁本刊十年纪念，就诸君各个切身问题，如思想、修学、职业、配偶等，作一较有系统的全面的贡献。

我先从思想说起。

说到思想问题，青年诸君，多数不免有所苦闷。苦闷的原因在哪里呢？一般以为这是环境关系，我以为与其说是环境，还不如说由于思想与环境的不调洽。问题不是单方面的，而是双方面的。著者在二十岁左右，也曾有过诸君同样的苦闷。那时，我初进新式学校，脑子里满是救国救民的念头，但和四十年前的社会是不相容的，也不容易实际去做改革运动，因此个人遭遇了不少危险，尝到了不少痛苦的滋味。我曾因谈革命而下狱，只差几小时就要受刑。我曾因创办学校，欠了许多不能公开向人诉说的债，到愁绝闷绝的时候，几乎自杀。但是我自己慢慢反省，凭着父母遗传给我的坚韧不拔的意志，曲曲折折地干去，到底环境渐渐好转，一切便逐渐顺利进行了（当时我别号韧之，就是这种心理）。

今天，比四十年前，环境大不同了，我们的思想也跟着时代演变了。但是我们的苦闷，还是苦闷，因此我深深觉悟到思想和事实不协调，是人生苦闷的根源。

……

直到现在，我以为思想的发展，不应该限制，也不可能限制。因此我们必须用极大的功夫来确切研究，怎样使思想适应眼前种种事实而使环境逐渐改变得和思想一样。

我常见有两种人：第一种，理想甚高，因为不能实现，便极端忧闷，他的行动或横决，或颓废，结果于社会并无实际补益。还有一种，抱有同样理想，却能用最大的忍耐功夫，坚韧不拔的意志，曲折地一步一步达到他的目标。我可以和诸君说，我是赞成后一种人去奋斗。如果总是说苦闷啊！苦闷啊！那只是弱者的心理罢了。

第二说到修学的问题。

关于修学问题，我第一句贡献就是不应单注意学业修养而忽略身心修养。身心健全，是人生一切事业的根本。有许多学者，学识确很好，但因身体不健康或心理不健全，结果能修学而不能处事，能研究事物而不能妥适运用事物，甚至连个人一身都未能料理，不是行为浪漫，便是意志颓唐，对一切环境，自然更不能好好应付。也有因为稍有学问，自高自傲的，也有不知人们的心理而歧视人们的，也有受环境引诱而蒙受不洁的名誉的，也有稍不遂意便愤怒欲狂，忧郁成疾的，种种情形，绝对不是所谓学问能帮忙解决，全因没有注意到身心修养的缘故。

从积极方面说来，我们的修养，除了学问健康以外，还需在其他方面下功夫，这在本社同人，曾经提出过五个信条：一、高尚纯洁的品格；二、博爱互助的精神；三、忠勇侠义的气概；四、刻苦耐劳的习惯；五、正确进步的思想。我们深信，如果一个人身心任何一面有缺陷，虽有学问也是徒然，所以本刊同人，一向注意于修养。

但是所谓修养，万万不可忽略眼前事事物物。普通讲学业的，以为学问在书本上，这是大错特错。不知所谓科学，也只是人类生活事项经过许多人的试验而得到合理的原则和有效的方法罢了。书本是过去经验的记载，虽然也很重要，但我们并不只要吸收过去经验就了事，在吸收过去之外，还要把过去经验的积累与眼前事物对照求得适合。

有种人是专门读书的，往往注意过去的经验，而忽略眼前事物。另一种人反是，只看见眼前事物，而没有过去的经验。这二种人，各有长处，也各有短处。但我以为还是第二种人比较可取。因为他至少对于现社会有些贡献，最好是另一种人，就是既能博古，又能通今，不忘过去经验，又着眼于眼前应用。我希望诸君的，便是向这个方向做去。

诸君大都在学校修学的，修学是为了进社会实用。诸君在书本上钻研的即都是过去的知识和经验。即令是最接近现代的学科，和实际定有若干距离，适于外国的，未必适于中国，适合于甲地的，未必适合于乙地。所以诸君在此时期，必须有一认识，即一方面接受书本上过去的经验，另需着眼于当前事物的研究。

还有一点，诸位求学，要习得一种专门知能。这也是重要的，今后社会越进步，分工越细密，非有专门知能无法应付，否则只有失业一途。因此我是主张从高中起，学生应该修习专科，并且要于学习后即实习，实习后再学习，一贯地交互进行，这便是所谓"学习一贯互进法"，曾经写成专文发表过。

人生有两个圈子，一是成功圈，一是失败圈。青年有相当修养，认真服务，获得社会青睐，再继续努力，愈修养愈得信用，便一步步趋于成功。否则因不修养而缺少信用，愈失服务机会，那就进了失败圈，永远不得出头了。个人是这样，家庭是这样，国家也是这样。都是成功和失败，两个圈子放在面前，听你自择。

再讲到职业问题。

职业这名词容易为一般所误解，以为只是个人谋生的意思，我们中华职业教育社同志的主张，却不是这样，我们以为职业的意义，在谋个人生计，同时也是社会服务。要不是这样，个人的生活，依然不能圆满解决，社会也得不到他的好处。

我们认定职业是为社会服务，这是真理，也是处世妙诀。试看社会各项职业的存在，那一种单单为了解决人生计问题呢？一定还是为了供给社会某种需要，得若干报酬来满足他的生活，所以片面的看法，实是不合理的，如果一个从业员能够明了这服务的意义，把工作做得适切社会，取得对方事实上的满意和心理上的同情，定能达到他更大的目的。所以把服务做职业的意义来解释，实是从事职业发展职业的最好方法，所以可称为妙诀。

目前，是抗战时代，职业的意义，更自不同。所谓服务，已不是通常的解释了，必须进一步有牺牲精神。服兵役，牺牲自不必说，即从事一切后方工作的很容易受敌人轰炸，冒大危险，至少，也要受到物质的窘迫。这种种，必须把握住自己坚强的心理，预备牺牲才行。只有像前方将士牺牲生命的决心，才能换得国家民族的生命，只有像后方从业员都有牺牲权利的决心，才能够保持国家的权利。战时每一个从业员都应有这样认识。即使抗战结束，人人有这种精神做平时的工作，建国大业也一定能收极大极快的效果。

诸君，现在一切问题，可以归纳到"公私"二字上，公而忘私，一切都能解决。抗战时期，我们从事职业，定要处处从公的方面想，即使我现在有称心满意的职业，为了抗战，虽牺牲不惜。譬如国家规定适龄壮丁服兵役，那么无论有黄金般的机会，也只有抛掉了去从征，这才配称一个国民。

还有为个人职业前途打算，谋职业也不应只顾眼前利益，要处处在建国工作的需要上着想。职业的选择，或职业学科的修习，都应着眼于远者，而不应只顾目前的"近利"。这也要告诉诸君的。

再其次，谈谈配偶问题。

青年时代，对这个问题不愿公开的研究，实则不但是未婚青年，就是已婚的，这问题还在注意中。

我先告诉诸君，我是对夫妇一伦的全部过程早已经历过，且已经终结了（内子去世了）。请把我的经验告诉诸君。青年时代，往往意想不到中年人心里的转变，男和女，他们要求于对象的条件，不外是知识丰富，长于交际活动，姿容美丽，或是装饰时髦……到结婚后，情形一步步不同了。儿女满堂，女要求于男，是负责教养子女，筹划经济等。男要求于女，变为生活节俭，协助生产，照料家庭等等，到中年以上，夫妇感情因淡漠变为离弃，这样的很多很多。这又需要贞固的德操。倘在青年时代，早注意到将来事实的要求，定可减免种种后悔，种种痛苦。所以，中年以上的人，应该把他的经验，尽量告诉青年才是。

关于配偶，未婚的选择标准是一件事，既婚的怎样保持爱情，增进爱情，又是一件事。人和人相处初而爱好，久之而平常，又久之而厌弃，这是很不稀奇的事。世界上从无一物，一事，一人能使人永远满意的。这也是前面所说要满意只有理想和事实配合才行，理想跑在前边，事实落在后边，不能相伴而演进，当然要成问题，男女间岂能例外。

那么，既婚的怎样才可以使之满意呢？我以为如果对方知识够不上，给他（她）补充知识。经验够不上，给他（她）练习服务。乡居见闻不广，使他（她）多过些都市的生活。并且应该把我自己工作的状况和计划，充分使他（她）了解。如果他（她）的环境和我相同，或者处于同一环境，我的思想在那里演变，他（她）也随着演变，就不会显得参差了。

至于夫妇间精神的感应，也很要紧。我待他（她）好，他（她）一定会待我好。我能原谅他（她），他（她）一定感激我。帮助他（她），他（她）一定也帮助我。再说一句，配偶之间，对方只一个人，还没法处理很好，还能到社会上去处理千百万人的事吗？古人说："自求多福"，我以为夫妇间幸福，也要靠自己求得来的。

诸君！以上种种的话，都是从我过去四十年经验中体会来的。也是本刊同人根据若干共同经验得来的。诸君读了以后，对于问题的任何一点有意见，或另有什么意见，尽可写信来，本刊同人极愿继续讨论。

敬祝

诸君进步！

（原载《国讯》旬刊第 289 期，1941 年）

中国抗战四年来的觉悟与今后青年应有的努力

卅、五、卅一、成都公开讲演

整个中求生命

　　需要中求学问

　　　　规律中求生活

　　主席！各位先生！各位青年同学！刚才主席郭厅长说，兄弟在民国二十五年的时候，来过四川，不错的，那次到四川来，住了一百天，当时还写一封信对青年学生贡献我的意见，都刊载开明书店出版的我写的《蜀道》上。当时我还说：我到四川，不是来看风景的，是来访友，尤其是喜欢访青年朋友！今天郭厅长给兄弟一个机会，一个时间会见这许多青年朋友，这个机会是太好了，郭厅长刚才说谢谢兄弟，兄弟倒要谢谢郭厅长！

　　今天讲的题目是"抗战四年来的觉悟，与今后青年应有的努力"，这个问题，我想各位青年，都有研究的必要，兄弟今天就从这个问题上面，贡献一点意见。

　　兄弟所要向各位青年朋友贡献的，有三句话，第一句是什么呢？先讲理由，再讲正文。

　　中国抗战到今，离二十六年七月七日，只缺卅八天，就是四年了，在这四年之中一般抗战将士，以及男女同胞，真不知牺牲多少。兄弟是江苏川沙县人，四年以前，在川沙有一批青年朋友，共是二十一位，抗战以后，这二十一位青年的下落如何？过去没有得到消息，这次到成都来出席川康建设期成会，忽然有一个宪兵要求见我，我想，宪兵来见我，是什么事？见面以后，听他口音是川沙人，客地会着亲同乡，是很难得的，我们就谈了一些家乡故事，原来这个宪兵，就是刚才说的二十一位青年朋友中的一个，还有二十个哪里去了？他们一起在二十六年冬天，南京陷落的时候牺牲了，诸位想想！整个的川沙县，从军的青年不知道有多少，我所讲的仅仅是这一批——二十一位，到今天二十一位中就牺牲二十位，由此可知此次抗战牺牲的重大！

不过诸位要知道，中国民众，在此抗战期中，虽然牺牲了不少的生命，可是我们中华民族，和国家的生命，就要靠这种牺牲的精神，保存起来，靠这种牺牲的精神延长下去。诸位知道，中国对暴日作战到四年之久，仍能好好地在地球上占一国家的位置，世界人士，没有不钦佩中国人的勇敢伟大，最近报纸载，美总统罗斯福炉边谈话，亦对中国人的抗战精神，大加称赞。这种优良的成绩哪里来的？是用许多青年的生命换来的。所以牺牲个人的生命，获得国家民族的生命，无论这样牺牲如何巨大，终是光荣的，是有价值的。假如七七事变以后，每个人都爱惜自己的生命，不顾国家民族生命，恐怕要比这次欧战中的法国，牺牲得更惨，灭亡得更快，因此我们明白，要从整个生命中去求生命，他的生命可保；反之，在本身方面去求生命，结果每个人都没有生存的希望，每个人都要牺牲完的。兄弟可以报告几件实事给诸位听听！

兄弟于一月以前遇见一位朋友，向我谈这样一段实事，他说："上海有几个大汉奸，一天请日本高级军官吃饭，所有的客都到齐了，这一群汉奸殷勤招待，宾主尽欢，一会儿，彼此都喝醉了，这时有一个汉奸站起来，他说：'现在的中国问题弄到这样僵，你们友邦——汉奸口里的友邦，就是我们的敌人日本，为什么不痛痛快快地干一下？'敌方一个最高级军官坂垣征四郎他就回答说：'你们要知道，灭人国家，是不容易的事，少数的民族，要消灭多数的民族，更不容易，日本是小民族，人数少。中国是大民族，人数多，我们用硬的方法去征服，事实上是不可能，用软的方法去侵吞，也没有功效，总之，用王道也不好，用霸道也不好……今天大家是自己人，不妨坦白地说，诸位要知道，小民族要灭亡大民族，只有一个方法，就是欧洲列强对付殖民地的方法，就是"分化"，把一个大的民族，用挑拨离间的手腕，把他分化成若干小单位，使单位与单位之间，自相残杀，这样就可以把大民族灭亡。要靠小民族本身力量去征服，是不行的，只有分化的政策，才是小民族灭亡大民族唯一无二的良法'"，这是我那个朋友讲给我听的。

诸位！这一种灭国新法，历史上成例很多，我还可以把亲身看见的一桩事，报告诸位。诸位知道南洋一个岛子叫爪哇？爪哇这个王国，早被荷兰灭亡了，荷兰用什么方法去灭爪哇？他的方法真巧妙，爪哇的土王有几个儿子。荷兰占领爪哇以后，把土王的土地分成几份：三个儿子，分成三份；这三个儿子，又各有若干儿子；又把他的土地，分做若干份，这样一来，没有一个子孙没有土地，没有一个子孙不是王，他们还认为这是荷兰待他们的好处，可是他的国家，竟无声无息被人灭掉了。一九一七年兄弟到爪哇去，还参观过爪哇土王的王宫，他们每个土王的地方，真是小得可怜，如像豆腐干一般的小，诸位想想，整个国家分成这样许多单位，还有什么力量呢？除掉灭亡，还有什么结果。

我们对以上一席话，应该有一种觉悟，就是我们的国家民族，是否愿意被人家灭亡，是否甘心做亡国奴，我们知道伟大的中华民族，所以终能抗战达四年之久，我们靠的是什么？我们只有靠一个口号的力量，这个口号就是"统一"，我们本着这个口号，在一个政府，一个领袖的领导下面去努力，在国家至上，民族至上这个目标上面去奋斗，所以才有今天，这点希望各位青年，要看得很清楚，要认得很正确，抗战到这地步，还有想在统一之外造成一部分势力，建立一个地位，维持一部分的生命，天地间绝没有这回事。中国共产党，在抗战展开以后，屡次宣言，拥护政府，拥护领袖，要和政府在一条战线上抗战到底，到今天他们还是这样态度，可以说，这就表示吾们民族整个的趋向。兄弟今天敢说，如果中华民国四万万人，每个人都觉悟了，都肯把他思想、能力、财产、生命，统统贡献给国家民族，有这种精神，这个国家，这个民族，一定可以存在，可以永久，这是不可磨灭的真理，兄弟刚才讲，川沙二十一个青年，牺牲二十个，中国青年人人有此精神，国家一定不会灭亡，所以兄弟今天提出来请诸位研究第一句话，就是要在"整个中求生命"。

我可以再说一个笑话！这不只是笑话，却也是事实，兄弟向在上海服务，上海是我们全国的大商场，进一步也可以说东半球最大的一个商场，上海市大多数人天天吃猪肉，每天需要一万七千头猪，全市分几个屠宰场，每个屠宰场都有杀猪的屠户，要杀猪了，一两个屠户把第一只猪，从猪舍里拖出来，一刀杀了，第二只猪拖出来，照样地一刀杀了，顷刻间就杀了不知若干的猪，这群猪，直到被杀光，竟没有一只猪反抗，诸位想想，屠户不过几人，猪儿就有几千，每一只猪看见屠户把它们拉去宰杀，可是它们都各自这样想：不要紧，横直没临到我，我还可以苟延残喘，于是毫不反抗，一只只地同归于尽。这就是一个反证，如果不在整个生命中去求生命，结果是没有生命，这是千真万确的道理。由这次战争看来，更加可以证明，法国那样强大的一个国家，文化很高，工业很发达，结果为什么会亡，中国与法国比，科学方面，武备方面，比得上多少，我们自己知道。我们今天还存在，是靠什么呢？就是刚才所讲二十一个青年，牺牲了二十个，一个还在当兵，还在"执干戈以卫社稷"。就靠每个人这种牺牲精神，才能够特立于世界。

兄弟近来有一些新的感想，刚才郭厅长报告，兄弟的年龄，已六十三岁了，兄弟自己看到六十三岁以前死的人已经不少，我六十三岁还在人间，但是我研究"人"迟早总要死的，今天大家看我臂上戴黑纱，这是由于我的夫人过去了，可是我现在有种新的感想，我已有种不死的方法，我可以永远不死，这种方法，今天要贡献给诸位，诸位虽是青年，也有一天要到中年老年，诸位一定想听听我怎样可以不死的方法。从前秦始皇做了皇帝，心想不死，没有求到，现在我却求到了，这个方法哪里来的？我从植物上学来的，譬如一株树，老了要它不死，有种方法，可以另用一枝，向这株树接上去，这个方法叫"接枝"。从接枝这方面，兄弟想到一种不死的方法，什么方法？现在讲给大家听，譬如我们来发起一个会，我们要保护中华民国，就称是护国会，同志也不在多，假定一百个人，我们唯一宗旨，就是要保护中国，这一百个同志在世一天，就实行保护国家一天，如果一百人中，有一人死了，我们就补充一个，两个死了，我们就补充两个……死了几人补充几人，一定永远是一百人，一百个同志决不会同死光，这样一来，一百人永远是一百人，只要这一百人的精神，永远在世界上，我的精神也永远在世界上了，个人的形体虽变，个人的精神不灭，这不是不死吗？这不是永生吗？郭厅长刚才讲了二十多年以前，兄弟曾组织一个中华职业教育社，这个组织虽小，将来只要能够存在，能够发展，我们的精神，也是永久不磨灭的，个人躯壳的存亡，有何关系，这个道理，我愈想愈高兴，譬如我的夫人死了，我晚上做梦，还是看见我的夫人很好。古时有部书叫列子，这部书里有一个故事，它说："有一个大王，每天晚上都要做梦，梦见自己做乞丐，有一天，他向一个乞丐说：'我是大王，为什么会天天夜里梦见当乞丐呢？'乞丐说：'巧极了，我也是每晚上做梦，梦见做大王'，于是这个大王说：'这样看来，我和你是一样了，你虽然白天当乞丐，晚上就做大王，我虽然白天做大王，晚间却要当乞丐，从此不是一样吗？'"这是列子点化愚顽的一个寓言，兄弟也常常作这样想，一想起来，觉得生死没有什么问题，小小一个组织成功，就可以精神不死，与世长存，何况四万万人组织一个中华民国呢？要紧的就是不可分化，上了敌人的当，去自行分化，就不行了。诸位：兄弟今天提出第一句话"整个中求生命"，要请大家指教指教，究竟这个理由充分不充分。

第二句话又是什么呢？兄弟这次到了成都，有许多朋友来看我，他们一见了我，都说不得了，我说："你们什么事不得了？"他们有的说："我在某机关当职员。"有的说："我在某学校当教员。"我说："你们每月多少薪水？"有的说二百多元，有的说三百多元，我说："这个数目不算少了。"他们说："从前很可以，现在生活高涨数十倍，可不得了。"诸位，这一批不得了的是谁？都是公务员。另外还有一批朋友，来看我，由他们表面估量一下，都是很好过的样子，他们是什么人？他们都是商店老板，或者是工厂的厂主或股东。他们知道兄弟到成都了，都拿些纸笔来，要我给他们写匾，说他们的商店，他们的工厂，开得不坏，要请兄弟写个匾替他们光辉光辉！我说："我一定写！"那是惠而不费的事，写几个字有何关系？诸位从这里可以看出来，一个社会有两个不同的集团，一个集团穷得连衣食也不能维持，一个集团事业非常发展，这是什么道理？

现在我再报告一件事给诸位听，成都方面的这类情形，我不大清楚，在重庆时就很知道，重庆拉黄包车的车夫，每月可得多少钱？说起来很惊人：拉车的车夫，每月可以收入六百块钱之多，他们每天拉车一段短短的路，便要取两块多钱，他一天只要有十个机会，每月就是六百块了。此次兄弟劝募公债，觉得重庆黄包车夫，买公债特别踊跃，买了公债以后，给他个牌子钉在车上。那天兄弟坐黄包车看见他的牌子，我问他："你们买过公债了吗？"他说："买了。"我说："你买了多少钱？"他说："十元。"后来每坐黄包车，我都要去请问一下，他们有的说十元，有的说二十元，有一次问到一个车夫，他竟买了六十元。诸位！一个黄包车夫六十元的公债，每月赚六百元薪水的公务员看见，不免涎垂三尺。

以上情形，是中国今日一种社会现象，何以会有这现象？据兄弟研究所得，有两点认识：第一，无论农、工、商人，他们都是生产者，所以有饭吃。反之，不事生产，只能消耗的没有饭吃。第二，无论轿夫、车夫、苦力，都是劳工，劳工都有饭吃，一般只是在桌子上写写字的文人，没有饭吃。那么，我们要研究，何以这个有饭吃，那个没有饭吃？关键在什么地方？这就是经济学上所说的供和求的关系，"供过于求"，社会就感觉过剩，就不值钱，"求过于供"，社会就感到缺乏，就值钱，这是必然的道理。抗战期间，许多壮丁到前线杀敌去了，后方的农民与苦力，就感到不足，所以下力人价值就很高了。重庆市车夫固然赚钱，假如重庆突然增加一两万车夫，那么，他们马上就没吃饭了，但是重庆的车夫很少，因此他可以高抬车价。又如成都的米，兄弟这次到成都，是前月二十二日，到以后，问问成都米价，说是一个双斗要卖七十多元，二十二那夜下雨，二十三夜里又下一阵大雷雨，到了二十四、二十五，米价下跌二十余元，每双斗只卖五十元了，为下了雨，大家以为今年要丰收，米价定要跌，于是你拿出来卖，我也拿出来卖，因此米就多了，米一多，价钱便跌了。自然抗战到了今日，物价涨跌，也有它特殊的原因，不过大体上，我们还得承认这个道理："求过于供就贵，供过于求就贱。"兄弟根据这两种认识，我们就要知道，今后，社会上的工作太多的，我们就不要去干，缺乏的，我们就去补充，社会等于一只船，大家都往左面跑，船就向左倾侧，我们不能不往右边去。待大家一起往右边，向右又倾侧了，于是我们又不能不再往左边，社会是这种状态簸荡着，前进着。我们要是不能认识，没有觉悟，向左我们就一齐向左，向右便一起向右，那么这样船必有倾覆的危险了。

兄弟今天提出这段话，是希望诸位青年朋友，在求学的时候，就把路线认清，切不要读社会上过剩的学科。例如自然文科也有文科的好处，不过现在有很多不高明的文人，还是少一些的好，今日的社会，需要多几个劳工，多几个生产者，不高明的文人，我想不必太多。前天我在干训团讲话，我说，劝诸位不要再当公务员，中国的机关太多，组织也特别烦琐，什么科呀，股呀，室呀……使人头晕，同时官也太多，什么长，什么员。兄弟意见，以为应将机关裁并些，把公务员减掉些，政府应从农工商生产事业，想些法子，把一部分公务员安排进去，就把裁减下来的经费，提高公务员的薪给，这样一来，是当公务员的，希望有饭吃了，工作效率，也可以增高了。至于裁减下来的公务员，如能自谋生活，去做生产事业更好。科长股长，开个工厂，科员股员，当个店员，兄弟这两句口号，并不是开玩笑，诸君如果赞成，兄弟还要写文章，来促成它。诸位同学，也应该认清这点，千万要把自己所求的这种学问，考虑一下，检讨一下，估计一下，看自己所求的这种学问，是否为国家社会所需要，如果需要，我就专心致志地去努力，否则，我就赶快回头。总之，不要去求不需要的学问，不需要的学问，即使求得很好，将来还是不得了，在本身是生计问题，在国家是人才问题，所求不当，自己与国家都有很大的损失，因此兄弟向诸位青年同学所贡献的第二句话，也是六个字，就是"需要中求学问"。

说到这个地方，兄弟还要补充一点，二十年前，兄弟看到学校教育与社会没有配合，和生产方面，没有关系，感到这种现象不好，所以结合了一群同志，提倡职业教育，职业教育就是农业、工业、商业，一切可以生产的教育，希望国计民生两大问题，得到切实的解决，今天所提出的"需要中求学问"，也就是这点意思。郭厅长，他就热心职业教育，四川教育自郭厅长负责以来，筹办了许多职业学校，也是有见于此。要诸位青年，在需要中去求学问，以便将来对社会有所贡献。

第三句话是什么？刚才兄弟把"整个中求生命"这个道理说过了，现在要我们青年朋友，从他本身生活上去检讨他自己，诸位想想，用什么方法可以求整个的生命？当然是大家都要把自己的思想行动，纳于一个轨道当中，向一个目标去进行，构成这个整体，才能发挥力量，这个道理，从每个人所有的身体方面，就可以看出来，比如，这位同学，精壮结实，我们就说他很健康，又如这个同学，体格柔弱，面黄肌瘦，那么我们就猜他有病，病与健康的分别在哪里呢？古人有八个字描写健康，说"天君泰然，百体从命"。从前称一个人的心做天君，现在生理学家讲，天君是脑，是神经中枢，神经中枢发了命令，四肢百骸，都能服从，这就叫作健康。比如现在我很热，我的神经中枢发一个令说："左手去拿把扇子，替我摇几摇！"这只左手马上达成任务，这是健康。假定神经中枢的命令说："右手！我要你拿杯茶来"，右手不去拿，这就不对了，右手有病了，必须到四圣祠医院去找医生诊断才行。这不是笑话，前年兄弟的确右手有病，举不起来，不听我神经中枢的命令，后来到四圣祠医院诊断治疗，渐渐地运动自如了。人有了四肢百骸，能不能服从神经中枢的命令，这就是健康与病的区别，今天在这里开讲演会，有一千位同学在这里静坐着听讲，这是个健康的团体，反之，有人在下面谈话，在手舞足蹈，或者竟自走开，那么这个团体有病了，我们就要设法恢复他的健康。把国家来说，我们中华民国，现在是危险万状，是不健康了，大家要救中国，就要全体国民，出钱，出力，听从领袖的指挥，这个国家当然救得起来，健康当然可以恢复，要是有的想救，有的不想救，有的想救国家，有的想救自己，这样一来，救国的目的，永远达不到了，这就是没有听从天君的指挥，步调分歧，国家还有什么希望呢？因此我们要记清楚，无论青年老年，都要养成一个守规律的习惯，一切行动，要像四肢百骸，服从神经中枢一样，思想行为，和整个团体，在一条轨道上动作，这样才可以取得生命，并且可以取得整个的生命！

同时要各位青年朋友，对自己加以检讨，平日遵守规律没有？应该做的事情做了没有？不应该做的事，是否就没有做？现在提出我自己经过的事告诉诸位，兄弟不吸烟，但过去是吸的，在兄弟二十九岁办学校的时候，看见学生吸香烟，心里觉得学生不应吸，就开一个会，向学生们说："各位同学！香烟青年人是不能吸的，吸了，头要发晕，想问题想不起，经济方面，也要多些消耗，你们切不要再吸烟。"到了明天看看，学生还是不听我的话，这怎样办？我自己检讨一下，我发觉了，"你自己也在吸烟，怎么能禁止别人呢？"好！我再开一个会："诸位同学，今天我要严正地对诸位讲，我现在要绝对禁止吸烟，同时我也不再吸了，假如我吸了一支香烟，马上不当校长，大家看见我吸香烟，就把我赶出去，可是从今天起，哪个学生吸烟，我也要把他赶出去。"这样一来，学生就不吸香烟了，兄弟直到今天不能再吸烟了，这就是说，我们要随时检讨自己，看自己所做的事体合不合乎规律。再以个人来说，个人的日常生活，都要有一种合理的规律，早上做什么事情，晚上做什么事情，要有一定，要养成守规律的好习惯。兄弟倒养成一种习惯，就是写日记，我的日记是民国有一年，我写一年，现在已经写了三十年了，今天向诸位提起写日记，我觉得很有道理，什么道理？就是要养成一种守规律的习惯，我每天做了些什么事情，到了晚上，一定把他记下来，一定要把日记记好，才能睡觉，把这个意义扩大起来，有两种好处：（一）个人在规律中过生活，可以使思想清澈；个人身体在规律中工作，可以减少疲劳，增进健康；个人的工作效率，因为有了规律，可以提高起来。（二）如果每个人都有守规律的习惯，全国国民，都是这样，国家有一种工作要动员时，大家都把人、财、物力贡献出来，遵守国家的规律，一起发动，抗战何患不胜，建国何患不成？所以定要全国国民在规律中过日子，中华民国才能造成整个的力量，才可以延续整个的生命，因此，今天向诸位青年朋友所贡献的第三句话，就是"规律中求生活"。

现在兄弟重说一遍，今天所贡献的第一句话是"整个中求生命"，第二句是"需要中求学问"，第三句是"规律中求生活"。诸位青年朋友，不要认为兄弟所说的是家常便饭，没有新奇可喜，等闲看过，须知中国今日的青年，实在需要从这三句话上去努力，才有希望，才有办法，兄弟很热忱地愿和青年做朋友，所以谈到的是一片老实话。

最后兄弟还要贡献一句话，就是：凡事认为应该做的，立刻就做。不应该做的，立刻不做，一个人总不可以使行动和他的思想相违反，只要看清楚事情应该不应该立即向自己的目标，不断地努力迈进。诸位青年以后如有问题，尽可以随时见教。通信处：重庆张家花园五十六号中华职业教育社。

（《国讯》旬刊第 273 期，1941 年 6 月 25 日出版）

告宁属青年同学与爱护青年同学者书

  同人此次来宁观察，获识不少青年。同人认一地方的前途命运，系于青年。在今日为青年学子，十年二十年后即是一地方之负责者。故爱地方者应特别爱重青年，而青年尤应特别自爱自重。同人之来宁属，乐与青年诸君接谈，即以此故。

  同人之于各地青年，除公开演讲外，每请青年诸君提出问题，由同人答复。因此使诸君得发表意见。同人就所发问，一一答复，或亦可稍稍增补诸君知识，解释诸君疑问。故同人对此，不敢惮烦。而炎培以服务教育界年期较久之故，担任答复，在我个人，颇感兴趣。

  自来宁属，虽时日匆匆，在会理，在西昌，以及沿途各地，皆未能久留，在此短促时间内，统计收到男女青年诸君所发问题，到今日止，已得四十七则。试加分析：属于修学问题者十一，属于服务问题者十，属于地方问题者十三，属于国家问题者十，而属于学校问题者三；此四十七问题中，发于女青年者十一；试以学级分，则发于小学生者十七，发于中学生者二十四，余为已在社会服务之青年。

  炎培对此诸问题，除大部分在演讲时或在谈话时业已答复外，在西昌所接受之一部分，性质上有关系较为普遍者，声明留待公开答复。今因启程在即，特以书面答复诸君。

  所留待答复的问题，归纳起来：第一，今时的社会，思想很是分歧，青年趋向应该如何？第二，怎样取得真实学问？怎样使读书切合抗战需要？第三，一个经济困难的学生，如何得到升学的途径？如何得到为国服务的途径？第四，如何改进并普及边地教育？以上各问题，让我来一一答复。

  第一，今时社会思想实际上并没有多大分歧。尤其是抗战以来，无论向左向右，一致认抗战建国为目前唯一的任务，这种神圣的使命，崇高无上的意义，确是中华民族复兴的根据，生存的命脉。抗战欲求胜利，也就靠这一点。我可敬可爱的青年，该对这一点掬吾至诚去接受。凡有利于我国家民族者，吾从之。否则任何胁迫，任何劝诱，吾必不从。在这唯一的大目标之下，却不应再分种种派别。减少了一部分力量，即是削弱了抗战建国整个的力量。

第二，真实学问不是书本上，而在事事物物上，故称求学为读书，实为错误。书本上的，是间接的知识；眼前事事物物，才是直接的知识。而且知识只是人生处世需要的一部分，还有一部分技能，绝非读书所能得到。单靠读书，欲求得实用的知识和技能，有人说，只等于陆地上学泅水，是万万学不成的。故欲得真实学问，必须在书本以外，就各人环境的接触，或生活的需求，用种种方法，研究最适当的处理方法，这就是真实学问。教师就是教这些，学生就是学这些。至于如何取得真实学问，因各人的环境不同，生活需求不同，诸教师定能在课程以外，课本以外，指导诸君去努力，我说的只是原则。

怎样使读书切合抗战需要？中小学课程，有若干门于抗战有关系的，例如地理、历史、理化、国文等。如于原有教材以外，增加有关抗战的临时教材，尤为相宜。若舍读书而求有关抗战的知能，例如防空、防毒、救护、救济等练习，皆合后方任何地带需要。以暴敌现时向不设防城市狂施空袭，我西昌、会理等地，皆有慎重预防的必要。今卫生署派有许多专家来宁，如防毒、救护等，大可请各专家担任教授，想当局必能注意及之。

第三，今之青年学子，大都经济能力则不足，求知欲望则有余。一阶段修了，如何取得升学机会？学成以后，又如何取得服务机会？确都感为苦闷的问题。我就想帮助青年解决这问题。以千思万想的结果，提出一种学习互进法，如五月二十三日，对四校同学所讲的。我总以为青年该趁早考查自己天性、天才，来决定将来所学的某项专科与某项专业。然后根据既定方针去进一步修学，学而复习，习而复学。不唯所学所习，与众不同，且因若干时间的就业，可以积聚其所得酬金，以充全部或一部升学费用，而经济问题，至少总可局部地减轻。且因其知能特别切实之故，办事效能特别增高，自然见重于一般社会，而服务问题，亦因之容易解决。舍此方法以外，殊少可以贡献。

第四，至如何改进并普及边地教育？所谓边地，在诸君爱乡情重，或即指家乡宁属而言。此事在地方政府，定能负责办理。所限制进行者，怕就是财力。我以为教育对象，本不限于青年；教育方式，亦且不限于正式学校。闻省师同学诸君已在组织若干民众学校，将在课余分任教课。这是于己于群两俱有利的方法，正宜大大推行。这就是帮助政府来推广普及教育。吾以为一般教育，改进比普及尤急要。中间有一要点，即教育而不与他的生活需要相适应，教育程度愈高，离开他的生活环境愈远。他所求得的知能，于他的生活甚少关系，而欲望则日高一日，将使无事者难于得业，而有业者亦无从乐业。这不是小问题。推行普及教育，必须特别着重这一点，而求得适当的解决才好。

以上皆就个人所知，率直答复。此外却想起一问题，诸君为了升学，为了就业，定然需要有人扶助和指导。政府就国家或地方需要培养人才，如何酌定其种类与数量，皆须对青年选学与选业加以扶助和指导。最好由政府指定某机关担任此项工作，凡青年有志升学或学成就业者，为之扶助与指导。这倒是有益于青年，有益于国家与地方之举。我早知道刘主席很想帮助青年的。此举若成，省外各学校的调查，吾在重庆，亦可帮同担任。

又有一问题，人才的培养与地方的需求须极端配合，今后为了开发宁属生产，必将有农、林、工、矿等各种事业的兴办。每一事业皆需要受过专科训练的人才。此等专才，在省外极感缺乏。如今春某校需聘一农学教师，登报广招而不得。去年武汉某机关，需一程度较高之缮写生，月薪增至八十元，招考结果，竟无及格者。即为宁属想，因开发交通，必需多少管理人才？因提倡卫生，必需多少卫生人员？此皆有待于专门训练。而各机关所需要之文书人员，此文书科在中学校即可附设，招取国文根底较好的初中毕业生足矣。中华职业教育社在重庆与青年会合设一职业指导所，凡求事者揭示在门之右边，求人者揭示在左边，双方各贴无数纸条，而彼此供求，竟无从配合。只因事业训练极端缺乏，以致求才不得；普通教育畸形发展，以致求事而亦不得。凡此皆有待于上开机关成立，一面筹划训练，一面指导就学、就业。

以上为青年同学告，兼为爱护我青年同学者告，希望加以斟酌而行之。

……

（原载《蜀南三种》第114-119页，国讯书店1941年版）

倡办贫儿职业教育建议

中华职业教育社成立二十五年，有筹募基金之举。七十一龄前辈张表方先生暨李伯申先生等邀集成都热心赞助诸君子起而响应，至可感也。窃思职教社夙定目标，在使（一）无业者有业，（二）有业者乐业。论教育功能，此二者本无轩轾；然论社会需要，则以前者为尤急。一日，在某地见流浪儿童一群，或倒地而卧，或倚墙而坐，皆惨饿无人色、奄奄待毙，为之恻然。类此者盖非一地一事焉。此告表方先生，大表同情，以为职业教育须对此辈无业或失业乃至流浪以死者，首先加以援救，使之有业以求生，方尽职教初步之天职。表方先生又言，成都慈善事业，经尹仲锡老先生主持数十年，卓著成效。若更发挥职教精神，使能自食其力，则造福更大。炎培退而思之，以为此举确有种种理由如下：

（一）中山先生演述民生主义，析为四部，其一曰：群众的生命。今一部分同胞生命，垂垂待尽，到此地步，彼亦人子也。假使此辈即是吾家之子弟，吾辈之儿孙，其将作何感想？且此辈初未尝有负于国家也，亦未尝获罪于人群也。其所以致此，苟非天灾，即由人祸。真所谓"人生到此，天道宁论"矣。且在此抗战期间，安知此辈不是从战区流离飘荡而来，不更可悯耶！

（二）抗战期间，不论前方后方，壮丁皆感重要。此项难童，数年以后，即届壮丁年龄。为国家爱惜人力，即作普通壮丁用，亦宜加意培养。不此之图，而求人口之繁殖，未免失计。

（三）即以职业教育论，办一职校，聘专门教师不易，聘实习教师尤难。而欲聘实习工人，如在农为园丁，在工为机匠，则难之又难矣。无人培养，当然无法供给。与其招中人以上，强使习劳，曷若集无业游民，使之服劳而就食？孰难孰易，其理至明。事得人而人得食，岂不至善。

或谓博施济众，尧舜其犹病诸！不知我辈做事，救一个人，算一个人；有一分力，尽一分力。

至此项贫儿训练方法，第一步，沐浴衣食，使之自新。第二步，予以严格训练，全部生活，迫令服从纪律，练习劳苦，经过相当时间，使劳作与服从成为习惯。然后第三步，一面令习专门技能，一面补授普通教育。此第三步工作得送职业学校施行之。

表方先生既赞同此议，且言，职教社筹集基金，宜规定数额。在此数额以外，悉充贫儿职教经费，则应募者必要踊跃。余答：职教社只知为国家，为地方服务而已。敢不唯先生命。

凡此建议，是否有当？愿诸君子教之。

（原载《国讯》旬刊第 307 期，1942 年）

中国五十年来新教育之检讨

上一讲，讲的是"中国社会内容的剖视"，分析结果，认为中国社会上并无多大纠纷的因素存在着，有的只是知识阶级和一般民众阶级，这中间正留待吾们努力。此刻，我就从知识阶级讲起。知识阶级，所以获得知识，就靠教育。

在最近五十年来施行新教育的结果，在这抗战建国最严重的使命上，究竟有没有贡献呢？哪方面贡献多，哪方面少呢？如果有贡献，我们该大大地扩充，否则该赶快设法纠正。

诸位，社会天天在演进着，一切问题都随着时代的变化而不问其要求，这一点我们必须明了，比如宗教吧，基督教在最近十年来，据我所知，因环境的变化，他们的教规，就有多少变通的地方，教育也不能例外。一部近世史，依我亲身经历，四十年前，自己所受教育是怎么一回事，后来教人家是怎么一回事，现在又是怎么一回事，这一部短短的历史，可说清清楚楚，摆在吾们眼前了。因此，愿就我亲身经过各时期的问题提出答案，向诸位请教。

第一个时期的教育是什么？在座诸位，不少受过那时期的教育，而且多半有子女，我们当还记得三十年前，一般社会，对子女教育，只是希望他们身体好，能够读读书报，记记账，写写信，进一步，希望能获得一些专门知识，作为将来求生的本领，再进一步，如果品性优良，言行规矩，博得人人称赞，如此便觉心满意足，大家都说是佳子弟了，这个时期可谓个人教育时期。

第二个时期就不同，因为社会改变了。在第一个时期，仿佛人们都是在各个奋斗，所以只需要个人教育；在第二个时期，就不是这样。今天最大的毛病，诚如以前吾所说，只有个人而无团体，考验每个人的努力，倒还不错，但是要把各个人组织起来去抵抗外敌，那就很成问题。我们今天要求于团体的力量，比较要求于各个人的力量大得多；团体与团体结合为集团，和敌人打仗，就是最严格的整个国家集团力量的考验，所以这个时期，对教育的要求，认为个人教育绝对不够，必须要办到受教育的人能够受到共同的训练，养成共同的能力和整个的力量。此即所谓"国民教育"是了——不但每个人能做很好的人，还要做很好的国民；要认识我和国家的关系，教育的信条不能以过去社会的信条如规矩、诚实、精细等为已足，而是要四万万五千万人民，无论老少男女每个人都要做成合适的中华国民。但请问"式"在哪里呢？诸位不讲国民教育则已，要讲就得由政府根据国策，提出一个整个的教育方式，教国民怎样做人，做怎样的人，每个人都在整个国策要求之下，成为有力的。有用的分子，不过须得补 充说明的，到了国民教育时代个人教育并不是废掉，还是照常需要。要个人好，拼起来的团体才能好。比方我们这个礼堂的地板，每条有一定的长短厚薄，几 百条几千条一个式样，拼起来，才能成为很好的地板，但同时也要每条板都好，教育的道理亦然。这个道理，诸位是否赞成？如果赞成的话，我们就以这个作 为标准，去批判新的教育看是否合适。

今天要讲五十年来的新教育，首先得讲五十年来的国情，中国一直在内忧外患中过日子，试分析说来：

第一个时期，可以称为"洋务"时期。在座诸位，年纪大的，亲身经历过，年纪轻的，读历史也可以知道，在洪杨之役以后，发生了一个新的名词叫作"洋务"，当时消灭洪杨，清廷靠的是什么？曾左李诸人打败洪杨，主要的武器是什么？是"洋枪队"。当时西洋武器初到中国来，就是洋枪，加以训练，成为"洋枪队"，可称无敌。胡文忠在做湖广总督时，一天他在武昌看见长江里一支外国小火轮加足马力在水上急行，他即大惊，说道："百年后中国将为外人的世界了。"那时候在北京开的是同文馆，在上海开的是广方言馆，在广东开的也是同文馆，这些地方所教的，是外国语言文字，此种新的设施，就叫作"洋务"。一个人要是懂得洋务的话，即认为了不得，常在奏折上看到，"精通洋务，才堪大用"这一类的话。

第二个时期，可以称为"新政"时期。讲求洋务的结果，到了光绪二十 年仍然打了败仗，一般有识之士，由康有为、梁启超等领导着大声疾呼，要倡导"新政"，可惜后来由"变政"成为"政变"，结果非常悲惨；经过庚子义和团之变，接下来外交上层层压迫，革命的风声一年紧一年，清廷觉得这样下去很不高妙，不得已乃来一个"筹备立宪"。

第三个时期，叫作"筹备立宪"时期。中央的资政院，各省的咨议局都于此时产生，只是清廷推行没有诚意，同时革命发动，不久就推翻了清朝，事情便 又成为过去。

第四个时期便是"革命"时期，这是民国以来的事，留在下面讲。

诸位知道，"洋务时代"有没有新教育？有。当时的名词，如"西文""格致""制造"等，就是现在的外国语、数理化、工业等，当时所谓西学，虽然输入了一些，但当时教育态度，仍没有改变，考试方法仍是"科举"，所谓"秀才""举人""进士"这一套。

到了新政和筹备立宪时代，便开始办学堂，不久废科举了。当时教育究竟是怎么一回事呢？张文襄（之洞）《劝学篇》有两句在当时被众人称服的名言，叫作"中学为体，西学为用"，——近来很惹起讥评，其实这两句话，平心想来，到今还值得研究。

最后才是革命时期。总之在清末以前都不过是个人的教育，至国民的教育虽有这个名词，尚少具体的研究和实施。一本教育制度，起初是尽量模仿日本，后来接受了美国的教育影响。

民初以后，起了种种变化，第一种叫作"公民教育"，每一个人都要养成公民的资格。第二种叫作"职业教育"。是养成每个人的谋生和服务能力，后来更有"平民教育"，要使教育不为少数上流社会所享有，而成为一般民众所共有。还有两点大家努力提倡过的，一种是体育，一种是童子军。我呢，自民初以来，对于新教育宗旨、章程、办法等，多少参与讨论过。民国十一年的新学制，我曾参加起草，所有这些办法，如果时间容许，还可以原原本本说得较详细些。这许多教育上的新设施，我们以现代的眼光来看，究竟有效无效呢？效多效少呢？敢说不是没有效，但最大的缺点，就是国家没有整个的国策，教育只有就本身定宗旨、办法，而没有整个国策上的根据，只是东拉拉、西扯扯罢了。假如民国成立后，早订出国策来，一切政治设施，乃至教育，都依照着做，一定不会像现在这个样子。假如民国初年有一位预言家，能预言民国二十六年起要对日本抗战的话，我敢说，教育绝不是这样做法的，至少须有下面几个必要的条件：

一、要使全国国民明了国家必须统一，不统一纵有力量彼此都相消，故第一要求，必须团结，要有组织。假定天允许过去三十年不算，从头再干起的话，首先要从这上边干去。

二、要注重军训，要是民初以来全国即注重军训，敌人哪敢来打中国？江苏一部分同志，在三十年前，就曾主张努力实行军国民教育，但是反响微得很。

诸位！在民国初年办教育真是一件苦事，哪有今天这样畅畅快快！当时袁世凯要做皇帝，强迫教育界拥护，要投票举他做皇帝，压迫得真凶，哪个不肯投他票的话，立刻拘捕起来，甚至枪毙！还有人反对新教育，当时安徽许多学校都曾被迫停办，诸位不一定都知道民国三年安徽督军倪嗣冲封闭各学校的事实吗？国家有了议会，要选举议员，大家都想做议员，就对选举人行贿赂。贿选议员成为一时风气。办教育，讲气节，讲廉耻，可怜十年教育，抵不了一朝贿选！此外风气之坏，还有不堪设想的地方。举一个例吧：女子教育是何等高尚纯洁？竟有军阀，把女学生看作玩物，从学校中挑选，弄到家里来进他的偏房，此种事实，在座诸位，一定知道不少，再到后来，教育界又受一种新的打击——所谓思想问题，从民国十二三年起，这个思想问题成为当时教育上极度严重的打击。青年对于社会现状，对于国事，希望改革的心，当然较中年以上的人来得热烈而急切，于是发生风潮，成为当时顶大的纠纷，结果不知因此牺牲了多少青年的生命，各省皆然。四川亦不在少数。

这五十年间，前二十年是浑浑漠漠地过去，到民国以来，大家何尝不要好？但新来的障碍重重，实在其中还有一个更严重现象，我们知道前二十年教育的对象是科举，后来科举废了；在民国成立以前，大家盛倡"洋务"与"新政"，"洋务"与"新政"从何而来？从外国搬来的，从外国搬什么东西来，搬来的东西真不少呀！

诸位知道，人类的天性，是在群化的。全球十九万万人口不约而同地都在向着一个方向进行。起初尔为尔，我为我，后来成为大规模的同化，就把各位的衣服来说吧，不，就把我个人的衣服来说吧，我现在是中年以上的人了，向来是穿惯长衫的，但是去年为了到香港等等地方去劝募公债，也只好穿得合适一点。现在这套中山装就是为了去年募债，特地在香港买来的。今天在座有女同志，女同志现在都喜欢赤足了，为什么男同志不也赤足呢！从前陶行知先生首倡赤足，现在他自己怎样了！我要问各位女同志赤足是为了天热吗？是为了节省开支吗？那么天专为女同志热的吗？男同志不想节省开支吗？天热稍为冷一点，各位女同志总喜欢把一件绒线小褂披在肩上，假若我也披上一件绒线小褂的话，大家一定会怀疑到究竟这位是不是男子呢？那么赤足不赤足，穿绒线衣不穿绒线衣，其间究竟有无标准？有，就为外国女子赤足，所以中国女子可以赤足，外国男子不赤足，中国男子也不好赤足，外国女子喜欢披绒线衣，中国女子也可以披，外国男子不穿，中国男子当然不好穿！原来中国人老是跟着外国人跑，这不是天大的笑话？

这个问题可以分两方面来看：一方面可以说是社会发挥同化力的结果，一方面可以说表现中国在精神上十足的不能自主，没有自信力。过去好些时间，世界一切莫不由西洋人在领导。在这个地方我们的敌人真值得我们注意。敌人的文官武官驻外外交官尽管穿洋服，但回得家来仍多穿他们的和服，他们的木屐一直穿到现在。我们自己呢？总是跟着外国人跑，一切总要外国的才好！这一点自然不能完全归罪于教育界，但是至少教育界没有能树立起很好的风气！诸位！我不是反对欧化，只是我们在大的地方一定不可跟人家跑，尤其不可崇拜外货，轻视国货，现在自然是国货风行，因为洋货买不起了，不过就是这一点影响于国民心理也已经够严重了。

记得民国七八年的时候，各个女学校提倡家事，上海某学校也开有家事一科，教煮饭吗？太麻烦；教做点心，做点心总不外汤圆啦，糕饼啦，包子啦，这一些罢了，都不是，提倡的是外国点心！从这一点，十足表现当时的国民心理，当时也许不觉得，到抗战发生了，自己检讨起来，真是汗流浃背，惭愧惭愧！

我们中国过去是科举，后来是欧化，两个不同的趋向，流弊倒是一样。流弊在什么地方呢？我可以大声地喊给诸位听，就是想和做联不起来的，言与行不一致的，学业与事业没关系的，理论与事实缺乏联系的，文化与社会脱了节的——诸位要问证据吗？多得很。比方这里华西坝，是成都有名的学校区，华西坝真是文明世界呀！吾们到了文明世界真是高兴！可是，在成都从东到西，从南到北，找得到第二个这样的地方吗？难道这里是天堂，是在社会之上，而中国真真的社会落在地狱之下吗？各位不信，可以到城里各个小客栈去住一下，那些"未晚先投宿，鸡鸣早看天"的地方，才是真正的中国社会！那些地方可以说是臭虫、蚊子、白虱的世界，华西坝哪里有这些东西呢？如何才能使鸡鸣早看天的地方，都变成华西坝呢？看天永远是看天，华西坝永远是华西坝，这不是文化与社会脱节的顶好证据吗？

把华西坝做例子，真是太对不起各位，讲我自己吧。我儿女很多，有五个儿子四个女儿，儿子半数都娶了媳妇，女儿半数已出嫁了；我儿子娶了媳妇后，人家批评我的媳妇说："你家少奶奶好得很，自己煮饭，自己洗衣、缝衣，连你大少爷的鞋子都是少奶奶做的呀！"我听了以后，当然心里很舒服，可是，回头想一想，我的儿子是留学生，我的媳妇也是大学生，能够说英语，能够唱歌，能够弹琴，但是这些东西，别人一点也不恭维，恭维的是洗衣，是做鞋子——这真奇怪，我的女儿也是大学生，她们在学校也说的是英语，学的是唱歌、弹琴，而煮饭、洗衣一样没有学过，我的女儿将来做人家的媳妇，岂不倒霉，这不又是理论与事实不能联系的证据吗？证据多得很，只是我们总不应一辈子说空话。

有一天，兄弟在一个地方讲演，听见隔壁在弹钢琴，这琴是学校功课之一，可是学会以后，家里有没有钢琴呢？人家有没有呢？没有，那么你学来干什么？你如果弹得好，可以使大家快乐，那么现在抗战时期，前方正需要慰劳，你可以把钢琴扛到壕沟里去吗？想起来都是笑话，所谓新教育，大都如此，因为外国大学教钢琴，我们不教钢琴，不能成大学。不又是中了欧化鬼的毒而是什么呢？

批评新教育，也不宜过于苛刻，话要说回来的，新教育自有他的功绩，这几年来科学的发达，是新教育之功，不用说了。凡是进过学校的，哪怕是一年级学生。都会知道"中华民国"。记得民国二十七年敌人到湖南，在某一个县里，一个初级小学，敌人到了要强迫小学生以后不再唱国歌，小学生不肯，敌人说你们敢唱吗？小学生竟全体站起来唱，于是全体都被枪毙，敌人固然是惨无人道，但即此亦可证明新教育的力量，使小学生都有这样坚决的爱国思想。

我是江苏川沙县人，上海战起，川沙就有许多小学生投笔从戎，小学生都知道当兵！连四川西康边远地方，只要受过新教育的，都知道国民与国家的关系，知道国民的义务，知道爱国救国，这不能不说是新教育之功。它的影响还间接达到没有受过教育的人，一样知道爱国救国的道理，而且还实际在做。

新教育虽有许多缺点，但究竟也有他最大功绩！使国民明了国家意义，国民义务，不过尚有一个很大缺点，就是没有充分注意从国家民族的灵魂上用功夫。我们知道人的生存，不仅单靠躯壳，还靠灵魂，国家亦然。过去我们教育的最大的忽略就在此点，至于国家的灵魂究竟是什么？如何在灵魂上去用功夫？想摆在第八第九第十讲里讨论，请诸位原谅！

今晚检讨新教育的经过，请诸位不客气地纠正、批评、补充，如果要骂，我挺起肚子预备挨骂，因为我是参与其事的人。

（原载《国讯》第 311 期，1942 年）

与大后方青年学友恳谈

"一年容易又秋风"，大后方青年学友们度过暑期休假后，早又纷纷走向学习或工作场所去，为国家和个人前途，埋头努力了，在弥天烽火中间，我们的年轻人弦诵不绝，过着求学或研究生活，为着国族的新生命，我们只应为青年多多祝福，事实上青年学友们中间，很多人早已成群向战争所需要的各种岗位上，实地执行民族抗战的神圣任务，六年来所成就的，较诸大时代中任何国家的青年毫无逊色。这是青年学友们的光荣，也是未来更大努力和成就的起点。我敬青年，爱青年，愿为青年歌颂，更愿与青年学友诸君恳谈。

青年学友诸君，你们是时代的动力，是未来的创造者，是国家民族的希望，大部分都寄在诸君肩头，诸君为了做新中国的主人，自身一定肯努力，并且也不能不努力，但是诸君在这抗战六年最有希望也最艰难的关头，虽然明知自我牺牲应该比一切都紧要，而种种社会因素做成的"绊脚石"，会不会偶然地波及你们的心理和行动，影响及你们的努力程度呢？我以为是会有的！这种影响所融成的，不一定就是青年学友诸君的错误，可是综合了多数的偶然，在整个国族利害上说来，都不能不算是重大的缺憾了。我们不应夸张这偶然的病态，却不可不重视这些偶然的病态。

诸君！你们中间，有很多从战区流亡来后方的，人世间的辛苦经历，不幸的遭遇，已经在纯洁的心灵上深深刻划，国恨家仇，合在一起，满腔热血，到后方来准备努力深造，为个人为国家希望清算这一笔账，也有曾在前方服务或因没有上前方服务机会，暂时继续深造的，也有很多本是家居后方，安心求学，准备将来为国效劳的。情况尽管各有不同，一般的都是爱国爱乡热心向上的生活，也因为爱之切，有时不免爱起来，忧国忧家，甚至忧个人的生活。我以为忧尽是忧，却不可稍稍改变总的初志，不能稍稍糊涂和马虎一点，任何艰苦或不合意处，还是要咬定牙关接受。今天最大的障碍是敌人，除了敌人以外，任何都应运用到打击敌人的方面去。我不能说诸君精神上没有苦闷，但就诸君今天的责任上说，一切困难都应有自我打破的勇气，比如说贷金制度，是政府关怀战区学生的救济办法，无论此项救济对于确实感到物质生活的青年学友能否适当地解决一切需要，但在受之者本身，总应想到如何格外的刻苦自励。"克己"功夫，本是我们数千年来民族美德，此际正该由青年们来发挥，用以加强朝气，砥砺志节。至于百方饰伪，冀得一分贷金，或贷金到手，做生活必需以外的用途，我相信我们大多数青年学友的志气决不致这样卑下。

在今天，我们青年最可贵的，应该是立志，立志报效祖国，立志做大事，立志做有作为的新国民，一切非分的奢望，岂志行高洁的青年所甘愿。

本刊同人，一向对青年是竭诚爱护的，凡是青年来求帮助，无不尽力设法，因此与青年接触的机会较多，比较能知部分青年的实际情形。我们常听到各方报告，抗战以来，大后方各大学新生投考，有着如下的变异，起初投考工学院的特别踊跃，接着这个时期以后，投考的趋向，集中到法商学院，尤其是经济系的银行会计之类，现在似乎银行会计也渐失掉吸引力，学政治渐有起而代之的趋势，至于师范教育以及纯理论的学科，早都成了冷门。有人因此批评这是青年目光浅短，热衷功利所致，也有以为难免是青年舍难趋易的心理作祟，不肯下功夫，也有归咎于社会反常心理，及学校设备设施等等的。究竟什么是造成上述现象的因素，且不必论，青年学友诸君，学工也好，学银行会计或政治都好，反正我们这国家，到处缺乏的是人才。抗战结束，各方面大量建设的时候，需才更多，学成总可致用，也总可有用，问题是在能否真实为国家社会贡献。因为每个人能服务称职，都要有真实的本领，已经立定了志愿，选定了学习的目的目标之后，如何认真地充实自己的学力，确是值得诸君深思的。

尽管我们可以把不能专心认真学业的理由，解释到社会影响上去，在青年自身，却万万不可以拿这个解释来原谅自己。也许因为我们在教育界各方面较为熟悉的缘故吧！常接到青年学友的来信，有的希望我们一纸八行笺地介绍，可以免考入学，有的希望我们设法蹿等跃进，本是没有证件的，没法证明，本有规定办法的，希望特别通融。我总是劝他们凭自己的实力，勿求助于规则之外，勿看事情太容易，要看得远，踏得实，希望社会上夤缘奔竞侥幸取巧的恶风气，不致传染到纯洁的青年学友身上。青年学友诸君，假如我们真的如某些青年所期望的帮助大家，大家也竟然如愿以偿，引以为荣，甚至以此傲其侪辈，甚至认为不再需要自己努力，养成一种不正常的心理状态，就个人及国族利害上说来，岂如爱之适足害之，我怎么可以呢？我怎么忍心呢？

青年学友诸君！我们抗战大局，必须自力更生，不能稍存依赖心理，一味希望外援，有政府领导，更要全体民众，自动起来从事一切抗战工作，青年立身行事，也应撇掉依赖和走捷径的办法，堂堂正正跟着大时代前进。

诸君！如果你们尽了最大的努力，还是在生活上、学业上，为了限于自身或环境，不免感觉多少不满意，诸君！千万不可因此"怨天尤人"，只有随时随地展开那脑海里空前悲壮惨烈的一幅图画，即几百万将士在浴血苦战，几千万同胞，求生不能，求死不得，蹂躏在暴敌铁蹄下，拿你们生活上，学业上种种的不满意，和他们悲壮热烈的画景，做一个对照，看发生怎么样感想？

我爱青年诸君我为青年诸君告，人们都羡慕常绿树木的挺然秀立，但要知道，只有经得起苦难的试验，有坚实枝干的，才不会有秋风起后的凋零呢！

（原载《国讯》旬刊第 317 期，1942 年）

教育三题（简复）

亚光先生：承示有关教育三题，自当就所知奉告，唯因原题范围较泛，详陈为篇什所不许，仅列原则于后，幸勿以简略相责也。小学教育以儿童为本位，一切设施，自应从此出发，启发儿童生理心理，助长其正当发育。是以学校绝不仅以知识之传授为唯一任务，须扶植儿童整个向上的生活。同时，此种生活，必基于整个国家民族之利益而存在，因此，除儿童个性之发展外，其体力其道德观念，其群性，其应具新国民之识力，均须培养，决不能有所偏废，如苏联教育重视集体训练，即使儿童在各方面有充分发展之机会，德国之青年训练亦然。英美虽重个人，但群体概念，同样发达。又生产力之增加，为国民幸福生活之源泉，而生产力之增加，由于科学与劳动之结果，教育潮流，亦不能与之背趋，小学校内，便须注意到学生性能倾向，在个别与集体工作中，养成其劳动习惯与科学之态度，易言之，应有职业性的陶冶，此在农村尤为重要。农村朴质勤劳的精神，不但要保留，且要加以发扬，科学的态度，则须加紧养成。小学校又应为一地普及教育之中心，故小学教育，并须施诸校门以外。直接地向社会施教，扫除文盲，推进新建设；间接地以学生影响其家庭，影响其社会，台端弃去都市生活，愿回本乡办学，此种务实精神，可敬可佩。在此时间，一切自只有因时因地制宜，物资设备，尽可因陋就简，但须精力充沛，定有成效可得。具体办法，无从想揣，恕不赘，岿复，顺颂道绥！

黄炎培　三十一年十一月十九日

（此文系复郭亚光信函，原载《国讯》旬刊第 320 期，1942 年）

职业教育的基本理论纲要

民国二十七年十二月曾作一文——《我之人生观与吾人从事职业教育之基本理论》，以供同事诸君子之讨论资料，并付《国讯》发表。兹复提供同事诸君子读书会之研究，同时为本社事务管理训练班讲述大意，因辑为职业教育的基本理论纲要，以基于人生观的认识为上篇，而另草下篇——基于时代的要求，以明本末之相因，天人之一贯。

（上）基于人生观的认识

（一）人类在宇宙间占怎样的地位？

依我所知：

甲、我身很小（无穷大天体中之我），却又很大（观我身包孕微生动植物之繁）；

乙、人和物是平等的（观人类和一般动物生理构造与生活状态之大体相同）；

丙、人和物是一体的（观人类和一般动物生命之同源与空际电流之感应）；

丁、我生很暂（地球悠久历史中之我），却又很永（宇宙整个生命中之我）；

戊、人类和一切生物都在竞争生存与不已进化之中乃有我。

（二）人类要求些什么？

甲、求生；

乙、求群。

因求生而自"爱"，因求群而"爱"群。

却又起一种反动：

是爱生的，又爱杀；是爱群的，又杀人。

试就历史表现分析起来：

1. 为求我或我群的有利，或欲伸张于我或我群有利的主张，不惜加害于他或他群，这种"杀"，是"爱"偏私的表现。

2. 有所极爱，求之不得，或被毁损，忿极恼极，因而自杀，这种"杀"，是"爱"偏激的表现。

3. 为了他加害于人，乃至加害于群，因以公意加刑于他，这种"杀"，是"爱"正直的表现。

4. 为了保全群的生命，不惜牺牲我个人的生命，这种"杀"，是"爱"伟大的表现。

（三）这是人类间唯一的大问题：

人类间唯一大问题，是"全生去杀"。

古今中外宗教家、政治家、法律家……一切主义，一切学说，都从这基本观念产生出来。

我们对于解决这问题，主张从基本下手，把人们的"知"和"爱"扩大起来，加强起来，但须有进一步的具体办法。

我们所采的办法，是就人类所固有，自少而多，自小而大，顺的，不是逆的，启发的，不是输入的。

（四）解决人类间唯一大问题的具体办法怎样呢？

人们为求他的生存，都在爱他的群。但有所爱，便有所憎，憎之极而相杀：爱限之，实则知限之，很多人为爱他的群，都在提出求生存方法的主张，为欲伸张我的主张，便排斥他的主张，演成相争相杀。知限之，实则爱限之。若把人们的"知"和"爱"扩大起来，"知"为之导，而"爱"随之，爱既扩大，所爱的群亦扩大；若把人们所爱，逐步扩大到全人类，那么相争相杀的惨，或可减免。

欲扩大他们所爱的群，必先把群加强团结起来，断没有侵略他群的心，必须有抵抗他群侵略的力，否则他群加害于我时，无力自存，群的生命也就毁灭。

怎样加强团结呢？方法在把一群间地力、物力、人力凝聚起来，而人力是一切力的中心，必使每一个人肯把他所有力量，完全贡献给群，构成群的整个力量。

如何使人人肯贡献他的全力呢？

方法在使人人认群为我有，我为群有。

认定群为我有，那么，群的事是我的事，我必须尽我的义务；群的利是我的利，我必须取得我的享受。

这样一讲，国父中山先生所提倡的三民主义，就可以了解。

群为我有，这个意义，就是"民族主义"。

群的事，是我的事，这个意义，就是"民权主义"。

群的利，是我的利，这个意义，就是"民生主义"。

"群为我有"下的政治，就是民主制度的政治。

"群为我有"下的经济，就是社会主义的经济（一万人的国就是一万人共有的国。这一国的利，就是一万人共有的利。在这种意义下，当然与私人资本主义不相容。但要做到，定须有相当步骤与时间）。

群的利是我的利，利从哪里来呢？从开发地力、物力得来。人人是认群的事是我的事，群的利是我的利，那么，要人人肯出全力来开发地力、物力，使凝结而成整个的群力，非不可能的事。人人果认群为我有，我为群有，那么，就把群扩大到全人类，也非不可能的事。欲实现全人类"全生去杀"的理想世界，这只是一个总原则。当然还有很繁复的方法问题，留待解决。

站在这很繁复的方法问题中心，来研究和执行这整个解决方案的，是什么人？是政治学者和政治家。但各种人不论站在什么岗位，都须认清这套理论，望定这个目标，分担部分工作。

（五）那么我们担任什么部分呢？

我们担任部分，就是——对全群的人，用启发方式，在每一个人长日劳动或劳心，换取他的生活需求时，帮助增进他的知和能，使了解到我与群的关系，尽量贡献他的力量，来开发地力和物力，凝结而成整个的群力。

所谓用劳力或劳心换取生活需求的日常工作，就是职业。

所谓用启发方式，就前项工作，启发他的知和能，使每一个人明了我与群的关系，贡献他的力量，来开发地力和物力；或尚未有前项工作，因养成了相当程度的知和能而取得工作，这就是职业教育。

（下）基于时代的要求

（一）吾人首先须认定：

1. 空间　社会是整个的；

2. 时间　社会是在不断地演进的。

（二）进一步须认定：

1. 社会一切问题的中心，是人类；人类一切问题的中心，是生活；

2. 有生活必有需求、有供给；所需求、所供给，必有用途、有来源；

3. 既有需求与供给，有用途与来源，必有种种方式，演成种种制度，这就是职业；

4. 人们大都有天赋的个性与特长，而兴趣做他的先导，一经启发着，很可能尽量地发挥出来；

5. 前人所获得的知识和经验，乐于传给后人，后人从仿效中获得改进，或进而有所发明，这就是教育；

6. 自社会生活方式采分工制，求工作效能的增进与工作者天性、天才的认识与浚发，进而与其工作适合，于是乎有职业教育。

（三）中国古代人伦教育以外只有职业教育。（"后稷教民稼穑"见于《孟子》；"神农氏耒耜之利，以教天下"见于《易·系辞》；"农工商之子恒为农工商，以教其子弟，少而习焉，不劳而能"，见于春秋时《管子》。）

自两汉重经术、隋唐行科举以后，便没有职业教育，虽或迫于环境要求有起而提倡的，但没有系统的设施，也没有普遍的影响。然"职业教育"名词，已发见于清末公牍（见拙著《中国职业教育简史》）。

民国六年教育界特设社团，大声疾呼，主张职业教育。十一年职业教育始订入学制，二十年国民政府通令全国倡办职业教育，同年，国民会议议决大量提倡职业教育，于是职业教育就被确定为整个教育政策的重要部分。

（四）在社会整个的剧变与不断的演进之下：

1. 个人演进为社会；

2. 个人生活演进为社会生活；

3. 个人谋生问题演进为社会服务问题；

4. 阶级性的生活制度演进为平民化的生活制度；

5. 个人生计问题演进为社会生产问题，再演进为国防生产问题，再演进为民族生产问题。

这是吾人对现社会的新认识。

（五）根据吾人新认识，应有最高度热诚与努力，接受下开各种新课题：

1. 在国防生产和民族生产要求下，应养成忠勇坚确而开展的斗士，同时为科学威权的执行者；

2. 在国防技术要求下，更应养成忠勇坚确而开展的斗士，同时为器材之管理运用并制造者；

3. 在福利人群的学术界，应养成志行贞固，践履笃实，接受并发挥科学精神与知能的实行家；

4. 在物质文明演成世界新趋势下，应养成以双手负荷新文化创造责任的先锋队；

5. 在民主政治制度下，应养成富于平民精神、自立立人、自治治人而兼能自养养人的公民；

6. 在渐趋社会主义的经济制度下，应养成适于新生产组织的健全分子；

7. 在今建国与抗战大时代，应养成矢忠矢孝、即知即行、以手以脑贡献于国家民族的强有力的保卫者。

这就是现时职业教育的新使命。

（原载《教育与职业》第 198 期，1943 年）

四十年前在校求学之所得

刚才吴校长说，兄弟是本校老同学，的确，今天和诸位谈四十年前兄弟在校怎样求学及四十年来怎样应用于社会，诸位定感到很多的兴趣，可是诸位到了四十年后，再来对在校同学们报告，一定同样的很有趣味吧！

今天兄弟初到校时，就发生很兴奋的情绪：第一，料不到在抗战艰苦中，有此大规模的校地校舍；第二，在上海的同学逃出沦陷区，沿途遭遇多么危险，料不到来到后方，竟得到这样安心修学的环境；深信最短期间一定能复仇雪耻。

本校共分四个时期，现在国立交通大学是第四期，在第三期称南洋大学，第二期称南洋工业专门学校，第一期称南洋公学。兄弟为南洋公学时期的学生，在一九〇一年时考进本校（等于这里九龙坡的交通大学）。当时学生分上院、中院、小学、师范班、特班，兄弟是特班学生，同班有四十二人，此时在重庆的，我以外，只有驻苏联大使邵力子先生。当时特班的总教授是蔡子民先生元培，兄弟亲身受他教授，因他的人格风度学识，全校都信仰他，不知不觉中为全校青年领袖。当时读书方式分两部：一为中文，下半天上课，一为外国文，上半天上课。外国文读法和目前同，唯没有盛行直接教授。国学则由蔡老先生担任，第一天上课，开出哲学、文学、政治、外交、经济等约二三十门，叫大家认定一门，第二天揭示：如读哲学的，读什么书，看什么书，就像胡适之先生所主张，分精读和略读。图书都向藏书楼借阅，读书时每人每日写札记，写好后给蔡先生看，明晨发还，眉上加批，对的单圈双圈，不对的加点。特班学生，每晚总有二三人到蔡先生房中谈话，蔡先生握手请坐，客气得很，谈学问时，旁征曲引，还关心到起居饮食，如家人父子。

中西文功课外，有体操。蔡先生还对我们说："你们将来为国家社会服务，须吸收世界知识，那非学好西文不可，如买西文书本，价太贵，日文书便宜，也可以得世界知识，我教你们日文书，方法就在课外设日文研究会，一面读一面译，还有一种课外工作，就是学演说。"蔡先生说："要唤醒民众，固然可以靠文章，但民众识字的少，如能用语言，效用更广，你们大家练习演说罢。"就读演说学，组织演说会。徐家汇优美的环境中，有水田农村，夕阳西下时，三三两两去村落散步，遇到先生行礼，先生们都很客气，同学中也很和气，如是者一二年，不料出一大事：当时中院有位国文教员郭老先生，穿了不入时的服装，常被学生开玩笑，一日，在中院上课，某生将墨水瓶放在教师椅上，先生大怒，问何人所为？皆不肯承，疑及伍姓同学，实非伍生所为也。遂报告汪总办，汪总办遂把伍生开除，学生们推代表求总办免予开除，总办下字条一并开除此代表，全班同学大动公愤，一致请求，结果全班开除，于是中院全体学生请总办收回成命，结果全院开除，于是上院同学亦动公愤，蔡先生等诸教师去说总办，亦无效，结果全体罢学，时在一九〇二年，兄弟读书的机会也就中断。

归纳本校初期的教育精神，就兄弟亲身所感到的，约有四点：

（一）是以国家民族为中心思想的。——兄弟初进校时，蔡先生告诉我们：第一点，人们生在大地上，在人群中，是怎样地位？怎样价值？应负怎样责任？把人生意义讲得清清楚楚；第二点，教我们如何看，如何想，一般民众当时受义和团的扰乱，一面八国联军蹂躏，一面俄罗斯占领黑龙江，占领整个东三省，许多老百姓被赶入黑龙江里，如此之类，同胞陷在水深火热中，遭受极度苦痛，我们该怎样救国家，救民众？第三点，叫我们读各种有用之书，兄弟自读了《天演论》，觉我身在世界上，太伟大了，也可以说太渺小了，因此脑中充满着我们天职的严重，可怜民众知识不够，在清政府压迫之下，无可如何，一经中山先生大声疾呼，便爆发了划时代的民族革命运动。而当时这种教育，可以说就是国民革命之伏线，我们生在今天，有贤明的领袖，有三民主义做我们共同的趋向，较之四十年前，简直无从比较，可是在沦陷区的人民，还是求生不能，求死不得，我们应怎样救救他们呢？

（二）知识都是切合实际而能应用的。——求一种知识，得一种应用，因为需要吸收世界新知，就读外国文，因为需要唤起民众，就学演说。如不平等条约中，"领事裁判权"多少奇怪，领事官管商务，但外国在中国的领事，可以设法厅，审判外国人与外国人，乃至外国人与中国人诉讼事件，而一般人还把"领事裁判权"和"治外法权"一名词打混。其实治外法权，例如甲国大使或公使至乙国，对于其使馆范围区以内行使管理权，这就是治外法权之一种。这类问题，就是四十年前兄弟们在校拿来研究过的，当时抓住眼前事实，从事研究，大都此类。

（三）生活是规律而充满着亲爱的。——清早准时起身，上课，读书，将晚体操，散步，黄昏课外工作，准时就寝，起居有定时，工作有定时，师生的生活极度规律化，而充满着亲爱，现时学校是否都能这样呢？

（四）精神是革命的服从真理的。——我们对任何一件事，是和非总是分明的。同学有过当行为相互的劝告，兄弟就在这是则是、非则非、清明而严正的空气中间教育出来的。"是非之心，人皆有之"，不敷衍，不含糊，革命就是起于"是非之心"。在自身时时纠正过失，在一群定须确立善良风气。蔡先生平时对学生很客气，学生一有过失，决不宽贷。但如受人非理压迫，便会打抱不平，闹成学潮。以后他便领了许多学生，到外面去创办爱国学社。今之吴稚晖老先生，也是那时爱国学社领导人之一，大家充满着一种正气，这便是革命精神。当时只知真理，一切都愿意牺牲的。

兄弟匆匆过了四十年，没有为国家做多少事，此时年龄虽加大，总想努力到底。诸君青年，前程远大，中华民国前途在诸君身上。我以为任何个人，学力尽管有深浅，才能尽管有大小，他的贡献或多或少，自然还须看他的机会，但每人总要有一颗赤裸裸的心，对国家，对民族，对大众，成效不拘多少，必须脚踏实地，把我所知所能尽量地贡献于人群，这才对得起父母的养我，和师长的教我。

最后，还要说一句话：我们望着真理前进，如认为对的，须立刻做，如认为不对的，须立刻停做。诸位认兄弟今天的话对不对呢？希望诸位用最大的努力，来发挥本校的初期的教育精神！

（原文为1943年2月15日在重庆交通大学讲演，原载《国讯》旬刊第333期）

我师蔡孑民先生之生平
——蔡孑民先生传略书后

我师蔡孑民先生，以民国二十九年三月五日辞世，距今三周年矣。先生之门人与其友好，不期而为会于陪都以纪念先生，炎培尝朝夕亲受业于先生者，敢不"既竭吾才"，状先生之生平于万一乎。

先生两度长全国教育行政，长全国最高学府，长全国最高学术研究机关，虽获稍稍行其所志，实则未尝大行，行之亦未能久。然其影响所被，不惟制度文物为然，在大中华民族精神上，亦即奠下深厚之基石，而完成其承先启后之职责也已。

当清朝季年，国政不纲，外侮洊至。先生生长浙东，凡明清之际，黄梨洲，张苍水，全谢山，诸大儒"民族思想"，亦既潜接而默识之。至是感于环境之日益恶化，卓然立此为思想中心。当炎培等受学时，所以朝夕诏示，一以国家民族大义为基点。乃有孑民二字之更名，爱国学社，中华教育会之后先发起，革命先觉中山先生倡义海外，一时才智风云蔚集，先生以海内大儒，参加振导焉。诚富革命思想者，必尊视公众意志。先生前此表同情于南洋公学学生之罢学以及后来对五四运动之态度，皆此思想之所驱使也。

民国成立，先生欧游甫归，受任全国教育行政，主张以美育代宗教，以美感教育完成道德，其理论大意，以为人惟不执着现象世界，才能接触实体世界。从正确之世界观，获得正确之人生观，见于先生所为教育感想文。此为先生人生哲学之基本理论。盖先生思想虽以国家民族为基点，实未尝以普域，尝训吾侪后生，读《天演论》《民约论》，多吸收世界知识，而己亦数游欧洲，穷治哲学，虽终身不倦，其求知热之高度有过人者。

凡革命起于遂行其是非之心，先生于是非之辩，持之最严，平居气度温粹，人对之如饮醇醪。一至评论时事，臧否人物，严气正性，突然忿涌，酒酣耳热，至不可抑止。其见诸行动，义之所在，虽威武不屈。盖先生之个性与其素养使然也。

先生基于宏大之宇宙观与严正之人生观，视人类一切行为，苟无背于人道，无害于国家民族，皆在包容之列。苟其有利，身为之倡。其或有害，必斥去之。虽大反习俗，亦所不惜。其长北京大学，百家腾跃，则无所不容，军人专横，则蓄愤不能自遏，和若春风，而肃若秋霜。其外著之风度，与内藏之衷曲，知先生者盖深识之。

维时北京政府，国政不纲，既犹我大夫崔子，而外侮之来，加烈且迫焉。而五四运动作矣。先生秉其一腔义愤，又尊视群众心理，不欲摧抑其正义感，始则以投鼠忌器故，不得不周旋于当国武人之间。至百折千回，而终于大去。斯时先生用心为最苦，而其贡献于民族精神之复兴，实为最大，百世下历史家当公认之。

国民政府既立，先生舍政而学，一意致身于全国学术之倡导，将以培立国之大本，树国人向学之先声。未几而先生老且病，以迄于长逝。然学术空气渐趋浓厚，则实先生之赐也。先生病中于暴日侵略，主张抗战至坚决，见于其所为满江红词。先生之精神盖一贯焉。

炎培尝以为民意之所趋，真理之所在，断非一时暴力所能摧灭，我中华古训，于政治主大同，贵民而轻君，于教育主有教无类，此其中盖有联系之真理存焉。人莫不求生存，视听言动莫不求遂其所欲，亦既确立中心思想矣，人人献其才力心思，而衷于一是，终于一的，范围不过，曲成不遗，此为理想之政教大方针，先生自由主义的教育，实远超此数千年遗训，而下开民治之基，与中山先生民权主义第一讲民权发展之经过，其源相同，绝非欧洲法西斯、纳粹，欲以一手掩尽天下耳目之独裁主义所能取而代之者。今轴心国家之失败，既显著其朕兆矣，他日全世界民治昌明，回忆当时先生之所倡导，其先知为可佩也。

炎培所窥见先生生平，略如上述，而言行一致，夷险一节，其人格有如此者，后之人爱读先生文章，佩先生学问，须知先生于文章学问外，别有所以感人者在。

方先生初逝，炎培尝为哀悼词，而结以数语曰："有所不为，无所不容"。盖"有所不为者，先生之律己也。无所不容者，先生之教人也，无所不容，其大也。有所不为，其正也"。愿重述于此。

高平叔君辑先生传略，既获读大概，辄以此文书于其后。

（本文写于 1943 年 3 月 5 日，原载《国讯》旬刊第 334 期）

速觅半丧失之国魂而叫复之

这次十个讲题，这一讲，较为重要。也可以说是兄弟发起本讲座的一个主要贡献。

我们深信每一种生物都有生命，精细剖视的结果，除了物质以外，所以会有生命，一定还靠另外一种东西。植物方面，一般专家研究生机的由来，尚未有满足人意的答复。对于动物，深信他们能够生活，一定还有一种东西在主持发动。这生命的源泉，对最高等动物——人，自然更有研究的必要。"人为万物之灵"，这句话，我向来不敢做这样主张，实际上，人的听觉不如狗，视觉不如猫，爪牙气力均不如虎豹。而偏自夸为"万物之灵"，究竟人以外谁来承认呢？（大笑）这种"夜郎自大"，应该自己觉得惭愧，话虽这样，到底人类有多少方面和其他动物不同，兄弟虽不懂禽言兽语，不知其他动物的舆论怎样？对人类的批评又怎样？（大笑）吾人只确信人类有若干特长，这种特长的基础，本来与一般动物一样，而独能继续发达，结果形成今天的人类，人类就自己确信这中间还有一种发挥高度能力的灵魂，在那里做一切的主动，关于人的灵魂问题，此刻不暇研究，吾要研究的是一个国家的整个的灵魂。

我们知道一群人，或者因为生活方式的形成与历史的演变，而成立一种不可分的关系，或者因这群人与这片土地发生了联系，就在组织上构成了一种传统关系，结果便成立了国家。诸位，刚才已经说过了。人类在物质以外，所以能够生活，还有一种东西，在主持发动，这种东西无以名之，就叫作灵魂。西洋用科学方法造成"机器人"，一切都行，但是自己不能够活动。这就为缺少一项发动的东西——灵魂所致。宗教家，哲学家，都承认灵魂的存在，新哲学家更想打通灵魂与人间的界限，而探究它的底蕴，但除最新的心理学家，在这方面，有点报告以外，其他还没有使人满意的成绩。不过灵魂这项东西，无论把他当作什么，总不能反对他的存在。这且不去管他，现在我们要研究一个国家，除了土地、人民、政府三种因素以外，还有一种东西，应该注意，比如说吧，土地与人民之间是怎样联系的呢？人民与人民之间的关系怎样呢？政治法律一切渊源在哪里呢？支配社会人群的共同心理是什么呢？这都不能不注意。吾提出国魂一名词，不过使名词简单，易于理会罢了。如果具体地说，所谓国魂，也就是上面所说的东西。质言之，即是研究国家所由构成的国人共同心理——说穿了，并无神秘奥妙之处。兄弟深信每一个国家都有他组成国家的国人共同心理，也就是这个国家的灵魂。

中国国人的共同心理是什么？我们在这里的人，全是知识阶级，也许可以代表全国国人的共同心理。全国国人的共同心理，究竟是怎么一回事？我费了不少的时间去思考，左思右想，千思万想，终于想出了一个办法：第一，把全国国民共同的具体的表示做一假定。第二，再把外国国民所有的表示，拿来与我们比较。

要研究全国国人的共同心理，最好是从"人"上着眼，以现在的人来讲，如问全国国民中被认识得最多的人是谁？谁都能答复，是"蒋委员长"。不过我们要避去今人，把古人来研究。古人中究竟哪几人，至今还被全国国民认识得最多的呢？首先我想到孔子，自然孔老先生像我们这些人都能认得，但是田里插秧的人，就未必全都认得吧，因此我又想，结果想起了三个人，这三个人是否合格呢？我曾做过几次心理测验，第一次是在成都对五个高中的一千五百余学生讲话测验过，第二次是在华西大学体育馆两次公开讲演中提到过，第三次是在成都少城一个朋友家里对五十多个青年学生测验过，第四次在岷江上游对威州乡村师范学校四百余学生讲话时提到过。用什么方法呢？我未说之前，要大家心里想出三个古人，为全国国民所最佩服的，想定后不说。让我说出三个人来看是否如他们所想的相同，对的就举手，结果呢——百分之百都举了手！今晚我仍用这方式，不过更简便一些，诸位认为对时，就不必举手。不对，再举起来。现在，就让我说吧：

第一个，关公。（没有人举手）

第二个，岳武穆。（没有人举手）

第三个，诸葛武侯。（没有人举手）

诸位，哪一位不赞成，哪一位举手。（一个都没有举手）不过我得声明，我们都没有受他们三位的运动啊（大笑）！现在我们就来研究这三个人吧。

这三位先生，环境各不相同，而且各人的立场和身份也不同，但有一点相同的，就是他们都是失败者，我们知道关公败走麦城，非常之惨，岳武穆风波亭之死，更为冤枉。诸葛武侯明知不可为而为之，结果，身死而国不久便亡，亦不能不认为悲惨。那么，若是他们崇拜成功的话，只应该崇拜汉高祖明太祖这一流人，而大家偏偏崇拜这结果很悲惨的三个人，这是什么缘故呢？大家说这是小说的力量。不错，但这小说不仅三国演义和说岳，其他西游记啊，红楼梦啊，不都是风行一时的吗？为什么唐僧和他的徒弟，贾宝玉和他的爱人等等，不为一般人崇拜呢？我们弄弄文墨的人，自然晓得贾宝玉，但一般老百姓谁管你真宝玉假宝玉（笑）。那么，究竟是什么原因？兄弟研究结果，认为中国国民有他们的一种本性，而这种本性，恰好被三位先生代表了他们，尽量地发挥出来了。也许这种本性，还没有普遍发挥，而因三位先生的故事，使得他们潜伏在心坎里的，忽然明白表现，或表现得更为坚强了。三位先生的故事告诉我，关公和诸葛武侯为的是大汉，岳武穆为的是大宋。前者为的是国家，后者是为了国家还为了民族。都不是为他们自己。凡是为国家民族的，是值得崇拜的。为国家为民族而失败的，值得哀敬纪念的。不是明明白白的吗？总之国民的共同心理，和他们的行为，是不可分离的了。请各位暂且把这问题摆开，另外是一个有趣的问题。

在座诸位，当然都读过中国历史，中国历史我们知道一共三类，一类叫正史，一类叫编年，还有一类叫作纪事本末。今晚仅谈谈正史。怎么叫正史？他的原则是一朝一史，断代为书，他所依据的史料，都比较严正，这种正史，自史记以下，共有二十四种。所谓"二十四史"就是。现在加上新元史，一共是二十五史。兄弟学问肤浅，但对正史也爱翻翻。每一朝的正史，中间都分有若干类，有一类叫作列传，他的原则，是一人一传，这种自然都是当代有地位的人了。我们知道无论在前清，或是现在，要办到死后交付国史馆立传，那是不容易的事。列传当中，也分几类。如"名儒"是一类，"循吏"是一类，这些都是很容易懂得，可是其中有好几个类目奇特得很，现在列举在后面：

（一）忠义，节义，诚节，死节，死事。

有以上类目的在二十五史中，倒有十二史之多，每类少则几十人，多则百余。

（二）孝行，孝义，孝友，孝感。

在二十五史中，列有上项类目的多至十六史。

（三）独行，卓行，一行，笃行。

在二十五史中，列有上项类目的，共占六史。一个人有气节，有骨格，所谓"特立独行"，不跟人乱跑，不好热闹，孤芳自赏，为了正义，别人赞成也罢，反对也罢，各行其是。像这样的人，每一类目中，至少也有几十。

（四）游侠刺客。

史记和汉书中，都有这两项类目，真是奇怪，这些人都是专门干打抱不平，替人报仇雪恨的。在法治国家，可以说是破坏法律，中国呢？不但不责怪他，反而说"打得好"！一致重视他，还替他记载扬名，传诸千古。

诸位在座专家很多，研究外国史更不少，我要请问外国的史书中，有没有这些类目呢？我读书很少，不敢说武断的话，只是感觉到中国历史的特色，也就是这些。中国特殊的国情，也就是这些。我小时读书读到这些地方，只觉给我的是兴奋，给我的是感动。没有理会到民族精神的关系。抗战以来，我注意了。欧洲大战，太平洋大战以来，我更注意了。为什么外国打仗，中间有几个国，兵那么强，器那么利，不到几个星期就完了？中国呢？打了五年。还在那里拼命。回头把自己的历史看一看，才知道中国国人脑海里暗伏着的，原来就是这么一回事。

不单是这样，我还可以提出反证。在明末清初的时候，有明朝的臣子而忠于清朝的，这些人中间，第一名就是——洪大经略洪承畴，明末时洪做过宰相，坚不投降，自愿饿死，表明他的心迹。清朝无法，当时一位绝色的皇太后，亲自捧了一杯人参汤，走到双眼紧闭着的洪氏榻前，很软靡靡地，很暖温温地，叫几声"洪大经略！""洪大经略！"洪氏微微地把眼一张，原来一位绝色的女子。这绝色女子，继续着说"洪大经略！"你喝杯水吗？完了。洪承畴就是这样投降了清朝，而且做了清朝的宰相。这不是桩笑话吗？（不过洪承畴对后来清朝的覆亡，有一点大有关系，值得提到的。他劝清朝将八旗子弟永远给予恩饷，使得子子孙孙，没有失业的顾虑，以奖有功。从此武力消失，到后来洪杨之役，不能不靠湘军淮军了。革命军起，八旗兵绝对没有抵抗力了。）投降清朝，而且做了宰相，自然了不得啰。可是到乾隆朝时，洪氏已死，那时天下太平，四方摄服，乾隆帝一道诏书要从国史里添两个题目：一是"贰臣传"，一是"逆臣传"。逆臣不用说了，所谓贰臣即原是明臣，后来投降清朝的。而就把洪大经略列作第一名，诸位，这中间并没奇怪，在没有得天下以前，希望你们投降。得了以后，就要对你们口诛笔伐，以儆将来，也就是证明二千四百

095

年前"忠臣不事二君"这句话，一直还有很大的力量。从正面看这样，从反面看，还是这样。这真足以代表中国这一类思想的根深蒂固。还有一个故事，某地方唱草台戏，"华容道"，关公红脸绿袍，一出场，观众肃然起立致敬，另一人扮粉脸曹操，上场才唱出两句，一个皮匠跳上台去，将曹操一刀戳死，全场观众一时对皮匠大表同情，以为曹操不杀，杀谁。诸位，中国的事，真是妙不可言。现在呢，杀曹操的风气，不容许存在了，但对关公的敬意，仍是普遍到全国。诸位，请问外国有没有这一类事呢？这就是外国和中国最不相同的地方。前讲革命诸先烈的伟大贡献，我就说明革命得到成功，全靠这种精神所致。诸位啊！革命所以成功，全靠一般民众与革命党人不怕死的牺牲精神。为什么黄花岗七十二烈士，至今犹受全国崇拜呢？诸位，昨天我所讲的民族兴亡周期律，一个民族复兴，也就全靠这种精神。等到他的衰亡，也就因为失去了这种精神。中华民族几千年，靠这种精神，就是中国社会内层的组织，也就是靠这种精神在维系。前天还讲，中国社会内容的分析，中间关于"帮会"历史，还没有详细讲过，实在呢，明朝亡国后，好些志士，不愿做清朝顺民，暗中提倡和组织秘密团体，这种团体，经过很多次的演变，一直流传到现在。"帮会"在上海，发达的了不得，纱厂做经理的，很多加入帮会。有人办一个纱厂，一切都弄好了，经理命令开始工作，工人都全体不动。后来有人说，除非请看门的写一布告，果然一个纸条，五千工人，立刻服务，一齐动手。这是什么缘故呢？帮会最讲字辈，这位看门的就是天字辈呀？这样一来，经理也只好加入帮会，去拜这位看门老头子了。诸位，中国的社会内幕，原来是这么一回事。

左宗棠曾经到新疆去平回乱，率领大军，浩浩荡荡沿长江汉水而上，半路上接到两江总督电报，说有王姓匪首，秘密到武汉。左氏到了武汉，无从查拿，一天他看见他的部队，在江边自由移动，摆了很长的一字形阵势，一人走过，全体士兵们立正致敬，连将官也在内。左宗棠简直觉得奇怪透了。问一位经验丰富的幕友，才知道，那个人就是被通电缉拿的匪首。是帮会的大头目，军队都是他的部下，他们哪里肯听长官的指挥呢？后来，左氏也加入了帮会，取得了实权，平了新疆。诸位，他们这种秘密组织，又靠什么来维系呢？原来就是"忠义"。弟弟对于哥哥非服从不可，而且要忠心服从，不忠不义的事，绝对禁止。例如侮辱妇女，尤其是朋友的家眷，犯者非处死刑不可。有了钱，大家分用。这种江湖的习惯，几百年来不改。"九一八"以后，一般人均感觉要抗日救国。这一般江湖豪侠，在"一·二八"和"八一三"上海作战时，他们喊出一句，"不许有一个人投降"，还有一句"大家去杀敌人"。我昨天讲的那位姓胡的司机毁灭敌人全车军火，原来这位胡阿毛先生，便是帮会的一员呀！弟兄们中间，一个的母亲年高了，一般弟兄都去拜寿。有丧事，大家都去帮忙。他们的脑海里，充满着对个人的道德观念，渐渐扩大到国家民族，那就了不得。可是他们的基本信条，只是代表全国国民的心理。

我现在把全国国民的心理归纳起来，列举出来。第一是"忠"，这个忠字，并非单指"忠"于君的意思。国父中山先生在民族主义中，对这点讲得很透彻。有些人认为清君主已经打倒，用不着忠了，实在是大大的错误。今后的忠，须扩大范围，要忠于国家，忠于民族。

第二是"孝"，这个孝字，在中国人心理中，真可说是根深蒂固。我讲一个故事给大家听听。三千年前商朝的纣王无道，曾把周文王囚于"羑里"。后来文王死了，武王兴师伐纣，军中特地把一块文王的神主牌，供在车子上，打得纣王大败亏输，商朝就此灭亡。他这种举动，是什么意思呢？要使士兵们都知道武王伐纣，并非自己想做皇帝，实在是替老太爷报仇。同时还要使老百姓都觉得武王真了不起，能替老太爷报仇，这种好人，待老百姓还会错吗？从此万方悦服。这种事明明记在正史上的，这片神主牌，实是武王最有力的武器。而武王这一举动，就是他的成功要诀。吾人倘然用深刻的眼光去读这种古书，可以说，像周武王，真是善于利用民众心理。中国人的传统观念，是"天下无不是的父母"，可以看出"孝"的心理，根深蒂固到这地步。

第三是"信义"，"忠"对于国家民族，"孝"对于父母，而信义则为人与人间相处的必要条件。内地商店，店柜上竖一木牌"信义通商"，到处可以看见，诸位，我常注意四川的风俗，尤其是成都，成都城内外茶馆多得很，坐茶馆的人，除掉少数以外，都在办事，办什么事——做生意，在茶馆里怎样做法呢？四川人真聪明，表面上海阔天空地摆龙门阵，彼此袖子里都在捏对方的指头，"三四五"，不对"三二一"，不行，"一二四七"，对，就成交了。旁人只听他们在摆龙门阵，哪晓得他们在做生意呢？兄弟够不上四川通，请问在座四川朋友做过生意的，你们生意是不是这样做的？（笑）这样做法，靠的是什么？只靠"信义"两个字。要不然，明天不承认你"一二四七"，有什么证据呢？可是，众人脑海里，觉得指头都捏过了，还图赖，简直不是人了。（笑）兄弟自己可以说是"老上海"，上海许多钱庄，普通习惯，甲乙两庄款项往来，都将票纸交与老司务夹在手指缝里，一张票几千几万，甚至几十万，送来送去，不记多少，都只认票不认人，这般老司务，绝不会发生什么问题，哪里像现在的银行种种手续，这样麻烦呢？这不靠"信义"，如何办得到？

第四是"勇侠"。打抱不平的精神，为中国国民自来就具有的，信义适用于平时，到出了事情的时候，所需要的是锄强扶弱，所谓"见义不为，无勇也"。正是任侠好勇精神的充分表现。

第五是"气节"。在平时还不觉得，到了国破家亡无可奈何时候，要讲到气节了。一首文天祥的正气歌，就是很好的代表。我又要称赞四川人了。我们永远记着，三国志演义上说："四川只有断头将军，没有投降将军的。"

勇侠，气节等等，诸位，如果要在历史上搜求事实，只需从二十五史上开各类目中去找，真是美不胜收。依我的分析，忠孝是人生基本，人与人相交靠信义，勇侠所以保护善良，扶持正义。至于气节，简直是不得已时对国家民族的最大的贡献。杀身成仁，为国捐躯，乃是最后的贡献，在中国认为是天经地义。

这八个字兄弟不是随便搬出，却是费过一番研究功夫的。中山先生认为还有仁爱和平。仁爱藏在内心里。以上八个字都是属于行动，至于和平，是对国族间一种态度。上次讲到五十年来的新教育。"忠""孝""信义""勇侠""气节"，这些东西，教科书上不能说完全没有，但实在还值得强调一下。因为这些都关系国本，所谓新教育是舶来品，西洋各国对这些提倡得很少。不但政治学上谈不到，即教育上亦很少注意。只有宗教家才提到一点。我曾经看到一部电影片，已忘记了题目，有一位反对宗教的国王，强迫教徒们放弃宗教，不肯，这位国王下令把所有教徒，关在一间屋子里，隔壁养着大群狼狗，告诉他们要是不放弃，就开门让狼狗来咬死他们。可是教徒们不但不改，而且自动结队，由一教士领导，唱着赞美诗，走到隔壁去让狼狗把一个一个咬死。这虽是电影，可是宗教徒确有这种殉教的精神。抗战以来，就我所知道，基督教徒天主教徒，一面抗战，一面传教，被害的不知凡几，这种精神与我们"忠""信义""勇侠""气节"的精神都相同。兄弟认为，因为这次打仗，有等国家一败即举起双手，摆在面前的这种怪现象。恐怕将来都会想到，政治上，教育上，必须提倡这些基本精神才行。不过中国再不好等人家提倡才去附和，应该老早就把几千年来传家的宝贝，好好重视，好好发挥。抗战能到今天，就靠这些精神，诸位，对不对呢？这些精神可以说是天赋的，而非人为的。所谓"本能""本性"，就是。庐山有一地名玉渊，瀑布从上面冲下，荡成一个旋涡，水势又陡又急，石又滑，站在石上就会溜到旋涡里去。三十年前上海圣约翰大学两位教授游到那里，一位忽然给水溜下打转，另一位教授姓孟的，眼看他将灭顶了，说时迟，那时快，立刻跳下去拉他，两个同归于尽。第一个人或者是不小心，第二个人是明明白白为朋友而牺牲。大众感动之下，集资就约翰大学校里建一个"思孟堂"，来纪念他。请诸君想，这位孟教授从发现一个溜下打转，到他自己跳下去图救时，恐怕距离不到一两秒钟，或许竟不到一秒钟，在一秒钟间要决定一政策去救人，去决定生死的趋向，请在座心理学专家研究，这不是靠他的本能，靠什么呢？诸位，人类均有一种本性，如爱群，都有一种本能如抗战。动物也有这种本性和本能。把鸡来说，鸡本是代表和平的动物，可是鸡在孵卵时，你如果打扰它，它虽是天生的和平使者，也会啄你！因为动物都爱同类，尤爱其所生。只是一般动物有一个弱点，就是记忆力不及人类，不然定会写在他们的历史上！（大笑）我还要举一个例，来证实抗战的本能。在菲律宾曾见过"斗鸡"。鸡的本性即是和平，如何使他们斗呢？斗法是这样：在一个斗鸡场里，斗主各自拿出鸡来，这两个鸡原来相亲相爱，客客气气地决不肯斗的。管理的人先在甲鸡头上拔一点毛，让乙鸡的嘴啄它的创伤处，甲鸡痛极，怒目对着乙鸡，管理人又把乙鸡同时摆布，乙鸡自然也怒目相对，这样，他们就斗起来了，这就是动物也有抗战本能最好的证明。你侮辱了我，伤害了我，非拼个你死我活，定不罢休。这种本能连和平的动物，也是具有的。蚂蚁也会成群结队地打仗，其他例子尚多，可见动物都有这种本能。人类不过发挥得更充分罢了。例如甲午之战，当时我才十七岁。那时教育当然没有普及，政府糊糊涂涂也没有人来领导民众，可是全国舆论都主张抗战，等到李鸿章议和回来，民众均称他作汉奸，小孩子们唱着"私通外国李鸿章"。试问当时有多少学堂呢？有多少报纸呢？有宣传吗？可见这正是本性本能的表现。后来庚子之役，义和团以迷信而打外国人，迷信虽是迷信，但排外的心理，即是爱国心冲动的反面，根本上何尝错误。不过方法不合理罢了。所以依历史的眼光看来，此次对敌抗战，亦可说是本性本能的表现。

我今天的结论：中国的国魂在什么地方，就在中国古来最大多数的国民，他们传统下来的共同心理——"忠""孝""信义""勇侠""气节"，这种心理，是立国最坚强的础石，可惜弃而不用，反一意模仿外人，到今天该看看向所崇拜的，他们弱点的暴露，已经够分明了！把自己来比较他们所无，倒是我们所有。"亡羊补牢，未为晚也"，而日前传到家乡消息，江苏的江阴，祝廷华先生七十多岁了，是前清进士，敌人来了他坚不投降，又不忍离乡，结果被牺牲了。这是什么使然？这就是"气节"。可是这种精神，"于今为烈"，但是大家想想抗战五年来，新知识阶级中，究竟牺牲了多少呢？殉国青年志士不少不少了，但是，但是——我们要挽回劫运，必须赶快复兴国魂，怎样才能将国魂恢复呢，今天诸位太辛苦了，明天还有两讲，再来做最后的解答。

（原载《中华复兴十讲》，1943 年）

如何恢复国魂

黑板上先写着:

（甲）关于公共行动

（一）认定大我不死。

（二）尊崇忠、孝、信义、勇侠、气节，各以身为之倡。

（三）基于爱国家爱民族观念而对内团结，基于人道主义泛爱主义而对外合作。

（四）养成守法精神和习惯。

（五）厉行军事训练。

（乙）关于个人行动

（子）平时

（一）理必求真，事必求是，行必踏实。

（二）增加生产——勤，节约物力——俭。

（三）厉行身心锻炼，规律生活。

（丑）临时

（一）精神镇定，设计周密。

（二）在政府领导之下，结合同志，严密组织。

（三）进则为游击战，退则厉行一切保持力量，阻止敌人进展的有效方法。

今天预备向诸位提出最后要讲的话。过去八次都是为了现在所要提出的办法，实则我所提的办法，前面大略都已说过，今天不过归纳一下，但是先得声明的，所提的办法，都是很平淡无奇的，吾们所要求的是真确，不是新奇。

如何恢复半丧失的国魂呢？还好，现在所丧失的还仅仅一半。

在民国刚刚成立，革命初步告一段落的时候，一般人心兴奋非常，我曾经在上一讲里引到我一位朋友的儿子，要洗心革面来做新国民的话，证明当时人心了不得的兴奋。但不幸后来二次革命失败，从袁世凯想做皇帝起，政治风气渐渐腐化，社会也受到腐化影响，这种影响，最早发生于选举议员，不但国会议员连那省议员也得拿钱去买，据兄弟所知，当时凡是买卖得来的议员，每个至低总得花几千元。沿海某县，有一富翁，曾花了十几万元来买得一个省议员。诸位，像这样选出来的人，当然是一塌糊涂的了。有的人在议会里，腔都不能开，也来当议员，可是当时毫不觉得羞耻，某乡有两个初选当选人，每一张票得两千元，合起来得四千元，就把这四千元，来造一条马路，叫作"议员路"，这条路兄弟曾经亲身走过。诸位，这样风气，真令人长叹，真所谓习非成是了，大概不花钱而当议员的是很少数的了，这因为当时有人著书提倡，说外国政治家，不惜用金钱的，议员都是从金钱收买得来的，任欧化狂潮之下，如有人异议，便说你是不了解西洋政治，不配讲政治，讲政治就不能讲道德，你还没有懂外国政治呀。在到处乌烟瘴气之下，记得当时一位很有才能的朋友，曾经对我说，"现在还有什么希望呢？只好弄几个钱算了吧！"诸位，社会风气要他坏很容易。要他好，千难万难。这种实在情形，我愿拿来供给社会学者诸君做个参考。

我在过去短短的生活中，对于树立社会良好风气这一点期望，受到刺激真不小。当时社会风气已坏到这般地步，一部分知识阶级，也糊涂到这般地步，但国家没有亡，究竟靠什么呢？除了一部分头脑清醒的知识分子以外，还有一种基层分子，他们倒主持正义，他们只知道私人恩怨，他们完全不知道法律，他们所崇拜的是关（羽）岳（飞），他们也知道国家，他们替私人报仇时是不顾一切的。诸位，若是连私人报仇的勇气都没有，平时的秩序，固然平安无事，到敌人来时，当然也就平安无事，听其所为了，所以游侠刺客，给历代重视，这种反抗精神，只需把他纳在法治的正轨上，就是最好的国民特性了。上边不是已经说过么，中华的国魂，一半还系在上几个人身上。

现在，要把国魂完全恢复起来，怎么办呢？兄弟想分做两方面来讲，一方面是公共行动，一方面是个人行动。

在未讲之先，兄弟要提出一个问题来和诸位讨论，这个问题如果得不到圆满解决。一切都不能谈。什么问题呢？就是一个字："死"。这个字我们不能不研究，别的问题我们还可以避难就易，这个问题决不能因畏难而不讲。

诸位，哪个人能不死呢？可是也可以安慰诸位，哪个人又死两次呢？所以"死"算最公道，无论你富贵豪强，也得一次死，同时也决不因你贫贱而死两次。我从前不懂死，当十三岁时，我母亲死了，像天崩地塌一般。从此大大觉悟到人生逃不过这个绝大关头，就是"死"，在廿五岁时，满清政府，认定我在煽动革命判定了死罪，虽没有死得成，也算来了一个心理演习，从此，我常常想，也许我会在一秒钟里死。可是我在这样假想，你真会在这一秒钟里死吗？真要死的话，你总不能说，我的讲座一共十讲，现在才八讲，等我讲完了再死吧！你更不能说，我遗嘱还没有写好，某桩事还没有办了，让我把这些事办好，再死吧！你死的时候，决不要想到，也决不能做到还有哪样东西是我的。我固然是穷汉，但我却喜欢一样东西——书籍，除了我在上海发起一个图书馆，有一二十万卷书以外，兄弟私有的图书室，也有万把卷书。记得在一九一五年到美国时，在纽约拜见过电学大家爱迪生。他说："我在世界上别无希望，只希望我死时，将这间试验室带去"。我也这般想，我死时，最好能把这万多卷书带去，但后来知道错了。赶快将我的藏书室，定名"非有斋"，表示非我所有。诸位，最心疼的图书，尚非我所有，其他还有什么？觉悟到这里，对死也就满不在乎。或者说，你还有好朋友，还有几个儿女，还有夫人，这些人丢得下吗？你不可以死呀！不错，我的夫人，我的儿女，我的朋友，当然是所爱，可是中间有一界限，就是在临死一秒钟以前，我每一分钟每一秒钟都爱他们的。但只能到最后一秒钟为止。只要我非自杀，可告无罪于夫人和儿女和朋友，还有什么留恋？我有这种念头，已经三十年了，三十年来，凡我一人独居的时候，我就把这些思想来训练我自己——什么东西都可以丢掉，什么心事都可以放下。自然我也就无惧于死了。不过，现在我还没有死，我的训练结果，还没有经过实验，当然不能说已经成功。但是我总认为这种训练，对于消除生死观念，大有效果。同时我觉得，把这些扩而充之，用到抗战上来，更有效用。

我对于生死问题，今晚要贡献诸位一点新的意见，很多人都主张"大我不死"，什么是大我，大我对小我而言，小我是指自己一个人，大我乃是指全群。如果指全国，当是更大的我，至于全世界，全宇宙，当是顶大的我了，我对于这个问题曾经用尽心力去想，结果，终于想出一个办法来，使我感到绝大高兴。

我的研究，是从植物开始的。今天在座有植物学专家还请赐教，我看果树的接枝，不但甲树可以和乙树接好，更可以把乙树和丙树继续接下去，使生机不断地蓬勃，我又看见地上青草，每根草都有它的生命，可是它们之根，大都联在一起，假如把甲草铲去，乙草依然活着，把乙草铲去，丙草、丁草又活了，如连根拔掉，不多时，它的种子天然发生，另一根又长出来了，你能说后来的草和先前的草没有密切关系么？从植物推想到动物它们的传种，能说后代和前代没有密切关系吗？既然整个的生机没有断绝，那么一人的死不过局部的现象。大我哪会死呢？我们牢牢记着这一点。

这是纵的研究，再来一个横的研究，请问你爱不爱你自己的手？当然爱的呀！把他砍掉，你将怎样？不行，要砍掉我的手，就得和你拼命。那么将你家人砍死怎样？那也非拼命不可，假如砍死你的朋友呢？自然也一样要拼命的。那么假如你在外国，看见一个中国人正在给外国人欺侮，你能不理么？不行，那我一定要去救护他的，那么假如你拿了枪走在荒野里，看见一个不知国族的女子给狼狗在咬，你能不开枪打狼狗么？那非打不可，好了你的手是小我的手呀！可是一层一层推想到大我，你何尝不爱他们？这不是很自然的博爱心理的表现么？你再设想一下，假若他们都死了，你一个人活着，一定没有兴味的呀，反过来说，在你独居一间屋子里的时候，假如他们在另一间里平安无恙，一定会感到很大安慰的。进一步，假如你出门三天，知道他们都平安无恙，那自然很安慰的。假如你出门五年十年不回家，但知道他们都平安无恙，自然也会安慰的了，再进一步，假如你一百年两百年在外面，而他们都平安无恙，你自然也会觉得安慰的了。那么，朋友：你可以死了。（大笑）的确，只要你能将死后所担心的那些消极念头去掉，积极方面，确信大我不会死，确信他们平安无事，自然就会无惧于死了。我就是这样训练我自己的。

最近我又学到一种新的训练方法，那是我夫人死了以后的事。本来生死的道理，几十年来，早在研究，到我的夫人死了以后，在这一年半中，却对"死"的问题，有了一个新的觉悟。我的夫人死了，许多小时的朋友也都先我而死了。我还活着，那么我活着时，可以和现在的朋友们儿女们相亲相爱，到我死了时，我又可以和我的父母、我的夫人、我的过去的朋友们相亲相爱。那不是很好么，好像我有两间屋子，一间有生存着的朋友和儿女，另一间，有我已死的父母夫人和朋友，两间都很好在那里，碰巧到哪一间，就到哪一间是了（笑），真可说无往而不乐。

总之，我个人的身体，一会儿就完结的。但没有关系。我恭候在此。终有

"呜呼哀哉"的一天。我满不在乎。因为大我不会死的，有大我在，我死了同样得到安慰的。恰如我的家被敌人弄光了，我也满不在乎，因为"我"的范围还大，板垣说，四万万五千万中国人，是无法杀光的，而且这一代的人死了，还有下一代呢。一个小民族要灭掉大民族，那不是容易的事，所以敌人尽管用尽他的方法来对付我们，只要我们有牺牲精神，中华民族的前途，一定乐观。

昨天讲中华的国魂，谈到忠、孝、信义、勇侠、气节这些，结果都得有把生命去牺牲的精神，所以"生""死"观念，一定须先把它弄清楚，这里又使我想到宗教精神了，宗教，首先就得打破生死的念头。上次讲的基督徒穿好制服唱着赞美诗，去给狼狗咬死，而不肯放弃信仰，就是宗教精神最好的表现。这次对暴日抗战，在华北，在华南，在所有的沦陷区里，许多传教士，都宁愿被敌人杀死，而不肯投降，这种殉教精神，不仅基督徒是这样，佛教和回教也是这样，佛教认为一切不好的念头，都由此而起，故必须予以打破，打破它有两种方法：一种是知识方面下手——从学理上研究，在他们的宗派上讲起来，有好几个宗派，都是这样。而最专精的，是法相宗。另一种方法，是把轮回报应说来宣传，他们无非认定大我不死。

大我不死，从科学上讲，从哲学上讲，都讲得通，所以对于如何恢复国魂这问题，第一，认定大我不死。

我且接下去讲：

第二，尊崇忠、孝、信义、勇侠、气节，各以身为之倡。

关于忠、孝、信义、勇侠、气节，前面不是已经充分讲过么？前次还讲到每一个人都具有爱群的本性和抗战的本能。诸位，我们要知道不怕死是人类的天性，到了前线，定会不怕死，可以说这是群众心理的威力。在一群中，只需一个人振臂大呼，喊声"打呀"！那时你也就绝不考虑一切，凭着一时冲动，随着群众一齐动作起来了。就会不顾生死，前仆后继地冲上去了。可见要人去死，并不是难事。从前我虑我们中国人怕死，可是抗战以来，我们中国人的确勇敢，哪里怕死呢？因此我觉得对一般的民众要提倡不怕死，有两个方法：一个方法，利用他们的本能，一方面把先圣先贤忠孝信义种种悲壮热烈的故事告诉他们，在抗战期间，如更将敌人奸淫、掳掠、烧杀种种事实，尽量宣传揭发，这样，一定会激动得跳起来去从军杀敌，让我报告一段事实。

民国二十七年，桂林城里有一位军官，在前方负伤回家，他的母和妻都说，既受伤了，对得住国家了，不用再去了。可他伤好后，还是要到前线去。他的母亲大哭。他的太太跑到内房去上吊。邻居赶快去把太太救活过来，所有亲朋都到来劝解，这时这位军官，便站在一条凳子上，当众演说：我并不愿意打仗。打仗是万不得已的事，我在前线眼见着老百姓所受的苦难，眼见着敌人凶狠狠的残暴，怎样，怎样，一桩桩事例举出来，还没说完，母亲也不哭了，而且说道："那么你去！你去！"才救活的太太，从房间里跑出来，说道："果真这样，我也去！"诸位，这是事实，那年我到桂林，亲听到人家讲给我的。这就证明，每个人都具有抗战和爱群的天性。人之所以为人，他的可贵就在这里。但是还有一个方法，对他们作理智的启发，就为有了上边所说人类的本性做基础，所以对着知识较高的人，解释做人的大道。爱国爱群的理由，小我不足爱惜，只有大我才是宝贵，这种心理都是从这几方面推广开来的！现在要讲到第三点了，我们要充分发扬人道主义和泛爱主义的精神。我们中华民族立国几千年，而且包容同化了这么多的民族，靠什么呢？一个"仁"字，是几千年老祖宗传下来的宝训。

"人者仁也。"什么叫作人道主义？凡是人都以仁道待人。孔子说："泛爱众而亲仁"，对广大的人类，要普遍地爱他，我们叫这做泛爱，拿日本来比方吧，日本在军阀麻醉下的一部分民众，完全有己无人，而我们气度，却大大相反，我们中国人根深蒂固的观念，就是望大家都好，我们内地旅行，到了很偏僻的乡村，我到一个人家住宿，他们不但欢迎允许，还会留着吃饭。就到边疆地方，都是这样，到海外和一般侨胞接谈。更是这样。

我们中华民族可以说是天性仁厚的。我们固然不能让别人家来侵略，但侵略别人家，我们尤其不愿意，黎元洪大总统留下一句名言"有饭大家吃"，不许你吃，只许我吃，中国人可以说向来没有这样作风的，越到基层社会，越是知识低浅的民众，表现得越清楚。就靠这种相亲相爱的民族精神，对内才能够团结。对外才能包容许多小民族，成就了这样悠久伟大的国运。这大中华国风，我们要充分发挥到全世界去。"大同"的基础，也就是从这里奠定起来。这是全世界新的光明，全人类新的福音。我们也倡国家主义，也爱国家，爱民族，但不是狭义的，不是自私的。吾们要基于爱国家爱民族的观念而对内团结，要基于人道主义，泛爱主义而对外合作。

第四，要提倡发挥守法精神和习惯。我们在分析中国社会内容一讲里就提到我们国家，要进于现代化，一定要厉行法治。中华民国是法治国家，民治的根基，就是法治，欲维持内部统一，尤须厉行法治。任何地位，任何身份，凡在法律之前，一律平等。我们把民国以来短短历史检看一下，自从袁世凯破坏约法以后，全国各地军阀横行，根本没有法存在。国府奠都南京，第一步忙于内部的整理，第二步遭遇敌寇一步步压迫，忙于准备抗战工作。一直到现在，还没有达到理想的境地。可是我们要用艰苦的功夫，一面抗战，一面建国。今后我们全国国民的思想行动，定要在一条轨道上行走，这轨道就是法。立法尽可能多留弹性，使适切于中华国情与世界趋势。我们要这样的法律，同时要大家实行，而且要从上级做起。我们不可以说这是"上头"的事。"上头"，"上头"，谁是上头。我们自己就是上头。说得近些，社会上被人称为先生，顾名思义，都是上头。人家恭维你是"人群模范"，"民众仰望"，假若模范是坏的，人家越仰望你，越不得了，所以守法，须从知识阶级起，须从自己起。民二十三年，我游浙东，某县长为了禁吸纸烟，自己先不吸了，规定第一个月，县政府全体禁吸，第二个月全城禁吸，第三个月全县禁吸。我去时在第二个月，因为县府已禁了，所以大家知道违反不得，推行很顺利。这段故事，写在我作品《之东》上边的。民国二十八年，我偕参政会同人，到川南一带去视察，一大批团员、马夫、滑竿夫，差不多有一百多人，我以负责人资格，告诉一群夫役，吾们到任何地方，遇到检查员，定要听候检查，决不能认为跟参政员出来，就可以不受检查，那便大错。手枪，知道你们没有的。鸦片呢？谁带，送谁到法庭去。结果，竟查出有人带鸦片，一个是公差，一个是厨子，当然送到法庭，没有什么客气的了。为此，我曾在汉源县向民众公开讲，国家要走上正轨，只有靠法。越是参政员。越要守法。我们已经守法了，希望诸位同胞大家守法。

我在江苏时，每次到南京，守城门的要检查行李，麻烦是麻烦透了，检查员说：把你的名片，拿一张给我们不就行了么？我说，我宁受检查麻烦，决不愿拿名片请求通融，诸位，守法一定要我们来提倡，因被人家称为绅士，便不守法，这种心理，就是亡国心理，这种绅士，就是国家的罪人。

第五，我们主张推行军事训练，抗战能够到今天，原因固然很多，但厉行军训，是很重大的关系。我们看见，凡是受了军训回来的，学科术科，得益很多，且不说，精神好了，衣服也整齐了，走路也像个样子了，见着人也有礼貌了，态度也比从前来得严肃了。我认为不但抗战需要军训，建国也需要军训，如果一国的国民奉公守法，公而忘私，为国服务，崇尚义侠，而又能每个人，乃至整个的发挥整齐严肃的精神，这个国家还不会在世界上抬起头来，我不相信的。反之，如果精神先萎靡不振了，还有什么希望？我常想鸦片的毒害，和军训的效力，恰恰是两个极端。在座教育界朋友很多，我们定会感觉到。就从教育上立论，军训也非要不可！我们要认识领袖提倡的苦心，军训不但不能松懈，而且要一步一步加强。不过军训是临时的，教育是平时的，当然同样重要。

以上都是公共行动，现在要讲个人行动了。

关于个人行动，分做两方面，一方面是属于平时的，一方面是属于临时的，先讲平时。

话也很寻常，我近来对青年学友，常常愿意提出十六个字，社会风气的败坏，工作效率的低落，甚至于立国精神的丧失，仔细考察，可以说都从这十六个字反面发生出来的。哪十六个字呢？就是个人平时行动值得注意的第一条：

第一，理必求真，事必求是，言必守信，行必踏实。

我们知道学校有一门功课：叫作体操，大学里有没有呢？中学还重视，小学确非常重视。为什么要体操？当然是为锻炼身体。怎样锻炼呢？课程表学校规定，每星期三天有体操，三天没有，也许功课排不过来，两天有体操，四天没有。诸位试想，合不合理呢？是不是学生体格那几天需要锻炼，那几天无须锻炼呢？是不是小学中学生需要锻炼，大学生，无须锻炼呢，是不是在校需要锻炼，到了家里不需呢？难道这样就可以收获体育的效果了么？兄弟自己以前也曾学过每星期几天的体育，后来就没有了。直到三年前，我的右臂忽然不听号令。要他举起来，他总不肯，请教一位有名的医生，他说最好是体操，于是我就把从前学过的，修改修改，使得适合我的需要，星期一二三四五六是操、星期日还是操，暑假寒假还是操，这样继续下去，在我左边的那个部下渐渐听我号令了。为什么学校体操，不这样办呢？我们细想一下，体操的真理是不是在使身体健康呢？求健康是不是要实实在在地去做呢？为什么到了臂膊生问题，才天天体操呢？不仅体操这样，冬天的衣服求暖，为了漂亮，虽冷有所不怕，夏天求凉，为了习惯，虽热也无法，如果"实事求是"怕什么事都须加以考虑吧。

每到一地，常有许多许多人包围着要求写纪念册，册子是很讲究的，有的还是舶来品，累得一般墨水吸得并不够多的人，很难交卷。好容易想出四个字写上算解了围！至对于这自己所写了解的程度如何，那又是一回事，有等好弄文墨的人，写一首诗，写不出，从唐诗三百首中间抄一首，至于受者对他所写的诗词，了解程度如何，那又是一回事了。

这些在求真，求是，求实的原则上，怕都有问题吧！我呢，很不想这样糊里糊涂过去。要求他们先在自己手册上写些欲发的问题，我来答复。这样，我反增加麻烦了，可是多么可爱的青年朋友，要是真有疑问，我一定诚心诚意地答复，不怕麻烦。假如，求者说不出问题，我又何必写。假如你怕写问题麻烦，那我也不肯麻烦来替你写字了。我一定"理必求真"，"事必求是"才对。

说到"言必守信，行必踏实"这倒是最有效的巧妙方法。曾经有一位青年朋友，他在毕业考试时，没有得到及格。我很清楚地知道了，觉得青年，读了许多书，而临了不能毕业，太可怜了，想帮助他，特请他来谈谈。我万分热诚地安慰他，并准备介绍工作，谁知他第一句就哄我已毕业了，叫我怎么谈得下去呢？这位青年为了说句不诚实的话，失掉一个机会，我们一定要替青年朋友开一种踏实的风气，不宜徇情。徇情，反对不起学生，我们要以善意纠正不合理的行为，好的加以奖励。诸位以为怎样？

第二，增加生产——勤，节约物力——俭。

大凡天下最平淡的道理，往往包含着深切的意义。我们后方每一个人，种田的，不使一寸土地荒废，做工的，每天增加两小时工作。做事多做一些，用物少用一些。这都是平常得很。可是，同时实行起来，功效就了不得。大学上说，"生之者众，食之者寡，为之者疾，用之者舒"，就是这个道理。古代谈政治，谈经济，大都这样主张。清雍正年间，大荒年清帝下一道上谕，要每一个老百姓，减吃半碗饭，把省下来的，给没有吃的人吃。现在是抗战时期，我们更要节省。抗战建国最重要问题，在前方尤在后方，在前方的军事，尤重要在后方的经济，其他物资还不顶要紧。布没有了，我们可以穿旧的，房子尽可以慢慢建筑，最要紧的倒是粮食。现在粮食虽还够吃，但我们一定要多多增产，同时要认真节约，我们曾经提倡吃糙米和杂粮，去年重庆米价顶贵的时候，苞谷较米价要便宜百分之四十，我特地请卫生署方面，把苞谷的成分，开给我看。知道苞谷不但不比米坏，而且发热量还较米为大，吃苞谷还耐饿些。我曾把这些在报纸上公布。我去年劝公债的时候，到处劝人吃苞谷饭，我的意思：我们吃苞谷也好，红苕也好，小米也好，省下大米，由公家把它积储起来，送给前方，几百万大军都得吃大米，就是年成坏，也不致发生问题。

这些，我们都应从自己做起。比方战前用橡筋袜带，现在用绳子来捆，也可以的。不用肥皂，用油丸子，也可以的。这勤俭两个字，老百姓都懂得。实则远在几千年前，就发明了。《书经·大禹谟》，"克勤于邦，克俭于家"，四千年前，就有这样精要的发明。试想欧洲那时怎么样？许多人喜欢用新名词，你如对他说，你该勤俭一点，他觉得这话太落伍了。你如说"我们工作得紧张一点，消费得节约一点"。那就对了，这也是偏重形式"不求真""不求实"的心理表现。

第三，厉行身体锻炼，规律生活。

古时有位学者，用一种练胆的方法。写字桌上，插一把锋快的尖刃，天天对着刀锋逼视，起初很怕，后来任凭锋芒厉害，也毫不怕了。当时用刀枪，倘怕锋芒，仗也就无法打。所以要不怕刀锋，正如现在要不怕炸弹一样。这种练胆方法，确是重要。有等同胞表现文弱胆怯，若是一辈子这样，纵使有爱群的本能，和抗战的本能，也就慢慢地会减少，会消灭，锻炼身心的方法很多，体操也好，军训尤其要紧。

其次，规律生活一定要养成，无论做事，无论读书，都要有一定的时间，地点和方式，我们都很钦佩苏联，崇拜列宁，列宁的办公室里，书籍在哪里，报纸在哪里，已办和未办的文稿在哪里，都有一定的部位，他几点钟办公，也从未迟到，参加会议也从未迟到过一分钟，这都是列宁传里的话。崇拜列宁，就该学他这种生活态度才对。自然，要养成规律生活，也不是容易的事，大人先生们尤感困难。但无论如何，定要养成。规律生活有种种好处：第一增进身体的健康，增进健康的条件有三个：一要固定，我们生活日程表，何时吃饭，每顿吃多少，都要固定。二要变换，环境应该常常变换，在城里住久了，该到乡下住一会，对身体一定有好处。三要简单，不可奢侈浪费。养生之道就是这点道理，说穿了，又是很早发明的。《易经》的道理，很够精深的了，其实只含着"三易"，就是"不易""变易"与"简易"——生活要不易，环境要变易，生活方式要简易。这就可以应用于健康。这里，使我们联想到自然科学的道理，与社会科学确实相通的。

规律生活的好处，还可使工作效率加高，诸位知道军队生活是再规律不过的，晚上睡觉，皮鞋放在床沿的左边头向外，脱衣服都有次序，衣服的折法、衣帽的安放，都有规定，这是什么意义呢？不太呆板了吗？可是忽然紧急号一吹，敌人黑夜来偷营了，找不到皮鞋，摸不到上装，试问，还能临阵从容杀敌吗？所以部位顺序平日就有一定，临时方能办到镇静迅速和确实。岂但军队这样，什么事都应这样，比方写字罢，写后把笔一丢，也不插在笔管里，墨盒不盖好，到明天笔尖硬化了，墨盒也干了，重新加水发笔磨墨，试问麻烦不麻烦呢？今天整理好，明天就可少却一层麻烦，而且笔保护得好，用的时候也可经久。就是钢笔吧，你不擦试干净，要腐蚀的，今天一笔千金，从经济方面说，也不能不注意呀！大而言之，养成临危不乱的习惯，紧急时才有资格去当兵，打游击。

以上讲了，我们平时的行动，再来讲临时吧，说到临时，如果有服兵役的机会，我们千万不好错过，人生难得碰到这神圣抗战的际遇呀！

退一步想，四川不一定有临危的事实，却不可以没有不乱的准备，怎样准备呢？

第一，精神镇定，设计周密。"临时要作平时看，平时要作临时看"，这两句话真是至理名言，到了临时，你慌乱有何用呢？我们正在开讲座，比方隔壁失了火，一时慌张，几百人都想从这一道门里挤出去，试问如何出得了？所以临时定要如平时；平时倒要戒慎恐惧，随时随地，警惕预防才对。以四川论，固然很安全，但就说到空袭吧；空袭的味儿，三年来我们当已领受得够了，这几天还好，假如天气晴，说不定就来呢！等到警报一拉，如没有准备一定会慌乱，不知所措，去年的"七二七"惨炸，就因为是事前没有准备的缘故。我们硬要想得周到。

第二，结合同志，严密组织，我们一切一切不为别的，为抗战呀！我们要结合同志，去推动杀敌工作，还得在政府领导之下，严密组织，上海"一·二八""八一三"各界都有组织，他们都表现了很大的力量。

第三，到必要时，进则作游击战，退则从事广大宣传，务求保持一切实力，厉行阻止敌人进展的有效方法。敌人最大的困难，在兵员太少，打了我国，还打南洋，还要准备打印度，准备打苏联，不怕泥足愈陷愈深，还要继续向我国侵略，所以我们民众，假如都能组织起来，在政府领导之下，配合国军的行动，和他们作游击战，你来扫荡，我就跑，等你走了，我又来了，牵制住他们的兵力，以便我们的国军来歼灭他们。这样，他们一定吃不了，至于其他办法，怎么保存自己实力，怎样阻止敌人进展，须随当时情况与各人环境而定，其中最有效的，在向民众广大宣传，因为打游击须民众大家站起来，各自为战，才有力量。

自"九一八"以来，我对青年朋友常喜欢这样说："我们每一个人都要把自己所有力量，人力也好，物力也好，不许有一些儿私藏，不许有一些儿浪费，须完全贡献给我所认为民族和国家最迫切需要的抗战建国工作上边才好"。这几句话，我认为至今还有普遍宣传的必要。

兄弟很惭愧，贡献太少，但总想"抛砖引玉"：诸位，能就自己的见地，加以纠正补充，就自己的可能，订成很好的计划，来按步施行，我这十次演讲，希望会有相当影响。

兄弟就是有一点很大的感慨，在廿四岁时，出了校门，最初踏进社会，那时候各国正在倡言瓜分中国，我呢，集合了一群同志，奔走各地，大声疾呼，要国人起来挽救，到今足足四十年了，而我还在这里演讲，眼见到家乡沦陷，无数同胞流离痛苦。我中华靠天赋的富厚，人民爱国心的热烈，领袖的英明，友邦的援助，抗战最后胜利，自属于我的，回想四十年来，前因后果，才从极度痛苦中间，得到极大希望，诸位试为兄弟设身处地，作何感想呢！

这五天来，十次演讲，深感诸位厚意，我起初不敢希望这圆满的结果，我因为知道一次两次要人家来听还容易，长期地听讲，像诸位负有重要职务的长期来听讲，实在不容易办到的，尤其是远道而来的朋友，更不是容易，昨夜大风雨，兄弟坐着朋友的人力车，诸位都冒着风雨步行而来，今天还照常热烈地来听，这种种，兄弟何等感奋！今后更应该何等努力。诸位！多谢！多谢！

（原载《中华复兴十讲》，1943 年）

怎样学习史地?

——黄炎培先生复蔡一先生函

蔡一君: 二月十日来信敬悉。承询各点, 简答如下:

(一) 时代进步, 是我们的幸运。大后方黑暗面固然有, 光明却正在前面。我们只有感到责任的重大, 不能有丝毫失望。

(二) 没有学习伴侣的职业青年, 自只有从自修入手, 研习应用智能。史地一门, 为认识社会演进学习社会科学的基本, 自可专门学习, 也懂得学习。

(三) 学习史地, 第一步还需从史实及自然地理的研究入手。这一步功夫费的时间相当长, 但如果利用坊间出版高中以上学校史地教科书来研读, 较为浅近切实, 有提纲挈领之效。否则一部二十四史真不知从何读起。在研读时所应注意的: 历史方面, 应着重近代, 地理方面, 应从本国及日常生活中了解起。因为尤接近, 时间空间的影响尤大, 尤有效用。第二步, 进而从事史观、专史及地理观、专门地理等比较精深的研究。这是偏重于专门理论的探讨的。同时, 在今日研究史地, 应一以民族国家做中心, 才是最有意义。

(四) 学英文最好先请懂得英语的教师, 教会字母的发音。以后有机会进补习学校函授学校或自习, 最好自宜面授须有基础, 再行自习。

(五) 独学无友, 原是最枯燥最费力的事。但在环境条件不许可时, 只有独自求进。一切困难, 须以坚毅的精神来克服了。不过, 逢人求教, 利用机会做学习功夫, 还在自己, 唯一的要诀, 是要打破因为年岁较大的关系, 所感到的羞。祝进步!

黄炎培复 三十二年二月十七日

(原载《国讯》旬刊第 329 期, 1943 年)

职业与事业

选择职业问题，根据个人二十余年研究及实际经验，认为应当根据下列两点来决定：

一、个人天赋才能和性格。各人天赋的才能和性格，各不相同。有人适宜于活动的工作，有人适宜静态的工作，有人长于某一部门工作，有人对于某种工作最感兴趣，因为他生理心理的某部机能特别发达的缘故。

不过心理学家常说：人类天赋的才能和性格，常言有一种"可塑性"（Plasticity），随时发生一种适应环境的作用，会改变其才能和性格的倾向。就我个人的实际经验看来，人可分为两种：（一）专才——只长于某一事。（二）通才——差不多事事都可以干。换句话说，第二种人"可塑性"特别大。所以我们指导青年，或青年人自己选择职业，首先应当注意是专才还是通才。当然这两种不是容易分别出来的。

二、环境的需要和可能。要把自己天赋的才能和性格，与环境的需要和可能配合。这样，选择职业，才能得到圆满的结果。

谈到职业与事业的关系，先得把"事业"一名词来研究。事业的意义，与其把个人做出发点，毋宁把大环境的需要做出发点。比如在今抗战建国大时代，一切事业都得与抗战大业相配合，所以个人的职业，也要根据这个原则来决定。

人类社会是整个的。我们承认它在不断地进化。什么叫"进化"？依我的解释，人类种种活动，一天一天在调和配合他们一般的生活需要。愈能够调和配合，就是愈进化。还有一点，整个人类社会，一年一年地在那里打通，在那里混合。比如最近三十年来两次世界大战，把国家与国家间，民族与民族间的墙壁，打通了不少，我想第二次世界大战结束时，也许前途只剩余着几道大墙壁了。这种很大的新的变化中间，个人的事业，一定要适应这最新环境的需要。

我愿意贡献三点具体意见，也可说这是个人事业值得努力的三个倾向：

（子）我们一切一切，都要把大众做对象。因为今后无论政治、经济、文化，乃至文艺、美术，一切一切，都要看它对于大众的贡献是大，或是小，来判定它的价值是多，或是少。

（丑）工作内容，也是一天一天在那里进步。进步的中心力量，是什么呢？是精确性。我们现在要解释"精确性"，只得援用一个名词："科学化"。如果他的工作，能够极度的科学化，造成极度的精确，这个工作的价值，就是极度的伟大。大规模的世界战争，谁胜？谁败？就是从它们的物质方面，政治方面，乃至战略方面，在比赛它们的精确。谁精确？谁就胜利。

（寅）刚才说过，这次世界大战后，也许小墙壁全部打通，只剩下几道大墙壁，这就是告诉吾们，今后一切工作，都要注重国际性。不但许多工作，以后要变成国与国间的共同事业，并且国内国外有一种好的方法。我即仿效。闭门造车，是一件不合理的事。岂但不应该关了家门造车，就得关了国门造车，也是不行。你要造车，就得看看人家怎样造法，你不能禁止人家仿效我们造车的好方法。为什么不仿效人家造车好方法呢？我希望几千百年以后，我所提的"国际性"这个名词，只可以改称为"世界性。"因为"国"这一名词，只保留在历史中间了。今后做人，要看他对全世界的贡献有多么大。有这样大贡献，就是关了国的人，才是人类社会所最需要的人。

个人的职业与事业，都应该根据这种种意义，来找一切适当的解决。下两句是我二十五年前在辽宁省安东县初次唱出的口号："远处着眼，近处着手。"今天仍愿贡献给有志研究选择职业和事业者。

（原载《国讯》旬刊第 341 期，1943 年）

今后中华民众教育的方针

研究任何问题，须注意以下三点：第一，认定世界全人类社会是整个的，不论站在任何地位，都值得注视全社会的趋向是怎样？他们所要求是什么？第二，认定人类社会因因果果、相递相连而成的一部大历史，是怎么一回事？对任何问题，提出办法，都不可忽略过去，尤其是最近的过去。第三，任何问题，须认定对方最中心的要求是什么？我所提出的办法，要是没有能切合，甚至和它违反了，是万万行不通的。

民众教育，要认识民众最中心要求是什么。中华的民众教育，对象是中华的民众。若是有人问，中华广大的民众最中心要求是什么？我敢肯定地答复，我们广大的中华民众最中心的要求，只是"安居乐业"，简括说来，要求生存。饥寒要求衣食，疾病要求医药，遭遇了患难，要求保卫。至于有了耳，要求多闻，有了目，要求多见，业余要求娱乐，这是次一等又次一等的事了。我们天天谈教育，说文化，要是对他们这些最迫切的中心要求，毫无些微帮助，乃至不生关系，老是隔靴搔痒，或轻重倒置，即使用政治权能来勉强推行，民众也不会诚意接受的，或者竟使他们感到厌倦。

进一步想，我们中华民众，生长在农业社会里，生长在广大的陆地上，由于这种生活环境，构成几千年传下来的思想，使得大家向来不好斗争，并且厌恶着斗争。但是求生存、抗强暴这些人类共同的天性，因他们鄙弃且痛恨斗争而特别充分地发挥着。中华民众平时决不愿斗争的，到不得已的时候，他们的天性爆发起来，会不顾一切，奋全力在斗争上边求他们的生存。在这里看出他们和欧洲以及欧亚两洲间若干种民族天性好斗争的不同，却也和南洋一带若干种小民族柔弱到不能斗争的也不同。一部中华大历史是上述两种特殊的民族性所演成的。我们讲教育，尤其是民众教育，不能不着眼到这种最深切的民族历史遗传性。

再进一步想，现在整个人类社会的要求是什么？我们也可以答复，他们是为了当前和未来求得生存的大大艰苦，而正在努力扩大团结。但是一部分侵略国家——他们的领袖，他们的党阀，却利用一国家、一民族团结生存的大题目，来要求满足他们错误的褊狭的小群独霸的意图。至于我们的抵抗侵略，一方面为了自己生存，一方面还在扶持正义，使得借此促成扩大团结。我们对于下一代中华儿女的要求，只有要求他们胸襟更宽大些，正义感更浓厚些，万不能让他们在民族间还有互相残杀，有己无人的错误思想。原来这两派思想，他们的出发点，一面是私，一面是公；一面是褊狭，一面是正大。不等到交锋已经可以决定谁胜谁败。现在事实明白告诉我们了。因此，我们可以认定谁的思想公正阔大，谁就生存。

可是现在民众思想又进步了。饥寒要求衣食，疾病要求医药，患难要求保卫，有耳要求多闻，有目要求多见，业余要求娱乐，这一切一切问题，他们希望着解决，还希望自己来参加解决。原来自动是人类的天性，从婴儿时期起，眼前一切物，都要自己去求得，要自己来做成，年龄一天天长大，这天性一步步发展。世界政治的进步，趋向民主……从教育立场说，就根据这共同的天然的心理，也只有这样，才把问题解决得妥恰。负责民众教育，就应该大大着眼这一点，怎样来适应他们的思想上进一步的要求。

思想是进步了，是公正阔大了，方法不好，还是要失败的。所谓方法，一般人称为科学化，就是从自然方面，应用到人事方面。从源头上讲，就是思想方面要条理分明、认识精确，行动须绝对根据他的思想。把这些做了基础，来研究事和物，控制事和物，定可以完成他们的目的。把中国古书上的话援用一下，《中庸》所谓"文理密察"四个字，倒是很完全表现出科学精神。今后全世界人类都要在上开这些试题上，来个极严格的考验，谁分数多，谁就能生存。

以上所讲，不但指民众教育，更不但指教育，具体说来，今后中华民众教育，必须针对着中华广大民众最迫切的中心要求而出发。这要求，就是生活问题，其次才是知识问题，又次才是娱乐问题，都需要从教育上帮助他们解决，更帮助他们自动解决。同时必须认识中华民族不好斗争的天性，……但是相反地，他们能抵抗，能革命。如误认中华民众不会斗争而加以侵略、压迫，也是陷于错误。如果教育者认定这一反一正两种天性，而加以利导，同时充分发挥中华民族爱好和平而能奋斗的美德，去迎合全世界共同趋向着的扩大团结的新思潮，一切一切，以精密正确的思想，来支配眼前的事事物物，拿来做平时求得生存、战时取得胜利的基本，那正是我们教育家神圣的任务了。

我所认识今后中华民众教育的方针，就是这样。

（原载《国讯》旬刊第 355 期，1943 年）

做个中国的傅步兰

亚民君：

读到你三月二十一日来信，知道你是从事盲哑教育的一位青年，你因为看到你的家乡——滇西，有着成千的聋哑儿童，没有受教育的地方，你想将来在那里开办一个哑校，终身从事盲哑教育，这种思想和志愿是十分正确的。我们人生的目的本在服务，升学只是发展个人对于将来的服务能力，以期实现个人的抱负而已。

说件故事给你听：五十年前，在华翻译西洋格致专书的一位英国人，名傅兰雅年老回国，将他一生在华所得薪水剩余，尽数为中国人造福，认为最苦是盲哑，乃派他的儿子专学盲哑教育，学成替他起名字叫傅步兰，到中国来，在上海办一盲哑学校，傅步兰终身为校长，"八一三"战后，不知道怎么样了，吾三十八年前到美，还和这位老先生往来，他爱中国，和吾们一样。唉！这样的热诚服务，这样的计划远大，真正值得你们钦佩，希望你们将来做中国的傅步兰。

你为了要实现你将来创办盲哑学校的抱负，准备再加深造，预备投考大学，专致教育，这种见解，也很可佩。现在将你询问的几点，答复如下：

一、重庆璧山，国立社会教育学院一所，其内容所组织不甚清楚，可直接向该院索取招生简章。

二、师范学院招收同等学力之学生，唯须修了高中二年而有证件者，学生待遇完全公费。

此致，顺祝：

努力

黄炎培　卅三、三、卅一

（复郭亚民的信，原载《国讯》旬刊第 366 期，1944 年）

沈信卿先生传

先生姓沈，名恩孚，信卿其字，亦署心磬；初号莑梧，又号渐盦，晚号若婴。籍江苏吴县而居嘉定。幼颖异，博览群书，至暮年，手未尝释卷也。年十五，入县学为诸生。面白皙如冠玉，体甚短，而学行冠其曹。远近争延为私塾师，尝为地球韵言以启童蒙。苏松太三属有书院在上海曰龙门。历任山长，皆一时名宿。先生就院肄业，为山长兴化刘融斋、熙载所器重。与同院生华亭沈约斋、祥龙，宝山袁竹一、康，上海李平书、钟珏，姚子让、文楠辈齐名，卓然负时望。

岁甲午，举于乡。先生既淹贯经史，尤精于文字学。亦尝治西北地理，刊行渐学庐丛著。顾中年以后，从不以示人。为诗文，清腴而峻拔，波澜壮阔，而一中于规矩。工书法，善作擘窠字，奄有闳肆与精严之胜。宝山县学堂成，先行往执教，及门多成材者。张君劢、嘉森，公权、嘉璈兄弟，金侯成、其堡皆出其门下。甲辰，先生偕平书及宝山袁观澜、希涛辈，创议改龙门书院为师范学堂，当道韪之。是年秋，先生与观澜上海叶醴雯、景沄及嘉定夏琅云、曰璈东渡日本考察教育。既归，先生受任为龙门师范学堂监督。是为先生委身教育，弹心竭力时期。

四十年来，江苏新教育为各省先，蕃衍滋生，影响及于全省每一村落，饮水探源，龙门其最高峰，而先生则卓立峰巅，疾挥而高唱者也。维时江苏兴学之风大振，各地学校如云蔚起，而潜在之旧势力，时时与之抵牾。省吏往往挟旧者以自重，而抑新进。清末江苏省置总督巡抚各一，总督治江宁，巡抚治苏州，各于其下设提学使，宁苏两提学使权责上时时相对抗。当科举未罢，苏皖两省士子同受试宁闱，名曰江南乡试。制既革，而两省学生纠纷起。坐此种种，苏人士就上海创江苏学务总会，网罗全省新人物，而南通张季直（謇）、吴县王胜之（同愈）、太仓唐蔚芝（文治）诸老辈，迭被选为会长。对全省新教育，保障其生存，平亭其纠结；同时利用上海地绾中外海陆交通，恣吸世界新思潮，以为全国介绍，如为推行普及教育，而倡小学单级教授法，设所传习；为建立民宪基础，而集会研究地方自治，改组上海总工程局，为市议会权舆，而先生被选为议长；为反对铁路借款，而倡立江苏铁路公司，今沪杭甬路江苏段，出苏人自建，而先生被选为董事；类此者殆不胜举。

凡所以革新文化，伸张民权，无不以江苏学务总会为中心。时当清季，国政日窳，人心日激，咸认惟兴学，惟地方自治，可以基本救国。有毁家立学而拒绝清廷奖叙者。以地方政权掩护绅权，以绅权孕育民权，以迄于武汉革命起义。江苏独立之前夕，凡此先生实为出全力终始之者之一人。江苏既独立，巡抚程德全被拥戴为江苏都督、组织都督府，先生与永康应季中（德闳）、吴县杨翼之（廷栋）、松江雷继兴（奋辈），入参戎幕。张仲仁（一麟）长民政司，先生副之。仲仁实未尝就职也。先生时得大展素抱，一新地方制度，为各省先声。知各县事者，什九代以孚负物望而具干才之本县或邻县人。测绘土地，浚修水利，整顿警察，大革新地方政务，江苏六十一县，由后思前，邈若黄农矣。江苏省公署成立，应德闳为省长，先生为秘书长。此实先生在政治上鞠躬尽力时期。试记一事以概其余，江苏鼎革之初，凡服官者待遇至薄，都督月俸不过五十元，某长某长三十元乃至二十元耳。一切酬应禁绝。上下惟壹其心志为新邦效力，人民争相濯磨以迎新治。癸丑难作，政局突变，先生立谢却政治生活，退而复理江苏教育。更广吸欧美思潮，为全国倡。在斯时政府未遑加意之际，倡体育，倡童子军，倡新教育一切理法。全国省教育会联合会岁一举行。先生代表江苏出席，未或缺也。

先生乃复以严气正性，与恶势力搏。袁世凯欲称帝，风各省劝进。某省教育会既屈于势，电邀江苏列名，江苏复电拒绝而公布之，实为全国抗袁第一声。上海警察厅长徐国梁，倚世凯横行，煊赫不可响迩。先生面呵责之，人莫不称快。顾为先生危。未几，而世凯死，国梁亦为人狙击死。民国六年，先生被简为湖南教育厅厅长，湘人士争电欢迎，先生洒然谢。其谢政府，谓政府患求官之人多，社会患服务之人少。愿以在野之身，尽匹夫之责。盖先生不复从政之志决矣。由是发起中华职业教育社，筹创南京河海工程专门学校，负责董理同济大学，南京高等师范学校，东南大学，创办鸿英图书馆，其间被选为上海市议会议长者，殆逾十年，而先生精力亦稍稍衰矣。

"八一三"战事起，先生以病留沪，仍不绝于吟咏，而气弥壮，志弥坚。所寄望于后人无穷。民国三十三年四月四日以疾殁于上海鸿英图书馆馆长任。年八十有一。先生生日，为其母夫人忌日。故虽高龄，从不容人向之称寿。配杨夫人，清才淑德，俾先生绝内顾。尝集同志，倡家庭日新会，以渐移风气。先先生十四年殁。子有乾、有鼎，皆清华学校毕业，留学美国，为名学者。女有瑶，婿王选青；有珪，婿胡厥文，以机械工业专家名于时；有琪、有琳，各专所学，为社会服务。先生于学于教于政见之著述者甚多。顾未尝集以行世。早岁渐学庐丛著，既不可复见，晚年尝耗长时期心力，为《春秋》《左传》今地理之研究，既脱稿，亦未印行。虽然先生之所以信且传，有余于文字者。

余传先生生平既竟，泫然自叹！余之获纳交与先生，四十年于兹矣。或出或处，殆无不与先生偕。其间共晨夕者逾二十年。余所窥见先生，论事精覈，治事严正，明条理，从无敢干以私，凡先生所为，人人共见之而共受之矣。要尚不及先生之所不为，其示范于人人更大。

中华民国纪元三十三年五月一日　黄炎培　渝都

（原载《人文》复刊第 1 卷第 2 期，1947 年）

沦陷区收复后的教育
——中国教育学会座谈会

想到敌人占领的地区收复以后，所要办的，何止千头万绪。今天仅在教育言教育，略述我之意见：

收复失地第一是军事，第二是政治。教育的设施，应在政治已经展开，和地方秩序渐渐安定以后。且须与政治密切配合。所以沦陷区的教育，应包在整个的政治计划中间。论理，我们应先研究政治计划，然后研究到教育。但今天不预备说政治，专谈教育。

沦陷区收复后的教育，第一步在消毒，应将敌伪学校所强迫使用的一切要不得的教科书及其他读物，用公开的方式，付之一炬。此举亦足使学生从精神上起一种极有效的消毒作用。但同时须准备好相当数量及种类读物。

失地收复所需要大量的教科书及其他读物，如何供应，实是一个很严重问题，应请政府早为准备。

第二步在恢复元气。予学生以精神的解放，鼓励勇敢，回复其自由。此点似应该不生问题。然有很可能发生的一种政治纠纷，从教育的正当立场说，光明正大的民主潮流下，任何方面都不宜借学校做政治斗争场所，把学生做工具，平时已不应当这样，战时更不宜这样。尤其是切望在失地初收复时，大家须可怜这一群失路的羔羊，在九死一生后，才得跪在母羊跟前受乳，本着教育神圣的认识，任何方面，绝对不诱导他们，重蹈危机。

上开两步工作，在沦陷没有过久的区域，还容易办理。在华北尤其是关外一带，受毒这样久，这样深，更须想出特别有效办法，容继续贡献意见。此时所想到的，除上开数点外更陈四点：

（一）各地不少在隐逸中的爱国人士。尤其是教育界，就我所知，还不少老辈存在。此辈最可敬而处境最艰险可怜。政府应随地征访，发现以后，予以相当的礼遇与表扬，并察酌情形，予以物质的援助。

（二）各地有被敌伪令服务教育者，学校亦有被迫用敌伪教科书者，除将书焚毁外，其人既查明迫于淫威，应加原谅。且不绝如缕之教育亦正赖此辈维持，宜宽容此辈令其继续服务。

（三）宜普令各地为抗日惨痛立纪念碑。并就相当地点设大规模的抗战博物馆，用文字、电影等，写述敌人残暴惨酷状况，俾后人时时惕励。

（四）除全国抗战纪念日别有规定外，每县更就沦陷之日，与光复之日，分别定为纪念日。举行公开的纪念仪式。

以上四节，虽不尽属于教育，然于教育前途必有重大影响。

更宜组织流动教育队，分路出发。用演讲、电影、歌剧等，沿途公开表演，以解放民众精神，而作其勇气。此在沦陷较久之区域尤属急要。（卅四,四,六）

（原载《国讯》旬刊第 390 期，1945 年）

生活需求自由与职业介绍
——序职业介绍之理论与实施

（一）

人群进化到今日，每一个人须尽彼所有力量，依适当的有定的方式，贡献给群或群的某一部分，使构成整个的力量，用以保障全群。而每一个人亦须向接受彼贡献者取得生活之所需求的权利；同时亦即负有协助每一个人，使获得生活权利的义务。而整个的群，尤应担负着使人人获得此权利的义务。

前者说明了职业的意义。后者说明了职业指导和介绍的意义。前者意在使有力者出力，后者意在使无业者有业。

（二）

一百二十年前，英国学者边沁倡为最大多数最大幸福主义。当时读彼学说，只觉与中国先哲遗教有异。"获后加"，"时予之辜"中国古代政治家的抱负，不容有一夫不得其所。彼所欲解决者，是每一个人生活问题。不以大多数人为对象，而以每个人为对象。彼此比较，未免感到心量广狭的不同。最近却发现新的变化。一百五十年来，工业革命造成了经济上之不平等。苟不以每一个人为对象，而欲满足其生活需求者，亦未尝不可对资本主义歌颂它的功德。乃者人类知识水准日趋接近，从而要求生活水准的接近知识日渐高；要求日渐烈。加以资本主义高度发展之结果，促成世界大战。当第一次大战结束，欧洲失业者六百万人。美国失业者一千五百万人。四万退伍失业军人奔向华盛顿要求救济，弗兰克林罗斯福的新政，乃应运而生。彼一生伟大的成功，建筑于彼所倡导四大基本自由之上。此四大基本自由：第一第二言论信仰自由，早成定论。第四免于戒备的自由，乃在解除世界武装。独第三生活需求的自由，给予"或后加"，"时予之辜"相合。唯彼认为本人应享的权利，而中国古训认为他人对彼应尽的义务是了。自经过第二次大战，基本人权说经济平等说皆将大偈。这是世界的新趋势，亦是人类间的新进步。

（三）

欲解决每一个人生活需求问题，与其事后从事救济，不如求之于事前。事前解决须从三方面努力：一、生活能力的加强。二、物质供给的增多。三、生活供求的配合。而皆须责之于政府。从前救济工作委之于社会慈善家。今则国家制定救济法，特设机关主管其事矣。职业教育可以使生活能力加强，亦可以使物质供给增多，政府既定为主要教育政策之一，而学说的变迁，事实的逼迫，所以配合生活供求者，政府亦岂能卸责？（职业介绍法国民政府已于民国三十四年八月公布，但未经明令施行）

从源头上解决生活问题，是为职业教育。而欲从生活实际上解决是为职业指导与介绍。包含教育意义较多者，是为职业指导；而包含政治意义较多者，是为职业介绍。

（四）

中华职业教育社民国六年成立。至十年间开始试办职业指导与介绍。二十五年来未曾中断。喻兆明先生从事职业教育有年，嗣留美专攻职业教育，卒业后，服务于奥缽仑职业介绍局。既归，仍就中华职业教育社服务，于今又十五年矣。自社会部成立，兼任部职。喻先生以其最丰富最精确之研究与经验，写此职业介绍之理论与实施一书，而仍不断研究与实验，希望先生三年或五年就此书不断增订。世界愈重，生活需求自由将愈重职业介绍。美国爱莲（C.R.alien）博士终身从事职业教育，先生既师事之，其将亦步亦趋之矣。

（原载《国讯》旬刊第 393 期，1945 年）

心（节选）

此次对日抗战，出自国人公意。当七七战祸发动之前，国人积愤，不可遏抑，已成一触即发之情势。试以微物为喻，尝赴菲律宾观斗鸡，鸡方过和平休闲生活，无斗志也。斗者去甲鸡颈际数羽，令乙鸡就去羽处，以利喙啄之，甲鸡感痛，微怒。更啄之，大怒，啄之不已，甲鸡痛极，鼓翼长鸣，誓与拚生死矣。吾国人对甲午之耻虽久而未尽忘也。自"二十一条"而济南事变，种种激刺，已甚怒矣。至"九·一八"而"一·二八"而热河长城之役，直至七七前夕，国人蓄怒已至最高度。海外侨民情绪尤为激昂。试忆彼时期主战之文字及言论，几乎触处皆是。最后政府乃决定方针，对敌抗战。最高领袖且宣言一经开战，不可中途停止，所以过去一年半以来，表现于前方后方，前仆后继，极壮烈牺牲，而绝不怨悔，谓为国人公意抗战，绝非虚语，亦就为国人公意抗战，故经过十九个月，愈战愈坚强，土地可以占据，精神不可以屈服。

（原载《抗战以来》，国讯书店 1946 年版）

中华职业教育社创设比乐中学意旨书①

为什么办比乐中学？怎样办比乐中学？

中华职业教育社，就是三十年前要实验我们对教育上的若干理想，才创立起来的。现时所办职业学校、职业补习学校、职业指导所以及过去所办各地农村改进等等，都是前前后后，凭着理想，在一步一步试验。对日抗战结束了，大家重整旗鼓，现存的事业，都在不断地改进中。

本社办了职业教育算了，何以还要办起普通性的比乐中学来呢？这中间有两大理由，很愿意预先说明的。

第一，吾们中间有参加过二十五年前讨论并起草现行新学制的。现行新学制，中学本不限于初、高级各三年的一种。但所以采用三三制这一种做标准，中间有一个主要的原因，就是三三制便于在初中三年内施行职业指导。职业指导的施行，本不限于社会性。据世界职业心理专家的测验统计，大多数青年不论男女，到了十四岁或十五岁，天然地会想到将来生活的寄托，就是择业问题。教育在这个时候，就应该用种种方法明示或暗示各种职业的意义价值和从业的准备等等，使得每个青年不要走向和他天性或天才不相近的道路。这就是职业指导。当时新学制的用意，学生标准年龄十三至十五的初中，以普通为原则；十六至十八的高中，以分科为原则。就为是等初中受过职业指导以后，可以按着指导，升入分科高中的缘故。

但是，学制虽如此定法，而实际上按照这样办的初中，各地方还不很多。过去曾采用一种方法，指定若干区域，就这区域的若干初中的三年生，在专家指示之下，同时施行职业指导。这种方法虽好，惜不易于普遍推行。后来，距离新学

---

① 在此意旨书上署名的有黄炎培、江恒源、杨卫玉、何清儒、孙起孟。

制的创始，一天一天地远了；了解这些意义的，一天一天地少了。我们怕湮没了当时中外专家创设新学制的好意，特地设立这个中学，按着它本意来试验，尤其觉得向以职业指导为重要使命之一的中华职业教育社，简直是责无旁贷。

第二，依一般现况，高中毕业生中间无力升学的总是多数。这些青年，如果受到职业性高中教育，毕业后便不致失业。可是，办一职业学校或设职业分科的高中，教师、设备、经费种种困难，都是事实，普通中学到底好办得多，所以后者总是多于前者。虽经最高教育行政当局历年严令限制后者的设立，但观最近民三十三年教育统计，全国中学有二千七百五十九所之多，而职业学校还只有四百二十四所，将怎样安慰并处置这一大群无力升学的高中青年呢？

想！想！想出一个办法来了。所谓职业，除开专门技术以外，有通常必须备具的几种能力。如果备具了，怕任何职业环境都容易走得进的。是哪几种能力呢？国文无论私函公牍、文言白话，都能应用；英语（在需要区域）无论书信和会话，都能应用，尤重会话；而于课外特别注重服务（初中本有劳作科），例如关于个人与团体生活的料理，关于机关、人的管理，物的管理，经费的管理（兼略习初步会计），均就时间及环境之允许，酌使练习。在中学六年中间，不变更规定课程而能养成上开各种能力，于升学不致有妨，而于就业取得特别便利。细细考虑一下，这些理想，怕不是做不到的。还有一法，现行中学法第六条规定"中学应视地方需要分别设置职业科目"，那么，如加设商业科或文书、会计、事务管理等，当然都是可以的了。

这条路如果打开，许多普通中学都可以借作参考。许多不一定在经济上有升学能力的青年，借此也许可以取得一条出路。但地方情形不同，这点必须注意到的。

我们还有若干理想，在这个中学里边，愿一并拿来试验的。

其一，学费合作制。私立学校在立校者本无负担学费之义务。我们常想，有耕田的经验和兴趣的，该让他们耕田，可惜他们偏没有田；有办学的经验和兴趣的，该让他们办学，可惜他们偏无力办；都是困于经济能力的缘故。今设一法，学费本来该由学生父兄负担的（公立学校除外）。私立学校，除开办费另筹以外，如果把一学期必不可少的费用分摊在每一个学生身上，开学以前，宣布预算，估定一个数目，令学生分摊照纳，到学期终了，将实支数公布，有余发还，不足补纳，用这种合作办法，公公平平地来解决学费问题，怕一般学生家长不至于不赞成吧！

我们就想在比乐中学里，试办这学费合作制。开办费已另筹有着了。宣布一学期预算，估定每生纳费数目，到学期终了，实支有余时，虽少亦必分摊发还。但如不足，或由校另筹，以免补纳的麻烦，亦是一法。

其二，小级制。依吾们实地经验，每级学生数的多少，往往和效率的高低成为反比。为的是每级人数多了，不但教学上不易个个照顾周到，就论教育的精神作用，亦因散漫与复杂不易取得普遍的反应。若干年前，吾们亲见西洋教育有实施小级制，每级限二十余人的，教育的效率确是高。中学殊未能例外。这小级制，本社于抗战期间，在四川灌县办一都江实用职业学校曾采用一下，很见功效。这小级制，当然于普及的目的，不免冲突，但就教育立场说来，求质的精，吾人认为有采用的价值。

比乐中学，就想酌量采用一下。学费既采合作制，那么少收几个学生，多纳一些学费，得益还是在学生方面，在贤明的家长，想来不会反对。但虽因此而或多收些学费，总须在行政当局规定学费数量以内，尽可能求其减少，使家属不致过增负担。

前两点，有间接有关职业教育的。后两点，属于普通而同样适用于职业教育的。此外，关于教学，关于训育等等，我们都有多年积下若干理想的方法，有些部分，并且于现今盛倡民主时期，值得特别重视的，准备都在这比乐中学里，聚精会神地实验一下。

可是，有一点必须郑重提到的，比乐中学暂时就办在上海雁荡路十八号，紧靠着复兴公园，学生游息地方是很好的。只不拟办寄宿舍，很想利用学校附近是广大的住宅区，借一律通学的关系，与学生家属间设为种种方法，取得极密切的联系。为的是上开种种，几乎没有一项不是需要和家长合作，得到亲切协助才能收效的缘故。

凡事必先树立起理想来，但到实行时，却又须虚心求进，不宜固执成见，或者为了环境和能力的关系，理想到实行时还要打些折扣。我们愿和在校师长，尽心尽力地一面和家长合作，一面和学生合作，办到某一段落时，准备公表经过情形和所收得的成果，以求社会的公评，并随时欢迎参观赐教。

吾们认为，学校教育如果有一分成就，是学校和一般家长公共的收获，是教师和一般学生合作的功绩。

（原载《教育与职业》第 201 期，1946 年）

张仲仁先生传

　　先生名一麟，仲仁其字，为文尝自署民佣，又尝自号大圜居士，江苏吴县人，父是彝，清光绪庚辰进士，官直隶正定县知县；母吴氏，以清同治六年公元一八六七年生先生，兄弟三人，兄一夔，字寅皋，先生其次也。幼颖异，被誉为圣童，年十二，入县学，为诸生，光绪壬午，年十六，中江南乡试副贡，乙酉，年十九，中顺天乡试举人，文名溢吴下，尝自课弟云搏一鹏读，岁癸巳，一鹏亦中式江南乡试。戊戌政变，兄弟相偕就苏城创苏学会，倡新教育以应之。辛丑壬寅间，先生受四川学政吴蔚若郁生聘，入蜀襄试。癸卯，年三十七，陕西学政沈或泉卫以先生名与汤蛰先寿潜、张菊生元济、梁燕孙士诒辈保荐应试经济特科，试卷为张之洞激赏，置第一，揭弥封，则赫然先生名也，主者以大魁宜出翰林院，乃拔袁嘉谷为首，而次先生焉。甲午以后，先生三度计偕北上，俱以所亲被命襄事试闱，至则格于例回避，嗒然返，至是分省直隶，授天津河防同知。

　　袁世凯方为北洋大臣兼直隶总督，震先生名，欲罗致之。始先生分省湖北，世凯与之洞争之力，乃改今省，入幕办文案，为文工且敏，他人数百言不能尽，以数十言了之。昏后，世凯索幕客，不得，独先生危坐，属草十余稿，立就，自是参机密，得署同知。同知兼理轻微民刑事，一日，拘小窃至，称苦饥寒耳，先生恻然，给银数元，令小负贩自活，数日，又拘至，问何不改行，称所赐仅小负贩一次资尽矣，先生谓可原地，薄责之，给银如前数，不数日，又至，则伏地不语，先生命送之狱，忽哭呼母，复讯，则云："小人死不足惜，母年过七十，一日不归，母一日饿，奈何？"事闻于后堂吴太夫人，呼先生进，倍予银两而仍释之，其人卒改行。

　　丁未，世凯被朝命入参宪政，先生偕赴京，军机批拟，益倚重先生，一时筹办自治，设备省谘议局，凡有关宪政诏谕章制文电，咸出先生手笔。戊申己酉间，世凯被挤还洹上，先生亦移家南下，就苏城筹建图书馆，筑公园，友好之在浙者，迎先生游西湖，遂入浙抚增韫幕。辛亥春，返苏养疴，十月而武昌起义，清廷起袁世凯为湖广总督，统兵驻京津，星夜电先生往。时各省纷纷响应民军，人心极度激奋，而民军力弱实甚，南通张季直謇、武进赵竹君凤昌辈忧之，长日集上海赵惜阴堂密商，以为惟清廷逊位，则国难可以立免，惟世凯能说清廷，顾谁说世凯者，舍先生将奚属？函电往返，终使世凯意向民军，清后下诏逊位，数千年帝制，一日而民国，此旋乾转坤大业，以唾手致之，在南謇凤昌辈，在北日聒于世凯前以底于成，则唯先生一人。

江苏独立，先生应苏督程雪楼德全约，一度归任民政司长，惟世凯终不能释先生，不久复北，受任总统府秘书兼政事堂机要局长。无何，世凯欲称帝，左右承旨劝进，先生入谏，反复陈利害；政事堂会议筹备大典，先生起立直斥之，才发言，武人某举枪怒目先生，国务卿徐世昌遽起，牵先生衣，曰："仲仁！随我来。"先生色然出，立辞机要局长。夜有人投弹先生私邸，死马一，人咸为先生危。蔡锷之易姓名出亡也，濒行，贻先生盆桂二；盆者、朋也，桂者、归也，隐风以朋友偕归之意，而先生夷然。

先生之辞机要局长也，世凯仍授教育总长职以羁縻之。时为四年十月，在任重视社会教育，损廉俸特创注音字母传习所，不久，引去。云南护国军起，各省先后揭帜独立，世凯惧，急自废帝制，既而病死，先生益无意仕进；迨冯国璋以副总统代理大总统职，先生尝一度被任为总统府秘书长，然非先生意也。维时南北两国会两政府对峙，国事益俶扰，先生则唱统一，唱和平，继且唱民治，谓"非统一不足以建国，非和平无以安民生，然非民治又无以立其本也。"八年二月，上海开南北和平会议，先生被推和平期成会副会长，遂至上海，愤于和平中辍，统一莫望，乃为文以评其友徐佛苏西南自治与和平一书，其文略曰："代表撤回，和平中梗，吾辈向者无穷之希望，已付东流，计自上年两方代表开议以后，所可称为让步者，不过主战之段合肥，变为局部议和之冯河间而止。然不生不灭，不战不和之局，虽有善者，无以解决，甲仆则乙兴，丙唯则丁否，以外力之搀逼，与夫国力之困穷，其能长以终古耶？日复一日，元气凋丧，火尽油干，非与国同休不止。"又曰："自汉以来，或数年，或数十年，或二三百年有不革命者乎？此其故安在哉？"又曰："帝制萌芽，在民国四年之初，各省将军，纷纷添募军队，一日，余谓朱君启钤、周君自齐曰：'藩镇之势已成，此后中央命令，恐不能行于地方。'两君然之，而无如何，果也项城没而督军团兴，南京会议，徐州会议，天津会议，风起云涌，不可爬梳，昔也川滇之役、今也奉直之争，苦我人民，危及邦国。"又曰："共和原理，必由民治，真自治，便是国民有自觉之知识，自动之能力，言自治之极点，必标其名为民治。夫武力之不能统一，由当事者不知民治之义，遂无自觉之心，至于今则向所恃为雷霆万钧之武力，无不力尽精疲，途穷日暮，宜若可以幡然变计，咸与维新，而双方皆以习与性成，莫肯推诚相见。"又曰："顾亭林谓用天下之私，以成一人之公而天下治。若夫今日自治之说，则用人民之私，以成天下之公。然非有权力牺牲小我以全大我，其道末由。"文末曰："仆性疏狂，不乐羁縶，人事牵率，每难自由，清光绪癸卯以后，在北洋幕府者七八年，借读未见之书，略明当世之故，辛亥变革，偃处里中，以地方秩序之不可坐观，府主情谊之不能过却，参与文牍，无役不从，蒿目时艰，弥增隐痛，叹吾谋之不用，遂浩然而思归。项城既殂，亟思退隐，乃尘心未净，祠禄虚餐，国危而无以扶持，民困而末由拯救，自上年十月十日以后，闭门思过，久已与政治绝缘，今因徐君之文而又哓哓不已，甚至指斥元老，批评伟人，且对于最亲善之强邻，直言开罪，是亦不可以已乎？顾尝思之，人之所以异于禽兽者，唯人偶之仁，兴互助之义耳。世有保我民国，善我亚洲，以扑灭全世界之东方导火线者乎？虽磔余，其无悔。"文长万余言，穷一日之力以成，而不加点，时为民国八年九月，所谓上年十月十日，则新国会举徐世昌为大总统，国璋祺瑞同时下野之日也。先生用心，盖灼然可见已。

大局日恶化，然先生和平统一之信念不改。会湘军入鄂，十年八月，两湖巡阅使吴佩孚兵下岳州，先生夙见重于佩孚，乃复奔走游说，九月，以蒋方震、张绍曾辈合力，由绍曾发起庐山国是会议，电征各省意见，期实现和平统一，先生率先电应，佩孚等以与先生有成约，电表同意，终以若干方面各持异议，而无形消灭。

自是先生杜门不复谈国政，然遇地方重要事故，仍挺身代表人民，与权阀奋斗；例如齐卢之战，江浙民众衔之次骨，而无能为；先生集两省人士，奔走京杭间，垂涕阻双方出兵，尝说卢永祥，不见听，至于下跪。乃齐燮元败，则又奔走双方为之画界驻兵，俾相安焉。奉军南下，江苏地方受蹂躏至苦，先生函电申诉无效，则犯颜面折，以至声色俱厉。维时苏人士如上海沈恩孚、无锡钱基厚、武进钱以振、镇江冷遹、宿迁黄以霖辈，皆有志扶持乡邦正气，领袖为谁，则先生是也。如是者盖不一其时，不一其事，以迄于抗日战起。

先生以积劳故，精力渐耗，小溲见血，医言"病在肾，须长期休养"。乡居仍与其友李印泉根源弟一鹏为地方谋公益，百废咸举，弗一日自逸。苏城之西，有地曰善人桥，土沃，而民风滋厚，先生就其地兴教育，改良农事，为一般乡村示范。自先生居乡，乡人若藐诸孤之得母，地方官吏，若立之监，咸自濯磨以竞于善，先生则恂恂焉休休焉若不及也。东吴大学以法律博士学位赠先生，彰荣誉焉。上海"一·二八"民众抗日，先生偕苏人士抚伤兵，救难民，至"八一三"之战，而规模更大，先后设医院二十四，救治伤兵至五六万，收容难民且十余万。为诗文，大呼杀敌救国。更倡议组老子军，以作民气。迨大场撤兵，苏城陷，盛传先生被迫投井殉，海内外震悼，而不知先生以民众之拥护，早易僧服，隐于穹窿寺，不降志，不辱身，以自脱于难。

民国初年，苏人士尝谋拥先生长省议会，以与人竞，先生弗以为意也。至是敌焰益炽，政府设国民参政会，以一国人心力，先生自二十七年第一届当选为参政员，以迄于三十四年第二届。先生在参政会中，齿最长，非病不缺席。每次代表全会致词，一本至诚，发为直言，切中时弊，不随不激，闻者动容，而勿以为忤。三十年十一月第二届第二次大会，张表方澜偕先生等提出"实现民主以加强抗战力量，树立建国基础"案，列办法十条，请禁以国库支给党费，禁歧视无党或异党，禁任何党派在学校推行党务，禁一切非法特殊处置，壹皆人人所欲言而不肯且不敢言者。案虽为主席团留中，然如召开国民大会，制定宪法，保障人民身体言论自由诸条，获通过于全会，深入人心，著为国论。先生之忠诚伉直，不畏疆御，大率类此。

先生自清季即以汉字难识，主改革，在教育总长任，推行注音字母，不遗余力。二十八年秋，居香港，立新文字学会，与许地山赞塑等倡新文字，将使大众易读易写，著文数十万言，以为"今人好言全民政治，抗战盛倡总动员，试问国民百分之七八十不能读书读报，全民政治之全字，总动员之总字，从何说起？"其持论精切透彻类是。太平洋战起，先生方以参政会毕，将由渝飞港，濒行突以事牵中止，而不知港战已作，设成行者，且为敌俘。先生体素强，习健身术，宿疾良已，步履轻捷，渝居久，不习于气候，渐尪弱，食量亦减，卧床不能起，医谓："肺全部发炎，延及腹膜结核，衰年施治颇棘手"，移居扬子江南岸清水溪疗养院。三十二年，公元一九四三年十月二十四日长逝，年七十七。元配顾，早世；继配陈，治家整饬而和洽。先生不是生产，而无内顾忧，陈夫人之力也。生子四：为宣，幼殇；为资，美纽约大学法学博士，服官外交部；为鼎，东吴大学文科毕业，任职中央信托局；为璧，自幼养于友赵椿年家。女二：为珂，美密歇根大学毕业，婿程宗阳，天府煤矿矿长；为璇，持志大学毕业，服务中国农民银行。诸孙幼。先生之丧，萧然几无以为殓；诸友好助其家属厝遗体于重庆汪山放年坪，将扶归公葬于苏之虎丘焉。先生有日记藏于家，诗文稿多不存，顾廷龙、徐子为辑其存者为心太平室集十卷。自先生之殁二年，而日本败降，又二年，乃始获集先生生平以为之传。

炎培当年辛亥参与惜阴堂集议，读先生与南中诸老往来手札，是为获识先生之始。嗣是先生一度长江苏民政，其后归事乡邦建设，奔走地方军阀间，弭战谋和，既而对日抗战，服役后方，最后国民参政会上下论议，炎培盖无役不与先生共朝夕。综先生一生行事，舍为民为国无他念。其因南北分裂而唱统一，因军人好战而唱和平，而归本于民治，此距今二十三年间事。惟时国体早定，而国人于政治民主，犹有识之未真，求之弗切者，而先生倡之。经历日寇十年侵略，国命不绝如缕，先生以为非实现民主无以结集鼓舞全国人心力，无以抗战，无以建国，而大声疾呼以吁求之，其严气正性，发于一诚，人惮之重之而不为忤，达而在朝，退而里居，其有所言，有所行，则为民为国而已矣。其设所传习字母注音，其立会倡新文字，谋所以福大群，盖比物此志也。读先生诗文，盖确信日本之必覆败。先生所未及计者，其唯日本败降以后，我中华统一和平民主之迄今犹未一一获实现也乎！

（原载《人文》复刊第 1 卷第 3 期，1947 年）

苦

——中华职业学校二十五周年纪念日给诸教师诸学友一封公开的信

诸教师诸学友公鉴：吾颠运艰苦中的中华职业学校，今天居然在这里重庆江北举行二十五周年纪念式了。我校校名中中华中一切一切，靠的是中华，为的是中华，只需在中华国土上，任何一点都不算是客地。只想上海本校那样宏伟灿烂的建筑付之一炬了，而在这里靠全校师生的努力，靠政府靠地方热心诸君子的扶助，又一步一步扩展起来，像今天这个局面，我是二十五年前发起人之一，诸位知道我内心感触是怎么的呢？

我首先要问的，诸位知道我校建筑在什么上面的呢？我校确确实实，建筑一"苦"字上，现在不欲凭我个人的回忆，我来选几节我和历任校长十年前所写的文章，抄在下边：

诸位知道，上海本校初办时是怎样的呢？读读当时我校的第二任校长黄伯樵先生的文章：

"……中华职业学校当初办时，平屋数栋，逼陆家浜南岸，出入取道利涉桥，由桥至校一循煤屑之堤路，路至窄，仅容一塌车，陆家浜秽水一泓，为艒艒船麇集之中心，其简陋可想。彼时'职业教育'一名词亦方成立，师生数十同在一种试验性质之下，以教以习，然而共挟一种信心，再接再厉，迈进至今……"

本校四周这样的环境，怎样改造起来的呢？请读第三任校长潘文安先生文：

"余入职校第一年，最足使余奋感者，为师生之共同劳作，一举确不平，榛莽芜杂之地，自校长教师以至学生工徒，于'杭唷'声中，不五日而为平地，铺煤屑，开沟渠，俨然一操场矣。一陆家浜边空场，不一月而五幢校舍，居然于师生合作下竣工矣。此不仅师生合作之精神，可以纪念，即师生劳苦之习惯，更堪垂远。……"

诸位注意，当地一部分校舍和场地，是教师和学生自己建筑平治起来的。而且全校不用一校役。诸位从普通眼光看来，这种学生，可以说是苦学了。这种教师可以说是苦教了，然而他们从不觉得苦！

当时的教师，是经过一番选择后聘来的，个个都能苦教。其中有位俞抗澜先生，更值得大大纪念，请再读潘文安先生文：

"……抗澜先生富感情，苟学生不率教，或开会时有所争执，俞先生心潜然泪下，泪下而同学间眼眼相瞩，举座不欢，莫不谨敬受命，有时余亦下泪，同学都下泪，全场肃然……一日，黄君望平以功课未完，俞先生停止其星期日外出，黄君在室读书，竟日不倦，不思外出，俞先生既伴之读，余亦不欲出，三人一室融融泄泄，书声达户外，友人来访者，为之讶然。其实当时同学之犯规，或功课未毕者，吾人在休假日，必唤之来，与之共读不厌，大约一月中出外者，不过一二次，每次仅一二小时。……凡同学有疾病，余与顾校长及俞先生轮流慰问，坐其床侧，与之语，刺刺不休。一日俞先生亦患病，闻某学生病，强欲起视，余执不可，俞先生言，苟子弟有疾，为父母者能坐视乎？余为感动。竟夕伴某同学寝，俞先生始安枕。某同学感激至于泪下，以为得师如此，逾父母矣。今俞先生作古久矣，老同学当有回想及此者，名师长往，痛何如之！……"

诸位，试想当时我校的学风在师生苦教苦学之下何等相亲相爱呢？我再来谈谈当时的经济，请再读我写的文章——职业教育该怎么办。

诸位：读吾这段很长的报告，不怕麻烦么！可是事实确是这样的，并且往后还有困难，请再读潘先生文章：

"齐卢之战（民国十三年）校中经济更陷危境。余承乏校长，备受困苦，有时校中存款仅数元，有时竟至无者。幸赖诸同事共同茹苦，诸同学曲加体谅，一面力事搏节，当时教员薪水每小时不过得一元，顾师生精神并不因此稍委顿，转因此而益奋勉。"

吾校的校长和教师，真值得使人感动。说到潘校长的可敬，还不止这些，请再读第六任校长杨卫玉先生文：

"民国十六年春间，一般游手好闲之徒，假借名义，强行接取各机关，三月二十三日既以暴力强占职业教育社，越数日，有托名工会者，包围学校，胁迫潘校长交出校舍，潘校长不为动，而工人势汹汹，行将不利于校长及学校，学生闻之，群出拥护，若辈知不可犯，悻悻而去。吾于此事，固佩潘先生之威武不屈，而学生爱校精神之表见，亦有足多者。"

诸位：当时暴徒以手枪指定潘先生胸脯，要求交出学校，潘校长到底不肯，试想当时潘校长是怎样的苦况呢？

今天纪念式中间，吾同学从千辛万苦募款而来的校友堂，将行奠基礼了。上海本校也有一所朴素精美的大楼校友会，从哪里来的呢？大部分当然从捐募得来，而全校师生历年节省膳费，积少成多，移充建筑费。参观者莫不称赞校友会的宏伟，谁知一部分乃从全校师生节食而来，可以说是苦干的了。

我校前前后后的苦况，一言难尽。就是从上海迁到武汉，迁来重庆，这样笨重的机器，这样宝贵的仪器书籍图样，一件一件都从炮火连天中间。不远千里运到，贾校长及诸位教师同学多么辛苦啊！贾先生在上海当了七年校长，每天清早起来，亲自领导全校学生早操，大风，大雨，大雪，大暑，从未缺过一天，这是上海一般同学公认的。单就这件事，贾校长也够称苦教了。

自在渝开学，校长教师的苦教，学生的苦学，较之过去，当然有增无减。不过这些事实诸位知道的，比我还要清楚，我且不说。

至于一般同学，在前线作战而牺牲的，在后方服务遭空袭殒命的，从沦陷区逃来后方，途中被暴敌杀害的，他们的姓名有已知的，有未知的，吾不忍说，吾不忍说。

诸位：吾们为的是什么呢？吾们是有信仰，唯一的信仰，就是爱国，报国。吾们想以生产报效国家，想以科学开发生产，想以人才运用科学。顾名思义，一切一切，靠的是中华，一切一切，为的是中华。到今天河山破碎不堪了，而还没有光复，前方将士正在不断地浴血苦战，全国民众正在领袖领导之下，不断地艰苦奋斗，吾诸教师诸学友啊，像吾辈那配说到一个苦字！即使真苦，须以我辈的苦，换取一般同胞的乐，须以少数人的苦，换取多数人的乐；须以一时间的苦，换取河山收复，民族复兴，永久光荣的乐。吾和诸教师诸学友，敢不互勉，幸共鉴之。

（原载《中华职业学校二十五周年纪念刊》，1947 年）

《人文月刊》复刊词

人文月刊，以民国十九年二月，由人文社创刊于上海，至二十六年十二月停刊。停刊到今天，将及十年了。因何停刊？则以是年"八一三"淞沪作战，至十一月上海沦于暴日，环境突变之故。今者，天日重光，一切文化事业，皆将策划复兴，本社同人当地方陷敌期间，或杜门息影，抱残守缺以自存，或服务后方，于道路流亡之际，拾取资料，以为后图，居者行者，劫后重逢，互道甘苦，集旧雨今雨于一堂，由庆幸而兴奋，咸以光复故物为己责，经数度之集议，于是乎复刊。

本刊向以现代史材为中心，选取实质的资料，使成系统的记载，多叙述，少议论，偶写所见，纯取客观。今者，所谓现代史材，自宜下移至对日抗战前后，而本社不幸当沦陷期间，给凶暴的敌寇，尽将中西文关于抗日图书史料，捆载以去。至八年流亡所得，大都零星片段，诸有待于续续搜集与整理。本社自创始时，即编制大事类表，断自辛亥武汉革命，以一事起讫为一表，每表特约淹贯政闻，月旦公正诸名宿，撰为序言，以多直笔，暂藏名山，今愿选取篇幅较短者陆续付之公表，其现实国家大事，缀以国际要闻，另制成表，悉以就正方闻。至其态度纯其客观，一仍旧贯。

同人更自愿担负一种庄严使命，鉴于当前蓄变世象，虽有刊物，发为篇章，著为记录，而如纲不纲，如钱失贯，翻帙扪索，辄苦无端。矢愿选取标题，加以辑比，并付发表，此为曩昔所宣言，今将赓续为之者，则杂志日报要目索引是也。自信以助力予人，不如导使自助，其所献当更大。

过去十年间，中国与全世界，陷入黑暗凶残混乱的氛围中，迄今而未已。各种科学被人珍视之程度，壹以有利于战争与否为衡。而一般文物之生命，亦且凭战神一时之喜怒，而判其修短。吾人治史料，无日不盼得和平消息，而辄苦于所得尽是黑暗凶残混乱中之记录，而此戋戋者之命运，且时惧不见赦于无情之兵火，欲觅一文化安全区而不可得。同时则又感到安全之范围愈小，其所保存文化之价值乃愈大，不敢不益自奋勉。此则同人下笔之余，愿尽掬所怀，以期取得读者诸君与社会有心人之合作与维护者也。

三十六年四月人文社

（原载《人文》复刊第 1 卷第 1 期，1947 年）

中华职业教育社

——为中华职业教育社三十周年纪念作

一个教育社团，经过了三十年，他的生命还继续着，而且还在左支右撑中间开展，许多人来问究竟是什么一回事？我以为三十年不算长，只是这个社团，恰产生在中华开国初期内忧外患最艰苦的国运中，又恰值二十世纪上半叶，中间经过两次世界大战，整个的世界，在极度震荡之下，普遍遭受那一阵阵的暴风豪雨，岂止这个社团，怕凡生长在这中间的人们，都在时时触发无限刺激性的忆念。

我是中华职业教育社办公室的老书僮，三十年来的确没有脱离过关系。趁这时机，很愿意跳出圈子，用纯客观的态度，来忠实地坦白地答复许多人的询问。

职教社成立于民国六年（公元一九一七年），当时一群发起人就是得了两点新的认识，让我来细述一下：

那时候，离开废科举，不过十二三年（废科举在一九〇五年）的新教育，局势虽在展开，但一般人的观念改变得很少。看学生进学校，只当作争取功名，争取出身资格的机会，几和科举一样。而当时学校学科，确也不免犯了不切实用的病，除掉满足来学者的功名资格的期望以外，尚少其他贡献。思想前进者，都已看到这点，表示非常不满。只苦没有想出具体办法，来冲破老观念的阵营。像我个人，生长在穷苦社会里，看饱了一般人宛转于饥饿线上，一无办法的惨状，等到发现了一条公共的出路，当然愿做急先锋，来抢先叫喊。原来职业教育的基本意义，就是——

把教育来解决个人实际生活问题。

这一意义，恰打中了不满足于这些现象者的心。而职业教育一名词，又来得具体，职业教育所唱出的口号——"使无业者有业，有业者乐业。"虽处渺茫的远景，却适合社会急迫的要求，以致一时间获得不少良好反响。

其次，在第一次欧洲大战中间，国际贸易上多年困于入超的中国，一旦获得经济压迫的松懈，一般工商界立即激发他们企业的兴趣。首先是纺织业，逐渐影响到各业。他们都感觉到了这样好的机会，就得多多培养合用的人才。这种自然产生的要求，唯有职业教育才符合了他们的趋向。原来职业教育的又一基本意义。

就是——

把教育来解决社会生产问题。

在职教社成立初期，资助者多出自纺织界，纺织界领袖纷纷委托计划创设职业学校，而职业学校铁工厂承制机械，亦以纺织机为多，都是这种现象的确证。惜欧战结束，中国纺织业一落千丈，因此，职教事业不获大规模的继续进展。

职教社既获得广大而又有力的多方面的支持。宜可以顺利进行了吗？不。

当职教社唱出教育解决个人生计问题时，即有一部教育家，只为太偏、太狭、太鄙陋，一时非议嘲笑之声大作，但实业界是欢迎的。学生有出路，学生家属是欢迎的。教学生做工，学生是欢迎的。没有几年，即为政府所采用。订入民国十一年公布的新学制。这中间，当然社会在要求、真理在发生力量，但有一点，我不能不揭出。即欧洲德法早注重农工教育，英于一九一一年广设职业训练的中央学校，美则于一九一四年国会成立国库补助职业教育委员会，一九一七年通过斯密斯休士职业教育案，世界教育思潮，有了这种倾向，中国职业教育的易于推行，这也是一种重要因素。

可是职教社以私人设立的社团，既不是政府，有政权能大力推动，又不是拥有雄厚资产的工商企业机关，分其余力来办工人商人教育，只是一群教育家，为求实现他们的理想。于职教社成立的明年，即创设一职业学校——铁工科、木工科、珐琅科、纽扣工科，每科各设有工厂。根据手脑并用的原则，教师学生间，构成极度浓厚的兴趣。自然，欲满足社会发展生产的实际要求，这种设施，是很合理的。不意实习消耗，超过预算甚巨甚巨，使经济发生严重危机。亏负了不少私人负责的债务，险些儿破产，尚幸援助者多，得以勉强支持过去。那时负责的是我个人。以致先有出国就学的机会，而终于放弃，后有从政的机会，而终于辞谢。长日悚惧，设竟破产，被人引为大戒，再没有人敢办职业学校，我将为职教罪人。到今天，学校蒸蒸可喜，铁工厂、珐琅厂都有职校毕业生，珐琅进口绝迹，纽扣亦少进口，也算稍稍自慰了。

这还不算艰苦，所最感艰苦的，莫过于三十年来政治上的应付。

这一群人是有爱国心的，职教社就创立在利国福民的一念上，这一群人是有是非心的。负了教育后生的责任，更须公是公非才行。同时又自己珍惜这负有文化经济双重使命的社会性事业，夹杂着这三项心情，来应付翻云覆雨，甲起乙仆的政治环境，既要不受前两项的谴责，又要尽着可能，免遭末一项的悲惨后果，曾经婉拒非法当局馈赠，曾经逃却富贵与威武的同时压逼，于不丧失人格中间取得生存，于不因人熟中间求尽我天职。他们所认识，唯有不求瓦全，或反获免于玉碎，这一群人所走的路，可以说是险得很。他们的心，可以说是苦得很。为的是什么？倒不是为他们自己。

他们经过三十年还生存着，究竟有什么依靠没有？有。他们所依靠的是大众。民十六上海一度混乱，大群暴徒，拥入中华职业学校，狂呼接收，把手枪指着潘校长文安的胸口，责令交出学校及工厂，忽然大群学生和工人包围起来，大呼：学校是吾们的，工厂是吾们的，暴徒无奈，终于退出。

一到"九一八"事变发生，根据他们的救国热，分出一部分人力，去负特殊任务，上海"一·二八""八一三"两役，关于后援工作，他们是分担者。尤其是"一·二八"，所有向民间征集捐助物品，一部分是他们的人。冒着大险，通过敌人防线，将物品输送前敌，多数是他们的人。在二十九、三十年，陪都劝募战时公债，二十个月间，募得五万万零九百二十七万余元，所有职员百分之七十以上是他们的人。

他们工作是紧张的，生活是整饬的，但所获酬报是菲薄的。

他们有这样一种新的理想，把各种事业建筑在大众身上。学校的生命基础是学生。工厂的生命基础是工人。他们曾经在江苏昆山徐公桥办过六年农村改进事业，大获乡民信仰。"八一三"之战，该区民众壮烈殉国者独多。高级军事会议，常在该区举行。敌机无从侦知轰炸，以当地没有汉奸的缘故，民廿七八他们在湘西办工读服务团，最近有人自湘西来，为言民众尚在热烈地想念他们。

他们认为把事业建筑在大众身上，只有这样，才能抵抗掉经济的压迫，才不会穷于政治的应付。中华职业学校的经济负荷，已放在六千一百零五个毕业生肩上。

他们认为市侩式政客式教育都不足道。绅士式教育过去了。书生式教育，乃至外国书生式教育都还不够取得大众的倾向。唯有把工作确实建立在这一群大众需要之上，才能获得这一群大众真挚而深厚的同情。

这些理想，他们认为只在试验中。他们认为从艰苦中成长的职教社，就象征着从艰苦中成长的中华。他们以为教育的原理却也符合政治的原理。政治上求获大众同情，也唯有把工作建立在大众需要之上。政治而违反大众要求，也是不会有生命的。

这一群人中间，有一个参加最初发起，而现在并不担负领导工作责任的，是哪一个？就是我。

（原载《大公报》1947年5月6日第3版）

中华职教社三十周年宣言 ①

一、吾人积三十年从事职业教育的经验认为吾人自始所采取之途径，与所悬之鹄的，即发展人类生活知能与服务精神，以达到"使无业者有业，有业者乐业"。在此使命上虽未获得百分之一之成功，但此途径与鹄的，经世界急激的演变，愈信吾人所认识是正确的。人类对于这些是急需的。吾人矢愿继续努力，尤愿继起者不断努力，以期最后获得完美的结果。

二、吾人认为人类幸福，将建筑于科学进步之上，同时须使科学为民生利用而发展，今后"原子能"不再用于残杀人类之战争，而用之于增进生产。吾人自始即以增进世界与国家生产力为主要目标之一，愿以科学之发展，为改进人类经济生活之基础，尤愿以仁厚、公平、合作、正义感、责任心，与生活整饬，为服务精神之基本条件。以此精神，来发挥科学功能，使世界于和平中获得进步，因以增进社会生产，而个人亦因以乐业。

三、过去政治未克与吾人工作充分配合，实为工作成功之一大障碍。吾人坚信对于青年，从事于自动与自治的基本教育，养成其自立的合作的生活能力，只有这样，才获奠定民主政治的基础。吾人有至浓厚的国家观念，至忠诚的全人类幸福之祈求，与三十年不已的用力，以此配合政治的促进，继续奋斗，于建筑世界秩序上，不失为有价值的努力。

四、吾人深信人类长于其天赋之各种才能，如果彼所采取修学与就业的途径，能与之为适切的配合，不唯个人奠下幸福的始基，其于社会必且有更多更远大的贡献。以故青年时期，尤其在初中标准年龄时的就学就业指导，在教育上实为必要的前驱的工作，而高中分科与大学专科，如就指定的途径，使学与

---

① 在此宣言上署名的有黄炎培、杨卫玉、孙起孟、江恒源、何清儒、贾观仁、沈嗣庄。

习一贯地进行实为理想的教育过程若干种中间的一种，吾人矢愿于此继续尽力。

五、吾人积感于劳动者生活之艰苦，与不劳动而生活优越双方享受之不公平，矢愿对于占全民多数之劳动社会，施行适于其生活的教育，俾增进其自身能力，抉破社会习惯性的压迫与鄙视，同时亦不至自鄙弃其劳动生活，以期社会于安定的秩序中，获得公平的生活幸福，并促成社会之进步，此为吾人认定的未来的课题。

六、吾人尝从事于农村教育，因发现农村生活单简，习惯于混合的方式，故主张政治与教育，在统一组织下进行，以期农村整个社会之改进。自经过八年对日抗战，政治上经济上情势不无迁变，要求的条件，今昔亦有异致，吾人仍愿获得机会，斟酌适当的方式，继续努力。

七、自经八年长期苦战之结果，发现妇女失偶失业者特多，失偶结果，直接影响于人口，在民族主义的政治上，应认为重大问题，此际姑不具论。只念此时急需扩大妇女职业教育与训练，使全国未被人平等重视的半数可怜国民中之尤可怜者，尽能自力谋生，兼予以精神安慰，此在政府应定为当前急要措施之一，吾人亦愿就能力所及协助之。

八、吾人认为战后伤残者教育，在人道主义上，在民主主义上，政府急应为有效的措施，吾人亦当量力协助进行。尤以战后失业人数之激增，实为社会严重现象，认为一方急需停止内战，整饬政纪，增进生产事业，扩大就业机会，以容纳失业人民，同时须加强职业训练与指导，以适应需要。

九、自大西洋宪章，在政治上提出保证生活不虞匮乏之要求，而经我批准之联合国宪章，亦有"促成大自由中民生之改善"，与"促进全民就业及经济与社会进展"之规定。吾人感到过去人民生活是个人问题，今后使人民不虞匮乏，乃是民主政府须尽的责任。过去个人获得职业是一种机遇与幸福，今后乃是现代化国家一个公民应享的基本自由权利，弥感今后教育，必须基此新的认识与政治方针配合进行，吾人愿继续努力，使全民获得自立与合作能力，使世界一切资源，为全民应用。最近读新教育同志会国际会议宣言，吾人尤愿起而响应，共同建立仁厚公平的世界秩序，来追求和平之安全。和平不可分裂，生活安定，有其基本因素，匹夫有责，始终以之。

（原载《大公报》1947 年 5 月 6 日第 3 版）

中国职业教育三十年来大事表

自民国六年（公元一九一七年）五月至三十六年（一九四七年）四月

【弁言】

职业教育，在过去三十年间，进步可云甚微，然因经过世界两次大战，与中国八年抗日苦战，物质的毁坏，民生的凋残，愈感到今后教育方针，万不该忽略到这一点。同时人类思潮的演变，觉悟到多数人的苦痛，往往成于少数人专断的行为，于是基于人道主义的呼吁，和民主主义的要求，重新提出政治方针，将生活不虞匮乏的保证，列作国际间公共信条之一；于是人民职业，不仅仅看作个人或家庭生计关系，而扩展做民主政治执行人的重要课题与现代化国家的公民基本自由权利。从此，职业教育的意义更辉煌了。职业教育者的使命更庄严了，更伟大了。世界是整个的，社会是整个的，国与世界不可分，教育与政治不可分，这些大原则，早给眼前种种事实，予以有力证明。职业教育，当然更无孤立的可能。因此制成本表，分列一般教育，国内大事与世界大事于职业教育之下，断自民国六年五月中华职业教育社之成立，而冠以期前概况。这三十年事迹，横里可以看出演进速度，直里可以看出因果关系[①]。可以检讨过去，还可以策勉将来，如有疏舛，希望读者教正。

中华职业教育社黄炎培　孙运仁　麦伯祥

---

① 原书为竖排，现改为横排，因此文中"横里"改为"直里"，"直里"改为"横里"。

中国职业教育三十年来大事表

	职业教育	一般教育
期前概况	清末（一九一一年以前），有高等中等初等实业学堂章程之颁布。学部迭催各省举办实业学堂。宣统元年（一九〇九）学部公布学务统计，各种实业学堂一九四所，学生一六六四九人。 民国二年（一九一三）八月，教育部公布实业学校令，校分甲乙两种，其类别为农业学校，工业学校。商业学校，商船学校，实业补习学校。部令第四项规定女子职业学校办法。各省区先后据以设立是项学校。 民国五年（一九一六），教育部公布全国教育统计，甲乙种农工商业学校，校数五二五，对一般学校数占百分之·四三。学生数三〇〇九九，对一般学生占百分之·〇七五。	民国元年（一九一二），教育部成立，重颁各项教育法令，凡涉专制政体嫌疑，一概删除。 同年九月，公布教育宗旨。注重道德教育，以实利教育、军国民教育辅之，更以美感教育完成其道德。 同年同月，公布教育会规程。十一月，公布中央学会法。三年（一九一四）五月令裁各省行政公署教育司，代以政务厅，下设教育科。四年（一九一五）十二月公布劝学所规程。 元年七月，教育部召集临时教育会议。五年十一月召集全国教育行政会议。六年二月召集读音统一会，会议国语统一方法。 四年一月，申令教育部切实筹办义务教育。同年四月，教育部颁定义务教育施行程序。 同年同月，全国教育会联合会开第一次会于天津。五年十月，第二次会于北京。 二年六月，美教育家孟禄来华。 三年五月，北京体育竞进会在天坛举行第一次全国联合运动大会。 四年六月，蔡元培、李石曾等组织勤工俭学会。 五年二月，华法教育会在巴黎成立。 同年十月，中国科学社成立。 同年，教育部公布全国教育统计，学生数三九七四四五四人，学校数一二一一一九校。

	国内大事	世界大事
期 前 概 况	民国元年一月一日，孙文在南京就任大总统，改用阳历。黎元洪当选副总统。二月清帝宣布退位。孙文辞职，袁世凯继任临时大总统。政府移北京。三月公布临时约法。八月公布国会组织法及议员选举法。	元年，意大利扩张势力于非洲，占土耳其领地，意土战事起，第一次巴尔干战事爆发。
	二年三月，宋教仁在上海被刺死。四月国会开会。各国相继承认中华民国。善后大借款成立，国会以未通过反对之。七月苏皖赣湘粤各省独立军声讨袁世凯。九月袁世凯军占南京。二次革命失败。十月宣布大总统选举法，举袁世凯为大总统。黎元洪副之。大捕国民党议员。	二年，第二次巴尔干战事爆发。
	三年一月，停止国会职权。二月停办各省地方自治，三月约法会议成立。五月公布新约法，设参政院。六月开会代行立法院职权。八月宣布对欧洲大战中立。九月日本军在山东登陆攻青岛。十月占胶济路。	三年七月，世界大战开始。九月伦敦盟约成立。英法俄三国政府约定不单独对德议和。
	四年一月，日本提出二十一条要求。五月袁世凯承认最后通牒，中日新条约成立。八月杨度等发起筹安会鼓吹帝制。十二月代行立法院宣称全国民意，变更国体，拥袁世凯为皇帝。云南蔡锷、唐继尧等举兵讨袁世凯。改元洪宪。	四年八月，德军攻占华沙，俄军败退。十二月协约国举行第一次军事会议。霞飞元帅主席讨论应付巴尔干战局。
	五年，西南各省宣布独立，一致反袁世凯。三月撤销洪宪年号。六月袁世凯病死。黎元洪继任大总统，恢复元年约法。八月国会重行集会。	五年六月，日俄协约成立，俄承认日本在中国之领袖位置，日俄并力排除英美在远东势力。

	职业教育	一般教育
民国六年（公元一九一七年）	中华职业教育社（以下简称本社）发表宣言，组织大纲及募金通启。（一月）	教部公布第三次教育统计图表，（民国三年度）计全国学校一二二二八六所，学生四〇七五三三八人，经费支出三九〇九二〇四五元。（五月十八日）
	本社在江苏省教育会开成立大会，通过章程，推定聂其杰、张元济、史家修、王正廷、杨廷栋、郭秉文、沈恩孚、朱少屏、黄炎培，为临时干事。由临时干事会推定沈恩孚为临时主任。（五月六日）	教育总长范源濂辞职，准予给假十日，以次长袁希涛暂行代理部务。（六月二日）
	本社以成立大会之议决，用通信选举法选举黄炎培、沈恩孚、郭秉文、张元济、贾丰臻、史家修、杨廷栋、庄俞、穆湘玥、朱少屏、王正廷、吴畹九为议事员。（六月十五日）	教部布告改订大学学制（改定大学修业年限预科二年，本科四年，在大学校令未改定前，适用此办法。）（六月廿八日）
	本社议事员会成立，公推黄炎培为办事部主任，沈恩孚为基金管理员，由议事员会议决，在上海创办一职业学校及商业补习学校。（七月廿九日）	大总统令公布教育厅暂行条例九条，教育厅直隶于教育部，设厅长一人，由大总统简任之。（九月六日）
	本社初次征求社员得六百廿五人。（七月廿九日）	教部公布修正大学校令十八条，（修正要点，大学组设一科者，得称某科大学。修业年限：本科改为四年，预科二年）。（九月十七日）
	本社发行"教育与职业"月刊，蒋梦麟任总编辑。（十月十五日）	全国教育会联合会，于杭州举行第三届大会。（十月十日至廿七日）
	教育部酌定中学校增设第二部办法五条（即中学得自第三年起就地方情形增授职业学科），通知各省征集意见以便确定公布。（三月十二日）	特任傅增湘为教育总长。（十二月四日）

	国内大事	世界大事
	国会通过对德绝交案。（三月十日）	美总统威尔逊发出和平觉书，为协约国方面所拒绝。（一月十日）
	北京公民请愿团大闹众议院。（五月十日）	德国国会之多数党，议决媾和。（七月九日）
	张勋要求解散国会。（六月八日）	俄国革命，以列宁为首领之苏维埃政府成立。（十一月）
	以江朝宗代理国务总理，发解散国会令，大总统黎元洪通电自责。（六月十二日）	
	张勋等拥清帝宣告复辟。（七月一日）	
	黎大总统迁出公府，居使馆界。（七月三日）	
	冯段联合反对复辟，组织讨逆军声讨，张勋逃入荷兰使馆。（七月十二日）	
	段内阁组织就绪，通缉复辟要犯康有为等。（七月十七日）	
	布告对德奥宣战，收回津汉德奥租界。（八月十四日）	
	国会议员在广东开非常会议。（八月廿五）	
	孙文就大元帅职于广州。（九月）	
	西南各省宣言护法，孙文出师北伐。（十月）	

	职业教育	一般教育
民国七年（公元一九一八年）	中华职业教育社在江苏省教育会开第一届年会，朱葆三主席，马良等演说。（五月五日） 本社设立之中华职业学校，于上海陆家浜，举行奠基礼，并聘顾树森为学校主任。（六月十五日） 社立中华职业学校招考，分设铁工、木工、纽扣、珐琅四科。（八月廿日） 教部咨各省转饬各实业学校，嗣后教授课程及设置科目等事，须按照地方情形及时势需要，切实改进，并得照实业学校规程附则办理。（一月十八日） 教部公布全国教育联合会所拟职业教育进行计划案。（六月廿五日）	教部召集全国高等师范学校校长会议，在京开会。（四月廿日） 教部订定省视学规程十九条，又县视学规程十六条。（四月卅日） 北京国立各校学生二千余人，往总统府请废止中日军事协定，并要求宣布条文。（五月廿一日） 教部公布第三次教育统计图表（民四年八月至民五年七月）。全国学校一二九七三九所，学生四二九二四二五一人经费支出三七○六二一二元。（七月廿日） 全国教育联合会于上海开第四次大会。（十月十日） 教育公布注音字母表，声母二十四，介母三，韵母十二。（十一月廿三日） 中国科学社由美国移归国内，在上海南京设事务所。
	国内大事	世界大事
	南北战事又起，曹锟等率兵南下。（一月） 段祺瑞任国务总理。（三月廿三） 日本设民政署于山东。（四月十六日） 签订中日共同防敌军事协定。（五月十六日） 广东非常国会选政务总裁七人。（五月） 徐世昌就任大总统。（十月十日） 钱能训为国务总理，段祺瑞任全国边防督办。（十月） 广东军政府通令休战。（十一月廿二日） 和平联合会在北京开会。（十一月）	美总统威尔逊提出世界和平准则十四项。（一月八日） 德政府向威尔逊提议休战，休战条约成立。（十一月十一日）

职业教育	一般教育
本社议事员会临时会议决议，下半年度设职业指导部。（五月廿八日）	江苏省教育会，北京大学，南京高等师范学校，暨南学校，中华职业教育社，发起组织中华新教育共进社。（一月）
本社于中华职业学校举行第二届年会，并补行职业学校开幕式。（五月廿一日）	教部规定凡外国人在内地所设专门以上学校，不得以传布宗教为目的，且不列宗教科目者，准其援照私立专校规程或大学规程及专门以上同等学校规程待遇法，呈请教部查核办理。（三月廿六日）
本社与上海留法俭学会，组织留法勤工俭学预备科，附设中华职业学校内。（七月）	教育调查会开第一次会议，议决关于中学应否分为文科实科等十案。（四月）
教部训令各省女学校，得变通教程，酌设补习科。又令各省女子中学得附设女子简易职业科，女子中学家事科，应注重实习。（五月廿二日）	北京大学校长蔡元培因政府有惩办学生命令，风潮无法解决，辞职出京。（五月十日）
	教育总长傅增湘，因学潮扩大辞职。（五月十六日） 全国学生联合会在上海成立。（五月十六日） 教部通咨各省区，充实或添办女子中学校。（五月廿四日） 美国杜威博士来华，在江苏省教育会开始讲演。（五月） 全国教育联合会于太原开第五届大会。（十月十日） 欧美考察团，邹梓、任诚、陈宝宝、金曾澄、袁希涛等十二人出发。（十一月廿五日）

国内大事	世界大事
赴欧和会委员发表中日各密约。（二月十二日） 上海南北和议续行开会。（四月八日） 北京各校学生五千余人，闻巴黎和会我国外交失败，举行示威运动，殴伤章宗祥，学生被捕者千余人，旋一律罢课，全国学生工商界响应，罢学罢工罢市。成为影响政治，文化极大之"五四运动"。（五月四日） 各省国民大会表示青岛问题主张。（五月七日） 上海各界因要求斥退曹、陆、章罢市七天。（六月）免曹、陆、章职，钱能训亦辞职。（六月） 广东军政府总裁孙文辞职。（八月七日） 外蒙古取消自治，徐树铮赴库伦册封活佛。（十月）	巴黎和会开幕，同盟国代表不准列席。（一月十八日） 德国国会议决无条件接受和约。（六月） 和约经各国代表签字，我国代表以山东问题拒绝签字。（六月） 第三国际在莫斯科成立。

职业教育	一般教育
本社发表创设职业指导部宣言，组织职业指导委员会，公推陆规亮、沈恩孚、黄炎培、顾树森、潘文安为委员，陆规亮为主任。（三月）	教部令各省自本年秋季起，国民学校一二年级，先改国文为国语。（一月十二日）
本社在上海举行第三届年会，附设玩具展览会，及职业教育图表展览会。（五月廿九日）	北京大学招收女生二名上课，为我国男女同校之始。（二月）
本社"教育与职业"刊发社立中华职业学校概况专号。（八月）	北京大学本教授治校之旨，组织评议会，行政会议，教务会议，总务处四大部。（三月）
社立中华职业学校发行债券，扩充工场，添办商科。（八月）	教部订定分期筹办义务教育年限，以八年为全国一律普及之期，抄发分期筹办清单，令行各省遵办。（四月二日）
本社组织农业教育研究会，公推邹秉文、王企华调查各地农业教育状况，并征集对于现行农业教育制度之意见。（十月）	杜威博士再来南京高等师范学校长期演讲。（四月）
	全国教育联合会在上海开第六次会议。（十月廿日）

国内大事	世界大事
苏俄劳农政府通牒放弃在华一切权利。（四月）	协约国领袖在巴黎开国际会议讨论土耳其和约审判德皇等主要问题。（一月九日）
曹锟革职留任。段祺瑞对曹锟、吴佩孚用兵。张作霖助曹。皖系兵败。段祺瑞下野。吴佩孚主张开国民大会。（七月）	德国赔款已规定至少须现金一二○○○○○○○○○马克。（五月廿三日）
孙文等通电否认统一粤军攻粤。岑春煊等出走。（十月）	美国通过妇女参政案。（八月十六日）
广州重开政治会议。（十二月）	凡尔赛和约发生效力。
万国邮政大会通过撤废在华客邮案。收回俄租界。	爱尔兰自由邦正式成立。（十二月二十日）

民国九年（公元一九二○年）

职业教育	一般教育
本社在中华职业学校举行第四届年会。（五月廿八日）	交通大学成立，内设大学部，专门部，附属中学与特别班，由交通总长叶公绰兼任校长。（二月廿五日）
本社发起全国职业学校联合会，于上海开成立会，到二十二校代表，通过简章八条。（八月十七日）	北京国立专科以上各校教职员为运动教育经费独立，一致罢课。（三月十四五日）
本社与上海商科大学，上海市商会等，合组商业补习教育研究会。（八月）	陈嘉庚捐资兴办之厦门大学举行开学式。（四月六日）
社立中华职业学校，自制职业心理测验器七种，开始应用。（八月）	北京八校教职员因经费事，随教育次长马邻翼赴总统府请愿，与守卫兵起冲突，伤多人。（六月三日）
本社举办全国报纸特约通讯，约定者三十九家。（九月）	中国科学社在北京清华园，举行全国科学大会。（八月廿日）
本社公布试办职业介绍规则。（十月）	美国孟禄博士来华调查中国各地教育。（九月十日）
本社开始调查全国职业教育机关。（十一月）	东南大学成立，郭秉文任校长。（九月）
	全国教育会联合会，在广州开第七次大会，通过学制系统草案等十五件。（十月廿七日）
	教育总长范源濂辞职，特任黄炎培为教育总长，黄未到任。（十一月廿五日）
	实际教育调查社、新教育共进社、新教育编辑社等团体，合并组织中华教育改进社，本日成立。（十一月）

国内大事	世界大事
孙文等宣言继续和会。（一月）	美总统哈定召集太平洋会议，在华盛顿开会，中国提出关税自主等案。（十一月）
接收德国归还庚子年所劫去之天文仪器。（一月）	协约国对德发出最后通牒，要求：（一）立即解除武装，（二）即时支付赔款，（三）立即惩办战争责任者。（五月五日）
旧国会选举孙文为非常大总统，于本日就职。（五月五日）	
派施肇基、王宠惠、顾维钧、伍朝枢出席太平洋会议。（十月）	
取消中日军事协定。 法国议决退还庚子赔款。	

民国十年（公元一九二一年）

	职业教育	一般教育
民国十一年（公元一九二二年）	本社主办之第一届职业学校出品展览会，在中华职业学校举行，参加陈列者八百五十校，三千零三十九件。（二月一日） 社立中华职业学校添设职业师范科及商科试行商学合作制。（三月） 本社在中华职业学校建筑职工教育馆，本日成立。（五月） 本社在上海举行第五届年会，并举行全国职业学校联合会第一届年会。（五月十九日） 社立中华职业学校校长顾树森辞职，赴欧美考察职业教育，聘黄伯樵继任。（十月三日） 全国职业学校联合会举行临时会议于济南，决议请求政府筹定专款，提倡补助全国职业教育，制定职业教育经费，职业中学校课程标准等十六案。（七月十七日）	孟禄博士发表"对中国教育意见的概要"一文。（一月） 全国教育独立运动会，于北京高等师范学校开成立大会。（二月） 教部公布第五次教育统计图表，自民国五年八月至六年七月，全国学校数一二一一一九所，学生三九七四五四人经费支出三五五八八二九元（四川广西贵州未列）。（三月十八日） 兼署教育总长周自齐辞职，特任黄炎培署教育总长，黄未到任前以高恩洪兼代。（六月十二日） 中华教育改进社在济南举行第一次年会，讨论各种教育革新问题。（七月三日） 特任汤尔和署教育总长。（九月十九日） 教部召集学制会议，蔡元培主席。（九月卅日） 全国教育会联合会在济南开第八次会，议决组织新学制课程标准起草委员会等案，推定袁希涛等为起草委员。（十月十一日） 大总统令公布学校学制改革案。（十一月七日） 教部咨各省区施行修改学制系统案。（十一月廿九日） 教育总长汤尔和辞职，特任彭允彝署教育总长。（十一月廿九日）
	国内大事	**世界大事**
	鲁案在太平洋会议外，经受调停，与日本协定签字。（一月） 与苏俄赤塔两政府协商中东路问题。（二月） 张作霖与吴佩孚互攻，张兵败，退出山海关。（五月） 徐世昌下野。黎元洪受直系军人推戴，入京复位。（六月） 孙文因陈炯明军变，避居上海。（六月）	华府会议决许我国修正关税。（一月） 英美日法意五国海军条约签字。（二月一日） 九国公约签字。（二月一日）

职业教育	一般教育
社立中华职业学校添设补习科。（一月）	北京大学校长蔡元培，以教育总长彭允彝干涉司法独立，辞职。（一月十七日）
本社在上海举行第六届年会，附开全国职业学校联合会第二届年会。（五月廿二日）	任命范源濂为北京师范大学校长。（二月廿二日）
本社董事会聘杨卫玉为办事部副主任。（五月）	大总统令公布县教育局及特别市教育局规程。（三月廿九日）
本社设立职业指导股，并组织职业指导委员会。（七月）	中华教育改进社报告民国十年至十一年全国学生总数为四九八七六四七人。民国十一年至十二年全国学生数为六六一五七七二人。（四月）
本社与东南大学合办暑期学校职业教育组。（八月）	新学制课程标准起草委员会在上海开会刊布新学制课程标准纲要一册。（六月四日）
本社协助全国教育会联合会拟定职业学校课程标准。（十二月）	平民教育促进总会于北京成立，推熊朱其慧为董事长，晏阳初为总干事。（八月廿六日）
第二届职业学校出品展览会在北京举行。（八月）	中华教育改进社于北京举行第二次年会。（八月）
	教育总长彭允彝辞职，特任黄郛署教育总长。（九月四日）
	东北大学举行开幕礼。（九月十五日） 全国教育会联合会在昆明举行。（十月廿二日）
	教部令北京大学校长蔡元培在欧考察教育，未回校以前派蒋梦麟代理。（十二月廿七日） 同济医工专门学校奉令改称大学。（十二月）
国内大事	世界大事
接收胶济铁路及附属财产。（一月） 陈炯明下野，孙文返粤复任大元帅。（二月） 日本不肯取消二十一条款，全国激动，抵制日货。（三月） 津浦路车在临城被匪洗劫，中外乘客多被勒赎。（五月五日） 黎元洪以内阁辞职，公民团迫辱，离职出京。（六月十三日） 旧国会贿选曹锟为总统，并公布宪法。（十月） 孙文决定北伐。（十月）	巴黎会议英法协议赔款延期支付问题，因法国之反对延期而决裂。（一月） 苏维埃联邦正式成立。（一月） 苏联邦宪法正式制定。（七月）

民国十二年（公元一九二三年）

职业教育	一般教育
本社创设南京女子职业传习所。（三月） 本社先后在上海、南京、济南，举行职业指导运动。（四月） 本社在武汉举行第七届年会，同时举行第三届职业教育出品展览会，及全国职业学校联合会第三届年会。（五月廿五日） 本社在武昌举行职业指导运动。（六月二日） 本社主办之职业科课程标准编订完成。（九日） 本社就中华职业学校，试办择业预备科及文书科。（九月） 社立中华职业学校校长黄伯樵请假北上，由潘文安代理。（十二月）	教长黄郛辞职，特任张国淦为教育总长。（一月三十一日） 西北大学成立。（一月） 广东大元帅令将广东高等师范学校，各科大学及农业专门学校，合并为国立广东大学。（二月九日） 教部公布国立大学条例二十条。（二月二十三日） 日本历年在南满一带设立学校，实行殖民教育，奉天省教育会开临时会议，组织研究收回教育权委员会。（四月廿二日） 国立东北大学，师范大学，中国科学社，全国教育会联合会，中华教育改进社等十一团体，联合宣言，反对日本对华文化事业。（四月廿七日） 中华教育改进社在南京开第三届年会。（七月三日） 全国教育展览会在南京开幕。（七月四日） 全国教育会联合会，在开封开第十届年会，决议庚款分配标准等案。（十月十五日） 教育总长张国淦已辞职，特任王九龄为教育总长，王未到任前由次长马叙伦代理。 武昌师范大学改为武昌大学。（十一月） 教部颁布专门学校，暂设预科办法。（十一月）
国内大事	世界大事
国民党在广州开第一次全国代表大会。决定改组容共，并宣布主义及政纲，组建国民政府，改定国旗式。（一月） 中苏协定成立。（六月） 外部发表中德协约。（七月） 奉直二次战起。（十月） 冯玉祥组国民军迫曹锟去职。（十月） 段祺瑞入北京称临时执政，溥仪出宫。吴佩孚下野。孙文北上，主开国民会议。（十一月） 中苏协定成立后，收回天津俄租界。外蒙古宣告自主。	列宁逝世。（一月二十四日） 墨索里尼解散国会。（一月二十五日） 国联裁减海军军备会议在罗马开会，但未有进步，西班牙退出会议，阿根廷、土耳其，及我国拒绝接受裁减，巴西、智利、希腊、瑞典，则均提出条件。（二月） 希腊公民大会投票决定政体赞成共和。（四月十五日） 伦敦会议议定书于本日午后一时在伦敦外交部正式签字。（八月卅日） 国际联盟第五次大会通过各议案，正式成立裁军草约。（十月二日）

民国十三年（公元一九二四年）

职业教育	一般教育
本社于南京举行第八届年会，同时举行全国职业学校联合会第四届年会，及江苏省职业学校成绩展览会。（五月二十七日）	全国教育会联合会，庚款委员会，经政府批准，宣告成立。（一月）
本社依第八届年会议决，募立百年基金，推定黄伯雨、黄炎培、沈信卿、朱深甫、廖茂如等为委员。朱深甫为委员长。（五月）	教部制定全国教育区域，计大学本部分七区，高等师范教育分六区，小学区每省分为八区或十区，每区应设立小学一百二十所。（一月）
社立中华职业学校，添设简易工艺科，及机械制图科。（五月）	一善如果会议中，马代部长叙伦提出三案：（一）教育经费独立。（二）教育基金指定专款。（三）小学教育，应由国家补助薪金。（二月十六日）
本社受山西省当局之委托，调查设计晋南北，划区试办乡村职业教育。本社办事部主任黄炎培，前往调查，草拟计划。（八月）	教部申令各教局凡初级小学应一律用国语教科书教授。（二月廿三日）
社立中华职业学校，开办高级商业夜校，推王志莘为主任。（六月）	王九龄请假，教育总长着章士钊暂兼。（四月十四日）
本社与江苏教育会，筹设江苏中等学校职业指导研究会。（八月）	章士钊禁止学生开会，军警与学生发生冲突，学生受伤被捕者甚多，章士钊辞教育总长兼职。（五月十二日）
教部通令厘定职业学校名称。（八月十八日）	全国教育会联合会，与庚款事业委员会开会，通电反对日本文化事业协定。中华教育文化基金董事会，于天津举行第一次年会。决议庚款用途范围及分配款项原则等。（六月二日）
教部主编之新学制职业科课程纲要出版。（八月）	调章士钊署教育总长。（七月二十八日）
教部通令女子学校，应斟酌地方情形速加职业课程，及特重家事实习。（九月十八日）	阁议决定，下令停办女子师范大学。（八月六日）
	圣约翰大学因"五卅惨案"离校之学生，创设光华大学，于是日开学。（九月十二日）
	全国教育会联合会，在长沙开第十一届年会。（十月十四日）
	国立编译馆已成立，部设编译馆取消，改为图书审定委员会。（十月二十二日）
	部订新学制师范课程纲要出版。（十月）
	章士钊已辞教育总长时执政府特任易培基为教育总长。（十一月三十一日）

国内大事	世界大事
外蒙古颁布新宪法。（二月）	美国实业团体大会在意国开会，与会者二十一国。（五月十二日）
孙文卒于北京。（三月十二日）	法中美驻英大使与英外相张伯伦开联席会议，讨论中国事件主张五卅沪案由纯粹司法性质之委员会调查。（七月十六日）
北京政府公布金佛郎案。（四月）	
上海学生因援助工人顾正红，被西捕枪杀多人，成五卅惨案。（五月卅日）	世界教育大会在爱丁堡开会。（七月廿五日）
广州发生沙基惨案。（六月廿三日）	菲律宾参议院通过举行公民大会解决独立问题之议案。（十一月七日）
广州国民政府成立，采委员制，与北京政府绝交。（七月一日）	
廖仲恺被刺死，广州发生政变。（八月）	
北京关税会议开会。（八月）	
国民党员一部分开西山会议。（十一月）	
中日文化委员会开会议退还庚子赔款用途。	

民国十四年（公元一九二五年）

职业教育	一般教育
本社在苏州举行第一次专家会议。(二月十四日)	广州国民政府教育行政委员会成立。(三月一日)
本社与上海各商业教育机关,开办经济商学演讲会。(三月二七)	教育特税公署在北京成立,马叙伦任督办。(三月四日)
本社在杭州举行第九届年会,议决以后年会每二年举行一次,并修改社章第八条,增设评议部,同时附开江浙两省职业学校出品展览会,及职业学校联合会第五届年会。(五月六日)	北京临时执政,特任马君武为教育总长。(三月四日)
本社函英庚子赔款委员会,以英庚款提倡职业教育。(五月)	北京各校学生,因大沽口事件在天安门开大会,向执政府请愿,府卫队开枪杀学生数十人,伤百余人。成"三一八"惨案。(三月十八日)
本社联合中华教育改进社,中华平民教育促进会,东南大学教育科,就昆山徐公桥试办农村改进工作。(五月)	国民政府教育行政委员会,开中央教育行政大会。议决教育经费宜实行独立及递年增加案等。(七月一日)
本社承受中华教育文化基金董事会补助办理职业教育。(七月)	国民政府先改广东大学为国立中山大学,并改组为委员制,派戴季陶、顾孟余为正副委员长。(十月十七日)
本社设立商品研究部。(七月)	中央教育行政委员会公布,私立学校规程十五条,及私立学校校董会设立规程十四条。(十月十八日)
本社提倡工厂补习教育,推魏师达拟就进行计划试办六月。(九月)	武汉国民政府改国立武汉大学为武昌中山大学。
本社创设镇江女子职业学校。(十月)	
国民政府教育行政委员会,议决推广工业教育。(七月一日)	

国内大事	世界大事
国民党第二次全代大会,在广州开会,决续聘俄人鲍罗廷为顾问,并惩戒西山会议分子。(一月)	德国正式请求加入国际联合会。(二月)
张作霖、吴佩孚合作对冯,国民军退出北京,段祺瑞下野,奉军入京。(四月)	俄德亲善条约在柏林签字。(四月)
蒋中正就国民革命军总司令职,誓师北伐。(七月)	意大利与阿尔巴尼亚订约,阿国成为意之保护国。
四川万县被英舰轰击。(九月五日)	
国民革命军克武汉,吴佩孚、孙传芳先后败退。(十月)	
国民政府迁都武汉。(十二月)	

民国十五年(公元一九二六年)

职业教育	一般教育
本社在江苏嘉定举行第二次专家会议。（一月二十八日） 本社办事部主任黄炎培请假赴国外考察，由杨卫玉代理。（二月） 本社社所为暴徒所扰。（三月二十三日） 社立中华职业学校校长潘文安辞职，聘姚颂馨继任。（七月） 本社成立上海职业指导所，并发表宣言。聘刘湛恩为主任，潘文安为副主任。（九月） 本社试办工读团。（九月） 本社与环球中国学生会等，举行上海市职业指导运动周。 本社在南京与南京青年会合组职业指导所，请刘湛恩为主任，汪伯平为副主任。（十二月八日）	广州岭南大学，收归中国人办理。（此为华人收回教育权运动之第一成绩）。（一月十六日） 北京当局绞害李大钊教授，及学生谭祖尧、谢伯俞、刘文辉等二十人。（四月二十八） 北京当局任刘哲为教育总长。（五月） 国民党中央政治会议，议决筹设中央研究院，推蔡元培等为筹备委员。（五月） 国民党中央执行委员会，决议将蔡元培所呈请之以大学区为行政单元之教育行政制度，提交国府核议施行。（六月七日） 中央颁布大学区制，先在江苏浙江两省试行。（六月九日） 国民政府公布中华民国大学院组织法十一条，以大学院为全国最高学术教育机关。（七月四日） 江苏教育厅改为大学区，教育行政部，旋改为教育行政院。（七月） 浙省工专农专两校，与第三中山大学工学院合组国立第三中山大学，大学区成立。 中华民国大学院院长蔡元培宣誓就职。（十月一日） 大学委员会开第一次会议，决议统一党化教育及政治指导等九案。（十一月六日） 北京当局公布修正学校系统，着教部迅即通行各省区。（十一月十五日）
国内大事	世界大事
国民政府实行收回汉浔租界。（三月） 南京上海均入于国民革命军。（三月） 汪精卫回国，蒋通电国政外交均听汪指挥，本人专司军令。（四月） 国民党宁汉两方不和，南京别组政府。（四月） 山西加入革命军。（四月） 国共分裂国民党实行清党。（四月十二日） 武汉国民党取缔共产党。（八月） 国民党宁汉互争益烈，蒋中正下野。（八月） 宁汉合作。（九月）	巴黎协约国大使会议与德政府成立协定，德国允许撤废二十二要塞之设施。（二月一日） 国际经济会议闭幕，通过两议案：（一）赞成限制军备；（二）说明恢复世界商业之重要。（五月廿三日） 日内瓦举行海军军缩会议。（六月）

民国十六年（公元一九二七年）

职业教育	一般教育
本社就上海职业指导所，及中华职业学校，合设文书传习所。（二月） 本社与晓庄乡村师范学校，合设舍儿岗中心木作店及中心茶园。（二月） 本社在苏州举行第十届年会，附开全国职业学校联合会第六次年会，及苏州职业学校成绩展览会。（五月十三日） 本社办事部主任黄炎培辞职，由董事会改推为常务董事。（五月） 本社评议员会选举江恒源为办事部主任，杨卫玉为副主任，经董事会同意聘任。并推王云五为评议部主席。（六月） 徐公桥试验农村改进工作，改由本社专任。（七月） 社立中华职业学校校长姚颂馨辞职，改聘赵师复继任。（七月） 本社开办暑期职业指导讲习所。（九月） 闽政府筹设职业学校三所。（十一月十五日）	国府公布修正大学区组织条例十条，规定大学名称即以所辖区域之名为名。（一月二十七日） 中央研究院观象台设立筹备处，社会科学、地质、理化、实业研究所，均于上海分别设立。（一月） 大学院公布私立学校条例十一条，私立学校校董会条例十三条。（二月六日） 大学院公布中学暂行条例二十五条。（三月十日） 国府公布修正中华民国大学院组织法二十二条。（四月十七日） 大学院在南京召集全国教育会议，讨论议案百余件。（五月十五日） 全国教育会议第五次大会修改通过关于学制系统案。（五月二十一日） 大学院拟定训政时期施政大纲。（六月三十一日） 国府决议，北平国立各校合组为国立中华大学以李煜瀛为校长。（七月十九日） 国府公布高级中学以上学校军事教育方案。（七月二十八日） 改清华学校为国立清华大学，直接由国府管辖。（八月十七日） 大学院通令厉行义务教育，筹设委员会计划进行。（八月） 武汉大学成立。（九月） 国民党中央政治会议，议决准大学院院长蔡元培辞职，特任蒋梦麟为大学院院长。（十月三日） 国府令大学院改为教育部，所有一切事宜，均由教育部办理。（十一月一日） 特任蒋梦麟为教育部长，任命马叙伦为教育部政务次长，吴震春为常务次长。（十一月一日）
国内大事	世界大事
国民政府电蒋中正复任总司令。（一月） 国民党中央执委全体会议决改组政府军委会及完成北伐，任蒋中正、冯玉祥、阎锡山为一二三集团军总司令，谭延闿为国府委员。（二月） 革命军克济南，日军枪伤我军民多人。（五月三日） 第三集团军入北京，张作霖回沈阳，在京奉路中被炸死。改北京为北平。改直隶为河北省。蒋中正解总司令职。（六月） 国府主席蒋中正等就职。（十月十日） 东三省通电易帜。全国统一。（十一月） 本年中美关税协定签字。	国际移民大会在古巴开会，与会者五十国。（四月一日） 国际丝业大会，在巴黎开幕。（五月九日） 日皇批准第四次对华出兵，派遣第三师团之一部队。（五月十七日） 非战公约于本日午后三时在巴黎签字。（八月廿七日） 非战公约，在巴黎经十五国代表签字。（八月二十七日）

民国十七年（公元一九二八年）

职业教育	一般教育
本社徐公桥农村改进试验区，中心礼堂举行落成典礼。（一月）	教部公布教科图书审查规程十二条，及民众学校办法大纲十八条。（一月二十二日）
本社与南京特别市教育局，合组职业指导所于首都。（一月）	教部通令施行训练总监部厘定之修正高中以上学校军事教育方案等。（一月二十九日）
本社专家会议于无锡举行。（二月十五日）	教部公布督学规程十九条。（二月二日）
本社调查上海各种职业内容，编印职业概况丛辑，并邀心理学家谢循初、陈鹤琴、陈青士等讨论职业心理测验问题。（三月）	国府公布国民体育法十三条。（四月十六日）国府公布教育宗旨及其实施方针。（四月二十六日）
本社于上海华龙路购地，为自建社所之用。（四月）	教部公布教育会规程三十一条。（五月八日）
本社开始第二次调查各省市职业教育机关。（四月）	教部颁发学校卫生实施方案。（五月二十四日）
本社董事改选，结果黄炎培等九人当选，公推钱永铭为主席。（六月）	南洋华侨教育会议在暨南大学开会。（六月六日）
本社开办职业专修学校。（八月）	教部公布修正学年学期，及休假日期规程八条。（六月二十一日）
本社在杭州举办全国职业学校联合会第七届年会。（八月）	江苏浙江北平三大学区限期停办。（七月）国府公布大学组织法二十六条，专科学校组织法十三条。（七月二十六日）
本社办事部副主任杨卫玉赴日本考察职业教育。（九月）	儿童教育社在杭州开成立大会。（七月）
本社设立职工补习晨校。又设新农具推行所。（十月）	教部公布私立学校规程二十九条。（八月二十九日）
本社开办黄堆乡村改进试验区。（十一月）	教部检发幼稚园、小学及初级中学暂行课程标准。（九月十四日）
天津市府颁发工人教育计划纲要。（二月十二日）	任命蔡元培为国立北京大学校长，蔡未到任前以陈大齐代理。（九月十六日）
江西教育厅召开职业教育会议，通过卅案。（七月二十日）	教部遵国民党中执会决议，组织教育方案编制委员会。（九月十八日）
	行政院训令教育部为废止日本对华文化协定一案，撤销中日文化事业总委员会。（十二月十九日）

国内大事	世界大事
国军编遣会议决定编遣办法。（一月）	意大利总选，棒喝党获胜，民意被强奸。（三月）
武汉政治分会突免湘主席鲁涤平职。（一月）	日本海军在东海大操演，以中国为假想敌。（四月一日）
中央令各地政治分会裁撤。（三月）	海牙会议开始接受杨格计划。（八月六日）
国民党第三次全国代表大会开会。（三月）	华盛顿公布英美海军谈判之结果。（九月十三日）
中央出兵征武汉。（三月）	
国府公布保障人权令。（四月）	英苏协定签字，英苏复交，交换大使。（十二月）
江西共军占赣州。（四月）	本年英美苏等国先后批准非战公约。
桂军反中央，与粤军开战。（五月）	
西北军鹿钟麟、孙良诚等，拥冯玉祥反对中央。（五月十五日）	
安葬孙文于南京。（六月）	
二中全会二次大会决议，训政期为六年。（六月）	
西湖博览会开幕。（六月六日）	
中苏因中东路事件，在满洲里附近发生冲突。（七月）	
中央决定下令讨伐西北。（十月十一日）	
讨伐西北第二路总司令唐生智，拥汪精卫反抗中央。（十二月）	

民国十八年（公元一九二九年）

职业教育	一般教育
本社在南翔开第三次专家会议。（三月十三日）	国民党中常会通过学生团体组织原则，学生自治会组织系统图，学生自治组织大纲，妇女团体组织原则，妇女团体组织大纲，文化团体组织原则及文化组织大纲。（一月二十三日）
本社举行女子职业教育研究会。（四月）	
上海华龙路新社所落成，本社迁入办公。（六月）	教部通令各大学自十九年度起不得再招预科生，遇必要时得另办附属高级中学。（二月）
本社举行女子职业教育委员会。（七月）	
本社在新社址举行第十一届社员大会，及第八届全国职教机关联合会，及职业教育成绩展览会。（七月二十二日）	教部通令各私立学校，自本学期起将原有学生会，遵照中央新颁学生自治组织大纲，一律改组。（二月）
社立中华职业学校开办土木科。（七月）	教育方案编制委员会完成全部教育方案十章。（三月）
本社开办通问学塾。（七月）	全国运动大会举行于杭州，到二十二省市运动员二千余人。（四月一日）
本社设立乡村改进讲习所于徐公桥。（八月）	南京卫戍司令部解散晓庄师范学校。（四月十日）
本社增设学术讲座，于每星期六举行之。（九月）	教部召开第二次全国教育会议，通过国民党中央政治会议发交之教育方案。（四月十五日）
本社筹设之业余图书馆举行开幕礼。（十月）	中华教育文化基金董事会在南京举行第六次年会。（七月二日）
社立中华职业学校校长赵师复请假，由本社办事部副主任杨卫玉兼代校务。（十二月）	国立北京大学校长蔡元培辞职，任陈大齐代理，兼国立交通大学校长孙科辞职，命黎照寰继任，兼国立劳动大学校长易培基免职，劳大已停止招考。（九月二十四日）
本社聘任陆叔昂为徐公桥乡村改进会总干事，黄齐生为乡村改进讲习所主任。（十二月）	
教部通令各大学或中学酌设妇女职业班。（五月一日）	行政院通过，调任朱家骅为国立中央大学校长，金曾澄为广州中山大学校长。（十一月二十五日）
全国职业指导机关联合会开成立大会。（九月）	教育部长蒋梦麟辞职，调任为国立北京大学校长。（十二月四日）
全国职业指导机关联合会，在南京市政府大礼堂举行年会。（十二月）	行政院长蒋中正兼理教育部长职务。（十二月六日）

民国十九年（公元一九三〇年）

国内大事	世界大事
唐生智下野，对唐战事结束。（一月）	国联主持之关税休战会在日内瓦举行，成立一国际协定。（三月）
李宗仁、白崇禧、黄绍竑等通电推阎锡山、冯玉祥、张学良为陆海空军总副司令，反蒋，内战扩大。（二月十九日）	印度甘地领导反英运动，结果被捕。（五月）
中日关税协定成立。（四月）	欧美失业问题严重，欧失业人数在六百万以上，美五百万以上。（十月）
收回威海卫协定签字，许英国保留刘公岛十年。（四月）	伦敦海军条约，已经英美日三国批准，举行批准书存置典礼。（十月二十八日）
共军占长沙，旋即退出。（七月十六日）	苏联公布反政府阴谋案。（十一月）
张学良表示拥护中央，以兵入关，阎、冯通电下野。（十月）	军缩草约完成。（十二月九日）
公布国民代表选举法。（十二月）	
本年英国允全数退还庚子赔款。	

职业教育	一般教育
本社在苏州留园举行第六次专家会议，并发表宣言。（二月二十一日）	教部制定公布华侨中小学规 程。（一月十六日）
本社合办吴县善人桥农村改进区。（二月）	国府公布教育会法。（一月廿七日）
本社代办绍兴诸家乡乡村试验小学。（二月）	国立北京大学校长李煜瀛，师范大学校长易培基辞职，任令沈尹默为北京大学校长，徐炳昶为师范大学校长。（二月七日）
本社江恒源、黄炎培、潘文安赴大连、沈阳、朝鲜、日本考察职业教育。（三月）	
本社代办泰县顾高庄农村改进区。（四月）	教部颁发高级中学师范科课程暂行标准。（二月十六日）
本社代办宁波白沙乡村改进区。（四月）	国民政府决议发用庚款保息原则。（三月廿五日）
社立中华职业学校校长聘贾观仁担任。（七月）	内政教育两部核定四月四日为"儿童节"。（四月三日）
本社于镇江举行第十一届社员大会，暨第九届全国职业教育讨论会。（八月一日）	国民会议第五次大会，通过教育设施方案。（五月十三日）
本社与上海市卫生局等合办兽医专科学校。（八月）	教部政务次长李书华转升部长。（六月廿七日）
本社附设职业补习夜校，内设簿记科及工商管理科。（九月）	国府公布修正教育部组织法。（七月六日）
本社设立中华国货指导所。（十二月）	教部令劳动大学及附中解散。（七月十一日）
教部公布职业教育设计委员会规程十一条。（四月二日）	国民党中执委通过三民主义教育实施原则。（九月三日）
教部通令各省市限制设立普通中学，增设农工科职业学校，在普通中学增设职业科或职业科目，县立初中应附设乡村师范及职业科，各职业学校应增加经费充实设备。（四月二日）	上海大中小学组织上海市教育界救国联合会。（九月廿一日）
教部聘江恒源、陈青士、许炳堃等为职业教育设计委员会委员。（六月廿四日）	训练总监部及教部制定公布学生义勇军训练办法。（十月卅日）
教部公布各省市普设农工医三种专科学校实施方案，各省市设置中等农工学校实施方案，并通令各省市施行。（八月廿八日）	国联教育考察团返沪，考察完毕，编辑报告书。（十二月）
教部召开首次职业教育设计委员会。（九月）	教长李书华辞职，特任朱家骅为教育部长。（十二月卅日）

国内大事	世界大事
中央决定实行裁撤厘金。（一月）	印度圆桌会议宪草完成，英政府发表宣言。（一月）
蒋中正与胡汉民对约法意见不合，胡辞职。（二月）	英意海军协定成立。（三月）
对共第二期军事计划开始。（四月）	美总统胡佛对战债主张缓付。（六月）
国民会议开幕。（五月五日）	苏德订新协定。（六月）
国民会议第四次大会仅于两小时内通过中华民国训政时期约法。（五月十二日）	
孙科、汪精卫等在广州举行非常会议主张取消独裁制，令蒋下野。（五月）	
长春万宝山日人，鼓动朝鲜侨农与我国农民冲突，造成万宝山事件。（七月）	
黄河，长江二流域大水灾。（七月）	
日本借口中村事件，突于九月十八日据沈阳延吉等处。以次尽占辽吉二省。（九月）	
国民党四全大会议决和平统一。（十一月）	
蒋中正下野，国民政府改组，林森任主席，孙科任行政院长。（十二月）	

民国二十年（公元一九三一年）

职业教育	一般教育
本社设立"一·二八"后战期补习科。（三月） 本社成立十五周年纪念，举行纪念会，并决议筹设大规模之职业补习学校。（五月六日） 本社成立南京办事处。（七月） 本社在福建教育厅，举行第十二届社员大会暨第十届全国职业教育讨论会及福建职业学校成绩展览会。（八月十日） 教育部实业部公布劳工教育实施办法大纲二十四条。（二月一日） 立法院通过职业学校组织法。（十一月二十六日）	教部编印全国高等教育统计一册，报告十七年至十九年度学校数学生数经费数甚详。（一月） 教部训令南京市教育局发还晓庄师范学校。（二月） 平津各大学因经费欠发总罢课。（四月） 教部公布中小学毕业会考暂行规程，通令各省市遵照。（五月二十六日） 教部编印十八年度全国中等教育概况。（五月） 教部颁发第一期实施义务教育办法大纲二十条，暨短期义务教育实施办法大纲二十四条，通令各省市遵照办理。（六月二十五日） 中国社会教育社开第一次会议。议决拟改良学制系统，确立社教地位及普及民教等案。（六月） 上海各大学联合会发起全国高等教育问题讨论会，在上海开会。（七月十五日） 教部统计各省年长失学人数约二二二四四七三二五三人，各省市已减少文盲一百四十五万余人，约占全数文盲百分之一又半。（七月二十五日） 教部在京召开第一次全国体育会议，讨论提案二百六十六件。（八月十六日） 任命罗家伦为国立中央大学校长。（八月） 蒙藏教育委员会在京正式成立。（八月卅日） 教部公布国民体育实施方案，令各省市切实推行。（十月十九日） 教长朱家骅调长交通部，特任翁文灏继任，翁辞，仍由朱兼理。（十月） 教部制定公布高级中学各科课程标准，及幼稚园与小学课程标准。（十一月一日） 立法院通过中小学组织法。（十一月十二日） 教部公布高级中学及初级中学各学期每周各科教学及自习时数表，并令各省市遵办。（十一月十八日） 立法院通过师范学校法。（十一月二十六日） 教部统计十九年度全国各省市公私立图书馆，共二千九百三十五所。（十二月）

民国二十一年（公元一九三二年）

	国内大事	世界大事
民国二十一年（公元一九三二年）	统一政府成立，国府主席、委员、各院长各部长举行宣誓就职典札。（一月一日） 汉正义报刊载《中央政府幸勿误国殃民》一文，被勒令停版。（一月七日） 日兵占上海闸北，十九路军抗之，中日沪战开始。（一月二十八日） 国府设军事委员会，任蒋中正等为委员长。（一月） 国府迁都洛阳。（一月三十日） 外部宣言否认东省一切独立组织。（二月廿一日） 沪我军全师退至第二道防线。（三月一日） 溥仪在长春就伪执政，满洲国宣告成立。（三月九日） 国府宣言否认东北叛逆所组成之伪满洲国。（三月十一日） 蒋中正对东北事件发表谈话，政治不让步。经济利益可商谈。（三月三日） 郭泰祺签订淞沪停战协定，日军开始撤退。（五月九日） 吉林自卫军占领凤凰城。（五月廿四日） 日军炮轰山海关。（十二月八日） 中苏恢复邦交。（十二月）	苏联公布新五年计划。（一月廿二日） 德科学家辛克思发明弭战光线，可消灭廿里外之一切武器。（一月廿三日） 军缩大会开幕。（二月二日） 美海军集中太平洋会操。（二月二十九日） 美众院通过准许菲律宾八年后独立案。（四月四日） 韩人尹奉吉乘日兵日侨在沪虹口公园庆祝日皇天长节之际，向礼台掷弹炸，伤日将白川植田等人，尹氏当场被拘。（四月廿九日） 英科学家柯乐弗与华尔顿两博士，发明原子分裂方法。（氢气化为氦）（五月二日） 日本宣布承认伪满。（六月十四日）

职业教育	一般教育
本社设立上海第一、第二中华职业补习学校及上海南京路商业补习学校。（一月） 本社在闵行开第七次专家会议。（二月十二日） 本社设立印刷学讲座。（四月） 本社附设之上海职业指导所，举行升学指导运动。（六月） 本社在河南开封河南大学举行第十三届社员大会暨第十一届全国职业教育讨论会。（七月） 本社设立上海第三中华职业补习学校，又开办暑期讲习班。（八月） 鸿英教育基金董事会委托本社代办鸿英乡村小学师资训练所。（十月） 本社设立农村服务专修科于上海漕河泾，与鸿英乡村小学师资训练所合称为农学团。（十月） 教育部委托本社编订职业学校教材设备组织大纲及设备标准。（十一月） 教部令各省市厅局拟订中小学升学指导办法大纲。（七月五日） 教部令各省市切实推行职业教育。（十月三日）	教部颁发中小学新课程标准，并通令各省市实施。（一月十六日） 中国教育学会开成立大会，连日讨论中国教育改革方案，及其他实验等报告。（一月三日） 中华文化教育基金会，因受庚款缓付影响，事业将停顿。（二月二十四日） 教部通令严格举行毕业会考。（四月二十一日） 教部令各大学得设师资训练班，培植中学师资，高中及大学应多设奖学金额，公私立大学及学院不得添设法学院，以农工理为限。 行政院会议通过中小学教科书由政府编纂。（五月一日） 教部公布国外留学规程。（五月三日） 教部令华北各院校实行合并。（六月八日） 中华儿童教育社年会，议决请教育部废止小学会考。（七月二十日） 教部令各省教育厅改进与发展乡村教育。（七月三十日） 国内研究机关合组中国社会科学研究委员会，计参加者有中央研究院等十余机关。（九月二日）
国内大事	世界大事
密勒氏评论周报披露"一·二八"之役中英日密约。英法允日军如退出上海，则对东省问题不加干涉。（一月十四日） 张学良通电下野，何应钦兼代平军分会会长。（三月十一日） 中日华北停战协定签字于塘沽。（五月三十一日） 中美五千万美金棉麦借款合同签字。（六月四日） 日人统制全满煤矿。（九月） 中日会商剿滦东"匪"。（十月） 李济深、陈铭枢、蒋光鼐、蔡廷锴、陈友仁等在闽召开人民临时代表大会，宣布组织人民革命政府。（十一月二十日） 中央飞机炸闽漳州福州等处，死伤人民无数。（十二月）	国联大会一致通过十九特委对中日问题之报告书，反对者仅日代表一人。（二月二十四日） 德国社党独裁政治开始。（二月二十四日） 日本正式宣告退出国联。（三月二十七日）。 美罗斯福总统向五十四国吁请保障世界和平。（五月十六日） 四国公约签字。（六月七日） 世界教育联合会于七月二十九日起至八月四日止，在爱尔兰杜白林举行，会长孟罗博士。此会主要目的是在经由教育以图国际间了解与好意的发展。（七月） 德政府宣布退出国联与军缩会议。（十月十五日） 英美成立货币休战密约。（十一月一日） 苏联宣布对日备战政策。（十一月八日） 美苏宣布复交，进行商业谈判。（十一月二十日）

民国二十二年（公元一九三三年）

职业教育	一般教育
四行储蓄会委托本社代办侍应生训练所。（一月）	教部召开民众教育委员会，辅助教部规划并促进全国民众教育事宜。（一月十一日）
本社举行第八次专家会议于漕河泾西园场。（二月）	中华乡村教育社在栖霞乡举行成立大会。（一月二十日）
本社发起组织之人事管理学会成立。（五月六日）	教部调查各省市十九年度初等教育状况，制成统计，计每一万人口中得受初等教育者仅有二三六人，与各国比较为最少。（四月八日）
本社上海职业指导所举行升学指导演讲会。（六月）	教部发表各项教育统计。（五月）
本社合办荻山自治实验乡。（六月）	中国教育学会函立法院建议宪法上应规定教育经费独立。（五月六日）
本社主办之徐公桥乡村改进区，六年试验计划已告完成，本月起全部移交地方接管。（九月）	教部公布中学师范及小学教员检定暂行规程。（五月）
本社在江西南昌举行第十四届社员大会，暨第十二届全国职业教育讨论会。（九月十三日）	教部公布民众学校规程。（六月二十六日）
本社设立沪郊农村改进区于上海西南乡，继续徐公桥之精神，作改进农村之实验。（七月十三日）	蒋梦麟等建议国防计划委员会修正教育制度，改革单轨的升学制度。（七月二十五日）
乡村工作讨论会在山东邹平举行。（十月十日）	教育部公布联立中小学理事会组织大纲。（八月）
	中央核定本年度教育文化经费总数为一七六五八二三三元。（九月二日）
	教部令改进师范课程及设备标准。（十二月三日）

国内大事	世界大事
国民党四中全会修正通过西南执行部提案。林森连任国府主席。（一月）	欧洲各国秘密进行外交谈判。（一月）
闽十九路军撤出福州，中央军入城。（一月）	苏联发表备战命令，苏远东军总司令，揭破日本作战计划。（二月）
新疆南部独立证实。（一月三十日）	国联顾问会声明维持不承认伪满政策。（五月十六日）
榆关接收，一部分尚待交涉。（二月十一日）	美政府发表对日质问全文，声明条约上之权利义务，非任何一国所能武断。（五月一日）
张学良就剿"匪"副总司令职。（三月一日）	
宪法草案公布。（三月一日）	日外务省商定对华政策。（五月一日）
溥仪称帝，改称伪组织为"满洲帝国"。（三月一日）	日废弃四国海军条约。（十二月二十七日）
赣共大举攻湘，川共陷陕南镇巴，贺龙攻陷彭水。（五月）	
平沈通车方案公布。（六月二十八日）	
日本在秦皇岛塘沽榆关天津各地演习。（八月）	
本年七个月内入超三亿余元。（九月）	
申报馆总经理史量才在海宁被刺殒命。（十一月十三日）	
蒋汪通电厘定中央地方权责。（十一月二十八日）	
赣省共军撤完，解除封锁。（十二月二十日）	

民国二十三年（公元一九三四年）

职业教育	一般教育
本社上海职业指导所受全国学术工作咨询处之委托设上海代办所。（一月）	蔡元培等九人提出实施义务教育标本兼治办法。（一月十五日）
本社举行专家与评议员联席会议于高桥。（二月十三日）	中央统计全国人口现有四三六〇九四九五三人，其中不识字者占百分之八十计有三四八九七五七九六二人。（四月）
本社合办浙江小溪口农村改进区。（二月）	立法院通过学位授予法。（四月十三日）
本社代办无锡申新三厂劳工自治区。（二月）	教部定本年八月起，全国实施义务教育。（五月二十九日）
本社董事黄炎培及办事部主任江恒源应河南大学之聘，讲演职业教育一星期。（四月）	全国儿童年开始。（八月一日）
本社在青岛举行第十五届社员大会暨第十三届全国职业教育讨论会。（七月十九日）	中国化学会、地理学会、工程学会、动物学会、植物学会、中国科学会等六学术六团体联合年会，在广西南宁举行。（八月十二日）
本社合办中国职业补习学校。（七月）	全国义务教育委员王世杰等十四人在教部开首次会议。（八月三十一日）
教部令改善各职业学校教材，征集各职业学校讲义及实习材料，以凭汇核。（十一月）	华北改编小学教科书。（九月十八日）
	国民党五全大会对于教育之宣言主张文事教育与武事教育并重，其中第一条目为实行教科书之统一。（十一月二十四日）
	教部规定义务教育实施系统。（十一月二十日）

民国二十四年（公元一九三五年）

国内大事	世界大事
行政院改定二十五年为儿童年。（三月一日）	广田决定施行对华新政策。（一月廿七日）
国府通令保障人权。（三月五日）	意对阿比西尼亚提五项要求，旋即出兵侵阿。（二月）
行政院通过儿童年实施办法大纲。（三月六日）	国联组织十三国委员会，研究制裁毁约办法。（四月十九日）
何应钦答复日武官高桥承认日方要求。（六月十二日）	德向十四国提出照会。（四月二十一日）
冀平津三党部奉令结束，河北事件告一段落。（六月十二日）	巴尔干四国会议结束。（五月十二日）
对日本新要求我方拒绝签字。（六月十六日）	英国和平大会讨论中日关系。（六月卅日）
外蒙古当局宣布满洲里会议经过。（七月八日）	美复阿望勿发生与非战公约抵触之局势，并望国联能使此案满意解决。（七月七日）
新生周刊案判决，杜重远处徒刑一年二月。（七月十日）	第三国际大会通过重要决议。（八月三日）
日伪签订经济协定。（七月十六日）	非战公约起草人凯洛发表声明，意阿争端未可持武力解决，签字国均有遵守诺言之义务。（八月十三日）
平政整会实行撤销。（九月二日）	菲律宾共和国政府正式成立。奎松、奥斯麦纳就正副总统职。（十一月十六日）
日准备提新要求，谋宰割全中国，传将于下月中提出。（十月二十三日）	美国务卿赫尔对华北时局发表重要宣言。（十二月七日）
日军将在华北大演习。（十月十九日）	
冀东二十二县组织防共自治委员会，殷汝耕任委员长。（十一月二十五日）	
西北剿"匪"总部在陕成立。（十一月二日）	
北平学生以政府亲日辱国，群起抗仪，号召全国团结抗日，在军警鞭棍水龙下举行市民大会，并抗日游行，是日为十二月九日，史称"一二·九"运动。京、沪、汉、粤、各地学生风起响应。（十二月九日）	
国府通令全国切实保障正当舆论。（十二月十二日）	
马相伯等二百人联名发表救国宣言响应北平学生运动。（十二月十三日）	

	职业教育	一般教育
民国二十五年（公元一九三六年）	本社办事部主任江恒源赴武汉及河南各处考察教育。（一月） 　本社董事黄炎培赴四川各地调查教育。（一月） 　本社举行第十届专家会议于沪江大学。（二月十一日） 　本社研究部主任何清儒应北平师范大学之聘，演讲职业教育。（五月） 　本社添设劳工服务部。（七月） 　本社举行第十六届社员大会暨第十四届全国职业教育讨论会于四川成都。（八月十六日） 　本社设立武汉办事处。（八月） 　本社武汉办事处开办补习学校。（九月） 　江西省实施百业教育，成立实施百业教育委员会。（十二月十七日）	行政院召集全国中等以上学校校长及学生代表会议。（二月） 　教部宣布国难时期教育宗旨。（二月三十日） 　教部修正中小学课程标准。（二月廿日） 　中政会第五次会议对于推行简体字办法认为尚需重加考虑，议决暂缓推行，已由教部通令全国教育机关遵照。（一月） 　教部拟定特种教育方案。（三月二十六日） 　教部令推行教育电影。（三月三日） 　教部召集出版人员讨论中等学校教科书改进要点。（三月三日） 　教部令变更中学师范会考办法。（四月二十一日） 　教部定于七月一日起实行注音汉字。（四月） 　第十二届中华教育文化基金会年会。（四月十九日） 　全国教育玩具展览会于五月十七日在国货陈列馆开幕，会期十三日。（五月） 　中国科学社、数学会、物理学会、化学会、动物学会、植物学会、地理学会等七科学团体联合年会于八月十七日在北平清华大学开会，到会会员四百余人。（八月） 　全国义务教育会议在京开首次会议。（九月一日） 　教部令各大学优待苗夷学生。（十一月十日）
	国内大事	世界大事
	日外相广田提出中日国交三原则：（一）日支提携。（二）调整日满支三国关系。（三）防遇共产主义运动。此即谓"广田三原则"。（一月二十一日） 　天津中日会议结束，内容未详。（一月十七日） 　晋省对共内战激烈。（三月） 　中日要员会商冀察防共协定办法。（四月） 　国府明令公布宪草。（五月五日） 　晋西共军移归陕北。（五月七日） 　塘沽协定全文公布。（五月十七日） 　粤桂军下动员令。（六月十日） 　内蒙古成立伪军政府。（六月二十九日） 　日军与二十九军在大沽发生冲突。（七月十一日） 　桂李白等决组独立政府，出兵反对中央。（八月） 　李白受中央新任命。桂事解决。（九月八日） 　上海日本陆战队越界布防；经市府抗议后已局部撤退。（九月二十五日） 　鲁迅在沪逝世，安葬时执绋者近万人。（十月二十日） 　华北日军连续演习，炮声不绝，交通悉被阻断，平市各大中学多停课。（十一月） 　沈钧儒、邹韬奋、章乃器、李公朴等七人在沪因呼号救国被捕。（十一月二十四日） 　日方阴谋拟组织大元帝国，百灵庙既失，受一大挫折。（十一月二十七日） 　西安发生事变，张学良兵谏统帅停止内战，促成团结。（十二月二十五日）	日本发生"二二六"事件。（二月二十六日） 　日本退出国际联盟。（三月二十五日） 　泛美和平会议在华盛顿召开。（四月十五日） 　日本遂行大陆政策，外交国防谋一元化。（四月二十二日） 　美国学生五十万人，反战示威。（四月二十四日） 　意军开入阿国京城。（四月六日） 　世界运动会开幕。（八月一日） 　太平洋学会在美举行本日闭幕，会中曾讨论日本侵华问题。（九月一日） 　国际和平大会在比京开幕。（九月五日） 　德日订立"反共协定"（意大利继后参加）。（十一月十六日）

<table>
<tr><td rowspan="4">民国二十六年（公元一九三七年）</td><th>职业教育</th><th>一般教育</th></tr>
<tr><td>本社举行第十一届专家会议于上海中华职业学校。（二月十三日）
本社组织上海市职业补习教育推行委员会。（三月二十日）
本社黄炎培、江恒源应江西省政府之邀，赴赣考察百业教育，并协助推进江西职业教育。（三月三十一日）
本社设立第四中华职业补习学校。（四月十九日）
本社成立二十周年，举行纪念会，同时举行第十七届社员大会暨第十五届全国职业教育讨论会。（五月六日）
本社制定“调制社务方案”（因抗日战事起，此方案未实施。）（六月）
本日正午上海抗战开始，本社全体职员、学生、工友在董事部指导下，紧急进行救济慰劳等工作。（八月十三日）
本社中华职业学校在临时校舍开学。（十月）
本社常务董事、办事部正副主任相继离沪，由京至汉。（十月）
本社计划设立广西，四川两办事处。（十二月）
教部令各省市推行职业补习教育，并发各省市推行职业补习教育办法大纲。（二月五日）
教部指示二十六年度各省市推行职业教育方案。（三月二十五日）</td><td>中国心理学会举行成立大会于南京，选陆志韦等为理事。（一月二十 四日）
教部发表二十三年度为全国各省市教育经费统计。（四月五日）
教部令全国各省市中等学校，厉行特种救国教育。（四月七日）
教部发表义务教育及初等教育统计。（四月）
教部积极推行义务教育公布实行二部制，实施巡回教学及改良私塾三办法。（五月）
国府明令公布二十六年度国家总预算，教育文化经费总计为四五八八 四〇九六元。（六月）
教部以全面抗战开始，特制定各级学校处理校务临时办法，令发各校实行。上海市教育界救亡会成立。（九月二十三日）
中央大学等各校内迁。（十月）
教育部内迁重庆。（十一月）</td></tr>
<tr><th>国内大事</th><th>世界大事</th></tr>
<tr><td>国共接近，国民党第五届第三次中全会决议以“解散红军”，“解散苏维埃政府”“停止阶级斗争”等为对共合作之条件。（二月）
实业部创设合作金库。（二月）
日军进袭卢沟桥，抗日战事正式开始。（七月七日）
蒋委员长在庐山申明对日决策。（七月十七日）
日军入关，对我提最后通牒。（七月二十六日）
平津失守。（七月三十日）
上海战事开始，抗战全面展开。（八月十三日）
政府申明自卫抗战。（八月十四日）
日军封锁我沿海。（八月二十八日）
国共合作告成，中共发表宣言，共赴国难，红军改编为八路军。（九月二十二日）
浙赣铁路完成。（九月）
青岛、吴淞失陷。（九月三十一日）
我军退出上海及太原。（十一月十二日）
国民政府迁都，各院部分移重庆、汉口、长沙三处。国府主席及五院均迁重庆。（十一月十六日）
敌陷南京。（十二月十三日）
伪中华民国临时政府在平组成。王克敏任行政委员长。（十二月十四日）
国府公布非常时期农矿工商管理条例。（十二月二十二日）
杭州失陷。（十二月二十四日）</td><td>国际初等教育及民众教 育大会于巴黎举行。（六月）
日政府决议对中国作战。（七月十三日）
美照会日政府华北事件不应扩大。十万日军来华。（七月十九日）
日意成立经济协定。（七月二十 三日）
中苏签订互不侵犯条约。（八月二 十一日）
国联开幕。（九月十三日）
国联大会通过谴责日本。（九月二 十八日）
美正式宣布日本为侵略国。（十月七日）
比京九国公约会议开幕。（十一月十二日）</td></tr>
</table>

<table>
<tr><th>职业教育</th><th>一般教育</th></tr>
<tr><td>

本社成立广西办事处及辅导委员会于桂林，聘石显儒君为办事处总干事，并聘黄旭初等为辅导委员，办理补习教育职业指导等各项事业。同时接受广西省政府委办广西省立职工训练所及军团妇女工读学校。（二月）

本社评议员刘湛恩博士在沪被日寇狙击殉国。（四月七日）

社立中华职业学校机器运抵重庆。（五月）

本社代办江苏省救济旅外失学青年工读服务团，聘陆叔昂为主任。（六月）

本社经全部董事之同意，将办事部迁至桂林。

本社成立上海办事处，聘潘文安、何清儒、姚惠泉为正副主任。（九月）

中华职业学校渝校开学，并接受教部委托，附设机械、职工训练班。（十月十一日）

本社参加中国教育学术团体联合年会。并补行第十八届社员大会。（十一月二十七日）

总社社址连同桂林中华职业补习学校全部被敌机炸毁。（十二月二十九日）

教部设立工业教育委员会，于本日举行首次会议。（六月十日）

教部农业教育委员会开常务委员会，通过改进中国农业教育纲领。（八月二日）

</td><td>

教部组织战时教育问题研究委员会，聘常道直等为委员，于本日举行首次大会。（二月十一日）

教育部长王世杰辞职，国府特任陈立夫为教育部长。陈氏于本日就职。（三月七日）

教部发表专科以上学校迁移情况。（三月）

教部公布中等以上学校导师制纲要，令全国中学以上学校施行。（三月）

全国战时教育协会于汉口开成立大会，参加者有中国教育学会，中华职业教育社、生活教育社等。（五月六日）

教部颁发青年训练大纲及国立中学课程纲要。（四月）

国民党临时全国代表大会通过战时教育实施方案。（四月）

中华教育文化基金拨款一八〇〇〇〇〇元，发展文化科学。（四月）

教部令全国各级学校兼办社会教育。（五月）

教部公布师范学校规程。（七月廿七日）

教部规定各公私立中学收受战区学生办法，并令各中学施行。（十月）

中国教育学术团体联合年会于重庆举行，到中国教育学会等十二团体。（十一月二十七日）

中央建教合作委员会成立专门技术工作咨询处。（十二月）

</td></tr>
<tr><th>国内大事</th><th>世界大事</th></tr>
<tr><td>

北平"伪临时政府"成立。（一月一日）

国民政府改组，蒋中正专任军委会委员长，铁道部并入交通部，实业部扩大为经济部，国防委员会亦扩大，增加名额。（一月）

国民党临时全国代表大会制定抗战建国纲领，推蒋中正任总裁。（四月一日）

台儿庄大战，我军报捷。（四月六日）

国民参政会组织条例公布。（四月十二日）

开封、安庆、九江、马当相继失守。（六月）

第一届国民参政会在汉口举行。（七月六日）

我国正式申请国联对日援用盟约第十七条。（九月七日）

日机第一次轰炸陪都重庆。（十月四日）

广州陷敌。（十月二十一日）

武汉撤退。（十月二十三日）

国民参政会举行第二次大会于重庆。（十一月十日）

岳阳失守，长沙大火。（十一月十日）

中共扩大中全会在延安举行，毛泽东发表"论新阶段"一文。（十一月二十五日）

汪精卫叛国离渝。（十二月十八日）

湘桂铁路完成。（十二月二十五日）

汪精卫在河内发表"艳电"。（十二月）

</td><td>

苏日断绝国交。（一月二十七日）

国际决议扩大援华。（二月二日）

德承认伪满。（二月二十日）

德军占领奥国。（三月十五日）

丹麦挪威瑞典芬兰宣布中立。（四月六日）

国际教育会议在英国伦敦举行。（四月）

英法成立防御同盟条约。（四月二十九日）

德意经济协定在柏林签字。（五月二十九日）

苏日在张鼓峰发生激战。（八月一日）

国联接受中国申请实施盟约第十七条。（九月二十日）

法总理达拉第、英首相张伯伦、意首相墨索里尼与德元首希特勒举行会议于慕尼黑成立慕尼黑协定。（九月二十九日）

敌宇垣内阁辞职，近卫组阁。（九月卅日）

德军开入捷境。（十月一日）

敌酋近卫发表第二次"对华声明"。（十一月三日）

中美成立信用借款二千五百万美元。（十二月十六日）

英确定对华借款，首批为四十五万镑。（十二月十八日）

敌酋近卫发表第三次"对华声明"。（十二月）

</td></tr>
</table>

民国二十七年（公元一九三八年）

职业教育	一般教育
本社办事处被炸后迁桂林水东门外照常办公。（一月）	教育部召开社会教育讨论会。（一月十日）
行政院拨助本社被炸救济费一万元。（一月二十五日）	英国文化界捐款购书惠赠我国各校。（一月）
本社四川办事处设立巡回职工补习教育队及星期讲座。（二月）	德国中国学院院长鲁雅文来渝参观。（一月）
本社自本日起在昆明举行工作讨论会三星期。（四月十六日）	教部举办抗战期间回国留学生登记。（二月）
本社成立云南办事处于昆明，聘喻兆明、徐泽溥为正副主任。（五月十五日）	中英庚款会设置科学研究助理一百二十五名，由各大学保送，第一次选取三十五名。（二月）
本社成立贵州通讯处。（六月）	中美文化协会成立。（二月二十二日）
中华职业学校渝校实习工场，被敌机炸毁损失十万元。（六月十一日）	第三次全国教育会议开幕。（三月一日）
本社总社办事部迁至重庆办公，广西办事处改为分社，聘石显儒、陈重寅为正副主任。（七月二十日）	行政院议决增加二十八年度义教民教及生产教育经费。（三月）
中华职业学校增设会计训练班，及中等机械技术科。（七月）	教部出版大批民众读物。（四月）
本社联合中央社会部组织战时人才调剂会。（八月）	教部公布民众教育馆规程三十条。（四月十七日）
本社联合重庆各界募集基金十五万元，组织职业互助保证协会，于是日成立。（八月二十一日）	全国各教会学校在港开教育会议。（四月）
本社上海办事处受上海东莱银行托办华艺工科职业学校。（九月）	教育部公布中医专科学校暂行课目表。（五月）
行政院拨发中华职业学校被炸救济费十万元，教部补助二万元。（九月）	教部定每年八月二十七日为教师节。（六月）
本社云南办事处受富滇新银行委托筹办银行行员训练班。（十一月）	教部订定发动知识分子办理民教，肃清文盲办法。（七月）
四川省政府召开农业教育讨论会。（四月二十五日）	教部修正公布师范学校规程。（七月二十八日）
教部筹设造纸印刷科职业学校。（七月）	教部公布专科以上学校训导人员资格审查条例。（七月）
教部制定计划推进边省农工职业教育。（八月）	全国教育文化界通电讨汪精卫。（九月）
教部公布创设县市初级实用职业学校实施办法。（九月）	教部颁布训育纲要及小学公民训练标准。（九月二十五日）
	教部指定国立编译馆主持编译大学教科用书。（十二月）
	教部指定学校设置阿拉伯语文及伊斯兰文化讲座。（十二月）

民国二十八年（公元一九三九年）

国内大事	世界大事
西南经济建设委员会成立，为西南经济建设之最高机关。（一月） 国民党举行五中全会于重庆。（一月二十一日） 经济金融会议于昆明举行，议决非常时期过分利得税之实行等案。（一月四日） 国府通缉汪精卫。（二月八日） 国防最高委员会成立，对于军委会及五院有直接命令权。（二月十日） 南昌失陷。（三月二十九日） 中英协议共同安定法币资金。（三月二十九日） 第一次全国生产会议通过救济农村，增加粮食生产等案。（五月七日） 与苏联签订通商协定。（六月六日） 国共两党代表在峨眉山举行扩大最高国防会议，蒋中正任委员长，出席者国民党七人，共产党三人。（八月二十日） 汪精卫召开伪国民党六全大会，确定伪"反共和平建国政策"。（八月二十八日） 国民党六中全会决议国民党新纲领，定于二十九年十一月开国民代表大会制定宪法。（十一月十二日） 国共摩擦渐增，国民党若干要人在六中全会开会时主张反共（十一月十五日） 广西南宁陷落。（十一月二十四日）	美照会日本不承认"东亚新秩序"。（一月二日） 敌近卫内阁崩溃，平沼组阁。（一月四日） 中美友好条约生效。（一月十日） 德占捷克。（三月十五日） 英波签订军事防守同盟。（四月五日） 意大利侵入阿尔巴亚。（四月七日） 英法土成立协定，英开始征兵。（四月二十四日） 德占但泽。（六月三十日） 美废止美日友好通商航海条约。（七月二十七日） 英对华成立三百万镑新借款。（七月二十六日） 德军侵入波兰，第二次欧洲大战爆发。（九月一日） 美国正式宣布中立，实行中立法。（九月四日） 慕尼黑酒店被炸，希特勒幸免于难。（十一月八日） 苏军攻入芬兰。（十一月三十日）

民国二十八年（公元一九三九年）

	职业教育	一般教育
民国二十九年（公元一九四〇年）	本社成立湖南办事处，聘陆叔昂为主任，办理补习教育，社会服务及农村改进等工作。（二月） 本社贵州通讯处改为办事处，聘曾俊侯为主任。（二月） 本社参加发起荣誉军人服务促进会并参加筹备伤残军人职业训练。（二月） 本社评议部主席蔡孑民先生病逝。（三月五日） 本社各评议员函推王云五继任评议部主席。（四月） 本社在重庆举行立社二十三周年纪念会，到社员冯玉祥、张群及各机关代表等七百余人。（五月六日） 本社社刊《教育与职业》改为季刊，于本月复刊。（七月） 本社附设之重庆中华职业补习学校，创办各种函授补习班。（七月） 本社云南办事处于富滇新银行行员训练班内设银行专科学校。（七月） 本社因战事影响撤销湖南办事处。（八月） 本社研究组调查全国职业学校概况。（十月） 本社四川办事处移成都，聘陆叔昂、唐世铨为正副主任。（十一月） 本社四川办理处与农产促进委员会及四川教育厅合办蓉南农村教育推进区。（十二月） 教部颁布高级农业职业学校课程标准。（三月） 教部奖励职业学校职业学科教员进修，公布奖励办法。（五月） 教部编订高级农业职业学校各科设备标准。（八月）	教育部征集各省市抗战期间单行教育规章。（一月） 教部公布修正初高中教学时数表。（三月） 国民教育会议于本日开幕，延续六日。（三月十一日） 教部公布国民教育实施纲领，内分施行程序、学校设施等八章。（二月） 国府公布国民学校法二十五条。（三月十五日） 教部召开中等教育会议。（三月） 教部召开全国高级师范教育会议。（四月） 部编中学教科书编订计划完成。（四月） 教部公布国民教育师资训练办法。（五月） 国府公布学校教职员养老金及恤金条例。（八月） 教部公布教育工作竞赛办法大纲。（十一月） 教部补助各省设置播音技术人员。（十一月）

国内大事	世界大事
国防最高会议，令阎锡山、朱德制止新旧军冲突。（一月十八日） "日汪密约"揭露。（一月三十一日） 桂南我军收复南宁。（二月） 伪中国国家社会党及伪中国青年党支持伪新中央政府。（三月） 国民参政会举行第五次大会，讨论反对伪中央，开发经济，实施宪政等问题。（四月十日） 战时实业限制条例公布。（五月十日） 国府布告严禁私运日货，犯者以汉奸论罪。（六月十九日） 英对日妥协，封锁滇缅路。（七月七日） 日敌宣布"结合日满支建设东亚新秩序"。（八月十日） 国民党七中全会讨论和平问题，国共问题等。 滇缅路重行开放。（十月三十日） 日汪又签订密约。（十一月三十日）	苏军突破曼纳林防线。（二月十五日） 德侵入丹麦、挪威。（四月九日） 英法远征军在挪威登陆。（四月十五日） 德军以闪电战略攻入荷比卢。（五月十五日） 英张伯伦辞职，丘吉尔组新阁。（五月十五日） 荷军降德。（五月十四日） 美总统致意呼吁和平牒文。（五月十六日） 比京布鲁塞尔陷落。（五月十七日） 意颁布动员令。（五月二十五日） 比王宣布降德。（五月二十七日） 德军突破马奇诺防线，占领哈佛尔蒙美弟。（六月十日） 意对英法宣战。（六月十一日） 德军入巴黎。（六月十四日） 法内阁改组，贝当任总理，宣布对德停战。（六月十七日） 法德休战协定在康边签字，法军投降者一百五十万。（六月二十二日） 英美成立海军协定。（九月二日） 法日签订协定，日军三路侵入越南。（九月二十一日） 德意日成立军事同盟。（九月二十七日）

民国二十九年（公元一九四〇年）

职业教育	一般教育
本社举行各工作单位联席会议，商讨三十年度之工作方针。（一月四日） 　　广西分社于南宁克复后，设南宁社会服务处。（二月） 　　本社呈准教部筹办职业教育讲习班，讲习期间限六星期。（五月） 　　本社举行立社二十四周年纪念会。上海办事处编行之"职教通讯"刊印纪念专号。（五月六日） 　　本社重庆职业指导所订定"协助重庆各级学校举办升学就业指导演讲办法"即日进行。（六月） 　　敌机时来袭渝，施行疲劳轰炸，本社大部工作在渝郊乡间照常进行。（八月） 　　本社香港办事处成立，聘何清儒博士为主任，拟办职业学校，职业指导所，华侨服务部等事宜。（八月） 　　本社举行本社董事及中华职业学校董事联席会议。（十一月二十二日） 　　本社办事部主任江恒源，因病辞职，董事会决议准予休假半年。（十一月廿三日） 　　教部令各国立中学切实实施升学及就业指导。（六月） 　　教部公布公私营工厂、矿场、农场推行职业补习教育法规，并通令遵办。（八月）	教部开始实行分区视导办法。将两省或三省划为一视导区，每区派督学一人，视导员三至四人。（二月） 　　教部成立国民教育研究委员会，首次会议于本日举行。（四月十三日） 　　教部令发中等以上学校员生助耕助收实施办法。（六月） 　　教部召开边疆教育会议，通过划分边疆学校区等六要案。（六月十二日） 　　教部公布补习学校规程十六条。（七月） 　　教部召开修正小学课程标准会议。（八月一日） 　　教部订定各省市推行师范教育要点，并通令遵办。（八月） 　　重庆大学因风潮暂被解散。（九月五日） 　　国府明令公布国民体育法。（九月九日） 　　社会教育扩大运动周在陪都开始举行。（十一月） 　　教部公布专科以上学校学生学籍规则十二章。（十一月二十九日） 　　教部公布师范学校教育学科课程标准，并通令施行。（十二月）

民国三十年（公元一九四一年）

国内大事	世界大事
新四军事件发生，国共摩擦益趋严重。（一月十五日） 　　豫南会战结束我军获胜。（二月一日） 　　二届参政会举行第一次会议，中共参政员以新四军事件不出席。（二月廿六日） 　　国民党八中全会通过"战时三年建设大纲"，并决定拒绝中共之合作要求。（四月） 　　中英中美平准基金协定成立。（四月二十五日） 　　重庆发生大隧道窒息惨案。（六月五日） 　　中英五百万镑信用借款签字。（六月五日） 　　中苏会谈军事合作问题。（六月） 　　外部宣布对德意绝交。（七月一日） 　　中英美军事合作协议，保卫滇缅路及滇西境。（七月二十六日） 　　中国民主政团同盟宣告成立。（八月） 　　中英成立军事同盟。（十二月二十六日） 　　我军入缅甸协助英军作战。（十二月三十一日） 　　战时公债劝募委员会成立。（十二月）	德军开入保境。（一月九日） 　　罗斯福就美第三任大总统职。（一月） 　　美参院通过租借法案。（三月八日） 　　阿比西尼亚举行复国礼。（三月二十五日） 　　苏日成立中立条约。（四月十三日） 　　英苏成立协定。（六月七日） 　　德对苏宣战，大军全面侵入苏境，意、芬、保三国亦对苏宣战。（六月二十二日） 　　英苏订立同盟，缔结不单独媾和条约。（七月十二日） 　　日占领越南。（七月二十八日） 　　罗斯福总统与丘吉尔首相在大西洋上纽芬兰海滨会晤，拟订大西洋宪章。（八月九日） 　　苏联迁都古比雪夫。（十月二十日） 　　德军迫近莫斯科，苏公布德军距苏京仅十四哩。（十一月二十四日） 　　日偷袭珍珠港，日军同时向英美宣战。（十二月八日） 　　越法军与日缔结军事同盟。（十二月八日） 　　希特勒宣布，停止进攻莫斯科。以待来春。日军在马来亚登陆。（十二月九日） 　　菲律宾吕宋北部日军登陆。（十二月十日） 　　美太平洋舰队司令由尼米兹继任，日军在香港登陆。（十二月八日） 　　香港陷落。（十二月二十七日）

民国三十年（公元一九四一年）

<table>
<tr><td rowspan="4">民国三十一年（公元一九四二年）</td><td colspan="1">职业教育</td><td>一般教育</td></tr>
</table>

职业教育	一般教育
本社广西分社受广西省府委托，筹设职业指导研究班。（二月） 本社参加中国教育学术团体第二届联合年会，提议"今后三年之职业教育建设方案"。（二月八日） 本社总书记孙起孟调任云南办事处主任，前主任喻兆明调至总社，主持推行工作。（三月） 本社附设重庆中华职业补习学校函授部扩大组织，单独设置。正式成立中华函授学校。（四月） 本社立社二十五周年纪念，举行纪念会，并陈列历年出版物及各种图表等。（五月六日） 本社沪处负责人姚惠泉、杨拙夫遭敌捕去，沪处停止活动。姚、杨旋即释出。（五月九日） 本会假座渝郊沙坪坝中央工校举行第十六届职业教育讨论会，出席者五十三人，代表二十九单位。会议修正通过"职业教育设施纲领"。（八月六日） 教部委托本社创办事务管理人才训练班，本日正式开学，举行始业仪式。（八月十日） 本社董事会决议，本社应依社会部人民团体组织法改董事会及评议会为理监事会。（十一月四日） 教部审核各省市调查手工业计划。（三月） 教部修订商科职业学校课程标准。（十月）	教部通令各省市积极扫除文盲，推行注音识字运动。（一月） 教部设立边地青年升学就业指导处。（一月） 教部令各省市师范学校举办师范教育运动周。（三月） 教部修正公布师范学校毕业学生服务规程。（三月二十三日） 教部召开师范教育座谈会。（四月二日） 国民教育辅导研究委员会成立，分四组进行研究。（八月） 国府规定九月九日为体育节教部公布举行办法，并通令施行。（八月） 教部修正公布师范学院规程三十九条，内有共同必修科目表。（八月十七日） 教部发表部聘教授杨树达、艾伟等三十名，任期为五年。（八月二十七日） 教部编辑之国定教科书，指定正中、商务、开明等七书店联合供应，已有国定本者，其他非国定教科书，一律停止发行。（十二月）

国内大事	世界大事
第三次湘北大会战展开。（一月一日） 中英财政借款宣布成立，总额五千万镑。（二月二日） 蒋委员长访印度。（二月九日） 中美联合声明美政府五亿元财政援华协定。（三月二十一日） 关金券流通，每元合法币二十元。（四月一日） 美史迪威将军抵陪都重庆，就任中国战区参谋长。（三月四日） 中美抵抗侵略互助协定，由宋子文、罗斯福总统在华盛顿签字。（六月三日） 第三届国民参政会第一次大会，通过管理物价等案。（十月二十九日） 国民参政会成立经济动员策进会。（十二月二十三日）	中、美、英、苏等二十六国在华府签订共同宣言，声明决不单独媾和。（一月一日） 日占领马尼拉。（一月二日） 九国流亡政府在伦敦开会。（一月十三日） 泛美会议在巴西开幕。（一月十五日） 太平洋作战会议成立。（二月六日） 英军退出马来亚。（二月三十一日） 麦克阿瑟抵澳任盟军西南太平洋总司令。（三月十七日） 美史迪威将军任中国入缅军总司令。（三月二十一日） 英苏二十年军事同盟签字。（五月二十六日） 全世界庆祝联合国日。（六月十四日） 英美宣布废止在华治外法权。（十月九日） 加拿大、巴西、荷兰放弃在华治外法权。（十月二十七日） 所罗门日舰败退。（十月三十一日） 盟军在北非登陆。（十一月八日）

职业教育	一般教育
本社整理关于事务管理之资料，集成《事务管理概要》一书，由商务印书馆出版。（二月）	教部规定每星期六为体育日，高中学生实施劳动服务与国防训练。（五月十三）
本社筹设之都江实用职业学校，择定校址于四川灌县郫都庙，购附近地五十亩为农场。（三月）	教部决定分五年派遣学生七百人赴美，三百人赴英留学。（六月廿七日）
本社第一届理监事选举开票，结果黄炎培、钱永铭等当选为理事，王云五、潘序伦等为监事。（四月四日）	中国科学社等六团体在陪都举行年会，建议日本海改名太平海。（七月十八日）
本社立社二十六周年纪念，举行纪念大会。第一届理监事是日宣誓就职，并推选钱永铭、黄炎培等为常务理事。王云五、卢作孚等为常务监事。钱永铭为理事长。（五月六日）	教部颁布学生自治会规则二十一条，并令各学校遵行。（十月十一日）
本社机构略有改变，办事部主任改称总干事，推选理事杨卫玉担任总干事，并调桂分社主任陈重寅为副总干事。（五月）	教部公布国外留学自费生派遣办法。（十月二十九日）
社立中等职业学校校长贾观仁病后辞职，请江恒源兼任，另任贾为本社副总干事。（七月）	教部开始管制留学，公费生及自费生均须经国家考试，出国前须入中央训练团受训。（十一月）
本社加重研究工作，改研究组为研究所。常务理事黄炎培兼任所长。聘潘菽教授为主任。（九月）	教部公布学校毕业证书发给办法，并通令施行。（十一月三十一日）
本社推请张群为中华职业学校暨工商专科学校董事长。（十月七日）	教部公布幼稚园设置办法二十一条。（十二月二十日）
本社筹备多时之中华工商专科学校正式成立，先办工商管理与机械两科。（十二月十九日）	中国发明协会在陪都成立。（十一月一日）

国内大事	世界大事
中英新约在重庆签字。（一月十一日） 国民政府照会英国声明我保有收回九龙之权。（一月十一日） 全国实施限制物价办法。（一月十五日） 国民政府批准中美新约。（二月四日） 敌舰五艘载兵于二月十六日在广州湾附近登陆，本日进占广州湾。（二月二十一日） 第二次全国生产会议在陪都举行。（六月一日） 国民政府宣布对法国维琪政府断绝邦交。（八月一日） 国民政府主席林森逝世。（八月一日） 蒋中正就任国民政府主席。（十月十日） 中挪平等新约六条，在陪都签字。（十一月十日） 蒋主席抵开罗，与罗斯福举行会议，保证盟军将日本太平洋中国属岛台湾及东三省归还中国。（十一月二十三日） 中国访英团团长王世杰，团员王云五等于本日安抵伦敦，英朝野盛大欢迎。（十二月三日）	中美新约在华盛顿签字。（一月十一日） 法宣布取消在华治外法权及租界。（二月二十三日） 土总统重申中立政策。（二月二十四日） 史达林受任苏联元帅。（三月六日） 罗丘在白宫会议。（三月二十七日） 共产国际宣布解散。（五月二十二日） 联合国设立救济复兴处。（六月十日） 罗丘发表魁北克会谈宣言，强力对日作战。（八月二十四日） 意大利无条件投降，与盟军签订停战协定。（九月八日） 德伞兵在巴勒摩救出墨索里尼。（九月十二） 莫斯科美英苏三国外长会议开幕。（十月十九日） 美、英、苏三国会议公报在莫斯科发表，决定缩短对德战争。（十月三十日） 联合国善后救济总署远东分会，在大西洋城举行首次会议。（十一月三十日）

民国三十二年（公元一九四三年）

	职业教育	一般教育
民国三十三年（公元一九四四年）	社立中华工商专科学校校董会向教育部呈准立案。（一月七日） 本社承天厨味精厂之委托，办理职业学校奖学金。（一月） 本社常务理事黄炎培赴蓉视察，并转灌县出席都江实用职业学校立校典礼。（二月九日） 社立中华工商专科学校举行首次开学典礼，总干事杨卫玉报告筹备经过。（二月十五日） 本社立社二十七周年纪念，上午举行仪式中午聚餐，晚举行社员联谊会。（五月六日） 本社举行理监事会，通过本年度工作计划大纲。（六月十五日） 本社聘徐仲年为中华工商专科学校及中华职业学校代理校长，本社研究所主任潘菽辞职，请喻兆明兼任。（七月十五日） 本社四川办事处主任陆叔昂辞职，副主任唐世铃继任。（九月一日） 敌迫桂林，本社广西分社疏散。（十月一日） 本社参加湘桂难民救济工作。（十二月） 教部邀集有关机关团体商讨推行职业补习教育。（四月十一日） 教部发表民国三十二年度全国中等学校，学校数及学生数统计，其中职业学校全国共计三八四所，学生六七二二七人。（四月）	国府公布捐资兴学褒奖条例十二条。（二月十日） 国府明令公布国民学校法。（三月十五日） 教部学术审议会，发表汤用彤等五十人获得奖金。（五月四日） 国府公布战时出版品审查办法，及禁载标准暨战时书刊审查规则。（六月廿日） 国府公布学校教职员退休条例及施行细则。（六月二十二日） 国府公布强迫入学条例十六条。（七月十七日） 教部修正公布著作发明及美术奖励规则十四条。（七月七日） 国府明令废止战时图书杂志原稿审查办法。（八月七日） 国府明令公布补习学校法十五条。（十月七日） 国府修正公布教育会法三十八条。（十月三十一日） 教部公布全国各县市普及教育文化事业实施办法七条，并通令施行。（十一月二十二日） 中央研究院增设医学研究所林可胜任所长。（十二月一日） 教部明令公布国外留学办法二十八条。（十二月三日） 教育部长陈立夫另任他职，朱家骅继任教育部长。（十二月）
	国内大事	世界大事
	蒋主席对全国军民广播最后胜利在望，我国信，望益隆，围攻日寇，我须担当主要任务。（一月一日） 访英团员王云五等返抵陪都。（三月十八日） 日本人民反战同盟华北联合会，发表日本人民解放联盟纲领草案八项。（三月二十二日） 全国盛大举行首届青年节。（三月二十九日） 中原会战敌陷郑州进侵鄂北。（四月） 美超级空中堡垒开始自成都基地出袭日本。（六月十五日） 敌大举犯湘，长沙失守。（六月十八日） 衡阳失守。（八月八日） 中国拉丁美洲文化经济协会在陪都成立。（八月九日） 魏德迈继史迪威任驻华美军司令。（十月三十日） 桂林失陷。（十一月十日） 日军侵贵州。（十二月三日） 缅北华军会师。（十二月二十一日）	苏加签订互助协定。（三月二十二日） 中加互助协定十一条在渥太华签字。（三月二十三日） 德军进入罗马尼亚。（四月四日） 加拿大放弃在华特权，中加在渥太华签订新约五条。（四月十四日） 美众院通过延长租借计划。（四月十六日） 盟军在诺曼第登陆。（六月六日） 美军在塞班岛登陆。（六月十五日） 国际货币会议开幕。（七月一日） 美军重返关岛，希特勒遇刺。（七月二十日） 盟军解放巴黎、马赛。（八月二十三日） 罗丘在魁北克会议。（九月十一日） 中、美、英、苏承认意大利政府。（九月二十六日） 美军登陆雷伊泰。（十月二十日） 中、美、英、苏在顿巴敦举行和平机构会议。（十月二十九日）

职业教育	一般教育
本社设立西康办事处于西昌，聘蒋仲仁为主任。（一月） 本社常务理事黄炎培草订本社战后五年建设大计，于是日召集同人说明大意。（一月二十一日） 社会部传令嘉奖本社，并发奖金一万元。（三月五日） 本社社刊《教育与职业》刊满二百期，举行纪念座谈会。（四月十二日） 本社立社二十八周年纪念，上午举行仪式，中午聚餐，下午举行社员联谊会，并讨论战后职业教育问题。（五月六日） 社立中华工商专科学校暨职业学校代理校长徐仲年辞职，聘王印佛为秘书兼代校长。（七月二十六日） 本社发起组织工商管理研究会，聘刘攻芸、王云五等为工商管理研究委员，许昌龄为主任干事。（八月五日） 本社召集各事业单位负责人，讨论战后工作。（九月十八日） 本社杨总干事卫玉赴沪，筹备总社复员事宜。（十月十六日） 本社上海中华职业学校迁回陆家浜原校址，副总干事贾观仁飞沪规划复校事宜。（十二月六日） 教部召开职业教育讨论会于重庆。（四月十一日）	中央研究院并组社会研究所，陶孟和任所长。（一月四日） 中国地质学会在陪都举行年会，议决定本年内完成中国地质图。（三月十一日） 我国物理学家蔡柏林在巴黎完成分析原子及实验宇宙光之发现。（五月十六日） 教部修正公布教员服务奖励规则十七条。（六月） 教部公布短期职业训练班实施办法十条。（七月） 教部公布各级学校学年学期假期办法，并通令施行。（十月八日） 教部公布国民学校及中心国民学校规则二十三条，内有各年级教学科目表。（九月十九日） 中华全国文艺界抗敌协会理监事联席会，决议改名为中华全国文艺界协会。（十月十四日） 教育复员会议在陪都举行六日，决议各级学校复员办法等案。（九月十九日） 教部公布收复区专科以上学校毕业生学业处理办法。（十一月二十七日）

民国三十四年（公元一九四五年）

国内大事	世界大事
善后救济总署在陪都成立，蒋廷黻任署长。（一月二十二日） 我国同意雅尔达会议决定，在旧金山召开联合国会议，我为邀请国。（二月十四日） 中美英在陪都举行会谈，蒙巴顿来陪都参加。（三月七日） 行政院发表宋子文、顾维钧、王宠惠、魏道明、胡适、吴贻芳、李璜、张君劢、董必武、胡霖为联合国世界机构会议中国代表团代表。（三月二十七日） 国民党六全大会连选蒋中正继任国民党总裁，并决议对中共续求政治解决。（五月十五日） 陪都纪念联合国日。（六月十四日） 国民参政会第四届第一次大会在陪都开幕。（七月七日） 中苏谈判结束，在莫斯科签订友好同盟条约。（八月十四日） 中法在陪都签订交收广州湾租借地专约。（八月十八日） 批准联合国宪章签署典礼，在陪都隆重举行。（八月二十四日） 中共领袖毛泽东与张治中、赫尔利、周恩来、王若飞由延安飞抵陪都，共商国是。（八月二十八日） 国共会谈记录十二项全文要点发表。（十月十一日） 国府颁布收复东北各省处理办法要纲。（八月卅日） 中国战区日本投降签字在南京举行。（九月九日） 国军在台湾登陆。（九月十八日）	罗、丘、史在克里米亚会议。（二月四日） 美军解放马尼拉。（二月四日） 苏通告日本，日苏条约废止。（四月六日） 墨索里尼在米兰被枪决。（四月八日） 罗斯福总统逝世，杜鲁门继任美总统。（四月十二日） 国际教育协会在纽约召开年会，参加者二十七国。（四月十二日） 苏军攻入柏林。（四月十三日） 旧金山会议开幕。美苏军会师德境突尔高。（四月二十五日） 德宣布希特勒已死，并任杜尼资继任德元首。（五月一日） 德国正式投降，在柏林签字。（五月九日） 联合国宪章签字。（六月二十六日） 波茨坦三巨头会议。（七月十七日） 美、英、中三国发表波茨坦文告，令日本投降。（七月二十九日） 原子弹投向广岛。（八月六日） 苏联对日宣战。第二颗原子弹落长崎。（八月九日） 日本声明无条件投降，第二次世界大战结束，全世界庆祝民主国家胜利。（八月十日） 日本投降书在米苏里舰上签字。（九月二日） 联合国教育科学文化组织在伦敦集会。出席四十四国。（十一月一日） 美、英、苏三外长于莫斯科举行会议，通过"愿见中国统一民主，停止内战，并重申不干涉中国内政"等案。（十二月十五日）

民国三十四年（公元一九四五年）

	职业教育	一般教育
民国三十五年（公元一九四六年）	本社总社正式迁复上海，重庆改设办事处。（一月一日） 社立中华职业学校校长请贾观仁专任，另聘何清儒为总社副总干事。（二月十三日） 本社常务理事黄炎培等分期赴华美电台播讲职业教育。（四月十二日） 本社立社二十九周年纪念，上午举行纪念仪式，下午举行座谈会，并开本社理监事暨中华职业学校校董联席会议。（五月六日） 本社理监事会公推王艮仲、俞寰澄、沈肃文等为基金管理委员，组成本社基金管理委员会，本日举行第一次会议。（五月十日） 第二届理监事举行改选开票仪式，结果，钱永铭、黄炎培、杨卫玉等当选为理事，潘序伦、贾观仁等当选为监事。（八月一日） 社立中华工商专科学校校长聘沈嗣庄担任。本日，沈校长及一部分职员由渝来沪。（八月十二日） 本社设立比乐中学，聘孙起孟为校长，以实验普通中学之职业指导及职业陶冶为宗旨。于本日开学。（九月十二日） 社立中华工商专科学校择定校址于上海永嘉路蓉园，聘马寅初、郭沫若、叶圣陶等为教授，于本日正式上课。（十月十五日） 本社重庆办事处发展业务，聘温仲六为该处主任。 国府令教部转饬沿海各省市切实推进水产职业教育。（六月） 部令各省市增设职业学校。（十二月） 教部分请专家、著名学校及国立编译馆等，积极编订职业教材。（十二月） 教部拟在主要地区增设国立职业学校多所，以树立示范设施。（十二月） 教部考核各省市职业学校，办理情形。（十二月）	国防最高委员会通过本年度国家预算，其中教育经费支出计占岁出总额之百分之四点七。（二月） 教部平津区特派员，关于敌伪学校及文化机构接收工作，大致告竣。计北平市共接收四十九单位，天津市六单位。在北平搜集散失图书日文者四十一万册，西文者一万余册，同时并获得敌伪秘密研究资料一千余件。（三月） 各地临时大学补习班先后成立。（三月） 教部颁布收复区各级学校学生学业处理甄审，及教员甄审登记等各种办法。（三月） 教部公布补习学校规则三十七条。（三月） 教部颁布三十五年公费及自费留学考试章程。（四月） 教部举行法律教育会议。（七月） 教部推进西北电化教育。（七月） 教部令饬举办各种社会教育人员训练班。（九月） 教部召开边疆教育会议。（一月二十六日） 国际文化合作协会在南京成立。（十二月二十六日）

国内大事	世界大事
国府正式承认外蒙古独立。（一月五日） 国府宣布召开政治协商会议，蒋主席发表四项诺言。（一月十一日） 国共停战协议规定，今夜十二时前各地冲突一律停止。（一月十三日） 政治协商会议今晚圆满闭幕，各项问题均获协议，制定和平建国纲领。（一月三十一日） 陪都校场口发生惨剧，庆祝政协会议成功大会，遭暴徒五六百人捣乱，郭沫若、李公朴等五十余人被殴伤。（二月十日） 军事三人小组会议，全国整军方案签字。国军缩编五十师共军缩编十师，十八个月内全部履行。（二月二十五日） 国民党二中全会决议，军队国家化立即实行，五权宪法则不容修改。（三月七日） 东北苏军大举撤退，国共军队冲突渐剧，长春四平街争夺战开始。（三月二十六日） 国民政府还都南京。（四月五日） 国军进驻四平街及长咨。（五月） 国共恢复商谈，讨论全面停战，恢复交通等问题。（五月二十六日） 政府提出终止东北冲突，恢复华北华中交通，解决执行小组某些争执，订正及执行整军方案之初步协议等案，国共双方大部协议，但未签字。（六月） 中共毛泽东发表声明，要求美国停止片面援华政策。（六月二十二日） 美任命司徒雷登使华协助马歇尔调停国共争执。（七月十日）	苏联开始实行新五年计划。（一月一日） 华盛顿、伦敦、莫斯科同时公布雅尔达秘密协定。（二月十二日） 印孟买暴动，三十万人罢工声援，英军开枪死伤逾千。（二月二十四日） 丘吉尔发表演说，主张英美采一致行动，组织英美军事同盟。（三月五日） 英、美、法、苏四国外长会议在巴黎揭幕，讨论对德、奥等问题。（四月二十五日） 美以十三亿七千万美金贷法，并订金融协定。（五月十三日） 原子能科学家联合会主张原子弹应由国际共管。（六月二日） 四国外长休会一月后又重开。（六月十五日） 外长会议商定特里雅斯特国际共管方案等。（七月四日） 美比基尼试炸潜水原子弹，威力未如预想之大。（七月二十五日） 巴黎新和平会议开幕。二十一"胜利国"俱有代表出席。（七月二十九日）

民国三十五年（公元一九四六年）

	国内大事	世界大事
民国三十五年（公元一九四六年）	民主同盟领袖李公朴、闻一多先后在昆明被暗杀。（七月） 马歇尔、司徒雷登发表联合声明，告调解失败，时局益紧。（八月十日） 国军进占中共重要城市张家口，国府于同日颁布国大召集令。（九月十一日至十七日） 中共及第三方面代表飞京商谈和平。政府坚持中共方面提出国大代表名单，作为停战条件。（十月二十八日） 中共毛泽东称愿以停战及政协为基础，与蒋主席合作。（一月二十九日） 政府拒绝第三方面所提之综合会谈方式，和谈不成。（十一月六日） 国防最高委员会通过中美商约。（十一月六日） 中共答复政府八点意见正式提出。（十一月八日） 国民大会开幕，中共、民盟、民社党及若干社会贤达，均不参加。（十一月十五日） 内战全面扩大。（十二月） 北平美军强奸北大女学生沈崇，各地学生罢课游行，并组织抗暴联合会。（十二月二十五日） 国大分组审订宪草，重要各章则均被修改，第一条改为"中华民国基于三民主义为民主共和国"。审订后由大会通过。大会于本日闭幕。（十二月二十五日）	美华莱士发表致杜鲁门函件全文，具体指责美外交政策，强调应与苏联和平相处，并驳斥迷信原子弹人士。（九月十七日） 美总统杜鲁门准华莱士辞商务部长职，华莱士辞职后宣称，仍将继续和平运动。（九月二十日） 美政府要人范登堡及贝尔纳斯主张美对苏取强硬政策。（十二月十日） 美普选，共和党获胜。（十一月六日） 英工党一部分议员反对政府外交政策，掀起阁潮。（十一月十四日） 联合国大会宣告结束，普遍裁军及召回法郎哥西班牙首席使节二案已通过。（十二月十四日）

职业教育	一般教育
本社举行专家会议，讨论职业学校化工科课程及设备标准，普通中学职业指导，职业补习学校教材等问题。（二月十日）	英国文化委员会英语研究部顾问特莱克氏来华辅助英语教学。（一月）
本社得美国哥伦比亚大学师范学院允可，由本社保送学生赴该民校留学，本社将进行选送。（二月）	教部颁发国民教育研究问题。（一月） 　　教部着手编纂第二次教育年鉴。（二月）
本社征求赞助社员。（二月）	教部召开小学课程标准修订会议。（二月十二日）
本社请狄君武监事代表本社出席中国教育学术团体联合会。（三月十九日）	教部举行修订中学课程讨论会议。（二月十四日）
教部计划充实各职业学校之教学实习设备，借以增进教学及技术训练之效率。（二月）	中央博物院改聘王世杰、吴稚晖、翁文灏、胡适等十五人为第三届理事。（二月）
教部修订奖励编译职业技术教材办法。（三月）	教育部组织接收敌伪文物统一分配委员会。（二月）
国防部规定医师、药剂师等服四役征调及医士职校学生受训办法。（三月）	教部制定专科以上学校训育委员会组织规程。（二月）
	教部向美订购收音机千架，配发各校。（二月）
	东北台湾两教育视察团返京。（二月）
	教育部订颁"师范生训练考核办法要点"。（四月）

国内大事	世界大事
民主同盟第二次中央委员全大会，在沪举幕。（一月六日）	美、英、苏、法四国外交次长会议，在伦敦揭幕。（一月十四日）
鲁南国共会战，共军攻占枣庄。（一月二十日）	美、英、苏、法四强外长会议，公布五国和约最后条文。（一月十七日）
中共发表重要声明，对于本年一月十日以后之政府借款及条约不承认。（二月一日）	美国务卿马歇尔首次招待记者，阐明美国外交政策。（二月八日）
金价大涨，政府于本日宣布限制黄金自由买卖。并限制美钞在市场之自由流通。（二月十六日）	莫斯科英、美、苏、法四国外长会议揭幕。（三月十日）
行政院长宋子文辞职照准。蒋主席暂兼行政院长。（三月二日）	美扩大防苏政策，贷款援助计划遍及东欧各国。（三月十六日）
台湾发生骚动。台北基隆等市混乱。（三月二日）	莫斯科外长会议，交换中国局势情报，马歇尔备忘录公布，驻华美军定本年六月初撤竣，员兵一批应邀继续留华。（四月四日）
王外长发表声明，反对莫斯科四外长会议讨论中国问题。（三月十二日）	外长会议美英主张发言德波现存国界，苏外长坚持波茨坦会议决定。（四月）
美金债券开始发行，总额四亿。（三月二十七日）	缔结四强防德公约，苏联原则上准备考虑。（四月十六日）
国民政府宣布改组，公布全部名单及组织法。孙科任国府副主席，仍兼长立法院。（四月十八日）	莫斯科外长会议草率终场，下次会议将在伦敦举行。（四月二十五日）
行政院人选全部发表，张群任院长，国防最高委员会结束。（四月五日）	
万元大钞发行，各地物价益高。（四月二十四日）	

民国三十六年（公元一九四七年）

说亮话（关于会考）

离开暑假，只两个月光景了。教育部临时宣布举行中学会考，学生反对。教〈育〉部的理由，是为了杜绝滥收学生，谎报成绩的流弊，为了补救复员以来中学生较战前量进质退的流弊（发言人说）。

我的意见，将毕业而志愿升学的中学生，在这个时间里，既要应毕业考试，又要应升学考试，再要应会考，日力和精力，除掉少数特殊者外，怕实在有些来不及。行政当局等于学生的家长，应十分爱惜子女，这点必须顾到的。说到行政，教师有资格的规定，课程和教科书有规定，教务有经常和临时的视察，且莫说公立，即私立中学，政府同样可以控制。上级学校，不信任他们毕业考试，另行升学考试，还可以说。行政机关，不信任所主管的学校，尤其是公立的，这话很难说。我对考试问题，有整个的主张，暂且不谈。只谈会考。

考试无论属于何种性质，有一共通的原则，即必须使被考者在事前知道有考试一回事，让他们及早准备并加紧用力。考试的目的，不是要出其不意，使被考者难于及格，而是要给他们从容努力的机会，使被考者易于及格。如果普遍给他们机会，使得人人及格，等于古时佳话，"一榜尽赐及弟"，这才是考试大成功。所以考试还宜公布及格的标准，无非欲使被考者获得一条努力的途径罢了。

应报告一个外国的例子，我曾经在美国密学〔歇〕根省，参观过该省的会考阅卷，并承赠给我会考题目一册，他们是把这会考题目册老早公布的。这册子上题目很多，行政方面，声明将来会考题目不会超出这本册子的，如果有学生把册子上所有题目的答案一个个都预备得准确，那会考时当然会及格的了，但是这个学生的功课已够好了。他们并且把这当作中学毕业考试。

我并没有认外国方法一定好，只觉得这方法于考试原则很符合的。

教〈育〉部说明，"于考试中寓鼓励与改进"，很是。我也感觉到抗战复员后，学生学力水准，确较过去低得多，必须设法补救。但在这短促的时间里，举行会考，是不够生效的。因为学生不合水准的，已经不合水准了。最好的方法，请教育部宣布明年夏季一定举行会考。那么各地中学所有教师和学生尽今后一年大大地努力，明年会考成绩一定可观。八年来因抗战而降低的学生学力水准亦恢复了。愿向教育部做这样的建议。至于会考办法怎样，将来再容建议。

（原载《国讯》周刊第 2 期，1947 年）

勿侮辱青年

吾人常痛心政治腐化，但不知不觉中，诱导社会走入腐化，此类举动，往往有之。每届学校招考，必接到无数信札，嘱为投考学生向学校当局说情。我必严词拒绝。青年当面要求，亦必坚拒。我所持的理由：学校办理招考，必须秉公，因为招生有定额，若有一人不当取而取，必有一人当取而不取，说情者、徇情者似乎玉成一人向学，实则只等于杀一命养一命。官场恶习，今已波及学校清严境地了。此在教育当局当然负责，吾以为说情者之，罪过更重。而一般被人尊视者，轻率为人说情，其罪尤为重大。我对此点向不通融。四十年前办中学时，虽以校董会董事长之尊而为投考学生说情，我同样严词拒却，绝不买账。嗣后无人敢来关说，倒也清清净净，此等处吾佩服两位读书不多的朋友，一为毁家创办浦东中学之杨斯盛先生。我是负责办学者，杨先生从未曾对招考学生参加意思。一为杜月笙先生，亦从未有此事，某年有一老友支君恳嘱其为孙儿投考某中学，向当局说情，我照常拒却。此儿卒以第一名录取，乃来书表示感谢，谓幸未经先生关说，否则此第一名为不名誉矣。此儿已积学成名，任大学教授，即今之支翀是也。我以为此等说情，似是帮助青年，实则侮辱青年。真爱青年者必不忍出此。

有某大学地近政治中枢，每年苦政海要人纷纷来函，为投考学生请托。受之则有妨学校风纪，不受则惧得罪权要，乃内定一办法，阅卷之前，绝不启阅请托函件。及揭晓后，不取者则复书道歉；取者复书勉从遵命以示惠。此法我大反对，巧则巧矣，而不知一般权要，接到勉从遵命之函，以为此校说情有效，从此说情愈多，风纪愈坏，即是此法所种下的恶果。且使被取者不以为考试及格，而只知说情有效，从此轻学力而重人情，使青年心理趋向不正确，流毒尤为深且大。

吾友蒋竹庄先生维乔痛恶一切说情举动,为行政官时,将有人关说过的人名,粘单于壁,有一人关说过者一圈,两人关说过者两圈,圈之数如其说情之人数。到录用时先尽无圈者,必不得已则用圈少者。彼四处求人说情,使先生办公桌上荐书盈尺,而不知反丧失求职机会。吾甚愿以先生逸事,普告一般求人说情、为人说情与徇情者。

(原载《国讯》第 422 期,1947 年)

陶行知不死

（一）

吾真不懂，
办的是教育，
教的是民众。
是妇女。是儿童。
教他们清清白白地做人。
有了手，要做工。
老师是谁？是大众。
教什么，学什么，做什么，
是一贯的新的作风。
只有这些，
也没有敢触犯什么法律，
也没有跟人家比英雄。
然而，然而，
晓庄终于被封。

（二）

先生！这是什么世界？
白的，你偏不许说它是黑。
这世界当然属于有钱有势者，

广大的群众，让他们糊涂过去，不好么？

你偏要教得他们明明白白。

教他们站起来，天下不从此多事么？

谁在要你卖力？

这是谁的国家？谁要你教他们爱国？

你还要教他们曲是曲，直是直，

你这位先生，简直是要不得。

（三）

先生，有钱有势人不要你，

自有人要你，

广大的群众要你，

穷人们要你，苦人们要你，

小孩子们要你。

大人先生不要你，

小先生要你。

先生去了，

千千万万人哭你，送你，

一年一年不断地在想你，

想你，永远想你。

光是想你，够么？不够，

要追上你，

来！来！大家来追上你。

晓庄不灭，

先生不死，

永远供养在广大的群众，穷人们，苦人们，

小孩子们赤裸裸的一颗心里。

（原载《国讯》第 424 期，1947 年）

对于中国今后教育设施的意见 [①]

复员以还，我国的教育设施的确问题太多，有严加检讨的必要。最近，程其保与程时煃二先生列举重要问题十五则，向教育界人士征询意见。我们接到二先生的问题后，特地会集讨论了一次。现将讨论结果纪要发表于后，借以奉复两位程先生，并向我教育界同人请教。

一、今后中国教育政策应着重哪几点？

（一）应充分发挥民主精神。

（二）应普及全民。

（三）应与人民生活结合起来。

（四）应注重实用科学。

二、现行学制有无修正之必要？如需修正，其主要之点为何？

（一）关键不在修正，而在如何实行。炎培忆民十一年修订新学制时，范先生源廉曾说："希望不要做到还没有受着新学制的好影响而已经受着了修订与变更的坏影响。"由今思之，真是老成远见。当时修订的中学三三制，本来规定高中分科以适应大部分学生求职的需要，惜并没有切实施行，今后仍以着重此点。

（二）今后中等教育，大部分必须位置在职业化的基础上，使分家对立的普通教育与职业教育配合起来。

三、现行各级教育行政制度有无改进之处？各级行政应否设置教育审议机构？

（一）县教育行政组织应恢复教育局，设局后，县政府中的教育科必须一律取消，局、科决不可复设。

---

① 本文为黄炎培、江问渔、杨卫玉、孙运仁四人共拟。

（二）教育审议机构应设置。

四、大学教育真正使命为何？关于今后大学之创立、分配与课程，有何改革意见？

（一）大学教育的真正使命在培养崇高的人格及深博的学术。

（二）大学教育的创立与分配必须注重品质，贵精不贵多。

（三）大学课程必须专精，不必繁重。

五、专科学校使命为何？应否大量扩充？

（一）专科学校的使命在造就实用人才，同时亦须重视人格训练，以免由实用而流于功利化。

（二）专科学校应扩充。

六、现在中学目标不清，应如何改进以应需要？

（一）中学不应专以准备升大学为目标，中学的基本目标是在培养大量建设干部。升学准备与就业准备必须合一。

（二）初级中学不必分科，但应注意基本生活知能的训练。

（三）高级中学必须分科。

（四）普通中学应该减少。

七、生产教育今后在学制上之地位为何？

生产教育宜渗入全部教育设施中，不必在学制上表现出特别的地位。

八、现在升学办法（小学升中学，中学升大学）流弊滋多，应如何补救？

（一）各级学校，不论公立、私立，既然均照规定标准而设置，由初而中，由中而高，自应相互衔接，学生的升学不应再加以限制。

（二）中学毕业要会考，升学又要经过入学考试，这样的重复考试殊不合理，所以中等学校的毕业会考必须取消。

（三）升学考试应改进，特别注意的是青年的健康。同等学力的录取名额应增加。

九、女子教育应否另定其地位？男女同学究竟有无必要？

（一）男女教育机会应该均等。在全部教育设施中，女子教育不应另定地位，至如家事等特别适宜于女子的教育则可另行设置。

（二）男女同学早经实行，并无严重弊害。在教育经费十分困难的中国，事实上也不可能为女子特设许多学校，唯有男女同学。

十、现行训导制度，未能生效，究应如何补救？

（一）中等学校要真正做到教导合一，革除教师教书不教人的习惯。

（二）各级各类学校都应实行学生自治，养成学生自律自动、合作互助的优良习惯。

（三）大学应重视学生思想的自由。

（四）充实并扩充高等师范教育，培养优良的教师及训导人员。

十一、现行社会教育之推行殊少成效，究应如何改革？

（一）社会教育应配合整个国家教育的政策。

（二）社会教育更须切于实用，人民需要什么，就给他们什么。

（三）社会教育的方式必须灵活，使受教育者感到兴趣。

十二、国民教育加重职业训练是否适当？

是。

十三、师范教育办理困难应如何改进？私人或私团可否准予创办师范学校？

（一）师范教育应扩充，师范教育的经费必须增加。各省市普通中学、师范学校及职业学校应平均分配。

（二）提高小学教师及师范生的待遇，并奖励青年进师范学校，立志从事教育工作。

（三）私人或私团应准予创办师范学校。

十四、留学办法利弊兼有，应如何改善？

（一）目前的留学办法只有管制，没有计划，以后应取消不必要的管制，而确定周密有效的计划。

（二）应选派在国内做事多年、有学识、亦有经验者出国留学。

（三）适应某种具体需要而选送留学生。

（四）留学生数量应逐渐减少，以后可多请外籍教授。

（五）私费留学应有相当限制，以免少数富家子弟随便出洋涂金，并不真正求学。

……

（原载《教育与职业》第 203 期，1947 年）

战后职业教育重估价

中华职业教育社成立在第一次世界大战的末期——一九一七年。现在第二次世界大战，又眼睁睁地在面前结束了，我们愿把职业教育来一个重新估价。

人类中间一切事和物，都存在于需要之下。有需要，才有这事这物；需要不变，它们的生命也就不会断绝。这是铁一般的公式。

人类有天然的求知能欲。人们有已知已能的，有未知未能的，相互间一方学习，一方施教。除非人类求知能欲消灭了，除非一般人类生而知和能平等了，否则这学习和施教永远是需要。教育这一分图案，就是这样设计出来的。

凡有生命者，第一要求也可以说唯一要求，就是它的生存。如果有生命者的生命一天不绝。它的求生存欲也就一天存在。

人类求生存，因天然基础的不同而形成分工，同时由无组织进于有组织，在有组织之下，更产生出合作分工所以供应人们各式各样需求的种种制度，而职业这片园地，也就在这中间开拓出来。

有了这片园地，不在这上边建筑起机构来，只是满目荒凉；有了上边所开这一分图案，不拿来建筑在这片园地上，不是纸上谈兵，便是空中楼阁。职业教育，就把适应人类求知能欲的需要而设计出来的图案，来建筑在根据有组织的分工制度所开拓出来的园地上边。职业教育这机构，就是这样很自然地产生出来的。

并且，人类求生存欲和求知能欲一天存在着，人类求贯彻它两种欲望的方法定会一天一天改进着，即职业教育一天一天改进着。

战争是什么？战争是求生存的一种非常手段。它特别需要知和能的进步，而且需要得加紧、加快；在战争结束以后，需要生产的恢复和增益，拿来补足它生存的要求，却更加严重，更加迫切。所以职业教育经过两次最大规模的世界战争，它的价值，只有看高，不会看跌。如果世界不幸而有第三大战，结果职业教育也只有更改进，更扩大，绝对不会减少需要，乃至消灭。

这是千真万确的理论。所有明明白白的事实，都摆在面前，绝对不是夸大，不是幻想。

这是我在经过两次世界大战以后所得到的新的认识。

（原载《教育与职业》第 204 期，1948 年）

中华职业学校成立三十周年告毕业和肄业诸同学

吾校过去三十年中间，经历了不少艰苦。成立初期，能鼓起青年的兴趣，取得家长的信仰，而偏未能获教育界同志的认识，讥笑百出。其后了解者渐多；自职业教育订入学制，从此人无间言。历任校长及诸教师，皆能以一片真诚，运用职业教育原理和方法，直接受学生的悦服，间接受社会的重视；乃至同人中担任学校事务者，亦皆竭尽知能，一丝不苟。本校以少许私人之力，仅仅恃苦干精神，博取同情与赞助。乃于饱经忧患之余，终能战胜恶劣环境，奠定根基，绵延生命，至于今日，夫岂偶然！诸同学乎，应知生存必凭自力，公道自在人心，此中绝无疑义。本校过去所遭遇之忧患，或受政局影响，或随国难发生。我与诸师长、诸同学皆身亲其境。成事不说，今愿与诸同学略说未来。

世界在演变，人类社会在进化，此三十年间变化尤为剧烈。吾人平日所视察，所主张，有因此变化而获得更坚确之证明者，亦有认为不够，须补充、须修正者。今提出下列五点，愿贡献于诸同学。无论在修学，在服务，吾认为绝对不可忽视。

其一，人格必须完整。人格修养之重要为三十年后吾人对诸同学所不惮烦言者。经过最近极度严厉的考验，其考验方法，或威胁，或利诱，立足不稳，遂为舆论所不容，为国法所不许。如汉奸案，贪污案，为此一二名词，不知牺牲多少人才，伤害多少生命；一受嫌疑，便将影响人格。原来人无不爱惜其人格者；但在现今时候，欲全人格，行动必须非常谨严，操守必须非常竣洁。并非备责苛求，当前事实告诉吾人亦已明明白白。人格一经毁损，其人见弃于群众，哪有功名事业可言？诸生慎之：自己尊重人格，同时还须尊重他人人格；互相尊重，实为人与人间最理想的境地。

其二，律己严，待人厚。忆吾曾写箴言一幅赠给本校诸生："思想要深切，治事要精严，用物要节约，律己要整饬，但待人要宽厚。"凡事成功的必要条件，在得人的同情与助力；而人之待我，一视我之待人如何，绝无假借与侥幸之余地。最近风气所趋，人与人间大都相尚权诈。一时或能取胜于人，而人必加深其权诈以对我，而我仍败。其有本性宽厚者，则又粗疏颟顸甚或放浪轻率，处事亦无成功希望。经过长期变乱，愈觉此箴言之价值。顾诸同学三思之；思之而以为然，须力行之。

其三，努力进修。全国不少办职业学校者，不少受职业教育者；但真认识职业教育者，尚不多。我不得不于本校成立既达三十年后，再来说明一番。男女青年如志入文理、政法、医科大学者，自以入普通性中学或文理分科中学为宜；如志入农、工、商科大学，或无志或无力入大学，则接在小学之上最适宜者，唯有农、工、商科职业学校。设有甲生读完中学六年、大学四年一贯的农、工、商科，乙生在普通中学六年之后，仅读大学四年农、工、商科，两相比较，乙生之专科学力与其应用能力，其不及甲生，可以断言。此其一。如果无志或无力入大学，只有入职业中学，学得一技之长，方有出路。如误入普通性中学，毕业以后，既不升大学，又不能就业，青年遭受此等痛苦者，不知凡几。本校即为援救此等青年而设。此其二。或因初时无志或无力读大学而入职业中学，及其毕业，重欲进修，将奈何？此实易易。职业学校毕业，稍加补习升读大学者亦甚多。吾家子弟循此途径完成学业者不乏其人。我本有学习一贯互进法之主张——文载《抗战以来》。前年国立交通大学工科教授语人，凡从职校工科升入者成绩特佳，足为前文乙生不及甲生之铁证。康庄大道即在眼前。此其三。近年教育部颁有二年毕业之专科学校制度，本社——中华职业教育社徇本校诸生的请求，因本校设有工、商科，乃特设中华工商专科学校以应本校及其他工、商科职校升学之需要。此后更当为职校诸生谋进修种种便利。诸生应知，职校学成就业事功灿烂者，诚已大有其人，然终不及服务数年进受专科教育以其学与习互进之所得助事业之成功为更有力也。希望诸生努力走此康庄大道。

……

其五，注意研究机关管理。吾在对日抗战期间，积成若干资料，写一本书，名《民主化的机关管理》。公私大小任何机关，凡依共同信仰来创立或参加同目的的工作集团，其对事、对人、对物、空间、时间，以及经费的处理、人的修养，一以科学化为骨干，民主化为精神，而先正确其人生观，本末备具，条理明晰。小之从业员，大之企业家，此书皆有重要贡献。其结语："真理都在眼前，一诚通诸万有。"实欲将社会科学与自然科学合一炉而冶之。诸生修学服务之余，可以读览。

（原载《中华职业学校三十周年纪念特刊》，1948 年）

坚定地和是是非非的群众站在一起 ①

邹秉文先生适才所讲林肯和巴斯德两人成名的故事，不错，天下事绝对不是侥幸所能获致成功的。我以为我人首先对社会要有一个正确的看法，其次提出一种合理的做法。先说我个人对社会的看法。

人类初生，并没有什么分别的，后来逐渐造成了不平。讲知识吧，有高低之分；讲财力吧，有穷富之分；讲地位吧，自然而然地产生出一种特殊的人来，所有权力也就随着集中在他们身上；再如年龄，老一些的，就可倚老卖老，占人便宜。造成种种不平的畸形现象，依我说来，这些都是不应该的。

天生我人，既然都是平等的，为什么会造成这种畸形不平的现象呢？就为人类有一种向上的心理在作祟，求地位的向上，发展成为特殊的权力；求财富的向上，演成贫富悬殊；求教育机会的向上，便形成少数的特出人才，丢下大多数老百姓，做了一世的文盲。

人心向上，本来也未可厚非。可是利用了较高的知识，用巧妙的手段，一面掠夺财富，一面攫取高位，到权势造成的时候，早和群众完全脱离了，只觉得我有权可以支配你们一切的一切，你们所有的钱、所有的生命，都是我留给你们的，生杀予取的大权，都在我手里。

抗战以来，我在后方奔走，看到很多大洋房。这些大洋房是谁的呢？中国西部打了二十几年的内战，产生了很多大军人。这些大洋房，就是代表他们的财富。他们的财富，从哪里来的？有两种方法：第一种是从每个士兵身上扣一点粮饷，积少成多；第二种就是吃空额，将士兵的数目，以少报多。大军人做了大富豪，就可以做政治大首领，就可以做大实业家、大金融家。

---

① 这是黄炎培 1948 年 3 月 21 日在中华工商专科学校的讲演。

这种风气，慢慢地扩展到文官群中，就造成了不少贪官污吏，连带到素以清高自命的教育界，也不免有多少沾染。我为参政员，负责揭发贪污，时常有人来向我告发。某次，一群学生来告发校长吃他们的公费额，几位教师也来报告他们校长将教师人数以少报多。我就在参政会上据实提出，明知这位校长有特殊势力，我并且认识他的，没有办法，当众说明。我爱朋友，我更爱国家，可是到底没有得到什么结果。这一类事情多得很。

一般人只要权力在手，就会与群众脱节。什么道理呢？中间有一件东西在作祟，物理学上有一个名词，叫"浮力"，社会也有一种无形的浮力，好像在从中作祟的样子。做工厂经理的，浮了起来，便和工人脱节；做商店老板的，浮了起来，便和店员脱节；就讲学校，诸位看到一种学店么，学店的老板，早浮了起来，和一般学生脱节了，不但脱节，且成为敌对了。诸位同学：你们以后跑进社会里，千万要注意打破这种浮力，不要把一般地位、富力、知识不如你们的人，都变做你们的敌人。

我们学校对这一点，是看得很清楚的，所以学校当局与学生打成一片，想用同甘共苦的精神，来克服一切问题。即如经济，也是这样。

做到一个机关的首长，要不和群众脱节，首须认识清楚群众的意思，大体上倒是不会错的。但有时情感冲动，可能做出过火的事情。做首长的要胸襟广阔，气量宏大，能接受群众的意思；站在群众中间的，也要了解当局的立场。各位同学毕业之后，请记住这几句话。

我有一位老师蔡孑民先生，民国初年任教育部长，后来任北京大学校长。他的气量非常宏大，因此，影响整个国运的五四运动，才能在北大经过了萌芽滋长，终于产生出来。

在五四运动之前，陈独秀是北大文学院长，发行一种《新青年》刊物，一般舆论，都认为要不得。当时还有一种文学改造运动，也在北大酝酿出来，那就是胡适所提倡的白话文。可是想不到在北大里还有两位主张旧文学的老古董存在，一个是译小说的林琴南，一个是中西文都好而挂辫子的辜鸿铭。诸位试想，一方面是陈、胡，一方面是林、辜，都在蔡先生大度包容的领导之下。陈、胡一派的人，质问他为何还用这些老古董；林、辜一派质问他怎么还要这种无父无君、玩弄"他的你吗"的人。我们这位蔡先生，倒一笑置之。我深深了解他有两点理由：有话大家说，一切看群众的倾向怎样，才是民主，这是教育的原则，也就是政治的原则；还有一种理由，当时无法明白表示的，因为那时的北大，尚在北方军阀统治之下，如去掉林、辜，尽用一班新人物，固可取快于一时，但学校成问题了。他这样兼容并包，使人觉得他还没有走到极端，北大才得在这样艰苦危难的情形下支撑过来。蔡先生去世快到十年了，他老先生对于教育、文化、学术思想上贡献了多少，终会使人明了的。这件事对我的影响太深了，群众总是倾向新文学的，蔡孑民先生一生贡献的伟大，到底为群众所了解的。

在学校里，诸位同学是群众，我们要和你们站在一条线上同甘共苦，互尊互谅，绝对不为"浮力"掀动。怎样才能站在一条线上，互尊互谅呢？孟子说得好，"是非之心，人皆有之"。是非之心，就是良心，既然人人皆有，那么我以为是，你也应该以为是，只要诉之良心就行了。最要不得的，是明知做不得，为了某种好处，有的受不住威胁，有的当不了利诱，终于做出来了，事实上却违背了自己良心。这种人虽躲在群众中间，不久也会给群众打倒的。因为群众是有是非之心，是则是，非则非的缘故。所以我们要切切实实地服从良心命令，它认为对的，一定要做；认为不对的，一定不做。

总之浮力是可怕的。我们要不被它掀动，坚定地和是是非非的群众站在一起。

（原载《国讯》第 456 期，1948 年）

中华职业教育社奋斗三十二年发现的新生命

前 言

一系列的人受了他们广泛的、天真的人道主义和国家民族主义这些思想的驱使，前前后后奋斗了几十年，依他们的方向，找出一条路，自己先走，走通了，希望大家走，来实现他们的理想。不料中间遭遇了连续性的却是不同方向的无数阵的暴风雨，他们自始至终总是植立着，倒借了这些风和雨，磨炼成功了他们相当坚实的体格，还靠了抗毒素的加强，在漫长的岁月里，延续了他们的生命。天气依着规律性大放晴光了。当前呈现出一个新的世界，正是他们所指着的方向，却是他们从前憧憬着还没有清楚地发现的道路。他们兴奋了，将要拔步前进的时候，愿意向着大众，说明他们过去为什么奋斗，怎样奋斗和长期的怎样怎样遭遇艰苦，艰苦到几乎丧失生命而到底没有丧失的种种事实和缘由，以及从今以后，立志把他们所有一切的一切，贡献给新的世界，认为该重定一种新的努力方式，作为他们继续奋斗的范畴。这就是我所写这篇文章的大意。

这一系列的人，有已经离开世界的，值得报告一下：沈信卿先生恩孚、袁观澜先生希涛、姚子让先生文枏、杨月如先生保恒、贾季英先生丰臻、顾述之先生倬、黄伯樵先生昇、俞抗澜先生泰临、刘湛恩先生、邹韬奋先生、季寒筠先生，当然数是数不尽的。

一、中华职业教育社是怎样产生的呢？

它是公元一九一七年，中华民国六年五月六日在上海开会宣告成立的。一篇宣言书草案发表后，大得各方同情。署名的，当时教育、实业两界知名人士以外，全国南北名人蔡元培、马良、严修、伍廷芳、张元济等，在宣言书上是首列的。

当时中国的社会，新发生一种矛盾现象。基于民国成立，各省大量推广教育，中学校一县有骤增到一百所以上的，但它的毕业生大都没有出路。江苏省教育会年年公布教育调查统计，中学毕业生升学者仅占百分之二十五左右，求事而不得事者，占到半数，甚至半数以上。同时却因世界大战发生，舶来品骤然减少，实业界很想推广制造国货来承乏，而苦于缺少技术人员。它的发起宣言，就针对着这种现象立论。对于大量扩充普通性的中学，认为是无目的、无计划的教育，严切地加以评正；大声疾呼着主张大改革教育政策，必须把教育和生活密切地联系，它愿首先这样尝试、倡导起来。

社章里明确地揭示它的目的，有三点，第一是改良教育的准备，第二是替学生谋服务社会的准备，而第三点，就是替中国和世界谋增加生产的准备。那时候，中国还没有人提到增加生产从教育下手，它是第一声。

它所提出终极的目标，是"使无业者有业，使有业者乐业"。

明年一九一八年，民国七年，它在上海创立了一所中华职业学校。设有铁工、木工、纽扣、珐琅各科。前两者属于教育上手脑并用的基本教练，也是发展一般工业的基本因素；后两者，它从海关输出入统计上看出这两种舶来品数量骤增，而实际上倒不难抵制，想从这上边做个国货制造的先导——后来这两种国货，到底抵制住了外货，尤其是珐琅业，上海这类工厂数大增，大都有中华职业学校毕业生在内。它从教育上为中国增加生产的宣言，算初度小小试验有效。

同时，它发行《教育与职业》月刊，编行不少关于职业教育专书，拿来阐明职业教育的理论和方法。

二、它壮大起来了。

职业教育本来在理论上着实站得住的，"后稷教民稼穑"，就说明了一部社会发展史。教育不是资产阶级的装饰品，而是在人类生活进化上会起一种领导作用的。就依新的学说，手脑联合训练，确是人类生活教育上最基本的功夫。

但是它呢，很早就和封建社会搏斗，它从产生时起饱受了教育界顽固派的打击。这一派人认为文雅教育才是正统教育，教育而谋解决人类生活问题，还成什么话！所以辱骂职业教育为"作孽教育"。这不是十足的封建作风吗？而它却因实际上能为学生打开出路，大得学生家长同情；手脑联合训练，适合青年期身心发展的自然要求，大得学生同情。而又盛倡教育与实业合作，教育供给实业需求的双方有利，同时职业学校拥有相当规模的机械设备，施行新式的工作实习，用事实来表现，使来观者眼界一新——那时候社会最厌恨空论——尤重要的，它的毕业生大部分确能亲切地供给工商界的要求。因为学生服膺它的校训"劳工神圣""利居众后，责在人先"——中华职业学校成立不久，添设商科，尤能与金融界、工商界合作，使企业家与一般生产救国论者笃信职业教育是为公、为私必要的唯一的康庄大道。它从得到了这些助力以后，就在社会上成为蓬蓬勃勃地富于有生力量的一支先锋部队。

中间却因中华职业学校所办机械、木工、纽扣、珐琅各厂同时赔本，负债很多。没办法，想发行一种债券，定期还本付息，拿来减轻债累。债券上须有信用卓著者署名，各债户才肯受抵。就向那时候上海声望最高的金融界领袖宋汉章商请署名，汉章答："除非让我去查账，一点不错误，我才愿署名。"某日清早，汉章果到校，耗了半天的时间，查完了校账。问有错误么？答没有。"宋汉章"三字写上了。从此债券风行，而学校和工厂信誉更坚固。同时把这些踏实的作风，教它一般的学生。

从它成立那年起，把金钱最早捐给它的：（一）菲律宾华侨茋数捐给了一注菲币。（二）南洋华侨领袖陈嘉庚从成立那年起，每年把额定金钱捐给它，连续了五年。它对这些捐金人是用全力维持信用的。到中华职业学校学生有出品时，它就把这些出品运到南洋开展览会，轰动了一时，说明每年捐款并没有白费。

那时候，各方乐于把金钱捐给它的不少。而捐金最多，且继续捐给，几乎无限期的，就是聂云台、徐静仁、穆恕再藕初兄弟、刘柏生等等，都是当时新兴的纺织界巨子。他们多数还委托它设计职业学校，或指定地点委托它创办职业学校。各省教育参观团到上海参观了职业学校，回去以后，纷纷委托设计。职业教育一时成为新的风尚。

一九二二年，民国十一年，北京政府颁布了新学制，在中等教育阶段，确定了职业教育的地位，职业学校相当于初级和高级中学。

那时候，全国教育会联合会每年轮流在各省开会。它就追随着同时同地——后来不一定同时同地——举行社员大会或职业学校联合会或成绩展览会。

三、它遭遇打击了。

国民政府自始即予它以无情的打击，这中间当然有些复杂的因素，主要倒有一件事实，可以公告的。远在一九二三年，民国十二年，那时候，它的负责人同时是江苏省教育会负责人。国民党在上海欲从地下展开党的工作，借广设平民学校名义，由汪精卫向这些负责人商请出面，把这些学校都伪作江苏省教育会设立。这些负责人一想，我们的根据地都在上海租界以外，在军阀淫威之下，怎么可以呢？就婉转拒绝了。不久，国民党在上海租界开大会，汪精卫当众骂这些人所办教育是"乡愿教育"。对这些人满肚子不痛快，而指不出这些人的坏处，乡愿教育的名称就是这种心理的表现。同时，就替它一群人起一个名词，叫"学阀"。有等人还创出"不革命即反革命"的口号。

一到一九二七年，民国十六年，国民革命军到上海，大迫害来了：江苏省教育会被封闭；财产被清算，清算结果，无可指摘，予以没收；同时派暴徒围困社所，迫令工作人员写字据，证明它的负责人是反动，却给工作人员严正拒绝，就捣毁了办公室，把它封闭起来，所有工作人员赶上大车逐出上海郊外。这是四月二十三日的事。隔一天，又派暴徒到中华职业学校，将手枪指定校长的胸口，逼令交出学校和工厂。校长正坚拒时，大群学生、工人出来了，大呼这是我们的学校，这是我们的工厂，谁来接收，和谁拼命，暴徒散去了。

那时候，宁汉已分裂，蒋介石所领导的国民党政府，一天一天，路越走越错。它呢，对内和封建社会作战，在教育上已胜利了。同时对外是主张倡造国货来抵制外货的。还没有到"九一八"，它这群人早看出日本将下手，主张抵抗的。它早不满意于政府纵容帝国主义的侵略，尤其是为了《生活周刊》事件，它虽使尽技巧，求免于迫害，到底无法获得反动政府彻底谅解。

那时候，它的危机虽像过去，这并不等于它就能和国民党政府和谐相处。其中经历的曲折，应付的艰苦，到今天想来，真是不堪回首。冷静地分析一下，它所始终坚持的，是基于政治上看法，和越来越反动的国民党政府的政策无法调和，这是主因。而它所唱出"职业神圣""职业平等"诸口号，虽然还只是资本主义社会里的理想，但这理想有一个很鲜明的前提就是反封建，和国民党越来越支持封建势力的气味，总是不相投的。它一群人主张倡造国货、民族主义，是它一开始就揭示的基本主张，和国民党政府越来越不成话的卖国政策，更是水火不能相容。但是，它一群人从二三十年艰苦奋斗中间磨炼出来的一套做法，正面绝对不通融的，但侧面未始不可以周旋，在趋向相同的某项工作范围内，未始不可以周旋，但立脚点是绝对不动摇的。所以对日抗战八年中间，它和国民党政府曾有过表面的合作，它一群人且曾卖过极高度的气力，例如劝募战时公债，靠私人的力量募到相当多的数量。一到抗战结束，解放战争开始，它已经找到了明确的立场，当然更为当局所侧目。于是它不断地遭遇压迫，它的负责人受到长期的监视。

四、它怎么不会被消灭的呢?

当然,它在社会上积下多少年信誉,国民政府虽然忌恨它,也不敢轻于下手。同时倒也值得检讨一下他们的作风。

我用纯客观的态度,把这群人——包括初时的江苏省教育会负责人和后来它的负责人,在过去四十五年中间——从清光绪末到现在,很严正地批判他们的长处和短处,一点一点写在下边。

(一)他们有理想的,但他们实现理想的方法,却只有言论和文字,而从来缺乏行动。即有行动,只限于教育性,而缺乏政治性。正确些说来,缺乏革命的政治性,——例如前前后后自己教育出来的学生着实不少,但从来没有组织——对日抗战是例外的,他们有行动了,他们一群人有组织了。

(二)他们也认识群众,也能联系群众,例如它在昆山徐公桥,在上海西郊等处,能使农村群众跟着他们干实际的抗日工作;它在上海市曾办很多处补习学校,"八一三"以前最盛期间,同时有学生一万多人,但缺乏经常性的组织。

(三)他们每一个人都有特立独行的风格,每一时期都能不受恶势力的威胁和利诱。例如拥戴洪宪皇帝,他们所负责的江苏省教育会首先通电反对,所以袁世凯最痛恨他们,批评他们八个字:"与官不做,遇事生风"。也可见独裁者对富贵不淫、威武不屈的正义派穷于应付,而又特别畏惧他们能生出风来。——但他们虽反对恶势力,从来没有领导推翻恶势力的计划和魄力。

(四)说到教育,他们确能吸收最新的理论和方法,领导一般教育界,加以咀嚼而咽下去的。但他们的缺点,不免偏重方法,而没有能本着空间、时间的基本认识而构成理论体系,拿来做他们的教育根据——职业教育,它有一套理论体系,发表于抗战期间《教育与职业》上边。但把今天我们认识的来对照,只能说是一隙之明,还没有完整。

从上开四点的因,产生了下开三点的果:

(一)他们从推翻清朝之役起,经过倒袁运动、五四运动,直到人民革命,每一事变,都能认清是非,向着群众路线尽力地配合,尽力地援助,发展成功,却没有发动,没有领导。——对日抗战,它一群人在上海倒是处于发动。而它一群人中间,倒有人处于领导地位的。这是例外。

(二)社会在渐变时,他们不失为领导改进的有力分子。——从清末起,在教育上确曾领导全国。——但到突变时,他们不会做主力军。

（三）他们就为了一贯地保持着这种作风，才取得三十多年的自存和自全。否则不被屠杀于袁世凯和北洋军阀，必被屠杀于蒋介石，哪还有今日！所以，与其说他们靠这些长处壮大起来，还不如说他们就靠这些短处，掩护着他们的生命。

究竟为什么他们留着这些缺点呢？也得说明一下：

三十年前，中国在半殖民地的环境中，残余的封建势力还存在着，广大的民众，还没有站起来。他们干教育工作，所根据是人道主义，是国家、民族观念。从阶级方面说，他们还是从资产阶级的立场出发的，教育工作者本身当然不是资产阶级，但由于工作的联系，他们不可能不依存资产阶级的支持。同时在无形中他们也就支持了资产阶级。那时候，教育工作者正和这些资产阶级本身一样，分作进步和落后两派，因而工作路线也就分作革命和反动两种。他们使用了全身气力和敌人搏斗，虽对反动派斗争取得胜利，实际上总是跳不出这圈子。这圈子就是资产阶级。他们缺点的去不掉，若问病根所在，应该说就在这上边。

五、它现状怎样呢？

它的社本部在上海，社屋自建，基地自置。它有历年征求得来的社员，社员名卡积有三万多，但死亡迁移，人事上变更太多了。后来为了环境的恶劣，无法召开社员大会。它的组织有理、监事会，到理、监事任期满了，只有用通讯来选举。

它有研究部，专研究职业教育的理论和方法，同时翻译出版。出版物前后统计有一百二十多种，经常的是《教育与职业》期刊，从它成立之年创始的，现时还在出版。

中华职业学校现设机械科、土木科、商科。今夏共有学生一千二百多人。前后毕业生共八千几百人。校有基地二十多亩，有附设机械工场，有特建的校友会。学生参加人民革命的不少。

因中华职业学校学生学习需要而创设并发展起来的中华铁工厂、中华珐琅厂，都早成为独立的组织，在上海他们的同业里，都已站在前列的地位。

中华工商专科学校，是对日抗战期间，它在重庆因中华职业学校毕业生进修的要求而设立起来的。后来由重庆迁上海，从艰苦中发展。现设工商管理、会计、银行、机械等科。今夏有学生七百多人，前后毕业生有二百多人。当反蒋斗争时，被称为上海民主堡垒之一，学生、教师被拘捕的三十多人，有被屠杀的。在解放前，参加人民革命工作的有一百多人。

比乐中学，是它在抗战结束以后，发现到处都还是普通性中学，毕业生仍然没有出路，但如予以适于一般生活所需要技能和常识的训练，虽没有办职业科，并不是不可以取得企业机关服务机会的，因此，就社本部余屋附设这个中学。现届三年，初中修了，所已经做到的：（一）学生思想上的解放和乐于为公众服务；（二）它所用方法，于班级教学中加强学生的个别辅导，对每个学生的特点，保有经常的调查研究的记录，以此为根据，对学生予以学习和品行的个别指导；（三）还逐渐地实现了学校和学生家庭间密切合作的计划，设家长代表会议，顾问学校财政，提供教学训导的意见，一般私立学校和家长对立的状态大体已消灭。恰值人民解放军南下，这班教师和思想已经解放的学生，纷纷地前去参加解放工作了。

中华职业补习学校，在抗战以前最办得出色，七个补校所在地附近的大小工厂、商店几乎都有它的学生，算得轰轰烈烈了。中间一所补校，就设在中华职业学校内，意在提高工厂一般工人文化水准，亦颇有相当贡献。战后在反动的政权下，没有能一气恢复，但作为基本的第一补校就设在社本部里面。现有学生一千多人，已草有新的计划，正在筹备发展。

职业指导所，是它从二十三年以前在上海创办起来的。一面指导学生就学，一面介绍就业。这原是市政上一种必要的措施，当时政府没有办，或办得不够，它就办起来了。

伤残重建服务处，是它在战后受"行总"委托而办起来的。伤残重建，在教育上是一种新的理论，事实上在战后确很需要。但在它方面说来，到底是一种临时性的工作。

在它的若干出版物之中，有一种《生活周刊》，在前面第三节里先提到过了。为了抗日，它重新发行一种《国讯》，前后支撑了十五年，到民国三十六年终于被迫停刊。它又和一般朋友合办《展望》周刊，解放前一度被封闭，今在继续出版中。

这都是它在上海的工作。这以外，还值得略略报告一些它在内地的工作。

国民政府成立以前，它给予各省的职业教育影响，已于第二节说过了，其后终止发展；为了抗战，它才得在国民政府之下，稍微向内地发生些联系。"八一三"战役之结果，淞沪陷落，它就倾它的全力，向着西南发展。川、桂、滇三省都有分社或办事处，都有学校或工厂，且都具有相当规模，给一般人称道。例如重庆白沙沱中华职业学校、灌县都江实用职业学校、昆明中华业余中学、中华小学、柳州中华铁工厂等，都为当时当地推重。抗战结束，它看到政治上有一种新的斗争，且将遭遇新的打击，就将人力、物力向上海集中。到现在，重庆、成都、昆明虽还设有办事处，但地方都还没有解放，一切当然无法进展。

总之，它的第一个十年中间，由萌芽而壮大起来，是很蓬蓬勃勃地发展的。为了国民政府的忌恨，就限制了它的发展。后来，借了抗日斗争，却给它一种旁枝的茁长机会。抗战结束，它的根据地——上海，一片可怜景象，社屋被人占住了，具有相当规模的中华职业学校五分之三的校舍被毁了。它呢，却因人才的集中，社会对它的信誉留下些基础，还得从昏天黑地的现象之下，把旧的复兴起来，新的建设起来，像上面报告的这些。

六、它今后怎样呢？

今后它将怎样呢？这是它一群人认为值得彻头彻尾郑重考虑的问题。

它一群人是有理想的，有抱负的，对教育是有整个计划的。从它创始时不是已向着群众宣布三个目标么？它要改造一般教育；它要使一般学生获得就业机会；它要替国家做一番增加生产的准备工夫。这样的志大言大，难道办了一二所职业学校、一所职业性的专科学校、一所特殊性的中学校、若干职业补习学校和干了若干为社会服务的工作，就算完成它的目标么？当然不是的。它总想自己先立一个榜样，开一些风气，让政府大量推行。可是北洋军阀自然一切都说不上，国民政府始终和它闹别扭。

现在，人民政府成立起来了。对新民主主义下的人民政府的看法，该怎样呢？

人民政府，是人民的政府。新民主主义下的人民政府，是由无产阶级领导者中国共产党领导着，由各方面共同支持着的政府。如果认为这种看法对的话，下开几种观念必须纠正的。

"你们是在朝的，我们是在野的。国家一切事情，当然靠托你们在朝者，在野恕不负责。"这是一种要不得的观念。

在野的也该做一些事。慈善也好，文化教育也好，不必参加整个计划，也不想跟社会需求和国家整个计划密切地配合，只想借这些作为在野者的幌子或个人的消遣方法罢了。这又是一种要不得的观念。

又有一种，把他的事业作为私人所占有。事业的性质，原是为公众谋福利的，结果为了私人立名，甚或为了私人殖产，把公的变为私的，那更万万要不得了。

这些观念，都要彻底予以廓清才好。

职业教育，是今后增加生产、繁荣经济的国策实施时所必要采取的措施。联合政府成立，确定了增加生产大方针。第一件事必须集合专家经过极慎重的研究，提出一份连续若干年的、全国性的生产总计划，中间必将包括各种农业、各种工业以及水、陆、空交通运输业等等密切地相互配合着，而任何一项，必然需要大量人才。除一部分毕业于大学以外，绝大部分所需要的，必然是受过职业训练的中等技术人员。现有的万万不够，必然需要迅速、切实地重新训练，依技术的性质和需要急迫的程度，定训练期间的长短。这不是职业教育，是什么？职业教育，在今后建国大计的需要上必然地很广大而且很急迫，我所敢坚决认定的。——苏联一九三八年技术学校、中等医科学校和其他职业学校学生，比革命前增加了二十六点六倍（见麦丁斯基《苏联教育制度》，庄季铭译本第九〇页），此其一例。

还有一点，新社会职业教育，不仅在量的发展上将是空前的，就在质的进化上，亦将史无前例。资本主义社会里的职业教育，表面上是为大量青年解决生计问题，——在它已做到一部分的提高劳工文化水准（见前第五节）——实质上总是为资本家增加获得利润的有利条件。新社会的经济成分，主要的是属于以工农为基础的人民大众的国家经济，即使是私人工商业，也是有利于国计民生的经济。因此，为这样经济服务的职业教育，便消失了过去的弱点，而成为建设人民民主国家的重要条件。

既然认清了新民主主义下人民政府的性质，认清了建国大计上需求职业教育的重要而且急迫，又认清了新社会职业教育的特殊意义，那么，对于职业教育积有若干年经验，像它一群人，只有把所有懂得的一些、会得的一些，都贡献给人民的政府，所有已经造成的一些，本不以这一些为满足的，也都拿来贡献给人民的政府，使一部分私人的事业，化为全体人民公共的事业，而永远为全体人民所支持，即永远认全体人民为它的主体。

让我具体说来：

1. 它所创办的学校，依其必要和可能，归之于公家。如改国立，即是若干国立职业性学校的一分子；如改所在市市立，即是若干市立职业性学校的一分子。同时根据它的经验和研究所得，由它协助政府制定一份全国或全市的职业教育计划。

2. 它所附设的其他事业，同样地依必要和可能归之于公家。

3. 它的社本部，改为全国职业教育工作人员和职业教育研究者研究总机构，隶属人民政府全国教育行政系统之下。

这样，它绝对不是消极，而倒是积极；绝对不是消灭，而倒是发展。这样，才使它依据原定的目标，走上正轨，得以一步一步地完成它所自动地乐于负担的伟大使命。

话还可以回头说一下，它不是很早标榜着要使无业者有业，有业者乐业吗？它不是很早着眼于个人生计问题的解决和社会生产的发展吗？它和新民主主义的社会观，并没有违反的。在当时，它之所以能产生，能壮大，还不是靠那第一次世界大战，帝国主义对中国民族工商业不能不放松一手。这一个时代背景，使中国民族工商业短时期抬了一下头，因而觉悟到旧教育的空虚，不济事，刺激了实用教育——实用教育也是它负责人在它产生前四年，民国二年喊出，而得到全国教育家赞许且接受的——和职业教育的要求，容许它乘时崛起么？可是这机运一霎眼过去了，中国依然在帝国主义、封建主义、官僚资本主义三重压迫之下，国民经济依然得不到健全合理的发展，靠这些做基础的它，自然也无法纳入正轨。由于这些经验和觉醒，它这群人虽然没有参加大革命，毕竟参加了抗日战争、民主运动和爱国自卫的解放战斗。在这三个阶段中，它一群人得到了充分的信心，来迎接新的时代，把最大的兴奋，来参加新民主主义社会的建设。希望早日实现社会主义、共产主义，它一群人并且已经清楚地认识了一点，就是只有实现社会主义和共产主义，才能使人类职业问题获得最实际而美满的解决，才能十足地完成它最伟大的"无业者有业""有业者乐业"的使命。

后　言

有人说：职业教育，是资本制度下的产物，现时这名词是否适用，怕成问题了。我是这样答复的：

我们所争，在实不在名。名只需表达它内在的意义，不过要表达得正确，越正确越好。

职业教育，不但是资本制度下的产物，而且还是封建制度下的产物（中国过去的社会是这两种并存的，而且封建的意味并不较淡于资本。我所感到，是这样的），但它本身是平民化的，是为解决平民生计问题而产生出来的，是进步的。例如问，华莱士是美国人么？不错，华莱士生在美国的，但不是美帝，是美而非帝。若说凡产生在资本社会、封建社会里的东西，都成问题，那么全部教育不都从这些中间产生而演变出来的么？科学不也是这样吗？

话倒要说回头的，踏进了社会主义、共产主义的境界，平民生计不会成问题的。就退一步说，新民主主义到实现了发展生产、繁荣经济的时候，平民生计也不会成问题的。所以职业教育，可以说它应该是过去在特定经济制度下由发展而成长而衰亡的。但这句话只说明了这个名词的过程，若说到它的内容，关于基本是手脑联合训练，关于具体工作，举例说来，硬性的，如机器制造，软性的如文书的作和写，要训练到做出来的东西正确、精美、经济，这都是这名词的内容。这些怕是任何社会里不可少的。

如果在职业教育以外，找到一个新的名词，能正确表达这些内容，我们是极端欢迎的，并且应该大家寻求的。

（原载《人民日报》，1949 年 10 月 15 日）

中等教育上必须改革的几点
——献给全国中等教育会议

教育部召开全国中等教育会议，是一件大事。

中等教育在教育全部过程中间，站立在最紧要的一个关头。为的是中等教育标准年龄是十三岁至十八岁，青年生理和心理的发展，到这一时期，他的吸收量强烈起来了；而他的可塑性又值初步展开，故同是一种教育，对其他时期的青年，施行起来，总不及对这些年龄，所获得的反应，特别灵敏，而且特别深入，中等教育值得重视在此，但在今天说来，这次会议的重要性，是在这上边，而还不止在这上边。

我以为过去的中等教育，有一种重大的错误存在着。

劳动创造世界，我们今后看社会，应该从基本上这样认定的了。儿童的天性是好劳动的、好创造的。在小学教育时期还没有抑制，也不可能抑制，而大部分青年终于遭受抑制，则是中等教育应该完全负责的。

从中学起，课程的繁重，教材的艰深，考试的严酷，把天真活泼的青年们逼得发呆了。虚荣的奖励在前边引诱着，退学降班种种罚则在后边驱逐着，曾有许多人写过"救救中学生"这一类文章。

政治上解放了，希望教育上也来一个解放，希望中等学校学生很快获得解放。在这里需要用革命精神在重订课程、改编教科书的时候彻底改革一下。

我以为我们这些几十来岁的人，必须把眼光退回到十几岁来批判这些教科书，才会比较正确。但是没法退回去了，那只有重视中学生对出版物的意见。今年（一九五一年）二月二十八日《人民日报》书报评论栏徐树平先生一篇文章，记录最近北京两个中学校的学生对出版物的意见，很值得重视。他们说："一般都欢喜抗美援朝宣传读物，但初中学生说来，内容嫌太深了，不论初中高中学生，都有这种反映：'文字不够通俗''许多名词看不懂'，这证明编中学生读物，应该和一般读物有所不同"，这还不是教科书，"对于教科书，他们认为一般地内容仍嫌深。这个意见，很值得教科书编辑出版机构注意，目前通用的一些中学教科书，材料浓缩文字艰深，也是通病"。中学生们对于教科书认为一般地内容仍嫌深，这句话我很有同感，很久以前当过多年中学教师和校长的我，把我用过的中学教科书和后来对比，后来中学教科书深得多多了。问题在解放以前约莫二十年中间编这种书本的人，大多数是没有教过这种书本的人，当时出版机关，又不免把文字深，材料多，作为斗争取胜的工具。而讲书的学校，爱取深者，表示我们学生程度是高的。于是教科书愈出愈深，不够深，有卖不掉的危险，而学生苦了。

解放后，对于学校教科种种都在彻底改革（例如国文改称《语文》，作文改称《写话》，我很赞成，内容亦在修改）我认为上边所说，也是值得注意的一点。有人说：这么一来，中学生知识程度不怕降低么！不！不！我所主张，在简而精，不要请一般中学生吃大碗牛肉，吃得肚腹臌胀，消化不下，而主张请他们吃牛肉汁。决不妨碍他们健康，反而有益他们健康。

我看到出版总署报告："中学教科书，除了自然科学外，大部分已编审完成。"上边所说，也许已经注意，我主张把这些中学教科书稿本，指定几位中学教师，富有经验，并富于研究者向他们征取意见，还可以指定几个中学校，把这些稿本，交给他们试用一下，让教师们和学生们尽量提供意见，务须做到发行出来，人人满意。

这是一点，附带说一说：关于考试，也希望定出一种合理的办法来，解除学生们另一种痛苦。

次一点我要讲中等学校技术教育。仍先从青年心里说起。我们一群人三十四年前在上海创办一个职业学校，教学生机械工、木工，大受当时所谓"教育家"者的哗斥。同时却受到学校学生的极度欢迎。打铁、翻砂、车木杆，课外只想搞这套工场工作。这证明小学生年龄喜欢劳动创造，进到初中，还是喜欢，也许更喜欢，就给初中的书本教育把这些活跃的精神扼杀了。当时我们的学校招收高级小学毕业生，教三年，初级毕业。如继续下去，再二年，高级毕业。初中毕业生考入高级职业的话，须三年毕业，这些课程，是请同济大学德国教授参加编订的。特别的地方，在先习后学，头二年三分之二时间工场实习，其余时间教室上课，其后一半实习一半上课。三十多年来这些毕业生散在各界，服务是没有问题的。

我何以乐于叙述这些经过？我认为技术教育，如果跳过了中等教育这个阶段，到大学时期才逼他接受。换一句话，中学时期已经把书本教育重重地灌够了。和劳动生活完全脱离了，进了大学已经是十九岁以上了（大学入学标准年龄十九岁），重新强迫他接受技术教育，这是在青年生理心理上极度矛盾的事。我认为最理想的，倒是高等技术教育先把中等技术教育做它的基础。

到现在呢，事实上在需求这种技术人才，需求的数量，大得可惊。今年二月中央财经委员会召开工业会议。各单位根据基本建设计划，提出需要大学和中学毕业技术人才，十六个单位，共需三十一万一千八百四十四人（东北还不在内），中间少数是可以分二年三年四年养成的。计算一下，全国大学中学在校学生总数有多少呢？上开需求数，还只限于工矿部门，连其他部门并计起来，更将怎样供应呢？

这中间需要分析一下，随举一个工厂做例子，全厂职员中间，大学毕业生占多少呢，依我看到，大学毕业生总在百分之十以内，有的只百分之四五甚至二三，厂越大，职员越多，大学生所占比例越小，某厂某厂，竟没有一个大学生而居然办得轰轰烈烈。这说明适合它们需要的，绝大多数还是中学生，最好倒是受过技术教育的中学生。

现在想从中等技术教育方面，提供一些意见：

一、技术教育必须与学生年龄配合适当。技术教育种类复杂，有些年龄宜较大，有些不妨较小，还有一点程度低、年龄大，可以施行短期技术训练，年龄小则不行，都须有适当的配合。

二、必须注意天才生，中华民族确是优秀的，以我国人实际经验，随便招来的一班学生，假如二三十人，其中必有一二卓越的某种天才，或者还不止一二个，尤其是技术教育范围内，最易发现天才，对天才生必须施以特殊教育，万不可以寻常绳墨去限制他发展。

三、必须配合政治教育。技术教育，尤须同时施行政治教育，使思想不致束缚于技术范围。

四、必须尽量和当地同类工厂密切联系，凡教师、课程、设备、实习种种问题，都宜在厂校合作之下解决。未设时且宜以当地有无同种工厂为该科设置与否的前提。同时还须尽量和各地企业机构联系（不限于当地），如经常地建立了联系，不但将来出路上获得可靠的机会，且在教科上训育上因平时与该机构合作，使毕业生更能切合需要。

技术教育问题是相当复杂的，各方要求是相当迫切的，似宜在教育部内特设一技术教育研究机构（必要时各大行政区亦可设置），罗致专家及业务机关代表共同协助解决各种问题。

又次一点，想谈谈体育：

最要不得的，过去各地各校流行的跳高、跳远、掷铁球、赛跑等一套美国式的运动，把培养选手做了唯一目的，依教育眼光看来，可以说毫无价值。竞赛在唤起群众兴趣上，也有些相当的作用。但如只争取最少数的选手，而置一般学生体育于不顾，是万万不可以的。

合理的体育方法，应将全校学生各项健康成绩，根据检查结果，一个一个记录起来，体育教师（体育教师必须兼研究卫生的）在一般性体育功课以外，察见某生某部健康有问题，施以某种方法的体育，这些方法因人而施，因时而施，在定期检查制度下，到第二期检查时，发现某生某部健康进步了多少，从每一学生健康进步的多少，平均计算出全校学生健康总进步的多少，如采竞赛方法，应把这些做竞赛的标准，才是合理。

末了，还想贡献一点：

教育必须结合实际，我们决不主张用呆板的制度来推行教育，而不顾到人民实际的要求。现在城市工商从业员都在要求学习，中间文化水平较低的，尤想补受正轨教育，这些心理，几乎普遍，他们一方想补受正轨教育，一方又无法脱离职业，因此有些城市为了照顾这些，正在试办夜中学，我所知道，上海就有中学校在这样试办中（传闻经过情形很好）。我意这夜课中学，如试验得好，希望推行开来，在城市里，也许是一种好方法。

这是我个人意见，希望成为人民公共的要求。

1951 年 3 月 30 日

（原载《社讯》第 55 期，1951 年，《社讯》系中华职业教育社主办的内部刊物）

立社三十五周年纪念日一封公开信

同志们！同学们！

我社——中华职业教育社到今年一九五二年五月六日，成立第三十五周年了。我社是一九一七年同月、日成立的。

一系列的人依据他们的理想，悬了一个目标，定了一份计划，经过前前后后相当长时期的奋斗，到今天，计划实现了，目标达到了。是不是应该庆幸的呢！

职业教育，在三十五年前是一种革命性的教育。革什么命？革"封建"的命。封建社会的产物科举制度，在中国到一九〇三年才告终的呢！经过了一九一二年辛亥革命，接下来袁世凯做皇帝，到一九一六年袁死，那个时期，学校只是表面，封建还是它的精神。小学、中学、大学、大家向上爬，教育与社会需求、个人生活、完全脱节，我社就在这时候产生出来了。

我社首先办一刊物——《教育与职业》，办一学校——中华职业学校，教学生一面学习，一面做工——铁工、木工……，穿了工衣，打铁、刨木……学生大起劲，官僚们、绅士们、洗不清封建气息的教育家们大惊！大叫！"反了！""反了！"

仿佛是一九二〇年罢！中华职业学校又做一桩骇人听闻的事。在一座大席棚底下召开了大概是全中国第一次"五一"劳动节纪念大会，到场全校师生以外、一大群自家的、邻家的穿着工衣的工厂工人，抬头四大字——"劳工神圣"。（沈恩孚写，至今保存）

中华职业学校前后三十多年，毕业了九千多个男女青年，找不出一个是资本家儿女，相反地工农子弟占相当数字，还可以举出名字来。

我社有社歌，劈头第一句——"惟先劳而后食兮"（江恒源制词，黄自作曲）。

同志们！同学们！现在新中国全国人民接受了工人阶级领导了。

这一系列人认为国家乃至全世界正需要发展生产，职业教育可以发展生产（订在社章），还可以解决个人生活问题。所谓"职业"，为的是一般人，不单是为学校几百人、几千人；这些事业，为的是国家，所以社名、校名都冠着"中华"两字。这些方法，希望有一天被政府采用，订入全国教育计划，而决不满足于几个地方，几个学校。

一种一种学校继续办起来了。十年前，还创办一个中华工商专科学校，同样是这点意义。

到了现在，学生做工不算什么一回事了。"注重技术教育"，规定在中国人民政治协商会议共同纲领了。初级技术学校、技术学校、专科学校、大学各种专门科系，政府已在根据实际需要，有计划地大量地普遍地发展。

教育完全根据国家需求了，个人生活问题，过去只有各个解决，人民政府在整个的谋解决。

在这种情况下，"职业教育"一名词，到今天只成为历史性纪念品。这些理想，在加速度实现。

解放以后，我社很慎重地公定了一个新的总的方针——"化私为公"。同志们！同学们！在这第三十五周年立社纪念日，我愿很庄严地报告诸位：中华职业学校，中华工商专科学校，都已经在今年春季始业开始，由人民政府接收了。我社——包括总社分社一切工作早经接受人民政府领导，经费由人民政府拨给（早经停止向私人募款）。

同志们！同学们！希望大家做好一种新的心理上的准备，即今后我社原有事业一步一步地化私为公，一方面接受政府新的使命，继续为了国家和人民所需要的教育工作而始终不懈地努力。

1952 年 4 月 24 日

（原载《社讯》第 63 期，1952 年）

南洋通信

新加坡、爪哇、苏门答腊

（1917 年旧稿，1955 年 3 月整理，并加序言）

帝国主义罪恶的铁证　华侨同胞惨苦的泪史

中华职业教育社就在那时候产生

序　言

一、我为什么去南洋？

一九一一年辛亥革命，民国成立了。我受任江苏省教育行政，从一九一二年（民元）一月到一九一四年（民三）三月，两年零三个月中间，新建、扩建、改建了江苏省立高等、中等学校二十七所，——中学九、师范九、农三、工业专门二、水产一、蚕桑一、法政专门一、商业专门一。——而政局一天天恶化，预料事不可为，决然辞职。但今后建国如何做法，自感茫然。发愿集合在野的力量，改革教育，发展生产，那时候形式是学校，精神还是科举，认为这种教育必须改革。从立国基本上说来，总是值得努力的。——那时候是这样想——一面联络新闻界，对违反民意的朝政，尽量批评、攻击。——袁世凯痛恨我辈，称为"与官不做，遇事生风"。的确，我和钮永建秘密合作参加倒袁工作的；还和姚文楠去南京力劝冯国璋万勿附袁赞成称帝，得到冯秘密同意的。今天都可以公开了。——我同时漫游国内外，考察政治情况、社会情况，想待认识清楚些，然后订出进行计划。主意打定了。一九一四年（民三）遍游安徽、江西、浙江、山东、河北（那时称直隶）五省，一九一五年（民四）趁中美报聘的机会，漫游美国，走遍了二十五个大城市，一九一六年（民五）被聘参加教育部组织的菲律宾参观团，这是我游南洋的开始。教育部在北京政府中带些独立性的，领导层都和我们一气，那时我们已改建了一所南京高等师范学校，不久改为东南大学——今南京大学。还新建了两所高等学校，一所是南京河海工程专门学校，一所是上海同济医工科大学，同时教育部聘我在南京筹办一所暨南学校，前清曾设立过，久已停办。有师范、有中学、后改大学。我就在一九一七年（民六）用招致华侨青年回国就学的名义，去南洋群岛了。

同年，中华职业教育社成立了，明年一九一八年（民七）中华职业学校也成立，主要是教学生制造机器，使用机器，得到青年大大的欢迎，这样的中等技术学校在中国那时是第一个，职业教育的中心含义即此。

二、我去南洋干些什么？

南洋群岛之游，招致华侨青年就学，是我主要任务，同时为职业教育宣传，还担任了上海申报旅行记者的职务。为了这些，去南洋共三次：

第一次一九一七年（民六），去的是英殖民地新加坡、马来半岛的麻六甲，吉隆坡和槟榔屿、荷国殖民地（今印度尼西亚共和国地）苏门答腊和爪哇。往返四个月——五月至八月，那年还先去日本（是第三次），菲律宾（第二次）。

第二次一九一九年（民八）一月去海防、西贡（法国殖民地，今越南民主共和国地）、新加坡、马来半岛、槟榔屿。还去缅甸（英属地，今缅甸联邦）的仰光、曼特来，又去苏门答腊（第二次）。往返三个多月——一月至四月。

第三次一九二一年（民十）去菲律宾（第三次）、暹罗的曼谷。由曼谷坐火车经马来半岛很长的土颈到槟榔屿、新加坡。往返四个月——二月至五月。

去南洋的几种任务，结合成为有计划的宣传，宣传的内容，包括①祖国的可爱；②为祖国服务必先受教育；③回国就学的方便；④必须提倡国语；⑤职业教育的意义。

宣传的方法，①是访问谈话。②是分就会馆或学校公开演讲，但须翻译闽粤语。③是协助召开会议，曾经在爪哇之泗水协助召开全岛六十六个中华学校、七十八位教师、连续五天——一九一七年七月十六至二十日之教育会议，我每天就议题发言；又曾经在缅甸之仰光华侨教育会召开的演讲会，从上午十时至下午三时，再从晚七时至十时，全天演讲八小时，在座各校教师，连教会学校西洋女教师在内，自始至终倾听不倦。是一九一九年二月三日事。④是在报端发布新闻、论文、讲稿，都予以深切注意。比较突出的是，⑤职业教育展览会，将中华职业学校学生所制造的小型工作母机和木工出品、纽扣、珐琅出品陈列展览，大获侨胞赞许。信为捐款没有白费，从此捐助更出力。

三、去南洋的收获怎样？

这样继续来往了几年，应该做个总结，究竟南洋和祖国间发生多少影响呢？显然的是：①暨南前后学生八九百人，都是从南洋来的。②南洋各地国语大进步，隔了几年，有人从祖国再去南洋讲话，已经不再需要翻译了。③原来南洋各埠只有小学，自我去后，新加坡首先开办中学，各埠继起，都由校董会正式委托我推荐校长和专门教员。④陈嘉庚先生首倡捐金扶助中华职业教育社，各埠响应，有长期捐助的。职教社初期经费来源几乎全靠南洋，不须多方另筹。中华职业学校有一规模宏敞的职工教育馆大楼，建筑费完全是华侨捐赠的。

我经常每天写日记的，国内外旅行当然每次都有记载。专册印行之外，比较生动的资料，还在申报上陆续发表，署名"本报旅行记者抱一"。抱一即是我的笔名。

四、从南洋资料中检出关于印尼的一部分

一九五五年三月，周恩来总理将领导工作人员去印度尼西亚，出席亚非会议，我把当时发表在《申报》上的关于爪哇、苏门答腊和当时来往该两地所必经的新加坡这些地区资料，节录起来，献供参考。相隔到三十七八年之久了。越久越是可以看出印尼人民在这种严密酷虐的长期政治压力下，经过再接再厉的高度的艰苦斗争，终于在今天获得最后胜利。阅这些资料，益使我们不胜钦敬；而我侨外同胞坚持爱护祖国的一片热诚，不断地赞助人民革命，终于在今天获得最后胜利。同样地益使我们不胜钦敬。

这些发表在报纸上的文章，它的词句、笔调，在三十七八年以前，也算最新鲜、最进步的。在今天我自己也很多看不上眼了。但大体上总是以"存真"为好，色素是变了，也许味没有变。

以下就是一九一七年南洋通讯的一部分。

南洋通信

一九一七年五月至八月申报

（节取旧时南游所记生动资料，供现时访问印尼参考）

本报旅行记者 抱一

（一）重游南洋

我游菲律宾归来了。今以新闻记者资格重往南洋，此行将游英、荷两属新加坡、马来半岛、苏门答腊、爪哇等地，观察其政治风俗与其教育、其实业。将以研究其地力、其人文的发展，其国力强弱的比较，吾侨民辛苦经营的现况。余非好游，只深慨夫举国号称优秀分子，在野者枉道以猎官，在官者枉法以取财，而其结果无一不陷于自杀，徒累吾阅报诸君日日醉心于政治新闻，忽而为之怒，忽而为之快，忽而为之惜。今愿为诸君谋所以清闻根，让诸君听听我海外闲谈，可乎！

五月十五日我乘加贺丸自上海登程，首至地为新加坡。新加坡的对岸是柔佛，是一个世界著名之橡树园，华侨在彼处领荒地垦种后售出，譬如领一千英亩，投资十二万元，五年后出售可得五十万元，但亦有种种困难，一是选地，二是招工，唯老于此事者能获利。柔佛同时是著名的大赌窟。

南洋富源岂唯柔佛，岂唯橡胶，天地是无尽藏的。让我陆续报告所闻所见。但愿阅报诸君少安毋躁。

（二）英属新加坡

新加坡为一小岛，缀于马来半岛之南，人口有三十一万余，而华人多至二十二万余，占十分之七而强，南洋各埠华侨无及其多者，行其市皆华文招牌之商店，其市廛之建筑，远不及菲律宾首都马尼拉。彼为新式，此则新旧掺杂，以与香港较，香港多富户，环山上下，金碧烂然，使人一望而识为富豪聚宅之所，而此则人种混杂，贫富不齐，虽东街一带，亦有富家宅所，而不及其齐整。据一九一五年统计，那年移民人口多至十九万七千余。——近十年来，每年必有十五万乃至二十五万人之入口——多转入他埠。其中契约移民占十之八九。契约移民即立契约定做工之工人，在若干期间内不得自由。

新加坡华侨商多于工，他埠则多数皆工人，有一事甚奇，娼妓甚多，然无一闽籍者，东洋车夫皆华人，然无一粤产者，相传最早时，两帮之有力者，一则昌言：吾闽女虽贫，万勿为娼；一则昌言：吾粤男虽贫，万勿拉车，于是两帮受此有力者一语之约束，经过数十年无敢违，违则同帮不放过去。又有一奇事，南洋华人分五帮，广、福、客（即嘉应）、潮、琼，独琼州人不准带妇女出其本土，于是他属人有携其眷属作海外桃源者，独琼州人非往来两地以为常，即娶马来人为妇，此事起缘，亦由当时有力者之一语，说：吾琼州人不准带一妇女出外，其意出外抛头露面，难保无不良结果。我去麻〈马〉六甲之前一日，新加坡忽来琼州女子三人，众大哗骇，强令回籍，此刻还在严重交涉中。

会馆、学校、阅书报社、医院及其他公益事业无不分帮，绝不相杂，究其最大原因，只是方言不同关系，我在此多次公开演说，每次粤语者闽语者两人左右立，为我一再翻译，盖别无他法咸使闻知。

（三）华侨爱国

南洋华侨爱国之热度高于内地。所至，华侨必问国政现状，刺刺不休，七月二日记者在爪哇，方从万隆赴牙律观活火山，见游客纷纷题名于壁上，我题诗——"大地搏搏付劫灰，荣枯变幻不须哀，万年谁为收余烬，何用留名与后来。"吾当然不署名了，回头一想，题诗与题名同是无谓。忽然有一中华学校校董某君喘汗奔告我："不好了，复辟了。"未几，又有数辈来告，同前，且言荷政府下令玛腰、甲必丹（皆荷官名，以华人为之，令管理华人者）。各劝导约束华侨，毋得纷扰乱秩序。行至三宝垅，但见华侨纷纷聚议发电某处，"誓死不认皇帝"，"誓死拥护共和"，斯时虽号称稳健之资本家，亦用其郑重之态度，拍案大叫"誓不承认"。最后决议发电冯国璋副总统请声讨。一面电上海各报馆，告全国国民。又相约至中华会馆，正式宣誓"定要恢复共和"。方扰攘间，而广东电告朱庆澜省长已率师北伐了。侨民气大旺。

正在纷纷聚议，忽而街头宣传报馆号外，急观之，仅八个字"伪皇帝宣统已退位"。一时到处欢声雷动。

（四）荷属爪哇

荷属东印度群岛以爪哇为施政之主脑，经八九十年间之强制耕作，其地力略已开发无余。

由英属至荷属，第一使人感触，行至市上，有一种沉静严肃的气象，领事张君步青言，英人治南洋属地之政策，主发达商业，开拓利源，而关于整肃风纪等事不甚注意，荷人政策，则非绝对注重商务，专招来上等移民，严防流品混杂，而以间接的力量开发农业矿业以拓利源。

我到爪哇，从西端巴达维亚（现名雅加达）迤通以迄三宝垄、泗水，凡全岛铁道干线所经，重要商埠莫不停驻，全岛五万方里，小于苏门答腊三倍，婆罗州四倍，而有人口三千零九万余，此三千余万人口中，华人三十万，阿拉伯人二万，欧美人六万五千，自余皆是土著。

巴达维亚、三宝珑、泗水为沿海三大埠，泗水为商务中心，凡迤东"小巽他"群岛、"西里伯斯"岛以及婆罗洲之交通皆集中于此。三宝珑为资本家荟萃之所，经济最高权所自出。巴城向为施政中心，今渐移其重点于西爪哇之中央"万隆"。陆军部已移此，总督则往来其间，此何意乎，吾人须知荷东方无海军，舍海而陆，择地以为根据，亦不得已。

爪哇土人，虽识字者还不多，然一般文化程度已高于马来半岛之土人，其间不少英俊杰出之士，近年来激于外界新潮流，奋然谋自立，爪哇人留学荷兰者百余人，与留学之华侨人数相等。

还有社会党性质的结社，社员多至五万人，前年开会于泗水，赴会者两万，会议的结果，工价大涨，若辈多工人。

本岛荷政府岁入二百亿盾兵费去十之一以外，政费又去十之一，以一百六十亿归其本国，收获不可谓不厚了。所谓政费二十亿者，教育费占其七亿，此七亿中对于三千万零之土著与华侨，教费仅占其二亿，而对于六万五千欧人竟占其五亿。

华人在爪哇，近年无甚增加，缘入境例甚苛，非其人在爪哇定有职业，且其月薪在二十五盾以上者不得入，其入境也，须先纳二十五盾为保证金，苟在六个月内出境者，可向领还，设有违例举动，以此为递送出境之路费。

全岛农业渔业以及马车夫等力役皆土人所专利，不似英属之满地皆华工。

华侨在大商店为总经理者，月薪自一百盾至三百盾，书记五六十盾至百二十盾，年有分红，总经理年得红利二三万盾不为奇，每盾现合华币仅六七角。工人（如木工）技高者日工资三盾余，次一盾余，都嗜鸦片赌博，入不敷用。

（五）荷属苏门答腊

苏门答腊之土产橡胶、槟榔、椰子，矿产则煤油、煤、金，而以烟为大宗，行其野弥望皆是，所产物荷兰政府命令一律运往欧洲荷兰本国市场，违者严办，与英人对于马来半岛橡胶一样。

苏门答腊日里州华商二万八千七十四人，华工四万三千六百八十九人，分有约与无约两种，有约者，不自由的劳动家，计四万二千零九十人，占总数百分之九十六以上。

此种不自由之工人大都立约三年，三年期满，恢复自由，在约期以内每日做工上午自五时至一时，下午自一时至五时，烟园做工规定每日以一万八千株为度，如做工之株数加多，则加给工资，然土人之做工者，仅能至一万四千株而止，无华人之敏捷。

在约期以内之工资，通常办法每月除以四盾半扣抵食料外，另给三盾三仙，此四盾半约合华币三元，其物仅粗饭与蔬菜少许，普通人之食费月须十盾，此三盾三仙外，益以额外做工之加给，每月不难得五六盾，其勤奋者每年亦可得百盾，似无所苦矣，不知此钱绝无到家之望，此身永无还家之望。

凡工人住所，烟酒赌博以及种种消耗金钱之事，无一不备。谁为之设备周到乎，所谓大小工头是也，苟其人稍稍蓄钱，必诱之赌，拉之饮，不尽其钱不已，食用百物均倍其值，不患其不购，钱尽矣，工头贷与之，债额愈高，去自由愈远，此等工人，或一字且不识，更安望有辨别之知识与坚持之毅力，每有三年期满囊数十金，满拟还乡，宁其室家，及期而甲拉之赌，乙拉之饮，金尽囊空，而工头则慷慨仗义，苟有相当条件，虽大借款无吝色，相当条件惟何，则终身为牛马是也。而所谓大借款之用途，亦惟烟酒赌博，不转瞬而粲粲者，仍为债主囊中之物。

工人之来也，有艳南洋之富饶，劳动可以致富者，有穷途落魄，为饥所驱者，亦自有一种专家，到处兜揽诱骗。对于文人，许以介绍清高之职务，对于浪子，惑以南洋景物之奢华，故新加坡虽经交涉之结果，英政府设有专局，凡契约工人，必问其是否情愿，签明为证，在若辈去时固无不愿者，亦有不敢不愿者，既入其中，则终其身且不许不愿矣。至新加坡，由总机关选别精壮羸弱，定价出售，而各地公司则环而承买，若棉兰之大公司组织总会，自置轮船以迎运，通例，每人给安家费十六元，安谁的家乎？中间人劳苦功高，无容谦让矣。

南洋锦绣之山海，谁实辟之？满地之金钱，谁实铸之？一寸黄金，千行血汗，此非人类乎！此非吾中华同胞乎！谁为之作"吁天录"者？

以下从我个人日记摘录下来的故事几条：

爪哇三宝珑附近有一土王故宫在水中央，已毁，荷政府消灭土王的恶毒政策，宣布一种法律：土王身后遗产，必须平均分给儿辈，儿辈大喜，不数传，产业分尽，多流为乞丐。

明太监郑和（三保）七下南洋，此一故事在南洋流传普遍，爪哇三宝珑有一"三保洞"铸郑和像。像旁章太炎亲题一联："吊君千载后，而我一长无"。

爪哇有一条河，名"红河"。当时华工不堪殖民政府的虐待，起而反抗，无效，请求祖国政府援助，那时还是满清统治，答复是："你们都是坏蛋，谁叫你们到国外去，活该的。"因此殖民政府放手屠杀，流血成为红河。

八月七日我从新加坡坐丰英轮船回国，同船被驱逐回国的华工四十七名，食不足，喧噪，英人以枪威禁他们于底舱，死两人。过海防，易以法兵，押送香港，惨极！

我过越南，得《天乎帝乎》一书，愤诉越南人民受法人虐待苦况，白人强奸越南女子不为罪，大道上可以拉坐车女子行奸，越南侨胞告我如此。

我"南洋感咏两诗"就是写这些事实：

天辍冬寒春复秋，炎炎长夏我南游。七洲洋上求经钵，三佛齐间献眆舟。帝子不归宫掩水，使臣老去洞封揪。劫灰"牙律"何曾冷，暂许金人踞海头。（英人拉弗尔斯 Raffles 十九世纪初期开辟新加坡，海滨有铜像。）

蓝筚何人辟草莱，南冠忍见食浆来。"红河"咽恨千夫指，青史传奇"七下"才。断食海囚宁汝罪，叫冤天帝有谁哀。螳蝉收拾归童弹，终见春熙众上台。

（原载《社讯》第 84 期，1955 年）

我们应有的认识和努力

——中华职业教育社成立三十八周年纪念

（1955 年 5 月 6 日）

今天是中华职业教育社成立三十八周年。

在旧中国，我们这个社是倡办"职业教育"的一个社会团体。

在新中国，我们这个社是在中国共产党和人民政府领导之下的一个教育工作团体，几年来一面在进行自我改造，一面在为人民教育事业努力。

"职业教育"已经是一个历史上的名词了。

就资产阶级对待职业来说，马克思、恩格斯曾经在《共产党宣言》里这样写着："……资产阶级……它使人与人之间除了赤条条的利害关系与冷酷的'现金交易'之外，再没有什么别的关系了。它把人的个人才能变成了交换价值。……它把医生、律师、诗人、科学家变成自己出钱雇佣的劳动者……"（根据秦译本）这就很清楚地说明了：在资本主义社会，从事各种职业的人，都成为资本家"现金交易"的对象。

新中国望着社会主义社会前进，目的要做到"各尽所能，按劳取酬"，在国家整个计划之下，按照国家建设的需要，人人受到相当的教育，很适切地为国家服务，新中国的教育，当然不再为资产阶级服务了。

中华职业教育社，在解放前所做的工作"……从阶级方面说，他们还是从资产阶级的立场出发的，教育工作者本身，当然不是资产阶级，但由于工作的联系，他们不可能不依从资产阶级的支持。同时，在无形中他们也就支持了资产阶级。"（见"中华职业教育社奋斗三十二年发现的新生命"）

解放后，中华职业教育社在中国共产党和毛主席的领导下，几年来，通过自我改造，我们在为人民服务方面做了一些工作，有了一些进步和成绩，当然，我们的努力还很不够，不能自满，因此，到了今天，我们为了在过去自我改造的基础上，使改造工作进一步向前推进，必须把努力的方向更加明确起来。

一、尽一切力量，根据国家过渡时期的总任务和国家第一个五年计划，严肃地真诚地接受党和政府的领导来分担一部分工作，具体地适应人民的需求，尽我们对国家对人民的神圣义务。

二、一面工作，一面学习——学习马克思列宁主义，提高政治觉悟，努力进行思想改造，并发挥集体力量，提高工作的量与质，特别应该注重质。

三、为了能够随着时代和国家的前进而前进，就必须进一步加强自我改造，做到能够完全适合时代和国家的要求。

这些是整个社的任务，也是社这一群人在不同岗位上的共同任务。我们必须跟着全国人民一道，全心全意地为完成上述任务而努力，为争取早日实现社会主义社会而努力！

（原载《社讯》第 86 期，1955 年）

1957 年 5 月 6 日中华职业教育社成立四十周年

（一）

不逐时芳亦自尊，冰霜翻为护柴门。

苦心种得千竿竹，付与绸缪牖户人。

修改 1947 年社三十周年旧作，那时社正从极端黑暗中求生存，蒋政府特工天天到社登记来客。

对日抗战的前夕，社在上海创设七个补习学校，仅第四补校就有两班学生的大部分投入新四军。

（二）

桑海回头四十年，同年十月庆苏联。

马恩经典何曾读，神圣劳工匾早悬。

1918 年成立"中华职业学校"，分铁工、木工等科，附设机器工厂，在教室、工场中都悬"劳工神圣"大字匾。1919 年"五一"劳动节，工人、学生集会，在中国是第一次"五一"节集会。

（三）

蓝图褐炭日相亲，朝夕书声打铁声。

"职业"也曾称"作孽"，百般笑骂总由人。

"职业教育"，当时饱受人们笑骂，称"作孽教育"，认为误人子弟。

（四）

善良愿望出天然，失业呼号太可怜。
建设于今尊技术，盲人瞎马一鞭先。

社初成立时，发出口号："要使无业者有业，使有业者乐业。"
马克思《政治经济学批判》，1842、1943年（马克思24、25岁），主编《莱茵报》。自述："那时善良的愿望，大大超过了实际知识。"

（五）

一队青年救国狂，手挥萤炬战昏黄。
旁风上雨都经过，终见东方红太阳。

（六）

徐公桥水接吴淞，卫国锄奸与有功。
五百银圆一囊药，村村人寿祝年丰。

社曾在江苏昆山徐公桥设乡村改进会，初办时，一教师携银五百元放农贷，一医生带药囊向农村施医药，大得村民信仰。组织起来，教以爱乡爱国。"八一三"日寇侵略上海，遍布敌探，独徐公桥不得入。

（七）

技术钻研路熟探，师资煅炼广通函。
人民教育资群力，万载千帆一指南。

社现在上海设基本生产技术教育委员会，在北京设函授师范学校。

（八）

双手功能用不穷，当时劳动重工农。

百花齐放喧今日，四十年前一朵红。

（原载《社讯》第 91—92 期，1957 年）

《八十年来》（摘录）

川沙办学　"中国国民遭到极度痛苦而不知痛苦的由来，没有能站立起来，结合起来，用自力来解除痛苦。你们出校，必须办学校来唤醒民众。"蔡师这几句话，我永远记着。我乡川沙城里只有一个观澜书院，还没有学校，每月把八股文、试帖诗考地方士子。诗文做得好，有奖金称膏火。书院田产，收起租来充膏火。

机会来了，一九〇一年清朝和占领北京的八国订立辛丑和约，命令各省州县办小学。一九〇二年公布高等中小学堂章程，命令各省把书院改办学堂。趁此机会，我和川沙几个同志如张访梅（志鹤）、陆逸如（家骥）等商量，大家认为只有教育救国。当时我们亲见一本书，是日本尾崎行雄的《并吞中国策》，简直不把中国放在眼里。大家认为救中国，只有到处办学堂。根据清朝命令，联名公呈川沙厅（后来改县）同知陈家熊，请将观澜书院改办川沙小学堂。但明知官僚作风，认为多一事不如少一事；还有许多人靠书院考月课，取得些膏火，补助他们生活，对改办学堂，成为正面的利害冲突，绝对不赞成。因此我们设计于呈文上加一句"除同时呈请两江总督部堂批示外"，果然川沙厅不敢批驳。我和访梅就在一九〇二年冬天，冒大风雪，坐着长江轮船（当时还没有沪宁铁路）到南京向两江总督张之洞衙门投文。我们的措辞根据"上谕"，总督立即批准，川沙厅吏无可如何，转而表示讨好，不但书院准改办学堂，还将院有田产，全充小学堂基金。

一九〇三年正月末，川沙小学堂开办了。我和访梅分别被聘为总理和副办（名称照官定），为了减少人家反对，在我们所订章程上写明总理副办都尽义务，不拿薪水，自膳。访梅还有老辈贴钱，我是一个穷汉，怎么过去呢？去年分送乡试中式的文章（称朱卷，当时风俗，把朱卷送给某人，某人须送钱，每本一元至四五元不等），我收到的钱，除掉开销，约还余一百元。半年多的家用就靠这笔款。我和访梅都亲自授课。全堂七十多学生，分两班，五六个教师，我们各授课每日三小时。——但不收女生。我和我兄济北（名洪培）在家另开一女学，名开群女学（开群我嫂的名），我兄、我和访梅都兼授课。

问题来了，学堂开办费拖欠人家没得还。老练而广交的陆逸如带领我到上海珊家园访同乡杨斯盛（号锦春）。他是上海水木工业有名人物，我认识杨先生，后来轰轰烈烈地毁家兴学，这是最早的起点。我们把国家前途的观点和兴学的必要，亲切地讲给他听，他慷慨地捐银三百元，还命他的侄儿杨尧就学。几个月之后，他考查的结果，说：这样办学，别的我还不知道，青年种种恶习不会有的了。

当时我们办学堂，确是兴高采烈。正课以外，在城墙边举行分组速算竞赛。还每周公开演说。记得我担任过顾亭林、西乡隆盛等一生事迹的讲述。旁听的人多极了。

半年过去了。南汇顾冰一（次英）从日本留学归来，请来演说，还请上海杨月如（保恒）、穆恕再（湘瑶）、瞿绍伊（钺）、南汇马亦昂（戴仁）。说些什么呢？无非说国家前途的危险，外国侵略我的凶很，快要瓜分我了，而政府不管事，老百姓睡在鼓里。吸鸦片、赌钱、女子缠脚，这些都是亡国弱种的勾当。说的大都是这套话。听者人山人海。

浦东中学开办　一九〇六年浦东中学开办了。就浦东六里桥购地四十亩，特建校舍，嘱我设计草图，由校主杨先生以专家资格亲自督工，中间大礼堂容千人以上座位，东西各建匡字形的两层楼，楼上下各容几十个教室，两个匡字形向大礼堂对抱着。一边是小学，容量较小，一边是中学，容量更大。后边是两座饭堂。再后是两座雨中操场。礼堂前是很大的运动场，设备着各种运动器具。校舍以北是杨先生别墅，花木满庭，下临白莲泾清幽绝俗。我和伯初是直接受杨先生委托的。各科教师，由我严格选聘。校医有西医还有中医。大家感于杨先生热诚兴学，被聘的个个尽最大的努力。每周定期，我和伯初、广明师范毕业生孙肖康、王则行各肩小黑板，分向附近各村落，招集男女老幼，从识字中间，讲到国家情况，国民责任，教得六里桥一带人心兴奋起来。杨先生得暇即来校，和师生谈笑为乐。开学那天，杨先生亲向全体学生提出修养三点："勤""朴""诚"。把一个新兴的教育机关，办得如火如荼，各地考察教育的，争来参观。一天，江苏提学使毛庆蕃来了，巡行全校，详细视察，满意而去。

大问题来了。有人密告两江总督端方：前在南汇县新场镇演说革命的黄炎培，现潜回上海，运动杨斯盛捐办浦东中学，日对诸生宣讲排满革命。江督饬苏提学使毛庆蕃彻查。一天，杨先生忽接苏提学使电邀，相见之下，详问黄炎培为人怎样？在校做什么？教些什么？杨先生据实答复。问有没有革命嫌疑？答没有。问你能保么？答愿以身家担保。问黄炎培月薪多少？答四十元（其时中学校长月薪标准一百元，但浦东同事感于杨先生的热诚，大家领薪极少）。毛提学使听了大惊异。说：上年我去视学，确是不错。这样说来，黄炎培当是好人。命杨归，嘱黄来苏。明天我去，大堂设公案，揖见之下，略问兴学旨趣，施教方针，邀至后堂，给午餐，命子侄辈作陪，详问平时读什么书？我乃详细答复："幼读四书五经，后从十三经中选读《尔雅》，从《二十四史》中读《史记》《前汉书》《后汉书》《三国志》，从诸子百家中读《庄子》《墨子》，从唐人诗集中读李白、杜甫两家，为的他们都是代老百姓说话。从宋儒学案中读朱（熹）、陆（九渊）两家。但我特别重陆，他说'六经皆我注脚'，此言正确。明儒特重王阳明（守仁）、顾亭林（炎武）……"话还没完，毛提学就说："你读那么多书，选择那么精确，谁说你是革命党？"对他的子侄辈叹口气说："唉！你们要学黄先生认真学习，认真工作。"临别告我："你好好努力办学，学校是办得好的，我亲眼看过了的。"隔几天，发表一道公文，长三千言，结语："今后如再有人根据旧案，控告黄炎培革命，从此立案不准，以免冤枉拖累好人。"哪知这时候我正当中国革命同盟会上海干事，执行职务！我虽万分感激杨先生以身家担保，毛先生有意维护开脱，我怎敢忘却献身国族的大义！怎敢放弃我天职呢！我只有更加努力，来答报两先生的爱我了。

江苏省教育会成立　清朝末年，各地兴学的风气大开，新旧思想复杂，学校和学校斗争，学校和官厅斗争，和绅士斗争，这派绅士和那派斗争，还有学生和学校斗争，酿成种种纠纷。江苏省有江宁提学使，有江苏提学使，一驻南京，一驻苏州，同是管辖全省学务，时时发生职权上的争执，在这种情况下，一九〇五年很自然地产生江苏学务总会（后改名江苏省教育会），主要成员沈恩孚（信卿）、姚文楠（子让）、袁希涛（观澜）、杨廷栋（翼之）、雷兴（继兴）、方还（惟一）、刘垣（厚生）、孟昭常（庸生）和我，这一群人推举张謇为会长。各县纠纷发生新旧冲突，我常被推为调查干事，实地调查，具一书面报告，根据理论和事实，判明曲直，解开症结，恢复和平，这份报告书公布后，取得双方当事者接受，使学潮得以平息。因此，我遂被推为常任调查干事。这是我

〈此〉生深入社会的初步，也就给我向群众学习的机会。江苏六十三县，我足迹及四分之三。

同时号召各省同样设立学务总会。每年每省轮流举行一次教育总会联合会，第一年在江苏举行。江苏很自然地做了全国领导。

这是教育性的江苏中心组织，经过几年，成为政治性的江苏中心组织，为的是集中这一群有力的人物，有有力的领导，又是江苏唯一的江南北统一的机构。因此在辛亥革命洪潮中，成为江苏有力的发动机构。

华山行，识字法 一九一五年五月登华山，晨发华阴，三峰插云，望影心悸。从玉泉道院行二十里达青柯坪，过千尺幢、百尺峡、擦耳崖，等等，遍历北峰、中峰、东峰至南峰，四山云起，大雨将来，便歇下。招轿夫、挑夫六人谈话，知道他们中四人姓李，二人姓郭，除李焕荣外，余皆不识字。一一问他们的姓名、年龄、住址、家庭出身，抽不抽鸦片，现在做什么，把问话、答话分写两个字条，逐句、逐字教他们识。从晚上到明早，他们居然能认、能读了，快活得像拾着黄金一样，要求在他们那儿开办一个学校，教他们多识字。我再和他们讲讲外国人用外国货骗掉我们雪白的银子，国家越弄越穷，外国人反而用银子买枪炮来打我们。他们当中有一位听了抢前说："那么以后我们中国人一定要用中国货。"我和他们临别时，一种依依不舍的神情，真使人万分感动。回省告省主席邵力子，终于在这些"目不识丁"的乡村苦力的住处"上洞儿"，成立了一所小学校。邵在陕西做了些好事，人称"邵先生"，不称"邵主席"。

五年教育行政计划书 我在职，做些什么事？就江苏省人力财力可能和需要，一九一三年订了一份《江苏教育行政五年计划书》：第一，小学。各县限期调查学龄儿童，就其住址疏密，规定设立小学地点。县设甲乙两种师范学校，或设一种，以供师资。第二，中等学校：（甲）师范学校。规定校数和地点：吴县第一、上海第二、无锡第三、江宁第四、江都第五、清河第六、铜山第七、灌云第八、南通私立代用、女子师范。（乙）中学校。规定校数和地点：江宁第一、吴县第二、华亭第三、太仓第四、武进第五、丹徒第六、南通第七、江都第八、清河第九、铜山第十、东海第十一。（丙）农业学校。分设各地。甲种（中等）农业学校：江宁第一、吴县第二、清河第三。吴淞设水产学校，浒墅关设女子蚕桑学校。（丁）工业学校：江宁第一工业学校机械科、电机科；苏州第二工业学校纺织科、色染科、土木科。（戊）商业学校设上海。至于大学校，原设高等师范学校，由中央任费和管理（不久改为东南大学）。派遣国外留学，由中央任费。省用竞试法，岁一举行，定期责留学生以报告。此外图书馆、博物馆、通俗教育讲演团，惟力是视。省教育费向定岁额二百四十万元，暂不增减，节约使用，五年之内，以此为限。一九一四年我辞职以后，一切未改旧规。到一九二七年蒋介石政权成立，将此计划完全打破。

职业教育的前身——实用教育　我和六员省视学、各师范学校校长相互地调查研究，发现小学校学生很大的弱点：尽管学习过算术，但是权度在前不会用。尽管学习过理科，略知植物科名，但是庭有草不识它是什么草，家具的木材，不识它是什么木。应该觉悟到图画最好是写生，对花画花，对鸟画鸟，如果所用的教材和教法不能让它应用于实际的生活，有什么效果？根据这怀疑的基础，首先写一篇《学校教育采用实用主义的商榷》，后又写《小学校实用主义表解》，再和杨保恒合写《实用主义小学教育法》。于是，实用语文呀，算学呀，纷纷出版。不久具体化为职业教育。

去职了，我计划搞什么呢？我虽去行政职，江苏省教育会常任调查干事，职名还在。我要向各地去看社会情况、教育情况。这种教育，既然不实无用，我要调查各地中学毕业生的出路，要用江苏教育会名义向全省调查。旅费何出呢？商之《申报》，扩大旅行范围，游览山川名胜，考察民生疾苦，以"旅行记者抱一"名义写稿按期发表于《申报》；商之商务印书馆教育杂志社，所有教育情况和评判，按期发表于《教育杂志》。

实用教育具体化为职业教育　一九一七年立社，一九一八年办校。我在担任江苏省教育会常任调查干事时，每年调查江苏省各中学毕业生，只有少数能升学，大多数需要就业，但又苦于就业不了，这是经过年年公布的统计数字证明的。同时，我们一群人觉悟到"君子劳心，小人劳力"这是充满了社会毒素的话，因此，想在"使无业者有业，使有业者乐业"上面做些工作，提出了教育与生活、生活与劳动不应脱节的主张。在发起"中华职业教育社"的宣言里，说明了这些情况；作的社歌，开头就是："惟先劳而后食兮，嗟我人群之天职。"南北老辈名流蔡元培、马良、严修、伍廷芳、张元济等和教育、实业界不少人士都同意在发起宣言上签名。我们当时还有一个基本思想，就是觉悟到帝国主义国家经济侵略势力，深入国内各地，贻毒无穷，必须抵抗。如何抵抗？从倡办国货工厂入手。所以，在社成立以后，就立即计划办一个职业学校，附设各种工场，一面作为推广职业教育的实践场所，一面从事增加国货生产，抵制外货。当时有人认为这样的学校只好动员别人办，自己办费钱吃力，不容易办好，何必做傻事。社不顾一切，在一九一八年，把"中华职业学校"在上海南市陆家浜办起来了。

中华职业学校设木工、铁工、珐琅、纽扣四科，附设机器、木工、珐琅、纽扣等工场，后来又添设土木、留法勤工俭学、染织师范、商业等科。木工与铁工属于基本技能教育，也是发展一般工业的基本因素。同时从江苏省教育会收集的四十年来的海关贸易册看出，珐琅与纽扣这两种舶来品，进口数量激增，但实际上都还不难在国内生产，从事抵制，因此，想从这上边做个国货制造的先导。后来珐琅与纽扣这两种国货，到底抵制住了外货，尤其是珐琅业，上海这类工厂数大增，大都有职校毕业生参加在内。职校珐琅工场与机械工场也先后发展成为"中华珐琅厂"和"中华铁工厂"了。

中华职业教育社的设立，恰巧在一九一七年俄国十月革命胜利的那一年。但是，应该指出，那时我们并未认识到马克思列宁主义的真理。虽然，在教室工场中悬有"劳工神圣"大字匾；校徽和工场产品商标上，都以双手为标志，提倡"双手万能"，每逢五一国际劳动节，工人学生放假集会，纪念这个节日，但哪能说我们已经了解无产阶级社会主义革命的伟大学说呢？

社校经费从哪里来　办社、办校、买机器、造房子需要经费。钱从哪里来呢？向政府要，忙于内战，忙于借外债，无力顾及，也不愿顾及。向社会募，只有少数人如聂云台、徐静仁、穆恕再、藕初兄弟、刘柏生等，乐于帮助一些。我到南洋新加坡，由林义顺介绍认识华侨领袖之一陈嘉庚，一席倾谈之下，他表示愿从一九一七年起连续五年捐赠社一笔资金，每年一千元，菲律宾华侨也有冠数的捐款。这些热心人士在物质上给社帮助，在精神上给社鼓舞。当时办工厂是常常赔本的，加之社校经费不宽裕，负债累累，有人建议发行学校公债十万元，定期还本付息。但是，债券上如果没有在社会上信用很好的人署名，表示负责，各债户将不肯受抵。上海中国银行经理宋汉章，因袁世凯搞帝制，勒令中、交银行钞票停兑，他拒不受命，信誉大好。我请他出面在校债上署名，他说："学校的账靠不住，除非让我去查账，一点不错误。"我立即答应。第二天清早，宋果然到校，费了半天时间，校账查完了，问他有错误么？答没有。拿出校债样张来，"宋汉章"三字写上了。从此债券有人承受，这才使学校和工厂经费问题解决，信誉坚固，可以逐步扩充起来。

日本工业教育家的话　一九一七年游日本，参观东京高等工业学校，校长手岛精一年七十多了。我和他相识，始于一九〇三年亡命日本时。他知道我提倡职业教育，很殷勤地招我到他家里，对我说："你们中国现在提倡职业教育很好。我们日本只知道为资产阶级帮助殖产的实业教育，哪里顾得到为劳动人民解决生计问题的职业教育呀！我老了，你们好好去干，将来大家总有觉悟的一天的。"

徐公桥乡村改进工作　一九二六年秋，中华职业教育社与国立东南大学农科、中华教育改进社、中华平民教育促进会合组江苏昆山徐公桥乡村改进试验区，参加这个工作的还有地方人士蔡氏兄弟等。一九二七年后，其他单位退出，一九三三年期满，交回地方自办。这项工作开始从派遣一位教员、一位医生下乡发放无利贷款、施诊给药入手，此后，在联系农村群众和教育、筑路、公共卫生、医疗救助、文娱活动等方面做了不少工作。遇到天灾歉收，农民无力付租、偿还贷款的时候，地主自动地减租，债主同意延期还款，农民称便。"一·二八""八一三"抗日战役，由于乡村民众过去受到爱国教育，有不少人在抗敌当中壮烈牺牲。一九二七年、一九二八年初办时，我两赴徐公桥，故作不认识，遇到村里老大娘问，新年在"无逸堂"（村内公共礼堂）演戏为什么？答：乡村改进会不许大家新年赌钱，所以请大家看戏。又问，改进会的人干些什么？他们自己赌钱吗？答：他们不赌钱，他们是做好事，劝大家做好人。村里学校教员、改进会干事帮助群众打扫道路，协作清洁卫生工作，给群众留下很好的印象。徐公桥区试验工作略有成效，附近地方如江苏镇江县黄墟镇、吴县善人桥、浙江长兴县渡口镇、余杭县诸家桥等，均由政府或地方人士委托社代办乡村改进工作。徐公桥区交出后，移转人力物力，再度在上海近郊的赵家塘试验，名为沪郊农村试验区，也取得一定的成效。此外，社的农村服务部附设"中华农具推行所"，代机器工厂推销试验研究确有成效的各种新农具，并予以制造改良的帮助，代农民购置试验确有成效的新农具，并予以经济上、转运上、装配上、使用上、修理上种种助力。今天看来，社的这些做法只能说是改良主义的尝试。

反对杜威的实用主义　五四运动后，当全国各地工人、学生和工商界联合热烈反抗帝国主义的时候，在一九二〇年忽然来了一个美国号称哲学博士杜威，提倡实用主义教育。教育界崇美派要求江苏省教育会给他一个机会，让他公开演讲一次。那天当众演讲了。杜威演讲大意：劝告学生专心在校攻读，但求于实际有用，至于政治，让政府负责，学生勿与闻。这就是实用主义教育。讲毕，我上台演讲。我们所主张的实用主义教育，已具体化为职业教育了。请看中华职业学校，学生上课，同时参加劳动。"劳工神圣""双手万能"，是我校主要的标语。我校制造国货，抵制日货。学生毕了业，于国家有很大的贡献，还大大提高了青年爱国热忱，岂不更切实有用。一场激辩，到底崇美派居绝少数。杜威的学说，无法得逞。但仍有一部分人以胡适为首，带着杜威的学说和精神，到北京活动，不久也就烟消云灭了。

职教社事业发展壮大起来　由于形势发展、社会力量和社内进步力量的推动，职教社的事业逐步发展壮大起来。首先是推行职业教育。一九一七年十月发行《教育与职业》月刊，连续出版三十多年，还编印不少有关职业教育专书，各种出版物前后统计有一百二十多种。办校方面，除自办上海、重庆中华职业学校、南京女子职业传习所、镇江女子职业学校、重庆、上海中华商业专科学校、上海比乐中学、四川灌县都江实用职业学校、昆明中华业余中学、中华小学外，还受实业界委托设计学校，或指定地点创办职业学校。各省参观团到上海参观职校回去以后，也纷纷委托设计办校。职业教育一时成为新的风尚。即在抗战期间，据教育部一九四三年统计，全国共有职业学校384所，学生67227人。其次，推行职业指导和职业补习教育。一九二七年设立上海职业指导所，指导并介绍青年学生就业，全国各地把这个工作逐渐重视起来。社办补习学校一天天增多，抗战期间，成都、昆明、重庆办事处，均各附设职业指导所、职业补习学校；上海中华职业补习学校就在租界里办了七个补习学校，学校所在地附近大小工厂、商店，几乎都有它的学生，一、四两校就各有学生四千多人。又其次，社办定期刊物除《教育与职业》月刊外，还有一种《生活周刊》，由邹韬奋主编，发行多达十万份以上。为了抗日，社与上海地方协会联合发行《国讯》，前后支撑了十多年，一九四八年四月八日，终于以"替共匪宣传"被迫停刊。社又和一些朋友合办《展望》月刊，解放前夕被封，解放后曾一度继续出版。

中国共产党领导中华职业教育社走向新生　中华职业教育社经历的四十六年是一个伟大的时代。社成立前三年的一九一四年，第一次世界大战爆发，在一九一八年十一月十一日宣布停战结束。一九一七年十一月七日，十月革命一声炮响，给中国人民送来马克思列宁主义。一九一九年中国发生了五四运动，一九二一年七月一日中国共产党诞生了。一九二七年北伐胜利，接着蒋介石叛变革命。继一九三一年九月十八日事变后，一九三七年七月七日日本军阀进一步侵略中国。一九三九年九月一日，第二次世界大战在欧洲以法西斯德国进攻波兰开始，结束于一九四五年五月七日德国的无条件投降；在远东，以一九四一年十二月七日日本偷袭美国珍珠港开始，结束于一九四五年八月十四日日本宣告投降。一九四六年十月，国民党反动派悍然破坏国共和谈，中国共产党领导的人民解放战争节节取得胜利，终于把蒋介石赶出大陆，中华人民共和国于一九四九年十月一日宣告成立。中华职业教育社从此以后，发现了新生命。在反动派统治时期，它的事业年年壮大，但也遭遇到多次迫害。它之所以未被消灭，主要由于它的活动，还能适应当时环境的需要。一九四七年，李正文同志到职教社来，传达了中央毛主席对民族工商业的政策方针。当时我们把"发展生产，繁荣经济，公私兼顾，劳资两利"这十六个字向部分社员和所联系的工商界作了宣传。中华职业教育社奋斗了三十二年以后，终于能在中国共产党的直接领导下，走向新生，今后将一心一意地为无产阶级政治服务，为人民群众的根本利益服务。

（原载《八十年来》，黄炎培著，文史资料出版社 1982 年）

附录

黄炎培教育论著目录

篇目排列以写作时间为序，写作时间不详者以发表或出版时间为序；写作时间标于篇名或书名之后的括号内。本目录收录已知黄炎培教育论著。

篇名或书名	刊名或出版机构	发表或出版时间
江苏南汇县党狱始末记	《江苏杂志》第 6 期	1903 年 9 月
黄炎培等为学务公会立案禀川沙厅文	《川沙县志》卷 9，国光书局	1906 年
致学生家长远足之趣旨书	《浦东中学杂志》第 1 期	1907 年 8 月
黄炎培调查嘉定学界冲突报告	《江苏教育总会文牍》二编下	1907 年
黄炎培调查南菁高等学堂报告	《江苏教育总会文牍》二编下	1907 年
体育大会之趣旨 (1907 年 10 月)	《浦东中学杂志》第 1 期	1909 年
理想的家庭	《教育杂志》第 1 卷第 2 期	1909 年 2 月
黄炎培、王立廷、夏仁瑞调查报告	《江苏教育总会文牍》第 6 编	1911 年
江苏学务总会常任调查员第一次报告书	《江苏教育总会文牍》第 6 编	1911 年
黄炎培调查高邮教育会城乡冲突情况报告	《江苏教育总会文牍》第 6 编	1911 年
黄炎培调查镇江府中学堂报告	《江苏教育总会文牍》第 6 编	1911 年
江苏今后五年间教育计划书	《江苏教育行政月报》第 1 号	1913 年 1 月
告教育界用人者	《江苏教育行政月报》第 2 号	1913 年 2 月
教育前途危险之现象	《东方杂志》第 9 卷第 12 号	1913 年 6 月
学校教育采用实用主义之商榷	《教育杂志》第 5 卷第 7 号	1913 年 10 月 10 日
学校教育采用实用主义第二回商榷书	《教育研究》新年号临时增刊	1914 年 3 月 10 日
实用主义小学教育法	《教育研究》新年号临时增刊	1914 年 3 月 10 日

篇名或书名	刊名或出版机构	发表或出版时间
考察本国教育笔记	《教育杂志》第6卷第1、3、5号第7卷第1、5号	1914年1月、3月、5月 1915年1月、5月
葆灵女学校	《教育研究》第12期	1914年4月10日
皖南之师范学校	《教育研究》第13期	1914年7月10日
考察皖、赣、浙教育状况之报告	《教育研究》第14期	1914年8月10日
川沙市暑期儿童讲谈会四周间之实况	《教育杂志》第6卷第8号	1914年11月
景德之陶	《东方杂志》第11卷第5号	1914年11月
山东广智院	《教育研究》第19期	1915年1月
实用主义产出之第一年	《教育杂志》第7卷第1号	1915年1月
参观京津通俗教育记	《教育杂志》第7卷第1号	1915年1月
黄任之先生演讲实用主义之真谛与一年间之实施状况（1915年1年16）	《教育研究》第21期	1915年3月
民国二年教育统计之一斑	《教育杂志》第7卷第5号	1915年5月15日
游美随笔	《教育杂志》第7卷第8、10、11号	1915年8、10月
江苏省立第一师范学校吴江巡回讲习笔记序	《教育研究》第25期	1915年11月10日
黄任之先生讲演美国教育状况笔记	《教育研究》第25期	1915年11月10日
黄炎培调查美国教育报告(1915年12月15—17日)	《中华民国史档案资料汇编》（第三辑·教育），江苏古籍出版社	1991年6月
万国教育联合会议预记	《教育杂志》第7卷第12号	1915年12月
记黄韧之先生考察美国教育演词并志所感	《中华教育界》第4卷第12期	1915年12月
调查美国社会教育报告	《教育杂志》第8卷第10号	1915年年12月
调查美国社会教育报告书	《教育研究》第28期	1916年1月20日
东西两大陆教育不同之根本谈	《教育杂志》第8卷第1号	1916年1月
实用主义产出之第二年	《教育杂志》第8卷第1号	1916年1月
《抱一日记》序	《教育杂志》第8卷第2号	1916年2月
《抱一日记》	《教育杂志》第8卷第2—10、12号，第9卷第1、2、6号	1916年2月—10月、12月 1917年1月、2月、6月

篇名或书名	刊名或出版机构	发表或出版时间
中国文之新教授法	《教育研究》第 27 期	1916 年 4 月 30 日
学校言语练习会之组织	《教育杂志》第 8 卷第 6 号	1916 年 6 月
一九一四年至一九一五年留美学生统计	《教育杂志》第 8 卷第 6 号	1916 年 6 月
《中国教育制度沿革史》叙	《教育杂志》第 8 卷第 7 号	1916 年 7 月
黄任之先生演讲本能教育	《学生杂志》第 3 卷第 10 期	1916 年 10 月
病榻杂感 (1916 年 1 月 30 日)	《教育杂志》第 8 卷第 12 号	1916 年 12 月
黄君致齐巡按使书	《教育研究》第 28 期	1916 年
与陶行知书 (1916 年 12 月 5 日)	《教育杂志》第 9 卷第 1 号	1917 年 1 月
实用主义产出之第三年	《教育杂志》第 9 卷第 1 号	1917 年 1 月
职业教育实施之希望	《教育杂志》第 9 卷第 1 号	1917 年 1 月
日本分设职业科之一小学	《教育杂志》第 9 卷第 1 号	1917 年 1 月
中华职业教育社宣言书 (附组织大纲、募金通启)	《中华职业教育社宣言书》(铅印本)	1917 年 1 月
新大陆之教育——黄炎培考察教育日记 (第三集)	商务印书馆	1917 年 4 月
中国商战失败史	商务印书馆	1917 年 5 月
南风篇	《教育杂志》第 9 卷第 9 号	1917 年 9 月
考察日本菲律宾教育团纪实	商务印书馆	1917 年 9 月
南洋荷属华侨教育研究会之盛况	《教育杂志》10 号 第 9 卷第	1917 年 10 月
南洋华侨教育商榷书	《教育杂志》11、12 号 第 9 卷第	1917 年 11 月、12 月
职业教育析疑	《教育杂志》11 号第 9 卷第	1917 年 11 月
南洋之职业教育	《教育与职业》第 1 期	1917 年 11 月
三中学加设职业科之调查	《教育与职业》第 2 期	1917 年 12 月
黄任之先生在杭州女子师范学校演说	《教育与职业》第 2 期	1917 年 12 月
我国图强所必要之训育方针 (1917 年 12 月)	《教育杂志》第 10 卷第 1 号	1918 年 1 月
江阴、南通、苏州农业教育调查报告	《教育与职业》第 3 期	1918 年 1 月

篇名或书名	刊名或出版机构	发表或出版时间
南京暨南学校规复宣言并招生启	《教育杂志》第 10 卷第 2 号	1918 年 2 月
民国六年之职业教育	《教育与职业》第 4 期	1918 年 3 月
职业教育谈	《教育与职业》第 3-6 期	1918 年 1 月—5 月
年会词	《教育与职业》第 7 期	1918 年 6 月
江淮间观垦记	《教育与职业》第 9 期	1918 年 10 月
对于菲律宾华侨教育意见书	《东南洋之新教育》后编，商务印书馆	1918 年 6 月
东南洋之新教育——黄炎培考察教育日记（第四集）	商务印书馆	1918 年 6 月
暨南学校规则实践成绩表之介绍	《教育杂志》第 10 卷第 7 号	1918 年 7 月
读中华民国最近教育统计（1919 年 1 月 27 日）	《新教育》第 1 卷第 1 期	1919 年 2 月
与李石曾君谈职业教育	《教育与职业》第 12 期	1919 年 3 月
黄炎培、蒋梦麟致胡适（1919 年 5 月 22 日）	《胡适来往书信选》（上），中华书局	1979 年 5 月
陈嘉庚毁家兴学记	《新教育》第 1 卷第 5 期	1919 年 6 月
我之最近感想	《教育与职业》第 14 期	1919 年 8 月
八年八月九日赴法美留学生送别会演说词（1919 年 8 月 9 日）	《教育与职业》第 15 期	1919 年 10 月
减少授课时间与精选教材问题	《新教育》第 2 卷第 1 期	1919 年 9 月
小学校用白话文之研究	《新教育》第 2 卷第 1 期	1919 年 9 月
《职业指导号》的介绍语	《教育与职业》第 15 期	1919 年 10 月
《学生自治号》发行的旨趣	《教育与职业》第 16 期	1919 年 12 月
小学校白话文教授的讨论	《新教育》第 2 卷第 4 期	1919 年 12 月
"五四"纪念日敬告青年	《新教育》第 2 卷第 5 期	1920 年 1 月
《职业心理学》的介绍词	《教育与职业》第 17 期	1920 年 2 月
调查安徽当涂县地方状况报告	《教育与职业》第 19 期	1920 年 4 月
华商纱厂联合会棉铁工业学校计划书	《教育与职业》第 19 期	1920 年 4 月
当涂职业学校计划书	《教育与职业》第 19 期	1920 年 4 月

篇名或书名	刊名或出版机构	发表或出版时间
上海职业学校计划书	《教育与职业》第 19 期	1920 年 4 月
义务工作	《教育与职业》第 22 期	1920 年 10 月
本社农业教育研究会宣言书	《教育与职业》第 25 期	1921 年 1 月
《农村教育》弁言	《教育与职业》第 25 期	1921 年 1 月
黄炎培南游募捐情形的报告 (1921 年 6 月 16 日)	《中华民国史档案资料汇编》(第三辑·教育)，江苏古籍出版社	1991 年 6 月
职业教育与地方行政	《江苏教育公报》第 4 年第 7 期	1921 年 7 月
农村职业教育	《江苏教育公报》第 4 年第 7 期	1921 年 7 月
汕头职业学校添设商业科计划书	《教育与职业》第 27 期	1921 年 8 月
参观苏州第二师做工记	《教育与职业》第 27 期	1921 年 8 月
黄炎培君讲演南洋职业教育之新趋势	《教育与职业》第 27 期	1921 年 8 月
职业教育	《教育杂志》第 13 卷第 11 号	1921 年 11 月
民国十年之职业教育	《教育与职业》第 32 期	1922 年 1 月
第一届职业学校出品展览会之所得	《教育与职业》第 34 期	1922 年 3 月
黄炎培电辞教育总长	《新教育》第 4 卷第 3 期	1922 年 3 月
一个全国教育界的大问题	《新教育》第 4 卷第 3 期	1922 年 3 月
中华职业教育社成立五年间之感想	《教育与职业》第 35 期	1922 年 4 月
我所希望孟禄来华的效果	《新教育》第 4 卷第 4 期	1922 年 4 月
一岁之广州市	商务印书馆	1922 年 5 月
职业教育	《新教育》第 5 卷第 3 期	1922 年 7 月
读全国职业教育最近统计	《教育与职业》第 37 期	1922 年 8 月
草拟河南职业教育进行计划	《教育与职业》第 39 期	1922 年 12 月
民国十一年之职业教育	《教育与职业》第 40 期	1922 年 12 月
五十年来中国大事表	《最近之五十年》，商务印书馆	1922 年
四十五年来中国之对外贸易统计	《最近之五十年》，商务印书馆	1922 年
办理职业学校工场之商榷	《教育与职业》第 41 期	1923 年 1 月
职业教育之礁	《教育与职业》第 41 期	1923 年 1 月
江苏职业教育计划案	《教育与职业》第 43 期	1923 年 3 月

篇名或书名	刊名或出版机构	发表或出版时间
改进安徽职业教育办法案	《教育与职业》第 43 期	1923 年 3 月
《职业教育研究》序	《职业教育研究》，商务印书馆	1923 年 3 月
学商业的青年自省七条	《教育与职业》第 45 期	1923 年 5 月
黄炎培、孟宪承致胡适 (1923 年 8 月 16 日)	《胡适来往书信选》（上），中华书局	1979 年 5 月
在中华教育改进社董事会上的演说词	《新教育》第 7 卷第 2、3 期	1923 年 10 月
第九届全国教育会联合会演说词（1923 年 10 月 22 日 ）	《第九届全国教育会联合会会务纪要》	1923 年 11 月
读第九届全国教育联合会议决案之一斑	《教育与人生》第 7、8、9、10 期	1923 年 11 月、12 月
对于云南职业教育进行之意见	《教育与职业》第 51 期	1923 年 12 月
致中华职业学校毕业生刘达诚书	《教育与职业》第 51 期	1923 年 12 月
中国的职业教育 (1923 年)	《黄炎培教育文选》，上海教育出版社	1985 年 8 月
黄炎培致胡适 (1924 年 1 月 8 日)	《胡适来往书信选》（上），中华书局	1979 年 5 月
民国十二年之职业教育	《教育与职业》第 52 期	1924 年 3 月
提倡平民职业教育之商榷	《教育与职业》第 54 期	1924 年 5 月
四十年间所感于教育事业	《教育与人生》第 33 期	1924 年 5 月
胶州铁路设立之职业学校之建议	《教育与职业》第 55 期	1924 年 6 月
对于徐州职业教育之意见（1924 年 4 月 3 日 ）	《教育与职业》第 55 期	1924 年 5 月
徐州职业教育大会	《教育与职业》第 55 期	1924 年 6 月
中国职业教育之经过及计划	中华职业教育社：《实施职业教育要览》	1924 年 7 月
养成职业师资之一问题	《教育与职业》第 57 期	1924 年 8 月
治军与设校	《教育与职业》第 58 期	1924 年 10 月
兴学与垦荒	《教育与职业》第 58 期	1924 年 10 月
职业教育组鉴别报告	《新教育》第 9 卷第 5 期	1924 年 12 月
南洋华侨教育组报告	《新教育》第 9 卷第 5 期	1924 年 12 月
职业教育上四个新问题	《教育与职业》第 61 期	1924 年 12 月

篇名或书名	刊名或出版机构	发表或出版时间
答上海妇女节制会文	《教育与职业》第 62 期	1925 年 3 月
《小学职业陶冶》序	《教育与职业》第 64 期	1925 年 5 月
在山西三星期间之工作 (1925 年 8 月)	《教育与职业》第 69 期	1925 年 11 月
职业教育	《新教育》第 11 卷第 2 期	1925 年 9 月
对于本届年会两大感想	《新教育》第 11 卷第 2 期	1925 年 9 月
《生活》创刊词	《生活》第 1 卷第 1 期	1925 年 10 月 11 日
参观绥远政治教育实业以后之意见	《教育与职业》第 69 期	1925 年 11 月
提出大职业教育主义征求同志意见 (1925 年 12 月 13 日)	《教育与职业》第 71 期	1926 年 1 月
职业学校毕业生出路问题	《教育与职业》第 73 期	1926 年 3 月
参观上海艺徒教育笔记	《教育与职业》第 77 期	1926 年 8 月
工潮与职业教育	《教育与职业》第 78 期	1926 年 9 月
调查常州电力灌田状况报告	《生活周刊》第 2 卷第 1 期	1926 年 10 月 24 日
设施职业教育新标准	《教育与职业》第 79 期	1926 年 10 月
理想的家庭	《生活周刊》第 2 卷第 7 期	1926 年 12 月 5 日
家箴	《生活周刊》第 2 卷第 8 期	1926 年 12 月 12 日
工业补习教育运动后短时期内之所得	《教育与职业》第 81 期	1927 年 1 月
办理职业学校之商榷	《教育与职业》第 81 期	1927 年 1 月
革他们的命	《生活周刊》第 2 卷第 16 期	1927 年 2 月 12 日
办职业教育须下三大决心	《教育与职业》第 83 期	1927 年 3 月
与安亭青年合作社谈乡村事业 (1928 年 12 月 28 日)	《教育与职业》第 103 期	1929 年 4 月
我来整理整理职业教育的理论和方法 (1929 年 1 月 15 日)	《教育与职业》第 100 期	1929 年 1 月
某自治农村进行方案之研究	《教育与职业》第 103 期	1929 年 4 月
第七届全国职业学校联合会里几个问题	《教育与职业》第 107 期	1929 年 9 月
朝鲜之教育与文化	《朝鲜》，上海商务印书馆	1929 年 9 月
发现两件急需的农村重要工作	《教育与职业》第 108 期	1929 年 10 月

篇名或书名	刊名或出版机构	发表或出版时间
西湖博览会与职业教育	《教育与职业》第 110 期	1930 年 1 月
职业教育机关唯一的生命是怎么 (1930 年 3 月 24 日)	《教育与职业》第 113 期	1930 年 4 月
读书提要	《人文月刊》第 1 卷第 4 期	1930 年 5 月
相老人八十年之经过谈	《人文月刊》第 1 卷第 4、5、7 期	1930 年 5 月、6 月、9 月
十一次中华职业教育社大会追记	《教育与职业》第 115 期	1930 年 7 月
职业教育	《教育大辞书》，商务印书馆	1930 年 7 月
谁养我歌	《教育与职业》第 116 期	1930 年 8 月
中华职业教育社百年基金纪念碑碑文	《教育与职业》第 116 期	1930 年 8 月
袁观澜先生事略	《中华教育界》第 18 卷第 8 期	1930 年 8 月
袁观澜先生画像赞	《中华教育界》第 18 卷第 8 期	1930 年 8 月
中国教育史要	商务印书馆	1930 年 10 月
清季各省兴学史	《人文月刊》第 1 卷第 7—10 期 第 2 卷第 3、5 期	1930 年 9 月、10 月、11 月、12 月 1931 年 4 月、6 月
吾国中学制度之历史观	《教育与职业》第 120 期	1931 年 1 月
中华职业教育社宣言	《教育与职业》第 122 期	1931 年 2 月
辛亥革命中之一人程德全	《人文月刊》第 2 卷第 1 期	1931 年 2 月
三十五年来中国之职业教育 (1931 年 6 月 22 日)	《最近三十五年之中国教育》，商务印书馆	1931 年 9 月
莫利逊文库与东洋文库	《人文月刊》第 3 卷第 5 期	1931 年 6 月
报告调查日本教育状况以前的几句话	《教育与职业》第 126 期	1931 年 7 月
怎样办职业教育——敬告创办和改办职业教育机关者 (1931 年 7 月 25 日)	《教育与职业》第 127 期	1931 年 8 月
清代各省人文统计之一斑	《人文月刊》第 2 卷第 6 期	1931 年 8 月
为什么救国要有高尚的人格	《救国通讯》第 3 号	1932 年 1 月 6 日
为什么救国要有博爱互助的精神	《救国通讯》第 4 号	1932 年 1 月 13 日
黄海环游记	生活书店	1932 年 1 月
江苏国难救济会宣言	《救国通讯》第 6 号	1932 年 2 月 18 日

篇名或书名	刊名或出版机构	发表或出版时间
以民团为中心之新村治	《救国通讯》第 30 号	1932 年 11 月 10 日
人文小史——八年间的小贡献	《人文月刊》第 4 卷第 1 期	1933 年 2 月
《职业教育之理论与实际》一书之结论	《职业教育之理论与实际》	1933 年 2 月
江苏省职业教育之改进计划	《江苏教育》第 2 卷第 4 期	1933 年 4 月
中华职业学校校歌	《中华职业学校十五周年纪念刊》	1933 年 5 月
职业教育该怎么样办	《中华职业学校十五周年纪念刊》	1933 年 5 月
中国二十五年间全国教育统计的总检查	《人文月刊》第 4 卷第 5 期	1933 年 6 月
社会经济严重问题之一斑	《教育与职业》第 146 期	1933 年 7 月
对于久别后之南洋华侨教育 (1934 年 1 月 2 日)	《五六境》,生活书店	1935 年 3 月
我们救国该什么样的修养	《国讯》第 61 号	1934 年 1 月 10 日
我国生产教育状况及初等教育之新进展	《新文化》第 2 期	1934 年 2 月
中华职业教育社宣言	《教育与职业》第 154 期	1934 年 4 月
《川沙方言》序	《人文月刊》第 5 卷第 4 期	1934 年 5 月
在中华职业教育社第十三届年会上的答词	《教育与职业》第 147 期	1933 年 8
参观定海舟山中学报告	《教育与职业》第 157 期	1934 年 8 月
《一个无名的山村学校》(1934 年 8 月 20 日)	《中华教育界》第 22 卷第 4 期	1934 年 10
从六年半的徐公桥得到改进乡村的小小经验	《教育杂志》第 24 卷第 2 号	1934 年 10 月
与中华职业学校毕业同学一封书一席谈	《中华职业学校校友会季刊》	1934 年 11 月 1 日
我的人生观 (1934 年 11 月 29 日)	《五六境》,生活书店	1935 年 3 月
之东	生活书店	1934 年 11 月
史量才先生之生平	《人文月刊》第 5 卷第 10 期	1934 年 12 月
感谢妇女国货年策勉学生国货年	《国讯》学生国货年特刊	1935 年 1 月 1 日
学生国货年歌	《国讯》第 87 号	1935 年 2 月 21 日
申新问题的精讨	《国讯》第 89 号	1935 年 3 月 11 日
地方收入锐减后如何解决普及教育经费问题	《五六境》,生活书店	1935 年 3 月

篇名或书名	刊名或出版机构	发表或出版时间
二十年前考察安徽教育笔记	《学风》第 5 卷第 2 期	1935 年 3 月
笼统	《中华教育界》第 22 卷第 9 期	1935 年 3 月
五六境	生活书店	1935 年 3 月
河客通讯	《国讯》第 94—102 号	1935 年 5 月 1 日—7 月 21 日
河车记	《断肠集》，生活书店	1936 年
公振先生哀辞	《国讯》第 110 号	1935 年 11 月 1 日
断肠续命记	《国讯》第 115 号	1935 年 12 月 11 日
《川沙县志》导言	《人文月刊》第 7 卷第 1 期	1936 年 2 月
国难中之职业教育 (1936 年 3 月 17 日)	《教育与职业》第 176 期	1936 年 6 月
留告四川青年同学书	《国讯》第 130—133 号	1936 年 5 月 21 日—6 月 21 日
断肠集	生活书店	1936 年 5 月
归去来兮	《国讯》第 137 期	1936 年 8 月 1 日
为中华职业教育社年会敬告四川各界 (1936 年 8 月 9 日)	《教育与职业》第 178 期	1936 年 10 月
蜀道	开明书店	1936 年 8 月
吾人在非常时期将以何者为最大贡献乎	《国讯》第 139 期	1936 年 9 月 1 日
如何唤起民众	《国讯》第 140 期	1936 年 9 月 11 日
"九一八"想怎样干	《国讯》第 141 期	1936 年 9 月 21 日
从鲁迅之死说到中国民族性	《国讯》第 145、146 期	1936 年 11 月 1 日、11 日
余日章君纪念碑	《人文月刊》第 7 卷第 9 期	1936 年 11 月
飞绥记	《国讯》第 149—151 期	1936 年 12 月 11 日—12 月 31 日
事务科学化	《国讯》第 152 期	1937 年 1 月 11 日
川沙公立小学校史最初的一页	《川沙县志》卷 9《教育志》，国光书局	1937 年 1 月
民国二十五年后国人心理的改造	《国讯》第 154 期	1937 年 2 月 1 日
十五年前私人资送欧美留学的一位热心家	《国讯》第 155 期	1937 年 2 月 11 日

篇名或书名	刊名或出版机构	发表或出版时间
读民国二十六年编上海市统计	《国讯》第 157 期	1937 年 3 月 11 日
怎样教我中学时期的儿女	《空江集》，上海生活书店	1937 年 3 月
《事务管理之实施》导言	《空江集》，上海生活书店	1937 年 3 月
空江集	上海生活书店	1937 年 3 月
三十三年之回忆——祝新浦东	《国讯》第 159 期	1937 年 4 月 1 日
妙高峰中学三十周年献言	《国讯》第 160 期	1937 年 4 月 11 日
读书的目标	《国讯》第 163 期	1937 年 5 月 11 日
中华职业教育社	《中华职业教育社二十周年纪念特刊》	1937 年 5 月
二十年来服务职业教育的回想	《中华职业教育社二十周年纪念特刊》	1937 年 5 月
民国二十六年告我有志有为的青年	《国讯》第 169 期	1937 年 7 月 11 日
吊南开大学并急告教育当局	《大众报》	1937 年 7 月 31 日
抗战以来	《国讯》第 179—181、184、189、190、192 期	1938 年 8 月 13 日—12 月 23 日
哭刘三	《国讯》第 188 期	1938 年 11 月 13 日
重做人歌（三章）(1938 年 11 月 23 日)	《蜀南三种》，国讯书店	1941 年 10 月
我之人生观与吾人从事职业教育之基本理论 (1938 年 12 月 20 日)	《国讯》第 193 期	1939 年 1 月 15 日
一封公开的信	《国讯》第 195 期	1939 年 2 月 5 日
救救内地的文化饥民	《国讯》第 201—211 期	1939 年 4 月 5 日—9 月 3 日
从大局讲到本社	《教育与职业》第 191 期	1939 年 6 月
非常时期人才问题	《国讯》第 220 期	1939 年 12 月 5 日
我所见一百一龄马相伯先生之生平	《国讯》第 220 期	1939 年 12 月 5 日
怎样欢迎我二十九军抗战最后胜利	《国讯》第 223 期	1939 年 12 月 5 日
痛悼我师蔡孑民先生联	《国讯》第 230 期	1940 年 1 月 15 日
吾师蔡孑民先生哀悼辞	《国讯》第 231 期	1940 年 3 月 25 日
关于职业指导——《如何办理职业指导》序	《国讯》第 237 期	1940 年 6 月

篇名或书名	刊名或出版机构	发表或出版时间
五十年前的今天	《国讯》第 239 期	1940 年 7 月
高中女生的升学问题	《国讯》第 266 期	1941 年 5 月
第六十二生日告儿孙诸卑亲属及诸学友（1940 年 8 月 20 日）	《抗战以来》，国讯书店	1942 年 5 月
从困勉中得来——为纪念中华职业教育社二十四周年作	《国讯》第 268 期	1941 年 5 月 5 日
告宁属青年同学与爱护青年同学者书	《蜀南三种》，国讯书店	1941 年 10 日
蜀南三种	国讯书店	1941 年 10 日
中国抗战四年来的觉悟与今后青年应有的努力	《国讯》第 273 期	1941 年 6 月
本刊创刊十周年告海内外青年书	《国讯》第 289 期	1941 年 12 月
大时代的中国人	《国讯》第 291 期	1941 年 12 月 25 日
自述四十年来服务社会所得的甘苦（1942 年 2 月 20 日）	《国讯》第 302 期	1942 年 5 月 15 日
我和许地山先生仅有关于扶箕一席话	《国讯》第 297 期	1942 年 3 月 25 日
敬介绍"学习一贯互进法"于国人——贡献于三十年三月中华职业学校二十三周年、渝校成立三周年纪念会	《抗战以来》，国讯书店	1942 年 5 月
抗战以来	国讯书店	1942 年 5 月
中华复兴十讲	国讯书店	1942 年 6 月
倡办贫儿职业教育建议	《国讯》第 307 期	1942 年 7 月 25 日
中国五十年来新教育之检讨	《国讯》第 311 期	1942 年 9 月 5 日
与大后方青年学友恳谈	《国讯》第 317 期	1942 年 11 月
教育三题（简复）	《国讯》第 320 期	1942 年 12 月
怎样学习史地	《国讯》第 327 期	1943 年 2 月 25 日
职业教育的基本理论纲要（1943 年 4 月 14 日）	《教育与职业》第 198 期	1943 年 5 月
四十年前在校求学之所得	《国讯》第 333 期	1943 年 4 月
《吾师蔡孑民先生之生平——〈蔡孑民先生传略〉书后》（1943 年 3 月 5 日）	《国讯》第 334 期	1943 年 5 月

篇名或书名	刊名或出版机构	发表或出版时间
机关管理一得	商务印书馆	1943 年 5 月
中华职业学校二十五周年纪念日给诸教师诸学友一封公开的信	《中华职业学校二十五周年纪念刊》	1943 年 5 月
职业与事业	《国讯》第 341 期	1943 年 7 月
今后中华民众教育的方针	《国讯》第 355 期	1943 年 11 月
做个中国的傅步兰	《国讯》第 356 期	1944 年 1 月
我们为什么这样努力办《国讯》	《国讯》第 367 期	1944 年 5 月
枕次成诗——文化三章赠郭沫若 (1945 年 4 月 8 日)	《黄炎培日记》第 9 卷，华文出版社	2008 年 9 月
沦陷区收复后的教育——中国教育学会座谈会（1945 年 4 月 6 日）	《国讯》第 390 期	1945 年 5 月
生活需求自由与职业介绍	《国讯》第 393 期	1945 年 6 月
中华职业教育	《再生》第 104 期	1945 年 12 月 5 日
延安归来	上海生活书店	1946 年 5 月
哭陶行知 (1946 年 7 月 31 日)	《黄炎培日记摘录》，中华书局	1979 年 1 月
中华职业教育社创设比乐中学意旨书	《教育与职业》第 201 期	1946 年 8 月
苞桑集	开明书店	1946 年 11 月
一甲记	《人文月刊》复刊第 1 卷第 1 期	1947 年 1 月
复刊词	《人文月刊》复刊第 1 卷第 1 期	1947 年 4 月
中华职业教育社——为中华职业教育社三十周年纪念作	《大公报》	1947 年 5 月 6 日
三十年来从艰苦中成长的中华和中华职业教育社	《大公报》	1947 年 5 月 6 日
中华职业教育社成立三十周年宣言	《大公报》	1947 年 5 月 6 日
关于会考	《国讯》第 412 期	1947 年 5 月 10 日
中国职业教育三十年来大事表	国讯书店	1947 年 5 月
勿侮辱青年	《国讯》第 422 期	1947 年 7 月 20 日
沈信卿先生传	《人文月刊》复刊第 1 卷第 2 期	1947 年 7 月
陶行知不死	《国讯》第 424 期	1947 年 8 月 3 日

篇名或书名	刊名或出版机构	发表或出版时间
十年来我的双十节	《国讯》第 434 期	1947 年 10 月 10 日
黄炎培先生七十寿辰与诸亲友谈话录 (1947 年 10 月 19 日)	《国讯》第 438 期	1947 年 11 月 8 日
记俞颂华先生	《国讯》第 436 期	1947 年 10 月 25 日
张仲仁先生传	《人文月刊》复刊第 1 卷第 3 期	1947 年 10 月
对于中国今后教育设施的意见	《教育与职业》第 203 期	1947 年 12 月
不想与不忍	《教育与职业》第 203 期	1947 年 12 月
坚定地和是非非的群众站在一起 (1948 年 3 月 21 日)	《国讯》第 456 期	1948 年 4 月 2 日
中华职业学校成立三十周年告毕业和肄业诸同学	《中华职业学校三十周年纪念特刊》	1948 年 5 月
战后职业教育重估计	《教育与职业》第 204 期	1948 年 10 月
中华职业教育社奋斗三十二年发现的新生命 (1949 年 8 月 8 日)	《人民日报》	1949 年 10 月 15 日
中等教育上必须改革的几点	《社讯》第 55 期	1951 年 3 月 30 日
立社三十五周年纪念日一封公开信	《社讯》第 63 期	1952 年 4 月 24 日
南洋通信	《社讯》第 84 期	1955 年
我们应有的认识和努力——中华职业教育社成立三十八周年纪念	《社讯》第 86 期	1955 年
八十年来（1964 年 10 月）	文史资料出版社	1982 年